여러분의 합격을 응원하는
해커스공무원의 특별 혜택

FREE 공무원 교정학 특강

해커스공무원(gosi.Hackers.com) 접속 후 로그인 ▶ 상단의 [무료강좌] 클릭 후 이용

회독용 답안지(PDF)

해커스공무원(gosi.Hackers.com) 접속 후 로그인 ▶
상단의 [교재·서점 → 무료 학습 자료] 클릭 ▶ 본 교재의 [자료받기] 클릭하여 이용

▲ 바로가기

해커스공무원 온라인 단과강의 20% 할인쿠폰

945EB2FF25D7D5AM

해커스공무원(gosi.Hackers.com) 접속 후 로그인 ▶ 상단의 [나의 강의실] 클릭 ▶
좌측의 [쿠폰등록] 클릭 ▶ 위 쿠폰번호 입력 후 이용

* 등록 후 7일간 사용 가능(ID당 1회에 한해 등록 가능)

합격예측 온라인 모의고사 응시권 + 해설강의 수강권

E3DEA2F283E77CAE

해커스공무원(gosi.Hackers.com) 접속 후 로그인 ▶ 상단의 [나의 강의실] 클릭 ▶
좌측의 [쿠폰등록] 클릭 ▶ 위 쿠폰번호 입력 후 이용

* ID당 1회에 한해 등록 가능

쿠폰 이용 관련 문의 1588-4055

단기 합격을 위한 해커스공무원 커리큘럼

입문

탄탄한 기본기와 핵심 개념 완성!
누구나 이해하기 쉬운 개념 설명과 풍부한 예시로 부담없이 쌩기초 다지기

TIP 베이스가 있다면 **기본 단계**부터!

▼

기본+심화

필수 개념 학습으로 이론 완성!
반드시 알아야 할 기본 개념과 문제풀이 전략을 학습하고
심화 개념 학습으로 고득점을 위한 응용력 다지기

▼

기출+예상 문제풀이

문제풀이로 집중 학습하고 실력 업그레이드!
기출문제의 유형과 출제 의도를 이해하고 최신 출제 경향을 반영한
예상문제를 풀어보며 본인의 취약영역을 파악 및 보완하기

▼

동형문제풀이

동형모의고사로 실전력 강화!
실제 시험과 같은 형태의 실전모의고사를 풀어보며 실전감각 극대화

▼

최종 마무리

시험 직전 실전 시뮬레이션!
각 과목별 시험에 출제되는 내용들을 최종 점검하며 실전 완성

PASS

* 커리큘럼 및 세부 일정은 상이할 수 있으며,
자세한 사항은 해커스공무원 사이트에서 확인하세요.

단계별 교재 확인 및 수강신청은 여기서!

gosi.Hackers.com

해커스공무원
이언담
교정학

단원별 기출문제집

이언담

약력

현 | 해커스공무원 교정학, 형사정책 강의
해커스경찰 범죄학 강의
경기대학교 범죄교정심리학과 초빙교수
행정안전부 안전교육강사(폭력, 성폭력, 자살예방)
(사)아시아교정포럼 교정상담교육원장
인천가정법원 소년보호 국선보조인

전 | 가천대학교 경찰행정학과 겸임교수
경기대학교 교육대학원 겸임교수
법무연수원 교수
사법연수원 형사정책 외래교수
숭실사이버대학교 경찰교정학과 초빙교수
동국대학교 사법경찰대학원 외래교수
한세대학교 상담대학원 외래교수
남부행정고시학원 교정학 전임
종로행정고시학원 교정학 전임
에듀스파 교정학 전임
국가공무원 7, 9급 면접위원
소방직공무원 면접위원

저서

해커스공무원 이언담 교정학 단원별 기출문제집
해커스공무원 이언담 교정학 기본서
해커스경찰 이언담 범죄학 진도별 기출＋실전문제집
해커스경찰 이언담 범죄학 기본서
이언담 경찰 범죄학 핵심요약·기출, 멘토링
아담 교정학 기본서, 박문각
아담 교정학 기출·예상문제, 박문각
아담 형사정책 기본서, 박문각
아담 형사정책 기출·예상문제, 박문각
이언담 교정학 핵심요약, 아담아카데미
이언담 형사정책 핵심요약, 아담아카데미
이언담 교정관계법령·판례·기출OX, 아담아카데미
이언담 형사정책법령·판례·기출OX, 아담아카데미
교정상담과 사회복귀, 학지사
교정의 복지학, 솔과학
그 외 연구 논문 다수 발표

다양한 문제 유형,
풍부한 해설을 자랑하는
교정학의 정수

이 책은 교정학 기출문제집이 갖춰야 할 기본을 모두 갖추었습니다.

첫째, 최신 2025년 9급 공채 문제까지 22개년의 기출문제를 반영하였습니다.
2004년에서 2025년에 이르는 22개년의 기출문제를 비롯하여 출제 가능한 모든 유형의 문제를 담아냈습니다.

둘째, 승진시험에 필요한 고난도 문제까지 망라했습니다.
승진시험 문제는 그 난도가 만만치 않게 높습니다. 공채 준비 또한 승진시험 수준의 안전한 학습목표를 지향해야 합니다. 이를 위해 다양한 유형의 승진시험 문제를 모두 반영하였습니다.

셋째, 학습 범위를 명확히 하고, 풍부한 해설로 학습의 효율성을 극대화했습니다.
승진시험의 학습 범위를 명확히 하기 위해 제1부 승진 및 9·7급 공채 공통영역과 제2부 9·7급 공채 영역으로 구분하고, 기본서나 법령을 별도로 참고하지 않아도 될 만큼 풍부한 해설로 학습의 효율성을 극대화했습니다.

마지막, 당부의 말씀입니다.
교정학은 합격을 위한 전략과목입니다.
전략과목이란 어떤 경우든지 공부를 한만큼 점수로 보답해주는 과목을 말합니다.
여러분이 최선을 다한다면 교정학은 어렵든, 쉽든 고득점을 보장해 줄 것입니다.
절대 신념으로 합격을 위한 최종병기로 만들어 가십시오.

더불어, 공무원 시험 전문 사이트인 해커스공무원(gosi.Hackers.com)에서 교재 학습 중 궁금한 점을 나누고 다양한 무료 학습 자료를 함께 이용하여 학습 효과를 극대화할 수 있습니다.

이렇게 방대한 분량의 내용을 잘 정리해 낼 수 있었던 것은 오랫동안 자료정리에 열정을 다해준 아담아카데미 권형우 연구실장의 역할이 적지 않았습니다. 또한 이 책이 나오기까지 편집 과정에서 수없이 이어지는 요구사항을 정성을 다해 반영해 주신 해커스공무원 교재편집팀을 비롯한 관계자 여러분께 심심한 감사의 인사를 드립니다.

오직 여러분의 합격이 이 교재와 강의의 가장 큰 보람입니다. 여러분의 당당한 합격을 기원합니다.
감사합니다.

이언담

---

* '아담아카데미'가 합격의 그날까지 여러분의 따뜻한 길동무가 되어 드리겠습니다.
  - 네이버카페(https://cafe.naver.com/adamtop)
  - 유튜브(채널명 '아담아카데미'로 검색하여 무료 강의를 수강하고 수험에 관한 정보를 얻을 수 있습니다.)

제1부 승진 및 9·7급 공채 공통영역

제1편 형벌과 수용자 공동처우

제1장 형벌의 역사와 교정이념
- 제1절 형벌과 교정학 … 12
- 제2절 범죄원인에 대한 시각 … 15
- 제3절 근대자유형의 발달 … 17
- 제4절 교정과 교정학연구 … 25

제2장 수형자 처우모델과 처우원리
- 제1절 처벌중점의 교정 … 28
- 제2절 교화개선중점의 교정 … 31
- 제3절 정의모델 … 37
- 제4절 회복적 사법 … 39
- 제5절 범죄인 처우유형과 처우원리 … 47

제3장 교정행정조직과 형집행법
- 제1절 교정행정조직 … 49
- 제2절 형집행법의 기능과 성격 … 57

제4장 형집행법 총칙
- 제1절 형집행법의 목적과 정의 … 59
- 제2절 순회점검과 시찰 및 참관 … 67

제5장 수용과 이송
- 제1절 교정시설에의 수용 … 76
- 제2절 현행법상 수용원칙 … 86
- 제3절 수용자의 이송 … 97

제6장 물품지급과 금품관리
- 제1절 생활품의 지급 … 102
- 제2절 보관금품관리 … 115

제7장 위생과 의료
- 제1절 교정의료 개요 … 123
- 제2절 건강검진과 진료 … 135
- 제3절 환자관리 … 137

제8장 접견·편지·전화통화
- 제1절 수용자의 접견 … 144
- 제2절 편지수수 … 160
- 제3절 전화통화 … 167

제9장 종교와 문화
- 제1절 종교 … 174
- 제2절 문화 … 179

제10장 특별한 보호
- 제1절 여성수용자 … 188
- 제2절 노인수용자 … 195
- 제3절 장애인수용자 … 199
- 제4절 외국인수용자 … 201
- 제5절 소년수용자 … 205
- 제6절 미성년자녀의 보호조치 … 211

제11장 계호와 엄중관리
- 제1절 계호 … 212
- 제2절 금지물품과 검사 … 214
- 제3절 엄중관리대상자 … 222

제12장 교정장비와 강제력행사
- 제1절 교정장비 … 237
- 제2절 강제력행사와 보안장비사용 … 257
- 제3절 보호실과 진정실 수용과 무기사용 … 266
- 제4절 재난 시의 조치 등 … 281

제13장 규율과 상벌 및 형사벌칙
- 제1절 현행법령상 징벌제도 … 284
- 제2절 형사벌칙제도 … 316

제14장 수용자의 권리구제
- 제1절 수용자 인권의식의 발달 … 320
- 제2절 수용자 권리구제의 실제 … 322

제2편 미결수용자와 사형확정자

제15장 미결수용자와 사형확정자의 처우
- 제1절 미결수용자의 처우 … 356
- 제2절 사형확정자의 처우 … 371

제3편 수형자의 처우

제16장 수형자분류와 누진처우제도
- 제1절 수형자분류제도 — 384
- 제2절 누진처우제도 — 386

제17장 분류심사제도 법제
- 제1절 처우원칙과 분류심사 — 391
- 제2절 분류조사와 분류검사 — 408

제18장 수형자 처우등급제도
- 제1절 시설등급과 처우등급 — 411
- 제2절 경비처우급의 조정과 처우 — 414

제19장 교육과 교화프로그램
- 제1절 교정교육과 교화프로그램 — 440
- 제2절 교정상담의 이해 — 454
- 제3절 교정상담기법 — 458

제20장 교도작업과 직업훈련
- 제1절 교도작업 개요 — 461
- 제2절 현행법상 교도작업 — 467
- 제3절 직업훈련과 취업지원 — 494

제21장 귀휴 등 사회적 처우(개방처우)
- 제1절 사회적 처우 개관 — 505
- 제2절 개방처우 종류 — 509

제22장 수용자의 석방과 사망
- 제1절 수용자의 석방 — 529
- 제2절 수용자의 사망 — 537

제23장 민간인의 교정참여와 가석방
- 제1절 민간인의 교정참여 — 543
- 제2절 가석방제도 — 548

제24장 보호관찰과 지역사회교정
- 제1절 보호관찰제도 — 567
- 제2절 지역사회교정의 발전 — 579
- 제3절 중간처우제도 — 583
- 제4절 중간처벌제도 — 588

제4편 교정일반이론

제25장 자유형의 제문제
- 제1절 자유형의 3대논의 — 600
- 제2절 벌금형의 환형처분 — 605

제26장 우리나라 교정의 역사
- 제1절 고대의 행형 — 612
- 제2절 조선시대 행형 — 613
- 제3절 근대적 행형 — 619

제27장 수형자사회의 연구
- 제1절 수형자사회의 연구와 교도소화 — 621
- 제2절 교도관의 사회 — 627

제28장 수형자 처우제도(자치제와 선시제, 과밀수용)
- 제1절 자치제와 카티지제 — 629
- 제2절 선시제도 — 632
- 제3절 과밀수용의 문제 — 633

제2부 9·7급 공채 영역

제5편 기타 교정관계법령

제29장 형집행법 관련 기타법령
- 제1절 「교도관직무규칙」 — 642
- 제2절 「교도작업의 운영 및 특별회계에 관한 법률」 — 654
- 제3절 「수형자 등 호송규정」 — 661
- 제4절 「가석방자관리규정」 — 663

제30장 민영교도소 — 665

이 책의 활용법

문제해결 능력 향상을 위한 단계별 구성

STEP 1 기출문제로 문제해결 능력 키우기

공무원 교정학 기출문제 중 재출제 가능성이 높은 문제들을 엄선하여 단원별로 배치하였습니다. 모든 문제의 번호 옆에 수록된 회독 체크 박스에 채점 결과를 표시함으로써 3회독 이상 기출문제를 분석하고, 자신의 약점과 강점을 파악하며 효율적으로 기출문제를 학습할 수 있습니다.

STEP 2 상세한 해설로 개념 완성하기

문제풀이와 동시에 교정학의 이론을 요약·정리할 수 있도록 상세한 해설을 수록하였습니다. 이를 통해 방대한 분량의 교정학 내용 중 시험에서 주로 묻는 핵심 개념들이 무엇인지 확인하고, 이론을 다시 한 번 복습할 수 있습니다.

STEP 3 기출변형, 기출예상문제로 실전 대비하기

기존 기출문제들을 최신 법령 및 출제경향에 부합하도록 지문을 일부 변형하여 수록하였고, 출제가 예상되는 문제도 함께 수록하였습니다. 이를 통해 최신 법령 및 고난도 문제에 대한 실전 대비가 가능합니다.

해커스공무원 학원·인강
gosi.Hackers.com

해커스공무원
이언담 교정학 단원별 기출문제집

제1부

승진 및 9·7급 공채 공통영역

제1편

형벌과 수용자 공동처우

제1장 형벌의 역사와 교정이념

제2장 수형자 처우모델과 처우원리

제3장 교정행정조직과 형집행법

제4장 형집행법 총칙

제5장 수용과 이송

제6장 물품지급과 금품관리

제7장 위생과 의료

제8장 접견·편지·전화통화

제9장 종교와 문화

제10장 특별한 보호

제11장 계호와 엄중관리

제12장 교정장비와 강제력행사

제13장 규율과 상벌 및 형사벌칙

제14장 수용자의 권리구제

제1장 형벌의 역사와 교정이념

제1절 | 형벌과 교정학

01 교정의 세계사적 발전과정과 관련한 다음 설명 중 옳지 않은 것은?

① 세계사적 교정의 흐름은 복수적 단계, 위하적 단계, 교육적 단계, 과학적 처우단계, 사회적 권리보장단계로 발전하였다.
② 위하적 단계는 개인적인 형벌에 입각한 속죄형제도를 그 내용으로 하며, 대표적인 법전은 카롤리나 형법전이다.
③ 탈리오(Talio)법칙이란 범죄행위에 대한 처벌로서 동해보복사상이라고도 한다.
④ 사회적 권리보장단계는 보호관찰, 가석방, 중간처우 등의 사회 내 처우 프로그램들이 인기를 얻게 된 시기이다.

정답 및 해설

② [×] 개인적인 형벌에 입각한 속죄형제도는 복수적 단계에 대한 설명이고, 카롤리나 형법전(1523)은 위하적 시대의 가혹한 형벌을 집대성한 것이다.

정답 ②

02 교정(행형)의 목적에 대한 설명으로 옳지 않은 것은? 2007. 교정 7급

① 「형의 집행 및 수용자의 처우에 관한 법률」은 교정교화와 건전한 사회복귀를 선언하고 있어 특별예방 내지 재사회화를 추구하고 있다.
② 「형의 집행 및 수용자의 처우에 관한 법률」은 행형의 목적으로 수형자의 재사회화를 규정하고 있으나, 행형의 구체적 내용이나 기간에 있어서는 수형자의 책임도 고려하고 있다.
③ 행형단계에서 일반예방을 추구하는 것은 교정의 목적과 일치한다고 보기 어렵다.
④ 특별예방은 수형자의 재사회화를 위하여 제한 없이 인정되고, 헌법에 근거를 두고 있다.

정답 및 해설

④ [×] 특별예방은 수형자의 재사회화를 위하여 반드시 필요한 것이나, 제한 없이 인정할 경우 수형자의 인권침해를 위한 도구로 전락하기 쉽다.

정답 ④

03 형벌이론에 대한 설명으로 옳지 않은 것은?

2024. 교정 7급

① 베카리아(C. Beccaria)는 사형을 폐지하고 종신 노역형으로 대체할 것을 주장하였다.
② 헤겔(G.W.F. Hegel)은 절대적 형벌론자였으며, 범죄행위는 법의 부정이며, 형벌은 법의 부정을 부정하는 것이라고 주장하였다.
③ 칸트(I. Kant)는 응보이론을 옹호했으며, 형벌은 일정한 목적을 추구하기 위해 존재하는 것이 아니라 범죄자에게 고통을 주는 그 자체가 가치 있는 것이라고 주장하였다.
④ 포이어바흐(A. Feuerbach)는 일반예방과 특별예방을 구별하고, 재사회화와 관련된 심리강제설을 주장하면서, 특별예방을 강조하였다.

정답 및 해설

① [○] 베카리아는 범죄의 심각성과 형벌의 강도는 합리적인 연관성이 없다고 생각했기 때문에 사회계약설에 의거 사형제도를 폐지하고 대신에 종신 노역형으로 대체할 것을 주장하였다.
② [○] 헤겔은 응보형주의(절대주의, 절대설) 형벌론자였으며, 범죄행위는 법의 부정이며, 따라서 형벌은 법의 부정을 부정하는 것이다. 범죄는 침해되는 자의 권리를 없는 것으로서 취급하지만, 형벌의 실행에 의해서 그 권리의 존재가 명시되고 확립된다. 만약 형벌이 실행되지 않으면 침해되는 자는 권리를 갖지 못하게 된다. 따라서 형벌은 법의 회복이며, 권리의 확립이다. 이것은 법 내지 권리가 형벌과 불가분에 있으며, 형벌을 수반하지 않는 인격적 권리의 추상적 주장은 그 권리의 존재 자체를 위태롭게 하는 것이다. 요컨대 형벌을 수반하지 않는 권리는 권리가 아니라는 것을 의미한다.
③ [○] 칸트는 응보형주의(절대주의, 절대설) 형벌론자로, 형법은 어떤 목적과도 무관한 정언명령이며, 형법을 통해 목적을 추구하는 것은 인간을 수단화하는 것이므로 인간의 존엄에 반한다고 하였다. 또한 범죄는 자유의사를 가지는 인간의 도덕률 위반이며, 형벌은 범죄자의 책임에 대한 응보이며 그 자체가 목적이라고 하였다. 형벌은 범죄행위 그 이상의 것이어서는 안 된다고 한다(동해형벌론).
④ [×] 포이에르바하는 상대주의 형벌론자로, 일반 국민에게 범죄로 얻어지는 쾌락보다는 범죄에 대하여 과하여지는 고통이 더욱 크다는 것을 알게 하는 심리적 강제로써만 범죄를 방지할 수 있으며, 이러한 심리적 강제는 형벌을 법전에 규정하여 두고 이를 집행함으로써 효과적으로 이루어질 수 있다고 하였다(심리강제설에 의한 일반예방사상).

정답 ④

04 형벌의 목적 중 소극적 일반예방에 대한 설명으로 가장 적절한 것은?

2022(72). 경위

① 형벌을 통해 범인을 교육·개선함으로써 범죄자의 재범을 예방한다.
② 형벌을 통해 일반인의 규범의식을 강화하여 사회의 규범 안정을 도모한다.
③ 준엄한 형집행을 통해 일반인을 위하함으로써 범죄예방의 목적을 달성한다.
④ 형벌의 고통을 체험하게 함으로써 범죄자가 스스로 재범을 억제하도록 한다.

정답 및 해설

예방이론은 형벌이 그 자체로 성립되는 것이 아니라 예방이라는 목적에 의하여 정당화된다는 입장이다. 예방이론은 그 대상에 따라 일반예방과 특별예방으로 나누어지는데, 일반예방은 일반인에 대한 형벌위하 내지 규범의식의 강화를 수단으로 범죄의 예방을 꾀하는 것이고, 특별예방은 범죄인 개개인을 중심으로 범죄를 예방하려는 것이다. 일반예방은 일반인에 대한 위하를 추구하는 소극적 일반예방과 일반인의 규범의식의 강화를 추구하는 적극적 일반예방으로, 특별예방은 범죄인의 격리를 추구하는 소극적 특별예방과 범죄인의 재사회화를 추구하는 적극적 특별예방으로 구분할 수 있다.
① [×] 적극적 특별예방
② [×] 적극적 일반예방
③ [○] 소극적 일반예방
④ [×] 소극적 특별예방

정답 ③

05 형벌의 본질과 목적에 대한 설명으로 옳지 않은 것은? 2018. 보호 7급

① 응보형주의에 따르면 범죄는 정의에 반하는 악행이므로 범죄자에 대해서는 그 범죄에 상응하는 해악을 가함으로써 정의가 실현된다.
② 목적형주의에 따르면 형벌은 과거의 범행에 대한 응보가 아니라 장래의 범죄예방을 목적으로 한다.
③ 일반예방주의는 범죄자에게 형벌을 과함으로써 수형자에 대한 범죄예방의 효과를 기대하는 사고방식이다.
④ 특별예방주의는 형벌의 목적을 범죄자의 사회복귀에 두고 형벌을 통하여 범죄자를 교육·개선 함으로써 그 범죄자의 재범을 예방하려는 사고방식이다.

정답 및 해설

③ [×] 일반예방주의는 목적형주의의 입장에서 범죄예방의 대상을 일반인에게 두고 형벌에 의하여 일반인을 위하·경계시킴으로써 범죄를 행하지 않도록 하는 데에 형벌의 목적을 두는 것을 말한다.

정답 ③

06 교정학에 대한 설명으로 옳지 않은 것은? 2014. 교정 7급

① 교정학은 교화개선 및 교정행정과 관련된 일련의 문제들을 이론적·과학적으로 연구하는 학문이다.
② 교정학은 감옥학에서 시작되어 행형학, 교정교육학, 교정보호론의 명칭으로 발전해왔다.
③ 교정은 수형자에 대해 이루어지므로 교정학의 연구대상은 형벌부과대상인 범죄인에 국한된다.
④ 교정학은 자유형의 집행과정 등을 중심으로 교정 전반에 관한 이념과 학리를 계통적으로 연구하는 학문일 뿐만 아니라 사회학, 심리학, 정신의학 등 관련 학문의 종합적 응용이 요청되는 분야이다.

정답 및 해설

③ [×] 교정의 영역은 자유형 집행대상자 이외에 노역장유치자, 사형확정자, 미결수용자, 보안처분 및 보호처분의 대상자까지 포함시킨다. 대체적으로 비행이나 범죄를 저지른 사람들의 재사회화 처우기법을 연구하는 영역과 그 목적을 수행하고 있는 미결구금시설, 기결구금시설, 보호관찰과 갱생보호 조직의 관리연구를 포함하는 종합적인 영역을 의미한다.

정답 ③

제2절 | 범죄원인에 대한 시각

01 범죄학의 발전과정을 시간 순서대로 나열한 것 중 가장 적절한 것은? 2023(73). 경위

㉠ 계몽주의와 고전학파
㉡ 도시생태와 시카고학파
㉢ 과학적 탐구와 실증학파
㉣ 신고전주의 범죄학
㉤ 비판주의 범죄학

① ㉠ - ㉢ - ㉡ - ㉤ - ㉣
② ㉢ - ㉠ - ㉡ - ㉤ - ㉣
③ ㉠ - ㉢ - ㉡ - ㉣ - ㉤
④ ㉠ - ㉢ - ㉤ - ㉡ - ㉣

정답 및 해설

① [○] 범죄학의 발전과정은 ㉠ - ㉢ - ㉡ - ㉤ - ㉣ 순이다.
㉠ 18C 중엽, 고전주의 범죄학은 르네상스와 계몽주의의 영향을 받아 중세의 형사사법의 자의적 집행과 잔혹한 처벌에 대한 반성을 토대로 태동하였다.
㉢ 18C에서 19C로 이행하면서 생물학, 물리학, 화학 등 자연과학의 발전이 이루어졌고, 인문분야도 사변적인 논의와 철학적 주장에서 탈피하여 물리학과 같이 엄밀한 논리와 객관적인 자료로서 현상을 탐구해야 한다는 주장이 나타났다. 실증주의 범죄학은 인간의 자유의지를 강조한 고전학파를 비판하며, 범죄자는 여러 요인에 의해 형성된다는 결정론적 시각으로 인간을 바라보았다.
㉡ 1920년대부터는 미국의 시카고학파의 사회생태학적 연구를 시작으로 범죄자의 사회적 환경을 중심으로 관심의 초점이 옮겨지기 시작하였다. 사회학적 접근이 시도되는 이유는 사회적 구조, 즉 지역과 계층에 따라 범죄행위의 유형이 다양해짐에 따라 범죄학자들은 그 이유가 무엇이며, 어떻게 제거할 수 있을 것인가를 규명하고자 노력해 왔으나 개인적 요인을 지향하는 이론들로는 이런 범죄율의 차이를 설명하지 못했다.
㉤ 비판주의 범죄학은 1960 ~ 1970년대 유럽과 미국의 정치적 위기와 저항적 사회운동에서 학문발전의 동기를 부여받았다. 비판주의 범죄학은 범죄행위의 개별적 원인을 규명하기보다는 어떤 행위가 범죄로 규정되는 과정에 더 관심을 가졌고, 연구초점을 일탈자 개인으로부터 자본주의체제로 전환시켜 연구의 범위를 확대하여 일탈의 문제도 자본주의 사회의 모순에 대한 총체적 해명 속에서 이해하고자 하였다.
㉣ 1970년대 후반, 신고전주의 범죄학의 등장은 실증주의 범죄학 및 관련 정책의 효과에 대한 비판적 시각과 관련이 있다.

정답 ①

02 범죄학의 발전과정에 관한 설명으로 가장 적절하지 않은 것은? 2023. 경찰1차

① 고전주의 범죄학은 범죄의 원인에 관심을 두기보다는 범죄자에 대한 처벌 방식의 개선에 더 많은 관심을 기울였다.
② 실증주의 범죄학은 인간의 자유의지를 강조한 고전학파를 비판하며, 범죄자는 여러 요인에 의해 형성된다는 비결정론적 시각으로 인간을 바라보았다.
③ 신고전주의 범죄학의 등장은 실증주의 범죄학 및 관련 정책의 효과에 대한 비판적 시각과 관련이 있다.
④ 최근 범죄학 연구에서는 여러 이론을 통합하여 종합적으로 설명하는 새로운 경향이 등장하였다.

정답 및 해설

① [○] 18C 중엽 공리주의 사회철학자인 베카리아와 영국의 벤담으로 대표되는 고전학파가 중점적으로 관심을 둔 사항은 범죄행위에 대한 설명보다는 형벌제도와 법제도의 개혁에 관한 것이었다.
② [×] 실증주의 범죄학파의 결정론에 따르면 인간의 사고나 판단은 이미 결정된 행위 과정을 정당화하는 것에 불과하므로 자신의 사고나 판단에 따라 자유롭게 행위를 선택할 수 없다고 본다. 인간은 자신이 희망하는 사항이나 이성적 판단에 따라 행동하는 자율적 존재가 아니며 인간의 행위는 이미 결정된 대로 행동하는 것으로 보는 입장으로, 인간의 행위는 개인의 특수한 소질조건과 그 주변의 환경조건에 따라 결정된다고 이해한다.
③ [○] 신고전주의 범죄학은 실증주의 범죄학에 대한 비판과 고전주의 범죄학에 대한 향수로 인해 등장하였다. 미국 대공황 이후 1930년대부터 주류를 이루었던 사회학적 실증주의 범죄학은 범죄의 원인을 빈곤 등 사회적 요인에서 찾았고 경제적 기회와 사회복지에 집중하는 범죄예방정책을 펼쳤으나, 이 시기의 범죄율은 지속적으로 증가하는 결과를 보였기에 교화나 사회보장 정책에 의존한 프로그램보다는 처벌강화 프로그램에 대한 향수가 생겨났다. 1960년대 미국에서 범죄율이 급격하게 증가하자 범죄학자들 사이에서는 빈곤 등 사회여건 개선을 위한 세금낭비보다는 엄정한 처벌을 통한 범죄억제 정책을 주장하였다.
④ [○] 다양한 범죄학 이론들을 통합하자는 논의가 시작된 데에는 크게 두 가지 이유가 있다. 첫째, 이론의 과잉 문제로서 너무 많은 이론들이 난립한다는 비판이 있었으며 둘째, 개별 이론들이 범죄현상을 충분히 설명하지 못하고 있다는 비판이 있었다. 따라서 전통적 범죄이론처럼 각 이론을 경쟁적 관계로 대비시킬 것이 아니라 상이한 인과적 모형을 가진 각 이론들로부터 가장 유용하고 경험적으로 검증할 수 있는 특징들만을 도출하여 하나의 통합적 인과모형으로 발전시키는 것이 설명력을 높이는 방편이 될 수 있다는 것이다.

정답 ②

03 형사정책상 형벌의 정당성(합리성)에 대한 설명으로 가장 옳지 않은 것은?

① 형벌의 목적이 제지, 무능력화, 교화개선이라 할 때 이는 형벌의 정당성이 공리성에 있음을 의미한다.
② 공리적 정당성은 평가근거를 도덕적 근거에 두며, 미래지향적이다.
③ 응보적 정당성은 과거 지향적이며, 범죄에 대한 처벌은 범행의 대가로 마땅히 받아야 한다고 주장한다.
④ 성매매 사범을 사형 집행하여 장래 성매매 범죄의 발생이 실제로 줄어들 것인가를 기준으로 형벌을 평가한다면 그것은 경험적 기준에 의한 공리적 정당성을 추구하는 것이다.

정답 및 해설

① [○] 형벌에 대한 공리적 정당성의 주장은 처벌이란 특정의 바람직한 목표를 성취할 수 있도록 이용되어야 한다는 것이다. 만약에 형벌을 통해서 미래에 어떠한 건설적인 목적을 추구한다면 그것은 대체로 무능력화, 억제(제지), 복귀(교화개선)일 것이다. 이들 목적의 공통점은 범죄율을 줄이기 위한 처벌의 미래공리성을 바탕으로 하고 있다는 것이다. 형벌이 공공의 안전을 증진시킨다면(무능력화), 범죄자가 다시 제2·제3의 범행을 하지 못하도록 했다면(특별제지), 일반시민들이 법을 준수하도록 설득할 수 있었다면(일반제지), 재교육과 동조성이 성취된다면(교화개선) 형벌은 적어도 공리적 기준으로 정당화될 수 있는 것이다.
② [×] 공리적 정당성은 평가근거를 경험적 근거에 두며, 미래지향적이다.
③ [○] 응보적 정당성은 범죄자의 과거 법률위반에 의해 벌어진 당연한 처벌의 원칙에 기초하고 있다.
④ [○] 성매매 사범이 그들의 범행의 대가로 사형 집행되어야 마땅한가를 평가한다면 그것은 도덕적 기준에 의한 응보적 정당성을 추구하는 것이다.

> **응보적·공리적 정당성의 이해**
>
> 범죄자에 대한 형벌의 부과는 일반적으로 응보적 정당성과 공리적 정당성에서 그 합리성을 찾고 있다.
>
> | 구분 | 응보적 정당성 | 공리적 정당성 |
> | --- | --- | --- |
> | 방향 | 과거지향적(사후 대응. 범죄자의 과거행위에 초점) | 미래지향적(미래의 범죄예방에 초점) |
> | 평가근거 | 도덕적 근거(과거행위의 결과에 대한 도덕적 평가) | 경험적 근거(미래의 범죄예방을 위한 경험적 평가) |
> | 목적 | 과거 법률위반에 의해 벌어진 당연한 처벌의 원칙에 기초 | 복수대상이 아닌 사람들이 죄를 범하지 않도록 제지하는 것 |
> | 예 | 범죄에 대한 처벌은 마땅한 것 | 범죄발생이 줄어들 것을 염두에 둠 |
> | 상호관계 | 절대적 구분을 어렵게 하고 상호보완적 | |

정답 ②

제3절 | 근대자유형의 발달

01 서구의 근대자유형의 발전과정에 대한 설명으로 옳지 않은 것은?

① 16세기 말 근대 자유형의 출발은 영국의 브라이드웰(Bridewell)에서 나타난 교정원 제도에서 찾아 볼 수 있다.
② 유럽에서 최초의 자유형은 네덜란드의 암스테르담(Amsterdam) 징치장에서 찾는다.
③ 영국의 존 하워드(John Howard)는 영국 및 유럽의 열악한 감옥실태를 조사하고 감옥개혁운동을 전개하였다.
④ 영국의 법학자였던 제레미 벤담(Jeremy Bentham)도 감옥시설 등에 많은 관심을 가졌는데, 특히 그는 파놉티콘(Panopticon)이라는 감옥시설을 설계하여 영국뿐만 아니라 유럽에 수많은 파놉티콘 감옥을 세웠다.

정답 및 해설

16세기 말 영국의 대량생산체제의 발달로 도시에 많은 인구가 집중되고 부랑자가 급증하자 1557년 런던에 브라이드웰(Bridewell) 노역장이 설립되었고, 이후 도시가 발달한 네덜란드에서도 1595년 암스테르담(Amsterdam) 노역장이 설립되었는데 이런 시설들은 원래 부랑자의 구제와 교도작업을 목적으로 한 시설이었으나, 그 후 수용자 중 빈곤한 범죄자의 비중이 높아 교정시설의 성격을 가지게 되었다.
④ [×] 벤담(Bentham)이 감옥시설에 관심을 가지고 파놉티콘 감옥을 설계한 것은 사실이나, 의회의 반대 등에 부딪쳐 실제로 파놉티콘 감옥이 세워지지는 못했다.

정답 ④

02 펜실베니아제(Pennsylvania System) 구금방식의 장점으로 옳지 않은 것은?

2013. 교정 9급

① 자신의 범죄에 대한 회오와 반성의 기회를 주어 교화에 효과적이다.
② 교정교육, 운동, 의료활동, 교도작업 등의 운영에 가장 편리하다.
③ 수형자의 사생활 침해를 방지하는 데 효과적이다.
④ 다른 수형자로부터 악습 전파 및 죄증 인멸 행위를 방지할 수 있다.

정답 및 해설

② [×] 펜실베니아제는 엄정독거방식이므로 질병 방지에 있어서는 유리할지 모르나, 교정교육이나 운동, 교도작업 등의 운영이 어렵다. 이들의 운영에 유용한 것은 혼거제이다.

 펜실베니아제도 vs 오번제도

구분	펜실베니아제도	오번제도
방식	엄정독거제, 분방제, 필라델피아제	절충제, 침묵제, 완화독거제, 교담금지제
창시자	윌리엄 펜의 참회사상과 존 하워드의 독거제 영향을 받아 감옥 개량을 목적으로 한 사설협회로서 벤자민 프랭클린에 의한 '필라델피아협회'	엘람 린즈
기원	월넛교도소	벨기에의 간트교도소
구금형태	주·야간 엄정독거구금	주간혼거·야간독거
목표	정직한 사람	복종적인 시민
수단	종교적 방법으로 반성과 참회	침묵과 집단훈육을 통한 재사회화
주장	악풍감염의 폐해 방지, 처벌적 훈육 효과	비용절감, 노동력의 효율적 이용 가능
생산성	종교적 수공업사회 지향	산업사회 지향 - 20세기 산업교도소의 전신
대표적 시설	월넛교도소	미국의 싱싱교도소
분류	분류의 의미 없음	분류의 가치 인정
공통점	사회로부터 범죄자 격리	

정답 ②

03 <보기 1>의 수용자 구금제도와 <보기 2>의 설명이 바르게 연결된 것은?

2014. 교정 9급

보기 1

㉠ 펜실베니아제(Pennsylvania System)   ㉡ 오번제(Auburn System)
㉢ 엘마이라제(Elmira System)   ㉣ 카티지제(Cottage System)

보기 2

ⓐ 대규모 수형자자치제의 단점을 보완하기 위해 수형자를 소집단으로 처우하는 제도
ⓑ 수형자의 자력적 개선에 중점을 두며 사회복귀 프로그램의 동기부여 등 누진적 처우방법을 시도하는 제도
ⓒ 수형자의 개별처우에 적정을 기할 수 있고 범죄적 악성 오염을 예방하기 위한 제도
ⓓ 주간에는 작업에 종사하게 하고 야간에는 독방에 수용하여 교화개선을 시도하는 제도

	㉠	㉡	㉢	㉣			㉠	㉡	㉢	㉣
①	ⓒ	ⓑ	ⓓ	ⓐ		②	ⓒ	ⓓ	ⓑ	ⓐ
③	ⓓ	ⓐ	ⓒ	ⓑ		④	ⓓ	ⓒ	ⓐ	ⓑ

정답 및 해설

- ㉠ - ⓒ **펜실베니아제**: 절대침묵과 정숙을 유지하며 주야구분 없이 엄정한 독거수용을 통해 회오반성을 목적으로 한 구금방식으로 엄정독거제, 분방제, 필라델피아제로 불린다.
- ㉡ - ⓓ **오번제**: 엄정독거제의 결점을 보완하고 혼거제의 폐해인 수형자 상호 간의 악풍감염을 제거하기 위한 구금 형태로 절충제(엄정독거제와 혼거제를 절충), 완화독거제(반독거제. 엄정독거제보다 완화된 형태), 교담금지제(침묵제. 주간작업 시 엄중침묵 강요)라고도 한다.
- ㉢ - ⓑ **엘마이라제**: 엘마이라 감화원에서 처음 실시한 것으로 마코노키의 잉글랜드제, 크로프톤의 아일랜드제 및 부정기형제도를 결합하여 최고 형기를 설정한 일종의 상대적 부정기형 하에서 행형성적에 따라 진급하는 누진제를 채택하고 수형자의 발분노력을 통한 자력개선에 초점을 두었다.
- ㉣ - ⓐ **카티지제**: 소집단 처우제도로서 기존의 대집단 처우제도가 대규모 시설에서의 획일적이고 기계적인 수용처우라는 단점을 보완하기 위한 대안적 제도로, 소집단으로 가족적인 분위기에서 처우한다.

정답 ②

04 구금 및 교정처우제도에 대한 설명으로 옳지 않은 것은?

2024. 교정 7급

① 펜실베이니아제(Pennsylvania system)는 혼거구금을 통해 상호 간의 대화를 장려하여 자신의 범죄에 대해 반성하고 속죄케 하는 정신적 개선에 중점을 둔 구금제도이다.
② 오번제(Auburn system)는 주간에는 대화를 엄격히 금지한 가운데 수형자들을 공장에 혼거 취업하게 하고, 야간에는 독방에 구금하여 취침하게 하는 제도이다.
③ 보스탈제(Borstal system)는 주로 16세에서 21세까지의 범죄소년을 수용하여 직업훈련 및 학과 교육 등을 실시함으로써 교정·교화하려는 제도이다.
④ 아일랜드제(Irish system)는 단계별 진급에 따라 수용자들을 관리하고 석방이나 조건부 석방이 가능한 제도이다.

정답 및 해설

① [×] 펜실베니아제는 절대침묵과 정숙을 유지하며 주야구분 없이 엄정한 독거수용을 통해 회오반성을 목적으로 한 구금방식으로, 범죄의 원인은 범죄자의 마음에 근원하기 때문에 독거구금되어 침묵을 강요당함으로써 자신의 범죄에 대해서 반성하고 속죄케 하는 정신적 개선에 중점을 둔 구금제도이다.
② [○] 오번제는 엄정독거제의 결점을 보완하고 혼거제의 폐해인 수형자 상호 간의 악풍감염을 제거하기 위한 구금형태로, 야간에는 독거구금하고 주간에는 침묵상태에서 동료 수형자들과 함께 작업을 실시하도록 하였다.
③ [○] 보스탈이란 보호 또는 피난시설이란 뜻을 갖고 있으며 영국 켄트지방의 Borstal이란 곳에서 이런 시설이 있었던 것에서 일반화되었다. 주로 16세부터 21세까지의 범죄소년을 1년 이상 3년 이하의 부정기간 수용하고 직업훈련·학과 교육 등을 실시하여 교정·교화하는 것이다.
④ [○] 아일랜드제는 마코노키의 점수제를 응용하여 1854년 아일랜드의 교정국장인 크로프톤이 창안한 것으로 매월의 소득점수로 미리 정한 책임점수를 소각하는 방법이며, 잉글랜드제의 독거구금·혼거작업·가석방이라는 3단계에 반자유구금인 중간교도소제를 둔 4단계 처우방식으로, 가석방자에 대해 경찰감시를 실시하였다. 당시 크로프톤은 휴가증제도를 시행했는데, 이것이 보호관찰부 가석방(parole)의 시초가 되었다고 한다.

정답 ①

05 오번제(Auburn System) 구금방식에 대한 설명을 모두 고른 것은?

2012. 교정 9급

㉠ 엄정독거제의 결함을 보완할 수 있다.
㉡ 수형자를 개별특성에 따라 소수의 카티지로 분류수용할 수 있다.
㉢ 주간에는 혼거작업, 야간에는 독거수용을 원칙으로 한다.
㉣ 침묵제 또는 교담금지제라고도 부른다.
㉤ 퀘이커교도에 의한 미국 감옥개량운동의 결실이다.
㉥ 단기간의 강도 높은 구금 후 사회 내 처우를 한다.

① ㉠, ㉡, ㉥
② ㉡, ㉣, ㉥
③ ㉠, ㉢, ㉣
④ ㉡, ㉢, ㉥

정답 및 해설

③ [○] ㉠, ㉢, ㉣은 오번제에 대한 설명이고, ㉡은 카티지제, ㉤은 펜실베니아제, ㉥은 충격구금에 대한 설명이다.

정답 ③

06 구금제도 중 하나인 오번제(Auburn system)에 대한 설명으로 옳지 않은 것은?

2020. 5급 승진

① 1820년대 초 린즈(E. Lynds)에 의해 시행되었고 엄정독거제에 비하여 인간적이라는 평가가 있다.
② 주간에는 수형자를 공장에 혼거 취업하게 하되 상호 간의 교담을 엄격히 금지하고, 야간에는 독방에 구금하여 취침하게 하는 제도이다.
③ 완화독거제 또는 침묵제(silent system)라고도 불린다.
④ 인간의 본성인 공동생활의 습성을 박탈하지 않으므로 공동작업 중 악풍감염의 폐단이 발생한다는 단점이 있다.
⑤ 공모에 의한 도주·반항 등을 방지할 수 있다는 장점이 있다.

정답 및 해설

① [○] 오번제는 공동작업을 통하여 독거수용에 따른 문제점이 해결되고, 공동작업 중 엄중침묵을 강요함으로써 수형자 간 통모나 범죄학습 등의 문제도 해결할 수 있다. 따라서 엄정독거제에 비하여 사회적 처우가 어느 정도 가능하기 때문에 보다 인간적이다.
② [○] 오번제는 독거제의 단점과 혼거제의 결함을 동시에 보완할 수 있는 제도이다.
④ [×] 주간 작업 시 교담을 금지하고 야간에는 독거구금하므로 악풍감염의 문제가 해소된다.
⑤ [○] 펜실베니아제와 오번제의 공통적인 장점에 해당한다.

정답 ④

07 오번제에 대한 설명으로 옳은 것은 몇 개인가?

㉠ 주간에는 혼거 작업을 하고 야간에는 독거실에 격리시키는 구금형태이다.
㉡ 완화 독거제라고도 한다.
㉢ 작업 시 공동협의의 노동력 확보라는 시대적 요구에 부응하는 제도이다.
㉣ 당시 산업사회의 노동력 확보라는 시대적 요구에 부응하는 제도이다.
㉤ 엘람 린즈에 의해 창안되었다.
㉥ 수용자 스스로 정신적·도덕적 개선을 강조한다.

① 3개 ② 4개
③ 5개 ④ 6개

정답 및 해설

옳은 것은 ㉠, ㉡, ㉣, ㉤이다.
㉢ [×] 작업 시 침묵이 기본조건이다.
㉥ [×] 펜실베니아제도에 대한 설명이다.

정답 ②

08 구금방법에 대한 설명으로 옳지 않은 것은?

2018. 교정 9급

① 펜실베니아시스템(Pennsylvania System)은 독거생활을 통한 반성과 참회를 강조한다.
② 오번시스템(Auburn System)은 도덕적 개선보다 노동습관의 형성을 더 중요시한다.
③ 펜실베니아시스템은 윌리엄 펜(William Penn)의 참회사상에 기초하여 창안되었으며, 침묵제 또는 교담금지제로 불린다.
④ 오번시스템은 엘람 린즈(Elam Lynds)가 창안하였으며, 반독거제 또는 완화독거제로 불린다.

정답 및 해설

오번제는 독거제의 단점과 혼거제의 결함을 동시에 보완할 수 있는 제도로서 의미를 부여받고 있는데, 그 이유는 공동작업을 통하여 독거수용에 따른 문제점이 해결되고, 작업 중 엄중침묵을 강요함으로써 수형자 간 통모나 범죄학습 등의 문제도 해결할 수 있기 때문이다.
③ [×] 펜실베니아제는 엄정독거제, 분방제, 필라델피아제로 불리며, 오번제는 절충제(엄정독거제와 혼거제를 절충), 완화독거제(반독거제. 엄정독거제보다 완화된 형태), 교담금지제(침묵제. 주간작업 시 엄중침묵 강요)라고도 한다.

정답 ③

09 다음 설명 중 옳지 않은 것은?

① 벨기에의 간트(Gand) 교도소는 분류수용이 보다 과학적으로 시행되고, 개선된 의료시설을 구비한 가장 모범적인 근대교도소의 효시로 평가된다.
② 네덜란드의 암스테르담(Amsterdam) 노역장은 가장 오래된 최초의 교정시설로 평가받고 있다.
③ 파빌리온(Pavillion)식은 푸신(Pussin)에 의해 고안된 구조로서 사동(수용동) 간 공간이 확보되어 채광과 통풍 등 보건위생에 유리하고 수용자의 유형별 처우 및 경비기능에 유리하다. 우리나라의 전주형과 유사한 형태이다.
④ 오번(Auburn)형은 주간에는 혼거작업하고 야간에는 독거수용하게 하는 완화독거제에 적합한 건축구조를 말한다.

정답 및 해설

① [○] 간트교도소는 팔각형(분방식, 방사익형)의 구조로 시설 면에서 가장 모범적인 근대 교도소의 효시로 평가된다.
② [×] 영국의 브라이드웰(Bridewell) 교정원(1555)을 가장 오래된 교정시설로 보고 있다. 이 시설은 형벌집행보다는 노동부과가 주된 수단으로 이용되었다는 점에서 자유형 시설로는 보지 않는다. 네덜란드 암스테르담 노역장(1595)은 노동을 통한 개선을 도모하는 범죄자 교화목적의 최초 시설이라는 점에서 최초의 자유형 시설로 인정받고 있다.
③ [○] 파빌리온식은 평렬 또는 병렬식 구조로, 1898년 파리 근교의 프레스네스 감옥에서 채택되었다.
④ [○] 오번형 구조는 주간에는 엄정침묵 하에 혼거작업하고 야간에는 독거수용하게 하는 완화독거제에 적합한 건축구조이다. 외창이 없는 2열의 사방이 잔등을 맞댄 내방식 구조로 통풍과 채광에 불리하다.

정답 ②

10 벤담(Bentham)의 파놉티콘(Panopticon)형 건축양식에 대한 설명으로 옳지 않은 것은?

① 일망감시구조이다.
② 수용자의 상호접촉과 범죄감염을 막을 수 있다.
③ 감시비용이 많이 소요된다는 단점이 있다.
④ 원형 독거방 형태를 띠며, 보안기능에 유리하다.

정답 및 해설

③ [×] 감시비용이 적게 드는 장점이 있다.

> **파놉티콘식 구조**
> ㉠ 벤담(Bentham)은 소수의 감시자가 자신을 드러내지 않고 모든 수용자를 감시할 수 있는 형태의 감옥을 제안하면서 이 말을 창안했다.
> ㉡ 이 형태의 감옥은 여러 명의 죄수를 야간에 혼거시키려는 것으로서 당시의 감옥개혁가들이 범죄전염방지를 위해 주장하였던 독거제와는 다소 배치되는 것이었다.
> ㉢ 의회의 반대 및 당시 열악한 건축기술로 실제로 건립되지는 않았으나, 현대 교도소 건축에 많은 영향을 미쳤다.

정답 ③

11 감옥개량운동을 전개한 존 하워드(John Howard)의 주장이 아닌 것은?

① 수형자의 인권보장과 건강을 유지시켜야 한다.
② 수형자의 연령층과 성별에 따라서 분리수용하여야 한다.
③ 통풍과 채광이 잘 되는 구금시설을 확보하고 교도소 내의 노동조건을 개선시켜야 한다.
④ 수형자는 사회성을 유지하기 위하여 혼거하여야 한다.

정답 및 해설

④ [×] 영국의 박애주의자 존 하워드(John Howard)는 『영국과 웰스의 감옥상태』(1777)를 통하여 수형자의 인권보장과 건강을 유지시켜야 하고, 수형자를 연령층과 성별에 따라서 분리수용하여야 하며, 통풍과 채광이 잘되는 구금시설을 확보하고 교도소 내의 노동조건을 개선할 것 등을 역설하였다. 또한 혼거제의 폐해를 지적하고 독거제를 주장하였다.

> **존 하워드(John Howard)의 주장 내용**
> ㉠ **위생시설 확충**: 통풍과 채광이 잘되는 구금시설을 확보(전염병으로 사망한 수용자가 사형집행으로 사망한 자보다 많은 점을 지적)
> ㉡ **분리수용**: 수형자를 연령층과 성별에 따라서 분리수용하여야 함
> ㉢ 교도관의 공적 임명과 충분한 보수 지급(시찰관은 무보수의 명예직으로 할 것)
> ㉣ 수형자의 인권 보장
> ㉤ 교도소 내의 노동조건을 개선하여야 함(감옥은 단순한 징벌장소가 아닌 개선장소가 되어야 함)
> ㉥ 독립된 행정관청에 의한 수형자 통제
> ㉦ 최초 독거제 실시 주장
> ㉧ 강제노동을 통한 수형자 개선방안 제시(강제노동은 응보적이고 약탈적 목적이 아니라 교육적이고 개선적 목적일 것)
> ㉨ 감옥내에 교회당을 설치하고 성서나 기도서를 비치할 것
> ㉩ 수형실적에 따른 형기단축제도를 도입하여 수형자의 자력개선을 촉진할 것

정답 ④

12 독거제에 대한 설명으로 옳지 않은 것은?

① 독거제는 수용자의 반성·회오를 강조하는 것으로, 수용자의 심리적 안정에 도움이 된다.
② 주야엄정독거제는 윌리엄 펜이 주장한 것으로, 펜실베니아제라고도 하며, 월넛교도소가 최초로 도입하였다.
③ 독거제는 수용자의 정신적 개선에 중점을 둔 제도이지만, 혼거제는 사회적응력 함양에 중점을 둔 제도이다.
④ 독거제는 수용자의 개별적 처우 및 감시·감독에 편리하다.
⑤ 독거제는 집단 교화작업 부여에 불리하여 수형자의 재사회화에 적합하지 않다.

정답 및 해설

① [×] 독거제는 수형자의 신체 및 정신적 장애유발의 원인이 될 수 있다.

💡 **독거수용 vs 혼거수용**

구분	독거수용	혼거수용
장점	• 수용자 스스로 반성 내지 속죄할 수 있는 기회를 제공 • 수용자 간의 악풍감염 예방, 위생상 감염병 예방 등에 유리 • 수용자 개별처우에 용이 • 수용자의 명예감정을 보호 • 미결수용자의 경우 증거인멸 및 공모·위증을 방지 • 교도관의 계호상 감시·감독 및 질서유지에 편리	• 수용자의 심신단련을 도모 • 행형건축비와 인건비를 절감 • 시설관리면에서 용이 • 형벌 집행의 통일성을 유지 • 작업훈련에 간편을 기할 수 있음 • 공동작업을 통한 수형자의 재사회화와 사회적 훈련에 용이 • 수용자 상호 간의 감시를 통한 자살 등의 교정사고 방지에 기여
단점	• 교육·교회·운동·작업 등 집단적 교육훈련과 수형자의 자치활동 등 사회적 훈련에 부적합 • 수용자 신체의 허약·정신장애의 우려 및 수형자 상호 간의 감시가 없으므로 자살사고를 방지하기 곤란 • 혼거제보다 많은 감독인원이 필요하고 행형시설 건축에 있어서 비용이 많이 듦	• 수용자 상호 간 갈등증폭과 악풍감염의 우려 • 독거제보다 개별처우가 곤란 • 출소 후 공범범죄의 가능성 • 교도관의 계호상 감시감독 및 질서유지 곤란 • 위생·방역상 어려운 점

정답 ①

13. 구금방식에 대한 설명으로 옳지 않은 것은?

① 현재 우리나라의 교정시설에서는 시설의 부족 등으로 실제로는 혼거제로 운영되지만, 현행 「형의 집행 및 수용자의 처우에 관한 법률」은 독거제를 원칙으로 한다.
② 절대침묵과 정숙을 유지하며 주야 구분 없이 엄격한 독거수용을 통한 자기반성을 목적으로 하는 펜실베니아제는 집단훈련에 매우 적합한 구금제도로 평가되고 있다.
③ 뉴욕주에서 실시한 오번제는 펜실베니아제의 엄정 독거제의 결점을 보완하면서 혼거제의 폐해인 수형자 상호 간의 악풍감염을 제거하기 위한 제도로서 미국에서는 싱싱교도소에서 이 제도를 채택하여 운영하였다.
④ 엘마이라제는 수형자의 자력개선에 중점을 두는 행형제도로서 감화제라고도 하는데, 이는 부정기형과 누진처우 점수제를 결합하여 행형성적의 등급에 따라 처우를 완화하고 가석방하는 것을 내용으로 한다.
⑤ 카티지제는 기존의 행형시설이 대형화·집단화됨에 따라 획일적·기계적으로 운용되어 많은 결점을 보인 것에 착안하여 이러한 폐해를 줄이고자 시도된 소집단처우제도라고 할 수 있다.

정답 및 해설

② [×] 엄정한 독거제를 통한 자기반성을 강조하는 펜실베니아제(필라델피아제)는 주로 범죄자 개인의 정신적 개선을 목적으로 한다. 공동생활이 불가능하기 때문에 집단훈련에는 적합하지 않은 제도이다.

정답 ②

제4절 | 교정과 교정학연구

01 협의의 교정의 개념에 해당되지 않는 것은? 2015. 9급 경채

① 자유형 집행자
② 미결수용자
③ 자유박탈적 보안처분
④ 노역장 유치명령자

정답 및 해설

③ [×] 협의의 교정은 최협의의 교정(자유형과 노역장유치자의 형집행 절차)에 미결수용자 및 사형확정자에 대한 처우, 법률과 적법한 절차에 따라 교정시설에 수용된 사람(보호관찰대상자의 유치, 감치명령을 받은 자, 일시수용자, 피보호감호자)에 대한 처우를 포함한다. 즉, 형집행법상 수용자의 개념이다.

정답 ③

02 교정제도의 역사적 발전 단계를 시대순으로 바르게 나열한 것은? 2019. 교정 7급

㉠ 일반예방에 입각한 심리강제와 가혹하고 준엄한 형벌부과를 강조하였다.
㉡ 실증적인 범죄분석과 범죄자에 대한 개별적 처우를 실시하였다.
㉢ 인간다운 삶의 권리, 법률구조, 종교의 자유 등 헌법상 보장된 기본적 인권을 수형자들에게도 폭넓게 인정하였다.
㉣ 공리주의의 영향을 받았으며, 국가형벌권의 행사에 있어서도 박애주의 사상이 도입되었다.

① ㉠ ⇨ ㉡ ⇨ ㉣ ⇨ ㉢
② ㉠ ⇨ ㉢ ⇨ ㉣ ⇨ ㉡
③ ㉠ ⇨ ㉣ ⇨ ㉡ ⇨ ㉢
④ ㉡ ⇨ ㉠ ⇨ ㉢ ⇨ ㉣

정답 및 해설

③ [○] ㉠ 위하적 단계 ⇨ ㉣ 교육적 개선단계 ⇨ ㉡ 과학적 처우단계 ⇨ ㉢ 사회적 권리보장단계 순이다.

정답 ③

03 행형과 교정에 대한 설명으로 가장 옳지 않은 것은?

① 행형은 형사정책인 합목적성을 추구하는 반면, 교정은 수형자의 사회복귀를 목적으로 하는 정책적 의욕이 담겨져 있다.
② 행형은 형식적·법률적 측면을 강조하는 반면, 교정은 실질적·이념적 측면을 강조한다.
③ 행형과 교정을 엄격히 구별하지 않는 것이 오늘날의 추세이다.
④ 행형은 교화개선을 우선시 하지만, 교정은 응보·일반예방·고통부과를 우선시 한다.

정답 및 해설

④ [×] 행형은 응보형주의하에서 구금확보기능에 중점을 두고 사용되어 왔고, 교정은 근대 이후 교육형주의가 대두됨에 따라 범죄인의 교화개선을 통한 사회복귀를 강조하면서 생성된 개념이다.

정답 ④

04 교정학을 다음과 같이 정의할 때 교정학의 연구대상에 포함되지 않는 것은?

> 교정학이란 형사제재 및 미결구금의 집행방법에 관한 학문 분과를 말한다.

① 효과적인 사회봉사명령의 실시에 관한 사항
② 구치소 수용자의 관리에 관한 사항
③ 양형기준의 수립에 관한 사항
④ 가석방의 기준에 관한 사항

정답 및 해설

형사제재는 광의로는 사형, 징역·금고 등 자유형, 벌금·과료 등의 재산형, 명예형 등의 형벌과 보호관찰 등의 보안처분을 포함한다고 할 수 있다.
③ [×] 형사사법정책 중 법원의 양형합리화 방안이다. 양형기준의 수립은 광의로는 범죄인에 대한 합리적 처벌이라는 점에서 교정의 대상으로서의 범죄인 처우와 연관된다고 할 수 있으나 이는 법원의 양형합리화 방안으로 교정학의 범위에서는 가장 거리가 멀다.

정답 ③

05 교도소의 특성을 설명하는 데 자주 이용되는 총체적 기관(Total institution)에 대한 설명으로 옳지 않은 것은?

① 사회학자 고프만(Goffman)이 미국의 교도소에서 오랜 기간 동안 참여관찰을 한 후 고안해낸 개념이다.
② 폐쇄적이고 자유가 박탈된 사회인 교도소에서 수용자의 자아상이 변화하는 모습을 잘 설명하고 있다.
③ 개인의 개별성이 약화되고, 사물화되는 것의 문제점에 관심을 가진다.
④ 소수의 관리자와 다수의 통제받는 사람을 상정하고 있다.

정답 및 해설

① [×] 사회학자 어빙 고프만(Erving Goffman)은 직접 2년 동안 정신요양원에서 체력관리 보조원으로서 참여관찰을 하였으며, 정신질환에 관한 연구를 처음 시작하였다. 고프만은 통제하는 사람과 통제받는 사람 간의 구체적인 상호작용을 통하여 인간의 자아개념 구성과 사회통제의 관계에 대한 이론적 입장을 제시하였다. 그 일환으로 정신질환자에 관한 그의 연구는 상황적으로 부적절한 비사회적 행동을 할 때 일종의 사회적 낙인이 찍힌다고 파악하였다. 사회통제가 가장 극단적으로 행해지는 총체적 기관이라는 개념을 통해 구성원들을 일정기간 동안 바깥 세계로부터 격리시킨 채 공식적으로 규격화되고 통제된 생활을 하게 함으로써 인간의 개체성을 말살시키려 한다고 비판하기도 하였다.

정답 ①

06 교정학의 연구에 대한 설명으로 옳지 않은 것은? 2024. 교정 7급

① 실험연구에서 실험집단과 통제집단을 무작위 할당하는 이유는 두 집단 간 통계적 등가성을 확보하기 위함이다.
② 참여관찰법은 연구자가 조사대상의 활동에 참여함으로써 조사대상에 대한 생생한 실증자료를 얻을 수 있다.
③ 공식범죄통계는 발생한 모든 범죄를 집계하기 때문에 전체 범죄실태가 정확히 파악될 수 있다.
④ 피해자조사는 공식범죄통계자료의 한계를 극복하고 범죄예방대책을 마련하기 위한 자료로 활용될 수 있다.

정답 및 해설

① [○] 실험연구는 설정된 가정을 검증하기 위하여 제한된 조건하에서 반복적으로 이루어지는 관찰을 의미하며, 실험집단과 통제집단의 유사성(등가성. 비슷한 가치)을 확보하기 위해 무작위 할당방법이 주로 활용된다.
② [○] 참여관찰법은 관찰자(연구자)가 직접 범죄자 집단에 들어가 함께 생활하면서 그들의 생활을 관찰하는 조사방법을 말하며, 체포되지 않은 범죄자들의 일상을 관찰할 수 있으므로 범죄인에 대한 생생한 실증자료를 얻을 수 있다.
③ [×] 공식범죄통계는 수사기관 등 정부기관이 범죄와 범죄자에 대한 다각적인 분석결과를 집계한 것으로, 범죄현상에 대한 대량적 관찰을 가능하게 하는 기초자료이다. 범죄현상의 양적·외형적·일반적 경향 파악에 유용하지만, 일선경찰서의 사건처리방침과 경찰관들의 재량행위로 인하여 범죄율이 왜곡되고 축소될 가능성이 있으며, 범죄의 구체적 상황이나 범죄자의 개인적 특성 등 질적 파악 및 범죄의 인과관계의 해명이 어렵다. 또한 공식통계자료는 가해자 중심으로 수집된 자료이기 때문에 발견되지 않은 범죄, 즉 암수범죄(숨은 범죄)에 대한 관심이 도외시되어 사회에서 실제 발생하는 범죄양상과 심각한 편차가 있는 것으로 지적된다. 즉, 객관적인 범죄상황을 정확히 나타내 주지 못한다.
④ [○] 피해자조사는 실제 범죄의 피해자로 하여금 범죄의 피해경험을 보고하게 하는 방법이다. 암수범죄의 규모를 파악할 수 있게 하여 실제의 범죄발생량을 추산할 수 있고, 범죄유형 간의 상대적 비교도 가능하므로 공식통계의 문제점을 보완할 수 있다. 피해자의 역할 등 범죄발생 과정을 밝혀 줌으로써 범죄예방 특히 피해의 축소와 범행기회의 제거 측면에서 유용한 자료로 제공된다.

정답 ③

제2장 수형자 처우모델과 처우원리

제1절 | 처벌중점의 교정

  억제이론에 대한 설명으로 가장 옳지 않은 것은? 2024. 해경간부

① 억제이론은 처벌의 신속성, 확실성, 엄격성의 효과를 강조한다.
② 형벌의 특수적 억제효과란 범죄를 저지른 사람에 대한 처벌이 일반시민들로 하여금 처벌에 대한 두려움을 불러일으켜서 결과적으로 범죄가 억제되는 효과를 말한다.
③ 범죄자에 대한 처벌의 억제효과는 범죄자의 자기통제력 수준에 따라 달라질 수 있다.
④ 억제이론의 기초가 되는 것은 인간의 공리주의적 합리성이다.

정답 및 해설

② [×] 억제 또는 제지이론은 인간이란 합리적으로 즐거움과 고통, 이익과 비용을 계산할 줄 아는 이성적 존재이기 때문에 범죄의 비용이 높을수록 범죄수준은 낮아질 것이라는 가정, 즉 처벌을 강화하면 두려움과 공포로 인하여 사람들의 범죄동기가 억제되고 범죄는 줄어들 것이라는 가정에 기초한 이론으로 일반제지와 특별제지의 두 가지 형태로 논의되어 왔다. 범죄 억제 구성요소로 처벌의 확실성, 처벌의 엄중성, 처벌의 신속성이 있다.

정답 ②

  억제이론(Deterrence theory)에 관한 설명으로 가장 적절하지 않은 것은? 2022. 경찰2차(경행)

① 억제(deterrence)는 고전주의 범죄학파의 주요 개념 중 하나이다.
② 효과적인 범죄억제를 위해서는 처벌이 확실하고 엄격하며 신속해야 한다.
③ 일반억제(general deterrence)는 전과자를 대상으로 한 재범방지에 중점을 둔다.
④ 촉법소년의 연령 하향을 주장하는 학자들의 이론적 근거 중 하나이다.

정답 및 해설

①, ② [○] 억제의 개념은 고전주의 범죄학자인 베카리아와 벤담의 주장에 근거하며, 고전주의 범죄학의 기본전제인 인간의 자유의지와 합리성을 기반으로 한 억제이론은 처벌의 확실성, 엄격성, 신속성에 의해 계량된 처벌의 고통과 범죄로 인한 이익 사이의 함수관계로 범죄를 이해하였다.
③ [×] 특별억제에 대한 설명이다. 일반억제는 범죄자들에 대한 처벌의 위협에 의해서 잠재적인 범죄자들의 범죄행위를 억제할 수 있다는 관점이다.
④ [○] 심리적 억제이론에 기반한 것으로, 처벌이 확실하고 엄격하며 신속하게 이루어지면 범죄가 억제된다는 것이다.

정답 ③

03 교정이념 중 무력화(incapacitation)에 대한 설명으로 옳지 않은 것은?

2023. 교정 7급

① 일반적으로 구금을 의미하고, 국외추방이나 사형집행도 포함한다.
② 집단적 무력화(collective incapacitation)란 재범의 위험성이 높다고 판단되는 상습범죄자의 구금을 통해 추가적인 범죄가 발생할 가능성을 제거하는 것을 의미한다.
③ 선택적 무력화(selective incapacitation)는 과학적인 방법으로 범죄를 예측하며, 교정자원을 효율적으로 활용할 수 있다.
④ 무력화 대상자 선택에 있어 잘못된 긍정(false positive)과 잘못된 부정(false negative)의 문제를 야기할 수 있다.

정답 및 해설

① [○] 무능력화란 소수의 위험한 범죄인들이 사회의 다수 범죄를 범한다는 현대 고전주의 범죄학의 입장에서 제기된 것으로, 범죄자를 국외추방하거나 사형집행, 구금함으로써 그 범죄자가 만약 사회에 그대로 있었다면 저지를 수 있는 범죄를 행하지 못하게 범죄의 능력을 무력화시키자는 논리이다.
② [×] 선별(선택)적 무능력화에 대한 설명이다. 집합(집단)적 무능력화는 유죄가 확정된 모든 강력범죄자에 대해 장기형의 선고를 권장하는 것을 말한다.
③ [○] 선별(선택)적 무능력화는 과학적 방법에 의해 재범의 위험성이 높은 것으로 판단되는 개인을 구금하는 전략으로 집합적 무능력화에 비하여 교정예산의 절감에 도움이 되며, 교정자원을 효율적으로 활용할 수 있고, 과밀수용문제도 해소할 수 있다.
④ [○] 무력화 대상자 선택에 있어 잘못된 긍정과 잘못된 부정의 문제를 야기할 수 있다. 잘못된 긍정은 위험성이 있는 것으로 예측되었으나 사실은 아무런 위험성이 없는 경우, 즉 위험성이 없는 데도 위험한 것으로 예측되어 장기간 구금되어 선별적으로 무능력화되는 경우를 말한다. 잘못된 부정은 위험성이 없는 것으로 예측되었으나 사실은 위험성이 높은 경우로서, 위험이 있음에도 없는 것으로 예측되어 수용을 통해 구금되지 않음으로써 범죄능력이 무력화되지 않아 사회에 대한 위험을 야기시키는 경우를 말한다.

정답 ②

04 교정의 이념에 대한 설명으로 옳지 않은 것은?

2021. 교정 7급

① 집합적 무력화(collective incapacitation)는 과학적 방법을 활용하여 재범의 위험성이 높은 것으로 판단되는 개인을 구금하기 위해서 활용되고 있다.
② 범죄자를 건설적이고 법을 준수하는 방향으로 전환시키기 위해 범죄자를 구금하는 것을 교정의 교화개선(rehabilitation)적 목적이라고 할 수 있다.
③ 무력화(incapacitation)는 범죄자가 구금기간 동안 범행할 수 없도록 범행의 능력을 무력화시키는 것을 의미한다.
④ 형벌의 억제(deterrence)효과는 처벌의 확실성, 엄중성 그리고 신속성의 세 가지 차원에 의해 결정된다.

정답 및 해설

① [×] 선별적 무능력화(selective incapacitation)는 과학적 방법에 의해 재범의 위험성이 높은 것으로 판단되는 개인을 구금하기 위해서 활용되고 있으며, 위험성이 높은 범죄자일수록 장기간 수용되는 부정기형제도와 궤를 같이한다. 집합적 무력화(collective incapacitation)는 유죄가 확정된 모든 강력범죄자에 대한 장기형의 선고를 권장한다.
② [○] 형벌과 교정의 목적 중에서 공리적 측면으로, 범죄자를 건설적이고 법을 준수하는 방향으로 전환시키기 위해 범죄자를 구금하는 것을 교정의 교화개선적 목적이라고 할 수 있으며, 지역사회의 안전에 초점을 맞추는 제지나 무능력화와는 달리 범죄자에 초점을 맞추고 있다. 교화개선을 통해 재소자들은 잃어버린 기술과 지식을 재습득하는 것이 아니라 처음부터 필요한 기술과 지식을 습득하는 것이다. 따라서 수형기간은 사회에서 건설적인 생활을 추구하고 영위하는 데 필요한 준비와 자격을 얻을 수 있도록 하는 데 초점이 모아져야 한다고 한다.

③ [○] 무능력화란 소수의 위험한 범죄인들이 사회의 다수 범죄를 범한다는 현대 고전주의 범죄학의 입장에서 제기된 것으로, 범죄성이 강한 자들을 추방·구금 또는 사형에 처함으로써 이들 범죄자가 사회에 존재하면서 행할 가능성이 있는 범죄를 원천적으로 행하지 못하도록 범죄의 능력을 무력화시키자는 논리이다.
④ [○] 형벌의 억제(제지)효과는 처벌의 확실성, 엄중성 그리고 신속성의 세 가지 차원에 의해 결정된다. 처벌의 확실성은 범죄의 결과로 처벌을 경험할 가능성을 의미하며 처벌받을 확률이 높을수록, 즉 처벌이 확실할수록 법률위반의 정도는 줄어들 것이라고 가정한다. 처벌의 엄중성은 벌금의 액수나 형기 등 형벌의 정도 또는 강도를 말하는데, 일반적으로 처벌이 강하고 엄하게 집행될수록 법률위반의 정도는 낮아진다는 가정이다. 처벌의 신속성은 범죄행위와 처벌 경험의 시간적 간격을 말하는 것으로 범행 후 빨리 처벌될수록 범죄가 더 많이 제지될 것이라고 가정한다.

정답 ①

05 선별적 무능력화(selective incapacitation)에 대한 설명으로 옳지 않은 것은? 2013. 교정 7급

① 집합적 무능력화(collective incapacitation)에 비하여 교정예산의 절감에 도움이 되지 않는다.
② 범죄자 대체효과를 야기할 가능성이 있어 범죄예방에 도움이 되지 않는다는 비판이 있다.
③ 잘못된 부정(false negative)과 잘못된 긍정(false positive)의 문제를 야기할 수 있다.
④ 과학적 방법에 의하여 재범의 위험성이 높은 것으로 판단되는 개인을 구금하는 방법이다.

정답 및 해설

① [×], ④ [○] 선별적 무능력화는 과학적 방법에 의해 재범의 위험성이 높은 것으로 판단되는 개인을 구금하는 전략으로, 집합적 무능력화에 비하여 교정예산의 절감에 도움이 된다. 또 상습적 누범자들의 격리를 통해 범죄를 감소시키고, 교정시설의 과밀화를 해소하는 효과를 거둘 수 있으며, 경미한 범죄자의 사회 내 처우를 활성화하는 데 유리하다.
② [○] 선별적 무능력화의 대표적인 반론이 범죄자 대체이다. 이들 중 누범자가 구금되더라도 그 자리는 다른 범죄자들이 대신 차지하게 되어 범죄감소효과는 사실상 기대하기 어렵다는 것이다.
③ [○] 무능력화의 중요한 문제는 장기간 무능력화시킬 대상자의 선별에 있다. 현재의 과학수준으로서는 정확한 예측이 가능하지 않으며, 이러한 예측의 어려움으로 인하여 파생되는 문제는 잘못된 긍정과 잘못된 부정이다.

정답 ①

06 다음의 괄호 안에 들어갈 내용으로 옳은 것은? 2010. 교정 7급

집합적 무력화(collective incapacitation)란 (A)를 정해진 기간 동안 구금함으로써 범죄를 예방할 수 있다고 보는 것이다. 반면에 선별적 무력화(selective incapacitation)란 (B)를 장기간 구금함으로써 대부분의 중요범죄를 예방할 수 있다고 주장한다. 그런데 선별적 무력화는 (C)으로 개인의 자유와 인권을 침해할 우려가 있으며, (D)으로 인하여 안전한 사람을 지속적으로 수용할 우려가 있다.

㉠ 모든 범죄자 ㉡ 소수의 위험한 범죄자
㉢ 잘못된 긍정(false positive) ㉣ 잘못된 부정(false negative)

	A	B	C	D		A	B	C	D
①	㉠	㉡	㉢	㉣	②	㉠	㉡	㉣	㉢
③	㉡	㉠	㉣	㉢	④	㉠	㉡	㉢	㉣

정답 및 해설

- 잘못된 긍정(false positive)은 위험성이 있는 것으로 예측되었으나 사실은 아무런 위험성이 없는 경우, 즉 위험성이 없음에도 위험한 것으로 예측되어 장기간 구금되어 무능력화되는 경우로서, 개인의 자유 및 인권침해와 관련되기 때문에 심각한 윤리적·도덕적 문제뿐만 아니라 법률적 문제도 야기시킬 수 있다. 반면, 잘못된 부정(false negative)은 위험성이 없는 것으로 예측되었으나 사실은 위험성이 높은 경우, 즉 위험이 있음에도 없는 것으로 예측되어 구금되지 않음으로써 범죄능력이 무력화되지 않아 사회에 대한 위험을 야기시키는 경우를 말한다.
- C와 D는 모두 잘못된 긍정에 해당하는 것으로 범죄의 위험성이 없음에도 사회적으로 안전한 사람을 지속적으로 수용하여 개인의 자유와 인권을 침해할 우려가 있음을 나타내고 있다.

정답 ④

다음 글에서 설명하는 것으로 옳은 것은? 2020. 교정 7급

> 재범위험성이 높다고 판단되는 상습범죄자를 장기간 구금한다면 사회 내의 많은 범죄를 줄일 수 있다.

① 다이버전
② 충격구금
③ 중간처우소
④ 선택적 무력화

정답 및 해설

④ [○] 선별적 무력화(selective incapacitation)에 대한 설명이다. 선별적 무력화는 경력범죄자의 연구에서 비롯된 것으로 재범가능성에 대한 개인별 예측에 의해 범죄성이 강한 개별 범죄자를 선별적으로 구금하거나 형량을 강화하는 것이다.

정답 ④

제2절 | 교화개선중점의 교정

교정의 이념으로서 재통합(reintegration)을 채택할 때 가장 가능성이 높을 것으로 예상되는 교도행정의 변화는? 2020. 5급 승진

① 가석방 및 부정기형 폐지
② 교도소에서의 엄격한 질서유지 강조
③ 보호감호제도 신설
④ 교도소에서 재소자를 위한 대인관계 개선프로그램 신설
⑤ 중간처우소 신설

정답 및 해설

⑤ [○] 재통합모형의 가장 기본적인 가정은 범죄자의 문제는 범죄문제가 시작된 바로 그 사회에서 해결되어야 한다는 것이며, 범죄자의 사회재통합을 위해서는 지역사회와의 의미 있는 접촉과 유대 관계가 중요한 전제이다. 이러한 가정과 전제를 가장 효율적으로 달성할 수 있는 대안으로서 지역사회에 기초한 교정을 강조한다. 재통합적 지역사회교정의 대표적인 프로그램으로 중간처우소(Halfway house), 집단가정(group house) 등이 있다.

정답 ⑤

02 교정의 이념에 대한 설명으로 옳지 않은 것은?

2015. 교정 7급

① 사회적 결정론자들은 사회경제적 조건을 범죄의 원인으로 보기 때문에 시장성 있는 기술 교육과 취업기회의 제공 등으로 범죄자를 복귀시키는 경제모델(economic model)을 지지한다.
② 재통합모델(reintegration model)은 범죄자의 사회재통합을 위해서 지역사회와의 의미 있는 접촉과 유대관계를 중시하므로 지역사회 교정을 강조한다.
③ 의료모델(medical model)은 범죄자가 자신의 의지에 따라 의사를 결정하고 선택할 능력이 없으며 교정을 통해서도 치료할 수 없기 때문에 선택적 무력화(selective incapacitation)를 주장한다.
④ 정의모델(justice model)은 형사사법기관의 재량권 남용은 시민에 대한 국가권력의 남용이라고 보아 공정성으로서 정의를 중시한다.

정답 및 해설

① [○] 사회학적 결정론자들은 사회경제적 조건을 범죄행위의 주요 원인으로 보아 범죄자는 시장성 있는 기술이 부족하기 때문에 합법적 취업기회가 없어서 범죄행위를 하게 된다고 규정하고, 범죄자들에 대한 처우방법으로 사회경제적 기회의 제공을 강조하는 경제적 모형(economic model)을 주장한다. 이들 경제적 모형론자들은 취업시장에서 경쟁성을 제고하기 위한 기술을 범죄자에게 제공하는 것과 취업알선이나 취업기회의 증대 등 출소 후 합법적 기회를 향상시키고자 하는 두 가지 방법으로 범죄자를 사회에 복귀시키고자 한다.
③ [×] 의료모델은 범죄자는 자신의 의지에 따라 의사를 결정하고 선택할 능력이 없으며, 교정을 통해서 치료될 수 있다고 한다. 결정론적 시각에서 범죄자를 사회화나 인성에 결함이 있는 환자로 취급하면서, 범죄의 원인은 치료의 대상이고 완치될 수 있다고 보아 치료모델이라고도 한다. 선택적 무력화(선별적 무능화)는 정의모델에서 제시한 내용이다.

정답 ③

03 교정의 이념에 대한 설명으로 옳지 않은 것은?

2016. 5급 승진

① 교화개선(rehabilitation)은 범죄자에 초점을 맞춘 것으로 재소자들에게 기술과 지식을 습득하게 하여 사회복귀를 도모하는 것이다.
② 선택적 무력화(selective incapacitation)는 범죄자의 특성에 기초하여 행해지고, 범죄자의 개선을 의도하지 않는 점에 특색이 있으며, 비슷한 정도의 범죄를 저지른 사람들에게 비슷한 정도의 장기형이 선고되어야 한다는 입장이다.
③ 응보주의(retribution)는 탈리오(Talio) 법칙과 같이 피해자에게 가해진 해악에 상응하는 처벌을 하는 것이다.
④ 억제(deterrence)는 처벌의 확실성, 엄중성, 신속성의 3가지 차원에서 결정되므로 재소자에 대한 엄정한 처벌이 강조된다.
⑤ 정의모델(just deserts)은 사법기관이나 교정기관의 재량권 남용에 대하여 비판하고 부정기형의 폐지를 주장한다.

정답 및 해설

① [○] 교화개선은 지역사회의 안전에 초점을 맞추는 제지나 무능력화와는 달리 범죄자에 초점을 맞추고 있으며, 수형기간은 사회에서 건설적인 생활을 추구하고 영위하는 데 필요한 준비와 자격을 얻을 수 있도록 하는 데 초점이 모아져야 한다고 한다.
② [×] 선별적 무력화는 범죄자의 특성에 기초하여 행해지고, 범죄자를 개선하고자 의도하지 않는다. 비슷한 정도의 범죄를 저지른 사람들에게 비슷한 정도의 장기형이 선고되어야 한다는 것은 집합적 무력화의 입장이다.

③ [○] 처벌이란 피해자에게 가해진 해악의 정도뿐만 아니라 그 피해가 가해진 방법과 형태에도 상응해야 한다.
④ [○] 제지(억제)이론은 처벌을 강화하면 두려움과 공포로 인하여 사람들의 범죄동기가 억제되고 범죄는 줄어들 것이라는 가정에 기초한 이론으로 범죄억제요소로 처벌의 확실성, 엄중성, 신속성이 있다.
⑤ [○] 정의모델은 형사사법기관의 재량권 남용은 시민에 대한 국가권력의 남용이라고 보아 공정성으로서 정의를 중시한다.

정답 ②

04 다음이 설명하는 교정처우모델로 가장 적절한 것은?

2022. 경찰2차(경행)

> 범죄자의 문제는 범죄가 발생한 사회 내에서 해결되어야 한다는 전제를 기초로 한 교정처우모델로 지역사회에 기반한 교정프로그램을 강조한다.

① 정의모델(justice model)
② 의료모델(medical model)
③ 적응모델(adjustment model)
④ 재통합모델(reintegration model)

정답 및 해설

④ [○] 교화개선모델에는 의료모델(치료모델, 갱생모델), 개선모델(적응모델, 경제모델, 처우모델), 재통합모델(재사회화모델)이 있다. 재통합모델은 범죄자의 사회재통합을 위해서는 지역사회와의 접촉과 유대 관계가 중요한 전제이므로 지역사회에 기초한 교정을 강조한다.

정답 ④

05 범죄인처우모델(교정처우모델) 중 교화개선을 위한 모델과 가장 거리가 먼 것은?

2023. 경간부

① 의료모델(치료모델)
② 경제모델(적응모델)
③ 재사회화모델(재통합모델)
④ 정의모델(공정모델)

정답 및 해설

①, ②, ③ [○] 교화개선을 위한 모델(교화개선모델)이다.
④ [×] 사법정의를 위한 모델이다.

정답 ④

06 교화개선모형에 대한 설명으로 옳지 않은 것은?

2021. 교정 7급

① 범죄자의 형기는 범죄행위에 대한 것이 아니라 범죄자를 교화개선시키는 데 요구되는 시간이 되어야 한다.
② 적응모형(adjustment model)의 처우기법은 주로 지역사회에 기초한 사회복귀프로그램이다.
③ 교화개선모형에 입각한 대부분의 처우 프로그램은 효과가 없다고 비판받는다.
④ 범죄자의 사회재통합을 위해서는 지역사회와의 의미 있는 접촉과 유대관계가 전제되어야 한다.

정답 및 해설

① [○] 아메리카 프렌드 교도봉사위원회(AFSC)는 특정범죄자 유형을 분류하고 처우하는 데 중요한 의미를 갖지 못한다면 특정범죄행위는 교정에 있어서 아무런 의미가 없으며, 범죄자에 대한 형기는 범죄행위에 대한 것이 아니라 범죄자를 교화개선시키는 데 요구되는 시간이어야 한다고 주장하면서, 의료모형을 합리화하였다.
② [×] 적응(개선, 경제, 처우)모형은 범죄자들이 사회에서 보다 잘 적응할 수 있도록 도와주는 것이 주요 관심사이기 때문에 시설수용의 지나친 이용에는 반대하고 있다. 그러나 주로 사용하는 처우기법은 시설 내 처우인 현실요법, 교류분석, 집단상호작용, 환경요법, 요법처우공동체, 행동수정 등이 있다. 지역사회에 기초한 사회복귀프로그램은 재통합모형(reintegration model)과 관련이 있다.
③ [○] 교화개선모형에 대한 실증적인 비판은, 범죄자의 교화개선은 가능하며 얼마나 효과적인가 하는 것이다. 결론부터 말하면 대체로 부정적인 평가를 받고 있다. 즉, 교화개선이 재범률에 미치는 영향이 크지 않다는 것이다. 마틴슨(Martinson)은 대부분의 교화개선적 노력이 재범률을 크게 개선하지는 못하여 교정교화는 무의미하다(Nothing Works)고 하였고, 배일리(Bailey)는 교정처우가 효과적이라는 증거는 거의 없다고 주장하였으며, 워드(Ward)는 교정처우가 오히려 처우 참여자에게 부정적인 영향을 미쳤다고 주장하였다.
④ [○] 재통합모형의 가장 기본적인 가정은 범죄자의 문제는 범죄문제가 시작된 바로 그 사회에서 해결되어야 한다는 것이며, 범죄자의 사회재통합을 위해서는 지역사회와의 의미 있는 접촉과 유대 관계가 전제되어야 한다는 것이다. 그러므로 범죄자는 일반시민으로서, 직장인으로서, 가족구성원으로서 자신의 정상적인 역할을 수행할 수 있는 기회를 가질 수 있어야 한다.

정답 ②

현실요법, 교류분석, 환경요법 등의 교정처우와 가장 관련된 수형자 처우모델은?

① 구금모델
② 재통합모델
③ 의료모델
④ 적응모델

정답 및 해설

④ [○] 적응모델은 범죄자들이 사회에서 보다 잘 적응할 수 있도록 도와주는 것이 주요 관심사이기 때문에 시설수용의 지나친 이용에는 반대하고 있다. 사회학적 결정론을 전제로 하며, 범죄자도 자신에 대해서 책임질 수 있고 법을 준수하는 의사결정을 할 수 있다고 주장하며, 수용자에게 교정프로그램의 선택권을 인정하고 있다. 시설수용의 지나친 이용에는 반대하지만, 적응모형 주장자들은 현실요법, 교류분석, 집단상호작용, 환경요법, 요법처우공동체, 행동수정 등의 시설 내 처우기법을 주로 사용한다.

정답 ④

다음에서 설명하는 교화개선모형은?   2022. 교정 9급

- 1920년대 말과 1930년대 초에 미국 교정국 등의 주도하에 발전한 모델로 범죄 원인은 개인에게 있으므로 진단하고 치료할 수 있다고 본다.
- 처벌은 범죄자 문제를 해결하는 데 전혀 도움이 되지 않고, 오히려 범죄자의 부정적 관념을 강화시킬 수 있으므로 범죄자를 치료할 수 있는 치료 프로그램을 개발하고 적용하는 것이 필요하다.

① 적응모형(adjustment model)
② 의료모형(medical model)
③ 재통합모형(reintegration model)
④ 무력화모형(incapacitation model)

정답 및 해설

② [○] 의료모형에 대한 설명이다. 범죄는 우리가 밝힐 수 있는 원인에 의해서 이루어지며 치료하고 완치시킬 수 있으므로 처벌은 범죄자의 문제를 해결하는 데에는 아무런 도움이 안 되며, 오히려 범죄자가 이미 가지고 있는 부정적인 관념을 재강화시키기 때문에 범죄자의 처벌은 바람직하지 않다고 한다. 즉, 범죄자는 자신의 이성을 이용하여 자신의 자유에 따라 의사결정을 하고 선택할 능력을 결하고 있기 때문에 이들의 책임을 묻는 것으로 볼 수 있는 처벌은 옳지 못하다는 것이다. 그래서 범죄자의 치료를 위하여 다양한 정신건강시설의 폭넓은 활용을 권장하고 있다.

정답 ②

범죄자 처우의 모델에 대한 설명으로 옳지 않은 것은? 2018. 교정 9급

① 재통합모델 - 범죄자와 지역사회의 유대 및 지역사회에 기초한 처우를 중요시한다.
② 사법(정의·공정)모델 - 갱생에 대한 회의론과 의료모델로의 회귀경향이 맞물려 등장하였다.
③ 의료(치료·갱생)모델 - 수용자에 대한 강제적 처우로 인권침해라는 비판을 받았다.
④ 개선모델 - 가혹한 형벌을 지양하고 개선과 교화를 강조한다.

정답 및 해설

② [×] 사법(정의·공정)모델은 갱생에 대한 회의론과 구금모델로의 회귀경향이 맞물려 등장하였다. 즉, 개선모델과 의료모델의 인권침해적 요소(재량권 남용, 차별적 처우 등)에 대한 반성과 더불어 행형의 특별예방효과와 개방적 교정처우제도의 효과에 대한 의심에서 비롯되었다.

정답 ②

교정처우의 모델 중 재통합모델(또는 재사회화 모델)에 대한 설명으로 옳지 않은 것은? 2014. 교정 7급

① 수형자의 주체성과 자율성을 중시하여 수형자를 처우의 객체가 아니라 처우의 주체로 보기 때문에 처우행형과 수형자의 법적 지위확립은 조화를 이루기 어렵다고 본다.
② 범죄자의 사회재통합을 위해서는 지역사회와의 접촉과 유대 관계가 중요한 전제이므로 지역사회에 기초한 교정을 강조한다.
③ 수형자의 처우프로그램은 교도관과 수형자의 공동토의에 의해 결정되므로 처우프로그램에 수형자를 강제로 참여시키는 것은 허용되지 않는다고 본다.
④ 범죄문제의 근본적 해결을 위해서는 수형자 스스로의 행동 변화는 물론 범죄를 유발했던 지역사회도 변화되어야 한다는 입장이다.

정답 및 해설

① [×] 수형자의 주체성과 자율성을 인정하면서 수형자의 동의와 참여하에 처우프로그램을 결정하고 시행하게 되며, 수형자를 처우의 객체가 아니라 처우의 주체로 보므로 처우행형과 수형자의 법적 지위확립은 조화를 이루게 된다.

정답 ①

11 다음에 제시된 <보기 1>의 수용자 처우모형과 <보기 2>의 그에 대한 설명이 모두 바르게 연결된 것은?

2008. 교정 7급

─┤ 보기 1 ├─

㉠ 의료모형(medical model)　　　　㉡ 적응모형(adjustment model)
㉢ 재통합모형(reintegtation model)　㉣ 사법모형(justice model)

─┤ 보기 2 ├─

A. 범죄자의 문제는 범죄문제가 시작된 바로 그 사회에서 해결되어야 한다는 가정 아래 지역사회에 기초한 교정을 강조한다.
B. 범죄인을 결정론적 관점에서 바라보며, 범죄원인에 따라 인성의 결함을 치료해야 한다는 모형으로 부정기형 제도의 이론적 기초가 되었다.
C. 교도소는 사회복귀실행의 장소가 아니라 처벌의 장소라는 입장에서 정기형의 유지 및 가석방 폐지 등을 강조한다.
D. 범죄자는 병자이므로 처우를 필요로 하며 치료될 수 있다고는 믿지만, 동시에 자신의 행위에 대해서 책임질 수 있고 준법여부에 대한 의사결정을 스스로 할 수 있다고 본다.

① ㉠-A, ㉡-D, ㉢-B, ㉣-C
② ㉠-B, ㉡-D, ㉢-A, ㉣-C
③ ㉠-B, ㉡-D, ㉢-C, ㉣-A
④ ㉠-B, ㉡-C, ㉢-A, ㉣-D

정답 및 해설

㉠-B 의료모형은 1920년대 말과 1930년대 초에 미국 교정국 등의 주도하에 발전한 모델로 범죄 원인은 개인에게 있으므로 진단하고 치료할 수 있다고 본다. 처벌은 범죄자 문제를 해결하는 데 전혀 도움이 되지 않고, 오히려 범죄자의 부정적 관념을 강화시킬 수 있으므로 범죄자를 치료할 수 있는 치료 프로그램을 개발하고 적용하는 것이 필요하다.

㉡-D 개선(적응, 경제, 처우)모델은 1960~1970년대에 의료모델을 비판·보완하면서 등장한 이론으로 결정론적 시각에서 19세기 후반 진보주의자(실증주의자)들과 교육형사상에 기초하여 발전했다. 이들은 의료모형과 같이 범죄자는 비범죄자와 다른 병자이며 처우를 필요로 하고 치료될 수 있다고 믿고 있지만, 범죄자도 자신에 대해서 책임질 수 있고 법을 준수하는 의사결정을 할 수 있다고 주장한다. 주로 사용하는 교정처우기법으로 현실요법, 교류분석, 집단지도상호작용, 환경요법, 요법처우공동체, 행동수정 등이 있다.

㉢-A 재통합모델은 범죄자의 문제는 범죄문제가 시작된 바로 그 사회에서 해결되어야 한다는 것이며, 범죄자의 사회재통합을 위해서는 지역사회와의 의미 있는 접촉과 유대 관계가 전제되어야 한다는 것이다. 그러므로 범죄자는 일반시민으로서, 직장인으로서, 가족구성원으로서 자신의 정상적인 역할을 수행할 수 있는 기회를 가질 수 있어야 한다.

㉣-D 사법(정의·공정)모델은 갱생에 대한 회의론과 구금모델로의 회귀경향이 맞물려 등장하였다. 즉, 개선모델과 의료모델의 인권침해적 요소(재량권 남용, 차별적 처우 등)에 대한 반성과 더불어 행형의 특별예방효과와 개방적 교정처우제도의 효과에 대해 비판하고, 교도소는 사회복귀를 위한 장소가 아닌 처벌의 장소라는 입장에서 정기형의 유지와 가석방폐지 등을 강조한다.

정답 ②

12. 다음의 설명에 해당하는 수용자 처우모형으로 옳은 것은?

2013. 7급 승진

> 범죄자는 병자이므로 처우를 필요로 하며 치료될 수 있다고는 믿지만, 동시에 자신의 행위에 대해서 책임질 수 있고 준법여부에 대한 의사 결정을 스스로 할 수 있다고 본다.

① 의료모형(medical model)
② 적응모형(adjustment model)
③ 재통합모형(reintegration model)
④ 사법모형(justice model)

정답 및 해설

② [○] 개선(적응, 경제, 처우)모형에 대한 내용이다. 개선모형은 의료모형과 같이 범죄자는 비범죄자와 다른 병자이며 처우를 필요로 하고 치료될 수 있다고 믿고 있지만, 범죄자도 자신에 대해서 책임질 수 있고 법을 준수하는 의사결정을 할 수 있다고 본다. 다만, 그들의 과거의 문제를 들추지 않아야 한다고 주장한다.

정답 ②

제3절 | 정의모델

01. 교정 이념으로서의 정의모형에 대한 설명으로 옳지 않은 것은?

2018. 교정 7급

① 교화개선모형을 통한 수형자의 성공적인 사회복귀는 실패하였다고 주장한다.
② 처벌은 범죄로 인한 사회적 해악이나 범죄의 경중에 상응해야 한다고 주장한다.
③ 교화개선보다 사법정의의 실현이 바람직하고 성취 가능한 형사사법의 목표라고 주장한다.
④ 범죄자는 정상인과 다른 병자이므로 적절한 처우를 통하여 치료해 주어야 한다고 주장한다.

정답 및 해설

① [○] 교화개선모형이 추구하는 교정의 목적, 즉 수형자의 사회복귀는 효과적인 결과를 성취하지 못하였다고 주장한다. 적지 않은 비용을 투자하여 차별적 형사정책이라는 비난을 받아가면서 추진한 교화개선이 만족할 만한 성과를 거두지 못할 바에야 형사정책의 가장 기본적인 목적이라고 할 수 있는 사법정의의 실현이라도 추구하는 편이 더 바람직할 수 있다는 데서 정의모형은 출발한다.
② [○] 범죄자에게 가해지는 처벌은 범죄로 인하여 사회에 가해진 사회적 해악이나 범죄의 경중에 상응한 것이어야 한다. 이것이 당위적 공과론(just deserts. 범죄자가 당연히 벌을 받아야 마땅하기 때문에 가해지는 것이어야 한다는 논리)으로서 정의모형의 철학적 기초가 되고 있다.
③ [○] 포겔(Fogel)은 사법정의가 교화개선보다 바람직하고 성취 가능한 형사사법목표이며, 이는 공정하고 합리적이며 인본적이고 합헌적인 관행에 의해서 이루어질 수 있다고 주장하였다.
④ [×] 의료모델에 대한 설명이다. 생물학적 결정론자들에 의하면 범죄자는 법을 준수하는 사람들과는 다른 일종의 병자이고, 이들의 반사회적 인성은 치료될 수 있다고 보는 의료모형(medicsl model)이 그들의 주요 처우방법이다. 정의모형은 자유의사론의 시각에서 정당한 처벌을 통하여 사법정의의 확보와 그에 따른 인권보호의 차원에 초점을 맞추고 있다.

정답 ④

02 수용자 처우 모델에 대한 설명으로 옳은 것만을 모두 고르면?

2024. 교정 9급

㉠ 정의모델(Justice Model)은 범죄자의 법적 지위와 권리보장이라는 관점에서 처우의 문제에 접근하는 것으로, 형집행의 공정성과 법관의 재량권 제한을 강조한다.
㉡ 의료모델(Medical Model)은 치료를 통한 사회복귀를 목적으로 하는 것으로, 가석방제도를 중요시한다.
㉢ 적응모델(Adjustment Model)은 정의모델에 대한 비판·보완을 위해 등장한 것으로, 교정처우기법으로 현실요법과 교류분석을 중요시한다.
㉣ 재통합모델(Reintegration Model)은 사회도 범죄유발의 책임이 있으므로 지역사회에 기초한 교정을 강조한다.

① ㉡, ㉢
② ㉢, ㉣
③ ㉠, ㉡, ㉢
④ ㉠, ㉡, ㉣

정답 및 해설

옳은 것은 ㉠, ㉡, ㉣이다.
㉢ [×] 개선(적응, 경제, 처우)모델은 1960 ~ 1970년대에 의료모델을 비판하면서 등장한 이론으로 결정론적 시각에서 19세기 후반 진보주의자(실증주의자)들과 교육형사상에 기초하고 있다. 의료모델과 같이 범죄자는 비범죄자와 다른 병자이며 처우를 필요로 하고 치료될 수 있다고 믿고 있지만, 범죄자도 자신에 대해서 책임질 수 있고 법을 준수하는 의사결정을 할 수 있다고 주장한다. 주로 사용하는 교정처우기법으로 현실요법, 교류분석, 집단지도상호작용, 환경요법, 요법처우공동체, 행동수정 등이 있다.

정답 ④

03 교정이념으로서 정의(Just Deserts)모형이 채택될 때 예상되는 교정현상으로서 가장 거리가 먼 것은?

2012. 교정 9급

① 지역사회교정의 확대
② 부정기형의 지양
③ 가석방의 지양
④ 응보측면의 강조

정답 및 해설

① [×] 지역사회교정의 확대는 재통합모형(reintegration model. 재사회화모델)과 밀접한 관련이 있다. 재통합모델은 범죄자의 사회재통합을 위해서는 지역사회와의 접촉과 유대를 중요한 전제로 보고, 지역사회에 기초한 교정을 강조한다.

정답 ①

04 범죄인 처우모델 중 정의(공정)모델의 주장 내용으로 옳은 것을 모두 고른 것은?

㉠ 법관의 재량권 확대
㉡ 삼진법 도입
㉢ 부정기형 제도의 확대
㉣ 수형자 법적 구제의 확대
㉤ 지역사회교정의 확대
㉥ 교정시설 처우의 공개

① ㉠, ㉢, ㉤
② ㉠, ㉤, ㉥
③ ㉡, ㉣, ㉥
④ ㉡, ㉢, ㉥

정답 및 해설

옳은 것은 ⓒ, ⓔ, ⓗ이다.
- ⓐ [×] 강제양형제도의 도입과 법관의 재량 폭을 축소하는 양형지침 제시(법관의 재량권 제한)
- ⓒ [×] 부정기형 폐지(부정기형의 지양. 상대적 부정기형으로 제한)
- ⓓ [×] 지역사회 교정의 후퇴

정답 ③

05 수용자 처우의 이념 중 공정모델에 대한 설명으로 옳지 않은 것은?

① 공정모델은 사법모델 또는 법치모델로 불리며, 극단적인 개선모델과 치료모델의 인권침해적 요소에 대한 반성에서 출발했다.
② 공정모델은 수형자를 처우의 객체로 보던 기존의 관점들을 부정하고 처우의 주체적 지위로 끌어 올려놓고 수형자의 자발적 참여와 동의를 전제로 한다.
③ 공정모델은 자유의사론의 시각에서 정당한 처벌을 통하여 사법정의의 확보와 그에 따른 인권보호의 차원에 초점을 맞추고 있다.
④ 공정모델은 전환정책 등 사회 내 처우에 적극적이다.

정답 및 해설

④ [×] 공정모델은 적법절차를 강조하고 부정기형의 도입을 비판하였으며, 법을 준수하는 방식으로 수형자를 처우해야 한다는 주장으로, 사회 내 처우를 강조하는 전환정책과는 거리가 있다.

정답 ④

제4절 | 회복적 사법

01 회복적 사법(restorative justice)을 지지할 수 있는 이론으로 옳지 않은 것은? 2021. 보호 7급

① 코헨과 펠슨(Cohen & Felson)의 일상활동이론(routine activities theory)
② 레머트(Lemert)의 낙인이론(labeling theory)
③ 퀴니와 페핀스키(Quinney & Pepinsky)의 평화구축범죄학(peace-making criminology)
④ 브레이스웨이트(Braithwaite)의 재통합적 수치심부여이론(reintegrative shaming theory)

정답 및 해설

① [×] 코헨(Cohen)과 펠슨(Felson)의 일상활동이론은 시간의 흐름에 따른 범죄율의 변화를 설명하기 위해 등장한 이론으로, 일상활동유형의 구조적 변화가 동기부여된 범죄자, 적절한 범행대상 및 보호의 부재라는 세 가지 요소에 대해 시간적·공간적으로 영향을 미친다고 한다. 따라서 이것이 범죄율에 영향을 미치게 된다고 한다. 즉, 이들 세 가지 조건 중 어느 하나라도 부족하다면 범죄활동은 예방될 수 없다는 것이다. 그러므로 중재자의 도움으로 범죄로 인한 피해자와 가해자, 그 밖의 관련자 및 지역공동체가 함께 범죄로 인한 문제를 치유하고 해결하는 데에 적극적으로 참여하는 회복적 사법과는 관련이 없다.
② [○] 소년사법분야나 경미범죄자, 과실범죄자 등에 대한 부분에서 이차적 일탈의 예방에 초점이 맞추어져 많은 공헌을 하였다. 즉, 경미한 일탈에 대해서는 낙인의 방지와 제한을 통한 이차적 일탈의 예방을 목표로 비범죄화시켰으며, 공적 개입과 그로 인한 공식낙인보다는 다양한 대체처분으로 전환시켰다.

③ [○] 퀴니(Quinney)와 페핀스키(Pepinsky)는 평화구축범죄학에서 평화롭고 정의로운 사회를 실현하는 데 범죄학의 목표가 있다고 보고, 경험적 연구보다는 종교적이고 철학적인 가르침으로부터 영감을 얻는 것에 관심을 가졌다. 평화주의 범죄학의 기본적인 주제는 연락, 관심, 배려 등으로, 중재와 갈등해결, 화해 그리고 고통의 완화와 범죄를 줄이려는 노력을 통해 범죄자를 지역공동체에 재통합시켜야 한다고 주장한다.
④ [○] 회복적 사법이 재통합적 수치심이론을 그 근본 배경이론으로 삼는 이유는, 이 이론이 범죄자 하나에 초점을 두고 범죄자를 비난하는 것이 아니라, 객관적인 범죄행동에 관심을 갖고 가족, 친구, 지역사회 시민들 전체가 자발적 참여와 문제해결에 관심을 두어 실천방안을 제시하기 때문이다. 재통합적 수치는 용서의 단어나 몸짓 또는 일탈자라는 낙인을 벗겨주는 의식을 통하여 범법자가 법을 준수하고 존중하는 시민의 공동체로 돌아가도록 재통합시키는 노력을 의미한다.

정답 ①

02 회복적 사법(restorative justice)에 대한 설명으로 옳지 않은 것은? 〈2020. 교정 9급〉

① 경쟁적, 개인주의적 가치를 권장한다.
② 형사절차상 피해자의 능동적 참여와 감정적 치유를 추구한다.
③ 가족집단회합(family group conference)은 피해자와 가해자 및 양 당사자의 가족까지 만나 피해회복에 대해 논의하는 회복적 사법 프로그램 중 하나이다.
④ 사건의 처리과정이나 결과에 대한 보다 많은 정보를 피해자에게 제공해 줄 수 있다.

정답 및 해설

① [×] 사법의 과거 패러다임(피해자로서 국가, 응보적 사법)은 경쟁적·개인주의적 가치를 권장하고, 사법의 새로운 패러다임(회복적 사법)은 상호성을 권장한다. 회복적 사법의 핵심가치는 피해자욕구, 가해자욕구뿐만 아니라 지역사회욕구까지 균형을 이루는 것이다.

정답 ①

03 회복적 사법(restorative justice)에 대한 설명으로 옳지 않은 것은? 〈2013. 9급 경채〉

① 피해자와 가해자의 합의와 조정을 강제한다.
② 전통적 형사사법이 가해자 책임성을 지나치게 강조하면서 범죄로 인한 실질적인 피해에 대한 복구가 제대로 되지 못한 점을 비판한다.
③ 피해자의 상처를 진단하고 치유하는 과정이 형사절차에 반영되어야 한다고 주장한다.
④ 지역사회의 역할과 책임성을 강조한다.

정답 및 해설

회복적 사법은 그 개념을 한마디로 정의할 수도 없는데 그 이유는 다양한 프로그램을 통하여 발전해 왔기 때문이다. 일반적으로 정의하자면 회복적 사법은 중재자의 도움으로 범죄로 인한 피해자와 가해자, 그 밖의 관련자 및 지역공동체가 함께 범죄로 인한 문제를 치유하고 해결하는 데에 적극적으로 참여하는 절차를 의미한다.
① [×] 피해자와 가해자의 합의와 조정을 강제하는 것이 아니라 가해자와 피해자의 깨어진 신뢰를 회복하도록 유도하는 것이 회복적 사법이다. 강제가 수반되는 것은 응징적 사법을 의미한다.

정답 ①

04 응보적 사법과 회복적 사법에 대한 설명으로 가장 적절하지 않은 것은?

2024. 경간부

① 응보적 사법은 응보, 억제, 무력화를 위한 유죄확정과 처벌을 목표로 한다.
② 회복적 사법은 범죄의 본질을 특정인 또는 지역사회에 대한 침해행위라고 본다.
③ 응보적 사법에서 피해자는 사법절차의 직접 참여자, 범죄 해결 과정의 중심인물이다.
④ 회복적 사법에서 가해자는 책임을 수용하고 배상과 교화의 대상으로 인식된다.

정답 및 해설

③ [×] 응보적 사법에서 피해자는 고소인이나 기소를 위한 증인에 한정하는 것으로 인식되는 반면, 회복적 사법에서의 피해자는 사법절차의 직접 참여자로서 범죄 해결과정의 중심인물로 인식된다.

정답 ③

05 회복적 사법(Restorative Justice)에 관한 설명으로 가장 적절하지 않은 것은?

2023. 경찰2차(경행)

① 회복적 사법에서는 자발적인 피해자의 참여를 필요로 한다.
② 회복적 사법 프로그램으로는 피해자 – 가해자 중재, 가족회합 등이 있다.
③ 회복적 사법은 가해자에게는 엄격한 처벌을, 피해자에게는 회복을 중심으로 두고 있다.
④ 국제연합(UN)은 회복적 사법의 개념을 대면, 변환, 회복(배상) 3가지 개념으로 분류하고 있다.

정답 및 해설

③ [×] 가해자에 대한 엄격한 처벌은 응징적 사법에 해당한다.

정답 ③

06 회복적 사법에 기초한 프로그램으로 가장 옳지 않은 것은?

2024. 해경간부

① 가족집단회합
② 전자장치부착
③ 양형써클
④ 피해자와 가해자의 화해

정답 및 해설

② [×] 형사사법기관과 공무원에 의해 처리 되는 전자장치부착은 지역사회 구성원에 의해 처리되는 회복적 사법과 관련이 없다. 회복적 사법에 기초한 프로그램으로는 피해자 – 가해자 중재, 양형서클, 가족집단 회합 등이 있다.

정답 ②

07 회복적 사법(Restorative Justice)에 관한 설명으로 가장 적절하지 않은 것은?

2023. 경찰1차(경행)

① 피해자, 가해자 및 지역사회 등의 참여를 중시한다.
② 중재나 협상 및 합의 등을 통해 피해자 회복과 가해자의 처벌에 그 목표를 둔다.
③ 양형서클은 피해자와 가해자를 공동체 내로 재통합하려는 시도로서 회복적 사법에 해당한다.
④ 이론적 근거로는 브레이스웨이트(Braithwaite)의 재통합적 수치이론(Reintegrative Shaming Theory)을 들 수 있다.

정답 및 해설

① [○] 회복적 사법은 중재자의 도움으로 범죄로 인한 피해자와 가해자, 그 밖의 관련자 및 지역공동체가 함께 범죄로 인한 문제를 치유하고 해결하는 데에 적극적으로 참여하는 절차를 의미한다.
② [×] 범죄를 특정 개인 또는 지역사회에 대한 침해행위로 이해하며 중재나 협상, 합의 등을 통해 피해자 회복과 가해자 교화개선 등에 그 목표를 둔다.
③ [○] 양형서클(sentencing circle)모델은 회복적 사법의 주요 모델 중 하나로, 범죄상황을 정리하여 피해자와 가해자를 공동체 내로 재통합하려는 시도이다.
④ [○] 브레이스웨이트의 재통합적 수치심부여이론은 회복적 사법의 기본적 이론 틀이다. 회복적 사법을 지지할 수 있는 이론으로 레머트의 낙인이론, 퀴니와 페핀스키의 평화구축범죄학, 브레이스웨이트의 재통합적 수치심부여이론 등이 있다.

정답 ②

08 회복적 사법에 대한 설명 중 가장 적절하지 않은 것은?

2023. 경간부

① 최초의 공식적인 회복적 사법프로그램은 미국 오하이오 주에서 도입된 피해자-가해자 화해프로그램(victim-offender mediation)이다.
② 가족집단 회합모델(family group conference)은 뉴질랜드 마오리족의 전통에서 유래하였다.
③ 써클모델(circle)은 아메리칸 인디언과 캐나다 원주민들에 의해 사용되던 것으로 범죄상황을 정리하여 피해자와 가해자를 공동체 내로 재통합하려는 시도이다.
④ 미국에서 시행된 가장 대규모의 회복적 사법제도는 버몬트주의 배상적 보호관찰 프로그램이다.

정답 및 해설

① [×] 피해자-가해자 중재(조정)모델은 범죄자와 피해자 사이에 제3자가 개입하여 화해와 배상 등을 중재하는 프로그램을 의미한다. 1974년 캐나다 온타리오 주의 피해자-가해자 화해프로그램에서 시작되었으며, 가장 오래된 회복적 사법프로그램의 모델이다.
② [○] 가족집단 회합모델은 뉴질랜드 마오리족의 전통에 기원을 두고 있는데, 1989년 뉴질랜드의 소년범 중 마오리족 청소년들이 높은 비중을 차지하는 문제를 해결하기 위한 방안으로 「아동·청소년 및 그 가족들에 관한 법」에 의해 도입되었다.
③ [○] 써클모델은 범죄의 상황을 정리하는 치유 써클에서 기원하며, 아메리칸 인디언과 캐나다 원주민들에 의해 사용되던 것으로 범죄상황을 정리하여 피해자와 가해자를 공동체 내로 재통합하려는 시도이다. 이 제도에 기인하여 이후 가해자 처벌과 관련하여 형사사법기관에 적절한 양형을 권고하는 데 중점을 둔 제도가 양형써클이다.

정답 ①

09 회복적 사법에 대한 설명으로 옳지 않은 것은?

2012. 보호 7급

① 범죄피해자의 피해회복을 통하여 사회적 화합을 성취하고자 한다.
② 브레이스웨이트의 재통합적 수치이론(reintegrative shaming theory)은 회복적 사법의 기본적 이론 틀이다.
③ 유엔에서 분류한 회복적 사법의 세 가지 분류는 대면개념(encounter conception), 해체적 수치개념(disintegrative shaming conception), 변환개념(transformative conception)이다.
④ 회복적 사법의 목표는 사회복귀와 더불어 재범의 감소에 있다.

정답 및 해설

③ [×] 유엔에서 분류한 회복적 사법의 세 가지 분류는 대면개념, 회복(배상)개념, 변환개념이다.

> **재통합적 수치심부여이론**
> ㉠ 브레이스웨이트는 낙인이론, 하위문화이론, 기회이론, 통제이론, 차별적 접촉이론, 사회학습이론을 통합하였다.
> ㉡ 사회가 범죄를 감소시키기 위해서는 좀 더 효과성 있게 수치심부여를 하여야 한다고 주장하고, 이를 재통합과 거부로 나누었다. 재통합적 수치심부여는 범죄자를 사회와 결속시키기 위한 고도의 낙인을 주는 것이고, 거부적 수치심부여는 범죄자에게 명백한 낙인을 찍어 높은 수치심을 주는 것으로 전자는 범죄율이 보다 낮은 반면, 후자는 범죄율이 더 높은 결과가 초래된다고 하였다.
> ㉢ 이 관점은 지역사회에서 범죄자에게 수치심을 주는 태도 및 방법의 차이를 잘 설명하면서 회복적 사법을 지지한다.
> ㉣ 회복적 사법이 재통합적 수치심이론을 그 근본 배경이론으로 삼는 이유는, 이 이론이 범죄자 하나에 초점을 두고 범죄자를 비난하는 것이 아니라, 객관적인 범죄행동에 관심을 갖고 가족, 친구, 지역사회 시민들 전체가 자발적 참여와 문제해결에 관심을 두어 실천방안을 제시하기 때문이다.
> ㉤ 결국 피해자와 지역사회가 원하는 것이 무엇인지 논의하고 가해자에게 그 메시지를 명확하게 전달하여 가해자로 하여금 재통합적 수치심을 느끼게 하고, 가해자가 피해자의 욕구를 받아들임으로써 궁극적으로는 지역사회의 회복적 사법을 통해 재범을 예방하는 것이다.

정답 ③

10 브레이스웨이트(Braithwaite)의 재통합적 수치심부여이론(reintegrative shaming theory)에 대한 설명으로 옳지 않은 것은?

2022. 교정 7급

① 재통합적 수치심 개념은 낙인이론, 하위문화이론, 기회이론, 통제이론, 차별접촉이론, 사회학습이론 등을 기초로 하고 있다.
② 해체적 수치심(disintegrative shaming)을 이용한다면 범죄자의 재범확률을 낮출 수 있으며, 궁극적으로는 사회의 범죄율을 감소시키는 효과를 기대할 수 있다.
③ 재통합적 수치심의 궁극적인 목표는 범죄자가 자신의 잘못을 진심으로 뉘우치고 사회로 복귀할 수 있도록 그들이 수치심을 느끼게 할 방법을 찾아내는 것이다.
④ 브레이스웨이트는 형사사법기관의 공식적 개입을 지양하며 가족, 사회지도자, 피해자, 피해자 가족 등 지역사회의 공동체 강화를 중시하는 '회복적 사법(restorative justice)'에 영향을 주었다.

정답 및 해설

② [×] 브레이스웨이트(Braithwaite)는 사회가 범죄를 감소시키기 위해서는 좀 더 효과성 있게 수치심부여를 하여야 한다고 주장하고, 이를 재통합과 거부(해체)로 나누었다. 재통합적 수치심부여는 범죄자를 사회와 결속시키기 위한 고도의 낙인을 주는 것이고, 거부적 수치심부여는 범죄자에게 명백한 낙인을 찍어 높은 수치심을 주는 것으로 전자는 범죄율이 보다 낮은 반면, 후자는 범죄율이 더 높은 결과가 초래된다고 하였다.

정답 ②

11. 회복적 사법(restorative justice)에 대한 설명으로 옳지 않은 것은? · 2015. 교정 7급

① 회복적 사법은 가해자에 대한 강한 공식적 처벌과 피해의 회복을 강조한다.
② 회복적 사법은 공식적인 형사사법이 가해자에게 부여하는 오명 효과를 줄이는 대안이 될 수 있다.
③ 회복적 사법의 시각에서 보면 범죄행동은 법을 위반한 것일 뿐만 아니라 피해자와 지역사회에 해를 끼친 것이다.
④ 회복적 사법 프로그램으로는 피해자 – 가해자 중재, 가족회합 등이 있다.

정답 및 해설

① [×] 회복적 사법은 피해자와 가해자의 합의와 조정을 강제하는 것이 아니라 가해자와 피해자의 깨어진 신뢰를 회복하도록 유도하는 것으로, 비공식적 절차를 통한 범죄자의 책임감 강조와 집단적 갈등의 해결에 역점을 둔다. 공식적 절차(국가에 의한 것)에 의한 처벌은 응징적 사법을 의미한다.

정답 ①

12. 형사사법정책의 새로운 방향으로서 회복적 사법(Restorative Justice)에 대한 설명으로 옳지 않은 것은 몇 개인가? · 2012. 교정 9급

㉠ 회복적 사법의 핵심가치는 피해자, 가해자 욕구뿐만 아니라 지역사회 욕구까지 반영하는 것이다.
㉡ 범죄를 개인 대 국가의 갈등으로 인식한다.
㉢ 회복적 사법은 범죄가 발생하는 여건·환경에 관심을 둔다.
㉣ 회복적 사법은 범죄로 인한 손해의 복구를 위해 중재, 협상, 화합의 방법을 강조한다.
㉤ 회복적 사법은 범죄자의 교화개선이라는 교정의 이념을 실현시키기 위해 등장했으며 피해자 권리운동의 발전과는 관련이 없다.

① 1개 ② 2개
③ 3개 ④ 4개

정답 및 해설

원상회복주의 또는 보상주의와 회복주의로 불리는 현대적 처벌관으로 1970년대 후반에 이글래시(Albert Eglash)가 처음 사용한 용어에서 비롯되었다. 과거 응징적·강제적·사후대응적 사법제도에 대한 반성에서 출발하여 범죄자들로 하여금 보다 생산적이고 책임감 있는 시민이 되도록 능력개발이 이루어져야 한다는 목표를 지향하는 적극적인 형사패러다임의 강조사상으로 일반적인 형사사법보다는 소년사법에서 중시되고 있다. 회복적 사법의 핵심가치는 피해자, 가해자 욕구뿐만 아니라 지역사회 욕구까지 반영하는 것이며 범죄가 발생하는 여건·환경에 관심을 둔다. 범죄로 인한 손해의 복구를 위해 중재, 협상, 화합의 방법을 강조하며 피해자 권리운동의 발전과 관련이 깊다. 개인 대 국가의 갈등으로 범죄를 인식한 것은 응징적 사법이다.
② [○] 옳지 않은 것은 ㉡, ㉤이다.

정답 ②

13. 회복적 사법에 대한 설명으로 옳지 않은 것은?

2013. 보호 7급

① 회복적 사법은 지역사회의 피해를 복구하고 사회적 화합을 도모할 수 있다.
② 회복적 사법은 가해자에게 진심으로 반성할 수 있는 기회를 제공함으로써 재사회화에도 도움이 된다.
③ 회복적 사법은 회복목표가 명확하고 재량이 광범위하여 평가 기준이 가변적이라는 장점이 있다.
④ 회복적 사법은 형사화해를 통해 형벌이 감면되는 경우 낙인 효과를 경감시킬 수 있다.

정답 및 해설

③ [×] 회복적 사법은 회복목표가 불명확하고 재량이 광범위하여 평가기준이 가변적이라는 문제가 있다.

정답 ③

14. 교정처우의 새로운 이론인 회복적 정의(Restorative Justice)와 관련한 설명으로 옳지 않은 것은?

① 이 이론은 과거 응징적·강제적·사후대응적 사법제도에 대한 반성으로부터 나온 것으로 정부와 범죄자가 주체이다.
② 피해자 및 지역사회의 손실을 복구하고 재통합을 추구하는 형사사법 이론이다.
③ 싱가포르의 '노란리본 프로젝트(Yellow Ribbon Project)'는 이 이론에 입각한 범국민 교정참여 운동이다.
④ 교정처우에 있어 기존의 처벌과 응보 외에 치료와 화해의 개념을 도입하였다.

정답 및 해설

① [×] 회복주의 개념은 과거 응징적·강제적·사후대응적 사법제도에 대한 반성으로부터 나온 것이다. 즉, 범죄자가 자신의 범행에 대한 처벌을 받고 동시에 사법제도에 들어온 범죄자들이 보다 생산적이고 책임감 있는 시민이 되도록 능력개발이 이루어져야 한다는 목표를 지향한 적극적인 형사패러다임 강조 사상을 의미한다. 회복주의 패러다임의 주체는 정부 - 지역사회 - 가해자 및 피해자 - 그들의 가족이며, 비공식적 절차를 통한 범죄자의 책임감을 강조하고, 상호 간의 갈등해소에 주력한다. 내용은 응징적이 아니라 복구적이고, 방식은 협조적이며, 장소는 격리된 시설이 아니라 지역사회 내에서 이루어진다.

응보적 정의 VS 회복적 정의

구분	응보적 정의	회복적 정의
질문	• 누가 범인인가? • 어떤 죄를 범했는가? • 어떻게 처벌할 것인가?	• 누가 피해자인가? • 어떤 피해가 발생했는가? • 피해를 회복하기 위해 필요한 것이 무엇인가?
초점	• 가해자의 처벌을 목표 • 강제적 책임 수행 • 처벌자/처벌기관의 권한 강화	• 피해자의 회복을 목표 • 자발적 책임 강조 • 당사자와 공동체의 역할 강화

정답 ①

15. 회복적 사법에 대한 설명으로 옳지 않은 것은?

① 회복적 사법의 핵심가치는 피해자와 가해자 및 지역사회의 요구까지도 반영하는 것이다.
② 회복적 사법의 이념에 따르면 화해 또는 피해회복을 통한 형사책임의 면제·완화는 인정되지 않는다.
③ 피해자와 가해자 및 지역사회의 역할을 강조하고, 이를 통해 피해자와 지역사회의 손실을 복구하고 재통합을 추구하는 형사사법이론이다.
④ 유엔은 회복적 사법의 개념을 내용에 따라 대면개념(encounter conception), 배상개념(reparative conception), 변환개념(transformative conception)으로 분류하고 있다.
⑤ 회복적 사법은 범죄피해자와 가해자가 함께 만나 범죄에 대하여 이야기하고 회복을 위해 어떤 과정이 필요한지 의견을 모으는 것을 포함한다.

정답 및 해설

② [×] 가해자와 피해자의 원만한 합의가 이루어졌다면 기소 및 형의 선고 시 고려될 수 있다.

💡 회복적 사법의 분류

유엔은 회복적 사법의 개념을 내용적으로 다음 세 가지로 분류하고 있다.

대면개념	범죄 피해자와 가해자가 함께 만나 범죄에 대하여 얘기를 하고 이를 시정하기 위하여 어떠한 일을 하여야 하는가에 대해서 토론하는 것을 의미한다.
회복(배상) 개념	• 범죄로부터 받은 피해를 회복하는 데에 초점을 맞춘 개념이다. • 피해자의 공판절차 참여, 피해자에 대한 지원, 법원에 의한 피해 회복적 조치 등을 통해서 범죄 피해를 회복한다. • 「소년법」에서 화해·권고 규정을 두어 피해자의 보호를 위하여 소년에게 피해배상 등 피해자와의 화해를 권고할 수 있다고 한 것은 여기에 해당하다.
변환개념	가장 넓은 의미의 회복적 사법개념으로서 범죄원인의 구조적·개인적 불의를 시정하는 것을 통하여 변화를 가져오겠다는 것이다. 이러한 구조적 부정의 예로는 빈곤이나 차별적 교육제도 등이 있으며 이러한 부분에 대한 변환을 통하여 회복적 사법의 목표를 달성하려는 것이다.

정답 ②

16. 다음 교정 처우 이념에 대한 설명으로 옳지 않은 것은?

2025. 교정 9급

> 소년보호사건의 경우 판사가 소년의 품행을 교정하고 피해자를 보호하는 데 필요하다고 인정하면 소년에게 피해 변상 등 피해자와의 화해를 권고할 수 있고, 화해가 잘 이루어진 경우에는 이를 보호 처분 결정에 고려할 수 있다.

① 공식적인 형사사법 체계가 가해자에게 부여하는 낙인효과를 줄일 수 있다.
② 범죄의 정황, 가해자와 피해자 등 사건과 관련된 사안에 대해 개별적으로 고려할 수 있다.
③ 강력범죄자보다는 소년 범죄자에게 적합하기 때문에 사회적 무질서를 바로잡는 것과는 무관하다.
④ 가해자로 하여금 자신의 행동에 대한 원인과 결과를 직시하게 하고 행위에 대한 진정한 책임을 갖게 한다.

정답 및 해설

성인에 대한 검찰단계의 형사조정(범죄피해자 보호법 제41조~제46조)과 소년에 대한 법원단계의 화해권고(소년법 제25조의3)라는 회복적 사법제도가 법제화됨으로써 형사실무에 공식적으로 활용되고 있다.

① [○] 회복적 사법은 형사화해를 통해 형벌이 감면되는 경우 낙인효과를 경감시킬 수 있다.
② [○] 회복적 사법은 범죄의 정황, 가해자와 피해자 등 사건과 관련된 사안에 대해 개별적으로 고려할 수 있다.
③ [×] 회복적 사법은 강력범죄를 포함한 다양한 범죄와 범죄자에게 적용될 수 있지만, 일반적인 형사사법보다는 소년사법에서 중시된다. 소년 범죄자에게 진심으로 반성할 수 있는 기회를 제공함으로써 재사회화에 도움이 되므로, 회복적 사법은 사회적 무질서를 바로잡는 것과 무관하지 않다.
④ [○] 회복적 사법은 가해자에 대한 공식적 처벌보다는 피해자를 지원하고 지역사회를 재건하는 데 역점을 두면서 가해자에겐 자신의 행위에 대해 책임감을 갖게 하는 제도로, 주로 비공식적 절차에 의해 범죄 피해에 대한 문제를 해결하고자 한다.

정답 ③

제5절 | 범죄인 처우유형과 처우원리

형사사법 주체에 따른 범죄인에 대한 처우 분류로 가장 거리가 먼 것은?

① 법원의 판결이나 결정 등 사법처우가 있다.
② 교정시설 내 구금을 확보한 후 교화개선 및 건전한 사회복귀를 위한 처우를 교정처우라 한다.
③ 보호관찰, 사회봉사명령 등 사회 내 처우를 보호처우라 한다.
④ 교정처우의 낙후성으로 인한 사법처우의 중요성이 강조되고 있다.

정답 및 해설

④ [×] 법원 등 사법부에 의한 처우를 사법처우, 교정시설에서의 처우를 교정처우, 사회 내 처우를 보호처우로 구분하고 있다. 처우개념의 발달은 법률 - 법원 - 교정의 순으로 발달했으나 교정처우의 낙후성을 극복하기 위해 사법처우의 중요성이 강조된다고 보기는 어렵다. 다만, 사회 내 처우의 확대에 따른 법원의 판결 전 또는 결정 전 조사 기능이 강조되고 있다.

정답 ④

범죄인 처우의 기본원리로 보기 어려운 것은?

① 공정하고 사적인 치우침이 없도록 하기 위해서는 집단적 공평처우가 이루어져야 한다.
② 인간의 존엄성과 최소한의 생활조건이 보장되는 인도주의적 처우가 이루어져야 한다.
③ 교화개선을 통한 재사회화를 도모하기 위해 개선목적에 적합한 처우가 이루어져야 한다.
④ 수용이나 각종 처우는 범죄자의 법적지위에 따라 상응한 처우가 이루어져야 한다.

정답 및 해설

① [×] 수용자 처우에 있어서 공정하고 사적인 치우침이 없어야 하는 공평처우는 헌법상 평등원칙에 따른 불합리한 차별금지를 의미하는 것이다. 그러므로 공평처우는 처우의 개별화가 강조되고 있는 오늘날 교정원칙에 비추어봤을 때 집단적 공평처우를 의미하는 것은 아니다.

정답 ①

03 형벌의 개별화 및 발달 순서에 관한 설명으로 가장 적절한 것은?

① 행형의 개별화 – 법률의 개별화 – 재판의 개별화
② 재판의 개별화 – 법률의 개별화 – 행형의 개별화
③ 법률의 개별화 – 재판의 개별화 – 행형의 개별화
④ 형벌의 개별화는 응보주의적 관념의 처우개별화이다.

정답 및 해설

③ [○] 형벌의 개별화는 범죄인의 분류를 통해 효율적인 관리와 교화개선을 도모하기 위한 목적으로 먼저 법률에 반영되기 시작하여 재판과 행형에 반영되었다. 그 발달 순서는 법률의 개별화 – 재판의 개별화 – 행형의 개별화 순이다.

정답 ③

제3장 교정행정조직과 형집행법

제1절 | 교정행정조직

교정행정 조직에 대한 설명으로 옳지 않은 것은?

① 교정에 관한 중앙행정조직은 법무부 교정본부로 2007년 교정국에서 교정본부로 조직이 확대 개편되었다.
② 교정중간감독기관인 지방교정청은 2007년 중앙교정조직의 확대 개편에 따라 4개 지역에 신설되었다.
③ 교정시설이란 교도소와 구치소, 그 지소를 의미하는 것으로 법무부의 교정본부나 지방교정청은 교정시설이라고 할 수 없다.
④ 지방교정청장과 교정시설의 장은 행정청의 지위에 있으나 교정본부장은 법무부장관의 보좌기관이다.

정답 및 해설

① [○] 2007년 11월 30일 법무부 교정국이 교정본부로 확대 개편되었다.
② [×] 1991년 9월 30일 서울, 대구, 대전, 광주의 4개 지방교정청이 신설되었다.
③ [○] 수용자란 수형자·미결수용자·사형확정자 등 법률과 적법한 절차에 따라 교도소·구치소 및 그 지소(이하 "교정시설"이라 한다)에 수용된 사람을 말한다(형집행법 제2조 제1호).
④ [○] 행정청이란 행정주체를 위하여 그의 의사를 결정하고 이를 외부에 표시할 수 있는 권한을 가진 행정기관으로 행정청의 행위로 인한 법적 효과는 행정주체에게 귀속된다. 지방교정청장과 교정시설의 장은 행정청에 해당되지만 교정본부장은 법무부장관의 보좌기관이다.

정답 ②

「형의 집행 및 수용자의 처우에 관한 법률」상 징벌위원회에 대한 설명으로 옳지 않은 것은? 2015. 교정 9급

① 징벌대상자는 위원에 대하여 기피신청을 할 수 있다.
② 위원장을 포함한 5명 이상 7명 이하의 위원으로 구성한다.
③ 위원장은 소장이 된다.
④ 징벌대상자는 징벌위원회에 서면 또는 말로써 자기에게 유리한 사실을 진술하거나 증거를 제출할 수 있다.

정답 및 해설

① [○] 동법 제111조 제5항
② [○] 동법 제111조 제2항
③ [×] 위원장은 소장의 바로 다음 순위자가 된다(형집행법 제111조 제2항).
④ [○] 동법 제111조 제6항

정답 ③

03 현행법령상 <보기 1>의 위원회와 <보기 2>의 위원 수가 바르게 연결된 것은?   2020. 5급 승진

─┤ 보기 1 ├─
㉠ 보안관찰처분심의위원회
㉡ 분류처우위원회
㉢ 징벌위원회
㉣ 보호관찰심사위원회
㉤ 가석방심사위원회

─┤ 보기 2 ├─
A. 위원장 포함 5명 이상 9명 이하
B. 위원장 1명과 6명의 위원
C. 위원장 포함 5명 이상 7명 이하
D. 위원장 포함 6명 이상 8명 이하
E. 위원장 1명 포함 7명 이상 9명 이하

① ㉠ - A
② ㉡ - C
③ ㉢ - E
④ ㉣ - B
⑤ ㉤ - D

정답 및 해설

㉠ - B 보안관찰처분심의위원회: 위원장 1인과 6인의 위원으로 구성한다(보안관찰법 제12조 제2항).
㉡ - C 분류처우위원회: 위원장을 포함한 5명 이상 7명 이하의 위원으로 구성한다(형집행법 제62조 제2항).
㉢ - C 징벌위원회: 위원장을 포함한 5명 이상 7명 이하의 위원으로 구성한다(형집행법 제111조 제2항).
㉣ - A 보호관찰심사위원회: 위원장을 포함하여 5명 이상 9명 이하의 위원으로 구성한다(보호관찰 등에 관한 법률 제7조 제1항).
㉤ - A 가석방심사위원회: 위원장을 포함한 5명 이상 9명 이하의 위원으로 구성한다(형집행법 제120조 제1항).

정답 ②

04 「형의 집행 및 수용자의 처우에 관한 법률」상 징벌위원회에 대한 설명으로 옳은 것은 모두 몇 개인가?   2017. 5급 승진

㉠ 징벌위원회 위원장은 소장의 바로 다음 순위자가 된다.
㉡ 징벌위원회의 외부위원은 4명 이상으로 한다.
㉢ 징벌위원회는 소장의 징벌요구에 따라 개회한다.
㉣ 징벌대상자가 위원에 대하여 기피신청하면 소장이 기피 여부를 결정하여야 한다.
㉤ 징벌위원회는 징벌대상자가 진술하기 전에 불이익한 진술을 거부할 수 있음을 고지하여야 한다.

① 1개
② 2개
③ 3개
④ 4개
⑤ 5개

정답 및 해설

옳은 것은 ㉠, ㉢ 2개이다.
- ㉠ [○] 형집행법 제111조 제2항
- ㉡ [×] 외부위원은 3명 이상으로 한다(동법 제111조 제2항).
- ㉢ [○] 동법 제111조 제3항
- ㉣ [×] 징벌대상자는 위원에 대하여 기피신청을 할 수 있다. 이 경우 위원회의 의결로 기피 여부를 결정하여야 한다(동법 제111조 제5항).
- ㉤ [×] 징벌위원회가 징벌의결 요구서를 접수한 경우에는 지체 없이 징벌대상자에게 출석통지서를 전달하여야 하며(동법 시행규칙 제227조 제1항), 출석통지서에는 '형사절차상 불리하게 적용될 수 있는 사실에 대하여 진술을 거부할 수 있다는 것과 진술하는 경우에는 형사절차상 불리하게 적용될 수 있다는 사실' 등의 내용이 포함되어야 한다(동법 시행규칙 제227조 제2항 제6호).

정답 ②

분류처우위원회와 징벌위원회에 대한 설명으로 옳은 것은?

① 분류처우위원회는 위원장을 포함한 6명 이상 8명 이하의 위원으로 구성하고, 위원장은 소장이 된다.
② 징벌위원회는 위원장을 포함한 5명 이상 7명 이하의 위원으로 구성하고, 위원장은 소장의 바로 다음 순위자가 된다.
③ 분류처우위원회 회의는 재적위원 과반수의 출석으로 개의하고 출석위원 과반수의 찬성으로 의결한다.
④ 징벌위원회는 재적위원 3분의 2 이상의 출석으로 개의하고, 출석위원 과반수의 찬성으로 의결한다.

정답 및 해설

① [×] 분류처우위원회는 위원장을 포함한 5명 이상 7명 이하의 위원으로 구성하고, 위원장은 소장이 되며, 위원은 위원장이 소속 기관의 부소장 및 과장(지소의 경우에는 7급 이상의 교도관) 중에서 임명한다(동법 제62조 제2항).
② [○] 징벌위원회는 위원장을 포함한 5명 이상 7명 이하의 위원으로 구성하고, 위원장은 소장의 바로 다음 순위자가 되며, 위원은 소장이 소속 기관의 과장(지소의 경우에는 7급 이상의 교도관) 및 교정에 관한 학식과 경험이 풍부한 외부인사 중에서 임명 또는 위촉한다. 이 경우 외부위원은 3명 이상으로 한다(형집행법 제111조 제2항).
③ [×] 분류처우위원회의 회의는 재적위원 3분의 2 이상의 출석으로 개의하고, 출석위원 과반수의 찬성으로 의결한다(동법 시행규칙 제99조 제3항).
④ [×] 징벌위원회는 재적위원 과반수의 출석으로 개의하고, 출석위원 과반수의 찬성으로 의결한다. 이 경우 외부위원 1명 이상이 출석한 경우에만 개의할 수 있다(동법 시행규칙 제228조 제4항).

비교·구분

위원회	설치 근거	위원수	위원장	임시회의
징벌위원회	형집행법	5명 이상 7명 이하	소장 다음 순위자	규정 없음
귀휴심사위원회	시행규칙	6명 이상 8명 이하	소장	규정 없음
분류처우위원회	형집행법	5명 이상 7명 이하	소장	가능
교정자문위원회	형집행법	10명 이상 15명 이하	위원 중 호선	규정 없음

정답 ②

06 귀휴심사위원회에 대한 설명으로 옳지 않은 것은? 2015. 9급 경채

① 위원장을 포함한 6명 이상 8명 이하의 위원으로 구성한다.
② 위원장은 소장이 되고, 위원장이 부득이한 사유로 직무를 수행할 수 없을 때에는 부소장인 위원이 그 직무를 대행한다.
③ 회의는 재적위원 과반수의 출석으로 개의하고, 출석위원 과반수의 찬성으로 의결한다.
④ 외부위원은 2명 이상으로 하고, 임기는 3년으로 하며, 연임할 수 있다.

정답 및 해설

① [○] 동법 시행규칙 제131조 제2항
② [○] 동법 시행규칙 제131조 제3항, 제132조 제2항
③ [○] 동법 시행규칙 제133조 제2항
④ [×] 외부위원은 2명 이상으로 하고(형집행법 시행규칙 제131조 제3항), 임기는 2년으로 하며, 연임할 수 있다(동법 시행규칙 제136조 제1항).

정답 ④

07 「형의 집행 및 수용자의 처우에 관한 법률」상 가석방심사위원회에 대한 설명으로 옳지 않은 것은? 2017. 교정 7급

① 가석방심사위원회의 위원장은 법무부차관이 된다.
② 가석방심사위원회는 위원장을 포함한 5명 이상 9명 이하의 위원으로 구성한다.
③ 가석방심사위원회 위원의 명단과 경력사항은 임명 또는 위촉 즉시 공개한다.
④ 가석방심사위원회는 가석방 적격결정을 하였으면 3일 이내에 법무부장관에게 가석방 허가를 신청하여야 한다.

정답 및 해설

① [○] 동법 제120조 제2항
② [○] 동법 제120조 제1항
③ [○] 동법 제120조 제3항 제1호
④ [×] 가석방심사위원회는 가석방 적격결정을 하였으면 5일 이내에 법무부장관에게 가석방 허가를 신청하여야 한다(형집행법 제122조 제1항).

정답 ④

08 형의 집행 및 수용자 처우에 관한 법령상 교정자문위원회에 대한 설명으로 옳은 것은? 2021. 교정 9급

① 수용자의 관리·교정교화 등 사무에 관한 소장의 자문에 응하기 위하여 교도소에 교정자문위원회를 둔다.
② 교정자문위원회는 5명 이상 7명 이하의 위원으로 성별을 고려하여 구성하고, 위원장은 위원 중에서 호선하며, 위원은 교정에 관한 학식과 경험이 풍부한 외부인사 중에서 소장의 추천을 받아 법무부장관이 위촉한다.
③ 교정자문위원회 위원장이 부득이한 사유로 직무를 수행할 수 없을 때에는 부위원장이 그 직무를 대행하고, 부위원장도 부득이한 사유로 직무를 수행할 수 없을 때에는 위원 중 연장자인 위원이 그 직무를 대행한다.
④ 교정자문위원회 위원 중 4명 이상은 여성으로 한다.

정답 및 해설

① [×] 수용자의 관리·교정교화 등 사무에 관한 지방교정청장의 자문에 응하기 위하여 지방교정청에 교정자문위원회를 둔다(동법 제129조 제1항).
② [×] 위원회는 10명 이상 15명 이하의 위원으로 성별을 고려하여 구성하고, 위원장은 위원 중에서 호선하며, 위원은 교정에 관한 학식과 경험이 풍부한 외부인사 중에서 지방교정청장의 추천을 받아 법무부장관이 위촉한다(동법 제129조 제2항).
③ [×] 위원장이 부득이한 사유로 직무를 수행할 수 없을 때에는 부위원장이 그 직무를 대행하고, 부위원장도 부득이한 사유로 직무를 수행할 수 없을 때에는 위원장이 미리 지명한 위원이 그 직무를 대행한다(동법 시행규칙 제267조 제2항).
④ [○] 형집행법 시행규칙 제265조 제2항

정답 ④

09 형의 집행 및 수용자의 처우에 관한 법령상 각종 위원회의 구성에 대한 설명으로 옳지 않은 것은?

2019. 교정 7급

① 귀휴심사위원회의 위원장은 소장의 바로 다음 순위자가 되고, 위원은 소장이 소속 기관의 과장(지소의 경우에는 7급 이상의 교도관) 및 교정에 관한 학식과 경험이 풍부한 외부인사 중에서 임명 또는 위촉한다.
② 분류처우위원회의 위원장은 소장이 되고, 위원은 위원장이 소속 기관의 부소장 및 과장(지소의 경우에는 7급 이상의 교도관) 중에서 임명한다.
③ 징벌위원회의 위원장은 소장의 바로 다음 순위자가 되고, 위원은 소장이 소속 기관의 과장(지소의 경우에는 7급 이상의 교도관) 및 교정에 관한 학식과 경험이 풍부한 외부인사 중에서 임명 또는 위촉한다.
④ 가석방심사위원회의 위원장은 법무부차관이 되고, 위원은 판사, 검사, 변호사, 법무부 소속 공무원, 교정에 관한 학식과 경험이 풍부한 사람 중에서 법무부장관이 임명 또는 위촉한다.

정답 및 해설

① [×] 귀휴심사위원회의 위원장은 소장이 되며, 위원은 소장이 소속기관의 부소장·과장(지소의 경우에는 7급 이상의 교도관) 및 교정에 관한 학식과 경험이 풍부한 외부인사 중에서 임명 또는 위촉한다. 이 경우 외부위원은 2명 이상으로 한다(형집행법 시행규칙 제131조 제3항).
② [○] 동법 제62조 제2항
③ [○] 동법 제111조 제2항
④ [○] 동법 제120조 제2항

정답 ①

10 아래에 제시된 일선 교정기관 내 위원회 중에서 위원장 포함 5명 이상 7명 이하로 구성되는 위원회가 아닌 것은?

2013. 7급 승진

① 분류처우위원회
② 급식관리위원회
③ 귀휴심사위원회
④ 징벌위원회

정답 및 해설

- 3명 이상 5명 이하의 내부위원과 10명 이상의 외부위원: 취업지원협의회
- 5명 이상 7명 이하의 위원: 징벌위원회, 분류처우위원회, 지방급식관리위원회
- 5명 이상 9명 이하의 위원: 가석방심사위원회, 보호관찰심사위원회
- 6명 이상 8명 이하의 위원: 귀휴심사위원회
- 7명 이상 9명 이하의 위원: 중앙급식관리위원회
- 10명 이상 15명 이하의 위원: 교정자문위원회

급식관리위원회 (수용자 급식관리위원회 운영지침 제1조, 제3조)	
중앙급식관리위원회	지방급식관리위원회
법무부장관의 자문, 법무부에 설치	수용기관장의 자문, 일선기관에 설치
위원장(교정본부장) 1인을 포함하여 7인 이상 9인 이하의 위원으로 구성	위원장(해당 수용기관의 장) 1인을 포함하여 5인 이상 7인 이하의 위원으로 구성

정답 ③

현행법령상 교정시설에 둔다고 규정된 위원회가 아닌 것은? 2017. 교정 7급

① 귀휴심사위원
② 치료감호심의위원회
③ 징벌위원회
④ 분류처우위원회

정답 및 해설

- 보호관찰심사위원회, 가석방심사위원회는 법무부장관 소속하에 있다.
- 중앙급식관리위원회, 치료감호심의위원회, 보안관찰처분심의위원회는 법무부에 설치되어 있다.
- 교정자문위원회는 지방교정청에 설치되어 있다.
- 징벌위원회, 귀휴심사위원회, 분류처우위원회, 취업지원협의회, 교도관 회의, 지방급식관리위원회는 교정시설에 설치되어 있다.

정답 ②

다음 중 교정관련위원회에 관한 내용 중 옳지 않은 것은? 2023. 9급 경채

① 징벌위원회는 위원장을 포함한 5명 이상 7명 이하의 위원으로 구성하고, 외부위원은 3명 이상으로 한다.
② 귀휴심사위원회는 위원장을 포함한 6명 이상 8명 이하의 위원으로 구성하고, 외부위원은 2명 이상으로 한다.
③ 분류처우위원회는 위원장을 포함한 5명 이상 7명 이하의 위원으로 구성하고, 외부위원은 2명 이상으로 한다.
④ 가석방심사위원회는 원장을 포함한 5명 이상 9명 이하의 위원으로 구성하고, 위원은 판사, 검사, 변호사, 법무부 소속 공무원, 교정에 관한 학식과 경험이 풍부한 사람 중에서 법무부장관이 임명 또는 위촉한다.

정답 및 해설

③ [×] 분류처우위원회는 위원장을 포함한 5명 이상 7명 이하의 위원으로 구성하고, 위원장은 소장이 되며, 위원은 위원장이 소속 기관의 부소장 및 과장(지소의 경우에는 7급 이상의 교도관) 중에서 임명한다(형집행법 제62조).

정답 ③

13 「형의 집행 및 수용자의 처우에 관한 법률 시행규칙」상 위원회의 의사정족수·의결정족수로 올바르게 연결된 것은? (단, 징벌위원회의 경우 외부위원 1명 이상의 출석이 있었다고 가정함) 2024. 5급 승진

〈위원회의 종류〉
㉠ 분류처우위원회　　　　　　　　　㉡ 귀휴심사위원회
㉢ 징벌위원회　　　　　　　　　　　㉣ 가석방심사위원회

〈의사정족수·의결정족수〉
A. 재적위원 과반수의 출석으로 개의하고, 출석위원 과반수의 찬성으로 의결한다.
B. 재적위원 3분의 2 이상의 출석으로 개의하고, 출석위원 과반수의 찬성으로 의결한다.

① ㉠ - B, ㉡ - A
② ㉠ - A, ㉢ - B
③ ㉡ - A, ㉢ - B
④ ㉢ - B, ㉣ - B

정답 및 해설

① [○] 올바르게 연결된 것은 ㉠ - B, ㉡ - A이다.
㉠ 분류처우위원회의 회의는 재적위원 3분의 2 이상의 출석으로 개의하고, 출석위원 과반수의 찬성으로 의결한다(형집행법 시행규칙 제99조 제3항).
㉡ 귀휴심사위원회의 회의는 재적위원 과반수의 출석으로 개의하고, 출석위원 과반수의 찬성으로 의결한다(동법 시행규칙 제133조 제2항).
㉢ 징벌위원회는 재적위원 과반수의 출석으로 개의하고, 출석위원 과반수의 찬성으로 의결한다(동법 시행규칙 제228조 제4항 전단).
㉣ 가석방심사위원회의 회의는 재적위원 과반수의 출석으로 개의하고, 출석위원 과반수의 찬성으로 의결한다(동법 시행규칙 제242조 제1항).

정답 ①

14 「형의 집행 및 수용자의 처우에 관한 법률」상 각종 위원회에 대한 설명으로 가장 옳은 것은?
2023. 6급 승진

① 법무부장관은 가석방심사위원회의 가석방 허가신청이 적정하다고 인정하면 이를 허가하여야 한다.
② 교정자문위원회의 위원은 교정에 관한 학식과 경험이 풍부한 외부인사 중에서 교정본부장의 추천을 받아 법무부장관이 위촉한다.
③ 분류처우위원회는 위원장을 포함한 5명 이상 10명 이하의 위원으로 구성하고, 위원장은 소장이 된다.
④ 징벌위원회는 징벌대상자가 위원회에 출석하여 충분한 진술을 할 수 있는 기회를 부여하여야 하며, 징벌대상자는 서면 또는 말로써 자기에게 유리한 사실을 진술하거나 증거를 제출할 수 있다.

정답 및 해설

① [×] 법무부장관은 가석방심사위원회의 가석방 허가신청이 적정하다고 인정하면 허가할 수 있다(동법 제122조 제2항).
② [×] 교정자문위원회의 위원은 교정에 관한 학식과 경험이 풍부한 외부인사 중에서 지방교정청장의 추천을 받아 법무부장관이 위촉한다(동법 제129조 제2항).
③ [×] 분류처우위원회는 위원장을 포함한 5명 이상 7명 이하의 위원으로 구성하고, 위원장은 소장이 된다(동법 제62조).
④ [○] 형집행법 제111조 제6항

정답 ④

15 「형의 집행 및 수용자의 처우에 관한 법률 시행규칙」상 수형자 취업지원협의회에 대한 설명으로 가장 옳지 않은 것은?
2022. 7급 승진

① 취업지원협의회의 기능에는 직업적성 및 성격검사 등 각종 검사 및 상담도 포함된다.
② 취업지원협의회는 회장 1명을 포함하여 5명 이상 8명 이하의 내부위원과 10명 이상의 외부위원으로 구성한다.
③ 취업지원협의회의 회장은 소장이 되고, 부회장은 2명을 두되 1명은 소장이 내부위원 중에서 지명하고 1명은 외부위원 중에서 호선한다.
④ 취업지원협의회 외부위원의 임기는 3년으로 하며, 연임할 수 있다.

정답 및 해설

① [○]
> **취업협의회의 기능**(동법 시행규칙 제144조)
> 1. 수형자 사회복귀 지원 업무에 관한 자문에 대한 조언
> 2. 수형자 취업·창업 교육
> 3. 수형자 사회복귀 지원을 위한 지역사회 네트워크 추진
> 4. 취업 및 창업 지원을 위한 자료제공 및 기술지원
> 5. 직업적성 및 성격검사 등 각종 검사 및 상담
> 6. 불우수형자 및 그 가족에 대한 지원 활동
> 7. 그 밖에 수형자 취업알선 및 창업지원을 위하여 필요한 활동

② [×] 취업지원협의회는 회장 1명을 포함하여 3명 이상 5명 이하의 내부위원과 10명 이상의 외부위원으로 구성한다(형집행법 시행규칙 제145조 제1항).
③ [○] 동법 시행규칙 제145조 제2항
④ [○] 동법 시행규칙 제146조

정답 ②

16 법령 상 각종 위원회에 대한 설명으로 가장 옳은 것은? 2023. 5급 승진

① 귀휴심사위원회는 위원장을 포함한 5명 이상 7명 이하의 위원으로 구성하고, 위원장은 소장이 된다.
② 「형법」 제72조에 따른 가석방의 적격 여부를 심사하기 위하여 법무부차관 소속으로 가석방심사위원회를 두며, 위원장은 법무부차관이 되고, 위원회는 위원장을 포함한 5명 이상 9명 이하의 위원으로 구성한다.
③ 분류처우위원회는 위원장을 포함한 5명 이상 7명 이하의 위원으로 구성하며, 심의·의결을 위하여 외부전문가로부터 의견을 들을 수 있다.
④ 교정시설의 장은 정밀분류심사를 실시한 고위험군 수형자의 개별처우계획 이행 여부를 지속적으로 평가해야 한다.

정답 및 해설

① [×] 귀휴심사위원회는 위원장을 포함한 6명 이상 8명 이하의 위원으로 구성하고, 위원장은 소장이 된다(동법 시행규칙 제131조 제2항·제3항).
② [×] 「형법」 제72조에 따른 가석방의 적격 여부를 심사하기 위하여 법무부장관 소속으로 가석방심사위원회를 두며(동법 제119조), 위원장은 법무부차관이 되고(동법 제120조 제2항), 위원회는 위원장을 포함한 5명 이상 9명 이하의 위원으로 구성한다(동법 제120조 제1항).
③ [○] 분류처우위원회는 위원장을 포함한 5명 이상 7명 이하의 위원으로 구성하며(형집행법 제62조 제2항), 심의·의결을 위하여 외부전문가로부터 의견을 들을 수 있다(동법 제62조 제3항).
④ [×] 분류전담시설의 장은 정밀분류심사를 실시한 고위험군 수형자의 개별처우계획 이행 여부를 지속적으로 평가해야 한다(동법 시행규칙 제96조의2 제2항).

정답 ③

제2절 | 형집행법의 기능과 성격

01 「형의 집행 및 수용자의 처우에 관한 법률」의 성질에 대한 설명으로 옳지 않은 것은?

① 국가와 수용자 간의 공법적인 관계를 규율하는 공법이다.
② 형벌권의 발생요건을 규정한 형법과 마찬가지로 실체법이다.
③ 배분적 정의에 입각하여 범죄로부터 사회를 보호하고 공공의 안녕과 질서유지라는 공익을 추구하는 형사법이다.
④ 형의 집행 및 수용자의 처우에 관하여 국가권력에 의하여 강제적으로 일반적인 법적 효과를 발생시킨다.

정답 및 해설

① [○] 법을 공법과 사법으로 분류할 때 형집행법은 공법에 속한다.
② [×] 형법이 범죄와 형벌의 실체를 규정하고 있는 실체법이라면, 형집행법은 형벌집행절차를 규정하고 있다는 점에서 절차법에 속한다.
③ [○] 민사법이 개인과 개인, 부분과 부분사이의 평균적 정의실현을 목적으로 한다면, 형집행법은 국가과 개인, 전체와 부분사이의 배분적 정의실현을 목적으로 한다는 점에서 형사법에 속한다.

정답 ②

02 형집행법의 기능으로 옳지 않은 것은?

① 규범적 기능은 국가와 수용자 간에 발생하는 사안에 대하여 합법 또는 위법을 평가하여 그에 상응한 법적 효과를 부여하는 기능이다.
② 강제적 기능은 형집행법이 정하는 규정에 따른 의무를 부담한다.
③ 보장적 기능은 형벌 집행 과정에서 수형자의 기본권과 인권을 보장하는 데 중점을 둔 것으로, 수용자에게 기본적 인권과 최저한도의 문화적 생활을 보장해 주는 소위 '수용자를 위한 마그나 카르타(Magna Charta)'로서의 기능을 의미한다.
④ 형제적 기능은 형벌집행을 통해 사회적 안전과 질서를 유지하고 재범을 방지하는 데 중점을 둔 것으로, 범죄자를 교정·교화하여 사회로 복귀할 수 있게 하고, 범죄예방과 피해자 및 사회의 보호를 실현하는 목적을 실현하는 기능이다.

정답 및 해설

④ [×] 형제적 기능은 형집행법을 통해 교정제도와 프로그램의 창설을 의미한다.

형집행법의 기능

구분	내용
규범적 기능	• 국가와 수용자 간에 발생하는 사안에 대하여 합법 또는 위법을 평가하여 그에 상응한 법적 효과를 부여하는 기능이다. • 교도관에게 준거할 규범을 제시하는 평가규범 기능과 평가를 통해 무가치하다고 판단된 것에 대하여 수용자가 의사결정을 하지 않도록 지시하는 의사결정 규범으로서의 기능으로 나눌 수 있다.
강제적 기능	• 수형자는 형집행법이 정하는 규정에 따른 의무를 부담한다. 즉, 수용자는 그 지위에 따른 교정준칙을 준수하고 타 수용자의 합법적인 생활태도를 존중하며 이를 침해하지 않을 의무를 지는 것이다. • 교도관은 형집행법이 정하는 규정에 따라 그 직무를 수행하고 수용자가 형집행법에 위반된 작위나 부작위를 할 때에는 국가권력에 의해 강제적으로 이를 실현하는 기능을 말한다.
보장적 기능	• 형벌 집행 과정에서 수형자의 기본권과 인권을 보장하는 데 중점을 둔 것으로, 수용자에게 기본적 인권과 최저한도의 문화적 생활을 보장해 주는 소위 '수용자를 위한 마그나 카르타(Magna Charta)'로서의 기능을 의미한다. • 수형자의 신체적·정신적 권리를 보호, 국가의 형벌권이 법적 한계를 넘어서는 것의 방지, 처우의 인도성과 적법성을 유지 등 수용자의 위법·부당한 인권침해를 방지해 주는 기능이다.
보호적 기능	• 형벌집행을 통해 사회적 안전과 질서를 유지하고 재범을 방지하는 데 중점을 둔 것으로, 범죄자를 교정·교화하여 사회로 복귀할 수 있게 하고, 범죄예방과 피해자 및 사회의 보호를 실현하는 목적을 실현하는 기능이다. • 형벌집행의 목적이 되는 교정·교화 강조, 재범방지와 사회안전을 위한 적절한 형벌집행, 사회 질서를 위협하는 행위의 억제 등 범죄자의 처우를 통해 사회질서를 보호하는 기능이다.
형제(刑制)적 기능	• 행형제도는 행형관습이나 풍습이 아닌 형집행 법규에 의하여 만들어진 제도라는 것을 의미하는 것이다. • 독거제, 혼거제, 분류제, 귀휴제 등은 우리나라 형집행 법규에 의하여 만들어진 제도이다.

정답 ④

제4장 형집행법 총칙

제1절 | 형집행법의 목적과 정의

01 다음 중 「형의 집행 및 수용자의 처우에 관한 법률」 제1조에 규정된 목적이 아닌 것은? 2015. 9급 경채

① 수형자의 교정교화
② 수용자의 건전한 사회복귀
③ 수용자의 권리
④ 교정시설의 운영

정답 및 해설

② [×] 형집행법은 수형자의 교정교화와 건전한 사회복귀를 도모하고, 수용자의 처우와 권리 및 교정시설의 운영에 관하여 필요한 사항을 규정함을 목적으로 한다(형집행법 제1조).

정답 ②

02 「형의 집행 및 수용자의 처우에 관한 법률」 제2조(정의)에 대한 설명으로 가장 옳지 않은 것은? 2024. 7급 승진

① "수용자"란 수형자·미결수용자·사형확정자 등 법률과 적법한 절차에 따라 교도소·구치소 및 그 지소에 수용된 사람을 말한다.
② "수형자"란 징역형·금고형 또는 구류형의 선고를 받아 그 형이 확정되어 교정시설에 수용된 사람과 벌금 또는 과료를 완납하지 아니하여 노역장 유치명령을 받아 교정시설에 수용된 사람을 말한다.
③ "미결수용자"란 형사피의자로서 체포되어 교정시설에 수용된 사람만을 말한다.
④ "사형확정자"란 사형의 선고를 받아 그 형이 확정되어 교정시설에 수용된 사람을 말한다.

정답 및 해설

① [○] 동법 제2조 제1호
② [○] 동법 제2조 제2호
③ [×] 미결수용자란 형사피의자 또는 형사피고인으로서 체포되거나 구속영장의 집행을 받아 교정시설에 수용된 사람을 말한다(형집행법 제2조 제3호).
④ [○] 동법 제2조 제4호

정답 ③

03 현행법령상 수용자 등의 정의로 옳지 않은 것은? 2023. 9급 경채

① "수용자"란 법률과 적법한 절차에 따라 교도소·구치소 및 그 지소에 수용된 사람을 말한다. 여기에 사형확정자는 포함되지 아니한다.
② "수형자"란 징역형·금고형 또는 구류형의 선고를 받아 그 형이 확정되어 교정시설에 수용된 사람과 벌금 또는 과료를 완납하지 아니하여 노역장 유치명령을 받아 교정시설에 수용된 사람을 말한다.
③ "미결수용자"란 형사피의자 또는 형사피고인으로서 체포되거나 구속영장의 집행을 받아 교정시설에 수용된 사람을 말한다.
④ "사형확정자"란 사형의 선고를 받아 그 형이 확정되어 교정시설에 수용된 사람을 말한다.

정답 및 해설

① [×] "수용자"란 수형자·미결수용자·사형확정자 등 법률과 적법한 절차에 따라 교도소·구치소 및 그 지소에 수용된 사람을 말한다(형집행법 제1조).

정답 ①

04 「형의 집행 및 수용자의 처우에 관한 법률」상 '형의 집행 및 수용자 처우에 관한 기본계획'(이하 "기본계획"이라 함)에 대한 설명으로 옳지 않은 것은? 2024. 교정 7급

① 법무부장관은 5년마다 기본계획을 수립하여야 한다.
② 법무부장관은 기본계획을 수립 또는 변경하려는 때에는 법원, 검찰 및 경찰 등 관계 기관과 협의하여야 한다.
③ 법무부장관은 교정자문위원회의 심의를 받아 기본계획을 수립 또는 변경하여야 한다.
④ 법무부장관은 기본계획을 수립하기 위하여 실태조사와 수요예측 조사를 실시할 수 있다.

정답 및 해설

① [○] 법무부장관은 「형의 집행 및 수용자의 처우에 관한 법률」의 목적을 효율적으로 달성하기 위하여 5년마다 형의 집행 및 수용자 처우에 관한 기본계획(기본계획)을 수립하고 추진하여야 한다(동법 제5조의2 제1항).
② [○], ③ [×] 법무부장관은 기본계획을 수립 또는 변경하려는 때에는 법원, 검찰 및 경찰 등 관계 기관과 협의하여야 한다(형집행법 제5조의2 제3항).
④ [○] 동법 제5조의2 제4항

정답 ③

05 「형의 집행 및 수용자의 처우에 관한 법률」상 교정시설에 대한 설명으로 가장 옳은 것은? 2024. 5급 승진

① 신설하는 교정시설은 수용인원이 500명 이내의 규모가 되도록 하여야 한다. 다만, 교정시설의 기능·위치나 그 밖의 사정을 고려하여 그 규모를 줄일 수 있다.
② 거실은 수용자가 건강하게 생활할 수 있도록 적정한 수준의 공간과 채광, 통풍, 냉·난방을 위한 시설이 갖추어져야 한다.
③ 법무부장관은 교정시설의 운영, 교도관의 복무, 수용자의 처우 및 인권실태 등을 파악하기 위하여 매년 1회 이상 교정시설을 순회점검하거나 소속 공무원으로 하여금 순회점검하게 하여야 한다.
④ 판사는 직무상 필요하면 법무부장관의 허가를 얻어 교정시설을 시찰할 수 있다.

정답 및 해설

① [×] 신설하는 교정시설은 수용인원이 500명 이내의 규모가 되도록 하여야 한다. 다만, 교정시설의 기능·위치나 그 밖의 사정을 고려하여 그 규모를 늘릴 수 있다(동법 제6조 제1항).
② [×] 교정시설의 거실·작업장·접견실이나 그 밖의 수용생활을 위한 설비는 그 목적과 기능에 맞도록 설치되어야 한다. 특히, 거실은 수용자가 건강하게 생활할 수 있도록 적정한 수준의 공간과 채광·통풍·난방을 위한 시설이 갖추어져야 한다(동법 제6조 제2항).
③ [○] 형집행법 제8조
④ [×] 판사와 검사는 직무상 필요하면 교정시설을 시찰할 수 있다(동법 제9조 제1항).

정답 ③

06 우리나라의 교정시설 운영에 대한 설명으로 옳지 않은 것은? 2013. 교정 9급

① 신설하는 교정시설은 수용인원이 500명 이내의 규모로 하는 것을 원칙으로 한다.
② 교정시설의 운영과 수용자 처우 등에 관한 교도소장의 자문에 응하기 위하여 교정시설에 교정위원을 둔다.
③ 교정시설의 설치와 운영에 관한 업무의 일부를 법인 또는 개인에게 위탁할 수 있다.
④ 법무부장관은 매년 1회 이상 교정시설의 운영 실태를 순회점검하거나, 소속 공무원으로 하여금 순회점검하게 하여야 한다.

정답 및 해설

① [○] 동법 제6조 제1항
② [×] 수용자의 관리·교정교화 등 사무에 관한 지방교정청장의 자문에 응하기 위하여 지방교정청에 교정자문위원회를 둔다(형집행법 제129조 제1항). 수용자의 교육·교화·의료, 그 밖에 수용자의 처우를 후원하기 위하여 교정시설에 교정위원을 둘 수 있다(동법 제130조 제1항).
③ [○] 동법 제7조 제1항
④ [○] 동법 제8조

정답 ②

07 교정용어에 대한 설명으로 옳지 않은 것은? 2016. 9급 경채

① 자비구매물품이란 수용자가 교도소·구치소 및 그 지소의 장의 허가를 받아 자신의 비용으로 구매할 수 있는 물품을 말한다.
② 전달금품이란 수용자 외의 사람이 교정시설의 장의 허가를 받아 수용자에게 건넬 수 있는 금품을 말한다.
③ 교정시설의 보관범위란 수용자 1명이 교정시설에 보관할 수 있는 물품의 수량으로서 소장이 정하는 범위를 말한다.
④ 외부통근자란 건전한 사회복귀와 기술습득을 촉진하기 위하여 외부기업체 또는 교정시설 안에 설치된 외부기업체의 작업장에 통근하며 작업하는 수형자를 말한다.

정답 및 해설

③ [×] 법무부장관이 정하는 범위를 말한다(형집행법 시행규칙 제2조).

용어의 정의(형집행법 시행규칙 제2조)

자비구매물품	수용자가 교도소·구치소 및 그 지소(교정시설)의 장의 허가를 받아 자신의 비용으로 구매할 수 있는 물품을 말한다.
교정시설의 보관범위	수용자 1명이 교정시설에 보관할 수 있는 물품의 수량으로서 법무부장관이 정하는 범위를 말한다.
수용자가 지닐 수 있는 범위	수용자 1명이 교정시설 안에서 지닌 채 사용할 수 있는 물품의 수량으로서 법무부장관이 정하는 범위를 말한다.
전달금품	수용자 외의 사람이 교정시설의 장(소장)의 허가를 받아 수용자에게 건넬 수 있는 금품을 말한다.
처우등급	수형자의 처우 및 관리와 관련하여 수형자를 수용할 시설, 수형자에 대한 계호의 정도, 처우의 수준 및 처우의 내용을 구별하는 기준을 말한다.
외부통근자	건전한 사회복귀와 기술습득을 촉진하기 위하여 외부기업체 또는 교정시설 안에 설치된 외부기업체의 작업장에 통근하며 작업하는 수형자를 말한다.
교정장비	교정시설 안(교도관이 교정시설 밖에서 수용자를 계호하고 있는 경우 그 장소를 포함)에서 사람의 생명과 신체의 보호, 도주의 방지 및 교정시설의 안전과 질서유지를 위하여 교도관이 사용하는 장비와 기구 및 그 부속품을 말한다.

정답 ③

08 법무부장관은 「형의 집행 및 수용자의 처우에 관한 법률」의 목적을 효율적으로 달성하기 위하여 5년마다 기본계획을 수립하고 추진하여야 한다. 다음 중 기본계획에 명시적으로 포함되어야 할 사항으로 올바르게 묶인 것은? 2023. 6급 승진

㉠ 인구·범죄의 증감 및 수사 또는 형 집행의 동향 등 교정시설의 수요 증감에 관한 사항
㉡ 수형자 사회복귀 지원을 위한 지역사회 네트워크 추진
㉢ 교도작업과 직업훈련의 현황, 수형자의 건전한 사회복귀를 위한 작업설비 및 프로그램의 확충 방안
㉣ 수용자 인권보호 실태와 인권 증진 방안
㉤ 노인·장애인수용자 등의 보호, 성차별 및 성폭력 예방정책

① ㉠, ㉢, ㉣
② ㉠, ㉡, ㉤
③ ㉡, ㉢, ㉣
④ ㉡, ㉣, ㉤

정답 및 해설

① [○] 기본계획에 명시적으로 포함되어야 할 사항은 ㉠, ㉢, ㉣이다.

> **기본계획에 포함되어야 할 사항**(형집행법 제5조의2 제2항)
> 1. 형의 집행 및 수용자 처우에 관한 기본 방향
> 2. 인구·범죄의 증감 및 수사 또는 형 집행의 동향 등 교정시설의 수요 증감에 관한 사항
> 3. 교정시설의 수용 실태 및 적정한 규모의 교정시설 유지 방안
> 4. 수용자에 대한 처우 및 교정시설의 유지·관리를 위한 적정한 교도관 인력 확충 방안
> 5. 교도작업과 직업훈련의 현황, 수형자의 건전한 사회복귀를 위한 작업설비 및 프로그램의 확충 방안
> 6. 수형자의 교육·교화 및 사회적응에 필요한 프로그램의 추진 방향
> 7. 수용자 인권보호 실태와 인권 증진 방안
> 8. 교정사고의 발생 유형 및 방지에 필요한 사항
> 9. 형의 집행 및 수용자 처우와 관련하여 관계 기관과의 협력에 관한 사항
> 10. 그 밖에 법무부장관이 필요하다고 인정하는 사항

정답 ①

09 형집행법령상 형의 집행 및 수용자 처우에 관한 기본계획 등에 대한 설명으로 옳은 것을 모두 고른 것은?

2023. 5급 승진

㉠ 법무부장관은 형집행법의 목적을 효율적으로 달성하기 위하여 5년마다 형의 집행 및 수용자 처우에 관한 기본계획(이하 "기본계획"이라 한다)을 수립하고 추진하여야 한다.
㉡ 법무부장관은 기본계획을 수립 또는 변경하려는 때에는 법원, 검찰 및 경찰 등 관계 기관과 협의하여야 한다.
㉢ 법무부장관은 기본계획을 수립하기 위하여 필요하다고 인정하는 경우에는 관계 기관의 장에게 필요한 자료를 요청할 수 있다. 이 경우 자료를 요청받은 관계 기관의 장은 특별한 사정이 없으면 요청에 따라야 한다.
㉣ 법무부장관은 형의 집행 및 수용자 처우에 관한 사항을 협의하기 위하여 법원, 검찰 및 경찰 등 관계 기관과 협의체(이하 "협의체"라 한다)를 설치하여 운영할 수 있으며, 협의체의 설치 및 운영 등에 필요한 사항은 법무부령으로 정한다.
㉤ 협의체는 위원장과 12명의 위원으로 구성하며, 위원장은 법무부차관이 된다.
㉥ 협의체의 위원장은 협의체 회의를 소집하며, 회의 개최 7일 전까지 회의의 일시·장소 및 안건 등을 각 위원에게 알려야 한다. 위원장은 협의체의 회의 결과를 위원이 소속된 기관의 장에게 통보해야 한다.

① ㉠, ㉡
② ㉠, ㉢, ㉥
③ ㉠, ㉡, ㉢, ㉥
④ ㉣, ㉤

정답 및 해설

옳은 것은 ㉠, ㉡, ㉢, ㉥이다.
㉠ [○] 형집행법 제5조의2 제1항
㉡ [○] 동법 제5조의2 제3항
㉢ [○] 동법 제5조의2 제5항
㉣ [×] 법무부장관은 형의 집행 및 수용자 처우에 관한 사항을 협의하기 위하여 법원, 검찰 및 경찰 등 관계 기관과 협의체를 설치하여 운영할 수 있으며(동법 제5조의3 제1항), 협의체의 설치 및 운영 등에 필요한 사항은 대통령령으로 정한다(동법 제5조의3 제2항).
㉤ [×] 협의체는 위원장을 포함하여 12명의 위원으로 구성하며(동법 시행령 제1조의2 제1항), 협의체의 위원장은 법무부차관이 된다(동법 시행령 제1조의2 제2항).
㉥ [○] 동법 시행령 제1조의2 제3항·제4항

정답 ③

10 형집행법령상 형의 집행 및 수용자 처우에 관한 기본계획(이하 "기본계획"이라 한다)과 협의체에 대한 설명으로 가장 옳지 않은 것은?

2024. 6급 승진

① 법무부장관은 이 법의 목적을 효율적으로 달성하기 위하여 5년마다 형의 집행 및 수용자 처우에 관한 기본계획을 수립하여 추진하여야 한다.
② 법무부장관은 기본계획을 수립하기 위하여 필요하다고 인정하는 경우에는 관계 기관의 장에게 필요한 자료를 요청할 수 있다. 이 경우 자료를 요청받은 관계 기관의 장은 특별한 사정이 없으면 요청에 따라야 한다.
③ 「형의 집행 및 수용자의 처우에 관한 법률」에 따른 협의체는 위원장과 12명의 위원으로 구성하며, 협의체의 위원장은 법무부차관이 된다.
④ 협의체의 위원장은 협의체 회의를 소집하며, 회의 개최 7일 전까지 회의의 일시·장소 및 안건 등을 각 위원에게 알려야 하고, 협의체의 회의 결과를 위원이 소속된 기관의 장에게 통보해야 한다.

정답 및 해설

① [○] 동법 제5조의2 제1항
② [○] 동법 제5조의2 제5항
③ [×] 협의체는 위원장을 포함하여 12명의 위원으로 구성하며(형집행법 시행령 제1조의2 제1항), 협의체의 위원장은 법무부차관이 된다(동법 시행령 제1조의2 제2항 전단).
④ [○] 동법 시행령 제1조의2 제3항·제4항

정답 ③

 11 형집행법령상 아래의 협의체에 대한 설명으로 가장 옳지 않은 것은?

2022. 7급 승진

> 형의 집행 및 수용자 처우에 관한 법률 제5조의3(협의체의 설치 및 운영) ① 법무부장관은 형의 집행 및 수용자 처우에 관한 사항을 협의하기 위하여 법원, 검찰 및 경찰 등 관계기관과 협의체를 설치하여 운영할 수 있다.

① 협의체는 위원장을 포함하여 12명이 위원으로 구성한다.
② 협의체의 위원장은 협의체 회의를 소집하며, 회의 개최 7일 전까지 회의의 일시·장소 및 안건 등을 각 위원에게 알려야 한다.
③ 협의체의 위원장은 협의체의 회의 결과를 위원이 소속된 기관의 장에게 통보해야 한다.
④ 협의체의 위원장은 법무부장관이 된다.

정답 및 해설

① [○] 동법 시행령 제1조의2
② [○] 동법 시행령 제1조의2 제3항
③ [○] 동법 시행령 제1조의2 제4항
④ [×] 협의체의 위원장은 법무부차관이 된다(형집행법 시행령 제1조의2).

정답 ④

12 법무부장관은 형의 집행 및 수용자 처우에 관한 사항을 협의하기 위하여 법원, 검찰 및 경찰 등 관계 기관과 협의체를 설치하여 운영할 수 있다. 「형의 집행 및 수용자의 처우에 관한 법률 시행령」상 협의체의 구성 및 운영에 대한 설명으로 가장 옳지 않은 것은?

2024. 5급 승진

① 협의체는 위원장을 포함하여 12명의 위원으로 구성한다.
② 협의체의 위원장은 법무부차관이 되고, 그 위원으로 법원의 경우 법원행정처 소속 판사 또는 3급 이상의 법원일반직공무원 중에서 법원행정처장이 지명하는 사람 1명을 포함한다.
③ 협의체의 위원장은 협의체 회의를 소집하며, 회의 개최 7일 전까지 회의의 일시·장소 및 안건 등을 각 위원에게 알려야 한다.
④ 협의체의 위원은 협의체의 회의 결과를 자신이 소속된 기관의 장에게 통보해야 한다.

정답 및 해설

① [○] 동법 시행령 제1조의2 제1항
② [○] 동법 시행령 제1조의2 제2항
③ [○] 동법 시행령 제1조의2 제3항
④ [×] 협의체의 위원장은 협의체의 회의 결과를 위원이 소속된 기관의 장에게 통보해야 한다(형집행법 시행령 제1조의2 제4항).

정답 ④

13 형집행법령상 소장의 직무 등에 대한 설명으로 옳지 않은 것은 모두 몇 개인가?

2024. 7급 승진

㉠ 소장은 다른 사람의 건강에 위해를 끼칠 우려가 있는 감염병에 걸린 사람의 수용을 거절할 수 있으며, 수용을 거절하였으면 그 사유를 지체 없이 수용지휘기관과 관할 보건소장에게 통보하고 관할 지방교정청장에게 보고하여야 한다.
㉡ 소장은 수형자의 근로의욕을 고취하고 건전한 사회복귀를 지원하기 위하여 법무부장관이 정하는 바에 따라 작업의 종류, 작업성적, 교정성적, 그 밖의 사정을 고려하여 수형자에게 작업장려금을 지급할 수 있다.
㉢ 소장은 외국인에게 참관을 허가할 경우에는 미리 법무부장관의 승인을 받아야 한다.
㉣ 직업훈련 대상자는 소속기관의 수형자 중에서 소장이 선정한다. 다만, 집체직업훈련(직업훈련 전담 교정시설이나 그 밖에 직업훈련을 실시하기에 적합한 교정시설에 수용하여 실시하는 훈련을 말한다) 대상자는 법무부장관이 선정한다.

① 0개
② 1개
③ 2개
④ 3개

정답 및 해설

옳지 않은 것은 ㉠, ㉢, ㉣이다.
㉠ [×] 소장은 다른 사람의 건강에 위해를 끼칠 우려가 있는 감염병에 걸린 사람의 수용을 거절할 수 있으며(동법 제18조 제1항), 수용을 거절하였으면 그 사유를 지체 없이 수용지휘기관과 관할 보건소장에게 통보하고 법무부장관에게 보고하여야 한다(동법 제18조 제2항).
㉡ [○] 형집행법 제73조 제2항
㉢ [×] 소장은 외국인에게 참관을 허가할 경우에는 미리 관할 지방교정청장의 승인을 받아야 한다(동법 시행령 제3조 제2항).
㉣ [×] 직업훈련 대상자는 소속기관의 수형자 중에서 소장이 선정한다. 다만, 집체직업훈련(직업훈련 전담 교정시설이나 그 밖에 직업훈련을 실시하기에 적합한 교정시설에 수용하여 실시하는 훈련을 말한다) 대상자는 집체직업훈련을 실시하는 교정시설의 관할 지방교정청장이 선정한다(동법 시행규칙 제124조 제2항).

정답 ④

14 교정시설에 대한 설명으로 옳지 않은 것은?

2011. 교정 9급

① 법무부장관은 교정시설 설치 및 운영에 관한 업무의 일부를 법인 또는 개인에게 위탁할 수 있다.
② 법무부장관은 교정시설의 운영, 교도관의 복무, 수용자의 처우 및 인권실태 등을 파악하기 위하여 매년 1회 이상 교정시설을 순회점검하거나 소속 공무원으로 하여금 순회점검하게 하여야 한다.
③ 검사는 직무상 필요하면 교정시설을 시찰할 수 있다.
④ 판사는 교정시설을 시찰하고자 하는 때에는 정당한 이유를 명시하여 교정시설의 장의 허가를 받아야 한다.

정답 및 해설

① [○] 동법 제7조 제1항
② [○] 동법 제8조
③ [○] 판사와 검사는 직무상 필요하면 교정시설을 시찰할 수 있다(동법 제9조 제1항).
④ [×] 판사와 검사 외의 사람은 교정시설을 참관하려면 학술 연구 등 정당한 이유를 명시하여 교정시설의 장의 허가를 받아야 한다(형집행법 제9조 제2항).

정답 ④

15 「형의 집행 및 수용자의 처우에 관한 법률」상 교정시설 등에 대한 설명으로 옳지 않은 것은?

2025. 교정 9급

① 신설하는 교정시설은 수용인원이 500명 이내의 규모가 되도록 하여야 하나 교정시설의 기능·위치나 그 밖의 사정을 고려하여 그 규모를 늘릴 수 있다.
② 교정시설의 거실·작업장·접견실이나 그 밖의 수용생활을 위한 설비는 그 목적과 기능에 맞도록 설치되어야 한다.
③ 법무부장관은 교정시설의 운영, 교도관의 복무, 수용자의 처우 및 인권실태 등을 파악하기 위하여 매년 1회 이상 교정시설을 순회점검하거나 소속 공무원으로 하여금 순회점검하게 하여야 한다.
④ 교정시설의 설치 및 운영에 관한 업무의 일부를 위탁받을 수 있는 법인의 자격요건, 교정시설의 시설기준, 수용대상자의 선정기준, 수용자 처우의 기준, 위탁절차, 국가의 감독, 그 밖에 필요한 사항은 따로 대통령령으로 정한다.

정답 및 해설

① [○] 형집행법 제6조 제1항
② [○] 교정시설의 거실·작업장·접견실이나 그 밖의 수용생활을 위한 설비는 그 목적과 기능에 맞도록 설치되어야 한다. 특히, 거실은 수용자가 건강하게 생활할 수 있도록 적정한 수준의 공간과 채광·통풍·난방을 위한 시설이 갖추어져야 한다(동법 제6조 제2항).
③ [○] 동법 제8조
④ [×] 교정시설의 설치 및 운영에 관한 업무의 일부를 위탁받을 수 있는 법인 또는 개인의 자격요건, 교정시설의 시설기준, 수용대상자의 선정기준, 수용자 처우의 기준, 위탁절차, 국가의 감독, 그 밖에 필요한 사항은 따로 법률로 정한다(동법 제7조 제2항).

정답 ④

제2절 | 순회점검과 시찰 및 참관

형의 집행 및 수용자의 처우에 관한 법령상 교정시설에 대한 설명으로 옳지 않은 것은? 2015. 교정 7급

① 판사와 검사는 직무상 필요하면 교정시설을 시찰할 수 있다.
② 교정시설의 거실은 수용자가 건강하게 생활할 수 있도록 적정한 수준의 공간과 채광·통풍·난방을 위한 시설이 갖추어져야 한다.
③ 교정시설의 장은 외국인에게 교정시설의 참관을 허가할 경우에는 미리 법무부장관의 승인을 받아야 한다.
④ 신설하는 교정시설은 수용인원이 500명 이내의 규모가 되도록 하여야 하나, 교정시설의 기능·위치나 그 밖의 사정을 고려하여 그 규모를 늘릴 수 있다.

정답 및 해설

① [○] 동법 제9조 제1항
② [○] 동법 제6조 제2항
③ [×] 소장은 외국인에게 참관을 허가할 경우에는 미리 관할 지방교정청장의 승인을 받아야 한다(형집행법 시행령 제3조 제2항).
④ [○] 동법 제6조 제1항

정답 ③

「형의 집행 및 수용자의 처우에 관한 법률」상 ㉠ ~ ㉢에 들어갈 단어를 바르게 나열한 것은? 2017. 5급 승진

- 법무부장관은 교정시설의 운영, 교도관의 복무, 수용자의 처우 및 인권실태 등을 파악하기 위하여 매년 1회 이상 교정시설을 (㉠)하거나 소속 공무원으로 하여금 (㉠)하게 하여야 한다.
- 판사와 검사는 직무상 필요하면 교정시설을 (㉡)할 수 있다.
- 판사와 검사 외의 사람은 교정시설을 (㉢)하려면 학술연구 등 정당한 이유를 명시하여 교정시설의 장의 허가를 받아야 한다.

	㉠	㉡	㉢
①	순회점검	시찰	참관
②	순회감찰	감독순시	견학
③	순회점검	시찰	견학
④	순회감찰	감독순시	참관
⑤	직무감찰	감독순시	견학

정답 및 해설

① [○] ㉠ 순회점검(형집행법 제8조), ㉡ 시찰(동법 제9조 제1항), ㉢ 참관(동법 제9조 제2항)이다.

정답 ①

03 수용과 시찰에 대한 다음 설명 중 옳은 것만을 모두 고른 것은? (다툼이 있는 경우 판례에 의함)

㉠ 대법원은 교도관의 소년 미결수 분리수용 불철저로 인한 폭행치사 사고에 대하여, 교도관의 과실을 인정하고 손해배상을 수용하였다.
㉡ 계호상 독거수용은 교정시설의 안전과 질서유지를 위하여 항상 독거수용하고 다른 수용자와의 접촉을 일체 금지하는 것을 말한다.
㉢ 처우상 독거수용은 주간에는 일과에 따른 공동생활을 하게하고 야간에만 독거수용하는 것을 의미한다.
㉣ 의무관은 계호상 독거수용된 사람을 수시로 시찰하여 건강상 또는 교화상 이상이 없는지 살펴야 한다.
㉤ 교정시설을 새로 설치하는 경우에는 수용자의 거실수용을 위하여 독거실과 혼거실의 비율이 적정한 수준이 되도록 하여야 한다.
㉥ 소장은 특히 필요한 경우에는 남성교도관으로 하여금 야간에 수용자 거실에 있는 여성수용자를 시찰하게 할 수 있다.
㉦ 의무관은 계호상 독거수용자가 계속하여 독거수용하는 것이 건강상 해롭다고 인정하는 경우에는 그 의견을 소장에게 즉시 보고하여야 한다.
㉧ 독거수용실에만 텔레비전시청시설을 설치하지 않음으로써 독거수용 중인 수용자가 텔레비전시청을 제한받게 되어 다른 수용자들과 차별적 처우가 이루어지는 결과가 되었다고 하더라도 이러한 행위가 곧 합리적인 이유가 없는 자의적 차별이라고는 할 수 없다.

① ㉠, ㉢, ㉥, ㉦, ㉧
② ㉠, ㉤, ㉥, ㉦, ㉧
③ ㉡, ㉢, ㉤, ㉦, ㉧
④ ㉠, ㉡, ㉣, ㉤, ㉦

정답 및 해설

옳은 것은 ㉠, ㉤, ㉥, ㉦, ㉧이며, 옳지 않은 것은 ㉡, ㉢, ㉣이다.

㉠ [○] 소년미결수들을 수용함에 있어 그 죄질이 현저히 다른 강도상해범과 과실범을 같은 방에 수용하고도 철저한 감시의무를 다하지 못함으로써 수감자 상호 간의 폭행치사사고가 일어나도록 한 과실이 인정된다고 하여 국가에게 배상책임을 인정하였다(대법원 1994.10.11. 94다22569).
㉡ [×] **계호상 독거수용**: 사람의 생명·신체의 보호 또는 교정시설의 안전과 질서 유지를 위하여 항상 독거수용하고 다른 수용자와의 접촉을 금지하는 것을 말한다. 다만, 수사·재판·실외운동·목욕·접견·진료 등을 위하여 필요한 경우에는 그러하지 아니하다(형집행법 시행령 제5조 제2항).
㉢ [×] **처우상 독서수용**: 주간에는 교육·작업 등의 처우를 위하여 일과에 따른 공동생활을 하게하고 휴업일과 야간에만 독거수용하는 것을 말한다(동법 시행령 제5조 제1항).
㉣ [×] 교도관은 계호상 독거수용자가 건강상 이상이 있는 것으로 보이는 경우에는 교정시설에 근무하는 의사에게 즉시 알려야 하고, 교화상 문제가 있다고 인정하는 경우에는 소장에게 지체 없이 보고하여야 한다(동법 시행령 제6조 제2항).
㉤ [○] 동법 시행령 제4조
㉥ [○] 소장은 특히 필요하다고 인정하는 경우가 아니면 남성교도관이 야간에 수용자 거실에 있는 여성수용자를 시찰하게 하여서는 아니 된다(동법 시행령 제7조).
▶ 반대해석하면 특히 필요한 경우에는 시찰이 가능하다.
㉦ [○] 의무관은 통보를 받은 즉시 해당 수용자를 상담·진찰하는 등 적절한 의료조치를 하여야 하며, 계호상 독거수용자를 계속하여 독거수용하는 것이 건강상 해롭다고 인정하는 경우에는 그 의견을 소장에게 즉시 보고하여야 한다(동법 시행령 제6조 제3항).
▶ 의무관은 교도관의 통보를 받으면 상담·의료조치 등 적절한 조치를 하도록 하였다.
㉧ [○] 헌재 2005.5.26. 2004헌마571

정답 ②

04 현행법령상 시찰과 참관에 관한 내용이다. 옳지 않은 것은?

2023. 9급 경채

① 판사와 검사는 직무상 필요하면 교정시설을 시찰할 수 있다.
② 소장은 외국인에게 참관을 허가할 경우에는 미리 법무부장관의 승인을 받아야 한다.
③ 판사와 검사 외의 사람은 교정시설을 참관하려면 학술연구 등 정당한 이유를 명시하여 교정시설의 장의 허가를 받아야 한다.
④ 판사 또는 검사가 교도소·구치소 및 그 지소(이하 "교정시설"이라 한다)를 시찰할 경우에는 미리 그 신분을 나타내는 증표를 교정시설의 장(이하 "소장"이라 한다)에게 제시해야 한다.

정답 및 해설

① [○] 동법 제9조 제1항
② [×] 소장은 외국인에게 참관을 허가할 경우에는 미리 관할 지방교정청장의 승인을 받아야 한다(형집행법 시행령 제3조 제2항).
③ [○] 동법 제9조 제2항
④ [○] 동법 시행령 제2조 제1항

정답 ②

05 현행법령상 순회점검에 관한 내용으로 옳지 않은 것은?

2023. 9급 경채

① 법무부장관은 교정시설을 순회점검하거나 소속 공무원으로 하여금 순회점검하게 하여야 한다.
② 순회점검은 교정시설의 운영실태 및 교도관의 복무를 점검하기 위한 것이다.
③ 순회점검은 수용자처의 처우 및 인권실태를 점검하기 위한 것이다.
④ 순회점검은 매월 1회 이상 실시하여야 한다.

정답 및 해설

> **순회점검(형집행법 제8조)**
> 법무부장관은 교정시설의 운영, 교도관의 복무, 수용자의 처우 및 인권실태 등을 파악하기 위하여 매년 1회 이상 교정시설을 순회점검하거나 소속 공무원으로 하여금 순회점검하게 하여야 한다.

정답 ④

06 형의 집행 및 수용자의 처우에 관한 법령상 교정시설의 시찰 및 참관에 대한 설명으로 옳지 않은 것은?

2018. 교정 9급

① 교정시설의 장은 판사와 검사 외의 사람이 교정시설의 참관을 신청하는 경우에는 그 성명·직업·주소·나이·성별 및 참관 목적을 확인한 후 허가 여부를 결정하여야 한다.
② 판사와 검사 외의 사람은 교정시설을 참관하려면 학술연구 등 정당한 이유를 명시하여 관할 지방교정청장의 허가를 받아야 한다.
③ 판사 또는 검사가 교정시설을 시찰할 경우에는 미리 그 신분을 나타내는 증표를 교정시설의 장에게 제시해야 한다.
④ 교정시설의 장은 판사 또는 검사가 교정시설을 시찰할 경우 교도관에게 시찰을 요구받은 장소를 안내하게 해야 한다.

정답 및 해설

① [○] 동법 시행령 제3조 제1항
② [×] 판사와 검사 외의 사람은 교정시설을 참관하려면 학술연구 등 정당한 이유를 명시하여 교정시설의 장(소장)의 허가를 받아야 한다(형집행법 제9조 제2항).
③ [○] 동법 시행령 제2조 제1항
④ [○] 동법 시행령 제2조 제2항

정답 ②

07 「형의 집행 및 수용자의 처우에 관한 법률」의 내용에 대한 설명으로 옳은 것은? 2017. 교정 9급

① 이 법은 교정시설의 구내에서만 적용된다.
② 법무부장관은 교정시설의 설치 및 운영에 관한 업무의 일부를 법인에게 위탁할 수 있으나 개인에게 위탁할 수는 없다.
③ 판사, 검사 및 당해 사건의 변호인은 직무상 필요하면 교정시설을 시찰할 수 있다.
④ 신설하는 교정시설은 수용인원이 500명 이내의 규모가 되도록 하여야 한다. 다만, 교정시설의 기능·위치나 그 밖의 사정을 고려하여 그 규모를 늘릴 수 있다.

정답 및 해설

① [×] 이 법은 교정시설의 구내와 교도관이 수용자를 계호하고 있는 그 밖의 장소로서 교도관의 통제가 요구되는 공간에 대하여 적용한다(동법 제3조).
② [×] 법무부장관은 교정시설의 설치 및 운영에 관한 업무의 일부를 법인 또는 개인에게 위탁할 수 있다(동법 제7조 제1항).
③ [×] 판사와 검사는 직무상 필요하면 교정시설을 시찰할 수 있다(동법 제9조 제1항).
④ [○] 형집행법 제6조 제1항

정답 ④

08 「형의 집행 및 수용자의 처우에 관한 법률」의 내용으로 옳지 않은 것은? 2018. 교정 9급

① 교정시설의 장은 법률이 정한 사유가 있는 수형자에게 5일 이내의 특별귀휴를 허가할 수 있다.
② 수형자가 소년교도소에 수용 중에 19세가 된 경우에도 교육·교화프로그램, 작업, 직업훈련 등을 실시하기 위하여 특히 필요하다고 인정되면 23세가 되기 전까지는 계속하여 수용할 수 있다.
③ 법무부장관은 교정시설의 운영, 교도관의 복무, 수용자의 처우 및 인권실태 등을 파악하기 위하여 매월 1회 이상 교정시설을 순회점검하거나 소속 공무원으로 하여금 순회점검하게 하여야 한다.
④ 법무부장관은 교정시설의 설치 및 운영에 관한 업무의 일부를 법인 또는 개인에게 위탁할 수 있다.

정답 및 해설

① [○] 소장은 ㉠ 가족 또는 배우자의 직계존속이 사망한 때, ㉡ 직계비속의 혼례가 있는 때의 사유가 있는 수형자에 대하여는 5일 이내의 특별귀휴를 허가할 수 있다(동법 제77조 제2항).
② [○] 동법 제12조 제3항
③ [×] 매년 1회 이상 교정시설을 순회점검하거나 소속 공무원으로 하여금 순회점검하게 하여야 한다(형집행법 제8조).
④ [○] 동법 제7조 제1항

정답 ③

09 형의 집행 등에 대한 설명으로 옳지 않은 것은? (다툼이 있는 경우 판례에 의함) 2021. 교정 9급

① 형사사건으로 외국법원에 기소되어 무죄판결을 받은 경우, 그 무죄판결을 받기까지 미결구금일수도 외국에서 형의 전부 또는 일부가 집행된 경우로 보아 국내법원에서 선고된 유죄판결의 형에 전부 또는 일부를 산입하여야 한다.
② 처단형은 선고형의 최종적인 기준이 되므로 그 범위는 법률에 따라서 엄격하게 정하여야 하고 별도의 명시적 규정이 없는 이상 「형법」 제56조에서 열거하는 가중, 감경사유에 해당하지 않는 다른 성질의 감경사유를 인정할 수 없다.
③ 판결 주문에서 경합범의 일부에 대하여 유죄가 선고되더라도 다른 부분에 대하여 무죄가 선고되었다면 형사보상을 청구할 수 있으나, 그 경우라도 미결구금일수의 전부 또는 일부가 유죄에 대한 본형에 산입되는 것으로 확정되었다면, 그 본형이 실형이든 집행유예가 부가된 형이든 불문하고 그 산입된 미결구금일수는 형사보상의 대상이 되지 않는다.
④ 형집행정지 심의위원회 위원은 학계, 법조계, 의료계, 시민단체 인사 등 학식과 경험이 있는 사람 중에서 각 지방검찰청 검사장이 임명 또는 위촉한다.

정답 및 해설

① [×] 대법원 2017.8.24. 2017도5977

> **관련판례**
> 외국에서 무죄판결을 받고 석방되기까지의 미결구금은, 국내에서의 형벌권 행사가 외국에서의 형사절차와는 별개의 것인 만큼 우리나라 형벌법규에 따른 공소의 목적을 달성하기 위하여 필수불가결하게 이루어진 강제처분으로 볼 수 없고, 유죄판결을 전제로 한 것이 아니어서 해당 국가의 형사보상제도에 따라 구금 기간에 상응하는 금전적 보상을 받음으로써 구제받을 성질의 것에 불과하다. 또한 형사절차에서 미결구금이 이루어지는 목적, 미결구금의 집행 방법 및 피구금자에 대한 처우, 미결구금에 대한 법률적 취급 등이 국가별로 다양하여 외국에서의 미결구금으로 인해 피고인이 받는 신체적 자유 박탈에 따른 불이익의 양상과 정도를 국내에서의 미결구금이나 형의 집행과 효과 면에서 서로 같거나 유사하다고 단정할 수도 없다. 따라서 위와 같이 외국에서 이루어진 미결구금을 형법 제57조 제1항에서 규정한 '본형에 당연히 산입되는 미결구금'과 같다고 볼 수 없다(대법원 2017.8.24. 2017도5977).

② [○] 대법원 2019.4.18. 2017도14609
③ [○] 대법원 2017.11.28. 2017모1990

> **관련판례**
> 그 본형이 실형이든 집행유예가 부가된 형이든 불문하고 그 산입된 미결구금 일수는 형사보상의 대상이 되지 않는다. 그 미결구금은 유죄에 대한 본형에 산입되는 것으로 확정된 이상 형의 집행과 동일시되므로, 형사보상할 미결구금 자체가 아닌 셈이기 때문이다(대법원 2017.11.28. 2017모1990).

④ [○] 「형사소송법」 제471조의2 제2항

정답 ①

10 형집행법령상 교정시설에 대한 설명으로 가장 옳은 것은?   2021. 6급 승진

① 신설하는 교정시설은 수용인원이 500명 이상의 규모가 되도록 하여야 한다. 다만, 교정시설의 기능 위치나 그 밖의 사정을 고려하여 그 규모를 줄일 수 있다.
② 법무부장관은 교정시설의 설치 및 운영에 관한 업무의 일부를 법인에 한하여 위탁할 수 있다.
③ 법무부장관은 교정시설의 운영, 교도관의 복무, 수용자의 처우 및 인권실태 등을 파악하기 위하여 매년 1회 이상 교정시설을 순회점검하거나 소속 공무원으로 하여금 순회점검하게 하여야 한다.
④ 판사와 검사 외의 사람은 교정시설을 참관하려면 학술연구 등 정당한 이유를 명시하여 관할 지방교정청장의 허가를 받아야 한다.

정답 및 해설

① [×] 신설하는 교정시설은 수용인원이 500명 이내의 규모가 되도록 하여야 한다. 다만, 교정시설의 기능 위치나 그 밖의 사정을 고려하여 그 규모를 늘릴 수 있다(동법 제6조 제1항).
② [×] 법무부장관은 교정시설의 설치 및 운영에 관한 업무의 일부를 법인 또는 개인에게 위탁할 수 있다(동법 제7조 제1항).
③ [○] 형집행법 제8조
④ [×] 판사와 검사 외의 사람은 교정시설을 참관하려면 학술연구 등 정당한 이유를 명시하여 교정시설의 장의 허가를 받아야 한다(동법 제8조).

정답 ③

11 「형의 집행 및 수용자의 처우에 관한 법률」상 교정시설에 대한 설명으로 가장 옳지 않은 것은?
2021. 5급 승진

① 신설하는 교정시설은 수용인원이 500명 이내의 규모가 되도록 하여야 한다. 다만, 교정시설의 기능·위치나 그 밖에 사정을 고려하여 그 규모를 늘릴 수 있다.
② 법무부장관은 수용자에 대한 처우 및 교정시설의 유지·관리를 위한 적정한 인력을 확보해야 한다.
③ 법무부장관은 교정시설의 설치 및 운영에 관한 업무의 전부 또는 일부를 법인에게만 위탁할 수 있다.
④ 판사와 검사는 직무상 필요하면 교정시설을 시찰할 수 있다.

정답 및 해설

① [○] 동법 제6조 제1항
② [○] 동법 제6조 제3항
③ [×] 법무부장관은 교정시설의 설치 및 운영에 관한 업무의 일부를 법인 또는 개인에게 위탁할 수 있다(형집행법 제7조 제1항).
④ [○] 동법 제9조 제1항

정답 ③

12 형집행법령상 교정시설에 대한 설명으로 가장 옳지 않은 것은?   2022. 6급 승진

① 법무부장관은 교정시설의 설치 및 운영에 관한 업무의 일부를 법인에게 위탁할 수는 있으나 개인에게는 위탁할 수 없다.
② 법무부장관은 수용자에 대한 처우 및 교정시설의 유지·관리를 위한 적정한 인력을 확보하여야 한다.
③ 판사 또는 검사가 교정시설을 시찰할 경우에는 미리 그 신분을 나타내는 증표를 교정시설의 장에게 제시해야 한다.
④ 판사와 검사 외의 사람은 교정시설을 참관하려면 학술연구 등 정당한 이유를 명시하여 교정시설의 장의 허가를 받아야 한다.

정답 및 해설

① [×] 법무부장관은 교정시설의 설치 및 운영에 관한 업무의 일부를 법인 또는 개인에게 위탁할 수 있다(형집행법 제7조 제1항).
② [○] 동법 제6조 제3항
③ [○] 동법 시행령 제9조 제1항
④ [○] 동법 시행령 제9조 제2항

정답 ①

13 「형의 집행 및 수용자의 처우에 관한 법률」상 교정시설의 설치 및 운영에 대한 설명으로 가장 옳지 않은 것은?   2022. 7급 승진

① 판사와 검사 외의 사람은 교정시설을 참관하려면 학술연구 등 정당한 이유를 명시하여 법무부장관의 허가를 받아야 한다.
② 신설하는 교정시설은 수용인원 500명 이내의 규모가 되도록 하여야 한다. 다만, 교정시설의 기능·위치나 그 밖의 사정을 고려하여 그 규모를 늘릴 수 있다.
③ 법무부장관은 교정시설의 운영, 교도관의 복무, 수용자의 처우 및 인권실태 등을 파악하기 위하여 매년 1회 이상 교정시설을 순회점검하거나 소속 공무원으로 하여금 순회점검하게 하여야 한다.
④ 법무부장관은 교정시설의 설치 및 운영에 관한 업무의 일부를 법인 또는 개인에게 위탁할 수 있다.

정답 및 해설

① [×] 판사와 검사 외의 사람은 교정시설을 참관하려면 학술연구 등 정당한 이유를 명시하여 교정시설의 장(소장)의 허가를 받아야 한다(형집행법 제9조 제2항).
② [○] 동법 제6조 제1항
③ [○] 동법 제8조
④ [○] 동법 제7조 제1항

정답 ①

14 형집행법령상 지방교정청장의 권한이 아닌 것은?   2021. 6급 승진

① 집체직업훈련 대상자 선정
② 소속 교정시설 보호장비 사용 실태의 정기적 점검
③ 외국인의 관할 교정시설 참관 승인
④ 수용자의 징벌 실효에 대한 승인

정답 및 해설

④ [×] 소장은 징벌의 집행이 종료되거나 집행이 면제된 수용자가 교정성적이 양호하고 법무부령으로 정하는 기간 동안 징벌을 받지 아니하면 법무부장관의 승인을 받아 징벌을 실효시킬 수 있다(형집행법 제115조 제1항).

> **지방교정청장에 관한 규정**
> 1. 소장은 외국인에게 참관을 허가할 경우에는 미리 관할 지방교정청장의 승인을 받아야 한다(형집행법 시행령 제3조).
> 2. 지방교정청장의 관할 내 이송 승인권(동법 시행령 제22조)
> 3. 집체직업훈련 대상자는 집체직업훈련을 실시하는 교정시설의 관할 지방교정청장이 선정한다(동법 시행규칙 제124조 제2항).
> 4. 지방교정청장은 소속 교정시설의 보호장비 사용 실태를 정기적으로 점검하여야 한다(동법 시행령 제124조 제2항).
> 5. 수용자는 그 처우에 관하여 불복하는 경우 관할 지방교정청장에게 청원할 수 있다(동법 제117조 제1항).
> 6. 수용자는 지방교정청장에게 정보의 공개를 청구할 수 있다(동법 제117조의2 제1항).
> 7. 포상금을 받으려는 사람은 법무부장관이 정하는 바에 따라 포상금지급신청서를 지방교정청장에게 제출해야 한다(동법 시행령 제128조의3 제1항).
> 8. 소장은 교도작업을 중지하려면 지방교정창장의 승인을 받아야 한다(교도작업법 시행규칙 제6조 제2항).
> 9. 교정시설의 장은 민간기업이 참여할 교도작업의 내용을 해당 기업체와의 계약으로 정하고 이에 대하여 법무부장관의 승인(재계약의 경우에는 지방교정청장의 승인)을 받아야 한다(교도작업법 제6조).
> 10. 법무부장관은 권한의 일부를 관할 지방교정청장에게 위임할 수 있다(민영교도소법 제39조).

정답 ④

A지방교정청장의 직무수행 사례 중 현행법령상 옳지 않은 것은?

① 수용시설의 증축으로 수용거실이 일시적으로 부족한 관내 B교도소 수용자 98명에 대하여 A지방교정청 관할 C교도소로 이송을 승인하였다.
② 일본인 D, E에 대한 참관허가를 승인해 달라는 F교도소장의 보고를 받고 이를 승인하였다.
③ G구치소에 대한 검사 H의 시찰을 허가해 달라는 G구치소장의 보고를 받고 이를 허가하였다.
④ 처우에 불복하는 I구치소 수용자 J가 제출한 청원서를 읽어보고 이에 대한 결정을 문서로 하였다.

정답 및 해설

① [○] 형집행법 시행령 제22조 제1항
② [○] 동법 시행령 제3조 제2항
③ [×] 판사·검사의 시찰에 관한 사항으로 지방교정청장의 허가사항이 아니다.
④ [○] 동법 제117조 제1항·제5항

정답 ③

「형의 집행 및 수용자의 처우에 관한 법률」 제1조의 목적에 명시된 내용으로 옳은 것은 모두 몇 개인가?

2024. 6급 승진

㉠ 수형자의 건전한 사회복귀 도모	㉡ 직업훈련 실시
㉢ 미결수용자의 수용	㉣ 교정시설의 운영
㉤ 수용자의 처우	㉥ 수용자의 권리
㉦ 수형자의 격리	㉧ 수형자의 교정교화

① 3개
② 4개
③ 5개
④ 6개

정답 및 해설

③ [○] 옳은 것은 ㉠, ㉣, ㉤, ㉥, ㉧이다.
   형집행법은 수형자의 교정교화와 건전한 사회복귀를 도모하고, 수용자의 처우와 권리 및 교정시설의 운영에 관하여 필요한 사항을 규정함을 목적으로 한다(형집행법 제1조).

정답 ③

17 「형의 집행 및 수용자의 처우에 관한 법률」상 교정시설에 대한 설명으로 가장 옳지 않은 것은?

2024. 6급 승진

① 법무부장관은 교정시설의 운영, 교도관의 복무, 수용자의 처우 및 인권실태 등을 파악하기 위하여 매년 1회 이상 교정시설을 순회점검하거나 소속 공무원으로 하여금 순회점검하게 하여야 한다.
② 판사와 검사는 직무상 필요하면 교정시설을 시찰할 수 있다.
③ 신설하는 교정시설은 수용인원이 500명 이내의 규모가 되도록 하여야 하나, 교정시설의 기능·위치나 그 밖의 사정을 고려하여 그 규모를 늘릴 수 있다.
④ 법무부장관은 교정시설의 설치 및 운영에 관한 업무의 전부 또는 일부를 법인 또는 개인에게 위탁할 수 있다.

정답 및 해설

① [○] 동법 제8조
② [○] 동법 제9조 제1항
③ [○] 동법 제6조 제1항
④ [×] 법무부장관은 교정시설의 설치 및 운영에 관한 업무의 일부를 법인 또는 개인에게 위탁할 수 있다(형집행법 제7조 제1항).

정답 ④

18 일반인의 참관 신청이 있는 경우 소장이 확인하여야 하는 사항을 모두 고른 것은?

㉠ 성명	㉡ 직업
㉢ 참관목적	㉣ 성별
㉤ 종교	㉥ 정치적 성향
㉦ 나이	

① ㉠, ㉢, ㉣, ㉦
② ㉠, ㉡, ㉤, ㉦
③ ㉡, ㉣, ㉤, ㉦
④ ㉡, ㉢, ㉥, ㉦

정답 및 해설

① [○] 소장이 확인하여야 하는 사항은 ㉠, ㉡, ㉢, ㉣, ㉦이다.
   소장은 판사와 검사 외의 사람이 교정시설의 참관을 신청하는 경우에는 그 성명·직업·주소·나이·성별 및 참관목적을 확인한 후 허가 여부를 결정하여야 한다(형집행법 시행령 제3조 제1항).

정답 ①

제5장 수용과 이송

제1절 | 교정시설에의 수용

01 형집행법상 신입자에게 말이나 서면으로 알려 주어야 하는 사항이 아닌 것은? 2018. 6급 승진

① 형기의 기산일
② 접견·편지, 그 밖의 수용자의 권리에 관한 사항
③ 징벌·규율, 그 밖의 수용자의 의무에 관한 사항
④ 작업에 필요한 기본적인 사항

정답 및 해설

고지사항(형집행법 제17조)
신입자 및 다른 교정시설로부터 이송되어 온 사람에게는 말이나 서면으로 다음의 사항을 알려 주어야 한다.
1. 형기의 기산일 및 종료일
2. 접견·편지, 그 밖의 수용자의 권리에 관한 사항
3. 청원, 「국가인권위원회법」에 따른 진정, 그 밖의 권리구제에 관한 사항
4. 징벌·규율, 그 밖의 수용자의 의무에 관한 사항
5. 일과 그 밖의 수용생활에 필요한 기본적인 사항

정답 ④

02 현행법령상 신입자 및 다른 교정시설로부터 이송되어 온 사람에게는 말이나 서면으로 알려주어야 하는 사항으로 옳은 것은 모두 몇 개인가? 2023. 9급 경채

㉠ 형기의 기산일 및 종료일
㉡ 접견·편지, 그 밖의 수용자의 권리에 관한 사항
㉢ 청원, 「국가인권위원회법」에 따른 진정, 그 밖의 권리구제에 관한 사항
㉣ 징벌·규율, 그 밖의 수용자의 의무에 관한 사항
㉤ 일과(日課) 그 밖의 수용생활에 필요한 기본적인 사항

① 1개
② 2개
③ 3개
④ 5개

정답 및 해설

형집행법 제17조(신입자 등에 대한 고지사항)

정답 ④

03 「형의 집행 및 수용자의 처우에 관한 법률」상 간이입소절차 대상자로 볼 수 있는 경우를 모두 고른 것은?

2024. 6급 승진

> ㉠ 「형사소송법」 제151조(증인이 출석하지 아니한 경우의 과태료 등) 제2항에 따라 교정시설에 감치된 증인
> ㉡ 「형사소송법」 제201조의2(구속영장 청구와 피의자 심문) 제10항 및 제71조의2(구인 후의 유치)에 따른 구속영장 청구에 따라 피의자 심문을 위하여 교정시설에 유치된 피의자
> ㉢ 「형사소송법」 제212조(현행범인의 체포)에 따라 체포되어 교정시설에 유치된 피의자
> ㉣ 「형사소송법」 제200조의3(긴급체포)에 따라 체포되어 교정시설에 유치된 피의자

① ㉠, ㉡
② ㉠, ㉢, ㉣
③ ㉡, ㉢, ㉣
④ ㉠, ㉡, ㉢, ㉣

정답 및 해설

③ [○] 간이입소절차 대상자는 ㉡, ㉢, ㉣이다.

> **간이입소절차 대상자(형집행법 제16조의2)**
> ① 다음의 어느 하나에 해당하는 신입자의 경우에는 법무부장관이 정하는 바에 따라 간이입소절차를 실시한다(형집행법 제16조의2).
>   1. 「형사소송법」 제200조의2(영장에 의한 체포), 제200조의3(긴급체포) 또는 제212조(현행범인의 체포)에 따라 체포되어 교정시설에 유치된 피의자
>   2. 「형사소송법」 제201조의2(구속영장 청구와 피의자 심문) 제10항 및 제71조의2(구인 후의 유치)에 따른 구속영장 청구에 따라 피의자 심문을 위하여 교정시설에 유치된 피의자

정답 ③

04 「형의 집행 및 수용자의 처우에 관한 법률」상 간이입소절차를 실시하는 대상에 해당하지 않는 것은?

2024. 7급 승진

① 체포영장에 의하여 체포되어 교정시설에 유치된 피의자
② 긴급체포 되어 교정시설에 유치된 피의자
③ 현행범인으로 체포되어 교정시설에 유치된 피의자
④ 판사의 피의자 심문 후 구속영장이 발부되어 교정시설에 유치된 피의자

정답 및 해설

④ [×] 판사의 피의자 심문 후 구속영장이 발부되어 교정시설에 유치된 피의자는 미결수용자인 신입자로서 정식 입소절차에 의한다(형집행법 제16조 제1항).
▶ 기출지문으로 본 간이입소절차 대상자로 볼 수 없는 경우
  ㉠ 판사의 피의자 심문 후 구속영장이 발부되어 교정시설에 유치된 피의자(4회 기출)
  ㉡ 구속영장이 집행되어 교정시설에 유치된 피의자(2회 기출)
  ㉢ 「형사소송법」 제151조(증인이 출석하지 아니한 경우의 과태료 등) 제2항에 따라 교정시설에 감치된 증인(1회 기출)

정답 ④

05 「형의 집행 및 수용자의 처우에 관한 법률」상 간이입소절차를 실시하는 대상에 해당하지 않는 것은?

2018. 교정 7급

① 긴급체포 되어 교정시설에 유치된 피의자
② 체포영장에 의하여 체포되어 교정시설에 유치된 피의자
③ 판사의 피의자 심문 후 구속영장이 발부되어 교정시설에 유치된 피의자
④ 구인 또는 구속영장 청구에 따라 피의자 심문을 위하여 교정시설에 유치된 피의자

정답 및 해설

③ [×] 판사의 피의자 심문 후 구속영장이 발부되어 교정시설에 유치된 피의자는 미결수용자인 신입자로서 정식 입소절차에 의한다(형집행법 제16조 제1항).

정답 ③

06 「형의 집행 및 수용자의 처우에 관한 법률 시행령」상 입소업무 처리 절차 등에 대한 설명으로 옳지 않은 것은 모두 몇 개인가?

2024. 7급 승진

㉠ 소장은 법원·검찰청·경찰관서 등으로부터 처음으로 교정시설에 수용되는 사람(이하 "신입자"라 한다)을 인수한 경우에는 호송인(護送人)에게 인수서를 써 주어야 한다. 이 경우 신입자에게 부상·질병, 그 밖에 건강에 이상이 있을 때에는 신입자로부터 그 사실에 대한 확인서를 받아야 한다.

㉡ 소장은 보관품이 금·은·보석·유가증권·인장, 그 밖에 특별히 보관할 필요가 있는 귀중품인 경우에는 잠금장치가 되어 있는 견고한 용기에 넣어 보관해야 한다.

㉢ 소장은 신입자의 키·용모·문신·흉터 등 신체 특징과 가족 등 보호자의 연락처를 수용기록부에 기록하여야 하며, 교도관이 업무상 필요한 경우가 아니면 이를 열람하지 못하도록 하여야 한다.

㉣ 소장은 신입자가 환자이거나 부득이한 사정이 있는 경우가 아니면 수용된 날부터 3일 동안 신입자거실에 수용하여야 하며, 신입자거실에 수용된 사람에게는 작업을 부과할 수 있다.

① 1개　　② 2개
③ 3개　　④ 4개

정답 및 해설

옳지 않은 것은 ㉠, ㉣이다.

㉠ [×] 소장은 법원·검찰청·경찰관서 등으로부터 처음으로 교정시설에 수용되는 사람을 인수한 경우에는 호송인에게 인수서를 써 주어야 한다. 이 경우 신입자에게 부상·질병, 그 밖에 건강에 이상이 있을 때에는 호송인으로부터 그 사실에 대한 확인서를 받아야 한다(형집행법 시행령 제13조 제1항).
㉡ [○] 동법 시행령 제36조
㉢ [○] 동법 시행령 제17조 제1항
㉣ [×] 소장은 신입자가 환자이거나 부득이한 사정이 있는 경우가 아니면 수용된 날부터 3일 동안 신입자거실에 수용하여야 하며(동법 시행령 제18조 제1항), 신입자거실에 수용된 사람에게는 작업을 부과해서는 아니 된다(동법 시행령 제18조 제2항).

정답 ②

07 형집행법령상 수용에 대한 설명으로 옳지 않은 것은? 2019. 7급 승진

① 소장은 특별한 보호시설이 없는 경우에는 다른 사람의 건강에 위해를 끼칠 우려가 있는 감염병에 걸린 사람의 수용을 거절하여야 한다.
② 소장은 법원·검찰청·경찰관서 등으로부터 처음으로 교정시설에 수용되는 사람에 대하여는 집행지휘서, 재판서, 그 밖에 수용에 필요한 서류를 조사한 후 수용한다.
③ 지방교정청장은 수용시설의 공사 등으로 수용거실이 일시적으로 부족한 때에는 관할 내에 한하여 수용자의 이송을 승인할 수 있다.
④ 소장은 다른 교정시설로부터 이송되어 온 사람이 있으면 그 사실을 수용자의 가족(배우자, 직계존속·비속 또는 형제자매를 말한다)에게 지체 없이 알려야 한다. 다만, 수용자가 알리는 것을 원하지 아니하면 그러하지 아니하다.

정답 및 해설

① [×] 소장은 다른 사람의 건강에 위해를 끼칠 우려가 있는 감염병에 걸린 사람의 수용을 거절할 수 있다(형집행법 제18조 제1항).
② [○] 동법 제16조 제1항
③ [○] 동법 시행령 제22조
④ [○] 동법 제21조

정답 ①

08 형집행법령상 신입자의 수용에 대한 설명으로 옳은 것은? 2019. 8급 승진

① 신입자의 건강진단은 수용된 날부터 7일 이내에 하여야 한다. 다만, 휴무일이 연속되는 등 부득이한 사정이 있는 경우에는 예외로 한다.
② 소장은 신입자가 환자이거나 부득이한 사정이 있는 경우가 아니면 수용된 날부터 3일 동안 신입자거실에 수용하여야 한다.
③ 소장은 신입자를 수용하고 특히 필요하다고 인정하는 경우에만 수용기록부, 수용자명부 및 형기종료부를 작성·정비하고 필요한 사항을 기록하여야 한다.
④ 소장은 신입자에게 휴무일이 연속되는 등 부득이한 사정이 있는 경우가 아니면 지체 없이 목욕을 하게 하여야 한다.

정답 및 해설

① [×] 신입자의 건강진단은 수용된 날부터 3일 이내에 하여야 한다. 다만, 휴무일이 연속되는 등 부득이한 사정이 있는 경우에는 예외로 한다(동법 시행령 제15조).
② [○] 형집행법 시행령 제18조 제1항
③ [×] 소장은 신입자를 수용한 날부터 3일 이내에 수용기록부, 수용자명부 및 형기종료부를 작성·정비하고 필요한 사항을 기록하여야 한다(동법 시행령 제19조).
④ [×] 소장은 신입자에게 질병이나 그 밖의 부득이한 사정이 있는 경우가 아니면 지체 없이 목욕을 하게 하여야 한다(동법 시행령 제16조).

정답 ②

09 「형의 집행 및 수용자의 처우에 관한 법률 시행령」상 신입자 처우에 대한 설명으로 가장 옳은 것은?

2023. 5급 승진

① 신입자의 건강진단은 휴무일이 연속되는 등 부득이한 사정이 없는 한 수용된 날부터 5일 이내에 하여야 한다.
② 소장은 신입자에게 질병이나 그 밖의 부득이한 사정이 있는 경우가 아니면 지체 없이 목욕을 하게 하여야 한다.
③ 소장은 신입자가 환자이거나 부득이한 사정이 있는 경우가 아니면 수용된 날부터 7일 동안 신입자거실에 수용하여야 한다.
④ 소장은 신입자 또는 이입자를 수용한 날부터 7일 이내에 수용기록부, 수용자명부 및 형기종료부를 작성·정비하고 필요한 사항을 기록하여야 한다.

정답 및 해설

① [×] 신입자의 건강진단은 수용된 날부터 3일 이내에 하여야 한다. 다만, 휴무일이 연속되는 등 부득이한 사정이 있는 경우에는 예외로 한다(동법 시행령 제15조).
② [○] 형집행법 시행령 제16조
③ [×] 소장은 신입자가 환자이거나 부득이한 사정이 있는 경우가 아니면 수용된 날부터 3일 동안 신입자거실에 수용하여야 한다(동법 시행령 제18조 제1항).
④ [×] 소장은 신입자 또는 이입자를 수용한 날부터 3일 이내에 수용기록부, 수용자명부 및 형기종료부를 작성·정비하고 필요한 사항을 기록하여야 한다(동법 시행령 제19조).

정답 ②

10 형의 집행 및 수용자의 처우에 관한 법령상 신입자의 수용에 대한 설명으로 옳지 않은 것은?

2016. 교정 9급

① 신입자에 대한 고지사항에는 형기의 기산일 및 종료일, 수용자의 권리 및 권리구제에 관한 사항이 포함된다.
② 신입자의 건강진단은 수용된 날부터 3일 이내에 하여야 한다. 다만, 휴무일이 연속되는 등 부득이한 사정이 있는 경우에는 예외로 한다.
③ 소장은 신입자가 환자이거나 부득이한 사정이 있는 경우가 아니면 수용된 날부터 3일 동안 신입자 거실에 수용하여야 하며, 19세 미만의 신입자에 대하여는 그 수용기간을 45일까지 연장할 수 있다.
④ 소장은 신입자가 있으면 그 사실을 수용자의 가족(배우자, 직계 존속·비속 또는 형제자매)에게 지체 없이 알려야 한다. 다만, 수용자가 알리는 것을 원하지 아니하면 그러하지 아니하다.

정답 및 해설

① [○] 신입자 및 다른 교정시설로부터 이송되어 온 사람에게는 말이나 서면으로 ㉠ 형기의 기산일 및 종료일, ㉡ 접견·편지, 그 밖의 수용자의 권리에 관한 사항, ㉢ 청원, 「국가인권위원회법」에 따른 진정, 그 밖의 권리구제에 관한 사항, ㉣ 징벌·규율, 그 밖의 수용자의 의무에 관한 사항, ㉤ 일과 그 밖의 수용생활에 필요한 기본적인 사항을 알려 주어야 한다(동법 제17조).
② [○] 동법 시행령 제15조
③ [×] 소장은 신입자가 환자이거나 부득이한 사정이 있는 경우가 아니면 수용된 날부터 3일 동안 신입자 거실에 수용하여야 하며(형집행법 시행령 제18조 제1항), 19세 미만의 신입자 그 밖에 특히 필요하다고 인정하는 수용자에 대하여는 신입자 거실 수용기간을 30일까지 연장할 수 있다(동법 시행령 제18조 제3항).
④ [○] 동법 제21조

신입자 거실 VS 석방예정자 거실			
신입자 거실 (시행령 제18조)	• 구금에 따른 충격완화 • 시설 내 적응훈련	• 수용된 날부터 3일 동안(필요적 수용) • 19세 미만, 특히 필요한 수형자 ⇨ 30일까지 연장 가능	작업부과 ×
석방예정자 거실 (시행령 제141조)	• 석방에 따른 충격완화 • 사회적응훈련	• 석방 前 3일 이내(임의적 수용) • 연장 규정 없음	작업부과하지 않는다는 규정 없음

정답 ③

11 형집행법령상 수용에 대한 설명으로 옳지 않은 것은? 2020. 6급 승진

① 혼거수용 인원은 3명 이상으로 한다. 다만, 요양이나 그 밖의 부득이한 사정이 있는 경우에는 예외로 한다.
② 교도관은 시찰 결과, 계호상 독거수용자가 건강상 이상이 있는 것으로 보이는 경우에는 교정시설에 근무하는 의사(공중보건의사 포함)에게 즉시 알려야 하고, 교화상 문제가 있다고 인정하는 경우에는 소장에게 지체 없이 보고하여야 한다.
③ 소장은 수용자거실 앞에 이름표를 붙이되, 이름표 윗부분에는 수용자번호 및 입소일을 적고, 그 아랫부분에는 수용자의 성명·출생연도·죄명·형명 및 형기를 적되, 윗부분의 내용이 보이지 않도록 해야 한다.
④ 소장은 노역장 유치명령을 받은 수형자와 징역형·금고형 또는 구류형을 선고받아 형이 확정된 수형자를 혼거수용해서는 아니 된다. 다만, 징역형·금고형 또는 구류형의 집행을 마친 다음에 계속해서 노역장 유치명령을 집행하거나 그 밖에 부득이한 사정이 있는 경우에는 그러하지 아니하다.

정답 및 해설

① [○] 동법 시행령 제8조
② [○] 동법 시행령 제6조 제2항
③ [×] 소장은 수용자거실 앞에 이름표를 붙이되, 이름표 윗부분에는 수용자의 성명·출생연도·죄명·형명 및 형기를 적고, 그 아랫부분에는 수용자번호 및 입소일을 적되, 윗부분의 내용이 보이지 않도록 해야 한다(형집행법 시행령 제12조 제2항).
④ [○] 동법 시행령 제9조

정답 ③

12 형집행법령상 수용자의 수용에 대한 설명으로 옳지 않은 것은? 2020. 6급 승진

① 소장은 다른 사람의 건강에 위해를 끼칠 우려가 있는 감염병에 걸린 사람의 수용을 거절하였으면 그 사유를 지체 없이 수용지휘기관과 관할 보건소장에게 통보하고 법무부장관에게 보고하여야 한다.
② 소장은 신입자 및 다른 교정시설로부터 이송되어 온 사람에 대하여 수용자의 교화 또는 건전한 사회복귀를 위하여 특히 필요하다고 인정하면 번호표를 붙이지 아니할 수 있다.
③ 지방교정청장은 교정시설의 안전과 질서유지를 위하여 긴급하게 이송할 필요가 있다고 인정되는 때에는 수용자의 이송(관할 내)을 승인할 수 있다.
④ 소장은 신입자 또는 다른 교정시설로부터 이송되어 온 사람이 있으면 그 사실을 수용자의 가족(배우자, 직계 존속·비속, 형제자매) 또는 동거친족에게 지체 없이 알려야 한다.

정답 및 해설

① [○] 동법 제18조 제1항·제2항
② [○] 소장은 신입자 및 다른 교정시설로부터 이송되어 온 사람에 대하여 수용자번호를 지정하고 수용 중 번호표를 상의의 왼쪽 가슴에 붙이게 하여야 한다. 다만, 수용자의 교화 또는 건전한 사회복귀를 위하여 특히 필요하다고 인정하면 번호표를 붙이지 아니할 수 있다(동법 시행령 제17조 제2항).
③ [○] 동법 시행령 제22조 제1항·제2항
④ [×] 소장은 신입자 또는 다른 교정시설로부터 이송되어 온 사람이 있으면 그 사실을 수용자의 가족(배우자, 직계존속·비속 또는 형제자매를 말한다)에게 지체 없이 알려야 한다. 다만, 수용자가 알리는 것을 원하지 아니하면 그러하지 아니하다(형집행법 제21조).

정답 ④

13. 「형의 집행 및 수용자의 처우에 관한 법률 시행규칙」상 수용자의 범죄횟수에 대한 설명으로 옳은 것을 모두 고른 것은?
2024. 6급 승진

㉠ 선고유예가 확정된 경우는 범죄횟수에 포함하지 아니한다.
㉡ 집행유예의 선고를 받은 사람이 유예기간 중 고의로 범한 죄로 금고 이상의 실형이 확정되지 아니하고 그 기간이 지난 경우에는 집행이 유예된 형은 범죄횟수에 포함하지 아니한다.
㉢ 3년을 초과하는 징역 또는 금고형의 집행을 종료하거나 그 집행이 면제된 날로부터 10년의 기간이 지난 경우에는 범죄횟수에 포함하지 아니한다. 다만, 그 기간 중 자격정지 이상의 형을 선고받아 확정된 경우는 제외한다.
㉣ 3년 이하의 징역 또는 금고형의 집행을 종료하거나 그 집행이 면제된 날로부터 5년의 기간이 지난 경우에는 범죄횟수에 포함하지 아니한다. 다만, 그 기간 중 자격정지 이상의 형을 선고받아 확정된 경우는 제외한다.

① ㉠, ㉡
② ㉠, ㉢, ㉣
③ ㉡, ㉢, ㉣
④ ㉠, ㉡, ㉢, ㉣

정답 및 해설

모두 옳은 설명이다.
㉠, ㉡ [○] 형집행법 시행규칙 제3조 제1항
㉢, ㉣ [○] 동법 시행규칙 제3조 제2항

정답 ④

14. 「형의 집행 및 수용자의 처우에 관한 법률 시행규칙」상 수용자의 범죄횟수에 대한 설명으로 가장 옳지 않은 것은?
2022. 6급 승진

① 수용자의 범죄횟수는 징역 또는 금고 이상의 형을 선고받아 확정된 횟수로 하는 것이 원칙이다.
② 집행유예의 선고를 받은 사람이 유예기간 중 고의로 범한 죄로 금고 이상의 실형이 확정되지 아니하고 그 기간이 지난 경우에는 집행이 유예된 형은 범죄횟수에 포함하지 아니한다.
③ 징역 4년을 선고받고 확정되어 그 집행을 종료한 날로부터 5년이 지난 경우에는 범죄횟수에 포함하지 아니한다.
④ 수용기록부 등 수용자의 범죄횟수를 기록하는 문서에는 필요한 경우 수용횟수(징역 또는 금고 이상의 형을 선고받고 그 집행을 위하여 교정시설에 수용된 횟수를 말한다)를 함께 기록하여 해당 수용자의 처우에 참고할 수 있도록 한다.

정답 및 해설

①, ② [○] 동법 시행규칙 제3조 제1항
③ [×] 형의 집행을 종료하거나 그 집행이 면제된 날부터 3년을 초과하는 징역 또는 금고는 10년, 3년 이하의 징역 또는 금고는 5년이 경과하면 범죄횟수에 포함하지 아니한다. 다만, 그 기간 중 자격정지 이상의 형을 선고받아 확정된 경우는 제외한다(형집행법 시행규칙 제3조 제2항).
④ [○] 동법 시행규칙 제3조 제3항

정답 ③

15 수용자의 범죄횟수에 대한 설명으로 옳지 않은 것은?   2018. 7급 승진

① 수용자의 범죄횟수는 징역 또는 금고 이상의 형을 선고받아 확정된 횟수로 한다.
② 집행유예의 선고를 받은 사람이 유예기간 중 고의로 범한 죄로 금고 이상의 실형이 확정되지 아니하고 그 기간이 지난 경우에는 집행이 유예된 형은 범죄횟수에 포함하지 아니한다.
③ 3년을 초과하는 징역 또는 금고는 형의 집행을 종료하거나 그 집행이 면제된 날로부터 자격정지 이상의 형을 선고받아 확정된 경우를 제외하고 10년이 지난 경우에는 범죄횟수에 포함하지 아니한다.
④ 수용기록부 등 수용자의 범죄횟수를 기록하는 문서에는 필요한 경우 수용횟수(징역·금고 또는 벌금 이상의 형을 선고받고 그 집행을 위하여 교정시설에 수용된 횟수를 말한다)를 함께 기록하여 해당 수용자의 처우에 참고할 수 있도록 한다.

정답 및 해설

① [○] 동법 시행규칙 제3조 제1항 본문
② [○] 동법 시행규칙 제3조 제1항 단서
③ [○] 동법 시행규칙 제3조 제2항 제1호
④ [×] 수용횟수는 징역 또는 금고 이상의 형을 선고받고 그 집행을 위하여 교정시설에 수용된 횟수를 말한다(형집행법 시행규칙 제3조 제3항).

정답 ④

16 다음 사례에서 수형자 A의 범죄횟수는 몇 범으로 기록되는가?

수용자 A는 2001년 1월 23일 절도죄로 징역 2년 6월이 확정되었다. 이후 A는 모범적인 수형생활로 2002년 10월 28일 교정의 날에 가석방되었다. 출소직전 B교도소의 도움으로 직업을 구해 직장생활을 하던 A는 폭행혐의로 기소되어 2008년 11월 2일 징역 6월에 집행유예 1년을 선고받아 형이 확정되었다. A는 2009년 10월 22일 횡령혐의로 또 다시 구속되어 C 구치소에 수용되어 2010년 1월 22일 징역 1년이 확정되었다.

① 1범
② 2범
③ 3범
④ 4범

정답 및 해설

- 2001년 1월 23일 징역 2년 6월 확정, 2002년 10월 28일 가석방 출소
  ⇨ 3년 이하의 징역형을 받아 2002년 가석방 출소하여 남은 형기가 지나면 집행을 종료한 것으로 간주되므로(집행종료일 2003.7.22), 2003년 7월부터 5년이 경과하였으므로 시행규칙 제3조 제2항 제2호에 따라 범죄횟수에 포함되지 아니한다.
- 2008년 11월 2일 징역 6월, 집행유예 1년
  ⇨ 시행규칙 제3조 제1항 단서에 따라 집행유예기간 중(1년) 고의로 죄를 지어 금고 이상의 실형이 확정되지 않았으므로 범죄횟수에 포함되지 아니한다.
- 2010년 1월 22일 징역 1년 확정
  ⇨ 시행규칙 제3조 제1항 본문에 따라 범죄횟수에 포함된다.

정답 ①

17 징역 또는 금고 이상의 형을 선고받은 횟수에 대한 설명으로 옳지 않은 것은?

① 집행유예의 선고를 받은 甲이 유예기간 중 고의로 범한 죄로 금고 이상의 실형이 확정된 경우에는 집행이 유예된 형은 범죄횟수에 포함된다.
② 징역 2년을 선고받고 그 집행을 종료한 乙은 5년을 경과하면 범죄횟수에 포함하지 않는다.
③ 금고 3년을 선고받고 그의 집행이 면제된 丙은 5년을 경과하면 범죄횟수에 포함하지 않는다.
④ 징역 4년을 선고받고 그 집행을 종료한 丁은 10년을 경과하면 범죄횟수에 포함하지 않으나, 그 기간 중 자격정지의 형을 선고받은 경우에는 범죄횟수에 포함한다.

정답 및 해설

① [○] 집행유예의 선고를 받은 사람이 유예기간 중 고의로 범한 죄로 금고 이상의 실형이 확정되지 아니하고 그 기간이 지난 경우에는 집행이 유예된 형은 범죄횟수에 포함하지 아니한다(동법 시행규칙 제3조 제1항).
②, ③ [○] 형의 집행을 종료하거나 그 집행이 면제된 날부터 3년을 초과하는 징역 또는 금고의 경우 10년, 3년 이하의 징역 또는 금고의 경우 5년의 기간이 지난 경우에는 범죄횟수에 포함하지 아니한다(동법 시행규칙 제3조 제2항 본문).
④ [×] 그 기간 중 자격정지 이상의 형을 선고받아 확정된 경우는 제외한다(형집행법 시행규칙 제3조 제2항 단서). 즉, 자격정지 이상의 형이 확정되어야 범죄횟수에 포함된다.

정답 ④

18 「형의 집행 및 수용자의 처우에 관한 법률」 제15조(수용거실 지정)와 제65조(작업의 부과) 제2항의 고려하여야 하는 사항 중 공통적인 것으로만 바르게 나열한 것은?   2024. 7급 승진

① 죄명 · 형기 · 죄질 · 성격 · 범죄전력 · 나이 · 경력
② 형기 · 성격 · 범죄전력 · 나이
③ 형기 · 죄질 · 성격 · 나이 · 경력
④ 형기 · 성격 · 나이 · 경력

정답 및 해설

- 소장은 수용자의 거실을 지정하는 경우에는 죄명·형기·죄질·성격·범죄전력·나이·경력 및 수용생활 태도, 그 밖에 수용자의 개인적 특성을 고려하여야 한다(형집행법 제15조).
- 소장은 수형자에게 작업을 부과하려면 나이·형기·건강상태·기술·성격·취미·경력·장래생계, 그 밖의 수형자의 사정을 고려하여야 한다(동법 제65조 제2항).

💡 **수용거실의 지정 vs 작업의 부과**

구분	공통	차이
수용거실의 지정 (법 제15조)	나이, 경력, 성격, 형기	죄명, 죄질, 범죄전력, 수용생활태도, 그 밖에 수용자의 개인적 특성
작업의 부과 (법 제65조)		건강상태, 기술, 취미, 장래생계, 그 밖의 수형자의 사정

정답 ④

---

19 형집행법령상 수용에 대한 설명으로 옳은 것은 모두 몇 개인가? 2023. 7급 승진

㉠ 신입자의 건강진단은 휴무일이 연속되는 등 부득이한 사정이 있는 경우가 아닌 한 수용된 날부터 1주일 이내에 하여야 한다.
㉡ 범죄의 증거인멸을 방지하기 위하여 필요한 때에는 교도소에 미결수용자를 수용할 수 있으나, 취사 등의 작업을 위하여 필요하다고 하여 구치소에 수형자를 수용할 수는 없다.
㉢ 수형자가 소년교도소에 수용 중에 19세가 된 경우에도 교육·교화프로그램, 작업, 직업훈련 등을 실시하기 위하여 특히 필요하다고 인정되면 23세가 되기 전까지는 계속하여 수용할 수 있다.
㉣ 소장은 신입자 또는 다른 교정시설로부터 이송되어 온 사람이 있으면 그 사실을 수용자가 알리는 것을 원하지 아니하더라도 수용자의 가족에게는 지체 없이 알려야 한다.

① 1개 ② 2개
③ 3개 ④ 4개

정답 및 해설

옳은 것은 ㉢이다.

㉠ [×] 신입자의 건강진단은 수용된 날부터 3일 이내에 하여야 한다. 다만, 휴무일이 연속되는 등 부득이한 사정이 있는 경우에는 예외로 한다(형집행법 시행령 제15조).
㉡ [×] ⓐ 관할 법원 및 검찰청 소재지에 구치소가 없는 때, ⓑ 구치소의 수용인원이 정원을 훨씬 초과하여 정상적인 운영이 곤란한 때, ⓒ 범죄의 증거인멸을 방지하기 위하여 필요하거나 그 밖에 특별한 사정이 있는 때에는 교도소에 미결수용자를 수용할 수 있으며(동법 제12조 제1항), 취사 등의 작업을 위하여 필요하거나 그 밖에 특별한 사정이 있으면 구치소에 수형자를 수용할 수 있다(동법 제12조 제2항).
㉢ [○] 동법 제12조 제3항
㉣ [×] 소장은 신입자 또는 다른 교정시설로부터 이송되어 온 사람이 있으면 그 사실을 수용자의 가족(배우자, 직계존속·비속 또는 형제자매를 말한다)에게 지체 없이 알려야 한다. 다만, 수용자가 알리는 것을 원하지 아니하면 그러하지 아니하다(동법 제21조).

정답 ①

제2절 | 현행법상 수용원칙

01 수용자의 구분수용에 대한 설명으로 옳지 않은 것은?   2018. 7급 승진

① 사형확정자는 사형집행 시설이 설치되어 있는 교정시설에 수용하되, 교도소 수용 중 사형이 확정된 사람은 교도소에 수용한다.
② 사형확정자의 심리적 안정 도모 또는 교정시설의 안전과 질서유지를 위하여 특히 필요하다고 인정하는 경우에는 교도소에 수용할 사형확정자를 구치소에 수용할 수 있고, 구치소에 수용할 사형확정자를 교도소에 수용할 수 있다.
③ 분류심사위원회는 사형확정자의 자살·도주 등의 사고를 방지하기 위하여 필요한 경우에는 사형확정자와 미결수용자를 혼거수용할 수 있다.
④ 취사 등의 작업을 위하여 필요하거나 그 밖에 특별한 사정이 있으면 구치소에 수형자를 수용할 수 있다.

정답 및 해설

① [○] 사형확정자는 사형집행 시설이 설치되어 있는 교정시설에 수용하되, 교도소 수용 중 사형이 확정된 사람은 교도소에 수용한다. 다만, 수용관리 또는 처우상 필요한 경우에는 사형집행 시설이 설치되지 않은 교정시설에 수용할 수 있다(동법 시행규칙 제150조 제1항).
② [○] 동법 시행규칙 제150조 제2항
③ [×] 소장은 사형확정자의 자살·도주 등의 사고를 방지하기 위하여 필요한 경우에는 사형확정자와 미결수용자를 혼거수용할 수 있고, 사형확정자의 교육·교화프로그램, 작업 등의 적절한 처우를 위하여 필요한 경우에는 사형확정자와 수형자를 혼거수용할 수 있다(형집행법 시행규칙 제150조 제4항).
④ [○] 동법 제12조 제2항

정답 ③

02 「형의 집행 및 수용자의 처우에 관한 법률」상 구분수용의 예외로 옳지 않은 것은?   2021. 교정 7급

① 관할 법원 및 검찰청 소재지에 구치소가 없는 때에는 교도소에 미결수용자를 수용할 수 있다.
② 범죄의 증거인멸을 방지하기 위하여 필요하거나 그 밖에 특별한 사정이 있는 때에는 교도소에 미결수용자를 수용할 수 있다.
③ 취사 등의 작업을 위하여 필요하거나 그 밖에 특별한 사정이 있으면 구치소에 수형자를 수용할 수 있다.
④ 수형자가 소년교도소에 수용 중에 19세가 된 경우에도 교육·교화프로그램, 작업, 직업훈련 등을 실시하기 위하여 특히 필요하다고 인정되면 25세가 되기 전까지는 계속하여 수용할 수 있다.

정답 및 해설

① [○] 동법 제12조 제1항 제1호
② [○] 동법 제12조 제1항 제3호
③ [○] 동법 제12조 제2항
④ [×] 23세가 되기 전까지는 계속하여 수용할 수 있다(형집행법 제12조 제3항).

정답 ④

03 현행법령상 교도소에 미결수용자를 수용 가능한 경우가 아닌 것은?

2023. 9급 경채

① 관할 법원 및 검찰청 소재지에 구치소가 없는 때
② 구치소의 수용인원이 정원을 훨씬 초과하여 정상적인 운영이 곤란한 때
③ 범죄의 증거인멸을 방지하기 위하여 필요하거나 그 밖에 특별한 사정이 있는 때
④ 취사 등의 작업을 위하여 필요하거나 그 밖에 특별한 사정이 있는 때

> **정답 및 해설**

①, ②, ③ [○] 교도소에 미결수용자를 수용 가능한 경우에 해당한다(형집행법 제12조).
④ [×] 구치소에 수형자를 수용하는 경우에 해당한다.

정답 ④

04 형의 집행 및 수용자의 처우에 관한 법령상 수용자의 수용에 대한 설명으로 옳지 않은 것은?

2015. 교정 7급

① 수용자는 독거수용하나, 수형자의 교화 또는 건전한 사회복귀를 위하여 필요한 때에는 혼거수용할 수 있다.
② 취사 작업을 위하여 필요하거나 그 밖에 특별한 사정이 있으면 구치소에 수형자를 수용할 수 있다.
③ 교정시설의 장은 신입자의 의사에 반하여 건강진단을 할 수 없다.
④ 수용자의 생명·신체의 보호, 증거인멸의 방지 및 교정시설의 안전과 질서유지를 위하여 필요하다고 인정하면 혼거실이나 교육실, 그 밖에 수용자들이 서로 접촉할 수 있는 장소에서 수용자의 자리를 지정할 수 있다.

> **정답 및 해설**

① [○] 동법 제14조
② [○] 동법 제12조 제2항
③ [×] 소장은 신입자에 대하여는 지체 없이 신체·의류 및 휴대품을 검사하고 건강진단을 하여야 하며(형집행법 제16조 제2항. 필요적 검사 및 건강진단 실시 규정), 신입자는 소장이 실시하는 검사 및 건강진단을 받아야 한다(동법 제16조 제3항. 신입자에게 검사 및 건강진단을 받을 의무를 규정).
④ [○] 동법 시행령 제10조

정답 ③

05 형집행법상 혼거수용할 수 있는 사유로 옳지 않은 것은?

2019. 8급 승진

① 독거실 부족 등 시설여건이 충분하지 아니한 때
② 수용자의 정서적 안정을 위하여 필요한 때
③ 교정시설의 운영을 위하여 필요한 때
④ 수형자의 건전한 사회복귀를 위하여 필요한 때

정답 및 해설

> **독거수용과 예외**(형집행법 제14조)
> 수용자는 독거수용한다. 다만, 다음의 어느 하나에 해당하는 사유가 있으면 혼거수용할 수 있다.
> 1. 독거실 부족 등 시설여건이 충분하지 아니한 때
> 2. 수용자의 생명 또는 신체의 보호, 정서적 안정을 위하여 필요한 때
> 3. 수형자의 교화 또는 건전한 사회복귀를 위하여 필요한 때

정답 ③

---

06 「형의 집행 및 수용자의 처우에 관한 법률」상 혼거수용 사유로 옳지 않은 것은? 2022. 교정 7급

① 시설의 안전과 질서유지를 위하여 필요한 때
② 수형자의 교화 또는 건전한 사회복귀를 위하여 필요한 때
③ 수용자의 생명 또는 신체의 보호, 정서적 안정을 위하여 필요한 때
④ 독거실 부족 등 시설여건이 충분하지 아니한 때

정답 및 해설

> **독거수용과 예외**(형집행법 제14조)
> 수용자는 독거수용한다. 다만, 다음의 어느 하나에 해당하는 사유가 있으면 혼거수용할 수 있다.
> 1. 독거실 부족 등 시설여건이 충분하지 아니한 때
> 2. 수용자의 생명 또는 신체의 보호, 정서적 안정을 위하여 필요한 때
> 3. 수형자의 교화 또는 건전한 사회복귀를 위하여 필요한 때

정답 ①

---

07 형집행법령상 계호상 독거수용의 예외 사유로 옳지 않은 것은? 2019. 8급 승진

① 수사, 재판을 위하여 필요한 경우
② 교육, 작업을 위하여 필요한 경우
③ 실외운동, 목욕을 위하여 필요한 경우
④ 접견, 진료를 위하여 필요한 경우

정답 및 해설

> **계호상 독거수용**(형집행법 시행령 제5조 제2호)
> 사람의 생명·신체의 보호 또는 교정시설의 안전과 질서유지를 위하여 항상 독거수용하고 다른 수용자와의 접촉을 금지하는 것을 말한다. 다만, 수사·재판·실외운동·목욕·접견·진료 등을 위하여 필요한 경우에는 그러하지 아니하다.

정답 ②

08

「형의 집행 및 수용자의 처우에 관한 법률 시행령」상 수용에 대한 설명으로 옳은 것은?   2018. 교정 7급

① 혼거수용 인원은 2명 이상으로 한다. 다만, 요양이나 그 밖의 부득이한 사정이 있는 경우에는 예외로 한다.
② 처우상 독거수용이란 주간과 야간에는 일과에 따른 공동생활을 하게 하고, 휴업일에만 독거수용하는 것을 말한다.
③ 계호상 독거수용이란 사람의 생명·신체의 보호 또는 교정시설의 안전과 질서유지를 위하여 실외운동·목욕 시에도 예외 없이 독거수용하는 것을 말한다.
④ 수용자를 호송하는 경우 수형자는 미결수용자와, 여성수용자는 남성수용자와, 19세 미만의 수용자는 19세 이상의 수용자와 서로 접촉하지 못하게 하여야 한다.

정답 및 해설

① [×] 혼거수용 인원은 3명 이상으로 한다. 다만, 요양이나 그 밖의 부득이한 사정이 있는 경우에는 예외로 한다(동법 시행령 제8조).
② [×] 처우상 독거수용이란 주간에는 교육·작업 등의 처우를 위하여 일과에 따른 공동생활을 하게 하고 휴업일과 야간에만 독거수용하는 것을 말한다(동법 시행령 제5조 제1호).
③ [×] 계호상 독거수용이란 사람의 생명·신체의 보호 또는 교정시설의 안전과 질서유지를 위하여 항상 독거수용하고 다른 수용자와의 접촉을 금지하는 것을 말한다. 다만, 수사·재판·실외운동·목욕·접견·진료 등을 위하여 필요한 경우에는 그러하지 아니하다(동법 시행령 제5조 제2호).
④ [○] 수용자를 이송이나 출정, 그 밖의 사유로 호송하는 경우에는 수형자는 미결수용자와, 여성수용자는 남성수용자와, 19세 미만의 수용자는 19세 이상의 수용자와 각각 호송 차량의 좌석을 분리하는 등의 방법으로 서로 접촉하지 못하게 하여야 한다(형집행법 시행령 제24조).

정답 ④

09

현행법령상 수용에 관한 규정으로 옳지 않은 것은?   2023. 9급 경채

① 처우상 독거수용이란 주간에는 교육·작업 등의 처우를 위하여 일과(日課)에 따른 공동생활을 하게 하고 휴업일과 야간에만 독거수용하는 것을 말한다.
② 계호상 독거수용이란 사람의 생명·신체의 보호 또는 교정시설의 안전과 질서유지를 위하여 항상 독거수용하고 다른 수용자와의 접촉을 금지하는 것을 말한다. 다만, 수사·재판·실외운동·목욕·접견·진료 등을 위하여 필요한 경우에는 그러하지 아니하다.
③ 교도관은 처우상 독거수용자를 수시로 시찰하여 건강상 또는 교화상 이상이 없는지 살펴야 한다.
④ 교도관은 시찰 결과, 계호상 독거수용자가 건강상 이상이 있는 것으로 보이는 경우에는 교정시설에 근무하는 의사(공중보건의사를 포함한다. 이하 "의무관"이라 한다)에게 즉시 알려야 하고, 교화상 문제가 있다고 인정하는 경우에는 소장에게 지체 없이 보고하여야 한다.

정답 및 해설

①, ② [○] 동법 시행령 제5조
③ [×] 교도관은 계호상 독거수용자를 수시로 시찰하여 건강상 또는 교화상 이상이 없는지 살펴야 한다(형집행법 시행령 제6조 제1항).
④ [○] 동법 시행령 제6조 제3항

정답 ③

10. 「형의 집행 및 수용자의 처우에 관한 법률 시행령」상 수용자의 독거수용에 대한 설명으로 옳지 않은 것은?

2024. 교정 9급

① 처우상 독거수용이란 주간에는 교육·작업 등의 처우를 위하여 일과(日課)에 따른 공동생활을 하게 하고, 휴일과 야간에만 독거수용하는 것을 말한다.
② 계호상 독거수용이란 사람의 생명·신체의 보호 또는 교정시설의 안전과 질서유지를 위하여 항상 독거수용하고 다른 수용자와의 접촉을 금지하는 것을 말한다. 다만, 수사·재판·실외운동·목욕·접견·진료 등을 위하여 필요한 경우에는 그러하지 아니하다.
③ 교도관은 계호상 독거수용자를 수시로 시찰하여 건강상 또는 교화상 이상이 없는지 살펴야 하며, 시찰 결과 계호상 독거수용자가 건강상 이상이 있는 것으로 보이는 경우에는 교정시설에 근무하는 의사(공중보건의사를 포함한다)에게 즉시 알려야 하고, 교화상 문제가 있다고 인정하는 경우에는 소장에게 지체 없이 보고하여야 한다.
④ 소장은 계호상 독거수용자를 계속하여 독거수용하는 것이 건강상 또는 교화상 해롭다고 인정하는 경우에는 이를 즉시 중단하여야 한다.

정답 및 해설

① [×] 처우상 독거수용이란 주간에는 교육·작업 등의 처우를 위하여 일과에 따른 공동생활을 하게 하고 휴업일과 야간에만 독거수용하는 것을 말한다(형집행법 시행령 제5조 제1호).
② [○] 동법 시행령 제5조 제2호
③ [○] 동법 시행령 제6조 제1항·제2항
④ [○] 동법 시행령 제6조 제4항

정답 ①

11. 「형의 집행 및 수용자의 처우에 관한 법률」상 수용에 대한 설명으로 옳지 않은 것은?

2023. 교정 9급

① 독거수용이 원칙이지만 수용자의 생명 또는 신체의 보호, 정서적 안정을 위하여 필요한 때에는 혼거수용할 수 있다.
② 구치소의 수용인원이 정원을 훨씬 초과하여 정상적인 운영이 곤란한 때에는 교도소에 미결수용자를 수용할 수 있다.
③ 수형자가 소년교도소에 수용 중에 19세가 된 경우에도 교육·교화프로그램, 작업, 직업훈련 등을 실시하기 위하여 특히 필요하다고 인정되면 23세가 되기 전까지는 계속하여 수용할 수 있다.
④ 소장은 특별한 사정이 있으면 「형의 집행 및 수용자의 처우에 관한 법률」 제11조의 구분수용 기준에 따라 다른 교정시설로 이송하여야 할 수형자를 9개월을 초과하지 아니하는 기간 동안 계속하여 수용할 수 있다.

정답 및 해설

① [○] 동법 제14조 제2호
② [○] 동법 제12조 제1항 제2호
③ [○] 동법 제12조 제3항
④ [×] 소장은 특별한 사정이 있으면 구분수용 기준(동법 제11조)에 따라 다른 교정시설로 이송하여야 할 수형자를 6개월을 초과하지 아니하는 기간 동안 계속하여 수용할 수 있다(형집행법 제12조 제4항).

정답 ④

12. 수용관리에 대한 설명으로 옳지 않은 것만을 모두 고른 것은?

2014. 교정 7급

㉠ 수형자의 전화통화의 허용횟수는 완화경비처우급의 경우 월 5회 이내로 제한된다.
㉡ 교정시설의 장은 다른 사람의 건강에 위해를 끼칠 우려가 있는 감염병에 걸린 사람의 수용을 거절할 수 있다.
㉢ 19세 이상 수형자는 교도소에 수용한다.
㉣ 목욕횟수는 부득이한 사정이 없으면 매주 1회 이상이 되도록 한다.
㉤ 19세 미만의 수용자와 계호상 독거수용자에 대하여는 건강검진을 6개월에 1회 이상 하여야 한다.
㉥ 수형자의 신입 수용시 변호사 선임에 관하여 알려 주어야 한다.
㉦ 면회자가 가져온 음식물은 보관할 수 있다.
㉧ 수형자의 접견 횟수는 매월 4회이다.

① ㉠, ㉥, ㉦
② ㉡, ㉣, ㉧
③ ㉠, ㉣, ㉦, ㉧
④ ㉢, ㉤, ㉥, ㉦

정답 및 해설

옳지 않은 것은 ㉠, ㉥, ㉦이다.
㉠ [×] 수형자의 경비처우급별 전화통화의 허용횟수는 개방처우급은 월 20회 이내, 완화경비처우급은 월 10회 이내, 일반경비처우급 월 5회 이내, 중경비처우급은 처우상 특히 필요한 경우 월 2회 이내이다(형집행법 시행규칙 제90조 제1항).
㉡ [○] 동법 제18조 제1항
㉢ [○] 동법 제11조 제1항
㉣ [○] 소장은 작업의 특성, 계절, 그 밖의 사정을 고려하여 수용자의 목욕횟수를 정하되 부득이한 사정이 없으면 매주 1회 이상이 되도록 한다(동법 시행령 제50조).
㉤ [○] 동법 시행령 제51조 제1항
㉥ [×] 신입자 및 다른 교정시설로부터 이송되어 온 사람에게는 말이나 서면으로 ⓐ 형기의 기산일 및 종료일, ⓑ 접견·편지, 그 밖의 수용자의 권리에 관한 사항, ⓒ 청원, 「국가인권위원회법」에 따른 진정, 그 밖의 권리구제에 관한 사항, ⓓ 징벌·규율, 그 밖의 수용자의 의무에 관한 사항, ⓔ 일과 그 밖의 수용생활에 필요한 기본적인 사항을 알려 주어야 한다(동법 제17조).
㉦ [×] 음식물은 보관의 대상이 되지 아니한다(동법 시행령 제44조).
㉧ [○] 동법 시행령 제58조 제3항

정답 ①

13. 형집행법령상 수용자 거실을 작업장으로 사용할 수 있는 경우가 아닌 것은?

2019. 8급 승진

① 수용자의 심리적 안정을 위하여 특히 필요한 때
② 수용자의 교정교화를 위하여 특히 필요한 때
③ 수용자의 사회적응능력 함양을 위하여 특히 필요한 때
④ 수용자의 기술 습득 및 향상을 위하여 특히 필요한 때

정답 및 해설

④ [×] 소장은 수용자거실을 작업장으로 사용해서는 아니 된다. 다만, 수용자의 심리적 안정, 교정교화 또는 사회적응능력 함양을 위하여 특히 필요하다고 인정하면 그러하지 아니하다(형집행법 시행령 제11조).

정답 ④

14. 형집행법령상 수용자의 처우에 대한 설명으로 옳지 않은 것은? 2018. 8급 승진

① 수형자가 소년교도소에 수용 중에 19세가 된 경우에도 교육·교화프로그램, 작업, 직업훈련 등을 실시하기 위하여 특히 필요하다고 인정되면 23세가 되기 전까지는 계속하여 수용할 수 있다.
② 소장은 신입자에 대하여는 지체 없이 신체·의류 및 휴대품을 검사하고 건강진단을 하여야 한다. 신입자의 건강진단은 휴무일이 연속되는 등 부득이한 사정이 있는 경우가 아닌 한 수용된 날부터 3일 이내에 하여야 한다.
③ 소장은 다른 사람의 건강에 위해를 끼칠 우려가 있는 감염병에 걸린 사람의 수용을 거절할 수 있으며, 수용을 거절하였으면 그 사유를 지체 없이 수용지휘기관과 관할 보건소장에게 통보하고 법무부장관에게 보고하여야 한다.
④ 소장은 사형확정자의 자살·도주 등의 사고를 방지하기 위하여 필요한 경우에는 사형확정자와 수형자를 혼거수용할 수 있다.

정답 및 해설

① [○] 동법 제12조 제3항
② [○] 동법 제16조 제2항, 동법 시행령 제15조
③ [○] 동법 제18조 제1항·제2항
④ [×] 소장은 사형확정자의 자살·도주 등의 사고를 방지하기 위하여 필요한 경우에는 사형확정자와 미결수용자를 혼거수용할 수 있고, 사형확정자의 교육·교화프로그램, 작업 등의 적절한 처우를 위하여 필요한 경우에는 사형확정자와 수형자를 혼거수용할 수 있다(형집행법 시행규칙 제150조 제4항). 사형확정자와 소년수용자를 같은 교정시설에 수용하는 경우에는 서로 분리하여 수용한다(시행규칙 제150조 제3항).

정답 ④

15. 형의 집행 및 수용자의 처우에 관한 법령상 수용에 대한 설명으로 옳지 않은 것은? 2019. 교정 9급

① 수형자의 교화 또는 건전한 사회복귀를 위하여 필요한 때에는 혼거수용을 할 수 있다.
② 처우상 독거수용의 경우에는 주간에는 교육·작업 등의 처우를 하여 일과에 따른 공동생활을 하게 하고, 휴업일과 야간에만 독거수용을 한다.
③ 계호상 독거수용의 경우에는 사람의 생명·신체의 보호 또는 교정시설의 안전과 질서유지를 위하여 항상 독거수용하고 다른 수용자와의 접촉을 금지한다. 다만, 수사·재판·실외운동·목욕·접견·진료 등을 위하여 필요한 경우에는 그러하지 아니하다.
④ 교도관은 모든 독거수용자를 수시로 시찰하여 건강상 또는 교화상 이상이 없는지 살펴야 한다.

정답 및 해설

① [○] 동법 제14조
②, ③ [○] 동법 시행령 제5조
④ [×] 교도관은 계호상 독거수용자를 수시로 시찰하여 건강상 또는 교화상 이상이 없는지 살펴야 한다(형집행법 시행령 제6조 제1항).

정답 ④

16 2019년 11월 11일 현재 A(생년월일: 2001년 11월 11일)는 소년교도소에 수용 중이다. 형집행법령상 직업훈련 등을 실시하기 위하여 특히 필요하다고 인정될 경우 현 시설에 A를 최장 언제까지 계속하여 수용할 수 있는가?

2019. 8급 승진

① 2021년 11월 10일　　　　　　　　② 2022년 11월 10일
③ 2023년 11월 10일　　　　　　　　④ 2024년 11월 10일

정답 및 해설

④ [○] 수형자가 소년교도소에 수용 중에 19세가 된 경우에도 교육·교화프로그램, 작업, 직업훈련 등을 실시하기 위하여 특히 필요하다고 인정되면 23세가 되기 전까지는 계속하여 수용할 수 있다(형집행법 제12조 제3항).
　⇨ 소년수형자 A는 2019년 11월 11일 현재 만 18세이므로 만 22세인 2024년 11월 10일까지 소년교도소에 계속하여 수용할 수 있다.
▶ 참고로, 법률상 나이는 별도의 표시가 없더라도 만 나이를 의미한다. A는 2002년 11월 10일은 0살, 2002년 11월 11일은 1살이 되고, 2019년 11월 10일은 만 17세가 되며, 2024년 11월 11일은 만 23세가 된다.

정답 ④

17 수용에 대한 설명으로 옳지 않은 것은? (다툼이 있는 경우 판례에 의함)

2019. 6급 승진

① 소장은 수용자의 거실을 지정하는 경우에는 죄명·형기·죄질·성격·범죄전력·나이·경력 및 수용생활 태도, 그 밖에 수용자의 개인적 특성을 고려하여야 한다.
② 혼거수용 인원은 3명 이상으로 한다. 다만, 요양이나 그 밖의 부득이한 사정이 있는 경우에는 예외로 한다.
③ 수용자에게는 특정 수용거실에 대한 신청권 내지 수용거실 변경에 대한 신청권이 있다.
④ 소장은 노역장 유치명령을 받은 수형자와 징역형·금고형 또는 구류형을 선고받아 형이 확정된 수형자를 혼거수용해서는 아니 된다. 다만, 징역형·금고형 또는 구류형의 집행을 마친 다음에 계속해서 노역장 유치명령을 집행하거나 그 밖에 부득이한 사정이 있는 경우에는 그러하지 아니하다.

정답 및 해설

① [○] 형집행법 제15조
② [○] 동법 시행령 제8조
③ [×] 헌재 2013.8.29. 2012헌마886

> **관련판례**
> 수용거실의 지정은 교도소장이 죄명·형기·죄질·성격·범죄전력·나이·경력 및 수용생활 태도, 그 밖에 수용자의 개인적 특성을 고려하여 결정하는 것으로 소장의 재량적 판단사항이며, 수용자에게 수용거실의 변경을 신청할 권리 내지 특정 수용거실에 대한 신청권이 있다고 볼 수 없다(헌재 2013.8.29. 2012헌마886).

④ [○] 동법 시행령 제9조

정답 ③

18 「형의 집행 및 수용자의 처우에 관한 법률」상 신체검사 등에 대한 설명으로 가장 옳지 않은 것은?

2022. 6급 승진

① 교도관은 시설의 안전과 질서유지를 위하여 필요하면 수용자의 신체·의류·휴대품·거실 및 작업장 등을 검사할 수 있다.
② 수용자의 신체를 검사하는 경우에는 불필요한 고통이나 수치심을 느끼지 아니하도록 유의하여야 하며, 특히 신체를 면밀하게 검사할 필요가 있으면 다른 수용자가 볼 수 없는 차단된 장소에서 하여야 한다.
③ 교도관은 시설의 안전과 질서유지를 위하여 필요하면 교정시설을 출입하는 수용자 외의 사람에 대하여 신체·의류 및 휴대품을 검사할 수 있다.
④ 여성의 신체·의류 및 휴대품에 대한 검사는 여성교도관이 하여야 한다.

정답 및 해설

① [○] 동법 제93조 제1항
② [○] 동법 제93조 제2항
③ [×] 교도관은 시설의 안전과 질서유지를 위하여 필요하면 교정시설을 출입하는 수용자 외의 사람에 대하여 의류와 휴대품을 검사할 수 있다(형집행법 제93조 제3항).
④ [○] 동법 제93조 제4항

정답 ③

19 형집행법령상 수용에 대한 설명으로 가장 옳지 않은 것은?

2022. 7급 승진

① 독거수용은 처우상 독거수용과 계호상 독거수용으로 구분한다.
② 소장은 계호상 독거수용자를 계속하여 독거수용하는 것이 건강상 또는 교화상 해롭다고 인정하는 경우에는 이를 즉시 중단하여야 한다.
③ 노역장 유치명령을 받은 수형자와 징역형·금고형 또는 구류형을 선고받아 형이 확정된 수형자를 혼거수용하는 것은 어떠한 경우에도 허용되지 아니한다.
④ 소장은 수용자의 거실을 지정하는 경우에는 죄명·형기·죄질·성격·범죄전력·나이·경력 및 수용생활 태도, 그 밖에 수용자의 개인적 특성을 고려하여야 한다.

정답 및 해설

① [○] 동법 시행령 제5조
② [○] 동법 시행령 제6조
③ [×] 노역장 유치명령을 받은 수형자와 징역형·금고형 또는 구류형을 선고받아 형이 확정된 수형자를 혼거수용해서는 아니 된다. 다만, 징역형·금고형 또는 구류형의 집행을 마친 다음에 계속해서 노역장 유치명령을 집행하거나 그 밖에 부득이한 사정이 있는 경우에는 그러하지 아니하다(형집행법 시행령 제9조).
④ [○] 동법 제15조

정답 ③

20 「형의 집행 및 수용자의 처우에 관한 법률 시행령」상 거실 현황표 등에 대한 설명으로 가장 옳지 않은 것은?

2022. 5급 승진

① 소장은 수용자거실에 면적, 정원 및 현재 인원을 적은 현황표를 붙여야 한다.
② 소장은 수용자거실 앞에 붙인 이름표의 윗부분에는 수용자의 성명·출생연도·죄명·형명 및 형기를 적는다.
③ 소장은 수용자거실 앞에 붙인 이름표의 아랫부분에는 수용자번호 및 입소일을 적되, 아랫부분의 내용이 보이지 않도록 해야 한다.
④ 소장은 수용자가 법령에 따라 지켜야 할 사항과 수용자의 권리구제 절차에 관한 사항을 수용자거실의 보기 쉬운 장소에 붙이는 등의 방법으로 비치하여야 한다.

정답 및 해설

①, ②, ④ [○] 동법 시행령 제12조
③ [×] 소장은 수용자거실 앞에 붙인 이름표의 아랫부분에는 수용자번호 및 입소일을 적되, 윗부분의 내용이 보이지 않도록 해야 한다.

정답 ③

21 형집행법령상 수용절차에 대한 설명으로 옳지 않은 것은 모두 몇 개인가?

2022. 7급 승진

㉠ 소장은 신입자 및 다른 교정시설로부터 이송되어 온 사람에 대하여 다른 사람과의 식별을 위하여 필요한 한도에서 사진촬영, 지문채취, 수용자 번호지정, 그 밖에 대통령령으로 정하는 조치를 하여야 한다.
㉡ 소장은 보관품이 금·은·보석·유가증권·인장, 그 밖에 특별히 보관할 필요가 있는 귀중품인 경우에는 잠금장치가 되어 있는 견고한 용기에 넣어 보관해야 한다.
㉢ 소장은 신입자 또는 다른 교정시설로부터 이송되어 온 사람이 있으면 그 사실을 수용자의 가족(배우자, 직계 존속·비속 또는 형제자매를 말한다)에게 지체 없이 알려야 한다. 다만, 수용자가 알리는 것을 원하지 아니하면 그러하지 아니하다.

① 0개 ② 1개
③ 2개 ④ 3개

정답 및 해설

모두 옳은 선지이다.
㉠ [○] 형집행법 제19조
㉡ [○] 동법 시행령 제36조
㉢ [○] 동법 제21조

정답 ①

22 형집행법령상 수용에 대한 설명으로 가장 옳지 않은 것은?
2021. 5급 승진

① 수용자의 생명 또는 신체의 보호, 정서적 안정을 위하여 필요한 때에는 혼거수용할 수 있다.
② 소장은 계호상 독거수용자를 계속하여 독거수용하는 것이 건강상 또는 교화상 해롭다고 인정하는 경우에는 이를 중단할 수 있다.
③ 혼거수용 인원은 3명 이상으로 한다. 다만, 요양이나 그 밖의 부득이한 사정이 있는 경우에는 예외로 한다.
④ 소장은 수용자의 거실을 지정하는 경우에는 죄명·형기·죄질·성격·범죄전력·나이·경력 및 수용생활 태도, 그 밖에 수용자의 개인적 특성을 고려하여야 한다.

정답 및 해설

① [○] 동법 제14조
② [×] 소장은 계호상 독거수용자를 계속하여 독거수용하는 것이 건강상 또는 교화상 해롭다고 인정하는 경우에는 이를 중단하여야 한다(형집행법 시행령 제6조).
③ [○] 동법 시행령 제8조
④ [○] 동법 제15조

정답 ②

23 형집행법령상 수용에 대한 설명으로 가장 옳은 것은?
2021. 6급 승진

① 교도관은 계호상 독거수용자가 건강상 이상이 있는 것으로 보이는 경우에는 교정시설에 근무하는 의무관 또는 소장에게 지체 없이 보고하여야 한다.
② 소장은 특히 필요하다고 인정하는 경우가 아니면 남성교도관이 주·야간에 수용자 거실에 있는 여성수용자를 시찰하게 하여서는 아니 된다.
③ 수용자는 독거수용한다. 다만, 시설의 안전과 질서유지를 위하여 필요한 때에는 혼거수용할 수 있다.
④ 소장은 수용자의 생명 신체의 보호, 증거인멸의 방지 및 교정시설의 안전과 질서유지를 위하여 필요하다고 인정하면 혼거실, 교육실, 강당, 작업장, 그 밖에 수용자들이 서로 접촉할 수 있는 장소에서 수용자의 자리를 지정할 수 있다.

정답 및 해설

① [×] 계호상 독거수용자를 교도관이 시찰한 결과 건강상 이상이 있는 것으로 보이는 경우 의무관에게 즉시 알려야 하고, 교화상 문제가 있을 경우에는 소장에게 지체 없이 보고하여야 한다(동법 시행령 제6조 제2항).
② [×] 소장은 특히 필요하다고 인정하는 경우가 아니면 남성교도관이 야간에 수용자 거실에 있는 여성수용자를 시찰하게 하여서는 아니 된다(동법 시행령 제7조).
③ [×] 수용자는 독거수용한다. 다만, 독거실 부족 등 시설여건이 충분하지 아니한 때, 수용자의 생명 또는 신체의 보호, 정서적 안정을 위하여 필요한 때, 수형자의 교화 또는 건전한 사회복귀를 위하여 필요한 때에는 혼거수용할 수 있다(동법 제14조).
④ [○] 형집행법 시행령 제10조

정답 ④

제3절 | 수용자의 이송

01 형집행법령상 이송에 대한 설명으로 가장 옳은 것은? 2021. 5급 승진

① 지방교정청장은 수용시설의 공사 등으로 수용거실이 일시적으로 부족한 때에는 관할 외 교정시설로 수용자의 이송을 승인할 수 있다.
② 소장은 수용자의 정신질환 치료를 위하여 필요하다고 인정하면 법무부장관의 승인을 받아 치료감호시설로 이송하여야 한다.
③ 소장은 수용자의 수용·작업·교화·의료, 그 밖의 처우를 위하여 필요하거나 시설의 안전과 질서유지를 위하여 필요하다고 인정하면 법무부장관의 승인을 받아 수용자를 다른 교정시설로 이송할 수 있다.
④ 소장은 다른 교정시설로부터 이송되어 온 사람이 있으면 그 사실을 수용자의 의사에 관계없이 수용자의 가족(배우자, 직계 존속·비속 또는 형제자매를 말한다)에게 지체없이 알려야 한다.

정답 및 해설

① [×] 지방교정청장은 수용시설의 공사 등으로 수용거실이 일시적으로 부족한 때에는 관할 내 교정시설로 수용자의 이송을 승인할 수 있다(동법 시행령 제22조).
② [×] 소장은 수용자의 정신질환 치료를 위하여 필요하다고 인정하면 법무부장관의 승인을 받아 치료감호시설로 이송할 수 있다(동법 제37조 제2항).
③ [○] 형집행법 제20조 제1항
④ [×] 소장은 다른 교정시설로부터 이송되어 온 사람이 있으면 그 사실을 수용자의 가족(배우자, 직계 존속·비속 또는 형제자매를 말한다)에게 지체 없이 알려야 한다. 다만, 수용자가 알리는 것을 원하지 아니하면 그러하지 아니하다(동법 제21조).

정답 ③

02 형의 집행 및 수용자의 처우에 관한 법령상 수용자의 이송에 대한 설명으로 옳은 것은? 2024. 교정 7급

① 소장은 사형확정자의 교육·교화프로그램, 작업 등을 위하여 필요하거나 교정시설의 안전과 질서유지를 위하여 특히 필요하다고 인정하는 경우에는 지방교정청장의 승인을 받아 사형확정자를 다른 교정시설로 이송할 수 있다.
② 소장은 징벌을 받고 교육 부적격자로 판단되어 교육대상자 선발이 취소된 수형자를 반드시 선발 당시 소속기관으로 이송하여야 한다.
③ 지방교정청장은 교정시설의 안전과 질서유지를 위하여 긴급하게 이송할 필요가 있다고 인정되는 때에는 관할 내 수용자 이송을 승인할 수 있다.
④ 소장은 조직폭력수형자가 작업장 등에서 다른 수형자와 음성적으로 세력을 형성하는 등 집단화할 우려가 있다고 인정하는 경우에는 지방교정청장에게 해당 조직폭력수형자의 이송을 지체 없이 신청하여야 한다.

정답 및 해설

① [×] 소장은 사형확정자의 교육·교화프로그램, 작업 등을 위하여 필요하거나 교정시설의 안전과 질서유지를 위하여 특히 필요하다고 인정하는 경우에는 법무부장관의 승인을 받아 사형확정자를 다른 교정시설로 이송할 수 있다(동법 시행규칙 제151조).
② [×] 교육대상자의 선발이 취소되거나 교육대상자가 교육을 수료하였을 때에는 선발 당시 소속기관으로 이송한다. 다만, ⑤ 집행할 형기가 이송 사유가 발생한 날부터 3개월 이내인 때, ⑥ 징벌을 받고 교육 부적격자로 판단되어 교육대상자 선발이 취소된 때, ⑥ 소속기관으로의 이송이 부적당하다고 인정되는 특별한 사유가 있는 때에는 소속기관으로 이송하지 아니하거나 다른 기관으로 이송할 수 있다(동법 시행규칙 제106조 제2항).
③ [○] 지방교정청장은 ⑤ 수용시설의 공사 등으로 수용거실이 일시적으로 부족한 때, ⑥ 교정시설 간 수용인원의 뚜렷한 불균형을 조정하기 위하여 특히 필요하다고 인정되는 때, ⑥ 교정시설의 안전과 질서유지를 위하여 긴급하게 이송할 필요가 있다고 인정되는 때에는 수용자의 이송을 승인할 수 있다(형집행법 시행령 제22조 제1항). 지방교정청장의 이송승인은 관할 내 이송으로 한정한다(동법 시행령 제22조 제2항).
④ [×] 소장은 조직폭력수형자가 작업장 등에서 다른 수형자와 음성적으로 세력을 형성하는 등 집단화할 우려가 있다고 인정하는 경우에는 법무부장관에게 해당 조직폭력수형자의 이송을 지체 없이 신청하여야 한다(동법 시행규칙 제201조).

정답 ③

03 형집행법령상 수용자 이송에 대한 설명으로 가장 옳지 않은 것은?
2022. 7급 승진

① 소장은 수용자의 수용·작업·교화·의료, 그 밖의 처우를 위하여 필요하거나 시설의 안전과 질서유지를 위하여 필요하다고 인정하면 법무부장관의 승인을 받아 수용자를 다른 교정시설로 이송할 수 있다.
② 지방교정청장은 교정시설의 안전과 질서유지를 위하여 긴급하게 이송할 필요가 있다고 인정되는 때에는 관할 외 다른 교정시설로의 수용자 이송을 승인할 수 있다.
③ 수용자를 이송이나 출정, 그 밖의 사유로 호송하는 경우에는 수형자는 미결수용자와, 여성수용자는 남성수용자와, 19세 미만의 수용자는 19세 이상의 수용자와 각각 호송 차량의 좌석을 분리하는 등의 방법으로 서로 접촉하지 못하게 하여야 한다.
④ 소장은 수용자를 다른 교정시설로 이송하는 경우에 의무관으로부터 수용자가 건강상 감당하기 어렵다고 보고를 받으면 이송을 중지하고 그 사실을 이송받을 소장에게 알려야 한다.

정답 및 해설

① [○] 동법 제20조 제1항
② [×] 지방교정청장은 교정시설의 안전과 질서유지를 위하여 긴급하게 이송할 필요가 있다고 인정되는 때에는 관할 내 다른 교정시설로의 수용자 이송을 승인할 수 있다(형집행법 시행령 제22조).
③ [○] 동법 시행령 제24조
④ [○] 동법 시행령 제23조

정답 ②

04 형의 집행 및 수용자 처우에 관한 법령상 수용자 이송에 대한 설명으로 옳은 것은?

2021. 교정 9급

① 법무부장관은 이송승인에 관한 권한을 법무부령으로 정하는 바에 따라 지방교정청장에게 위임할 수 있다.
② 소장은 수용자를 다른 교정시설에 이송하는 경우에 의무관으로부터 수용자가 건강상 감당하기 어렵다는 보고를 받으면 이송을 중지하고 그 사실을 지방교정청장에게 알려야 한다.
③ 소장은 수용자의 정신질환 치료를 위하여 필요하다고 인정하면 법무부장관의 승인을 받아 치료감호시설로 이송할 수 있다.
④ 수용자가 이송 중에 징벌대상 행위를 하거나 다른 교정시설에서 징벌대상 행위를 한 사실이 이송된 후에 발각된 경우에는 그 수용자를 인수한 지방교정청장이 징벌을 부과한다.

정답 및 해설

① [×] 법무부장관은 이송승인에 관한 권한을 대통령령으로 정하는 바에 따라 지방교정청장에게 위임할 수 있다(동법 제20조 제2항).
② [×] 소장은 수용자를 다른 교정시설에 이송하는 경우에 의무관으로부터 수용자가 건강상 감당하기 어렵다는 보고를 받으면 이송을 중지하고 그 사실을 이송받을 소장에게 알려야 한다(동법 시행령 제23조).
③ [○] 형집행법 제37조 제2항
④ [×] 수용자가 이송 중에 징벌대상 행위를 하거나 다른 교정시설에서 징벌대상 행위를 한 사실이 이송된 후에 발각된 경우에는 그 수용자를 인수한 소장이 징벌을 부과한다(동법 시행령 제136조).

정답 ③

05 형의 집행 및 수용자의 처우에 관한 법령상 수용자의 이송에 대한 설명으로 옳지 않은 것은?

2018. 5급 승진

① 소장은 수용자를 다른 교정시설에 이송하는 경우에 의무관으로부터 수용자가 건강상 감당하기 어렵다는 보고를 받으면, 이송을 중지하고 그 사실을 이송 받을 소장에게 알려야 한다.
② 지방교정청장은 수용자를 관할 외 다른 교정시설로 이송하려는 경우 이에 대한 승인 권한을 가지고 있다.
③ 수용자가 이송 중에 징벌대상 행위를 하거나 다른 교정시설에서 징벌대상 행위를 한 사실이 이송된 후에 발각된 경우에는 그 수용자를 인수한 소장이 징벌을 부과한다.
④ 수용자를 이송하는 경우에는 수형자는 미결수용자와, 여성수용자는 남성수용자와, 19세 미만의 수용자는 19세 이상의 수용자와 각각 호송 차량의 좌석을 분리하는 등의 방법으로 서로 접촉하지 못하게 하여야 한다.
⑤ '20일 텔레비전 시청 제한'의 징벌 집행 중인 수용자가 다른 교정시설로 이송되거나 법원 또는 검찰청 등에 출석하는 경우에는 징벌집행이 계속되는 것으로 본다.

정답 및 해설

① [○] 동법 시행령 제23조
② [×] 지방교정청장의 이송승인은 관할 내 이송으로 한정한다(형집행법 시행령 제22조 제2항).
③ [○] 동법 시행령 제136조
④ [○] 동법 시행령 제24조
⑤ [○] 동법 시행령 제134조

정답 ②

「형의 집행 및 수용자의 처우에 관한 법률 시행령」상 지방교정청장의 이송승인권에 따라 수용자의 이송을 승인할 수 있는 경우로 옳지 않은 것은?

2023. 교정 7급

① 수용시설의 공사 등으로 수용거실이 일시적으로 부족한 때
② 교정시설 간 수용인원의 뚜렷한 불균형을 조정하기 위하여 특히 필요하다고 인정되는 때
③ 교정시설의 안전과 질서유지를 위하여 긴급하게 이송할 필요가 있다고 인정되는 때
④ 다른 지방교정청장의 요청에 의하여 수용인원을 다른 지방교정청과 조정할 필요가 있을 때

정답 및 해설

> **지방교정청장의 이송승인권**(형집행법 시행령 제22조 제1항)
> ① 지방교정청장은 다음의 어느 하나에 해당하는 경우에는 수용자의 이송을 승인할 수 있다.
>   1. 수용시설의 공사 등으로 수용거실이 일시적으로 부족한 때
>   2. 교정시설 간 수용인원의 뚜렷한 불균형을 조정하기 위하여 특히 필요하다고 인정되는 때
>   3. 교정시설의 안전과 질서유지를 위하여 긴급하게 이송할 필요가 있다고 인정되는 때

정답 ④

 법률의 위임에 의하여 지방교정청장이 수용자의 관할 내 이송을 승인할 수 있는 경우에 해당하지 않는 것은?

2018. 6급 승진

① 수용시설의 공사 등으로 수용거실이 일시적으로 부족한 때
② 교정시설 간 수용인원의 뚜렷한 불균형을 조정하기 위하여 특히 필요하다고 인정되는 때
③ 교정시설의 안전과 질서유지를 위하여 긴급하게 이송할 필요가 있다고 인정되는 때
④ 수용자의 의료처우를 위하여 긴급하게 이송할 필요가 있을 때

정답 및 해설

> **지방교정청장의 이송승인권**(형집행법 시행령 제22조)
> ① 지방교정청장은 다음의 어느 하나에 해당하는 경우에는 수용자의 이송을 승인할 수 있다.
>   1. 수용시설의 공사 등으로 수용거실이 일시적으로 부족한 때
>   2. 교정시설 간 수용인원의 뚜렷한 불균형을 조정하기 위하여 특히 필요하다고 인정되는 때
>   3. 교정시설의 안전과 질서유지를 위하여 긴급하게 이송할 필요가 있다고 인정되는 때
> ② 지방교정청장의 이송승인은 관할 내 이송으로 한정한다.

정답 ④

08 형집행법령상 호송 시 분리해야 하는 경우는 모두 몇 개인가? 2019. 8급 승진

㉠ 수형자와 미결수용자
㉡ 여성수용자와 남성수용자
㉢ 19세 미만 수용자와 19세 이상 수용자
㉣ 외국인수용자와 내국인수용자

① 1개 ② 2개
③ 3개 ④ 4개

정답 및 해설

③ [○] 수용자를 이송이나 출정, 그 밖의 사유로 호송하는 경우에는 ㉠ 수형자는 미결수용자와, ㉡ 여성수용자는 남성수용자와, ㉢ 19세 미만의 수용자는 19세 이상의 수용자와 각각 호송 차량의 좌석을 분리하는 등의 방법으로 서로 접촉하지 못하게 하여야 한다(형집행법 시행령 제24조).

정답 ③

제6장 물품지급과 금품관리

제1절 | 생활품의 지급

01 「형의 집행 및 수용자의 처우에 관한 법률 시행규칙」상 수용자 의류의 품목에 대한 설명으로 가장 옳지 않은 것은?

2022. 7급 승진

① 평상복은 겨울옷·봄가을옷·여름옷을 수형자용, 미결수용자용 및 피보호감호자(종전의 「사회보호법」에 따라 보호감호선고를 받고 교정시설에 수용 중인 사람을 말한다)용과 남녀용으로 각각 구분하여 16종으로 한다.
② 보조복은 위생복·조끼 및 비옷으로 구분하여 3종으로 한다.
③ 특수복은 모범수형자복·외부통근자복·임산부복·환자복·운동복 및 반바지로 구분하고, 그 중 모범수형자복 및 외부통근자복은 겨울옷·봄가을옷·여름옷을 남녀용으로 각각 구분하여 6종으로 한다.
④ 신발은 고무신·운동화 및 방한화로 구분하여 3종으로 한다.

정답 및 해설

> **형집행법 시행규칙 제4조(의류의 품목)**
> ① 수용자 의류의 품목은 평상복·특수복·보조복·의복부속물·모자 및 신발로 한다.
> ② 제1항에 따른 품목별 구분은 다음 각 호와 같다.
>   1. 평상복은 겨울옷·봄가을옷·여름옷을 수형자용(用), 미결수용자용 및 피보호감호자(종전의 「사회보호법」에 따라 보호감호선고를 받고 교정시설에 수용 중인 사람을 말한다. 이하 같다)용과 남녀용으로 각각 구분하여 18종으로 한다.
>   2. 특수복은 모범수형자복·외부통근자복·임산부복·환자복·운동복 및 반바지로 구분하고, 그 중 모범수형자복 및 외부통근자복은 겨울옷·봄가을옷·여름옷을 남녀용으로 각각 구분하여 6종으로 하고, 임산부복은 봄가을옷·여름옷을 수형자용과 미결수용자용으로 구분하여 4종으로 하며, 환자복은 겨울옷·여름옷을 남녀용으로 구분하여 4종으로 하고, 운동복 및 반바지는 각각 1종으로 한다.
>   3. 보조복은 위생복·조끼 및 비옷으로 구분하여 3종으로 한다.
>   4. 의복부속물은 러닝셔츠·팬티·겨울내의·장갑·양말로 구분하여 5종으로 한다.
>   5. 모자는 모범수형자모·외부통근자모·방한모 및 위생모로 구분하여 4종으로 한다.
>   6. 신발은 고무신·운동화 및 방한화로 구분하여 3종으로 한다.

정답 ①

02 형집행법령상 수용자의 처우에 대한 설명으로 옳지 않은 것은? 2018. 8급 승진

① 보조복은 위생복·조끼 및 비옷으로 구분하여 3종으로 하며, 의복부속물은 러닝셔츠·팬티·겨울내의·장갑·양말로 구분하여 5종으로 한다.
② 수용자 의류의 품목은 평상복·특수복·보조복·의복부속물·모자 및 신발로 한다.
③ 수용자에게 지급하는 주식은 1명당 1일 390그램을 기준으로 한다.
④ 소장은 작업시간을 2시간 이상 연장하는 경우에는 수용자에게 주·부식 또는 대용식 1회분을 간식으로 지급할 수 있다.

정답 및 해설

① [○] 동법 시행규칙 제4조 제2항 제3호·제4호
② [○] 동법 시행규칙 제4조 제1항
③ [○] 동법 시행규칙 제11조 제1항
④ [×] 소장은 작업시간을 3시간 이상 연장하는 경우에는 수용자에게 주·부식 또는 대용식 1회분을 간식으로 지급할 수 있다(형집행법 시행규칙 제15조 제2항).

정답 ④

03 「형의 집행 및 수용자의 처우에 관한 법률 시행규칙」상 수용자 의류의 품목에 대한 설명으로 가장 옳은 것은? 2024. 5급 승진

① 평상복은 겨울옷·봄가을옷·여름옷을 수형자용, 미결수용자용 및 사형확정자용과 남녀용으로 각각 구분하여 18종으로 한다.
② 모범수형자복은 겨울옷·봄가을옷·여름옷을 남녀용으로 각각 구분하여 6종으로 한다.
③ 임산부복은 겨울옷·봄가을옷·여름옷을 수형자용과 미결수용자용으로 구분하여 6종으로 한다.
④ 환자복은 겨울옷·여름옷을 수형자용과 미결수용자용으로 구분하여 4종으로 한다.

정답 및 해설

① [×] 평상복은 겨울옷·봄가을옷·여름옷을 수형자용, 미결수용자용 및 피보호감호자용과 남녀용으로 각각 구분하여 18종으로 한다(동법 시행규칙 제4조 제2항 제1호).
② [○] 형집행법 시행규칙 제4조 제2항 제2호
③ [×] 임산부복은 봄가을옷·여름옷을 수형자용과 미결수용자용으로 구분하여 4종으로 한다(동법 시행규칙 제4조 제2항 제2호).
④ [×] 환자복은 겨울옷·여름옷을 남녀용으로 구분하여 4종으로 한다(동법 시행규칙 제4조 제2항 제2호).

정답 ②

04 「형의 집행 및 수용자의 처우에 관한 법률 시행규칙」상 수용자에게 지급하는 의류의 품목에 대한 설명으로 가장 옳지 않은 것은?

2024. 7급 승진

① 모자는 모범수형자모 · 외부통근자모 및 방한모로 구분하여 3종으로 한다.
② 평상복은 겨울옷 · 봄가을옷 · 여름옷을 수형자용, 미결수용자용 및 피보호감호자용과 남녀용으로 각각 구분하여 18종으로 한다.
③ 의복부속물은 러닝셔츠 · 팬티 · 겨울내의 · 장갑 · 양말로 구분하여 5종으로 한다.
④ 신발은 고무신 · 운동화 및 방한화로 구분하여 3종으로 한다.

정답 및 해설

① [×] 모자는 모범수형자모 · 외부통근자모 · 방한모 및 위생모로 구분하여 4종으로 한다(형집행법 시행규칙 제4조 제2항 제5호).
② [○] 동법 시행규칙 제4조 제2항 제1호
③ [○] 동법 시행규칙 제4조 제2항 제4호
④ [○] 동법 시행규칙 제4조 제2항 제6호

정답 ①

 05 현행법령상 주 · 부식 지급기준으로 옳은 것은 모두 몇 개인가?

2023. 9급 경채

㉠ 소장은 수용자의 기호 등을 고려하여 주식으로 빵이나 국수 등을 지급할 수 있다.
㉡ 소장은 수용자에 대한 원활한 급식을 위하여 해당 교정시설의 직전 반기 평균 급식 인원을 기준으로 1개월의 주식을 항상 확보하고 있어야 한다.
㉢ 소장은 작업의 장려나 적절한 처우를 위하여 필요하다고 인정하는 경우 특별한 부식을 지급할 수 있다.
㉣ 주, 부식의 지급횟수는 1일 3회로 한다.
㉤ 소장은 작업시간을 2시간 이상 연장하는 경우 주, 부식 또는 대용식 2회분을 간식으로 지급할 수 있다.

① 1개
② 2개
③ 3개
④ 4개

정답 및 해설

옳은 것은 ㉠, ㉢, ㉣이다.
㉠ [○] 형집행법 시행규칙 제11조
㉡ [×] 소장은 수용자에 대한 원활한 급식을 위하여 해당 교정시설의 직전 분기 평균 급식 인원을 기준으로 1개월의 주식을 항상 확보하고 있어야 한다(동법 시행규칙 제12조).
㉢ [○] 동법 시행규칙 제13조
㉣ [○] 동법 시행규칙 제14조
㉤ [×] 소장은 작업시간을 3시간 이상 연장하는 경우에는 주, 부식 또는 대용식 1회분을 간식으로 지급할 수 있다(동법 시행규칙 제15조 제2항).

정답 ③

06 「형의 집행 및 수용자의 처우에 관한 법률 시행규칙」상 음식물 지급에 대한 설명으로 가장 옳은 것은?

2024. 5급 승진

① 소장은 수용자의 기호 등을 고려하여 주식으로 빵이나 국수 등을 지급할 수 있다.
② 수용자에게 지급하는 음식물의 총열량은 1명당 1일 남자의 경우 2천500킬로칼로리, 여자의 경우 2천킬로칼로리를 기준으로 한다.
③ 소장은 해당 교정시설의 직전 분기 평균 급식 인원을 기준으로 3개월분의 주식을 항상 확보하고 있어야 한다.
④ 소장은 작업시간을 3시간 이상 연장하는 경우에는 수용자에게 주·부식 또는 대용식 1회분을 간식으로 지급하여야 한다.

정답 및 해설

① [○] 형집행법 시행규칙 제11조 제3항
② [×] 수용자에게 지급하는 음식물의 총열량은 1명당 1일 2천500킬로칼로리를 기준으로 한다(동법 시행규칙 제14조 제2항).
③ [×] 소장은 수용자에 대한 원활한 급식을 위하여 해당 교정시설의 직전 분기 평균 급식 인원을 기준으로 1개월분의 주식을 항상 확보하고 있어야 한다(동법 시행규칙 제12조).
④ [×] 소장은 작업시간을 3시간 이상 연장하는 경우에는 수용자에게 주·부식 또는 대용식 1회분을 간식으로 지급할 수 있다(동법 시행규칙 제15조).

정답 ①

07 형집행법령상 음식물 지급에 대한 설명으로 옳지 않은 것은 모두 몇 개인가?

2024. 7급 승진

㉠ 소장은 수용자에게 건강상태, 나이, 부과된 작업의 종류, 그 밖의 개인적 특성을 고려하여 건강 및 체력을 유지하는 데에 필요한 음식물을 지급한다.
㉡ 소장은 국경일이나 그 밖에 이에 준하는 날에는 특별한 음식물을 지급할 수 있다.
㉢ 소장은 수용자에 대한 원활한 급식을 위하여 해당 교정시설의 직전 반기 평균 급식 인원을 기준으로 1개월분의 주식을 항상 확보하고 있어야 한다.
㉣ 소장은 작업의 장려나 적절한 처우를 위하여 필요하다고 인정하는 경우 특별한 부식을 지급할 수 있다.
㉤ 수용자에게 지급하는 음식물의 총열량은 1명당 1일 2천500킬로칼로리를 기준으로 한다.
㉥ 소장은 작업시간을 2시간 이상 연장하는 경우에는 수용자에게 주·부식 또는 대용식 1회분을 간식으로 지급할 수 있다.

① 0개
② 1개
③ 2개
④ 3개

정답 및 해설

옳지 않은 것은 ㉢, ㉥이다.
㉠ [○] 형집행법 제23조 제1항
㉡ [○] 동법 시행령 제29조
㉢ [×] 소장은 수용자에 대한 원활한 급식을 위하여 해당 교정시설의 직전 분기 평균 급식 인원을 기준으로 1개월분의 주식을 항상 확보하고 있어야 한다(동법 시행규칙 제12조).
㉣ [○] 동법 시행규칙 제13조 제2항
㉤ [○] 동법 시행규칙 제14조 제2항

ⓑ [×] 소장은 작업시간을 3시간 이상 연장하는 경우에는 수용자에게 주·부식 또는 대용식 1회분을 간식으로 지급할 수 있다(동법 시행규칙 제15조 제2항).

정답 ③

08 형의 집행 및 수용자의 처우에 관한 법령상 수용자에게 지급하는 물품에 대한 설명으로 옳은 것으로만 묶은 것은?

2017. 교정 7급

> ㉠ 소장은 작업시간을 2시간 이상 연장하는 경우에는 수용자에게 주·부식 또는 대용식 1회분을 간식으로 지급할 수 있다.
> ㉡ 소장은 수용자의 기호 등을 고려하여 주식으로 빵이나 국수 등을 지급할 수 있다.
> ㉢ 소장은 쌀 수급이 곤란하거나 그 밖에 필요하다고 인정하면 주식을 쌀과 보리 등 잡곡의 혼합곡으로 하거나 대용식을 지급할 수 있다.
> ㉣ 소장은 수용자에게 건강상태, 나이, 부과된 작업의 종류, 그 밖의 개인적 특성을 고려하여 건강 및 체력을 유지하는 데에 필요한 음식물을 지급한다.

① ㉠, ㉡, ㉢   ② ㉠, ㉡, ㉣
③ ㉠, ㉢, ㉣   ④ ㉡, ㉢, ㉣

정답 및 해설

옳은 것은 ㉡, ㉢, ㉣이다.
㉠ [×] 소장은 작업시간을 3시간 이상 연장하는 경우에는 수용자에게 주·부식 또는 대용식 1회분을 간식으로 지급할 수 있다(형집행법 시행규칙 제15조 제2항).
㉡ [○] 동법 시행규칙 제11조 제3항
㉢ [○] 동법 시행령 제28조 제2항
㉣ [○] 동법 제23조 제1항

정답 ④

09 음식물 지급에 대한 설명으로 옳지 않은 것은?

2018. 7급 승진

① 수용자에게 지급하는 주식은 1명당 1일 390그램을 기준으로 한다.
② 소장은 수용자에 대한 원활한 급식을 위하여 해당 교정시설의 직전 분기 평균 급식 인원을 기준으로 1개월분의 주식을 항상 확보하고 있어야 한다.
③ 수용자에게 지급하는 음식물의 총열량은 1명당 1일 3천900킬로칼로리를 기준으로 한다.
④ 작업시간을 3시간 이상 연장하는 경우에는 수용자에게 주·부식 또는 대용식 1회분을 간식으로 지급할 수 있다.

정답 및 해설

① [○] 동법 시행규칙 제11조 제1항
② [○] 동법 시행규칙 제12조
③ [×] 수용자에게 지급하는 음식물의 총열량은 1명당 1일 2천500킬로칼로리를 기준으로 한다(형집행법 시행규칙 제14조 제2항).
④ [○] 동법 시행규칙 제15조 제2항

정답 ③

10. 형집행법령상 수용자의 자비구매물품에 대한 설명으로 가장 옳지 않은 것은?

2022. 7급 승진

① 자비구매물품의 종류에는 의약품 및 의료용품도 포함된다.
② 수용자가 자비로 구매하는 물품은 교화 또는 건전한 사회복귀에 적합하고 교정시설의 안전과 질서를 해칠 우려가 없는 것이어야 한다.
③ 소장은 수용자가 자비로 구매한 의류·침구, 그 밖의 생활용품을 보관한 후 그 수용자가 사용하게 할 수 있다.
④ 소장은 감염병(「감염병의 예방 및 관리에 관한 법률」에 따른 감염병을 말한다)의 유행 또는 수용자의 징벌집행 등으로 자비구매물품의 사용이 중지된 경우에는 구매신청을 제한하여야 한다.

정답 및 해설

① [○] 동법 시행규칙 제16조 제1항
② [○] 동법 시행령 제31조
③ [○] 동법 시행령 제32조
④ [×] 소장은 감염병(「감염병의 예방 및 관리에 관한 법률」에 따른 감염병을 말한다)의 유행 또는 수용자의 징벌집행 등으로 자비구매물품의 사용이 중지된 경우에는 구매신청을 제한할 수 있다(형집행법 시행규칙 제17조).

정답 ④

11. 형집행법령상 수용자 급식에 대한 설명으로 가장 옳지 않은 것은?

2021. 5급 승진

① 소장은 작업시간을 3시간 이상 연장하는 경우에는 수용자에게 주·부식 또는 대용식 1회분을 간식으로 지급할 수 있다.
② 수용자에게 지급하는 주식은 1명당 1일 390그램을 기준으로 하며, 소장은 수용자의 나이, 건강, 작업 여부 및 작업의 종류 등을 고려하여 필요한 경우에는 주식의 지급기준량을 변경할 수 있다.
③ 소장은 수용자에 대한 원활한 급식을 위하여 해당 교정시설의 직전 분기 평균 급식인원을 기준으로 3개월분의 주식을 항상 확보하고 있어야 한다.
④ 부식은 주식과 함께 지급하며, 소장은 작업의 장려나 적절한 처우를 위하여 필요하다고 인정하는 경우 특별한 부식을 지급할 수 있다.

정답 및 해설

① [○] 동법 시행규칙 제15조 제2항
② [○] 동법 시행규칙 제11조
③ [×] 소장은 수용자에 대한 원활한 급식을 위하여 해당 교정시설의 직전 분기 평균 급식인원을 기준으로 1개월분의 주식을 항상 확보하고 있어야 한다(형집행법 시행규칙 제12조).
④ [○] 동법 시행규칙 제13조

정답 ③

「형의 집행 및 수용자의 처우에 관한 법률 시행규칙」상 자비구매물품에 대한 규정으로 (㉠)~(㉐)에 들어갈 내용이 같은 것끼리 묶인 것은?

2024. 5급 승진

> 제16조(자비구매물품의 종류 등) ① 자비구매물품의 종류는 다음 각 호와 같다.
> 1. 음식물
> 2. 의약품 및 의료용품
> 3. 의류·침구류 및 신발류
> 4. 신문·잡지·도서 및 문구류
> 5. 수형자 교육 등 교정교화에 필요한 물품
> 6. 그 밖에 수용생활에 필요하다고 인정되는 물품
> ② 제1항 각 호에 해당하는 자비구매물품의 품목·유형 및 규격 등은 영 제31조(자비구매물품의 기준)에 어긋나지 아니하는 범위에서 (㉠)이 정하되, 수용생활에 필요한 정도, 가격과 품질, 다른 교정시설과의 균형, 공급하기 쉬운 정도 및 수용자의 선호도 등을 고려하여야 한다.
> ③ (㉡)은 자비구매물품 공급의 교정시설 간 균형 및 교정시설의 안전과 질서유지를 위하여 공급물품의 품목 및 규격 등에 대한 통일된 기준을 제시할 수 있다.
>
> 제17조(구매허가 및 신청제한) ① (㉢)은 수용자가 자비구매물품의 구매를 신청하는 경우에는 법무부장관이 교정성적 또는 제74조에 따른 경비처우급을 고려하여 정하는 보관금의 사용한도, 교정시설의 보관범위 및 수용자가 지닐 수 있는 범위에서 허가한다.
> ② (㉣)은 감염병(「감염병의 예방 및 관리에 관한 법률」에 따른 감염병을 말한다)의 유행 또는 수용자의 징벌집행 등으로 자비구매물품의 사용이 중지된 경우에는 구매신청을 제한할 수 있다.
>
> 제20조(주요사항 고지 등) ① (㉤)은 수용자에게 자비구매물품의 품목·가격, 그 밖에 구매에 관한 주요사항을 미리 알려주어야 한다.
> ② (㉥)은 제품의 변질, 파손, 그 밖의 정당한 사유로 수용자가 교환, 반품 또는 수선을 원하는 경우에는 신속히 적절한 조치를 하여야 한다.
>
> 제21조(공급업무의 담당자 지정) ① (㉐)은 자비구매물품의 품목·규격·가격 등의 교정시설 간 균형을 유지하고 공급과정의 효율성·공정성을 높이기 위하여 그 공급업무를 담당하는 법인 또는 개인을 지정할 수 있다.

① ㉠, ㉤, ㉐
② ㉡, ㉢, ㉣
③ ㉡, ㉐
④ ㉡, ㉣, ㉥, ㉐

정답 및 해설

③ [○] 내용이 같은 것끼리 묶인 것은 ㉡, ㉐이다.
- 소장: ㉠, ㉢, ㉣, ㉤, ㉥
- 법무부장관: ㉡, ㉐

정답 ③

13. 「형의 집행 및 수용자의 처우에 관한 법률 시행규칙」상 자비구매물품에 대한 설명으로 옳은 것(○)과 틀린 것(×)이 바르게 연결된 것은?

2024. 6급 승진

> ㉠ 자비구매물품의 품목·유형 및 규격 등은 교화 또는 건전한 사회복귀에 적합하고 교정시설의 안전과 질서를 해칠 우려가 없는 범위에서 법무부장관이 정하되, 수용생활에 필요한 정도, 가격과 품질, 다른 교정시설과의 균형, 공급하기 쉬운 정도 및 수용자의 선호도 등을 고려하여야 한다.
> ㉡ 법무부장관은 자비구매물품 공급의 교정시설 간 균형 및 교정시설의 안전과 질서유지를 위하여 공급물품의 품목 및 규격 등에 대한 통일된 기준을 제시할 수 있다.
> ㉢ 소장은 수용자가 자비구매물품의 구매를 신청하는 경우에는 법무부장관이 교정성적 또는 제74조(경비처우급)에 따른 경비처우급을 고려하여 정하는 보관금의 사용한도, 교정시설의 보관범위 및 수용자가 지닐 수 있는 범위에서 허가한다.
> ㉣ 법무부장관은 감염병(「감염병의 예방 및 관리에 관한 법률」에 따른 감염병을 말한다)의 유행 또는 수용자의 징벌집행 등으로 자비구매물품의 사용이 중지된 경우에는 구매신청을 제한할 수 있다.

	㉠	㉡	㉢	㉣
①	×	○	○	○
②	○	×	○	×
③	×	×	○	○
④	×	○	○	×

정답 및 해설

옳은 것은 ㉡, ㉢이고, 틀린 것은 ㉠, ㉣이다.
- ㉠ [×] 자비구매물품의 품목·유형 및 규격 등은 시행령 제31조(자비구매물품의 기준: 수용자가 자비로 구매하는 물품은 교화 또는 건전한 사회복귀에 적합하고 교정시설의 안전과 질서를 해칠 우려가 없는 것이어야 한다)에 어긋나지 아니하는 범위에서 소장이 정하되, 수용생활에 필요한 정도, 가격과 품질, 다른 교정시설과의 균형, 공급하기 쉬운 정도 및 수용자의 선호도 등을 고려하여야 한다(형집행법 시행규칙 제16조 제2항).
- ㉡ [○] 동법 시행규칙 제16조 제3항
- ㉢ [○] 동법 시행규칙 제17조 제1항
- ㉣ [×] 소장은 감염병(「감염병의 예방 및 관리에 관한 법률」에 따른 감염병을 말한다)의 유행 또는 수용자의 징벌집행 등으로 자비구매물품의 사용이 중지된 경우에는 구매신청을 제한할 수 있다(동법 시행규칙 제17조 제2항).

정답 ④

14. 「형의 집행 및 수용자의 처우에 관한 법률 시행규칙」상 자비구매물품에 대한 설명으로 옳지 않은 것은?

① 소장은 수용자가 자비구매물품의 구매를 신청하는 경우에는 법무부장관이 교정성적 또는 경비처우급을 고려하여 정하는 보관금의 사용한도, 교정시설의 보관범위 및 수용자가 지닐 수 있는 범위에서 허가한다.
② 소장은 자비구매물품의 공급과정의 효율성·공정성을 높이기 위하여 그 공급업무를 담당하는 법인 또는 개인을 지정할 수 있다.
③ 소장은 수용자에게 자비구매물품의 품목·가격, 그 밖에 구매에 관한 주요사항을 미리 알려주어야 한다.
④ 소장은 제품의 변질, 파손, 그 밖의 정당한 사유로 수용자가 교환, 반품 또는 수선을 원하는 경우에는 신속히 적절한 조치를 하여야 한다.

정답 및 해설

① [○] 동법 시행규칙 제17조 제1항
② [×] 법무부장관은 자비구매물품의 품목·규격·가격 등의 교정시설 간 균형을 유지하고 공급과정의 효율성·공정성을 높이기 위하여 그 공급업무를 담당하는 법인 또는 개인을 지정할 수 있다(형집행법 시행규칙 제21조 제1항).
③ [○] 동법 시행규칙 제20조 제1항
④ [○] 동법 시행규칙 제20조 제2항

정답 ②

15 형집행법령상 수용자 음식물의 지급에 대한 설명으로 가장 옳은 것은? 2022. 5급 승진

① 수용자에게 지급하는 주식은 원칙적으로 쌀과 보리 등 잡곡의 혼합곡으로 한다.
② 수용자에게 지급하는 주식은 1명당 1식 390그램을 기준으로 하며, 지급횟수는 1일 3회로 한다.
③ 소장은 작업시간을 3시간 이상 연장하는 경우에는 수용자에게 주·부식 또는 대용식 1회분을 간식으로 지급할 수 있다.
④ 소장은 수용자에 대한 원활한 급식을 위하여 해당 교정시설의 직전 반기 평균 급식 인원을 기준으로 1개월분의 주식을 항상 확보하고 있어야 한다.

정답 및 해설

① [×] 수용자에게 지급하는 주식은 쌀로 한다(동법 시행령 제28조 제1항).
② [×] 수용자에게 지급하는 주식은 1명당 1일 390그램을 기준으로 하며, 지급횟수는 1일 3회로 한다(동법 시행규칙 제11조).
③ [○] 형집행법 시행규칙 제15조 제2항
④ [×] 소장은 수용자에 대한 원활한 급식을 위하여 해당 교정시설의 직전 분기 평균 급식 인원을 기준으로 1개월분의 주식을 항상 확보하고 있어야 한다(동법 시행규칙 제12조).

정답 ③

「형의 집행 및 수용자의 처우에 관한 법률 시행규칙」상 음식물 지급에 대한 설명으로 가장 옳은 것은? 2023. 5급 승진

① 수용자에게 지급하는 주식은 1명당 1일 490그램을 기준으로 한다.
② 소장은 수용자에 대한 원활한 급식을 위하여 해당 교정시설의 직전 분기 평균 급식 인원을 기준으로 1개월분의 주식을 항상 확보하고 있어야 한다.
③ 수용자에게 지급하는 음식물의 총열량은 1명당 1일 3천500킬로칼로리를 기준으로 한다.
④ 소장은 작업시간을 2시간 이상 연장하는 경우에는 수용자에게 주·부식 또는 대용식 1회분을 간식으로 지급할 수 있다.

정답 및 해설

① [×] 수용자에게 지급하는 주식은 1명당 1일 390그램을 기준으로 한다(동법 시행규칙 제11조 제1항).
② [○] 형집행법 시행규칙 제12조
③ [×] 수용자에게 지급하는 음식물의 총열량은 1명당 1일 2천500킬로칼로리를 기준으로 한다(동법 시행규칙 제14조 제2항).
④ [×] 소장은 작업시간을 3시간 이상 연장하는 경우에는 수용자에게 주·부식 또는 대용식 1회분을 간식으로 지급할 수 있다(동법 시행규칙 제15조 제2항).

정답 ②

17 「형의 집행 및 수용자의 처우에 관한 법률」상 물품지급 등에 대한 설명으로 옳은 것은 모두 몇 개인가?

2023. 7급 승진

> ㉠ 수용자에게 지급하는 의류 및 침구는 1명당 2매로 하되, 작업 여부 또는 난방 여건을 고려하여 3매를 지급할 수 있다.
> ㉡ 수용자에게 지급하는 주식은 1명당 1일 350그램을 기준으로 하며, 수용자의 나이, 건강, 작업 여부 및 작업의 종류 등을 고려하여 필요한 경우에는 지급 기준량을 변경할 수 있다.
> ㉢ 소장은 수용자에 대한 원활한 급식을 위하여 해당 교정시설의 직전 분기 평균 급식 인원을 기준으로 2개월분의 주식을 항상 확보하고 있어야 한다.
> ㉣ 수용자에게 지급하는 음식물의 총열량은 1명당 1일 2천500킬로칼로리를 기준으로 한다.

① 1개 ② 2개
③ 3개 ④ 4개

정답 및 해설

옳은 것은 ㉣이다.
㉠ [×] 수용자에게 지급하는 의류 및 침구는 1명당 1매로 하되, 작업 여부 또는 난방 여건을 고려하여 2매를 지급할 수 있다(형집행법 시행규칙 제8조 제1항).
㉡ [×] 수용자에게 지급하는 주식은 1명당 1일 390그램을 기준으로 하며(동법 시행규칙 제11조 제1항), 소장은 수용자의 나이, 건강, 작업 여부 및 작업의 종류 등을 고려하여 필요한 경우에는 지급 기준량을 변경할 수 있다(동법 시행규칙 제11조 제2항).
㉢ [×] 소장은 수용자에 대한 원활한 급식을 위하여 해당 교정시설의 직전 분기 평균 급식 인원을 기준으로 1개월분의 주식을 항상 확보하고 있어야 한다(동법 시행규칙 제12조).
㉣ [○] 동법 시행규칙 제14조 제2항

정답 ①

18 「형의 집행 및 수용자의 처우에 관한 법률 시행규칙」상 음식물 지급에 대한 설명으로 옳은 것(○)과 틀린 것(×)이 바르게 연결된 것은?

2024. 6급 승진

> ㉠ 수용자에게 지급하는 주식은 1명당 1일 390그램을 기준으로 한다.
> ㉡ 소장은 수용자에 대한 원활한 급식을 위하여 해당 교정시설의 전전 분기 평균 급식 인원을 기준으로 1개월분의 주식을 항상 확보하고 있어야 한다.
> ㉢ 수용자에게 지급하는 음식물의 총열량은 1명당 1일 2천500킬로칼로리를 기준으로 한다.
> ㉣ 소장은 작업시간을 2시간 이상 연장하는 경우에는 수용자에게 주·부식 또는 대용식 1회분을 간식으로 지급할 수 있다.

	㉠	㉡	㉢	㉣
①	×	×	○	×
②	○	○	○	○
③	×	○	×	○
④	○	×	○	×

> 정답 및 해설

옳은 것은 ㉠, ㉢이고, 틀린 것은 ㉡, ㉣이다.
㉠ [○] 형집행법 시행규칙 제11조 제1항
㉡ [×] 소장은 수용자에 대한 원활한 급식을 위하여 해당 교정시설의 직전 분기 평균 급식 인원을 기준으로 1개월분의 주식을 항상 확보하고 있어야 한다(동법 시행규칙 제12조).
㉢ [○] 동법 시행규칙 제14조 제2항
㉣ [×] 소장은 작업시간을 3시간 이상 연장하는 경우에는 수용자에게 주·부식 또는 대용식 1회분을 간식으로 지급할 수 있다(동법 시행규칙 제15조 제2항).

정답 ④

19 「형의 집행 및 수용자의 처우에 관한 법률 시행규칙」상 자비구매물품 등에 대한 설명으로 옳은 것은?
2025. 교정 9급

① 소장은 감염병의 유행 등으로 자비구매물품의 사용이 중지된 경우에는 구매신청을 제한하여야 한다.
② 소장은 교도작업제품으로서 자비구매물품으로 적합한 것은 법무부장관으로부터 지정받은 자비구매물품 공급자를 거쳐 우선하여 공급할 수 있다.
③ 교정본부장은 자비구매물품 공급의 교정시설 간 균형 및 교정시설의 안전과 질서유지를 위하여 공급물품의 품목 및 규격 등에 대한 통일된 기준을 제시할 수 있다.
④ 소장은 공급제품이 부패, 파손, 규격미달, 그 밖의 사유로 수용자에게 공급하기에 부적당하다고 인정하는 경우에는 교정본부장에게 이를 보고하고 필요한 조치를 하여야 한다.

> 정답 및 해설

① [×] 소장은 감염병의 유행 또는 수용자의 징벌집행 등으로 자비구매물품의 사용이 중지된 경우에는 구매신청을 제한할 수 있다(동법 시행규칙 제17조 제2항).
② [○] 형집행법 시행규칙 제18조
③ [×] 법무부장관은 자비구매물품 공급의 교정시설 간 균형 및 교정시설의 안전과 질서유지를 위하여 공급물품의 품목 및 규격 등에 대한 통일된 기준을 제시할 수 있다(동법 시행규칙 제16조 제3항).
④ [×] 검수관은 공급제품이 부패, 파손, 규격미달, 그 밖의 사유로 수용자에게 공급하기에 부적당하다고 인정하는 경우에는 소장에게 이를 보고하고 필요한 조치를 하여야 한다(동법 시행규칙 제19조 제2항).

정답 ②

20 의류 등의 지급 판단의 주체가 다른 것은?

① 장갑 ② 환자매트리스
③ 솜이불 ④ 방한화

> 정답 및 해설

① [○] 작업을 하는 수용자 중 소장이 지급할 필요가 있다고 인정하는 자가 착용한다(동법 시행규칙 제5조 제14호).
② [×] 의료거실에 수용된 수용자 중 의무관이 지급할 필요가 있다고 인정하는 사람이 사용한다(형집행법 시행규칙 제7조 제2호 나목).
③ [○] 환자·노인·장애인·임산부 등의 수용자 중 소장이 지급할 필요가 있다고 인정하는 자가 겨울철에 사용한다(동법 시행규칙 제7조 제1호 가목).
④ [○] 작업을 하는 수용자 중 소장이 지급할 필요가 있다고 인정하는 사람이 착용한다(동법 시행규칙 제5조 제17호 나목).

정답 ②

21 수용자에게 지급되는 의류·침구·생활용품의 지급 등에 대한 설명으로 옳은 것은?

① 환자매트리스는 의료거실에 수용된 수용자가 겨울철에 사용한다.
② 생활용품 지급일 이후에 수용된 수용자에 대하여는 다음 지급일에 적절한 양을 지급하도록 한다.
③ 신입수용자에게는 수용되는 날에 칫솔, 치약 및 수건 등 수용생활에 필요한 최소한의 생활용품을 지급하여야 한다.
④ 수용자에게 지급하는 의류 및 침구는 1명당 2매로 한다.

정답 및 해설

① [×] 환자매트리스는 의료거실에 수용된 수용자 중 의무관이 지급할 필요가 있다고 인정하는 사람이 사용한다(동법 시행규칙 제7조 제2호 나목).
② [×] 생활용품 지급일 이후에 수용된 수용자에 대하여는 다음 지급일까지 쓸 적절한 양을 지급하여야 한다(동법 시행규칙 제8조 제3항).
③ [○] 형집행법 시행규칙 제8조 제4항
④ [×] 수용자에게 지급하는 의류 및 침구는 1명당 1매로 하되, 작업 여부 또는 난방 여건을 고려하여 2매를 지급할 수 있다(동법 시행규칙 제8조 제1항).

정답 ③

22 수용자에게 지급하는 음식물에 대한 설명으로 옳지 않은 것은?

① 소장은 수용자의 건강상태, 나이, 작업, 그 밖의 개인적 특성을 고려하여 필요한 음식물을 지급한다.
② 수용자에게 지급하는 음식물은 주식·특식·음료, 그 밖의 영양물로 한다.
③ 소장은 의무관의 의견을 고려하여 환자에게 지급하는 음식물의 종류 또는 정도를 달리 정할 수 있다.
④ 소장은 국경일이나 그 밖에 이에 준하는 날에는 예산의 범위에서 특별한 음식물을 지급할 수 있다.

정답 및 해설

① [○] 소장은 수용자에게 건강상태, 나이, 부과된 작업의 종류, 그 밖의 개인적 특성을 고려하여 건강 및 체력을 유지하는 데에 필요한 음식물을 지급한다(동법 제23조 제1항).
② [×] 수용자에게 지급하는 음식물은 주식·부식·음료, 그 밖의 영양물로 한다(형집행법 시행령 제27조).
③ [○] 동법 시행령 제30조
④ [○] 동법 시행령 제29조, 동법 시행규칙 제15조 제1항

정답 ②

23 수용자에게 지급하는 음식물에 대한 설명으로 옳지 않은 것은?

① 음식물의 지급기준 등에 관하여 필요한 사항은 법무부령으로 정한다.
② 소장은 쌀 수급이 곤란하거나 그 밖에 필요하다고 인정하면 주식을 쌀과 보리 등 잡곡의 혼합곡으로 하거나 대용식을 지급할 수 있다.
③ 소장은 수용자의 기호 등을 고려하여 주식으로 빵이나 국수 등을 지급할 수 있다.
④ 소장은 수용자에 대한 원활한 급식을 위하여 해당 교정시설의 직전 분기 평균 급식 인원을 기준으로 1개월분의 주식을 항상 확보하고 있어야 한다.
⑤ 소장은 작업의 장려나 적절한 처우를 위하여 필요하다고 인정하는 경우에는 수용자에게 주·부식 또는 대용식 1회분을 간식으로 지급할 수 있다.

정답 및 해설

① [○] 동법 제23조 제2항
② [○] 동법 시행령 제28조 제2항
③ [○] 동법 시행규칙 제11조 제3항
④ [○] 동법 시행규칙 제12조
⑤ [×] 소장은 작업의 장려나 적절한 처우를 위하여 필요하다고 인정하는 경우 특별한 부식을 지급할 수 있고(형집행법 시행규칙 제13조 제2항), 작업시간을 3시간 이상 연장하는 경우에는 수용자에게 주·부식 또는 대용식 1회분을 간식으로 지급할 수 있다(동법 시행규칙 제15조 제2항).

정답 ⑤

24 형집행법령상 수용자의 처우에 대한 설명으로 옳지 않은 것은?

① 수용자는 소장의 허가를 받아 자신의 비용으로 음식물·의류·침구, 그 밖에 수용생활에 필요한 물품을 구매할 수 있으며, 물품의 자비구매 허가범위 등에 관하여 필요한 사항은 대통령령으로 정한다.
② 소장은 거실·작업장, 그 밖에 수용자가 생활하는 장소(거실 등)에 수용생활에 필요한 기구를 갖춰 둬야 하며, 거실 등에는 갖춰 둔 기구의 품목·수량을 기록한 품목표를 붙여야 한다.
③ 수용자가 자비로 구매하는 물품은 교화 또는 건전한 사회복귀에 적합하고 교정시설의 안전과 질서를 해칠 우려가 없는 것이어야 하며, 소장은 수용자가 자비로 구매한 의류·침구, 그 밖의 생활용품(의류 등)을 보관한 후 그 수용자가 사용하게 할 수 있다.
④ 수용자에게 지급하는 주식은 1명당 1일 390그램을 기준으로 하며, 소장은 수용자의 나이, 건강, 작업 여부 및 작업의 종류 등을 고려하여 필요한 경우에는 주식의 지급 기준량을 변경할 수 있다.

정답 및 해설

① [×] 물품의 자비구매 허가범위 등에 관하여 필요한 사항은 법무부령으로 정한다(형집행법 제24조).
② [○] 동법 시행령 제26조
③ [○] 동법 시행령 제31조, 제32조
④ [○] 동법 시행규칙 제11조 제1항·제2항

정답 ①

제2절 | 보관금품관리

01 형의 집행 및 수용자의 처우에 관한 법령상 수용자의 금품관리에 대한 설명으로 옳지 않은 것은?

2017. 교정 9급

① 소장은 수용자의 휴대금품을 교정시설에 보관한다. 다만, 휴대품이 썩거나 없어질 우려가 있는 것이면 수용자로 하여금 자신이 지정하는 사람에게 보내게 하거나 그 밖에 적당한 방법으로 처분하게 할 수 있다.
② 소장은 신입자의 휴대품을 팔 경우에는 그 비용을 제외한 나머지 대금을 보관할 수 있다.
③ 소장은 수용자의 보관품이 인장인 경우에는 잠금장치가 되어 있는 견고한 용기에 넣어 보관하여야 한다.
④ 소장은 수용자 이외의 사람의 신청에 따라 수용자에게 건네줄 것을 허가한 물품은 교도관으로 하여금 검사하게 할 필요가 없으나, 그 물품이 의약품인 경우에는 의무관으로 하여금 검사하게 해야 한다.

정답 및 해설

① [○] 동법 제25조 제1항
② [○] 동법 시행령 제34조 제3항
③ [○] 소장은 보관품이 금·은·보석·유가증권·인장, 그 밖에 특별히 보관할 필요가 있는 귀중품인 경우에는 잠금장치가 되어 있는 견고한 용기에 넣어 보관해야 한다(동법 시행령 제36조).
④ [×] 소장은 수용자 외의 사람의 신청에 따라 수용자에게 건네줄 것을 허가한 물품은 검사할 필요가 없다고 인정되는 경우가 아니면 교도관으로 하여금 검사하게 해야 한다. 이 경우 그 물품이 의약품인 경우에는 의무관으로 하여금 검사하게 해야 한다(형집행법 시행령 제43조).

정답 ④

02 다음 설명 중 옳지 않은 것은?

2019. 6급 승진

① 수용자는 편지·도서, 그 밖에 수용생활에 필요한 물품을 법무부장관이 정하는 범위에서 지닐 수 있다.
② 수용자 외의 사람이 수용자에게 주려는 금품을 수용자가 받지 아니하려는 경우, 금품을 보낸 사람을 알 수 없으면 금품을 다시 가지고 갈 것을 공고하여야 하며, 공고한 후 6개월이 지나도 금품을 돌려달라고 청구하는 사람이 없으면 그 금품은 국고에 귀속된다.
③ 소장은 사망자가 남겨둔 금품이 있어 그 상속인에게, 그 내용 및 청구절차 등을 알려 주었으나, 그 알림을 받은 날부터 6개월이 지나도 청구하지 아니하면 그 금품은 국고에 귀속된다.
④ 소장은 수용자에게 보내온 금품으로서 시설의 안전 또는 질서를 해칠 우려가 있어 보낸 사람에게 되돌려 보낼 때에는 그 사실을 수용자에게 알려 주어야 한다.

정답 및 해설

① [○] 동법 제26조 제1항
② [○] 소장은 수용자 외의 사람이 수용자에게 주려는 금품이 금품전달 불허사유(동법 제27조 제1항)에 해당하거나 수용자가 금품을 받지 아니하려는 경우에는 해당 금품을 보낸 사람에게 되돌려 보내야 하며(동법 제27조 제2항), 금품을 보낸 사람을 알 수 없거나 보낸 사람의 주소가 불분명한 경우에는 금품을 다시 가지고 갈 것을 공고하여야 하고, 공고한 후 6개월이 지나도 금품을 돌려달라고 청구하는 사람이 없으면 그 금품은 국고에 귀속된다(동법 제27조 제3항).

③ [×] 소장은 사망자 또는 도주자가 남겨두고 간 금품이 있으면 사망자의 경우에는 그 상속인에게, 도주자의 경우에는 그 가족에게 그 내용 및 청구절차 등을 알려 주어야 하며(형집행법 제28조 제1항), 그 알림을 받은 날(알려 줄 수가 없는 경우에는 청구사유가 발생한 날)부터 1년이 지나도 청구하지 아니하면 그 금품은 국고에 귀속된다(동법 제28조 제2항).
④ [○] 동법 제27조 제4항

정답 ③

03 형집행법상 금품관리 등에 대한 설명으로 옳지 않은 것은? 2019. 8급 승진

① 소장은 수용자 외의 사람이 수용자에게 주려는 금품을 수용자가 받지 아니하려는 경우 금품을 보낸 사람의 주소가 불분명한 경우에는 금품을 다시 가지고 갈 것을 공고하여야 하며, 공고한 후 6개월이 지나도 금품을 돌려달라고 청구하는 사람이 없으면 그 금품은 국고에 귀속된다.
② 수용자는 편지·도서, 그 밖에 수용생활에 필요한 물품을 법무부장관이 정하는 범위에서 지닐 수 있다.
③ 사망자가 남긴 금품이 있어 그 상속인에게 알렸으나 알림을 받은 날부터 6개월이 지나도 청구하지 아니하면 그 금품은 국고에 귀속된다.
④ 수용자가 석방 시 소장에게 보관하여 줄 것을 신청한 보관품의 보관 기간이 지난 경우, 피석방자 본인 또는 가족에게 그 내용 및 청구절차 등을 알려 주어야 하고, 알림을 받은 날부터 1년이 지나도 청구하지 아니하면 그 금품은 국고에 귀속된다.

정답 및 해설

① [○] 동법 제27조 제3항
② [○] 동법 제26조 제1항
③ [×] 알림을 받은 날(알려줄 수가 없는 경우에는 청구사유가 발생한 날)부터 1년이 지나도 청구하지 아니하면 그 금품은 국고에 귀속된다(형집행법 제28조 제2항).
④ [○] 동법 제29조 제2항

정답 ③

04 현행법령상 물품지급과 금품관리에 관한 규정내용으로 틀린 것을 모두 고르면 몇 개인가? 2023. 9급 경채

㉠ 소장은 보관품이 금·은·보석·유가증권·인장, 그 밖에 특별히 보관할 필요가 있는 귀중품인 경우에는 잠금장치가 되어 있는 견고한 용기에 넣어 보관해야 한다.
㉡ 소장은 수용자의 신청에 따라 보관품을 팔 경우에는 그 비용을 제외한 나머지 대금을 보관할 수 있다.
㉢ 음식물은 보관의 대상이 되지 않는다.
㉣ 수용자의 물품을 팔 경우에는 그 품목·수량·이유 및 일시를 관계 장부에 기록하여야 한다.

① 1개 ② 2개
③ 3개 ④ 4개

정답 및 해설

틀린 것은 ㉣ 1개이다.
㉠ [○] 동법 시행령 제36조
㉡ [○] 동법 시행령 제37조
㉢ [○] 동법 시행령 제44조

ⓔ [×] 수용자의 물품을 폐기하는 경우에는 그 품목·수량·이유 및 일시를 관계 장부에 기록하여야 한다(형집행법 시행령 제40조).

정답 ①

05 형의 집행 및 수용자의 처우에 관한 법령상 금품관리에 대한 설명으로 옳은 것은?　2024. 교정 9급

① 소장은 수용자가 석방될 때 보관하고 있던 수용자의 휴대금품을 본인에게 돌려주어야 한다. 다만, 보관품을 한꺼번에 가져가기 어려운 경우 등 특별한 사정이 있어 수용자가 석방 시 소장에게 일정 기간 동안(3개월 이내의 범위로 한정한다) 보관품을 보관하여 줄 것을 신청하는 경우에는 그러하지 아니하다.
② 소장은 사망자 또는 도주자가 남겨두고 간 금품이 있으면 사망자의 경우에는 그 상속인에게, 도주자의 경우에는 그 가족에게 그 내용 및 청구절차 등을 알려 주어야 한다. 다만, 썩거나 없어질 우려가 있는 것은 폐기할 수 있다.
③ 소장은 수용자 외의 사람이 신청한 수용자에 대한 금품의 전달을 허가한 경우 그 금품을 지체 없이 수용자에게 전달하여 사용하게 하여야 한다.
④ 소장은 사망자의 유류품을 건네받을 사람이 원거리에 있는 등 특별한 사정이 있는 경우에는 유류품을 팔아 그 대금을 보내야 한다.

정답 및 해설

① [×] 소장은 수용자가 석방될 때 보관하고 있던 수용자의 휴대금품을 본인에게 돌려주어야 한다. 다만, 보관품을 한꺼번에 가져가기 어려운 경우 등 특별한 사정이 있어 수용자가 석방 시 소장에게 일정 기간 동안(1개월 이내의 범위로 한정한다) 보관품을 보관하여 줄 것을 신청하는 경우에는 그러하지 아니하다(동법 제29조 제1항).
② [○] 형집행법 제28조 제1항
③ [×] 소장은 수용자 외의 사람이 수용자에게 금품을 건네줄 것을 신청하여 수용자에 대한 금품의 전달을 허가한 경우에는 그 금품을 보관한 후 해당 수용자가 사용하게 할 수 있다(동법 시행령 제42조 제1항).
④ [×] 소장은 사망자의 유류품을 건네받을 사람이 원거리에 있는 등 특별한 사정이 있는 경우에는 유류품을 받을 사람의 청구에 따라 유류품을 팔아 그 대금을 보낼 수 있다(동법 시행령 제45조 제1항).

정답 ②

06 형집행법령상 금품관리에 대한 설명으로 가장 옳지 않은 것은?　2021. 6급 승진

① 수형자 외의 사람이 수형자에게 금품을 건네줄 것을 신청하는 경우 소장은 그 금품이 수형자의 건강, 교화 또는 건전한 사회복귀를 해칠 우려가 있는 때에는 허가하지 않는다.
② 소장은 법무부장관이 정하는 범위를 벗어난 물품으로서 교정시설에 특히 보관할 필요가 있다고 인정하지 아니하는 물품을 수용자로 하여금 자신이 지정하는 사람에게 보내게 하거나 그 밖에 적당한 방법으로 처분하게 할 수 있다.
③ 소장은 사망자 또는 도주자가 남겨두고 간 금품 중에 썩거나 없어질 우려가 있는 것은 폐기할 수 있다.
④ 소장은 수용자가 석방될 때 보관하고 있던 수용자의 휴대금품을 본인에게 돌려주어야 한다. 다만, 보관품을 한꺼번에 가져가기 어려운 경우 등 특별한 사정이 있어 수용자가 석방 시 소장에게 일정 기간 동안(1개월 이내의 범위로 한정한다) 보관품을 보관하여 줄 것을 신청하는 경우에는 그러하지 아니하다.

정답 및 해설

① [×] 수형자 외의 사람이 수형자에게 금품을 건네줄 것을 신청하는 경우 소장은 그 금품이 수형자의 교화 또는 건전한 사회복귀를 해칠 우려가 있는 때, 시설의 안전 또는 질서를 해칠 우려가 있는 때에 해당하지 아니하면 허가하여야 한다(형집행법 제27조 제1항).
② [○] 동법 제26조 제1항
③ [○] 동법 제28조 제1항
④ [○] 동법 제29조 제1항

정답 ①

07 형집행법령상 금품관리에 대한 설명으로 가장 옳지 않은 것은? 2022. 7급 승진

① 휴대금품이란 신입자가 교정시설에 수용될 때에 지니고 있는 현금(자기앞수표를 포함한다)과 휴대품을 말한다.
② 소장은 사망자 또는 도주자가 남겨두고 간 금품이 있으면 사망자의 경우에는 그 상속인에게, 도주자의 경우에는 그 가족에게 그 내용 및 청구절차 등을 알려 주어야 한다. 다만, 썩거나 없어질 우려가 있는 것은 폐기할 수 있다.
③ 수용자 외의 사람이 수용자에게 금품을 건네줄 것을 신청하는 때에는 소장은 수형자의 교화 또는 건전한 사회복귀를 해칠 우려가 있거나 시설의 안전 또는 질서를 해칠 우려가 있는 때가 아니면 허가할 수 있다.
④ 소장은 수용자의 신청에 따라 보관품을 팔 경우에는 그 비용을 제외한 나머지 대금을 보관할 수 있다.

정답 및 해설

① [○] 동법시행령 제34조 제1항
② [○] 동법 제28조 제1항
③ [×] 수용자 외의 사람이 수용자에게 금품을 건네줄 것을 신청하는 때에는 소장은 수형자의 교화 또는 건전한 사회복귀를 해칠 우려가 있거나 시설의 안전 또는 질서를 해칠 우려가 있는 때가 아니면 허가하여야 한다(형집행법 제27조 제1항).
④ [○] 동법 시행령 제37조

정답 ③

08 현행법령상 수용자의 금품관리에 대한 설명으로 옳은 것은?

① 수용자가 그의 가족이나 배우자의 직계존속에게 도움을 주기 위하여 자신의 보관금 사용을 신청한 경우에는 소장은 허가하여야 한다.
② 수용자의 현금, 물품을 보관하는 경우에는 보관금대장에 기록해야 한다.
③ 보관금의 출납, 예탁, 보관금품의 보관 등에 관하여 필요한 사항은 법무부장관이 정한다.
④ 신입자가 보관이 곤란한 휴대품을 소장이 정한 기간 내에 처분하지 않은 경우에는 소장은 신입자에게 그 사실을 고지한 후 폐기한다.

정답 및 해설

① [×] 소장은 수용자가 그의 가족(배우자, 직계존비속 또는 형제자매) 또는 배우자의 직계존속에게 도움을 주거나 그 밖에 정당한 용도로 사용하기 위하여 보관금의 사용을 신청한 경우에는 그 사정을 고려하여 허가할 수 있다(동법 시행령 제38조 제1항).

② [×] 수용자의 현금을 보관하는 경우에는 그 금액을 보관금대장에 기록하고 수용자의 물품을 보관하는 경우에는 그 품목·수량 및 규격을 보관품대장에 기록해야 한다(동법 시행령 제35조).
③ [○] 형집행법 시행령 제38조 제3항
④ [×] 소장은 신입자가 보관 불허 휴대품(동법 제25조 제1항)을 법무부장관이 정한 기간에 처분하지 않은 경우에는 본인에게 그 사실을 고지한 후 폐기한다(동법 시행령 제34조 제4항).

정답 ③

「형의 집행 및 수용자의 처우에 관한 법률」상 수용자 외의 사람이 수용자에게 건네주려는 금품의 처리방법에 대한 설명으로 옳지 않은 것은?

① 수용자가 금품을 받지 아니하려는 경우에는 해당 금품을 교정시설에 보관하여야 한다.
② 시설의 안전 또는 질서를 해칠 우려가 있는 때에는 해당 금품을 보낸 사람에게 되돌려 보내야 한다.
③ 수형자의 교화 또는 건전한 사회복귀를 해칠 우려가 있는 때에는 해당 금품을 보낸 사람에게 되돌려 보내야 한다.
④ 수용자에게 주려는 금품을 보낸 사람에게 되돌려 보낸 경우 그 사실을 수용자에게 알려 주어야 한다.

정답 및 해설

① [×] 소장은 수용자 외의 사람이 수용자에게 주려는 금품이 금품전달 불허사유(형집행법 제27조 제1항)에 해당하거나 수용자가 금품을 받지 아니하려는 경우에는 해당 금품을 보낸 사람에게 되돌려 보내야 하며(동법 제27조 제2항), 금품을 보낸 사람을 알 수 없거나 보낸 사람의 주소가 불분명한 경우에는 금품을 다시 가지고 갈 것을 공고하여야 하고, 공고한 후 6개월이 지나도 금품을 돌려달라고 청구하는 사람이 없으면 그 금품은 국고에 귀속된다(동법 제27조 제3항).
②, ③ [○] 동법 제27조 제1항·제2항
④ [○] 동법 제27조 제4항

정답 ①

현행법령상 수용자가 지니는 물품에 대한 설명으로 옳지 않은 것은?

① 수용자는 편지, 도서, 그 밖에 수용생활에 필요한 물품을 소장이 정하는 범위에서 지닐 수 있다.
② 소장은 법무부장관이 정하는 범위를 벗어난 물품으로서 교정시설에 특히 보관할 필요가 없는 물품은 수용자로 하여금 자신이 지정하는 사람에게 보내게 할 수 있다.
③ 소장은 수용자가 처분하여야 할 물품을 상당한 기간 내에 처분하지 아니하면 폐기할 수 있다.
④ 소장은 수용자의 물품을 폐기하는 경우에는 관계 장부에 기록하여야 한다.

정답 및 해설

① [×] 법무부장관이 정하는 범위에서 지닐 수 있다(형집행법 제26조 제1항).
② [○] 소장은 법무부장관이 정하는 범위를 벗어난 물품으로서 교정시설에 특히 보관할 필요가 있다고 인정하지 아니하는 물품은 수용자로 하여금 자신이 지정하는 사람에게 보내게 하거나 그 밖에 적당한 방법으로 처분하게 할 수 있다(동법 제26조 제2항).
③ [○] 동법 제26조 제3항
④ [○] 수용자의 물품을 폐기하는 경우에는 그 품목·수량·이유 및 일시를 관계 장부에 기록하여야 한다(동법 시행령 제40조).

정답 ①

11 형의 집행 및 수용자의 처우에 관한 법령상 금품 전달에 대한 설명으로 옳지 않은 것은?

① 전달금품이란 수용자 외의 사람이 교정시설의 장의 허가를 받아 수용자에게 건넬 수 있는 금품을 말한다.
② 소장은 수용자 외의 사람이 수용자에게 음식물 외의 물품을 건네줄 것을 신청하는 경우 그 물품이 위화감을 조성할 우려가 있는 높은 가격의 물품일 때에는 허가하지 아니한다.
③ 소장은 수용자에 대한 금품의 전달을 허가한 경우에는 그 금품을 보관한 후 해당 수용자가 사용하게 할 수 있다.
④ 소장은 수용자 외의 사람이 수용자에게 음식물을 건네줄 것을 신청하는 경우에는 원칙적으로 허가하지 아니한다.
⑤ 소장은 수용자 외의 사람이 마약류수용자에게 물품을 건네줄 것을 신청하는 경우에는 마약류 반입 등을 차단하기 위하여 신청을 원칙적으로 허가하지 아니한다.

정답 및 해설

① [○] 동법 시행규칙 제2조 제4호
② [○] 동법 시행규칙 제22조 제3항
③ [○] 동법 시행령 제42조 제1항
④ [×] 소장은 수용자 외의 사람이 수용자에게 음식물을 건네줄 것을 신청하는 경우에는 법무부장관이 정하는 바에 따라 교정시설 안에서 판매되는 음식물 중에서 허가한다. 다만, 종교행사 및 교화프로그램의 시행을 위하여 특히 필요하다고 인정하는 경우에는 교정시설 안에서 판매되는 음식물이 아니더라도 건네줄 것을 허가할 수 있다(형집행법 시행규칙 제22조 제2항).
⑤ [○] 소장은 수용자 외의 사람이 마약류수용자에게 물품을 건네줄 것을 신청하는 경우에는 마약류 반입 등을 차단하기 위하여 신청을 허가하지 않는다. 다만, ㉠ 법무부장관이 정하는 바에 따라 교정시설 안에서 판매되는 물품, ㉡ 그 밖에 마약류 반입을 위한 도구로 이용될 가능성이 없다고 인정되는 물품을 건네줄 것을 신청한 경우에는 예외로 할 수 있다(동법 시행규칙 제207조).

정답 ④

12 유류금품의 처리에 대한 설명으로 옳은 것을 모두 고른 것은?

㉠ 소장은 사망자가 남겨두고 간 금품이 있으면 그 가족에게 그 내용 및 청구절차 등을 알려 주어야 한다. 다만, 썩거나 없어질 우려가 있는 것은 폐기할 수 있다.
㉡ 수용자의 가족이 청구절차 등의 알림을 받은 날부터 1년이 지나도 청구하지 아니하면 그 금품은 국고에 귀속된다.
㉢ 소장은 사망자의 유류품을 건네받을 사람이 원거리에 있는 등 특별한 사정이 있는 경우에는 유류품을 받을 사람의 청구가 없더라도 유류품을 팔아 그 대금을 보낼 수 있다.
㉣ 사망자의 유류품을 팔아 대금을 보내는 경우에 드는 비용은 유류금품의 청구인이 부담한다.

① ㉢, ㉣
② ㉡, ㉣
③ ㉠, ㉢
④ ㉠, ㉣

정답 및 해설

옳은 것은 ㉡, ㉣이고, 옳지 않은 것은 ㉠, ㉢이다.

㉠ [×] 소장은 사망자 또는 도주자가 남겨두고 간 금품이 있으면 사망자의 경우에는 그 상속인에게, 도주자의 경우에는 그 가족에게 그 내용 및 청구절차 등을 알려 주어야 한다. 다만, 썩거나 없어질 우려가 있는 것은 폐기할 수 있다(형집행법 제28조 제2항).

㉡ [○] 소장은 상속인 또는 가족이 금품을 내어달라고 청구하면 지체 없이 내어주어야 한다. 다만, 알림을 받은 날(알려줄 수가 없는 경우에는 청구사유가 발생한 날)부터 1년이 지나도 청구하지 아니하면 그 금품은 국고에 귀속된다(동법 제28조 제2항).

㉢ [×] 소장은 사망자의 유류품을 건네받을 사람이 원거리에 있는 등 특별한 사정이 있는 경우에는 유류품을 받을 사람의 청구에 따라 유류품을 팔아 그 대금을 보낼 수 있다(동법 시행령 제45조 제1항).
▶ 유류품을 받을 사람의 청구가 있어야 한다.

㉣ [○] 사망자의 유류금품을 보내거나 유류품을 팔아 대금을 보내는 경우에 드는 비용은 유류금품의 청구인이 부담한다(동법 시행령 제45조 제2항).

정답 ②

---

13. 물품지급과 금품관리에 대한 교도소장 甲의 행위로 옳지 않은 것은?

① 甲은 수용자 A에게 음식물·의류의 자비구매를 허가하고, 이를 보관한 후 사용하게 하였다.
② 甲은 수용생활에 필요한 정도, 가격과 품질, 수용자의 선호도 등을 고려하여 자비구매물품의 품목·유형 및 규격 등을 정하였다.
③ 甲은 가족인 乙이 마약류수용자인 B에게 교정시설 밖에서 판매되는 물품을 건네줄 것을 신청하여, 이를 허가하지 아니하였다.
④ 甲은 수용자 C가 배우자 丙에게 도움을 주기 위하여 보관금의 사용을 신청하였으나, 이를 허가하지 아니하였다.

정답 및 해설

① [×] 소장은 수용자가 자비로 구매한 의류 등을 보관한 후 그 수용자가 사용하게 할 수 있으나(형집행법 시행령 제32조), 음식물은 보관의 대상이 되지 않는다(동법 시행령 제44조).
② [○] 동법 시행규칙 제16조 제2항
③ [○] 동법 시행규칙 제207조
④ [○] 보관금의 사용을 신청한 경우에는 그 사정을 고려하여 허가할 수 있다(동법 시행령 제38조 제1항).

정답 ①

---

14. 「형의 집행 및 수용자의 처우에 관한 법률」상 보관금품의 반환 등에 대한 설명으로 옳지 않은 것은?

① 소장은 수용자가 석방될 때 보관하고 있던 수용자의 휴대금품을 본인에게 돌려주어야 한다.
② 보관품을 한꺼번에 가져가기 어려운 경우 등 특별한 사정이 있는 수용자는 석방 시 소장에게 일정 기간 동안 보관품을 보관하여 줄 것을 신청할 수 있다.
③ ②에서 일정 기간이란 2개월 이내의 기간을 말한다.
④ 소장은 피석방자가 보관하여 줄 것을 신청한 보관품의 보관 기간이 지난 경우에는 피석방자 본인 또는 가족에게 그 내용 및 청구절차 등을 알려 주어야 한다.
⑤ 피석방자 본인 또는 가족이 알림을 받은 날(알려줄 수가 없는 경우에는 청구사유가 발생한 날)부터 1년이 지나도 청구하지 아니하면 그 금품은 국고에 귀속된다.

정답 및 해설

① [○] 동법 제29조 제1항 본문
② [○] 동법 제29조 제1항 단서
③ [×] 일정 기간이란 1개월 이내의 기간을 말한다(형집행법 제29조 제1항 단서).
④ [○] 소장은 피석방자가 보관하여 줄 것을 신청한 보관품의 보관 기간이 지난 경우에는 피석방자 본인 또는 가족에게 그 내용 및 청구절차 등을 알려 주어야 한다. 다만, 썩거나 없어질 우려가 있는 것은 폐기할 수 있다(동법 제29조 제2항. 준용규정).
⑤ [○] 소장은 피석방자 본인 또는 가족이 보관품을 내어달라고 청구하면 지체 없이 내어주어야 한다. 다만, 알림을 받은 날(알려줄 수가 없는 경우에는 청구사유가 발생한 날)부터 1년이 지나도 청구하지 아니하면 그 금품은 국고에 귀속된다(동법 제29조 제2항. 준용규정).

정답 ③

15. 형의 집행 및 수용자의 처우에 관한 법령상 금품관리에 대한 설명으로 옳은 것은?

① 소장은 법무부장관이 정하는 범위를 벗어난 물품으로서 교정시설에 특히 보관할 필요가 있다고 인정하지 아니하는 물품은 수용자로 하여금 자신이 지정하는 사람에게 보내게 하거나 그 밖에 적당한 방법으로 처분하게 하여야 하며, 수용자가 처분하여야 할 물품을 상당한 기간 내에 처분하지 아니하면 폐기한다.
② 수용자 외의 사람이 수용자에게 금품을 건네줄 것을 신청하는 경우 소장은 시설의 안전 또는 질서를 해칠 우려가 있는 때에는 허가하지 않을 수 있다.
③ 소장은 수용자에 대한 금품의 전달을 허가한 경우에는 그 금품을 보관한 후 해당 수용자가 사용하게 하여야 하며, 수용자에게 건네주려고 하는 금품의 허가범위 등에 관하여 필요한 사항은 법무부장관이 정한다.
④ 보관금을 사용하는 경우 발생하는 비용은 수용자에게 부담하게 할 수 있으며, 보관금의 출납·예탁, 보관금품의 보관 등에 관하여 필요한 사항은 법무부령으로 정한다.

정답 및 해설

① [×] 소장은 법무부장관이 정하는 범위를 벗어난 물품으로서 교정시설에 특히 보관할 필요가 있다고 인정하지 아니하는 물품은 수용자로 하여금 자신이 지정하는 사람에게 보내게 하거나 그 밖에 적당한 방법으로 처분하게 할 수 있으며(동법 제26조 제2항), 수용자가 처분하여야 할 물품을 상당한 기간 내에 처분하지 아니하면 폐기할 수 있다(동법 제26조 제3항).
② [○] 수용자 외의 사람이 수용자에게 금품을 건네줄 것을 신청하는 때에는 ㉠ 수형자의 교화 또는 건전한 사회복귀를 해칠 우려가 있는 때, ㉡ 시설의 안전 또는 질서를 해칠 우려가 있는 때에 해당하지 아니하면 소장은 허가하여야 한다(형집행법 제27조 제1항).
③ [×] 소장은 수용자에 대한 금품의 전달을 허가한 경우에는 그 금품을 보관한 후 해당 수용자가 사용하게 할 수 있으며(동법 시행령 제42조 제1항), 수용자에게 건네주려고 하는 금품의 허가범위 등에 관하여 필요한 사항은 법무부령으로 정한다(동법 시행령 제42조 제2항).
④ [×] 보관금을 사용하는 경우 발생하는 비용은 수용자가 부담하며(동법 시행령 제38조 제2항), 보관금의 출납·예탁, 보관금품의 보관 등에 관하여 필요한 사항은 법무부장관이 정한다(동법 시행령 제38조 제3항).

정답 ②

제7장 위생과 의료

제1절 | 교정의료 개요

01 형의 집행 및 수용자의 처우에 관한 법령상 수용자의 위생과 의료에 대한 설명으로 옳은 것으로만 묶은 것은?

2017. 교정 7급

> ㉠ 소장은 저수조 등 급수시설을 1년에 1회 이상 청소·소독하여야 한다.
> ㉡ 소장은 수용자가 위독한 경우에는 그 사실을 가족에게 지체 없이 알려야 한다.
> ㉢ 교정시설에 근무하는 간호사는 야간 또는 공휴일 등에 응급을 요하는 수용자에 대한 응급처치를 할 수 있다.
> ㉣ 소장은 19세 미만의 수용자와 계호상 독거수용자에 대하여는 1년에 1회 이상 건강검진을 하여야 한다.
> ㉤ 소장은 수용자를 외부 의료시설에 입원시키거나 입원 중인 수용자를 교정시설로 데려온 경우에는 그 사실을 법무부장관에게 지체 없이 보고하여야 한다.

① ㉠, ㉡, ㉢
② ㉡, ㉢, ㉣
③ ㉡, ㉢, ㉤
④ ㉢, ㉣, ㉤

정답 및 해설

옳은 것은 ㉡, ㉢, ㉤이다.
㉠ [×] 소장은 저수조 등 급수시설을 6개월에 1회 이상 청소·소독하여야 한다(형집행법 시행령 제47조 제2항).
㉡ [○] 동법 시행령 제56조
㉢ [○] 동법 제36조 제2항, 동법 시행령 제54조의2 제2호
㉣ [×] 소장은 수용자에 대하여 1년에 1회 이상 건강검진을 하여야 한다. 다만, 19세 미만의 수용자와 계호상 독거수용자에 대하여는 6개월에 1회 이상 하여야 한다(동법 시행령 제51조 제1항).
㉤ [○] 동법 시행령 제57조

정답 ③

02 형집행법 시행령 및 판례상 위생과 의료에 대한 설명으로 옳지 않은 것은 모두 몇 개인가? (다툼이 있는 경우 판례에 의함)

2024. 5급 승진

㉠ 소장은 저수조 등 급수시설을 6개월에 1회 이상 청소·소독하여야 한다.
㉡ 소장은 수용자가 감염병에 걸렸다고 의심되는 경우에는 1주 이상 격리수용하고 그 수용자의 휴대품을 소독하여야 한다.
㉢ 소장은 수용자에 대하여 1년에 1회 이상 건강검진을 하여야 한다. 다만, 19세 미만의 수용자와 계호상 독거수용자에 대하여는 6개월에 1회 이상 하여야 한다.
㉣ 소장은 수용자가 부상을 당하거나 질병에 걸린 경우에는 그 수용자를 의료거실에 수용하거나, 다른 수용자에게 그 수용자를 간병하게 할 수 있다.
㉤ 헌법재판소는 구치소의 장 등이 수용시설 내에 온수사용설비를 설치하지 아니한 부작위는 헌법소원의 대상이 되는 공권력의 불행사에 해당한다고 하였다.

① 0개
② 1개
③ 2개
④ 3개

정답 및 해설

옳지 않은 것은 ㉤이다.
㉠ [○] 형집행법 시행령 제47조 제2항
㉡ [○] 동법 시행령 제53조 제1항
㉢ [○] 동법 시행령 제51조 제1항
㉣ [○] 동법 시행령 제54조
㉤ [×] 구치소의 수용거실 내에 온수사용설비를 설치할 작위의무는 헌법 명문상 규정되어 있지 않을 뿐만 아니라, 헌법 해석상으로도 그러한 구체적인 작위의무가 발생한다고 보기 어렵다. 또한 형집행법 제33조 제1항은 '소장은 수용자가 건강유지에 필요한 목욕을 정기적으로 할 수 있도록 하여야 한다'고 규정하고 있을 뿐 더 나아가 수용거실 내 온수사용설비를 설치할 작위의무가 구체적으로 규정되어 있다고 보기 어렵다. 따라서 구치소의 장 등이 수용시설 내에 온수사용설비를 설치하지 아니한 부작위는 헌법소원의 대상이 되는 공권력의 불행사에 해당하지 아니한다(헌재 2019.1.22. 2019헌마27).

정답 ②

03 형집행법령상 수용자 위생과 의료에 대한 설명으로 가장 옳지 않은 것은? 2024. 7급 승진

① 소장은 저수조 등 급수시설을 6개월에 1회 이상 청소·소독하여야 한다.
② 교정시설에 갖추어야 하는 의료장비 중 진단장비는 진단용 엑스선촬영장치, 심전계, 혈당측정기, 혈압계가 있다.
③ 소장은 수용자에 대하여 1년에 1회 이상 건강검진을 하여야 한다. 다만, 19세 미만의 수용자와 계호상 독거수용자에 대하여는 6개월에 1회 이상 하여야 한다.
④ 소장은 수용자가 부상을 당하거나 질병에 걸린 경우에는 그 수용자를 의료거실에 수용하거나, 다른 수용자에게 그 수용자를 간병하게 할 수 있다.

정답 및 해설

① [○] 동법 시행령 제47조 제2항
② [×]
> **의료설비의 기준**(형집행법 시행규칙 제23조 제2항)
> 교정시설에 갖추어야 하는 의료장비(혈압측정기 등의 의료기기를 말한다)의 기준은 별표 3과 같다.
> [별표 3] ⓐ 일반장비: 청진기, 체온계, 혈압계, 체중계, 신장계, 고압증기멸균기, ⓑ 진단장비: 진단용 엑스선촬영장치, 심전계, 혈당측정기, ⓒ 처치장비: 심장충격기, 산소공급기, 상처소독용(dressing) 이동식 밀차, ⓓ 그 밖의 장비: 휠체어, 환자운반기, 약품포장기, 의료용 필름현상기

③ [○] 동법 시행령 제51조 제1항
④ [○] 동법 시행령 제54조

정답 ②

04 형집행법령상 의료에 대한 설명으로 옳지 않은 것은? 2020. 6급 승진

① 소장은 수용자가 감염병에 걸렸다고 의심되는 경우에는 1주 이상 격리수용하고 그 수용자의 휴대품을 소독하여야 한다.
② 소장은 수용자에 대하여 1년에 1회 이상 건강검진을 하여야 한다. 다만, 19세 미만의 수용자와 계호상 독거수용자에 대하여는 6개월에 1회 이상 하여야 한다.
③ 소장은 수용자가 자신의 고의 또는 중대한 과실로 부상 등이 발생하여 외부의료시설에서 진료를 받은 경우에는 그 진료비의 전부 또는 일부를 그 수용자에게 부담하게 할 수 있다.
④ 교정시설에 근무하는 간호사는 수용자가 부상이나 질병에 걸린 경우 「의료법」 제27조에도 불구하고 투약처방 등 필요한 의료행위를 할 수 있다.

정답 및 해설

① [○] 동법 시행령 제53조 제1항
② [○] 동법 시행령 제51조 제1항
③ [○] 동법 제37조 제5항
④ [×] 교정시설에 근무하는 간호사는 야간 또는 공휴일 등에 「의료법」 제27조(무면허 의료행위 등 금지)에도 불구하고 대통령령으로 정하는 경미한 의료행위(ⓐ 외상 등 흔히 볼 수 있는 상처의 치료, ⓑ 응급을 요하는 수용자에 대한 응급처치, ⓒ 부상과 질병의 악화방지를 위한 처치, ⓓ 환자의 요양지도 및 관리, ⓔ 의료행위에 따르는 의약품의 투여)를 할 수 있다(형집행법 제36조 제2항). 즉, 야간 또는 공휴일 등에 경미한 의료행위를 할 수 있다.

정답 ④

05 다음은 「형의 집행 및 수용자의 처우에 관한 법률」상 외부의료시설 진료 등에 대한 규정이다. ㉠ ~ ㉣ 중 옳은 것(O)과 틀린 것(×)이 바르게 연결된 것은?

2024. 7급 승진

> 제37조(외부의료시설 진료 등) ① 소장은 수용자에 대한 적절한 치료를 위하여 필요하다고 인정하면 교정시설 밖에 있는 의료시설(이하 "외부의료시설"이라 한다)에서 진료를 받게 할 수 있다.
> ② 소장은 수용자의 정신질환 치료를 위하여 필요하다고 인정하면 ㉠ <u>법무부장관의 승인을 받아 치료감호시설로 이송할 수 있다.</u>
> ③ 제2항에 따라 이송된 사람은 ㉡ <u>수용자에 준하여 처우한다.</u>
> ④ 소장은 제1항 또는 제2항에 따라 ㉢ <u>수용자가 외부의료시설에서 진료받거나 치료감호시설로 이송되면 그 사실을 그 가족(가족이 없는 경우에는 다른 친족)에게 지체 없이 알려야 한다. 다만, 수용자가 알리는 것을 원하지 아니하면 그러하지 아니하다.</u>
> ⑤ 소장은 수용자가 ㉣ <u>자신의 고의 또는 중대한 과실로 부상 등이 발생하여 외부의료시설에서 진료를 받은 경우에는 그 진료비의 전부 또는 일부를 그 수용자에게 부담하게 할 수 있다.</u>

	㉠	㉡	㉢	㉣		㉠	㉡	㉢	㉣
①	×	○	×	○	②	○	○	○	×
③	○	○	×	○	④	×	×	○	○

정답 및 해설

옳은 것은 ㉠, ㉡, ㉣이고, 틀린 것은 ㉢이다.
㉢ [×] 소장은 수용자가 외부의료시설에서 진료받거나 치료감호시설로 이송되면 그 사실을 그 가족(가족이 없는 경우에는 수용자가 지정하는 사람)에게 지체 없이 알려야 한다. 다만, 수용자가 알리는 것을 원하지 아니하면 그러하지 아니하다(형집행법 제37조 제4항).

정답 ③

06 형의 집행 및 수용자의 처우에 관한 법령상 수용자의 의료처우에 대한 설명으로 옳지 않은 것은?

2017. 교정 9급

① 소장은 수용자가 자신의 비용으로 외부의료시설에서 근무하는 의사에게 치료받기를 원하면 교정시설에 근무하는 의사의 의견을 고려하여 이를 허가할 수 있다.
② 소장은 진료를 거부하는 수용자가 교정시설에 근무하는 의사의 설득 등에도 불구하고 진료를 계속 거부하여 그 생명에 위험을 가져올 급박한 우려가 있으면 위 의사로 하여금 적당한 진료 등의 조치를 하게 할 수 있다.
③ 소장은 19세 미만의 수용자와 계호상 독거수용자에 대하여는 6개월에 1회 이상 건강검진을 하여야 한다.
④ 소장은 수용자가 자신의 고의 또는 과실로 부상 등이 발생하여 외부의료시설에서 진료를 받은 경우에는 그 진료비의 전부 또는 일부를 그 수용자에게 부담하게 하여야 한다.

정답 및 해설

① [○] 동법 제38조
② [○] 동법 제40조 제2항
③ [○] 동법 시행령 제51조 제1항
④ [×] 소장은 수용자가 자신의 고의 또는 중대한 과실로 부상 등이 발생하여 외부의료시설에서 진료를 받은 경우에는 그 진료비의 전부 또는 일부를 그 수용자에게 부담하게 할 수 있다(형집행법 제37조 제5항).

정답 ④

07 「형의 집행 및 수용자의 처우에 관한 법률」상 수용자 의료에 대한 설명으로 가장 옳은 것은?

2024. 5급 승진

① 주간에 교정시설에 근무하는 간호사는 「의료법」 제27조(무면허 의료행위 등 금지)에도 불구하고 법무부령으로 정하는 경미한 의료행위를 할 수 있다.
② 소장은 수용자에 대한 적절한 치료를 위하여 필요하다고 인정하면 법무부장관의 승인을 받아 교정시설 밖에 있는 의료시설에서 진료를 받게 할 수 있다.
③ 수용자가 자신의 고의 또는 중대한 과실로 부상 등이 발생하여 외부의료시설에서 진료를 받은 경우 그 진료비는 본인이 부담하여야 한다.
④ 소장은 수용자가 진료 또는 음식물의 섭취를 거부하면 의무관으로 하여금 관찰·조언 또는 설득을 하도록 하여야 하며, 이러한 조치에도 불구하고 수용자가 진료 또는 음식물의 섭취를 계속 거부하여 그 생명에 위험을 가져올 급박한 우려가 있으면 의무관으로 하여금 적당한 진료 또는 영양보급 등의 조치를 하게 할 수 있다.

정답 및 해설

① [×] 수용자에 대한 적절한 치료를 위하여 교정시설에 근무하는 간호사는 야간 또는 공휴일 등에 「의료법」 제27조(무면허 의료행위 등 금지)에도 불구하고 대통령령으로 정하는 경미한 의료행위를 할 수 있다(동법 제36조 제2항).
② [×] 소장은 수용자에 대한 적절한 치료를 위하여 필요하다고 인정하면 교정시설 밖에 있는 의료시설(외부의료시설)에서 진료를 받게 할 수 있다(동법 제37조 제1항).
③ [×] 소장은 수용자가 자신의 고의 또는 중대한 과실로 부상 등이 발생하여 외부의료시설에서 진료를 받은 경우에는 그 진료비의 전부 또는 일부를 그 수용자에게 부담하게 할 수 있다(동법 제37조 제5항).
④ [○] 형집행법 제40조 제1항·제2항

정답 ④

08 「형의 집행 및 수용자의 처우에 관한 법률」상 수용자의 위생과 의료에 대한 내용으로 옳지 않은 것은?

2021. 교정 7급

① 수용자는 자신의 신체 및 의류를 청결히 하여야 하며, 자신이 사용하는 거실·작업장, 그 밖의 수용시설의 청결유지에 협력하여야 하며, 위생을 위하여 머리카락과 수염을 단정하게 유지하여야 한다.
② 소장은 수용자가 외부의료시설에서 진료받거나 치료감호시설로 이송되면 그 사실을 그 가족(가족이 없는 경우에는 수용자가 지정하는 사람)에게 지체 없이 알려야 한다. 다만, 수용자가 알리는 것을 원하지 아니하면 그러하지 아니하다.
③ 소장은 감염병이나 그 밖에 감염의 우려가 있는 질병의 발생과 확산을 방지하기 위하여 필요한 경우 수용자에 대하여 예방접종·격리수용·이송, 그 밖에 필요한 조치를 하여야 한다.
④ 소장은 수용자의 정신질환 치료를 위하여 필요하다고 인정하면 직권으로 치료감호시설로 이송할 수 있다.

정답 및 해설

① [○] 동법 제32조 제1항·제2항
② [○] 동법 제37조 제4항
③ [○] 동법 제35조
④ [×] 소장은 수용자의 정신질환 치료를 위하여 필요하다고 인정하면 법무부장관의 승인을 받아 치료감호시설로 이송할 수 있다(형집행법 제37조 제2항).

정답 ④

「형의 집행 및 수용자의 처우에 관한 법률」상 소장의 직무에 대한 설명으로 옳은 것을 모두 고른 것은?

2023. 6급 승진

㉠ 소장은 수형자의 근로의욕을 고취하고 건전한 사회복귀를 지원하기 위하여 지방교정청장이 정하는 바에 따라 작업의 종류, 작업성적, 교정성적, 그 밖의 사정을 고려하여 수형자에게 작업장려금을 지급할 수 있다.
㉡ 소장은 다른 사람의 건강에 위해를 끼칠 우려가 있는 감염병에 걸린 사람의 수용을 거절한 경우 그 사유를 지체 없이 수용지휘기관과 관할 보건소장에게 통보하고 지방교정청장에게 보고하여야 한다.
㉢ 소장은 수용자의 수용·작업·교회·의료, 그 밖의 처우를 위하여 필요하거나 시설의 안전과 질서유지를 위하여 필요하다고 인정하면 법무부장관의 승인을 받아 수용자를 다른 교정시설로 이송할 수 있다.
㉣ 소장은 수용자의 정신질환 치료를 위하여 필요하다고 인정하면 법무부장관의 승인을 받아 치료감호시설로 이송할 수 있다.

① ㉠, ㉡
② ㉠, ㉣
③ ㉡, ㉢
④ ㉢, ㉣

정답 및 해설

㉠ [×] 소장은 수형자의 근로의욕을 고취하고 건전한 사회복귀를 지원하기 위하여 법무부장관이 정하는 바에 따라 작업의 종류, 작업성적, 교정성적, 그 밖의 사정을 고려하여 수형자에게 작업장려금을 지급할 수 있다(형집행법 제73조 제2항).
㉡ [×] 소장은 다른 사람의 건강에 위해를 끼칠 우려가 있는 감염병에 걸린 사람의 수용을 거절한 경우 그 사유를 지체 없이 수용지휘기관과 관할 보건소장에게 통보하고 법무부장관에게 보고하여야 한다(동법 제18조).
㉢ [○] 동법 제20조 제1항
㉣ [○] 동법 제37조 제2항

정답 ④

10 「형의 집행 및 수용자의 처우에 관한 법률 시행령」상 수용자의 위생과 의료에 대한 설명으로 옳은 것은?

2020. 5급 승진

① 소장은 작업의 특성상 실외운동이 필요 없다고 인정되면 수용자의 실외운동을 실시하지 않을 수 있다.
② 소장은 수용자가 공동으로 사용하는 시설과 저수조 등 급수시설을 6개월에 1회 이상 청소·소독하여야 한다.
③ 소장은 작업의 특성, 계절 등을 고려하여 수용자의 목욕 횟수를 정하되 부득이한 사정이 없으면 매주 2회 이상이 되도록 한다.
④ 소장은 수용자가 감염병에 걸렸다고 의심되는 경우에는 15일 이상 격리수용하고 그 수용자의 휴대품을 소독하여야 한다.
⑤ 소장은 모든 수용자에 대하여 「건강검진기본법」에 따라 지정된 건강검진기관에 의뢰하여 1년에 1회 이상 건강검진을 하여야 한다.

정답 및 해설

① [○] 형집행법 시행령 제49조 제1호
② [×] 소장은 거실·작업장·목욕탕, 그 밖에 수용자가 공동으로 사용하는 시설과 취사장, 주식·부식 저장고, 그 밖에 음식물 공급과 관련된 시설을 수시로 청소·소독하여야 하며(동법 시행령 제47조 제1항), 저수조 등 급수시설을 6개월에 1회 이상 청소·소독하여야 한다(동법 시행령 제47조 제2항).
③ [×] 부득이한 사정이 없으면 매주 1회 이상이 되도록 한다(동법 시행령 제50조).
④ [×] 소장은 수용자가 감염병에 걸렸다고 의심되는 경우에는 1주 이상 격리수용하고 그 수용자의 휴대품을 소독하여야 한다(동법 시행령 제53조 제1항).
⑤ [×] 소장은 수용자에 대하여 1년에 1회 이상 건강검진을 하여야 한다. 다만, 19세 미만의 수용자와 계호상 독거수용자에 대하여는 6개월에 1회 이상 하여야 하며(동법 제51조 제1항), 건강검진은 「건강검진기본법」 제14조에 따라 지정된 건강검진기관에 의뢰하여 할 수 있다(동법 제51조 제2항).
▶ 건강검진은 1년 또는 6개월에 1회 이상 건강검진기관에 의뢰하여 할 수 있다.

정답 ①

11 「형의 집행 및 수용자의 처우에 관한 법률」상 진료 등에 대한 설명으로 가장 옳지 않은 것은?

2023. 7급 승진

① 교정시설에는 수용자의 진료를 위하여 필요한 의료 인력과 설비를 갖추어야 한다.
② 소장은 정신질환이 있다고 의심되는 수용자가 있으면 정신건강의학과 의사의 진료를 받을 수 있도록 하여야 한다.
③ 교정시설에 갖추어야 할 의료설비의 기준에 관하여 필요한 사항은 법무부령으로 정한다.
④ 소장은 수용자가 진료 또는 음식물의 섭취를 거부하면 의무관으로 하여금 적당한 진료 또는 영양보급 등의 조치를 하게 하여야 한다.

정답 및 해설

① [○] 동법 제39조 제1항
② [○] 동법 제39조 제2항
③ [○] 동법 제39조 제4항
④ [×] 소장은 수용자가 진료 또는 음식물의 섭취를 거부하면 의무관으로 하여금 관찰·조언 또는 설득을 하도록 하여야 한다(형집행법 제40조 제1항). 소장은 제1항의 조치에도 불구하고 수용자가 진료 또는 음식물의 섭취를 계속 거부하여 그 생명에 위험을 가져올 급박한 우려가 있으면 의무관으로 하여금 적당한 진료 또는 영양보급 등의 조치를 하게 할 수 있다(동법 제40조 제2항).

정답 ④

12. 「형의 집행 및 수용자의 처우에 관한 법률 시행령」상 수용자의 위생과 의료에 대한 설명으로 가장 옳지 않은 것은?

2024. 6급 승진

① 소장은 원칙적으로 공휴일 및 법무부장관이 정하는 날은 제외하고 「국가공무원 복무규정」 제9조(근무시간 등)에 따른 근무시간 내에서 수용자가 매일 1시간 이내의 실외운동을 할 수 있도록 하여야 한다.
② 소장은 질병 등으로 실외운동이 수용자의 건강에 해롭다고 인정되는 때는 실외운동을 실시하지 않을 수 있다.
③ 소장은 작업의 특성, 계절, 그 밖의 사정을 고려하여 수용자의 목욕횟수를 정하되 부득이한 사정이 없으면 매주 1회 이상이 되도록 한다.
④ 소장은 수용자에 대하여 1년에 1회 이상 건강검진을 하여야 한다. 다만, 60세 이상의 수용자와 계호상 독거수용자에 대하여는 6개월에 1회 이상 하여야 한다.

정답 및 해설

①, ② [○] 소장은 수용자가 매일(공휴일 및 법무부장관이 정하는 날은 제외한다) 「국가공무원 복무규정」 제9조에 따른 근무시간 내에서 1시간 이내의 실외운동을 할 수 있도록 하여야 한다. 다만, ㉠ 작업의 특성상 실외운동이 필요 없다고 인정되는 때, ㉡ 질병 등으로 실외운동이 수용자의 건강에 해롭다고 인정되는 때, ㉢ 우천, 수사, 재판, 그 밖의 부득이한 사정으로 실외운동을 하기 어려운 때에는 실외운동을 실시하지 아니할 수 있다(동법 시행령 제49조).
③ [○] 동법 시행령 제50조
④ [×] 소장은 수용자에 대하여 1년에 1회 이상 건강검진을 하여야 한다. 다만, 19세 미만의 수용자와 계호상 독거수용자에 대하여는 6개월에 1회 이상 하여야 한다(형집행법 시행령 제51조 제1항).
▶ 노인수용자란 65세 이상인 수용자를 말하며(동법 시행령 제81조 제1항), 소장은 노인수용자에 대하여 6개월에 1회 이상 건강검진을 하여야 한다(동법 시행규칙 제47조 제2항).

정답 ④

13. 「형의 집행 및 수용자의 처우에 관한 법률 시행령」상 소장이 실외운동을 실시하지 않을 수 있는 경우에 해당하지 않는 것은?

① 교육의 특성상 실외운동이 필요 없다고 인정되는 때
② 수용자의 건강에 해롭다고 인정되는 때
③ 우천으로 실외운동을 하기 어려운 때
④ 수사로 실외운동을 하기 어려운 때

정답 및 해설

① [×] ㉠ 작업의 특성상 실외운동이 필요 없다고 인정되는 때, ㉡ 질병 등으로 실외운동이 수용자의 건강에 해롭다고 인정되는 때, ㉢ 우천, 수사, 재판, 그 밖의 부득이한 사정으로 실외운동을 하기 어려운 때에는 실외운동을 실시하지 아니할 수 있다(형집행법 시행령 제49조).

정답 ①

14 현행법상 수용자의 치료에 대한 설명으로 옳지 않은 것은?

① 소장은 정신질환이 있다고 의심되는 수용자가 있으면 정신건강의학과 의사의 진료를 받을 수 있도록 하여야 한다.
② 소장은 수용자에 대한 적절한 치료를 위하여 필요하다고 인정하면 교정시설 밖에 있는 의료시설에서 진료를 받게 할 수 있다.
③ 수용자를 치료감호시설로 이송할 때에는 지방교정청장의 승인이 필요하다.
④ 수용자의 중대한 과실로 부상이 발생하여 외부의료시설에서 진료를 받는 경우에는 그 진료비의 전부 또는 일부를 그 수용자에게 부담하게 할 수 있다.

정답 및 해설

① [○] 동법 제39조 제2항
② [○] 동법 제37조 제1항
③ [×] 소장은 수용자의 정신질환 치료를 위하여 필요하다고 인정하면 법무부장관의 승인을 받아 치료감호시설로 이송할 수 있다(형집행법 제37조 제2항).
④ [○] 동법 제37조 제5항

정답 ③

15 현행법령상 수용자의 의료처우에 대한 설명으로 옳지 않은 것은?

① 소장은 수용자가 부상을 당하거나 질병에 걸리면 외부의료시설에 즉시 이송하여야 한다.
② 교정시설에 근무하는 간호사는 야간 또는 공휴일에 대통령령으로 정하는 경미한 의료행위를 할 수 있다.
③ 수용자가 위독한 경우에는 그 사실을 가족에게 지체 없이 알려야 한다.
④ 소장은 감염의 우려가 있는 질병의 발생과 확산방지를 위한 필요한 조치를 하여야 한다.

정답 및 해설

① [×] 소장은 수용자가 부상을 당하거나 질병에 걸리면 적절한 치료를 받도록 하여야 하며(형집행법 제36조 제1항), 수용자에 대한 적절한 치료를 위하여 필요하다고 인정하면 교정시설 밖에 있는 의료시설(외부의료시설)에서 진료를 받게 할 수 있다(동법 제37조 제1항).
▶ 따라서 무조건 즉시 외부의료시설로 이송하는 것은 아니다.
② [○] 치료를 위하여 교정시설에 근무하는 간호사는 야간 또는 공휴일 등에 「의료법」 제27조(무면허의료행위 등 금지)에도 불구하고 대통령령으로 정하는 경미한 의료행위를 할 수 있다(동법 제36조 제2항).
③ [○] 동법 시행령 제56조
④ [○] 소장은 감염병이나 그 밖에 감염의 우려가 있는 질병의 발생과 확산을 방지하기 위하여 필요한 경우 수용자에 대하여 예방접종·격리수용·이송, 그 밖에 필요한 조치를 하여야 한다(동법 제35조).

정답 ①

16 형의 집행 및 수용자의 처우에 관한 법령상 수용자의 위생과 의료처우에 대한 설명으로 옳지 않은 것은?

① 수용자는 자신의 신체 및 의류를 청결히 하여야 하며, 자신이 사용하는 거실·작업장, 그 밖의 수용시설의 청결유지에 협력하여야 한다.
② 소장은 거실·작업장·목욕탕, 그 밖에 수용자가 공동으로 사용하는 시설을 정기적으로 청소·소독하여야 한다.
③ 소장은 수용자가 자신의 비용으로 외부의료시설에서 근무하는 의사에게 치료받기를 원하면 교정시설에 근무하는 의사의 의견을 고려하여 이를 허가할 수 있다.
④ 소장은 감염병의 유행 또는 수용자의 징벌집행 등으로 자비구매물품의 사용이 중지된 경우에는 구매신청을 제한할 수 있다.
⑤ 외부의사는 수용자를 진료하는 경우에는 법무부장관이 정하는 사항을 준수하여야 한다.

정답 및 해설

① [○] 동법 제32조 제1항
② [×] 소장은 거실·작업장·목욕탕, 그 밖에 수용자가 공동으로 사용하는 시설과 취사장, 주식·부식 저장고, 그 밖에 음식물 공급과 관련된 시설을 수시로 청소·소독하여야 한다(형집행법 시행령 제47조 제1항).
③ [○] 동법 제38조
④ [○] 동법 시행규칙 제17조 제2항
⑤ [○] 동법 제39조 제3항

정답 ②

17 현행법령상 수용자의 위생과 의료에 대한 설명으로 옳지 않은 것은? (다툼이 있는 경우 판례에 의함)

① 작업의 특성상 실외운동이 필요 없다고 인정되는 때에는 실외운동을 실시하지 아니할 수 있다.
② 소장은 수용자의 정신질환 치료를 위하여 필요하다고 인정하면 법무부장관의 승인을 받아 치료감호시설로 이송할 수 있다.
③ 소장은 수용자가 자신의 고의 또는 과실로 부상 등이 발생하여 외부의료시설에서 진료를 받는 경우에는 그 진료비의 전부 또는 일부를 그 수용자에게 부담하게 할 수 있다.
④ 소장은 감염병에 걸린 수용자에 대하여 다른 수용자와 격리 수용할지의 여부를 재량으로 결정할 수 없다.
⑤ 외부의료시설 진료 후 환소차를 기다리는 과정에서 병원 밖 주차장 의자에 앉아 있을 것을 지시한 교도관의 지시행위는 수형자의 신청에 의한 외부의료시설 진료에 이미 예정되어 있던 부수적 행위로서 강제성의 정도가 미약한 단순한 비권력적 사실행위에 불과하다.

정답 및 해설

① [○] 동법 시행령 제49조
② [○] 동법 제37조 제2항
③ [×] 고의 또는 중대한 과실(형집행법 제37조 제5항)
④ [○] 소장은 수용자가 감염병에 걸린 경우에는 즉시 격리수용하고 그 수용자가 사용한 물품과 설비를 철저히 소독하여야 한다(동법 시행령 제53조 제3항).
⑤ [○] 헌재 2012.10.25. 2011헌마429

정답 ③

18 현행법령상 수용자의 위생과 의료에 대한 설명으로 옳은 것은?

① 19세 미만의 수용자와 계호상 독거수용자에 대하여는 건강검진을 1년에 1회 이상 하여야 한다.
② 소장은 감염병이 유행하는 경우에는 수용자에게 지급하는 음식물의 배급을 일시적으로 중지할 수 있다.
③ 교정시설에서 간호사가 할 수 있는 의료행위에는 응급을 요하는 수용자에 대한 응급처치가 포함된다.
④ 소장은 수용자를 외부 의료시설에 입원시키는 경우에는 그 사실을 지방교정청장에게 지체 없이 보고하여야 한다.

정답 및 해설

① [×] 소장은 수용자에 대하여 1년에 1회 이상 건강검진을 하여야 한다. 다만, 19세 미만의 수용자와 계호상 독거수용자에 대하여는 6개월에 1회 이상하여야 한다(동법 시행령 제51조 제1항).
② [×] 소장은 감염병이 유행하는 경우에는 수용자가 자비로 구매하는 음식물의 공급을 중지할 수 있다(동법 시행령 제53조 제2항).
③ [○] 형집행법 시행령 제54조의2
④ [×] 소장은 수용자를 외부 의료시설에 입원시키거나 입원 중인 수용자를 교정시설로 데려온 경우에는 그 사실을 법무부장관에게 지체 없이 보고하여야 한다(동법 시행령 제57조).

정답 ③

19 현행법상 수용자의 의료처우에 대한 설명으로 옳은 것은?

① 소장은 정신질환이 있다고 의심되는 수용자가 있으면 정신건강의학과 의사의 진료를 받을 수 있도록 할 수 있다.
② 외부의사가 수용자를 진료하는 경우에는 소장이 정하는 사항을 준수하여야 한다.
③ 소장은 수용자가 진료를 거부하면 교도관으로 하여금 관찰·조언 또는 설득을 하도록 하여야 한다.
④ 소장은 수용자가 진료를 계속 거부하여 그 생명에 위험을 가져올 급박한 우려가 있으면 의무관으로 하여금 적당한 진료 등의 조치를 하게 할 수 있다.

정답 및 해설

① [×] 정신질환 의심이 있는 수용자가 있으면 정신건강의학과 의사의 진료를 받을 수 있도록 조치를 하여야 한다(동법 제39조 제2항).
② [×] 외부의사가 수용자를 진료하는 경우에는 법무부장관이 정하는 사항을 준수하여야 한다(동법 제39조 제3항).
③ [×] 소장은 수용자가 진료 또는 음식물의 섭취를 거부하면 의무관으로 하여금 관찰·조언 또는 설득을 하도록 하여야 한다(동법 제40조 제1항).
④ [○] 형집행법 제40조 제2항

정답 ④

20 현행법령상 청소, 소독해야 할 대상 중 그 기간이 다른 것은?

① 저수조 등 급수시설
② 수용자가 공동으로 사용하는 시설과 취사장, 주식 저장고
③ 음식물 공급과 관련된 시설
④ 거실·작업장·목욕탕

정답 및 해설

① [×] 소장은 저수조 등 급수시설을 6개월에 1회 이상 청소·소독하여야 한다(형집행법 시행령 제47조 제2항).
②, ③, ④ [○] 소장은 거실·작업장·목욕탕, 그 밖에 수용자가 공동으로 사용하는 시설과 취사장, 주식·부식 저장고, 그 밖에 음식물 공급과 관련된 시설을 수시로 청소·소독하여야 한다(동법 시행령 제47조 제1항).

정답 ①

21 형집행법령상 교도소장의 수용관리 행위에 대한 설명으로 옳지 않은 것은?

① 수용자가 쉽게 이용할 수 있도록 비치도서의 목록을 정기적으로 공개하였다.
② 마약류수용자로 지정된 후 5년이 지난 마약류수용자가 수용생활태도, 교정성적 등이 양호하여 분류처우위원회의 의결을 거쳐 그 지정을 해제하였다.
③ 자신의 과실로 부상을 당한 수용자에게 외부의료시설에서의 진료비 전부를 부담하게 하였다.
④ 특히 필요하다고 인정하여 석방하는 수형자의 보호를 한국법무보호복지공단에 요청하였다.
⑤ 직계비속의 혼례가 있는 중경비처우급 수형자에 대해 3일 동안 특별귀휴를 허가하였다.

정답 및 해설

① [○] 동법 시행령 제72조 제1항
② [○] 소장은 마약류수용자로 지정된 사람에 대하여는 석방할 때까지 지정을 해제할 수 없다. 다만, ㉠ 공소장 변경 또는 재판 확정에 따라 지정사유가 해소되었다고 인정되는 경우, ㉡ 지정 후 5년이 지난 마약류수용자(마약류에 관한 형사 법률 외의 법률이 같이 적용된 마약류수용자로 한정한다)로서 수용생활태도, 교정성적 등이 양호한 경우에는 교도관회의의 심의 또는 분류처우위원회의 의결을 거쳐 지정을 해제할 수 있다(동법 시행규칙 제205조 제2항).
③ [×] 소장은 수용자가 자신의 고의 또는 중대한 과실로 부상 등이 발생하여 외부의료시설에서 진료를 받은 경우에는 그 진료비의 전부 또는 일부를 그 수용자에게 부담하게 할 수 있다(형집행법 제37조 제5항).
④ [○] 소장은 수형자를 석방하는 경우 특히 필요하다고 인정하면 한국법무보호복지공단에 그에 대한 보호를 요청할 수 있다(동법 시행령 제144조).
⑤ [○] 특별귀휴는 경비처우급에 따른 제한이 없다. 그러므로 특별귀휴 사유만 있다면 중경비처우급 수형자도 5일 이내의 특별귀휴가 가능하다(동법 제77조 제2항).

정답 ③

제2절 | 건강검진과 진료

01 「형의 집행 및 수용자의 처우에 관한 법률」상 수용자의 의료처우에 대한 설명으로 옳은 것만을 모두 고른 것은?

2017. 5급 승진

> ㉠ 소장은 수용자에 대하여 건강검진을 정기적으로 하여야 한다.
> ㉡ 소장은 감염병이나 그 밖에 감염의 우려가 있는 질병의 발생과 확산을 방지하기 위하여 필요한 경우 수용자에 대하여 예방접종·격리수용·이송, 그 밖에 필요한 조치를 하여야 한다.
> ㉢ 소장은 수용자가 부상을 당하거나 질병에 걸리면 적절한 치료를 받도록 하여야 한다.
> ㉣ 소장은 수용자에 대한 적절한 치료를 위하여 필요하다고 인정하면 교정시설 밖에 있는 의료시설에서 진료를 받게 하여야 한다.
> ㉤ 소장은 수용자가 자신의 비용으로 외부의료시설에서 근무하는 의사에게 치료받기를 원하면 교정시설에 근무하는 의사의 의견을 고려하여 이를 허가해야 한다.
> ㉥ 소장은 정신질환이 있다고 의심되는 수용자가 있으면 정신건강의학과 의사의 진료를 받을 수 있도록 하여야 한다.

① ㉠, ㉡, ㉢, ㉣
② ㉠, ㉢, ㉣, ㉤
③ ㉡, ㉢, ㉣, ㉤
④ ㉢, ㉣, ㉤, ㉥
⑤ ㉠, ㉡, ㉢, ㉥

정답 및 해설

옳은 것은 ㉠, ㉡, ㉢, ㉥이고, 옳지 않은 것은 ㉣, ㉤이다.
㉠ [○] 형집행법 제34조 제1항
㉡ [○] 동법 제35조
㉢ [○] 동법 제36조 제1항
㉣ [×] 진료를 받게 할 수 있다(동법 제37조 제1항).
㉤ [×] 이를 허가할 수 있다(동법 제38조).
㉥ [○] 동법 제39조 제2항

정답 ⑤

02 형집행법령상 수용자의 위생과 의료에 대한 설명으로 옳지 않은 것은?

2018. 8급 승진

① 소장은 작업의 특성, 계절, 그 밖의 사정을 고려하여 수용자의 목욕횟수를 정하되 부득이한 사정이 없으면 매주 1회 이상이 되도록 한다.
② 소장은 수용자에 대하여 1년에 1회 이상 건강검진을 하여야 한다. 다만, 19세 미만의 수용자와 계호상 독거수용자에 대하여는 6개월에 1회 이상 하여야 한다.
③ 교정시설에 근무하는 간호사는 수용자에 대하여 「의료법」 제27조에도 불구하고 외상 등 흔히 볼 수 있는 상처의 치료와 같은 경미한 의료행위를 언제든지 할 수 있다.
④ 소장은 의무관의 관찰·조언 또는 설득에도 불구하고 수용자가 진료 또는 음식물의 섭취를 계속 거부하여 그 생명에 위험을 가져올 급박한 우려가 있으면, 의무관으로 하여금 적당한 진료 또는 영양보급 등의 조치를 하게 할 수 있다.

정답 및 해설

① [○] 동법 시행령 제50조
② [○] 동법 시행령 제51조 제1항
③ [×] 치료를 위하여 교정시설에 근무하는 간호사는 야간 또는 공휴일 등에 「의료법」 제27조(무면허 의료행위 등 금지)에도 불구하고 대통령령으로 정하는 경미한 의료행위를 할 수 있다(형집행법 제36조 제2항).
④ [○] 동법 제40조 제2항

정답 ③

03 형집행법령상 교정시설에 근무하는 간호사가 야간 또는 공휴일 등에 할 수 있는 경미한 의료행위에 해당하지 않는 것은?

2021. 6급 승진

① 외상 등 흔히 볼 수 있는 상처의 치료
② 응급을 요하는 수용자에 대한 응급처치
③ 부상과 질병의 악화방지를 위한 처치
④ 의약품의 처방

정답 및 해설

간호사의 경미한 의료행위(형집행법 제36조 제2항)
1. 외상 등 흔히 볼 수 있는 상처의 치료
2. 응급을 요하는 수용자에 대한 응급처치
3. 부상과 질병의 악화방지를 위한 처치
4. 환자의 요양지도 및 관리
5. 1.부터 4.까지의 의료행위에 따르는 의약품의 투여

정답 ④

04 수용자의 위생과 의료에 대한 설명으로 옳지 않은 것은?

① 소장은 다른 사람의 건강에 위해를 끼칠 우려가 있는 감염병에 걸린 사람의 수용을 거절할 수 있다.
② 소장은 수용자에 대한 적절한 치료를 위해 필요한 경우 법무부 장관의 승인을 받아 외부의료시설에서 진료를 받게 할 수 있다.
③ 소장은 수용자의 정신질환치료를 위해 필요한 경우 법무부장관의 승인을 받아 치료감호시설에 이송할 수 있다.
④ 소장은 수용자에 대하여 건강검진을 정기적으로 해야 하고, 횟수는 대통령령으로 정한다.

정답 및 해설

① [○] 동법 제18조 제1항
② [×] 소장은 수용자에 대한 적절한 치료를 위하여 필요하다고 인정하면 교정시설 밖에 있는 의료시설(외부의료시설)에서 진료를 받게 할 수 있다(형집행법 제37조 제1항).
  ▶ 외부의료시설 진료는 소장의 직권으로 하는 것으로, 법무부장관의 승인을 요하지 않는다.
③ [○] 동법 제37조 제2항
④ [○] 동법 제34조, 동법 시행령 제51조

정답 ②

05 형의 집행 및 수용자의 처우에 관한 법령상 수용자의 의료처우에 대한 설명으로 옳지 않은 것은?

① 소장은 19세 미만의 수용자와 계호상 독거수용자에 대하여는 6개월에 1회 이상 건강검진을 하여야 한다.
② 소장은 수용자가 감염병에 걸린 경우에는 1주 이상 격리수용하고 그 수용자의 휴대품을 소독하여야 한다.
③ 소장은 수용자가 치료감호시설로 이송되더라도 수용자가 이송 사실에 대하여 알리는 것을 원하지 않는 경우에는 그 가족에게 알리지 않을 수 있다.
④ 소장은 정신질환이 있다고 의심되는 수용자가 있으면 정신건강의학과 의사의 진료를 받을 수 있도록 하여야 한다.

> **정답 및 해설**

① [O] 동법 시행령 제51조 제1항
② [×] 소장은 수용자가 감염병에 걸린 경우에는 즉시 격리수용하고 그 수용자가 사용한 물품과 설비를 철저히 소독하여야 한다(형집행법 시행령 제53조 제3항).
③ [O] 소장은 수용자가 외부의료시설에서 진료받거나 치료감호시설로 이송되면 그 사실을 그 가족(가족이 없는 경우에는 수용자가 지정하는 사람)에게 지체 없이 알려야 한다. 다만, 수용자가 알리는 것을 원하지 아니하면 그러하지 아니하다(동법 제37조 제4항).
④ [O] 동법 제39조 제2항

정답 ②

제3절 | 환자관리

01 형의 집행 및 수용자의 처우에 관한 법령상 수용자의 의료에 대한 설명으로 옳지 않은 것은?

2019. 교정 7급

① 소장은 수용자가 감염병에 걸렸다고 인정되는 경우에는 1주 이상 격리수용하고 그 수용자의 휴대품을 소독하여야 한다.
② 소장은 19세 미만의 수용자, 계호상 독거수용자 및 노인수용자에 대하여는 6개월에 1회 이상 건강검진을 하여야 한다.
③ 장애인수형자 전담교정시설의 장은 장애인의 재활에 관한 전문적인 지식을 가진 의료진과 장비를 갖추도록 노력하여야 한다.
④ 소장은 수용자를 외부 의료시설에 입원시키거나 입원 중인 수용자를 교정시설로 데려온 경우에는 그 사실을 법무부장관에게 지체 없이 보고하여야 한다.

> **정답 및 해설**

① [×] 소장은 수용자가 감염병에 걸린 경우에는 즉시 격리수용하고 그 수용자가 사용한 물품과 설비를 철저히 소독하여야 한다(형집행법 시행령 제53조 제3항).
② [O] 동법 시행령 제51조, 동법 시행규칙 제47조 제2항
③ [O] 동법 시행규칙 제52조
④ [O] 동법 시행령 제57조

정답 ①

02 형의 집행 및 수용자의 처우에 관한 법령상 감염성 질병에 관한 조치에 대한 내용으로 옳지 않은 것은?

2020. 교정 7급

① 소장은 수용자가 감염병에 걸렸다고 의심되는 경우에는 2주 이상 격리수용하고 그 수용자의 휴대품을 소독하여야 한다.
② 소장은 감염병이 유행하는 경우에는 수용자가 자비로 구매하는 음식물의 공급을 중지할 수 있다.
③ 소장은 수용자가 감염병에 걸린 경우 지체 없이 법무부장관에게 보고하고 관할 보건기관의 장에게 알려야 한다.
④ 소장은 감염병의 유행으로 자비구매물품의 사용이 중지된 경우에는 구매신청을 제한할 수 있다.

정답 및 해설

① [×] 1주 이상 격리수용하고 그 수용자의 휴대품을 소독하여야 한다(형집행법 시행령 제53조 제1항).
② [○] 동법 시행령 제53조 제2항
③ [○] 동법 시행령 제53조 제4항
④ [○] 동법 시행규칙 제17조 제2항

정답 ①

03 수용자의 의료에 대한 설명으로 옳은 것은?

2019. 6급 승진

① 소장은 수용자의 정신질환 치료를 위하여 필요하다고 인정하면 지방교정청장의 승인을 받아 치료감호시설로 이송할 수 있다.
② 소장은 수용자가 외부의료시설에서 진료 받게 되면 언제나 그 사실을 그 가족 등에게 지체 없이 알려야 한다.
③ 소장은 수용자가 진료 또는 음식물의 섭취를 거부하면 즉시 의무관으로 하여금 적당한 진료 또는 영양보급 등의 조치를 하게 할 수 있다.
④ 소장은 수용자가 자신의 고의 또는 중대한 과실로 부상 등이 발생하여 외부의료시설에서 진료를 받은 경우에는 그 진료비의 전부 또는 일부를 그 수용자에게 부담하게 할 수 있다.

정답 및 해설

① [×] 법무부장관의 승인을 받아 치료감호시설로 이송할 수 있다(동법 제37조 제2항).
② [×] 소장은 수용자가 외부의료시설에서 진료받거나 치료감호시설로 이송되면 그 사실을 그 가족(가족이 없는 경우에는 수용자가 지정하는 사람)에게 지체 없이 알려야 한다. 다만, 수용자가 알리는 것을 원하지 아니하면 그러하지 아니하다(동법 제37조 제4항).
③ [×] 소장은 수용자가 진료 또는 음식물의 섭취를 거부하면 의무관으로 하여금 관찰·조언 또는 설득을 하도록 하여야 하며(동법 제40조 제1항), 수용자가 진료 또는 음식물의 섭취를 계속 거부하여 그 생명에 위험을 가져올 급박한 우려가 있으면 의무관으로 하여금 적당한 진료 또는 영양보급 등의 조치를 하게 할 수 있다(동법 제40조 제2항).
④ [○] 형집행법 제37조 제5항

정답 ④

04 「형의 집행 및 수용자의 처우에 관한 법률 시행령」에 따를 때, 괄호 안에 들어갈 내용을 옳게 짝지은 것은?

2018. 교정 9급

- 미결수용자의 접견 횟수는 (㉠)로 하되, 변호인과의 접견은 그 횟수에 포함시키지 않는다.
- 교정시설의 장은 19세 미만의 수용자와 계호상 독거수용자에 대하여 (㉡) 이상 건강검진을 하여야 한다.
- 교정시설의 장은 작업의 특성, 계절, 그 밖의 사정을 고려하여 수용자의 목욕횟수를 정하되 부득이한 사정이 없으면 (㉢) 이상이 되도록 한다.

	㉠	㉡	㉢
①	매일 1회	6개월에 1회	매주 1회
②	매일 1회	1년에 1회	매주 1회
③	매주 1회	6개월에 1회	매주 1회
④	매주 1회	1년에 1회	매월 1회

정답 및 해설

- 미결수용자의 접견 횟수는 매일 1회로 하되, 변호인과의 접견은 그 횟수에 포함시키지 않는다(형집행법 시행령 제101조).
- 소장은 수용자에 대하여 1년에 1회 이상 건강검진을 하여야 한다. 다만, 19세 미만의 수용자와 계호상 독거수용자에 대하여는 6개월에 1회 이상 하여야 한다(동법 시행령 제51조 제1항).
- 소장은 작업의 특성, 계절, 그 밖의 사정을 고려하여 수용자의 목욕횟수를 정하되 부득이한 사정이 없으면 매주 1회 이상이 되도록 한다(동법 시행령 제50조).

정답 ①

05 현행법령상 수용자 의료처우에 관한 내용으로 옳지 않은 것은?

2023. 9급 경채

① 소장은 수용자가 감염병에 걸렸다고 의심되는 경우에는 1주 이상 격리수용하고 그 수용자의 휴대품을 소독하여야 한다.
② 소장은 수용자에 대하여 1년에 1회 이상 건강검진을 하여야 한다. 다만, 19세 미만의 수용자와 계호상 독거수용자에 대하여는 6개월에 1회 이상 하여야 한다.
③ 소장은 수용자가 자신의 고의 또는 중대한 과실로 부상 등이 발생하여 외부의료시설에서 진료를 받은 경우에는 그 진료비의 전부 또는 일부를 그 수용자에게 부담하게 할 수 있다.
④ 교정시설에 근무하는 간호사는 야간 또는 공휴일 등에 「의료법」 제27조에도 불구하고 대통령령으로 정하는 모든 의료행위를 할 수 있다.

정답 및 해설

① [○] 동법 시행령 제53조 제1항
② [○] 동법 시행령 제51조
③ [○] 동법 제37조
④ [×] 교정시설에 근무하는 간호사는 야간 또는 공휴일 등에 「의료법」 제27조에도 불구하고 대통령령으로 정하는 경미한 의료행위를 할 수 있다(형집행법 제36조 제2항).

정답 ④

06 형의 집행 및 수용자의 처우에 관한 법령상 수용시설 내 감염병 관련 조치에 대한 설명으로 옳지 않은 것은?

2023. 교정 9급

① 소장은 감염병이 유행하는 경우 수용자가 자비로 구매하는 음식물의 공급을 중지하여야 한다.
② 소장은 수용자가 감염병에 걸렸다고 의심되는 경우에는 1주 이상 격리수용하고 그 수용자의 휴대품을 소독하여야 한다.
③ 소장은 감염병이나 그 밖에 감염의 우려가 있는 질병의 발생과 확산을 방지하기 위하여 필요한 경우 수용자에 대하여 예방접종·격리수용·이송, 그 밖에 필요한 조치를 하여야 한다.
④ 소장은 수용자가 감염병에 걸린 경우에는 즉시 격리수용하고 그 수용자가 사용한 물품 및 설비를 철저히 소독해야 한다. 또한 이 사실을 지체 없이 법무부장관에게 보고하고 관할 보건기관의 장에게 알려야 한다.

정답 및 해설

① [×] 소장은 감염병이 유행하는 경우에는 수용자가 자비로 구매하는 음식물의 공급을 중지할 수 있다(형집행법 시행령 제53조 제2항).
② [○] 동법 시행령 제53조 제1항
③ [○] 동법 제35조
④ [○] 동법 시행령 제53조 제3항·제4항

정답 ①

07 형집행법령상 수용자의 위생과 의료에 대한 설명으로 가장 옳은 것은?

2021. 6급 승진

① 소장은 저수조 등 급수시설을 1개월에 1회 이상 청소·소독하여야 한다.
② 소장은 수용자에 대하여 1년에 1회 이상 건강검진을 하여야 하며, 19세 미만의 수용자와 처우상 독거수용자에 대하여는 6개월에 1회 이상 하여야 한다.
③ 소장은 수용자가 감염병에 걸렸다고 의심되는 경우에는 1주 이상 격리수용하고 그 수용자의 휴대품을 소독하여야 한다.
④ 소장은 수용자가 진료 또는 음식물의 섭취를 거부하면 교도관으로 하여금 관찰·조언 또는 설득을 하도록 하여야 한다.

정답 및 해설

① [×] 소장은 저수조 등 급수시설을 6개월에 1회 이상 청소·소독하여야 한다(동법 시행령 제47조).
② [×] 소장은 수용자에 대하여 1년에 1회 이상 건강검진을 하여야 하며, 19세 미만의 수용자와 계호상 독거수용자에 대하여는 6개월에 1회 이상 하여야 한다(동법 시행령 제51조).
③ [○] 형집행법 시행령 제53조 제1항
④ [×] 소장은 수용자가 진료 또는 음식물의 섭취를 거부하면 의무관으로 하여금 관찰·조언 또는 설득을 하도록 하여야 한다(동법 제40조).

정답 ③

08

형집행법령상 의무관이 건강상태를 수시로 확인하여야 하는 수용자에 해당하는 것은 모두 몇 개인가?

2021. 6급 승진

ㄱ. 보호실 수용자
ㄴ. 실외운동정지의 징벌을 집행 중인 수용자
ㄷ. 보호장비를 착용 중인 수용자
ㄹ. 다른 수용자를 간병하는 수용자
ㅁ. 진정실 수용자
ㅂ. 금치의 징벌을 집행 중인 수용자
ㅅ. 취사장에서 작업하는 수용자

① 4개 ② 5개
③ 6개 ④ 7개

정답 및 해설

시험시행 후 확정답안으로 ①, ② 복수정답 처리를 하였으나 법령규정을 검토한 바, ② 단일답안으로 함이 옳다는 판단이다.

- ㄱ. [○] 의무관은 보호실 수용자의 건강상태를 수시로 확인하여야 한다(형집행법 제95조 제5항).
- ㄴ, ㅂ. [○] 소장은 제108조 제13호(실외운동정지) 또는 제14호(금치)의 처분을 집행하는 경우에는 의무관으로 하여금 사전에 수용자의 건강을 확인하도록 하여야 하며, 집행 중인 경우에도 수시로 건강상태를 확인하여야 한다(동법 제112조 제6항).
- ㄷ. [○] 교도관이 교정시설의 안에서 수용자에 대하여 보호장비를 사용한 경우 의무관은 그 수용자의 건강상태를 수시로 확인하여야 한다(동법 제97조 제3항).
- ㄹ. [×] 간병인에 대한 건강상태 수시확인규정은 없다. 소장은 수용자가 부상을 당하거나 질병에 걸린 경우에는 그 수용자를 의료거실에 수용하거나, 다른 수용자에게 그 수용자를 간병하게 할 수 있다(동법 시행령 제54조).
- ㅁ. [○] 의무관은 보호실 수용자의 건강상태를 수시로 확인하여야 한다(동법 제95조 제5항). 진정실 수용자에게 준용한다(동법 제96조 제4항).
- ㅅ. [×] 취사장에 작업하는 수용자에 대한 건강상태 수시확인규정은 없다. 소장은 거실·작업장·목욕탕, 그 밖에 수용자가 공동으로 사용하는 시설과 취사장, 주식·부식 저장고, 그 밖에 음식물 공급과 관련된 시설을 수시로 청소·소독하여야 한다(동법 시행령 제47조 제1항).

정답 ②

09

「형의 집행 및 수용자의 처우에 관한 법률 시행령」상 의료 등에 대한 설명으로 가장 옳지 않은 것은?

2022. 6급 승진

① 소장은 19세 미만의 수용자에 대하여는 1년에 1회 건강검진을 하여야 한다.
② 소장은 수용자가 감염병에 걸렸다고 의심되는 경우에는 1주 이상 격리수용하고 그 수용자의 휴대품을 소독하여야 한다.
③ 소장은 수용자가 위독한 경우에는 그 사실을 가족에게 지체 없이 알려야 한다.
④ 소장은 수용자가 부상을 당하거나 질병에 걸린 경우에는 그 수용자를 의료거실에 수용하거나, 다른 수용자에게 그 수용자를 간병하게 할 수 있다.

정답 및 해설

① [×] 소장은 수용자에 대하여 1년에 1회 이상 건강검진을 하여야 한다. 다만, 19세 미만의 수용자와 계호상 독거수용자에 대하여는 6개월에 1회 이상 하여야 한다(형집행법 시행령 제51조).
② [○] 동법 시행령 제53조 제1항
③ [○] 동법 시행령 제56조
④ [○] 동법 시행령 제54조

정답 ①

10. 「형의 집행 및 수용자의 처우에 관한 법률 시행령」상 수용자 의료처우에 대한 설명으로 가장 옳은 것은?

2022. 5급 승진

① 소장은 수용자가 감염병에 걸렸다고 의심되는 경우에는 2주 이상 격리수용하고 그 수용자의 휴대품을 소독하여야 한다.
② 소장은 감염병이 유행하는 경우에는 수용자가 자비로 구매하는 음식물의 공급을 중지하여야 한다.
③ 소장은 수용자가 감염병에 걸린 경우에는 즉시 격리수용하고 그 수용자가 사용한 물품과 설비를 철저히 소독하여야 하며 그 사실을 지체없이 법무부장관에게 보고하고 관할 보건기관의 장에게 알려야 한다.
④ 소장은 수용자가 부상을 당하거나 질병에 걸린 경우에는 그 수용자를 의료거실에 수용하고 다른 수용자에게 그 수용자를 간병하게 하여야 한다.

정답 및 해설

① [×] 소장은 수용자가 감염병에 걸렸다고 의심되는 경우에는 1주 이상 격리수용하고 그 수용자의 휴대품을 소독하여야 한다(동법 시행령 제53조 제1항).
② [×] 소장은 감염병이 유행하는 경우에는 수용자가 자비로 구매하는 음식물의 공급을 중지할 수 있다(동법 시행령 제53조 제2항).
③ [○] 형집행법 시행령 제53조 제3항·제4항
④ [×] 소장은 수용자가 부상을 당하거나 질병에 걸린 경우에는 그 수용자를 의료거실에 수용하거나 다른 수용자에게 그 수용자를 간병하게 할 수 있다(동법 시행령 제54조).

정답 ③

11. 형집행법령 및 「교도관직무규칙」상 위생 등에 대한 설명으로 가장 옳은 것은?

2022. 6급 승진

① 교정시설에는 「의료법」 제3조에 따른 의료기관 중 의원(醫院)이 갖추어야 하는 시설 수준 이상의 의료시설을 갖추어야 한다. 의료시설의 세부종류 및 설치기준은 보건복지부장관이 정한다.
② 소장은 수용자가 건강유지에 필요한 운동 및 목욕을 정기적으로 할 수 있도록 하여야 한다. 운동시간·목욕횟수 등에 관하여 필요한 사항은 법무부령으로 정한다.
③ 소장은 거실·작업장·목욕탕, 그 밖에 수용자가 공동으로 사용하는 시설과 취사장, 주식·부식 저장고, 그 밖에 음식물 공급과 관련된 시설을 수시로 청소·소독하여야 하며, 저수조 등 급수시설은 6개월에 1회 이상 청소·소독하여야 한다.
④ 의무관은 수용자에게 지급하는 주식, 부식 등 음식물 검사에 참여하여 식중독 등을 예방하여야 한다. 의무관은 매주 1회 이상 의료수용동의 청결상태, 온도, 환기, 그 밖의 사항을 확인하여야 한다. 의무관은 교정시설의 모든 설비와 수용자가 사용하는 물품 또는 급식 등에 관하여 매월 1회 이상 전반적으로 그 위생에 관계된 사항을 확인하여야 하고, 그 결과 특히 중요한 사항은 소장에게 보고하여야 한다.

정답 및 해설

① [×] … 의료시설의 세부종류 및 설치기준은 법무부장관이 정한다(동법 시행규칙 제23조 제3항).
② [×] … 운동시간·목욕횟수 등에 관하여 필요한 사항은 대통령령으로 정한다(동법 제33조 제2항).
③ [○] 형집행법 시행령 제47조
④ [×] … 의무관은 매일 1회 이상 의료수용동의 청결상태, 온도, 환기, 그 밖의 사항을 확인하여야 한다. 의무관은 교정시설의 모든 설비와 수용자가 사용하는 물품 또는 급식 등에 관하여 매주 1회 이상 전반적으로 그 위생에 관계된 사항을 확인하여야 하고, 그 결과 특히 중요한 사항은 소장에게 보고하여야 한다(교도관직무규칙 제84조 제2항).

정답 ③

12 형집행법령상 감염병 등에 대한 설명으로 가장 옳은 것은? 2023. 7급 승진

① 소장은 감염병이나 그 밖에 감염의 우려가 있는 질병의 발생과 확산을 방지하기 위하여 필요한 경우 수용자에 대하여 예방접종·격리수용·이송, 그 밖에 필요한 조치를 하여야 한다.
② 소장은 수용자가 감염병에 걸렸다고 의심되는 경우에는 즉시 격리수용하고 그 수용자가 사용한 물품과 설비를 철저히 소독하여야 한다.
③ 소장은 수용자가 감염병에 걸린 경우에는 1주 이상 격리수용하고 그 수용자의 휴대품을 소독하여야 한다.
④ 소장은 감염병이 유행하는 경우에는 수용자가 자비로 구매하는 음식물의 공급을 중지하여야 한다.

정답 및 해설

① [○] 형집행법 제35조
② [×] 소장은 수용자가 감염병에 걸렸다고 의심되는 경우에는 1주 이상 격리수용하고 그 수용자의 휴대품을 소독하여야 한다(동법 시행령 제53조 제1항).
③ [×] 소장은 수용자가 감염병에 걸린 경우에는 즉시 격리수용하고 그 수용자가 사용한 물품과 설비를 철저히 소독하여야 한다(동법 시행령 제53조 제3항).
④ [×] 소장은 감염병이 유행하는 경우에는 수용자가 자비로 구매하는 음식물의 공급을 중지할 수 있다(동법 시행령 제53조 제2항).

정답 ①

13 「형의 집행 및 수용자의 처우에 관한 법률」상 수용자 의료처우 등에 대한 설명으로 가장 옳지 않은 것은? 2023. 7급 승진

① 소장은 수용자의 정신질환 치료를 위하여 필요하다고 인정하면 법무부장관의 승인을 받아 치료감호시설로 이송할 수 있다.
② 소장은 형집행법 제37조(외부의료시설 진료 등) 제1항 또는 제2항에 따라 수용자가 외부의료시설에서 진료받거나 치료감호시설로 이송되면 그 사실을 그 가족(가족이 없는 경우에는 수용자가 지정하는 사람)에게 지체 없이 알려야 한다. 다만, 수용자가 알리는 것을 원하지 아니하면 그러하지 아니하다.
③ 소장은 수용자가 자신의 고의 또는 중대한 과실로 부상 등이 발생하여 외부의료시설에서 진료를 받은 경우에는 그 진료비의 전부 또는 일부를 그 수용자에게 부담하게 하여야 한다.
④ 소장은 수용자가 부상을 당하거나 질병에 걸리면 적절한 치료를 받도록 하여야 한다.

정답 및 해설

① [○] 동법 제37조 제2항
② [○] 동법 제37조 제4항
③ [×] 소장은 수용자가 자신의 고의 또는 중대한 과실로 부상 등이 발생하여 외부의료시설에서 진료를 받은 경우에는 그 진료비의 전부 또는 일부를 그 수용자에게 부담하게 할 수 있다(형집행법 제37조 제5항).
④ [○] 동법 제36조 제1항

정답 ③

제8장 접견·편지·전화통화

제1절 | 수용자의 접견

01 수용자와 교정시설의 외부에 있는 사람의 접견이 제한되는 사유가 아닌 것은? 2010. 교정 7급

① 형사 법령에 저촉되는 행위를 할 우려가 있는 때
② 「형사소송법」이나 그 밖의 법률에 따른 접견금지의 결정이 있는 때
③ 부과된 작업의 성과가 현저히 미달한 때
④ 수형자의 교화 또는 건전한 사회복귀를 해칠 우려가 있는 때

정답 및 해설

> **접견 제한사유(형집행법 제41조 제1항)**
> 수용자는 교정시설의 외부에 있는 사람과 접할 수 있다. 다만, 다음의 어느 하나에 해당하는 사유가 있으면 그러하지 아니하다.
> 1. 형사 법령에 저촉되는 행위를 할 우려가 있는 때
> 2. 「형사소송법」이나 그 밖의 법률에 따른 접견금지의 결정이 있는 때
> 3. 수형자의 교화 또는 건전한 사회복귀를 해칠 우려가 있는 때
> 4. 시설의 안전 또는 질서를 해칠 우려가 있는 때

정답 ③

02 접견의 중지사유로 옳지 않은 것은? 2015. 9급 경채

① 형사법령에 저촉되는 행위를 하거나 하려고 하는 때
② 시설의 안전 또는 질서를 해하는 행위를 하거나 하려고 하는 때
③ 범죄의 증거를 인멸하거나 인멸하려고 하는 때
④ 수용자의 처우 또는 교정시설의 운영에 관하여 사실을 유포하는 때

정답 및 해설

> **접견 중지사유(형집행법 제42조)**
> 교도관은 접견 중인 수용자 또는 그 상대방이 다음의 어느 하나에 해당하면 접견을 중지할 수 있다.
> 1. 범죄의 증거를 인멸하거나 인멸하려고 하는 때
> 2. 금지물품을 주고받거나 주고받으려고 하는 때
> 3. 형사 법령에 저촉되는 행위를 하거나 하려고 하는 때
> 4. 수용자의 처우 또는 교정시설의 운영에 관하여 거짓사실을 유포하는 때
> 5. 수형자의 교화 또는 건전한 사회복귀를 해칠 우려가 있는 행위를 하거나 하려고 하는 때
> 6. 시설의 안전 또는 질서를 해하는 행위를 하거나 하려고 하는 때

정답 ④

03

형의 집행 및 수용자의 처우에 관한 법령상 소장이 교도관으로 하여금 수용자의 접견내용을 청취·기록·녹음 또는 녹화하게 할 수 있는 경우가 아닌 것은?

2020. 교정 9급

① 수용자의 처우 또는 교정시설의 운영에 관하여 거짓사실을 유포하는 때
② 시설의 안전과 질서유지를 위하여 필요한 때
③ 범죄의 증거를 인멸하거나 형사 법령에 저촉되는 행위를 할 우려가 있는 때
④ 수형자의 교화 또는 건전한 사회복귀를 위하여 필요한 때

정답 및 해설

① [×] 접견의 중지 사유에 해당한다(형집행법 제42조).

> **접견내용의 청취·기록·녹음 또는 녹화 사유(형집행법 제41조 제4항)**
>
> 소장은 다음의 어느 하나에 해당하는 사유가 있으면 교도관으로 하여금 수용자의 접견내용을 청취·기록·녹음 또는 녹화하게 할 수 있다.
> 1. 범죄의 증거를 인멸하거나 형사 법령에 저촉되는 행위를 할 우려가 있는 때
> 2. 수형자의 교화 또는 건전한 사회복귀를 위하여 필요한 때
> 3. 시설의 안전과 질서유지를 위하여 필요한 때

정답 ①

04

형의 집행 및 수용자 처우에 관한 법령상 접견에 대한 설명으로 옳지 않은 것은?

2021. 교정 9급

① 수용자가 소송사건의 대리인인 변호사와 접견하는 경우 등 수용자의 재판청구권 등을 실질적으로 보장하기 위하여 대통령령으로 정하는 경우로서 교정시설의 안전 또는 질서를 해칠 우려가 없는 경우에는 접촉차단시설이 설치되지 아니한 장소에서 접견하게 한다.
② 수용자가 「형사소송법」에 따른 상소권회복 또는 재심 청구사건의 대리인이 되려는 변호사와 접견할 수 있는 횟수는 월 4회이다.
③ 소장은 범죄의 증거를 인멸하거나 형사 법령에 저촉되는 행위를 할 우려가 있는 때에는 교도관으로 하여금 수용자의 접견내용을 청취·기록·녹음 또는 녹화하게 할 수 있다.
④ 수용자가 미성년자인 자녀와 접견하는 경우에는 접촉차단시설이 설치되지 아니한 장소에서 접견하게 할 수 있다.

정답 및 해설

① [○] 동법 제41조 제2항
② [×] 수용자가 「형사소송법」에 따른 상소권회복 또는 재심 청구사건의 대리인이 되려는 변호사와 접견할 수 있는 횟수는 사건 당 2회이다(형집행법 시행령 제59조의2 제2항).
③ [○] 동법 제41조 제4항
④ [○] 동법 제41조 제3항
  ▶ 법 개정(2019.4.23.)으로 접촉차단시설이 설치되지 아니한 장소에서의 접견이 여성수용자에서 수용자로 확대되어, 미성년 자녀에 대한 보호를 강화하였다.

정답 ②

05

「형의 집행 및 수용자의 처우에 관한 법률」 및 동법 시행령상 접견에 대한 설명으로 옳지 않은 것은?

2015. 교정 9급

① 사형확정자에 대한 변호인의 접견은 접촉차단시설이 설치된 장소에서 하여야 한다.
② 미결수용자와 변호인과의 접견에는 교도관이 참여하지 못하며 그 내용을 청취 또는 녹취하지 못하나, 보이는 거리에서 미결수용자를 관찰할 수 있다.
③ 소장은 미결수용자가 징벌대상자로서 조사받고 있거나 징벌집행 중인 경우에도 변호인과의 접견을 보장하여야 한다.
④ 소장은 수형자가 19세 미만인 때에는 접견 횟수를 늘릴 수 있다.

정답 및 해설

① [×] 형집행법 제41조 제2항, 동법 시행령 제110조
- 수용자의 접견은 접촉차단시설이 설치된 장소에서 하게 한다. 다만, ㉠ 미결수용자(형사사건으로 수사 또는 재판을 받고 있는 수형자와 사형확정자를 포함한다)가 변호인(변호인이 되려는 사람을 포함한다)과 접견하는 경우, ㉡ 수용자가 소송사건의 대리인인 변호사와 접견하는 경우 등 수용자의 재판청구권 등을 실질적으로 보장하기 위하여 대통령령으로 정하는 경우로서 교정시설의 안전 또는 질서를 해칠 우려가 없는 경우에는 접촉차단시설이 설치되지 아니한 장소에서 접견하게 한다(형집행법 제41조 제2항).
- 소장은 사형확정자의 교화나 심리적 안정을 도모하기 위하여 특히 필요하다고 인정하면 접견 시간대 외에도 접견을 하게 할 수 있고 접견시간을 연장하거나 접견 횟수를 늘릴 수 있다(동법 시행령 제110조).

② [○] 동법 제84조 제1항
③ [○] 소장은 미결수용자가 징벌대상자로서 조사받고 있거나 징벌집행 중인 경우에도 소송서류의 작성, 변호인과의 접견·편지수수, 그 밖의 수사 및 재판 과정에서의 권리행사를 보장하여야 한다(동법 제85조).
④ [○] 소장은 수형자가 ㉠ 19세 미만인 때, ㉡ 교정성적이 우수한 때, ㉢ 교화 또는 건전한 사회복귀를 위하여 특히 필요하다고 인정되는 때에는 접견 횟수를 늘릴 수 있다(동법 시행령 제59조 제2항).

정답 ①

06

「형의 집행 및 수용자의 처우에 관한 법률」과 동법 시행규칙상 수용자의 교정시설 외부에 있는 사람(변호인 제외)과의 접견에 대한 설명으로 옳지 않은 것은?

2016. 교정 7급

① 시설의 안전 또는 질서를 해칠 우려가 있는 때에는 수용자는 교정시설의 외부에 있는 사람과 접견할 수 없다.
② 일반경비처우급 수형자의 접견 허용횟수는 월 6회로 하되, 1일 1회만 허용한다.
③ 접견 중인 수용자가 수용자의 처우 또는 교정시설의 운영에 관한 거짓사실을 유포하는 때에는 교도관은 접견을 중지할 수 있다.
④ 소장은 교화 및 처우상 특히 필요한 경우에는 수용자가 다른 교정시설의 수용자와 통신망을 이용하여 화상으로 접견하는 것을 허가할 수 있다.

정답 및 해설

① [○] 동법 제41조 제1항
② [×] 일반경비처우급 수형자의 접견 허용횟수는 월 5회로 하며(형집행법 시행규칙 제87조 제1항), 접견은 1일 1회만 허용한다. 다만, 처우상 특히 필요한 경우에는 그러하지 아니하다(동법 시행규칙 제87조 제2항).
③ [○] 동법 제42조
④ [○] 동법 시행규칙 제87조 제3항

정답 ②

07 수용자의 접견에 대한 설명으로 옳지 않은 것은?

2018. 7급 승진

① 소장은 수형자가 19세 미만인 때, 교정성적이 우수한 때, 교화 또는 건전한 사회복귀를 위하여 특히 필요하다고 인정되는 때의 어느 하나에 해당하는 경우에는 접촉차단시설이 없는 장소에서 접견하게 할 수 있고, 접견 횟수를 늘릴 수 있다.
② 교도관은 접견 중인 수용자 또는 그 상대방이 수용자의 처우 또는 교정시설의 운영에 관하여 거짓사실을 유포하는 때에는 접견을 중지할 수 있다.
③ 소장은 소송사건의 수 또는 소송내용의 복잡성 등을 고려하여 소송의 준비를 위하여 특히 필요하다고 인정하면 접견 시간대 외에도 접견을 하게 할 수 있고, 접견 시간 및 횟수를 늘릴 수 있다.
④ 범죄의 증거를 인멸하거나 형사법령에 저촉되는 행위를 할 우려가 있는 때에 해당하면 소장은 교도관으로 하여금 수용자의 접견내용을 청취·기록·녹음 또는 녹화할 수 있다.

정답 및 해설

① [×] 형집행법 시행령 제59조 제2항·제3항
- 소장은 수형자가 ㉠ 19세 미만인 때, ㉡ 교정성적이 우수한 때, ㉢ 교화 또는 건전한 사회복귀를 위하여 특히 필요하다고 인정되는 때의 어느 하나에 해당하는 경우에는 접견 횟수를 늘릴 수 있다(형집행법 시행령 제59조 제2항).
- ㉠ 수형자의 교정성적이 우수한 경우, ㉡ 수형자의 교화 또는 건전한 사회복귀를 위하여 특히 필요하다고 인정되는 경우, ㉢ 미결수용자의 처우를 위하여 소장이 특별히 필요하다고 인정하는 경우, ㉣ 사형확정자의 교화나 심리적 안정을 위하여 소장이 특별히 필요하다고 인정하는 경우에는 접촉차단시설이 설치되지 아니한 장소에서 접견하게 할 수 있다(동법 시행령 제59조 제3항).
② [○] 동법 제42조 제4호
③ [○] 동법 시행령 제59조의2 제3항
④ [○] 동법 제41조 제4항 제1호

정답 ①

08 형의 집행 및 수용자의 처우에 관한 법령상 접견 및 편지수수에 대한 설명으로 옳지 않은 것은?

2024. 교정 7급

① 미결수용자(형사사건으로 수사 또는 재판을 받고 있는 수형자와 사형확정자는 제외함)가 변호인 또는 변호인이 되려는 사람과 접견하는 경우 접촉차단시설이 설치되지 아니한 장소에서 접견하게 한다.
② 미결수용자와 변호인 간의 편지는 교정시설에서 상대방이 변호인임을 확인할 수 없는 경우를 제외하고는 검열할 수 없다.
③ 수용자가 미성년자인 자녀와 접견하는 경우 접촉차단시설이 설치되지 아니한 장소에서 접견하게 할 수 있다.
④ 소장은 소송사건의 수 또는 소송내용의 복잡성 등을 고려하여 소송의 준비를 위하여 특히 필요하다고 인정하면 소송사건 대리인인 변호사와 수용자의 접견 시간 및 횟수를 늘릴 수 있다.

정답 및 해설

① [×] 수용자의 접견은 접촉차단시설이 설치된 장소에서 하게 한다. 다만, ㉠ 미결수용자(형사사건으로 수사 또는 재판을 받고 있는 수형자와 사형확정자를 포함한다)가 변호인(변호인이 되려는 사람을 포함한다)과 접견하는 경우, ㉡ 수용자가 소송사건의 대리인인 변호사와 접견하는 경우 등 수용자의 재판청구권 등을 실질적으로 보장하기 위하여 대통령령으로 정하는 경우로서 교정시설의 안전 또는 질서를 해칠 우려가 없는 경우에는 접촉차단시설이 설치되지 아니한 장소에서 접견하게 한다(형집행법 제41조 제2항).

② [○] 동법 제84조 제3항
③ [○] ㉠ 수용자가 미성년자인 자녀와 접견하는 경우, ㉡ 그 밖에 대통령령(동법 시행령 제59조 제3항)으로 정하는 경우(ⓐ 수형자의 교정성적이 우수한 경우, ⓑ 수형자의 교화 또는 건전한 사회복귀를 위하여 특히 필요하다고 인정되는 경우, ⓒ 미결수용자의 처우를 위하여 소장이 특별히 필요하다고 인정하는 경우, ⓓ 사형확정자의 교화나 심리적 안정을 위하여 소장이 특별히 필요하다고 인정하는 경우)에는 접촉차단시설이 설치되지 아니한 장소에서 접견하게 할 수 있다(동법 제41조 제3항).
④ [○] 소장은 수용자가 소송사건의 대리인인 변호사 또는 「형사소송법」에 따른 상소권회복 또는 재심 청구사건의 대리인이 되려는 변호사와 접견하는 경우 소송사건의 수 또는 소송내용의 복잡성 등을 고려하여 소송의 준비를 위하여 특히 필요하다고 인정하면 접견 시간대 외에도 접견을 하게 할 수 있고, 접견 시간 및 횟수를 늘릴 수 있다(동법 시행령 제59조의2 제3항).

정답 ①

09 형집행법령상 접견 및 편지수수에 대한 설명으로 옳지 않은 것은? 2018. 8급 승진

① 변호인(변호인이 되려고 하는 사람을 포함한다)과 접견하는 미결수용자를 제외한 수용자의 접견시간은 회당 30분 이내로 한다.
② 접견의 횟수·시간·장소·방법 및 접견내용의 청취·기록·녹음·녹화 등에 관하여 필요한 사항은 법무부령으로 정한다.
③ 소장은 법 제43조 제3항 또는 제4항 단서에 따라 확인 또는 검열한 결과 수용자의 편지의 내용이 범죄의 증거를 인멸할 우려가 있는 때에는 발신 또는 수신을 금지할 수 있다.
④ 교도관은 접견 중인 수용자 또는 그 상대방이 수용자의 처우 또는 교정시설의 운영에 관하여 거짓사실을 유포하는 때에는 접견을 중지할 수 있다.

정답 및 해설

① [○] 동법 시행령 제58조 제2항
② [×] 대통령령으로 정한다(형집행법 제41조 제6항).
③ [○] 동법 제43조 제5항 제2호
④ [○] 동법 제42조 제4호

정답 ②

10 형집행법령상 접견 횟수를 늘릴 수 있는 경우로 옳지 않은 것은? 2019. 8급 승진

① 수형자가 19세 미만인 때
② 수형자의 교화를 위하여 특히 필요하다고 인정되는 때
③ 노인수용자의 나이 등을 고려하여 필요하다고 인정되는 때
④ 사형확정자의 심리적 안정을 도모하기 위하여 특히 필요하다고 인정되는 때

정답 및 해설

① [○] 동법 시행령 제59조 제2항 제1호
② [○] 동법 시행령 제59조 제2항 제3호
③ [×] 소장은 소년수형자 등의 나이·적성 등을 고려하여 필요하다고 인정하면 접견 횟수를 늘릴 수 있다(형집행법 시행규칙 제59조의5).
④ [○] 동법 시행령 제110조

정답 ③

11 형의 집행 및 수용자의 처우에 관한 법령상 수형자의 접견에 대한 설명으로 옳은 것만을 모두 고르면?

2022. 교정 7급

> ⊙ 수형자의 접견 횟수는 매월 4회이지만, 소송사건의 대리인인 변호사와 수형자의 접견은 여기에 포함되지 아니한다.
> ⓒ 수형자의 접견 시간은 30분 이내로 하지만, 소장은 수형자가 19세 미만임을 이유로 접견 시간을 연장할 수 있다.
> ⓒ 형사사건으로 수사나 재판을 받고 있는 수형자가 변호인과 접견하는 경우에는 접촉차단시설이 설치되지 아니한 장소에서 접견하게 하여야 한다.
> ⓔ 외국인인 수형자는 국어로 의사소통이 곤란한 사정이 없더라도 접견 시 접견 내용이 청취, 녹음, 녹화될 때에는 외국어를 사용할 수 있다.

① ⊙, ⓒ
② ⊙, ⓒ
③ ⓒ, ⓔ
④ ⓒ, ⓔ

정답 및 해설

옳은 것은 ⊙, ⓒ이다.
⊙ [○] 수형자의 접견 횟수는 매월 4회로 하며(형집행법 시행령 제58조 제3항), 수용자가 소송사건의 대리인인 변호사와 접견하는 횟수는 월 4회, 「형사소송법」에 따른 상소권회복 또는 재심 청구사건의 대리인이 되려는 변호사와 접견하는 횟수는 사건당 2회로 하되, 이를 제58조 제3항(수형자의 접견 횟수 매월 4회), 제101조(미결수용자의 접견 횟수 매일 1회) 및 제109조(사형확정자의 접견 횟수 매월 4회)의 접견 횟수에 포함시키지 아니한다(동법 시행령 제59조의2 제2항).
ⓒ [×] 변호인(변호인이 되려고 하는 사람을 포함한다)과 접견하는 미결수용자를 제외한 수용자의 접견 시간은 회당 30분 이내로 하며(동법 시행령 제58조 제2항), 소장은 수형자의 교화 또는 건전한 사회복귀를 위하여 특히 필요하다고 인정하면 접견 시간대 외에도 접견을 하게 할 수 있고 접견 시간을 연장할 수 있다(동법 시행령 제59조 제1항). 소장은 수형자가 19세 미만인 때, 교정성적이 우수한 때, 교화 또는 건전한 사회복귀를 위하여 특히 필요하다고 인정되는 때에는 접견 횟수를 늘릴 수 있다(동법 시행령 제59조 제2항).
ⓒ [○] 수용자의 접견은 접촉차단시설이 설치된 장소에서 하게 한다. 다만, ⓐ 미결수용자(형사사건으로 수사 또는 재판을 받고 있는 수형자와 사형확정자를 포함한다)가 변호인(변호인이 되려는 사람을 포함한다)과 접견하는 경우(동법 제41조 제2항 제1호), ⓑ 수용자가 소송사건의 대리인인 변호사와 접견하는 경우 등 수용자의 재판청구권 등을 실질적으로 보장하기 위하여 대통령령으로 정하는 경우로서 교정시설의 안전 또는 질서를 해칠 우려가 없는 경우(동법 제41조 제2항 제2호), ⓒ 수용자가 상소권회복 또는 재심 청구사건의 대리인이 되려는 변호사와 접견하는 경우로서 교정시설의 안전 또는 질서를 해칠 우려가 없는 경우(동법 시행령 제59조의2 제5항)에는 접촉차단시설이 설치되지 아니한 장소에서 접견하게 한다(동법 제41조 제2항).
ⓔ [×] 수용자와 교정시설 외부의 사람이 접견하는 경우에 접견 내용이 청취·녹음 또는 녹화될 때에는 외국어를 사용해서는 아니 된다. 다만, 국어로 의사소통하기 곤란한 사정이 있는 경우에는 외국어를 사용할 수 있다(동법 시행령 제60조 제1항).

정답 ②

12 형집행법령상 수용자의 접견에 대한 설명으로 가장 옳지 않은 것은?   2023. 6급 승진

① 수용자가 미성년자인 자녀와 접견하는 경우에는 접촉차단시설이 설치되지 아니한 장소에서 접견하게 할 수 있다.
② 미결수용자(형사사건으로 수사 또는 재판을 받고 있는 수형자와 사형확정자를 포함한다)가 변호인(변호인이 되려는 사람을 포함한다)과 접견하는 경우에는 접촉차단시설이 설치되지 아니한 장소에서 접견하게 한다.
③ 소장은 범죄의 증거를 인멸하거나 형사 법령에 저촉되는 행위를 할 우려가 있을 때에는 교도관으로 하여금 수용자의 접견내용을 청취·기록·녹음 또는 녹화하게 하여야 한다.
④ 수용자가 「형사소송법」에 따른 상소권회복 또는 재심 청구사건의 대리인이 되려는 변호사와 접견하는 경우에는 교정시설의 안전 또는 질서를 해칠 우려가 없는 한 접촉차단시설이 설치되지 않은 장소에서 접견하게 한다.

정답 및 해설

① [O] 동법 제41조 제3항
② [O] 동법 제41조 제2항 단서
③ [X] 소장은 범죄의 증거를 인멸하거나 형사 법령에 저촉되는 행위를 할 우려가 있을 때에는 교도관으로 하여금 수용자의 접견내용을 청취·기록·녹음 또는 녹화하게 할 수 있다(형집행법 제41조 제4항).
④ [O] 동법 시행령 제59조의2 제5항

정답 ③

13 형집행법령상 접견 중인 수용자 또는 그 상대방에 대해 교도관이 접견을 중지할 수 있는 사유로 가장 옳지 않은 것은?   2021. 6급 승진

① 범죄의 증거를 인멸하려고 하는 때
② 형사 법령에 저촉되는 행위를 하려고 하는 때
③ 미결수용자의 건전한 사회복귀를 해칠 우려가 있는 행위를 하려고 하는 때
④ 수용자의 처우에 관하여 거짓사실을 유포하는 때

정답 및 해설

> **접견의 중지사유**(형집행법 제42조)
> 1. 범죄의 증거를 인멸하거나 인멸하려고 하는 때
> 2. 금지물품을 주고받거나 주고받으려고 하는 때
> 3. 형사 법령에 저촉되는 행위를 하거나 하려고 하는 때
> 4. 수용자의 처우 또는 교정시설의 운영에 관하여 거짓사실을 유포하는 때
> 5. 수형자의 교화 또는 건전한 사회복귀를 해칠 우려가 있는 행위를 하거나 하려고 하는 때
> 6. 시설의 안전 또는 질서를 해치는 행위를 하거나 하려고 하는 때

정답 ③

14

「형의 집행 및 수용자의 처우에 관한 법률」상 교도관이 접견 중인 수용자 또는 그 상대방의 접견을 중지할 수 있는 경우를 모두 고른 것은?

2021. 5급 승진

> ㉠ 범죄의 증거를 인멸하거나 인멸하려고 하는 때
> ㉡ 시설의 안전 또는 질서를 해하는 행위를 하거나 하려고 하는 때
> ㉢ 수형자의 교화 또는 건전한 사회복귀를 해칠 우려가 있는 행위를 하거나 하려고 하는 때
> ㉣ 수용자의 처우 또는 교정시설의 운영에 관하여 거짓사실을 유포하는 때

① ㉠, ㉢
② ㉠, ㉡, ㉣
③ ㉡, ㉢, ㉣
④ ㉠, ㉡, ㉢, ㉣

정답 및 해설

📄 **접견의 중지 등**(형집행법 제42조)

교도관은 접견 중인 수용자 또는 그 상대방이 다음의 하나에 해당하면 접견을 중지할 수 있다.
1. 범죄의 증거를 인멸하거나 인멸하려고 하는 때
2. 금지물품을 주고받거나 주고받으려고 하는 때
3. 형사법령에 저촉되는 행위를 하거나 하려고 하는 때
4. 수용자의 처우 또는 교정시설의 운영에 관하여 거짓사실을 유포하는 때
5. 수형자의 교화 또는 건전한 사회복귀를 해칠 우려가 있는 행위를 하거나 하려고 하는 때
6. 시설의 안전 또는 질서를 해하는 행위를 하거나 하려고 하는 때

정답 ④

15

형집행법령상 접견에 대한 설명으로 가장 옳지 않은 것은?

2022. 5급 승진

① 수용자가 미성년자인 자녀와 접견하는 경우에는 접촉차단시설이 설치되지 아니한 장소에서 접견하게 할 수 있다.
② 수용자가 소송사건의 대리인인 변호사와 접견하는 경우로서 교정시설의 안전 또는 질서를 해칠 우려가 없는 경우에는 접촉차단시설이 설치되지 아니한 장소에서 접견하게 한다.
③ 미결수용자의 처우를 위하여 소장이 특별히 필요하다고 인정하는 경우에는 접촉차단시설이 설치되지 아니한 장소에서 접견하게 할 수 있다.
④ 수용자가 19세 미만인 때, 교정성적이 우수한 때, 교화 또는 건전한 사회복귀를 위하여 특히 필요하다고 인정되는 때에는 접촉차단시설이 설치되지 아니한 장소에서 접견하게 할 수 있다.

정답 및 해설

① [○] 동법 제41조 제3항
② [○] 동법 제41조 제2항
③ [○] 동법 시행령 제59조 제3항
④ [×] 수용자가 19세 미만인 때, 교정성적이 우수한 때, 교화 또는 건전한 사회복귀를 위하여 특히 필요하다고 인정되는 때에는 접견횟수를 늘릴 수 있다(형집행법 시행령 제59조 제2항).

정답 ④

16 형집행법령상 수용자의 변호사 접견에 대한 설명으로 가장 옳지 않은 것은?   2021. 6급 승진

① 수용자가 소송사건의 대리인인 변호사와 접견하는 시간은 회당 60분으로 한다.
② 수용자가 「형사소송법」에 따른 상소권회복 또는 재심 청구사건의 대리인이 되려는 변호사와 접견하는 횟수는 월 4회로 하고 접견 횟수에 포함시키지 아니한다.
③ 소송사건의 대리인인 변호사가 수용자를 접견하고자 하는 경우에는 변호사 접견신청서에 소송위임장 사본 등 소송사건의 대리인임을 소명할 수 있는 자료를 첨부해야 한다.
④ 수용자가 「형사소송법」에 따른 상소권회복 또는 재심 청구사건의 대리인이 되려는 변호사와 접견하는 경우에는 교정시설의 안전 또는 질서를 해칠 우려가 없는 한 접촉차단 시설이 설치되지 않은 장소에서 접견하게 한다.

정답 및 해설

① [○] 동법 시행령 제59조의2 제1항
② [×] 수용자가 「형사소송법」에 따른 상소권회복 또는 재심 청구사건의 대리인이 되려는 변호사와 접견하는 횟수는 사건당 2회로 하고 접견 횟수에 포함시키지 아니한다(형집행법 시행령 제59조의2 제2항).
③ [○] 시행령 제59조의2 제1항 각 호의 변호사가 수용자를 접견하고자 하는 경우에는 별지 제32호 서식의 신청서를 소장에게 제출해야 한다. 다만, 시행령 제59조의2 제1항 제1호의 변호사(소송사건의 대리인인 변호사)는 소송위임장 사본 등 소송사건의 대리인임을 소명할 수 있는 자료를 첨부해야 한다(동법 시행규칙 제29조의3 제1항).
④ [○] 동법 시행령 제59조의2 제5항

정답 ②

17 형집행법령상 수형자의 외부인 접견에 대한 설명으로 가장 옳지 않은 것은?   2021. 6급 승진

① 소장은 수형자가 19세 미만인 때에는 접견 횟수를 늘릴 수 있다.
② 소장은 수형자의 교화 또는 건전한 사회복귀를 위하여 특히 필요하다고 인정하면 접견 시간대 외에도 접견을 하게 할 수 있고 접견시간을 연장할 수 있다.
③ 소장은 수형자의 교화 또는 건전한 사회복귀를 위하여 필요한 때에는 교도관으로 하여금 수용자의 접견내용을 청취·기록·녹음 또는 녹화하게 할 수 있다.
④ 소장은 수용자와 외부인의 접견을 녹음하는 경우에는 교도관으로 하여금 수용자와 그 상대방이 접견실에 들어간 후에 즉시 구두 또는 서면으로 알려 주게 하여야 한다.

정답 및 해설

① [○] 동법 시행령 제59조 제2항
② [○] 동법 시행령 제59조 제1항
③ [○] 동법 제41조 제4항
④ [×] 녹음·녹화하는 경우에는 사전에 수용자 및 그 상대방에게 그 사실을 알려 주어야 한다(형집행법 제41조 제5항).

정답 ④

18 「형의 집행 및 수용자의 처우에 관한 법률 시행령」상 접견에 대한 설명으로 ( ) 안에 들어갈 숫자의 합은?

2023. 5급 승진

> 제58조(접견) ② 변호인(변호인이 되려고 하는 사람을 포함한다. 이하 같다)과 접견하는 미결수용자를 제외한 수용자의 접견시간은 회당 (㉠)분 이내로 한다.
> 제59조의2(변호사와의 접견) ① 제58조 제2항에도 불구하고 수용자가 다음 각 호의 어느 하나에 해당하는 변호사와 접견하는 시간은 회당 (㉡)분으로 한다.
>   1. 소송사건의 대리인인 변호사
>   2. 「형사소송법」에 따른 상소권회복 또는 재심 청구사건의 대리인이 되려는 변호사
> ② 수용자가 제1항 각 호의 변호사와 접견하는 횟수는 다음 각 호의 구분에 따르되, 이를 제58조 제3항, 제101조 및 제109조의 접견 횟수에 포함시키지 아니한다.
>   1. 소송사건의 대리인인 변호사: 월 (㉢)회
>   2. 「형사소송법」에 따른 상소권회복 또는 재심 청구사건의 대리인이 되려는 변호사: 사건당 (㉣)회

① 96
② 98
③ 126
④ 128

정답 및 해설

① [○] ㉠ 30 + ㉡ 60 + ㉢ 4 + ㉣ 2 = 96

정답 ①

19 「형의 집행 및 수용자의 처우에 관한 법률 시행령」상 접견에 대한 설명으로 옳지 않은 것은?

① 사형확정자의 교화나 심리적 안정을 위하여 소장이 특별히 필요하다고 인정하는 경우에는 접촉차단시설이 설치되지 아니한 장소에서 접견하게 할 수 있다.
② 수용자와 교정시설 외부의 사람이 접견하는 경우에 접견내용이 청취·녹음 또는 녹화될 때에는 원칙상 외국어를 사용할 수 없다.
③ 소장은 접견내용의 청취·기록을 위하여 소송사건의 대리인인 변호사와 수용자의 접견에 교도관을 참여하게 할 수 있다.
④ 교도관이 수용자의 접견을 중지한 경우에는 그 사유를 즉시 알려주어야 한다.

정답 및 해설

① [○] 동법 시행령 제59조 제3항 제3호
② [○] 동법 시행령 제60조 제1항
③ [×] 소장은 접견내용의 청취·기록을 위하여 변호인과 접견하는 미결수용자, 소송사건의 대리인인 변호사와 접견하는 수용자를 제외한 수용자의 접견에 교도관을 참여하게 할 수 있다(형집행법 시행령 제62조 제1항).
④ [○] 동법 시행령 제63조

정답 ③

20 형의 집행 및 수용자 처우에 관한 법령상 수용자의 접견에 대한 설명으로 옳은 것은?

① 수용자가 범죄의 증거를 인멸할 우려가 있는 때에는 교정시설의 외부에 있는 사람과의 접견을 제한할 수 있다.
② 소장은 계속 수용에 따라 소년교도소에 수용 중인 수형자의 나이·적성 등을 고려하여 필요하다고 인정하면 접견 횟수를 늘릴 수 있다.
③ 수용자의 접견은 접촉차단시설이 설치된 장소에서 하게 한다. 다만, 수용자가 소송사건의 대리인인 변호사와 접견하는 경우에는 접촉차단시설이 없는 장소에서 접견을 하게 한다.
④ 형사사건으로 수사를 받고 있는 수형자가 변호인과 접견하는 경우에는 접촉차단시설이 설치되지 아니한 장소에서 접견하게 할 수 있다.
⑤ 소장은 여성수용자가 미성년자인 자녀와 접견하는 경우에는 차단시설이 없는 장소에서 접견하게 하여야 한다.

정답 및 해설

① [×] '범죄의 증거를 인멸할 우려가 있는 때'는 접견내용의 청취·기록·녹음·녹화사유에는 해당하지만, 접견 제한사유에는 해당하지 않는다(동법 제41조 제1항).
② [○] 소장은 소년수형자 등의 나이·적성 등을 고려하여 필요하다고 인정하면 접견 횟수를 늘릴 수 있다(형집행법 시행규칙 제59조의4). 여기서 소년수형자 등은 19세 미만의 수형자와 계속 수용에 따라 소년교도소에 수용 중인 수형자를 의미한다.
③, ④ [×] 수용자의 접견은 접촉차단시설이 설치된 장소에서 하게 한다. 다만, ㉠ 미결수용자(형사사건으로 수사 또는 재판을 받고 있는 수형자와 사형확정자를 포함한다)가 변호인(변호인이 되려는 사람을 포함한다)과 접견하는 경우, ㉡ 수용자가 소송사건의 대리인인 변호사와 접견하는 경우 등 수용자의 재판청구권 등을 실질적으로 보장하기 위하여 대통령령으로 정하는 경우로서 교정시설의 안전 또는 질서를 해칠 우려가 없는 경우에는 접촉차단시설이 설치되지 아니한 장소에서 접견하게 한다(형집행법 제41조 제2항).
⑤ [×] 수용자가 미성년자인 자녀와 접견하는 경우에는 접촉차단시설이 설치되지 아니한 장소에서 접견하게 할 수 있다(동법 제41조 제3항 제1호).

정답 ②

21 소송사건의 대리인인 변호사와 수용자의 접견에 대한 설명으로 옳지 않은 것은?

① 수용자가 재심 청구사건의 대리인이 되려는 변호사와 접견하는 시간은 회당 30분으로 하며, 소송의 준비를 위하여 특히 필요하다고 인정하면 접견시간을 늘릴 수 있다.
② 수용자가 소송사건의 대리인인 변호사와 접견하는 횟수는 월 4회로 하되, 이를 접견 허용횟수에 포함시키지 아니한다.
③ 소장은 접견 수요 또는 접견실 사정 등을 고려하여 원활한 접견 사무 진행에 현저한 장애가 발생한다고 판단하면 접견시간 및 횟수를 줄일 수 있다.
④ 수용자가 상소권회복 청구사건의 대리인이 되려는 변호사와 접견하는 경우에는 교정시설의 안전 또는 질서를 해칠 우려가 없는 한 접촉차단시설이 설치되지 않은 장소에서 접견하게 한다.

정답 및 해설

> **변호사와의 접견**(형집행법 시행령 제59조의2)
> ① 제58조 제2항(30분 이내의 접견시간)에도 불구하고 수용자가 다음 각 호의 어느 하나에 해당하는 변호사와 접견하는 시간은 회당 60분으로 한다.
>   1. 소송사건의 대리인인 변호사
>   2. 「형사소송법」에 따른 상소권회복 또는 재심 청구사건의 대리인이 되려는 변호사
> ② 수용자가 제1항 각 호의 변호사와 접견하는 횟수는 다음 각 호의 구분에 따르되, 이를 제58조 제3항(수형자의 접견횟수 매월 4회), 제101조(미결수용자의 접견횟수 매일 1회) 및 제109조(사형확정자의 접견횟수 매월 4회)의 접견횟수에 포함시키지 아니한다.
>   1. 소송사건의 대리인인 변호사: 월 4회
>   2. 「형사소송법」에 따른 상소권회복 또는 재심 청구사건의 대리인이 되려는 변호사: 사건당 2회
> ③ 소장은 제58조 제1항(근무시간 내 접견)과 이 조 제1항(변호사와 접견하는 시간 회당 60분) 및 제2항(변호사와 접견횟수)에도 불구하고 소송사건의 수 또는 소송내용의 복잡성 등을 고려하여 소송의 준비를 위하여 특히 필요하다고 인정하면 접견시간대 외에도 접견을 하게 할 수 있고, 접견시간 및 횟수를 늘릴 수 있다.
> ④ 소장은 제1항 및 제2항에도 불구하고 접견 수요 또는 접견실 사정 등을 고려하여 원활한 접견 사무 진행에 현저한 장애가 발생한다고 판단하면 접견시간 및 횟수를 줄일 수 있다. 이 경우 줄어든 시간과 횟수는 다음 접견 시에 추가하도록 노력하여야 한다.
> ⑤ 수용자가 「형사소송법」에 따른 상소권회복 또는 재심 청구사건의 대리인이 되려는 변호사와 접견하는 경우에는 교정시설의 안전 또는 질서를 해칠 우려가 없는 한 접촉차단시설이 설치되지 않은 장소에서 접견하게 한다.
> ⑥ 제1항부터 제5항까지에서 규정한 사항 외에 수용자와 제1항 각 호의 변호사의 접견에 관하여 필요한 사항은 법무부령으로 정한다.

정답 ①

22. 수용자의 처우에 대한 헌법재판소의 견해로 옳지 않은 것은?

① 독거수용실에만 텔레비전 시청시설을 설치하지 않음으로써 독거수용 중인 수용자가 TV시청을 할 수 없도록 한 교도소장의 행위는 독거수용실 수용자를 혼거실 수용자와 차별대우한 것으로 평등권을 침해하는 것이다.
② 금치기간 중 실외운동을 원칙적으로 제한하는 것은 청구인의 신체의 자유를 침해하여 헌법에 위반된다.
③ 소송대리인인 변호사와의 접견을 그 성격이 전혀 다른 일반 접견에 포함시켜 접견 시간 및 횟수를 제한하는 것은 청구인의 재판청구권을 침해하여 헌법에 위반된다.
④ 민사재판에 당사자로 출석하는 수형자의 사복착용을 불허하는 것은 공정한 재판을 받을 권리 등을 침해하지 아니한다.

정답 및 해설

① [×] 헌재 2005.5.26. 2004헌마571

> **관련판례**
> 독거수용실에만 텔레비전 시청시설을 설치하지 않음으로써 독거수용 중인 수용자가 TV시청을 할 수 없도록 한 교도소장의 행위가 TV시청시설을 갖춰 텔레비전시청을 허용하고 있는 혼거실 수용자 등 다른 수용자들과 차별적 처우가 이루어지는 결과가 되었다고 하더라도 이러한 행위가 곧 합리적인 이유가 없는 자의적 차별이라고는 할 수 없어 헌법상의 평등원칙에 위배된다고 볼 수 없다(헌재 2005.5.26. 2004헌마571).

② [○] 헌재 2016.5.26. 2014헌마45
③ [○] 헌재 2015.11.26. 2012헌마858
④ [○] 헌재 2015.12.23. 2013헌마712

정답 ①

23 다음 <보기1>의 사례에 관한 <보기2>의 설명 중 옳은 것과 옳지 않은 것을 올바르게 조합한 것은? (판례에 의함)

── 보기 1 ──

피의자 甲은 체포되어 구속영장이 청구되었고, 변호사인 乙은 甲의 가족들의 의뢰를 받아 ○○지방검찰청을 방문하여 사건을 수사 중인 검사 A에게 변호인 접견신청을 하였다.(피의자 甲은 당일 야간에 계속하여 피의자신문을 받을 예정이었음) 검사 A는 ○○구치소 교도관 B에게 변호사 乙의 접견신청이 있었음을 알렸고, 교도관 B는 구치소 변호인 접견 담당직원에게 그 처리 절차에 관하여 문의한 후, 변호사 乙에게 형집행법 시행령 제58조 제1항에 따라 국가공무원 복무규정상 근무시간(09:00 ~ 18:00)이 경과하여 변호인 접견을 허용할 수 없다고 통보하였다. 검사 A는 그 후 변호사 乙의 접견신청에 대하여 더 이상의 조치를 취하지 아니하였고, 변호사 乙은 결국 피의자 甲을 접견하지 못한 채로 검사실에서 퇴실하였다. 검사 A는 변호사인 乙이 퇴실한 이후 피의자 甲에 대한 신문을 계속하였으며, 변호사 乙은 피의자 甲의 변호인으로 선임되지 못하였다.

── 보기 2 ──

㉠ 변호인이 되려는 자의 접견교통권은 피의자 등의 조력을 받을 권리와 표리의 관계에 있다고 볼 수 없고, 이를 헌법상 기본권으로 격상하여 보장하지 않는다고 해서 변호인으로부터 충분한 조력을 받을 피의자 등의 권리가 유명무실하게 된다고 단정할 수 없다.
㉡ 수용자에 대한 접견신청이 있는 경우 이는 수용자의 처우에 관한 사항이므로 그 장소가 교도관의 수용자 계호 및 통제가 요구되는 공간이라면 교도소장·구치소장 또는 그 위임을 받은 교도관이 그 허가 여부를 결정하는 것이 원칙이라 할 것이다.
㉢ 피의자신문 중에 변호인 등(변호인과 변호인이 되려는 자)의 접견신청이 있는 경우에는 원칙적으로 검사 또는 사법경찰관이 그 허가 여부를 결정하여야 하지만, 피의자가 신문받는 장소는 교도관의 수용자 계호 및 통제가 요구되는 공간이므로 피의자를 수사기관으로 호송한 교도관에게도 이를 허가하거나 제한할 권한이 있다.
㉣ 형집행법 시행령 제58조 제1항은 수용자의 접견을 국가공무원 복무규정에 따른 근무시간 내로 한정함으로써 피의자와 변호인 등의 접견교통을 제한하고 있는데, 이 조항은 교도소장·구치소장이 그 허가 여부를 결정하는 변호인 등의 접견신청의 경우에 적용되는 것으로서, 검사 또는 사법경찰관이 그 허가 여부를 결정하는 피의자신문 중 변호인 등의 접견신청의 경우에는 적용되지 않으므로, 이 조항을 근거로 변호인 등의 접견신청을 불허하거나 제한할 수는 없다.

	㉠	㉡	㉢	㉣
①	×	○	×	○
②	○	×	○	×
③	○	○	×	○
④	×	○	○	×

정답 및 해설

옳은 것은 ㉡, ㉣이고, 옳지 않은 것은 ㉠, ㉢이다.

㉠ [×] 헌재 2019.2.28. 2015헌마1204

> **관련판례**
> 변호인이 되려는 자의 접견교통권은 피의자 등(피의자·피고인)을 조력하기 위한 핵심적인 부분으로서, 피의자 등이 가지는 헌법상의 기본권인 변호인이 되려는 자와의 접견교통권과 표리의 관계에 있다. 따라서 피의자 등이 가지는 변호인이 되려는 자의 조력을 받을 권리가 실질적으로 확보되기 위해서는 변호인이 되려는 자의 접견교통권 역시 헌법상 기본권으로서 보장되어야 한다(헌재 2019.2.28. 2015헌마1204).

㉡ [○], ㉢ [×] 헌재 2019.2.28. 2015헌마1204

> **관련판례**
> 수용자에 대한 접견신청이 있는 경우 이는 수용자의 처우에 관한 사항이므로 그 장소가 교도관의 수용자 계호 및 통제가 요구되는 공간이라면 교도소장·구치소장 또는 그 위임을 받은 교도관이 그 허가 여부를 결정하는 것이 원칙이나, 형사소송법 제243조의2 제1항은 피의자신문 중에 변호인 접견신청이 있는 경우에는 검사 또는 사법경찰관으로 하여금 그 허가 여부를 결정하도록 하고 있고, 형사소송법 제34조는 변호인의 접견교통권과 변호인이 되려는 자의 접견교통권에 차이를 두지 않고 함께 규정하고 있으므로, 변호인이 되려는 자가 피의자신문 중에 형사소송법 제34조에 따라 접견신청을 한 경우에도 그 허가 여부를 결정할 주체는 검사 또는 사법경찰관이라고 보아야 할 것이므로 피의자신문 중 변호인 등의 접견신청이 있는 경우 피의자를 수사기관으로 호송한 교도관에게 이를 허가하거나 제한할 권한은 인정되지 않는다고 할 것이다(헌재 2019.2.28. 2015헌마1204).

㉣ [○] 헌재 2019.2.28. 2015헌마1204

정답 ①

---

24 법령 및 판례상 접견에 대한 설명으로 옳지 않은 것은 모두 몇 개인가? (다툼이 있는 경우 판례에 의함)

2023년 5급 승진

> ㉠ 특정한 시점을 전후한 변호인 접견의 상황이나 수사 또는 재판의 진행 과정에 비추어 미결수용자가 방어권을 행사하기 위해 변호인의 조력을 받을 기회가 충분히 보장되었다고 인정될 수 있는 경우에는 비록 미결수용자 또는 그 변호인이 원하는 특정 시점에 접견이 이루어지지 못하였다 하더라도 변호인의 조력을 받을 권리가 침해되었다고 할 수 없다.
> ㉡ 원칙적으로 미결수용자와 변호인 아닌 자와의 접견 내용을 녹음·녹화할 수 없으나, 범죄의 증거를 인멸하거나 형사 법령에 저촉되는 행위를 할 우려가 있는 때 등의 사유가 있을 때에 한하여 예외적으로 녹음 또는 녹화하게 할 수 있다는 규정은 미결수용자의 사생활의 비밀과 자유 및 통신의 비밀을 침해하지 아니한다.
> ㉢ 소장은 수용자가 소송사건의 대리인인 변호사와 접견하는 경우에는 접견 내용의 청취 및 기록을 위하여 그 접견에 교도관을 참여시켜야 한다.
> ㉣ 헌법재판소는 수형자가 어머니와 화상접견을 하면서 재소자용 평상복 상의를 탈의하고 그 안에 착용 중인 자비구매 의류만 입고 화상접견을 할 수 있도록 허가할 것을 요구하였으나 소장이 이를 받아들이지 않은 사안에서 수형자에게 화상접견 시 평상복 탈의 허가를 신청할 권리가 있다고 보아 접견 시 수형자의 사복 착용을 제한하는 것은 일반적 행동자유권을 침해한다고 보았다.

① 0개 ② 1개
③ 2개 ④ 3개

옳지 않은 것은 ㉢, ㉣이다.

㉠ [○] 헌재 2011.5.26. 2009헌마341

> **관련판례**
> 변호인의 조력을 받을 권리를 보장하는 목적은 피의자 또는 피고인의 방어권 행사를 보장하기 위한 것이므로, 미결수용자 또는 변호인이 원하는 특정한 시점에 접견이 이루어지지 못하였다 하더라도 그것만으로 곧바로 변호인의 조력을 받을 권리가 침해되었다고 단정할 수는 없는 것이고, 변호인의 조력을 받을 권리가 침해되었다고 하기 위해서는 접견이 불허된 특정한 시점을 전후한 수사 또는 재판의 진행 경과에 비추어 보아, 그 시점에 접견이 불허됨으로써 피의자 또는 피고인의 방어권 행사에 어느 정도는 불이익이 초래되었다고 인정할 수 있어야만 하며, 그 시점을 전후한 변호인 접견의 상황이나 수사 또는 재판의 진행 과정에 비추어 미결수용자가 방어권을 행사하기 위해 변호인의 조력을 받을 기회가 충분히 보장되었다고 인정될 수 있는 경우에는, 비록 미결수용자 또는 그 상대방인 변호인이 원하는 특정 시점에는 접견이 이루어지지 못하였다 하더라도 변호인의 조력을 받을 권리가 침해되었다고 할 수 없다(헌재 2011.5.26. 2009헌마341).

㉡ [○] 헌재 2016.11.24. 2014헌바401
㉢ [×] 소장은 접견내용의 청취·기록을 위하여 ⓐ 변호인과 접견하는 미결수용자, ⓑ 소송사건의 대리인인 변호사와 접견하는 수용자를 제외한 수용자의 접견에 교도관을 참여하게 할 수 있다(형집행법 시행령 제62조 제1항).
㉣ [×] 헌재 2016.5.24. 2016헌마349

> **관련판례**
> 수형자가 어머니와 화상접견을 하면서 재소자용 평상복 상의를 탈의하고 그 안에 착용 중인 자비구매 의류만 입고 화상접견을 할 수 있도록 허가할 것을 요구하였으나 소장이 이를 받아들이지 않은 사안에서, 형집행법 및 관계 법령 어디에서도 접견 또는 화상접견 시 수형자에게 사복을 착용할 수 있는 권리나 평상복 탈의를 신청할 수 있는 권리를 명시적으로 규정하고 있지 아니하고, 법령의 해석상으로도 수형자에게 그러한 권리가 인정된다고 보기 어렵다(헌재 2016.5.24. 2016헌마349).

정답 ③

25

수용자의 처우 및 권리에 대한 설명으로 옳지 않은 것은? (다툼이 있는 경우 판례에 의함) 2022. 교정 7급

① 수용자가 변호사와 접견하는 경우에도 일률적으로 접촉차단시설이 설치된 장소에서 하도록 하는 규정은 과잉금지원칙에 위배되지 않으며 재판청구권을 침해하는 것도 아니다.
② 수형자가 헌법소원 사건의 국선대리인인 변호사를 접견함에 있어서 교도관이 그 접견내용을 녹음, 기록한 행위는 해당 수형자의 재판을 받을 권리를 침해한다.
③ 수용자가 보내려는 모든 서신에 대해 무봉함 상태의 제출을 강제함으로써 수용자의 발송 서신 모두를 검열 가능한 상태에 놓이도록 하는 것은 수용자의 통신비밀의 자유를 침해하는 것이다.
④ 수형자에 대하여 전면적·획일적으로 선거권을 제한하는 것은 헌법상 선거권을 침해하는 것이며, 보통선거원칙에 위반하여 평등원칙에도 어긋난다.

정답 및 해설

① [×] 헌재 2013.8.29. 2011헌마122

> ⚖️ **관련판례**
>
> **변호사와 접견하는 경우에도 수용자의 접견은 원칙적으로 접촉차단시설이 설치된 장소에서 하도록 규정하고 있는 형집행법 시행령 제58조 제4항이 재판청구권을 침해하는지 여부(적극)**
> 형집행법 시행령 제58조 제4항에 따르면 수용자가 형사사건이 아닌 민사, 행정, 헌법소송 등 법률적 분쟁과 관련하여 변호사의 도움을 받는 경우에는 원칙적으로 접촉차단시설이 설치된 장소에서 접견을 해야 한다. 그 결과 수용자는 효율적인 재판준비를 하는 것이 곤란하게 되고, 특히 교정시설 내에서의 처우에 대하여 국가 등을 상대로 소송을 하는 경우에는 소송의 상대방에게 소송자료를 그대로 노출하게 되어 무기대등의 원칙을 훼손할 수 있다. 변호사 직무의 공공성, 윤리성 및 사회적 책임성은 변호사 접견권을 이용한 증거인멸, 도주 및 마약 등 금지물품 반입 시도 등의 우려를 최소화시킬 수 있으며, 변호사접견이라 하더라도 교정시설의 질서 등을 해할 우려가 있는 특별한 사정이 있는 경우에는 예외를 두도록 한다면 악용될 가능성도 방지할 수 있다. 따라서 형집행법 시행령 제58조 제4항은 과잉금지원칙에 위반하여 청구인의 재판청구권을 지나치게 제한하고 있으므로, 헌법에 위반된다(헌재 2013.8.29. 2011헌마122).

▶ 이 판례로 인해 형집행법 개정(2019.4.23.)으로 동법 제41조 제2항에 반영되었다.

② [○] 헌재 2013.9.26. 2011헌마398

> ⚖️ **관련판례**
>
> 수형자와 변호사와의 접견내용을 녹음, 녹화하게 되면 그로 인해 제3자인 교도소 측에 접견내용이 그대로 노출되므로 수형자와 변호사는 상담과정에서 상당히 위축될 수밖에 없고, 특히 소송의 상대방이 국가나 교도소 등의 구금시설로서 그 내용이 구금시설 등의 부당처우를 다투는 내용일 경우에 접견내용에 대한 녹음, 녹화는 실질적으로 당사자대등의 원칙에 따른 무기평등을 무력화시킬 수 있다. 변호사는 다른 전문직에 비하여도 더욱 엄격한 직무의 공공성 등이 강조되고 있는 지위에 있으므로, 소송사건의 변호사가 접견을 통하여 수형자와 모의하는 등으로 법령에 저촉되는 행위를 하거나 이에 가담하는 등의 행위를 할 우려는 거의 없다. 또한, 접견의 내용이 소송준비를 위한 상담내용일 수밖에 없는 변호사와의 접견에 있어서 수형자의 교화나 건전한 사회복귀를 위해 접견내용을 녹음, 녹화할 필요성을 생각하는 것도 어렵다. 이 사건에 있어서 청구인과 헌법소원 사건의 국선대리인인 변호사의 접견내용에 대해서는 접견의 목적이나 접견의 상대방 등을 고려할 때 녹음, 기록이 허용되어서는 아니 될 것임에도, 이를 녹음, 기록한 행위는 청구인의 재판을 받을 권리를 침해한다(헌재 2013.9.26. 2011헌마398).

③ [○] 헌재 2012.2.23. 2009헌마333

> ⚖️ **관련판례**
>
> 형집행법 시행령 제65조 제1항은 교정시설의 안전과 질서유지, 수용자의 교화 및 사회복귀를 원활하게 하기 위해 수용자가 밖으로 내보내는 서신을 봉함하지 않은 상태로 제출하도록 한 것이나, 이와 같은 목적은 교도관이 수용자의 면전에서 서신에 금지물품이 들어 있는지를 확인하고 수용자로 하여금 서신을 봉함하게 하는 방법, 봉함된 상태로 제출된 서신을 X-ray 검색기 등으로 확인한 후 의심이 있는 경우에만 개봉하여 확인하는 방법, 서신에 대한 검열이 허용되는 경우에만 무봉함 상태로 제출하도록 하는 방법 등으로도 얼마든지 달성할 수 있다고 할 것인바, 위 시행령 조항이 수용자가 보내려는 모든 서신에 대해 무봉함 상태의 제출을 강제함으로써 수용자의 발송 서신 모두를 사실상 검열 가능한 상태에 놓이도록 하는 것은 기본권 제한의 최소 침해성 요건을 위반하여 수용자인 청구인의 통신비밀의 자유를 침해하는 것이다(헌재 2012.2.23. 2009헌마333).

④ [○] 헌재 2014.1.28. 2012헌마409

> ⚖️ **관련판례**
>
> 공직선거법 제18조 제1항 제2호는 집행유예자와 수형자에 대하여 전면적·획일적으로 선거권을 제한하고 있다. 심판대상조항의 입법목적에 비추어 보더라도, 구체적인 범죄의 종류나 내용 및 불법성의 정도 등과 관계없이 일률적으로 선거권을 제한하여야 할 필요성이 있다고 보기는 어렵다. 범죄자가 저지른 범죄의 경중을 전혀 고려하지 않고 수형자와 집행유예자 모두의 선거권을 제한하는 것은 침해의 최소성원칙에 어긋난다. 특히 집행유예자는 집행유예 선고가 실효되거나 취소되지 않는 한 교정시설에 구금되지 않고 일반인과 동일한 사회생활을 하고 있으므로, 그들의 선거권을 제한해야 할 필요성이 크지 않다. 따라서 심판대상조항은 청구인들의 선거권을 침해하고, 보통선거원칙에 위반하여 집행유예자와 수형자를 차별취급하는 것이므로 평등원칙에도 어긋난다. 수형자에 관한 부분의 위헌성은 지나치게 전면적·획일적으로 수형자의 선거권을 제한한다는 데 있다. 그런데 그 위헌성을 제거하고 수형자에게 헌법합치적으로 선거권을 부여하는 것은 입법자의 형성재량에 속하므로 심판대상조항 중 수형자에 관한 부분에 대하여 헌법불합치결정을 선고한다(헌재 2014.1.28. 2012헌마409).

정답 ①

제2절 | 편지수수

01 「형의 집행 및 수용자의 처우에 관한 법률」상 편지의 발신 또는 수신을 금지할 수 있는 사유를 모두 고른 것은?
2019. 7급 승진

㉠ 암호·기호 등 이해할 수 없는 특수문자로 작성되어 있는 때
㉡ 범죄의 증거를 인멸할 우려가 있는 때
㉢ 형사 법령에 저촉될 우려가 있는 내용이 기재되어 있는 때
㉣ 수용자의 처우 또는 교정시설의 운영에 관하여 왜곡하는 사실을 포함하고 있는 때
㉤ 사생활의 비밀 또는 자유를 침해할 우려가 있는 때
㉥ 수형자의 교화 또는 건전한 사회복귀를 해칠 우려가 있는 때
㉦ 시설의 안전 또는 질서를 해칠 우려가 있는 때

① ㉠, ㉡, ㉢, ㉣, ㉤
② ㉠, ㉡, ㉢, ㉣, ㉦
③ ㉠, ㉡, ㉤, ㉥, ㉦
④ ㉡, ㉢, ㉤, ㉥, ㉦

정답 및 해설

편지의 발신 또는 수신을 금지할 수 있는 사유는 ㉠, ㉡, ㉤, ㉥, ㉦이다.
㉢ [×] 형사 법령에 저촉되는 내용이 기재되어 있는 때(형집행법 제43조 제5항 제3호)
㉣ [×] 수용자의 처우 또는 교정시설의 운영에 관하여 명백한 거짓사실을 포함하고 있는 때(동법 제43조 제5항 제4호)

정답 ③

02 「형의 집행 및 수용자의 처우에 관한 법률 시행령」상 소장이 금지물품의 확인을 위하여 수용자의 편지를 봉함하지 않은 상태로 제출하게 할 수 있는 사유로 가장 옳지 않은 것은?
2022. 6급 승진

① 마약류사범·조직폭력사범 등 법무부령으로 정하는 수용자가 변호인 외의 자에게 편지를 보내려는 경우
② 중(重)경비시설 수용대상인 수형자가 변호인 외의 자에게 편지를 보내려는 경우
③ 수용자가 같은 교정시설에 수용 중인 다른 수용자에게 편지를 보내려는 경우
④ 순회점검공무원에게 청원 중인 수용자가 다른 교정시설에 수용 중인 수용자에게 편지를 보내려는 경우

정답 및 해설

> **편지 내용물의 확인(형집행법 시행령 제65조 제1항 단서)**
> 다만, 소장은 다음의 어느 하나에 해당하는 경우로서 금지물품의 확인을 위하여 필요한 경우에는 편지를 봉함하지 않은 상태로 제출하게 할 수 있다.
> 1. 마약류사범·조직폭력사범 등 법무부령으로 정하는 수용자가 변호인 외의 자에게 편지를 보내려는 경우
> 2. 처우등급이 중(重)경비시설 수용대상인 수형자가 변호인 외의 자에게 편지를 보내려는 경우
> 3. 수용자가 같은 교정시설에 수용 중인 다른 수용자에게 편지를 보내려는 경우
> 4. 규율위반으로 조사 중이거나 징벌집행 중인 수용자가 다른 수용자에게 편지를 보내려는 경우

정답 ④

03 형의 집행 및 수용자의 처우에 관한 법령상 소장이 수용자 간의 편지를 검열할 수 있는 경우에 해당하지 않는 것은?

2016. 교정 9급

① 범죄의 증거를 인멸할 우려가 있는 때
② 규율위반으로 조사 중이거나 징벌집행 중인 때
③ 편지를 주고받으려는 수용자와 같은 교정시설에 수용 중인 때
④ 민·형사 법령에 저촉되는 내용이 기재되어 있다고 의심할 만한 상당한 이유가 있는 때

정답 및 해설

📄 편지 내용의 검열사유(형집행법 제43조 제4항 단서)

수용자가 주고받는 편지의 내용은 검열받지 아니한다. 다만, 다음의 어느 하나에 해당하는 사유가 있으면 그러하지 아니하다.
① 편지의 상대방이 누구인지 확인할 수 없는 때
② 「형사소송법」이나 그 밖의 법률에 따른 편지검열의 결정이 있는 때
③ 수형자의 교화 또는 건전한 사회복귀를 해칠 우려가 있는 내용이 기재되어 있다고 의심할 만한 상당한 이유가 있는 때
④ 시설의 안전 또는 질서를 해칠 우려가 있는 내용이 기재되어 있다고 의심할 만한 상당한 이유가 있는 때
⑤ 형사 법령에 저촉되는 내용이 기재되어 있다고 의심할 만한 상당한 이유가 있는 때
⑥ 대통령령으로 정하는 수용자 간의 편지인 때

📄 수용자 간의 편지 내용 검열사유(동법 시행령 제66조 제1항)

소장은 다음의 어느 하나에 해당하는 수용자가 다른 수용자와 편지를 주고받는 때에는 그 내용을 검열할 수 있다.
① 마약류사범·조직폭력사범 등 법무부령으로 정하는 수용자인 때
② 편지를 주고받으려는 수용자와 같은 교정시설에 수용 중인 때
③ 규율위반으로 조사 중이거나 징벌집행 중인 때
④ 범죄의 증거를 인멸할 우려가 있는 때

정답 ④

04 현행법령상 편지검열의 사유가 아닌 것은 모두 몇 개인가?

2019. 6급 승진

㉠ 편지의 상대방이 누구인지 확인할 수 없는 때
㉡ 「형사소송법」이나 그 밖의 법률에 따른 편지검열의 결정이 있는 때
㉢ 수형자의 교화 또는 건전한 사회복귀를 해칠 우려가 있는 내용이 기재되어 있다고 의심할 만한 상당한 이유가 있는 때
㉣ 시설의 안전 또는 질서를 해칠 우려가 있는 내용이 기재되어 있다고 의심할 만한 상당한 이유가 있는 때
㉤ 형사 법령에 저촉되는 내용이 기재되어 있다고 의심할 만한 상당한 이유가 있는 때
㉥ 사생활의 비밀 또는 자유를 침해할 우려가 있는 내용이 기재되어 있다고 의심할 만한 상당한 이유가 있는 때

① 0개 ② 1개
③ 2개 ④ 3개

정답 및 해설

편지검열의 사유가 아닌 것은 ⓑ이다.
㉠ ~ ⓔ [○] 동법 제43조 제4항
ⓑ [×] 검열한 결과 편지의 내용이 '사생활의 비밀 또는 자유를 침해할 우려가 있는 때'에 해당하면 발신 또는 수신을 금지할 수 있다(형집행법 제43조 제5항).

정답 ②

05 형집행법령상 수용자 편지수수에 대한 설명으로 옳은 것은? 2020. 6급 승진

① 형집행법 시행령 제66조에 따른 수용자 간에 오가는 편지에 대한 검열은 편지를 받는 교정시설에서 한다. 다만, 특히 필요하다고 인정되는 경우에는 편지를 보내는 교정시설에서도 할 수 있다.
② 소장은 수용자가 주고받는 편지에 법령에 따라 금지된 물품이 들어 있는지 확인할 수 있으며, 확인한 결과 법령으로 금지된 물품이 들어 있으면 편지의 내용과 상관없이 발신 또는 수신을 금지할 수 있다.
③ 소장은 수용자에게 온 편지에 금지물품이 들어있는지 확인할 필요성이 있는 경우 개봉하지 않은 상태에서 X-ray 투시기 등으로 외피검사만 할 수 있다.
④ 소장은 법원·경찰관서, 그 밖의 관계기관에서 수용자에게 보내온 문서는 다른 법령에 특별한 규정이 없으면 열람 없이 본인에게 전달하여야 한다.

정답 및 해설

① [×] 수용자 간에 오가는 편지에 대한 검열은 편지를 보내는 교정시설에서 한다. 다만, 특히 필요하다고 인정되는 경우에는 편지를 받는 교정시설에서도 할 수 있다(동법 시행령 제66조 제2항).
② [○] 소장은 수용자가 주고받는 편지에 법령에 따라 금지된 물품이 들어 있는지 확인할 수 있으며(형집행법 제43조 제3항), 금지물품 확인(동법 제43조 제3항) 또는 예외적 검열(동법 제43조 제4항 단서)에 따라 확인 또는 검열한 결과 수용자의 편지에 법령으로 금지된 물품이 들어 있거나 편지의 내용이 일정한 사유에 해당하면 발신 또는 수신을 금지할 수 있다(동법 제43조 제5항).
③ [×] 소장은 수용자가 주고받는 편지가 검열사유(동법 제43조 제4항)에 해당하면 이를 개봉한 후 검열할 수 있다(동법 시행령 제66조 제3항).
④ [×] 소장은 법원·경찰관서, 그 밖의 관계기관에서 수용자에게 보내온 문서는 다른 법령에 특별한 규정이 없으면 열람한 후 본인에게 전달하여야 한다(동법 시행령 제67조).

정답 ②

06 수용자에게 편지를 봉함하지 않은 상태로 제출하게 할 수 있는 경우는 모두 몇 개인가? 2018. 6급 승진

㉠ 절도죄로 안양교도소에 수용된 A가 서울구치소에 수용 중인 수용자 B에게 편지를 보내려는 경우
㉡ 대전교도소에 수용 중인 중경비시설 수용대상인 수형자 C가 변호인에게 편지를 보내려는 경우
㉢ 대구교도소에서 징벌 집행 중인 수용자 D가 부산교도소 수용자 E에게 편지를 보내려는 경우

① 0개　　　　　　　　　　　② 1개
③ 2개　　　　　　　　　　　④ 3개

정답 및 해설

편지를 봉함하지 않은 상태로 제출하게 할 수 있는 경우는 ㉢이다.
- ㉠ [×] 수용자가 다른 교정시설에 수용 중인 수용자에게 편지를 보내려는 경우에는 해당 편지를 봉함하여 교정시설에 제출하지만(동법 시행령 제65조 제1항 본문), 수용자가 같은 교정시설에 수용 중인 다른 수용자에게 편지를 보내려는 경우로서 금지물품의 확인을 위하여 필요한 경우에는 편지를 봉함하지 않은 상태로 제출하게 할 수 있다(동법 시행령 제65조 제1항 단서).
- ㉡ [×] 처우등급이 중경비시설 수용대상인 수형자가 변호인 외의 자에게 편지를 보내려는 경우로서 금지물품의 확인을 위하여 필요한 경우에는 편지를 봉함하지 않은 상태로 제출하게 할 수 있다(동법 시행령 제65조 제1항 단서).
- ㉢ [○] 규율위반으로 조사 중이거나 징벌집행 중인 수용자가 다른 수용자에게 편지를 보내려는 경우로서 금지물품의 확인을 위하여 필요한 경우에는 편지를 봉함하지 않은 상태로 제출하게 할 수 있다(형집행법 시행령 제65조 제1항 단서).

정답 ②

07 형의 집행 및 수용자의 처우에 관한 법령이 규율하는 수용자의 편지수수에 대한 설명으로 옳은 것은?

2015. 5급 승진

① 수용자는 다른 사람과 편지를 주고받을 때에는 소장의 허가를 받아야 하지만, 같은 교정시설의 수용자 간에는 그러하지 아니한다.
② 소장은 시설의 안전을 해칠 우려가 있는 내용이 기재되어 있다고 의심할 만한 상당한 이유가 있는 때에는 수용자가 주고받은 편지의 내용을 검열할 수 있다.
③ 소장은 수용자가 규율을 위반하여 조사 중이란 이유로 그의 편지수수를 제한하거나 편지내용을 검열하여서는 아니 된다.
④ 소장은 범죄의 증거를 인멸할 우려가 있다고 판단하는 때에는 변호인에게 발송하는 편지의 경우에도 봉함하지 아니하고 제출하게 할 수 있다.
⑤ 소장은 법원이나 경찰관서에서 수용자에게 보내온 문서의 경우에는 이를 열람할 수 없다.

정답 및 해설

① [×] 원칙적으로 수용자는 소장의 허가 없이 다른 사람과 편지를 주고받을 수 있으나(동법 제43조 제1항), 같은 교정시설의 수용자 간에 편지를 주고받으려면 소장의 허가를 받아야 한다(동법 제43조 제2항).
② [○] 형집행법 제43조 제4항 제3호
③ [×] 수용자가 규율위반으로 조사 중인 경우 다른 수용자와 편지를 주고받는 때에는 그 내용을 검열할 수 있다(동법 시행령 제66조 제1항).
④ [×] 소장은 범죄의 증거를 인멸할 우려가 있다고 판단하는 때에도 변호인에게 발송하는 편지는 봉함하지 않은 상태로 제출하게 할 수 없다(시행령 제65조 제1항, 동법 제88조).
⑤ [×] 소장은 법원·경찰관서, 그 밖의 관계기관에서 수용자에게 보내온 문서는 다른 법령에 특별한 규정이 없으면 열람한 후 본인에게 전달하여야 한다(동법 시행령 제67조).

정답 ②

08 「형의 집행 및 수용자의 처우에 관한 법률 시행령」상 수용자의 편지수수에 대한 설명으로 옳은 것은?

2013. 교정 7급

① 수용자는 편지를 보내려는 경우 해당 편지를 봉함하지 않은 상태로 제출한다.
② 수용자가 보내는 편지의 발송한도는 매주 7회이다.
③ 소장은 수용자에게 온 편지에 금지물품이 들어 있는지를 개봉하여 확인할 수 있다.
④ 수용자의 편지·소송서류 등의 문서를 보내는 데 드는 비용은 국가가 부담하는 것을 원칙으로 한다.

정답 및 해설

① [×] 수용자는 편지를 보내려는 경우 해당 편지를 봉함하여 교정시설에 제출한다(동법 시행령 제65조 제1항 본문).
② [×] 수용자가 보내거나 받는 편지는 법령에 어긋나지 않으면 횟수를 제한하지 않는다(동법 시행령 제64조).
③ [○] 형집행법 시행령 제65조 제2항
④ [×] 수용자의 편지·소송서류, 그 밖의 문서를 보내는 경우에 드는 비용은 수용자가 부담한다. 다만, 소장은 수용자가 그 비용을 부담할 수 없는 경우에는 예산의 범위에서 해당 비용을 부담할 수 있다(동법 시행령 제69조).

> **편지 내용물의 확인**(형집행법 시행령 제65조 제1항 단서)
>
> 수용자는 편지를 보내려는 경우 해당 편지를 봉함하여 교정시설에 제출한다. 다만, 소장은 다음의 어느 하나에 해당하는 경우로서 금지물품의 확인을 위하여 필요한 경우에는 편지를 봉함하지 않은 상태로 제출하게 할 수 있다.
> ① 마약류사범·조직폭력사범 등 법무부령으로 정하는 수용자가 변호인 외의 자에게 편지를 보내려는 경우(제1호 가목)
> ② 처우등급이 중경비시설 수용대상인 수형자가 변호인 외의 자에게 편지를 보내려는 경우(제1호 나목)
> ③ 수용자가 같은 교정시설에 수용 중인 다른 수용자에게 편지를 보내려는 경우(제2호)
> ④ 규율위반으로 조사 중이거나 징벌집행 중인 수용자가 다른 수용자에게 편지를 보내려는 경우(제3호)

정답 ③

09 형의 집행 및 수용자의 처우에 관한 법령상 수용자의 편지수수 등에 대한 설명으로 옳지 않은 것은?

2024. 교정 9급

① 수용자는 시설의 안전 또는 질서를 해칠 우려가 있는 때에는 다른 사람과 편지를 주고받을 수 없다.
② 수용자가 보내거나 받는 편지는 법령에 어긋나지 않으면 횟수를 제한하지 않는다.
③ 소장은 규율위반으로 징벌집행 중인 수용자가 다른 수용자와 편지를 주고받는 때에는 그 내용을 검열하여야 한다.
④ 소장은 법원·경찰관서, 그 밖의 관계기관에서 수용자에게 보내온 문서는 다른 법령에 특별한 규정이 없으면 열람한 후 본인에게 전달하여야 한다.

정답 및 해설

① [○] 수용자는 다른 사람과 편지를 주고받을 수 있다. 다만, ㉠「형사소송법」이나 그 밖의 법률에 따른 편지의 수수금지 및 압수의 결정이 있는 때, ㉡ 수형자의 교화 또는 건전한 사회복귀를 해칠 우려가 있는 때, ㉢ 시설의 안전 또는 질서를 해칠 우려가 있는 때에는 그러하지 아니하다(동법 제43조 제1항).
② [○] 동법 시행령 제64조
③ [×] 소장은 ㉠ 마약류사범·조직폭력사범 등 법무부령으로 정하는 수용자인 때, ㉡ 편지를 주고받으려는 수용자와 같은 교정시설에 수용 중인 때, ㉢ 규율위반으로 조사 중이거나 징벌집행 중인 때, ㉣ 범죄의 증거를 인멸할 우려가 있는 때에는 수용자가 다른 수용자와 편지를 주고받는 때에는 그 내용을 검열할 수 있다(형집행법 시행령 제66조 제1항).
④ [○] 동법 시행령 제67조

정답 ③

10 「형의 집행 및 수용자의 처우에 관한 법률」에 명시된 수용자의 편지수수가 금지되는 사유에 해당하지 않는 것은?

2021. 5급 승진

① 「형사소송법」이나 그 밖의 법률에 따른 편지의 수수금지 및 압수의 결정이 있는 때
② 수형자의 교화 또는 건전한 사회복귀를 해칠 우려가 있는 때
③ 시설의 안전 또는 질서를 해칠 우려가 있는 때
④ 편지의 상대방이 누구인지 확인할 수 없는 때

정답 및 해설

①, ②, ③ [○] 동법 제43조 제1항 단서
④ [×] 편지검열사유에 해당한다(형집행법 제43조).

정답 ④

11 형집행법령상 수용자의 편지수수에 대한 설명으로 가장 옳지 않은 것은?

2021. 6급 승진

① 소장은 편지의 내용을 검열했을 때에는 그 사실을 해당 수용자에게 지체없이 알려주어야 한다.
② 편지발송의 횟수, 편지 내용물의 확인방법 및 편지 내용의 검열절차 등에 관하여 필요한 사항은 대통령령으로 정한다.
③ 수용자 간에 오가는 편지에 대한 검열은 편지를 받는 교정시설에서 한다. 다만, 특히 필요하다고 인정되는 경우에는 편지를 보내는 교정시설에서도 할 수 있다.
④ 같은 교정시설의 수용자 간에 편지를 주고받으려면 소장의 허가를 받아야 한다.

정답 및 해설

① [○] 동법 시행령 제66조 제5항
② [○] 동법 제43조 제8항
③ [×] 수용자 간에 오가는 편지에 대한 검열은 편지를 보내는 교정시설에서 한다. 다만, 특히 필요하다고 인정되는 경우에는 편지를 받는 교정시설에서도 할 수 있다(형집행법 시행령 제66조 제2항).
④ [○] 동법 제43조 제2항

정답 ③

12 수용자의 편지검열에 대한 설명으로 옳지 않은 것은? (다툼이 있는 경우 판례에 의함)

① 상대방이 누구인지 확인할 수 없는 때에는 그 내용을 검열할 수 있다.
② 같은 교정시설에 수용 중인 수용자 간에 편지를 주고받으려면 소장의 허가를 받아야 하고 소장은 그 내용을 검열할 수 있다.
③ 규율위반으로 징벌집행 중인 수용자가 외부의 다른 사람과 편지를 주고받는 때에는 그 내용을 검열할 수 있다.
④ 수용자가 밖으로 내보내는 모든 편지를 봉함하지 않은 상태로 교정시설에 제출하도록 규정하고 있는 형집행법 시행령 제65조 제1항은 통신비밀의 자유를 침해하는 것이다.

정답 및 해설

① [○] 동법 제43조 제4항 제1호
② [○] 같은 교정시설에 수용 중인 수용자 간의 편지는 허가(법 제43조 제2항)와 검열(시행령 제66조 제1항 제2호) 및 편지를 봉함하지 않은 상태로 제출하게 할 수 있는 사유(시행령 제65조 제1항 제2호)가 되고, 다른 교정시설에 수용되어 있는 수용자와 주고받는 편지는 일정한 경우 검열(시행령 제66조 제1항 제1호·제3호·제4호)과 편지를 봉함하지 않은 상태로 제출하게 할 수 있는 사유(시행령 제65조 제1항 제1호·제3호)가 된다.
③ [×] 규율위반으로 조사 중이거나 징벌집행 중인 수용자가 다른 수용자와 편지를 주고받는 때에는 그 내용을 검열할 수 있으나(형집행법 시행령 제66조 제1항 제3호), 규율위반으로 징벌집행 중인 수용자가 외부의 다른 사람과 편지를 주고받는 때에는 검열사유가 아니다.
④ [○] 헌재 2012.2.23. 2009헌마333

> **관련판례**
> 수용자가 밖으로 내보내는 모든 서신을 봉함하지 않은 상태로 교정시설에 제출하도록 규정하고 있는 형집행법 시행령 제65조 제1항이 청구인의 통신 비밀의 자유를 침해하는지 여부(적극)
> 이 사건 시행령조항은 교정시설의 안전과 질서유지, 수용자의 교화 및 사회복귀를 원활하게 하기 위해 수용자가 밖으로 내보내는 서신을 봉함하지 않은 상태로 제출하도록 한 것이나, 이와 같은 목적은 ⑦ 교도관이 수용자의 면전에서 서신에 금지물품이 들어 있는지를 확인하고 수용자로 하여금 서신을 봉함하게 하는 방법, ⑥ 봉함된 상태로 제출된 서신을 X-ray 검색기 등으로 확인한 후 의심이 있는 경우에만 개봉하여 확인하는 방법, ⓒ 조직폭력수용자·마약류수용자·관심대상수용자 등과 같이 교정시설의 안전과 질서유지를 위하여 다른 수용자와의 접촉을 차단하거나 계호를 엄중히 하여야 하는 수용자(엄중관리대상자)에 한정하여 무봉함 서신 제출 대상자로 정하는 방법, ⓔ 서신에 대한 검열이 허용되는 경우에만 무봉함 상태로 제출하도록 하는 방법 등으로도 얼마든지 달성할 수 있다고 할 것인바, 위 시행령 조항이 수용자가 보내려는 모든 서신에 대해 무봉함 상태의 제출을 강제함으로써 수용자의 발송 서신 모두를 사실상 검열 가능한 상태에 놓이도록 하는 것은 기본권 제한의 최소 침해성 요건을 위반하여 수용자인 청구인의 통신비밀의 자유를 침해하는 것이다(헌재 2012.2.23. 2009헌마333).

정답 ③

13. 수용자의 편지수수에 대한 설명으로 옳지 않은 것은?

① A교도소에 수용되어 있는 수형자 甲이 B구치소에 수용되어 있는 미결수용자 乙과 편지를 주고받으려면 A교도소장의 허가를 받아야 한다.
② 19세인 미결수용자 甲이 보내거나 받는 편지는 법령에 어긋나지 않으면 횟수를 제한하지 않는다.
③ 마약류 사범으로 A교도소에 수용되어 있는 수형자 甲이 B구치소의 수용자 乙에게 보내는 편지의 검열은 A교도소에서 하는 것이 원칙이다.
④ 현행법에 따라 발신이 금지된 수형자 甲의 편지는 甲에게 그 사유를 알린 후 동의하면 이를 폐기할 수 있다.

정답 및 해설

① [×] 같은 교정시설의 수용자 간에 편지를 주고받으려면 소장의 허가를 받아야 하지만(형집행법 제43조 제2항), 수용자는 다른 사람과 편지를 주고받을 수 있으므로(동법 제43조 제1항 본문) 다른 교정시설에 수용되어 있는 수용자에게 편지를 보내는 경우에는 허가의 대상이 아니다.
② [○] 수용자가 보내거나 받는 편지는 법령에 어긋나지 않으면 횟수를 제한하지 않는다(동법 시행령 제64조).
③ [○] 마약류사범이 다른 수용자와 편지를 주고받는 때에는 그 내용을 검열할 수 있다(동법 시행령 제66조 제1항). 수용자 간에 오가는 편지에 대한 검열은 편지를 보내는 교정시설에서 한다. 다만, 특히 필요하다고 인정되는 경우에는 편지를 받는 교정시설에서도 할 수 있다(동법 시행령 제66조 제2항).
④ [○] 소장은 발신 또는 수신이 금지된 편지는 그 구체적인 사유를 서면으로 작성해 관리하고, 수용자에게 그 사유를 알린 후 교정시설에 보관한다. 다만, 수용자가 동의하면 폐기할 수 있다(동법 제43조 제7항).

> **편지수수 제한사유**(형집행법 제43조 제1항)
>
> 수용자는 다른 사람과 편지를 주고받을 수 있다. 다만, 다음의 어느 하나에 해당하는 사유가 있으면 그러하지 아니하다.
> 1. 「형사소송법」이나 그 밖의 법률에 따른 편지의 수수금지 및 압수의 결정이 있는 때
> 2. 수형자의 교화 또는 건전한 사회복귀를 해칠 우려가 있는 때
> 3. 시설의 안전 또는 질서를 해칠 우려가 있는 때

> **발신 또는 수신 금지사유**(형집행법 제43조 제5항)
>
> 소장은 제3항(금지물품의 확인) 또는 제4항 단서(편지내용의 검열사유)에 따라 확인 또는 검열한 결과 수용자의 편지에 법령으로 금지된 물품이 들어 있거나 편지의 내용이 다음의 어느 하나에 해당하면 발신 또는 수신을 금지할 수 있다.
> 1. 암호·기호 등 이해할 수 없는 특수문자로 작성되어 있는 때
> 2. 범죄의 증거를 인멸할 우려가 있는 때
> 3. 형사 법령에 저촉되는 내용이 기재되어 있는 때
> 4. 수용자의 처우 또는 교정시설의 운영에 관하여 명백한 거짓사실을 포함하고 있는 때
> 5. 사생활의 비밀 또는 자유를 침해할 우려가 있는 때
> 6. 수형자의 교화 또는 건전한 사회복귀를 해칠 우려가 있는 때
> 7. 시설의 안전 또는 질서를 해칠 우려가 있는 때

정답 ①

제3절 | 전화통화

01 현행법상 수용자의 전화통화에 대한 설명으로 옳은 것은? 2015. 5급 승진

① 수용자는 소장의 허가를 받아 외부사람과 전화통화를 할 수 있으며, 통화시간은 특별한 사정이 없으면 3분 이내로 한다.
② 소장은 수용자 또는 수신자가 전화통화 내용의 청취·녹음에 동의하지 아니하더라도 전화통화의 허가를 취소할 수 없다.
③ 수용자의 전화통화 요금은 국가가 부담한다.
④ 일반경비처우급 수형자의 전화통화는 월 5회 이내 허용할 수 있다.
⑤ 전화통화는 1일 2회까지 허용한다. 다만, 처우상 특히 필요한 경우에는 그러하지 아니하다.

정답 및 해설

① [×] 특별한 사정이 없으면 5분 이내로 한다(형집행법 시행규칙 제25조 제3항).
② [×] 소장은 ㉠ 수용자 또는 수신자가 전화통화 내용의 청취·녹음에 동의하지 아니할 때, ㉡ 수신자가 수용자와의 관계 등에 대한 확인 요청에 따르지 아니하거나 거짓으로 대답할 때, ㉢ 전화통화 허가 후 제25조 제1항(전화통화 불허사유)의 어느 하나에 해당되는 사유가 발견되거나 발생하였을 때에는 전화통화의 허가를 취소할 수 있다(동법 시행규칙 제27조).
③ [×] 수용자가 부담한다(동법 시행규칙 제29조 제1항).
⑤ [×] 전화통화는 1일 1회만 허용한다. 다만, 처우상 특히 필요한 경우에는 그러하지 아니하다(동법 시행규칙 제90조 제3항).

답 ④

02 다음은 「형의 집행 및 수용자의 처우에 관한 법률 시행규칙」상 수형자의 경비처우급별 전화통화에 대한 규정이다. (㉠) ~ (㉣)에 들어갈 숫자의 합으로 옳은 것은?
2024. 6급 승진

> 제90조(전화통화의 허용횟수) ① 수형자의 경비처우급별 전화통화의 허용횟수는 다음 각 호와 같다.
> 1. 개방처우급: 월 (㉠)회 이내
> 2. 완화경비처우급: 월 (㉡)회 이내
> 3. 일반경비처우급: 월 (㉢)회 이내
> 4. 중(重)경비처우급: 처우상 특히 필요한 경우 월 (㉣)회 이내
> ② 소장은 제1항에도 불구하고 처우상 특히 필요한 경우에는 개방처우급·완화경비처우급·일반경비처우급 수형자의 전화통화 허용횟수를 늘릴 수 있다.
> ③ 제1항 각 호의 경우 전화통화는 1일 1회만 허용한다. 다만, 처우상 특히 필요한 경우에는 그러하지 아니하다.

① 33 ② 35
③ 37 ④ 39

정답 및 해설

③ [○] ㉠ 20 + ㉡ 10 + ㉢ 5 + ㉣ 2 = 37

정답 ③

 03 「형의 집행 및 수용자의 처우에 관한 법률 시행규칙」상 ( ) 안에 들어갈 숫자를 모두 합한 것으로 옳은 것은?
2022. 6급 승진

> 제90조(전화통화의 허용횟수) ① 수형자의 경비처우급별 전화통화의 허용횟수는 다음 각 호와 같다.
> 1. 개방처우급: 월 ( )회 이내
> 2. 완화경비처우급: 월 ( )회 이내
> 3. 일반경비처우급: 월 ( )회 이내
> 4. 중(重)경비처우급: 처우상 특히 필요한 경우 월 ( )회 이내
> ② 소장은 제1항에도 불구하고 처우상 특히 필요한 경우에는 개방처우급·완화경비처우급·일반경비처우급 수형자의 전화통화 허용횟수를 늘릴 수 있다.
> ③ 제1항 각 호의 경우 전화통화는 1일 ( )회만 허용한다. 다만, 처우상 특히 필요한 경우에는 그러하지 아니하다.

① 30 ② 32
③ 34 ④ 38

정답 및 해설

> **전화통화의 허용횟수(형집행법 시행규칙 제90조)**
> ① 수형자의 경비처우급별 전화통화의 허용횟수는 다음 각 호와 같다.
>   1. 개방처우급: 월 (20)회 이내
>   2. 완화경비처우급: 월 (10)회 이내
>   3. 일반경비처우급: 월 (5)회 이내
>   4. 중(重)경비처우급: 처우상 특히 필요한 경우 월 (2)회 이내
> ② 소장은 제1항에도 불구하고 처우상 특히 필요한 경우에는 개방처우급·완화경비처우급·일반경비처우급 수형자의 전화통화 허용횟수를 늘릴 수 있다.
> ③ 제1항 각 호의 경우 전화통화는 1일 (1)회만 허용한다. 다만, 처우상 특히 필요한 경우에는 그러하지 아니하다.

정답 ④

---

04 형의 집행 및 수용자의 처우에 관한 법령상 수용자의 전화통화에 대한 설명으로 옳지 않은 것은?

2016. 5급 승진

① 소장이 수용자에 대하여 교정시설의 외부에 있는 사람과 전화통화를 허가할 때에는 통화내용의 청취 또는 녹음을 조건으로 붙일 수 있다.
② 전화통화의 통화시간은 특별한 사정이 없으면 5분 이내로 하고, 수용자의 전화통화 요금은 수용자가 부담하는 것을 원칙으로 한다.
③ 소장은 전화통화 허가 후 수용자가 형사법령에 저촉되는 행위를 할 우려가 있을 때에는 전화통화의 허가를 취소할 수 있다.
④ 소장은 사형확정자의 심리적 안정과 원만한 수용생활을 위하여 월 2회 이내의 범위에서 전화통화를 허가하여야 한다.
⑤ 교도관은 전화통화 중인 수용자가 교정시설의 운영에 관하여 거짓사실을 유포하는 때에는 전화통화를 중지할 수 있다.

정답 및 해설

① [○] 수용자는 소장의 허가를 받아 교정시설의 외부에 있는 사람과 전화통화를 할 수 있으며, 전화통화 허가에는 통화내용의 청취 또는 녹음을 조건으로 붙일 수 있다(동법 제44조 제1항·제2항).
② [○] 동법 시행규칙 제25조 제3항, 수용자의 전화통화 요금은 수용자가 부담한다(동법 시행규칙 제29조 제1항). 소장은 교정성적이 양호한 수형자 또는 보관금이 없는 수용자 등에 대하여는 예산의 범위에서 요금을 부담할 수 있다(동법 시행규칙 제29조 제2항).
③ [○] 동법 시행규칙 제27조 제3호
④ [×] 소장은 사형확정자의 심리적 안정과 원만한 수용생활을 위하여 필요하다고 인정하는 경우에는 월 3회 이내의 범위에서 전화통화를 허가할 수 있다(형집행법 시행규칙 제156조).
⑤ [○] 동법 제44조 제3항

정답 ④

05 형의 집행 및 수용자의 처우에 관한 법령상 수용자의 전화통화(발신하는 것만을 말한다) 및 접견에 대한 설명으로 옳지 않은 것은?

2020. 5급 승진

① 교도관은 수용자의 접견, 편지수수, 전화통화 등의 과정에서 수용자의 처우에 특히 참고할 사항을 알게 된 경우에는 그 요지를 수용기록부에 기록해야 한다.
② 전화통화의 통화시간은 특별한 사정이 없으면 5분 이내로 한다.
③ 소장은 수용자 또는 수신자가 서로의 관계 등에 대한 확인 요청에 따르지 아니하거나 거짓으로 대답할 때에는 전화통화의 허가를 취소하여야 한다.
④ 수용자의 전화통화는 매일(공휴일 및 법무부장관이 정한 날은 제외한다)「국가공무원 복무규정」제9조에 따른 근무시간 내에서 실시하되, 소장은 평일에 전화를 이용하기 곤란한 특별한 사유가 있는 수용자에 대해서는 전화이용시간을 따로 정할 수 있다.
⑤ 수용자의 전화통화 요금은 수용자가 부담하되, 소장은 교정성적이 양호한 수형자 또는 보관금이 없는 수용자 등에 대하여는 예산의 범위에서 요금을 부담할 수 있다.

정답 및 해설

① [○] 동법 시행령 제71조
② [○] 동법 시행규칙 제25조 제3항
③ [×] 소장은 ㉠ 수용자 또는 수신자가 전화통화 내용의 청취·녹음에 동의하지 아니할 때, ㉡ 수신자가 수용자와의 관계 등에 대한 확인 요청에 따르지 아니하거나 거짓으로 대답할 때, ㉢ 전화통화 허가 후 전화통화 불허사유가 발견되거나 발생하였을 때에는 전화통화의 허가를 취소할 수 있다(형집행법 시행규칙 제27조).
④ [○] 동법 시행규칙 제26조 제1항·제2항
⑤ [○] 동법 시행규칙 제29조 제1항·제2항

정답 ③

 06 형의 집행 및 수용자의 처우에 관한 법령상 편지수수와 전화통화에 대한 설명으로 옳은 것은?

2019. 교정 9급

① 소장은 처우등급이 중경비시설 수용대상인 수형자가 변호인 외의 자에게 편지를 보내려는 경우 법령에 따라 금지된 물품이 들어있는지 확인을 위하여 필요한 경우에는 편지를 봉함하지 않은 상태로 제출하게 할 수 있다.
② 소장은「형의 집행 및 수용자의 처우에 관한 법률」에 의하여 발신 또는 수신이 금지된 편지는 수용자에게 그 사유를 알린 후 즉시 폐기하여야 한다.
③ 수용자가 허가를 받아 교정시설의 외부에 있는 사람과 전화통화를 하는 경우 소장은 통화내용을 청취 또는 녹음을 하여야 한다.
④ 수용자가 외부에 있는 사람과 전화통화를 하는 경우 전화통화 요금은 소장이 예산의 범위에서 부담하되, 국제통화요금은 수용자가 부담한다.

정답 및 해설

① [○] 형집행법 시행령 제65조 제1항
② [×] 소장은 편지수수 제한(동법 제43조 제1항 단서) 또는 발신·수신이 금지된 편지는 수용자에게 그 사유를 알린 후 교정시설에 보관한다. 다만, 수용자가 동의하면 폐기할 수 있다(동법 제43조 제7항).
③ [×] 소장은 전화통화 불허사유(동법 시행규칙 제25조 제1항)에 해당하지 아니한다고 명백히 인정되는 경우가 아니면 통화내용을 청취하거나 녹음한다(동법 시행규칙 제28조 제1항). 즉, 전화통화 불허사유에 해당하지 아니한다고 명백히 인정되는 경우에는 통화내용을 청취하거나 녹음하지 않을 수 있다.
④ [×] 수용자의 전화통화 요금은 수용자가 부담한다(동법 시행규칙 제29조 제1항). 소장은 교정성적이 양호한 수형자 또는 보관금이 없는 수용자 등에 대하여는 예산의 범위에서 요금을 부담할 수 있다(동법 시행규칙 제29조 제2항).

정답 ①

07 현행법령상 다음에 제시된 괄호 안에 들어갈 숫자들의 합은? 2019. 5급 승진

> ㉠ 경찰관서에 설치된 유치장에는 수형자를 ( )일 이상 수용할 수 없다.
> ㉡ 개방처우급 수형자의 전화통화 허용횟수는 처우상 특히 필요한 경우를 제외하고는 월 ( )회 이내이다.
> ㉢ 공소가 제기된 범죄는 판결의 확정이 없이 공소를 제기한 때로부터 ( )년을 경과하면 공소시효가 완성한 것으로 간주한다.
> ㉣ 형의 선고를 유예하는 경우에 재범방지를 위하여 지도 및 원호가 필요한 때에는 ( )년간 보호관찰을 받을 것을 명할 수 있다.

① 41 ② 76
③ 62 ④ 64
⑤ 6

정답 및 해설

② [○] 30 + 20 + 25 + 1 = 76
㉠ 30일(형집행법 시행령 제107조)
㉡ 20회(동법 시행규칙 제90조 제1항)
㉢ 25년(「형사소송법」 제249조 제2항)
㉣ 1년(형법 제59조의2 제2항)

정답 ②

08 「형의 집행 및 수용자의 처우에 관한 법률」상 전화통화 중지사유에 해당하지 않는 것은 모두 몇 개인가? 2022. 7급 승진

> ㉠ 범죄의 증거를 인멸하거나 인멸하려고 하는 때
> ㉡ 형사 법령에 저촉되는 행위를 하거나 하려고 하는 때
> ㉢ 수용자의 처우 또는 교정시설의 운영에 관하여 거짓사실을 유포하는 때
> ㉣ 수형자의 교화 또는 건전한 사회복귀를 해칠 우려가 있는 행위를 하거나 하려고 하는 때
> ㉤ 시설의 안전 또는 질서를 해하는 행위를 하거나 하려고 하는 때

① 0개 ② 1개
③ 2개 ④ 3개

정답 및 해설

📄 **전화통화의 중지사유**(형집행법 제44조 제3항)
1. 범죄의 증거를 인멸하거나 인멸하려고 하는 때
2. 형사 법령에 저촉되는 행위를 하거나 하려고 하는 때
3. 수용자의 처우 또는 교정시설의 운영에 관하여 거짓사실을 유포하는 때
4. 수형자의 교화 또는 건전한 사회복귀를 해칠 우려가 있는 행위를 하거나 하려고 하는 때
5. 시설의 안전 또는 질서를 해하는 행위를 하거나 하려고 하는 때

정답 ①

09 현행법령상 수용자의 전화통화에 대한 설명으로 옳지 않은 것은?

① 수용자는 소장의 허가를 받아 교정시설의 외부에 있는 사람과 전화통화를 할 수 있으며, 소장은 전화통화를 허가할 때에는 통화내용의 청취 또는 녹음을 조건으로 붙일 수 있다.
② 수용자의 전화통화 요금은 수용자가 부담하는 것이 원칙이나, 소장은 보관금이 없는 수용자 등에 대해 예산의 범위에서 전화통화 요금을 부담할 수 있다.
③ 소장은 사형확정자의 심리적 안정과 원만한 수용생활을 위하여 필요하다고 인정하는 경우에는 월 3회 이내의 범위에서 전화통화를 허가할 수 있다.
④ 소장은 소년수형자 등의 나이·적성 등을 고려하여 필요하다고 인정하면 전화통화 시간을 늘릴 수 있다.

정답 및 해설

① [○] 동법 제44조 제1항·제2항
② [○] 수용자의 전화통화 요금은 수용자가 부담하는 것이 원칙이나, 소장은 교정성적이 양호한 수형자 또는 보관금이 없는 수용자 등에 대하여는 예산의 범위에서 요금을 부담할 수 있다(동법 시행규칙 제29조).
③ [○] 동법 시행규칙 제156조
④ [×] 소장은 소년수형자 등의 나이·적성 등을 고려하여 필요하다고 인정하면 전화통화 횟수를 늘릴 수 있다(형집행법 시행규칙 제59조의4).

정답 ④

10 형의 집행 및 수용자의 처우에 관한 법령상 수용자의 전화통화에 대한 설명으로 옳은 것은?

① 소장은 전화통화를 신청한 수용자에 대하여 법무부령으로 정한 불허사유가 없으면 전화통화를 허가하여야 한다.
② 중경비처우급 수형자의 전화통화는 처우상 특히 필요한 경우에 월 3회 이내로 허용할 수 있다.
③ 교도관은 전화통화 중인 수용자가 형사 법령에 저촉되는 행위를 하는 때에는 전화통화를 중지하여야 한다.
④ 소장은 전화통화 허가 후 수용자가 교정시설의 운영에 관하여 거짓사실을 유포할 우려가 있을 때에는 전화통화의 허가를 취소할 수 있다.
⑤ 교도관은 수용자의 전화통화 과정에서 수용자의 처우에 특히 참고할 사항을 알게 된 경우에는 그 요지를 수용기록부에 기록해야 한다.

정답 및 해설

① [×] 전화통화를 허가할 수 있다(동법 시행규칙 제25조 제1항).
② [×] 월 2회 이내로 허용할 수 있다(동법 시행규칙 제90조 제1항).
③ [×] 전화통화를 중지할 수 있다(동법 제44조 제3항).
④ [×] '수용자의 처우 또는 교정시설의 운영에 관하여 거짓사실을 유포하는 때'는 전화통화 중지사유이다(동법 제44조 제3항).
⑤ [○] 교도관은 수용자의 접견, 편지수수, 전화통화 등의 과정에서 수용자의 처우에 특히 참고할 사항을 알게 된 경우에는 그 요지를 수용기록부에 기록해야 한다(형집행법 시행령 제71조).

정답 ⑤

11 접견, 편지수수 및 전화통화에 대한 설명으로 옳지 않은 것은?

① 수용자가 교정시설의 운영에 관하여 거짓사실을 유포하는 때에는 교도관은 접견 중인 수용자의 접견을 중지할 수 있다.
② 미결수용자와 변호인의 접견에 교도관이 참여한 경우에는 수용자의 접견 교통권을 침해한 것이다.
③ 수용자가 전화통화를 하는 동안에는 교도관은 그 통화내용을 청취할 수 없다.
④ 같은 교정시설의 수용자 간에 편지를 주고받으려면 소장의 허가를 받아야 한다.

정답 및 해설

① [○] 동법 제42조 제4호
② [○] 동법 시행령 제62조 제1항, 형사소송법 제34조·제89조, 헌재 1992.1.28. 91헌마111
③ [×] 수용자의 전화통화는 전화불허사유에 해당하지 아니한다고 명백히 인정되는 경우가 아니면 통화내용을 청취하거나 녹음한다(형집행법 시행규칙 제28조 제1항).
④ [○] 동법 제43조 제2항

정답 ③

 12 수용자의 접견 및 전화통화에 대한 설명으로 옳지 않은 것은?

① 일반경비처우급 수형자는 월 5회 접견할 수 있으며, 접견은 1일 1회만 허용한다.
② 개방처우급 수형자는 월 20회 이내에 전화통화를 할 수 있으며, 1일 1회만 허용한다.
③ 일반경비처우급 수형자는 월 5회 이내에 전화통화를 할 수 있으며, 1일 1회만 허용한다.
④ 소장은 교화 및 처우상 특히 필요한 경우에는 수용자가 다른 교정시설의 수용자와 화상접견하는 것을 허가할 수 있다. 이 경우 화상접견은 접견 허용횟수에 포함하지 않는다.

정답 및 해설

④ [×] 화상접견은 접견 허용횟수에 포함한다(형집행법 시행규칙 제87조 제3항).

접견(시행규칙 제87조)	전화통화(시행규칙 제90조)
① 수형자의 경비처우급별 접견의 허용횟수 　1. **개방처우급**: 1일 1회 　2. **완화경비처우급**: 월 6회 　3. **일반경비처우급**: 월 5회 　4. **중경비처우급**: 월 4회 ② 완화경비처우급부터 중경비처우급까지의 접견은 1일 1회만 허용한다. 다만, 처우상 특히 필요한 경우에는 그러하지 아니하다. ③ 소장은 교화 및 처우상 특히 필요한 경우에는 수용자가 다른 교정시설의 수용자와 통신망을 이용하여 화상으로 접견하는 것(화상접견)을 허가할 수 있다. 이 경우 화상접견은 접견 허용횟수에 포함한다.	① 수형자의 경비처우급별 전화통화의 허용횟수 　1. **개방처우급**: 월 20회 이내 　2. **완화경비처우급**: 월 10회 이내 　3. **일반경비처우급**: 월 5회 이내 　4. **중경비처우급**: 처우상 특히 필요한 경우 월 2회 이내 ② 소장은 처우상 특히 필요한 경우에는 개방처우급·완화경비처우급·일반경비처우급 수형자의 전화통화 허용횟수를 늘릴 수 있다. ③ 전화통화는 1일 1회만 허용한다. 다만, 처우상 특히 필요한 경우에는 그러하지 아니하다. ▶ 미결수용자에게 허가할 경우 월 2회 이내, 사형확정자의 심리적 안정과 원만한 수용생활을 위하여 필요하다고 인정하는 경우 월 3회 이내의 범위에서 허가할 수 있다(동 규칙 제25조, 제156조).

정답 ④

제9장 종교와 문화

제1절 | 종교

01 「형의 집행 및 수용자의 처우에 관한 법률 시행규칙」상 수용자의 종교행사 참석을 제한할 수 있는 사유로 옳은 것은 모두 몇 개인가?
2022. 6급 승진

> 가. 종교행사용 시설의 부족 등 여건이 충분하지 아니할 때
> 나. 수용자가 종교행사 장소를 허가 없이 벗어나거나 다른 사람과 연락을 할 때
> 다. 수용자가 계속 큰 소리를 내거나 시끄럽게 하여 종교행사를 방해할 때
> 라. 수용자가 전도를 핑계삼아 다른 수용자의 평온한 신앙생활을 방해할 때
> 마. 그 밖에 다른 법령에 따라 공동행사의 참석이 제한될 때

① 2개 ② 3개
③ 4개 ④ 5개

정답 및 해설

> **종교행사 참석 제한 사유(동법 시행규칙 제32조)**
> 수용자는 자신이 신봉하는 종교행사에 참석할 수 있다. 다만, 소장은 다음 각 호의 어느 하나에 해당할 때에는 수용자의 종교행사 참석을 제한할 수 있다.
> 1. 종교행사용 시설의 부족 등 여건이 충분하지 아니할 때
> 2. 수용자가 종교행사 장소를 허가 없이 벗어나거나 다른 사람과 연락을 할 때
> 3. 수용자가 계속 큰 소리를 내거나 시끄럽게 하여 종교행사를 방해할 때
> 4. 수용자가 전도를 핑계삼아 다른 수용자의 평온한 신앙생활을 방해할 때
> 5. 그 밖에 다른 법령에 따라 공동행사의 참석이 제한될 때

정답 ④

02 형의 집행 및 수용자의 처우에 관한 법령상 수용자의 종교 및 문화활동에 대한 설명으로 옳은 것은?

2020. 교정 7급

① 수용자가 자신의 비용으로 구독을 신청할 수 있는 신문·잡지 또는 도서는 교정시설의 보관범위 및 수용자가 지닐 수 있는 범위를 벗어나지 않는 범위에서 원칙적으로 신문은 월 3종 이내로, 도서(잡지를 포함한다)는 월 5권 이내로 한다.
② 소장은 수용자의 건강과 일과시간 등을 고려하여 1일 4시간 이내에서 방송편성시간을 정한다. 다만, 토요일·공휴일, 작업·교육실태 및 수용자의 특성을 고려하여 방송편성시간을 조정할 수 있다.
③ 수용자는 휴업일 및 휴게시간 내에 시간의 제한 없이 집필할 수 있다. 다만, 부득이한 사정이 있는 경우에는 그러하지 아니하다.
④ 소장은 수용자의 신앙생활에 필요한 도서나 물품을 신청할 경우 외부에서 제작된 휴대용 종교도서 및 성물을 제공하여야 한다.

정답 및 해설

① [×] 수용자가 자신의 비용으로 구독을 신청할 수 있는 신문·잡지 또는 도서(신문 등)는 교정시설의 보관범위 및 수용자가 지닐 수 있는 범위를 벗어나지 않는 범위에서 신문은 월 3종 이내로, 도서(잡지를 포함한다)는 월 10권 이내로 한다. 다만, 소장은 수용자의 지식함양 및 교양습득에 특히 필요하다고 인정하는 경우에는 신문 등의 신청 수량을 늘릴 수 있다(동법 시행규칙 제35조).
② [×] 1일 6시간 이내에서 방송편성시간을 정한다(동법 시행규칙 제39조).
③ [○] 형집행법 시행령 제75조 제1항
④ [×] 소장은 수용자의 신앙생활에 필요하다고 인정하는 경우에는 외부에서 제작된 휴대용 종교도서 및 성물을 수용자가 지니게 할 수 있다(동법 시행규칙 제34조 제1항).

정답 ③

03 수용자의 종교행사에 대한 설명으로 옳지 않은 것은?

① 소장은 교정시설의 안전과 질서를 해치지 아니하는 범위에서 종교단체 또는 종교인이 주재하는 종교행사를 실시한다.
② 특정 종교행사를 위하여 임시행사장을 설치하는 경우 성상·성물 등을 임시로 두어야 한다.
③ 소장은 종교행사를 위하여 각 종교별 성상·성물 등이 구비된 종교상담실 등을 설치할 수 있다.
④ 소장은 수용자가 종교상담을 신청하거나 종교상담이 필요한 경우에는 해당 종교를 신봉하는 교도관 또는 교정참여인사로 하여금 상담하게 할 수 있다.

정답 및 해설

① [○] 동법 시행규칙 제31조 제1항
② [×] 소장은 종교행사를 위하여 각 종교별 성상·성물·성화·성구가 구비된 종교상담실·교리교육실 등을 설치할 수 있으며, 특정 종교행사를 위하여 임시행사장을 설치하는 경우에는 성상 등을 임시로 둘 수 있다(형집행법 시행규칙 제31조 제2항).
③ [○] 동법 시행규칙 제31조 제2항
④ [○] 소장은 수용자가 종교상담을 신청하거나 수용자에게 종교상담이 필요한 경우에는 해당 종교를 신봉하는 교도관 또는 교정참여인사(교정위원, 그 밖에 교정행정에 참여하는 사회 각 분야의 사람 중 학식과 경험이 풍부한 사람)로 하여금 상담하게 할 수 있다(동법 시행규칙 제33조).

정답 ②

04 종교와 문화에 대한 헌법재판소 결정으로 옳은 것은 모두 몇 개인가?

2023. 5급 승진

㉠ 헌법재판소는 수용자 중 미결수용자에 대하여만 일률적으로 종교행사 참석을 불허한 사안에서 미결수용자의 종교의 자유를 나머지 수용자의 종교의 자유보다 엄격하게 제한하는 것이 타당하므로 종교의 자유를 침해하지 않는다고 보았다.
㉡ 헌법재판소는 미결수용자를 대상으로 한 개신교 종교행사를 일요일이 아닌 요일에 실시한 사안에서 일요일에 교정시설 내에서 종교행사를 실시하지 않은 것은 다른 종교와의 형평성 및 종교행사를 할 행정적 여건 등을 고려하더라도 미결수용자의 종교의 자유를 침해한다고 보았다.
㉢ 헌법재판소는 형집행법 제46조는 "소장은 수용자의 지식함양 및 교양습득에 필요한 도서를 비치하고 수용자가 이용할 수 있도록 하여야 한다."고 규정하고 있고, 같은 법 시행령 제72조 제1항은 "소장은 수용자가 쉽게 이용할 수 있도록 비치도서의 목록을 정기적으로 공개하여야 한다."고 규정하고 있을 뿐 도서관 이용에 관한 규정을 두고 있지 않으므로 소장에게 수용자들이 도서관을 정기적으로 이용할 수 있도록 일과를 편성하여야 할 의무가 없다고 보았다.
㉣ 헌법재판소는 지상파의 모든 프로그램을 생방송으로 여과 없이 송출할 경우 수용질서를 문란케 하는 내용 등이 그대로 수형자에게 노출될 수 있어, 교정시설의 안전과 질서유지를 위하여 지정된 채널을 통하여만 텔레비전 시청을 하도록 하는 것은 그 목적의 정당성이 인정되고 수단 또한 적정하다고 보았다.

① 1개   ② 2개
③ 3개   ④ 4개

정답 및 해설

옳은 것은 ㉢, ㉣이다.
㉠ [×] 헌재 2011.12.29. 2009헌마527

> **관련판례**
> 형집행법 제45조는 종교행사 등에의 참석 대상을 수용자로 규정하고 있어 수형자와 미결수용자를 구분하고 있지도 아니하고, 무죄추정의 원칙이 적용되는 미결수용자들에 대한 기본권 제한은 징역형 등의 선고를 받아 그 형이 확정된 수형자의 경우보다는 더 완화되어야 할 것임에도, 구치소장이 수용자 중 미결수용자에 대하여만 일률적으로 종교행사 등에의 참석을 불허한 것은 미결수용자의 종교의 자유를 나머지 수용자의 종교의 자유보다 더욱 엄격하게 제한한 것이다. 나아가 공범 등이 없는 경우 내지 공범 등이 있는 경우라도 공범이나 동일사건 관련자를 분리하여 종교행사 등에의 참석을 허용하는 등의 방법으로 미결수용자의 기본권을 덜 침해하는 수단이 존재함에도 불구하고 이를 전혀 고려하지 아니하였으므로 이 사건 종교행사 등 참석불허 처우는 침해의 최소성 요건 및 과잉금지원칙을 위반하여 청구인의 종교의 자유를 침해하였다(헌재 2011.12.29. 2009헌마527).

㉡ [×] 헌재 2015.4.30. 2013헌마190

> **관련판례**
> 구치소에 종교행사 공간이 1개뿐이고, 종교행사는 종교, 수형자와 미결수용자, 성별, 수용동 별로 진행되며, 미결수용자는 공범이나 동일사건 관련자가 있는 경우 이를 분리하여 참석하게 해야 하는 점을 고려하면 구치소장이 미결수용자 대상 종교행사를 4주에 1회 실시했더라도 종교의 자유를 과도하게 제한하였다고 보기 어렵고, 구치소의 인적·물적 여건상 하루에 여러 종교행사를 동시에 하기 어려우며, 개신교의 경우에만 그 교리에 따라 일요일에 종교행사를 허용할 경우 다른 종교와의 형평에 맞지 않고, 공휴일인 일요일에 종교행사를 할 행정적 여건도 마련되어 있지 않다는 점을 고려하면, 이 사건 종교행사 처우는 청구인의 종교의 자유를 침해하지 않는다(헌재 2015.4.30. 2013헌마190).

ⓒ [○] 헌재 2017.5.23. 2017헌마493

> **관련판례**
> 형집행법 제46조는 "소장은 수용자의 지식함양 및 교양습득에 필요한 도서를 비치하고 수용자가 이용할 수 있도록 하여야 한다."고 규정하고 있고, 형집행법 시행령 제72조 제1항은 "소장은 수용자가 쉽게 이용할 수 있도록 비치도서의 목록을 정기적으로 공개하여야 한다."고 규정하고 있을 뿐 도서관 이용에 관한 규정을 두고 있지 않으므로, 수용자의 지식함양 및 교양습득에 필요한 도서를 비치하고 이를 이용할 수 있도록 비치도서의 목록을 정기적으로 공개하는 것 이외에 피청구인에게 수용자들이 도서관을 정기적으로 이용할 수 있도록 일과를 편성하여야 할 의무가 있다고 볼 수 없다. 또한 형집행법 시행규칙 제36조 제2항은 "소장은 소유자가 분명하지 아니한 도서를 회수하여 비치도서로 전환하거나 폐기할 수 있다."고 규정하고 있으므로, 출소자가 남기고 간 개인도서를 비치도서로 전환할 것인지 여부에 대해서는 피청구인에게 재량이 부여되어 있다. 그밖에 피청구인에게 수용자들로 하여금 정기적으로 도서관을 방문할 수 있게 하거나 출소자의 개인도서를 비치도서로 전환할 의무를 부과하는 다른 헌법상 또는 법률상 근거도 존재하지 아니한다(헌재 2017.5.23. 2017헌마493).

ⓔ [○] 헌재 2019.4.11. 2017헌마736

> **관련판례**
> 지상파 방송의 일부 프로그램의 경우 범법자들의 행위를 영웅시하고 미화하여 수용자들을 현혹시키거나, 폭력적이거나 선정적 장면, 범죄행위를 범하는 장면 등 수형자의 교정교화에 부적당한 내용이 포함될 수 있다. 즉, 지상파의 모든 프로그램을 생방송으로 여과 없이 송출할 경우 수용질서를 문란케 하는 내용 등이 그대로 수형자에게 노출될 수 있는 것이다. 따라서 채널지정조항이 교정시설의 안전과 질서유지를 위하여 지정된 채널을 통해서만 텔레비전 시청을 하도록 하는 것은 그 목적의 정당성이 인정되고 수단 또한 적정하다(헌재 2019.4.11. 2017헌마736).

정답 ②

05 형집행법령상 종교와 문화에 대한 설명으로 옳은 것을 모두 고른 것은? 2024. 5급 승진

> ㉠ 소장은 수용자가 전도를 핑계삼아 다른 수용자의 평온한 신앙생활을 방해할 때에는 수용자의 종교행사 참석을 제한할 수 있다.
> ㉡ 소장은 수용자가 종교상담을 신청하거나 수용자에게 종교상담이 필요한 경우에는 해당 종교의 성직자로 하여금 상담하게 하여야 한다.
> ㉢ 소장은 사생활의 비밀 또는 자유를 침해할 우려가 있는 때에는 개별 수용자에 대하여 라디오 및 텔레비전의 청취 또는 시청을 금지할 수 있다.
> ㉣ 소장은 수용자의 건강과 일과시간 등을 고려하여 1일 6시간 이내에서 방송편성시간을 정한다. 다만, 토요일·공휴일, 작업·교육실태 및 수용자의 특성을 고려하여 방송편성시간을 조정할 수 있다.

① ㉠, ㉡
② ㉠, ㉣
③ ㉡, ㉢
④ ㉢, ㉣

정답 및 해설

옳은 것은 ㉠, ㉣이다.
㉠ [○] 형집행법 시행규칙 제32조 제4호
㉡ [×] 소장은 수용자가 종교상담을 신청하거나 수용자에게 종교상담이 필요한 경우에는 해당 종교를 신봉하는 교도관 또는 교정참여인사(법 제130조의 교정위원, 그 밖에 교정행정에 참여하는 사회 각 분야의 사람 중 학식과 경험이 풍부한 사람을 말한다)로 하여금 상담하게 할 수 있다(동법 시행규칙 제33조).
㉢ [×] 소장은 ⓐ 수형자의 교화 또는 건전한 사회복귀를 해칠 우려가 있는 때, ⓑ 시설의 안전과 질서유지를 위하여 필요한 때에는 수용자에 대한 라디오 및 텔레비전의 방송을 일시 중단하거나 개별 수용자에 대하여 라디오 및 텔레비전의 청취 또는 시청을 금지할 수 있다(동법 제48조 제2항).
▶ '사생활의 비밀 또는 자유를 침해할 우려가 있는 때'는 편지의 발신 또는 수신 금지사유(동법 제43조 제5항 제5호)와 외부발송 금지 문서나 도화의 보관 및 폐기 사유(동법 제49조 제3항)이다.
㉣ [○] 동법 시행규칙 제39조

정답 ②

06 수형자의 처우에 대한 설명으로 옳지 않은 것은? (판례에 의함)

① 수형자의 타 종교 집회 참석을 효율적 수용관리와 계호상의 어려움 등을 이유로 제한하는 것은 기본권의 본질을 침해하는 것이다.
② 교도소 내에서의 처우를 왜곡하여 외부인과 연계, 교도소 내의 질서를 해칠 목적으로 변호사에게 서신을 발송하는 경우에는 변호인의 조력을 받을 권리가 보장되는 경우에 해당하지 아니한다.
③ 신문을 삭제한 후 수용자에게 구독하게 한 행위는 수용질서를 위한 청구인의 알 권리에 대한 최소한의 제한이라고 볼 수 있으므로 청구인의 알 권리를 과도하게 침해하는 것은 아니다.
④ 수용자가 교도관의 감시, 단속을 피하여 규율 위반행위를 하는 것만으로는 단순히 금지규정에 위반되는 행위를 한 것에 지나지 아니할 뿐 위계에 의한 공무집행 방해죄가 성립한다고 할 수 없다.

정답 및 해설

① [×] 헌재 2005.2.15. 2004헌마911

> **관련판례**
> 청구인은 천주교를 신봉하는 자로서 피청구인은 청구인의 천주교집회에는 참석을 모두 허용하였으나 청구인이 평소 신봉하지 않던 불교집회에 참석하겠다고 신청을 하여 이를 거부하였는바, 이는 수형자가 그가 신봉하는 종파의 교의에 의한 특별교회를 청원할 때에는 당해 소장은 그 종파에 위촉하여 교회할 수 있다고 규정하고 있는 형집행법 규정에 따른 것이다. 뿐만 아니라, 수형자가 원한다고 하여 종교집회의 참석을 무제한 허용한다면, 효율적인 수형관리와 계호상의 어려움이 발생하고, 진정으로 그 종파를 신봉하는 다른 수형자가 종교집회에 참석하지 못하게 되는 결과를 초래하므로, 피청구인의 위와 같은 조치는 청구인의 기본권을 본질적으로 침해하는 것이 아니다 (헌재 2005.2.15. 2004헌마911).

② [○] 헌재 1998.8.27. 96헌마398
③ [○] 헌재 1998.10.29. 98헌마4
④ [○] 대법원 2005.8.25. 2005도1731

정답 ①

제2절 | 문화

01 다음은 「형의 집행 및 수용자의 처우에 관한 법률」상 집필 등에 대한 규정이다. (㉠) ~ (㉣)에 들어갈 내용으로 가장 옳은 것은?
2024. 7급 승진

> 제47조(신문 등의 구독) ① 수용자는 자신의 비용으로 신문·잡지 또는 도서(이하 "신문 등" 이라 한다)의 구독을 신청할 수 있다.
> ② 소장은 제1항에 따라 구독을 신청한 신문 등이 「출판문화산업 진흥법」에 따른 (㉠)인 경우를 제외하고는 구독을 허가하여야 한다.
> ③ 제1항에 따라 구독을 신청할 수 있는 신문 등의 범위 및 수량은 (㉡)으로 정한다.
>
> 제49조(집필) ① 수용자는 문서 또는 도화를 작성하거나 문예·학술, 그 밖의 사항에 관하여 집필할 수 있다. 다만, 소장이 시설의 안전 또는 질서를 해칠 (㉢)이 있다고 인정하는 경우는 예외로 한다.
> ② 제1항에 따라 작성 또는 집필한 문서나 도화를 지니거나 처리하는 것에 관하여는 제26조(수용자가 지니는 물품 등)를 준용한다.
> ③ 제1항에 따라 작성 또는 집필한 문서나 도화가 제43조(편지수수) 제5항 각 호의 어느 하나에 해당하면 제43조 제7항을 준용한다.
> ④ 집필용구의 관리, 집필의 시간·장소, 집필한 문서 또는 도화의 외부반출 등에 관하여 필요한 사항은 (㉣)으로 정한다.

	㉠	㉡	㉢	㉣
①	유해간행물	대통령령	명백한 위험	법무부령
②	불법간행물	대통령령	중대한 위험	대통령령
③	불법간행물	법무부령	중대한 위험	법무부령
④	유해간행물	법무부령	명백한 위험	대통령령

정답 및 해설

④ [○] ㉠ 유해간행물, ㉡ 법무부령, ㉢ 명백한 위험, ㉣ 대통령령이다.

정답 ④

02 형집행법령상 집필에 대한 설명으로 가장 옳은 것은?
2024. 5급 승진

① 집필용구의 구입비용은 수용자가 부담한다. 다만, 소장은 수용자가 그 비용을 부담할 수 없는 경우에는 필요한 집필용구를 지급하여야 한다.
② 수용자는 휴업일 및 휴게시간 내에 시간의 제한 없이 집필할 수 있다. 다만, 부득이한 사정이 있는 경우에는 그러하지 아니하다.
③ 수용자는 거실이나 그 밖에 지정된 장소에서 집필할 수 있지만, 작업장에서는 집필할 수 없다.
④ 소장은 집필한 문서가 법무부장관이 정하는 범위를 벗어난 물품으로서 교정시설에 특히 보관할 필요가 있다고 인정하지 아니하는 것은 즉시 폐기하여야 한다.

정답 및 해설

① [×] 집필용구의 구입비용은 수용자가 부담한다. 다만, 소장은 수용자가 그 비용을 부담할 수 없는 경우에는 필요한 집필용구를 지급할 수 있다(동법 시행령 제74조).
② [○] 형집행법 시행령 제75조 제1항
③ [×] 수용자는 거실·작업장, 그 밖에 지정된 장소에서 집필할 수 있다.
④ [×] 수용자는 작성 또는 집필한 문서나 도화를 법무부장관이 정하는 범위에서 지닐 수 있으며, 소장은 법무부장관이 정하는 범위를 벗어난 문서나 도화로서 교정시설에 특히 보관할 필요가 있다고 인정하지 아니하는 문서나 도화는 수용자로 하여금 자신이 지정하는 사람에게 보내게 하거나 그 밖에 적당한 방법으로 처분하게 할 수 있고, 소장은 수용자가 처분하여야 할 문서나 도화를 상당한 기간 내에 처분하지 아니하면 폐기할 수 있다(동법 제49조 제2항. 동법 제26조 준용).

정답 ②

03 형집행법령상 종교와 문화에 관한 설명 중 옳지 않은 것은? 2020. 6급 승진

① 소장은 수용자의 신앙생활에 필요하다고 인정하는 경우에는 외부에서 제작된 휴대용 종교도서 및 성물을 수용자가 지니게 할 수 있다.
② 수용자는 신문은 월 3종 이내, 도서(잡지 포함)는 월 5권 이내 범위에서 구독을 신청할 수 있다.
③ 소장은 수용자가 구독을 신청한 신문 등이 「출판문화산업 진흥법」에 따른 유해간행물인 경우를 제외하고는 구독을 허가하여야 한다.
④ 소장은 수용자의 건강과 일과시간 등을 고려하여 1일 6시간 이내에서 방송편성시간을 정한다. 다만, 토요일·공휴일, 작업·교육실태 및 수용자의 특성을 고려하여 방송편성시간을 조정할 수 있다.

정답 및 해설

① [○] 동법 시행규칙 제34조 제1항
② [×] 수용자가 자신의 비용으로 구독을 신청할 수 있는 신문·잡지 또는 도서(신문 등)는 교정시설의 보관범위 및 수용자가 지닐 수 있는 범위를 벗어나지 않는 범위에서 신문은 월 3종 이내로, 도서(잡지를 포함)는 월 10권 이내로 한다. 다만, 소장은 수용자의 지식함양 및 교양습득에 특히 필요하다고 인정하는 경우에는 신문 등의 신청 수량을 늘릴 수 있다(형집행법 시행규칙 제35조).
③ [○] 동법 제47조 제2항
④ [○] 동법 시행규칙 제39조

정답 ②

04 형의 집행 및 수용자의 처우에 관한 법령상 문화에 대한 설명으로 옳은 것은? 2017. 교정 9급

① 수용자는 문서 또는 도화를 작성하거나 문예·학술, 그 밖의 사항에 관하여 집필할 수 있다. 이 때 집필용구의 구입비용은 원칙적으로 소장이 부담한다.
② 소장은 수용자의 지식함양 및 교양습득에 필요한 도서와 영상녹화물을 비치하여 수용자가 이용하게 하여야 한다.
③ 소장은 수용자가 자신의 비용으로 구독을 신청한 신문이 「출판문화산업 진흥법」에 따른 유해간행물인 경우를 제외하고는 구독을 허가하여야 한다.
④ 소장은 수용자의 건강과 일과시간 등을 고려하여 1일 8시간 이내에서 방송편성시간을 정한다. 다만, 토요일·공휴일, 작업·교육실태 및 수용자의 특성을 고려하여 방송편성시간을 조정할 수 있다.

정답 및 해설

① [×] 수용자는 문서 또는 도화를 작성하거나 문예·학술, 그 밖의 사항에 관하여 집필할 수 있다. 다만, 소장이 시설의 안전 또는 질서를 해칠 명백한 위험이 있다고 인정하는 경우는 예외로 한다(동법 제49조 제1항). 집필용구의 구입비용은 수용자가 부담한다. 다만, 소장은 수용자가 그 비용을 부담할 수 없는 경우에는 필요한 집필용구를 지급할 수 있다(동법 시행령 제74조).
② [×] 소장은 수용자의 지식함양 및 교양습득에 필요한 도서를 비치하고 수용자가 이용할 수 있도록 하여야 한다(동법 제46조).
③ [○] 수용자는 자신의 비용으로 신문·잡지 또는 도서(신문 등)의 구독을 신청할 수 있으며(형집행법 제47조 제1항), 소장은 구독을 신청한 신문 등이 「출판문화산업 진흥법」에 따른 유해간행물인 경우를 제외하고는 구독을 허가하여야 한다(동법 제47조 제2항).
④ [×] 소장은 수용자의 건강과 일과시간 등을 고려하여 1일 6시간 이내에서 방송편성시간을 정한다. 다만, 토요일·공휴일, 작업·교육실태 및 수용자의 특성을 고려하여 방송편성시간을 조정할 수 있다(동법 시행규칙 제39조).

정답 ③

05 현행법령상 종교화 문화에 관한 내용으로 옳지 않은 것은? 2023. 9급 경채

① 소장은 수용자의 건강과 일과시간 등을 고려하여 1일 6시간 이내에서 방송편성시간을 정한다. 다만, 토요일·공휴일, 작업·교육실태 및 수용자의 특성을 고려하여 방송편성시간을 조정할 수 있다.
② 수용자가 구독을 신청할 수 있는 신문·잡지 또는 도서는 교정시설의 보관범위 및 수용자가 지닐 수 있는 범위를 벗어나지 않는 범위에서 신문은 월 2종 이내로, 도서(잡지를 포함한다)는 월 10권 이내로 한다.
③ 수용자는 휴업일 및 휴게시간 내에 시간의 제한 없이 집필할 수 있다. 다만, 부득이한 사정이 있는 경우에는 그러하지 아니하다.
④ 소장은 수용자의 신앙생활에 필요하다고 인정하는 경우에는 외부에서 제작된 휴대용 종교도서 및 성물을 수용자가 지니게 할 수 있다.

정답 및 해설

① [○] 동법 시행규칙 제39조
② [×] 수용자가 구독을 신청할 수 있는 신문·잡지 또는 도서는 교정시설의 보관범위 및 수용자가 지닐 수 있는 범위를 벗어나지 않는 범위에서 신문은 월 3종 이내로, 도서(잡지를 포함한다)는 월 10권 이내로 한다(형집행법 시행규칙 제35조).
③ [○] 동법 시행령 제75조
④ [○] 동법 시행규칙 제34조

정답 ②

06 형집행법령상 종교와 문화에 대한 설명으로 가장 옳은 것은? 2022. 5급 승진

① 소장은 수용자의 건강과 일과시간 등을 고려하여 1일 8시간 이내에서 방송편성시간을 정한다.
② 집필용구의 관리, 집필의 시간·장소, 집필과 문서 또는 도화의 외부반출 등에 관하여 필요한 사항은 대통령령으로 정한다.
③ 소장은 시설의 안전과 질서유지를 위하여 필요한 경우에도 교정시설의 안에서 실시하는 수용자의 종교의식 또는 행사 참석을 제한할 수 없다.
④ 소장은 수용자가 자신의 비용으로 구독 신청한 신문·잡지 또는 도서가 시설의 안전을 해하거나 건전한 사회복귀를 저해하는 경우를 제외하고는 구독을 허가하여야 한다.

정답 및 해설

① [×] 소장은 수용자의 건강과 일과시간 등을 고려하여 1일 6시간 이내에서 방송편성시간을 정한다(동법 시행규칙 제39조).
② [○] 형집행법 제49조 제4항
③ [×] 소장은 시설의 안전과 질서유지를 위하여 필요한 때에는 교정시설의 안에서 실시하는 수용자의 종교의식 또는 행사 참석을 제한할 수 있다(동법 제45조 제1항·제2항·제3항).
④ [×] 소장은 구독을 신청한 신문 등이 출판문화산업진흥법에 따른 유해간행물인 경우를 제외하고는 구독을 허가하여야 한다(동법 제47조 제2항).

정답 ②

형집행법령상 편지·신문·도서·방송에 대한 설명으로 가장 옳지 않은 것은?   2023. 6급 승진

① 소장은 수용자의 건강과 일과시간 등을 고려하여 1일 8시간 이내에서 방송편성시간을 정하지만, 토요일·공휴일, 작업·교육실태 및 수용자의 특성을 고려하여 방송편성시간을 조정할 수 있다.
② 수용자는 편지·도서를 법무부장관이 정하는 범위에서 지닐 수 있다.
③ 소장은 신문을 구독하는 수용자가 허가 없이 다른 거실 수용자와 신문을 주고 받을 때에는 구독의 허가를 취소할 수 있다.
④ 수용자는 방송설비 또는 채널을 임의 조작·변경하거나 임의수신 장비를 지녀서는 안 된다.

정답 및 해설

① [×] 소장은 수용자의 건강과 일과시간 등을 고려하여 1일 6시간 이내에서 방송편성시간을 정하지만, 토요일·공휴일, 작업·교육실태 및 수용자의 특성을 고려하여 방송편성시간을 조정할 수 있다(형집행법 시행규칙 제39조).
② [○] 동법 제26조 제1항
③ [○] 동법 시행규칙 제36조 제1항
④ [○] 동법 시행규칙 제41조

정답 ①

형집행법령상 도서, 방송 등에 대한 설명으로 가장 옳은 것은?   2023. 7급 승진

① 소장은 수용자가 쉽게 이용할 수 있도록 비치도서의 목록을 정기적으로 공개하여야 한다. 비치도서의 열람방법, 열람기간 등에 관하여 필요한 사항은 소장이 정한다.
② 수용자가 구독을 신청할 수 있는 신문·잡지 또는 도서(이하 "신문 등"이라 한다)는 교정시설의 보관범위 및 수용자가 지닐 수 있는 범위를 벗어나지 않는 범위에서 신문은 월 3종 이내로, 도서(잡지를 포함한다)는 월 15권 이내로 한다. 다만, 소장은 수용자의 지식함양 및 교양습득에 특히 필요하다고 인정하는 경우에는 신문 등의 신청 수량을 늘릴 수 있다.
③ 소장은 수용자의 건강과 일과시간 등을 고려하여 1일 6시간 이내에서 방송편성시간을 정한다. 다만, 토요일·공휴일, 작업·교육실태 및 수용자의 특성을 고려하여 방송편성시간을 조정할 수 있다.
④ 수용자를 대상으로 하는 방송은 무상으로 한다. 법무부장관은 방송의 전문성을 강화하기 위하여 외부전문가의 협력을 구할 수 있고, 모든 교정시설의 수용자를 대상으로 통합방송을 할 수 있다. 소장은 방송에 대한 의견수렴을 위하여 설문조사 등의 방법으로 수용자의 반응도 및 만족도를 측정하여야 한다.

정답 및 해설

① [×] 소장은 수용자가 쉽게 이용할 수 있도록 비치도서의 목록을 정기적으로 공개하여야 한다(동법 시행령 제72조 제1항). 비치도서의 열람방법, 열람기간 등에 관하여 필요한 사항은 법무부장관이 정한다(동법 시행령 제72조 제2항).
② [×] 수용자가 구독을 신청할 수 있는 신문·잡지 또는 도서(신문 등)는 교정시설의 보관범위 및 수용자가 지닐 수 있는 범위를 벗어나지 않는 범위에서 신문은 월 3종 이내로, 도서(잡지를 포함한다)는 월 10권 이내로 한다. 다만, 소장은 수용자의 지식함양 및 교양습득에 특히 필요하다고 인정하는 경우에는 신문 등의 신청 수량을 늘릴 수 있다(동법 시행규칙 제35조).
③ [○] 형집행법 시행규칙 제39조
④ [×] 수용자를 대상으로 하는 방송은 무상으로 한다(동법 시행규칙 제37조 제1항). 법무부장관은 방송의 전문성을 강화하기 위하여 외부전문가의 협력을 구할 수 있고, 모든 교정시설의 수용자를 대상으로 통합방송을 할 수 있다(동법 시행규칙 제37조 제2항). 소장은 방송에 대한 의견수렴을 위하여 설문조사 등의 방법으로 수용자의 반응도 및 만족도를 측정할 수 있다(동법 시행규칙 제37조 제3항).

정답 ③

09 형집행법령상 수용자 처우에 대한 설명으로 가장 옳지 않은 것은? 2021. 5급 승진

① 수용자가 구독을 신청할 수 있는 신문은 교정시설의 보관범위 및 수용자가 지닐 수 있는 범위를 벗어나지 않는 범위에서 월 3종 이내로 한다. 다만, 소장은 수용자의 지식함양 및 교양습득에 특히 필요하다고 인정하는 경우에는 신청수량을 늘릴 수 있다.
② 소장은 수용자의 건강과 일과시간 등을 고려하여 1일 6시간 이내에서 방송편성시간을 정한다. 다만, 토요일·공휴일, 작업·교육실태 및 수용자의 특성을 고려하여 방송편성시간을 조정할 수 있다.
③ 소장은 시설의 안전 또는 질서를 해칠 우려가 있다고 인정하는 경우에 수용자의 문예 등에 관한 집필을 허용하지 않을 수 있다.
④ 수용자는 휴업일 및 휴게시간 내에 시간의 제한 없이 집필할 수 있다. 다만, 부득이한 사정이 있는 경우에는 그러하지 아니하다.

정답 및 해설

① [○] 동법 시행규칙 제35조
② [○] 동법 시행규칙 제39조
③ [×] 소장은 시설의 안전 또는 질서를 해칠 명백한 위험이 있다고 인정하는 경우에 수용자의 문예 등에 관한 집필을 허용하지 않을 수 있다(형집행법 제49조 제1항).
④ [○] 동법 시행령 제75조

정답 ③

10 형집행법 시행규칙 및 판례상 방송에 대한 설명으로 옳은 것을 모두 고른 것은?

2024. 6급 승진

㉠ 수용자는 소장이 지정한 장소에서 지정된 채널을 통하여 텔레비전을 시청하거나 라디오를 청취하여야 한다. 다만, 제86조에 따른 자치생활 수형자는 법무부장관이 정하는 방법에 따라 텔레비전을 시청할 수 있다.
㉡ 소장은 방송프로그램을 자체 편성하는 경우에는 특정 종교의 행사나 교리를 찬양하거나 비방하는 내용이 포함되지 아니하도록 특히 유의하여야 한다.
㉢ 수용자는 방송설비 또는 채널을 임의 조작·변경하거나 임의수신 장비를 지녀서는 아니되며, 수용자가 방송시설과 장비를 손상하거나 그 밖의 방법으로 그 효용을 해친 경우에는 배상을 하여야 한다.
㉣ 헌법재판소는 채널지정조항이 교정시설의 안전과 질서유지를 위하여 지정된 채널을 통하여만 텔레비전 시청을 하도록 하는 것은 그 목적의 정당성이 인정되고 수단 또한 적정하다고 하더라도 채널지정조항으로 인하여 수형자가 원하는 지상파 방송을 자유롭게 생방송으로 시청할 수 없는 불이익은 중대하므로 지정된 채널을 통하여 텔레비전을 시청하여야 한다는 조항은 수용자의 알 권리를 침해한다고 보았다.

① ㉠, ㉣
② ㉠, ㉡, ㉢
③ ㉡, ㉢, ㉣
④ ㉠, ㉡, ㉢, ㉣

정답 및 해설

옳은 것은 ㉠, ㉡, ㉢이다.
㉠ [○] 형집행법 시행규칙 제41조 제1항
㉡ [○] 소장은 방송프로그램을 자체 편성하는 경우에는 ⓐ 폭력조장, 음란 등 미풍양속에 반하는 내용, ⓑ 특정 종교의 행사나 교리를 찬양하거나 비방하는 내용, ⓒ 그 밖에 수용자의 정서안정 및 수용질서 확립에 유해하다고 판단되는 내용이 포함되지 아니하도록 특히 유의하여야 한다(동법 시행규칙 제40조 제3항).
㉢ [○] 동법 시행규칙 제41조 제2항·제3항
㉣ [×] 헌재 2019.4.11. 2017헌마736

> 🏃 **관련판례**
> 지상파 방송의 일부 프로그램의 경우 범법자들의 행위를 영웅시하고 미화하여 수용자들을 현혹시키거나, 폭력적이거나 선정적 장면, 범죄행위를 범하는 장면 등 수형자의 교정교화에 부적당한 내용이 포함될 수 있다. 즉, 지상파의 모든 프로그램을 생방송으로 여과 없이 송출할 경우 수용질서를 문란케 하는 내용 등이 그대로 수형자에게 노출될 수 있는 것이다. 따라서 채널지정조항이 교정시설의 안전과 질서유지를 위하여 지정된 채널을 통하여만 텔레비전 시청을 하도록 하는 것은 그 목적의 정당성이 인정되고 수단 또한 적정하다. 또한 채널지정조항이 지정된 채널을 통하여만 텔레비전 방송을 시청하도록 하였다고 하여도, 위 조항으로 인하여 수형자에게 선거정보를 비롯하여 일반적으로 접근할 수 있는 뉴스나 정보 등이 과도하게 차단된다고는 볼 수 없고, 교정시설의 안전과 질서유지 및 교정교화에 필요한 정도를 초과하여 청구인의 알 권리를 제한하고 있다고 볼 수 없다. 결국 채널지정조항은 침해의 최소성에 위배되지 아니한다(헌재 2019.4.11. 2017헌마736).

정답 ②

11. 형집행법령상 수용자의 종교와 문화에 대한 설명으로 옳지 않은 것은?

① 소장은 종교행사용 시설의 부족 등 여건이 충분하지 아니할 때에는 수용자의 종교행사 참석을 제한할 수 있다.
② 소장은 수형자의 건전한 사회복귀를 위하여 필요한 때에는 신앙생활에 필요한 책이나 물품을 지니는 것을 제한할 수 있다.
③ 소장은 시설의 안전 또는 질서를 해칠 우려가 있는 때에는 수용자의 집필을 제한할 수 있다.
④ 소장은 수형자의 건전한 사회복귀를 해칠 우려가 있는 때에는 그 수형자에 대하여 텔레비전 시청을 금지할 수 있다.

정답 및 해설

① [○] 동법 시행규칙 제32조
② [○] 소장은 ㉠ 수형자의 교화 또는 건전한 사회복귀를 위하여 필요한 때, ㉡ 시설의 안전과 질서유지를 위하여 필요한 때에는 종교의식·종교행사 참석, 개별적인 종교상담 및 신앙생활에 필요한 책이나 물품을 지니는 것을 제한할 수 있다(동법 제45조 제3항).
③ [×] 수용자는 문서 또는 도화를 작성하거나 문예·학술, 그 밖의 사항에 관하여 집필할 수 있다. 다만, 소장이 시설의 안전 또는 질서를 해칠 명백한 위험이 있다고 인정하는 경우는 예외로 한다(형집행법 제49조 제1항).
④ [○] 동법 제48조 제2항

정답 ③

12. 형집행법령상 수용자의 종교와 문화에 대한 설명으로 옳지 않은 것은?

① 수용자가 자신의 비용으로 구독을 신청할 수 있는 신문·잡지 또는 도서는 교정시설의 보관범위 및 수용자가 지닐 수 있는 범위를 벗어나지 않는 범위에서 신문은 월 3종 이내로, 도서(잡지를 포함한다)는 월 10권 이내로 한다. 다만, 소장은 수용자의 지식함양 및 교양습득에 특히 필요하다고 인정하는 경우에는 신문 등의 신청 수량을 늘릴 수 있다.
② 집필용구의 구입비용 및 집필한 문서나 도화를 외부로 보내는 데 드는 비용은 수용자가 부담한다. 다만, 소장은 수용자가 그 비용을 부담할 수 없는 경우에는 그 비용을 지급할 수 있다.
③ 소장은 수용자의 건강과 일과시간 등을 고려하여 1일 6시간 이내에서 방송편성시간을 정한다. 다만, 토요일·공휴일, 작업·교육실태 및 수용자의 특성을 고려하여 방송편성시간을 조정할 수 있다.
④ 소장은 수용자의 신앙생활에 필요하다고 인정하는 경우에는 외부에서 제작된 휴대용 종교도서 및 성물을 수용자가 지니게 할 수 있다.

정답 및 해설

① [○] 동법 시행규칙 제35조
② [×] 집필용구의 구입비용을 수용자가 부담할 수 없는 경우에는 소장이 필요한 집필용구를 지급할 수 있으나(형집행법 시행령 제74조 단서), 수용자 본인이 작성 또는 집필한 문서나 도화를 외부로 보내거나 내갈 때 드는 비용은 수용자가 부담한다(동법 시행령 제76조 제2항).
③ [○] 동법 시행규칙 제39조
④ [○] 동법 시행규칙 제34조 제1항

정답 ②

13 형집행법상 수용자의 종교 및 문화활동에 대한 설명으로 옳지 않은 것은?

① 수용자는 교정시설 안에서 실시하는 종교행사에 참석할 수 있으며, 개별적인 종교상담을 받을 수 있다.
② 소장은 수용자의 지식함양 및 교양습득에 필요한 도서를 비치하고 수용자가 이용할 수 있도록 하여야 한다.
③ 소장은 수용자가 읽을 수 있도록 신문 등을 비치하여 수용자가 이용할 수 있도록 하여야 한다.
④ 수용자는 정서안정 및 교양습득을 위하여 라디오 청취와 텔레비전 시청을 할 수 있다.
⑤ 수용자는 문서 또는 도화를 작성하거나 문예, 학술, 그 밖의 사항에 관하여 집필할 수 있다.

정답 및 해설

① [○] 동법 제45조 제1항
② [○] 동법 제46조
③ [×] 수용자는 자신의 비용으로 신문·잡지 또는 도서(신문 등)의 구독을 신청할 수 있으며(형집행법 제47조 제1항), 소장은 구독을 신청한 신문 등이 「출판문화산업 진흥법」에 따른 유해간행물인 경우를 제외하고는 구독을 허가하여야 한다(동법 제47조 제2항).
④ [○] 동법 제48조 제1항
⑤ [○] 동법 제49조 제1항

정답 ③

14 형집행법령상 수용자의 라디오 청취와 텔레비전 시청에 대한 설명으로 옳지 않은 것은?

① 수용자를 대상으로 하는 방송은 무상으로 한다.
② 수용자는 소장의 허가를 받아 라디오 청취와 텔레비전 시청을 할 수 있다.
③ 소장은 수형자의 교화 또는 건전한 사회복귀를 해칠 우려가 있는 때에는 개별수용자에 대하여 라디오 및 텔레비전의 청취 또는 시청을 금지할 수 있다.
④ 법무부장관은 모든 교정시설의 수용자를 대상으로 통합방송을 할 수 있다.

정답 및 해설

① [○] 동법 시행규칙 제37조 제1항
② [×] 수용자는 정서안정 및 교양습득을 위하여 라디오 청취와 텔레비전 시청을 할 수 있다(형집행법 제48조 제1항).
▶ 허가 사항이 아니다.
③ [○] 소장은 ㉠ 수형자의 교화 또는 건전한 사회복귀를 해칠 우려가 있는 때, ㉡ 시설의 안전과 질서유지를 위하여 필요한 때에는 수용자에 대한 라디오 및 텔레비전의 방송을 일시 중단하거나 개별 수용자에 대하여 라디오 및 텔레비전의 청취 또는 시청을 금지할 수 있다(동법 제48조 제2항).
④ [○] 법무부장관은 방송의 전문성을 강화하기 위하여 외부전문가의 협력을 구할 수 있고, 모든 교정시설의 수용자를 대상으로 통합방송을 할 수 있다(동법 시행규칙 제37조 제1항).

정답 ②

15. 종교행사 참석에 대한 설명으로 옳지 않은 것은? (헌법재판소 판례에 의함)

① 구치소장이 구치소 내에서 실시하는 종교의식 또는 행사에 미결수용자에 대하여만 원칙적으로 참석을 불허한 것은 미결수용자의 종교의 자유를 침해하였다.
② 원칙적으로 미결수용자에게 종교집회 참석 기회를 보장하였다면, 실제 참석 기회가 적더라도 이는 종교의 자유를 침해하는 것이라 할 수 없다.
③ 천주교를 신봉하는 수형자가 신봉하지 않던 불교집회참석을 신청하였는바, 이에 대해 거부한 교도소장의 행위는 수형자의 기본권을 본질적으로 침해하는 것이 아니다.
④ 구치소장이 구치소 내 미결수용자를 대상으로 한 개신교 종교행사를 4주에 1회, 일요일이 아닌 요일에 실시한 행위는 청구인의 종교의 자유를 침해하지 않는다.

정답 및 해설

① [○] 헌재 2011.12.29. 2009헌마527
② [×] 원칙적으로 미결수용자에게 종교집회 참석 기회를 보장하더라도 실제 참석 기회가 지나치게 적은 것 역시 종교의 자유를 침해하는 것이라고 판단하였다(헌재 2014.6.26. 2012헌마782).
③ [○] 헌재 2005.2.15. 2004헌마911
④ [○] 헌재 2015.4.30. 2013헌마190

정답 ②

제10장 특별한 보호

제1절 | 여성수용자

01 형집행법령상 여성수용자의 처우에 대한 설명으로 옳은 것은 모두 몇 개인가? 2022. 5급 승진

㉠ 여성교도관이 부족하거나 그 밖의 부득이한 사정으로 남성교도관이 1인 이상의 여성수용자에 대하여 실내에서 상담 등을 하려면 투명한 창문이 설치된 장소에서 다른 여성교도관을 입회시킨 후 실시하여야 한다.
㉡ 소장은 여성수용자에 대하여 6개월에 1회 이상 건강검진을 하여야 한다. 이 경우 여성수용자의 나이·건강 등을 고려하여 부인과질환에 관한 검사를 포함시킬 수 있다.
㉢ 여성수용자는 자신이 출산한 유아를 교정시설에서 양육할 것을 신청할 수 있다.
㉣ 소장은 수용자가 출산하려고 하는 경우에는 외부의료시설에 진료를 받게 하는 등 적절한 조치를 하여야 한다.
㉤ 수용자가 출산(유산·사산을 제외한다)한 경우란 출산(유산·사산한 경우를 제외한다)후 60일이 지나지 아니한 경우를 말한다.

① 1개 　　　　② 2개
③ 3개 　　　　④ 4개

정답 및 해설

옳은 것은 ㉢, ㉣이다.
㉠ [×] 여성교도관이 부족하거나 그 밖의 부득이한 사정으로 남성교도관이 1인 이상의 여성수용자에 대하여 실내에서 상담 등을 하려면 투명한 창문이 설치된 장소에서 다른 여성을 입회시킨 후 실시하여야 한다(형집행법 제51조).
㉡ [×] 소장은 여성수용자에 대하여 건강검진을 실시하는 경우에는 나이·건강 등을 고려하여 부인과질환에 관한 검사를 포함시켜야 한다(동법 제50조 제2항).
㉢ [○] 동법 제53조 제1항
㉣ [○] 동법 제52조
㉤ [×] 수용자가 출산(유산·사산을 포함한다)한 경우란 출산(유산·사산한 경우를 포함한다) 후 60일이 지나지 아니한 경우를 말한다(동법 제52조).

정답 ②

02 형집행법령상 여성수용자의 처우에 대한 설명으로 옳지 않은 것은 모두 몇 개인가? 2023. 7급 승진

> ㉠ 남성교도관이 1인의 여성수용자에 대하여 실내에서 상담·교육·작업 등을 하려면 투명한 창문이 설치된 장소에서 다른 교도관을 입회시킨 후 실시하여야 한다.
> ㉡ 소장은 형집행법 제53조(유아의 양육) 제1항에 따라 유아의 양육을 허가한 경우에는 교정시설에 육아거실을 지정·운영하여야 한다.
> ㉢ 소장은 유아의 양육을 허가하지 아니하는 경우에는 수용자의 의사를 고려하여 유아보호에 적당하다고 인정하는 법인 또는 개인에게 그 유아를 보낼 수 있다. 다만, 적당한 법인 또는 개인이 없는 경우에는 그 유아를 해당 교정시설의 소재지 관할 이외의 시장·군수 또는 구청장에게 보내서 보호하게 하여야 한다.
> ㉣ 소장은 여성수용자에 대하여 건강검진을 실시하는 경우에는 나이·건강 등을 고려하여 부인과질환에 관한 검사를 포함시킬 수 있다.

① 1개 ② 2개
③ 3개 ④ 4개

정답 및 해설

옳지 않은 것은 ㉠, ㉢, ㉣이다.
㉠ [×] 남성교도관이 1인의 여성수용자에 대하여 실내에서 상담·교육·작업 등(상담 등)을 하려면 투명한 창문이 설치된 장소에서 다른 여성을 입회시킨 후 실시하여야 한다(형집행법 제51조 제2항).
㉡ [○] 동법 시행령 제79조
㉢ [×] 소장은 유아의 양육을 허가하지 아니하는 경우에는 수용자의 의사를 고려하여 유아보호에 적당하다고 인정하는 법인 또는 개인에게 그 유아를 보낼 수 있다. 다만, 적당한 법인 또는 개인이 없는 경우에는 그 유아를 해당 교정시설의 소재지를 관할하는 시장·군수 또는 구청장에게 보내서 보호하게 하여야 한다(동법 시행령 제80조 제1항).
㉣ [×] 소장은 여성수용자에 대하여 건강검진을 실시하는 경우에는 나이·건강 등을 고려하여 부인과질환에 관한 검사를 포함시켜야 한다(동법 제50조 제2항).

정답 ③

03 형집행법령상 여성수용자의 처우에 대한 설명으로 옳지 않은 것은 모두 몇 개인가? 2024. 6급 승진

> ㉠ 소장은 여성수용자에 대하여 건강검진을 실시하는 경우에는 나이·건강 등을 고려하여 부인과질환에 관한 검사를 포함시킬 수 있다.
> ㉡ 소장은 생리 중인 여성수용자에 대하여는 위생에 필요한 물품을 지급할 수 있다.
> ㉢ 소장은 여성수용자에 대하여 상담·교육·작업 등(이하 "상담 등"이라 한다)을 실시하는 때에는 여성교도관이 담당하도록 하여야 한다. 다만, 여성교도관이 부족하거나 그 밖의 부득이한 사정이 있으면 그러하지 아니하다.
> ㉣ 여성교도관이 부족하거나 그 밖의 부득이한 사정이 있어서 남성교도관이 1인의 여성수용자에 대하여 실내에서 상담 등을 하려면 투명한 창문이 설치된 장소에서 다른 여성을 입회시킨 후 실시하여야 한다.
> ㉤ 소장은 여성수용자가 목욕을 하는 경우에 계호가 필요하다고 인정하면 여성교도관이 하도록 하여야 한다.

① 1개 ② 2개
③ 3개 ④ 4개

정답 및 해설

옳지 않은 것은 ㉠, ㉡이다.
- ㉠ [×] 소장은 여성수용자에 대하여 건강검진을 실시하는 경우에는 나이·건강 등을 고려하여 부인과질환에 관한 검사를 포함시켜야 한다(형집행법 제50조 제2항).
- ㉡ [×] 소장은 생리 중인 여성수용자에 대하여는 위생에 필요한 물품을 지급하여야 한다(동법 제50조 제3항).
- ㉢ [○] 동법 제51조 제1항
- ㉣ [○] 동법 제51조 제2항
- ㉤ [○] 동법 시행령 제77조 제2항

정답 ②

04 형집행법령상 여성수용자에 대한 설명으로 가장 옳지 않은 것은? 2022. 6급 승진

① 소장은 수용자가 임신 중이거나 출산(유산·사산은 제외한다)한 경우에는 모성보호 및 건강유지를 위하여 정기적인 검진 등 적절한 조치를 하여야 한다.
② 여성수용자는 자신이 출산한 유아를 교정시설에서 양육할 것을 신청할 수 있다.
③ 소장은 여성수용자에 대하여 상담·교육·작업 등을 실시하는 때에는 여성교도관이 담당하도록 하여야 한다. 다만, 여성교도관이 부족하거나 그 밖의 부득이한 사정이 있으면 그러하지 아니하다.
④ 소장은 교정시설에서 유아의 양육을 신청한 여성수용자에게 그 양육을 허가한 경우에는 교정시설에 육아거실을 지정·운영하여야 한다.

정답 및 해설

① [×] 소장은 수용자가 임신 중이거나 출산(유산·사산을 포함한다)한 경우에는 … (형집행법 제52조 제1항).
② [○] 동법 제53조 제1항
③ [○] 동법 제51조 제1항
④ [○] 동법 시행령 제79조

정답 ①

05 형의 집행 및 수용자의 처우에 관한 법령상 여성수용자의 처우에 대한 설명으로 옳지 않은 것은? 2019. 교정 7급

① 여성수용자가 자신이 출산한 유아를 교정시설에서 양육할 것을 신청한 경우, 법에서 규정한 특별한 사유에 해당하지 않으면 생후 18개월에 이르기까지 이를 허가하여야 한다.
② 소장은 유아의 양육을 허가하지 아니하는 경우에는 수용자의 의사를 고려하여 유아보호에 적당하다고 인정하는 법인 또는 개인에게 그 유아를 보낼 수 있다.
③ 소장은 수용자가 임신 중이거나 출산(유산·사산을 포함한다)한 경우에는 모성보호 및 건강유지를 위하여 정기적인 검진 등 적절한 조치를 하여야 한다.
④ 남성교도관이 1인의 여성수용자에 대하여 실내에서 상담 등을 하려면 투명한 창문이 설치된 장소에서 다른 교도관을 입회시킨 후 실시하여야 한다.

정답 및 해설

① [○] 동법 제53조 제1항
② [○] 동법 시행령 제80조 제1항
③ [○] 동법 제52조 제1항
④ [×] 남성교도관이 1인의 여성수용자에 대하여 실내에서 상담 등을 하려면 투명한 창문이 설치된 장소에서 다른 여성을 입회시킨 후 실시하여야 한다(형집행법 제51조 제2항).

> **유아의 양육**(형집행법 제53조 제1항)
>
> 여성수용자는 자신이 출산한 유아를 교정시설에서 양육할 것을 신청할 수 있다. 이 경우 소장은 다음의 어느 하나에 해당하는 사유가 없으면, 생후 18개월에 이르기까지 허가하여야 한다.
> 1. 유아가 질병·부상, 그 밖의 사유로 교정시설에서 생활하는 것이 특히 부적당하다고 인정되는 때
> 2. 수용자가 질병·부상, 그 밖의 사유로 유아를 양육할 능력이 없다고 인정되는 때
> 3. 교정시설에 감염병이 유행하거나 그 밖의 사정으로 유아양육이 특히 부적당한 때

정답 ④

06 「형의 집행 및 수용자의 처우에 관한 법률」상 여성수용자의 처우에 대한 설명으로 옳지 않은 것을 모두 고른 것은?
2018. 교정 9급, 6급 승진

> ㉠ 교정시설의 장은 여성수용자에 대하여 건강검진을 실시하는 경우에는 나이·건강 등을 고려하여 부인과질환에 관한 검사를 포함시켜야 한다.
> ㉡ 교정시설의 장은 수용자가 임신 중이거나 출산(유산은 포함되지 않음)한 경우에는 모성보호 및 건강유지를 위하여 정기적인 검진 등 적절한 조치를 하여야 한다.
> ㉢ 여성수용자의 거실에 대한 검사는 여성교도관이 하여야 한다.
> ㉣ 교정시설의 장은 여성수용자에 대하여 상담·교육·작업 등을 실시하는 때에는 여성교도관이 담당하도록 하여야 한다. 다만, 여성교도관이 부족하거나 그 밖의 부득이한 사정이 있으면 그러하지 아니하다.
> ㉤ 여성교도관이 부족한 경우 남성교도관이 1인의 여성수용자에 대하여 실내에서 상담 등을 하려면 투명한 창문이 설치된 장소에서 다른 여성교도관을 입회시킨 후 실시하여야 한다.
> ㉥ 여성의 신체·의류 및 휴대품에 대한 검사는 여성교도관이 하여야 한다.

① ㉠, ㉡, ㉣
② ㉠, ㉣, ㉥
③ ㉡, ㉢, ㉤
④ ㉢, ㉤, ㉥

정답 및 해설

옳지 않은 것은 ㉡, ㉢, ㉤이다.
㉠ [○] 형집행법 제50조 제2항
㉡ [×] 소장은 수용자가 임신 중이거나 출산(유산·사산을 포함한다)한 경우에는 모성보호 및 건강유지를 위하여 정기적인 검진 등 적절한 조치를 하여야 한다(동법 제52조 제1항).
㉢ [×] 형집행법상 여성교도관이 하여야 한다는 규정은 없다.
㉣ [○] 동법 제51조 제1항
㉤ [×] 다른 여성을 입회시킨 후 실시하여야 한다(동법 제51조 제2항).
㉥ [○] 동법 제93조 제4항

정답 ③

07 형집행법령상 여성수용자의 처우에 대한 설명으로 옳은 것은? 2020. 6급 승진

① 소장은 생리 중인 여성수용자에 대하여 위생에 필요한 물품을 지급할 수 있다.
② 소장은 여성교도관이 부족하여 남성교도관이 1인의 여성수용자에 대하여 실내에서 상담 등을 하려면 투명한 창문이 설치된 장소에서 다른 여성을 입회시킨 후 실시하여야 한다.
③ 여성수용자는 자신이 출산한 유아를 교정시설에서 양육할 것을 신청할 수 있으며, 이 경우 소장은 특별한 사정이 없으면 생후 36개월에 이르기까지 허가하여야 한다.
④ 소장은 유아의 양육을 허가하지 아니하는 경우에는 유아보호에 적당하다고 인정하는 법인 또는 개인에게 그 유아를 보내야 한다. 다만, 적당한 법인 또는 개인이 없는 경우에는 그 유아를 해당 교정시설의 소재지를 관할하는 시장·군수 또는 구청장에게 보내서 보호하게 할 수 있다.

정답 및 해설

① [×] 소장은 생리 중인 여성수용자에 대하여는 위생에 필요한 물품을 지급하여야 한다(동법 제50조 제3항).
② [○] 형집행법 제51조 제2항
③ [×] 생후 18개월에 이르기까지 허가하여야 한다(동법 제53조 제1항).
④ [×] 소장은 유아의 양육을 허가하지 아니하는 경우에는 수용자의 의사를 고려하여 유아보호에 적당하다고 인정하는 법인 또는 개인에게 그 유아를 보낼 수 있다. 다만, 적당한 법인 또는 개인이 없는 경우에는 그 유아를 해당 교정시설의 소재지를 관할하는 시장·군수 또는 구청장에게 보내서 보호하게 하여야 한다(동법 시행령 제80조 제1항).

정답 ②

08 현행법령상 여성수용자에 대한 처우내용으로 옳지 않은 것은? 2023. 9급 경채

㉠ 소장은 여성수용자에 대하여 여성의 신체적·심리적 특성을 고려하여 처우하여야 한다.
㉡ 남성교도관이 1인의 여성수용자에 대하여 실내에서 상담 등을 하려면 투명한 창문이 설치된 장소에서 다른 여성을 입회시킨 후 실시하여야 한다.
㉢ 소장은 여성수용자에 대하여 건강검진을 실시하는 경우에는 나이·건강 등을 고려하여 부인과 질환에 관한 검사를 포함시킬 수 있다.
㉣ 소장은 생리 중인 여성수용자에 대하여는 위생에 필요한 물품을 지급할 수 있다.

① 1개 ② 2개
③ 3개 ④ 4개

정답 및 해설

옳지 않은 것은 ㉢, ㉣이다.
㉠ [○] 형집행법 제50조
㉡ [○] 동법 제51조 제2항
㉢ [×] 소장은 여성수용자에 대하여 건강검진을 실시하는 경우에는 나이·건강 등을 고려하여 부인과질환에 관한 검사를 포함시켜야 한다(동법 제50조 제2항).
㉣ [×] 소장은 생리 중인 여성수용자에 대하여는 위생에 필요한 물품을 지급하여야 한다(동법 제50조 제3항).

정답 ②

09 형의 집행 및 수용자의 처우에 관한 법령상 여성수용자의 처우에 대한 설명으로 옳지 않은 것은?

2022. 교정 7급

① 여성수용자는 자신이 출산한 유아를 교정시설에서 양육할 것을 신청할 수 있다. 이 경우 소장은 법률에 규정된 사유에 해당하지 않는 한 생후 24개월에 이르기까지 허가하여야 한다.
② 소장은 여성수용자에 대하여 건강검진을 실시하는 경우에는 나이·건강 등을 고려하여 부인과 질환에 관한 검사를 포함시켜야 한다.
③ 남성교도관이 1인의 여성수용자에 대하여 실내에서 상담 등을 하려면 투명한 창문이 설치된 장소에서 다른 여성을 입회시킨 후 실시하여야 한다.
④ 소장은 여성수용자가 임신 중이거나 출산(유산·사산을 포함) 후 60일이 지나지 아니한 경우에는 모성보호 및 건강유지를 위하여 정기적인 검진 등 적절한 조치를 하여야 한다.

정답 및 해설

① [×] 여성수용자는 자신이 출산한 유아를 교정시설에서 양육할 것을 신청할 수 있다. 이 경우 소장은 ㉠ 유아가 질병·부상, 그 밖의 사유로 교정시설에서 생활하는 것이 특히 부적당하다고 인정되는 때, ㉡ 수용자가 질병·부상, 그 밖의 사유로 유아를 양육할 능력이 없다고 인정되는 때, ㉢ 교정시설에 감염병이 유행하거나 그 밖의 사정으로 유아양육이 특히 부적당한 때에 해당하지 않으면, 생후 18개월에 이르기까지 허가하여야 한다(형집행법 제53조 제1항).
② [○] 동법 제50조 제2항
③ [○] 동법 제51조 제2항
④ [○] 동법 제52조 제1항, 동법 시행령 제78조

정답 ①

10 형의 집행 및 수용자의 처우에 관한 법령상 특별한 보호가 필요한 수용자의 처우에 대한 설명으로 옳지 않은 것은?

2020. 교정 9급

① 소장은 수용자가 임신 중이거나 출산(유산·사산은 제외한다)한 경우에는 모성보호 및 건강유지를 위하여 정기적인 검진 등 적절한 조치를 하여야 한다.
② 장애인수용자의 거실은 시설 부족 또는 그 밖의 부득이한 사정이 없으면 건물의 1층에 설치하고, 특히 장애인이 이용할 수 있는 변기 등의 시설을 갖추도록 하여야 한다.
③ 소장은 외국인수용자의 수용거실을 지정하는 경우에는 종교 또는 생활관습이 다르거나 민족감정 등으로 인하여 분쟁의 소지가 있는 외국인수용자는 거실을 분리하여 수용하여야 한다.
④ 노인수형자 전담교정시설에는 별도의 공동휴게실을 마련하고 노인이 선호하는 오락용품 등을 갖추어두어야 한다.

정답 및 해설

① [×] 소장은 수용자가 임신 중이거나 출산(유산·사산을 포함한다)한 경우에는 모성보호 및 건강유지를 위하여 정기적인 검진 등 적절한 조치를 하여야 한다(형집행법 제52조 제1항).
② [○] 동법 시행규칙 제51조 제2항
③ [○] 동법 시행규칙 제57조 제1항
④ [○] 동법 시행규칙 제43조 제2항

정답 ①

11 형의 집행 및 수용자의 처우에 관한 법령상 특별한 보호가 필요한 수용자의 처우에 대한 설명으로 옳은 것만을 모두 고른 것은?

> ㉠ 노인수형자 전담교정시설에는 별도의 공동휴게실을 마련하고 노인이 선호하는 오락용품 등을 갖춰두어야 한다.
> ㉡ 교정시설의 장은 유아의 양육을 허가한 경우에는 교정시설에 육아거실을 지정·운영하여야 한다.
> ㉢ 여성수용자는 자신이 출산한 유아를 교정시설에서 양육할 것을 신청할 수 있고, 이 경우 교정시설의 장은 생후 24개월에 이르기까지 허가하여야 한다.
> ㉣ 교정시설의 장은 생리 중인 여성수용자에 대하여는 위생에 필요한 물품을 지급하여야 한다.
> ㉤ 교정시설의 장은 노인수용자에 대하여 1년에 1회 이상 건강검진을 하여야 한다.

① ㉠, ㉡, ㉣
② ㉠, ㉢, ㉤
③ ㉡, ㉢, ㉤
④ ㉡, ㉣, ㉤

정답 및 해설

옳은 것은 ㉠, ㉡, ㉣이다.
㉠ [○] 형집행법 시행규칙 제43조 제2항
㉡ [○] 동법 시행령 제79조
㉢ [×] 여성수용자는 자신이 출산한 유아를 교정시설에서 양육할 것을 신청할 수 있다. 이 경우 소장은 양육불허 사유가 없으면, 생후 18개월에 이르기까지 허가하여야 한다(동법 제53조 제1항).
㉣ [○] 동법 제50조 제3항
㉤ [×] 소장은 노인수용자에 대하여 6개월에 1회 이상 건강검진을 하여야 한다(동법 시행규칙 제47조 제2항).

정답 ①

제2절 | 노인수용자

01 형의 집행 및 수용자의 처우에 관한 법령상 수용자의 처우에 대한 설명으로 옳지 않은 것은?

2024 교정 7급

① 노인수용자 또는 장애인수용자의 거실은 시설부족 또는 그 밖의 부득이한 사정이 없는 한 건물 1층에 설치하여야 한다.
② 외국인수용자의 수용거실을 지정하는 경우, 종교 또는 생활관습이 다르거나 민족감정 등으로 인하여 분쟁의 소지가 있는 외국인수용자는 거실을 분리하여 수용하여야 한다.
③ 노인수형자 전담교정시설이 아닌 교정시설에서도 별도의 공동휴게실을 마련하고 노인이 선호하는 오락용품 등을 갖추어야 한다.
④ 소장은 19세 미만의 소년수용자에 대하여 6개월에 1회 이상 건강검진을 하여야 한다.

정답 및 해설

① [O] 노인수용자의 거실은 시설부족 또는 그 밖의 부득이한 사정이 없으면 건물의 1층에 설치하고, 특히 겨울철 난방을 위하여 필요한 시설을 갖추어야 한다(동법 시행규칙 제44조 제2항). 장애인수용자의 거실은 시설부족 또는 그 밖의 부득이한 사정이 없으면 건물의 1층에 설치하고, 특히 장애인이 이용할 수 있는 변기 등의 시설을 갖추도록 하여야 한다(동법 시행규칙 제51조 제2항).
② [O] 동법 시행규칙 제57조 제1항
③ [×] 노인수형자 전담교정시설에는 별도의 공동휴게실을 마련하고 노인이 선호하는 오락용품 등을 갖춰두어야 하지만(형집행법 시행규칙 제43조 제2항), 노인수형자 전담교정시설이 아닌 교정시설에서는 노인수용자를 수용하기 위하여 별도의 거실을 지정하여 운용할 수 있을 뿐이다(동법 시행규칙 제44조 제1항).
④ [O] 소장은 19세 미만의 수용자에 대하여 6개월에 1회 이상 건강검진을 하여야 한다(동법 시행령 제51조 제1항 단서). 소장은 소년수용자에 대하여 6개월에 1회 이상 건강검진을 하여야 한다(동법 시행규칙 제59조의7. 제47조 제2항 준용).

정답 ③

02 형집행법령상 교정시설 안에서의 특별한 보호에 대한 설명으로 가장 옳지 않은 것은?

2022. 7급 승진

① 소장은 임산부인 수용자에 대하여 필요하다고 인정하는 경우에는 교정시설에 근무하는 의사(공중보건의사를 포함한다)의 의견을 들어 필요한 양의 죽 등의 주식과 별도로 마련된 부식을 지급할 수 있다.
② 여성수용자는 자신이 출산한 유아를 교정시설에서 양육할 것을 신청할 수 있고, 소장은 유아의 양육을 허가한 경우에는 필요한 설비와 물품의 제공, 그 밖에 양육을 위하여 필요한 조치를 하여야 한다.
③ 소장은 노인수용자에 대하여 1년에 1회 이상 건강검진을 하여야 한다.
④ 노인수형자 전담교정시설에는 별도의 공동휴게실을 마련하고 노인이 선호하는 오락용품 등을 갖춰두어야 한다.

정답 및 해설

① [O] 동법 시행규칙 제42조
② [O] 동법 제53조 제1항, 제2항
③ [×] 소장은 노인수용자에 대하여 6개월에 1회 이상 건강검진을 하여야 한다(형집행법 시행규칙 제47조 제2항).
④ [O] 동법 시행규칙 제43조 제2항

정답 ③

03 형집행법령상 노인수용자에 대한 설명으로 가장 옳지 않은 것은? 2023. 7급 승진

① 노인수형자는 법무부장관이 특히 그 처우를 전담하도록 정하는 시설(이하 "전담교정시설"이라 한다)에 수용되며, 그 특성에 알맞은 처우를 받는다. 다만, 전담교정시설의 부족이나 그 밖의 부득이한 사정이 있는 경우에는 예외로 할 수 있다.
② 노인수형자 전담교정시설의 장은 노인성 질환에 관한 전문적인 지식을 가진 의료진과 장비를 갖추고, 외부의료시설과 협력체계를 강화하여 노인수형자가 신속하고 적절한 치료를 받을 수 있도록 노력하여야 한다.
③ 노인수형자 전담교정시설이 아닌 교정시설에서는 노인수용자를 수용하기 위하여 별도의 거실을 지정하여 운용할 수 있다. 노인수용자의 거실은 시설부족 또는 그 밖의 부득이한 사정이 없으면 건물의 1층에 설치하고, 특히 겨울철 난방을 위하여 필요한 시설을 갖추어야 한다.
④ 소장은 노인수용자에 대하여 6개월에 1회 이상 건강검진을 하여야 한다. 소장은 노인수용자의 나이·건강상태 등을 고려하여 필요하다고 인정하면 형집행법 시행규칙상의 의류의 품목, 의류의 품목별 착용 시기 및 대상, 침구의 품목, 침구의 품목별 사용 시기 및 대상, 의류·침구 등 생활용품의 지급기준, 주식의 혼합비 및 대용식 지급, 주식의 지급, 부식, 주·부식의 지급횟수 등에 따른 수용자의 지급기준을 초과하여 주·부식, 의류·침구, 그 밖의 생활용품을 지급하여야 한다.

정답 및 해설

① [○] 학과교육생·직업훈련생·외국인·여성·장애인·노인·환자·소년(19세 미만인 자를 말한다), 중간처우의 대상자, 그 밖에 별도의 처우가 필요한 수형자는 법무부장관이 특히 그 처우를 전담하도록 정하는 시설(전담교정시설)에 수용되며, 그 특성에 알맞은 처우를 받는다. 다만, 전담교정시설의 부족이나 그 밖의 부득이한 사정이 있는 경우에는 예외로 할 수 있다(동법 제57조 제6항).
② [○] 동법 시행규칙 제47조 제1항
③ [○] 동법 시행규칙 제44조 제1항·제2항
④ [×] 소장은 노인수용자에 대하여 6개월에 1회 이상 건강검진을 하여야 한다(형집행법 시행규칙 제47조 제2항). 소장은 노인수용자의 나이·건강상태 등을 고려하여 필요하다고 인정하면 의류의 품목(제4조), 의류의 품목별 착용 시기 및 대상(제5조), 침구의 품목(제6조), 침구의 품목별 사용 시기 및 대상(제7조), 의류·침구 등 생활용품의 지급기준(제8조), 주식의 지급(제10조), 주식의 지급(제11조), 부식(제13조), 주·부식의 지급횟수 등(제14조)에 따른 수용자의 지급기준을 초과하여 주·부식, 의류·침구, 그 밖의 생활용품을 지급할 수 있다(동법 시행규칙 제45조).

정답 ④

04 「형의 집행 및 수용자의 처우에 관한 법률 시행규칙」상 수용자의 처우에 대한 설명으로 옳은 것은? 2021. 교정 9급

① 소장은 임산부인 수용자에 대하여 필요하다고 인정하는 경우에는 교정시설에 근무하는 교도관의 의견을 들어 필요한 양의 죽 등의 주식과 별도로 마련된 부식을 지급할 수 있다.
② 소장은 소년수형자의 나이·적성 등을 고려하여 필요하다고 인정하면 전화통화 횟수를 늘릴 수 있으나 접견 횟수를 늘릴 수는 없다.
③ 소장은 외국인수용자가 질병 등으로 위독하거나 사망한 경우에는 그의 국적이나 시민권이 속하는 나라의 외교공관 또는 영사관의 장이나 그 관원 또는 가족에게 이를 10일 이내에 알려야 한다.
④ 소장은 노인수용자가 거동이 불편하여 혼자서 목욕하기 어려운 경우에는 교도관, 자원봉사자 또는 다른 수용자로 하여금 목욕을 보조하게 할 수 있다.

정답 및 해설

① [×] 소장은 임산부인 수용자 및 유아의 양육을 허가받은 수용자에 대하여 필요하다고 인정하는 경우에는 교정시설에 근무하는 의사(의무관)의 의견을 들어 필요한 양의 죽 등의 주식과 별도로 마련된 부식을 지급할 수 있으며, 양육유아에 대하여는 분유 등의 대체식품을 지급할 수 있다(동법 시행규칙 제42조).
② [×] 소장은 소년수형자 등의 나이·적성 등을 고려하여 필요하다고 인정하면 접견 및 전화통화 횟수를 늘릴 수 있다(동법 시행규칙 제59조의5).
③ [×] 소장은 외국인수용자가 질병 등으로 위독하거나 사망한 경우에는 그의 국적이나 시민권이 속하는 나라의 외교공관 또는 영사관의 장이나 그 관원 또는 가족에게 이를 즉시 알려야 한다(동법 시행규칙 제59조).
④ [○] 형집행법 시행규칙 제46조 제2항

정답 ④

05 「형의 집행 및 수용자의 처우에 관한 법률 시행규칙」상 노인수용자의 처우에 대한 설명으로 옳은 것은?

2020. 교정 7급

① 노인수형자 전담교정시설에는 별도의 개별휴게실을 마련하고 노인이 선호하는 오락용품 등을 갖춰두어야 한다.
② 노인수형자를 수용하고 있는 시설의 장은 노인문제에 관한 지식과 경험이 풍부한 외부전문가를 초빙하여 교육하게 하는 등 노인수형자의 교육 받을 기회를 확대하고, 노인전문오락, 그 밖에 노인의 특성에 알맞은 교화프로그램을 개발·시행하여야 한다.
③ 소장은 노인수용자가 거동이 불편하여 혼자서 목욕하기 어려운 경우에는 교도관, 자원봉사자 또는 다른 수용자로 하여금 목욕을 보조하게 할 수 있다.
④ 소장은 노인수용자가 작업을 원하는 경우에는 나이·건강상태 등을 고려하여 해당 수용자가 감당할 수 있는 정도의 작업을 부과한다. 이 경우 담당 교도관의 의견을 들어야 한다.

정답 및 해설

① [×] 노인수형자 전담교정시설에는 별도의 공동휴게실을 마련하고 노인이 선호하는 오락용품 등을 갖춰두어야 한다(동법 시행규칙 제43조 제2항).
② [×] 노인수형자 전담교정시설의 장은 노인문제에 관한 지식과 경험이 풍부한 외부전문가를 초빙하여 교육하게 하는 등 노인수형자의 교육 받을 기회를 확대하고, 노인전문오락, 그 밖에 노인의 특성에 알맞은 교화프로그램을 개발·시행하여야 한다(동법 시행규칙 제48조 제1항).
③ [○] 형집행법 시행규칙 제46조 제2항
④ [×] 이 경우 의무관의 의견을 들어야 한다(동법 시행규칙 제48조 제2항).

정답 ③

06 「형의 집행 및 수용자의 처우에 관한 법률 시행규칙」상 노인수용자의 처우에 대한 설명으로 옳지 않은 것은?

2016. 교정 9급

① 소장은 노인수용자에 대하여 6개월에 1회 이상 건강검진을 하여야 한다.
② 노인수형자 전담교정시설에는 별도의 공동휴게실을 마련하고 노인이 선호하는 오락용품 등을 갖춰두어야 한다.
③ 소장은 노인수용자의 나이·건강상태 등을 고려하여 필요하다고 인정하면 법률에서 정한 수용자의 지급기준을 초과하여 주·부식을 지급할 수 있다.
④ 노인수용자의 거실은 시설부족 또는 그 밖의 부득이한 사정이 없으면 건물의 1층에 설치하고, 특히 겨울철 난방을 위하여 필요한 시설을 갖출 수 있다.

정답 및 해설

① [○] 동법 시행규칙 제47조 제2항
② [○] 동법 시행규칙 제43조 제2항
③ [○] 동법 시행규칙 제45조
④ [×] 노인수용자의 거실은 시설부족 또는 그 밖의 부득이한 사정이 없으면 건물의 1층에 설치하고, 특히 겨울철 난방을 위하여 필요한 시설을 갖추어야 한다(형집행법 시행규칙 제44조 제2항).

정답 ④

07 형집행법 시행규칙상 노인수용자의 처우에 대한 설명으로 옳지 않은 것은?

① 노인수형자 전담교정시설에는 별도의 공동휴게실을 마련하고 노인이 선호하는 오락용품을 갖춰두어야 한다.
② 소장은 노인수용자의 나이·건강상태 등을 고려하여 필요하다고 인정하면 운동시간을 연장하거나 목욕횟수를 늘릴 수 있다.
③ 소장은 노인수용자가 거동이 불편하여 혼자서 목욕하기 어려운 경우에는 교도관, 자원봉사자 또는 다른 수용자로 하여금 목욕을 보조하게 할 수 있다.
④ 소장은 노인수용자가 작업을 원하는 경우에는 나이·건강상태 등을 고려하여 해당 수용자가 감당할 수 있는 정도의 작업을 부과한다. 이 경우 담당교도관의 의견을 들어야 한다.

정답 및 해설

① [○] 동법 시행규칙 제43조 제2항
② [○] 동법 시행규칙 제46조 제1항
③ [○] 동법 시행규칙 제46조 제2항
④ [×] 소장은 노인수용자가 작업을 원하는 경우에는 나이·건강상태 등을 고려하여 해당 수용자가 감당할 수 있는 정도의 작업을 부과한다. 이 경우 의무관의 의견을 들어야 한다(형집행법 시행규칙 제48조 제2항).

정답 ④

08 「형의 집행 및 수용자의 처우에 관한 법률 시행규칙」상 노인수용자의 처우에 대한 설명으로 옳지 않은 것은?

① 노인수형자 전담교정시설이 아닌 교정시설에서는 노인수용자를 수용하기 위하여 별도의 거실을 지정하여 운영하여야 한다.
② 노인수용자에 대하여 수용자 지급기준을 초과하여 주·부식, 의류·침구 등을 지급할 수 있다.
③ 노인수용자의 거실은 특히 겨울철 난방을 위하여 필요한 시설을 갖추어야 한다.
④ 노인수용자의 거실은 시설부족 또는 그 밖의 부득이한 사정이 없으면 건물의 1층에 설치한다.

정답 및 해설

① [×] 별도의 거실을 지정하여 운용할 수 있다(형집행법 시행규칙 제44조 제1항).
② [○] 동법 시행규칙 제45조
③, ④ [○] 동법 시행규칙 제44조 제2항

정답 ①

제3절 | 장애인수용자

01 「형의 집행 및 수용자의 처우에 관한 법률 시행규칙」상 장애인수용자에 대한 설명으로 가장 옳지 않은 것은?

2024. 6급 승진

① 법무부장관이 장애인수형자의 처우를 전담하도록 정하는 시설의 장은 장애종류별 특성에 알맞은 재활치료프로그램을 개발하여 시행하여야 한다.
② 장애인수형자 전담교정시설이 아닌 교정시설에서는 장애인수용자를 수용하기 위하여 별도의 거실을 지정하여 운용하여야 한다.
③ 장애인수용자의 거실은 시설부족 또는 그 밖의 부득이한 사정이 없으면 건물의 1층에 설치하고, 특히 장애인이 이용할 수 있는 변기 등의 시설을 갖추도록 하여야 한다.
④ 장애인수용자란 「장애인복지법 시행령」 별표 1의 제1호부터 제15호까지의 규정에 해당하는 사람으로서 시각·청각·언어·지체(肢體) 등의 장애로 통상적인 수용생활이 특히 곤란하다고 인정되는 수용자를 말한다.

정답 및 해설

① [○] 동법 시행규칙 제50조 제1항
② [×] 장애인수형자 전담교정시설이 아닌 교정시설에서는 장애인수용자를 수용하기 위하여 별도의 거실을 지정하여 운용할 수 있다(형집행법 시행규칙 제51조 제1항).
③ [○] 동법 시행규칙 제51조 제2항
④ [○] 동법 시행규칙 제49조

정답 ②

02 「형의 집행 및 수용자의 처우에 관한 법률」과 동법 시행규칙상 수용자의 특별한 보호를 위하여 행하는 처우에 관한 규정의 내용과 일치하지 않는 것은?

2016. 교정 7급

① 노인수용자의 거실은 시설부족 또는 그 밖의 부득이한 사정이 없으면 건물의 1층에 설치하고, 특히 겨울철 난방을 위하여 필요한 시설을 갖추어야 한다.
② 장애인수형자 전담교정시설의 장은 장애인의 재활에 관한 전문적인 지식을 가진 의료진과 장비를 갖추어야 한다.
③ 법무부장관이 19세 미만의 수형자의 처우를 전담하도록 정하는 시설에는 별도의 공동학습공간을 마련하고 학용품 및 소년의 정서 함양에 필요한 도서, 잡지 등을 갖춰 두어야 한다.
④ 남성교도관이 1인의 여성수용자에 대하여 실내에서 상담 등을 하려면 투명한 창문이 설치된 장소에서 다른 여성을 입회시킨 후 실시하여야 한다.

정답 및 해설

① [○] 동법 시행규칙 제44조 제2항
② [×] 장애인수형자 전담교정시설의 장은 장애인의 재활에 관한 전문적인 지식을 가진 의료진과 장비를 갖추도록 노력하여야 한다(형집행법 시행규칙 제52조).
③ [○] 동법 시행규칙 제59조의2 제2항
④ [○] 동법 제51조 제2항

정답 ②

03 형의 집행 및 수용자의 처우에 관한 법령상 장애인수용자와 노인수용자의 처우에 대한 설명으로 옳지 않은 것은?

2025. 교정 9급

① 장애인수형자 전담교정시설의 장은 장애인의 재활에 관한 전문적인 지식을 가진 의료진과 장비를 갖추도록 노력하여야 한다.
② 장애인수형자 전담교정시설의 장은 장애인수형자에 대한 직업훈련이 석방 후의 취업과 연계될 수 있도록 그 프로그램의 편성 및 운영에 특히 유의하여야 한다.
③ 소장은 노인수용자가 작업을 원하는 경우에는 나이·건강상태 등을 고려하여 해당 수용자가 감당할 수 있는 정도의 작업을 부과하되, 이 경우 보안과장의 의견을 들어야 한다.
④ 소장은 노인수용자에 대하여 나이·건강상태 등을 고려하여 그 처우에 있어 적정한 배려를 하여야 하며, 필요하다고 인정하면 운동시간을 연장하거나 목욕횟수를 늘릴 수 있다.

정답 및 해설

① [○] 동법 시행규칙 제52조
② [○] 동법 시행규칙 제53조
③ [×] 소장은 노인수용자가 작업을 원하는 경우에는 나이·건강상태 등을 고려하여 해당 수용자가 감당할 수 있는 정도의 작업을 부과한다. 이 경우 의무관의 의견을 들어야 한다(형집행법 시행규칙 제48조 제2항).
④ [○] 동법 제54조 제1항, 동법 시행규칙 제46조 제1항

정답 ③

04 「형의 집행 및 수용자의 처우에 관한 법률 시행규칙」상 특별한 보호가 필요한 수용자의 처우에 대한 설명으로 옳은 것만을 모두 고른 것은?

㉠ 장애인수형자 전담교정시설의 장은 장애인의 재활에 관한 전문적인 지식을 가진 의료진과 장비를 갖추어야 한다.
㉡ 노인수용자의 거실은 시설부족 또는 그 밖의 부득이한 사정이 없으면 건물의 1층에 설치하고, 특히 겨울철 난방을 위하여 필요한 시설을 갖추어야 한다.
㉢ 외국인수용자를 수용하는 교정시설의 외국인수용자 전담요원은 외국인 미결수용자에게 소송 진행에 필요한 법률지식을 제공하는 등의 조력을 할 수 있다.
㉣ 외국인수용자에게 지급하는 음식물 총열량은 소속 국가의 음식문화, 체격 등을 고려하여 조정할 수 있다.
㉤ 소년수형자 전담교정시설이 아닌 교정시설에서는 소년수용자를 수용하기 위하여 별도의 거실을 지정하여 운용하여야 한다.
㉥ 법무부장관이 19세 미만의 수형자의 처우를 전담하도록 정하는 시설에는 별도의 공동학습공간을 마련하고 학용품 및 소년의 정서 함양에 필요한 도서, 잡지 등을 갖춰 두어야 한다.

① ㉠, ㉢, ㉤
② ㉡, ㉣, ㉤
③ ㉢, ㉣, ㉥
④ ㉢, ㉤, ㉥
⑤ ㉡, ㉣, ㉥

정답 및 해설

옳은 것은 ㉡, ㉣, ㉥이다.
- ㉠ [×] 장애인수형자 전담교정시설의 장은 장애인의 재활에 관한 전문적인 지식을 가진 의료진과 장비를 갖추도록 노력하여야 한다(형집행법 시행규칙 제52조).
- ㉡ [○] 동법 시행규칙 제44조 제2항
- ㉢ [×] 외국인 미결수용자에게 소송 진행에 필요한 법률지식을 제공하는 등의 조력을 하여야 한다(동법 시행규칙 제56조 제2항).
- ㉣ [○] 동법 시행규칙 제58조 제1항
- ㉤ [×] 소년수형자 전담교정시설이 아닌 교정시설에서는 소년수용자를 수용하기 위하여 별도의 거실을 지정하여 운용할 수 있다(동법 시행규칙 제59조의3 제1항).
- ㉥ [○] 동법 시행규칙 제59조의2 제2항

정답 ⑤

제4절 | 외국인수용자

01 형집행법령상 외국인수용자에 대한 설명으로 옳지 않은 것을 모두 고른 것은? 2023. 7급 승진

㉠ 외국인수용자란 대한민국의 국적을 가지지 아니한 수용자를 말한다. 소장은 외국인수용자에 대하여 언어·생활문화 등을 고려하여 적정한 처우를 할 수 있다.
㉡ 외국인수용자에 대하여는 쌀, 빵 또는 그 밖의 식품을 주식으로 지급하되, 소속 국가의 음식문화를 고려하여야 한다. 외국인수용자에게 지급하는 부식의 지급기준은 법무부장관이 정한다.
㉢ 소장은 외국인수용자의 수용거실을 지정하는 경우에는 종교 또는 생활관습이 다르거나 민족감정 등으로 인하여 분쟁의 소지가 있는 외국인수용자는 거실을 분리하여 수용할 수 있다.
㉣ 소장은 외국인수용자에 대하여는 그 생활양식을 고려하여 필요한 수용설비를 제공하도록 노력하여야 한다.

① ㉠, ㉢
② ㉠, ㉡, ㉢
③ ㉡, ㉢
④ ㉡, ㉣

정답 및 해설

옳지 않은 것은 ㉠, ㉢이다.
- ㉠ [×] 외국인수용자란 대한민국의 국적을 가지지 아니한 수용자를 말한다(형집행법 시행령 제81조 제3항). 소장은 외국인수용자에 대하여 언어·생활문화 등을 고려하여 적정한 처우를 하여야 한다(동법 제54조 제3항).
- ㉡ [○] 동법 시행규칙 제58조 제2항·제3항
- ㉢ [×] 소장은 외국인수용자의 수용거실을 지정하는 경우에는 종교 또는 생활관습이 다르거나 민족감정 등으로 인하여 분쟁의 소지가 있는 외국인수용자는 거실을 분리하여 수용하여야 한다(동법 시행규칙 제57조 제1항).
- ㉣ [○] 동법 시행규칙 제57조 제2항

정답 ①

02 「형의 집행 및 수용자의 처우에 관한 법률 시행규칙」상 외국인수용자의 처우에 대한 설명으로 옳지 않은 것은 모두 몇 개인가?

2022. 6급 승진

> 가. 소장은 외국인수용자의 수용거실을 지정하는 경우에는 종교 또는 생활습관이 다르거나 민족감정 등으로 인하여 분쟁의 소지가 있는 외국인수용자는 거실을 분리하여 수용하여야 한다.
> 나. 소장은 외국인수용자에 대하여는 그 생활양식을 고려하여 필요한 수용설비를 제공하도록 노력하여야 한다.
> 다. 외국인수용자를 수용하는 소장은 외국어에 능통한 소속 교도관을 전담요원으로 지정하여 일상적인 개별면담, 고충해소, 통역·번역 및 외교공관 또는 영사관 등 관계기관과의 연락 등의 업무를 수행하게 하여야 한다.
> 라. 외국인수용자에 대하여는 쌀, 빵 또는 그 밖의 식품을 주식으로 지급하되, 소속국가의 음식문화를 고려하여야 한다.
> 마. 소장은 외국인수용자가 질병 등으로 위독하거나 사망한 경우에는 그의 국적이나 시민권이 속하는 나라의 외교공관 또는 영사관의 장이나 그 관원 또는 가족에게 이를 즉시 알려야 한다.

① 0개 ② 1개
③ 2개 ④ 3개

정답 및 해설

모두 옳은 내용이다.
가. [○] 형집행법 시행규칙 제57조
나. [○] 동법 시행규칙 제57조
다. [○] 동법 시행규칙 제56조
라. [○] 동법 시행규칙 제58조
마. [○] 동법 시행규칙 제59조

정답 ①

03 외국인수용자의 처우에 대한 설명으로 옳은 것은?

2020. 교정 7급

① 외국인수용자 전담요원은 외국인 미결수용자에게 소송 진행에 필요한 법률지식을 제공하는 조력을 하여야 한다.
② 외국인수용자를 수용하는 소장은 외국어 통역사 자격자를 전담요원으로 지정하여 외교공관 및 영사관 등 관계기관과의 연락업무를 수행하게 하여야 한다.
③ 소장은 외국인수용자의 수용거실을 지정하는 경우에는 반드시 분리수용하도록 하고, 그 생활양식을 고려하여 필요한 설비를 제공하여야 한다.
④ 외국인수용자에 대하여 소속국가의 음식문화를 고려할 필요는 없지만, 외국인수용자의 체격 등을 고려하여 지급하는 음식물의 총열량을 조정할 수 있다.

정답 및 해설

① [○] 형집행법 시행규칙 제56조 제2항
② [×] 외국인수용자를 수용하는 소장은 외국어에 능통한 소속 교도관을 전담요원으로 지정하여 일상적인 개별면담, 고충해소, 통역·번역 및 외교공관 또는 영사관 등 관계기관과의 연락 등의 업무를 수행하게 하여야 한다(동법 시행규칙 제56조 제1항).
③ [×] 소장은 외국인수용자의 수용거실을 지정하는 경우에는 종교 또는 생활관습이 다르거나 민족감정 등으로 인하여 분쟁의 소지가 있는 외국인수용자는 거실을 분리하여 수용하여야 하며, 외국인수용자에 대하여는 그 생활양식을 고려하여 필요한 수용설비를 제공하도록 노력하여야 한다(동법 시행규칙 제57조).
④ [×] 외국인수용자에 대하여는 쌀, 빵 또는 그 밖의 식품을 주식으로 지급하되, 소속 국가의 음식문화를 고려하여야 하며(동법 시행규칙 제58조 제2항), 외국인수용자에게 지급하는 음식물의 총열량은 소속 국가의 음식문화, 체격 등을 고려하여 조정할 수 있다(동법 시행규칙 제58조 제1항).

정답 ①

---

04 외국 국적의 여성 A가 죄를 범해 신입자로 교도소에 수용된 경우 형의 집행 및 수용자의 처우에 관한 법령상 A에 대한 설명으로 옳지 않은 것은?

2023. 교정 7급

① 소장은 A가 질병 등으로 위독하거나 사망한 경우에는 그의 국적이 속하는 나라의 외교공관 또는 영사관의 장이나 그 관원 또는 가족에게 이를 즉시 알려야 한다.
② A를 이송이나 출정으로 호송하는 경우 남성수용자와 호송 차량의 좌석을 분리하는 등의 방법으로 서로 접촉하지 못하게 하여야 한다.
③ A와 교정시설 외부의 사람이 접견하는 경우에 접견내용이 청취·녹음 또는 녹화될 때, A가 국어로 의사소통하기 곤란한 사정이 있는 경우에는 외국어를 사용할 수 있다.
④ 소장은 A가 환자이거나 부득이한 사정이 있는 경우가 아니면 수용된 날부터 3일 동안 신입자거실에 수용해야 하고, 신청에 따라 작업을 부과할 수 있다.

정답 및 해설

① [○] 동법 시행규칙 제59조
② [○] 수용자를 이송이나 출정, 그 밖의 사유로 호송하는 경우에는 수형자는 미결수용자와, 여성수용자는 남성수용자와, 19세 미만의 수용자는 19세 이상의 수용자와 각각 호송 차량의 좌석을 분리하는 등의 방법으로 서로 접촉하지 못하게 하여야 한다(동법 시행령 제24조).
③ [○] 수용자와 교정시설 외부의 사람이 접견하는 경우에 접견내용이 청취·녹음 또는 녹화될 때에는 외국어를 사용해서는 아니 된다. 다만, 국어로 의사소통하기 곤란한 사정이 있는 경우에는 외국어를 사용할 수 있다(동법 시행령 제60조 제1항).
④ [×] 소장은 신입자가 환자이거나 부득이한 사정이 있는 경우가 아니면 수용된 날부터 3일 동안 신입자거실에 수용하여야 하고(형집행법 시행령 제18조 제1항), 소장은 신입자거실에 수용된 사람에게는 작업을 부과해서는 아니 된다(동법 시행령 제18조 제2항).

정답 ④

05 「형의 집행 및 수용자의 처우에 관한 법률 시행규칙」상 외국인수용자의 수용에 대한 설명으로 옳지 않은 것은?

2016. 교정 7급

① 법무부장관이 외국인수형자의 처우를 전담하도록 정하는 시설의 장은 외국인의 특성에 알맞은 교화프로그램 등을 개발하여 시행하여야 한다.
② 외국인수용자를 수용하는 소장은 외국어에 능통한 소속 교도관을 전담요원으로 지정하여 일상적인 개별면담, 고충해소, 통역·번역 및 외교공관 또는 영사관 등 관계기관과의 연락 등의 업무를 수행하게 하여야 한다.
③ 소장은 외국인수용자의 수용거실을 지정하는 경우에는 종교 또는 생활관습이 다르거나 민족감정 등으로 인하여 분쟁의 소지가 있는 외국인수용자는 거실을 분리하여 수용하여야 한다.
④ 소장은 외국인수용자가 질병 등으로 사망한 경우에는 관할 출입국관리사무소, 그의 국적이나 시민권이 속하는 나라의 외교공관 또는 영사관의 장이나 그 관원 및 가족에게 즉시 알려야 한다.

정답 및 해설

① [○] 동법 시행규칙 제55조
② [○] 동법 시행규칙 제56조 제1항
③ [○] 동법 시행규칙 제57조 제1항
④ [×] 소장은 외국인수용자가 질병 등으로 위독하거나 사망한 경우에는 그의 국적이나 시민권이 속하는 나라의 외교공관 또는 영사관의 장이나 그 관원 또는 가족에게 이를 즉시 알려야 한다(형집행법 시행규칙 제59조).

정답 ④

06 「형의 집행 및 수용자의 처우에 관한 법률 시행규칙」상 외국인수용자의 처우에 대한 설명으로 옳지 않은 것은?

2015. 5급 승진

① 법무부장관이 외국인수형자의 처우를 전담하도록 정하는 시설의 장은 외국인의 특성에 알맞은 교화프로그램 등을 개발하여 시행하여야 한다.
② 외국인수용자를 수용하는 소장은 외국어에 능통한 소속 교도관을 전담요원으로 지정하여 일상적인 개별면담, 고충해소, 통역·번역 및 외교공관 또는 영사관 등 관계기관과의 연락 등의 업무를 수행하게 하여야 한다.
③ 소장은 외국인수용자의 수용거실을 지정하는 경우에는 종교 또는 생활관습이 다르거나 민족감정 등으로 인하여 분쟁의 소지가 있는 외국인수용자는 거실을 분리하여 수용할 수 있다.
④ 외국인수용자에게 지급하는 음식물 총열량은 소속 국가의 음식문화, 체격 등을 고려하여 조정할 수 있다.
⑤ 소장은 외국인수용자가 질병 등으로 위독하거나 사망한 경우에는 그의 국적이나 시민권이 속하는 나라의 외교공관 또는 영사관의 장이나 그 관원 또는 가족에게 이를 즉시 알려야 한다.

정답 및 해설

① [○] 동법 시행규칙 제55조
② [○] 동법 시행규칙 제56조 제1항
③ [×] 분쟁의 소지가 있는 외국인수용자는 거실을 분리하여 수용하여야 한다(형집행법 시행규칙 제57조 제1항).
④ [○] 동법 시행규칙 제58조 제1항
⑤ [○] 동법 시행규칙 제59조

정답 ③

07 형의 집행 및 수용자의 처우에 관한 법령상 개별면담 등을 위하여 교도관 중 전담요원이 지정되어야 하는 수용자는?

2022. 교정 7급

① 소년수용자
② 노인수용자
③ 장애인수용자
④ 외국인수용자

> **정답 및 해설**
>
> ④ [○] 외국인수용자를 수용하는 소장은 외국어에 능통한 소속 교도관을 전담요원으로 지정하여 일상적인 개별면담, 고충해소, 통역·번역 및 외교공관 또는 영사관 등 관계기관과의 연락 등의 업무를 수행하게 하여야 한다(형집행법 시행규칙 제56조 제1항).
>
> 정답 ④

제5절 | 소년수용자

01 소년수용자의 처우에 대한 설명으로 옳은 것은?

2020. 교정 7급

① 소년수형자 전담교정시설에는 별도의 개별학습공간을 마련하고 학용품 및 소년의 정서 함양에 필요한 도서, 잡지 등을 갖춰두어야 한다.
② 소장은 소년수형자 등의 나이·적성 등을 고려하여 필요하다고 인정하면 접견 및 전화통화 횟수를 늘릴 수 있다.
③ 소장은 소년수형자의 나이·적성 등을 고려하여 필요하다고 인정하면 발표회 및 공연 등 참가 활동을 제외한 본인이 희망하는 활동을 허가할 수 있다.
④ 소년수형자 전담교정시설이 아닌 교정시설에서는 소년수용자를 수용할 수 없다.

> **정답 및 해설**
>
> ① [×] 소년수형자 전담교정시설에는 별도의 공동학습공간을 마련하고 학용품 및 소년의 정서 함양에 필요한 도서, 잡지 등을 갖춰두어야 한다(동법 시행규칙 제59조의2 제2항).
> ② [○] 형집행법 시행규칙 제59조의5
> ③ [×] 소장은 소년수형자 등의 나이·적성 등을 고려하여 필요하다고 인정하면 소년수형자 등에게 교정시설 밖에서 이루어지는 사회견학, 사회봉사, 자신이 신봉하는 종교행사 참석, 연극·영화·그 밖의 문화공연 관람을 허가할 수 있다. 이 경우 소장이 허가할 수 있는 활동에는 발표회 및 공연 등 참가 활동을 포함한다(동법 시행규칙 제59조의6).
> ④ [×] 소년수형자 전담교정시설이 아닌 교정시설에서는 소년수용자를 수용하기 위하여 별도의 거실을 지정하여 운용할 수 있다(동법 시행규칙 제59조의3 제1항).
>
> 정답 ②

02 「형의 집행 및 수용자의 처우에 관한 법률 시행규칙」상 소년수용자 처우 등에 대한 설명으로 가장 옳지 않은 것은?

2024. 5급 승진

① 소년수형자 전담교정시설에는 별도의 공동학습공간을 마련하고 학용품 및 소년의 정서 함양에 필요한 도서, 잡지 등을 갖춰 두어야 한다.
② 소장은 소년수용자가 거동이 불편하여 혼자서 목욕하기 어려운 경우에는 교도관, 자원봉사자 또는 다른 수용자로 하여금 목욕을 보조하게 할 수 있다.
③ 소장은 소년수용자가 작업을 원하는 경우에는 나이·건강상태 등을 고려하여 해당 수용자가 감당할 수 있는 정도의 작업을 부과한다. 이 경우 교도관의 의견을 들어야 한다.
④ 소장은 소년수형자 등의 나이·적성 등을 고려하여 필요하다고 인정하면 소년수형자 등에게 교정시설 밖에서 이루어지는 발표회 및 공연 등 참가 활동을 허가할 수 있다.

정답 및 해설

① [○] 동법 시행규칙 제59조의2 제2항
② [○] 동법 시행규칙 제59조의7(동법 시행규칙 제46조 제2항 준용)
③ [×] 소장은 소년수용자가 작업을 원하는 경우에는 나이·건강상태 등을 고려하여 해당 수용자가 감당할 수 있는 정도의 작업을 부과한다. 이 경우 의무관의 의견을 들어야 한다(형집행법 시행규칙 제59조의7. 동법 시행규칙 제48조 제2항 준용).
④ [○] 시행규칙 제92조 제1항(경비처우급별 사회적 처우)에도 불구하고 소장은 소년수형자 등의 나이·적성 등을 고려하여 필요하다고 인정하면 소년수형자 등에게 교정시설 밖에서 이루어지는 제92조 제1항 각 호에 해당하는 활동(사회견학, 사회봉사, 자신이 신봉하는 종교행사 참석, 연극·영화·그 밖의 문화공연 관람)을 허가할 수 있다. 이 경우 소장이 허가할 수 있는 활동에는 발표회 및 공연 등 참가 활동을 포함한다.

정답 ③

 03 「형의 집행 및 수용자의 처우에 관한 법률 시행규칙」상 소년수용자의 처우에 대한 설명으로 옳지 않은 것은?

2016. 교정 9급

① 소장은 소년수용자의 나이·건강상태 등을 고려하여 필요하다고 인정하는 경우 6개월에 1회 이상 건강검진을 하여야 한다.
② 소장은 소년수형자의 나이·적성 등을 고려하여 필요하다고 인정하면 법률에서 정한 접견 및 전화통화 허용횟수를 늘릴 수 있다.
③ 소년수형자 전담교정시설이 아닌 교정시설에서는 소년수용자를 수용하기 위하여 별도의 거실을 지정하여 운용하여야 한다.
④ 소년수형자 전담교정시설에는 별도의 공동학습공간을 마련하고 학용품 및 소년의 정서 함양에 필요한 도서, 잡지 등을 갖춰 두어야 한다.

정답 및 해설

① [○] 동법 시행규칙 제59조의7(준용규정)
② [○] 동법 시행규칙 제59조의5
③ [×] 소년수형자 전담교정시설이 아닌 교정시설에서는 소년수용자를 수용하기 위하여 별도의 거실을 지정하여 운용할 수 있다(형집행법 시행규칙 제59조의3 제1항).
④ [○] 동법 시행규칙 제59조의2 제2항

정답 ③

04 형의 집행 및 수용자의 처우에 관한 법령과 「소년법」상 소년수용자의 처우에 대한 설명으로 옳지 않은 것은?

2023. 교정 7급

① 19세 이상 수형자와 19세 미만 수형자를 같은 교정시설에 수용하는 경우에는 서로 분리하여 수용한다.
② 소년에 대한 부정기형을 집행하는 기관의 장은 형의 단기가 지난 소년범의 행형 성적이 양호하고 교정의 목적을 달성하였다고 인정되는 경우에는 관할 지방법원 판사의 명령에 따라 그 형의 집행을 종료시킬 수 있다.
③ 15년 유기징역형을 선고받은 15세 소년이 3년이 지나 가석방된 경우, 가석방된 후 그 처분이 취소되지 아니하고 3년이 경과한 때에 형의 집행을 종료한 것으로 한다.
④ 19세 미만 수형자의 처우를 전담하는 시설에는 별도의 공동학습공간을 마련하고 학용품 및 소년의 정서 함양에 필요한 도서, 잡지 등을 갖춰 두어야 한다.

정답 및 해설

① [○] 형집행법 제13조 제2항
② [×] 소년에 대한 부정기형을 집행하는 기관의 장은 형의 단기가 지난 소년범의 행형 성적이 양호하고 교정의 목적을 달성하였다고 인정되는 경우에는 관할 검찰청 검사의 지휘에 따라 그 형의 집행을 종료시킬 수 있다(「소년법」 제60조 제4항).
③ [○] 징역 또는 금고를 선고받은 소년이 가석방된 후 그 처분이 취소되지 아니하고 가석방 전에 집행을 받은 기간과 같은 기간이 지난 경우에는 형의 집행을 종료한 것으로 한다. 다만, 제59조의 형기(죄를 범할 당시 18세 미만인 소년에 대하여 사형 또는 무기형으로 처할 경우에는 15년의 유기징역) 또는 제60조 제1항에 따른 장기(소년이 장기 2년 이상의 유기형에 해당하는 죄를 범한 경우에 선고된 부정기형의 장기)의 기간이 먼저 지난 경우에는 그 때에 형의 집행을 종료한 것으로 한다(「소년법」 제66조).
④ [○] 형집행법 시행규칙 제59조의2 제2항

정답 ②

 05 형의 집행 및 수용자의 처우에 관한 법령상 특별한 보호가 필요한 수용자에 대한 처우로 옳지 않은 것은?

2021. 교정 7급

① 소장은 여성수용자의 유아 양육을 허가한 경우에는 교정시설에 육아거실을 지정·운영하여야 한다.
② 소장은 신입자에게 「아동복지법」 제15조에 따른 미성년 자녀 보호조치를 의뢰할 수 있음을 알려 주어야 한다.
③ 소년수형자 전담교정시설이 아닌 교정시설에서는 소년수용자를 수용하기 위하여 별도의 거실을 지정하여 운용하여야 한다.
④ 노인수용자의 거실은 시설부족 또는 그 밖의 부득이한 사정이 없으면 건물의 1층에 설치하고, 특히 겨울철 난방을 위하여 필요한 시설을 갖추어야 한다.

정답 및 해설

① [○] 동법 시행령 제79조
② [○] 동법 제53조의2 제1항
③ [×] 소년수형자 전담교정시설이 아닌 교정시설에서는 소년수용자를 수용하기 위하여 별도의 거실을 지정하여 운용할 수 있다(형집행법 시행규칙 제59조의3 제1항).
④ [○] 동법 시행규칙 제44조 제2항

정답 ③

06 현행법령상 특별한 보호가 필요한 수용자의 처우에 대한 설명으로 옳은 것은 모두 몇 개인가?

2019. 6급 승진

> ㉠ 소장은 생리 중인 여성수용자에 대하여는 위생에 필요한 물품을 지급하여야 한다.
> ㉡ 수용자가 미성년자인 자녀와 접견하는 경우에는 접촉차단시설이 설치되지 아니한 장소에서 접견하게 하여야 한다.
> ㉢ 소장은 외국인수용자의 수용거실을 지정하는 경우에는 종교, 피부색 또는 생활습관이 다르거나 민족감정 등으로 인하여 분쟁의 소지가 있는 외국인수용자는 거실을 분리하여 수용하여야 한다.
> ㉣ 노인수용자란 70세 이상인 수용자를 말한다.
> ㉤ 소장은 노인수용자에 대하여 1년에 1회 이상 건강검진을 하여야 한다.
> ㉥ 장애인수용자의 거실은 시설부족 또는 그 밖의 부득이한 사정이 없으면 건물의 1층에 설치하고, 특히 장애인이 이용할 수 있는 변기 등의 시설을 갖추도록 하여야 한다.

① 1개
② 2개
③ 3개
④ 4개

정답 및 해설

옳은 것은 ㉠, ㉥이다.
㉠ [O] 형집행법 제50조 제3항
㉡ [×] 접촉차단시설이 설치되지 아니한 장소에서 접견하게 할 수 있다(동법 제41조 제3항).
㉢ [×] 소장은 외국인수용자의 수용거실을 지정하는 경우에는 종교 또는 생활관습이 다르거나 민족감정 등으로 인하여 분쟁의 소지가 있는 외국인수용자는 거실을 분리하여 수용하여야 한다(동법 시행규칙 제57조 제1항).
㉣ [×] 노인수용자란 65세 이상인 수용자를 말한다(동법 시행령 제81조 제1항).
㉤ [×] 소장은 노인수용자에 대하여 6개월에 1회 이상 건강검진을 하여야 한다(동법 시행규칙 제47조 제2항).
㉥ [O] 동법 시행규칙 제51조 제2항

정답 ②

07 「형의 집행 및 수용자의 처우에 관한 법률 시행규칙」상 특별한 보호가 필요한 수용자 처우에 대한 설명으로 옳은 것은 모두 몇 개인가?

2024. 5급 승진

㉠ 노인수형자 전담교정시설에는 별도의 공동휴게실을 마련하고 노인이 선호하는 오락용품 등을 갖춰두어야 한다.
㉡ 소장은 외국인수용자에 대하여는 그 생활양식을 고려하여 필요한 수용설비를 제공하도록 노력하여야 한다.
㉢ 장애인수형자 전담교정시설의 장은 장애인의 재활에 관한 전문적인 지식을 가진 의료진과 장비를 갖추도록 노력하여야 한다.
㉣ 외국인수용자를 수용하는 소장은 외국어에 능통한 소속 교도관을 전담요원으로 지정하여 일상적인 개별면담, 고충해소, 통역·번역 및 외교공관 또는 영사관 등 관계기관과의 연락 등의 업무를 수행하게 하여야 한다.
㉤ 장애인수형자 전담교정시설이 아닌 교정시설에서도 장애인수용자를 수용하기 위하여 별도의 거실을 지정·운용하여야 한다.
㉥ 「형의 집행 및 수용자의 처우에 관한 법률」 제57조(처우) 제6항에 따라 법무부장관이 외국인수형자의 처우를 전담하도록 정하는 시설의 장은 외국인의 특성에 알맞은 교화프로그램 등을 개발하여 시행하여야 한다.

① 2개
② 3개
③ 4개
④ 5개

정답 및 해설

옳은 것은 ㉠, ㉡, ㉢, ㉣, ㉥이다.
㉠ [○] 형집행법 시행규칙 제43조 제2항
㉡ [○] 동법 시행규칙 제57조 제2항
㉢ [○] 동법 시행규칙 제52조
㉣ [○] 동법 시행규칙 제56조 제1항
㉤ [×] 장애인수형자 전담교정시설이 아닌 교정시설에서는 장애인수용자를 수용하기 위하여 별도의 거실을 지정하여 운용할 수 있다(동법 시행규칙 제51조 제1항).
㉥ [○] 동법 시행규칙 제55조

정답 ④

08 형집행법령상 수용자의 처우에 대한 설명으로 가장 옳지 않은 것은?

2021. 5급 승진

① 소장은 노인수용자가 작업을 원하는 경우에는 나이·건강상태 등을 고려하여 해당 수용자가 감당할 수 있는 정도의 작업을 부과한다. 이 경우 의무관의 의견을 들어야 한다.
② 장애인수용자의 거실은 시설부족 또는 그 밖의 부득이한 사정이 없으면 건물의 1층에 설치하고, 특히 장애인이 이용할 수 있는 변기 등의 시설을 갖추도록 하여야 한다.
③ 소장은 외국인수용자에 대하여는 그 생활양식을 고려하여 필요한 수용설비를 제공하도록 노력하여야 한다.
④ 소년수형자 전담교정시설에는 별도의 개인학습공간을 마련하고 학용품 및 소년의 정서 함양에 필요한 도서, 잡지 등을 갖춰 두어야 한다.

정답 및 해설

① [○] 동법 시행규칙 제48조
② [○] 동법 시행규칙 제51조
③ [○] 동법 시행규칙 제57조
④ [×] 소년수형자 전담교정시설에는 별도의 공동학습공간을 마련하고 학용품 및 소년의 정서 함양에 필요한 도서, 잡지 등을 갖춰 두어야 한다(형집행법 시행규칙 제59조의2).

정답 ④

09 「형의 집행 및 수용자의 처우에 관한 법률 시행규칙」상 소년수용자에 대한 설명으로 가장 옳지 않은 것은?

2022. 6급 승진

① 소년수형자 전담교정시설이 아닌 교정시설에서는 소년수용자를 수용하기 위하여 별도의 거실을 지정하여 운용하여야 한다.
② 소년수형자 전담교정시설에는 별도의 공동학습공간을 마련하고 학용품 및 소년의 정서 함양에 필요한 도서, 잡지 등을 갖춰 두어야 한다.
③ 소년수형자 전담교정시설이 아닌 교정시설에서 소년수용자를 수용한 경우 소년의 나이·적성 등 특성에 알맞은 교육·교화프로그램을 개발하여 시행하여야 한다.
④ 소장은 소년수용자가 작업을 원하는 경우에는 나이·건강상태 등을 고려하여 해당 수용자가 감당할 수 있는 정도의 작업을 부과한다. 이 경우 의무관의 의견을 들어야 한다.

정답 및 해설

① [×] 소년수형자 전담교정시설이 아닌 교정시설에서는 소년수용자를 수용하기 위하여 별도의 거실을 지정하여 운용할 수 있다(형집행법 시행규칙 제59조의3).
② [○] 동법 시행규칙 제59조의2
③ [○] 동법 시행규칙 제59조의3
④ [○] 동법 시행규칙 제59조의7

정답 ①

10 법령 상 특별한 보호를 요하는 수용자 등에 대한 설명으로 ( ) 안에 들어갈 숫자의 합은?

2023. 5급 승진

> ㉠ 소장은 노인수용자에 대하여 ( )개월에 1회 이상 건강검진을 하여야 한다.
> ㉡ 수형자가 소년교도소에 수용 중에 19세가 된 경우에도 교육·교화프로그램, 작업, 직업훈련 등을 실시하기 위하여 특히 필요하다고 인정되면 ( )세가 되기 전까지는 계속하여 수용할 수 있다.

① 20
② 26
③ 29
④ 30

정답 및 해설

③ [○] 6 + 23 = 29
　㉠ 소장은 노인수용자에 대하여 6개월에 1회 이상 건강검진을 하여야 한다(형집행법 시행규칙 제47조 제2항).
　㉡ 수형자가 소년교도소에 수용 중에 19세가 된 경우에도 교육·교화프로그램, 작업, 직업훈련 등을 실시하기 위하여 특히 필요하다고 인정되면 23세가 되기 전까지는 계속하여 수용할 수 있다(형집행법 제12조 제3항).

정답 ③

제6절 | 미성년자녀의 보호조치

01 미성년 자녀 보호를 위한 지원에 대한 설명으로 옳지 않은 것은?

① 소장은 신입자에게 「아동복지법」 제15조에 따른 보호조치를 의뢰할 수 있음을 알려줄 수 있다.
② 소장은 수용자가 「아동복지법」 제15조에 따른 보호조치를 의뢰하려는 경우 보호조치 의뢰가 원활하게 이루어질 수 있도록 지원하여야 한다.
③ 제1항에 따른 안내 및 제2항에 따른 보호조치 의뢰 지원의 방법·절차, 그 밖에 필요한 사항은 법무부장관이 정한다.
④ 수용자가 미성년자인 자녀와 접견하는 경우 접촉차단시설이 설치되지 아니한 장소에서 접견하게 할 수 있다.

정답 및 해설

① [×] 소장은 신입자에게 「아동복지법」 제15조에 따른 보호조치를 의뢰할 수 있음을 알려주어야 한다(형집행법 제53조의2 제1항).
② [○] 동법 제53조의2 제2항
③ [○] 동법 제53조의2 제3항
④ [○] 동법 제41조 제3항

정답 ①

제11장 계호와 엄중관리

제1절 | 계호

01 계호권 행사에 대한 설명으로 옳은 것은 모두 몇 개인가?

> ㉠ 정당하고 적법한 계호권의 행사는 정당한 공무집행으로서 법률상 보호를 받고 위법성이 조각된다.
> ㉡ 수용자에게 인권침해 우려가 있는 보호장비의 사용과 강제력 행사 및 무기의 사용은 적법절차에 따라 '비례의 원칙'에 의해 행해져야만 그 정당성이 인정된다.
> ㉢ 불법·부당한 계호권 행사로 인해 피해를 입은 사람은 손해배상 또는 국가배상을 청구할 수 있다.
> ㉣ 계호권은 수용자와 계호자 사이에 발생하는 것이 원칙이지만, 특별한 경우에는 제3자에게도 성립할 수 있다.
> ㉤ 계호권은 자기가 소속한 교정시설의 수용자에게 행사할 수 있는 것이 원칙이지만, 비상사태의 경우 타교도소가 응원을 구한 때에는 예외적으로 당해 소장의 지휘·감독하에 계호권을 인정할 수 있다.
> ㉥ 계호권의 행사는 '교정목적을 실현하는 데 필요한 범위 내에서 이루어져야 하고, 여러 가지 대체수단이 있는 경우에는 가장 부담을 적게 주는 방안을 선택하여야 한다.'는 원칙은 비례의 원칙 중 '상당성의 원칙'에 대한 설명이다.

① 3개 ② 4개
③ 5개 ④ 6개

정답 및 해설

옳은 것은 ㉠, ㉡, ㉢, ㉣, ㉤이다.
㉥ [×] **필요성의 원칙**: 최소침해의 원칙이라고도 하며, 행정의 목적실현을 위하여 필요한도 이상으로 행하여져서는 안 되고, 목적실현을 위하여 여러 대체수단이 있는 경우 관계자에게 가장 적은 부담을 주는 수단을 선택해야 한다는 원칙을 말한다.

정답 ③

02 계호행위의 내용에 대한 설명으로 옳지 않은 것만을 모두 고른 것은?

㉠ 시찰 - 수용자에게 객관적으로 나타나는 동정을 파악하는 계호행위
㉡ 강제 - 수용자에게 일정한 작위나 부작위를 강제적으로 요구하는 계호행위
㉢ 명령 - 법규 또는 교도관의 정당한 명령과 지시에 불응하고 그 의무를 불이행하여 그 이행이 있는 것과 동일한 상태를 실현시키기 위한 계호행위
㉣ 정돈 - 교정사고를 미연에 방지하기 위하여 인적 또는 물적으로 나타난 보안의 위해상태를 사전에 조사하는 행위
㉤ 배제 - 교정시설 내의 각종 시설과 물품에 대한 이상 유무를 사전에 확인 및 파악하기 위해 시설과 물품의 정리·정돈을 하는 행위
㉥ 구제 - 위험이 발생하였을 때 사후적 조치로서 행하는 계호행위

① ㉠, ㉡, ㉢, ㉣
② ㉠, ㉢, ㉤, ㉥
③ ㉡, ㉢, ㉣, ㉤
④ ㉡, ㉣, ㉤, ㉥

정답 및 해설

③ [×] ㉡ - 명령, ㉢ - 강제, ㉣ - 검사, ㉤ - 정돈

💡 계호행위의 내용

시찰	수용자에게 객관적으로 나타나는 동정을 파악하는 계호행위
명령	수용자에게 일정한 작위나 부작위를 강제적으로 요구하는 계호행위
강제	법규 또는 교도관의 정당한 명령에 대해 수용자가 상당한 이유 없이 그 의무를 불이행할 경우 그 이행이 있는 것과 동일한 상태를 실현시키기 위한 계호작용
검사	교정사고를 미연에 방지하기 위하여 인적 또는 물적으로 나타난 보안의 위해상태를 사전에 조사하는 것
정돈	교정시설 내의 각종 시설과 물품에 대한 이상 유무를 사전에 확인 및 파악하기 위해 시설과 물품의 정리·정돈을 하는 행위
배제	인위적·자연적 원인으로 말미암아 계호상의 장애를 초래하거나 위험이 발생할 가능성이 있는 경우 이를 사전에 제거함으로써 교정시설의 안전을 유지하는 계호행위
구제	위험성이 발생하였을 때 사후적 조치로서 행하는 계호행위

정답 ③

03 계호에 대한 설명으로 옳지 않은 것은?

① 물적 계호보다 인적 계호의 중요성이 커지고 있다.
② 계호는 수용자에 따라 탄력적으로 적용된다.
③ 소지품의 검사는 대물계호에 해당한다.
④ 교도소 내 출입구와 초소경계는 인적 계호에 해당한다.

정답 및 해설

① [×] 과학기술의 산물인 금속탐지기(부정물품의 적발), 니코틴검출기(흡연자 적발), 전자영상장비(수형자 동향 탐지) 등의 활용으로 보다 능률적인 계호업무 수행을 위해 오늘날 물적 계호의 중요성이 강조된다.
② [○] 계호행위도 비례의 원칙이 적용되며 계호의 강화대상자와 완화대상자 등으로 구분하여 계호의 경중을 달리 적용할 수 있다.
③ [○] 대물계호는 차입물품의 검사, 휴대품·소지품 검사, 거실 및 작업장 검사 등과 같이 수용자 및 제3자에 속한 물건에 대한 계호를 말한다.
④ [○] 인적 계호는 계호권 있는 교도관에 의한 정신적·육체적 기능에 의한 계호를 말하며, 계호방법은 수용자와 직접 접촉하면서 이루어지는 직접인적 계호와 간접적인 경계방법으로 이루어지는 간접인적 계호로 구분된다.

정답 ①

제2절 | 금지물품과 검사

 01 형집행법령상 안전과 질서에 대한 설명으로 가장 옳은 것은?

2022. 5급 승진

① 소장이 수용자의 처우를 위하여 허가하는 경우, 수용자는 무인비행장치나 전자통신기기를 지닐 수도 있다.
② 거실에 영상정보처리기기 카메라를 설치하는 경우에는 용변을 보는 전신의 모습이 촬영되지 아니하도록 카메라의 각도를 한정하거나 화장실 차폐시설을 설치하여야 한다.
③ 교도관이 중경비시설의 거실에 있는 수용자를 전자장비를 이용하여 계호하는 경우에는 거실수용자 영상계호부에 피계호자의 인적사항 및 주요 계호내용을 개별적으로 기록하여야 한다.
④ 교도관은 교정시설 안에서 수용자를 계호하는 경우 보호장비나 수용자의 팔목 등에 전자경보기를 부착하여 사용할 수 있다.

정답 및 해설

① [○] 형집행법 제92조
② [×] 거실에 영상정보처리기기 카메라를 설치하는 경우에는 용변을 보는 하반신의 모습이 촬영되지 아니하도록 카메라의 각도를 한정하거나 화장실 차폐시설을 설치하여야 한다(동법 시행규칙 제162조 제3항).
③ [×] 교도관이 중경비시설의 거실에 있는 수용자를 전자장비를 이용하여 계호하는 경우에는 중앙통제실 등에 비치된 현황표에 피계호인원 등 전체 현황만을 기록할 수 있다(동법 시행규칙 제163조 제1항).
④ [×] 교도관은 교정시설 밖에서 수용자를 계호하는 경우 보호장비나 수용자의 팔목 등에 전자경보기를 부착하여 사용할 수 있다(동법 시행규칙 제165조).

정답 ①

02 형의 집행 및 수용자의 처우에 관한 법령상 수형자 계호에 대한 내용으로 옳지 않은 것은? 2021. 교정 7급

① 소장은 교정성적 등을 고려하여 검사가 필요하지 않다고 인정되는 경우 교도관에게 작업장이나 실외에서 거실로 돌아오는 수용자의 신체·의류 및 휴대품을 검사하지 않게 할 수 있다.
② 금치처분 집행 중인 수용자가 법원 또는 검찰청 등에 출석하는 경우에 징벌집행은 중지된 것으로 본다.
③ 교도관은 교정시설 밖에서 수용자를 계호하는 경우 보호장비나 수용자의 팔목 등에 전자경보기를 부착하여 사용할 수 있다.
④ 보호침대는 다른 보호장비와 같이 사용할 수 없다.

정답 및 해설

① [○] 소장은 교도관에게 작업장이나 실외에서 수용자거실로 돌아오는 수용자의 신체·의류 및 휴대품을 검사하게 하여야 한다. 다만, 교정성적 등을 고려하여 그 검사가 필요하지 아니하다고 인정되는 경우에는 예외로 할 수 있다(동법 시행령 제113조).
② [×] 30일 이내의 공동행사 참가 정지(형집행법 제108조 제4호)부터 30일 이내의 금치(동법 제108조 제14호)까지의 징벌 집행 중인 수용자가 다른 교정시설로 이송되거나 법원 또는 검찰청 등에 출석하는 경우에는 징벌집행이 계속되는 것으로 본다(동법 시행령 제134조).
③ [○] 교도관은 외부의료시설 입원, 이송·출정, 그 밖의 사유로 교정시설 밖에서 수용자를 계호하는 경우 보호장비나 수용자의 팔목 등에 전자경보기를 부착하여 사용할 수 있다(동법 시행규칙 제165조).
④ [○] 하나의 보호장비로 사용목적을 달성할 수 없는 경우에는 둘 이상의 보호장비를 사용할 수 있다. 다만, ㉠ 보호의자를 사용하는 경우, ㉡ 보호침대를 사용하는 경우에는 다른 보호장비와 같이 사용할 수 없다(동법 시행규칙 제180조).

정답 ②

03 형집행법령상 수용자 신체 및 물품 검사에 대한 설명으로 옳은 것은 모두 몇 개인가? 2024. 7급 승진

㉠ 여성의 신체·의류 및 휴대품에 대한 검사는 여성교도관이 하여야 한다.
㉡ 수용자의 신체를 검사하는 경우에는 불필요한 고통이나 수치심을 느끼지 아니하도록 유의하여야 하며, 특히 신체를 면밀하게 검사할 필요가 있으면 다른 수용자가 볼 수 없는 차단된 장소에서 하여야 한다.
㉢ 소장은 교도관에게 작업장이나 실외에서 수용자거실로 돌아오는 수용자의 신체·의류 및 휴대품을 검사하게 할 수 있다. 다만, 교정성적 등을 고려하여 그 검사가 필요하지 아니하다고 인정되는 경우에는 예외로 할 수 있다.
㉣ 교도관은 「형의 집행 및 수용자의 처우에 관한 법률」 제93조(신체검사 등)에 따른 검사를 위하여 탐지견, 금속탐지기, 그 밖의 장비를 이용할 수 있다.

① 0개
② 1개
③ 2개
④ 3개

정답 및 해설

옳은 것은 ㉠, ㉡, ㉣이다.
㉠ [○] 형집행법 제93조 제4항
㉡ [○] 동법 제93조 제2항
㉢ [×] 소장은 교도관에게 작업장이나 실외에서 수용자거실로 돌아오는 수용자의 신체·의류 및 휴대품을 검사하게 하여야 한다. 다만, 교정성적 등을 고려하여 그 검사가 필요하지 아니하다고 인정되는 경우에는 예외로 할 수 있다(동법 시행령 제113조).
㉣ [○] 동법 시행령 제114조

정답 ④

04

「형의 집행 및 수용자의 처우에 관한 법률」상 신체검사에 대한 설명으로 옳지 않은 것은?

① 교도관은 시설의 안전과 질서유지를 위하여 필요하면 수용자의 신체·의류·휴대품·거실 및 작업장 등을 검사할 수 있다.
② 교도관은 시설의 안전과 질서유지를 위하여 필요하면 교정시설을 출입하는 수용자 외의 사람에 대하여 신체·의류와 휴대품을 검사할 수 있다.
③ 여성의 신체·의류와 휴대품에 대한 검사는 여성교도관이 하여야 한다.
④ 신체를 면밀하게 검사할 필요가 있으면 다른 수용자가 볼 수 없는 차단된 장소에서 하여야 한다.

정답 및 해설

① [○] 동법 제93조 제1항
② [×] 교도관은 시설의 안전과 질서유지를 위하여 필요하면 교정시설을 출입하는 수용자 외의 사람에 대하여는 신체를 제외한 의류와 휴대품을 검사할 수 있다. 이 경우 출입자가 금지물품을 지니고 있으면 교정시설에 맡기도록 하여야 하며, 이에 따르지 아니하면 출입을 금지할 수 있다(형집행법 제93조 제3항).
③ [○] 동법 제93조 제4항
④ [○] 동법 제93조 제2항

정답 ②

05

형의 집행 및 수용자의 처우에 관한 법령상 신체검사 등에 대한 설명으로 옳은 것은?

① 소장은 수용자의 신체 등을 검사한 후 금지물품이 발견되면, 그 금지물품을 수용자에게 알린 후 보관한다. 다만, 보관하는 것이 부적당한 물품은 폐기하거나 수용자로 하여금 자신이 지정하는 사람에게 보내게 할 수 있다.
② 소장은 교도관에게 수용자의 거실, 작업장, 그 밖에 수용자가 생활하는 장소를 수시로 검사하게 하여야 한다. 다만, 금지물품을 숨기고 있다고 의심되는 수용자와 마약류사범·조직폭력사범 등 법무부령으로 정하는 수용자의 거실 등은 정기적으로 검사하여야 한다.
③ 소장은 교도관에게 작업장이나 실외에서 수용자거실로 돌아오는 모든 수용자의 신체·의류 및 휴대품을 검사하게 하여야 한다.
④ 교도관은 접견·상담·진료, 그 밖에 수용자의 처우를 위하여 필요한 경우가 아니면 수용자와 외부인이 접촉하게 해서는 아니 된다.

정답 및 해설

① [×] 소장은 수용자의 신체·의류·휴대품·거실 및 작업장 등을 검사한 결과 금지물품이 발견되면 형사 법령으로 정하는 절차에 따라 처리할 물품을 제외하고는 수용자에게 알린 후 폐기한다. 다만, 폐기하는 것이 부적당한 물품은 교정시설에 보관하거나 수용자로 하여금 자신이 지정하는 사람에게 보내게 할 수 있다(동법 제93조 제5항).
② [×] 소장은 교도관에게 수용자의 거실, 작업장, 그 밖에 수용자가 생활하는 장소를 정기적으로 검사하게 하여야 한다. 다만, 금지물품을 숨기고 있다고 의심되는 수용자와 마약류사범·조직폭력사범 등 법무부령으로 정하는 수용자의 거실 등은 수시로 검사하게 할 수 있다(동법 시행령 제112조).
③ [×] 소장은 교도관에게 작업장이나 실외에서 수용자거실로 돌아오는 수용자의 신체·의류 및 휴대품을 검사하게 하여야 한다. 다만, 교정성적 등을 고려하여 그 검사가 필요하지 아니하다고 인정되는 경우에는 예외로 할 수 있다(동법 시행령 제113조).
④ [○] 형집행법 시행령 제116조

정답 ④

06 다음 설명 중 옳지 않은 것은? (다툼이 있는 경우 판례에 의함)

① 수용자가 아닌 자가 교도관의 검사 또는 감시를 피하여 금지물품을 교도소 내로 반입되도록 하였다고 하더라도 교도관에게 교도소 등의 출입자와 반출·입 물품을 단속, 검사하거나 수용자의 거실 또는 신체 등을 검사하여 금지물품 등을 회수하여야 할 권한과 의무가 있는 이상, 그러한 수용자 아닌 자의 행위를 위계에 의한 공무집행방해죄에 해당하는 것으로 볼 수 없다.
② 교도소장이 수용자가 없는 상태에서 실시한 거실 검사 행위는 교도소의 안전과 질서를 유지하고, 수형자의 교화·개선에 지장을 초래할 수 있는 물품을 차단하기 위한 것으로서, 과잉금지원칙에 위배하여 사생활의 비밀과 자유를 침해하였다고 할 수 없다.
③ 수용자를 교정시설에 수용할 때 전자영상 검사기를 이용하여 수용자의 항문 부위에 대해 신체검사를 하는 것은 교정시설의 안전과 질서를 유지하기 위한 것으로 그 목적이 정당하고, 항문 부위에 대한 금지물품의 은닉여부를 효과적으로 확인할 수 있는 적합한 검사방법으로 그 수단이 적절하다.
④ 법정 옆 피고인 대기실에서 재판 대기 중인 피고인이 공판을 앞두고 호송교도관에게 변호인 접견을 신청하였으나 교도관이 이를 허용하지 아니한 것은 피고인의 변호인의 조력을 받을 권리를 침해한 것이다.

정답 및 해설

① [○] 대법원 2003.11.13. 2001도7045
② [○] 헌재 2011.10.25. 2009헌마691
③ [○] 헌재 2011.5.26. 2010헌마775
④ [×] 피고인의 변호인의 조력을 받을 권리를 침해한다고 할 수 없다.

> **관련판례**
> 법정 옆 피고인 대기실에서 재판 대기 중인 피고인이 공판을 앞두고 호송교도관에게 변호인 접견을 신청하였으나, 교도관이 이를 허용하지 아니한 것이 피고인의 변호인의 조력을 받을 권리를 침해한 것인지 여부(소극)
> 구속피고인 변호인 면접·교섭권은 독자적으로 존재하는 것이 아니라 국가형벌권의 적정한 행사와 피고인의 인권보호라는 형사소송절차의 전체적인 체계 안에서 의미를 갖고 있는 것이다. 따라서 구속피고인의 변호인 면접·교섭권은 최대한 보장되어야 하지만, 형사소송절차의 위와 같은 목적을 구현하기 위하여 제한될 수 있다. 다만, 이 경우에도 그 제한은 엄격한 비례의 원칙에 따라야 하고, 시간·장소·방법 등 일반적 기준에 따라 중립적이어야 한다. 청구인의 면담 요구는 구속피고인의 변호인과의 면접·교섭권으로서 현실적으로 보장할 수 있는 한계 범위 밖이라고 아니할 수 없다. 따라서 청구인의 변호인 면담 요구를 받아들이지 아니한 교도관의 접견불허행위는 청구인의 기본권을 침해하는 위헌적인 공권력의 행사라고 보기 어렵다(헌재 2009.10.29. 2007헌마992).

정답 ④

07 수용자의 처우에 대한 설명으로 옳지 않은 것은? (다툼이 있는 경우 판례에 의함)

① 교도소장이 아닌 일반교도관 또는 중간관리자에 의하여 징벌내용이 고지되었다면 당해 징벌처분의 효력은 인정될 수 없다.
② 관심대상수용자 지정해제는 행형기관의 교정정책 혹은 형사정책적 판단에 따라 수형자에게 적합한 처우를 선택하는 조치일 뿐이므로, 수형자가 행형당국에 대하여 관심대상수용자 지정해제를 요구할 주관적 권리를 가지는 것은 아니다.
③ 교도소장이 교도소 독거실 내 화장실 창문과 철격자 사이에 안전 철망을 설치한 행위는 청구인의 환경권, 인격권 등 기본권을 침해하지 아니한다.
④ 교정시설 소장에 의하여 허용된 범위를 넘어 사진 또는 그림 등을 부착한 수용자에 대해 교도관이 부착물의 제거를 지시한 행위는 적법한 직무집행이다.

정답 및 해설

① [×] 대법원 2004.12.9. 2003다50184

> **관련판례**
> 교도소장이 아닌 일반교도관 또는 중간관리자에 의하여 징벌내용이 고지되었다는 사유에 의하여 당해 징벌처분이 위법하다는 이유로 공무원의 고의·과실로 인한 국가배상책임을 인정하기 위하여는 징벌처분이 있게 된 규율위반행위의 내용, 징벌혐의내용의 조사·징벌혐의자의 의견 진술 및 징벌위원회의 의결 등 징벌절차의 진행경과와, 징벌의 내용 및 그 집행경과 등 제반 사정을 종합적으로 고려하여 징벌처분이 객관적 정당성을 상실하고 이로 인하여 손해의 전보책임을 국가에게 부담시켜야 할 실질적인 이유가 있다고 인정되어야 한다(대법원 2004.12.9. 2003다50184).

② [○] 헌재 2010.2.2. 2009헌마750
③ [○] 헌재 2014.6.26. 2011헌마150

> **관련판례**
> 교정시설 내 자살사고는 수용자 본인이 생명을 잃는 중대한 결과를 초래할 뿐만 아니라 다른 수용자들에게도 직접적으로 부정적인 영향을 미치고 나아가 교정시설이나 교정정책 전반에 대한 불신을 야기할 수 있다는 점에서 이를 방지할 필요성이 매우 크고, 그에 비해 청구인에게 가해지는 불이익은 채광·통풍이 다소 제한되는 정도에 불과하다. 따라서 이 사건 설치행위는 청구인의 환경권 등 기본권을 침해하지 아니한다(헌재 2014.6.26. 2011헌마150).

④ [○] 대법원 2014.9.25. 2013도1198

> **관련판례**
> 수용자에게 부착물의 내용, 부착의 경위 등에 비추어 교정시설의 소장에 의하여 허용된 범위를 넘은 부착 행위를 하게 된 정당한 사유가 인정되는 등의 특별한 사정이 없는 한, 교정시설의 소장에 의하여 허용된 범위를 넘어 사진 또는 그림 등을 부착한 수용자에 대하여 교도관이 부착물의 제거를 지시한 행위는 수용자가 복종하여야 할 직무상 지시로서 적법한 직무집행이라고 보아야 한다(대법원 2014.9.25. 2013도1198).

정답 ①

08 「형의 집행 및 수용자의 처우에 관한 법률」상 신체검사 등의 처우에 대한 설명으로 옳은 것은? (다툼이 있는 경우 판례에 의함)

2017. 5급 승진

① 교도관은 시설의 안전과 질서를 위하여 필요하면 교정시설에 출입하는 수용자 외의 사람에 대하여 의류와 휴대품 및 신체검사를 할 수 있다.
② 교도소장이 수용자가 없는 상태에서 실시한 거실 및 작업장 검사행위는 수용자의 사생활의 비밀 및 자유를 침해한다.
③ 신체검사 당시 다른 방법으로는 은닉한 물품을 찾아내기 어렵다고 볼 만한 합리적인 이유가 없음에도, 유치장에 수용된 여자 수용자들의 옷을 전부 벗긴 상태에서 앉았다 일어서기를 반복하게 한 신체검사는 위법하다.
④ 교도소 독거실 내 화장실 창문과 철격자 사이에 안전 철망을 설치한 행위는 더 이상 바깥 풍경을 조망할 수 없게 하고 원활한 통풍과 최소한의 채광 확보를 어렵게 하였으므로 이는 헌법상 보장된 수용자의 인간의 존엄과 가치 및 행복추구권, 그리고 환경권을 침해한 것이다.
⑤ 수용자를 교정시설에 수용할 때마다 전자영상 검사기를 이용하여 수용자의 항문 부위에 대한 신체검사를 하는 행위는 수용시설의 목적 달성을 넘어 지나친 것일 뿐 아니라, 수용자의 명예나 수치심을 포함하여 신체의 자유 등 기본권을 침해한다.

정답 및 해설

① [×] 교도관은 시설의 안전과 질서유지를 위하여 필요하면 교정시설을 출입하는 수용자 외의 사람에 대하여 의류와 휴대품을 검사할 수 있다. 이 경우 출입자가 금지물품을 지니고 있으면 교정시설에 맡기도록 하여야 하며, 이에 따르지 아니하면 출입을 금지할 수 있다(형집행법 제93조 제3항).

② [×] 헌재 2011.10.25. 2009헌마691

> **관련판례**
> 교도소장이 수용자가 없는 상태에서 실시한 거실 및 작업장 검사행위는 교도소의 안전과 질서를 유지하고, 수형자의 교화·개선에 지장을 초래할 수 있는 물품을 차단하기 위한 것으로서 그 목적이 정당하고, 수단도 적절하며, 검사의 실효성을 확보하기 위한 최소한의 조치로 보이고, 달리 덜 제한적인 대체수단을 찾기 어려운 점 등에 비추어 보면 이 사건 검사행위가 과잉금지원칙에 위배하여 사생활의 비밀 및 자유를 침해하였다고 할 수 없다(헌재 2011.10.25. 2009헌마691).

③ [○] 대법원 2001.10.26. 2001다51466

> **관련판례**
> 수용자들이 공직선거 및 선거부정방지법상 배포가 금지된 인쇄물을 배포한 혐의로 현행범으로 체포된 여자들로서, 체포될 당시 신체의 은밀한 부위에 흉기 등 반입 또는 소지가 금지되어 있는 물품을 은닉하고 있었을 가능성은 극히 낮았다고 할 것이고, 그 후 변호인 접견 시 변호인이나 다른 피의자들로부터 흉기 등을 건네받을 수도 있었다고 의심할 만한 상황이 발생하였기는 하나, 변호인 접견절차 및 접견실의 구조 등에 비추어, 가사 수용자들이 흉기 등을 건네받았다고 하더라도 유치장에 다시 수감되기 전에 이를 신체의 은밀한 부위에 은닉할 수 있었을 가능성은 극히 낮다고 할 것이어서, 신체검사 당시 다른 방법으로는 은닉한 물품을 찾아내기 어렵다고 볼 만한 합리적인 이유가 있었다고 할 수 없으므로, 수용자들의 옷을 전부 벗긴 상태에서 앉았다 일어서기를 반복하게 한 신체검사는 그 한계를 일탈한 위법한 것이다(대법원 2001.10.26. 2001다51466).

④ [×] 헌재 2014.6.26. 2011헌마150

> **관련판례**
> 교정시설 내 자살사고는 수용자 본인이 생명을 잃는 중대한 결과를 초래할 뿐만 아니라 다른 수용자들에게도 직접적으로 부정적인 영향을 미치고 나아가 교정시설이나 교정정책 전반에 대한 불신을 야기할 수 있다는 점에서 이를 방지할 필요성이 매우 크고, 그에 비해 청구인에게 가해지는 불이익은 채광·통풍이 다소 제한되는 정도에 불과하다. 따라서 교도소장이 교도소 독거실 내 화장실 창문과 철격자 사이에 안전 철망을 설치한 행위는 청구인의 환경권 등 기본권을 침해하지 아니한다(헌재 2014.6.26. 2011헌마150).

⑤ [×] 헌재 2011.5.26. 2010헌마775

> **관련판례**
> 수용자를 교정시설에 수용할 때마다 전자영상 검사기를 이용하여 수용자의 항문 부위에 대한 신체검사를 하는 것은 교정시설의 안전과 질서를 유지하기 위한 것으로 그 목적이 정당하고, 항문 부위에 대한 금지물품의 은닉여부를 효과적으로 확인할 수 있는 적합한 검사방법으로 그 수단이 적절하다. 교정시설을 이감·수용할 때마다 전자영상 신체검사를 실시하는 것은, 수용자가 금지물품을 취득하여 소지·은닉하고 있을 가능성을 배제할 수 없고, 외부관찰 등의 방법으로는 쉽게 확인할 수 없기 때문이다. 이 사건 신체검사는 필요한 최소한도를 벗어나 과잉금지원칙에 위배되어 청구인의 인격권 내지 신체의 자유를 침해한다고 볼 수 없다(헌재 2011.5.26. 2010헌마775).

정답 ③

09 다음 사안에 대한 대법원의 입장이 아닌 것은?
2019. 6급 승진

> 2010.12. 중순경 거실 벽면에 연예인 사진을 부착한 수용자 甲의 행위가 청결의무 위반이므로 이를 제거하라는 교도관의 직무상 지시에 수회 불응한 것 때문에, 甲은 2011.1.5. 10:20경 ○○교도소 기결 2팀 사무실에서, 위 교도소 보안과 기동순찰팀 소속 교위 乙로부터 조사거실로 이동하여 조사를 받으라는 명령을 받게 되자, 자신의 사물을 직접 가져가겠다고 주장하며 양손으로 乙의 멱살을 잡아 수회 흔들고, 같은 날 10:30경 위 교도소 조사거실에서 검신을 요구하는 乙에게 "검신 좋아하네, 니들이 뭔데 조사거실에 입실시키고 니들 맘대로 검신을 하냐. ×같은 ××들, ×도 아닌 것들이 까불고 있어"라고 욕설을 하며 들이박을 듯이 머리를 乙의 가슴부위에 들이대는 등 폭행하였다.

① 교정시설의 소장에 의하여 허용된 범위를 넘어 사진 또는 그림 등을 부착한 수용자에 대하여 교도관이 그 부착물의 제거를 지시한 행위는 수용자가 복종하여야 할 직무상 지시로서 적법한 직무집행이라고 보아야 한다.
② 같은 교도소의 다른 수용거실에서는 이 사진과 같은 종류의 부착물에 대해서 묵인되어 왔다면, 이 사건에서 사진의 제거를 지시한 행위를 적법한 직무집행으로 볼 수 없다.
③ 징벌사유에 해당하는 수용자에 대하여 조사가 필요한 경우라 하더라도, 특히 그 수용자에 대한 조사거실에의 분리 수용은 그 수용자가 증거를 인멸할 우려가 있는 때 또는 다른 사람에게 위해를 끼칠 우려가 있거나 다른 수용자의 위해로부터 보호할 필요가 있는 때에 한하여 인정된다.
④ 乙이 甲을 조사거실에 강제로 수용하려고 한 행위는 형집행법상의 조사거실 수용에 관한 요건을 갖추지 못하여 적법한 직무집행으로 볼 수 없고, 그 수용을 위하여 검신을 요구한 행위 역시 위법한 직무집행을 전제로 한 것으로서 적법한 직무집행으로 볼 수 없다.

정답 및 해설

② [×] 같은 교도소에서 유사한 사안을 일부 묵인하여 왔더라도 그러한 정황은 당해 사건 직무집행의 적법성 판단에 크게 고려될 요소는 아닌 점 등을 종합하여 볼 때, 이 사건 사진의 제거를 지시한 행위는 피고인의 청결의무 위반에 대한 적법한 직무집행이라고 할 것이다(대법원 2014.9.25. 2013도1198).

정답 ②

10 헌법재판소의 결정 내용으로 옳은 것은 모두 몇 개인가? 2024. 7급 승진

> ㉠ 구속 피의자에 대한 계구사용은 도주, 폭행, 소요 또는 자해나 자살의 위험이 분명하고 구체적으로 드러난 상태에서 이를 제거할 필요가 있을 때 이루어져야 하며, 필요한 만큼만 사용하여야 한다.
> ㉡ 무죄 등 판결 선고 후 석방대상자가 교도소에서 지급한 각종 지급품의 회수, 수용 시의 휴대금품 또는 수용 중 영치된 금품의 반환 내지 환급문제 때문에 임의로 교도관과 교도소에 동행하는 것은 무방하나, 동의를 얻지 않고 의사에 반하여 교도소로 연행하는 것은 헌법 제12조의 규정에 비추어 도저히 허용될 수 없다.
> ㉢ 피의자신문 중에 변호인 등의 접견신청이 있는 경우에는 검사 또는 사법경찰관이 그 허가 여부를 결정하여야 하므로, 피의자를 수사기관으로 호송한 교도관에게 이를 허가하거나 제한할 권한은 인정되지 않는다.

① 0개 ② 1개
③ 2개 ④ 3개

정답 및 해설

모두 옳은 설명이다.
㉠ [○] 구속 피의자에 대한 계구사용은 도주, 폭행, 소요 또는 자해나 자살의 위험이 분명하고 구체적으로 드러난 상태에서 이를 제거할 필요가 있을 때 이루어져야 하며, 필요한 만큼만 사용하여야 한다. 검사가 검사조사실에서 피의자신문을 하는 절차에서는 피의자가 신체적으로나 심리적으로 위축되지 않은 상태에서 자기의 방어권을 충분히 행사할 수 있어야 하므로 계구를 사용하지 말아야 하는 것이 원칙이고 다만 도주, 폭행, 소요, 자해 등의 위험이 분명하고 구체적으로 드러나는 경우에만 예외적으로 계구를 사용하여야 할 것이다(헌재 2005.5.26. 2004헌마49).
㉡ [○] 헌재 1997.12.24. 95헌마247
㉢ [○] 수용자에 대한 접견신청이 있는 경우 이는 수용자의 처우에 관한 사항이므로 그 장소가 교도관의 수용자 계호 및 통제가 요구되는 공간이라면 교도소장·구치소장 또는 그 위임을 받은 교도관이 그 허가 여부를 결정하는 것이 원칙이나, 형사소송법 제243조의2 제1항은 피의자신문 중에 변호인 접견신청이 있는 경우에는 검사 또는 사법경찰관으로 하여금 그 허가 여부를 결정하도록 하고 있고, 형사소송법 제34조는 변호인의 접견교통권과 변호인이 되려는 자의 접견교통권에 차이를 두지 않고 함께 규정하고 있으므로, 변호인이 되려는 자가 피의자신문 중에 형사소송법 제34조에 따라 접견신청을 한 경우에도 그 허가 여부를 결정할 주체는 검사 또는 사법경찰관이라고 보아야 할 것이므로 피의자신문 중 변호인 등의 접견신청이 있는 경우 피의자를 수사기관으로 호송한 교도관에게 이를 허가하거나 제한할 권한은 인정되지 않는다고 할 것이다(헌재 2019.2.28. 2015헌마1204).

정답 ④

11 출정에 대한 헌법재판소 결정 내용으로 옳지 않은 것은 모두 몇 개인가? 2023. 6급 승진

> ㉠ 검사가 검사조사실에서 피의자신문을 하는 절차에서는 피의자가 신체적으로나 심리적으로 위축되지 않은 상태에서 자기의 방어권을 충분히 행사할 수 있어야 하므로 계구를 사용하지 말아야 하는 것이 원칙이고 다만 도주, 폭행, 소요, 자해 등의 위험이 분명하고 구체적으로 드러나는 경우에만 예외적으로 계구를 사용하여야 할 것이다.
> ㉡ 무죄 등 판결 선고 후 석방대상자가 교도소에서 지급한 각종 지급품의 회수, 수용 시의 휴대금품 또는 수용 중 영치된 금품의 반환 내지 환급문제 때문에 임의로 교도관과 교도소에 동행하는 것은 무방하나, 동의를 얻지 않고 의사에 반하여 교도소로 연행하는 것은 헌법 제12조의 규정에 비추어 도저히 허용될 수 없다.
> ㉢ 피의자신문 중 변호인 등의 접견신청이 있는 경우에는 검사 또는 사법경찰관이 그 허가 여부를 결정하여야 하므로, 피의자를 수사기관으로 호송한 교도관에게 이를 허가하거나 제한할 권한은 인정되지 않는다.

① 0개 ② 1개
③ 2개 ④ 3개

정답 및 해설

㉠, ㉡, ㉢ 모두 옳은 내용이다.
㉠ [○] 대법원 2020.3.17. 2015모2357
㉡ [○] 헌재 1997.12.24. 95헌마247
㉢ [○] 헌재 2019.2.28. 2015헌마1204

정답 ①

제3절 | 엄중관리대상자

 01 엄중관리대상자에 대한 설명으로 옳지 않은 것은? 2018. 7급 승진

① 마약류에 관한 범죄로 인하여 형사 법률을 적용받아 집행유예가 선고되어 그 집행유예 기간 중에 별건으로 수용된 수용자에 대해서도 마약류수용자로 지정한다.
② 체포영장, 구속영장, 공소장 또는 재판서에 조직폭력사범으로 명시된 수용자는 분류처우위원회의 심의·의결에 따라 조직폭력수용자로 지정한다.
③ 소장은 관심대상수용자의 수용생활태도 등이 양호하고 지정사유가 해소되었다고 인정하는 경우에는 분류처우위원회의 의결을 거쳐 관심대상수용자 지정을 해제한다.
④ 미결수용자 등 분류처우위원회의 의결 대상자가 아닌 경우에도 관심대상수용자로 지정할 필요가 있다고 인정되는 수용자에 대하여는 교도관회의의 심의를 거쳐 관심대상수용자로 지정할 수 있다.

정답 및 해설

① [○] 동법 시행규칙 제204조 제2호
② [×] 소장은 체포영장, 구속영장, 공소장 또는 재판서에 조직폭력사범으로 명시된 수용자에 대하여는 조직폭력수용자로 지정한다(형집행법 시행규칙 199조 제1항 전단).
③ [○] 동법 시행규칙 211조 제2항
④ [○] 동법 시행규칙 211조 제1항 단서

정답 ②

02 「형의 집행 및 수용자의 처우에 관한 법률 시행규칙」상 엄중관리대상자에 대한 설명으로 옳지 않은 것은?
2017. 교정 7급

① 조직폭력수용자는 번호표와 거실표의 색상을 노란색으로 한다.
② 엄중관리대상자는 조직폭력수용자, 마약류수용자, 그리고 관심대상수용자로 구분한다.
③ 소장은 마약류수용자로 지정된 수용자들에게 정기적으로 수용자의 소변을 채취하여 마약반응검사를 하여야 한다.
④ 소장은 엄중관리대상자 중 지속적인 상담이 필요하다고 인정되는 사람에 대하여는 상담책임자를 지정한다.

정답 및 해설

③ [×] 소장은 교정시설에 마약류를 반입하는 것을 방지하기 위하여 필요하면 강제에 의하지 아니하는 범위에서 수용자의 소변을 채취하여 마약반응검사를 할 수 있다(형집행법 시행규칙 제206조 제2항).
① [○] 동법 시행규칙 제195조 제1항
② [○] 동법 시행규칙 제194조
④ [○] 동법 시행규칙 제196조 제1항

정답 ③

03 「형의 집행 및 수용자의 처우에 관한 법률 시행규칙」상 엄중관리대상자에 대한 설명으로 옳은 것은?
2017. 5급 승진

① 소장은 엄중관리대상자에게 작업을 부과하여서는 안 된다.
② 마약류수용자나 관심대상수용자로 지정된 수용자는 거실 및 작업장의 봉사원, 반장, 조장, 분임장 등 수용자를 대표하는 직책을 맡을 수 없다.
③ 공소장이나 재판서에 조직폭력사범으로 명시되어 있지 않으면 「형법」 제114조(범죄단체 등의 조직)가 적용된 수용자라 할지라도 조직폭력수용자로 지정할 수 없다.
④ 마약류수용자나 관심대상수용자로 지정되면 공소장 변경이나 재판 확정에 따라 지정사유가 해소되는 경우 이외에는 석방 때까지 지정이 해제되지 않는다.
⑤ 미결수용자 등 분류처우위원회의 의결 대상자가 아닌 경우에도 관심대상수용자로 지정할 필요가 있다고 인정되는 수용자에 대하여는 교도관회의의 심의를 거쳐 관심대상수용자로 지정할 수 있다.

정답 및 해설

① [×] 소장은 엄중관리대상자에게 작업을 부과할 때에는 분류심사를 위한 조사나 검사 등의 결과를 고려하여야 한다(동법 시행규칙 제197조).
② [×] 소장은 조직폭력수용자에게 거실 및 작업장 등의 봉사원, 반장, 조장, 분임장, 그 밖에 수용자를 대표하는 직책을 부여해서는 아니 된다(동법 시행규칙 제200조).
③ [×] 공소장 또는 재판서에 조직폭력사범으로 명시되어 있지는 아니하나「폭력행위 등 처벌에 관한 법률」제4조(단체 등의 구성·활동)·제5조(단체 등의 이용·지원) 또는「형법」제114조(범죄단체 등의 조직)가 적용된 수용자는 조직폭력수용자 지정대상이 된다(동법 시행규칙 제198조 제2호).
④ [×] 마약류수용자로 지정된 사람에 대하여는 ㉠ 공소장 변경 또는 재판 확정에 따라 지정사유가 해소되었다고 인정되는 경우, ㉡ 지정 후 5년이 지난 마약류수용자(마약류에 관한 형사 법률 외의 법률이 같이 적용된 마약류수용자로 한정)로서 수용생활태도, 교정성적 등이 양호한 경우에는 교도관회의의 심의 또는 분류처우위원회의 의결을 거쳐 지정을 해제할 수 있다(동법 시행규칙 제205조 제2항). 소장은 관심대상수용자의 수용생활태도 등이 양호하고 지정사유가 해소되었다고 인정하는 경우에는 분류처우위원회의 의결을 거쳐 그 지정을 해제한다(동법 시행규칙 제211조 제2항).
⑤ [○] 형집행법 시행규칙 제211조 제1항

정답 ⑤

04 「형의 집행 및 수용자의 처우에 관한 법률 시행규칙」상 관심대상수용자 지정대상으로 옳지 않은 것은?

2019. 5급 승진

① 조직폭력수용자로서 무죄 외의 사유로 출소한 후 5년 이내에 교정시설에 다시 수용된 사람
② 사회적 물의를 일으킨 사람으로서 죄책감 등으로 인하여 자살 등 교정사고를 일으킬 우려가 큰 수용자
③ 징벌집행이 종료된 날부터 2년 이내에 다시 징벌을 받는 등 규율 위반의 상습성이 인정되는 수용자
④ 상습적으로 법령에 위반하여 연락을 하거나 금지물품을 반입하는 등의 방법으로 부조리를 기도하는 수용자
⑤ 교도관을 폭행하거나 협박하여 징벌을 받은 전력이 있는 사람으로서 같은 종류의 징벌대상행위를 할 우려가 큰 수용자

정답 및 해설

관심대상수용자의 지정대상(형집행법 시행규칙 제210조)
1. 다른 수용자에게 상습적으로 폭력을 행사하는 수용자
2. 교도관을 폭행하거나 협박하여 징벌을 받은 전력이 있는 사람으로서 같은 종류의 징벌대상행위를 할 우려가 큰 수용자
3. 수용생활의 편의 등 자신의 요구를 관철할 목적으로 상습적으로 자해를 하거나 각종 이물질을 삼키는 수용자
4. 다른 수용자를 괴롭히거나 세력을 모으는 등 수용질서를 문란하게 하는 조직폭력수용자(조직폭력사범으로 행세하는 경우를 포함한다)
5. 조직폭력수용자로서 무죄 외의 사유로 출소한 후 5년 이내에 교정시설에 다시 수용된 사람
6. 상습적으로 교정시설의 설비·기구 등을 파손하거나 소란행위를 하여 공무집행을 방해하는 수용자
7. 도주(음모, 예비 또는 미수에 그친 경우를 포함한다)한 전력이 있는 사람으로서 도주의 우려가 있는 수용자
8. 중형선고 등에 따른 심적 불안으로 수용생활에 적응하기 곤란하다고 인정되는 수용자
9. 자살을 기도한 전력이 있는 사람으로서 자살할 우려가 있는 수용자
10. 사회적 물의를 일으킨 사람으로서 죄책감 등으로 인하여 자살 등 교정사고를 일으킬 우려가 큰 수용자
11. 징벌집행이 종료된 날부터 1년 이내에 다시 징벌을 받는 등 규율 위반의 상습성이 인정되는 수용자
12. 상습적으로 법령에 위반하여 연락을 하거나 금지물품을 반입하는 등의 방법으로 부조리를 기도하는 수용자
13. 그 밖에 교정시설의 안전과 질서유지를 위하여 엄중한 관리가 필요하다고 인정되는 수용자

정답 ③

05 「형의 집행 및 수용자의 처우에 관한 법률 시행규칙」상 관심대상 수용자 지정대상에 대한 내용으로 옳지 않은 것은 모두 몇 개인가?

2022. 7급 승진

㉠ 조직폭력수용자로서 무죄 외의 사유로 출소한 후 5년 이내에 교정시설에 다시 수용된 사람
㉡ 도주(음모, 예비 또는 미수에 그친 경우를 포함한다)한 전력이 있는 사람으로서 도주의 우려가 있는 수용자
㉢ 징벌집행이 종료된 날부터 1년 이내에 다시 징벌을 받는 등 규율 위반의 상습성이 인정되는 수용자
㉣ 수용생활의 편의 등 자신의 요구를 관철할 목적으로 상습적으로 자해를 하거나 각종 이물질을 삼키는 수용자
㉤ 중형선고 등에 따른 심적 불안으로 수용생활에 적응하기 곤란하다고 인정되는 수용자
㉥ 상습적으로 교정시설의 설비·기구 등을 파손하거나 소란행위를 하여 공무집행을 방해하는 수용자

① 0개
② 1개
③ 2개
④ 3개

정답 및 해설

① [○] ㉠ 형집행법 시행규칙 제210조 제5호, ㉡ 제7호, ㉢ 제11호, ㉣ 제3호, ㉤ 제8호, ㉥ 제6호에 규정되어 있는 내용으로 모두 옳다.

정답 ①

06 관심대상수용자 지정대상 중 상습성을 요건으로 하지 않는 것은?

① 다른 수용자에게 상습적으로 폭력을 행사하는 수용자
② 교도관을 폭행하거나 협박하여 징벌을 받은 전력이 있는 자로 같은 종류의 행위를 상습적으로 행할 우려가 큰 수용자
③ 상습적으로 법령에 위반하여 연락을 하거나 금지물품을 반입하는 등의 방법으로 부조리를 기도하는 수용자
④ 수용생활의 편의 등 자신의 요구를 관철할 목적으로 상습적으로 자해를 하는 수용자

정답 및 해설

② [×] ①, ③, ④는 상습성을 요건으로 하나, ②는 상습성을 요건으로 하지 않고 '교도관을 폭행하거나 협박하여 징벌을 받은 전력이 있는 자로 같은 종류의 행위를 할 우려가 큰 수용자'이다(형집행법 시행규칙 제210조).

정답 ②

07 관심대상수용자에 대한 설명으로 옳지 않은 것은? (다툼이 있는 경우 판례에 의함)

① 소장은 도주한 전력이 있는 사람으로서 도주의 우려가 있는 수용자에 대하여는 분류처우위원회의 의결을 거쳐 관심대상수용자로 지정한다.
② 미결수용자 등 분류처우위원회의 의결 대상자가 아닌 경우에도 해제할 필요가 있다고 인정되는 수용자에 대하여는 교도관회의의 심의를 거쳐 해제한다.
③ 관심대상수용자로 지정하거나 지정을 해제하는 경우에는 담당교도관과 감독교도관의 의견을 고려하여야 한다.
④ 관심대상수용자에 대하여 특별히 계호를 엄중히 하는 것은 교도소 내의 안전과 질서유지를 위한 것으로서 그 차별에 합리적인 이유가 있으므로 평등권을 침해한다고 볼 수 없다.

정답 및 해설

① [○] 동법 시행규칙 제210조 제7호, 동법 시행규칙 제211조 제1항
② [○] 동법 시행규칙 제211조 제2항
③ [×] 담당교도관 또는 감독교도관의 의견을 고려하여야 한다(형집행법 시행규칙 제211조 제3항).
④ [○] 헌재 2010.10.28. 2009헌마438

정답 ③

 08 「형의 집행 및 수용자의 처우에 관한 법률 시행규칙」상 명시된 관심대상수용자 지정대상으로 가장 적절하지 않은 것은?   2023. 6급 승진

① 다른 수용자에게 폭력을 행사하는 수용자
② 수용생활의 편의 등 자신의 요구를 관철할 목적으로 상습적으로 자해를 하는 수용자
③ 징벌집행이 종료된 날부터 1년 이내에 다시 징벌을 받는 등 규율 위반의 상습성이 인정되는 수용자
④ 다른 수용자를 괴롭히거나 세력을 모으는 등 수용질서를 문란하게 하는 조직폭력수용자(조직폭력사범으로 행세하는 경우를 포함한다).

정답 및 해설

― 관심대상수용자의 지정대상(형집행법 시행규칙 제210조) ―
1. 다른 수용자에게 상습적으로 폭력을 행사하는 수용자
    ▶ 상습적이어야 한다.

정답 ①

「형의 집행 및 수용자의 처우에 관한 법률 시행규칙」상 명시된 관심대상수용자의 지정대상으로 가장 옳지 않은 것은?

2023. 7급 승진

① 다른 수용자를 괴롭히거나 세력을 모으는 등 수용질서를 문란하게 하는 조직폭력수용자(조직폭력사범으로 행세하는 경우를 제외한다)
② 교도관을 폭행하거나 협박하여 징벌을 받은 전력(前歷)이 있는 사람으로서 같은 종류의 징벌대상행위를 할 우려가 큰 수용자
③ 수용생활의 편의 등 자신의 요구를 관철할 목적으로 상습적으로 자해를 하거나 각종 이물질을 삼키는 수용자
④ 상습적으로 교정시설의 설비·기구 등을 파손하거나 소란행위를 하여 공무집행을 방해하는 수용자

정답 및 해설

① [×] 조직폭력사범으로 행세하는 경우를 포함한다(형집행법 시행규칙 제210조 제4호).
② [○] 동법 시행규칙 제210조 제2호
③ [○] 동법 시행규칙 제210조 제3호
④ [○] 동법 시행규칙 제210조 제6호

정답 ①

 「형의 집행 및 수용자의 처우에 관한 법률 시행규칙」 제210조에 명시된 관심대상수용자 지정대상으로 옳은 것은 모두 몇 개인가?

2024. 6급 승진

㉠ 교도관을 폭행하거나 협박하여 징벌을 받은 전력(前歷)이 있는 사람으로서 같은 종류의 징벌대상행위를 할 우려가 큰 수용자
㉡ 상습적으로 교정시설의 설비·기구 등을 파손하거나 소란행위를 하여 공무집행을 방해하는 수용자
㉢ 중형선고 등에 따른 심적 불안으로 수용생활에 적응하기 곤란하다고 인정되는 수용자
㉣ 징벌집행이 종료된 날부터 1년 이내에 다시 징벌을 받는 등 규율 위반의 상습성이 인정되는 수용자
㉤ 공연히 다른 사람을 해할 의사를 표시하는 행위를 하는 수용자

① 2개 ② 3개
③ 4개 ④ 5개

정답 및 해설

옳은 것은 ㉠, ㉡, ㉢, ㉣이다.
㉠ [○] 형집행법 시행규칙 제210조 제2호
㉡ [○] 동법 시행규칙 제210조 제6호
㉢ [○] 동법 시행규칙 제210조 제8호
㉣ [○] 동법 시행규칙 제210조 제11호
㉤ [×] 공연히 다른 사람을 해할 의사를 표시하는 행위는 징벌사유에 해당하는 행위(징벌대상행위)이다(동법 시행규칙 제214조 제18호).

정답 ③

11 「형의 집행 및 수용자의 처우에 관한 법률 시행규칙」상 마약류수용자의 처우에 대한 설명으로 옳은 것만을 모두 고르면?

2024 교정 7급

⊙ 소장은 체포영장·구속영장·공소장 또는 재판서에 「마약류관리에 관한 법률」, 「마약류 불법거래방지에 관한 특례법」, 그 밖에 마약류에 관한 형사 법률이 적용된 수용자에 대하여는 마약류수용자로 지정하여야 한다.
ⓒ 소장은 마약류수용자로 지정 후 5년이 지난 수용자(마약류에 관한 형사 법률 외의 법률이 같이 적용된 마약류수용자로 한정함)로서 수용생활태도, 교정성적 등이 양호한 경우에는 교도관회의의 심의 또는 분류처우위원회의 의결을 거쳐 지정을 해제할 수 있다.
ⓒ 소장은 교정시설에 마약류를 반입하는 것을 방지하기 위하여 필요하면 강제적으로 수용자의 소변을 채취하여 마약반응검사를 할 수 있다.
ⓔ 담당교도관은 마약류수용자의 보관품 및 지니는 물건의 변동 상황을 수시로 점검하고, 특이사항이 있는 경우에는 감독교도관에게 보고해야 한다.

① ⊙, ⓒ
② ⓒ, ⓔ
③ ⊙, ⓒ, ⓒ
④ ⊙, ⓒ, ⓔ

> **정답 및 해설**

옳은 것은 ⊙, ⓒ, ⓔ이다.
⊙ [○] 소장은 ⓐ 체포영장·구속영장·공소장 또는 재판서에 「마약류관리에 관한 법률」, 「마약류 불법거래방지에 관한 특례법」, 그 밖에 마약류에 관한 형사 법률이 적용된 수용자, ⓑ 마약류에 관한 형사 법률을 적용받아 집행유예가 선고되어 그 집행유예 기간 중에 별건으로 수용된 수용자에 대하여는 마약류수용자로 지정하여야 한다(형집행법 시행규칙 제205조 제1항 전단). 현재의 수용생활 중 집행되었거나 집행할 형이 ⓐ에 해당하는 경우에도 마약류수용자로 지정하여야 한다(동법 시행규칙 제205조 제1항 후단).
ⓒ [○] 소장은 마약류수용자로 지정된 사람에 대하여는 석방할 때까지 지정을 해제할 수 없다. 다만, ⓐ 공소장 변경 또는 재판 확정에 따라 지정사유가 해소되었다고 인정되는 경우, ⓑ 지정 후 5년이 지난 마약류수용자(마약류에 관한 형사 법률 외의 법률이 같이 적용된 마약류수용자로 한정한다)로서 수용생활태도, 교정성적 등이 양호한 경우에는 교도관회의의 심의 또는 분류처우위원회의 의결을 거쳐 지정을 해제할 수 있다(동법 시행규칙 제205조 제2항).
ⓒ [×] 소장은 교정시설에 마약류를 반입하는 것을 방지하기 위하여 필요하면 강제에 의하지 아니하는 범위에서 수용자의 소변을 채취하여 마약반응검사를 할 수 있다(동법 시행규칙 제206조 제2항).
ⓔ [○] 동법 시행규칙 제208조

정답 ④

12 「형의 집행 및 수용자의 처우에 관한 법률 시행규칙」상 조직폭력사범, 마약류사범 등의 처우에 대한 설명으로 옳지 않은 것은?

2019. 7급 승진

① 소장은 조직폭력수용자가 다른 사람과 접견할 때에는 외부 폭력조직과의 연계가능성이 높은 점 등을 고려하여 접촉차단시설이 있는 장소에서 하게 하여야 하며, 귀휴나 그 밖의 특별한 이익이 되는 처우를 결정하는 경우에는 해당 처우의 허용 요건에 관한 규정을 엄격히 적용하여야 한다.
② 소장은 교정시설에 마약류를 반입하는 것을 방지하기 위하여 필요하면 강제적으로 수용자의 소변을 채취하여 마약반응검사를 할 수 있다.
③ 소장은 다수의 관심대상수용자가 수용되어 있는 수용동 및 작업장에는 사명감이 투철한 교도관을 엄선하여 배치하여야 한다.
④ 담당교도관은 마약류수용자의 보관품 및 지니는 물건의 변동 상황을 수시로 점검하고, 특이사항이 있는 경우에는 감독교도관에게 보고하여야 한다.

정답 및 해설

① [○] 동법 시행규칙 제202조
② [×] 소장은 교정시설에 마약류를 반입하는 것을 방지하기 위하여 필요하면 강제에 의하지 아니하는 범위에서 수용자의 소변을 채취하여 마약반응검사를 할 수 있다(형집행법 시행규칙 제206조 제2항).
③ [○] 동법 시행규칙 제213조
④ [○] 동법 시행규칙 제208조

정답 ②

---

13 현행법령상 조직폭력수용자 지정대상에 해당하지 않는 경우는? 2019. 6급 승진

① 공소장에 조직폭력사범으로 명시된 수용자
② 공범의 구속영장에 조직폭력사범으로 명시된 수용자
③ 조직폭력수용자로서 무죄 외의 사유로 출소한 후 5년 이내에 교정시설에 다시 수용된 사람
④ 재판서에 조직폭력사범으로 명시되어 있지 아니하나 「폭력행위 등 처벌에 관한 법률」 제4조가 적용된 수용자

정답 및 해설

③ [×] 관심대상수용자 지정대상에 해당한다(형집행법 시행규칙 제210조 제5호).

> **조직폭력수용자의 지정대상**(형집행법 시행규칙 제198조)
> 1. 체포영장, 구속영장, 공소장 또는 재판서에 조직폭력사범으로 명시된 수용자
> 2. 공소장 또는 재판서에 조직폭력사범으로 명시되어 있지는 아니하나 「폭력행위 등 처벌에 관한 법률」 제4조(단체 등의 구성·활동)·제5조(단체 등의 이용·지원) 또는 「형법」 제114조(범죄단체 등의 조직)가 적용된 수용자
> 3. 공범·피해자 등의 체포영장·구속영장·공소장 또는 재판서에 조직폭력사범으로 명시된 수용자

정답 ③

---

14 형의 집행 및 수용자의 처우에 관한 법령상 조직폭력수용자에 대한 설명으로 옳지 않은 것은? 2020. 교정 9급

① 소장은 공범·피해자 등의 체포영장, 구속영장, 공소장 또는 재판서에 조직폭력사범으로 명시된 수용자에 대하여는 조직폭력수용자로 지정한다.
② 소장은 조직폭력수용자에게 거실 및 작업장 등의 봉사원, 반장, 조장, 분임장, 그 밖에 수용자를 대표하는 직책을 부여해서는 아니 된다.
③ 소장은 조직폭력수용자로 지정된 사람이 공소장 변경 또는 재판 확정에 따라 지정사유가 해소되었다고 인정되는 경우에는 교도관회의의 심의 또는 교정자문위원회의 의결을 거쳐 지정을 해제한다.
④ 소장은 조직폭력수형자가 작업장 등에서 다른 수형자와 음성적으로 세력을 형성하는 등 집단화할 우려가 있다고 인정하는 경우에는 법무부장관에게 해당 조직폭력수형자의 이송을 지체 없이 신청하여야 한다.

정답 및 해설

① [○] 동법 시행규칙 제198조 제3호
② [○] 동법 시행규칙 제200조
③ [×] 소장은 조직폭력수용자로 지정된 사람에 대하여는 석방할 때까지 지정을 해제할 수 없다. 다만, 공소장 변경 또는 재판 확정에 따라 지정사유가 해소되었다고 인정되는 경우에는 교도관회의의 심의 또는 분류처우위원회의 의결을 거쳐 지정을 해제한다(형집행법 시행규칙 제199조 제2항).
④ [○] 동법 시행규칙 제201조

정답 ③

15 현행법령상 조직폭력수용자에 대한 내용으로 옳지 않은 것은? 2023. 9급 경채

① 소장은 조직폭력수용자로 지정된 사람에 대하여는 석방할 때까지 지정을 해제할 수 없다. 다만, 공소장 변경 또는 재판 확정에 따라 지정사유가 해소되었다고 인정되는 경우에는 교도관회의의 심의 또는 분류처우위원회의 의결을 거쳐 지정을 해제한다.
② 소장은 조직폭력수용자에게 거실 및 작업장 등의 봉사원, 반장, 조장, 분임장, 그 밖에 수용자를 대표하는 직책을 부여해서는 아니 된다.
③ 소장은 조직폭력수형자가 작업장 등에서 다른 수형자와 음성적으로 세력을 형성하는 등 집단화할 우려가 있다고 인정하는 경우에는 법무부장관에게 해당 조직폭력수형자의 이송을 지체 없이 신청하여야 한다.
④ 소장은 조직폭력수용자의 편지 및 접견의 내용 중 특이사항이 있는 경우에는 검찰청, 경찰서 등 관계기관에 통보하여야 한다.

정답 및 해설

① [○] 동법 시행규칙 제199조
② [○] 동법 시행규칙 제200조
③ [○] 동법 시행규칙 제201조
④ [×] 소장은 조직폭력수용자의 편지 및 접견의 내용 중 특이사항이 있는 경우에는 검찰청, 경찰서 등 관계기관에 통보할 수 있다(형집행법 시행규칙 제203조).

정답 ④

16 형의 집행 및 수용자의 처우에 관한 법령상 수용자의 처우에 대한 설명으로 옳은 것은? 2019. 교정 7급

① 소장은 징역형·금고형이 확정된 사람으로서 집행할 형기가 형집행지휘서 접수일부터 3개월 미만인 사람, 노역장 유치명령을 받은 사람, 구류형이 확정된 사람에 대해서는 분류심사를 하지 아니한다.
② 소장은 공범·피해자 등의 체포영장·구속영장·공소장 또는 재판서에 마약사범으로 명시된 수용자는 마약류수용자로 지정한다.
③ 소장은 미결수용자 등 분류처우위원회의 의결 대상자가 아닌 경우에도 관심대상수용자로 지정할 필요가 있다고 인정되는 수용자에 대하여는 교도관회의의 심의를 거쳐 관심대상수용자로 지정할 수 있다.
④ 소장은 신입자에 대하여 시설 내의 안전과 질서유지를 위하여 특히 필요하다고 인정하면 번호표를 붙이지 아니할 수 있다.

정답 및 해설

① [×] 징역형·금고형이 확정된 사람으로서 집행할 형기가 형집행지휘서 접수일부터 3개월 미만인 사람, 구류형이 확정된 사람에 대해서는 분류심사를 하지 아니한다(동법 시행규칙 제62조 제1항).
② [×] 소장은 ㉠ 체포영장·구속영장·공소장 또는 재판서에「마약류관리에 관한 법률」,「마약류 불법거래방지에 관한 특례법」, 그 밖에 마약류에 관한 형사 법률이 적용된 수용자, ㉡ 마약류에 관한 형사 법률을 적용받아 집행유예가 선고되어 그 집행유예 기간 중에 별건으로 수용된 수용자에 대하여는 마약류수용자로 지정하여야 한다(동법 시행규칙 제204조, 제205조 제1항).
③ [○] 형집행법 시행규칙 제211조 제1항
④ [×] 소장은 신입자 및 다른 교정시설로부터 이송되어 온 사람에 대하여 수용자번호를 지정하고 수용 중 번호표를 상의의 왼쪽 가슴에 붙이게 하여야 한다. 다만, 수용자의 교화 또는 건전한 사회복귀를 위하여 특히 필요하다고 인정하면 번호표를 붙이지 아니할 수 있다(동법 시행령 제17조 제2항).

관심대상수용자의 지정 및 해제(형집행법 시행규칙 제211조)

㉠ 지정
소장은 분류처우위원회의 의결을 거쳐 관심대상수용자로 지정한다. 다만, 미결수용자 등 분류처우위원회의 의결 대상자가 아닌 경우에도 관심대상수용자로 지정할 필요가 있다고 인정되는 수용자에 대하여는 교도관회의의 심의를 거쳐 관심대상수용자로 지정할 수 있다.

㉡ 해제
소장은 관심대상수용자의 수용생활태도 등이 양호하고 지정사유가 해소되었다고 인정하는 경우에는 분류처우위원회의 의결을 거쳐 관심대상수용자 지정을 해제한다. 다만, 미결수용자 등 분류처우위원회의 의결 대상자가 아닌 경우에도 관심대상수용자 지정을 해제할 필요가 있다고 인정되는 경우에는 교도관회의의 심의를 거쳐 지정을 해제한다.

정답 ③

17 현행법령상 마약류수용자에 대한 규정으로 옳지 않은 것은? 2016. 9급 경채

① 마약류수용자로 지정되면 어떠한 경우에도 석방할 때까지 지정을 해제할 수 없다.
② 소장은 마약반응검사 결과 양성반응이 나타난 수용자에 대하여는 관계기관에 혈청검사, 모발검사, 그 밖의 정밀검사를 의뢰하고 그 결과에 따라 적절한 조치를 하여야 한다.
③ 담당교도관은 마약류수용자의 보관품 및 지니는 물건의 변동 상황을 수시로 점검하고, 특이사항이 있는 경우에는 감독교도관에게 보고해야 한다.
④ 소장은 마약류수용자의 마약류 근절 의지를 북돋울 수 있도록 마약 퇴치 전문강사, 성직자 등과 자매결연을 주선할 수 있다.

정답 및 해설

① [×] 소장은 마약류수용자로 지정된 사람에 대하여는 석방할 때까지 지정을 해제할 수 없다. 다만, ㉠ 공소장 변경 또는 재판 확정에 따라 지정사유가 해소되었다고 인정되는 경우, ㉡ 지정 후 5년이 지난 마약류수용자(마약류에 관한 형사 법률 외의 법률이 같이 적용된 마약류수용자로 한정한다)로서 수용생활태도, 교정성적 등이 양호한 경우에는 교도관회의의 심의 또는 분류처우위원회의 의결을 거쳐 지정을 해제할 수 있다(형집행법 시행규칙 제205조 제2항).
② [○] 동법 시행규칙 제206조 제3항
③ [○] 동법 시행규칙 제208조
④ [○] 동법 시행규칙 제209조 제2항

정답 ①

18 「형의 집행 및 수용자의 처우에 관한 법률 시행규칙」상 엄중관리대상자에 대한 설명으로 옳은 것은?

2022. 교정 9급

① 소장은 교정시설에 마약류를 반입하는 것을 방지하기 위하여 필요하면 강제로 수용자의 소변을 채취하여 마약반응검사를 할 수 있다.
② 소장은 엄중관리대상자 중 지속적인 상담이 필요하다고 인정되는 사람에 대하여는 상담책임자를 지정하는데, 상담대상자는 상담책임자 1명당 20명 이내로 하여야 한다.
③ 소장은 관심대상수용자로 지정할 필요가 있다고 인정되는 미결수용자에 대하여는 교도관회의의 심의를 거쳐 관심대상수용자로 지정할 수 있다.
④ 소장은 조직폭력수용자에게 거실 및 작업장 등의 수용자를 대표하는 직책을 부여할 수 있다.

정답 및 해설

① [×] 소장은 교정시설에 마약류를 반입하는 것을 방지하기 위하여 필요하면 강제에 의하지 아니하는 범위에서 수용자의 소변을 채취하여 마약반응검사를 할 수 있다(동법 시행규칙 제206조 제2항).
② [×] 소장은 엄중관리대상자 중 지속적인 상담이 필요하다고 인정되는 사람에 대하여는 상담책임자를 지정하고 (동법 시행규칙 제196조 제1항), 상담책임자는 감독교도관 또는 상담 관련 전문교육을 이수한 교도관을 우선하여 지정하여야 하며, 상담대상자는 상담책임자 1명당 10명 이내로 하여야 한다(동법 시행규칙 제196조 제2항).
③ [○] 소장은 관심대상수용자 지정대상(형집행법 시행규칙 제210조)에 해당하는 수용자에 대하여는 분류처우위원회의 의결을 거쳐 관심대상수용자로 지정한다. 다만, 미결수용자 등 분류처우위원회의 의결 대상자가 아닌 경우에도 관심대상수용자로 지정할 필요가 있다고 인정되는 수용자에 대하여는 교도관회의의 심의를 거쳐 관심대상수용자로 지정할 수 있다(동법 시행규칙 제211조 제1항).
④ [×] 소장은 조직폭력수용자에게 거실 및 작업장 등의 봉사원, 반장, 조장, 분임장, 그 밖에 수용자를 대표하는 직책을 부여해서는 아니 된다(동법 시행규칙 제200조).
▶ 작업이 부과된 사형확정자에게 준용된다(동법 시행규칙 제153조 제4항).

정답 ③

19 「형의 집행 및 수용자의 처우에 관한 법률 시행규칙」상 조직폭력수용자 지정 대상으로 가장 적절하지 않은 것은?

2023. 6급 승진

① 체포영장, 구속영장, 공소장 또는 재판서에 조직폭력사범으로 명시된 수용자
② 공소장 또는 재판서에 조직폭력사범으로 명시되어 있지는 아니하나 「폭력행위 등 처벌에 관한 법률」 제4조·제5조 또는 「형법」 제114조가 적용된 수용자
③ 공범·피해자 등의 체포영장·구속영장·공소장 또는 재판서에 조직폭력사범으로 명시된 수용자
④ 조직폭력사범으로 형의 집행을 종료한 후 5년 이내에 교정시설에 다시 수용된 자로서 분류처우위원회에서 조직폭력수용자로 심의·의결된 수용자

정답 및 해설

④ [×] 관심대상자 지정대상이다(시행규칙 제210조).

  조직폭력 지정대상(시행규칙 제198조)
1. 체포영장, 구속영장, 공소장 또는 재판서에 조직폭력사범으로 명시된 수용자
2. 공소장 또는 재판서에 조직폭력사범으로 명시되어 있지는 아니하나 「폭력행위 등 처벌에 관한 법률」 제4조·제5조 또는 「형법」 제114조가 적용된 수용자
3. 공범·피해자 등의 체포영장·구속영장·공소장 또는 재판서에 조직폭력사범으로 명시된 수용자

정답 ④

20 「형의 집행 및 수용자의 처우에 관한 법률 시행규칙」상 마약류수용자에 대한 설명으로 옳지 않은 것은 모두 몇 개인가?

2024. 7급 승진

> ㉠ 소장은 교정시설에 마약류를 반입하는 것을 방지하기 위하여 필요하면 강제에 의해 수용자의 소변을 채취하여 마약반응검사를 할 수 있다.
> ㉡ 소장은 마약류수용자가 마약류 근절(根絕) 의지를 갖고 이를 실천할 수 있도록 해당 교정시설의 여건에 적합한 마약류수용자 재활교육계획을 수립하여 시행할 수 있다.
> ㉢ 담당교도관은 마약류수용자의 보관품 및 지니는 물건의 변동 상황을 수시로 점검하고, 특이사항이 있는 경우에는 감독교도관에게 보고해야 한다.
> ㉣ 소장은 마약류수용자의 마약류 근절 의지를 북돋울 수 있도록 마약 퇴치 전문강사, 성직자 등과 자매결연을 주선할 수 있다.

① 0개
② 1개
③ 2개
④ 3개

정답 및 해설

옳지 않은 것은 ㉠, ㉡이다.
㉠ [×] 소장은 교정시설에 마약류를 반입하는 것을 방지하기 위하여 필요하면 강제에 의하지 아니하는 범위에서 수용자의 소변을 채취하여 마약반응검사를 할 수 있다(형집행법 시행규칙 제206조 제2항).
㉡ [×] 소장은 마약류수용자가 마약류 근절 의지를 갖고 이를 실천할 수 있도록 해당 교정시설의 여건에 적합한 마약류수용자 재활교육계획을 수립하여 시행하여야 한다(동법 시행규칙 제209조 제1항).
㉢ [○] 동법 시행규칙 제208조
㉣ [○] 동법 시행규칙 제209조 제2항

정답 ③

21 「형의 집행 및 수용자의 처우에 관한 법률 시행규칙」상 마약류수용자에 대한 설명으로 가장 옳지 않은 것은?

2023. 5급 승진

① 소장은 체포영장·구속영장·공소장 또는 재판서에 「마약류관리에 관한 법률」, 「마약류 불법거래방지에 관한 특례법」, 그 밖에 마약류에 관한 형사 법률이 적용된 수용자에 대하여는 마약류수용자로 지정하여야 한다.
② 소장은 법령에 따라 마약류수용자로 지정된 사람에 대하여는 석방할 때까지 지정을 해제할 수 없다. 다만, 공소장 변경 또는 재판 확정에 따라 지정사유가 해소되었다고 인정되는 경우 또는 마약류에 관한 형사 법률 외의 법률이 같이 적용된 마약류수용자 중 지정 후 3년이 지나고 수용생활태도, 교정성적 등이 양호한 경우에는 교도관회의의 심의 또는 분류처우위원회의 의결을 거쳐 지정을 해제할 수 있다.
③ 마약류수용자에 대하여 다량 또는 장기간 복용할 경우 환각증세를 일으킬 수 있는 의약품을 투약할 때에는 특히 유의하여야 한다.
④ 담당교도관은 마약류수용자의 보관품 및 지니는 물건의 변동 상황을 수시로 점검하고, 특이사항이 있는 경우에는 감독교도관에게 보고해야 한다.

정답 및 해설

① [○] 동법 시행규칙 제205조 제1항, 제204조 제1호
② [×] 소장은 마약류수용자로 지정된 사람에 대하여는 석방할 때까지 지정을 해제할 수 없다. 다만, ㉠ 공소장 변경 또는 재판 확정에 따라 지정사유가 해소되었다고 인정되는 경우 또는 ㉡ 지정 후 5년이 지난 마약류수용자(마약류에 관한 형사 법률 외의 법률이 같이 적용된 마약류수용자로 한정한다)로서 수용생활태도, 교정성적 등이 양호한 경우에는 교도관회의의 심의 또는 분류처우위원회의 의결을 거쳐 지정을 해제할 수 있다(형집행법 시행규칙 제205조 제2항).
③ [○] 동법 시행규칙 제206조 제1항
④ [○] 동법 시행규칙 제208조

정답 ②

22 「형의 집행 및 수용자의 처우에 관한 법률 시행규칙」상 A ~ E수용자의 번호표 색상에 대해 바르게 말하고 있는 사람은 모두 몇 명인가? 2023. 5급 승진

- A수용자: 사형확정자
- B수용자: 조직폭력수용자이면서 사형확정자
- C수용자: 마약류수용자
- D수용자: 관심대상수용자이면서 마약류수용자
- E수용자: 조직폭력수용자이면서 마약류수용자
(단, A ~ E수용자는 작업이 부과되지 않음)

- 현종: 노란색 번호표의 수용자는 모두 2명이야.
- 아섭: 붉은색 번호표의 수용자는 모두 1명이야.
- 대호: 파란색 번호표의 수용자는 모두 2명이야.
- 지만: 노란색 번호표의 수용자와 파란색 번호표의 수용자는 모두 3명이야.
- 현진: 붉은색 번호표의 수용자와 파란색 번호표의 수용자는 모두 3명이야.

① 2명
② 3명
③ 4명
④ 5명

정답 및 해설

② [○] 바르게 말하고 있는 사람은 현종, 아섭, 지만 3명이다.
엄중관리대상자의 번호표 및 거실표의 색상은 ㉠ 관심대상수용자: 노란색, ㉡ 조직폭력수용자: 노란색, ㉢ 마약류수용자: 파란색으로 구분하며(형집행법 시행규칙 제195조 제1항), 엄중관리대상자 구분이 중복되는 수용자의 경우 그 번호표 및 거실표의 색상은 ㉠ 관심대상수용자: 노란색, ㉡ 조직폭력수용자: 노란색, ㉢ 마약류수용자: 파란색의 순서에 따른다(동법 시행규칙 제195조 제2항). 사형확정자의 번호표 및 거실표의 색상은 붉은색으로 한다(동법 시행규칙 제150조 제5항).
- A수용자: 사형확정자 ⇨ 붉은색
- B수용자: 조직폭력수용자이면서 사형확정자 ⇨ 형집행법 시행규칙상 규정 없음
- C수용자: 마약류수용자 ⇨ 파란색
- D수용자: 관심대상수용자이면서 마약류수용자 ⇨ 노란색
- E수용자: 조직폭력수용자이면서 마약류수용자 ⇨ 노란색
- 현종: 노란색 번호표의 수용자는 모두 2명이야(○). ⇨ D·E수용자
- 아섭: 붉은색 번호표의 수용자는 모두 1명이야(○). ⇨ A수용자
- 대호: 파란색 번호표의 수용자는 모두 2명이야(×). ⇨ 1명: C수용자
- 지만: 노란색 번호표의 수용자와 파란색 번호표의 수용자는 모두 3명이야(○). ⇨ C·D·E수용자
- 현진: 붉은색 번호표의 수용자와 파란색 번호표의 수용자는 모두 3명이야(×). ⇨ 2명: A·C수용자

정답 ②

23. 엄중관리대상자 수용관리에 대한 설명으로 옳지 않은 것은 모두 몇 개인가?

2023. 7급 승진

㉠ 소장은 교정시설에 마약류를 반입하는 것을 방지하기 위하여 필요하면 강제에 의하지 아니하는 범위에서 수용자의 소변을 채취하여 마약반응검사를 하여야 한다. 소장은 마약반응검사 결과 양성반응이 나타난 수용자에 대하여는 관계기관에 혈청검사, 모발검사, 그 밖의 정밀검사를 의뢰하고 그 결과에 따라 적절한 조치를 할 수 있다.

㉡ 소장은 마약류수용자가 마약류 근절(根絕) 의지를 갖고 이를 실천할 수 있도록 해당 교정시설의 여건에 적합한 마약류수용자 재활교육계획을 수립하여 시행하여야 한다. 소장은 마약류수용자의 마약류 근절 의지를 북돋울 수 있도록 마약 퇴치 전문강사, 성직자 등과 자매결연을 주선할 수 있다.

㉢ 소장은 엄중관리대상자가 변호인 외의 자에게 편지를 보내려는 경우 금지물품의 확인을 위하여 필요한 경우에는 편지를 봉함하지 않은 상태로 제출하게 할 수 있으며, 엄중관리대상자에게 온 편지에 금지물품이 들어 있는지를 개봉하여 확인하여야 한다.

㉣ 소장은 조직폭력수용자로 지정된 사람에 대하여는 석방할 때까지 지정을 해제할 수 없다. 다만, 공소장 변경 또는 재판 확정에 따라 지정사유가 해소되었다고 인정되는 경우에는 교도관회의의 심의 또는 분류처우위원회의 의결을 거쳐 지정을 해제한다.

① 1개
② 2개
③ 3개
④ 4개

정답 및 해설

옳지 않은 것은 ㉠, ㉢이다.

㉠ [×] 소장은 교정시설에 마약류를 반입하는 것을 방지하기 위하여 필요하면 강제에 의하지 아니하는 범위에서 수용자의 소변을 채취하여 마약반응검사를 할 수 있다(형집행법 시행규칙 제206조 제2항). 소장은 마약반응검사 결과 양성반응이 나타난 수용자에 대하여는 관계기관에 혈청검사, 모발검사, 그 밖의 정밀검사를 의뢰하고 그 결과에 따라 적절한 조치를 하여야 한다(동법 시행규칙 제206조 제3항).

㉡ [○] 형집행법 시행규칙 제209조 제1항·제2항

㉢ [×] 소장은 엄중관리대상자가 변호인 외의 자에게 편지를 보내려는 경우 금지물품의 확인을 위하여 필요한 경우에는 편지를 봉함하지 않은 상태로 제출하게 할 수 있으며(형집행법 시행령 제65조 제1항 단서), 소장은 수용자에게 온 편지에 금지물품이 들어 있는지를 개봉하여 확인할 수 있다(동법 시행령 제65조 제2항).

㉣ [○] 동법 시행규칙 제199조 제2항

정답 ②

「형의 집행 및 수용자의 처우에 관한 법률 시행규칙」상 마약류수용자에 대한 설명으로 옳은 것을 모두 고른 것은?

2024. 6급 승진

⊙ 체포영장·구속영장·공소장 또는 재판서에 「마약류관리에 관한 법률」, 「마약류 불법거래방지에 관한 특례법」, 그 밖에 마약류에 관한 형사 법률을 적용받아 집행유예가 선고되어 그 집행유예 기간 중에 별건으로 수용된 수용자에 대하여는 마약류수용자로 지정하여야 한다.
ⓒ 소장은 교정시설에 마약류를 반입하는 것을 방지하기 위하여 필요한 경우에는 강제로 수용자의 소변을 채취하여 마약반응검사를 할 수 있다.
ⓒ 소장은 수용자 외의 사람이 마약류수용자에게 교정시설 안에서 판매되는 물품을 건네줄 것을 신청하는 경우라도 마약류 반입 등을 차단하기 위하여 신청을 허가하지 않는다.
ⓔ 소장은 마약류수용자로 지정된 사람이 공소장 변경에 따라 지정사유가 해소되었다고 인정되는 경우에는 교도관회의의 심의를 거쳐 지정을 해제하여야 한다.

① ⊙
② ⊙, ⓒ
③ ⊙, ⓔ
④ ⓒ, ⓒ, ⓔ

정답 및 해설

옳은 것은 ⊙이다.
⊙ [○] 형집행법 시행규칙 제204조 제2호·제205조 제1항 전단
ⓒ [×] 소장은 교정시설에 마약류를 반입하는 것을 방지하기 위하여 필요하면 강제에 의하지 아니하는 범위에서 수용자의 소변을 채취하여 마약반응검사를 할 수 있다(동법 시행규칙 제206조 제2항).
ⓒ [×] 소장은 수용자 외의 사람이 마약류수용자에게 물품을 건네줄 것을 신청하는 경우에는 마약류 반입 등을 차단하기 위하여 신청을 허가하지 않는다. 다만, ⓐ 법무부장관이 정하는 바에 따라 교정시설 안에서 판매되는 물품, ⓑ 그 밖에 마약류 반입을 위한 도구로 이용될 가능성이 없다고 인정되는 물품을 건네줄 것을 신청한 경우에는 예외로 할 수 있다(동법 시행규칙 제207조).
ⓔ [×] 소장은 마약류수용자로 지정된 사람에 대하여는 석방할 때까지 지정을 해제할 수 없다. 다만, ⓐ 공소장 변경 또는 재판 확정에 따라 지정사유가 해소되었다고 인정되는 경우, ⓑ 지정 후 5년이 지난 마약류수용자로서 수용생활태도, 교정성적 등이 양호한 경우(마약류에 관한 형사 법률 외의 법률이 같이 적용된 마약류수용자로 한정한다)에는 교도관회의의 심의 또는 분류처우위원회의 의결을 거쳐 지정을 해제할 수 있다(동법 시행규칙 제205조 제2항).

정답 ①

제12장 교정장비와 강제력행사

제1절 | 교정장비

01 「형의 집행 및 수용자의 처우에 관한 법률 시행규칙」상 전자장비에 대한 설명으로 옳지 않은 것은 모두 몇 개인가?
2024. 7급 승진

> ㉠ 소장은 전자장비의 효율적인 운용을 위하여 각종 전자장비를 통합적으로 관리할 수 있는 시스템이 설치된 중앙통제실을 설치하여 운영한다.
> ㉡ 거실에 영상정보처리기기 카메라를 설치하는 경우에는 용변을 보는 하반신의 모습이 촬영되지 아니하도록 카메라의 각도를 한정하거나 화장실 차폐시설을 설치할 수 있다.
> ㉢ 전자감지기는 교정시설의 주벽·울타리, 그 밖에 수용자의 도주 및 외부로부터의 침입을 방지하기 위하여 필요한 장소에 설치한다.
> ㉣ 교도관은 외부의료시설 입원, 이송·출정, 그 밖의 사유로 교정시설 밖에서 수용자를 계호하는 경우 보호장비나 수용자의 팔목 등에 전자경보기를 부착하여 사용할 수 있다.

① 1개　　② 2개
③ 3개　　④ 4개

정답 및 해설

옳지 않은 것은 ㉡이다.
㉠ [○] 동법 시행규칙 제161조 제1항
㉡ [×] 거실에 영상정보처리기기 카메라를 설치하는 경우에는 용변을 보는 하반신의 모습이 촬영되지 아니하도록 카메라의 각도를 한정하거나 화장실 차폐시설을 설치하여야 한다(형집행법 시행규칙 제162조 제3항).
㉢ [○] 동법 시행규칙 제164조
㉣ [○] 동법 시행규칙 제165조

정답 ①

02 「형의 집행 및 수용자의 처우에 관한 법률」상 안전과 질서에 대한 설명으로 옳은 것을 모두 고른 것은?

2023. 6급 승진

> ㉠ 교도관은 시설의 안전과 질서유지를 위하여 필요하면 교정시설을 출입하는 수용자 외의 사람에 대하여 의류와 휴대품을 검사할 수 있다.
> ㉡ 교도관은 자살·자해·도주·폭행·손괴, 그 밖에 수용자의 생명·신체를 해하거나 시설의 안전 또는 질서를 해하는 행위(이하 "자살 등"이라 한다)를 방지하기 위하여 필요한 범위에서 전자장비를 이용하여 수용자 또는 시설을 계호할 수 있다. 다만, 전자영상장비로 거실에 있는 수용자를 계호하는 것은 자살 등의 우려가 큰 때에만 할 수 있다.
> ㉢ 수용자의 보호실 수용기간은 15일 이내로 하지만, 소장은 특히 계속하여 수용할 필요가 있으면 의무관의 의견을 고려하여 1회당 7일의 범위에서 기간을 연장할 수 있다.
> ㉣ 소장이 수용자의 처우를 위하여 허가하는 경우 수용자는 전자·통신기기를 지닐 수 있다.

① ㉠
② ㉠, ㉡
③ ㉠, ㉡, ㉢
④ ㉠, ㉡, ㉢, ㉣

정답 및 해설

㉠ [○] 형집행법 제93조 제3항
㉡ [○] 동법 제94조 제1항
㉢ [○] 동법 제95조
㉣ [○] 동법 제92조 제1항

정답 ④

03 형집행법령상 수용자 계호 등에 대한 설명으로 가장 옳지 않은 것은?

2023. 6급 승진

① 귀휴·외부통근, 그 밖의 사유로 소장의 허가를 받아 교도관의 계호 없이 교정시설 밖으로 나간 후에 정당한 사유 없이 기한까지 돌아오지 아니하는 행위를 한 수용자는 1년 이하의 징역 또는 1천만원 이하의 벌금에 처한다.
② 중경비시설의 거실에 있는 수용자를 전자장비를 이용하여 계호하는 경우에는 중앙통제실 등에 비치된 현황표에 피계호인원 등 전체 현황만을 기록할 수 있다.
③ 소장은 다수의 관심대상수용자가 수용되어 있는 수용동 및 작업장에는 사명감이 투철한 교도관을 엄선하여 배치하여야 한다.
④ 전자장비의 종류·설치장소·사용방법 및 녹화기록물의 관리 등에 관하여 필요한 사항은 법무부령으로 정한다.

정답 및 해설

① [×] 귀휴·외부통근, 그 밖의 사유로 소장의 허가를 받아 교도관의 계호 없이 교정시설 밖으로 나간 후에 정당한 사유 없이 기한까지 돌아오지 아니하는 행위를 한 수용자는 1년 이하의 징역에 처한다(형집행법 제134조).
② [○] 동법 시행규칙 제163조 제1항 단서
③ [○] 동법 시행규칙 제213조
④ [○] 동법 제94조 제4항

정답 ①

04 「형의 집행 및 수용자의 처우에 관한 법률」 및 동법 시행규칙상 전자장비·전자영상장비 등에 대한 설명으로 옳지 않은 것은? (다툼이 있는 경우 판례에 의함) 2015. 5급 승진

① 교도관이 「형의 집행 및 수용자의 처우에 관한 법률」 제93조 제1항에 따라 수용자의 신체·의류·휴대품을 검사하는 경우에는 특별한 사정이 없으면 고정식 물품검색기를 통과하게 하거나 휴대식 금속탐지기로 이를 확인한다.
② 전자영상장비로 거실에 있는 수용자를 계호하는 것은 자살 등의 우려가 클 때에만 할 수 있다.
③ 항소심에서 대폭 증가된 형량을 선고받음으로써 그로 인한 상심의 결과, 자살 등을 시도할 가능성이 크다고 판단하고 수용자의 생명·신체의 안전을 보호하기 위하여 CCTV 계호행위를 한 것은 적합한 수단이 될 수 있다.
④ 거실에 있는 수용자를 전자영상장비로 계호하는 경우 계호직원·계호시간 및 계호대상을 기록하여야 하며, 수용자가 여성이면 여성교도관이 계호하여야 한다.
⑤ 소장은 전자장비의 효율적인 운영을 위하여 중앙통제실을 설치·운영하고, 중앙통제실에 대한 외부인의 출입을 제한하여야 한다.

정답 및 해설

① [×] 특별한 사정이 없으면 고정식 물품검색기를 통과하게 한 후 휴대식 금속탐지기 또는 손으로 이를 확인한다 (형집행법 시행규칙 제166조 제2항).
② [○] 동법 제94조 제1항 단서
③ [○] 헌재 2011.9.29. 2010헌마413

> **관련판례**
> 이 사건에서 피청구인은 청구인이 수시로 재판에 대한 억울한 감정을 토로하고 있는 와중에 항소심에서 대폭 증가된 형량을 선고받음으로써 그로 인한 상심의 결과 자살 등을 시도할 가능성이 크다고 판단하고 그의 생명·신체의 안전을 보호하기 위하여 이 사건 CCTV 계호행위를 한 것이므로 그 목적이 정당할 뿐만 아니라, 교도관의 시선에 의한 감시만으로는 자살·자해 등의 교정사고 발생을 막는 데 시간적·공간적 공백이 있으므로 이를 메우기 위하여는 CCTV를 설치하여 수형자를 상시적으로 관찰하는 것은 적합한 수단이 될 수 있다 할 것이다(헌재 2011.9.29. 2010헌마413).

④ [○] 동법 제94조 제2항
⑤ [○] 동법 시행규칙 제161조 제1항·제2항

정답 ①

05 형의 집행 및 수용자의 처우에 관한 법령상 교정장비의 사용에 대한 설명으로 옳지 않은 것은? (다툼이 있는 경우 판례에 의함) 2018. 5급 승진

① 교도관이 전자영상장비로 거실에 있는 수용자를 계호하는 것은 자살·자해·도주·폭행·손괴, 그 밖에 수용자의 생명·신체를 해하거나 시설의 안전 또는 질서를 해하는 행위의 우려가 큰 때에만 할 수 있다.
② 구치소장이 금지물품의 수수나 교정사고를 방지하거나 이에 적절하게 대처하기 위해 변호인 접견실에 CCTV를 설치하여 미결수용자와 변호인 간의 접견을 관찰하는 행위는 변호인의 조력을 받을 권리를 침해한다고 할 수 없다.
③ 교정장비의 종류로는 전자장비, 보호장비, 보안장비, 무기가 있다.
④ 교도관이 교정시설을 출입하는 수용자 외의 사람의 의류와 휴대품을 검사하는 경우에는 고정식 물품검색기를 통과하게 한 후, 휴대식 금속탐지기 또는 손으로 이를 확인해야 한다.
⑤ 보호의자는 그 사용을 일시 중지하거나 완화하는 경우를 포함하여 8시간을 초과하여 사용할 수 없으며, 사용 중지 후 4시간이 경과하지 아니하면 다시 사용할 수 없다.

정답 및 해설

① [○] 동법 제94조 제1항
② [○] 헌재 2016.4.28. 2015헌마243

> **관련판례**
> 변호인접견실에 설치된 CCTV는 교도관이 CCTV를 통해 미결수용자와 변호인 간의 접견을 관찰하더라도 접견내용의 비밀이 침해되거나 접견교통에 방해가 되지 않도록 조치를 취하고 있는 점, 금지물품의 수수를 적발하거나 교정사고를 효과적으로 방지하고 교정사고가 발생하였을 때 신속하게 대응하기 위하여는 CCTV를 통해 관찰하는 방법 외에 더 효과적인 다른 방법을 찾기 어려운 점 등에 비추어 보면, CCTV 관찰행위는 그 목적을 달성하기 위하여 필요한 범위 내의 제한으로 침해의 최소성을 갖추었다. 따라서 CCTV 관찰행위가 청구인의 변호인의 조력을 받을 권리를 침해한다고 할 수 없다(헌재 2016.4.28. 2015헌마243).

③ [○] 형집행법 시행규칙 제157조
④ [×] 교도관이 수용자의 신체·의류·휴대품을 검사하는 경우에는 특별한 사정이 없으면 고정식 물품검색기를 통과하게 한 후 휴대식 금속탐지기 또는 손으로 이를 확인하고(형집행법 시행규칙 제166조 제2항), 교도관이 교정시설을 출입하는 수용자 외의 사람의 의류와 휴대품을 검사하는 경우에는 고정식 물품검색기를 통과하게 하거나 휴대식 금속탐지기로 이를 확인한다(동법 시행규칙 제166조 제3항).
⑤ [○] 동법 시행규칙 제176조 제2항

정답 ④

---

06 전자장비를 이용한 계호에 대한 설명으로 옳지 않은 것은?

2018. 7급 승진

① 소장은 중앙통제실에 대한 외부인의 출입을 제한하여야 한다. 다만, 시찰, 참관 그 밖에 소장이 특별히 허가한 경우에는 그러하지 아니하다.
② 자살 등의 우려가 커서 거실에 있는 수용자를 전자영상장비로 계호하는 경우에는 계호직원·계호시간 및 계호대상 등을 기록하여야 한다.
③ 음주측정기는 전자장비 중 증거수집장비에 해당한다.
④ 자살 등의 우려가 큰 때에는 교정시설 내에서도 수용자의 팔목 등에 전자경보기를 부착하여 사용할 수 있다.

정답 및 해설

① [○] 동법 시행규칙 제161조 제2항
② [○] 동법 제94조 제2항
③ [○] 디지털카메라, 녹음기, 비디오카메라, 음주측정기 등 증거수집에 필요한 장비는 전자장비 중 증거수집장비에 해당한다(동법 시행규칙 제160조 제5호).
④ [×] 교도관은 외부의료시설 입원, 이송·출정, 그 밖의 사유로 교정시설 밖에서 수용자를 계호하는 경우 보호장비나 수용자의 팔목 등에 전자경보기를 부착하여 사용할 수 있다(형집행법 시행규칙 제165조).
▶ '자살·자해의 우려가 큰 때' 사용할 수 있는 보호장비는 수갑, 포승, 발목보호장비, 보호대, 보호의자, 보호침대, 보호복이다.

정답 ④

07 형집행법령상 전자장비를 이용한 계호에 대한 설명으로 가장 옳지 않은 것은? 2021. 5급 승진

① 소장은 전자장비의 효율적인 운용을 위하여 각종 전자장비를 통합적으로 관리할 수 있는 시스템이 설치된 중앙통제실을 설치하여 운영한다.
② 교도관은 자살·자해·도주·폭행·손괴, 그 밖에 수용자의 생명·신체를 해하거나 시설의 안전 또는 질서를 해하는 행위(이하 "자살 등"이라 한다)를 방지하기 위하여 필요한 범위에서 전자장비를 이용하여 수용자 또는 시설을 계호할 수 있다. 다만, 전자영상장비로 거실에 있는 수용자를 계호하는 것은 자살 등의 우려가 큰 때에만 할 수 있다.
③ 전자감지기는 교정시설의 주벽·울타리, 그 밖에 수용자의 도주 및 외부로부터의 침입을 방지하기 위하여 필요한 장소에 설치한다.
④ 교도관이 외부의료시설 입원, 이송·출정, 그 밖의 사유로 교정시설 밖에서 수용자를 계호하는 경우 보호장비나 수용자의 팔목 등에 전자경보기를 부착하여 사용하는 것은 허용되지 않는다.

정답 및 해설

① [○] 동법 시행규칙 제161조
② [○] 동법 제94조 제1항
③ [○] 동법 시행규칙 제164조
④ [×] 교도관이 외부의료시설 입원, 이송·출정, 그 밖의 사유로 교정시설 밖에서 수용자를 계호하는 경우 보호장비나 수용자의 팔목 등에 전자경보기를 부착하여 사용할 수 있다(형집행법 시행규칙 제165조).

정답 ④

08 형집행법령상 전자영상장비 등에 대한 설명으로 가장 옳지 않은 것은? 2023. 7급 승진

① 영상정보처리기기 카메라를 설치할 수 있는 장소에 접견실은 제외된다.
② 교도관은 자살·자해·도주·폭행·손괴, 그 밖에 수용자의 생명·신체를 해하거나 시설의 안전 또는 질서를 해하는 행위(이하 "자살 등"이라 한다)를 방지하기 위하여 필요한 범위에서 전자장비를 이용하여 수용자 또는 시설을 계호할 수 있다. 다만, 전자영상장비로 거실에 있는 수용자를 계호하는 것은 자살 등의 우려가 큰 때에만 할 수 있다.
③ 전자영상장비로 거실에 있는 수용자를 계호하는 경우 계호대상 수용자가 여성이면 여성교도관이 계호하여야 한다.
④ 거실에 영상정보처리기기 카메라를 설치하는 경우에는 용변을 보는 하반신의 모습이 촬영되지 아니하도록 카메라의 각도를 한정하거나 화장실 차폐시설을 설치하여야 한다.

정답 및 해설

① [×] 영상정보처리기기 카메라는 교정시설의 주벽·감시대·울타리·운동장·거실·작업장·접견실·전화실·조사실·진료실·복도·중문, 그 밖에 전자장비를 이용하여 계호하여야 할 필요가 있는 장소에 설치한다(형집행법 시행규칙 제162조 제1항).
② [○] 동법 제94조 제1항
③ [○] 거실에 있는 수용자를 전자영상장비로 계호하는 경우에는 계호직원·계호시간 및 계호대상 등을 기록하여야 한다. 이 경우 수용자가 여성이면 여성교도관이 계호하여야 한다(동법 제94조 제2항).
④ [○] 동법 시행규칙 제162조 제3항

정답 ①

09 형집행법령상 전자장비에 대한 설명으로 옳지 않은 것은 모두 몇 개인가?   2023. 5급 승진

㉠ 소장은 전자장비의 효율적인 운용을 위하여 각종 전자장비를 통합적으로 관리할 수 있는 시스템이 설치된 중앙통제실을 설치하여 운영한다.
㉡ 소장은 중앙통제실에 대한 외부인의 출입을 제한하여야 한다. 다만, 시찰, 참관, 그 밖에 소장이 특별히 허가한 경우에는 그러하지 아니하다.
㉢ 교도관은 자살·자해·도주·폭행·손괴, 그 밖에 수용자의 생명·신체를 해하거나 시설의 안전 또는 질서를 해하는 행위(이하 "자살 등"이라 한다)를 방지하기 위하여 필요한 범위에서 전자장비를 이용하여 수용자 또는 시설을 계호하여야 한다. 다만, 전자영상장비로 거실에 있는 수용자를 계호하는 것은 자살 등의 우려가 큰 때에만 할 수 있다.
㉣ 거실에 있는 수용자를 전자영상장비로 계호하는 경우에는 계호직원·계호시간 및 계호대상 등을 기록하여야 한다. 이 경우 수용자가 여성이면 여성교도관이 계호하여야 한다.

① 0개
② 1개
③ 2개
④ 3개

정답 및 해설

옳지 않은 것은 ㉢이다.
㉠ [○] 동법 시행규칙 제161조 제1항
㉡ [○] 동법 시행규칙 제161조 제2항
㉢ [×] 교도관은 자살·자해·도주·폭행·손괴, 그 밖에 수용자의 생명·신체를 해하거나 시설의 안전 또는 질서를 해하는 행위(이하 "자살 등"이라 한다)를 방지하기 위하여 필요한 범위에서 전자장비를 이용하여 수용자 또는 시설을 계호할 수 있다. 다만, 전자영상장비로 거실에 있는 수용자를 계호하는 것은 자살 등의 우려가 큰 때에만 할 수 있다(형집행법 제94조 제1항).
㉣ [○] 동법 제94조 제2항

정답 ②

10 전자장비·전자영상장비 등에 대한 설명으로 옳은 것은? (다툼이 있는 경우 판례에 의함)

① 거실에 있는 수용자를 전자영상장비로 계호하는 경우에는 계호직원·계호시간 및 계호대상 등을 기록하여야 한다. 이 경우 수용자가 여성이면 여성교도관이 계호할 수 있다.
② 자살·자해 등의 교정사고 발생을 방지하기 위하여 CCTV를 설치하여 수형자를 상시적으로 관찰하는 것은 적합한 수단이 될 수 없다.
③ 교도관은 외부의료시설 입원, 이송·출정, 그 밖의 사유로 교정시설 밖에서 수용자를 계호하는 경우 보호장비나 수용자의 팔목 등에 전자경보기를 부착하여 사용할 수 있다.
④ 교도관이 교정시설을 출입하는 수용자 외의 사람의 의류와 휴대품을 검사하는 경우에는 특별한 사정이 없으면 고정식 물품검색기를 통과하게 한 후 휴대식 금속탐지기로 이를 확인한다.
⑤ 엄중격리 대상자의 수용거실에 CCTV를 설치하여 24시간 감시하는 행위는 법률유보의 원칙에 위배되어 사생활의 자유·비밀을 침해한다.

정답 및 해설

① [×] 수용자가 여성이면 여성교도관이 계호하여야 한다(동법 제94조 제2항).
② [×] CCTV를 설치하여 수형자를 상시적으로 관찰하는 것은 적합한 수단이 될 수 있다(헌재 2011.9.29. 2010헌마413).
③ [○] 형집행법 시행규칙 제165조
④ [×] 교도관이 교정시설을 출입하는 수용자 외의 사람의 의류와 휴대품을 검사하는 경우에는 고정식 물품검색기를 통과하게 하거나 휴대식 금속탐지기로 이를 확인한다(형집행법 시행규칙 제166조 제3항).
⑤ [×] 헌재 2008.5.29. 2005헌마137

> **관련판례**
> CCTV에 의하여 감시되는 엄중격리대상자에 대하여 지속적이고 부단한 감시가 필요하고 자살·자해나 흉기 제작 등의 위험성 등을 고려하면, 엄중격리 대상자의 수용거실에 CCTV를 설치하여 24시간 감시하는 행위는 법률유보의 원칙 및 과잉금지의 원칙에 위반되지 아니 한다(헌재 2008.5.29. 2005헌마137).

정답 ③

---

11 형집행법령상 보호장비 사용에 대한 설명으로 가장 옳지 않은 것은? 2021. 6급 승진

① 보호장비는 징벌의 수단으로 사용되어서는 아니 된다.
② 보호장비를 착용 중인 수용자는 특별한 사정이 없으면 계호상 독거수용한다.
③ 자살·자해의 우려가 큰 때에도 포승을 사용할 수 있다.
④ 보호침대를 사용하는 경우 수용자가 임의로 해체하지 못하도록 다른 보호장비를 함께 사용할 수 있다.

정답 및 해설

① [○] 동법 제99조
② [○] 동법 시행령 제123조
③ [○] 동법 제98조 제2항
④ [×] 보호침대는 다른 보호장비로는 자살·자해를 방지하기 어려운 특별한 사정이 있는 경우에만 사용하여야 한다(형집행법 시행규칙 제177조 제1항).

정답 ④

---

12 「형의 집행 및 수용자의 처우에 관한 법률」상 보호장비 사용요건에 대한 내용으로 가장 옳지 않은 것은? 2022. 7급 승진

① 이송·출정, 그 밖에 교정시설 밖의 장소로 수용자를 호송하는 때
② 도주·자살·자해 또는 다른 사람에 대한 위해의 우려가 큰 때
③ 위계로 교도관의 정당한 직무집행을 방해하는 때
④ 교정시설의 설비·기구 등을 손괴하거나 그 밖에 시설의 안전 또는 질서를 해칠 우려가 큰 때

정답 및 해설

① [○] 형집행법 제97조 제1항
② [○] 동법 제97조 제1항
③ [×] 위력으로 교도관의 정당한 직무집행을 방해하는 때
④ [○] 동법 제97조 제1항

정답 ③

13. 「형의 집행 및 수용자의 처우에 관한 법률 시행규칙」상 보호장비에 대한 설명으로 옳은 것은 모두 몇 개인가?

2023. 6급 승진

㉠ 소장은 보호장비를 착용 중인 수용자에 대하여 보호장비 사용 심사부 및 보호 장비 착용자 관찰부 등의 기록과 관계직원의 의견 등을 토대로 보호장비의 계속 사용 여부를 매일 심사하여야 한다.
㉡ 의무관은 보호장비 착용 수용자의 건강상태를 확인한 결과 특이사항을 발견한 경우에는 보호장비 사용심사부에 기록하여야 한다.
㉢ 소장이 의무관 또는 의료관계 직원으로부터 보호장비의 사용 중지의견을 보고받은 경우에는 해당 수용자에 대하여 보호장비를 계속하여 사용할 필요가 있는 경우라 할지라도 즉시 사용을 중단하여야 한다.
㉣ 보호의자는 수용자의 목욕, 식사, 용변, 치료 등을 위하여 필요한 경우 그 사용을 일시 중지하거나 완화하는 경우를 제외하고 8시간을 초과하여 사용할 수 없으며, 사용 중지 후 4시간이 경과하지 아니하면 다시 사용할 수 없다.
㉤ 하나의 보호장비로 사용목적을 달성할 수 없는 경우에는 둘 이상의 보호장비를 사용할 수 있다. 다만, 보호의자 또는 보호침대를 사용하는 경우에는 다른 보호장비와 같이 사용할 수 없다.

① 2개
② 3개
③ 4개
④ 5개

정답 및 해설

옳은 것은 ㉠, ㉡, ㉤이다.
㉠ [○] 형집행법 시행규칙 제183조
㉡ [○] 동법 시행규칙 제182조
㉢ [×] 소장이 의무관 또는 의료관계 직원으로부터 보호장비의 사용 중지의견을 보고받았음에도 불구하고 해당 수용자에 대하여 보호장비를 계속하여 사용할 필요가 있는 경우에는 의무관 또는 의료관계 직원에게 건강유지에 필요한 조치를 취할 것을 명하고 보호장비를 사용할 수 있다. 이 경우 소장은 보호장비 사용 심사부에 보호장비를 계속 사용할 필요가 있다고 판단하는 근거를 기록하여야 한다(동법 시행규칙 제183조).
㉣ [×] 보호의자는 수용자의 목욕, 식사, 용변, 치료 등을 위하여 필요한 경우 그 사용을 일시 중지하거나 완화하는 경우를 포함하여 8시간을 초과하여 사용할 수 없으며, 사용 중지 후 4시간이 경과하지 아니하면 다시 사용할 수 없다(동법 시행규칙 제176조 제2항, 제177조 제2항, 제178조 제2항).
㉤ [○] 동법 시행규칙 제180조

정답 ②

14. 형집행법령상 보호장비에 대한 설명으로 가장 옳지 않은 것은?

2023. 5급 승진

① 법률에서 정하는 보호장비의 종류에는 수갑, 머리보호장비, 발목보호장비, 보호대(帶), 보호의자, 보호침대, 보호복, 포승이 있다.
② 보호침대는 다른 보호장비로는 자살·자해를 방지하기 어려운 특별한 사정이 있는 경우에만 사용하여야 한다.
③ 보호복은 그 사용을 일시 중지하거나 완화하는 경우를 포함하여 8시간을 초과하여 사용할 수 없으며, 사용 중지 후 4시간이 경과하지 아니하면 다시 사용할 수 없다.
④ 하나의 보호장비로 사용목적을 달성할 수 없는 경우에는 둘 이상의 보호장비를 사용할 수 있다. 다만, 보호침대를 사용하는 경우와 보호복을 사용하는 경우에는 다른 보호장비와 같이 사용할 수 없다.

정답 및 해설

① [○] 동법 제98조 제1항
② [○] 동법 시행규칙 제177조 제1항
③ [○] 동법 시행규칙 제178조 제2항(제176조 제2항 준용)
④ [×] 하나의 보호장비로 사용목적을 달성할 수 없는 경우에는 둘 이상의 보호장비를 사용할 수 있다. 다만, 보호의자를 사용하는 경우와 보호침대를 사용하는 경우에는 다른 보호장비와 같이 사용할 수 없다(형집행법 시행규칙 제180조).

정답 ④

15. 형집행법령상 보호장비에 대한 설명으로 옳지 않은 것을 모두 고른 것은?

2023. 7급 승진

㉠ 보호의자는 그 사용을 일시 중지하거나 완화하는 경우를 제외하고 8시간을 초과하여 사용할 수 없으며, 사용 중지 후 4시간이 경과하지 아니하면 다시 사용할 수 없다.
㉡ 소장은 보호장비를 착용 중인 수용자에 대하여 보호장비 사용 심사부 및 보호장비 착용자 관찰부 등의 기록과 관계직원의 의견 등을 토대로 보호장비의 계속사용 여부를 매주 심사하여야 한다.
㉢ 이송·출정, 그 밖에 교정시설 밖의 장소로 수용자를 호송하는 때에는 발목보호장비를 사용할 수 있다.
㉣ 보호침대는 다른 보호장비로는 자살·자해를 방지하기 어려운 특별한 사정이 있는 경우에만 사용하여야 하며, 보호침대를 사용하는 경우에는 다른 보호장비와 같이 사용할 수 없다.
㉤ 보호장비를 착용 중인 수용자는 특별한 사정이 없으면 계호상 독거수용한다.

① ㉠, ㉡, ㉢
② ㉠, ㉤
③ ㉡, ㉢, ㉣
④ ㉣, ㉤

정답 및 해설

옳지 않은 것은 ㉠, ㉡, ㉢이다.
㉠ [×] 보호의자는 그 사용을 일시 중지하거나 완화하는 경우를 포함하여 8시간을 초과하여 사용할 수 없으며, 사용 중지 후 4시간이 경과하지 아니하면 다시 사용할 수 없다(형집행법 시행규칙 제176조 제2항).
㉡ [×] 소장은 보호장비를 착용 중인 수용자에 대하여 보호장비 사용 심사부 및 보호장비 착용자 관찰부 등의 기록과 관계직원의 의견 등을 토대로 보호장비의 계속사용 여부를 매일 심사하여야 한다(동법 시행규칙 제183조 제1항).
㉢ [×] 발목보호장비는 ⓐ 도주·자살·자해 또는 다른 사람에 대한 위해의 우려가 큰 때, ⓑ 위력으로 교도관의 정당한 직무집행을 방해하는 때, ⓒ 교정시설의 설비·기구 등을 손괴하거나 그 밖에 시설의 안전 또는 질서를 해칠 우려가 큰 때에 사용할 수 있다(동법 제98조 제2항 제3호).
㉣ [○] 동법 시행규칙 제177조 제1항, 동법 시행규칙 제180조
㉤ [○] 동법 시행령 제123조

정답 ①

16 형집행법령상 보호장비 사용에 대한 설명으로 옳은 것은 모두 몇 개인가? 2024. 5급 승진

> ㉠ 보호침대는 다른 보호장비로는 자살·자해를 방지하기 어려운 특별한 사정이 있는 경우에만 사용하여야 한다.
> ㉡ 보호의자는 그 사용을 일시 중지하거나 완화하는 경우를 포함하여 16시간을 초과하여 사용할 수 없으며, 사용 중지 후 8시간이 경과하지 아니하면 다시 사용할 수 없다.
> ㉢ 보호장비를 사용하는 경우에는 수용자의 나이, 건강상태 및 수용생활 태도 등을 고려할 수 있다.
> ㉣ 소장은 의무관 또는 의료관계 직원으로부터 보호장비의 사용 중지 의견을 보고받았다면 어떠한 경우에도 보호장비를 사용할 수 없다.

① 1개
② 2개
③ 3개
④ 4개

정답 및 해설

옳은 것은 ㉠이다.
㉠ [O] 형집행법 시행규칙 제177조 제1항
㉡ [×] 보호의자는 시행규칙 제184조 제2항(목욕, 식사, 용변, 치료 등을 위한 보호장비 사용의 일시 중지·완화)에 따라 그 사용을 일시 중지하거나 완화하는 경우를 포함하여 8시간을 초과하여 사용할 수 없으며, 사용 중지 후 4시간이 경과하지 아니하면 다시 사용할 수 없다(동법 시행규칙 제176조 제2항).
㉢ [×] 보호장비를 사용하는 경우에는 수용자의 나이, 건강상태 및 수용생활 태도 등을 고려하여야 한다(동법 제97조 제2항).
㉣ [×] 소장은 영 제121조(보호장비 사용중지)에 따라 의무관 또는 의료관계 직원으로부터 보호장비의 사용 중지 의견을 보고받았음에도 불구하고 해당 수용자에 대하여 보호장비를 계속하여 사용할 필요가 있는 경우에는 의무관 또는 의료관계 직원에게 건강유지에 필요한 조치를 취할 것을 명하고 보호장비를 사용할 수 있다. 이 경우 소장은 보호장비 사용 심사부에 보호장비를 계속 사용할 필요가 있다고 판단하는 근거를 기록하여야 한다(동법 시행규칙 제183조 제2항).

정답 ①

17 「형의 집행 및 수용자의 처우에 관한 법률 시행령」상 보호장비의 사용에 대한 설명으로 가장 옳지 않은 것은? 2024. 7급 승진

① 보호장비를 사용하는 경우에는 수용자에게 그 사유를 알려주어야 한다.
② 법무부장관은 소속 교정시설의 보호장비 사용 실태를 정기적으로 점검하여야 한다.
③ 보호장비를 착용 중인 수용자는 특별한 사정이 없으면 계호상 독거수용한다.
④ 소장은 보호장비의 사용을 명령한 경우에는 수시로 그 사용 실태를 확인·점검하여야 한다.

정답 및 해설

① [O] 동법 시행령 제122조
② [×] 지방교정청장은 소속 교정시설의 보호장비 사용 실태를 정기적으로 점검하여야 한다(형집행법 시행령 제124조 제2항).
③ [O] 동법 시행령 제123조
④ [O] 동법 시행령 제124조 제1항

정답 ②

18. 다음 <보기> 중 현행법령상 보호장비 종류를 모두 고르시오.

2023. 9급 경채

| 보기 |

수갑, 교도봉, 보호복, 보호의자, 보호대, 포승

① 수갑, 교도봉, 포승
② 수갑, 교도봉, 보호의자, 보호대
③ 수갑, 보호복, 보호의자, 보호대, 포승
④ 수갑, 교도봉, 보호복, 보호의자, 보호대, 포승

정답 및 해설

③ [○] 형집행법 제98조

정답 ③

19. 「형의 집행 및 수용자의 처우에 관한 법률」에 규정된 보호장비가 아닌 것은 몇 개인가?

• 수갑
• 보호대
• 보호침대
• 손목보호장비
• 머리보호장비
• 교도봉
• 안면보호구
• 보호복
• 발목보호장비
• 보호의자
• 포승
• 휴대식 금속탐지기

① 2개
② 3개
③ 4개
④ 5개

정답 및 해설

③ [○] 교도봉(형집행법 제100조 제4항)은 보안장비에 해당하고, 휴대식 금속탐지기(동법 시행규칙 제160조 제4호)는 전자장비에 해당한다. 안면보호구, 손목보호장비는 보호장비에 해당되지 않는다.

보호장비의 종류

법 제98조(8종류)	시행규칙 제169조(14종류)
1. 수갑	1. **수갑**: 양손수갑, 일회용수갑, 한손수갑
2. 머리보호장비	2. 머리보호장비
3. 발목보호장비	3. **발목보호장비**: 양발목보호장비, 한발목보호장비
4. 보호대	4. **보호대**: 금속보호대, 벨트보호대
5. 보호의자	5. 보호의자
6. 보호침대	6. 보호침대
7. 보호복	7. 보호복
8. 포승	8. **포승**: 일반포승, 벨트형포승, 조끼형포승

정답 ③

20. 형의 집행 및 수용자의 처우에 관한 법령상 보호장비에 대한 설명으로 옳지 않은 것은?
2023. 교정 7급

① 이송·출정, 그 밖에 교정시설 밖의 장소로 수용자를 호송할 때는 수갑을 사용할 수 있으며, 진료를 받거나 입원 중인 수용자에 대하여 한손수갑을 사용할 수 있다.
② 머리부분을 자해할 우려가 큰 때에는 머리보호장비를 사용할 수 있으며, 머리보호장비를 포함한 다른 보호장비로는 자살·자해를 방지하기 어려운 특별한 사정이 있는 경우는 보호침대를 사용할 수 있다.
③ 하나의 보호장비로 사용 목적을 달성할 수 없는 경우에는 둘 이상의 보호장비를 사용할 수 있으며, 주로 수갑과 보호의자를 함께 사용한다.
④ 보호침대는 그 사용을 일시 중지하거나 완화하는 경우를 포함하여 8시간을 초과하여 사용할 수 없으며, 사용 중지 후 4시간이 경과하지 아니하면 다시 사용할 수 없다.

정답 및 해설

① [○] 동법 제98조 제2항 제1호, 동법 시행규칙 제172조 제1항 제3호
② [○] 동법 제98조 제2항 제2호, 동법 시행규칙 제177조 제1항
③ [×] 하나의 보호장비로 사용목적을 달성할 수 없는 경우에는 둘 이상의 보호장비를 사용할 수 있다. ㉠ 보호의자를 사용하는 경우, ㉡ 보호침대를 사용하는 경우에는 다른 보호장비와 같이 사용할 수 없다(형집행법 시행규칙 제180조).
④ [○] 동법 시행규칙 제177조 제2항(제176조 제2항 준용)

정답 ③

21. 안전과 질서에 대한 설명으로 옳은 것은?
2018. 7급 승진

① 자살 또는 자해의 우려가 있는 수용자에 대하여 강제력을 행사하거나 보호장비를 사용하여도 그 목적을 달성할 수 없는 경우에만 보호실에 수용할 수 있다.
② 보호실 수용에 따른 기간연장은 1회당 10일의 범위에서 하되, 계속하여 3개월을 초과할 수 없다.
③ 진정실 수용에 따른 기간연장은 1회당 12시간의 범위에서 하되, 계속하여 5일을 초과할 수 없다.
④ 보호침대·보호복은 자살·자해의 우려가 큰 때에 사용할 수 있다.

정답 및 해설

① [×] 소장은 수용자가 ㉠ 자살 또는 자해의 우려가 있는 때, ㉡ 신체적·정신적 질병으로 인하여 특별한 보호가 필요한 때에는 의무관의 의견을 고려하여 보호실(자살 및 자해 방지 등의 설비를 갖춘 거실)에 수용할 수 있다(동법 제95조 제1항).
② [×] 수용자의 보호실 수용기간은 15일 이내로 한다. 다만, 소장은 특히 계속하여 수용할 필요가 있으면 의무관의 의견을 고려하여 1회당 7일의 범위에서 기간을 연장할 수 있으며, 수용자를 보호실에 수용할 수 있는 기간은 계속하여 3개월을 초과할 수 없다(동법 제95조 제2항·제3항).
③ [×] 수용자의 진정실 수용기간은 24시간 이내로 한다. 다만, 소장은 특히 계속하여 수용할 필요가 있으면 의무관의 의견을 고려하여 1회당 12시간의 범위에서 기간을 연장할 수 있으며, 수용자를 진정실에 수용할 수 있는 기간은 계속하여 3일을 초과할 수 없다(동법 제96조 제2항·제3항).
④ [○] 형집행법 제98조 제2항 제4호

정답 ④

22. 「형의 집행 및 수용자의 처우에 관한 법률」상 안전과 질서에 대한 설명으로 옳은 것만을 모두 고르면? (다툼이 있는 경우 판례에 의함)

2020. 5급 승진

㉠ 검사는 조사실에서 피의자를 신문할 때 해당 피의자에게 「형의 집행 및 수용자의 처우에 관한 법률」 제97조 제1항 각호에 규정된 사유에 해당하지 않는 이상 교도관에게 보호장비의 해제를 요청할 의무가 있고, 교도관은 이에 응하여야 한다.
㉡ 보호장비는 징벌의 수단으로 사용되어서는 아니 된다.
㉢ 교도관은 시설의 안전과 질서유지를 위하여 필요하더라도 교정시설을 출입하는 수용자 외의 사람에 대하여 의류와 휴대품을 검사할 수는 없다.
㉣ 수용자의 보호실 수용기간은 15일 이내로 하되, 소장은 특히 계속하여 수용할 필요가 있으면 의무관의 의견을 고려하여 1회당 10일의 범위에서 기간을 연장할 수 있다.
㉤ 수용자의 진정실 수용기간은 24시간 이내로 하되, 소장은 특히 계속하여 수용할 필요가 있으면 의무관의 의견을 고려하여 1회당 12시간의 범위에서 기간을 연장할 수 있으나 수용자를 진정실에 수용할 수 있는 기간은 계속하여 3일을 초과할 수 없다.

① ㉠, ㉡, ㉢
② ㉠, ㉡, ㉤
③ ㉠, ㉢, ㉣
④ ㉡, ㉣, ㉤
⑤ ㉢, ㉣, ㉤

정답 및 해설

옳은 것은 ㉠, ㉡, ㉤이다.
㉠ [○] 대법원 2020.3.17. 2015모2357

> **관련판례**
> 구금된 피의자는 형집행법 제97조 제1항 각호에 규정된 사유에 해당하지 않는 이상 보호장비 착용을 강제당하지 않을 권리를 가진다. 검사는 조사실에서 피의자를 신문할 때 해당 피의자에게 그러한 특별한 사정이 없는 이상 교도관에게 보호장비의 해제를 요청할 의무가 있고, 교도관은 이에 응하여야 한다(대법원 2020.3.17. 2015모2357).

㉡ [○] 형집행법 제99조 제2항
㉢ [×] 교도관은 시설의 안전과 질서유지를 위하여 필요하면 교정시설을 출입하는 수용자 외의 사람에 대하여 의류와 휴대품을 검사할 수 있다(동법 제93조 제3항).
㉣ [×] 수용자의 보호실 수용기간은 15일 이내로 한다. 다만, 소장은 특히 계속하여 수용할 필요가 있으면 의무관의 의견을 고려하여 1회당 7일의 범위에서 기간을 연장할 수 있다(동법 제95조 제2항).
㉤ [○] 동법 제96조 제2항·제3항

정답 ②

23 「형의 집행 및 수용자의 처우에 관한 법률」상 수용자가 '위력으로 교도관의 정당한 직무집행을 방해하는 때'에 사용할 수 있는 보호장비에 해당하는 것만을 모두 고르면?

2019. 5급 승진

㉠ 보호대(帶)	㉡ 보호복
㉢ 보호의자	㉣ 보호침대
㉤ 발목보호장비	㉥ 머리보호장비

① ㉠, ㉡, ㉢
② ㉠, ㉢, ㉤
③ ㉠, ㉡, ㉣, ㉥
④ ㉡, ㉢, ㉣, ㉤
⑤ ㉢, ㉣, ㉤, ㉥

정답 및 해설

② [○] 수용자가 '위력으로 교도관의 정당한 직무집행을 방해하는 때'에 사용할 수 있는 보호장비는 수갑, 포승, 발목보호장비, 보호대, 보호의자이다(형집행법 제98조 제2항).

정답 ②

24 현행법령상 보호장비 사용에 대한 설명으로 옳지 않은 것은?

2013. 7급 승진

① 교도관은 보호장비 착용 수용자의 목욕, 식사, 용변, 치료 등을 위하여 필요한 경우에는 보호장비 사용을 일시 중지하거나 완화할 수 있다.
② 수용자가 머리보호장비를 임의로 해제하지 못하도록 다른 보호장비를 함께 사용할 수 있다.
③ 보호의자를 사용하여도 목적을 달성할 수 없는 경우에는 다른 보호장비를 함께 사용할 수 있다.
④ 보호의자, 보호침대, 보호복은 그 사용을 일시 중지하거나 완화하는 경우를 포함하여 8시간을 초과하여 사용할 수 없다.

정답 및 해설

① [○] 동법 시행규칙 제184조 제2항
② [○] 동법 시행규칙 제173조
③ [×] 하나의 보호장비로 사용목적을 달성할 수 없는 경우에는 둘 이상의 보호장비를 사용할 수 있다. 다만, ㉠ 보호의자를 사용하는 경우, ㉡ 보호침대를 사용하는 경우에는 다른 보호장비와 같이 사용할 수 없다(형집행법 시행규칙 제180조).
④ [○] 보호의자·보호침대·보호복은 그 사용을 일시 중지하거나 완화하는 경우를 포함하여 8시간을 초과하여 사용할 수 없으며, 사용 중지 후 4시간이 경과하지 아니하면 다시 사용할 수 없다(동법 시행규칙 제176조 제2항·제177조 제2항·제178조 제2항).

정답 ③

25. 호송 중 보호장비 사용에 대한 설명으로 옳지 않은 것은? (다툼이 있는 경우 판례에 의함) 2019. 6급 승진

① 이송·출정, 그 밖에 교정시설 밖의 장소로 수용자를 호송하는 때에는 수갑·포승을 사용할 수 있다.
② 수형자가 호송관서에서 출발하여 법원에 도착한 후 행정법정 방청석에서 대기하고, 행정재판을 받는 전 과정에서의 계호업무는 그 성격상「형의 집행 및 수용자의 처우에 관한 법률」에서 말하는 '호송'의 개념 범위 내에 있는 업무로 보아야 한다.
③ 재판에 임하는 수용자에 대하여는 보호장비를 해제하고 재판이 종료되는 즉시 보호장비를 사용하여야 하며, 재판 진행 중 도주 등의 우려가 현저한 수용자는 사전에 재판장의 허가를 받아 보호장비를 사용한 상태에서 재판에 임하도록 하여야 한다.
④ 행정소송사건의 원고인 수용자가 행정법정 방청석에서 자신의 변론 순서가 될 때까지 대기하는 동안 그 수용자에게 재판장의 허가 없이 수갑 1개를 착용하도록 한 행위는 과잉금지의 원칙을 위반하여 수용자의 인격권과 신체의 자유를 침해한 것이다.

정답 및 해설

① [○] 형집행법 제98조 제2항 제1호
② [○] 헌재 2018.7.26. 2017헌마1238
③ [○] 헌재 2018.7.26. 2017헌마1238
④ [×] 보호장비 사용행위는 과잉금지원칙을 위반하여 청구인의 신체의 자유와 인격권을 침해하지 않는다(헌재 2018.7.26. 2017헌마1238).

정답 ④

26. 「형의 집행 및 수용자의 처우에 관한 법률 시행규칙」상 수갑의 사용방법에 대한 설명으로 옳지 않은 것은? 2022. 교정 7급

① 이송·출정, 그 밖에 교정시설 밖의 장소로 수용자를 호송하는 때에는 한손수갑을 채워야 한다.
② 도주·자살·자해 또는 다른 사람에 대한 위해의 우려가 큰 때 양손수갑을 앞으로 채워 사용목적을 달성할 수 없다고 인정되면 양손수갑을 뒤로 채워야 한다.
③ 위력으로 교도관의 정당한 직무집행을 방해하는 때에는 양손수갑을 앞으로 채워야 한다.
④ 일회용수갑은 일시적으로 사용하여야 하며, 사용목적을 달성한 후에는 즉시 사용을 중단하거나 다른 보호장비로 교체하여야 한다.

정답 및 해설

① [×] 교도관은 이송·출정, 그 밖에 교정시설 밖의 장소로 수용자를 호송하는 때에는 보호장비를 사용할 수 있으며(형집행법 제97조 제1항 제1호), 수갑은 이송·출정, 그 밖에 교정시설 밖의 장소로 수용자를 호송하는 때에 사용할 수 있다(동법 제98조 제2항 제1호). 수갑의 종류에는 양손수갑, 일회용수갑, 한손수갑이 있다(동법 시행규칙 제169조 제1호). 법 제97조 제1항 각 호의 어느 하나에 해당하는 경우에는 양손수갑을 앞으로 채워 사용하며(동법 시행규칙 제172조 제1항 제1호, 별표 6), 이 경우 수갑보호기를 함께 사용할 수 있다(동법 시행규칙 제172조 제2항). 진료를 받거나 입원 중인 수용자에 대하여 한손수갑을 사용하는 경우에는 침대 철구조물에 열쇠로 부착하여 사용한다(동법 시행규칙 제172조 제1항 제3호, 별표 8).
② [○] 법 제97조 제1항 제2호부터 제4호까지의 규정의 어느 하나에 해당하는 경우 별표 6의 방법(양손수갑의 앞으로 사용)으로는 사용목적을 달성할 수 없다고 인정되면 별표 7의 방법(양손수갑의 뒤로 사용)으로 한다(동법 시행규칙 제172조 제1항 제2호).
③ [○] 법 제97조 제1항 각 호의 어느 하나에 해당하는 경우에는 양손수갑을 앞으로 채워 사용하며(동법 시행규칙 제172조 제1항 제1호, 별표 6), 이 경우 수갑보호기를 함께 사용할 수 있다(동법 시행규칙 제172조 제2항).

④ [○] 수갑은 구체적 상황에 적합한 종류를 선택하여 사용할 수 있다. 다만, 일회용수갑은 일시적으로 사용하여야 하며, 사용목적을 달성한 후에는 즉시 사용을 중단하거나 다른 보호장비로 교체하여야 한다(동법 시행규칙 제172조 제4항).

> 📖 **보호장비의 사용(형집행법 제97조 제1항)**
> 교도관은 수용자가 다음의 어느 하나에 해당하면 보호장비를 사용할 수 있다.
> 1. 이송·출정, 그 밖에 교정시설 밖의 장소로 수용자를 호송하는 때
> 2. 도주·자살·자해 또는 다른 사람에 대한 위해의 우려가 큰 때
> 3. 위력으로 교도관의 정당한 직무집행을 방해하는 때
> 4. 교정시설의 설비·기구 등을 손괴하거나 그 밖에 시설의 안전 또는 질서를 해칠 우려가 큰 때

정답 ①

27 형의 집행 및 수용자의 처우에 관한 법령상 보호장비 사용에 대한 설명으로 옳은 것은? 2020. 6급 승진

① 보호장비를 착용 중인 수용자는 특별한 사정이 없으면 '처우상 독거수용'한다.
② 보호장비를 사용하는 경우에는 보호장비 사용 심사부에 기록하여야 하나, 이송·출정, 그 밖에 교정시설 밖의 장소로 수용자를 호송할 때에 양손수갑을 사용하는 경우에는 호송계획서나 수용기록부의 내용 등으로 그 기록을 갈음할 수 있다.
③ 자살·자해의 우려가 커 보호침대 또는 보호복을 사용할 경우에는 다른 보호장비와 같이 사용할 수 없다.
④ 머리보호장비는 자살·자해의 우려가 큰 때에 사용할 수 있으며, 수용자가 임의로 해제하지 못하도록 다른 보호장비를 함께 사용할 수 있다.

정답 및 해설

① [×] 보호장비를 착용 중인 수용자는 특별한 사정이 없으면 계호상 독거수용한다(형집행법 시행령 제123조).
② [×] 교도관은 법 제97조 제1항에 따라 보호장비를 사용하는 경우에는 별지 제10호 서식의 보호장비 사용 심사부에 기록해야 한다. 다만, 법 제97조 제1항 제1호(이송·출정, 그 밖에 교정시설 밖의 장소로 수용자를 호송할 때)에 따라 보호장비를 사용하거나 같은 항 제2호부터 제4호까지의 규정(2. 도주·자살·자해 또는 다른 사람에 대한 위해의 우려가 큰 때, 3. 위력으로 교도관의 정당한 직무집행을 방해하는 때)에 따라 양손수갑을 사용하는 경우에는 호송계획서나 수용기록부의 내용 등으로 그 기록을 갈음할 수 있다(동법 시행규칙 제181조).

> 🔍 **관련판례**
> 형집행법 시행규칙 제181조 단서는, '교도관이 형집행법 제97조 제1항 제1호에 따라 이송·출정, 그 밖에 교정시설 밖의 장소로 수용자를 호송하면서 보호장비를 사용하는 경우에는 호송계획서의 내용으로 그 기록을 갈음할 수 있고, 중경비시설 안에서 수용자의 동행계호를 위하여 양손수갑을 사용하는 경우에는 수용기록부의 내용으로 그 기록을 갈음할 수 있다'는 내용으로 이해함이 문언 해석에 부합하고 문맥 흐름상 자연스럽다. 중경비시설 안에서 수용자의 동행계호를 위하여 양손수갑을 사용하는 경우에는 호송계획서가 아니라, 수용기록부의 내용으로 그 기록을 갈음할 수 있을 뿐이므로, 이 사건 문제의 ②번 답항 후단에서 '중경비시설 안에서 수용자의 동행계호를 위하여 양손수갑을 사용하는 경우 호송계획서의 내용으로 그 기록을 갈음할 수 있다'는 부분은 명백히 틀린 지문에 해당한다(서울행정법원 2021.4.29. 2020구합76418).

▶ 출제당국의 정답은 ②였으나, 행정소송(서울행정법원 2021.4.29. 2020구합76418)으로 정답 없음으로 처리
③ [×] 보호침대와 보호복은 자살·자해의 우려가 큰 때에 사용할 수 있다(동법 제98조 제2항 제4호). 보호의자와 보호침대는 다른 보호장비와 같이 사용할 수 없지만, 그 외의 보호장비는 다른 보호장비와 같이 사용할 수 있다(동법 시행규칙 제180조).
▶ 보호복은 다른 보호장비와 같이 사용할 수 있다.
④ [×] 머리보호장비는 머리부분을 자해할 우려가 큰 때에 사용할 수 있으며(동법 제98조 제2항 제2호), 수용자가 머리보호장비를 임의로 해제하지 못하도록 다른 보호장비를 함께 사용할 수 있다(동법 시행규칙 제173조).

정답 없음

28. 수용자에 대한 보호장비의 사용요건으로 옳은 것은?
2018. 6급 승진

① 보호의자 - 위력으로 교도관의 정당한 직무집행을 방해하는 때
② 머리보호장비 - 자살의 우려가 큰 때
③ 발목보호장비 - 교정시설 밖의 장소로 수용자를 호송하는 때
④ 보호복 - 다른 사람에 대한 위해의 우려가 큰 때

정답 및 해설

① [○] 형집행법 제98조 제2항 제3호
② [×] **머리보호장비**: 머리부분을 자해할 우려가 큰 때(동법 제98조 제2항 제2호)
③ [×] '이송·출정, 그 밖에 교정시설 밖의 장소로 수용자를 호송하는 때'에는 수갑·포승을 사용할 수 있고(동법 제98조 제2항 제1호), 발목보호장비는 사용할 수 없다(동법 제98조 제2항 제3호).
④ [×] 보호침대·보호복은 '자살·자해의 우려가 큰 때'에만 사용할 수 있다(동법 제98조 제2항 제4호).

정답 ①

29. 현행법령상 보호장비사용에 관한 규정으로 옳지 않은 것은?
2023. 9급 경채

① 보호의자는 제184조 제2항에 따라 그 사용을 일시 중지하거나 완화하는 경우를 제외하여 8시간을 초과하여 사용할 수 없으며, 사용 중지 후 4시간이 경과하지 아니하면 다시 사용할 수 없다.
② 의무관은 수용자에게 보호장비를 계속 사용하는 것이 건강상 부적당하다고 인정하는 경우에는 소장에게 즉시 보고하여야 한다. 이 경우 소장은 특별한 사유가 없으면 보호장비 사용을 즉시 중지하여야 한다.
③ 보호장비는 징벌의 수단으로 사용해서는 아니된다.
④ 교도관은 보호장비 착용 수용자의 목욕, 식사, 용변, 치료 등을 위하여 필요한 경우에는 보호장비 사용을 일시 중지하거나 완화할 수 있다.

정답 및 해설

① [×] 보호의자는 제184조 제2항에 따라 그 사용을 일시 중지하거나 완화하는 경우를 포함하여 8시간을 초과하여 사용할 수 없으며, 사용 중지 후 4시간이 경과하지 아니하면 다시 사용할 수 없다(형집행법 시행규칙 제176조).
② [○] 동법 시행령 제121조 제1항
③ [○] 동법 제99조
④ [○] 동법 시행규칙 제184조

정답 ①

30. 형의 집행 및 수용자의 처우에 관한 법령상 교도관의 보호장비 및 무기의 사용에 대한 설명으로 옳지 않은 것은?
2016. 교정 9급

① 보호장비를 사용하는 경우에는 수용자에게 그 사유를 알려주어야 한다.
② 수용자가 위력으로 교도관의 정당한 직무집행을 방해하는 때에는 보호장비를 사용할 수 있다.
③ 수갑, 포승, 발목보호장비는 이송·출정, 그 밖에 교정시설 밖의 장소로 수용자를 호송하는 때 사용할 수 있다.
④ 교정시설 안에서 자기 또는 타인의 생명·신체를 보호하기 위하여 급박하다고 인정되는 상당한 이유가 있으면 수용자 외의 사람에 대하여도 무기를 사용할 수 있다.

정답 및 해설

① [○] 동법 시행령 제122조
② [○] 동법 제97조 제1항 제3호
③ [×] 이송·출정, 그 밖에 교정시설 밖의 장소로 수용자를 호송하는 때에는 발목보호장비를 사용할 수 없다(형집행법 제98조 제2항).
④ [○] 동법 제101조 제2항

정답 ③

31

「형의 집행 및 수용자의 처우에 관한 법률」상 보호장비를 사용하는 경우 고려사항이 아닌 것은?

① 수용자의 나이
② 수용자의 수용생활 태도
③ 수용자의 죄질
④ 수용자의 건강상태

정답 및 해설

③ [×] 보호장비를 사용하는 경우에는 수용자의 나이, 건강상태 및 수용생활 태도 등을 고려하여야 한다(형집행법 제97조 제2항).

정답 ③

32

「형의 집행 및 수용자의 처우에 관한 법률」상 교도관이 수용자에게 보호장비를 사용할 수 있는 요건에 해당하지 않는 것은?

① 이송·출정, 그 밖에 교정시설 밖의 장소로 수용자를 호송하는 때
② 도주 또는 다른 사람에 대한 위해의 우려가 있는 때
③ 시설의 안전 또는 질서를 해칠 우려가 큰 때
④ 위력으로 교도관의 정당한 직무집행을 방해하는 때

정답 및 해설

> **보호장비 사용요건**(형집행법 제97조 제1항)
>
> 교도관은 수용자가 다음의 어느 하나에 해당하면 보호장비를 사용할 수 있다.
> 1. 이송·출정, 그 밖에 교정시설 밖의 장소로 수용자를 호송하는 때
> 2. 도주·자살·자해 또는 다른 사람에 대한 위해의 우려가 큰 때
> 3. 위력으로 교도관의 정당한 직무집행을 방해하는 때
> 4. 교정시설의 설비·기구 등을 손괴하거나 그 밖에 시설의 안전 또는 질서를 해칠 우려가 큰 때

정답 ②

33

보호장비의 종류별 사용요건에 대한 설명으로 옳지 않은 것은?

① 교정시설의 설비·기구 등을 손괴하거나 그 밖에 시설의 안전 또는 질서를 해칠 우려가 큰 때에는 수갑이나 포승을 사용할 수 있다.
② 보호침대, 보호의자, 보호복은 자살·자해의 우려가 큰 때에만 사용할 수 있다.
③ 머리보호장비는 머리부분을 자해할 우려가 큰 때에 사용할 수 있다.
④ 위력으로 교도관의 정당한 직무집행을 방해한 때에는 발목보호장비나 보호대를 사용할 수 있다.

정답 및 해설

'자살·자해의 우려가 큰 때'에 사용할 수 있는 보호장비는 수갑·포승·발목보호장비·보호대·보호의자·보호침대·보호복이며, 보호침대·보호복은 '자살·자해의 우려가 큰 때'에만 사용할 수 있고 다른 경우에는 사용할 수 없다.

② [×] 보호침대나 보호복은 자살·자해의 우려가 큰 때에만 사용할 수 있으나(형집행법 제98조 제2항 제4호), 보호의자는 '자살·자해의 우려가 큰 때'에는 물론 '도주 또는 다른 사람에 대한 위해의 우려가 큰 때'에도 사용할 수 있다(형집행법 제98조 제2항 제3호).

정답 ②

34 보호장비의 사용에 대한 설명으로 옳지 않은 것은?

① 교도관은 소장의 명령 없이 수용자에게 보호장비를 사용하여서는 아니 된다. 다만, 소장의 명령을 받을 시간적 여유가 없는 경우에는 사용 후 소장에게 즉시 보고하여야 한다.
② 보호장비를 착용 중인 수용자는 특별한 사정이 없으면 계호상 독거수용한다.
③ 소장은 보호장비의 사용을 명령한 경우에는 수시로 그 사용 실태를 확인·점검하여야 한다.
④ 하나의 보호장비로 사용목적을 달성할 수 없어 수갑과 포승을 사용한 후 보호의자를 같이 사용하였다.

정답 및 해설

① [○] 동법 시행령 제120조 제1항
② [○] 동법 시행령 제123조
③ [○] 동법 시행령 제124조 제1항
④ [×] 하나의 보호장비로 사용목적을 달성할 수 없는 경우에는 둘 이상의 보호장비를 사용할 수 있다. 다만, ㉠ 보호의자를 사용하는 경우, ㉡ 보호침대를 사용하는 경우에는 다른 보호장비와 같이 사용할 수 없다(형집행법 시행규칙 제180조).

정답 ④

35 보호장비의 사용에 대한 설명으로 옳지 않은 것은?

① 재판을 받기위해 출정 중인 수용자를 도주하게 하려는 수용자 외의 사람에 대하여는 수갑과 포승을 사용하지 못한다.
② 소장은 의무관 또는 의료관계직원으로부터 보호장비 사용중지 의견을 보고받았음에도 불구하고 해당 수용자에 대하여 보호장비를 계속하여 사용할 필요가 있는 경우에는 의무관 또는 의료관계직원에게 건강유지에 필요한 조치를 취할 것을 명하고 보호장비를 사용할 수 있다.
③ 하나의 보호장비로 목적을 달성할 수 없을 경우, 둘 이상의 보호장비를 사용할 수 있다. 다만, 보호의자와 보호침대는 그럴 수 없다.
④ 보호의자는 계속해서 8시간을 사용할 수 있다. 수용자의 치료, 목욕, 식사 등으로 보호의자 사용을 일시 중지하는 시간은 포함되지 않는다.

정답 및 해설

① [○] 수용자 외의 사람에 대한 보호장비의 사용규정은 없다.
② [○] 형집행법 시행규칙 제183조 제2항
③ [○] 동법 시행규칙 제180조
④ [×] 보호의자는 목욕, 식사, 용변, 치료 등을 위해 보호장비의 사용을 일시 중지하거나 완화하는 경우를 포함하여 8시간을 초과할 수 없으며, 사용 중지 후 4시간이 경과하지 아니하면 다시 사용할 수 없다(형집행법 시행규칙 제176조 제2항).

정답 ④

36 「형의 집행 및 수용자의 처우에 관한 법률」 시행규칙상 보호장비의 사용 등에 대한 설명으로 옳지 않은 것은?

① 교도관은 보호장비 착용 수용자의 목욕, 식사, 용변, 치료 등을 위하여 필요한 경우에는 보호장비 사용을 일시 중지하거나 완화할 수 있다.
② 소장은 보호장비를 착용 중인 수용자에 대하여 보호장비 사용 심사부 및 보호장비 착용자 관찰부 등의 기록과 관계직원의 의견 등을 토대로 보호장비의 계속사용 여부를 매일 심사하여야 한다.
③ 소장은 의무관 또는 의료관계 직원으로부터 보호장비의 사용 중지의견을 보고받으면 보호장비를 계속 사용하여서는 아니 된다.
④ 교도관이 보호장비 사용을 중단하고자 하는 경우, 소장의 허가를 받을 시간적 여유가 없을 때에는 보호장비 사용을 중단한 후 지체 없이 소장의 승인을 받아야 한다.

정답 및 해설

① [○] 동법 시행규칙 제184조 제2항
② [○] 동법 시행규칙 제183조 제1항
③ [×] 소장은 의무관 또는 의료관계 직원으로부터 보호장비의 사용 중지의견을 보고받았음에도 불구하고 해당 수용자에 대하여 보호장비를 계속하여 사용할 필요가 있는 경우에는 의무관 또는 의료관계 직원에게 건강유지에 필요한 조치를 취할 것을 명하고 보호장비를 사용할 수 있다. 이 경우 소장은 보호장비 사용 심사부에 보호장비를 계속 사용할 필요가 있다고 판단하는 근거를 기록하여야 한다(형집행법 시행규칙 제183조 제2항).
④ [○] 교도관은 보호장비 사용 사유가 소멸한 경우에는 소장의 허가를 받아 지체 없이 보호장비 사용을 중단하여야 한다. 다만, 소장의 허가를 받을 시간적 여유가 없을 때에는 보호장비 사용을 중단한 후 지체 없이 소장의 승인을 받아야 한다(동법 시행규칙 제184조 제1항).

정답 ③

37 다음 설명 중 옳지 않은 것은? (판례에 의함)

① 보호장비 사용에 상당한 이유가 있었는지 여부를 판단할 때에는 수용자의 나이, 기질, 성행, 건강상태, 수용생활 태도, 교정사고의 전력, 교정사고 유발의 위험성 등 종합적으로 고려하여야 한다.
② 수형자를 이송함에 있어 4시간 정도에 걸쳐 상체승의 포승과 앞으로 수갑 2개를 채운 행위는 그 목적 달성에 필요한 한도를 넘은 것으로서 위법한 조치에 해당한다.
③ 소란행위를 종료하고 독거실에 수용된 이후 별다른 소란행위 없이 단식하고 있는 상태에 있는 수형자에게 9일 동안이나 계속하여 보호장비를 사용한 것은 위법한 행위이다.
④ 교도소 내 엄중격리대상자에 대하여 이동 시 보호장비를 사용하고 교도관이 동행계호하는 행위와 1인 운동장을 사용하게 하는 처우는 그 목적의 정당성 및 수단의 적정성이 인정된다.

정답 및 해설

① [○] 대법원 2012.6.28. 2011도15990
② [×] 헌재 2012.7.26. 2011헌마426

> **관련판례**
>
> 수형자를 이송함에 있어 4시간 정도에 걸쳐 상체승의 포승과 앞으로 수갑 2개를 채운 행위는 이송 도중 도주 등의 교정사고를 예방하기 위한 최소한의 보호장비라 할 것이어서 최소한의 범위 내에서 보호장비가 사용되었다고 할 수 있다(헌재 2012.7.26. 2011헌마426).

③ [○] 대법원 1998.1.20. 96다18922
④ [○] 헌재 2008.5.29. 2005헌마137

정답 ②

제2절 | 강제력행사와 보안장비사용

01 「형의 집행 및 수용자의 처우에 관한 법률」상 강제력의 행사에 대한 설명으로 가장 옳지 않은 것은?

2023. 7급 승진

① 수용자가 자해를 하려고 하는 때에도 교도관은 수용자에게 강제력을 행사할 수 있다.
② 수용자 외의 사람이 교도관이 아닌 수용자에게 위해를 끼치거나 끼치려고 하는 때에도 교도관은 수용자 외의 사람에게 강제력을 행사할 수 있다.
③ 강제력을 행사하려면 사전에 상대방에게 이를 경고하여야 하는데, 상황이 급박하여 경고할 시간적인 여유가 없는 때에는 그러하지 아니하다.
④ 수용자 외의 사람이 위력으로 교도관의 정당한 직무집행을 방해하는 때뿐만 아니라 방해하려고 하는 때에도 교도관은 수용자 외의 사람에게 강제력을 행사할 수 있다.

정답 및 해설

① [○] 동법 제100조 제1항 제3호
② [○] 동법 제100조 제2항 제2호
③ [○] 동법 제100조 제5항
④ [×] 교도관은 수용자 외의 사람이 위력으로 교도관의 정당한 직무집행을 방해하는 때에는 강제력을 행사할 수 있다(형집행법 제100조 제2항 제3호).

정답 ④

02 「형의 집행 및 수용자의 처우에 관한 법률 시행규칙」상 보안장비의 종류별 사용기준에 대한 설명으로 옳은 것을 모두 고른 것은?　　2024. 6급 승진

> ㉠ 전기교도봉은 얼굴이나 머리부분에 사용해서는 아니 되며, 사용 사유가 소멸한 경우에는 즉시 떼어야 함
> ㉡ 가스분사기는 1미터 이내의 거리에서는 상대방의 얼굴을 향하여 발사해서는 안 됨
> ㉢ 발사용 최루탄은 50미터 이상의 원거리에서 사용하되, 30도 이상의 발사각을 유지하여야 함
> ㉣ 전극침 발사장치가 있는 전자충격기를 사용할 경우 전극침을 상대방의 얼굴을 향해 발사해서는 안 됨

① ㉠, ㉡
② ㉢, ㉣
③ ㉡, ㉢, ㉣
④ ㉠, ㉡, ㉢, ㉣

정답 및 해설

옳은 것은 ㉡, ㉢, ㉣이다.
㉠ [×] 전기교도봉은 얼굴이나 머리부분에 사용해서는 아니 되며, 타격 즉시 떼어야 한다(형집행법 시행규칙 제188조 제1호).
㉡ [○] 동법 시행규칙 제188조 제2호
㉢ [○] 동법 시행규칙 제188조 제3호 후단
㉣ [○] 동법 시행규칙 제188조 제4호

정답 ③

 03 「형의 집행 및 수용자의 처우에 관한 법률」상 교도관이 수용자 외의 사람에게 강제력을 행사할 수 있는 사유로 가장 옳지 않은 것은?　　2022. 6급 승진

① 수용자를 도주하게 하려고 하는 때
② 자해하거나 자해하려고 하는 때
③ 위력으로 교도관의 정당한 직무집행을 방해하는 때
④ 교정시설에 침입하거나 하려고 하는 때

정답 및 해설

② [×] 형집행법 제100조 제1항·제2항

정답 ②

 04 「형의 집행 및 수용자의 처우에 관한 법률 시행규칙」상 보안장비의 종류별 사용기준으로 가장 옳지 않은 것은?　　2022. 6급 승진

① 전기교도봉은 얼굴이나 머리부분에 사용해서는 아니 되며, 타격 즉시 떼어야 한다.
② 가스총은 1미터 이내의 거리에서는 상대방의 얼굴을 향하여 발사해서는 안 된다.
③ 투척용 최루탄은 근거리용으로 사용하고, 발사용 최루탄은 30미터 이상의 원거리에서 사용하되, 50도 이상의 발사각을 유지하여야 한다.
④ 전극침 발사장치가 있는 전자충격기를 사용할 경우 전극침을 상대방의 얼굴을 향해 발사해서는 안 된다.

> **정답 및 해설**

①, ②, ④ [○] 동법 시행규칙 제188조
③ [×] 투척용 최루탄은 근거리용으로 사용하고, 발사용 최루탄은 50미터 이상의 원거리에서 사용하되, 30도 이상의 발사각을 유지하여야 한다(형집행법 시행규칙 제188조).

정답 ③

05 법령 및 판례상 시설의 안전과 질서에 대한 설명으로 옳은 것을 모두 고른 것은? 2024. 6급 승진

㉠ 교도관이 강제력을 행사하려면 사전에 상대방에게 이를 경고하여야 한다. 다만, 상황이 급박하여 경고할 시간적인 여유가 없는 때에는 그러하지 아니하다.
㉡ 교도관은 수용자 외의 사람이 위력으로 교도관의 정당한 직무집행을 방해하는 때에 해당하면 강제력을 행사할 수 있다.
㉢ 교도소 등의 구금시설에 수용된 피구금자는 스스로 의사에 의하여 시설로부터 나갈 수 없고 행동의 자유도 박탈되어 있는바, 그 시설의 관리자는 피구금자의 생명, 신체의 안전을 확보할 의무가 있는바, 그 안전확보의무의 내용과 정도는 피구금자의 신체적·정신적 상황, 시설의 물적·인적 상황, 시간적·장소적 상황 등에 따라 일의적이지는 않고 사안에 따라 구체적으로 확정하여야 한다.
㉣ 교정시설에서 수형자를 수용함에 있어서 신체의 자유를 제한하는 외에 교화목적의 달성과 교정질서의 유지를 위하여 피구금자의 신체활동과 관련된 그 밖의 자유에 대하여 제한을 가하는 것도 수용 조치에 부속되는 제한으로서 허용된다고 할 것이나, 그 제한은 위 목적 달성을 위하여 꼭 필요한 경우에 합리적인 범위 내에서만 허용되는 것이다.

① ㉠, ㉡
② ㉢, ㉣
③ ㉠, ㉢, ㉣
④ ㉠, ㉡, ㉢, ㉣

> **정답 및 해설**

모두 옳은 설명이다.
㉠ [○] 형집행법 제100조 제5항
㉡ [○] 동법 제100조 제2항 제3호
㉢ [○] 대법원 2010.1.28. 2008다75768. 교도소 내에서 수용자가 자살한 사안에서, 담당 교도관은 급성정신착란증의 증세가 있는 수용자의 자살사고의 발생위험에 대비하여 보호장비의 사용을 그대로 유지하거나 또는 보호장비의 사용을 일시 해제하는 경우에는 CCTV상으로 보다 면밀히 관찰하여야 하는 등의 직무상 주의의무가 있음에도 이를 위반하여 수용자가 사망에 이르렀다고 본 판례이다.
㉣ [○] 대법원 2003.7.25. 2001다60392

> **관련판례**
>
> 수형자나 피보호감호자를 교도소나 보호감호소에 수용함에 있어서 신체의 자유를 제한하는 외에 교화목적의 달성과 교정질서의 유지를 위하여 피구금자의 신체활동과 관련된 그 밖의 자유에 대하여 제한을 가하는 것도 수용조치에 부수되는 제한으로서 허용된다고 할 것이나, 그 제한은 위 목적 달성을 위하여 꼭 필요한 경우에 합리적인 범위 내에서만 허용되는 것이고, 그 제한이 필요하고 합리적인가의 여부는 제한의 필요성의 정도와 제한되는 권리 내지 자유의 내용, 이에 가해진 구체적 제한의 형태와의 비교교량에 의하여 결정된다고 할 것이며, 법률의 구체적 위임에 의하지 아니한 행형법시행령이나 계호근무준칙 등의 규정은 위와 같은 위법성 판단을 함에 있어서 참고자료가 될 수는 있겠으나 그 자체로써 수형자 또는 피보호감호자의 권리 내지 자유를 제한하는 근거가 되거나 그 제한조치의 위법 여부를 판단하는 법적 기준이 될 수는 없다(대법원 2003.7.25. 2001다60392).

정답 ④

06 「형의 집행 및 수용자의 처우에 관한 법률 시행규칙」상 교정장비의 하나인 보안장비에 해당하는 것만을 모두 고르면?

2020. 교정 9급

| ㉠ 포승 | ㉡ 교도봉 |
| ㉢ 전자경보기 | ㉣ 전자충격기 |

① ㉠, ㉢ ② ㉠, ㉣
③ ㉡, ㉢ ④ ㉡, ㉣

정답 및 해설

㉡, ㉣ [○] 교도봉과 전자충격기는 보안장비에 해당한다(형집행법 시행규칙 제186조).
㉠ [×] 포승은 보호장비에 해당한다(동법 제98조 제1항, 동법 시행규칙 제169조).
㉢ [×] 전자경보기는 전자장비에 해당한다(동법 시행규칙 제160조).

정답 ④

07 형집행법령상 교도관의 강제력 행사에 대한 설명으로 가장 옳지 않은 것은?

2024. 5급 승진

① 강제력을 행사하려면 사전에 상대방에게 이를 경고하여야 한다. 다만, 상황이 급박하여 경고할 시간적인 여유가 없는 때에는 그러하지 아니하다.
② 강제력의 행사는 필요한 최소한도에 그쳐야 하며, 최후수단이어야 한다.
③ 가스분사기·가스총은 1미터 이내의 거리에서는 상대방의 얼굴을 향하여 발사해서는 아니 된다.
④ 전기교도봉은 얼굴이나 머리부분에 사용해서는 아니 되며, 타격 즉시 떼어야 한다.

정답 및 해설

① [○] 동법 제100조 제5항
② [×] 강제력의 행사는 필요한 최소한도에 그쳐야 한다(형집행법 제100조 제6항).
  ▶ 무기의 사용은 필요한 최소한도에 그쳐야 하며, 최후의 수단이어야 한다(동법 제101조 제5항).
③ [○] 동법 시행규칙 제188조 제2호
④ [○] 교도봉·전기교도봉은 얼굴이나 머리부분에 사용해서는 아니 되며, 전기교도봉은 타격 즉시 떼어야 한다(동법 시행규칙 제188조 제1호).

정답 ②

08 형의 집행 및 수용자의 처우에 관한 법령상 교도관의 강제력 행사에 대한 설명으로 옳지 않은 것은?

2017. 교정 9급

① 교도관은 수용자가 위계 또는 위력으로 교도관의 정당한 직무집행을 방해하는 때에 강제력을 행사할 수 있다.
② 교도관은 수용자 이외의 사람이 교도관 또는 수용자에게 위해를 끼치거나 끼치려고 하는 때에 강제력을 행사할 수 있다.
③ 교도관이 수용자 등에게 강제력을 행사하려면 사전에 상대방에게 이를 경고하여야 한다. 다만, 상황이 급박하여 경고할 시간적인 여유가 없는 때에는 그러하지 아니하다.
④ 교도관은 수용자 등에게 소장의 명령 없이 강제력을 행사해서는 아니 된다. 다만, 그 명령을 받을 시간적 여유가 없는 경우에는 강제력을 행사한 후 소장에게 즉시 보고하여야 한다.

> **정답 및 해설**

① [×] 교도관은 수용자가 위력으로 교도관의 정당한 직무집행을 방해하는 때에 강제력을 행사할 수 있다(형집행법 제100조 제1항 제5호).
② [○] 동법 제100조 제2항 제2호
③ [○] 동법 제100조 제5항
④ [○] 동법 시행령 제125조

정답 ①

09 형집행법령상 강제력의 행사 및 보안장비의 사용에 대한 설명으로 옳지 않은 것은?

2019. 7급 승진

① 교도관이 징벌의 수단으로 보호장비를 사용하는 경우에는 필요한 최소한의 범위에서 사용하여야 하며, 그 사유가 없어지면 사용을 지체 없이 중단하여야 한다.
② 가스분사기·가스총은 1미터 이내의 거리에서는 상대방의 얼굴을 향하여 발사해서는 아니 되며, 투척용 최루탄은 근거리용으로 사용하고, 발사용 최루탄은 50미터 이상의 원거리에서 사용하되, 30도 이상의 발사각을 유지하여야 한다.
③ 교도관이 교정시설의 안에서 수용자에 대하여 보호장비를 사용한 경우 의무관은 그 수용자의 건강상태를 수시로 확인하여야 한다.
④ 교도관이 강제력을 행사하려면 사전에 상대방에게 이를 경고하여야 한다. 다만, 상황이 급박하여 경고할 시간적인 여유가 없는 때에는 그러하지 아니하다.

> **정답 및 해설**

① [×] 보호장비는 징벌의 수단으로 사용되어서는 아니 된다(형집행법 제99조 제2항).
② [○] 동법 시행규칙 제188조 제2호·제3호
③ [○] 동법 제97조 제3항
④ [○] 동법 제100조 제5항

정답 ①

10 형집행법상 교도관의 강제력 행사 등에 대한 설명으로 옳은 것은? 2019. 8급 승진

① 교도관은 수용자 외의 사람에 대하여 보안장비를 사용할 수 없다.
② 교도관은 수용자 외의 사람에 대하여 보호장비를 사용할 수 있다.
③ 교도관은 소장 등의 명령이 없으면 어떠한 경우에도 무기를 사용할 수 없다.
④ 교도관은 교정시설의 밖에서도 수용자 외의 사람에 대하여 무기를 사용할 수 있다.

정답 및 해설

① [×] 교도관은 수용자 또는 수용자 외의 사람이 일정한 사유에 해당하면 강제력을 행사할 수 있으며(동법 제100조 제1항·제2항), 강제력을 행사하는 경우에는 보안장비를 사용할 수 있다(동법 제100조 제3항).
② [×] 수용자 외의 사람에게는 보호장비를 사용할 수 없다.
③ [×] 교도관은 소장 또는 그 직무를 대행하는 사람의 명령을 받아 무기를 사용한다. 다만, 그 명령을 받을 시간적 여유가 없으면 그러하지 아니하다(동법 제101조 제3항).
④ [○] 교도관은 교정시설의 안(교도관이 교정시설의 밖에서 수용자를 계호하고 있는 경우 그 장소를 포함한다)에서 자기 또는 타인의 생명·신체를 보호하거나 수용자의 탈취를 저지하거나 건물 또는 그 밖의 시설과 무기에 대한 위험을 방지하기 위하여 급박하다고 인정되는 상당한 이유가 있으면 수용자 외의 사람에 대하여도 무기를 사용할 수 있다(형집행법 제101조 제2항).

💡 강제력 행사 / 보안장비 사용 요건

수용자에 행사(법 제100조 제1항)	수용자 外에 행사(법 제101조 제2항)
1. 도주하거나 도주하려고 하는 때 2. 자살하려고 하는 때 3. 자해하거나 자해하려고 하는 때 4. 다른 사람에게 위해를 끼치거나 끼치려고 하는 때 5. 위력으로 교도관의 정당한 직무집행을 방해하는 때 6. 교정시설의 설비·기구 등을 손괴하거나 손괴하려고 하는 때 7. 그 밖에 시설의 안전 또는 질서를 크게 해치는 행위를 하거나 하려고 하는 때	1. 수용자를 도주하게 하려고 하는 때 2. 교도관 또는 수용자에게 위해를 끼치거나 끼치려고 하는 때 3. 위력으로 교도관의 정당한 직무집행을 방해하는 때 4. 교정시설의 설비·기구 등을 손괴하거나 하려고 하는 때 5. 교정시설에 침입하거나 하려고 하는 때 6. 교정시설의 안(교도관이 교정시설의 밖에서 수용자를 계호하고 있는 경우 그 장소를 포함한다)에서 교도관의 퇴거요구를 받고도 이에 따르지 아니하는 때

정답 ④

11 보안장비의 사용요건에 긴급성과 보충성을 요하는 장비는? (형집행법 시행규칙에 의함) 2010. 6급 승진

① 교도봉, 가스분사기
② 가스총, 전자충격기
③ 전기교도봉, 최루탄
④ 전기교도봉, 전자충격기

정답 및 해설

④ [○] 전기교도봉과 전자충격기는 상황이 긴급하여 교도봉·가스분사기·가스총·최루탄의 장비만으로는 그 목적을 달성할 수 없을 때 사용한다(형집행법 시행규칙 제187조 제1항·제2항).

정답 ④

12 형집행법령상 보안장비에 대한 설명으로 가장 옳지 않은 것은?   2021. 6급 승진

① 교도관은 수용자가 도주하거나 도주하려고 하는 때에는 수용자에게 최루탄을 사용할 수 있다.
② 교도관은 수용자 외의 사람이 시설의 안전 또는 질서를 크게 해치는 행위를 하거나 하려고 하는 때에는 가스분사기를 사용할 수 있다.
③ 가스총은 1미터 이내의 거리에서는 상대방의 얼굴을 향하여 발사해서는 안 된다.
④ 발사용 최루탄은 50미터 이상의 원거리에서 사용하되, 30도 이상의 발사각을 유지하여야 한다.

정답 및 해설

① [○] 동법 제100조 제1항, 제2항
② [×] 시설의 안전 또는 질서를 크게 해치는 행위를 하거나 하려고 하는 때에 해당하는 대상자는 수용자에 한하고, 수용자 외의 사람인 경우에는 해당되지 않는다(형집행법 제100조 제3항)
③, ④ [○] 동법 시행규칙 제188조

정답 ②

13 「형의 집행 및 수용자의 처우에 관한 법률」상 교도관이 수용자 외의 사람에 대하여 강제력을 행사할 수 있는 요건에 해당하는 것을 모두 고른 것은?   2021. 5급 승진

㉠ 도주하거나 도주하려고 하는 때
㉡ 위력으로 교도관의 정당한 직무집행을 방해하는 때
㉢ 자해하거나 자해하려고 하는 때
㉣ 자살하려고 하는 때
㉤ 교정시설의 설비·기구 등을 손괴하거나 하려고 하는 때
㉥ 교도관에게 위해를 끼치거나 끼치려고 하는 때

① ㉡, ㉤
② ㉢, ㉤
③ ㉠, ㉣, ㉥
④ ㉡, ㉤, ㉥

정답 및 해설

형집행법 제100조 제1항 ~ 제2항
㉠ [×] 수용자를 도주하게 하려고 하는 때
㉡ [○] 교도관 또는 수용자에게 위해를 끼치거나 끼치려고 하는 때
㉢ [×] 위력으로 교도관의 정당한 직무집행을 방해하는 때
㉣ [×] 교정시설의 설비·기구 등을 손괴하거나 하려고 하는 때
㉤ [○] 교정시설에 침입하거나 하려고 하는 때
㉥ [○] 교정시설의 안(시설밖의 계호장소 포함)에서 교도관의 퇴거요구를 받고도 이에 따르지 아니하는 때

정답 ④

14. 「형의 집행 및 수용자의 처우에 관한 법률」상 안전과 질서에 대한 설명으로 옳은 것은?

① 수용자의 신체를 검사하는 경우에는 불필요한 고통이나 수치심을 느끼지 아니하도록 유의하여야 하며, 다른 수용자가 볼 수 없는 차단된 장소에서 하여야 한다.
② 거실에 있는 수용자를 전자영상장비로 계호하는 경우에는 계호직원·계호시간 및 계호대상 등을 기록하여야 한다. 이 경우 수용자가 여성이면 여성교도관이 계호하여야 한다. 다만, 전자영상장비로 거실에 있는 수용자를 계호하는 것은 자살 등의 우려가 큰 때에만 할 수 있다.
③ 수용자의 보호실 수용기간은 15일 이내로 한다. 다만, 소장은 특히 계속하여 수용할 필요가 있으면 의무관의 의견을 고려하여 1회당 5일의 범위에서 기간을 연장할 수 있다. 이때 수용자를 보호실에 수용할 수 있는 기간은 계속하여 3개월을 초과할 수 없다.
④ 수용자의 진정실 수용기간은 24시간 이내로 한다. 다만, 소장은 특히 계속하여 수용할 필요가 있으면 의무관의 의견을 고려하여 1회당 12시간의 범위에서 기간을 연장할 수 있다. 이때 수용자를 진정실에 수용할 수 있는 기간은 계속하여 5일을 초과할 수 없다.

정답 및 해설

① [×] 수용자의 신체를 검사하는 경우에는 불필요한 고통이나 수치심을 느끼지 아니하도록 유의하여야 하며, 특히 신체를 면밀하게 검사할 필요가 있으면 다른 수용자가 볼 수 없는 차단된 장소에서 하여야 한다(동법 제93조 제2항).
② [○] 형집행법 제94조 제2항·제1항 단서
③ [×] 수용자의 보호실 수용기간은 15일 이내로 한다. 다만, 소장은 특히 계속하여 수용할 필요가 있으면 의무관의 의견을 고려하여 1회당 7일의 범위에서 기간을 연장할 수 있다(동법 제95조 제2항). 수용자를 보호실에 수용할 수 있는 기간은 계속하여 3개월을 초과할 수 없다(동법 제95조 제3항).
④ [×] 수용자의 진정실 수용기간은 24시간 이내로 한다. 다만, 소장은 특히 계속하여 수용할 필요가 있으면 의무관의 의견을 고려하여 1회당 12시간의 범위에서 기간을 연장할 수 있다(동법 제96조 제2항). 수용자를 진정실에 수용할 수 있는 기간은 계속하여 3일을 초과할 수 없다(동법 제96조 제3항).

정답 ②

15. 「형의 집행 및 수용자의 처우에 관한 법률」에 규정되어 있는 보안장비로 맞는 것은?

2005. 교정 7급

① 교도봉
② 안면보호구
③ 인터폰
④ 권총

정답 및 해설

보안장비의 종류(규칙 제186조)

교도관이 법 제100조에 따라 강제력을 행사하는 경우 사용할 수 있는 보안장비는 다음 각 호와 같다.
1. 교도봉(접이식을 포함한다)
2. 전기교도봉
3. 가스분사기
4. 가스총(고무탄 발사겸용을 포함한다)
5. 최루탄: 투척용, 발사용(그 발사장치를 포함한다)
6. 전자충격기
7. 그 밖에 법무부장관이 정하는 보안장비

정답 ①

16. 교도관이 수용자 외의 사람에게 강제력을 행사할 수 있는 경우가 아닌 것을 모두 고른 것은?

㉠ 교도관 또는 수용자에게 위해를 끼치거나 끼치려고 하는 때
㉡ 교정시설 안에서 교도관의 퇴거요구를 받고도 이에 따르지 아니하는 때
㉢ 자해하거나 자해하려고 하는 때
㉣ 교정시설에 침입하려고 하는 때
㉤ 위력으로 교도관의 정당한 직무집행을 방해하려고 하는 때

① ㉢, ㉤
② ㉡, ㉤
③ ㉠, ㉢
④ ㉢, ㉣

정답 및 해설

📄 수용자 외의 사람에 대한 강제력 행사요건(형집행법 제100조 제2항)
교도관은 수용자 외의 사람이 다음의 어느 하나에 해당하면 강제력을 행사할 수 있다.
1. 수용자를 도주하게 하려고 하는 때
2. 교도관 또는 수용자에게 위해를 끼치거나 끼치려고 하는 때
3. 위력으로 교도관의 정당한 직무집행을 방해하는 때
4. 교정시설의 설비·기구 등을 손괴하거나 하려고 하는 때
5. 교정시설에 침입하거나 하려고 하는 때
6. 교정시설의 안(교도관이 교정시설의 밖에서 수용자를 계호하고 있는 경우 그 장소를 포함한다)에서 교도관의 퇴거요구를 받고도 이에 따르지 아니하는 때

정답 ①

17. 형의 집행 및 수용자의 처우에 관한 법령상 보안장비 사용에 대한 설명으로 옳지 않은 것은?

① 교도봉과 전기교도봉은 얼굴이나 머리 부분에 사용해서는 아니 되며, 전기교도봉은 타격 즉시 떼어야 한다.
② 발사용 최루탄은 30미터 이상의 원거리에서 사용하되, 30도 이상의 발사각을 유지하여야 한다.
③ 1미터 이내의 거리에서는 상대방의 얼굴을 향하여 가스분사기나 가스총을 발사해서는 안 된다.
④ 전극침 발사장치가 있는 전자충격기를 사용할 경우 전극침을 상대방의 얼굴을 향해 발사해서는 안 된다.
⑤ 교도관은 수용자 외의 사람이 교도관 또는 수용자에게 위해를 끼치거나 끼치려고 하는 때에는 강제력을 행사할 수 있다.

정답 및 해설

① [○] 동법 시행규칙 제188조 제1호
② [×] 투척용 최루탄은 근거리용으로 사용하고, 발사용 최루탄은 50미터 이상의 원거리에서 사용하되, 30도 이상의 발사각을 유지하여야 한다(형집행법 시행규칙 제188조 제3호).
③ [○] 동법 시행규칙 제188조 제2호
④ [○] 동법 시행규칙 제188조 제4호
⑤ [○] 동법 제100조 제2항 제2호

정답 ②

제3절 | 보호실과 진정실 수용과 무기사용

 「형의 집행 및 수용자의 처우에 관한 법률」상 보호실 수용에 대한 설명으로 가장 옳은 것은?

2022. 6급 승진

① 소장은 수용자가 교정시설의 설비 등을 손괴하려고 하는 때에는 의무관의 의견을 고려하여 보호실에 수용할 수 있다.
② 수용자의 보호실 수용기간은 15일 이내로 한다. 다만, 소장은 특히 계속하여 수용할 필요가 있으면 의무관의 의견을 고려하여 1회당 7일의 범위에서 기간을 연장할 수 있으며, 보호실에 수용할 수 있는 기간은 계속하여 3개월을 초과할 수 없다.
③ 소장은 보호실 수용자의 건강상태를 수시로 확인하여야 한다.
④ 소장은 수용자의 보호실 수용기간을 연장하는 경우에는 그 사유를 수용자의 가족에게 알려 주어야 한다.

정답 및 해설

① [×] 손괴사유는 진정실 수용요건이되고, 의무관의 의견고려는 보호실 수용전제조건이다(동법 제95조, 제96조).
② [○] 형집행법 제95조 제2항·제3항
③ [×] 의무관은 보호실 수용자의 건강상태를 수시로 확인하여야 한다(동법 제95조 제5항).
④ [×] 소장은 수용자의 보호실 수용기간을 연장하는 경우에는 그 사유를 본인에게 알려 주어야 한다(동법 제95조 제4항).

정답 ②

 「형의 집행 및 수용자의 처우에 관한 법률」상 수용자의 보호실 수용에 대한 설명으로 옳은 것은?

2021. 교정 9급

① 소장은 수용자가 교도관의 제지에도 불구하고 소란행위를 계속하여 다른 수용자의 평온한 수용생활을 방해하는 때에 강제력을 행사하거나 보호장비를 사용하여도 그 목적을 달성할 수 없는 경우에만 보호실에 수용할 수 있다.
② 수용자의 보호실 수용기간은 15일 이내로 하되, 소장은 특히 계속하여 수용할 필요가 있으면 의무관의 의견을 고려하여 1회당 7일의 범위에서 기간을 연장할 수 있다.
③ 소장은 수용자를 보호실에 수용하거나 수용기간을 연장하는 경우에는 그 사유를 가족에게 알려 주어야 한다.
④ 수용자를 보호실에 수용할 수 있는 기간은 계속하여 2개월을 초과할 수 없다.

정답 및 해설

① [×] 진정실 수용 요건에 대한 설명이다(동법 제96조 제1항).
② [○] 형집행법 제95조 제2항
③ [×] 소장은 수용자를 보호실에 수용하거나 수용기간을 연장하는 경우에는 그 사유를 본인에게 알려 주어야 한다(동법 제95조 제4항).
④ [×] 수용자를 보호실에 수용할 수 있는 기간은 계속하여 3개월을 초과할 수 없다(동법 제95조 제3항).

정답 ②

03 「형의 집행 및 수용자의 처우에 관한 법률」상 보호실 또는 진정실 수용에 대한 설명으로 가장 옳은 것은?

2024. 5급 승진

① 소장은 수용자가 교정시설의 설비·기구 등을 손괴하거나 손괴하려고 하는 때에는 의무관의 의견을 고려하여 보호실에 수용할 수 있다.
② 소장은 수용자가 교도관의 제지에도 불구하고 소란행위를 계속하여 수용생활을 방해하는 때에는 즉시 진정실에 수용할 수 있다.
③ 수용자의 보호실 수용기간은 1개월 이내로 하되, 수용자를 보호실에 수용할 수 있는 기간은 계속하여 3개월을 초과할 수 없다.
④ 수용자의 진정실 수용기간은 24시간 이내로 하되, 소장은 특히 계속하여 수용할 필요가 있으면 의무관의 의견을 고려하여 1회당 12시간의 범위에서 기간을 연장할 수 있다. 이 경우 수용자를 진정실에 수용할 수 있는 기간은 계속하여 3일을 초과할 수 없다.

정답 및 해설

① [×] 소장은 수용자가 교정시설의 설비 또는 기구 등을 손괴하거나 손괴하려고 하는 경우로서 강제력을 행사하거나 보호장비를 사용하여도 그 목적을 달성할 수 없는 경우에만 진정실에 수용할 수 있다(동법 제96조 제1항 제1호).
② [×] 소장은 수용자가 교도관의 제지에도 불구하고 소란행위를 계속하여 다른 수용자의 평온한 수용생활을 방해하는 경우로서 강제력을 행사하거나 보호장비를 사용하여도 그 목적을 달성할 수 없는 경우에만 진정실에 수용할 수 있다(동법 제96조 제1항 제2호).
③ [×] 수용자의 보호실 수용기간은 15일 이내로 하되(동법 제95조 제2항 본문), 수용자를 보호실에 수용할 수 있는 기간은 계속하여 3개월을 초과할 수 없다(동법 제95조 제3항).
④ [○] 형집행법 제96조 제2항·제3항

정답 ④

04 「형의 집행 및 수용자의 처우에 관한 법률」상 보호실과 진정실 수용에 대한 설명으로 옳지 않은 것은 모두 몇 개인가?

2024. 7급 승진

> ㉠ 수용자의 보호실 수용기간은 15일 이내로 한다. 다만, 소장은 특히 계속하여 수용할 필요가 있으면 의무관의 의견을 고려하여 1회당 7일의 범위에서 기간을 연장할 수 있다. 이 경우 수용자를 보호실에 수용할 수 있는 기간은 계속하여 3개월을 초과할 수 없다.
> ㉡ 소장은 수용자를 보호실에 수용하거나 수용기간을 연장하는 경우에는 그 사유를 본인에게 알려주어야 한다.
> ㉢ 수용자의 진정실 수용기간은 24시간 이내로 한다. 다만, 소장은 특히 계속하여 수용할 필요가 있으면 의무관의 의견을 고려하여 1회당 12시간의 범위에서 기간을 연장할 수 있다. 이 경우 수용자를 진정실에 수용할 수 있는 기간은 계속하여 3일을 초과할 수 없다.
> ㉣ 소장은 진정실 수용사유가 소멸한 경우에는 진정실 수용을 즉시 중단하여야 한다.

① 0개
② 1개
③ 2개
④ 3개

정답 및 해설

모두 옳은 설명이다.
㉠ [○] 형집행법 제95조 제2항·제3항
㉡ [○] 동법 제95조 제4항
㉢ [○] 동법 제96조 제2항·제3항
㉣ [○] 동법 제96조 제4항. 동법 제95조 제6항 준용

정답 ①

05 형집행법상 수용자의 진정실 수용에 대한 설명으로 옳지 않은 것은?
2018. 8급 승진

① 소장은 수용자가 교정시설의 설비 또는 기구 등을 손괴하거나 손괴하려고 하는 때 또는 교도관의 제지에도 불구하고 소란행위를 계속하여 다른 수용자의 평온한 수용생활을 방해하는 때의 어느 하나에 해당하는 경우로서, 강제력을 행사하거나 제98조의 보호장비를 사용하여도 그 목적을 달성할 수 없는 경우에만 진정실에 수용할 수 있다.
② 소장은 수용자를 진정실에 수용할 경우에는 의무관의 의견을 고려하여야 한다.
③ 수용자의 진정실 수용기간은 24시간 이내로 한다. 다만, 소장은 특히 계속하여 수용할 필요가 있으면 의무관의 의견을 고려하여 1회당 12시간의 범위에서 기간을 연장할 수 있으며, 수용자를 진정실에 수용할 수 있는 기간은 계속하여 3일을 초과할 수 없다.
④ 의무관은 진정실 수용자의 건강상태를 수시로 확인하여야 하며, 소장은 진정실 수용사유가 소멸한 경우에는 진정실 수용을 즉시 중단하여야 한다.

정답 및 해설

① [○] 동법 제96조 제1항
② [×] 의무관의 의견은 소장이 수용자를 보호실에 수용할 경우에는 고려하여야 하나(형집행법 제95조 제1항), 진정실에 수용할 경우에는 고려사항이 아니다(동법 제96조 제1항).
③ [○] 동법 제96조 제2항·제3항
④ [○] 동법 제96조 제4항

정답 ②

06 현행법령상 진정실 수용에 관한 내용으로 괄호 안에 숫자를 모두 합한 것은?
2023. 9급 경채

> 「형의 집행 및 수용자의 처우에 관한 법률」 제96조 ① 소장은 수용자가 강제력을 행사하거나 보호장비를 사용하여도 그 목적을 달성할 수 없는 경우에만 진정실에 수용할 수 있다.
> ② 수용자의 진정실 수용기간은 (   )시간 이내로 한다. 다만, 소장은 특히 계속하여 수용할 필요가 있으면 의무관의 의견을 고려하여 1회당 (   )시간의 범위에서 기간을 연장할 수 있다.
> ③ 제2항에 따라 수용자를 진정실에 수용할 수 있는 기간은 계속하여 (   )일을 초과할 수 없다.

① 30
② 35
③ 39
④ 40

정답 및 해설

③ [○] 24 + 12 + 3 = 39
- **제2항**: 24시간 / 12시간
- **제3항**: 3일

정답 ③

07 진정실에 대한 설명으로 옳은 것은 모두 몇 개인가?   2019. 6급 승진

> ㉠ 진정실이란 자살 및 자해 방지 등의 설비를 갖춘 거실을 말한다.
> ㉡ 교도관의 제지에도 불구하고 소란행위를 계속하여 다른 수용자의 평온한 수용생활을 방해하는 경우 강제력을 행사하거나 보호장비를 사용하여도 그 목적을 달성할 수 없는 때 진정실에 수용할 수 있다.
> ㉢ 수용자의 진정실 수용기간은 24시간 이내로 한다. 다만, 소장은 특히 계속하여 수용할 필요가 있으면 의무관의 의견을 고려하여 연장할 수 있다.
> ㉣ 소장은 수용자를 진정실에 수용하거나 수용기간을 연장하는 경우에는 그 사유를 본인에게 알려 주어야 한다.

① 0개   ② 1개
③ 2개   ④ 3개

정답 및 해설

옳은 것은 ㉡, ㉢, ㉣이다.
㉠ [×] 진정실이란 일반 수용거실로부터 격리되어 있고 방음설비 등을 갖춘 거실을 말한다(형집행법 제96조 제1항).
㉡ [○] 동법 제96조 제1항
㉢ [○] 동법 제96조 제2항
㉣ [○] 동법 제96조 제4항

정답 ④

08 「형의 집행 및 수용자의 처우에 관한 법률」상 수용자의 보호실 및 진정실 수용에 대한 설명으로 옳은 것은?   2016. 교정 9급

① 소장은 수용자가 신체적·정신적 질병으로 인하여 특별한 보호가 필요한 때 진정실에 수용할 수 있다.
② 소장은 수용자를 보호실 또는 진정실에 수용할 경우에는 변호인의 의견을 고려하여야 한다.
③ 소장은 수용자를 보호실 또는 진정실에 수용하거나 수용기간을 연장하는 경우에는 그 사유를 본인과 가족에게 알려 주어야 한다.
④ 수용자의 보호실 수용기간은 15일 이내, 진정실 수용기간은 24시간 이내로 하되, 소장은 특히 계속하여 수용할 필요가 있으면 의무관의 의견을 고려하여 연장할 수 있다.

정답 및 해설

① [×] 소장은 ㉠ 수용자가 자살 또는 자해의 우려가 있는 때, ㉡ 신체적·정신적 질병으로 인하여 특별한 보호가 필요한 때에는 의무관의 의견을 고려하여 보호실에 수용할 수 있다(동법 제95조 제1항).
② [×] 소장은 보호실 수용요건에 해당하면 의무관의 의견을 고려하여 보호실에 수용할 수 있고(동법 제95조 제1항), 진정실 수용요건에 해당하면 의무관의 의견을 고려하지 않고 진정실에 수용할 수 있다(동법 제96조 제1항). 즉, 변호인의 의견 고려 규정은 없다.
③ [×] 소장은 수용자를 보호실/진정실에 수용하거나 수용기간을 연장하는 경우에는 그 사유를 본인에게 알려 주어야 한다(동법 제95조 제4항, 제96조 제4항). 즉, 가족에게 알려야 하는 규정은 없다.
④ [○] 형집행법 제95조 제2항, 제96조 제2항

정답 ④

09 「형의 집행 및 수용자의 처우에 관한 법률」상 수용자의 진정실 수용에 대한 설명으로 옳은 것은?

2024. 교정 9급

① 소장은 수용자가 교정시설의 설비 또는 기구 등을 손괴하거나 손괴하려고 하는 때로서 강제력을 행사하거나 보호장비를 사용하여도 그 목적을 달성할 수 없는 경우에는 진정실에 수용할 수 있다. 이 경우 의무관의 의견을 들어야 한다.
② 수용자의 진정실 수용기간은 24시간 이내로 한다. 다만, 소장은 특히 계속하여 수용할 필요가 있으면 의무관의 의견을 고려하여 1회당 12시간의 범위에서 기간을 연장할 수 있다.
③ 수용자를 진정실에 수용할 수 있는 기간은 계속하여 2일을 초과할 수 없다.
④ 소장은 수용자를 진정실에 수용하거나 수용기간을 연장하는 경우에는 그 사유를 가족에게 알려 주어야 한다.

정답 및 해설

① [×] 소장은 수용자가 ㉠ 교정시설의 설비 또는 기구 등을 손괴하거나 손괴하려고 하는 때, ㉡ 교도관의 제지에도 불구하고 소란행위를 계속하여 다른 수용자의 평온한 수용생활을 방해하는 때로서 강제력을 행사하거나 보호장비를 사용하여도 그 목적을 달성할 수 없는 경우에만 진정실(일반 수용거실로부터 격리되어 있고 방음설비 등을 갖춘 거실)에 수용할 수 있다(동법 제96조 제1항).
  ▶ 의무관의 의견은 진정실에 수용할 경우의 고려사항이 아니다.
② [○] 형집행법 제96조 제2항
③ [×] 수용자를 진정실에 수용할 수 있는 기간은 계속하여 3일을 초과할 수 없다(동법 제96조 제3항).
④ [×] 소장은 수용자를 진정실에 수용하거나 수용기간을 연장하는 경우에는 그 사유를 본인에게 알려 주어야 한다(동법 제96조 제4항).

정답 ②

10 「형의 집행 및 수용자의 처우에 관한 법률」상 안전과 질서에 대한 설명으로 옳지 않은 것은?

2020. 6급 승진

① 소장은 수용자가 자살·자해의 우려가 있는 경우 의무관의 의견을 고려하여 진정실에 수용할 수 있다.
② 교도관은 자살·자해·도주·폭행·손괴, 그 밖에 수용자의 생명·신체를 해하거나 시설의 안전 또는 질서를 해하는 행위를 방지하기 위하여 필요한 범위에서 전자장비를 이용하여 수용자 또는 시설을 계호할 수 있다. 다만, 전자영상장비로 거실에 있는 수용자를 계호하는 것은 자살 등의 우려가 큰 때에만 할 수 있다.
③ 수용자의 보호실 수용기간은 15일 이내로 한다. 다만, 소장은 특히 계속하여 수용할 필요가 있으면 의무관의 의견을 고려하여 1회당 7일의 범위에서 기간을 연장할 수 있다. 이때 수용자를 보호실에 수용할 수 있는 기간은 계속하여 3개월을 초과할 수 없다.
④ 수용자의 진정실 수용기간은 24시간 이내로 한다. 다만, 소장은 특히 계속하여 수용할 필요가 있으면 의무관의 의견을 고려하여 1회당 12시간의 범위에서 기간을 연장할 수 있다. 이때 수용자를 진정실에 수용할 수 있는 기간은 계속하여 3일을 초과할 수 없다.

정답 및 해설

① [×] 소장은 수용자가 ㉠ 자살 또는 자해의 우려가 있는 때, ㉡ 신체적·정신적 질병으로 인하여 특별한 보호가 필요한 때에는 의무관의 의견을 고려하여 보호실(자살 및 자해 방지 등의 설비를 갖춘 거실)에 수용할 수 있다(형집행법 제95조 제1항).
② [○] 동법 제94조 제1항
③ [○] 동법 제95조 제2항·제3항
④ [○] 동법 제96조 제2항·제3항

정답 ①

11 「형의 집행 및 수용자의 처우에 관한 법률」상 보호실 및 진정실 수용에 대한 설명으로 가장 옳은 것은?　　2021. 5급 승진

① 소장은 수용자가 신체적·정신적 질병으로 인하여 특별한 보호가 필요할 때 의무관의 의견을 고려하여 진정실에 수용할 수 있다.
② 수용자의 보호실 수용기간은 15일 이내로 한다. 다만, 소장은 특히 계속하여 수용할 필요가 있으면, 의무관의 의견을 고려하여 1회당 7일의 범위에서 기간을 연장할 수 있다.
③ 소장은 수용자가 교도관의 제지에도 불구하고 소란행위를 계속하여 다른 수용자의 평온한 수용생활을 방해하는 때에 강제력을 행사하거나 보호장비를 사용하여도 그 목적을 달성할 수 없는 경우에만 보호실에 수용할 수 있다.
④ 수용자를 보호실에 수용할 수 있는 기간은 계속하여 2개월을 초과할 수 없다.

정답 및 해설

① [×] 소장은 수용자가 신체적·정신적 질병으로 인하여 특별한 보호가 필요할 때 의무관의 의견을 고려하여 보호실에 수용할 수 있다(동법 제95조).
② [○] 형집행법 제95조 제2항
③ [×] 소장은 수용자가 교도관의 제지에도 불구하고 소란행위를 계속하여 다른 수용자의 평온한 수용생활을 방해하는 때에 강제력을 행사하거나 보호장비를 사용하여도 그 목적을 달성할 수 없는 경우에만 진정실에 수용할 수 있다(동법 제96조 제1항).
④ [×] 수용자를 보호실에 수용할 수 있는 기간은 계속하여 3개월을 초과할 수 없다(동법 제95조 제3항).

정답 ②

12 형집행법령상 보호실 및 진정실 수용에 대한 설명으로 가장 옳지 않은 것은?　　2021. 6급 승진

① 소장은 수용자가 교정시설의 설비 또는 기구 등을 손괴하거나 손괴하려고 하는 때에 강제력을 행사하거나 제98조의 보호장비를 사용하여도 그 목적을 달성할 수 없는 경우에는 의무관의 의견을 고려하여 진정실에 수용할 수 있다.
② 소장은 수용자가 자살 또는 자해의 우려가 있는 때에는 의무관의 의견을 고려하여 보호실에 수용할 수 있다.
③ 수용자의 보호실 수용기간은 15일 이내로 한다. 다만, 소장은 특히 계속하여 수용할 필요가 있으면 의무관의 의견을 고려하여 연장할 수 있다. 기간연장은 1회당 7일의 범위에서 연장하되, 수용자를 보호실에 수용할 수 있는 기간은 계속하여 3개월을 초과할 수 없다.
④ 수용자의 진정실 수용기간은 24시간 이내로 한다. 다만, 소장은 특히 계속하여 수용할 필요가 있으면 의무관의 의견을 고려하여 연장할 수 있다. 기간연장은 1회당 12시간의 범위에서 연장하되, 수용자를 진정실에 수용할 수 있는 기간은 계속하여 3일을 초과할 수 없다.

정답 및 해설

① [×] 소장은 수용자가 교정시설의 설비 또는 기구 등을 손괴하거나 손괴하려고 하는 때에 강제력을 행사하거나 제98조의 보호장비를 사용하여도 그 목적을 달성할 수 없는 경우에는 진정실에 수용할 수 있다(형집행법 제96조 제1항).
② [○] 동법 제95조 제1항
③ [○] 동법 제95조 제2항
④ [○] 동법 제96조 제2항

정답 ①

13

「형의 집행 및 수용자의 처우에 관한 법률」상 보호실 및 진정실에 대한 설명으로 옳은 것은 모두 몇 개인가?

2022. 7급 승진

㉠ 수용자의 보호실 수용기간은 15일 이내로 한다. 다만, 소장은 특히 계속하여 수용할 필요가 있으면 의무관의 의견을 고려하여 1회당 5일의 범위에서 기간을 연장할 수 있다.
㉡ 수용자를 보호실에 수용할 수 있는 기간은 계속하여 2개월을 초과할 수 없다.
㉢ 수용자의 진정실 수용기간은 24시간 이내로 한다. 다만, 소장은 특히 계속하여 수용할 필요가 있으면 의무관의 의견을 고려하여 1회당 12시간의 범위에서 기간을 연장할 수 있다.
㉣ 수용자를 진정실에 수용할 수 있는 기간은 계속하여 3일을 초과할 수 없다.

① 1개
② 2개
③ 3개
④ 4개

정답 및 해설

㉠ [×] 수용자의 보호실 수용기간은 15일 이내로 한다. 다만, 소장은 특히 계속하여 수용할 필요가 있으면 의무관의 의견을 고려하여 1회당 7일의 범위에서 기간을 연장할 수 있다(형집행법 제95조 제2항).
㉡ [×] 수용자를 보호실에 수용할 수 있는 기간은 계속하여 3개월을 초과할 수 없다(동법 제95조 제3항).
㉢ [○] 동법 제96조 제2항
㉣ [○] 동법 제96조 제3항

정답 ②

14

「형의 집행 및 수용자의 처우에 관한 법률」상 보호실에 수용할 수 있는 기간으로 가장 옳은 것은?

2024. 6급 승진

① 10일 이내, 1회당 5일 이내의 기간 연장, 최초 수용기간을 포함하여 계속하여 3년을 초과할 수 없다.
② 20일 이내, 1회당 10일 이내의 기간 연장, 최초 수용기간을 포함하여 계속하여 3개월을 초과할 수 없다.
③ 15일 이내, 1회당 7일 이내의 기간 연장, 최초 수용기간을 포함하여 계속하여 3개월을 초과할 수 없다.
④ 24시간 이내, 1회당 12시간 이내의 기간 연장, 최초 수용기간을 포함하여 계속하여 3일을 초과할 수 없다.

정답 및 해설

③ [○] 수용자의 보호실 수용기간은 15일 이내로 한다. 다만, 소장은 특히 계속하여 수용할 필요가 있으면 의무관의 의견을 고려하여 1회당 7일의 범위에서 기간을 연장할 수 있다(형집행법 제95조 제2항). 수용자를 보호실에 수용할 수 있는 기간은 계속하여 3개월을 초과할 수 없다(동법 제95조 제3항).

정답 ③

15 「형의 집행 및 수용자의 처우에 관한 법률」상 교도관이 수용자에 대하여 무기를 사용할 수 있는 사유를 모두 고른 것은?

2024. 6급 승진

㉠ 수용자가 교정시설의 설비·기구 등을 손괴하거나 그 밖에 시설의 안전 또는 질서를 해칠 우려가 큰 때
㉡ 수용자가 폭동을 일으키거나 일으키려고 하여 신속하게 제지하지 아니하면 그 확산을 방지하기 어렵다고 인정되는 때
㉢ 도주하는 수용자에게 교도관이 정지할 것을 명령하였음에도 계속하여 도주하는 때
㉣ 수용자가 폭행 또는 협박에 사용할 위험물을 지니고 있어 교도관이 버릴 것을 명령하였음에도 이에 따르지 아니하는 때

① ㉠, ㉡
② ㉠, ㉢, ㉣
③ ㉡, ㉢, ㉣
④ ㉠, ㉡, ㉢, ㉣

정답 및 해설

무기를 사용할 수 있는 사유는 ㉡, ㉢, ㉣이다.
㉠ [×] 보호장비 사용요건에 해당한다(형집행법 제97조 제1항 제4호).
㉡ [○] 동법 제101조 제1항 제3호
㉢ [○] 동법 제101조 제1항 제4호
㉣ [○] 동법 제101조 제1항 제2호

정답 ③

16 형집행법령상 무기사용에 대한 설명으로 옳은 것(○)과 틀린 것(×)이 바르게 연결된 것은?

2024. 6급 승진

㉠ 교도관은 교정시설의 안(교도관이 교정시설의 밖에서 수용자를 계호하고 있는 경우 그 장소는 제외한다)에서 자기 또는 타인의 생명·신체를 보호하거나 수용자의 탈취를 저지하거나 건물 또는 그 밖의 시설과 무기에 대한 위험을 방지하기 위하여 급박하다고 인정되는 상당한 이유가 있으면 수용자 외의 사람에 대하여도 무기를 사용할 수 있다.
㉡ 교도관은 소장 또는 그 직무를 대행하는 사람의 명령을 받아 무기를 사용한다. 다만, 그 명령을 받을 시간적 여유가 없으면 그러하지 아니하다.
㉢ 사용할 수 있는 무기의 종류, 무기의 종류별 사용요건 및 사용절차 등에 관하여 필요한 사항은 법무부령으로 정한다.
㉣ 교도관이 총기를 사용하는 경우에는 공포탄 발사, 구두경고, 위협사격, 조준사격의 순서에 따라야 한다. 다만, 상황이 긴급하여 시간적 여유가 없을 때에는 예외로 한다.

	㉠	㉡	㉢	㉣
①	×	○	○	○
②	○	×	○	×
③	×	○	×	×
④	×	○	○	×

정답 및 해설

옳은 것은 ⓒ, ⓒ이고, 틀린 것은 ⓐ, ⓔ이다.
- ⓐ [×] 교도관은 교정시설의 안(교도관이 교정시설의 밖에서 수용자를 계호하고 있는 경우 그 장소를 포함한다)에서 자기 또는 타인의 생명·신체를 보호하거나 수용자의 탈취를 저지하거나 건물 또는 그 밖의 시설과 무기에 대한 위험을 방지하기 위하여 급박하다고 인정되는 상당한 이유가 있으면 수용자 외의 사람에 대하여도 무기를 사용할 수 있다(형집행법 제101조 제2항).
- ⓒ [○] 동법 제101조 제3항
- ⓒ [○] 동법 제101조 제6항
- ⓔ [×] 교도관이 총기를 사용하는 경우에는 구두경고, 공포탄 발사, 위협사격, 조준사격의 순서에 따라야 한다. 다만, 상황이 긴급하여 시간적 여유가 없을 때에는 예외로 한다(동법 시행규칙 제192조).

정답 ④

---

17 「형의 집행 및 수용자의 처우에 관한 법률」상 교도관이 수용자에 대하여 무기를 사용할 수 있는 경우로 옳은 것은?   2014. 교정 9급

① 이송·출정, 그 밖에 교정시설 밖의 장소로 수용자를 호송하는 때
② 도주·자살·자해 또는 다른 사람에 대한 위해의 우려가 큰 때
③ 위력으로 교도관의 정당한 직무집행을 방해하는 때
④ 수용자가 다른 사람에게 중대한 위해를 끼치거나 끼치려고 하여 그 사태가 위급한 때

정답 및 해설

①, ② [×] 보호장비 사용요건(동법 제97조 제1항 제1호·제2호)
③ [×] 보호장비·보안장비 사용요건(동법 제97조 제1항 제3호, 동법 제100조 제1항 제5호)
④ [○] 형집행법 제101조 제1항 제1호

정답 ④

 교도관이 교정시설 안에서 수용자 외의 사람에 대하여 무기를 사용할 수 있는 경우(급박하다고 인정되는 상당한 이유가 있음)로 적절하지 않은 것은?   2018. 6급 승진

① 폭행 또는 협박에 사용할 위험물을 지니고 있어 버릴 것을 명령하였음에도 이에 따르지 아니하는 때
② 수용자의 탈취를 저지하기 위한 경우
③ 건물 또는 그 밖의 시설과 무기에 대한 위험을 방지하기 위한 경우
④ 교도관이 자기 또는 타인의 생명·신체를 보호하기 위한 경우

정답 및 해설

교도관은 교정시설의 안(교도관이 교정시설의 밖에서 수용자를 계호하고 있는 경우 그 장소를 포함한다)에서 자기 또는 타인의 생명·신체를 보호하거나 수용자의 탈취를 저지하거나 건물 또는 그 밖의 시설과 무기에 대한 위험을 방지하기 위하여 급박하다고 인정되는 상당한 이유가 있으면 수용자 외의 사람에 대하여도 무기를 사용할 수 있다.
① [×] 수용자에 대하여 무기를 사용할 수 있는 경우에 해당한다(형집행법 제101조 제1항 제2호).

정답 ①

19 현행법령상 교도관이 수용자 또는 수용자 외의 사람에 대하여 무기를 사용할 수 있는 사유로 옳은 것은?

2013. 7급 승진

① 수용자가 다른 사람에게 위해를 끼치려고 하는 때
② 도주하는 수용자에게 교도관이 정지할 것을 명령하였음에도 계속하여 도주하는 때
③ 수용자가 위력으로 교도관의 정당한 직무집행을 방해하는 때
④ 교정시설에 침입하는 것을 저지하기 위하여 급박하다고 인정되는 상당한 이유가 있는 때

정답 및 해설

① [×] '수용자가 다른 사람에게 위해를 끼치거나 끼치려고 하는 때'는 수용자에 대한 강제력(보안장비) 행사 요건에 해당한다(동법 제100조 제1항 제4호). 수용자에 대하여 무기를 사용할 수 있는 사유로 '수용자가 다른 사람에게 중대한 위해를 끼치거나 끼치려고 하여 그 사태가 위급한 때'가 있다(동법 제101조 제1항 제1호).
② [○] 형집행법 제101조 제1항 제4호
③ [×] '수용자가 위력으로 교도관의 정당한 직무집행을 방해하는 때'는 수용자에 대한 강제력(보안장비) 행사 요건(동법 제100조 제1항 제5호) 또는 보호장비 사용 요건(동법 제97조 제1항 제3호)이 된다.
④ [×] 수용자 외의 사람에게 강제력(보안장비)을 행사할 수 있는 요건으로 '교정시설에 침입하거나 하려고 하는 때'가 있다(동법 제100조 제2항).

💡 무기의 사용 요건

수용자에 대한 사용	수용자 外의 사람에 대한 사용
1. 수용자가 다른 사람에게 중대한 위해를 끼치거나 끼치려고 하여 그 사태가 위급한 때 2. 수용자가 폭행 또는 협박에 사용할 위험물을 지니고 있어 교도관이 버릴 것을 명령하였음에도 이에 따르지 아니하는 때 3. 수용자가 폭동을 일으키거나 일으키려고 하여 신속하게 제지하지 아니하면 그 확산을 방지하기 어렵다고 인정되는 때 4. 도주하는 수용자에게 교도관이 정지할 것을 명령하였음에도 계속하여 도주하는 때 5. 수용자가 교도관의 무기를 탈취하거나 탈취하려고 하는 때 6. 그 밖에 사람의 생명·신체 및 설비에 대한 중대하고도 뚜렷한 위험을 방지하기 위하여 무기의 사용을 피할 수 없는 때	교도관은 교정시설의 안(교도관이 교정시설의 밖에서 수용자를 계호하고 있는 경우 그 장소를 포함한다)에서 1. 자기 또는 타인의 생명·신체를 보호하기 위하여 급박하다고 인정되는 상당한 이유가 있는 때 2. 수용자의 탈취를 저지하기 위하여 급박하다고 인정되는 상당한 이유가 있는 때 3. 건물 또는 그 밖의 시설과 무기에 대한 위험을 방지하기 위하여 급박하다고 인정되는 상당한 이유가 있는 때 ⇩ 수용자 외의 사람에 대하여도 무기를 사용할 수 있다.

정답 ②

20 형의 집행 및 수용자의 처우에 관한 법령상 교도관의 무기사용에 대한 설명으로 옳지 않은 것은?

2018. 5급 승진

① 소장은 소속 교도관에 대하여 연 1회 이상 총기의 조작·정비·사용에 관한 교육을 한다.
② 기관총은 대공초소 또는 집중사격이 가장 용이한 장소에 설치하고, 유사 시 즉시 사용할 수 있도록 충분한 인원의 사수·부사수·탄약수를 미리 지정하여야 한다.
③ 교도관이 총기를 사용하는 경우에는 공포탄 발사, 구두경고, 위협사격, 조준사격의 순서에 따라야 한다. 다만, 상황이 긴급하여 시간적 여유가 없을 때에는 예외로 한다.
④ 무기의 사용은 필요한 최소한도에 그쳐야 하며, 최후의 수단이어야 한다.
⑤ 교도관은 소장 또는 그 직무를 대행하는 사람의 명령을 받아 무기를 사용한다. 다만, 그 명령을 받을 시간적 여유가 없으면 그러하지 아니하다.

정답 및 해설

① [○] 동법 시행규칙 제193조 제1항
② [○] 동법 시행규칙 제191조
③ [×] 교도관이 총기를 사용하는 경우에는 구두경고, 공포탄 발사, 위협사격, 조준사격의 순서에 따라야 한다. 다만, 상황이 긴급하여 시간적 여유가 없을 때에는 예외로 한다(형집행법 시행규칙 제192조).
④ [○] 동법 제101조 제5항
⑤ [○] 동법 제101조 제3항

정답 ③

21 「형의 집행 및 수용자의 처우에 관한 법률」상 안전과 질서에 대한 설명으로 옳은 것만을 모두 고르면?
2019. 교정 9급

㉠ 소장은 수용자가 자살 또는 자해의 우려가 있는 때에는 의무관의 의견을 고려하여 진정실에 수용할 수 있다.
㉡ 교도관은 자살·자해·도주·폭행·손괴, 그 밖에 수용자의 생명·신체를 해하거나 시설의 안전 또는 질서를 해하는 행위(이하 "자살 등"이라 한다)를 방지하기 위하여 필요한 범위에서 전자장비를 이용하여 수용자 또는 시설을 계호할 수 있다. 다만, 전자영상장비로 거실에 있는 수용자를 계호하는 것은 자살 등의 우려가 큰 때에만 할 수 있다.
㉢ 교도관은 수용자가 위력으로 교도관의 정당한 직무집행을 방해하는 때에는 수갑·포승을 사용할 수 있다.
㉣ 교도관은 수용자가 다른 사람에게 위해를 끼치거나 끼치려고 하는 때에는 무기를 사용할 수 있다.

① ㉠, ㉢
② ㉠, ㉣
③ ㉡, ㉢
④ ㉡, ㉣

정답 및 해설

옳은 것은 ㉡, ㉢이다.
㉠ [×] 소장은 수용자가 ⓐ 자살 또는 자해의 우려가 있는 때, ⓑ 신체적·정신적 질병으로 인하여 특별한 보호가 필요한 때에는 의무관의 의견을 고려하여 보호실(자살 및 자해 방지 등의 설비를 갖춘 거실)에 수용할 수 있다(형집행법 제95조 제1항).
㉡ [○] 동법 제94조 제1항
㉢ [○] 동법 제98조 제2항 제1호
㉣ [×] 교도관은 수용자가 다른 사람에게 위해를 끼치거나 끼치려고 하는 때에는 강제력을 행사할 수 있고(동법 제100조 제1항 제4호), 수용자가 다른 사람에게 중대한 위해를 끼치거나 끼치려고 하여 그 사태가 위급한 때에는 무기를 사용할 수 있다(동법 제101조 제1항 제1호).

정답 ③

22 현행법령상 수용자에게 무기 사용 요건으로 옳지 않은 것은?
2023. 9급 경채

① 수용자가 다른 사람에게 위해를 끼치려고 하는 때
② 도주하는 수용자에게 교도관이 정지할 것을 명령하였음에도 계속하여 도주하는 때
③ 수용자가 교도관의 무기를 탈취하거나 탈취하려고 하는 때
④ 수용자가 폭동 일으키려고 하여 신속하게 제지 하지 아니하면 그 확산 방지가 어렵다고 인정되는 때

정답 및 해설

> **무기사용요건(형집행법 제101조 제1항)**
> ① 수용자가 다른 사람에게 중대한 위해를 끼치거나 끼치려고 하여 그 사태가 위급한 때

정답 ①

---

23 「형의 집행 및 수용자의 처우에 관한 법률」상 교도관이 수용자에 대하여 무기를 사용할 수 있는 경우는?

2022. 교정 9급

① 수용자가 위력으로 교도관의 정당한 직무집행을 방해하는 때
② 수용자가 자살하려고 하는 때
③ 수용자가 교정시설의 설비·기구 등을 손괴하거나 손괴하려고 하는 때
④ 도주하는 수용자에게 교도관이 정지할 것을 명령하였음에도 계속하여 도주하는 때

정답 및 해설

① [×] 수용자가 위력으로 교도관의 정당한 직무집행을 방해하는 때에는 ㉠ 보호장비(수갑, 포승, 발목보호장비, 보호대, 보호의자), ㉡ 보안장비 사용요건에 해당한다(동법 제97조 제1항 제3호, 동법 제100조 제1항 제5호).
② [×] 수용자가 도주·자살·자해 또는 다른 사람에 대한 위해의 우려가 큰 때에는 보호장비 사용요건에 해당한다(동법 제97조 제1항 제2호).
③ [×] 수용자가 교정시설의 설비·기구 등을 손괴하거나 손괴하려고 하는 때에는 ㉠ 보호장비(수갑, 포승, 발목보호장비, 보호대, 보호의자), ㉡ 보안장비 사용요건에 해당한다(동법 제97조 제1항 제4호, 동법 제100조 제1항 제6호).
④ [○] 형집행법 제101조 제1항 제4호

정답 ④

---

24 「형의 집행 및 수용자의 처우에 관한 법률」상 안전과 질서에 대한 설명으로 옳지 않은 것은?

2015. 교정 7급

① 교정시설의 장은 수용자의 신체적·정신적 질병으로 인하여 특별한 보호가 필요한 때에는 의무관의 의견을 고려하여 진정실에 수용할 수 있다.
② 전자영상장비로 거실에 있는 수용자를 계호하는 것은 자살 등의 우려가 큰 때에만 할 수 있다.
③ 교도관은 이송·출정, 그 밖에 교정시설 밖의 장소로 수용자를 호송할 때 수갑 및 포승을 사용할 수 있다.
④ 교도관은 교정시설 안에서 자기 또는 타인의 생명·신체를 보호하기 위하여 급박하다고 인정되는 상당한 이유가 있으면 수용자 외의 사람에 대하여도 무기를 사용할 수 있다.

정답 및 해설

① [×] 소장은 수용자가 ㉠ 자살 또는 자해의 우려가 있는 때, ㉡ 신체적·정신적 질병으로 인하여 특별한 보호가 필요한 때에는 의무관의 의견을 고려하여 보호실에 수용할 수 있다(형집행법 제95조 제1항).
② [○] 동법 제94조 제1항 단서
③ [○] 동법 제98조 제2항 제1호
④ [○] 동법 제101조 제2항

정답 ①

25 헌법재판소 결정 내용으로 옳지 않은 것은? 2019. 8급 승진

① 보호장비 사용행위는 권력적 사실행위로서 헌법재판소법의 공권력 행사에 해당한다.
② 엄중격리대상자들에게 동행계호를 하고 1인 운동장을 사용하게 한 것은 목적의 정당성 및 수단의 적정성을 갖추었다.
③ 교정시설 밖의 장소로 호송할 때 연승하는 것은 목적이 정당하고 적절한 수단에 해당한다.
④ 검사실에서의 보호장비 사용을 원칙으로 하며 검사의 해제 요청에도 거절하도록 규정한 「계호근무준칙」 조항은 사익 제한에 비해 확보되는 공익이 더 크다.

정답 및 해설

① [○] 헌재 2012.7.26. 2011헌마426
② [○] 헌재 2008.5.29. 2005헌마137
③ [○] 헌재 2014.5.29. 2013헌마280
④ [×] 헌재 2005.5.26. 2004헌마49

> **관련판례**
> 검사실에서의 보호장비사용을 원칙으로 하면서 심지어는 검사의 보호장비해제 요청이 있더라도 이를 거절하도록 규정한 계호근무준칙의 이 사건 준칙조항은 원칙과 예외를 전도한 것으로서 신체의 자유를 침해하므로 헌법에 위반된다(헌재 2005.5.26. 2004헌마49).

정답 ④

---

26 「형의 집행 및 수용자의 처우에 관한 법률」상 교도관의 수용자에 대한 무기 사용 사유를 모두 고른 것은?

> ㄱ. 수용자가 교도관의 무기를 탈취하려고 하는 때
> ㄴ. 수용자가 다른 사람에게 위해를 끼치려고 하는 때
> ㄷ. 도주하는 수용자에게 교도관이 정지할 것을 명령하였음에도 계속하여 도주하는 때
> ㄹ. 수용자가 위력으로 교도관의 정당한 직무집행을 방해하는 때
> ㅁ. 교정시설 안에서 수용자의 탈취를 저지하기 위하여 급박하다고 인정되는 상당한 이유가 있는 때

① ㄱ, ㄷ
② ㄱ, ㄹ
③ ㄷ, ㅁ
④ ㄴ, ㄷ, ㅁ

정답 및 해설

수용자에 대하여 무기를 사용할 수 있는 경우는 ㄱ, ㄷ이다.
ㄱ [○] 수용자가 교도관의 무기를 탈취하려고 하는 때: 수용자에 대한 무기 사용 요건(형집행법 제101조 제1항 제5호)
ㄴ [×] 수용자가 다른 사람에게 위해를 끼치려고 하는 때: 수용자에 대한 보안장비 사용 요건(동법 제100조 제1항 제4호)
ㄷ [○] 도주하는 수용자에게 교도관이 정지할 것을 명령하였음에도 계속하여 도주하는 때: 수용자에 대한 무기 사용 요건(동법 제101조 제1항 제4호)
ㄹ [×] 수용자가 위력으로 교도관의 정당한 직무집행을 방해하는 때: 수용자에 대한 보호장비 및 보안장비 사용 요건(동법 제97조 제1항 제3호, 동법 제100조 제1항 제5호)
ㅁ [×] 교정시설 안에서 수용자의 탈취를 저지하기 위하여 급박하다고 인정되는 상당한 이유가 있는 때: 수용자 이외의 자에 대한 무기사용 요건(동법 제101조 제2항)

정답 ①

27. 강제력 행사 및 무기사용에 대한 설명으로 옳지 않은 것은?

① 교도관은 교정시설 내에서 또는 검찰청에 설치된 구치감 내에서 수용자 외의 사람이 교도관의 퇴거요구를 받고도 이에 응하지 않을 때에는 강제력을 행사할 수 있으며, 강제력을 행사하는 경우에는 보안장비 및 무기를 사용할 수 있다.
② 보안장비의 종류, 종류별 사용요건 및 사용절차 등에 관하여 필요한 사항은 법무부령으로 정한다.
③ 교도관은 수용자가 다른 사람에게 중대한 위해를 끼치거나 끼치려고 하여 그 사태가 위급한 때에는 소장 또는 그 직무를 대행하는 사람의 명령을 받아 무기를 사용할 수 있다.
④ 교도관이 무기를 사용한 경우에는 소장에게 즉시 보고하고, 보고를 받은 소장은 그 사실을 법무부장관에게 즉시 보고하여야 한다.

정답 및 해설

① [×] 교도관이 수용자 및 수용자 외의 사람에 대한 강제력을 행사하는 경우에는 보안장비를 사용할 수 있다(형집행법 제100조 제3항).
▶ 강제력을 행사하는 경우에는 무기를 사용할 수 없다.
② [○] 동법 제100조 제7항
③ [○] 동법 제101조 제1항 제1호
④ [○] 동법 시행령 제126조

정답 ①

28. 강제력 행사 및 무기사용에 대한 설명으로 옳은 것은?

① 교도관은 교정시설의 안에서 자기 또는 타인의 생명·신체를 보호하기 위하여 급박하다고 인정되는 상당한 이유가 있으면 수용자 외의 사람에 대하여도 보안장비를 사용할 수 있다.
② 교도관은 소장의 명령 없이 강제력을 행사해서는 아니 된다. 다만, 그 명령을 받을 시간적 여유가 없는 경우에는 강제력을 행사한 후 소장에게 즉시 보고하고, 보고를 받은 소장은 그 사실을 법무부장관에게 즉시 보고하여야 한다.
③ 무기의 종류에는 가스총, 권총, 소총, 기관총이 있다.
④ 기관총은 대공초소 또는 집중사격이 가장 용이한 장소에 설치하고, 유사 시 즉시 사용할 수 있도록 충분한 인원의 사수·부사수·탄약수를 미리 지정하여야 한다.

정답 및 해설

① [×] 무기를 사용할 수 있다(동법 제101조 제2항).
② [×] 무기를 사용한 경우에는 소장이 법무부장관에게 보고하여야 하나(동법 시행령 제126조), 강제력 행사의 경우에는 소장의 법무부장관에 대한 보고 규정은 없다(동법 시행령 제125조).
③ [×] 무기의 종류에는 권총, 소총, 기관총, 그 밖에 법무부장관이 정하는 무기가 있으며(동법 시행규칙 제189조), 가스총은 보안장비이다(동법 시행규칙 제186조).
④ [○] 형집행법 시행규칙 제191조

정답 ④

29 안전과 질서에 대한 설명으로 옳은 것은? (다툼이 있는 경우 판례에 의함)

① 수갑, 포승은 이송·출정, 그 밖에 교정시설 밖의 장소로 수용자를 호송하는 때에 사용할 수 있다.
② 교도관은 수용자가 위계 또는 위력으로 교도관의 정당한 직무집행을 방해하는 때에 강제력을 행사할 수 있다.
③ 거실에 영상정보처리기기 카메라를 설치하는 경우에는 용변을 보는 상반신의 모습이 촬영되지 아니하도록 카메라의 각도를 한정하거나 화장실 차폐시설을 설치하여야 한다.
④ 무기사용의 명령권자는 소장에 한정하며, 명령을 받을 시간적 여유가 없으면 그 직무를 대행하는 사람의 명령을 받아 무기를 사용한다.
⑤ 검찰조사실에서 보호장비 해제요청을 거절하고 수갑 및 포승을 한 채 조사를 받도록 한 것은 위험의 방지를 위한 것으로써 신체의 자유를 과도하게 제한하였다고 할 수 없다.

정답 및 해설

① [○] 형집행법 제97조 제1항
② [×] 교도관은 수용자가 위력으로 교도관의 정당한 직무집행을 방해하는 때에 강제력을 행사할 수 있다(동법 제100조 제1항 제4호).
③ [×] 용변을 보는 하반신의 모습이 촬영되지 아니하도록 카메라의 각도를 한정하거나 화장실 차폐시설을 설치하여야 한다(동법 시행규칙 제162조 제3항).
④ [×] 교도관은 소장 또는 그 직무를 대행하는 사람의 명령을 받아 무기를 사용한다. 다만, 그 명령을 받을 시간적 여유가 없으면 그러하지 아니하다(동법 제101조 제3항).
⑤ [×] 헌재 2005.5.26. 2004헌마49

> **관련판례**
> 검사실에서의 보호장비사용을 원칙으로 하면서 심지어는 검사의 보호장비해제 요청이 있더라도 이를 거절하도록 규정한 계호근무준칙의 이 사건 준칙조항은 원칙과 예외를 전도한 것으로서 신체의 자유를 침해하므로 헌법에 위반된다. 청구인이 도주를 하거나 소요, 폭행 또는 자해를 할 위험이 있었다고 인정하기 어려움에도 불구하고 여러 날, 장시간에 걸쳐 피의자 신문을 하는 동안 계속 보호장비를 사용한 것은 막연한 도주나 자해의 위험 정도에 비해 과도한 대응으로서 신체의 자유를 제한함에 있어 준수되어야 할 피해의 최소성 요건을 충족하지 못하였고, 심리적 긴장과 위축으로 실질적으로 열등한 지위에서 신문에 응해야 하는 피의자의 방어권행사에도 지장을 주었다는 점에서 법익 균형성도 갖추지 못하였다(헌재 2005.5.26. 2004헌마49).

정답 ①

30 교정시설의 안전과 질서에 대한 설명으로 옳지 않은 것은?

① 교도관은 자살·자해·도주·폭행·손괴, 그 밖에 수용자의 생명·신체를 해하거나 시설의 안전 또는 질서를 해하는 행위를 방지하기 위하여 필요한 범위에서 전자장비를 이용하여 수용자 또는 시설을 계호할 수 있다.
② 소장은 수용자가 교도관의 제지에도 불구하고 소란행위를 계속하여 다른 수용자의 평온한 수용생활을 방해하는 경우로서 강제력을 행사하여도 그 목적을 달성할 수 없는 경우에는 자살 및 자해 방지 등의 설비를 갖춘 거실에 수용할 수 있다.
③ 교도관은 수용자가 자해하거나 자해하려고 하는 때에는 강제력을 행사할 수 있으며, 강제력을 행사하는 경우에는 교도봉, 가스분사기 등의 보안장비를 사용할 수 있다.
④ 교도관은 수용자가 폭행 또는 협박에 사용할 위험물을 지니고 있어 교도관이 버릴 것을 명령하였음에도 이에 따르지 아니하는 때에는 권총 등의 무기를 사용할 수 있다.
⑤ 보호침대를 사용하는 경우에는 수갑, 포승 등의 다른 보호장비와 같이 사용할 수 없다.

정답 및 해설

① [○] 동법 제94조 제1항
② [×] 진정실(일반 수용거실로부터 격리되어 있고 방음설비 등을 갖춘 거실)에 수용할 수 있다(형집행법 제96조 제1항).
③ [○] 동법 제100조 제1항·제3항
④ [○] 동법 제101조 제1항
⑤ [○] 동법 시행규칙 제180조

정답 ②

제4절 | 재난 시의 조치 등

01 형집행법령상 수용을 위한 체포에 대한 설명으로 옳지 않은 것은? 2018. 8급 승진

① 소장은 수용자가 도주 등을 하거나 도주자를 체포한 경우에는 법무부장관에게 지체 없이 보고하여야 한다.
② 교도관은 도주한 수용자 체포를 위하여 긴급히 필요하면 도주 등을 하였다고 의심할 만한 상당한 이유가 있는 사람 또는 도주 등을 한 사람의 이동경로나 소재를 안다고 인정되는 사람을 정지시켜 질문할 수 있다.
③ 교도관은 수용자가 도주한 경우에는 도주 후 72시간 이내에만 체포할 수 있다.
④ 소장은 도주한 수용자를 체포하거나 행정기관 또는 수사기관에 정보를 제공하여 체포하게 한 사람에게 예산의 범위에서 포상금을 지급할 수 있다.

정답 및 해설

① [○] 법 시행령 제128조 제2항
② [○] 동법 제103조 제2항
③ [○] 동법 제103조 제1항
④ [×] 법무부장관은 「형법」 제145조(도주, 집합명령위반)·제146조(특수도주) 또는 법 제134조(출석의무 위반 등) 각 호에 규정된 죄를 지은 수용자를 체포하거나 행정기관 또는 수사기관에 정보를 제공하여 체포하게 한 사람에게 예산의 범위에서 포상금을 지급할 수 있다(형집행법 시행령 제128조의2 제1항).

정답 ④

02 형집행법령상 수용을 위한 체포 시에 교도관의 조치에 대한 설명으로 옳은 것은? 2018. 6급 승진

① 수용자가 도주한 경우에는 48시간 이내에만 그를 체포할 수 있다.
② 도주 수용자의 체포를 위하여 긴급히 필요하면 도주 등을 하였다고 의심할 만한 상당한 이유가 있는 사람을 체포할 수 있다.
③ 소장은 수용자가 도주 등을 하거나 도주자를 체포한 경우에는 법무부장관에게 지체 없이 보고하여야 한다.
④ 체포를 위하여 긴급히 필요하면 영업시간이 끝난 다중이용장소의 관리자에게 그 장소의 출입에 관하여 협조를 요구할 수 있다.

정답 및 해설

① [×] 72시간 이내에만 그를 체포할 수 있다(동법 제103조 제1항).
② [×] 교도관은 도주수용자의 체포를 위하여 긴급히 필요하면 도주 등을 하였다고 의심할 만한 상당한 이유가 있는 사람 또는 도주 등을 한 사람의 이동경로나 소재를 안다고 인정되는 사람을 정지시켜 질문할 수 있다(동법 제103조 제2항).
③ [○] 형집행법 시행령 제128조 제2항
④ [×] 교도관은 도주수용자의 체포를 위하여 영업시간 내에 공연장·여관·음식점·역, 그 밖에 다수인이 출입하는 장소의 관리자 또는 관계인에게 그 장소의 출입이나 그 밖에 특히 필요한 사항에 관하여 협조를 요구할 수 있다(동법 제103조 제4항).

정답 ③

03 「형의 집행 및 수용자의 처우에 관한 법률」상 수용을 위한 체포에 대한 설명으로 옳지 않은 것은? 2024. 교정 9급

① 천재지변으로 일시 석방된 수용자는 정당한 사유가 없는 한 출석요구를 받은 후 24시간 이내에 교정시설 또는 경찰관서에 출석하여야 한다.
② 교도관은 수용자가 도주한 경우 도주 후 72시간 이내에만 그를 체포할 수 있다.
③ 교도관은 도주한 수용자의 체포를 위하여 긴급히 필요하면 도주를 한 사람의 이동경로나 소재를 안다고 인정되는 사람을 정지시켜 질문할 수 있다.
④ 교도관은 도주한 수용자의 체포를 위하여 영업시간 내에 공연장·여관·음식점·역, 그 밖에 다수인이 출입하는 장소의 관리자 또는 관계인에게 그 장소의 출입이나 그 밖에 특히 필요한 사항에 관하여 협조를 요구할 수 있다.

정답 및 해설

① [×] 천재지변으로 일시 석방된 사람은 석방 후 24시간 이내에 교정시설 또는 경찰관서에 출석하여야 한다(형집행법 제102조 제4항).
② [○] 교도관은 수용자가 ㉠ 도주 또는 ㉡ 일시석방된 사람의 24시간 이내 출석의무 위반, ㉢ 귀휴·외부통근·그 밖의 사유로 소장의 허가를 받아 교도관의 계호 없이 교정시설 밖으로 나간 후에 정당한 사유 없이 기한까지 돌아오지 아니하는 행위(도주 등)를 한 경우에는 도주 후 또는 출석기한이 지난 후 72시간 이내에만 그를 체포할 수 있다(동법 제103조 제1항).
③ [○] 교도관은 체포를 위하여 긴급히 필요하면 도주 등을 하였다고 의심할 만한 상당한 이유가 있는 사람 또는 도주 등을 한 사람의 이동경로나 소재를 안다고 인정되는 사람을 정지시켜 질문할 수 있다(동법 제103조 제2항).
④ [○] 동법 제103조 제5항

정답 ①

04 형집행법령상 재난 시 조치에 대한 설명으로 옳지 않은 것은?

① 천재지변이나 그 밖의 재해가 발생하여 시설의 안전과 질서유지를 위하여 긴급한 조치가 필요하면 소장은 수용자로 하여금 피해의 복구나 그 밖의 응급용무를 보조하게 할 수 있다.
② 소장은 응급용무의 보조를 위하여 필요한 경우에는 개방처우급·완화경비처우급으로서 관련 기술이 있고 교정성적이 우수한 수형자를 선정하여 필요한 훈련을 시킬 수 있다.
③ 소장은 교정시설의 안에서 천재지변이나 그 밖의 사변에 대한 피난의 방법이 없는 경우에는 수용자를 다른 장소로 이송할 수 있고, 긴급이송이 불가능하면 수용자를 일시 석방할 수 있다.
④ 긴급이송이 불가능하여 일시 석방된 사람은 석방 후 24시간 이내에 교정시설 또는 경찰관서에 출석하여야 한다.
⑤ 정당한 사유 없이 일시석방 후 24시간 이내에 교정시설 또는 경찰관서에 출석하지 아니한 수용자는 1년 이하의 징역에 처한다.

정답 및 해설

① [○] 동법 제102조 제1항
② [×] 소장은 응급용무의 보조를 위하여 교정성적이 우수한 수형자를 선정하여 필요한 훈련을 시킬 수 있다(형집행법 시행령 제127조 제1항).
③ [○] 동법 제102조 제2항·제3항
④ [○] 동법 제102조 제4항
⑤ [○] 동법 제134조 제1호

정답 ②

05 형집행법령상 수용자의 도주 시의 조치로 옳지 않은 것은?

① 교도관은 수용자가 도주를 한 경우 도주 후 72시간 이내에 그를 체포할 수 있다.
② 교도관은 체포를 위하여 긴급히 필요하면 도주 등을 하였다고 의심할 만한 상당한 이유가 있는 사람 또는 도주 등을 한 사람의 이동경로나 소재를 안다고 인정되는 사람을 정지시켜 질문할 수 있다.
③ 교도관은 체포를 위하여 영업시간 내 또는 종료 후라도 공연장·음식점·역, 그 밖에 다수인이 출입하는 장소의 관리자 또는 관계인에게 그 장소의 출입이나 그 밖에 특히 필요한 사항에 관하여 협조를 요구할 수 있다.
④ 교도관은 필요한 장소에 출입하는 경우에는 그 신분을 표시하는 증표를 제시하여야 하며, 그 장소의 관리자 또는 관계인의 정당한 업무를 방해하여서는 아니 된다.

정답 및 해설

① [○] 동법 제103조 제1항
② [○] 동법 제103조 제2항
③ [×] 교도관은 체포를 위하여 영업시간 내에 공연장·여관·음식점·역, 그 밖에 다수인이 출입하는 장소의 관리자 또는 관계인에게 그 장소의 출입 그 밖에 특히 필요한 사항에 관하여 협조를 요구할 수 있다(형집행법 제103조 제4항).
④ [○] 동법 제103조 제5항

정답 ③

제13장 규율과 상벌 및 형사벌칙

제1절 | 현행법령상 징벌제도

01 형의 집행 및 수용자의 처우에 관한 법령상 수용자의 상벌제도에 대한 설명으로 옳은 것은?

2017. 5급 승진

① 9일 이하의 금치, 1개월의 작업장려금 삭감, 30일 이내의 실외운동 및 공동행사참가 정지는 징벌실효기간이 1년으로 동일하다.
② 징벌위원회는 재적위원 과반수의 출석으로 개의하고, 출석위원 과반수의 찬성으로 의결한다. 이 경우 외부위원 3명 이상이 출석한 경우에만 개의할 수 있다.
③ 수용자가 사람의 생명을 구조하거나 도주를 방지한 때와 재난 시 응급용무 보조에 공로가 있는 때에는 소장표창 및 가족만남의 날 행사참여 대상자 선정기준에 해당된다.
④ 소장은 징벌집행을 받고 있거나 집행을 앞둔 수용자가 같은 행위로 형사 법률에 따른 처벌이 확정되어 징벌을 집행할 필요가 없다고 인정하면 징벌위원회의 의결을 거쳐 징벌집행을 감경하거나 면제할 수 있다.
⑤ 징벌이 집행 중에 있거나 징벌의 집행이 끝난 후 또는 집행이 면제된 후 1년 내에 다시 징벌사유에 해당하는 행위를 한 때에는 징벌기간에 있어서 장기의 2분의 1까지 가중할 수 있다.

정답 및 해설

① [○] 9일 이하의 금치, 30일 이내의 실외운동 및 공동행사참가 정지, 30일 이내의 접견·편지수수·집필 및 전화통화 제한, 30일 이내의 텔레비전시청 및 신문열람 제한, 1개월의 작업장려금 삭감의 징벌실효기간은 1년이다(형집행법 시행규칙 제234조 제1항).
② [×] 징벌위원회는 재적위원 과반수의 출석으로 개의하고, 출석위원 과반수의 찬성으로 의결한다. 이 경우 외부위원 1명 이상이 출석한 경우에만 개의할 수 있다(동법 시행규칙 제228조 제4항).
③ [×] 수용자가 사람의 생명을 구조하거나 도주를 방지한 때와 재난 시 응급용무 보조에 공로가 있는 때에는 소장표창 및 가족만남의 집 이용 대상자 선정기준에 해당된다(동법 시행규칙 제214조의2 제1호).
④ [×] 소장은 징벌집행을 받고 있거나 집행을 앞둔 수용자가 같은 행위로 형사 법률에 따른 처벌이 확정되어 징벌을 집행할 필요가 없다고 인정하면 징벌집행을 감경하거나 면제할 수 있다(동법 시행규칙 제231조 제4항).
▶ 징벌집행의 일시정지, 감경, 면제는 소장이 직권으로 결정하고, 징벌집행의 유예는 징벌위원회에서 의결한다.
⑤ [×] ㉠ 2 이상의 징벌사유가 경합하는 때, ㉡ 징벌 집행 중에 있는 자가 다시 징벌사유에 해당하는 행위를 한 때, ㉢ 징벌의 집행이 끝난 후 또는 집행이 면제된 후 6개월 내에 다시 징벌사유에 해당하는 행위를 한 때에는 징벌기간에 있어서 장기의 2분의 1까지 가중할 수 있다(동법 제109조 제2항).

정답 ①

02 형집행법령상 수용자에게 포상할 수 있는 사유에 대한 설명으로 옳은 것(○)과 옳지 않은 것(×)을 순서대로 바르게 나열한 것은?

2021. 6급 승진

㉠ 사람의 생명·신체를 구조하거나 도주를 방지한 때
㉡ 제102조(재난 시의 조치)제1항에 따른 응급용무에 공로가 있는 때
㉢ 시설의 안전과 질서유지에 뚜렷한 공이 인정되는 때
㉣ 수용생활에 모범을 보이거나 건설적이고 창의적인 제안을 하는 등 특히 포상할 필요가 있다고 인정되는 때

	㉠	㉡	㉢	㉣
①	○	○	○	○
②	×	○	○	○
③	×	○	×	○
④	○	×	○	×

정답 및 해설

포상사유(법 제106조)	포상(시행규칙 제214조의2)
1. 사람의 생명을 구조하거나 도주를 방지한 때 2. 응급용무에 공로가 있는 때	소장표창 및 가족만남의 집 이용 대상자 선정
3. 시설의 안전과 질서유지에 뚜렷한 공이 인정되는 때 4. 수용생활에 모범을 보이거나 건설적이고 창의적인 제안을 하는 등 특히 포상할 필요가 있다고 인정되는 때	소장표창 및 가족만남의 날 행사 참여 대상자 선정

정답 ②

03 「형의 집행 및 수용자의 처우에 관한 법률」상 수용자의 규율과 포상에 대한 설명으로 가장 옳지 않은 것은?

2022. 7급 승진

① 수용자는 소장이 정하는 일과시간표를 지켜야 한다.
② 수용자는 교도관의 직무상 지시에 따라야 한다.
③ 수용자는 교정시설의 안전과 질서유지를 위하여 법무부장관이 정하는 규율을 지켜야 한다.
④ 소장은 수용자가 사람의 생명을 구조하거나 도주를 방지한 때에는 그 수용자에 대하여 법무부령이 정하는 바에 따라 포상하여야 한다.

정답 및 해설

④ [×] 소장은 수용자가 다음의 어느 하나에 해당하면 그 수용자에 대하여 법무부령이 정하는 바에 따라 포상할 수 있다(형집행법 제106조).

📄 **수용자의 포상 사유(법 제106조)**
1. 사람의 생명을 구조하거나 도주를 방지한 때
2. (천재지변·재해 발생 시의 피해의 복구나 응급용무 보조에 따른) 응급용무에 공로가 있는 때
3. 시설의 안전과 질서유지에 뚜렷한 공이 인정되는 때
4. 수용생활에 모범을 보이거나 건설적이고 창의적인 제안을 하는 등 특히 포상할 필요가 있다고 인정되는 때

📄 **수용자의 일반적 규율(동법 제105조)**
1. 수용자는 교정시설의 안전과 질서유지를 위하여 법무부장관이 정하는 규율을 지켜야 한다.
2. 수용자는 소장이 정하는 일과시간표를 지켜야 한다.
3. 수용자는 교도관의 직무상 지시에 따라야 한다.

정답 ④

04 소장이 수용자에게 포상할 수 있는 사유에 해당하지 않은 것은?

① 사람의 생명을 구조하거나 도주를 방지한 때
② 천재지변이나 그 밖의 재해가 발생하여 시설의 안전과 질서유지를 위하여 긴급한 조치의 필요에 따른 응급용무에 공로가 있는 때
③ 수용생활에 모범을 보이거나 건설적이고 창의적인 제안을 하는 등 특히 포상할 필요가 있다고 인정되는 때
④ 산업기사 이상의 자격증 취득 및 학사고시에 합격한 때

정답 및 해설

> **포상(형집행법 제106조)**
> 소장은 수용자가 다음의 어느 하나에 해당하면 법무부령으로 정하는 바에 따라 포상할 수 있다.
> 1. 사람의 생명을 구조하거나 도주를 방지한 때
> 2. 제102조 제1항(천재지변·재해발생 시의 피해의 복구나 응급용무 보조)에 따른 응급용무에 공로가 있는 때
> 3. 시설의 안전과 질서유지에 뚜렷한 공이 인정되는 때
> 4. 수용생활에 모범을 보이거나 건설적이고 창의적인 제안을 하는 등 특히 포상할 필요가 있다고 인정되는 때

정답 ④

 05 소장은 수용자에게 법무부령으로 정하는 바에 따라 포상할 수 있다. 이에 대한 설명으로 옳지 않은 것은?

① 수용자가 사람의 생명을 구조하거나 도주를 방지한 때에는 소장표창 및 가족만남의 집 이용 대상자로 선정할 수 있다.
② 수용자가 응급용무에 공로가 있는 때에는 연극, 영화, 그 밖의 문화공연 관람 및 가족만남의 집 이용 대상자로 선정할 수 있다.
③ 수용자가 시설의 안전과 질서유지에 뚜렷한 공이 인정되는 때에는 소장표창 및 가족만남의 날 행사 참여 대상자로 선정할 수 있다.
④ 수용자가 수용생활에 모범을 보이거나 건설적이고 창의적인 제안을 하는 등 특히 포상할 필요가 있다고 인정되는 때에는 소장표창 및 가족만남의 날 행사 참여 대상자로 선정할 수 있다.

정답 및 해설

①, ③, ④ [○] 동법 제106조, 동법 시행규칙 제214조의2
② [×] 법 제106조 제1호(생명을 구조하거나 도주방지) 및 제2호(응급용무에 공로)에 해당하는 경우 소장표창 및 제89조에 따른 가족만남의 집 이용 대상자 선정이 가능하다(형집행법 시행규칙 제214조의2 제1호).

정답 ②

06 「형의 집행 및 수용자의 처우에 관한 법률」상 수용자의 규율과 상벌에 대한 설명으로 옳은 것은?

① 수용자는 교정시설의 안전과 질서유지를 위하여 소장이 정하는 규율을 지켜야 한다.
② 수용자는 법무부장관이 정하는 일과시간표를 지켜야 한다.
③ 소장은 수용자가 사람의 생명을 구조하거나 도주를 방지한 때에는 법무부령으로 정하는 바에 따라 포상할 수 있다.
④ 소장은 수용자가 형법 등 형사 법률에 저촉되는 행위를 하면 직권으로 징벌을 부과할 수 있다.

정답 및 해설

① [×] 법무부장관이 정하는 규율을 지켜야 한다(동법 제105조 제1항).
② [×] 소장이 정하는 일과시간표를 지켜야 한다(동법 제105조 제2항).
③ [○] 형집행법 제106조
④ [×] 소장은 수용자가 징벌부과 사유에 해당하는 행위를 하면 징벌위원회의 의결에 따라 징벌을 부과할 수 있다(동법 제107조).

정답 ③

07 「형의 집행 및 수용자의 처우에 관한 법률」 및 동법 시행규칙상 수용자의 상벌에 대한 설명으로 옳지 않은 것은?

2015. 교정 9급

① 징벌사유가 발생한 날부터 1년이 지나면 이를 이유로 징벌을 부과하지 못한다.
② 사람의 생명을 구조한 수용자는 소장표창 및 가족만남의 집 이용대상자 선정기준에 해당된다.
③ 소장은 금치 외의 징벌을 집행하는 경우 그 징벌의 목적을 달성하기 위하여 필요하다고 인정하면 해당 수용자를 징벌거실에 수용할 수 있다.
④ 수용자의 징벌대상행위에 대한 조사기간은 조사를 시작한 날부터 징벌위원회의 의결이 있는 날까지를 말하며 10일 이내로 하나, 특히 필요하다고 인정하는 경우에는 1회에 한하여 7일을 초과하지 아니하는 범위에서 그 기간을 연장할 수 있다.

정답 및 해설

① [×] 징벌사유가 발생한 날부터 2년이 지나면 이를 이유로 징벌을 부과하지 못한다(형집행법 제109조 제4항).
② [○] 동법 제106조, 동법 시행규칙 제214조의2
③ [○] 동법 시행규칙 제231조 제3항
④ [○] 동법 시행규칙 제220조 제1항

정답 ①

08 규율에 대한 설명으로 옳지 않은 것은? (다툼이 있는 경우 판례에 의함)

2018. 8급 승진

① 수용자는 교도관의 직무상 지시에 따라야 한다.
② 수용자는 소장이 정하는 일과시간표를 지켜야 한다.
③ 사동에서 인원점검을 하면서 청구인을 비롯한 수형자들을 정렬시킨 후 차례로 번호를 외치도록 한 행위는 교정시설의 안전과 질서를 유지하기 위한 것으로, 그 목적이 정당하고 그 목적을 달성하기 위한 적절한 수단이 된다.
④ 수용자는 교정시설의 안전과 질서유지를 위하여 소장이 정하는 규율을 지켜야 한다.

정답 및 해설

① [○] 동법 제105조 제3항
② [○] 동법 제105조 제2항
③ [○] 헌재 2012.7.26. 2011헌마332
④ [×] 수용자는 교정시설의 안전과 질서유지를 위하여 법무부장관이 정하는 규율을 지켜야 한다(형집행법 제105조 제1항).

정답 ④

09

「형의 집행 및 수용자의 처우에 관한 법률」상 징벌부과 사유로 옳지 않은 것은?

① 「형법」, 「폭력행위 등 처벌에 관한 법률」, 그 밖의 법률에 저촉되는 행위
② 수용생활의 편의 등 자신의 요구를 관철할 목적으로 자해하는 행위
③ 정당한 사유 없이 작업·교육·교화프로그램 등을 거부하거나 태만히 하는 행위
④ 다른 사람을 처벌받게 하거나 교도관의 직무집행을 방해할 목적으로 거짓 사실을 신고하는 행위

정답 및 해설

 징벌의 대상이 되는 행위(형집행법 제107조)

소장은 수용자가 다음의 어느 하나에 해당하는 행위를 하면 징벌위원회의 의결에 따라 징벌을 부과할 수 있다.
1. 「형법」, 「폭력행위 등 처벌에 관한 법률」, 그 밖의 형사 법률에 저촉되는 행위
2. 수용생활의 편의 등 자신의 요구를 관철할 목적으로 자해하는 행위
3. 정당한 사유 없이 작업·교육·교화프로그램 등을 거부하거나 태만히 하는 행위
4. 제92조의 금지물품을 지니거나 반입·제작·사용·수수·교환·은닉하는 행위
5. 다른 사람을 처벌받게 하거나 교도관의 직무집행을 방해할 목적으로 거짓 사실을 신고하는 행위
6. 그 밖에 시설의 안전과 질서유지를 위하여 법무부령으로 정하는 규율을 위반하는 행위

정답 ①

10

「형의 집행 및 수용자의 처우에 관한 법률」상 금지물품 중 소장이 수용자의 처우를 위하여 수용자에게 소지를 허가할 수 있는 것은?

2023. 교정 9급

① 마약·총기·도검·폭발물·흉기·독극물, 그 밖에 범죄의 도구로 이용될 우려가 있는 물품
② 무인비행장치, 전자·통신기기, 그 밖에 도주나 다른 사람과의 연락에 이용될 우려가 있는 물품
③ 주류·담배·화기·현금·수표, 그 밖에 시설의 안전 또는 질서를 해칠 우려가 있는 물품
④ 음란물, 사행행위에 사용되는 물품, 그 밖에 수형자의 교화 또는 건전한 사회복귀를 해칠 우려가 있는 물품

정답 및 해설

② [○] 소장이 수용자의 처우를 위하여 허가하는 경우에는 무인비행장치, 전자·통신기기, 그 밖에 도주나 다른 사람과의 연락에 이용될 우려가 있는 물품을 지닐 수 있다(형집행법 제92조 제2항).

정답 ②

11 형집행법령상 징벌의 집행에 대한 설명으로 옳은 것은 모두 몇 개인가?

2024. 5급 승진

> ㉠ 금치와 그 밖의 징벌을 집행할 경우에는 금치를 우선하여 집행한다. 다만, 작업장려금의 삭감과 경고는 금치와 동시에 집행할 수 있다.
> ㉡ 같은 종류의 징벌은 그 기간이 짧은 것부터 집행한다.
> ㉢ 금치를 제외한 두 가지 이상의 징벌을 집행할 경우에는 함께 집행할 수 있다.
> ㉣ 두 가지 이상의 금치는 연속하여 집행할 수 없다. 다만, 두 가지 이상의 금치 기간의 합이 45일 이하인 경우에는 그렇지 않다.
> ㉤ 작업장려금의 삭감은 징벌위원회가 해당 징벌을 의결한 날이 속하는 달의 작업장려금부터 이미 지급된 작업장려금에 대하여 역순으로 집행한다.
> ㉥ 소장은 수용자의 징벌에 관한 사항을 수용기록부 또는 징벌집행부에 기록하여야 한다.
> ㉦ 소장은 징벌집행을 일시 정지한 경우 그 정지사유가 해소되었을 때에는 지체 없이 징벌집행을 재개하여야 한다. 이 경우 집행을 정지한 다음날부터 집행을 재개한 날까지의 일수는 징벌기간으로 계산하지 아니한다.

① 2개   ② 3개
③ 4개   ④ 5개

정답 및 해설

옳은 것은 ㉠, ㉢, ㉣, ㉤이다.
㉠ [○] 형집행법 시행규칙 제230조 제1항
㉡ [×] 같은 종류의 징벌은 그 기간이 긴 것부터 집행한다(동법 시행규칙 제230조 제2항).
㉢ [○] 동법 시행규칙 제230조 제3항
㉣ [○] 동법 시행규칙 제230조 제4항
㉤ [○] 동법 시행규칙 제231조 제1항
㉥ [×] 소장은 수용자의 징벌에 관한 사항을 수용기록부 및 징벌집행부에 기록하여야 한다(동법 시행령 제137조).
㉦ [×] 소장은 징벌집행을 일시 정지한 경우 그 정지사유가 해소되었을 때에는 지체 없이 징벌집행을 재개하여야 한다. 이 경우 집행을 정지한 다음날부터 집행을 재개한 전날까지의 일수는 징벌기간으로 계산하지 아니한다(동법 시행령 제135조).

정답 ③

12 「형의 집행 및 수용자의 처우에 관한 법률」상 징벌의 집행에 대한 설명으로 가장 옳지 않은 것은?

2024. 7급 승진

① 소장은 질병이나 그 밖의 사유로 징벌집행이 곤란하면 그 사유가 해소될 때까지 그 집행을 일시 정지할 수 있다.
② 소장은 징벌을 의결하는 때에 행위의 동기 등 그 사정을 고려할 만한 사유가 있는 수용자에 대하여 2개월 이상 6개월 이하의 기간 내에서 징벌의 집행을 유예할 것을 의결할 수 있다.
③ 소장은 징벌집행 중인 사람이 뉘우치는 빛이 뚜렷한 경우에는 그 징벌을 감경하거나 남은 기간의 징벌집행을 면제할 수 있다.
④ 징벌은 소장이 집행한다.

정답 및 해설

① [○] 동법 제113조 제1항
② [×] 징벌위원회는 징벌을 의결하는 때에 행위의 동기 및 정황, 교정성적, 뉘우치는 정도 등 그 사정을 고려할 만한 사유가 있는 수용자에 대하여 2개월 이상 6개월 이하의 기간 내에서 징벌의 집행을 유예할 것을 의결할 수 있다(형집행법 제114조 제1항).
③ [○] 동법 제113조 제2항
④ [○] 동법 제112조 제1항

정답 ②

13. 「형의 집행 및 수용자의 처우에 관한 법률」상 징벌에 대한 설명으로 옳지 않은 것은? 2021. 교정 9급

① 수용자가 징벌이 집행 중에 있거나 징벌의 집행이 끝난 후 또는 집행이 면제된 후 6개월 내에 다시 징벌사유에 해당하는 행위를 한 때에는 징벌(경고는 제외)의 장기의 2분의 1까지 가중할 수 있다.
② 소장은 징벌사유에 해당하는 행위를 하였다고 의심할 만한 이유가 있는 수용자가 증거를 인멸할 우려가 있는 때에 한하여 조사기간 중 분리하여 수용할 수 있다.
③ 징벌위원회는 징벌을 의결하는 때에 행위의 동기 및 정황, 교정성적, 뉘우치는 정도 등 그 사정을 고려할 만한 사유가 있는 수용자에 대하여 2개월 이상 6개월 이하의 기간 내에서 징벌의 집행을 유예할 것을 의결할 수 있다.
④ 징벌위원회는 위원장을 포함한 5명 이상 7명 이하의 위원으로 구성하고, 위원장은 소장의 바로 다음 순위자가 된다.

정답 및 해설

① [○] 동법 제109조 제2항
② [×] 소장은 징벌사유에 해당하는 행위를 하였다고 의심할 만한 상당한 이유가 있는 수용자가 ㉠ 증거를 인멸할 우려가 있는 때, ㉡ 다른 사람에게 위해를 끼칠 우려가 있거나 다른 수용자의 위해로부터 보호할 필요가 있는 때에는 조사기간 중 분리하여 수용할 수 있다(형집행법 제110조 제1항).
③ [○] 동법 제114조 제1항
④ [○] 동법 제111조 제2항

📋 징벌의 종류(형집행법 제108조)

1. 경고
2. 50시간 이내의 근로봉사
3. 3개월 이내의 작업장려금 삭감
4. 30일 이내의 공동행사 참가 정지
5. 30일 이내의 신문열람 제한
6. 30일 이내의 텔레비전 시청 제한
7. 30일 이내의 자비구매물품(의사가 치료를 위하여 처방한 의약품을 제외한다) 사용 제한
8. 30일 이내의 작업 정지(신청에 따른 작업에 한정한다)
9. 30일 이내의 전화통화 제한
10. 30일 이내의 집필 제한
11. 30일 이내의 편지수수 제한
12. 30일 이내의 접견 제한
13. 30일 이내의 실외운동 정지
14. 30일 이내의 금치

정답 ②

14 「형의 집행 및 수용자의 처우에 관한 법률」상 수용자의 징벌에 대한 설명으로 옳지 않은 것은?

2014. 교정 9급

① 50시간 이내의 근로봉사와 30일 이내의 작업 정지는 함께 부과할 수 있다.
② 징벌위원회는 위원장을 포함한 5명 이상 7명 이하의 위원으로 구성한다.
③ 증거를 인멸할 우려가 있는 때 징벌대상자를 조사기간 중 분리하여 수용할 수 있다.
④ 30일 이내의 접견 제한과 30일 이내의 실외운동 정지는 함께 부과할 수 있다.

정답 및 해설

① [×], ④ [○] 제108조 제4호(30일 이내의 공동행사 참가 정지)부터 제13호까지(30일 이내의 실외운동 정지)의 처분은 함께 부과할 수 있다(형집행법 제109조 제1항).
   ▶ 경고, 50시간 이내의 근로봉사, 3개월 이내의 작업장려금 삭감, 30일 이내의 금치는 제외
② [○] 동법 제111조 제1항
③ [○] 동법 제110조 제1항

정답 ①

15 「형의 집행 및 수용자의 처우에 관한 법률」상 징벌에 대한 내용으로 옳지 않은 것은?

2021. 교정 7급

① 징벌은 징벌사유가 발생한 날부터 1년이 지나면 이를 이유로 징벌을 부과하지 못한다.
② 수용자가 30일 이내의 금치처분을 받은 경우 실외운동을 제한하는 경우에도 매주 1회 이상은 실외운동을 할 수 있도록 하여야 한다.
③ 징벌위원회는 징벌을 의결하는 때에 행위의 동기 및 정황, 교정성적, 뉘우치는 정도 등 그 사정을 고려할 만한 사유가 있는 수용자에 대하여 2개월 이상 6개월 이하의 기간 내에서 징벌의 집행을 유예할 것을 의결할 수 있다.
④ 동일한 행위에 관하여 거듭하여 징벌을 부과할 수 없다.

정답 및 해설

① [×] 징벌사유가 발생한 날부터 2년이 지나면 이를 이유로 징벌을 부과하지 못한다(형집행법 제109조 제4항).
② [○] 소장은 법 제108조 제13호(30일 이내의 실외운동 정지)에 따른 실외운동 정지를 부과하는 경우 또는 30일 이내의 금치처분을 받은 사람의 실외운동을 제한하는 경우(동법 제112조 제4항)라도 수용자가 매주 1회 이상 실외운동을 할 수 있도록 하여야 한다(동법 제112조 제5항).
③ [○] 동법 제114조 제1항
④ [○] 징벌은 동일한 행위에 관하여 거듭하여 부과할 수 없으며, 행위의 동기 및 경중, 행위 후의 정황, 그 밖의 사정을 고려하여 수용목적을 달성하는 데에 필요한 최소한도에 그쳐야 한다(동법 제109조 제3항).

정답 ①

16 형집행법령상 징벌에 대한 설명으로 옳지 않은 것은? 2019. 7급 승진

① 다른 수용자를 교사하여 징벌대상행위를 하게 한 수용자에게는 그 징벌대상행위를 한 수용자에게 부과되는 징벌과 같은 징벌을 부과한다.
② 다른 수용자의 징벌대상행위를 방조한 수용자에게는 그 징벌대상행위를 한 수용자에게 부과되는 징벌과 같은 징벌을 부과하되, 그 정황을 고려하여 2분의 1까지 감경할 수 있다.
③ 둘 이상의 징벌대상행위가 경합하는 경우에는 각각의 행위에 해당하는 징벌 중 가장 중한 징벌의 2분의 1까지 가중할 수 있다.
④ 징벌이 집행 중에 있거나 징벌의 집행이 끝난 후 또는 집행이 면제된 후 6개월 내에 다시 징벌사유에 해당하는 행위를 한 때는 장기의 2배까지 가중할 수 있다.

정답 및 해설

① [○] 동법 시행규칙 제217조 제1항
② [○] 동법 시행규칙 제217조 제2항
③ [○] 동법 시행규칙 제218조 제1항
④ [×] 수용자가 ㉠ 2 이상의 징벌사유가 경합하는 때, ㉡ 징벌 집행 중에 있는 자가 다시 징벌사유에 해당하는 행위를 한 때, ㉢ 징벌의 집행이 끝난 후 또는 집행이 면제된 후 6개월 내에 다시 징벌사유에 해당하는 행위를 한 때에는 50시간 이내의 근로봉사(형집행법 제108조 제2호)부터 30일 이내의 금치(동법 제108조 제14호)까지의 규정에서 정한 징벌의 장기의 2분의 1까지 가중할 수 있다(동법 제109조 제2항).

정답 ④

17 다음은 「형의 집행 및 수용자의 처우에 관한 법률」상 징벌에 대한 규정이다. (㉠) ~ (㉣)에 들어갈 숫자의 합으로 옳은 것은? 2024. 7급 승진

제109조(징벌의 부과) ① 제108조(징벌의 종류) 제4호부터 제13호까지의 처분은 함께 부과할 수 있다.
② 수용자가 다음 각 호의 어느 하나에 해당하면 제108조 제2호부터 제14호까지의 규정에서 정한 징벌의 장기의 (㉠)분의 (㉡)까지 가중할 수 있다.
 1. (㉢) 이상의 징벌사유가 경합하는 때
 2. 징벌이 집행 중에 있거나 징벌의 집행이 끝난 후 또는 집행이 면제된 후 (㉣)개월 내에 다시 징벌사유에 해당하는 행위를 한 때
③ 징벌은 동일한 행위에 관하여 거듭하여 부과할 수 없으며, 행위의 동기 및 경중, 행위 후의 정황, 그 밖의 사정을 고려하여 수용목적을 달성하는 데에 필요한 최소한도에 그쳐야 한다.
④ 징벌사유가 발생한 날부터 (㉤)년이 지나면 이를 이유로 징벌을 부과하지 못한다.

① 13 ② 14
③ 15 ④ 16

정답 및 해설

① [○] ㉠ 2 + ㉡ 1 + ㉢ 2 + ㉣ 6 + ㉤ 2 = 13

정답 ①

18. 「형의 집행 및 수용자의 처우에 관한 법률」상 징벌에 대한 설명으로 옳지 않은 것은?

2020. 6급 승진

① 징벌사유가 발생한 날부터 2년이 지나면 이를 이유로 징벌을 부과하지 못한다.
② 소장은 징벌사유에 해당하는 행위를 하였다고 의심할 만한 상당한 이유가 있는 수용자가 증거를 인멸하거나 자해의 우려가 있는 때에는 조사기간 중 분리하여 수용할 수 있다.
③ 소장은 징벌집행 중인 사람이 뉘우치는 빛이 뚜렷한 경우에는 그 징벌을 감경하거나 남은 기간의 징벌집행을 면제할 수 있다.
④ 징벌위원회는 징벌을 의결하는 때에 행위의 동기 및 정황, 교정성적, 뉘우치는 정도 등 그 사정을 고려할 만한 사유가 있는 수용자에 대하여 2개월 이상 6개월 이하의 기간 내에서 징벌의 집행을 유예할 것을 의결할 수 있다.

정답 및 해설

① [○] 동법 제109조 제4항
② [×] 소장은 징벌사유에 해당하는 행위를 하였다고 의심할 만한 상당한 이유가 있는 수용자(징벌대상자)가 ⊙ 증거를 인멸할 우려가 있는 때, ⓒ 다른 사람에게 위해를 끼칠 우려가 있거나 다른 수용자의 위해로부터 보호할 필요가 있는 때에는 조사기간 중 분리하여 수용할 수 있다(형집행법 제110조 제1항).
③ [○] 동법 제113조 제2항
④ [○] 동법 제114조 제1항

정답 ②

19. 현행법령상 징벌에 관한 내용으로 옳지 않은 것은?

2023. 9급 경채

① 징벌사유가 발생한 날부터 1년이 지나면 이를 이유로 징벌을 부과하지 못한다.
② 징벌은 동일한 행위에 관하여 거듭하여 부과할 수 없으며, 행위의 동기 및 경중, 행위 후의 정황, 그 밖의 사정을 고려하여 수용목적을 달성하는 데에 필요한 최소한도에 그쳐야 한다.
③ 둘 이상의 징벌대상행위가 경합하는 경우에는 각각의 행위에 해당하는 징벌 중 가장 중한 징벌의 2분의 1까지 가중할 수 있다.
④ 징벌사유가 발생한 날부터 2년이 지나면 이를 이유로 징벌을 부과하지 못한다.

정답 및 해설

① [×] 징벌사유가 발생한 날부터 2년이 지나면 이를 이유로 징벌을 부과하지 못한다(형집행법 제109조 제4항).
② [○] 동법 제109조 제3항
③ [○] 동법 시행규칙 제218조
④ [○] 동법 제109조 제4항

정답 ①

20

「형의 집행 및 수용자의 처우에 관한 법률」상 징벌에 대한 설명으로 옳지 않은 것은? 2022. 교정 9급

① 징벌은 동일한 행위에 관하여 거듭하여 부과할 수 없다.
② 징벌사유가 발생한 날부터 2년이 지나면 이를 이유로 징벌을 부과하지 못한다.
③ 징벌의 집행유예는 허용되지 아니한다.
④ 징벌집행의 면제와 일시정지는 허용된다.

정답 및 해설

① [○] 징벌은 동일한 행위에 관하여 거듭하여 부과할 수 없으며, 행위의 동기 및 경중, 행위 후의 정황, 그 밖의 사정을 고려하여 수용목적을 달성하는 데에 필요한 최소한도에 그쳐야 한다(동법 제109조 제3항).
② [○] 동법 제109조 제4항
③ [×] 징벌위원회는 징벌을 의결하는 때에 행위의 동기 및 정황, 교정성적, 뉘우치는 정도 등 그 사정을 고려할 만한 사유가 있는 수용자에 대하여 2개월 이상 6개월 이하의 기간 내에서 징벌의 집행을 유예할 것을 의결할 수 있다(형집행법 제114조 제1항).
④ [○] 소장은 질병이나 그 밖의 사유로 징벌집행이 곤란하면 그 사유가 해소될 때까지 그 집행을 일시 정지할 수 있으며(동법 제113조 제1항), 소장은 징벌집행 중인 사람이 뉘우치는 빛이 뚜렷한 경우에는 그 징벌을 감경하거나 남은 기간의 징벌집행을 면제할 수 있다(동법 제113조 제2항).

정답 ③

21

수용자의 징벌에 대한 설명으로 옳지 않은 것은? 2018. 7급 승진

① 수용자의 징벌대상행위에 대한 조사기간은 10일 이내로 한다. 다만, 특히 필요하다고 인정하는 경우에는 1회에 한하여 7일을 초과하지 아니하는 범위에서 그 기간을 연장할 수 있다.
② 일시정지된 조사기간은 그 사유가 해소된 때부터 다시 진행한다. 이 경우 조사가 정지된 날부터 정지사유가 소멸한 날까지의 기간은 조사기간에 포함되지 아니한다.
③ 수용자가 2 이상의 징벌사유가 경합하는 때, 징벌이 집행 중에 있거나 징벌의 집행이 끝난 후 또는 집행이 면제된 후 6개월 내에 다시 징벌사유에 해당하는 행위를 한 때의 어느 하나에 해당하면 규정에서 정한 징벌의 장기의 2분의 1까지 가중할 수 있다.
④ 징벌위원회는 재적위원 과반수의 출석으로 개의하고, 출석위원 과반수의 찬성으로 의결한다. 이 경우 외부위원 1명 이상이 출석한 경우에만 개의할 수 있다.

정답 및 해설

① [○] 동법 시행규칙 제220조 제1항
② [×] 일시정지된 조사기간은 그 사유가 해소된 때부터 다시 진행한다. 이 경우 조사가 정지된 다음 날부터 정지사유가 소멸한 전날까지의 기간은 조사기간에 포함되지 아니한다(형집행법 시행규칙 제221조 제2항).
③ [○] 동법 제109조 제2항
④ [○] 동법 시행규칙 제228조 제4항

정답 ②

22. 「형의 집행 및 수용자의 처우에 관한 법률」상 수용자의 징벌에 대한 설명으로 옳지 않은 것은?

2013. 교정 9급

① 교도소장은 수용자가 수용생활의 편의 등 자신의 요구를 관철할 목적으로 자해하는 경우에 징벌위원회의 의결에 따라 수용자에게 징벌을 부과할 수 있다.
② 수용자에게 부과되는 징벌의 종류에는 30일 이내의 실외운동 정지와 30일 이내의 금치가 포함된다.
③ 징벌위원회에서 수용자에 대하여 징벌이 의결되더라도 행위의 동기 및 정황, 교정성적, 뉘우치는 정도 등 그 사정을 고려할 만한 사유가 있는 수용자에 대하여 교도소장은 2개월 이상 6개월 이하의 기간 내에서 징벌의 집행을 유예할 수 있다.
④ 교도소장은 징벌의 집행이 종료되거나 집행이 면제된 수용자가 교정성적이 양호하고 법무부령으로 정하는 기간 동안 징벌을 받지 아니하면 징벌을 실효시킬 수 있다.

정답 및 해설

① [○] 동법 제107조 제2호
② [○] 동법 제108조 제13호·제14호
③ [×] 징벌위원회는 징벌을 의결하는 때에 행위의 동기 및 정황, 교정성적, 뉘우치는 정도 등 그 사정을 고려할 만한 사유가 있는 수용자에 대하여 2개월 이상 6개월 이하의 기간 내에서 징벌의 집행을 유예할 것을 의결할 수 있다(형집행법 제114조 제1항).
④ [○] 소장은 징벌의 집행이 종료되거나 집행이 면제된 수용자가 교정성적이 양호하고 법무부령으로 정하는 기간 동안 징벌을 받지 아니하면 법무부장관의 승인을 받아 징벌을 실효시킬 수 있다(동법 제115조 제1항).
▶ 출제 당국의 답안 처리대로 정답을 ③으로 하였으나, ④의 지문도 '법무부장관의 승인을 받아'가 생략되어 있으므로 옳은 지문이라 보기 어렵다.

정답 ③

23. 「형의 집행 및 수용자의 처우에 관한 법률」 시행규칙상 징벌에 대한 설명으로 옳은 것은?

2018. 6급 승진

① 다른 수용자의 징벌대상행위를 방조한 수용자에게는 그 징벌대상행위를 한 수용자에게 부과되는 징벌과 같은 징벌을 부과하되, 그 정황을 고려하여 3분의 1까지 감경할 수 있다.
② 다른 수용자를 교사하여 징벌대상행위를 하게 한 수용자에게는 그 징벌대상행위를 한 수용자에게 부과되는 징벌과 같은 징벌을 부과한다.
③ 둘 이상의 징벌대상행위가 경합하는 경우에는 각각의 행위에 해당하는 징벌을 모두 부과한다.
④ 징벌대상행위에 대하여 조사하는 교도관은 모든 조사대상자에게 진술을 거부할 수 있다는 것과 변호인을 선임할 수 있다는 것을 알려야 한다.

정답 및 해설

① [×] 그 정황을 고려하여 2분의 1까지 감경할 수 있다(동법 시행규칙 제217조 제2항).
② [○] 형집행법 시행규칙 제217조 제1항
③ [×] 둘 이상의 징벌대상행위가 경합하는 경우에는 각각의 행위에 해당하는 징벌 중 가장 중한 징벌의 2분의 1까지 가중할 수 있다(동법 시행규칙 제218조 제1항).
④ [×] 형사 법률에 저촉되는 행위에 대하여 징벌 부과 외에 형사입건조치가 요구되는 경우에는 형사소송절차에 따라 조사대상자에게 진술을 거부할 수 있다는 것과 변호인을 선임할 수 있다는 것을 알려야 한다(동법 시행규칙 제219조 제4호).

정답 ②

24 형의 집행 및 수용자의 처우에 관한 법령상 금치처분에 대한 설명으로 옳지 않은 것은? 2018. 교정 7급

① 금치처분을 받은 자에게는 그 기간 중 전화통화 제한이 함께 부과된다.
② 소장은 금치처분을 받은 자에게 자해의 우려가 있고 필요성을 인정하는 경우 실외운동을 전면 금지할 수 있다.
③ 소장은 금치를 집행하는 경우 의무관으로 하여금 사전에 수용자의 건강을 확인하도록 하여야 한다.
④ 소장은 금치를 집행하는 경우 징벌집행을 위하여 별도로 지정한 거실에 해당 수용자를 수용하여야 한다.

정답 및 해설

① [○] 동법 제112조 제3항
② [×] 소장은 30일 이내의 금치(형집행법 제108조 제14호)의 처분을 받은 사람에게 자해의 우려가 있어 필요하다고 인정하는 경우에는 건강유지에 지장을 초래하지 아니하는 범위에서 실외운동을 제한할 수 있으나(동법 제112조 제4항), 실외운동을 제한하는 경우라도 수용자가 매주 1회 이상 실외운동을 할 수 있도록 하여야 한다(동법 제112조 제5항).
③ [○] 동법 제112조 제6항
④ [○] 동법 시행규칙 제231조 제2항

정답 ②

25 형의 집행 및 수용자의 처우에 관한 법령상 징벌에 대한 설명으로 옳지 않은 것은? (다툼이 있는 경우 판례에 의함) 2016. 5급 승진

① 동일한 행위로 징벌을 받은 뒤에 형사처벌을 한다고 하여 일사부재리의 원칙에 반하는 것은 아니다.
② 징벌사유가 발생한 날부터 2년이 지나면 이를 이유로 징벌을 부과하지 못한다.
③ 30일 이내의 공동행사참가 정지의 징벌을 집행 중인 수용자가 다른 교정시설로 이송되거나 법원 또는 검찰청 등에 출석하는 경우 징벌집행이 정지되는 것으로 본다.
④ 소장은 징벌집행을 받고 있는 수용자가 같은 행위로 형사 법률에 따른 처벌이 확정되어 징벌을 집행할 필요가 없다고 인정하면 징벌집행을 감경하거나 면제할 수 있다.
⑤ 소장은 미결수용자에게 징벌을 부과한 경우에는 그 징벌대상행위를 양형 참고자료로 작성하여 관할 검찰청 검사 또는 관할 법원에 통보할 수 있다.

정답 및 해설

① [○] 대법원 2000.10.27. 2000도3874
② [○] 동법 제109조 제4항
③ [×] 징벌의 종류 중 30일 이내의 공동행사 참가 정지(제108조 제4호)부터 30일 이내의 금치(제108조 제14호)까지의 징벌 집행 중인 수용자가 다른 교정시설로 이송되거나 법원 또는 검찰청 등에 출석하는 경우에는 징벌집행이 계속되는 것으로 본다(형집행법 시행령 제134조).
④ [○] 소장은 징벌집행을 받고 있거나 집행을 앞둔 수용자가 같은 행위로 형사 법률에 따른 처벌이 확정되어 징벌을 집행할 필요가 없다고 인정하면 징벌집행을 감경하거나 면제할 수 있다(동법 시행규칙 제231조 제4항).
⑤ [○] 동법 제111조의2

정답 ③

26. 다음 ( ) 안에 들어갈 숫자를 모두 합한 것은?

2018. 8급 승진

㉠ 징벌이 집행 중에 있거나 징벌의 집행이 끝난 후 또는 집행이 면제된 후 ( )개월 내에 다시 징벌사유에 해당하는 행위를 한 때에는 형집행법 제108조 제2호부터 제14호까지의 규정에서 정한 징벌의 장기의 2분의 1까지 가중할 수 있다.
㉡ 징벌은 동일한 행위에 관하여 거듭하여 부과할 수 없으며, 징벌사유가 발생한 날부터 ( )년이 지나면 이를 이유로 징벌을 부과하지 못한다.
㉢ 30일 이내의 금치처분을 받은 사람에게 실외운동을 제한하는 경우에도 매주 ( )회 이상은 실외운동을 할 수 있도록 하여야 한다.
㉣ 징벌위원회는 징벌을 의결하는 때에 행위의 동기 및 정황, 교정성적, 뉘우치는 정도 등 그 사정을 고려할 만한 사유가 있는 수용자에 대하여 ( )개월 이상 ( )개월 이하의 기간 내에서 징벌의 집행을 유예할 것을 의결할 수 있다.

① 16
② 17
③ 18
④ 19

정답 및 해설

② [○] 6 + 2 + 1 + 2 + 6 = 17
㉠ 6개월(형집행법 제109조 제2항)
㉡ 2년(동법 제109조 제4항)
㉢ 매주 1회 이상(동법 제112조 제5항)
㉣ 2개월 이상 6개월 이하(동법 제114조 제1항)

정답 ②

27. 형의 집행 및 수용자의 처우에 관한 법령상 수용자의 징벌에 대한 설명으로 옳은 것은?

2019. 교정 7급

① 다른 수용자의 징벌대상행위를 방조한 수용자에게는 그 징벌대상행위를 한 수용자에게 부과되는 징벌과 같은 징벌을 부과하되, 2분의 1로 감경한다.
② 소장은 10일의 금치처분을 받은 수용자가 징벌의 집행이 종료된 후 교정성적이 양호하고 1년 6개월 동안 징벌을 받지 아니하면 법무부장관의 승인을 받아 징벌을 실효시킬 수 있다.
③ 소장은 특별한 사유가 없으면 의사로 하여금 징벌대상자에 대한 심리상담을 하도록 해야 한다.
④ 소장은 징벌집행의 유예기간 중에 있는 수용자가 다시 징벌대상행위를 하면 그 유예한 징벌을 집행한다.

정답 및 해설

① [×] 다른 수용자의 징벌대상행위를 방조한 수용자에게는 그 징벌대상행위를 한 수용자에게 부과되는 징벌과 같은 징벌을 부과하되, 그 정황을 고려하여 2분의 1까지 감경할 수 있다(동법 시행규칙 제217조 제2항).
② [○] 소장은 10일의 금치처분을 받은 수용자(형집행법 시행규칙 제215조 제3호 가목)가 징벌의 집행이 종료된 후 교정성적이 양호하고 1년 6개월(동법 시행규칙 제234조 제1항 제1호 다목) 동안 징벌을 받지 아니하면 법무부장관의 승인을 받아 징벌을 실효시킬 수 있다(동법 제115조 제1항).
③ [×] 소장은 특별한 사유가 없으면 교도관으로 하여금 징벌대상자에 대한 심리상담을 하도록 해야 한다(동법 시행규칙 제219조의2).
④ [×] 소장은 징벌집행의 유예기간 중에 있는 수용자가 다시 징벌대상행위를 하여 징벌이 결정되면 그 유예한 징벌을 집행한다(동법 제114조 제2항).

정답 ②

28. 교정행정 관련 판례의 입장과 일치하는 것은?

2015. 9급 경채

① 마약류사범에게 마약류반응 검사를 위하여 소변을 받아 제출하게 한 것은 강제처분이므로 영장주의의 원칙이 적용된다.
② 하의속옷을 내린 채 상체를 숙이고 양손으로 둔부를 벌려 항문을 보이는 방법으로 실시한 정밀신체검사는 마약류 사범인 청구인의 기본권을 침해하였다고 할 수 없다.
③ 구치소장이 접견 녹음파일을 지방검찰청 검사에게 제공한 행위는 청구인의 기본권을 침해한다.
④ 조직범죄 등 수용자 관련 범죄기사에 대한 신문기사 삭제 행위는 수용자의 알권리를 과도하게 침해하는 것이다.

정답 및 해설

① [×] 헌재 2006.7.27. 2005헌마277

> **관련판례**
> 마약류사범인 청구인에게 마약류반응검사를 위하여 소변을 받아 제출하게 한 것은 교도소의 안전과 질서유지를 위한 것으로 수사에 필요한 처분이 아닐 뿐만 아니라 검사대상자들의 협력이 필수적이어서 강제처분이라고 할 수도 없어 영장주의의 원칙이 적용되지 않는다(헌재 2006.7.27. 2005헌마277).

② [○] 헌재 2006.6.29. 2004헌마826

> **관련판례**
> 교도관이 마약류사범에게 검사의 취지와 방법을 설명하고 반입금지품을 제출하도록 안내한 후 외부와 차단된 검사실에서 같은 성별의 교도관 앞에 돌아서서 하의속옷을 내린 채 상체를 숙이고 양손으로 둔부를 벌려 항문을 보이는 방법으로 실시한 정밀신체검사는 마약류 사범인 청구인의 기본권을 침해하였다고 할 수 없다(헌재 2006.6.29. 2004헌마826).

③ [×] 헌재 2012.12.27. 2010헌마153

> **관련판례**
> 녹음행위는 교정시설 내의 안전과 질서유지에 기여하기 위한 것으로서 그 목적이 정당할 뿐 아니라 수단이 적절하고, 제공행위는 형사사법의 실체적 진실을 발견하고 이를 통해 형사사법의 적정한 수행을 도모하기 위한 것으로 그 목적이 정당하고, 수단 역시 적합하다. 그러므로 구치소장이 청구인과 배우자의 접견을 녹음하여 지방검찰청 검사장에게 그 접견녹음파일을 제공한 행위는 청구인의 기본권을 침해하지 않는다(헌재 2012.12.27. 2010헌마153).

④ [×] 헌재 1998.10.29. 98헌마4

> **관련판례**
> 교화상 또는 구금목적에 특히 부적당하다고 인정되는 기사, 조직범죄 등 수용자 관련 범죄기사에 대한 신문기사 삭제행위는 구치소 내 질서유지와 보안을 위한 것으로, 구치소의 질서유지와 보안에 대한 공익을 비교할 때 청구인의 알 권리를 과도하게 침해한 것은 아니다(헌재 1998.10.29. 98헌마4).

정답 ②

29. 형의 집행 및 수용자의 처우에 관한 법령상 징벌집행에 대한 설명으로 옳지 않은 것은?   2024. 교정 9급

① 소장은 30일 이내의 금치(禁置)처분을 받은 수용자에게 실외운동을 제한하는 경우라도 매주 1회 이상 실외운동을 할 수 있도록 하여야 한다.
② 수용자의 징벌대상행위에 대한 조사기간(조사를 시작한 날부터 징벌위원회의 의결이 있는 날까지를 말한다)은 10일 이내로 한다. 다만, 특히 필요하다고 인정하는 경우에는 1회에 한하여 7일을 초과하지 아니하는 범위에서 그 기간을 연장할 수 있다.
③ 소장은 징벌대상자의 질병이나 그 밖의 특별한 사정으로 인하여 조사를 계속하기 어려운 경우에는 조사를 일시 정지할 수 있다. 이 경우 조사가 정지된 다음 날부터 정지사유가 소멸한 날까지의 기간은 조사기간에 포함되지 아니한다.
④ 소장은 수용자가 교정사고 방지에 뚜렷한 공로가 있다고 인정되면 분류처우위원회의 의결을 거친 후 법무부장관의 승인을 받아 징벌을 실효시킬 수 있다.

정답 및 해설

① [○] 소장은 법 제108조 제13호(30일 이내의 실외운동 정지)에 따른 실외운동 정지를 부과하는 경우 또는 법 제112조 제4항에 따라 (30일 이내의 금치처분을 받은 사람의) 실외운동을 제한하는 경우라도 수용자가 매주 1회 이상 실외운동을 할 수 있도록 하여야 한다(동법 제112조 제5항).
② [○] 동법 시행규칙 제220조 제1항
③ [×] 소장은 징벌대상자의 질병이나 그 밖의 특별한 사정으로 인하여 조사를 계속하기 어려운 경우에는 조사를 일시 정지할 수 있다(형집행법 시행규칙 제221조 제1항). 정지된 조사기간은 그 사유가 해소된 때부터 다시 진행한다. 이 경우 조사가 정지된 다음 날부터 정지사유가 소멸한 전날까지의 기간은 조사기간에 포함되지 아니한다(동법 시행규칙 제221조 제2항).
④ [○] 동법 제115조 제2항

정답 ③

30. 형집행법령상 징벌에 대한 설명으로 가장 옳지 않은 것은?   2021. 5급 승진

① 소장은 수용자가 교정사고 방지에 뚜렷한 공로가 있다고 인정되면 징벌위원회의 의결을 거친 후 법무부장관의 승인을 받아 징벌을 실효시킬 수 있다.
② 소장은 실외운동 정지의 징벌을 부과하는 경우 또는 금치 처분을 받은 수용자에 대해 실외운동을 제한하는 경우라도 수용자가 매주 1회 이상 실외운동을 할 수 있도록 한다.
③ 금치와 그 밖의 징벌을 집행할 경우에는 금치를 우선하여 집행한다. 다만, 작업장려금의 삭감과 경고는 금치와 동시에 집행할 수 있다.
④ 소장은 징벌대상자에게 접견·편지수수 또는 전화통화를 제한하는 경우에는 징벌대상자의 가족 등에게 그 사실을 알려야 한다. 다만, 징벌대상자가 알리기를 원하지 않는 경우에는 그렇지 않다.

정답 및 해설

① [×] 소장은 수용자가 교정사고 방지에 뚜렷한 공로가 있다고 인정되면 분류처우위원회의 의결을 거친 후 법무부장관의 승인을 받아 징벌을 실효시킬 수 있다(형집행법 제115조 제2항).
② [○] 동법 제112조 제5항
③ [○] 두 가지 이상의 금치는 연속하여 집행할 수 없다. 다만, 두 가지 이상의 금치 기간의 합이 45일 이하인 경우에는 그렇지 않다(동법 시행규칙 제230조 제4항).
④ [○] 동법 시행령 제133조 제2항

정답 ①

31 형집행법령 및 판례상 수용자의 징벌에 대한 설명으로 가장 옳은 것은?

2021. 6급 승진

① 수용자가 2 이상의 징벌사유가 경합하는 때 또는 징벌이 집행 중에 있거나 징벌의 집행이 끝난 후 또는 집행이 면제된 후 1년 내에 다시 징벌사유에 해당하는 행위를 한 때에는 징벌의 장기의 2분의 1까지 가중할 수 있다.
② 수용자가 금지물품을 지니거나 반입·제작·사용·수수·교환·은닉하는 행위를 한 경우에는 21일 이상 30일 이하의 금치(禁置)에 처할 것. 다만, 위반의 정도가 경미한 경우 그 기간의 2분의 1의 범위에서 감경할 수 있다.
③ 대법원은 징벌위원회가 징벌혐의자에게 출석통지서를 전달하지 않았다고 하더라도 징벌위원회 개최 일시와 장소를 구두로 통지하였다면 출석통지서 미전달의 하자가 치유되어 위법하지 않다고 판단하였다.
④ 징벌위원회는 재적위원 과반수의 출석으로 개의하고, 출석위원 과반수의 찬성으로 의결한다. 이 경우 외부위원 2명 이상이 출석한 경우에만 개의할 수 있다.

정답 및 해설

① [×] 집행이 면제된 후 6개월 내에 다시 징벌사유에 해당하는 행위를 한 때(동법 제109조 제2항)
② [○] 형집행법 제107조
③ [×] 대법원 2007.1.11. 선고 2006두13312

> **관련판례**
> 금치처분에서 정한 집행이 완료되었다고 하더라도 그 처분의 취소소송을 통하여 장래의 불이익을 제거할 권리보호의 필요성이 충분히 인정되어, 처분을 함에 있어서 서면 또는 구술에 의한 출석통지를 한 사실을 인정할 만한 증거가 없으므로 위 처분은 위법하여 취소되어야 한다(대법원 2007.1.11. 선고 2006두13312).

④ [×] 위원회는 위원장을 포함한 5명 이상 7명 이하의 위원으로 구성하고, 외부위원은 3명 이상으로 한다. 징벌위원회는 재적위원 과반수의 출석으로 개의하고, 출석위원 과반수의 찬성으로 의결한다. 이 경우 외부위원 1명 이상이 출석한 경우에만 개의할 수 있다(동법 제111조 제2항).

정답 ②

32 「형의 집행 및 수용자의 처우에 관한 법률」상 징벌의 집행에 대한 설명으로 가장 옳지 않은 것은?

2022. 6급 승진

① 소장은 징벌집행 중인 사람이 뉘우치는 빛이 뚜렷한 경우에는 그 징벌을 감경하거나 남은 기간의 징벌집행을 면제할 수 있다.
② 징벌위원회는 징벌을 의결하는 때에 행위의 동기 및 정황, 교정성적, 뉘우치는 정도 등 그 사정을 고려할 만한 사유가 있는 수용자에 대하여 3개월 이상 6개월 이하의 기간 내에서 징벌의 집행을 유예할 것을 의결할 수 있다.
③ 수용자가 징벌집행을 유예받은 후 징벌을 받음이 없이 유예기간이 지나면 그 징벌의 집행은 종료된 것으로 본다.
④ 소장은 징벌의 집행이 종료되거나 집행이 면제된 수용자가 교정성적이 양호하고 법무부령으로 정하는 기간 동안 징벌을 받지 아니하면 법무부장관의 승인을 받아 징벌을 실효시킬 수 있다.

정답 및 해설

① [○] 동법 제113조 제2항
② [×] … 2개월 이상 6개월 이하의 기간 내에서 징벌의 집행을 유예할 것을 의결할 수 있다(형집행법 제114조 제1항).
③ [○] 동법 제114조
④ [○] 동법 제115조 제1항

정답 ②

33 형집행법령상 징벌에 대한 설명으로 가장 옳지 않은 것은?
2022. 6급 승진

① 작업장려금의 삭감은 징벌위원회가 해당 징벌을 의결한 날이 속하는 달의 작업장려금부터 이미 지급된 작업장려금에 대하여 역순으로 집행한다.
② 소장은 금치를 집행하는 경우에는 징벌집행을 위하여 별도로 지정한 거실에 해당수용자를 수용하여야 한다.
③ 징벌위원회는 위원장을 포함한 5명 이상 7명 이하의 위원으로 구성하고, 위원장은 소장의 바로 다음 순위자가 되며, 위원은 소장이 소속 기관의 과장(지소의 경우에는 7급 이상의 교도관) 및 교정에 관한 학식과 경험이 풍부한 외부인사 중에서 임명 또는 위촉한다. 이 경우 외부위원은 2명 이상으로 한다.
④ 소장은 징벌집행을 받고 있거나 집행을 앞둔 수용자가 같은 행위로 형사 법률에 따른 처벌이 확정되어 징벌을 집행할 필요가 없다고 인정하면 징벌집행을 감경하거나 면제할 수 있다.

정답 및 해설

①, ② [○] 동법 시행규칙 제231조
③ [×] … 이 경우 외부위원은 3명 이상으로 한다(형집행법 제111조 제2항).
④ [○] 동법 시행규칙 제231조 제4항

정답 ③

34 「형의 집행 및 수용자의 처우에 관한 법률」상 징벌에 대한 설명으로 가장 옳지 않은 것은?
2022. 7급 승진

① 징벌사유가 발생한 날부터 2년이 지나면 이를 이유로 징벌을 부과하지 못한다.
② 징벌위원회는 징벌을 의결하는 때에 행위의 동기 및 정황, 교정성적, 뉘우치는 정도 등 그 사정을 고려할 만한 사유가 있는 수용자에 대하여 3개월 이상 9개월 이하의 기간 내에서 징벌의 집행을 유예할 것을 의결할 수 있다.
③ 징벌위원회의 외부위원은 3명 이상으로 한다.
④ 소장은 미결수용자에게 징벌을 부과한 경우에는 그 징벌대상행위를 양형참고자료로 작성하여 관할 검찰청 검사 또는 관할 법원에 통보할 수 있다.

정답 및 해설

① [○] 동법 제109조 제4항
② [×] 징벌위원회는 징벌을 의결하는 때에 행위의 동기 및 정황, 교정성적, 뉘우치는 정도 등 그 사정을 고려할 만한 사유가 있는 수용자에 대하여 2개월 이상 6개월 이하의 기간 내에서 징벌의 집행을 유예할 것을 의결할 수 있다(형집행법 제114조).
③ [○] 동법 제111조 제2항
④ [○] 동법 제111조의2

정답 ②

35 형집행법령상 징벌에 대한 설명으로 옳은 것은 모두 몇 개인가?

2022. 7급 승진

㉠ 다른 수용자를 교사하여 징벌대상행위를 하게 한 수용자에게는 그 징벌 대상행위를 한 수용자에게 부과되는 징벌과 같은 징벌을 부과한다.
㉡ 다른 수용자의 징벌대상행위를 방조한 수용자에게는 그 징벌대상행위를 한 수용자에게 부과되는 징벌과 같은 징벌을 부과하되, 그 정황을 고려하여 2분의 1까지 감경할 수 있다.
㉢ 징벌은 동일한 행위에 관하여 거듭하여 부과할 수 없으며, 행위의 동기 및 경중, 행위 후의 정황, 그 밖의 사정을 고려하여 수용목적을 달성하는 데에 필요한 최소한도에 그쳐야 한다.
㉣ 둘 이상의 징벌대상행위가 경합하는 경우에는 각각의 행위에 해당하는 징벌 중 가장 중한 징벌의 2분의 1까지 가중할 수 있다.

① 1개　　② 2개
③ 3개　　④ 4개

정답 및 해설

㉠ [○] 형집행법 시행규칙 제217조 제1항
㉡ [○] 동법 시행규칙 제217조 제2항
㉢ [○] 동법 제109조 제3항
㉣ [○] 동법 시행규칙 제218조

정답 ④

36 형집행법령상 징벌에 대한 설명으로 옳은 것은 모두 몇 개인가?

2023. 6급 승진

㉠ 징벌은 동일한 행위에 관하여 거듭하여 부과할 수 없으며, 행위의 동기 및 경중, 행위 후의 정황, 그 밖의 사정을 고려하여 수용목적을 달성하는 데에 필요한 최소한도에 그쳐야 한다.
㉡ 징벌이 집행 중에 있거나 징벌의 집행이 끝난 후 또는 집행이 면제된 후 6개월 내에 다시 징벌사유에 해당하는 행위를 한 때 징벌을 부과하게 되면 장기의 2분의 1까지 가중하여야 한다.
㉢ 징벌대상자의 징벌을 결정하기 위하여 교정시설에 징벌위원회를 둔다.
㉣ 징벌위원회는 위원장을 포함한 5명 이상 7명 이하의 위원으로 구성하고, 위원장은 소장의 바로 다음 순위자가 되며, 위원은 소장이 소속 기관의 과장(지소의 경우에는 7급 이상의 교도관) 및 교정에 관한 학식과 경험이 풍부한 외부인사 중에서 임명 또는 위촉한다. 이 경우 외부위원은 2명 이상으로 한다.
㉤ 징벌위원회는 재적위원 과반수의 출석으로 개의하고, 출석위원 과반수의 찬성으로 의결한다. 이 경우 외부위원 1명 이상이 출석한 경우에만 개의할 수 있다.

① 2개　　② 3개
③ 4개　　④ 5개

정답 및 해설

옳은 것은 ㉠, ㉢, ㉤이다.
- ㉠ [○] 형집행법 제109조 제3항
- ㉡ [×] 징벌이 집행 중에 있거나 징벌의 집행이 끝난 후 또는 집행이 면제된 후 6개월 내에 다시 징벌사유에 해당하는 행위를 한 때 징벌을 부과하게 되면 장기의 2분의 1까지 가중할 수 있다(동법 제109조 제2항).
- ㉢ [○] 동법 제111조 제1항
- ㉣ [×] 징벌위원회는 위원장을 포함한 5명 이상 7명 이하의 위원으로 구성하고, 위원장은 소장의 바로 다음 순위자가 되며, 위원은 소장이 소속 기관의 과장(지소의 경우에는 7급 이상의 교도관) 및 교정에 관한 학식과 경험이 풍부한 외부인사 중에서 임명 또는 위촉한다. 이 경우 외부위원은 3명 이상으로 한다(동법 제111조 제2항).
- ㉤ [○] 동법 시행규칙 제228조

정답 ②

37 「형의 집행 및 수용자의 처우에 관한 법률 시행규칙」상 징벌 부과기준에 대한 설명으로 ( ) 안에 들어갈 숫자의 합은?

2023. 5급 승진

> **제215조(징벌 부과기준)** 수용자가 징벌대상행위를 한 경우 부과하는 징벌의 기준은 다음 각 호의 구분에 따른다.
> 1. 법 제107조 제1호·제4호 및 이 규칙 제214조 제1호부터 제3호까지의 규정 중 어느 하나에 해당하는 행위는 (㉠)일 이상 (㉡)일 이하의 금치(禁置)에 처할 것. 다만, 위반의 정도가 경미한 경우 그 기간의 2분의 1의 범위에서 감경할 수 있다.
> 2. 법 제107조 제5호, 이 규칙 제214조 제4호·제5호·제5호의2 및 제6호부터 제8호까지의 규정 중 어느 하나에 해당하는 행위는 다음 각 목의 어느 하나에 처할 것
>   가. (㉢)일 이상 (㉣)일 이하의 금치. 다만, 위반의 정도가 경미한 경우 그 기간의 2분의 1의 범위에서 감경할 수 있다.
>   나. 3개월의 작업장려금 삭감
> 3. 법 제107조 제2호·제3호 및 이 규칙 제214조 제9호부터 제14호까지의 규정 중 어느 하나에 해당하는 행위는 다음 각 목의 어느 하나에 처할 것
>   가. (㉤)일 이상 (㉥)일 이하의 금치
>   나. 2개월의 작업장려금 삭감
> 4. 제214조 제15호부터 제18호까지의 규정 중 어느 하나에 해당하는 행위는 다음 각 목의 어느 하나에 처할 것
>   가. (㉦)일 이하의 금치
>   나. 30일 이내의 실외운동 및 공동행사참가 정지
>   다. 30일 이내의 접견·편지수수·집필 및 전화통화 제한
>   라. 30일 이내의 텔레비전시청 및 신문열람 제한
>   마. 1개월의 작업장려금 삭감

① 121　　② 123
③ 125　　④ 127

정답 및 해설

① [○] ㉠ 21 + ㉡ 30 + ㉢ 16 + ㉣ 20 + ㉤ 10 + ㉥ 15 + ㉦ 9 = 121

정답 ①

38 형집행법령상 징벌에 대한 설명으로 가장 옳은 것은?

2023. 5급 승진

① 징벌위원회는 재적위원 과반수의 찬성으로 의결한다. 이 경우 외부위원 1명 이상이 출석한 경우에만 개의할 수 있다.
② 징벌위원회는 소장에게 징벌의결 내용을 통고하는 경우에는 징벌의결서 사본을 첨부하여야 한다.
③ 소장은 징벌집행 중인 수용자의 심리적 안정과 징벌대상행위의 재발방지를 위해서 교도관으로 하여금 징벌집행 중인 수용자에 대한 심리상담을 하게 해야 한다.
④ 소장은 징벌집행을 일시 정지한 경우 그 정지사유가 해소되었을 때에는 지체 없이 징벌집행을 재개하여야 한다. 이 경우 집행을 정지한 날부터 집행을 재개한 전날까지의 일수는 징벌기간으로 계산하지 아니한다.

정답 및 해설

① [×] 징벌위원회는 재적위원 과반수의 출석으로 개의하고, 출석위원 과반수의 찬성으로 의결한다. 이 경우 외부위원 1명 이상이 출석한 경우에만 개의할 수 있다(동법 시행규칙 제228조 제4항).
② [×] 징벌위원회는 소장에게 징벌의결 내용을 통고하는 경우에는 징벌의결서 정본을 첨부하여야 한다(동법 시행규칙 제229조 제1항).
③ [○] 형집행법 시행규칙 제233조 제1항
④ [×] 소장은 징벌집행을 일시 정지한 경우 그 정지사유가 해소되었을 때에는 지체 없이 징벌집행을 재개하여야 한다. 이 경우 집행을 정지한 다음날부터 집행을 재개한 전날까지의 일수는 징벌기간으로 계산하지 아니한다(동법 시행령 제135조).

정답 ③

39 형집행법령상 징벌에 대한 설명으로 옳은 것은 모두 몇 개인가?

2023. 7급 승진

㉠ 수용자가 징벌이 집행 중에 있거나 징벌의 집행이 끝난 후 또는 집행이 면제된 후 6개월 내에 다시 징벌사유에 해당하는 행위를 한 때에는 형집행법 제108조(징벌의 종류) 제2호부터 제14호까지의 규정에서 정한 징벌의 장기의 2분의 1까지 가중하여야 한다.
㉡ 소장은 징벌집행을 받고 있거나 집행을 앞둔 수용자가 같은 행위로 형사 법률에 따른 처벌이 확정되어 징벌을 집행할 필요가 없다고 인정하면 징벌집행을 감경하거나 면제하여야 한다.
㉢ 소장은 금치 외의 징벌을 집행하는 경우 그 징벌의 목적을 달성하기 위하여 필요하다고 인정하면 해당 수용자를 징벌거실(징벌집행을 위하여 별도로 지정한 거실)에 수용하여야 한다.

① 0개
② 1개
③ 2개
④ 3개

정답 및 해설

모두 옳지 않은 설명이다.
㉠ [×] 수용자가 ⓐ 2 이상의 징벌사유가 경합하는 때, ⓑ 징벌 집행 중에 있는 자가 다시 징벌사유에 해당하는 행위를 한 때, ⓒ 징벌의 집행이 끝난 후 또는 집행이 면제된 후 6개월 내에 다시 징벌사유에 해당하는 행위를 한 때에는 50시간 이내의 근로봉사(형집행법 제108조 제2호)부터 30일 이내의 금치(동법 제108조 제14호)까지의 규정에서 정한 징벌의 장기의 2분의 1까지 가중할 수 있다(동법 제109조 제2항).
㉡ [×] 소장은 징벌집행을 받고 있거나 집행을 앞둔 수용자가 같은 행위로 형사 법률에 따른 처벌이 확정되어 징벌을 집행할 필요가 없다고 인정하면 징벌집행을 감경하거나 면제할 수 있다(동법 시행규칙 제231조 제4항).
㉢ [×] 소장은 금치를 집행하는 경우에는 징벌집행을 위하여 별도로 지정한 거실(징벌거실)에 해당 수용자를 수용하여야 하며(동법 시행규칙 제231조 제2항), 금치 외의 징벌을 집행하는 경우 그 징벌의 목적을 달성하기 위하여 필요하다고 인정하면 해당 수용자를 징벌거실에 수용할 수 있다(동법 시행규칙 제231조 제3항).

정답 ①

40 형집행법령상 도주한 수용자 체포에 대한 설명으로 가장 옳지 않은 것은? 2021. 5급 승진

① 교도관은 수용자가 도주를 한 경우에는 도주 후 72시간 이내에만 그를 체포할 수 있다.
② 교도관은 도주한 수용자의 체포를 위하여 긴급히 필요하면 도주를 하였다고 의심할 만한 상당한 이유가 있는 사람 또는 도주를 한 사람의 이동경로나 소재를 안다고 인정되는 사람을 정지시켜 질문할 수 있다.
③ 교도관은 도주한 수용자의 체포를 위하여 영업시간 외에도 다수인이 출입하는 장소의 관리자 또는 관계인에게 그 장소의 출입에 관하여 협조를 요구할 수 있다.
④ 소장은 수용자가 도주를 하거나 도주자를 체포한 경우에는 법무부장관에게 지체없이 보고하여야 한다.

> **정답 및 해설**

① [○] 동법 제103조 제1항
② [○] 동법 제103조 제2항
③ [×] 교도관은 도주한 수용자의 체포를 위하여 영업시간 내에 다수인이 출입하는 장소의 관리자 또는 관계인에게 그 장소의 출입에 관하여 협조를 요구할 수 있다(형집행법 제103조 제4항).
④ [○] 동법 시행령 제128조 제2항

정답 ③

41 형집행법령상 징벌의 실효에 대한 설명으로 가장 옳은 것은? 2024. 6급 승진

① 징벌의 내용이 16일 이상 20일 이하의 금치의 경우에는 징벌의 실효기간은 2년 6개월이다.
② 징벌의 내용이 21일 이상 30일 이하의 금치의 경우에는 징벌의 실효기간은 3년이다.
③ 징벌의 내용이 10일 이상 15일 이하의 금치의 경우에는 징벌의 실효기간은 2년이다.
④ 징벌의 내용이 9일 이하의 금치의 경우에는 징벌의 실효기간은 1년이다.

> **정답 및 해설**

① [×] 16일 이상 20일 이하의 금치: 2년(동법 시행규칙 제234조 제1항 나목)
② [×] 21일 이상 30일 이하의 금치: 2년 6개월(동법 시행규칙 제234조 제1항 가목)
③ [×] 10일 이상 15일 이하의 금치: 1년 6개월(동법 시행규칙 제234조 제1항 다목)
④ [○] 형집행법 시행규칙 제234조 제1항 라목

정답 ④

42 「형의 집행 및 수용자의 처우에 관한 법률 시행규칙」 제234조(징벌의 실효) 제1항 제1호에서 규정한 기간으로 옳은 것은? 2024. 7급 승진

① 21일 이상 30일 이하의 금치: 2년 6개월
② 16일 이상 20일 이하의 금치: 1년 6개월
③ 10일 이상 15일 이하의 금치: 1년
④ 9일 이하의 금치: 6개월

정답 및 해설

① [O] 형집행법 시행규칙 제234조 제1항 제1호 가목
② [×] 16일 이상 20일 이하의 금치: 2년(동법 시행규칙 제234조 제1항 제1호 나목)
③ [×] 10일 이상 15일 이하의 금치: 1년 6개월(동법 시행규칙 제234조 제1항 제1호 다목)
④ [×] 9일 이하의 금치: 1년(동법 시행규칙 제234조 제1항 제1호 라목)

정답 ①

43. 형집행법령상 징벌에 대한 설명으로 옳은 것(O)과 틀린 것(×)이 바르게 연결된 것은? 2024. 6급 승진

㉠ 징벌위원회는 위원장을 포함한 5명 이상 7명 이하의 위원으로 구성하고, 위원장은 소장의 바로 다음 순위자가 되며, 위원은 소장이 소속 기관의 과장(지소의 경우에는 7급 이상의 교도관) 및 교정에 관한 학식과 경험이 풍부한 외부인사 중에서 임명 또는 위촉한다. 이 경우 외부위원은 3명 이상으로 한다.
㉡ 징벌위원회는 재적위원 과반수의 찬성으로 의결한다. 이 경우 외부위원 1명 이상이 출석한 경우에만 개의할 수 있다.
㉢ 징벌위원회는 소장에게 징벌의결 내용을 통고하는 경우에는 징벌의결서 사본을 첨부하여야 한다.
㉣ 소장은 징벌집행을 일시 정지한 경우 그 정지사유가 해소되었을 때에는 지체 없이 징벌집행을 재개하여야 한다. 이 경우 집행을 정지한 날부터 집행을 재개한 전날까지의 일수는 징벌기간으로 계산하지 아니한다.

	㉠	㉡	㉢	㉣
①	O	×	×	O
②	O	×	×	×
③	O	O	×	×
④	×	O	O	×

정답 및 해설

옳은 것은 ㉠이고, 틀린 것은 ㉡, ㉢, ㉣이다.
㉠ [O] 형집행법 제111조 제2항
㉡ [×] 징벌위원회는 재적위원 과반수의 출석으로 개의하고, 출석위원 과반수의 찬성으로 의결한다. 이 경우 외부위원 1명 이상이 출석한 경우에만 개의할 수 있다(동법 시행규칙 제228조 제4항).
㉢ [×] 징벌위원회는 소장에게 징벌의결 내용을 통고하는 경우에는 징벌의결서 정본을 첨부하여야 한다(동법 시행규칙 제229조 제1항).
㉣ [×] 소장은 징벌집행을 일시 정지한 경우 그 정지사유가 해소되었을 때에는 지체 없이 징벌집행을 재개하여야 한다. 이 경우 집행을 정지한 다음날부터 집행을 재개한 전날까지의 일수는 징벌기간으로 계산하지 아니한다(동법 시행령 제135조).

정답 ②

44 현행법령상 징벌에 해당하는 행위를 하였다고 의심할 만한 상당한 이유가 있는 수용자(징벌대상자)의 조사에 대한 설명으로 옳지 않은 것은?

① 소장은 징벌대상자가 증거를 인멸할 우려가 있는 때에는 조사기간 중 분리하여 수용할 수 있다.
② 소장은 징벌대상자가 다른 사람에게 위해를 끼칠 우려가 있는 때에는 접견·편지수수·전화통화·실외운동·작업·교육훈련, 공동행사 참가, 중간처우 등 다른 사람과의 접촉이 가능한 처우의 전부 또는 일부를 제한할 수 있다.
③ 수용자의 징벌대상행위에 대한 조사기간은 10일 이내로 한다. 다만, 특히 필요하다고 인정하는 경우에는 1회에 한하여 7일을 초과하지 아니하는 범위에서 그 기간을 연장할 수 있다.
④ 소장은 의무관으로 하여금 징벌대상자에 대한 심리상담을 하게 할 수 있다.
⑤ 소장은 징벌대상행위에 대한 조사 결과 그 행위가 징벌대상자의 정신병적인 원인에 따른 것이라고 인정하는 경우에는 그 행위를 이유로 징벌위원회에 징벌을 요구할 수 없다.

정답 및 해설

① [○] 소장은 징벌사유에 해당하는 행위를 하였다고 의심할 만한 상당한 이유가 있는 수용자(징벌대상자)가 ㉠ 증거를 인멸할 우려가 있는 때, ㉡ 다른 사람에게 위해를 끼칠 우려가 있거나 다른 수용자의 위해로부터 보호할 필요가 있는 때에는 조사기간 중 분리하여 수용할 수 있다(동법 제110조 제1항).
② [○] 소장은 징벌대상자가 분리수용사유(동법 제110조 제1항)에 해당하면 접견·편지수수·전화통화·실외운동·작업·교육훈련, 공동행사 참가, 중간처우 등 다른 사람과의 접촉이 가능한 처우의 전부 또는 일부를 제한할 수 있다(동법 제110조 제2항).
③ [○] 동법 시행규칙 제220조 제1항
④ [×] 소장은 특별한 사유가 없으면 교도관으로 하여금 징벌대상자에 대한 심리상담을 하도록 해야 한다(형집행법 시행규칙 제219조의2).
⑤ [○] 동법 시행규칙 제220조 제5항

정답 ④

45 수용자에 대한 징벌의 집행과 관련한 다음 설명 중 위법한 것은?

① 규율을 위반한 수형자 A에게 30일의 접견 제한과 함께 50시간의 근로봉사를 함께 부과하였다.
② 징벌 집행이 끝난 후 6개월 내에 다시 징벌사유에 해당하는 행위를 한 미결수용자 B에게 45일의 금치를 부과하였다.
③ 징벌사유가 발생한 날부터 2년이 지난 수형자 C에게 이를 이유로 징벌을 부과하지 아니하였다.
④ 특히 필요하다고 인정하여 수형자 D에 대한 조사기간을 연장하여 총 17일간 조사하였다.

정답 및 해설

① [×] 근로봉사와 접견제한은 함께 부과할 수 없다(형집행법 제109조 제1항).
② [○] 수용자가 ㉠ 2 이상의 징벌사유가 경합하는 때, ㉡ 징벌이 집행 중에 있는 자가 다시 징벌사유에 해당하는 행위를 한 때, ㉢ 징벌의 집행이 끝난 후 또는 집행이 면제된 후 6개월 내에 다시 징벌사유에 해당하는 행위를 한 때에는 징벌의 장기의 2분의 1까지 가중할 수 있다(동법 제109조 제2항).
③ [○] 동법 제109조 제4항
④ [○] 수용자의 징벌대상행위에 대한 조사기간은 10일 이내로 한다. 다만, 특히 필요하다고 인정하는 경우에는 1회에 한하여 7일을 초과하지 아니하는 범위에서 그 기간을 연장할 수 있다(동법 시행규칙 제220조 제1항).

정답 ①

46 수용자 A의 징벌 종료일은?

> 2.2. 11:00 징벌위원회 - 금치 21일 의결
> 11:30 징벌위원회 - 소장에게 징벌의결 통고
> 12:00 소장의 집행
> 2.5. 06:00 질병으로 징벌집행이 곤란하여 수용자 A의 징벌집행 일시정지
> 2.9. 17:00 징벌집행 재개

① 2월 23일
② 2월 24일
③ 2월 25일
④ 2월 26일

정답 및 해설

③ [○] 소장은 징벌집행을 일시 정지한 경우 그 정지사유가 해소되었을 때에는 지체 없이 징벌집행을 재개하여야 한다. 이 경우 집행을 정지한 다음 날부터 집행을 재개한 전 날까지의 일수는 징벌기간으로 계산하지 아니한다(형집행법 시행령 제135조). 집행을 정지한 다음 날(6일)부터 집행을 재개한 전 날(8일)까지의 일수는 징벌기간으로 계산하지 아니하므로 2월 25일에 종료된다.

정답 ③

47 다음 중 징벌 관련 규정으로 옳은 것은?

① 수용자의 징벌대상행위에 대한 조사기간은 10일 이내로 한다. 다만, 특히 필요하다고 인정하는 경우에는 1회에 한하여 10일을 초과하지 아니하는 범위에서 그 기간을 연장할 수 있다.
② 일시정지된 조사기간은 그 사유가 해소된 때부터 다시 진행한다. 이 경우 조사가 정지된 날부터 정지사유가 소멸한 전 날까지의 기간은 조사기간에 포함되지 아니한다.
③ 소장은 징벌대상행위에 대한 조사결과에 따라 징벌위원회로의 회부, 징벌대상자에 대한 무혐의 통고, 징벌대상자에 대한 훈계, 징벌위원회 회부 보류, 조사 종결, 경고 중 어느 하나에 해당하는 조치를 할 수 있다.
④ 소장은 조사기간 중 징벌대상자에 대하여 처우를 제한하는 경우에는 처우를 제한한 기간의 전부 또는 일부를 징벌기간에 포함할 수 있다(징벌위원회의 의결에 따라).

정답 및 해설

① [×] 특히 필요하다고 인정하는 경우에는 1회에 한하여 7일을 초과하지 아니하는 범위에서 그 기간을 연장할 수 있다(동법 시행규칙 제220조 제1항).
② [×] 조사가 정지된 다음 날부터 정지사유가 소멸한 전 날까지의 기간은 조사기간에 포함되지 아니한다(동법 시행규칙 제221조 제2항).
③ [×] 경고는 징벌대상행위의 조사결과에 따른 소장의 조치사항(동법 시행규칙 제220조 제2항)이 아니고, 징벌의 종류에 해당한다(동법 제108조 제1호).
④ [○] 소장은 조사기간 중 징벌대상자에 대하여 처우를 제한하는 경우에는 징벌위원회의 의결을 거쳐 처우를 제한한 기간의 전부 또는 일부를 징벌기간에 포함할 수 있다(형집행법 시행규칙 제220조 제3항).

정답 ④

48 현행법령상 징벌에 해당하는 행위를 하였다고 의심할 만한 상당한 이유가 있는 수용자(징벌대상자)에 대한 조사와 징벌에 대한 설명으로 옳은 것은?

① 수용자의 징벌행위에 대한 조사기간은 조사를 시작한 날로부터 징벌위원회에 회부한 날까지를 말하며 10일 이내로 한다.
② 징벌위원회는 재적위원 3분의 2 이상의 출석으로 개의하고, 출석위원 과반수의 찬성으로 의결한다.
③ 징벌위원회가 징벌을 의결한 경우에는 이를 징벌대상자에게 즉시 통고하여야 한다.
④ 소장은 징벌대상자가 증거를 인멸할 우려가 있는 때에는 실외운동의 전부를 제한할 수 있다.

정답 및 해설

① [×] 수용자의 징벌대상행위에 대한 조사기간은 조사를 시작한 날부터 징벌위원회의 의결이 있는 날까지를 말하며, 10일 이내로 한다(동법 시행규칙 제220조 제1항).
② [×] 징벌위원회는 재적위원 과반수의 출석으로 개의하고, 출석위원 과반수의 찬성으로 의결한다. 이 경우 외부위원 1명 이상이 출석한 경우에만 개의할 수 있다(동법 시행규칙 제228조 제4항).
③ [×] 위원회가 징벌을 의결한 경우에는 이를 소장에게 즉시 통고하여야 한다(동법 시행령 제132조).
④ [○] 소장은 징벌대상자가 ㉠ 증거를 인멸할 우려가 있는 때, ㉡ 다른 사람에게 위해를 끼칠 우려가 있거나 다른 수용자의 위해로부터 보호할 필요가 있는 때에는 접견·편지수수·전화통화·실외운동·작업·교육훈련·공동행사 참가, 중간처우 등 다른 사람과의 접촉이 가능한 처우의 전부 또는 일부를 제한할 수 있다(형집행법 제110조 제2항).

정답 ④

49 형집행법령상 다음의 내용 중 규정과 일치하지 않는 것은?

① 소장은 징벌을 실효시킬 필요가 있으면 징벌실효기간이 지나거나 분류처우위원회의 의결을 거친 후에 지체 없이 법무부장관에게 그 승인을 신청하여야 한다.
② 작업장려금의 삭감은 징벌위원회가 해당 징벌을 의결한 날이 속하는 달의 작업장려금부터 이미 지급된 작업장려금에 대하여 역순으로 집행한다.
③ 금치와 그 밖의 징벌을 집행하는 경우에는 금치를 우선하여 집행하고, 같은 종류의 징벌은 그 기간이 짧은 것부터 집행한다.
④ 징벌대상자는 징벌위원회 위원에 대하여 기피신청을 할 수 있으며, 위원회의 위원이 해당 징벌대상 행위의 조사를 담당한 경우에는 해당 위원회에 참석할 수 없다.

정답 및 해설

① [○] 동법 시행규칙 제234조 제2항
② [○] 동법 시행규칙 제231조 제1항
③ [×] 금치를 우선하여 집행한다. 다만, 작업장려금의 삭감과 경고는 금치와 동시에 집행이 가능하다. 같은 종류의 징벌은 그 기간이 긴 것부터 집행한다. 금치를 제외한 두 가지 이상의 징벌을 집행할 경우에는 함께 집행할 수 있다(형집행법 시행규칙 제230조).
④ [○] 동법 제111조, 동법 시행령 제131조

정답 ③

50 수형자 甲은 독거수용을 주장하였으나 혼거수용이 되자 자신의 신체를 자해하였고 자신의 요구가 관철 될 때까지 자해를 할 우려가 인정된다. 이와 관련하여 현행법령상 옳지 않은 것은?

① 甲의 행위는 징벌대상이 되는 행위로 10일 이상 15일 이하의 금치 처분 또는 2개월의 작업장려금 삭감을 부과할 수 있다.
② 교도관은 甲의 계속된 자해 시도를 방지하기 위하여 필요한 범위에서 전자장비를 이용하여 甲을 계호할 수 있다.
③ 소장은 의무관의 의견을 고려하여 甲을 보호실에 수용할 수 있으며, 보호실 수용기간은 원칙적으로 15일 이내로 한다.
④ 소장은 보호장비를 사용하여도 甲의 자해를 방지하기 어려운 경우에는 진정실에 수용할 수 있으며, 진정실 수용기간은 원칙적으로 24시간 이내로 한다.

정답 및 해설

① [○] 법 제107조 제2호(수용생활의 편의 등 자신의 요구를 관철할 목적으로 자해하는 행위) · 제3호 및 이 규칙 제214조 제9호부터 제14호까지의 규정 중 어느 하나에 해당하는 행위는 10일 이상 15일 이하의 금치 또는 2개월의 작업장려금 삭감에 처한다(동법 시행규칙 제215조 제3호).
② [○] 교도관은 자살 · 자해 · 도주 · 폭행 · 손괴, 그 밖에 수용자의 생명 · 신체를 해하거나 시설의 안전 또는 질서를 해하는 행위(자살 등)를 방지하기 위하여 필요한 범위에서 전자장비를 이용하여 수용자 또는 시설을 계호할 수 있다(동법 제94조 제1항 본문).
③ [○] 소장은 수용자가 ㉠ 자살 또는 자해의 우려가 있는 때, ㉡ 신체적 · 정신적 질병으로 인하여 특별한 보호가 필요한 때에는 의무관의 의견을 고려하여 보호실에 수용할 수 있으며(동법 제95조 제1항), 수용자의 보호실 수용기간은 15일 이내로 한다(동법 제95조 제2항 본문).
④ [×] 진정실 수용 사유는 ㉠ 교정시설의 설비 또는 기구 등을 손괴하거나 손괴하려고 하는 때, ㉡ 교도관의 제지에도 불구하고 소란행위를 계속하여 다른 수용자의 평온한 수용생활을 방해하는 때이다(형집행법 제96조 제1항).

정답 ④

51 징벌의 집행순서 및 집행방법에 대한 설명으로 옳은 것은?

① 금치와 근로봉사의 징벌을 집행할 경우에는 금치를 우선하여 집행한다. 다만, 근로봉사는 금치와 동시에 집행할 수 있다.
② 작업장려금의 삭감은 징벌위원회가 해당 징벌을 의결한 날이 속하는 달의 작업장려금부터 이미 지급된 작업장려금에 대하여 역순으로 집행한다.
③ 소장은 생활용품 등으로 자살할 우려가 있는 금치 중인 수용자에 대하여는 그 물품을 따로 보관하고 필요한 경우에만 이를 사용하게 하여야 한다.
④ 소장은 징벌집행을 받고 있거나 집행을 앞둔 수용자가 같은 행위로 형사 법률에 따른 처벌이 확정되어 징벌을 집행할 필요가 없다고 인정하면 징벌집행을 감경하거나 면제한다.

정답 및 해설

① [×] 금치와 그 밖의 징벌을 집행할 경우에는 금치를 우선하여 집행한다. 다만, 작업장려금의 삭감과 경고는 금치와 동시에 집행할 수 있다(동법 시행규칙 제230조 제1항).
② [○] 형집행법 시행규칙 제231조 제1항
③ [×] 소장은 금치 중인 수용자가 생활용품 등으로 자살 · 자해할 우려가 있거나 교정시설의 안전과 질서를 해칠 우려가 있는 경우에는 그 물품을 따로 보관하고 필요한 경우에만 이를 사용하게 할 수 있다(동법 시행규칙 제232조).
④ [×] 소장은 징벌집행을 받고 있거나 집행을 앞둔 수용자가 같은 행위로 형사 법률에 따른 처벌이 확정되어 징벌을 집행할 필요가 없다고 인정하면 징벌집행을 감경하거나 면제할 수 있다(동법 시행규칙 제231조 제4항).

정답 ②

52

「형의 집행 및 수용자의 처우에 관한 법률 시행령」상 징벌에 대한 설명으로 가장 옳지 않은 것은?

① 소장은 징벌위원회로부터 징벌의 의결에 대한 통고를 받은 경우에는 징벌을 지체 없이 집행하여야 한다.
② 소장은 수용자가 징벌처분을 받는 경우에는 그의 가족에게 그 사실을 알려야 한다. 다만, 수용자가 알리는 것을 원하지 않으면 알리지 않는다.
③ 소장은 30일 이내의 실외운동 정지 및 30일 이내의 금치의 징벌집행을 마친 경우에는 의무관에게 해당 수용자의 건강을 지체 없이 확인하게 하여야 한다.
④ 징벌 집행 중인 수용자가 다른 교정시설로 이송되거나 법원 또는 검찰청 등에 출석하는 경우에는 징벌집행이 계속되는 것으로 본다.

정답 및 해설

① [○] 동법 시행령 제133조 제1항
② [×] 소장은 수용자가 징벌처분을 받아 접견, 편지수수 또는 전화통화가 제한된 경우에는 그의 가족에게 그 사실을 알려야 한다. 다만, 수용자가 알리는 것을 원하지 않으면 알리지 않는다(형집행법 시행령 제133조 제2항).
③ [○] 동법 시행령 제133조 제4항
④ [○] 징벌의 종류 중 30일 이내의 공동행사 참가 정지(동법 제108조 제4호)부터 30일 이내의 금치(동법 제108조 제14호)까지의 징벌 집행 중인 수용자가 다른 교정시설로 이송되거나 법원 또는 검찰청 등에 출석하는 경우에는 징벌집행이 계속되는 것으로 본다(동법 시행령 제134조).

정답 ②

53

「형의 집행 및 수용자의 처우에 관한 법률」상 징벌에 대한 설명으로 옳지 않은 것은?

① 소장은 수용자가 정당한 사유 없이 작업·교육·교화프로그램 등을 거부하는 경우에는 징벌위원회의 의결에 따라 징벌을 부과할 수 있다.
② 소장은 다른 수용자의 위해로부터 징벌대상자를 보호할 필요가 있는 때에는 조사기간 중 분리하여 수용할 수 있다.
③ 징벌 집행 중에 있는 수용자가 징벌사유에 해당하는 행위를 한 때에는 징벌의 장기의 2분의 1까지 가중할 수 있다.
④ 징벌위원회는 행위의 동기 및 정황 등 그 사정을 고려할 만한 사유가 있는 수용자에 대하여 2개월 이상 6개월 이하의 기간 내에서 징벌의 집행을 유예할 것을 의결할 수 있다.
⑤ 소장은 징벌의 집행이 종료된 수용자가 교정성적이 양호하고 법무부령으로 정하는 기간 동안 징벌을 받지 아니하면 분류처우위원회의 의결을 거쳐 징벌을 실효시킬 수 있다.

정답 및 해설

① [○] 동법 제107조 제3호
② [○] 동법 제110조 제1항
③ [○] 동법 제109조 제2항
④ [○] 징벌위원회는 징벌을 의결하는 때에 행위의 동기 및 정황, 교정성적, 뉘우치는 정도 등 그 사정을 고려할 만한 사유가 있는 수용자에 대하여 2개월 이상 6개월 이하의 기간 내에서 징벌의 집행을 유예할 것을 의결할 수 있다(동법 제114조 제1항).
⑤ [×] • 소장은 징벌의 집행이 종료되거나 집행이 면제된 수용자가 교정성적이 양호하고 법무부령으로 정하는 기간 동안(2년 6월~6월) 징벌을 받지 아니하면 법무부장관의 허가를 받아 징벌을 실효시킬 수 있다(형집행법 제115조 제1항).
• 소장은 수용자가 교정사고 방지에 뚜렷한 공로가 있다고 인정되면 분류처우위원회의 의결을 거친 후 법무부장관의 승인을 받아 징벌을 실효시킬 수 있다(동법 제115조 제2항)(징벌의 실효기간에 관계없이 실효시킬 수 있음).

정답 ⑤

54 「형의 집행 및 수용자의 처우에 관한 법률 시행규칙」상 수용자의 징벌에 대한 설명으로 옳지 않은 것은?

① 소장은 20일의 금치 처분을 받아 집행이 종료된 수용자가 교정성적이 양호하고 2년 6개월 동안 징벌을 받지 아니하면 법무부장관의 승인을 받아 징벌을 실효시킬 수 있다.
② 금치와 그 밖의 징벌을 집행할 경우에는 금치를 우선하여 집행한다. 다만, 작업장려금의 삭감과 경고는 금치와 동시에 집행할 수 있다.
③ 소장은 징벌집행을 받고 있거나 집행을 앞둔 수용자가 같은 행위로 형사 법률에 따른 처벌이 확정되어 징벌을 집행할 필요가 없다고 인정하면 징벌집행을 감경하거나 면제할 수 있다.
④ 다른 수용자의 징벌대상행위를 방조한 수용자에게는 그 징벌대상행위를 한 수용자에게 부과되는 징벌과 같은 징벌을 부과하되, 그 정황을 고려하여 2분의 1까지 감경할 수 있다.
⑤ 소장은 금치 외의 징벌을 집행하는 경우 그 징벌의 목적을 달성하기 위하여 필요하다고 인정하면 해당 수용자를 징벌거실에 수용할 수 있다.

정답 및 해설

① [×] 16일 이상 20일 이하의 금치의 경우 징벌의 실효기간은 2년이다(형집행법 시행규칙 제234조 제1항).
② [○] 동법 시행규칙 제230조 제1항
③ [○] 동법 시행규칙 제231조 제4항
④ [○] 동법 시행규칙 제217조 제2항
⑤ [○] 동법 시행규칙 제231조 제3항

정답 ①

55 형의 집행 및 수용자의 처우에 관한 법령상 징벌의 집행에 대한 설명으로 옳지 않은 것은?

① 징벌은 소장이 집행하며, 소장은 징벌집행을 위하여 필요하다고 인정하면 수용자를 분리하여 수용할 수 있다.
② 30일 이내의 금치 처분을 받은 사람에게는 그 기간 중 형집행법 제108조 제4호(30일 이내의 공동행사 참가 정지)부터 제12호(30일 이내의 접견 제한)까지의 처우제한이 함께 부과된다.
③ 소장은 30일 이내의 금치 처분을 받은 사람이 자해의 우려가 있는 경우에는 건강유지에 지장을 초래하지 아니하는 범위에서 실외운동을 제한할 수 있다.
④ 소장은 30일 이내의 금치 처분을 받은 사람에게 실외운동을 제한하는 경우에도 수용자가 매주 1회 이상 실외운동을 할 수 있도록 하여야 한다.
⑤ 같은 종류의 징벌은 그 기간이 긴 것부터 집행하고, 금치를 제외한 두 가지 이상의 징벌을 집행할 경우에는 함께 집행한다.

정답 및 해설

① [○] 동법 제112조 제1항·제2항
② [○] 30일 이내의 금치(제14호)의 처분을 받은 사람에게는 그 기간 중 30일 이내의 공동행사 참가 정지(제4호)부터 30일 이내의 접견 제한(제12호)까지의 처우제한이 함께 부과된다. 다만, 소장은 수용자의 권리구제, 수형자의 교화 또는 건전한 사회복귀를 위하여 특히 필요하다고 인정하면 집필·편지수수 또는 접견을 허가할 수 있다(동법 제112조 제3항).
③ [○] 동법 제112조 제4항
④ [○] 소장은 제108조 제13호(30일 이내의 실외운동 정지)에 따른 실외운동 정지를 부과하는 경우 또는 제4항(30일 이내의 금치처분을 받은 사람의 실외운동 제한)에 따라 실외운동을 제한하는 경우라도 수용자가 매주 1회 이상 실외운동을 할 수 있도록 하여야 한다(동법 제112조 제5항).
⑤ [×] 같은 종류의 징벌은 그 기간이 긴 것부터 집행하고(형집행법 시행규칙 제230조 제2항), 금치를 제외한 두 가지 이상의 징벌을 집행할 경우에는 함께 집행할 수 있다(동법 시행규칙 제230조 제3항).

정답 ⑤

「형의 집행 및 수용자의 처우에 관한 법률」 시행규칙상 금치 집행 중 실외운동의 제한사유로 옳지 않은 것은?

① 다른 수용자의 교화 또는 사회복귀를 해칠 우려가 있는 경우
② 위력으로 교도관의 정당한 직무집행을 방해할 우려가 있는 경우
③ 소란행위를 계속하여 다른 수용자의 평온한 수용생활을 방해할 우려가 있는 경우
④ 교정시설의 설비·기구 등을 손괴할 우려가 있는 경우

정답 및 해설

📄 **금치 집행 중 실외운동의 제한사유**(형집행법 제112조 제4항)
소장은 30일 이내의 금치의 처분을 받은 사람에게 다음의 어느 하나에 해당하는 사유가 있어 필요하다고 인정하는 경우에는 건강유지에 지장을 초래하지 아니하는 범위에서 실외운동을 제한할 수 있다.
1. 도주의 우려가 있는 경우
2. 자해의 우려가 있는 경우
3. 다른 사람에게 위해를 끼칠 우려가 있는 경우
4. 그 밖에 시설의 안전 또는 질서를 크게 해칠 우려가 있는 경우로서 법무부령으로 정하는 경우

📄 **법무부령으로 정하는 실외운동의 제한사유**(동법 시행규칙 제215조의2)
1. 다른 사람으로부터 위해를 받을 우려가 있는 경우
2. 위력으로 교도관의 정당한 직무집행을 방해할 우려가 있는 경우
3. 소란행위를 계속하여 다른 수용자의 평온한 수용생활을 방해할 우려가 있는 경우
4. 교정시설의 설비·기구 등을 손괴할 우려가 있는 경우

정답 ①

 「형의 집행 및 수용자의 처우에 관한 법률」상 징벌집행의 정지·면제·유예에 대한 설명으로 옳지 않은 것은?

① 소장은 질병이나 그 밖의 사유로 징벌집행이 곤란하면 그 사유가 해소될 때까지 그 집행을 일시 정지할 수 있다.
② 소장은 징벌집행 중인 사람이 뉘우치는 빛이 뚜렷한 경우에는 그 징벌을 감경하거나 남은 기간의 징벌집행을 유예할 수 있다.
③ 수용자가 징벌집행을 유예받은 후 징벌을 받음이 없이 유예기간이 지나면 그 징벌의 집행은 종료된 것으로 본다.
④ 소장은 징벌집행의 유예기간 중에 있는 수용자가 다시 징벌대상행위를 하여 징벌이 결정되면 그 유예한 징벌을 집행한다.

정답 및 해설

① [○] 동법 제113조 제1항
② [×] 소장은 징벌집행 중인 사람이 뉘우치는 빛이 뚜렷한 경우에는 그 징벌을 감경하거나 남은 기간의 징벌집행을 면제할 수 있다(형집행법 제113조 제2항).
▶ 징벌집행의 유예는 소장의 결정사항이 아닌 징벌위원회의 의결사항이다(동법 제114조 제1항).
③ [○] 동법 제114조 제3항
④ [○] 동법 제114조 제2항

정답 ②

58. 수용자의 처우 및 권리에 대한 헌법재판소의 태도로 옳지 않은 것은?

2018. 7급 승진

① 금치처분을 받은 자는 수용시설의 안전과 질서유지에 위반되는 행위, 그 중에서도 가장 중하다고 평가된 행위를 한 자이므로 이에 대하여 금치기간 중 일률적으로 전화통화를 금지한다 하더라도 그 자의 통신의 자유를 침해하지 아니한다.

② 미결수용자의 접견신청에 대한 교도소장의 불허처분에 대하여는 「행정심판법」, 「행정소송법」에 의하여 행정심판과 행정소송이 가능할 것이므로 이러한 구제절차를 거치지 아니하고 제기한 헌법소원은 부적법하다.

③ 수용거실의 지정은 교도소장이 죄명·형기·죄질·성격·범죄전력·나이·경력 및 수용생활태도, 그 밖에 수용자의 개인적 특성을 고려하여 결정하는 것으로 소장의 재량적 판단사항이다.

④ 금치처분을 받은 미결수용자에게 금치기간 중 신문 및 자비구매도서 열람제한을 함께 부과하는 것은 수용자의 알권리를 침해한다.

정답 및 해설

① [○] 헌재 2016.4.28. 2012헌마549

> **관련판례**
> 금치처분을 받은 미결수용자에 대하여 금치기간 중 서신수수, 접견, 전화통화를 제한하는 것은 대상자를 구속감과 외로움 속에 반성에 전념하게 함으로써 수용시설 내 안전과 질서를 유지하기 위한 것이다. 접견이나 서신수수의 경우에는 교정시설의 장이 수용자의 권리구제 등을 위해 필요하다고 인정한 때에는 예외적으로 허용할 수 있도록 하여 기본권 제한을 최소화하고 있다. 전화통화의 경우에는 위와 같은 예외가 규정되어 있지는 않으나, 증거인멸 우려 등의 측면에서 미결수용자의 전화통화의 자유를 제한할 필요성이 더 크다고 할 수 있다. 나아가 금치처분을 받은 자는 수용시설의 안전과 질서유지에 위반되는 행위, 그 중에서도 가장 중하다고 평가된 행위를 한 자이므로 이에 대하여 금치기간 중 일률적으로 전화통화를 금지한다 하더라도 과도하다고 보기 어렵다. 따라서 이 사건 서신수수·접견·전화통화 제한조항은 청구인의 통신의 자유를 침해하지 아니한다(헌재 2016.4.28. 2012헌마549).

② [○] 헌재 1998.2.27. 96헌마179
③ [○] 헌재 2013.8.29. 2012헌마886

> **관련판례**
> 수용거실의 지정은 교도소장이 죄명·형기·죄질·성격·범죄전력·나이·경력 및 수용생활 태도, 그 밖에 수용자의 개인적 특성을 고려하여 결정하는 것으로(형집행법 제15조) 소장의 재량적 판단사항이며, 수용자에게 수용거실의 변경을 신청할 권리 내지 특정 수용거실에 대한 신청권이 있다고 볼 수 없다(헌재 2013.8.29. 2012헌마886).

④ [×] 헌재 2016.4.28. 2012헌마549

> **관련판례**
> 미결수용자의 규율위반행위 등에 대한 제재로서 금치처분과 함께 금치기간 중 신문과 자비구매도서의 열람을 제한하는 것은, 규율위반자에 대해서는 반성을 촉구하고 일반 수용자에 대해서는 규율 위반에 대한 불이익을 경고하여 수용자들의 규율 준수를 유도하며 궁극적으로 수용질서를 확립하기 위한 것이다. 이 사건 신문 및 도서열람제한 조항은 최장 30일의 기간 내에서만 신문이나 도서의 열람을 금지하고 열람을 금지하는 대상에 수용시설 내 비치된 도서는 포함시키지 않고 있으므로 위 조항들이 청구인의 알 권리를 과도하게 제한한다고 보기 어렵다(헌재 2016.4.28. 2012헌마549).

정답 ④

59 다음 사례와 관련하여 현행법상 수용자의 처우에 대한 설명으로 옳지 않은 것은? (다툼이 있는 경우 판례에 의함)

2018. 5급 승진

> 징역 10년을 선고받고 교도소에 수용 중이던 A는 2017년 1월 19일경 라디에이터 등 간접 난방시설만 설치되고 직접 난방시설이 설치되지 아니하였다는 이유로 소란을 피우다가 교도관들로부터 제압을 당하였다. 이로 인해 같은 해 1월 23일 징벌위원회에 회부되었다. A는 조사도중 분리수용되었고 소란에 대하여 해명을 하였으나 금치 15일의 처분을 받았다. 이에 A는 담당 교도관들을 상대로 하여 가혹행위를 이유로 형사고소 및 민사소송을 제기하는 한편, 그 증명자료 확보를 위해 소장을 상대로 같은 해 1월 19일자 근무보고서와 1월 23일자의 징벌위원회 회의록 등의 정보공개를 요청하였으나 소장은 이를 거부하였다.

① 교정시설에서 라디에이터 등 간접 난방시설이 설치되어 운용되고 있는 경우라면, 헌법의 규정상 또는 헌법의 해석상 특별히 교도소장에게 직접 난방시설 등을 설치해야 할 의무가 부여되어 있다고 볼 수 없다.
② 소장은 징벌사유에 해당하는 행위를 하였다고 의심되는 상당한 이유가 있는 수용자에 대하여 조사가 필요하다고 인정되는 경우 증거를 인멸할 우려가 있거나, 다른 사람에게 위해를 끼칠 우려 또는 다른 수용자의 위해로부터 보호할 필요가 있는 때에는 조사기간 중 분리수용을 할 수 있다.
③ 수용자가 큰 소리를 내거나 시끄럽게 하여 다른 수용자의 평온한 수용생활을 현저히 방해하는 행위를 한 때에는 '10일 이상 15일 이하의 금치'의 징벌을 부과할 수 있다.
④ '30일 이내의 금치처분'을 받은 수형자의 실외 운동을 제한하는 경우에도 매주 1회 이상의 실외 운동을 할 수 있도록 하여야 한다.
⑤ 교도관의 근무보고서는 「공공기관의 정보공개에 관한 법률」 제9조 제1항 제4호에 정한 비공개 대상정보에 해당하지 않지만, 징벌위원회 회의록 중 재소자의 진술, 위원장 및 위원들과 재소자의 문답 등은 같은 법 제9조 제1항 제5호의 비공개사유에 해당한다.

정답 및 해설

① [○] 헌재 2012.5.8. 2012헌마328

> **관련판례**
> 이 사건 교정시설에서는 라디에이터 등 간접 난방시설이 설치되어 운용되고 있음이 인정되는바, 헌법의 규정상 또는 헌법의 해석상 특별히 교도소장에게 직접 난방시설 등을 설치해야 할 작위의무가 부여되어 있다고 볼 수 없고, 형집행법 및 관계 법령을 모두 살펴보아도 교도소장에게 위와 같은 작위의무가 있다는 점을 발견할 수 없다(헌재 2012.5.8. 2012헌마328).

② [○] 형집행법 제110조 제1항
③ [○] 동법 시행규칙 제215조 제3호
④ [○] 동법 제112조 제5항
⑤ [×] 대법원 2009.12.10. 2009두12785

> **관련판례**
> 교도소에 수용 중이던 수용자가 담당 교도관들을 상대로 가혹행위를 이유로 형사고소 및 민사소송을 제기하면서 그 증명자료 확보를 위해 '근무보고서'와 '징벌위원회 회의록' 등의 정보공개를 요청하였으나 교도소장이 이를 거부한 사안에서, 근무보고서는 공공기관의 정보공개에 관한 법률 제9조 제1항 제4호에 정한 비공개대상정보에 해당한다고 볼 수 없고, 징벌위원회 회의록 중 비공개 심사·의결 부분은 위 법 제9조 제1항 제5호의 비공개사유에 해당하지만 수용자의 진술, 위원장 및 위원들과 수용자 사이의 문답 등 징벌절차 진행 부분은 비공개사유에 해당하지 않는다고 보아 분리 공개가 허용된다(대법원 2009.12.10. 2009두12785).

정답 ⑤

제2절 | 형사벌칙제도

01 「형의 집행 및 수용자의 처우에 관한 법률」상 벌칙규정에 대한 설명으로 (㉠) ~ (㉤)에 들어갈 숫자의 합으로 옳은 것은?

2024. 5급 승진

> 제132조(금지물품을 지닌 경우) ① 수용자가 제92조(금지물품) 제2항을 위반하여 소장의 허가 없이 무인비행장치, 전자·통신기기를 지닌 경우 (㉠)년 이하의 징역 또는 (㉡)천만원 이하의 벌금에 처한다.
>
> 제133조(금지물품의 반입) ① 소장의 허가 없이 무인비행장치, 전자·통신기기를 교정시설에 반입한 사람은 (㉢)년 이하의 징역 또는 (㉣)천만원 이하의 벌금에 처한다.
>
> 제134조(출석의무 위반 등) 다음 각 호의 어느 하나에 해당하는 행위를 한 수용자는 1년 이하의 징역에 처한다.
>   1. 정당한 사유 없이 제102조(재난 시의 조치) 제4항을 위반하여 일시석방 후 (㉤)시간 이내에 교정시설 또는 경찰관서에 출석하지 아니하는 행위
>   2. 귀휴·외부통근, 그 밖의 사유로 소장의 허가를 받아 교도관의 계호 없이 교정시설 밖으로 나간 후에 정당한 사유 없이 기한까지 돌아오지 아니하는 행위

① 32 ② 34
③ 36 ④ 38

정답 및 해설

② [O] ㉠ 2 + ㉡ 2 + ㉢ 3 + ㉣ 3 + ㉤ 24 = 34

정답 ②

02 형집행법령상 벌칙규정에 대한 설명으로 옳지 않은 것은?

2018. 7급 승진

① 수용자가 소장의 허가 없이 무인비행장치, 전자·통신기기를 지닌 경우 2년 이하의 징역 또는 2천만원 이하의 벌금에 처한다.
② 주류·담배·화기·현금·수표·음란물·사행행위에 사용되는 물품을 수용자에게 전달할 목적으로 교정시설에 반입한 사람은 1년 이하의 징역 또는 1천만원 이하의 벌금에 처한다.
③ 소장의 허가 없이 교정시설 내부를 녹화·촬영한 사람은 1년 이하의 징역 또는 1천만원 이하의 벌금에 처한다.
④ 천재지변으로 일시석방된 수용자가 정당한 사유 없이 석방 후 24시간 이내에 교정시설 또는 경찰관서에 출석하지 않은 경우 1년 이하의 징역 또는 1천만원 이하의 벌금에 처한다.

정답 및 해설

① [O] 동법 제132조 제1항
② [O] 동법 제133조 제2항
③ [O] 동법 제135조
④ [×] 1년 이하의 징역에 처한다(형집행법 제134조 제1호).

정답 ④

03 「형의 집행 및 수용자의 처우에 관한 법률」상 벌칙에 대한 설명으로 가장 옳지 않은 것은? 2024. 7급 승진

① 소장의 허가 없이 무인비행장치, 전자·통신기기를 교정시설에 반입한 사람은 3년 이하의 징역 또는 3천만원 이하의 벌금에 처한다.
② 귀휴·외부통근, 그 밖의 사유로 소장의 허가를 받아 교도관의 계호 없이 교정시설 밖으로 나간 후에 정당한 사유 없이 기한까지 돌아오지 아니하는 행위를 한 수용자는 1년 이하의 징역 또는 1천만원 이하의 벌금에 처한다.
③ 소장의 허가 없이 교정시설 내부를 녹화·촬영한 사람은 1년 이하의 징역 또는 1천만원 이하의 벌금에 처한다.
④ 주류·담배·화기·현금·수표·음란물·사행행위에 사용되는 물품을 수용자에게 전달할 목적으로 교정시설에 반입한 사람은 1년 이하의 징역 또는 1천만원 이하의 벌금에 처한다.

> **정답 및 해설**

① [○] 동법 제133조 제1항
② [×] ㉠ 정당한 사유 없이 제102조 제4항(일시석방된 사람의 석방 후 24시간 이내에 출석의무)을 위반하여 일시석방 후 24시간 이내에 교정시설 또는 경찰관서에 출석하지 아니하는 행위, ㉡ 귀휴·외부통근, 그 밖의 사유로 소장의 허가를 받아 교도관의 계호 없이 교정시설 밖으로 나간 후에 정당한 사유 없이 기한까지 돌아오지 아니하는 행위를 한 수용자는 1년 이하의 징역에 처한다(형집행법 제134조).
③ [○] 동법 제135조
④ [○] 동법 제133조 제2항

정답 ②

04 「형의 집행 및 수용자의 처우에 관한 법률」상 벌칙규정에 대한 설명으로 가장 옳지 않은 것은?
2022. 6급 승진

① 귀휴·외부통근, 그 밖의 사유로 소장의 허가를 받아 교도관의 계호 없이 교정시설 밖으로 나간 후에 정당한 사유 없이 기한까지 돌아오지 아니하는 행위를 한 수용자는 1년 이하의 징역 또는 1천만원 이하의 벌금에 처한다.
② 소장의 허가 없이 무인비행장치, 전자·통신기기를 교정시설에 반입한 사람은 3년 이하의 징역 또는 3천만원 이하의 벌금에 처한다.
③ 주류·담배·화기·현금·수표·음란물·사행행위에 사용되는 물품을 수용자에게 전달할 목적으로 교정시설에 반입한 사람은 1년 이하의 징역 또는 1천만원 이하의 벌금에 처한다.
④ 소장의 허가 없이 교정시설 내부를 녹화·촬영한 사람은 1년 이하의 징역 또는 1천만원 이하의 벌금에 처한다.

> **정답 및 해설**

① [×] … 1년 이하의 징역에 처한다(형집행법 제134조)
② [○] 동법 제133조 제1항
③ [○] 동법 제132조 제2항
④ [○] 동법 제135조

정답 ①

05 「형의 집행 및 수용자의 처우에 관한 법률」상 벌칙규정으로 가장 옳은 것은? 2022. 7급 승진

① 소장의 허가 없이 교정시설 내부를 녹화·촬영한 사람은 3년 이하의 징역 또는 3천만원 이하의 벌금에 처한다.
② 소장의 허가 없이 무인비행장치, 전자·통신기기를 교정시설에 반입한 사람은 1년 이하의 징역 또는 1천만원 이하의 벌금에 처한다.
③ 주류·담배·화기·현금·수표·음란물·사행행위에 사용되는 물품을 수용자에게 전달할 목적으로 교정시설에 반입한 사람은 1년 이하의 징역 또는 1천만원 이하의 벌금에 처한다.
④ 귀휴·외부통근, 그 밖의 사유로 소장의 허가를 받아 교도관의 계호 없이 교정시설 밖으로 나간 후에 정당한 사유없이 기한까지 돌아오지 않은 수용자는 2년 이하의 징역에 처한다.

정답 및 해설

① [×] 소장의 허가 없이 교정시설 내부를 녹화·촬영한 사람은 1년 이하의 징역 또는 1천만원 이하의 벌금에 처한다(동법 제135조).
② [×] 소장의 허가 없이 무인비행장치, 전자·통신기기를 교정시설에 반입한 사람은 3년 이하의 징역 또는 3천만원 이하의 벌금에 처한다(동법 제133조 제1항).
③ [○] 형집행법 제132조 제2항
④ [×] 귀휴·외부통근, 그 밖의 사유로 소장의 허가를 받아 교도관의 계호 없이 교정시설 밖으로 나간 후에 정당한 사유없이 기한까지 돌아오지 않은 수용자는 1년 이하의 징역에 처한다(동법 제134조).

정답 ③

06 「형의 집행 및 수용자의 처우에 관한 법률」상 벌칙에 대한 설명으로 가장 옳지 않은 것은? 2023. 5급 승진

① 소장의 허가 없이 무인비행장치, 전자·통신기기를 교정시설에 반입한 사람은 3년 이하의 징역 또는 3천만원 이하의 벌금에 처한다.
② 주류·담배·화기·현금·수표·음란물·사행행위에 사용되는 물품을 수용자에게 전달할 목적으로 교정시설에 반입한 사람은 1년 이하의 징역 또는 1천만원 이하의 벌금에 처한다.
③ 귀휴·외부통근, 그 밖의 사유로 소장의 허가를 받아 교도관의 계호 없이 교정시설 밖으로 나간 후에 정당한 사유 없이 기한까지 돌아오지 아니하는 행위를 한 수용자는 1년 이하의 징역 또는 1천만원 이하의 벌금에 처한다.
④ 소장의 허가 없이 교정시설 내부를 녹화·촬영한 사람은 1년 이하의 징역 또는 1천만원 이하의 벌금에 처한다.

정답 및 해설

① [○] 동법 제133조 제1항
② [○] 동법 제133조 제2항
③ [×] 귀휴·외부통근, 그 밖의 사유로 소장의 허가를 받아 교도관의 계호 없이 교정시설 밖으로 나간 후에 정당한 사유 없이 기한까지 돌아오지 아니하는 행위를 한 수용자는 1년 이하의 징역에 처한다(형집행법 제134조 제2호).
④ [○] 동법 제135조

정답 ③

07 「형의 집행 및 수용자의 처우에 관한 법률」상 벌칙규정에 대한 설명으로 옳은 것(○)과 틀린 것(×)이 바르게 연결된 것은?

2024. 6급 승진

> ㉠ 소장의 허가 없이 무인비행장치, 전자·통신기기를 교정시설에 반입한 사람은 3년 이하의 징역 또는 3천만원 이하의 벌금에 처한다.
> ㉡ 주류·담배·화기·현금·수표·음란물·사행행위에 사용되는 물품을 수용자에게 전달할 목적으로 교정시설에 반입한 사람은 1년 이하의 징역 또는 1천만원 이하의 벌금에 처한다.
> ㉢ 정당한 사유 없이 제102조(재난 시의 조치) 제4항을 위반하여 일시석방 후 24시간 이내에 교정시설 또는 경찰관서에 출석하지 아니하는 행위를 한 수용자는 1년 이하의 징역 또는 1천만원 이하의 벌금에 처한다.
> ㉣ 소장의 허가 없이 교정시설 내부를 녹화·촬영한 사람은 1년 이하의 징역 또는 1천만원 이하의 벌금에 처한다.

	㉠	㉡	㉢	㉣		㉠	㉡	㉢	㉣
①	×	○	○	○	②	×	×	○	○
③	○	○	×	○	④	○	○	○	×

정답 및 해설

옳은 것은 ㉠, ㉡, ㉣이고, 틀린 것은 ㉢이다.
㉠ [○] 형집행법 제133조 제1항
㉡ [○] 동법 제133조 제2항
㉢ [×] 1년 이하의 징역에 처한다(동법 제134조 제1호).
㉣ [○] 동법 제135조

정답 ③

제14장 수용자의 권리구제

제1절 | 수용자 인권의식의 발달

01 미국의 행형이 불간섭주의 입장에서 간섭주의로 바뀐 배경에 대한 설명으로 옳지 않은 것은?

① 1950년대 교도소 폭동의 심화
② 1960년대 흑인 시민권운동의 영향
③ 1960년대 재범의 증가와 과밀수용으로 인한 열악한 수용실태
④ 1871년 연방대법원의 수형자는 '주(state)의 노예'라는 판결

정답 및 해설

④ [×] hand-off정책, 즉 불간섭주의의 입장이다.

정답 ④

02 현재 ○○시 시장으로 재직 중인 甲은 민원인으로부터 5,000만원을 수수한 혐의로 ○○구치소에 수감되어 1심 재판을 받고 있는 중이다. 차기 국회의원 출마를 준비 중인 甲에 대해서 헌법상 제한하기 어려운 기본권으로 옳은 것을 모두 고른 것은?

㉠ 통신의 자유	㉡ 거주의 자유
㉢ 변호인의 조력을 받을 권리	㉣ 재판을 받을 권리
㉤ 선거권·피선거권	㉥ 언론·출판의 자유

① ㉠, ㉡, ㉢
② ㉢, ㉣, ㉤
③ ㉣, ㉤, ㉥
④ ㉠, ㉡, ㉥

정답 및 해설

옳은 것은 ㉢, ㉣, ㉤이다.
㉠ [×] 통신의 자유는 영조물의 존립목적을 위해서 법률로써 제한이 가능한 기본권이다.
㉡ [×] 거주이전의 자유는 구금에 수반하여 불가피하게 제한되는 기본권에 해당된다.
㉤ [○] 형이 아직 확정되지 아니한 미결수용자이기 때문에 공법상의 선거권·피선거권이 제한을 받지 아니한다.

정답 ②

03 소송을 통한 수용자 권리운동의 결과로 보기 어려운 것은?

① 소송에 대한 두려움으로 교정당국은 수용자의 모든 행동과 동정을 문서화하려는 경향이 심화되었다.
② 부작위를 이유로 권리침해를 받았다며 소송을 하는 수용자가 증가하여 직원은 피소되지 않기 위해 보다 능동적인 근무를 하게 되었다.
③ 수용자의 소송에 대비하여 교정분야를 전담하는 법률전문가를 필요로 하기에 이르렀다.
④ 정보공개관련 소송이 증가한 결과 교정행정절차의 투명성과 신뢰성을 제고하는 계기가 되었다.

정답 및 해설

② [○] 교도관들의 권한이 약화되고, 소송의 분쟁에 휘말리지 않기 위하여 교도관들은 소극적인 근무경향을 나타낸다.

> **제이콥스(Jacobs)의 수형자 권리운동의 결과**
> 1. 소송에 대한 두려움으로 교정당국에서는 그들의 모든 행동을 문서화하는 등 관료주의화되었다.
> 2. 수형자의 소송에 대비하기 위해서 교정인력이 법률과 관리 분야의 전문가를 요청하게 되었고 수형자를 위한 절차적 안전장치를 제공하게 되었다.
> 3. 적법절차와 실질적 권리의 쟁의는 수형자에게는 힘을 주는 반면, 교도관의 사기를 저하시키는 결과를 초래하였다.
> 4. 수형자들이 과거에 비해 보다 정치적인 성향을 띠게 되었다. 법원에서의 승소는 미래에 대한 기대감을 증대시키지만 증대된 기대감은 소송을 통해서 실제로 얻어진 것에 미치지 못하게 되어 결국은 실망하고 때로는 무질서와 혼란을 야기하기도 하였다.
> 5. 수형자를 다루고 통제하기가 보다 어려워졌기 때문에 수형자 관리와 통제를 위한 기술적 발전을 가져오게 되었다.
> 6. 수형자와 교정시설 및 교정에 대한 언론과 일반시민의 관심이 커졌다. 그 결과 교정시설의 문이 많이 개방되어 교정에 대한 외부의 감시가 넓어지고 강해졌다고 볼 수 있다.
> 7. 교정당국이 교정에 대한 기준을 개발하게 되었다. 물론 이에 대해서 혹자는 법원보다 한 발 앞서기 위한 시도로 보기도 하지만, 일부에서는 교정시설의 조건을 개선하기 위한 숭고한 관심에서 나온 것으로 이해하고 있다.

정답 ②

제2절 | 수용자 권리구제의 실제

01 수용자 권리 구제수단 중 비사법적 구제수단은 몇 개인가?

㉠ 행정소송	㉡ 소장면담
㉢ 청원	㉣ 형사상 고소·고발
㉤ 국가인권위원회 진정	㉥ 감사원심사 청구
㉦ 헌법소원	㉧ 행정심판

① 4개 ② 5개
③ 6개 ④ 7개

정답 및 해설

- **비사법적 구제수단**: 청원, 소장면담, 국가인권위원회 진정, 감사원심사 청구, 행정심판, 중재
- **사법적 구제수단**: 행정소송, 민사·형사소송, 헌법소원

정답 ②

02 「형의 집행 및 수용자의 처우에 관한 법률」상 권리구제에 대한 설명으로 옳은 것은? 2023. 교정 7급

① 소장은 수용자의 신청에 따라 면담한 결과, 처리가 필요한 사항이 있으면 그 결과를 수용자에게 알려야 한다.
② 수용자가 순회점검공무원에게 말로 청원하여 순회점검공무원이 그 청원을 청취하는 경우에는 해당 교정시설의 교도관이 참여한다.
③ 수용자는 그 처우에 관하여 불복하는 경우 법무부장관·순회점검공무원 또는 소장에게 청원할 수 있다.
④ 수용자는 「공공기관의 정보공개에 관한 법률」에 따라 법무부장관, 순회점검공무원 또는 관할 지방교정청장에게 정보의 공개를 청구할 수 있다.

정답 및 해설

① [○] 소장은 면담한 결과 처리가 필요한 사항이 있으면 그 처리결과를 수용자에게 알려야 한다(형집행법 제116조 제4항).
② [×] 순회점검공무원에 대한 청원은 말로도 할 수 있으며(동법 제117조 제2항 단서), 이에 따라 순회점검공무원이 청원을 청취하는 경우에는 해당 교정시설의 교도관이 참여하여서는 아니 된다(동법 제117조 제4항).
③ [×] 수용자는 그 처우에 관하여 불복하는 경우 법무부장관·순회점검공무원 또는 관할 지방교정청장에게 청원할 수 있다(동법 제117조 제1항).
④ [×] 수용자는 「공공기관의 정보공개에 관한 법률」에 따라 법무부장관, 지방교정청장 또는 소장에게 정보의 공개를 청구할 수 있다(동법 제117조의2 제1항).

정답 ①

03 형집행법령상 소장 면담에 대한 설명으로 옳지 않은 것은 모두 몇 개인가?

2024. 7급 승진

㉠ 수용자는 그 처우에 관하여 소장에게 면담을 신청할 수 있다.
㉡ 소장은 특별한 사정이 있으면 소속 교도관으로 하여금 그 면담을 대리하게 할 수 있다. 이 경우 면담을 대리한 사람은 그 결과를 소장에게 지체 없이 보고하여야 한다.
㉢ 소장은 수용자가 면담을 신청한 경우에는 그 인적사항을 면담부에 기록하고 반드시 신청한 순서에 따라 면담하여야 한다.
㉣ 소장은 수용자를 면담한 경우에는 그 내용 전부를 면담부에 기록하여야 한다.
㉤ 소장은 면담한 결과 처리가 필요한 사항이 있으면 그 처리결과를 수용자에게 알려야 한다.

① 0개   ② 1개
③ 2개   ④ 3개

정답 및 해설

옳지 않은 것은 ㉢, ㉣이다.
㉠ [○] 형집행법 제116조 제1항
㉡ [○] 동법 제116조 제3항
㉢ [×] 소장은 수용자가 면담을 신청한 경우에는 그 인적사항을 면담부에 기록하고 특별한 사정이 없으면 신청한 순서에 따라 면담하여야 한다(동법 시행령 제138조 제1항).
㉣ [×] 소장은 수용자를 면담한 경우에는 그 요지를 면담부에 기록하여야 한다(동법 시행령 제138조 제2항).
㉤ [○] 동법 제116조 제4항

정답 ③

04 「형의 집행 및 수용자의 처우에 관한 법률」상 수용자의 면담신청이 있더라도 소장이 면담을 하지 않아도 되는 사유는 모두 몇 개인가?

2019. 7급 승진

㉠ 정당한 사유 없이 면담사유를 밝히지 아니하는 때
㉡ 면담목적이 법령에 명백히 위배되는 사항을 요구하는 것인 때
㉢ 동일한 사유로 면담한 사실이 있음에도 불구하고 정당한 사유 없이 반복하여 면담을 신청하는 때
㉣ 교도관의 직무집행을 방해할 목적이라고 인정되는 상당한 이유가 있는 때
㉤ 시설의 안전 또는 질서를 해칠 우려가 있는 때

① 2개   ② 3개
③ 4개   ④ 5개

정답 및 해설

소장 면담(형집행법 제116조 제2항)

소장은 수용자의 면담신청이 있으면 다음의 어느 하나에 해당하는 사유가 있는 경우를 제외하고는 면담을 하여야 한다.
1. 정당한 사유 없이 면담사유를 밝히지 아니하는 때
2. 면담목적이 법령에 명백히 위배되는 사항을 요구하는 것인 때
3. 동일한 사유로 면담한 사실이 있음에도 불구하고 정당한 사유 없이 반복하여 면담을 신청하는 때
4. 교도관의 직무집행을 방해할 목적이라고 인정되는 상당한 이유가 있는 때

정답 ③

05 형집행법령상 소장 면담에 대한 설명으로 옳지 않은 것은?

2019. 8급 승진

① 동일 사유로 면담 후 정당한 사유 없이 반복하여 면담 신청 시 소장은 면담을 할 의무가 없다.
② 소장이 면담 신청을 받아들이지 아니하는 경우에는 그 사유를 해당 수용자에게 알려주어야 한다.
③ 소장이 직접 면담할 특별한 사정이 있는 경우 외에는 소속 교도관이 면담을 대리한다.
④ 소장은 면담한 결과 처리가 필요한 사항이 있으면 그 처리결과를 수용자에게 알려야 한다.

정답 및 해설

① [○] 동법 제116조 제2항 제3호
② [○] 동법 시행령 제138조 제3항
③ [×] 소장은 특별한 사정이 있으면 소속 교도관으로 하여금 그 면담을 대리하게 할 수 있다. 이 경우 면담을 대리한 사람은 그 결과를 소장에게 지체 없이 보고하여야 한다(형집행법 제116조 제3항).
④ [○] 동법 제116조 제4항

정답 ③

06 형집행법령상 소장이 수용자의 면담신청을 받아들이지 않을 수 있는 사유를 모두 고른 것은?

2021. 6급 승진

㉠ 정당한 사유 없이 면담사유를 밝히지 아니하는 때
㉡ 면담목적이 법령이나 지시에 명백히 위배되는 사항을 요구하는 것인 때
㉢ 동일한 사유로 면담한 사실이 있음에도 불구하고 정당한 사유 없이 반복하여 면담을 신청하는 때
㉣ 교도관의 직무집행을 방해할 목적이라고 인정되는 상당한 이유가 있는 때

① ㉠, ㉡
② ㉠, ㉢, ㉣
③ ㉡, ㉢, ㉣
④ ㉠, ㉡, ㉢, ㉣

정답 및 해설

소장면담 제외사유(법 제116조 제2항)
1. 정당한 사유 없이 면담사유를 밝히지 아니하는 때
2. 면담목적이 법령에 명백히 위배되는 사항을 요구하는 것인 때
3. 동일한 사유로 면담한 사실이 있음에도 불구하고 정당한 사유 없이 반복하여 면담을 신청하는 때
4. 교도관의 직무집행을 방해할 목적이라고 인정되는 상당한 이유가 있는 때

정답 ②

07 「형의 집행 및 수용자의 처우에 관한 법률」상 수용자가 소장에게 면담을 신청한 경우에 면담을 하지 않아도 되는 사유에 해당하는 것을 모두 고른 것은?

㉠ 정당한 사유 없이 면담사유를 밝히지 아니하는 때
㉡ 면담목적이 법령에 명백히 위배되는 사항을 요구하는 것인 때
㉢ 동일한 사유로 면담한 사실이 있음에도 불구하고 정당한 사유 없이 반복하여 면담을 신청하는 때
㉣ 교도관의 직무집행을 방해할 목적이라고 인정되는 상당한 이유가 있는 때

① ㉠, ㉡, ㉢, ㉣
② ㉠, ㉡, ㉢
③ ㉠, ㉢, ㉣
④ ㉡, ㉣

정답 및 해설

형집행법 제116조 제2항

정답 ①

08 소장면담에 대한 설명으로 가장 옳은 것은? (다툼이 있는 경우 판례에 의함)

① 수용자는 그 처우에 관하여 불복하는 경우에는 소장에게 면담을 신청할 수 있다.
② 교도관은 수용자가 교도소장과의 면담을 요청하면 그 절차를 밟아주어야 하고 그렇게 하지 아니하는 경우 형법상의 직무유기죄가 성립한다.
③ 교도관은 면담요청사유를 파악하여 상관에 보고하여야 할 직무상 의무가 있다.
④ 소장은 특별한 사정이 있으면 소속 교도관으로 하여금 그 면담을 대리하게 할 수 있다. 이 경우 면담을 대리한 사람은 그 결과를 해당 수용자에게 고지하여야 한다.

정답 및 해설

① [×] 수용자는 그 처우에 관하여 소장에게 면담을 신청할 수 있다(형집행법 제116조 제1항).
② [×], ③ [○] 헌재 2001.5.31. 2001헌마85

> **관련판례**
> **소장면담 요구를 거절한 교도관의 직무유기죄 성립여부(소극)**
> 교도관은 면담요청사유를 파악하여 상관에 보고하여야 할 직무상 의무가 있고, 수형자에 대하여 형벌을 집행하고 그들을 교정교화하는 임무를 띠고 있는 자들이므로, 수형자가 교도소장을 면담하려는 사유가 무엇인지를 구체적으로 파악하여 교도소장 면담까지 하지 않더라도 그들 자신이나 그 윗선에서 단계적으로 해결할 수 있는 사항인지 혹은 달리 해결을 도모하여야 할 사항인지의 여부를 먼저 확인하는 것이 마땅하고, 또한 전화통화요구와 같이 교도소장을 면담하여도 허락받지 못 할 것이 확실시되는 사항에 대하여는 무용한 시도임을 알려 이를 포기토록 하는 것 또한 그들의 직무의 하나라고 할 것이지, 수형자가 교도소장 면담을 요청한다고 하여 기계적으로 그 절차를 밟아주어야 하고 그렇게 하지 아니하는 경우 곧바로 형법상의 직무유기죄가 성립한다고 할 수 없다(헌재 2001.5.31. 2001헌마85).

④ [×] 소장은 특별한 사정이 있으면 소속 교도관으로 하여금 그 면담을 대리하게 할 수 있다. 이 경우 면담을 대리한 사람은 그 결과를 소장에게 지체 없이 보고하여야 한다(형집행법 제116조 제3항).

정답 ③

09 수용자의 권리보호에 대한 설명으로 옳지 않은 것은?

2013. 교정 7급

① 헌법 제10조에서 규정하고 있는 모든 국민의 인간으로서의 존엄과 가치, 행복추구권은 이의 근거가 된다.
② 수용자는 청원, 진정, 소장과의 면담, 그 밖의 권리구제를 위한 행위를 하였다는 이유로 불이익한 처우를 받지 아니한다.
③ 사법적 권리구제 수단으로, 공권력의 부당한 행사 내지 불행사로 인하여 기본권을 침해받은 수용자는 법원의 재판을 제외하고는 헌법소원을 제기할 수 있다.
④ 비사법적 권리구제 수단으로 서면으로 청원을 하는 경우 수용자는 청원서를 작성하여 봉한 후 소장 또는 순회점검공무원에게 제출하여야 한다.

정답 및 해설

① [O] 모든 국민은 인간으로서의 존엄과 가치를 가지며, 행복을 추구할 권리를 가진다. 국가는 개인이 가지는 불가침의 기본적 인권을 확인하고 이를 보장할 의무를 진다(헌법 제10조)는 수용자의 권리보호에 근거가 된다.
② [O] 형집행법 제118조
③ [O] 공권력의 행사 또는 불행사로 인하여 헌법상 보장된 기본권을 침해받은 자는 법원의 재판을 제외하고는 헌법재판소에 헌법소원심판을 청구할 수 있다(헌법재판소법 제68조 제1항).
④ [×] 청원하려는 수용자는 청원서를 작성하여 봉한 후 소장에게 제출하여야 한다. 다만, 순회점검공무원에 대한 청원은 말로도 할 수 있다(형집행법 제117조 제2항). 소장은 청원서를 제출받으면 지체 없이 법무부장관·순회점검공무원 또는 관할 지방교정청장에게 보내거나 순회점검공무원에게 전달하여야 한다(동법 제117조 제3항).

정답 ④

10 형의 집행 및 수용자의 처우에 관한 법령상 청원에 대한 설명으로 옳지 않은 것은?

2019. 교정 9급

① 수용자는 그 처우에 관하여 불복하는 경우 법무부장관·순회점검공무원 또는 관할 지방교정청장에게 청원할 수 있다.
② 청원하려는 수용자는 청원서를 작성하여 봉한 후 소장에게 제출하여야 한다. 다만, 순회점검공무원에 대한 청원은 말로도 할 수 있다.
③ 소장은 청원서를 개봉하여서는 아니 되며, 이를 지체 없이 법무부장관·순회점검공무원 또는 관할 지방교정청장에게 보내거나 순회점검공무원에게 전달하여야 한다.
④ 소장은 수용자가 관할 지방교정청장에게 청원하는 경우에는 그 인적사항을 청원부에 기록하여야 한다.

정답 및 해설

① [O] 동법 제117조 제1항
② [O] 동법 제117조 제2항
③ [O] 동법 제117조 제3항
④ [×] 소장은 수용자가 순회점검공무원에게 청원하는 경우에는 그 인적사항을 청원부에 기록하여야 한다(형집행법 시행령 제139조 제1항).

정답 ④

11 현행법령상 청원에 관한 내용으로 옳지 않은 것은?

2023. 9급 경채

① 소장은 청원서를 개봉하여서는 아니 되며, 이를 지체 없이 법무부장관·순회점검공무원 또는 관할 지방교정청장에게 보내거나 순회점검공무원에게 전달하여야 한다.
② 청원에 관한 결정은 문서로 하여야 한다. 다만, 순회점검공무원의 결정은 말로도 할 수 있다.
③ 순회점검공무원은 청원을 스스로 결정하는 것이 부적당하다고 인정하는 경우에는 그 내용을 법무부장관에게 보고하여야 한다.
④ 소장은 수용자가 순회점검공무원에게 청원하는 경우에는 그 인적사항을 청원부에 기록하여야 한다.

정답 및 해설

① [O] 동법 제117조 제3항
② [X] 청원에 관한 결정은 문서로 하여야 한다(형집행법 제117조 제5항).
③ [O] 동법 시행령 제139조 제4항
④ [O] 동법 시행령 제139조 제3항

정답 ②

12 「형의 집행 및 수용자의 처우에 관한 법률」과 동법 시행령상 청원에 대한 설명으로 옳지 않은 것은?

2016. 교정 7급

① 수용자는 그 처우에 관하여 불복하는 경우 법무부장관·순회점검공무원 또는 관할 지방교정청장에게 청원할 수 있다.
② 청원하려는 수용자는 청원서를 작성하여 봉한 후 소장에게 제출하여야 한다. 다만, 순회점검공무원에 대한 청원은 말로도 할 수 있으며, 이때 그 내용을 전부 녹음하여야 한다.
③ 순회점검공무원이 청원을 청취하는 경우 해당 교정시설의 교도관이 참여하여서는 아니 된다.
④ 청원에 관한 결정은 문서로 하여야 하며, 소장은 청원에 관한 결정서를 접수하면 청원인에게 지체 없이 전달하여야 한다.

정답 및 해설

① [O] 형집행법 제117조 제1항
② [X] 순회점검공무원이 청원을 청취하는 경우에는 그 내용을 청취 또는 녹취하지 못한다.
③ [O] 동법 제117조 제4항
④ [O] 동법 제117조 제5항·제6항

정답 ②

13 「형의 집행 및 수용자의 처우에 관한 법률」상 수용자의 권리구제에 대한 내용으로 옳지 않은 것은?

2021. 교정 7급

① 소장은 청원서의 내용을 확인한 후, 이를 지체 없이 법무부장관·순회점검공무원 또는 관할 지방교정청장에게 보내거나 순회점검공무원에게 전달하여야 한다.
② 수용자는 그 처우에 관하여 불복하는 경우 법무부장관·순회점검공무원 또는 관할 지방교정청장에게 청원할 수 있다.
③ 청원에 관한 결정은 문서로 하여야 한다.
④ 순회점검공무원에 대한 청원은 말로도 할 수 있다.

정답 및 해설

① [×] 소장은 청원서를 개봉하여서는 아니 되며, 이를 지체 없이 법무부장관·순회점검공무원 또는 관할 지방교정청장에게 보내거나 순회점검공무원에게 전달하여야 한다(형집행법 제117조 제3항).
② [○] 동법 제117조 제1항
③ [○] 동법 제117조 제5항
④ [○] 청원하려는 수용자는 청원서를 작성하여 봉한 후 소장에게 제출하여야 한다. 다만, 순회점검공무원에 대한 청원은 말로도 할 수 있다(동법 제117조 제2항).

정답 ①

14 현재의 수용기간 동안 정보공개청구를 한 후 정당한 사유 없이 그 청구를 2회 이상 취하한 사실이 있는 수용자 甲이 소장에게 정보공개를 청구하였다. 다음 설명 중 현행법령상 가장 옳은 것은? 2013. 7급 승진

① 소장은 甲에게 정보의 공개 및 우송 등에 소요될 것으로 예상되는 비용(이하 비용)을 미리 납부하게 하여야 한다.
② 비용납부의 통지를 받은 甲은 그 통지를 받은 날부터 10일 이내에 현금 또는 수입인지로 소장에게 납부하여야 한다.
③ 소장은 甲이 비용을 납부한 경우에는 신속하게 정보공개 여부의 결정을 하여야 한다.
④ 소장은 부분공개 결정을 한 경우에는 비공개 결정한 부분에 대하여 드는 비용을 제외한 금액을 반환하여야 한다.

정답 및 해설

① [×] 현재의 수용기간 동안 소장에게 정보공개청구를 한 후 정당한 사유 없이 그 청구를 취하하거나 「공공기관의 정보공개에 관한 법률」제17조(청구인 비용부담 원칙)에 따른 비용(정보공개결정 후 정보공개 등에 소요되는 비용)을 납부하지 아니한 사실이 2회 이상 있는 수용자가 정보공개청구를 한 경우에 소장은 그 수용자에게 정보의 공개 및 우송 등에 들 것으로 예상되는 비용을 미리 납부하게 할 수 있다(동법 제117조의2 제2항).
② [×] 비용납부의 통지를 받은 수용자는 그 통지를 받은 날부터 7일 이내에 현금 또는 수입인지로 법무부장관, 지방교정청장 또는 소장에게 납부하여야 한다(동법 시행령 제139조의2 제3항).
③ [○] 소장은 비용이 납부되면 신속하게 정보공개 여부의 결정을 하여야 한다(형집행법 시행령 제139조의2 제5항).
④ [×] 소장은 비공개 결정을 한 경우에는 납부된 비용의 전부를 반환하고 부분공개 결정을 한 경우에는 공개 결정한 부분에 대하여 드는 비용을 제외한 금액을 반환하여야 한다(동법 시행령 제139조의2 제6항).

정답 ③

15 「공공기관의 정보공개에 관한 법률」 및 판례상 정보공개에 대한 설명으로 옳지 않은 것은 모두 몇 개인가? (다툼이 있는 경우 판례에 의함)

2024. 5급 승진

㉠ 실제로는 해당 정보를 취득 또는 활용할 의사가 전혀 없이 정보공개 제도를 이용하여 사회통념상 용인될 수 없는 부당한 이득을 얻으려 하거나, 오로지 공공기관의 담당공무원을 괴롭힐 목적으로 정보공개청구를 하는 경우처럼 권리의 남용에 해당하는 것이 명백한 경우에는 정보공개청구권의 행사를 허용하지 아니하는 것이 옳다.

㉡ 공공기관은 정보공개의 청구를 받은 날부터 10일 이내에 공개 여부를 결정하여야 한다. 부득이한 사유로 청구를 받은 날부터 10일 이내에 공개 여부를 결정할 수 없을 때에는 그 기간이 끝나는 날부터 기산하여 10일의 범위에서 공개 여부 결정기간을 연장할 수 있다.

㉢ 공공기관은 다른 공공기관이 보유·관리하는 정보의 공개 청구를 받았을 때에는 지체 없이 이를 소관 기관으로 이송하여야 하며, 이송한 후에는 지체 없이 소관 기관 및 이송 사유 등을 분명히 밝혀 청구인에게 문서로 통지하여야 한다.

㉣ 「공공기관의 정보공개에 관한 법률」 제9조(비공개 대상 정보) 제1항 제4호에서 비공개대상으로 규정한 '형의 집행, 교정에 관한 사항으로서 공개될 경우 그 직무수행을 현저히 곤란하게 하는 정보'란 당해 정보가 공개될 경우 재소자들의 관리 및 질서유지, 수용시설의 안전, 재소자들에 대한 적정한 처우 및 교정·교화에 관한 직무의 공정하고 효율적인 수행에 직접적이고 구체적으로 장애를 줄 고도의 개연성이 있고, 그 정도가 현저한 경우를 의미한다.

㉤ 교도소에 수용 중이던 재소자가 담당 교도관들을 상대로 가혹행위를 이유로 형사고소 및 민사소송을 제기하면서 그 증명자료 확보를 위해 '근무보고서'와 '징벌위원회 회의록' 등의 정보공개를 요청하였으나 교도소장이 이를 거부한 사안에서, 징벌위원회 회의록 중 비공개 심사·의결 부분과 재소자의 진술, 위원장 및 위원들과 재소자 사이의 문답 등 징벌절차 진행 부분은 위 법 제9조(비공개 대상 정보) 제1항 제5호의 비공개사유에 해당하지만 근무보고서는 법 제9조(비공개 대상 정보) 제1항 제4호에서 정한 비공개 대상 정보에 해당하지 않는다고 보아 분리 공개가 허용된다.

① 0개
② 1개
③ 2개
④ 3개

정답 및 해설

옳지 않은 것은 ㉡, ㉤이다.

㉠ [○] 대법원 2014.12.24. 2014두9349

> **관련판례**
> 일반적인 정보공개청구권의 의미와 성질, 구 공공기관의 정보공개에 관한 법률 제3조, 제5조 제1항, 제6조의 규정 내용과 입법 목적, 정보공개법이 정보공개청구권의 행사와 관련하여 정보의 사용 목적이나 정보에 접근하려는 이유에 관한 어떠한 제한을 두고 있지 아니한 점 등을 고려하면, 국민의 정보공개청구는 정보공개법 제9조에 정한 비공개 대상 정보에 해당하지 아니하는 한 원칙적으로 폭넓게 허용되어야 하지만, 실제로는 해당 정보를 취득 또는 활용할 의사가 전혀 없이 정보공개 제도를 이용하여 사회통념상 용인될 수 없는 부당한 이득을 얻으려 하거나, 오로지 공공기관의 담당공무원을 괴롭힐 목적으로 정보공개청구를 하는 경우처럼 권리의 남용에 해당하는 것이 명백한 경우에는 정보공개청구권의 행사를 허용하지 아니하는 것이 옳다(대법원 2014.12.24. 2014두9349).

㉡ [×] 공공기관은 제10조에 따라 정보공개의 청구를 받으면 그 청구를 받은 날부터 10일 이내에 공개 여부를 결정하여야 하며(공공기관의 정보공개에 관한 법률 제11조 제1항), 공공기관은 부득이한 사유로 제1항에 따른 기간 이내(청구를 받은 날부터 10일 이내)에 공개 여부를 결정할 수 없을 때에는 그 기간이 끝나는 날의 다음 날부터 기산하여 10일의 범위에서 공개 여부 결정기간을 연장할 수 있다. 이 경우 공공기관은 연장된 사실과 연장 사유를 청구인에게 지체 없이 문서로 통지하여야 한다(동법 제11조 제2항).

㉢ [○] 동법 제11조 제4항

㉣ [○] 대법원 2009.12.10. 2009두12785

ⓜ [×] 대법원 2009.12.10. 2009두12785

> **관련판례**
> 교도소에 수용 중이던 수용자가 담당 교도관들을 상대로 가혹행위를 이유로 형사고소 및 민사소송을 제기하면서 그 증명자료 확보를 위해 근무보고서와 징벌위원회 회의록 등의 정보공개를 요청하였으나 교도소장이 이를 거부한 사안에서, 근무보고서는 비공개대상정보에 해당한다고 볼 수 없고, 징벌위원회 회의록 중 비공개 심사·의결 부분은 비공개사유에 해당하지만 수용자의 진술, 위원장 및 위원들과 수용자 사이의 문답 등 징벌절차 진행 부분은 비공개사유에 해당하지 않는다고 보아 분리 공개가 허용된다(대법원 2009.12.10. 2009두12785).

정답 ③

16 수용자의 정보공개청구에 대한 지방교정청장 甲의 처분으로 적법한 것은? 2014. 교정 7급

① 정보공개를 위한 비용납부의 통지를 받은 수용자 A가 그 비용을 납부하기 전에 지방교정청장 甲은 정보공개의 결정을 하고 해당 정보를 A에게 공개하였다.
② 과거의 수용기간 동안 정당한 사유 없이 정보공개를 위한 비용을 납부하지 아니한 사실이 1회 있는 수용자 B가 정보공개청구를 하자, 청구를 한 날부터 7일째 甲은 B에게 정보의 공개 및 우송 등에 들 것으로 예상되는 비용을 미리 납부할 것을 통지하였다.
③ 정보공개를 위한 비용납부의 통지를 받은 수용자 C가 그 통지를 받은 후 3일 만에 비용을 납부했지만, 甲은 비공개 결정을 하고 C가 예납한 비용 중 공개여부의 결정에 드는 비용을 제외한 금액을 반환하였다.
④ 현재의 수용기간 동안 甲에게 정보공개청구를 한 후 정당한 사유로 그 청구를 취하한 사실이 있는 수용자 D가 다시 정보공개청구를 하자, 甲은 D에게 정보의 공개 및 우송 등에 들 것으로 예상되는 비용을 미리 납부할 것을 통지하였다.

정답 및 해설

① [○] 법무부장관, 지방교정청장 또는 소장은 비용이 납부되기 전에 정보공개 여부의 결정을 할 수 있다(형집행법 시행령 제139조의2 제7항).
② [×] 현재의 수용기간 동안 정보공개청구를 한 후 정당한 사유 없이 비용을 납부하지 아니한 사실이 2회 이상 있는 수용자에 대해 비용을 미리 납부하게 할 수 있으며(동법 제117조의2 제2항), 법무부장관, 지방교정청장 또는 소장은 법 제117조의2 제2항에 해당하는 수용자(정보공개청구를 한 후 정당한 사유 없이 그 청구를 취하하거나 정보공개결정 후 정보공개 등에 소요되는 비용을 납부하지 않은 사실이 2회 이상 있는 수용자)가 정보공개의 청구를 한 경우에는 청구를 한 날부터 7일 이내에 비용을 산정하여 해당 수용자에게 미리 납부할 것을 통지할 수 있다(동법 시행령 제139조의2 제2항).
③ [×] 비공개 결정을 한 경우에는 납부된 비용의 전부를 반환하고 부분공개 결정을 한 경우에는 공개 결정한 부분에 대하여 드는 비용을 제외한 금액을 반환하여야 한다(동법 시행령 제139조의2 제6항).
④ [×] 현재의 수용기간 동안 정보공개청구를 한 후 정당한 사유 없이 그 청구를 취하 한 사실이 2회 이상 있는 수용자에 대해 비용을 미리 납부하게 할 수 있다(동법 제117조의2 제2항).
▶ 정당한 사유로 청구를 취하하였으므로 예상되는 비용을 미리 납부할 대상에 해당하지 않는다.

정답 ①

17. 「형의 집행 및 수용자의 처우에 관한 법률」상 수용자 권리구제에 대한 설명으로 옳지 않은 것은?

2020. 교정 9급

① 소장은 수용자가 정당한 사유 없이 면담사유를 밝히지 아니하는 때에는 면담을 거부할 수 있다.
② 수용자는 그 처우에 관하여 불복하는 경우 법무부장관, 순회점검공무원 또는 관할 지방법원장에게만 청원할 수 있다.
③ 수용자는 그 처우에 관하여 불복하여 순회점검공무원에게 청원하는 경우 청원서가 아닌 말로도 할 수 있다.
④ 수용자는 청원, 진정, 소장과의 면담, 그 밖의 권리구제를 위한 행위를 하였다는 이유로 불이익한 처우를 받지 아니한다.

정답 및 해설

① [○] 동법 제116조 제2항 제1호
② [×] 수용자는 그 처우에 관하여 불복하는 경우 법무부장관·순회점검공무원 또는 관할 지방교정청장에게 청원할 수 있다(형집행법 제117조 제1항).
③ [○] 동법 제117조 제2항
④ [○] 동법 제118조

정답 ②

18. 수용자의 권리구제에 대한 설명으로 옳지 않은 것은?

2020. 교정 7급

① 소장은 특별한 사정이 있으면 소속 교도관으로 하여금 그 면담을 대리하게 할 수 있으며, 이 경우 면담을 대리한 사람은 그 결과를 소장에게 지체 없이 보고하여야 한다.
② 사법적 권리구제수단으로는 행정소송, 민·형사소송, 청원, 헌법소원이 있다.
③ 구금·보호시설의 직원은 국가인권위원회 위원 등이 시설에 수용되어 있는 진정인과 면담하는 장소에 참석할 수 없으며, 대화내용을 듣거나 녹취하지 못한다. 다만, 보이는 거리에서 시설수용자를 감시할 수 있다.
④ 청원권자는 수형자, 미결수용자, 내·외국인을 불문하고 「형의 집행 및 수용자의 처우에 관한 법률」상 수용자이다.

정답 및 해설

① [○] 형집행법 제116조 제3항
② [×] 사법적 권리구제수단으로 행정소송, 민·형사소송, 헌법소원이 있으며, 비사법적 권리구제수단으로 청원, 소장면담, 행정심판, 국가인권위원회 진정, 민원조사관제, 중재, 감사원 심사 청구 등이 있다.
③ [○] 시설에 수용되어 있는 진정인(진정을 하려는 사람을 포함)과 위원 또는 위원회 소속 직원의 면담에는 구금·보호시설의 직원이 참여하거나 그 내용을 듣거나 녹취하지 못한다. 다만, 보이는 거리에서 시설수용자를 감시할 수 있다(국가인권위원회법 제31조 제6항).
④ [○] 수형자, 미결수용자, 내·외국인을 불문하고 형집행법상 수용자이면 누구나 청원을 할 수 있다.

정답 ②

19 수용자의 권리구제에 대한 설명으로 옳지 않은 것은? 2012. 교정 7급

① 비사법적 구제의 일환으로 수용자는 소장에게 면담을 신청할 수 있지만, 소장은 수용자가 정당한 사유 없이 면담 사유를 밝히지 아니하는 때에는 면담을 하지 않을 수 있다.
② 수용자는 자기 또는 타인의 처우에 대한 불복이 있는 경우 법무부장관·순회점검공무원 또는 관할 지방교정청장에게 청원할 수 있다.
③ 수용자는 소장의 위법, 부당한 처분으로 인하여 자신의 권리나 이익이 침해되었다고 판단한 때에는 지방교정청장에게 행정심판을 청구할 수 있다.
④ 사법적 권리구제로서 헌법소원을 제기하기 위해서 법률에 정해진 기본권 구제절차를 거쳐야 하지만, 「형의 집행 및 수용자의 처우에 관한 법률」상의 청원을 거쳐야 할 필요는 없다.

정답 및 해설

① [○] 동법 제116조 제1항·제2항
② [×] 수용자는 그 처우에 관하여 불복하는 경우 법무부장관·순회점검공무원 또는 관할 지방교정청장에게 청원할 수 있다(형집행법 제117조 제1항).
▶ 수용자 본인의 이익과 관계없는 다른 수용자에 대한 사항은 청원이 제한된다(대리청원 금지).
③ [○] 수용자는 일선 교정시설의 직근 상급행정기관인 관할 지방교정청장에게 행정심판을 청구할 수 있다.
④ [○] 공권력의 행사 또는 불행사로 인하여 헌법상 보장된 기본권을 침해받은 자는 법원의 재판을 제외하고는 헌법재판소에 헌법소원심판을 청구할 수 있다. 다만, 다른 법률에 구제절차가 있는 경우에는 그 절차를 모두 거친 후에 청구할 수 있다(헌법재판소법 제68조 제1항. 보충성의 원칙).
▶ 청원제도 및 진정서·탄원서의 제출 등은 사전구제절차가 아니다.

정답 ②

20 재소자 권리구제 제도로서 옴부즈맨(Ombudsman)에 대한 설명으로 옳지 않은 것은? 2023. 교정 9급

① 성공 여부는 독립성, 비당파성 및 전문성에 달려 있다.
② 옴부즈맨의 독립성과 전문성을 확보하기 위해서는 교정당국이 임명하여야 한다.
③ 재소자의 불평을 수리하여 조사하고 보고서를 작성하여 적절한 대안을 제시한다.
④ 원래 정부 관리에 대한 시민의 불평을 조사할 수 있는 권한을 가진 스웨덴 공무원제도에서 유래하였다.

정답 및 해설

① [○] 독립성, 비당파성(비정치성) 및 전문성이 성공적인 옴부즈만의 요건으로 지적되어 왔다.
② [×] 옴부즈만의 독립성과 전문성을 확보하기 위해서는 교정당국이 아닌 외부기관에 의해서 임명되고 지원되어야 한다.
③ [○] 일반적으로 옴부즈만은 재소자의 불평을 수리하여 조사하고, 보고서를 작성하고, 적절한 기관에 대안을 제시하며, 그 결과를 공개하는 권한을 가진다.
④ [○] 옴부즈만은 원래 정부관리에 대한 시민의 불평을 조사할 수 있는 권한을 가진 스웨덴의 공무원에서 유래되어, 미국의 경우 교정분야의 분쟁해결제도 중 가장 많이 활용되는 것의 하나가 되었다.

정답 ②

21. 형의 집행 및 수용자의 처우에 관한 법령상 권리구제에 대한 설명으로 옳은 것은?

2020. 5급 승진

① 수용자는 그 처우에 관하여 불복하는 경우 법무부장관·순회점검공무원 또는 관할 지방교정청장에게 청원할 수 있으며, 소장은 수용자가 순회점검공무원에게 청원하는 경우에는 그 인적사항을 청원부에 기록하여야 한다.
② 소장은 수용자가 정보공개의 청구를 한 경우에는 그 공개를 결정한 날부터 7일 이내에 소요 비용을 산정하여 해당 수용자에게 미리 납부할 것을 통지하여야 한다.
③ 현재의 수용기간 동안 소장에게 정보공개청구를 한 후 정당한 사유 없이 그 청구를 취하하거나 소요 비용을 납부하지 아니한 사실이 있는 수용자가 정보공개청구를 한 경우에 소장은 그 수용자에게 정보의 공개 및 우송 등에 들 것으로 예상되는 비용을 미리 납부하게 할 수 있다.
④ 소장은 수용자의 면담신청이 있으면 동일한 사유로 면담한 사실이 있는 경우를 제외하고는 면담을 하여야 한다.
⑤ 소장은 원칙적으로 소속 교도관으로 하여금 그 면담을 대리하게 할 수 있으며, 이 경우 면담을 대리한 사람은 그 결과를 소장에게 보고하여야 한다.

정답 및 해설

① [○] 형집행법 제117조 제1항, 동법 시행령 제139조 제1항
② [×] 법무부장관, 지방교정청장 또는 소장은 ㉠ 정보공개청구를 한 후 정당한 사유 없이 그 청구를 취하한 사실이 2회 이상 있는 수용자가 정보공개청구를 한 경우, ㉡ 정보공개청구를 한 후 정당한 사유 없이 정보공개결정 후 정보공개 등에 소요되는 비용을 납부하지 아니한 사실이 2회 이상 있는 수용자가 정보공개의 청구를 한 경우에는 청구를 한 날부터 7일 이내에 예상되는 비용을 산정하여 해당 수용자에게 미리 납부할 것을 통지할 수 있다(동법 시행령 제139조의2 제2항).
③ [×] 현재의 수용기간 동안 법무부장관, 지방교정청장 또는 소장에게 ㉠ 정보공개청구를 한 후 정당한 사유 없이 그 청구를 취하한 사실이 2회 이상 있는 수용자가 정보공개청구를 한 경우, ㉡ 정보공개청구를 한 후 정당한 사유 없이 정보공개결정 후 정보공개 등에 소요되는 비용을 납부하지 아니한 사실이 2회 이상 있는 수용자가 정보공개청구를 한 경우에 법무부장관, 지방교정청장 또는 소장은 그 수용자에게 정보의 공개 및 우송 등에 들 것으로 예상되는 비용을 미리 납부하게 할 수 있다(동법 제117조의2 제2항).
④ [×] 소장은 수용자의 면담신청이 있으면 ㉠ 정당한 사유 없이 면담사유를 밝히지 아니하는 경우, ㉡ 면담목적이 법령에 명백히 위배되는 사항을 요구하는 것인 경우, ㉢ 동일한 사유로 면담한 사실이 있음에도 불구하고 정당한 사유 없이 반복하여 면담을 신청하는 경우, ㉣ 교도관의 직무집행을 방해할 목적이라고 인정되는 상당한 이유가 있는 경우를 제외하고는 면담을 하여야 한다(동법 제116조 제2항).
⑤ [×] 소장은 특별한 사정이 있으면 소속 교도관으로 하여금 그 면담을 대리하게 할 수 있다. 이 경우 면담을 대리한 사람은 그 결과를 소장에게 지체 없이 보고하여야 한다(동법 제116조 제3항).

정답 ①

22 수용자에 대한 징벌 및 권리구제에 대한 설명으로 옳은 것은?

2012. 교정 9급

① 소장은 동일한 사유로 면담한 사실이 있음에도 불구하고 정당한 사유 없이 반복하여 면담을 신청하는 경우 수용자와의 면담을 하지 않을 수 있다.
② 수용자가 청원서를 제출한 경우, 소장은 지체 없이 청원 내용을 확인하여야 있다.
③ 2회 이상 정보공개청구비용을 납부하지 않은 수용자는 향후 정보공개를 청구할 수 없다.
④ 징벌위원회는 징벌대상자에게 일정한 사유가 있는 경우 3개월 이하의 기간 내에서 징벌의 집행유예를 의결할 수 있다.

정답 및 해설

① [○] 형집행법 제116조 제2항
② [×] 소장은 청원서를 개봉하여서는 아니 된다(동법 제117조 제3항).
③ [×] 현재의 수용기간 동안 법무부장관, 지방교정청장 또는 소장에게 정보공개청구를 한 후 정당한 사유 없이 그 청구를 취하하거나 「공공기관의 정보공개에 관한 법률」 제17조(청구인 비용부담 원칙)에 따른 비용(정보공개결정 후 정보공개 등에 소요되는 비용)을 납부하지 아니한 사실이 2회 이상 있는 수용자가 정보공개청구를 한 경우에 법무부장관, 지방교정청장 또는 소장은 그 수용자에게 정보의 공개 및 우송 등에 들 것으로 예상되는 비용을 미리 납부하게 할 수 있다(동법 제117조의2 제2항).
④ [×] 징벌위원회는 징벌을 의결하는 때에 행위의 동기 및 정황, 교정성적, 뉘우치는 정도 등 그 사정을 고려할 만한 사유가 있는 수용자에 대하여 2개월 이상 6개월 이하의 기간 내에서 징벌의 집행을 유예할 것을 의결할 수 있다(동법 제114조 제1항).

정답 ①

23 형집행법령상 권리구제에 대한 설명으로 가장 옳지 않은 것은?

2021. 5급 승진

① 수용자는 그 처우에 관하여 불복하는 경우 법무부장관·순회점검공무원 또는 관할 지방교정청장에게 청원할 수 있다.
② 소장은 수용자가 정보공개의 청구를 한 경우에는 청구를 한 날부터 10일 이내에 예상비용을 산정하여 해당 수용자에게 미리 납부할 것을 통지하여야 한다.
③ 소장은 소장 면담을 신청한 수용자가 정당한 사유 없이 면담사유를 밝히지 아니하는 때에는 면담을 하지 아니할 수 있다.
④ 소장은 특별한 사정이 있으면 소속 교도관으로 하여금 소장 면담을 대리하게 할 수 있다. 이 경우 면담을 대리한 사람은 그 결과를 소장에게 지체 없이 보고하여야 한다.

정답 및 해설

① [○] 동법 제117조 제1항
② [×] 소장은 수용자가 정보공개를 청구한 후 정당한 사유없이 그 청구를 취하하거나 정보공개결정 후 정보공개 등에 소요되는 비용을 납부하지 않은 사실이 2회 이상 있는 수용자가 정보공개의 청구를 한 경우에는 청구를 한 날부터 7일 이내에 비용을 산정하여 해당 수용자에게 미리 납부할 것을 통지할 수 있다(형집행법 시행령 제139조).
③ [○] 동법 제116조 제2항
④ [○] 동법 제116조 제3항

정답 ②

24 법령 및 판례상 정보공개에 대한 설명으로 옳은 것은 모두 몇 개인가? (다툼이 있는 경우 판례에 의함)

2023. 5급 승진

㉠ 공공기관은 정보공개의 청구를 받으면 그 청구를 받은 날부터 10일 이내에 공개 여부를 결정하여야 하며, 공공기관은 부득이한 사유로 청구를 받은 날부터 10일 이내에 공개 여부를 결정할 수 없을 때에는 그 기간이 끝나는 날부터 기산(起算)하여 10일의 범위에서 공개 여부 결정기간을 연장할 수 있다.

㉡ 교도소에 수용 중이던 수용자가 담당 교도관들을 상대로 가혹행위를 이유로 형사고소 및 민사소송을 제기하면서 그 증명자료 확보를 위해 '근무보고서'와 '징벌위원회 회의록' 등의 정보공개를 요청하였으나 교도소장이 이를 거부한 경우 근무보고서는 「공공기관의 정보공개에 관한 법률」 제9조 제1항 제4호에 정한 비공개대상정보에 해당한다고 볼 수 없고, 징벌위원회 회의록 중 비공개 심사·의결 부분은 위 법 제9조 제1항 제5호의 비공개사유에 해당하지만 수용자의 진술, 위원장 및 위원들과 수용자 사이의 문답 등 징벌절차 진행 부분은 비공개사유에 해당하지 않는다고 보아 분리 공개가 허용된다.

㉢ 공공기관은 이의신청을 받은 날부터 7일 이내에 그 이의신청에 대하여 결정하고 그 결과를 청구인에게 지체 없이 문서로 통지하여야 한다. 다만, 부득이한 사유로 정하여진 기간 이내에 결정할 수 없을 때에는 그 기간이 끝나는 날부터 기산하여 7일의 범위에서 연장할 수 있다.

㉣ 정보공개제도는 공공기관이 보유·관리하는 정보를 그 상태대로 공개하는 제도로서 공개를 구하는 정보를 공공기관이 보유·관리하고 있을 상당한 개연성이 있다는 점에 대하여 원칙적으로 공개청구자에게 증명책임이 있다고 할 것이므로 공개를 구하는 정보를 공공기관이 한 때 보유·관리하였으나 후에 그 정보가 담긴 문서 등이 폐기되어 존재하지 않게 된 것이라 하더라도 그 정보를 공공기관이 보유·관리하고 있지 아니하다는 점에 대한 증명책임은 공개청구자에게 있다.

① 1개
② 2개
③ 3개
④ 4개

정답 및 해설

옳은 것은 ㉡이다.

㉠ [×] 공공기관은 정보공개의 청구를 받으면 그 청구를 받은 날부터 10일 이내에 공개 여부를 결정하여야 하며(「공공기관의 정보공개에 관한 법률」 제11조 제1항), 공공기관은 부득이한 사유로 청구를 받은 날부터 10일 이내에 공개 여부를 결정할 수 없을 때에는 그 기간이 끝나는 날의 다음 날부터 기산하여 10일의 범위에서 공개 여부 결정기간을 연장할 수 있다. 이 경우 공공기관은 연장된 사실과 연장 사유를 청구인에게 지체 없이 문서로 통지하여야 한다(동법 제11조 제2항).

㉡ [○] 대법원 2009.12.10. 2009두12785

㉢ [×] 공공기관은 이의신청을 받은 날부터 7일 이내에 그 이의신청에 대하여 결정하고 그 결과를 청구인에게 지체 없이 문서로 통지하여야 한다. 다만, 부득이한 사유로 정하여진 기간 이내에 결정할 수 없을 때에는 그 기간이 끝나는 날의 다음 날부터 기산하여 7일의 범위에서 연장할 수 있으며, 연장 사유를 청구인에게 통지하여야 한다(동법 제18조 제3항).

㉣ [×] 대법원 2004.12.9. 2003두12707

> **관련판례**
> 정보공개제도는 공공기관이 보유·관리하는 정보를 그 상태대로 공개하는 제도로서 공개를 구하는 정보를 공공기관이 보유·관리하고 있을 상당한 개연성이 있다는 점에 대하여 원칙적으로 공개청구자에게 증명책임이 있다고 할 것이지만, 공개를 구하는 정보를 공공기관이 한 때 보유·관리하였으나 후에 그 정보가 담긴 문서 등이 폐기되어 존재하지 않게 된 것이라면 그 정보를 더 이상 보유·관리하고 있지 아니하다는 점에 대한 증명책임은 공공기관에게 있다(대법원 2004.12.9. 2003두12707).

정답 ①

25. 법령 및 판례상 수용자의 권리구제 수단에 대한 설명으로 옳은 것은 모두 몇 개인가? (다툼이 있는 경우 판례에 의함)

2023. 5급 승진

> ㉠ 형집행법 등 관련 법령에 따라 수용자가 소장에게 교도소 외부기관이 발급하는 서류의 발급신청을 대리해 줄 것을 신청할 권리가 인정되고 소장은 교도소 외부기관에서 발급하는 서류에 대한 수용자의 발급신청을 대리해 줄 의무가 있으므로 수용자가 소장에게 주민등록초본 대리발급신청을 하였으나 소장이 이를 거부한 행위는 헌법소원의 대상이 되는 공권력의 행사에 해당한다.
> ㉡ 수용자는 그 처우에 관하여 소장에게 면담을 신청할 수 있다. 소장은 특별한 사정이 있으면 소속 교도관으로 하여금 그 면담을 대리하게 할 수 있으며, 이 경우 면담을 대리한 사람은 그 결과를 소장에게 지체 없이 보고하여야 한다.
> ㉢ 구금·보호시설에 소속된 공무원 또는 직원은 시설수용자가 징벌혐의로 조사를 받고 있거나 징벌을 받고 있는 중이라는 이유로 위원회에 보내기 위한 진정서 또는 서면을 작성하거나 제출할 수 있는 기회를 제한하는 조치를 하여서는 아니된다.

① 0개 ② 1개
③ 2개 ④ 3개

정답 및 해설

옳은 것은 ㉡, ㉢이다.
㉠ [○] 헌재 2017.11.14. 2017헌마1162

> 🔨 관련판례
> 형집행법 등 관련 법령에 의하여 수용자가 교도소장 등에게 교도소 외부기관이 발급하는 서류의 발급신청을 대리해 줄 것을 신청할 권리가 있다고 할 수 없으므로, 수용자의 주민등록초본 대리발급신청에 대한 교도소장 등의 거부행위는 헌법소원의 대상이 되는 공권력의 행사에 해당하지 않는다(헌재 2017.11.14. 2017헌마1162).

㉡ [○] 형집행법 제116조 제1항·제3항
㉢ [○] 「국가인권위원회법 시행령」 제9조 제3항

정답 ③

26. 형집행법상 수용자의 권리구제에 대한 설명으로 옳지 않은 것은? (다툼이 있는 경우 판례에 의함)

① 석방된 자는 형집행법의 적용대상이 아니므로 청원할 수 없다.
② 교도소장의 접견불허처분에 대하여는 행정심판 등의 구제절차를 거치지 아니하고 헌법소원을 제기할 수 있다.
③ 시설에 수용되어 있는 진정인과 위원의 면담에는 구금시설의 직원이 참여하거나 그 내용을 듣거나 녹취하지 못한다.
④ 「형의 집행 및 수용자의 처우에 관한 법률」 제117조의 청원제도는 그 처리기관이나 절차 및 효력면에서 권리구제 절차로서는 불충분하고 우회적인 제도이므로 헌법소원에 앞서 반드시 거쳐야 하는 사전구제절차라고 보기는 어렵다.

정답 및 해설

① [○]
② [×] 헌재 1998.2.27. 96헌마179

> **🔍 관련판례**
> 미결수용자 접견신청에 대한 교도소장의 불허처분에 대하여는 행정심판법, 행정소송법에 의하여 행정심판, 행정소송이 가능할 것이므로 이러한 구제절차를 거치지 아니하고 제기한 헌법소원은 부적법하다(헌재 1998.2.27. 96헌마179).

③ [○] 「국가인권위원회법」 제31조 제6항
④ [○] 헌재 1999.5.27. 97헌마137

정답 ②

27. 「형의 집행 및 수용자의 처우에 관한 법률」상 수용자의 청원에 대한 설명으로 옳지 않은 것은?

① 수용자가 그 처우에 관하여 불복하는 경우 법무부장관·순회점검공무원 또는 관할 지방교정청장에게 청원할 수 있다.
② 청원하려는 수용자는 청원서를 작성하여 봉한 후 소장에게 제출하여야 하나, 순회점검공무원에 대한 청원은 말로도 할 수 있다.
③ 순회점검공무원이 수용자의 청원을 청취하는 경우에는 해당 교정시설의 교도관이 참여하여서는 아니 된다.
④ 소장은 청원서를 개봉하여서는 아니 되며, 이를 지체 없이 법무부장관·순회점검공무원 또는 관할 지방교정청장에게 보내거나 순회점검공무원에게 전달하여야 한다.
⑤ 수용자가 부당하게 청원을 반복하고 수용자의 교화 또는 건전한 사회복귀를 해칠 우려가 있는 경우 소장은 청원을 위한 집필을 금지할 수 있다.

정답 및 해설

① [○] 형집행법 제117조 제1항
② [○] 동법 제117조 제2항
③ [○] 동법 제117조 제4항
④ [○] 동법 제117조 제3항
⑤ [×] 소장은 수용자의 청원이 교화상 현저히 부적당하다고 인정되는 사유가 있더라도 청원을 위한 집필을 금지하거나 청원서를 폐기할 수 없다.

정답 ⑤

28. 형집행법 시행령상 청원에 대한 설명으로 옳지 않은 것은?

① 순회점검공무원은 청원을 스스로 결정하는 것이 부적당하다고 인정하는 경우에는 그 내용을 관할 지방교정청장 또는 법무부장관에게 보고하여야 한다.
② 소장은 수용자가 순회점검공무원에게 청원하는 경우에는 그 인적사항을 청원부에 기록하여야 한다.
③ 순회점검공무원은 청원에 대하여 결정을 한 경우에는 그 요지를 청원부에 기록하여야 한다.
④ 순회점검공무원은 수용자가 말로 청원하는 경우에는 그 요지를 청원부에 기록하여야 한다.

정답 및 해설

① [×] 순회점검공무원은 청원을 스스로 결정하는 것이 부적당하다고 인정하는 경우에는 그 내용을 법무부장관에게 보고하여야 한다(형집행법 시행령 제139조 제4항).
② [○] 동법 시행령 제139조 제1항
③ [○] 동법 시행령 제139조 제3항
④ [○] 동법 시행령 제139조 제2항

정답 ①

29

「형의 집행 및 수용자의 처우에 관한 법률」상 수용자가 정보공개를 청구할 수 있는 대상이 아닌 것은?

2025. 교정 9급

① 법무부장관
② 교정본부장
③ 지방교정청장
④ 소장

정답 및 해설

② [×] 수용자는 「공공기관의 정보공개에 관한 법률」에 따라 법무부장관, 지방교정청장 또는 소장에게 정보의 공개를 청구할 수 있다(형집행법 제117조의2 제1항).

정답 ②

30

현행법상 수용자 권리구제 수단에 대한 설명으로 옳은 것은 몇 개인가?

㉠ 소장은 청원에 관한 결정서를 접수하면 청원인에게 지체 없이 전달하여야 한다.
㉡ 소장은 특별한 사정이 있으면 소속교도관으로 하여금 소장면담을 대리하게 할 수 있다.
㉢ 순회점검공무원이 청원을 청취하는 경우에는 해당 교정시설의 교도관이 참여하여서는 아니 된다.
㉣ 순회점검공무원에 대한 청원과 그 결정은 문서 또는 말로 할 수 있다.
㉤ 소장은 수용자가 정당한 사유 없이 면담사유를 밝히지 아니한 때에는 면담을 하지 아니할 수 있다.
㉥ 수용자는 그 처우에 관하여 불복하는 경우 법무부장관·순회점검공무원 또는 관할 지방교정청장, 소장에게 청원할 수 있다.

① 1개
② 2개
③ 3개
④ 4개

정답 및 해설

옳은 것은 ㉠, ㉡, ㉢, ㉤이다.
㉠ [○] 형집행법 제117조 제6항
㉡ [○] 동법 제116조 제3항
㉢ [○] 동법 제117조 제4항
㉣ [×] 순회점검공무원에 대한 청원은 문서 또는 말로 할 수 있지만(동법 117조 제2항), 순회점검공무원의 결정은 반드시 문서로 하여야 한다(동법 117조 제5항).
㉤ [○] 동법 제116조 제2항
㉥ [×] 수용자는 그 처우에 관하여 불복하는 경우 법무부장관·순회점검공무원 또는 관할 지방교정청장에게 청원할 수 있다(동법 제117조 제1항).

정답 ④

31. 수용자의 처우 및 권리에 대한 헌법재판소의 판례 중 옳지 않은 것만을 모두 고른 것은?

㉠ 교정시설의 1인당 수용면적이 수형자의 인간으로서의 기본 욕구에 따른 생활조차 어렵게 할 만큼 지나치게 협소하다면, 이는 그 자체로 국가형벌권 행사의 한계를 넘어 수형자의 인간의 존엄과 가치를 침해하는 것이다.
㉡ 교도소 수용자의 동절기 취침시간을 21:00로 정한 행위는 수용자의 일반적 행동자유권을 침해하지 않는다.
㉢ 금치기간 중 수용자의 실외운동을 원칙적으로 금지하는 것은 수용자 신체의 자유를 침해하지 않는다.
㉣ 구치소장이 변호인접견실에 CCTV를 설치하여 미결수용자와 변호인 간의 접견을 관찰한 행위는 법률유보원칙에 위배된다.
㉤ 징벌혐의의 조사를 받고 있는 수용자가 변호인 아닌 자와 접견할 당시 교도관이 참여하여 대화내용을 기록하게 한 행위는 수용자의 사생활의 비밀과 자유를 침해하지 않는다.

① ㉠, ㉡
② ㉡, ㉤
③ ㉢, ㉣
④ ㉠, ㉢, ㉣
⑤ ㉢, ㉣, ㉤

정답 및 해설

옳지 않은 것은 ㉢, ㉣이다.

㉠ [○] 헌재 2016.12.29. 2013헌마142

> **관련판례**
> 교정시설의 1인당 수용면적이 수형자의 인간으로서의 기본 욕구에 따른 생활조차 어렵게 할 만큼 지나치게 협소하다면, 이는 그 자체로 국가형벌권 행사의 한계를 넘어 수형자의 인간의 존엄과 가치를 침해하는 것이다(헌재 2016.12.29. 2013헌마142).

㉡ [○] 헌재 2016.6.30. 2015헌마36

> **관련판례**
> 교도소장이 교도소 수용자의 동절기 취침시간을 21:00로 정한 행위는 수용자의 일반적 행동자유권을 침해하지 아니한다(헌재 2016.6.30. 2015헌마36).

㉢ [×] 헌재 2016.5.26. 2014헌마45

> **관련판례**
> 금치기간 중 수용자의 실외운동을 원칙적으로 금지하는 것은 수용자 신체의 자유를 침해하여 헌법에 위반된다(헌재 2016.5.26. 2014헌마45).

㉣ [×] 헌재 2016.4.28. 2015헌마243

> **관련판례**
> 구치소장이 변호인접견실에 CCTV를 설치하여 미결수용자와 변호인 간의 접견을 관찰한 행위는 형집행법 제94조 제1항과 제4항에 근거를 두고 이루어진 것이므로 법률유보원칙에 위배되지 않는다(헌재 2016.4.28. 2015헌마243).

㉤ [○] 헌재 2014.9.25. 2012헌마523

> **관련판례**
> 징벌혐의의 조사를 받고 있는 청구인이 변호인 아닌 자와 접견할 당시 교도관이 참여하여 대화내용을 기록하게 한 행위는 수용자의 사생활의 비밀과 자유를 침해하였다고 볼 수 없다(헌재 2014.9.25. 2012헌마523).

정답 ③

32 국가인권위원회법령상 국가인권위원회 위원과 시설수용자의 면담에 대한 설명으로 옳지 않은 것은?

① 위원 등이 시설수용자와 면담하는 경우 구금·보호시설의 장 또는 관리인은 자유로운 분위기에서 면담이 이루어질 수 있는 장소를 제공하여야 한다.
② 시설수용자를 면담하는 위원은 면담을 하였다는 이유로 구금·보호시설의 직원 또는 시설수용자가 신체·건강상의 위해 그 밖에 불이익을 받을 우려가 있는 경우 구금·보호시설의 장 또는 관리인에게 이를 방지하기 위한 조치를 취하여 줄 것을 요청할 수 있다.
③ 구금·보호시설의 장 또는 관리인은 면담조사 이후의 보호조치를 취한 때에는 그 내용을 면담을 실시한 위원에게 즉시 통보하여야 한다.
④ 위원 등이 시설수용자와 면담하는 장소에 참석하는 구금·보호시설의 직원은 위원 등의 승낙 없이는 면담에 참여할 수 없다.

정답 및 해설

① [○] 동법 시행령 제4조 제1항
② [○] 동법 시행령 제5조 제1항
③ [×] 구금·보호시설의 장 또는 관리인은 면담조사 이후의 보호조치를 취한 때에는 그 내용을 위원회에 즉시 통보하여야 한다(「국가인권위원회법 시행령」 제5조 제2항).
④ [○] 위원 등이 시설수용자와 면담하는 장소에 참석하는 구금·보호시설의 직원은 위원 등의 승낙 없이는 면담에 참여할 수 없으며, 자신의 의견을 개진하는 등의 방식으로 시설수용자의 진술을 방해해서는 안 된다(동법 시행령 제4조 제3항).

정답 ③

33 국가인권위원회법령상 시설수용자의 진정권 보장에 대한 설명으로 옳지 않은 것은?

① 구금·보호시설의 장 또는 관리인은 시설수용자를 최초로 보호·수용하는 때에는 시설수용자에게 인권침해사실을 위원회에 진정을 할 수 있다는 뜻과 그 방법을 고지하여야 한다.
② 시설수용자가 위원회에 보내는 진정서 그 밖의 서면의 작성의사를 표명한 때에는 구금·보호시설의 장 또는 관리인은 이를 금지하거나 방해하여서는 아니 된다.
③ 시설수용자가 위원회에 보내기 위해 미리 작성의사를 표명하지 아니하고 작성 중이거나 소지하고 있는 진정서일지라도 이를 열람·압수 또는 폐기하여서는 아니 된다.
④ 시설수용자를 면담하는 위원 등은 구금·보호시설의 장 또는 관리인에게 면담장소에 참석하는 직원의 수를 제한하도록 요구할 수 있다.

정답 및 해설

① [○] 동법 시행령 제6조 제1항
② [○] 동법 시행령 제9조 제1항
③ [×] 구금·보호시설에 소속된 공무원 또는 직원은 시설수용자가 위원회에 보내기 위해 작성 중이거나 소지하고 있는 진정서 또는 서면을 열람·압수 또는 폐기하여서는 아니 된다. 다만, 미리 작성의사를 표명하지 아니하고 작성 중이거나 소지하고 있는 문서의 경우에는 그러하지 아니하다(「국가인권위원회법 시행령」 제9조 제2항).
④ [○] 시설수용자를 면담하는 위원 등은 구금·보호시설의 장 또는 관리인에게 면담장소에 참석하는 구금·보호시설의 직원의 수를 제한하도록 요구할 수 있으며, 구금보호시설의 장 또는 관리인은 특별한 사유가 없는 한 이에 응해야 한다(동법 시행령 제4조 제2항).

정답 ③

34

국가인권위원회법령상 시설수용자의 진정권 보장에 대한 설명으로 옳지 않은 것은?

① 시설수용자가 위원회에 진정하려고 하면 그 시설에 소속된 공무원 또는 직원(소속공무원 등)은 그 사람에게 즉시 진정서 작성에 필요한 시간과 장소 및 편의를 제공하여야 한다.
② 규율을 위반하여 조사 중에 있거나 징벌집행 중에 있는 시설수용자는 집필이 불가능하므로, 진정서 또는 서면을 작성하거나 제출할 수 있는 기회를 제한하는 조치를 할 수 있다.
③ 소속 공무원 등은 시설수용자가 위원회에 제출할 목적으로 작성한 진정서 또는 서면을 열람할 수 없다.
④ 시설수용자가 위원 또는 위원회 소속직원 앞에서 진정하기를 원하는 경우 소속 공무원 등은 즉시 그 뜻을 위원회에 통지하여야 한다.

정답 및 해설

① [○] 동법 제31조 제1항
② [×] 구금·보호시설에 소속된 공무원 또는 직원은 시설수용자가 징벌혐의로 조사를 받거나 징벌을 받고 있는 중이라는 이유로 위원회에 보내기 위한 진정서 또는 서면을 작성하거나 제출할 수 있는 기회를 제한하는 조치를 하여서는 아니 된다(「국가인권위원회법 시행령」 제9조 제3항).
③ [○] 동법 제31조 제7항
④ [○] 동법 제31조 제2항

정답 ②

35

국가인권위원회의 업무와 권한에 대한 설명으로 옳지 않은 것은?

① 방문조사를 하는 위원은 필요하다고 인정하면 소속직원 및 전문가를 동반할 수 있으며, 구체적인 사항을 지정하여 소속직원 및 전문가에게 조사를 위임할 수 있다. 이 경우 조사를 위임받은 전문가는 소속직원의 동반 없이 조사할 수 있다.
② 시설수용자가 진정하려는 경우가 아닌 때에는 위원회 등의 직원들이 시설수용자를 면담하는 장소에 구금·보호시설의 직원은 면담 장소에 참석할 수 있다. 다만, 대화내용을 녹음하거나 녹취하지 못한다.
③ 위원회는 조사 중이거나 조사가 끝난 진정에 대하여 사건의 공정한 해결을 위하여 필요한 구제조치를 당사자에게 제시하고 합의를 권고할 수 있다.
④ 위원회의 진정에 대한 조사·조정 및 심의는 비공개로 한다. 다만, 위원회의 의결이 있는 때에는 이를 공개할 수 있다.

정답 및 해설

시설수용자가 진정의사가 있다면 법 제31조, 시행령 제3조 제3항·제4항(시행령 제10조 준용규정), 시행령 제6조 ~ 제10조가 적용되고, 진정의사가 없다면 법 제24조, 시행령 제3조 ~ 제5조가 적용된다.
① [×] 방문조사를 하는 위원은 필요하다고 인정하면 소속직원 및 전문가를 동반할 수 있으며, 구체적인 사항을 지정하여 소속직원 및 전문가에게 조사를 위임할 수 있다. 이 경우 조사를 위임받은 전문가가 그 사항에 대하여 조사를 할 때에는 소속직원을 동반하여야 한다(「국가인권위원회법」 제24조 제2항).
② [○] 시설에 수용되어 있는 진정인(진정을 하려는 자를 포함)과 위원 등과의 면담에는 구금·보호시설의 직원이 참여하거나 그 내용을 청취 또는 녹취하지 못한다. 다만, 보이는 거리에서 시설수용자를 감시할 수 있다(동법 제31조 제6항).
  ▶ 시설의 수용자가 진정의 의사를 가지고 있는지 아닌지 구분해서 알아둘 것(동법 제24조 제5항)
③ [○] 동법 제40조
④ [○] 동법 제49조

정답 ①

36. 다음 중 수용자 등 기본권에 대한 설명으로 옳은 것은 모두 몇 개인가? (다툼이 있는 경우 판례에 의함)

2024. 5급 승진

㉠ 교도소 등의 구금시설에 수용된 피구금자는 스스로 의사에 의하여 시설로부터 나갈 수 없고 행동의 자유도 박탈되어 있으므로, 그 시설의 관리자는 피구금자의 생명, 신체의 안전을 확보할 의무가 있는바, 그 안전확보의무의 내용과 정도는 사안에 따라 구체적으로 확정할 수는 없고, 시간적·장소적 상황 등에 따라 일의적으로 확정하여야 한다.

㉡ 소송사건의 대리인인 변호사가 수형자를 접견하고자 하는 경우 소송계속 사실을 소명할 수 있는 자료를 제출하도록 규정하고 있는 「형의 집행 및 수용자의 처우에 관한 법률 시행규칙」 제29조의2 제1항 제2호 중 '수형자 접견'에 관한 부분은 과잉금지원칙에 위배되어 변호사인 청구인의 직업수행의 자유를 침해한다.

㉢ 소장이 수용자와 그 배우자의 접견을 녹음하여 검찰청 검사장에게 그 접견녹음파일을 제공한 행위는 해당 수용자의 개인정보자기결정권을 침해한다.

㉣ 헌법재판소는 「가석방심사 등에 관한 규칙」에 규정된 준법서약서의 제출이 반드시 법적으로 강제되어 있는 것이 아니며, 수형자는 가석방심사위원회의 판단에 따라 준법서약서의 제출을 요구받았다고 하더라도 자신의 의사에 의하여 그 제출을 거부할 수 있으므로, 수형자의 양심의 자유를 침해하는 것이 아니라고 판단한 바 있다.

① 0개
② 1개
③ 2개
④ 3개

정답 및 해설

옳은 것은 ㉡, ㉣이다.

㉠ [×] 대법원 2010.1.28. 2008다75768

> **관련판례**
> 교도소 등의 구금시설에 수용된 피구금자는 스스로 의사에 의하여 시설로부터 나갈 수 없고 행동의 자유도 박탈되어 있으므로, 그 시설의 관리자는 피구금자의 생명, 신체의 안전을 확보할 의무가 있는바, 그 안전확보의무의 내용과 정도는 피구금자의 신체적·정신적 상황, 시설의 물적·인적 상황, 시간적·장소적 상황 등에 따라 일의적이지는 않고 사안에 따라 구체적으로 확정하여야 한다(대법원 2010.1.28. 2008다75768).

㉡ [○] 헌재 2021.10.28. 2018헌마60
▶ 이 판례로 인해 시행규칙 제29조의2 제1항은 개정(2024.2.8.)되었고, 시행규칙이 개정되면서 제29조의2가 신설됨에 따라 종전 제29조의2는 제29조의3으로 이동하였다.

㉢ [×] 헌재 2012.12.27. 2010헌마153

> **관련판례**
> 부산구치소장이 청구인(수용자)과 배우자의 접견을 녹음하여 부산지방검찰청 검사장에게 그 접견녹음파일을 제공한 행위는 형사사법의 실체적 진실을 발견하고 이를 통해 형사사법의 적정한 수행을 도모하기 위한 것으로 그 목적이 정당하고, 수단 역시 적합하다. 또한 접견기록물의 제공은 제한적으로 이루어지고, 제공된 접견내용은 수사와 공소제기 등에 필요한 범위 내에서만 사용하도록 제도적 장치가 마련되어 있으며, 사적 대화내용을 분리하여 제공하는 것은 그 구분이 실질적으로 불가능하고, 범죄와 관련 있는 대화내용을 쉽게 파악하기 어려워 전체제공이 불가피한 점 등을 고려할 때 침해의 최소성 요건도 갖추고 있다. 나아가 접견내용이 기록된다는 사실이 미리 고지되어 그에 대한 보호가치가 그리 크다고 볼 수 없는 점 등을 고려할 때, 법익의 불균형을 인정하기도 어려우므로, 과잉금지원칙에 위반하여 청구인의 개인정보자기결정권을 침해하였다고 볼 수 없다(헌재 2012.12.27. 2010헌마153).

㉣ [○] 헌재 2002.4.25. 98헌마425

정답 ③

37 수용자의 기본권에 대한 헌법재판소 결정으로 가장 옳은 것은? 2023. 5급 승진

① 소장이 수용자의 동절기 취침시간을 21:00로 정하여 준수하게 한 것은 생체리듬에 따른 최적의 취침 및 수면시간이 수용자별로 다르다는 점에서 수용자의 일반적 행동자유권 및 신체의 자유를 침해한다.
② 거실 내 수형자를 대상으로 인원점검을 하는 동안 2~3분가량 수형자가 정렬한 상태에서 번호를 외치게 하는 점호행위는 수형자에게 하기 싫은 일을 강요함과 동시에 모욕감이나 수치심을 느끼게 한다는 점에서 수형자의 일반적 행동자유권과 인격권을 침해한다.
③ 수용거실의 지정은 소장이 죄명·형기·죄질·성격·범죄전력·나이·경력 및 수용생활 태도, 그 밖에 수용자의 개인적 특성을 고려하여 결정하는 것이므로 소장에게 수용거실 지정이나 변경의 구체적인 이유를 수용자에게 설명해야 할 법률상 의무가 인정된다.
④ 소장이 자살사고를 예방하기 위하여 수용거실 출입문에 있는 배식구를 배식시간 이외에는 잠그도록 한 행위는 교정시설 관리행위일 뿐이므로 수용자의 기본권을 침해할 가능성이 있다고 볼 수 없다.

정답 및 해설

① [×] 헌재 2016.6.30. 2015헌마36

> **관련판례**
> 생체리듬에 따른 최적의 취침 및 수면시간은 수용자별로 다를 수 있으나, 교도소는 수용자가 공동생활을 영위하는 장소이므로 질서유지를 위하여 취침시간의 일괄처우가 불가피한 바, 교도소장은 취침시간을 21:00로 정하되 기상시간을 06:20으로 정함으로써 동절기 일조시간의 특성을 수면시간에 반영하였고, 이에 따른 수면시간은 9시간 20분으로 성인의 적정 수면시간 이상을 보장하고 있다. 나아가 21:00 취침은 전국 교도소의 보편적 기준에도 부합하고, 특별한 사정이 있거나 수용자가 부상·질병으로 적절한 치료를 받아야 할 경우에는 관련규정에 따라 21:00 취침의 예외가 인정될 수 있으므로, 이 사건 취침시간은 청구인의 일반적 행동자유권 및 신체의 자유를 침해하지 아니한다(헌재 2016.6.30. 2015헌마36).

② [×] 헌재 2012.7.26. 2011헌마332

> **관련판례**
> 이 사건 점호행위는, 혼거실 수형자들을 정렬하여 앉게 한 뒤 차례로 번호를 외치도록 함으로써 신속하고 정확하게 거실 내 인원수를 확인함과 동시에 수형자의 건강상태 내지 심리상태, 수용생활 적응 여부 등을 살펴 각종의 교정사고를 예방하거나 사후에 신속하게 대처할 수 있도록 함으로써 교정시설의 안전과 질서를 유지하기 위한 것으로 그 목적이 정당하고, 그 목적을 달성하기 위한 적절한 수단이 된다. 결국 이 사건 점호행위는 필요한 최소한도를 벗어나 과잉금지원칙에 위배되어 청구인의 인격권 및 일반적 행동의 자유를 침해한다 할 수 없다(헌재 2012.7.26. 2011헌마332).

③ [×] 헌재 2013.8.29. 2012헌마886

> **관련판례**
> 수용거실의 지정은 교도소장이 죄명·형기·죄질·성격·범죄전력·나이·경력 및 수용생활 태도, 그 밖에 수용자의 개인적 특성을 고려하여 결정하는 것으로 소장의 재량적 판단사항이며, 수용자에게 수용거실의 변경을 신청할 권리 내지 특정 수용거실에 대한 신청권이 있다고 볼 수 없다(헌재 2013.8.29. 2012헌마886).

④ [○] 헌재 2020.12.15. 2020헌마1574

정답 ④

38 수용자의 기본권에 대한 설명으로 가장 옳지 않은 것은? (다툼이 있는 경우 판례에 의함) 2021. 5급 승진

① 헌법재판소는 각종 교정사고를 미연에 방지하고 사후에 신속하게 대처함으로써 교정시설의 안전과 질서를 유지하기 위해서는 수시로 인원점검을 할 필요가 있다고 하면서, 거실내 수형자를 대상으로 인원점검을 하는 점호행위는 필요한 최소한도를 벗어나 과잉금지원칙에 위배되어 청구인의 인격권 및 일반적 행동의 자유를 침해한다 할 수 없다고 판단하였다.
② 교정시설의 1인당 수용면적이 수형자의 인간으로서의 기본 욕구에 따른 생활조차 어렵게 할 만큼 지나치게 협소하다면, 이는 그 자체로 국가형벌권 행사의 한계를 넘어 수형자의 인간의 존엄과 가치를 침해하는 것이다.
③ 교정시설 내 자살사고는 수용자 본인이 생명을 잃는 중대한 결과를 초래할 뿐만 아니라 다른 수용자들에게도 직접적으로 부정적인 영향을 미치고, 나아가 교정시설이나 교정정책 전반에 대한 불신을 야기할 수 있다는 점에서 이를 방지할 필요성이 매우 크다. 그에 비해 청구인에게 가해지는 불이익은 채광·통풍이 다소 제한되는 정도에 불과하므로 교도소 독거실내 화장실 창문과 철격자 사이에 안전철망을 설치한 행위는 청구인의 환경권 등 기본권을 침해하지 아니한다.
④ 수용자가 보내려는 모든 서신에 대해 무봉함 상태의 제출을 강제하는 것은 구금의 목적 달성 및 시설의 안전과 질서유지, 수형자의 교화 및 건전한 사회복귀를 위한 불가피한 제한이므로 수용자인 청구인의 통신비밀의 자유를 침해하는 것이 아니다.

정답 및 해설

① [○] 헌재 2012.7.26. 2011헌마332
② [○] 헌재 2016.12.29. 2013헌마142
③ [○] 헌재 2014.6.26. 2011헌마150
④ [×] 헌재 2012.2.23. 2009헌마333

> **관련판례**
> 수용자가 보내려는 모든 서신에 대해 무봉함 상태의 제출을 강제함으로써 수용자의 발송 서신 모두를 사실상 검열 가능한 상태에 놓이도록 하는 것은 기본권제한의 최소 침해성 요건을 위반하여 수용자인 청구인의 통신비밀의 자유를 침해하는 것이다(헌재 2012.2.23. 2009헌마333).

정답 ④

39 수용자의 기본권에 대한 설명으로 옳은 것은? (다툼이 있는 경우 헌법재판소 판례에 의함) 2014. 교정 7급

① 변호사와 접견하는 경우에도 수용자의 접견은 원칙적으로 접촉차단시설이 설치된 장소에서 하도록 규정하고 있는 「형의 집행 및 수용자의 처우에 관한 법률 시행령」 관련 조항은 수용자의 재판청구권을 침해한다.
② 수형자의 선거권을 전면적·획일적으로 제한하는 「공직선거법」 관련 조항은 범행의 불법성이 커 교정시설에 구금되어 있는 자들의 선거권을 일률적으로 제한해야 할 필요성에 근거한 것으로 수형자의 선거권을 침해하는 것은 아니다.
③ 교도소에 수용된 때에는 국민건강급여를 정지하도록 한 「국민건강보험법」상의 규정은 수용자의 건강권, 인간의 존엄성, 행복추구권, 인간다운 생활을 할 권리를 침해하는 것으로 위헌이다.
④ 교화상 또는 구금목적에 특히 부적당하다고 인정되는 기사, 조직범죄 등 수용자 관련 범죄기사에 대한 신문기사를 삭제한 후 수용자에게 구독케 한 행위는 알 권리의 과잉침해에 해당한다.

정답 및 해설

① [○] 헌재 2013.8.29. 2011헌마122

> **관련판례**
>
> 형집행법 시행령 제58조 제4항에 따르면 수용자가 형사사건이 아닌 민사, 행정, 헌법소송 등 법률적 분쟁과 관련하여 변호사의 도움을 받는 경우에는 원칙적으로 접촉차단시설이 설치된 장소에서 접견을 해야 한다. 그 결과 수용자는 효율적인 재판준비를 하는 것이 곤란하게 되고, 특히 교정시설 내에서의 처우에 대하여 국가 등을 상대로 소송을 하는 경우에는 소송의 상대방에게 소송자료를 그대로 노출하게 되어 무기대등의 원칙을 훼손할 수 있다. 변호사 직무의 공공성, 윤리성 및 사회적 책임성은 변호사 접견권을 이용한 증거인멸, 도주 및 마약 등 금지물품 반입 시도 등의 우려를 최소화시킬 수 있으며, 변호사접견이라 하더라도 교정시설의 질서 등을 해할 우려가 있는 특별한 사정이 있는 경우에는 예외를 두도록 한다면 악용될 가능성도 방지할 수 있다. 따라서 형집행법 시행령 제58조 제4항은 과잉금지원칙에 위반하여 청구인의 재판청구권을 지나치게 제한하고 있으므로, 헌법에 위반된다(헌재 2013.8.29. 2011헌마122).

▶ 이 판례로 인해 시행령 제58조 제4항이 개정(2014.6.25.)되었고, 현재는 법 개정(2019.4.23.)으로 법 제41조 제2항에 규정되어 있다.

② [×] 헌재 2014.1.28. 2012헌마409

> **관련판례**
>
> 수형자에 관한 부분의 위헌성은 지나치게 전면적·획일적으로 수형자의 선거권을 제한한다는 데 있다. 그런데 그 위헌성을 제거하고 수형자에게 헌법합치적으로 선거권을 부여하는 것은 입법자의 형성재량에 속하므로 심판대상조항 중 수형자에 관한 부분에 대하여 헌법불합치결정을 선고한다(헌재 2014.1.28. 2012헌마409).

③ [×] 헌재 2005.2.24. 2003헌마31

> **관련판례**
>
> 교도소에 수용된 때에는 국민건강보험급여를 정지하도록 한 국민건강보험법 제49조 제4호는 수용자의 의료보장 수급권을 직접 제약하는 규정이 아니며, 입법재량을 벗어나 수용자의 건강권을 침해하거나 국가의 보건의무를 저버린 것으로 볼 수 없으므로 수용자의 건강권, 인간의 존엄성, 행복추구권, 인간다운 생활을 할 권리를 침해하는 것이라 할 수 없고, 위 조항이 미결수용자에게 있어서 무죄추정의 원칙에 위반된다고 할 수 없다(헌재 2005.2.24. 2003헌마31).

④ [×] 헌재 1998.10.29. 98헌마4

> **관련판례**
>
> 교화상 또는 구금목적에 특히 부적당하다고 인정되는 기사, 조직범죄 등 수용자 관련 범죄기사에 대한 신문기사 삭제행위는 구치소 내 질서유지와 보안을 위한 것으로, 신문기사 중 탈주에 관한 사항이나 집단단식, 선동 등 구치소 내 단체생활의 질서를 교란하는 내용이 미결수용자에게 전달될 때 과거의 예와 같이 동조단식이나 선동 등 수용의 내부질서와 규율을 해하는 상황이 전개될 수 있고, 이는 수용자가 과밀하게 수용되어 있는 현 구치소의 실정과 과소한 교도인력을 볼 때 구치소내의 질서유지와 보안을 어렵게 할 우려가 있다. 이 사건 신문기사의 삭제 내용은 그러한 범위 내에 그치고 있을 뿐 신문기사 중 주요기사 대부분이 삭제된 바 없음이 인정되므로, 구치소의 질서유지와 보안에 대한 공익을 비교할 때 청구인의 알 권리를 과도하게 침해한 것은 아니다(헌재 1998.10.29. 98헌마4).

정답 ①

40. 헌법재판소의 결정 내용으로 옳은 것은 모두 몇 개인가?

2024. 7급 승진

㉠ 헌법재판소는 소장이 수용자와 그 배우자의 접견을 녹음하여 검찰청 검사장에게 그 접견녹음파일을 제공한 행위는 청구인의 개인정보자기결정권을 침해하였다고 볼 수 있다고 하였다.

㉡ 헌법재판소는 구치소장의 미결수용자 및 미지정수형자에 대한 종교집회 참석제한 처우가 구치소의 열악한 시설을 감안하더라도 과잉금지원칙을 위반하여 위 수용자들의 종교의 자유를 침해하였다고 볼 수 없다고 하였다.

㉢ 헌법재판소는 금치처분을 받은 수형자에 대하여 집필을 전면 금지하는 「형의 집행 및 수용자의 처우에 관한 법률 시행령」의 조항은 입법목적 달성을 위한 필요최소한의 제한이라는 한계를 벗어난 것으로서 과잉금지의 원칙에 위반된다고 판단하였다.

㉣ 헌법재판소는 범죄자에게 형벌의 내용으로 죄의 중함, 양형의 기간과 관련 없이 포괄적으로 선거권을 제한하였던 공직선거법의 규정 중에서 형의 집행유예기간 중인 자에 대한 선거권 제한에 대하여는 헌법불합치 결정을, 수형자의 선거권 제한에 대하여는 위헌결정을 선고한 바 있다.

① 1개
② 2개
③ 3개
④ 4개

정답 및 해설

옳은 것은 ㉢이다.

㉠ [×] 헌재 2012.12.27. 2010헌마153

> **관련판례**
> 부산구치소장이 청구인(수용자)과 배우자의 접견을 녹음하여 부산지방검찰청 검사장에게 그 접견녹음파일을 제공한 행위는 형사사법의 실체적 진실을 발견하고 이를 통해 형사사법의 적정한 수행을 도모하기 위한 것으로 그 목적이 정당하고, 수단 역시 적합하다. 또한 접견기록물의 제공은 제한적으로 이루어지고, 제공된 접견내용은 수사와 공소제기 등에 필요한 범위 내에서만 사용하도록 제도적 장치가 마련되어 있으며, 사적 대화내용을 분리하여 제공하는 것은 그 구분이 실질적으로 불가능하고, 범죄와 관련 있는 대화내용을 쉽게 파악하기 어려워 전체제공이 불가피한 점 등을 고려할 때 침해의 최소성 요건도 갖추고 있다. 나아가 접견내용이 기록된다는 사실이 미리 고지되어 그에 대한 보호가치가 그리 크다고 볼 수 없는 점 등을 고려할 때, 법익의 불균형을 인정하기도 어려우므로, 과잉금지원칙에 위반하여 청구인의 개인정보자기결정권을 침해하였다고 볼 수 없다(헌재 2012.12.27. 2010헌마153).

㉡ [×] 헌재 2014.6.26. 2012헌마782

> **관련판례**
> 교정시설의 종교집회도 교정교화를 목적으로 실시되는 한 구치소장이 원칙적으로 수형자를 대상으로 종교집회를 실시하는 것에는 합리적 이유가 있다. 그러나 구치소장은 미결수용자와 미지정 수형자 인원의 1/8에 불과한 출력수에게 매월 3~4회의 종교집회 참석 기회를 보장하는 반면, 미결수용자와 미지정 수형자에 대해서는 원칙적으로 매월 1회, 그것도 공간의 협소함과 관리 인력의 부족을 이유로 수용동별로 돌아가며 종교집회를 실시하여 실제 연간 1회 정도의 종교집회 참석 기회를 부여하고 있다. 이는 미결수용자 및 미지정 수형자의 구금기간을 고려하면 사실상 종교집회 참석 기회가 거의 보장되지 않는 결과를 초래할 수도 있어, 구치소의 열악한 시설을 감안하더라도 종교의 자유를 과도하게 제한하는 것이다(헌재 2014.6.26. 2012헌마782).

㉢ [○] 헌재 2005.2.24. 2003헌마289

> **관련판례**
> 금치처분을 받은 수형자의 집필에 관한 권리를 법률의 근거나 위임 없이 제한하는 것으로서 법률유보의 원칙에 위반되고, 규율 위반자에 대해 불이익을 가한다는 면만을 강조하여 금치처분을 받은 자에 대하여 집필의 목적과 내용 등을 묻지 않고, 또 대상자에 대한 교화 또는 처우상 필요한 경우까지도 예외 없이 일체의 집필행위를 금지하고 있음은 입법목적 달성을 위한 필요최소한의 제한이라는 한계를 벗어난 것으로서 과잉금지의 원칙에 위반된다(헌재 2005.2.24. 2003헌마289).

ⓔ [×] 헌재 2014.1.28. 2012헌마409

> **관련판례**
> 헌법재판소는 범죄자에게 형벌의 내용으로 죄의 중함, 양형의 기간과 관련 없이 포괄적으로 선거권을 제한하였던 공직선거법의 규정 중에서 형의 집행유예기간 중인 자에 대한 선거권 제한에 대하여는 위헌결정을, 수형자의 선거권 제한에 대하여는 헌법불합치 결정을 선고한 바 있다(헌재 2014.1.28. 2012헌마409).

정답 ①

41 수용자의 처우 및 권리에 대한 헌법재판소의 태도로 옳은 것을 모두 고른 것은?   2015. 사시

> ㉠ 교도소 내 엄중격리대상자에 대하여 1인 운동장을 사용하게 하는 조치는 그 목적의 정당성 및 수단의 적정성이 인정된다.
> ㉡ 수용자가 변호사와 접견하는 경우에도 일률적으로 접촉차단시설이 설치된 장소에서 하도록 하는 규정은 과잉금지원칙에 위배되지 않으며 재판청구권을 침해하는 것도 아니다.
> ㉢ 독거수용실에만 텔레비전 시청시설을 설치하지 않음으로써 독거수용 중인 수용자가 TV시청을 할 수 없도록 한 교도소장의 행위는 독거수용실 수용자를 혼거실 수용자와 차별대우한 것으로 평등권을 침해하는 것이다.

① ㉠
② ㉢
③ ㉠, ㉡
④ ㉠, ㉢
⑤ ㉡, ㉢

정답 및 해설

옳은 것은 ㉠이다.
㉠ [○] 헌재 2008.5.29. 2005헌마137
㉡ [×] 헌재 2013.8.29. 2011헌마122

> **관련판례**
> 변호사와 접견하는 경우에도 수용자의 접견은 원칙적으로 접촉차단시설이 설치된 장소에서 하도록 규정하고 있는 형집행법 시행령 제58조 제4항은 과잉금지원칙에 위배하여 청구인의 재판청구권을 지나치게 제한하고 있으므로, 헌법에 위반된다(헌재 2013.8.29. 2011헌마122).

㉢ [×] 헌재 2005.5.26. 2004헌마571

> **관련판례**
> 독거수용실에만 텔레비전 시청시설을 설치하지 않음으로써 독거수용 중인 수용자가 TV시청을 할 수 없도록 한 교도소장의 행위가 TV시청시설을 갖춰 텔레비전시청을 허용하고 있는 혼거실 수용자 등 다른 수용자들과 차별적 처우가 이루어지는 결과가 되었다고 하더라도 이러한 행위가 곧 합리적인 이유가 없는 자의적 차별이라고는 할 수 없어 헌법상의 평등원칙에 위배된다고 볼 수 없다(헌재 2005.5.26. 2004헌마571).

정답 ①

42 형의 집행 및 수용자의 처우에 관한 법령상 수용자의 권리구제에 대한 설명으로 옳은 것은?

2024. 교정 7급

① 처우에 불복하는 수용자는 소장에게 말로 하거나 청원서를 작성하여 봉한 후 제출하여 청원할 수 있다.
② 수용자가 처우에 관하여 각각 다른 사유로 반복하여 소장에게 면담을 신청하는 경우, 소장은 면담을 아니 할 수 있다.
③ 법무부장관, 지방교정청장 또는 소장은 청구일로부터 7일 이내에 정보의 공개 및 우송 등에 들 것으로 예상되는 비용을 산정하여, 정보공개를 청구한 수용자에게 미리 납부할 것을 통지하여야 한다.
④ 순회점검공무원은 수용자로부터 말로 청원을 받고 그 청원에 관하여 결정을 한 경우, 청원 및 결정의 요지를 청원부에 기록하여야 한다.

정답 및 해설

① [×] 처우에 불복하여 청원하려는 수용자는 청원서를 작성하여 봉한 후 소장에게 제출하여야 한다. 다만, 순회점검공무원에 대한 청원은 말로도 할 수 있다(동법 제117조 제2항). 즉, 말로 하는 청원의 상대방은 순회점검공무원에 한정한다.
② [×] 소장은 수용자의 면담신청이 있으면 ㉠ 정당한 사유 없이 면담사유를 밝히지 아니하는 때, ㉡ 면담목적이 법령에 명백히 위배되는 사항을 요구하는 것인 때, ㉢ 동일한 사유로 면담한 사실이 있음에도 불구하고 정당한 사유 없이 반복하여 면담을 신청하는 때, ㉣ 교도관의 직무집행을 방해할 목적이라고 인정되는 상당한 이유가 있는 때를 제외하고는 면담을 하여야 한다(동법 제116조 제2항). 즉, 소장면담 제외사유(㉠~㉣)가 있으면 소장은 면담을 아니 할 수 있다.
③ [×] 법무부장관, 지방교정청장 또는 소장은 ㉠ 정보공개청구를 한 후 정당한 사유 없이 그 청구를 취하한 사실이 2회 이상 있는 수용자, ㉡ 정보공개청구를 한 후 정당한 사유 없이 정보공개결정 후 정보공개 등에 소요되는 비용을 납부하지 아니한 사실이 2회 이상 있는 수용자가 정보공개청구를 한 경우에는 청구를 한 날부터 7일 이내에 소요 비용을 산정하여 해당 수용자에게 미리 납부할 것을 통지할 수 있다(동법 시행령 제139조의2 제2항). 즉, 비용산정 선납통지는 임의적 규정이다.
④ [○] 순회점검공무원은 수용자가 말로 청원하는 경우에는 청원의 요지를 청원부에 기록하여야 하며(형집행법 시행령 제139조 제2항), 청원에 관하여 결정을 한 경우에는 결정의 요지를 청원부에 기록하여야 한다(동법 시행령 제139조 제3항).

정답 ④

43. 수형자의 권리 및 권리구제에 대한 설명으로 옳지 않은 것은? (다툼이 있는 경우 판례에 의함)

2017. 교정 7급

① 교도소의 안전 및 질서유지를 위하여 행해지는 규율과 징계로 인한 기본권의 제한도 다른 방법으로는 그 목적을 달성할 수 없는 경우에만 예외적으로 허용되어야 한다.
② 교도관의 시선에 의한 감시만으로는 자살·자해 등의 교정사고 발생을 막는 데 시간적·공간적 공백이 있으므로 이를 메우기 위하여는 CCTV를 설치하여 수형자를 상시적으로 관찰하는 것이 적합한 수단이 될 수 있다.
③ 수형자의 영치품에 대한 사용신청 불허처분 후 수형자가 다른 교도소로 이송되었더라도 권리와 이익의 침해 등이 해소되지 않고 형기가 만료되기까지는 아직 상당한 기간이 남아 있을 뿐만 아니라, 재이송 가능성이 소멸하였다고 단정하기 어려운 점에서 영치품(보관품) 사용신청 불허처분의 취소를 구할 이익이 있다.
④ 교정시설의 1인당 수용면적이 수형자의 인간으로서의 기본 욕구에 따른 생활조차 어렵게 할 만큼 지나치게 협소하더라도, 이는 그 자체로 국가형벌권 행사의 한계를 넘어 수형자의 인간의 존엄과 가치를 침해한다고 보기는 어렵다.

정답 및 해설

① [○] 헌재 2016. 6.30. 2015헌마36

> **관련판례**
> 수용자의 경우에도 모든 기본권의 제한이 정당화될 수 없으며 국가가 개인의 불가침의 기본적인 인권을 확인하고 보장할 의무(헌법 제10조 후문)로부터 자유로워질 수는 없다. 따라서 수용자의 지위에서 예정되어 있는 기본권 제한이라도 형의 집행과 도주 방지라는 구금의 목적과 관련되어야 하고 그 필요한 범위를 벗어날 수 없으며, 교도소의 안전 및 질서유지를 위하여 행해지는 규율과 징계로 인한 기본권의 제한도 다른 방법으로는 그 목적을 달성할 수 없는 경우에만 예외적으로 허용되어야 한다(헌재 2016.6.30. 2015헌마36).

② [○] 헌재 2011.9.29. 2010헌마413

> **관련판례**
> CCTV 계호행위는 청구인의 생명·신체의 안전을 보호하기 위한 것으로서 그 목적이 정당하고, 교도관의 시선에 의한 감시만으로는 자살·자해 등의 교정사고 발생을 막는 데 시간적·공간적 공백이 있으므로 이를 메우기 위하여 CCTV를 설치하여 수형자를 상시적으로 관찰하는 것은 위 목적 달성에 적합한 수단이라 할 것이다(헌재 2011.9.29. 2010헌마413).

③ [○] 대법원 2008.2.14. 2007두13203

> **관련판례**
> 원고의 긴 팔 티셔츠 2개(영치품)에 대한 사용신청 불허처분 이후 이루어진 원고의 다른 교도소로의 이송이라는 사정에 의하여 원고의 권리와 이익의 침해 등이 해소되지 아니한 점, 원고의 형기가 만료되기까지는 아직 상당한 기간이 남아 있을 뿐만 아니라, ○○교도소가 전국 교정시설의 결핵 및 정신질환 수형자들을 수용·관리하는 의료교도소인 사정을 감안할 때 원고의 ○○교도소로의 재이송 가능성이 소멸하였다고 단정하기 어려운 점 등을 종합하면, 원고로서는 영치품(보관품) 사용신청 불허처분의 취소를 구할 이익이 있다고 봄이 상당하다(대법원 2008.2.14. 2007두13203).

④ [×] 헌재 2016.12.29. 2013헌마142

> **관련판례**
> 수형자가 인간 생존의 기본조건이 박탈된 교정시설에 수용되어 인간의 존엄과 가치를 침해당하였는지 여부를 판단함에 있어서는 1인당 수용면적뿐만 아니라 수형자 수와 수용거실 현황 등 수용시설 전반의 운영 실태와 수용기간, 국가 예산의 문제 등 제반 사정을 종합적으로 고려할 필요가 있다. 그러나 교정시설의 1인당 수용면적이 수형자의 인간으로서의 기본 욕구에 따른 생활조차 어렵게 할 만큼 지나치게 협소하다면, 이는 그 자체로 국가형벌권 행사의 한계를 넘어 수형자의 인간의 존엄과 가치를 침해하는 것이다(헌재 2016.12.29. 2013헌마142).

정답 ④

44. 다음 중 옳지 않은 것은? (다툼이 있는 경우 판례에 의함)   2018. 7급 승진

① 수용자가 출정하기 이전에 여비를 납부하지 않았거나 출정비용과 영치금과의 상계에 미리 동의하지 않았다는 이유로 행정소송 변론기일에 출정을 제한한 교도소장의 행위는 수용자가 직접 재판에 출석하여 변론할 권리를 침해함으로써 형벌의 집행을 위하여 필요한 한도를 벗어나서 수용자의 재판청구권을 과도하게 침해한 것이다.

② 수용자의 취침시간은 형집행법 제105조 제2항의 위임에 따라 소장이 교도소의 원활한 운영과 수용자의 안전 및 질서유지를 위하여 정하고 있는 것으로 수용자의 일반적 행동자유권을 침해하지 아니한다.

③ 보통선거 원칙, 평등의 원칙 위반을 근거로 「공직선거법」(2005.8.4. 법률 제7681호) 제18조 제1항 제2호와 「형법」(1953.9.18. 법률 제293호) 제43조 제2항 중 집행유예기간 중인 자에 대한 선거권 제한에 대하여는 헌법불합치결정을, 수형자의 선거권 제한에 대하여는 위헌결정을 하였다.

④ 징벌혐의의 조사를 받고 있는 수용자가 변호인이 아닌 자와 접견할 당시 교도관이 참여하여 대화내용을 기록하게 한 행위는 수용자의 사생활의 비밀과 자유를 침해하였다고 볼 수 없다.

정답 및 해설

① [○] 헌재 2012.3.29. 2010헌마475

> **관련판례**
> 교도소장은 수형자가 출정비용을 예납하지 않았거나 영치금과의 상계에 동의하지 않았다고 하더라도, 우선 수형자를 출정시키고 사후에 출정비용을 받거나 영치금과의 상계를 통하여 출정비용을 회수하여야 하는 것이지, 이러한 이유로 수형자의 출정을 제한할 수 있는 것은 형벌의 집행을 위하여 필요한 한도를 벗어나서 청구인의 재판청구권을 과도하게 침해하였다고 할 것이다(헌재 2012.3.29. 2010헌마475).

② [○] 헌재 2016.6.30. 2015헌마36

> **관련판례**
> 교도소는 수용자가 공동생활을 영위하는 장소이므로 질서유지를 위하여 취침시간의 일괄처우가 불가피한 바, 교도소장은 취침시간을 21:00로 정하되 기상시간을 06:20으로 정함으로써 동절기 일조시간의 특성을 수면시간에 반영하였고, 이에 따른 수면시간은 9시간 20분으로 성인의 적정 수면시간 이상을 보장하고 있다. 나아가 21:00 취침은 전국 교도소의 보편적 기준에도 부합하고, 특별한 사정이 있거나 수용자가 부상·질병으로 적절한 치료를 받아야 할 경우에는 관련규정에 따라 21:00 취침의 예외가 인정될 수 있으므로, 이 사건 취침시간은 청구인의 일반적 행동자유권을 침해하지 아니한다(헌재 2016.6.30. 2015헌마36).

③ [×] 헌재 2014.1.28. 2012헌마409

> **관련판례**
> 공직선거법 제18조 제1항 제2호 중 '유기징역 또는 유기금고의 선고를 받고 그 집행유예기간 중인 자(집행유예자)'에 관한 부분, 형법 제43조 제2항 중 유기징역 또는 유기금고의 판결을 받아 그 형의 집행유예기간 중인 자의 '공법상의 선거권'에 관한 부분은 헌법에 위반되고, [위헌 결정] 공직선거법 제18조 제1항 제2호 중 '유기징역 또는 유기금고의 선고를 받고 그 집행이 종료되지 아니한 자(수형자)'에 관한 부분, 형법 제43조 제2항 중 유기징역 또는 유기금고의 판결을 받아 그 형의 집행이 종료되지 아니한 자의 '공법상의 선거권'에 관한 부분은 헌법에 합치되지 아니한다(헌재 2014.1.28. 2012헌마409). [헌법불합치 결정]

④ [○] 헌재 2014.9.25. 2012헌마523

> **관련판례**
> 접견내용을 녹음·녹화하는 경우 수용자 및 그 상대방에게 그 사실을 말이나 서면 등으로 알려주어야 하고 취득된 접견기록물은 법령에 의해 보호·관리되고 있으므로 사생활의 비밀과 자유에 대한 침해를 최소화하는 수단이 마련되어 있다는 점, 청구인이 나눈 접견내용에 대한 사생활의 비밀로서의 보호가치에 비해 증거인멸의 위험을 방지하고 교정시설 내의 안전과 질서유지에 기여하려는 공익이 크고 중요하다는 점에 비추어 볼 때, 징벌혐의의 조사를 받고 있는 수용자가 변호인이 아닌 자와 접견할 당시 교도관이 참여하여 대화내용을 기록하게 한 행위는 수용자의 사생활의 비밀과 자유를 침해하였다고 볼 수 없다(헌재 2014.9.25. 2012헌마523).

정답 ③

45. 다음 중 헌법재판소가 공권력의 행사로 본 것은 모두 몇 개인가? 2019. 8급 승진

㉠ 교도소장의 독거수용 거부 결정
㉡ 출입구 반대방향인 화장실 방향으로 머리를 두고 취침하도록 한 행위
㉢ 수용자에 대한 분류심사
㉣ 법무부장관의 수형자에 대한 이송지휘 처분

① 0개   ② 1개
③ 2개   ④ 3개

정답 및 해설

㉠ [×] 헌재 2013.6.4. 2013헌마287

> **관련판례**
> 형집행법은 독거수용을 원칙으로 하고 있지만, 필요한 경우 혼거수용을 할 수 있도록 하고 그 밖에 수용자의 거실을 지정하는 경우 수용자의 여러 특성을 고려하도록 하고 있는바, 그렇다면 교정시설의 장에게 모든 수용자를 독거수용하여야 할 의무가 있다고 볼 수 없으며, 수용자를 교정시설 내의 어떤 수용거실에 수용할 지 여부는 수용자의 교정교화와 건전한 사회복귀를 도모할 수 있도록 구체적인 사항을 참작하여 교정시설의 장이 결정할 수 있다 할 것이다. 나아가 헌법이나 형집행법 등에 수용자가 독거수용 신청을 할 수 있다는 규정이나, 그와 같은 신청이 있는 경우 이를 어떻게 처리할 것인지에 대한 규정도 존재하지 아니한다. 이러한 점을 고려하면 청구인과 같은 수용자에게 독거수용을 신청할 권리가 있다고 할 수 없다. 결국 이 사건 독방수용 불허행위는 헌법소원의 대상이 되는 공권력의 행사에 해당하지 아니 한다(헌재 2013.6.4. 2013헌마287).

㉡ [×] 헌재 2012.10.26. 2012헌마750

> **관련판례**
> 교도관이 수형자에게 '취침시 출입구 쪽으로 머리를 두면 취침하는 동안 CCTV나 출입문에 부착된 시찰구를 통해서도 얼굴부위를 확인할 수 없으므로, 출입구 반대방향인 화장실 방향으로 머리를 두라'고 한 교정시설내 특정취침자세 강요행위는 교도관들의 우월적 지위에서 일방적으로 청구인에게 특정한 취침자세를 강제한 것이 아니므로, 헌법소원심판의 대상인 공권력의 행사라고 보기 어렵다(헌재 2012.10.26. 2012헌마750).

ⓒ [×] 헌재 2018.5.29. 2018헌마458

> **관련판례**
> 수용자에 대한 분류심사는 수용자의 개별적인 요청이나 희망에 따라 행하여지는 것이 아니라 행형기관의 교정정책 또는 형사정책적 판단에 따라 이루어지는 재량적 조치로서, 청구인이 분류심사에서 어떠한 처우등급을 받을 것인지 여부는 행형기관의 재량적 판단에 달려 있고, 청구인에게 등급의 상향조정을 청구할 권리가 있는 것이 아니다. 따라서 행형기관이 청구인에 대한 분류심사를 함에 있어 청구인의 과거 범죄전력을 반영하여 낮은 처우등급으로 결정하였다고 하더라도 이러한 분류심사행위는 행형기관이 여러 고려 사항들을 반영하여 결정하는 재량적 조치로서, 청구인의 법률관계나 법적지위를 직접적이고 구체적으로 불리하게 변경시키는 것이라고 할 수 없으므로 헌법소원심판의 대상이 되는 공권력의 행사에 해당한다고 할 수 없다(헌재 2018.5.29. 2018헌마458).

ⓔ [×] 헌재 2013.8.20. 2013헌마543

> **관련판례**
> 법무부장관의 수형자에 대한 이송지휘처분은 형집행법 제20조의 규정에 따른 교도소장의 수형자 이송승인신청에 대하여 이를 승인하는 의사표시에 불과하여 이것이 곧 기본권침해의 원인이 된 '공권력의 행사'에 해당한다고 할 수 없다(헌재 2013.8.20. 2013헌마543).

정답 ①

46 헌법재판소 판례의 입장으로 옳지 않은 것은?

2013. 교정 7급

① 수사 및 재판단계의 미결수용자에게 재소자용 의류를 입게 하는 것은 무죄추정의 원칙에 반하고, 인격권과 행복추구권, 공정한 재판을 받을 권리를 침해하는 것이다.
② 구치소에서의 정밀신체검사는 다른 사람이 볼 수 없는 차단된 공간에서 동성의 교도관이 짧은 시간 내에 손가락이나 도구의 사용 없이 항문을 보이게 하는 방법으로 시행한 경우 과잉금지의 원칙에 반하지 않는다.
③ 마약의 복용여부를 알아내기 위해 소변을 강제채취하는 일은 자신의 신체의 배출물에 대한 자기결정권이 다소 제한된다 하더라도 과잉금지의 원칙에 반한다고 할 수 없다.
④ 검찰조사실에서 보호장비 해제요청을 거절하고 수갑 및 포승을 한 채 조사를 받도록 한 것은 위험의 방지를 위한 것으로써 신체의 자유를 과도하게 제한하였다고 할 수 없다.

정답 및 해설

① [○] 헌재 1999.5.27. 97헌마137
② [○] 헌재 2006.6.29. 2004헌마826
③ [○] 헌재 2006.7.27. 2005헌마277
④ [×] 헌재 2005.5.26. 2004헌마49

> **관련판례**
> 검사실에서의 보호장비사용을 원칙으로 하면서 심지어는 검사의 보호장비해제 요청이 있더라도 이를 거절하도록 규정한 계호근무준칙의 이 사건 준칙조항은 원칙과 예외를 전도한 것으로서 신체의 자유를 침해하므로 헌법에 위반된다. 청구인이 도주를 하거나 소요, 폭행 또는 자해를 할 위험이 있었다고 인정하기 어려움에도 불구하고 여러 날, 장시간에 걸쳐 피의자 신문을 하는 동안 계속 보호장비를 사용한 것은 막연한 도주나 자해의 위험 정도에 비해 과도한 대응으로서 신체의 자유를 제한함에 있어 준수되어야 할 피해의 최소성 요건을 충족하지 못하였고, 심리적 긴장과 위축으로 실질적으로 열등한 지위에서 신문에 응해야 하는 피의자의 방어권행사에도 지장을 주었다는 점에서 법익 균형성도 갖추지 못하였다(헌재 2005.5.26. 2004헌마49).

정답 ④

제2편

미결수용자와 사형확정자

제15장 미결수용자와 사형확정자의 처우

제15장 미결수용자와 사형확정자의 처우

제1절 | 미결수용자의 처우

01 미결수용자에 대한 설명으로 옳은 것은?
2019. 6급 승진

① 판사와 검사는 직무상 필요하면 미결수용자가 수용된 거실을 시찰할 수 있다.
② 소장은 미결수용자가 작업을 신청하는 경우 교정시설 밖에 있는 외부통근 작업장에서 행하는 작업도 부과할 수 있다.
③ 경찰관서에 설치된 유치장에는 미결수용자를 30일 이상 수용할 수 없다.
④ 미결수용자를 수용하는 시설의 설비 및 계호의 정도는 완화경비시설에 준한다.

정답 및 해설

① [○] 미결수용자와 사형확정자가 수용된 거실은 참관할 수 없지만(형집행법 제80조, 제89조), 판사와 검사는 직무상 필요하면 미결수용자가 수용된 거실을 시찰할 수 있다(동법 제9조 제1항).
② [×] 미결수용자에 대한 작업은 교정시설 밖에서 행하는 것은 포함하지 아니한다(동법 시행령 제103조 제1항).
③ [×] 수형자를 30일 이상 수용할 수 없다(동법 시행령 제107조).
④ [×] 일반경비시설에 준한다(동법 시행령 제98조).

정답 ①

02 「형의 집행 및 수용자의 처우에 관한 법률」상 미결수용자의 처우에 대한 설명으로 옳은 것은?
2022. 교정 7급

① 소장은 미결수용자로서 사건에 서로 관련이 있는 사람은 분리수용하고 서로 간의 접촉을 금지할 수 있다.
② 미결수용자가 변호인에게 보내는 서신은 절대로 검열할 수 없다.
③ 소장은 미결수용자가 법률로 정하는 조사에 참석할 때 도주우려가 크거나 특히 부적당한 사유가 있다고 인정하면 교정시설에서 지급하는 의류를 입게 할 수 있다.
④ 미결수용자와 변호인과의 접견에는 교도관이 참여하거나 관찰하지 못하며 그 내용을 청취 또는 녹취하지 못한다.

정답 및 해설

① [×] 소장은 미결수용자로서 사건에 서로 관련이 있는 사람은 분리수용하고 서로 간의 접촉을 금지하여야 한다(동법 제81조).
② [×] 미결수용자와 변호인 간의 편지는 교정시설에서 상대방이 변호인임을 확인할 수 없는 경우를 제외하고는 검열할 수 없다(동법 제84조 제3항).
③ [○] 미결수용자는 수사·재판·국정감사 또는 법률로 정하는 조사에 참석할 때에는 사복을 착용할 수 있다. 다만, 소장은 도주우려가 크거나 특히 부적당한 사유가 있다고 인정하면 교정시설에서 지급하는 의류를 입게 할 수 있다(형집행법 제82조).
④ [×] 미결수용자와 변호인과의 접견에는 교도관이 참여하지 못하며 그 내용을 청취 또는 녹취하지 못한다. 다만, 보이는 거리에서 미결수용자를 관찰할 수 있다(동법 제84조 제1항).

정답 ③

03 형의 집행 및 수용자의 처우에 관한 법령상 미결수용자의 처우에 대한 설명으로 옳지 않은 것은?

2020. 교정 9급

① 미결수용자는 무죄의 추정을 받으며, 미결수용자가 수용된 거실은 참관할 수 없다.
② 소장은 미결수용자의 신청에 따라 작업을 부과할 수 있으며, 이에 따라 작업이 부과된 미결수용자가 작업의 취소를 요청하는 경우에는 그 미결수용자의 의사, 건강 및 교도관의 의견 등을 고려하여 작업을 취소할 수 있다.
③ 소장은 미결수용자가 도주하거나 도주한 미결수용자를 체포한 경우 및 미결수용자가 위독하거나 사망한 경우에는 그 사실을 검사에게 통보하고, 기소된 상태인 경우에는 법원에도 지체 없이 통보하여야 한다.
④ 소장은 미결수용자로서 사건에 서로 관련이 있는 사람은 분리수용하고 서로 간의 접촉을 금지하여야 하며, 만약 미결수용자를 이송, 출정 또는 그 밖의 사유로 교정시설 밖으로 호송하는 경우에는 반드시 해당 사건에 관련된 사람이 탑승한 호송 차량이 아닌 별도의 호송 차량에 탑승시켜야 한다.

정답 및 해설

① [O] 동법 제79조, 제80조
② [O] 동법 제86조 제1항, 동법 시행령 제103조 제2항
③ [O] 동법 시행령 제104조, 제105조
④ [×] 소장은 미결수용자로서 사건에 서로 관련이 있는 사람은 분리수용하고 서로 간의 접촉을 금지하여야 하며(형집행법 제81조), 이송이나 출정, 그 밖의 사유로 미결수용자를 교정시설 밖으로 호송하는 경우에는 해당 사건에 관련된 사람과 호송 차량의 좌석을 분리하는 등의 방법으로 서로 접촉하지 못하게 하여야 한다(동법 시행령 제100조).

정답 ④

04 형집행법령상 미결수용자의 처우 및 수용관리에 대한 설명으로 옳은 것은?

2020. 6급 승진

① 소장은 미결수용자로서 사건에 서로 관련이 있는 사람은 구분수용하고 서로 간의 접촉을 금지하여야 한다.
② 미결수용자를 수용하는 시설의 설비 및 계호의 정도는 일반경비시설 또는 완화경비시설에 준한다.
③ 소장은 미결수용자의 신청에 따라 작업을 부과할 수 있으나 무죄추정을 받으므로 신청이 있더라도 교화프로그램은 실시할 수 없다.
④ 소장은 미결수용자가 위독하거나 사망한 경우에는 그 사실을 검사에게 통보하고, 기소된 상태인 경우에는 법원에도 지체 없이 통보하여야 한다.

정답 및 해설

① [×] 소장은 미결수용자로서 사건에 서로 관련이 있는 사람은 분리수용하고 서로 간의 접촉을 금지하여야 한다(동법 제81조).
② [×] 미결수용자를 수용하는 시설의 설비 및 계호의 정도는 일반경비시설에 준한다(동법 시행령 제98조).
③ [×] 소장은 미결수용자에 대하여는 신청에 따라 교육 또는 교화프로그램을 실시하거나 작업을 부과할 수 있다(동법 제86조 제1항).
④ [O] 형집행법 시행령 제105조

정답 ④

05 「형의 집행 및 수용자의 처우에 관한 법률」 제12조(구분수용의 예외)에 따라 미결수용자를 교도소에 수용할 수 있는 경우에 해당하는 것을 모두 고른 것은?

2020. 6급 승진

> ㉠ 관할 법원 및 검찰청 소재지에 구치소가 없는 때
> ㉡ 구치소의 수용인원이 정원을 훨씬 초과하여 정상적인 운영이 곤란한 때
> ㉢ 범죄의 증거인멸을 방지하기 위하여 필요하거나 그 밖에 특별한 사정이 있는 때
> ㉣ 수용자의 생명 또는 신체의 보호, 정서적 안정을 위하여 필요한 때

① ㉠, ㉡, ㉢, ㉣　　　　　　　　　② ㉠, ㉡, ㉢
③ ㉠, ㉢, ㉣　　　　　　　　　　　④ ㉡, ㉢

정답 및 해설

㉠, ㉡, ㉢ [○] 형집행법 제12조 제1항
㉣ [×] 수용자를 혼거수용할 수 있는 사유에 해당한다(동법 제14조 제2호).

정답 ②

06 「형의 집행 및 수용자의 처우에 관한 법률」 및 동법 시행규칙상 미결수용자의 처우에 대한 설명으로 옳은 것은?

2014. 교정 9급

① 미결수용자가 재판·국정감사에 참석할 때에는 사복을 착용할 수 있으나, 교정시설에서 지급하는 의류는 수용자가 희망하거나 동의하는 경우에만 입게 할 수 있다.
② 미결수용자와 변호인 간의 접견은 시간과 횟수를 제한한다.
③ 소장은 미결수용자에 대하여는 신청에 따라 교육 또는 교화프로그램을 실시하거나 작업을 부과할 수 있다.
④ 미결수용자에게 징벌을 부과한 경우에는 그 징벌대상행위를 양형 참고자료로 작성하여 관할 검찰청 검사 또는 관할 법원에 통보하여야 한다.

정답 및 해설

① [×] 미결수용자는 수사·재판·국정감사 또는 법률로 정하는 조사에 참석할 때에는 사복을 착용할 수 있다. 다만, 소장은 도주우려가 크거나 특히 부적당한 사유가 있다고 인정하면 교정시설에서 지급하는 의류를 입게 할 수 있다(동법 제82조).
② [×] 미결수용자와 변호인 간의 접견은 시간과 횟수를 제한하지 아니한다(동법 제84조 제2항).
③ [○] 형집행법 제86조 제1항
④ [×] 소장은 미결수용자에게 징벌을 부과한 경우에는 그 징벌대상행위를 양형 참고자료로 작성하여 관할 검찰청 검사 또는 관할 법원에 통보할 수 있다(동법 제111조의2).

정답 ③

07 형의 집행 및 수용자의 처우에 관한 법령상 다음 중 옳은 것만을 모두 고른 것은?

2015. 교정 7급

> ㉠ 미결수용자의 접견 횟수는 매일 1회로 하되, 변호인과의 접견은 그 횟수에 포함시키지 않는다.
> ㉡ 교정시설의 장은 미결수용자가 도주하거나 도주한 미결수용자를 체포한 경우에는 그 사실을 경찰관서에 통보하고, 기소된 상태인 경우에는 검사에게 지체 없이 통보하여야 한다.
> ㉢ 경찰관서에 설치된 유치장에는 수형자를 7일 이상 수용할 수 없다.
> ㉣ 미결수용자는 무죄의 추정을 받으므로 교정시설의 장은 미결수용자가 신청하더라도 작업을 부과할 수 없다.
> ㉤ 미결수용자와 변호인 간의 편지는 교정시설에서 상대방이 변호인임을 확인할 수 없는 경우를 제외하고는 검열할 수 없다.

① ㉠, ㉡
② ㉠, ㉤
③ ㉡, ㉢, ㉣
④ ㉢, ㉣, ㉤

정답 및 해설

옳은 것은 ㉠, ㉤이다.
㉠ [○] 형집행법 시행령 제101조
㉡ [×] 소장은 미결수용자가 도주하거나 도주한 미결수용자를 체포한 경우에는 그 사실을 검사에게 통보하고, 기소된 상태인 경우에는 법원에도 지체 없이 통보하여야 한다(동법 시행령 제104조).
㉢ [×] 경찰관서에 설치된 유치장에는 수형자를 30일 이상 수용할 수 없다(동법 시행령 제107조).
㉣ [×] 소장은 미결수용자에 대하여는 신청에 따라 작업을 부과할 수 있다(동법 제86조 제1항).
㉤ [○] 동법 제84조 제3항

정답 ②

08 「형의 집행 및 수용자의 처우에 관한 법률」상 미결수용자의 처우에 대한 설명으로 옳지 않은 것은?

2016. 5급 승진

① 미결수용자는 무죄의 추정을 받으며 그에 합당한 처우를 받는다.
② 미결수용자가 수용된 거실은 참관할 수 없다.
③ 미결수용자는 수사·재판·국정감사 또는 법률로 정하는 조사에 참석할 때에는 사복을 착용하여야 한다.
④ 미결수용자의 머리카락과 수염은 특히 필요한 경우가 아니면 본인의 의사에 반하여 짧게 깎지 못한다.
⑤ 경찰관서에 설치된 유치장은 교정시설의 미결수용실로 본다.

정답 및 해설

① [○] 동법 제79조
② [○] 동법 제80조
③ [×] 미결수용자는 수사·재판·국정감사 또는 법률로 정하는 조사에 참석할 때에는 사복을 착용할 수 있다. 다만, 소장은 도주우려가 크거나 특히 부적당한 사유가 있다고 인정하면 교정시설에서 지급하는 의류를 입게 할 수 있다(형집행법 제82조).
④ [○] 동법 제83조
⑤ [○] 동법 제87조

정답 ③

09 현행법상 미결구금(수용)제도에 대한 설명으로 옳은 것은? (다툼이 있는 경우 판례에 의함) 2017. 교정 9급

① 소장은 미결수용자에 대하여는 직권 또는 신청에 따라 교육 또는 교화프로그램을 실시하거나 작업을 부과할 수 있다.
② 판결선고 전 미결구금일수는 그 전부가 법률상 당연히 본형에 산입하게 되므로 판결에서 별도로 미결구금일수 산입에 관한 사항을 판단할 필요는 없다.
③ 미결수용자의 변호인과의 접견교통권은 질서유지 또는 공공복리를 위한 이유가 있는 때에도 법률로써 제한할 수 없다.
④ 미결수용자가 징벌대상자로서 조사받고 있거나 징벌집행 중인 경우에는 소송서류의 작성 등 수사과정에서의 권리행사가 제한된다.

정답 및 해설

① [×] 소장은 미결수용자에 대하여는 신청에 따라 교육 또는 교화프로그램을 실시하거나 작업을 부과할 수 있다 (형집행법 제86조 제1항).
② [○] 대법원 2009.12.10. 2009도11448

> **관련판례**
> 형법 제57조 제1항 중 "또는 일부" 부분은 헌법재판소 2009.6.25. 2007헌바25 사건의 위헌결정으로 효력이 상실되었다. 그리하여 판결선고 전 미결구금일수는 그 전부가 법률상 당연히 본형에 산입하게 되었으므로, 판결에서 별도로 미결구금일수 산입에 관한 사항을 판단할 필요가 없다고 할 것이다(대법원 2009.12.10. 2009도11448).

③ [×] 헌재 2011.5.26. 2009헌마341

> **관련판례**
> 헌법재판소가 91헌마111 결정에서 미결수용자와 변호인과의 접견에 대해 어떠한 명분으로도 제한할 수 없다고 한 것은 구속된 자와 변호인 간의 접견이 실제로 이루어지는 경우에 있어서의 자유로운 접견, 즉 대화내용에 대하여 비밀이 완전히 보장되고 어떠한 제한, 영향, 압력 또는 부당한 간섭 없이 자유롭게 대화할 수 있는 접견을 제한할 수 없다는 것이지, 변호인과의 접견 자체에 대해 아무런 제한도 가할 수 없다는 것을 의미하는 것이 아니므로 미결수용자의 변호인 접견권 역시 국가안전보장·질서유지 또는 공공복리를 위해 필요한 경우에는 법률로써 제한될 수 있음은 당연하다(헌재 2011.5.26. 2009헌마341).

④ [×] 소장은 미결수용자가 징벌대상자로서 조사받고 있거나 징벌집행 중인 경우에도 소송서류의 작성, 변호인과의 접견·편지수수, 그 밖의 수사 및 재판 과정에서의 권리행사를 보장하여야 한다(형집행법 제85조).

정답 ②

10 형집행법령상 미결수용자의 처우에 대한 설명으로 옳지 않은 것은? 2018. 7급 승진

① 소장은 미결수용자에 대하여 신청에 따라 교육 또는 교화프로그램을 실시하거나 작업을 부과할 수 있다.
② 미결수용자에 대한 교육·교화프로그램 또는 작업은 교정시설 밖에서 행하는 것은 포함되지 아니한다. 다만, 처우를 위하여 특히 필요한 경우 교도관회의를 거쳐 교정시설 밖에서의 작업을 실시할 수 있다.
③ 소장은 작업이 부과된 미결수용자가 작업의 취소를 요청하는 경우에는 그 미결수용자의 의사, 건강 및 교도관의 의견을 고려하여 작업을 취소할 수 있다.
④ 미결수용자, 형사사건으로 수사 또는 재판을 받고 있는 수형자와 사형확정자는 수사·재판·국정감사 또는 법률로 정하는 조사에 참석할 때에는 사복을 착용할 수 있다.

정답 및 해설

① [○] 동법 제86조 제1항
② [×] 미결수용자에 대한 교육·교화프로그램 또는 작업은 교정시설 밖에서 행하는 것은 포함하지 아니한다(형집행법 시행령 제103조 제1항). (예외 규정 없음)
③ [○] 동법 시행령 제103조 제2항
④ [○] 동법 제82조, 제88조

정답 ②

11 「형의 집행 수용자의 처우에 관한 법률」상 미결수용자의 처우에 대한 설명으로 가장 옳은 것은?

2022. 5급 승진

① 미결수용자가 수용된 거실과 교정시설은 참관할 수 없다.
② 미결수용자는 수사·재판·국정감사 또는 법률로 정하는 조사에 참석할 때에는 사복을 착용할 수 있다. 다만, 소장은 도주우려가 크거나 특히 부적당한 사유가 있다고 인정하면 출석을 요청한 기관에서 지급하는 의류를 입게 할 수 있다.
③ 소장은 미결수용자에 대하여는 신청에 따라 교육 또는 교화프로그램을 실시하거나 작업을 부과할 수 있다.
④ 소장은 미결수용자가 징벌대상자로서 조사받고 있거나 징벌집행 중인 경우에도 소송서류의 작성, 교정시설의 외부에 있는 가족과의 접견·편지수수, 그 밖의 수사 및 재판 과정에서의 권리행사를 보장하여야 한다.

정답 및 해설

① [×] 미결수용자가 수용된 거실은 참관할 수 없다(동법 제80조).
② [×] 미결수용자는 수사·재판·국정감사 또는 법률로 정하는 조사에 참석할 때에는 사복을 착용할 수 있다. 다만, 소장은 도주우려가 크거나 특히 부적당한 사유가 있다고 인정하면 교정시설에서 지급하는 의류를 입게 할 수 있다(동법 제82조).
③ [○] 형집행법 제86조
④ [×] 소장은 미결수용자가 징벌대상자로서 조사받고 있거나 징벌집행 중인 경우에도 소송서류의 작성, 변호인과의 접견·편지수수, 그 밖의 수사 및 재판 과정에서의 권리행사를 보장하여야 한다(동법 제85조).

정답 ③

12 형집행법령상 미결수용자의 처우에 대한 설명으로 가장 옳은 것은?

2021. 5급 승진

① 미결수용자를 수용하는 시설의 설비 및 계호의 정도는 완화경비시설에 준한다.
② 소장은 신청에 따라 작업이 부과된 미결수용자가 작업의 취소를 요청하는 경우에는 그 미결수용자의 의사에 따라 작업을 취소하여야 한다.
③ 미결수용자의 머리카락과 수염은 어떠한 경우에도 본인의 의사에 반하여 짧게 깎지 못한다.
④ 소장은 미결수용자가 징벌대상자로서 조사받고 있거나 징벌집행 중인 경우에도 소송서류의 작성, 변호인과의 접견·편지수수, 그 밖에 수사 및 재판 과정에서의 권리행사를 보장하여야 한다.

정답 및 해설

① [×] 미결수용자를 수용하는 시설의 설비 및 계호의 정도는 일반경비시설에 준한다(동법 시행령 제98조).
② [×] 소장은 신청에 따라 작업이 부과된 미결수용자가 작업의 취소를 요청하는 경우에는 그 미결수용자의 의사, 건강 및 교도관의 의견 등을 고려하여 작업을 취소할 수 있다(동법 시행령 제103조 제2항).
③ [×] 미결수용자의 머리카락과 수염은 특히 필요한 경우가 아니면 본인의 의사에 반하여 짧게 깎지 못한다(동법 제83조).
④ [○] 형집행법 제85조

정답 ④

13 「형의 집행 및 수용자의 처우에 관한 법률 시행령」상 미결수용자의 처우에 대한 설명으로 가장 옳지 않은 것은? 2022. 6급 승진

① 미결수용자를 수용하는 시설의 설비 및 계호의 정도는 완화경비시설에 준한다.
② 미결수용자의 접견 횟수는 매일 1회로 하되, 변호인과의 접견은 그 횟수에 포함시키지 않는다.
③ 소장은 이송이나 출정, 그 밖의 사유로 미결수용자를 교정시설 밖으로 호송하는 경우에는 해당 사건에 관련된 사람과 호송 차량의 좌석을 분리하는 등의 방법으로 서로 접촉하지 못하게 하여야 한다.
④ 소장은 미결수용자가 빈곤하거나 무지하여 수사 및 재판 과정에서 권리를 충분히 행사하지 못한다고 인정하는 경우에는 법률구조에 필요한 지원을 할 수 있다.

정답 및 해설

① [×] 미결수용자를 수용하는 시설의 설비 및 계호의 정도는 일반경비시설에 준한다(형집행법 시행령 제98조).
② [○] 동법 시행령 제101조
③ [○] 동법 시행령 제100조
④ [○] 동법 시행령 제99조

정답 ①

14 「형의 집행 및 수용자의 처우에 관한 법률」상 미결수용자의 처우에 대한 설명으로 옳지 않은 것은 모두 몇 개인가? 2023. 7급 승진

㉠ 소장은 미결수용자 甲이 징벌집행 중인 경우에는 변호인과의 접견을 보장하지 않아도 된다.
㉡ 소장은 미결수용자 乙에 대하여 직권으로 교육 또는 교화프로그램을 실시하거나 작업을 부과할 수 있다.
㉢ 미결수용자 丙이 변호인과 접견할 때에는 교도관은 참여하지 못하며, 보이는 거리에서 丙을 관찰할 수도 없다.

① 0개
② 1개
③ 2개
④ 3개

정답 및 해설

모두 옳지 않은 설명이다.
- ㉠ [×] 소장은 미결수용자가 징벌대상자로서 조사받고 있거나 징벌집행 중인 경우에도 소송서류의 작성, 변호인과의 접견·편지수수, 그 밖의 수사 및 재판 과정에서의 권리행사를 보장하여야 한다(형집행법 제85조).
- ㉡ [×] 소장은 미결수용자에 대하여는 신청에 따라 교육 또는 교화프로그램을 실시하거나 작업을 부과할 수 있다(동법 제86조 제1항).
- ㉢ [×] 미결수용자와 변호인과의 접견에는 교도관이 참여하지 못하며 그 내용을 청취 또는 녹취하지 못한다. 다만, 보이는 거리에서 미결수용자를 관찰할 수 있다(동법 제84조 제1항).

정답 ④

15 「형의 집행 및 수용자의 처우에 관한 법률」상 미결수용자의 처우에 대한 설명으로 가장 옳지 않은 것은?

2024. 6급 승진

① 미결수용자가 수용된 거실은 참관할 수 없다.
② 소장은 미결수용자가 징벌대상자로서 조사받고 있거나 징벌집행 중인 경우에도 소송서류의 작성, 변호인과의 접견·편지수수, 그 밖의 수사 및 재판 과정에서의 권리행사를 보장하여야 한다.
③ 미결수용자는 수사·재판·국정감사 또는 법령으로 정하는 조사에 참석할 때에는 사복을 착용할 수 있다. 다만, 소장은 도주우려가 크거나 특히 부적당한 사유가 있다고 인정하면 교정시설에서 지급하는 의류를 입게 할 수 있다.
④ 미결수용자와 변호인 간의 접견은 시간과 횟수를 제한하지 아니한다.

정답 및 해설

① [○] 동법 제80조
② [○] 동법 제85조
③ [×] 미결수용자는 수사·재판·국정감사 또는 법률로 정하는 조사에 참석할 때에는 사복을 착용할 수 있다. 다만, 소장은 도주우려가 크거나 특히 부적당한 사유가 있다고 인정하면 교정시설에서 지급하는 의류를 입게 할 수 있다(형집행법 제82조).
④ [○] 동법 제84조 제2항

정답 ③

16 수용자의 처우와 관련한 다음 설명 중 옳지 않은 것은?

① 형사사건으로 수사를 받고 있는 수형자 A와 변호인 B와의 접견은 시간과 횟수를 제한할 수 있다.
② 미결수용자 C와 변호인 D 간의 편지는 교정시설에서 상대방이 변호인임을 확인할 수 없는 경우에는 검열할 수 있다.
③ 미결수용자 E와 변호인이 되려고 하는 F와의 접견에는 교도관이 보이는 거리에서 미결수용자 E를 관찰할 수 있다.
④ 형사피의자 H가 구속되어 있는 G경찰서의 유치장은 참관할 수 없다.

정답 및 해설

① [×] 형사사건으로 수사 또는 재판을 받고 있는 수형자와 사형확정자에 대하여는 형집행법 제82조(미결수용자의 사복착용), 제84조(미결수용자의 변호인과의 접견 및 편지수수) 및 제85조(미결수용자의 조사 · 징벌 중의 권리행사 보장 특칙)를 준용한다(형집행법 제88조). 미결수용자와 변호인 간의 접견은 시간과 횟수를 제한하지 아니한다(동법 제84조 제2항).
② [○] 동법 제84조 제3항
③ [○] 동법 제84조 제1항
④ [○] 경찰관서에 설치된 유치장은 교정시설의 미결수용실로 보아 이 법을 준용한다(동법 제87조).

정답 ①

17. 미결수용자에 대해 소장이 검사 또는 법원에 통보해야 하는 경우가 아닌 것은?

① 미결수용자가 도주하거나, 도주한 미결수용자를 체포한 경우
② 미결수용자가 위독하거나 사망한 경우
③ 건강상의 사유로 구속의 집행정지를 할 필요가 있다고 인정하는 경우
④ 미결수용자가 감염병에 걸린 경우

정답 및 해설

① [○] 소장은 미결수용자가 도주하거나 도주한 미결수용자를 체포한 경우에는 그 사실을 검사에게 통보하고, 기소된 상태인 경우에는 법원에도 지체 없이 통보하여야 한다(동법 시행령 제104조).
② [○] 소장은 미결수용자가 위독하거나 사망한 경우에는 그 사실을 검사에게 통보하고, 기소된 상태인 경우에는 법원에도 지체 없이 통보하여야 한다(동법 시행령 제105조).
③ [○] 소장은 수용자에 대하여 건강상의 사유로 형의 집행정지 또는 구속의 집행정지를 할 필요가 있다고 인정하는 경우에는 의무관의 진단서와 인수인에 대한 확인서류를 첨부하여 그 사실을 검사에게, 기소된 상태인 경우에는 법원에도 지체 없이 통보하여야 한다(동법 시행령 제21조).
④ [×] 수용자가 감염병에 걸린 경우 소장은 그 사실을 지체 없이 법무부장관에게 보고하고 관할 보건기관의 장에게 알려야 한다(형집행법 시행령 제53조 제4항).

정답 ④

18. 현행법령상 미결수용자의 수용 및 처우에 대한 설명으로 옳은 것은? (다툼이 있는 경우 판례에 의함)

① 미결수용자는 구치소에 수용하는 것이 원칙이지만, 특별한 사정이 있는 때에는 교도소에 미결수용자를 수용할 수 있다.
② 소장은 미결수용자의 심리적 안정 및 원만한 수용생활을 위하여 교육 또는 교화프로그램을 실시하거나 신청에 따라 작업을 부과할 수 있다.
③ 미결수용자가 외부의사의 진료를 받는 경우에는 교도관이 참여하고 그 경과를 검사에게 보고하여야 한다.
④ 구치소장이 변호인접견실에 CCTV를 설치하여 미결수용자와 변호인 간의 접견을 관찰한 행위는 변호인의 조력을 받을 권리를 침해한다.

정답 및 해설

① [○] 형집행법 제12조 제1항
② [×] 미결수용자에 대하여는 신청에 따라 교육 또는 교화프로그램을 실시하거나 작업을 부과할 수 있다(동법 제86조 제1항).
③ [×] 교도관이 참여하고 그 경과를 수용기록부에 기록하여야 한다(동법 시행령 제106조).
④ [×] 헌재 2016.4.28. 2015헌마243

> **관련판례**
> 변호인접견실에 설치된 CCTV는 교도관이 CCTV를 통해 미결수용자와 변호인 간의 접견을 관찰하더라도 접견내용의 비밀이 침해되거나 접견교통에 방해가 되지 않도록 조치를 취하고 있는 점, 금지물품의 수수를 적발하거나 교정사고를 효과적으로 방지하고 교정사고가 발생하였을 때 신속하게 대응하기 위하여는 CCTV를 통해 관찰하는 방법 외에 더 효과적인 다른 방법을 찾기 어려운 점 등에 비추어 보면, CCTV 관찰행위는 그 목적을 달성하기 위하여 필요한 범위 내의 제한으로 침해의 최소성을 갖추었다. 따라서 CCTV 관찰행위가 청구인의 변호인의 조력을 받을 권리를 침해한다고 할 수 없다(헌재 2016.4.28. 2015헌마243).

정답 ①

19 「형의 집행 및 수용자의 처우에 관한 법률」상 미결수용자에 대한 설명으로 옳지 않은 것은?

① 소장은 미결수용자의 신청에 따라 작업을 부과할 수 있다.
② 미결수용자가 수용된 거실은 참관할 수 없다.
③ 미결수용자의 머리카락과 수염은 특히 필요한 경우가 아니면 본인의 의사에 반하여 짧게 깎지 못한다.
④ 미결수용자와 변호인의 접견 시 교도관은 보이는 거리에서 관찰할 수 있다.
⑤ 소장은 미결수용자가 수사·재판에 참석할 때에는 교정시설에서 지급하는 의류를 입게 하여야 한다.

정답 및 해설

① [○] 동법 제86조 제1항
② [○] 동법 제80조
③ [○] 동법 제83조
④ [○] 동법 제84조 제1항
⑤ [×] 미결수용자는 수사·재판·국정감사 또는 법률로 정하는 조사에 참석할 때에는 사복을 착용할 수 있다. 다만, 소장은 도주우려가 크거나 특히 부적당한 사유가 있다고 인정하면 교정시설에서 지급하는 의류를 입게 할 수 있다(형집행법 제82조).

정답 ⑤

20 「형의 집행 및 수용자의 처우에 관한 법률」상 미결수용자의 처우에 대한 설명으로 옳지 않은 것은?

2025. 교정 9급

① 소장은 미결수용자가 징벌집행 중인 경우 변호인과의 접견 시간과 횟수를 제한할 수 있다.
② 소장은 도주우려가 크거나 특히 부적당한 사유가 있다고 인정하면 미결수용자의 재판 참석 시 교정시설에서 지급하는 의류를 입게 할 수 있다.
③ 미결수용자의 머리카락과 수염은 특히 필요한 경우가 아니면 본인의 의사에 반하여 짧게 깎지 못한다.
④ 미결수용자와 변호인과의 접견에는 교도관이 참여하지 못하지만 보이는 거리에서 미결수용자를 관찰할 수 있다.

정답 및 해설

① [×] 미결수용자와 변호인 간의 접견은 시간과 횟수를 제한하지 아니한다(형집행법 제84조 제2항).
② [○] 미결수용자는 수사·재판·국정감사 또는 법률로 정하는 조사에 참석할 때에는 사복을 착용할 수 있다. 다만, 소장은 도주우려가 크거나 특히 부적당한 사유가 있다고 인정하면 교정시설에서 지급하는 의류를 입게 할 수 있다(동법 제82조).
③ [○] 동법 제83조
④ [○] 미결수용자와 변호인과의 접견에는 교도관이 참여하지 못하며 그 내용을 청취 또는 녹취하지 못한다. 다만, 보이는 거리에서 미결수용자를 관찰할 수 있다(동법 제84조 제1항).

정답 ①

21 미결수용자의 처우에 대한 설명으로 옳지 않은 것을 모두 고른 것은?

> ㉠ 미결수용자가 수용된 거실은 참관할 수 없다.
> ㉡ 미결수용자가 30일 이내 접견 제한의 징벌을 받아 그 집행 중인 경우에는 그 집행 기간 동안 변호인과의 접견이 제한된다.
> ㉢ 교정시설의 장은 미결수용자의 신청이 있더라도 작업을 부과할 수 없다.
> ㉣ 미결수용자가 범죄의 증거를 인멸할 우려가 있는 때에는 변호인과의 접견에 교도관이 참여하여 대화내용을 기록할 수 있다.

① ㉠, ㉣
② ㉡, ㉣
③ ㉠, ㉡, ㉢
④ ㉡, ㉢, ㉣

정답 및 해설

옳지 않은 것은 ㉡, ㉢, ㉣이다.
㉠ [○] 형집행법 제80조
㉡ [×] 소장은 미결수용자가 징벌대상자로서 조사받고 있거나 징벌집행 중인 경우에도 소송서류의 작성, 변호인과의 접견·편지수수 그 밖의 수사 및 재판 과정에서의 권리행사를 보장하여야 한다(동법 제85조).
㉢ [×] 소장은 미결수용자에 대하여는 신청에 따라 교육 또는 교화프로그램을 실시하거나 작업을 부과할 수 있다(동법 제86조 제1항).
㉣ [×] 미결수용자와 변호인과의 접견에는 교도관이 참여하지 못하며 그 내용을 청취 또는 녹취하지 못한다. 다만, 보이는 거리에서 미결수용자를 관찰할 수 있다(동법 제84조 제1항).

정답 ④

22 미결수용자의 처우에 대한 설명으로 옳은 것은?

① 소장은 관심대상 미결수용자의 수용생활태도 등이 양호하고 지정사유가 해소되었다고 인정하는 경우에는 교도관회의의 심의를 거쳐 관심대상수용자 지정을 해제한다.
② 미결수용자는 수사·재판 등에 참석할 때에는 사복을 착용할 수 있으나, 소장은 미결수용자가 도주우려가 크다고 인정하는 경우에는 교정시설에서 지급하는 의류를 입게 하여야 한다.
③ 소장은 미결수용자가 빈곤하여 수사과정에서 권리를 충분히 행사하지 못한다고 인정하는 경우에는 법률구조에 필요한 지원을 하여야 한다.
④ 미결수용자가 징벌대상자로서 조사받고 있거나 징벌집행 중인 경우에는 소송서류의 작성 등 수사과정에서의 권리행사가 제한된다.

정답 및 해설

① [○] 형집행법 시행규칙 제211조 제2항
② [×] 미결수용자는 수사·재판·국정감사 또는 법률로 정하는 조사에 참석할 때에는 사복을 착용할 수 있다. 다만, 소장은 도주우려가 크거나 특히 부적당한 사유가 있다고 인정하면 교정시설에서 지급하는 의류를 입게 할 수 있다(동법 제82조).
③ [×] 소장은 미결수용자가 빈곤하거나 무지하여 수사 및 재판 과정에서 권리를 충분히 행사하지 못한다고 인정하는 경우에는 법률구조에 필요한 지원을 할 수 있다(동법 시행령 제99조).
④ [×] 소장은 미결수용자가 징벌대상자로서 조사받고 있거나 징벌집행 중인 경우에도 소송서류의 작성, 변호인과의 접견·편지수수, 그 밖의 수사 및 재판 과정에서의 권리행사를 보장하여야 한다(동법 제85조).

> **관련판례**
>
> **미결수용자가 수감되어 있는 동안 수사 또는 재판을 받을 때에도 사복을 입지 못하게 하고 재소자용 의류를 입게 한 행위로 인하여 기본권침해가 있는지 여부(적극)**
>
> 수사 및 재판단계에서 유죄가 확정되지 아니한 미결수용자에게 재소자용 의류를 입게 하는 것은 미결수용자로 하여금 모욕감이나 수치심을 느끼게 하고, 심리적인 위축으로 방어권을 제대로 행사할 수 없게 하여 실체적 진실의 발견을 저해할 우려가 있으므로, 도주 방지 등 어떠한 이유를 내세우더라도 그 제한은 정당화될 수 없어 헌법 제37조 제2항의 기본권 제한에서의 비례원칙에 위반되는 것으로서, 무죄추정의 원칙에 반하고 인간으로서의 존엄과 가치에서 유래하는 인격권과 행복추구권, 공정한 재판을 받을 권리를 침해하는 것이다(헌재 1999.5.27. 97헌마137).

정답 ①

23

형의 집행 및 수용자의 처우에 관한 법령상 미결수용자의 처우에 대한 설명으로 옳지 않은 것을 모두 고른 것은?

> ㉠ 구치소의 수용인원이 정원을 훨씬 초과하여 정상적인 운영이 곤란한 때에는 교도소에 미결수용자를 수용할 수 있다.
> ㉡ 미결수용자로서 자유형이 확정된 사람에 대하여는 법원의 재판서가 도달된 때부터 수형자로 처우할 수 있다.
> ㉢ 소장은 미결수용자로서 사건에 서로 관련이 있는 사람은 분리수용하고 서로 간의 접촉을 금지하여야 한다.
> ㉣ 미결수용자에 대한 교육·교화프로그램은 교정시설 밖에서 행하는 것을 포함하나, 작업은 교정시설 밖에서 행하는 것을 포함하지 아니 한다.
> ㉤ 미결수용자의 처우를 위하여 소장이 특별히 필요하다고 인정하는 경우에는 접촉차단시설이 설치되지 아니한 장소에서 접견하게 할 수 있다.
> ㉥ 소장은 신청에 따라 작업이 부과된 미결수용자가 작업의 취소를 요청하는 경우에는 건강상태, 나이, 부과된 작업의 종류, 그 밖의 개인적 특성을 고려하여 작업을 취소할 수 있다.

① ㉠, ㉢, ㉤
② ㉡, ㉣, ㉤
③ ㉢, ㉣, ㉥
④ ㉡, ㉣, ㉥

정답 및 해설

옳지 않은 것은 ⓒ, ⓔ, ⓗ이다.
- ⓐ [○] 다음의 어느 하나에 해당하는 사유가 있으면 교도소에 미결수용자를 수용할 수 있다(형집행법 제12조 제1항).
  1. 관할 법원 및 검찰청 소재지에 구치소가 없는 때
  2. 구치소의 수용인원이 정원을 훨씬 초과하여 정상적인 운영이 곤란한 때
  3. 범죄의 증거인멸을 방지하기 위하여 필요하거나 그 밖에 특별한 사정이 있는 때
- ⓑ [×] 소장은 미결수용자로서 자유형이 확정된 사람에 대하여는 검사의 집행 지휘서가 도달된 때부터 수형자로 처우할 수 있다(동법 시행령 제82조 제1항).
- ⓒ [○] 동법 제81조
- ⓔ [×] 미결수용자에 대한 교육·교화프로그램 또는 작업은 교정시설 밖에서 행하는 것은 포함하지 아니한다(동법 시행령 제103조 제1항).
- ⓓ [○] 동법 시행령 제59조 제3항 제2호
- ⓗ [×] 소장은 신청에 따라 작업이 부과된 미결수용자가 작업의 취소를 요청하는 경우에는 그 미결수용자의 의사, 건강 및 교도관의 의견 등을 고려하여 작업을 취소할 수 있다(동법 시행령 제103조 제2항).

정답 ④

24

미결수용자에 대한 설명으로 옳지 않은 것은? (다툼이 있는 경우 판례에 의함)

① 소장은 이송이나 출정, 그 밖의 사유로 미결수용자를 교정시설 밖으로 호송하는 경우에는 해당 사건에 관련된 사람과 호송 차량의 좌석을 분리하는 등의 방법으로 서로 접촉하지 못하게 하여야 한다.
② 소장은 미결수용자의 처우를 위하여 특히 필요하다고 인정하면 변호인이 아닌 사람과 접견하는 경우에도 접견시간을 연장하거나 접견 횟수를 늘릴 수 있다.
③ 수용하는 시설의 설비 및 계호의 정도는 완화경비시설에 준한다.
④ 원칙적으로 미결수용자에게 종교집회 참석 기회를 보장하더라도 실제 참석 기회가 지나치게 적은 것 역시 종교의 자유를 침해하는 것이다.

정답 및 해설

① [○] 동법 시행령 제100조
② [○] 동법 시행령 제102조
③ [×] 미결수용자를 수용하는 시설의 설비 및 계호의 정도는 일반경비시설에 준한다(형집행법 시행령 제98조).
④ [○] 헌재 2014.6.26. 2012헌마782

정답 ③

25. 「형사소송법」상 구속기간에 대한 설명으로 가장 옳지 않은 것은?

2023. 6급 승진

① 피고인에 대한 구속기간은 2개월로 한다. 특히 구속을 계속할 필요가 있는 경우에는 심급마다 2개월 단위로 2차에 한하여 결정으로 갱신할 수 있다. 다만, 상소심은 피고인 또는 변호인이 신청한 증거의 조사, 상소이유를 보충하는 서면의 제출 등으로 추가 심리가 필요한 부득이한 경우에는 3차에 한하여 갱신할 수 있다.
② 상소 중의 사건에 관하여 구속기간의 갱신, 구속의 취소, 보석, 구속의 집행정지와 그 정지의 취소에 대한 결정은 소송기록이 원심법원에 있는 때에는 원심법원이 하여야 한다.
③ 기피신청에 의한 소송 진행의 정지, 질병으로 인한 공판절차정지에 의하여 공판절차가 정지된 기간은 피고인 구속기간에 산입한다.
④ 지방법원판사는 검사의 신청에 의하여 수사를 계속함에 상당한 이유가 있다고 인정한 때에는 10일을 초과하지 아니하는 한도에서 「형사소송법」 제203조의 구속기간의 연장을 1차에 한하여 허가할 수 있다.

정답 및 해설

① [○] 동법 제92조 제1항 · 제2항
② [○] 동법 제105조
③ [×] 기피신청에 의한 소송 진행의 정지, 공소장변경에 의한 공판절차정지, 심신상실에 의한 공판절차정지 및 질병으로 인한 공판절차정지에 의하여 공판절차가 정지된 기간 및 공소제기 전의 체포 · 구인 · 구금기간은 피고인 구속기간에 산입하지 아니한다(「형사소송법」 제92조 제3항).
④ [○] 동법 제205조

정답 ③

26. 고소 등에 대한 설명으로 가장 옳지 않은 것은? (다툼이 있는 경우 판례에 의함)

2024. 6급 승진

① 항고의 대상은 '법원의 결정'이므로 검사의 체포영장 또는 구속영장 청구에 대한 지방법원 판사의 재판은 항고의 대상이 아니고 「형사소송법」 제416조(준항고) 제1항의 규정에 의하여 준항고의 대상이 되는 '재판장 또는 수명법관의 구금 등에 관한 재판'에도 해당하지 아니한다.
② 피고인이 고소인이 고소한 피의사실로 기소되어 무죄의 확정판결을 받았다고 하더라도 그 고소가 권리의 남용이라고 인정될 수 있는 정도의 고의 또는 중대한 과실에 의한 것이 아닌 이상, 고소인의 행위가 불법행위를 구성한다고 볼 수는 없는 것이다.
③ 공무원이 직무수행 중 불법행위로 타인에게 손해를 입힌 경우에 국가 등이 국가배상책임을 부담하는 외에 공무원 개인도 고의 또는 중과실이 있는 경우에는 불법행위로 인한 손해배상책임을 진다고 할 것이지만, 공무원에게 경과실뿐인 경우에는 공무원 개인은 손해배상책임을 부담하지 않는다.
④ 구속영장 발부에 의하여 적법하게 구금된 피의자가 피의자신문을 위한 출석요구에 응하지 아니하면서 수사기관 조사실에 출석을 거부한다면 수사기관은 그 구속영장의 효력에 의해서는 피의자를 조사실로 구인할 수 없다.

정답 및 해설

① [○] 대법원 2006.12.18. 2006모646
② [○] 대법원 2006.4.28. 2005다29481
③ [○] 대법원 1996.2.15. 95다38677
④ [×] 대법원 2013.7.1. 2013모160

> **관련판례**
> 구속영장 발부에 의하여 적법하게 구금된 피의자가 피의자신문을 위한 출석요구에 응하지 아니하면서 수사기관 조사실에 출석을 거부한다면 수사기관은 그 구속영장의 효력에 의하여 피의자를 조사실로 구인할 수 있다고 보아야 한다. 다만 이러한 경우에도 그 피의자신문 절차는 임의수사의 한 방법으로 진행되어야 하므로, 피의자는 일체의 진술을 하지 아니하거나 개개의 질문에 대하여 진술을 거부할 수 있고, 수사기관은 피의자를 신문하기 전에 그와 같은 권리를 알려주어야 한다(대법원 2013.7.1. 2013모160).

정답 ④

27. 헌법재판소의 결정 내용으로 옳지 않은 것을 모두 고른 것은?

2024. 6급 승진

㉠ 헌법재판소는 수용거실 검사와 관련하여 미결수용자는 무죄가 추정되므로 미결수용자가 없는 상태에서 이루어진 수용거실 검사는 수형자에 대한 경우와는 달리 위헌으로 보았다.
㉡ 헌법재판소는 수용자가 기동순찰팀이 이름표와 계급장을 달지 않는 것이 위헌이라고 주장한 사안에서 수용자는 기동순찰팀원의 이름과 직급을 몰라서 고발을 할 수 없는 경우 등이 발생할 수 있으므로 기동순찰팀원이 이름표와 계급장을 달지 않았다면 그 자체로 기본권침해 가능성 및 자기관련성이 인정된다고 보았다.
㉢ 헌법재판소는 조사수용 중이거나 징벌처분 등을 받고 독거수용된 자의 경우 교도소 내의 범죄를 방지하고, 안전을 도모하며 본래적인 교도행정의 목적을 효과적으로 달성하기 위하여 행정적 제재 및 교정의 필요상 텔레비전 시청을 규제하는 것은 불가피하다고 판단한 바 있다.
㉣ 헌법재판소는 무죄 등 판결 선고 후 석방대상자가 교도소에서 지급한 각종 지급품의 회수, 수용시의 휴대금품 또는 보관금품의 반환 내지 환급문제 때문에 임의로 교도관과 교도소에 동행하는 것은 무방하나, 동의를 얻지 않고 의사에 반하여 교도소로 연행하는 것은 헌법 제12조의 규정에 비추어 도저히 허용될 수 없다고 보았다.

① ㉠
② ㉠, ㉡
③ ㉠, ㉢
④ ㉢, ㉣

정답 및 해설

옳지 않은 것은 ㉠, ㉡이다.
㉠ [×] 헌재 2019.6.28. 2017헌마45

> **관련판례**
> 헌법재판소는 2011.10.25. 2009헌마691 결정에서 수용자가 없는 상태에서 이루어진 수용거실 등에 대한 검사행위와 관련하여, 교도소의 안전과 질서를 유지하고 수형자의 교화·개선에 지장을 초래할 수 있는 물품을 차단하기 위한 것으로서 수형자의 사생활의 비밀과 자유를 침해하지 아니하고, 적법절차원칙에도 위반되지 않는다고 판단하였다. 미결수용자 수용거실 검사의 경우 청구인이 '미결수용자'라는 점이 위 헌법재판소의 선례의 경우와 다르다. 미결수용자는 형을 집행 받는 사람이 아니라 수사 및 형사재판 절차상 신병확보 필요에 따라 수용된 사람이라는 점에서 수형자와 차이가 있다. 그러나 미결수용자도 위와 같은 필요에 따라 수용된 이상, 수용시설의 안전과 질서유지 등을 위하여 자유와 권리를 통제받을 수밖에 없는 점에서는 수형자와 다르지 않다(헌재 2019.6.28. 2017헌마45).

ⓒ [×] 헌재 2020.3.10. 2020헌마247

> **관련판례**
> 구치소 내 기동순찰팀이 이름표와 계급장을 달지 않는 사정 자체만을 두고 그로 인하여 수용자인 청구인의 권리·의무에 직접적인 법률효과가 발생하거나 법적 지위가 불리하게 변경된다고 볼 수 없다. 청구인도 '기동순찰팀이 옆 거실에 있던 수용자를 때린 사실을 목격하고도 기동순찰팀의 이름과 직급을 몰라 고발할 수가 없었다'거나 '기동순찰팀이 이름과 직급이 드러나지 않으니 함부로 하거나 과도하게 진압하는 경우가 있다'는 취지로 주장하고 있을 뿐, 이로 인하여 청구인 자신의 기본권이 현실적으로 침해되었다거나 또는 침해될 가능성이 있다는 것을 인정할 만한 구체적 사정을 주장하고 있지 아니하다. 따라서 교도소 내 기동순찰팀 이름표 등 미부착 위헌 심판청구는 기본권침해 가능성 또는 자기관련성을 인정할 수 없어 부적법하다(헌재 2020.3.10. 2020헌마247).

ⓒ [○] 헌재 2005.5.26. 2004헌마571
ⓔ [○] 헌재 1997.12.24. 95헌마247

정답 ②

제2절 | 사형확정자의 처우

01 형의 집행 및 수용자의 처우에 관한 법령상 사형확정자의 처우에 대한 설명으로 옳은 것은?

2023. 교정 7급

① 사형확정자의 접견 횟수는 매월 5회로 하고, 필요하다고 인정하면 접견 횟수를 늘릴 수 있다.
② 사형확정자는 교도소에서만 독거수용하고, 교육·교화프로그램을 위해 필요한 경우에는 혼거수용할 수 있다.
③ 사형확정자를 수용하는 시설의 설비 및 계호의 정도는 일반경비시설 또는 중경비시설에 준한다.
④ 사형확정자가 수용된 거실은 자살방지를 위해 필요한 경우 참관할 수 있다.

정답 및 해설

① [×] 사형확정자의 접견 횟수는 매월 4회로 하고(동법 시행령 제109조), 소장은 사형확정자의 교화나 심리적 안정을 도모하기 위하여 특히 필요하다고 인정하면 접견 시간대 외에도 접견을 하게 할 수 있고 접견시간을 연장하거나 접견 횟수를 늘릴 수 있다(동법 시행령 제110조).
② [×] 사형확정자는 교도소 또는 구치소에 수용한다(동법 제11조 제1항 제4호). 사형확정자는 사형집행시설이 설치되어 있는 교정시설에 수용하되, 다음 각 호와 같이 구분하여 수용한다. 다만, 수용관리 또는 처우상 필요한 경우에는 사형집행시설이 설치되지 않은 교정시설에 수용할 수 있다. ㉠ 교도소 수용 중 사형이 확정된 사람, 교도소에서 교육·교화프로그램 또는 신청에 따른 작업을 실시할 필요가 있다고 인정되는 사람은 교도소에 수용하고, ㉡ 구치소 수용 중 사형이 확정된 사람, 교도소에서 교육·교화프로그램 또는 신청에 따른 작업을 실시할 필요가 없다고 인정되는 사람은 구치소에 수용한다(동법 시행규칙 제150조 제1항). 사형확정자는 독거수용한다. 다만, 자살방지, 교육·교화프로그램, 작업, 그 밖의 적절한 처우를 위하여 필요한 경우에는 법무부령으로 정하는 바에 따라 혼거수용할 수 있다(동법 제89조 제1항).
③ [○] 형집행법 시행령 제108조
④ [×] 사형확정자가 수용된 거실은 참관할 수 없다(동법 제89조 제2항).

정답 ③

02 사형확정자의 수용 및 처우에 대한 설명으로 옳지 않은 것은?

2015. 5급 승진

① 사형확정자도 필요에 따라서는 혼거수용할 수 있지만, 사형확정자가 수용된 거실은 참관할 수 없다.
② 사형확정자의 자살·도주 등의 사고를 방지하기 위하여 필요한 경우에는 사형확정자와 미결수용자를 혼거수용할 수 있다.
③ 사형확정자를 수용하는 시설의 설비 및 계호의 정도는 일반경비시설 또는 중경비시설에 준한다.
④ 소장은 사형확정자의 심리적 안정 및 원만한 수용생활을 위하여 필요하다고 인정하는 경우에는 매월 4회의 전화통화와 접견을 허가할 수 있다.
⑤ 소장은 사형확정자가 작업을 신청하면 교도관회의의 심의를 거쳐 교정시설 안에서 실시하는 작업을 부과할 수 있다.

정답 및 해설

① [○] 동법 제89조 제1항·제2항
② [○] 동법 시행규칙 제150조 제4항
③ [○] 동법 시행령 제108조
④ [×] 사형확정자의 접견 횟수는 매월 4회로 하며(형집행법 시행령 제109조), 소장은 사형확정자의 심리적 안정과 원만한 수용생활을 위하여 필요하다고 인정하는 경우에는 월 3회 이내의 범위에서 전화통화를 허가할 수 있다(동법 시행규칙 제156조).
⑤ [○] 동법 시행규칙 제153조

정답 ④

03 형집행법령상 사형확정자의 처우에 대한 설명으로 옳지 않은 것은 모두 몇 개인가?

2024. 5급 승진

㉠ 형사사건으로 수사 또는 재판을 받고 있는 수형자와 사형확정자에 대하여는 「형의 집행 및 수용자의 처우에 관한 법률」제82조(사복착용), 제84조(변호인과의 접견 및 편지수수) 및 제85조(조사 등에서의 특칙)를 준용한다.
㉡ 소장은 사형을 집행하였을 경우에는 시신을 검사한 후 5분이 지나지 아니하면 교수형에 사용한 줄을 풀지 못한다.
㉢ 소장은 사형확정자의 자살·도주 등의 사고를 방지하기 위하여 필요한 경우에는 사형확정자와 수형자를 혼거수용할 수 있다.
㉣ 소장은 사형확정자의 교육·교화프로그램, 작업 등을 위하여 필요하거나 교정시설의 안전과 질서유지를 위하여 특히 필요하다고 인정하는 경우에는 법무부장관의 승인을 받아 사형확정자를 다른 교정시설로 이송할 수 있다.

① 1개 ② 2개
③ 3개 ④ 4개

정답 및 해설

옳지 않은 것은 ㉢이다.
㉠ [○] 형집행법 제88조
㉡ [○] 동법 시행령 제111조
㉢ [×] 소장은 사형확정자의 자살·도주 등의 사고를 방지하기 위하여 필요한 경우에는 사형확정자와 미결수용자를 혼거수용할 수 있고, 사형확정자의 교육·교화프로그램, 작업 등의 적절한 처우를 위하여 필요한 경우에는 사형확정자와 수형자를 혼거수용할 수 있다(동법 시행규칙 제150조 제4항).
㉣ [○] 동법 시행규칙 제151조

정답 ①

현행법령상 사형확정자에 관한 설명 중 옳지 않은 것은? 2023. 9급 경채

① 소장은 사형확정자의 자살·도주 등의 사고를 방지하기 위하여 필요한 경우에는 사형확정자와 수형자를 혼거수용할 수 있고, 사형확정자의 교육·교화프로그램, 작업 등의 적절한 처우를 위하여 필요한 경우에는 사형확정자와 미결수용자를 혼거수용할 수 있다.
② 소장은 사형확정자의 심리적 안정과 원만한 수용생활을 위하여 필요하다고 인정하는 경우에는 월 3회 이내의 범위에서 전화통화를 허가할 수 있다.
③ 사형확정자의 심리적 안정 도모 또는 교정시설의 안전과 질서유지를 위하여 특히 필요하다고 인정하는 경우에는 교도소에 수용할 사형확정자를 구치소에 수용할 수 있고, 구치소에 수용할 사형확정자를 교도소에 수용할 수 있다.
④ 소장은 사형확정자의 심리적 안정 및 원만한 수용생활을 위하여 소속 교도관으로 하여금 지속적인 상담을 하게 하여야 한다.

정답 및 해설

① [×] 소장은 사형확정자의 자살·도주 등의 사고를 방지하기 위하여 필요한 경우에는 사형확정자와 미결수용자를 혼거수용할 수 있고, 사형확정자의 교육·교화프로그램, 작업 등의 적절한 처우를 위하여 필요한 경우에는 사형확정자와 수형자를 혼거수용할 수 있다(형집행법 제89조 제1항 단서).
② [○] 동법 시행규칙 제156조
③ [○] 동법 시행규칙 제150조 제2항
④ [○] 동법 시행규칙 제152조

정답 ①

사형확정자의 처우에 대한 설명 중 옳지 않은 것만을 모두 고른 것은? 2014. 교정 7급

㉠ 사형확정자의 교육·교화프로그램, 작업 등의 적절한 처우를 위하여 필요한 경우에는 사형확정자와 수형자를 혼거수용할 수 있다.
㉡ 사형확정자의 번호표 및 거실표의 색상은 붉은색으로 한다.
㉢ 사형이 집행된 후 10분이 지나야 교수형에 사용한 줄을 풀 수 있다.
㉣ 사형확정자의 신청에 따라 작업을 부과할 수 있다.
㉤ 사형확정자를 수용하는 시설은 완화경비시설 또는 일반경비시설에 준한다.
㉥ 사형확정자의 교화나 심리적 안정을 위해 필요한 경우에 접견 횟수를 늘릴 수 있으나 접견시간을 연장할 수는 없다.

① ㉠, ㉢, ㉤
② ㉡, ㉣, ㉤
③ ㉢, ㉣, ㉥
④ ㉢, ㉤, ㉥

정답 및 해설

옳지 않은 것은 ㉢, ㉤, ㉥이다.
- ㉠ [O] 소장은 사형확정자의 자살·도주 등의 사고를 방지하기 위하여 필요한 경우에는 사형확정자와 미결수용자를 혼거수용할 수 있고, 사형확정자의 교육·교화프로그램, 작업 등의 적절한 처우를 위하여 필요한 경우에는 사형확정자와 수형자를 혼거수용할 수 있다(형집행법 시행규칙 제150조 제4항).
- ㉡ [O] 동법 시행규칙 제150조 제5항
- ㉢ [×] 소장은 사형을 집행하였을 경우에는 시신을 검사한 후 5분이 지나지 아니하면 교수형에 사용한 줄을 풀지 못한다(동법 시행령 제111조).
- ㉣ [O] 소장은 사형확정자의 심리적 안정 및 원만한 수용생활을 위하여 교육 또는 교화프로그램을 실시하거나 신청에 따라 작업을 부과할 수 있다(동법 제90조 제1항).
- ㉤ [×] 사형확정자를 수용하는 시설의 설비 및 계호의 정도는 일반경비시설 또는 중경비시설에 준한다(동법 시행령 제108조).
- ㉥ [×] 소장은 사형확정자의 교화나 심리적 안정을 도모하기 위하여 특히 필요하다고 인정하면 접견 시간대 외에도 접견을 하게 할 수 있고 접견시간을 연장하거나 접견 횟수를 늘릴 수 있다(동법 시행령 제110조).

정답 ④

06 「형의 집행 및 수용자의 처우에 관한 법률 시행규칙」상 사형확정자의 처우에 대한 설명으로 옳지 않은 것은?

2019. 7급 승진

① 사형확정자의 심리적 안정 도모 또는 교정시설의 안전과 질서유지를 위하여 특히 필요하다고 인정하는 경우에는 교도소에 수용할 사형확정자를 구치소에 수용할 수 있고, 구치소에 수용할 사형확정자를 교도소에 수용할 수 있다.
② 소장은 사형확정자의 자살·도주 등의 사고를 방지하기 위하여 필요한 경우에는 사형확정자와 미결수용자를 혼거수용할 수 있고, 사형확정자의 교육·교화프로그램, 작업 등의 적절한 처우를 위하여 필요한 경우에는 사형확정자와 수형자를 혼거수용할 수 있다.
③ 소장은 사형확정자의 심리적 안정 및 원만한 수용생활을 위하여 소속 의무관으로 하여금 지속적인 상담을 하게 하여야 한다.
④ 소장은 사형확정자의 심리적 안정과 원만한 수용생활을 위하여 필요하다고 인정하는 경우에는 월 3회 이내의 범위에서 전화통화를 허가할 수 있다.

정답 및 해설

① [O] 동법 시행규칙 제150조 제2항
② [O] 동법 시행규칙 제150조 제4항
③ [×] 소장은 사형확정자의 심리적 안정 및 원만한 수용생활을 위하여 소속 교도관으로 하여금 지속적인 상담을 하게 하여야 한다(형집행법 시행규칙 제152조 제1항).
④ [O] 동법 시행규칙 제156조

정답 ③

07 형집행법령상 사형확정자에 대한 설명으로 옳은 것은? 〈2019. 8급 승진〉

① 판사와 검사가 직무상 필요한 경우라도 사형확정자가 수용된 거실은 시찰할 수 없다.
② 사형확정자에 대한 교육·교화프로그램 등의 적절한 처우를 위하여 사형확정자와 미결수용자를 혼거수용할 수 있다.
③ 사형확정자의 접견 횟수는 매월 4회로 한다.
④ 소장은 사형을 집행하였을 경우에는 시신을 검사한 후 10분이 지나지 아니하면 교수형에 사용한 줄을 풀지 못한다.

정답 및 해설

① [×] 미결수용자와 사형확정자가 수용된 거실은 참관을 할 수 없을 뿐(동법 제80조, 제89조 제2항), 판사와 검사는 직무상 필요하면 교정시설을 시찰할 수 있다(동법 제9조 제1항).
② [×] 소장은 사형확정자의 자살·도주 등의 사고를 방지하기 위하여 필요한 경우에는 사형확정자와 미결수용자를 혼거수용할 수 있고, 사형확정자의 교육·교화프로그램, 작업 등의 적절한 처우를 위하여 필요한 경우에는 사형확정자와 수형자를 혼거수용할 수 있다(동법 시행규칙 제150조 제4항).
③ [○] 형집행법 시행령 제109조
④ [×] 소장은 사형을 집행하였을 경우에는 시신을 검사한 후 5분이 지나지 아니하면 교수형에 사용한 줄을 풀지 못한다(동법 시행령 제111조).

정답 ③

08 사형확정자의 수용에 대한 설명으로 옳지 않은 것은? 〈2011. 교정 9급〉

① 사형확정자는 독거수용하는 것이 원칙이지만 자살방지, 교육, 교화프로그램, 작업, 그 밖의 적절한 처우를 위하여 필요한 경우는 법무부령으로 정하는 바에 따라 혼거수용할 수 있다.
② 사형확정자가 수용된 거실은 참관할 수 없다.
③ 소장은 사형확정자의 심리적 안정 및 원만한 수용생활을 위하여 교육 또는 교화프로그램을 실시하거나 신청에 따라 작업을 부과할 수 있다.
④ 소장은 사형확정자의 심리적 안정과 원만한 수용생활을 위하여 필요하다고 인정하는 경우에는 월 4회 이내의 범위에서 전화 통화를 허가할 수 있다.

정답 및 해설

① [○] 동법 제89조 제1항
② [○] 동법 제89조 제2항
③ [○] 동법 제90조 제1항
④ [×] 소장은 사형확정자의 심리적 안정과 원만한 수용생활을 위하여 필요하다고 인정하는 경우에는 월 3회 이내의 범위에서 전화 통화를 허가할 수 있다(형집행법 시행규칙 제156조).

정답 ④

09 형의 집행 및 수용자의 처우에 관한 법령상 사형확정자의 처우에 대한 설명으로 옳지 않은 것은?

2016. 교정 9급

① 사형확정자가 수용된 거실은 참관할 수 없다.
② 소장은 사형확정자의 자살·도주 등의 사고를 방지하기 위하여 필요한 경우에는 사형확정자와 수형자를 혼거수용할 수 있다.
③ 소장은 사형확정자의 심리적 안정 및 원만한 수용생활을 위하여 교육 또는 교화프로그램을 실시하거나 신청에 따라 작업을 부과할 수 있다.
④ 소장은 사형확정자의 심리적 안정과 원만한 수용생활을 위하여 필요하다고 인정하는 경우에는 월 3회 이내의 범위에서 전화통화를 허가할 수 있다.

정답 및 해설

① [○] 동법 제89조 제2항
② [×] 소장은 사형확정자의 자살·도주 등의 사고를 방지하기 위하여 필요한 경우에는 사형확정자와 미결수용자를 혼거수용할 수 있고, 사형확정자의 교육·교화프로그램, 작업 등의 적절한 처우를 위하여 필요한 경우에는 사형확정자와 수형자를 혼거수용할 수 있다(형집행법 시행규칙 제150조 제4항).
③ [○] 동법 제90조 제1항
④ [○] 동법 시행규칙 제156조

정답 ②

10 형의 집행 및 수용자의 처우에 관한 법령상 미결수용자 및 사형확정자의 처우에 대한 설명으로 옳지 않은 것은?

2022. 교정 9급

① 소장은 미결수용자로서 사건에 서로 관련이 있는 사람은 분리수용하고 서로 간의 접촉을 금지하여야 한다.
② 소장은 사형확정자와 수형자를 혼거수용할 수 있으나, 사형확정자와 미결수용자는 혼거수용할 수 없다.
③ 미결수용자의 접견 횟수는 매일 1회로 하되, 미결수용자와 변호인과의 접견은 그 횟수에 포함시키지 않는다.
④ 사형확정자의 접견 횟수는 매월 4회로 하되, 소장은 사형확정자의 교화나 심리적 안정을 도모하기 위하여 특히 필요하다고 인정하면 접견 횟수를 늘릴 수 있다.

정답 및 해설

① [○] 동법 제81조
② [×] 소장은 사형확정자의 자살·도주 등의 사고를 방지하기 위하여 필요한 경우에는 사형확정자와 미결수용자를 혼거수용할 수 있고, 사형확정자의 교육·교화프로그램, 작업 등의 적절한 처우를 위하여 필요한 경우에는 사형확정자와 수형자를 혼거수용할 수 있다(형집행법 시행규칙 제150조 제4항).
③ [○] 동법 시행령 제101조
④ [○] 사형확정자의 접견 횟수는 매월 4회로 하며(동법 시행령 제109조), 소장은 사형확정자의 교화나 심리적 안정을 도모하기 위하여 특히 필요하다고 인정하면 접견 시간대 외에도 접견을 하게 할 수 있고 접견 시간을 연장하거나 접견 횟수를 늘릴 수 있다(동법 시행령 제110조).

정답 ②

11 형집행법령상 사형확정자의 처우에 대한 설명으로 가장 옳지 않은 것은? 2021. 5급 승진

① 소장은 사형확정자의 교육·교화 프로그램, 작업 등을 위하여 필요하거나 교정시설의 안전과 질서유지를 위하여 특히 필요하다고 인정하는 경우에는 법무부장관의 승인을 받아 사형확정자를 다른 교정시설로 이송할 수 있다.
② 소장은 사형확정자의 자살·도주 등의 사고를 방지하기 위하여 필요한 경우에는 사형확정자와 미결수용자를 혼거수용할 수 있다.
③ 소장은 사형확정자의 심리적 안정과 원만한 수용생활을 위하여 필요하다고 인정하는 경우에는 월 3회 이내의 범위에서 전화통화를 허가할 수 있다.
④ 소장은 사형확정자가 작업을 신청하면 교도관회의의 심의를 거쳐 교정시설 밖에서 실시하는 작업을 부과할 수 있다.

정답 및 해설

① [○] 동법 시행규칙 제151조
② [○] 동법 시행규칙 제150조 제4항
③ [○] 동법 시행규칙 제156조
④ [×] 소장은 사형확정자가 작업을 신청하면 교도관회의의 심의를 거쳐 교정시설 안에서 실시하는 작업을 부과할 수 있다(형집행법 시행규칙 제153조).

정답 ④

12 형집행법령상 사형확정자의 작업에 대한 설명으로 가장 옳지 않은 것은? 2021. 6급 승진

① 소장은 사형확정자가 작업을 신청하면 교도관회의의 심의를 거쳐 교정시설 안에서 실시하는 작업을 부과할 수 있다.
② 소장은 작업이 부과된 사형확정자에 대하여 교도관회의의 심의를 거쳐 번호표 및 거실표의 색상은 붉은색으로 하지 않을 수 있다.
③ 소장은 작업이 부과된 사형확정자가 작업의 취소를 요청하면 사형확정자의 의사(意思)·건강, 담당교도관의 의견 등을 고려하여 작업을 취소할 수 있다.
④ 사형확정자에게 작업을 부과하는 경우에는 법률상 집중근로에 따른 처우도 준용된다.

정답 및 해설

① [○] 동법 시행규칙 제153조 제1항
② [○] 동법 시행규칙 제153조 제2항
③ [○] 동법 시행규칙 제153조 제3항
④ [×] 사형확정자에게 작업을 부과하는 경우에는 작업시간 등, 작업의 면제, 작업수입, 위로금·조위금, 다른 보상·배상과의 관계, 위로금·조위금을 받을 권리의 보호, 수용자를 대표하는 직책 부여 금지 규정을 준용한다(형집행법 시행규칙 제153조 제4항)

정답 ④

13

형집행법령 및 「형사소송법」상 사형확정자에 대한 설명으로 가장 옳은 것은?

2023. 5급 승진

① 사형확정자의 접견 횟수는 매월 4회로 한다. 다만, 소장은 사형확정자의 교화나 심리적 안정을 도모하기 위하여 특히 필요하다고 인정하면 접견 횟수를 늘릴 수 있다.
② 사형집행의 명령은 판결이 확정된 날로부터 3월 이내에 하여야 한다.
③ 법무부장관이 사형의 집행을 명한 때에는 3일 이내에 집행하여야 한다.
④ 소장은 사형을 집행하였을 경우에는 시신을 검사한 후 10분이 지나지 아니하면 교수형에 사용한 줄을 풀지 못한다.

정답 및 해설

① [○] 사형확정자의 접견 횟수는 매월 4회로 한다(형집행법 시행령 제109조). 소장은 사형확정자의 교화나 심리적 안정을 도모하기 위하여 특히 필요하다고 인정하면 접견 시간대 외에도 접견을 하게 할 수 있고 접견 시간을 연장하거나 접견 횟수를 늘릴 수 있다(동법 시행령 제110조).
② [×] 사형집행의 명령은 판결이 확정된 날로부터 6월 이내에 하여야 한다(「형사소송법」 제465조 제1항).
③ [×] 법무부장관이 사형의 집행을 명한 때에는 5일 이내에 집행하여야 한다(동법 제466조).
④ [×] 소장은 사형을 집행하였을 경우에는 시신을 검사한 후 5분이 지나지 아니하면 교수형에 사용한 줄을 풀지 못한다(형집행법 시행령 제111조).

정답 ①

14

다음은 사형의 집행에 관한 규정이다. (㉠) ~ (㉢)에 들어갈 숫자의 합으로 옳은 것은?

2024. 7급 승진

> 「형사소송법」
> 제465조(사형집행명령의 시기) ① 사형집행의 명령은 판결이 확정된 날로부터 (㉠)월 이내에 하여야 한다.
> 제466조(사형집행의 기간) 법무부장관이 사형의 집행을 명한 때에는 (㉡)일 이내에 집행하여야 한다.
> 「형의 집행 및 수용자의 처우에 관한 법률 시행령」
> 제111조(사형집행 후의 검시) 소장은 사형을 집행하였을 경우에는 시신을 검사한 후 (㉢)분이 지나지 아니하면 교수형에 사용한 줄을 풀지 못한다.

① 13
② 16
③ 18
④ 21

정답 및 해설

② [○] ㉠ 6 + ㉡ 5 + ㉢ 5 = 16

정답 ②

15 형집행법령상 사형확정자에 대한 설명으로 옳은 것은 모두 몇 개인가? 2023. 7급 승진

㉠ 소장은 사형확정자의 자살·도주 등의 사고를 방지하기 위하여 필요한 경우에는 사형확정자와 수형자를 혼거수용할 수 있다.
㉡ 사형확정자의 접견 횟수는 매월 3회로 한다.
㉢ 소장은 사형확정자가 작업을 신청하면 교도관회의의 심의를 거쳐 교정시설 안에서 실시하는 작업을 부과할 수 있다. 이 경우 부과하는 작업은 심리적 안정과 원만한 수용생활을 도모하는 데 적합한 것이어야 한다.
㉣ 소장은 작업이 부과된 사형확정자가 작업의 취소를 요청하면 사형확정자의 의사(意思)·건강, 담당교도관의 의견 등을 고려하여 작업을 취소하여야 한다.

① 0개
② 1개
③ 2개
④ 3개

정답 및 해설

옳은 것은 ㉢이다.
㉠ [×] 소장은 사형확정자의 자살·도주 등의 사고를 방지하기 위하여 필요한 경우에는 사형확정자와 미결수용자를 혼거수용할 수 있고, 사형확정자의 교육·교화프로그램, 작업 등의 적절한 처우를 위하여 필요한 경우에는 사형확정자와 수형자를 혼거수용할 수 있다(형집행법 시행규칙 제150조 제4항).
㉡ [×] 사형확정자의 접견 횟수는 매월 4회로 한다(동법 시행령 제109조).
㉢ [○] 동법 시행규칙 제153조 제1항
㉣ [×] 소장은 작업이 부과된 사형확정자가 작업의 취소를 요청하면 사형확정자의 의사·건강, 담당교도관의 의견 등을 고려하여 작업을 취소할 수 있다(동법 시행규칙 제153조 제3항).

정답 ②

16 사형확정자의 처우에 대한 설명으로 옳지 않은 것은?

① 사형확정자의 교화나 심리적 안정을 위하여 소장이 특별히 필요하다고 인정하는 경우에는 접촉차단시설이 설치되지 아니한 장소에서 접견하게 할 수 있다.
② 소장은 사형확정자의 심리적 안정 및 원만한 수용생활을 위하여 교육 또는 교화프로그램을 실시하거나 신청에 따라 작업을 부과할 수 있다.
③ 소장은 교화상 특히 필요한 사형확정자에 대하여는 교도관회의의 심의를 거쳐 번호표를 붉은색으로 하지 아니할 수 있다.
④ 소장은 사형확정자에게 수용자를 대표하는 직책을 부여해서는 아니 된다.

정답 및 해설

① [○] 동법 시행령 제59조 제3항 제3호
② [○] 동법 제90조 제1항
③ [×] 소장은 작업이 부과된 사형확정자에 대하여 교도관회의의 심의를 거쳐 사형확정자의 번호표 및 거실표의 색상을 붉은색으로 하지 아니할 수 있다(형집행법 시행규칙 제153조 제2항).
④ [○] 동법 시행규칙 제153조 제4항

정답 ③

17 사형확정자의 처우에 대한 설명으로 옳은 것은?

① 소장은 교정시설의 질서유지를 위하여 특히 필요하다고 인정하는 경우에는 법무부장관의 승인을 받아 사형확정자를 다른 교정시설로 이송할 수 있다.
② 사형확정자를 수용하는 시설의 설비 및 계호의 정도는 일반경비시설에 준한다.
③ 사형확정자의 접견 횟수는 매월 6회로 한다.
④ 소장은 사형확정자의 심리적 안정 및 원만한 수용생활을 위하여 신청에 따라 교육 또는 교화프로그램을 실시할 수 있다.

정답 및 해설

① [○] 소장은 사형확정자의 교육·교화프로그램, 작업 등을 위하여 필요하거나 교정시설의 안전과 질서유지를 위하여 특히 필요하다고 인정하는 경우에는 법무부장관의 승인을 받아 사형확정자를 다른 교정시설로 이송할 수 있다(형집행법 시행규칙 제151조).
② [×] 사형확정자를 수용하는 시설의 설비 및 계호의 정도는 일반경비시설 또는 중경비시설에 준한다(동법 시행령 제108조).
③ [×] 사형확정자의 접견 횟수는 매월 4회로 한다(동법 시행령 제109조).
④ [×] 소장은 사형확정자의 심리적 안정 및 원만한 수용생활을 위하여 교육 또는 교화프로그램을 실시하거나 신청에 따라 작업을 부과할 수 있다(동법 제90조 제1항).
▶ 작업은 신청에 의해 부과할 수 있으나, 교육과 교화프로그램은 신청과 관계없이 실시할 수 있다.

정답 ①

18 사형확정자에 대한 설명으로 옳지 않은 것은?

① 사형확정자에게 작업을 부과하는 경우에는 작업장려금, 위로금·조위금 등의 규정은 적용되지 않는다.
② 사형확정자는 사형집행시설이 설치되어 있는 교정시설에 수용하되, 구치소 수용 중 사형이 확정된 사람은 구치소에 수용한다.
③ 사형확정자의 접견횟수는 매월 4회이며, 월 3회 이내의 범위 내에서 전화통화를 허가할 수 있다.
④ 소장은 사형확정자에 대하여 소속 교도관들로 하여금 지속적인 상담을 하게 하여야 한다.

정답 및 해설

① [×] 사형확정자에게 작업을 부과하는 경우에는 작업시간 등, 작업의 면제, 작업수입, 위로금·조위금, 다른 보상·배상과의 관계, 위로금·조위금을 지급받을 권리의 보호(법 제71조~제76조), 수용자를 대표하는 직책 부여 금지(시행규칙 제200조) 규정을 준용한다(형집행법 시행규칙 제153조 제4항).
② [○] 동법 시행규칙 제150조 제1항
③ [○] 동법 시행령 제109조, 동법 시행규칙 제156조
④ [○] 동법 시행규칙 제152조 제1항

정답 ①

19 사형확정자의 처우에 대한 설명으로 옳지 않은 것은?

① 소장은 사형확정자의 심리적 안정 및 원만한 수용생활을 위하여 소속 교도관으로 하여금 지속적인 상담을 하게 하여야 한다.
② 소장은 사형확정자가 작업을 신청하면 교도관회의 또는 분류처우위원회의 심의·의결을 거쳐 교정시설 안에서 실시하는 작업을 부과할 수 있다.
③ 사형확정자의 번호표 및 거실표의 색상은 붉은색으로 한다.
④ 소장은 사형확정자에 대하여 심리상담, 종교상담, 심리치료 등의 교화프로그램을 실시하는 경우에는 전문가에 의하여 집중적이고 지속적으로 이루어질 수 있도록 계획을 수립·시행하여야 한다.

정답 및 해설

① [○] 동법 시행규칙 제152조 제1항
② [×] 소장은 사형확정자가 작업을 신청하면 교도관회의의 심의를 거쳐 교정시설 안에서 실시하는 작업을 부과할 수 있다. 이 경우 부과하는 작업은 심리적 안정과 원만한 수용생활을 도모하는 데 적합한 것이어야 한다(형집행법 시행규칙 제153조 제1항).
③ [○] 동법 시행규칙 제150조 제4항
④ [○] 동법 시행규칙 제154조

정답 ②

20 형의 집행 및 수용자의 처우에 관한 법령상 사형확정자의 처우에 대한 설명으로 옳지 않은 것은?

① 사형확정자를 수용하는 시설의 설비 및 계호의 정도는 일반경비시설 또는 중경비시설에 준한다.
② 소장은 작업이 부과된 사형확정자에 대하여 교도관회의의 심의를 거쳐 사형확정자의 번호표 및 거실표의 색상을 붉은색으로 하지 아니할 수 있다.
③ 소장은 신청에 따라 작업이 부과된 사형확정자가 작업의 취소를 요청하면 교도관회의의 심의를 거쳐 작업을 취소할 수 있다.
④ 형사사건으로 수사 또는 재판을 받고 있는 사형확정자가 변호인과 접견하는 경우에는 접촉차단시설이 설치되지 아니한 장소에서 접견하게 한다.

정답 및 해설

① [○] 동법 시행령 제108조
② [○] 동법 시행규칙 제153조 제2항
③ [×] 소장은 작업이 부과된 사형확정자가 작업의 취소를 요청하면 사형확정자의 의사·건강, 담당교도관의 의견 등을 고려하여 작업을 취소할 수 있다(형집행법 시행규칙 제153조 제3항).
④ [○] 동법 제41조 제2항 제1호

정답 ③

제3편

수형자의 처우

해커스공무원
이언담 교정학 단원별 기출문제집

제16장   수형자분류와 누진처우제도

제17장   분류심사제도 법제

제18장   수형자 처우등급제도

제19장   교육과 교화프로그램

제20장   교도작업과 직업훈련

제21장   귀휴 등 사회적 처우(개방처우)

제22장   수용자의 석방과 사망

제23장   민간인의 교정참여와 가석방

제24장   보호관찰과 지역사회교정

제16장 수형자분류와 누진처우제도

제1절 | 수형자분류제도

01 수형자분류에 대한 설명으로 옳지 않은 것은? 2019. 교정 9급

① 우리나라에서는 1894년 갑오개혁으로 「징역표」가 제정되면서 수형자분류사상이 처음으로 도입되었다고 한다.
② 수형자에 대한 분류는 1597년 네덜란드의 암스테르담 노역장에서 남녀혼거의 폐해를 막기 위하여 남자로부터 여자를 격리수용한 것에서부터 시작되었다고 한다.
③ 대인적 성숙도검사(I-Level)는 수형자를 지적 능력에 따라 분류하기 위해 사용하는 도구로서, 전문가의 도움 없이 교도관들이 분류심사에 활용할 수 있어 비용이 적게 든다는 장점이 있다.
④ 미네소타 다면적 인성검사(MMPI)는 인성에 기초한 수형자분류방법으로서, 비정상적인 행동을 객관적으로 측정하기 위한 수단으로 만들어졌다.

정답 및 해설

① [○] 징역수형자에 대한 일종의 기초적 분류 및 누진처우를 규정한 「징역표」는 1894년 범죄인의 개과천선을 목적으로 제정하였다. 수형자를 특수기능소지자·보통자·부녀자·노유자의 네 가지 유형으로 분류하고, 1~5등급으로 나누어 일정기간이 지나면 상위등급으로 진급시켜 점차 계호를 완화하는 등의 단계적 처우를 실시하였다.
② [○] 1597년 네덜란드의 암스테르담 징치장 내 여자조사장(성별 분류의 시초), 1603년 암스테르담 징치장 내 불량청소년 숙식소(연령별 분류의 시초)가 기원이 되었다.
③ [×] 대인적 성숙도검사(I-Level)제도는 범죄자를 각자의 사회심리학적 성숙의 단계에 따라 분류하여 그에 맞는 일련의 처우를 행하는 것이다. 이러한 인성에 기초한 분류인 I-Level검사는 교정당국에서 범죄자를 임상전문가에게 진단을 위한 면담을 행할 수 있게 한 다음, 임상전문가가 상이한 처우를 집행하는 데 필요한 훈련을 처우요원에게 제공한다면, 효과적일 수 있다고 한다. 그러나 그것은 매우 비용이 많이 들고 복잡하며, 매우 훈련이 잘된 그러나 흔치 않은 전문가에 크게 의존해야 하는 단점이 있다.
④ [○] 550개 문항의 질문지를 주고 그 응답유형을 바탕으로 피검사자의 성격을 검사하는 방법으로, 왈도와 디니츠는 범죄자들은 일반인에 비해 정신병리적 일탈경향이 강한 성격이라고 특정지울 수 있다고 보았다.

정답 ③

02 수형자분류제도에 대한 설명으로 옳지 않은 것만을 고른 것은?

㉠ 수형자분류는 일반적으로 수형자를 각 개인의 개성, 능력 등과 같은 일정한 기준에 따라 동질적인 집단으로 구분하는 것을 말한다.
㉡ 처우분류에 있어서 미국은 집단적 분류의 방식을 취하고 있고, 유럽은 개별화에 중점을 두고 있다.
㉢ 수형자분류는 수형자에 대한 분류·처우와 미결수용자 및 사형확정자에 대한 분류·처우로 구분된다.
㉣ 행형관리의 목적에 중점을 둔 수용·관리분류와 교화개선에 목적을 둔 처우분류로 나눌 수 있다.
㉤ 오늘날 분류의 중점은 관리분류에 있다.
㉥ 수형자분류의 주목적은 범죄인을 대상으로 범죄원인과 유형 등을 연구하여 범죄현상 및 범죄환경을 분석함으로써 범죄를 예방하는 데 있다.
㉦ 법무부장관은 수형자를 과학적으로 분류하기 위하여 분류심사를 전담하는 교정시설을 지정·운영할 수 있다.

① ㉠, ㉢, ㉤
② ㉡, ㉤, ㉥
③ ㉢, ㉤, ㉦
④ ㉤, ㉥, ㉦

정답 및 해설

옳지 않은 것은 ㉡, ㉢, ㉤, ㉥이다.
㉠ [○]
㉡ [×] 처우분류에 있어 미국은 개별처우 중심으로 유럽은 집단분류 중심으로 발전하였다.
㉢ [×] 미결수용자와 사형확정자는 수형자 분류제도의 적용대상이 아니다.
㉣ [○]
㉤ [×] 오늘날 분류의 중점은 관리분류에서 처우분류로 이동하고 있다.
㉥ [×] 이는 범죄인 분류에 대한 설명이다. 수형자분류는 수용시설 내 과학적인 분류를 통해 효과적인 개별처우로 성공적인 사회복귀를 도모하는 데 그 목적이 있다.
㉦ [○] 형집행법 제61조

유럽의 분류 VS 미국의 분류

구분	유럽의 분류	미국의 분류
분류	전통적 의미의 분류(수용분류)	현대적 의미의 분류(처우분류)
기준	• 외부적 특성(성별, 연령, 죄질, 범수 등) • 급별(수직적)·종적 분류	• 내부적 특성(신상에 관한 개별사안의 조사, 심리·지능·적성검사 등) • 유별(수평적)·횡적 분류
목적	수형자의 보호, 교도소의 질서유지·관리와 악성감염 방지(소극적 목적)	실질적인 개별처우를 위한 분류(적극적 목적)
분류 방식	집단적 분류(동질적 그룹)	개별적 분류
처우의 발전	집단별처우에서 누진처우제도로 발전	개별처우에서 분류처우제도로 발전
대표적 시설	암스테르담 노역장	포레스트 감옥

정답 ②

03 수형자의 분류와 처우에 대한 설명으로 옳지 않은 것은?

① 수형자분류는 일반적으로 수형자를 각 개인의 개성, 능력 등과 같은 일정한 기준에 따라 동질적인 집단으로 구분하는 것을 말한다.
② 처우분류에 있어서 미국은 개별화에 중점을 두고 있고, 유럽은 집단적 분류의 방식을 취하고 있다.
③ 기본수용급은 범죄성향의 진전과 개선정도, 교정성적에 따라 시설 및 구획 등을 구별하는 기준이다.
④ 소장은 분류처우위원회의 의결에 따라 수형자의 개별적 특성에 알맞은 개별처우계획을 수립하여 시행한다.

정답 및 해설

③ [×] 기본수용급은 성별·국적·나이·형기 등에 따라 수용할 시설 및 구획 등을 구별하는 기준이다(형집행법 시행규칙 제72조).
④ [○] 소장은 분류처우위원회의 의결에 따라 수형자의 개별적 특성에 알맞은 교육·교화프로그램, 작업, 직업훈련 등의 처우에 관한 계획(개별처우계획)을 수립하여 시행한다(동법 제56조 제1항).

정답 ③

제2절 | 누진처우제도

01 수형자분류 및 처우에 대한 설명으로 옳지 않은 것은? 2019. 교정 7급

① 수형자분류는 수형자에 대한 개별적 처우를 가능하게 함으로써 수형자의 교화개선과 원만한 사회복귀에 도움을 준다.
② 19C 이후 과학의 발달에 힘입어 수형자의 합리적인 처우를 위하여 과학적인 분류의 도입이 주장되었으며, 뉴욕주 싱싱(Sing Sing)교도소에서 운영한 분류센터인 클리어링하우스(Clearing house)가 그 대표적인 예이다.
③ 누진계급(점수)의 측정방법인 고사제(기간제)는 일정 기간이 경과하였을 때에 그 기간 내의 수형자 교정성적을 담당교도관이 보고하고, 이를 교도위원회가 심사하여 진급을 결정하는 방법이다.
④ 누진계급(점수)의 측정방법인 아일랜드제(Irish system)는 수형자를 최초 9개월의 독거구금 후 교도소에서 강제노동에 취업시키고, 수형자를 5계급으로 나누어 이들이 지정된 책임점수를 소각하면 상급으로 진급시키는 방법이다.

정답 및 해설

문제평가: 본 문제는 시험당국에서 최종 정답안을 ④번으로 하고 있으나, 문제 검토결과 ③번이 보다 명백히 틀린 것으로 판단된다.
③ [×] '누진계급(점수)의 측정방법인 고사제(기간제)'라는 표현자체에 문제가 있다. 점수제의 누진계급제는 고사제가 아닌 점수제이기 때문이다. 이후 출제된 문제에서도 그 답을 명확히 하고 있다(2022. 교정 9급, 이 단원의 05번 문제 참조).
④ [○] 9개월 독거 - 혼거작업(5계급)은 잉글랜드 제도와 아일랜드 제도의 공통적인 절차이다. 다만, 잉글랜드 제도가 독거 - 혼거작업 - 가석방의 3단계 처우였다면, 아일랜드 제도는 독거 - 혼거작업 - 중간교도소 - 가석방의 4단계 처우라는 점이 다르다. 그러므로 이 문항은 아일랜드 제도의 설명으로 틀린 부분이 없다고 할 수 있다.

정답 ③

02 누진계급 측정방법의 명칭과 설명이 옳게 짝지어진 것은?

2014. 교정 7급

① 점수제 - 일정한 기간을 경과하였을 때 행형성적을 심사하여 진급을 결정하는 방법으로 기간제라고도 하며, 진급과 가석방 심사의 구체적 타당성을 기대할 수 있으나, 진급이 교도관의 자의에 의하여 좌우되기 쉽다.
② 고사제 - 최초 9개월의 독거구금 후 교도소에서 강제노동에 취업하는 수형자에게 고사급, 제3급, 제2급, 제1급, 특별급의 다섯 계급으로 나누어 상급에 진급함에 따라 우대를 더하는 방법으로 진급에는 지정된 책임점수를 소각하지 않으면 안 되는 방법이다.
③ 엘마이라제 - 누진계급을 제1급, 제2급, 제3급으로 구분하고 신입자를 제2급에 편입시켜 작업, 교육 및 행장에 따라 매월 각 3점 이하의 점수를 채점하여 54점을 취득하였을 때 제1급에 진급시키는 방법이다.
④ 잉글랜드제 - 수형자가 매월 취득해야 하는 지정점수를 소각하는 방법으로서 책임점수제라고도 하며, 진급척도로서의 점수를 매일이 아닌 매월 계산한다.

정답 및 해설

① [×] 고사제(기간제, 심사제)에 대한 설명이다. 점수제(점수소각제)는 일일 또는 월마다의 교정성적을 점수로 나타내는 것이고, 교정성적에 따른 소득점수로 소각하여 진급시키는 것으로 교정성적이 숫자로 표시되므로 자력적 개선을 촉진시킬 수 있다. 그러나 규정점수를 소각만 하면 진급이 되므로 형식에 흐르기 쉽고, 가석방 부적격자 등이 최상급에 진급하는 단점이 있다. 이러한 점수제의 종류에는 잉글랜드제, 아일랜드제, 엘마이라제가 있다.
② [×] 점수제 중 잉글랜드제에 대한 설명으로, 수형자가 매일 취득해야 하는 지정점수를 소각하는 방법으로 진급척도로서의 점수를 매일 계산한다. 고사제는 일정기간을 경과하였을 때에 그 기간 내의 교정성적을 담당교도관의 보고에 의하여 교도위원회가 심사하고 진급을 결정하는 방법이다. 이것은 교도관의 자의가 개입되기 쉽고 관계직원이 공평을 저하시킬 우려가 있다는 비판을 받는다.
③ [○] 엘마이라제는 자력적 개선에 중점을 둔 행형제도로서 일명 감화제라고도 하는데, 1876년 뉴욕의 엘마이라 감화원에서 브록웨이(Brockway)에 의해서 시도된 새로운 누진제도이다. 엘마이라 감화원은 16세에서 30세까지의 초범자들을 위한 시설로 수형자 분류와 누진처우의 점수제, 부정기형 그리고 보호관찰부 가석방(parole)과 함께 운용되었다. 범죄자가 판사에 의해서 엘마이라 감화원에 보내지면 교정당국이 당해 범죄에 대해서 법으로 규정된 최고 형기를 초과하지 않는 범위 내에서 수형자의 석방시기를 결정할 수 있었다.
④ [×] 점수제 중 아일랜드제(Irish System)에 대한 설명이다.

정답 ③

03 누진처우제도의 유형에 대한 설명으로 옳은 것은?

2021. 교정 7급

① 점수제의 종류 중 하나인 아일랜드제는 매월의 소득점수로 미리 정한 책임점수를 소각하는 방법이며, 독거구금·혼거작업·가석방이라는 3단계에 반자유구금인 중간교도소를 추가한 것이다.
② 점수제에 대해서는 교도관의 자의가 개입되기 쉽고 공평성을 저하시킬 우려가 있다는 비판이 있다.
③ 점수제의 종류 중 하나인 잉글랜드제는 수형자를 최초 9개월간 독거구금을 한 후에 공역(公役)교도소에 혼거시켜 강제노역을 시키며, 수형자를 고사급·제3급·제2급·제1급의 4급으로 나누어 책임점수를 소각하면 상급으로 진급시켜 가석방하는 제도이다.
④ 점수제의 종류 중 하나인 엘마이라제는 자력적 개선에 중점을 둔 행형제도로 일명 감화제도라고 한다. 엘마이라 감화원은 16~30세까지의 재범자들을 위한 시설로서 수형자분류와 누진처우의 점수제, 부정기형과 보호관찰부 가석방 등을 운용하였다.

정답 및 해설

① [O] 우리나라 누진처우방식과 유사한 아일랜드제(Irish System)는 마코노키(Machonochie)의 점수제를 응용하여 1854년 아일랜드의 교정국장인 크로프톤(Crofton)이 창안한 것으로 매월의 소득점수로 미리 정한 책임점수를 소각하는 방법이며, 잉글랜드제의 독거구금·혼거작업·가석방이라는 3단계에 반자유구금인 중간교도소제를 둔 4단계 처우방식으로, 가석방자에 대해 경찰감시를 실시하였다. 당시 크로프톤은 휴가증(ticket of leave)제도를 시행했는데, 이것이 보호관찰부 가석방(parole)의 시초가 되었다고 한다.
② [×] 고사제(Probation System. 기간제, 심사제)는 교도관의 자의가 개입되기 쉽고 관계직원이 공평성을 저하시킬 우려가 있다는 비판이 있다. 점수제(Mark System. 점수소각제)는 규정점수를 소각만 하면 진급이 되므로 형식에 흐르기 쉽고, 가석방 부적격자 등이 최상급에 진급하는 단점이 있다.
③ [×] 잉글랜드제(England System)는 수형자를 최초 9개월간 독거구금을 한 후에 공역(公役)교도소에 혼거시켜 강제노역에 취업시키고, 수형자를 고사급(考査級)·제3급·제2급·제1급·특별급의 5급으로 나누어 책임점수를 소각하면 상급으로 진급시켜 가석방하는 것으로 소득점수를 매일 계산하는 것이 특징이다.
④ [×] 엘마이라제(Elmira System)는 자력적 개선에 중점을 둔 행형제도로서 일명 감화제라고도 하는데, 1876년 소년시설로 개설된 뉴욕의 엘마이라 감화원에서 브록웨이(Brockway)에 의해서 시도된 새로운 누진제도이다. 엘마이라 감화원은 16~30세까지의 초범자들을 위한 시설로서 수형자 분류, 누진처우의 점수제, 부정기형, 보호관찰부 가석방(Parole) 등을 운용하였다. 범죄자가 판사에 의해서 엘마이라 감화원에 보내지면 교정당국이 당해 범죄에 대해서 법으로 규정된 최고 형기를 초과하지 않는 범위 내에서 재소자의 석방시기를 결정할 수 있었다.

정답 ①

수형자의 처우방식 중 누진처우제도에 대한 설명으로 옳지 않은 것은? 2017. 교정 9급

① 일종의 토큰경제에 해당하는 제도로서, 재판상 선고된 자유형의 집행단계를 여러 개의 단계로 나누어 수형자의 개선 정도에 따라 상위계급으로 진급하게 함으로써 점차 자유제한적 처우를 완화하는 것이다.
② 영국에서 시작된 일종의 고사제에 호주의 마코노키가 점수제를 결합시킴으로써 더욱 발전하였다고 한다.
③ 아일랜드제는 크로프톤이 창안한 것으로 매월 소득점수로 미리 정한 책임점수를 소각하는 방법을 말하며, 우리나라의 누진처우방식과 유사하다.
④ 엘마이라제는 자력적 갱생에 중점을 둔 행형제도로 일명 감화제라고도 하는데, 전과 3범 이상의 청소년 범죄자를 대상으로 하여 개선·교화를 위해 교도소를 학교와 같은 분위기에서 운영하는 제도이다.

정답 및 해설

① [O] 누진처우제도는 수형자 자신의 노력 여하에 따라 누진계급이 올라가고 계급에 따라 혜택도 주어지는 반면, 수형성적이 좋지 못한 수형자에게는 계급과 처우에 있어서 불이익을 감수하도록 함으로써 일종의 토큰경제(token economy), 즉 토큰을 보수로 주는 행동요법에 해당하는 제도로 볼 수 있다.
④ [×] 엘마이라제는 자력적 갱생에 중점을 둔 행형제도로 일명 감화제라고도 하는데, 16세에서 30세까지의 초범자들을 대상으로 하며, 정상 시민으로의 복귀준비를 위해서 엘마이라 감화원에서는 학과교육, 직업훈련, 도덕교육 등의 과정을 제공하고 학교와 같은 분위기를 만들고자 하였다.

정답 ④

05 누진계급의 측정 방법으로 점수제에 해당하지 않는 것은?

2022. 교정 9급

① 고사제(probation system)
② 잉글랜드제(England system)
③ 아일랜드제(Irish system)
④ 엘마이라제(Elmira system)

정답 및 해설

① [×] 누진처우제도는 자유형의 기간 내에 수개의 계급을 두고 수형자의 개선정도에 따라 상위계급으로 진급함에 따라 점차 처우를 완화하는 제도를 말하며, 누진처우에 있어서 누진점수의 채점은 누진처우의 전제조건으로, 누진점수는 대체로 고사제와 점수제에 의해서 채점관리되고 있다. 고사제는 기간제 또는 심사제라고도 하며, 수형생활에 중요한 몇 가지 사항에 대해서 고가점수를 부여하여 누진계급을 결정하는 것으로, 일정기간이 경과하였을 때에 그 기간 내의 행형(교정)성적을 담당교도관의 보고에 의하여 교도위원회가 심사하여 진급을 결정하는 방식이다. 점수제(점수소각제)는 일일 또는 월마다의 교정성적을 점수로 나타내는 것으로, 교정성적에 따른 소득점수로 소각하여 진급시키는 것으로 교정성적이 숫자로 표시되므로 자력적 개선을 촉진시킬 수 있다. 점수제의 종류에는 점수의 계산방법에 따라 잉글랜드제, 아일랜드제, 엘마이라제가 있다.

정답 ①

06 다음은 누진처우제도 발전에 대한 설명이다. 누진처우제도에 대한 설명으로 옳지 않은 것은?

① 연혁적으로 보면 누진처우제도는 당시 정기형제도가 가지고 있던 문제점을 보완하여 가석방제도를 도입함으로써 수형자의 개선의욕을 고취시키기 위해 출발한 제도이다.
② 마코노키(Maconochie)는 1840년부터 1844년까지 형기를 형벌단계, 사회화단계, 개별화단계로 구분하여 단계별 처우를 실시함으로써 잉글랜드제를 완성하였다.
③ 크로프톤(Crofton)은 1854년 잉글랜드제를 아일랜드에 도입하면서 3단계 누진처우에 중간교도소를 추가함으로써 4단계 누진처우제도를 실시하였다.
④ 아일랜드제의 영향으로 미국에서는 1870년 누진제 채용을 촉구하는 신시내티선언이 채택되기도 하였다.
⑤ 신시내티선언 이후 1876년에는 부정기형제도와 누진처우제도를 결합한 엘마이라 감화원이 설립되어 16세부터 30세까지의 초범자에 대한 누진처우를 실시하였다.

정답 및 해설

① [×] 누진처우제도를 통해 가석방제도가 도입된 것이 아니라 가석방제도의 문제를 보완하는 차원에서 누진처우제도가 실시되게 된 것이다. 즉, 1791년 호주의 뉴 사우스 웨일즈(State of New South Wales)에서 가석방제도를 실시하던 중, 식민지에 살고 있던 주민들로부터 무원칙한 가석방제도에 대한 반발이 커지자, 주지사였던 필립(Phillip) 경이 1822년 형기를 네 단계로 나누고 최종 단계에서 가석방을 실시하는 제도를 실시하였는데 이것이 누진제의 맹아라고 할 수 있다.
②, ③, ④, ⑤ [○] 나머지 내용은 잉글랜드제 ⇨ 아일랜드제 ⇨ 엘마이라제로의 과정을 설명한 것이다.

정답 ①

07 누진처우제도에서 아일랜드제와 잉글랜드제의 근본적인 차이로 옳은 것은?

① 점수의 부여방법
② 점수의 계산방법
③ 가석방 여부
④ 중간교도소의 존부

> **정답 및 해설**
>
> ④ [○] 누진처우방법으로 고사제와 점수제가 있으며, 점수제는 잉글랜드제, 아일랜드제, 엘마이라제가 있다. 잉글랜드제는 매일 점수계산법, 아일랜드제는 매월 점수계산법을 사용하지만, 더 근본적인 차이는 잉글랜드제의 3단계를 아일랜드제에서는 중간교도소제를 더한 4단계로 발전시켰다는 것이다. 잉글랜드제는 독거구금 ⇨ 혼거 작업 ⇨ 가석방의 3단계 처우를, 아일랜드제는 독거구금 ⇨ 혼거작업 ⇨ 중간교도소 처우 ⇨ 가석방의 4단계 처우를 한다.
>
> 정답 ④

제17장 분류심사제도 법제

제1절 | 처우원칙과 분류심사

01 수형자에 대하여 개별처우계획을 새로 수립하여 시행해야 하는 경우가 아닌 것은? 2018. 6급 승진

① 「국제수형자이송법」에 따라 외국으로부터 이송되어 온 경우
② 군사법원에서 징역형 또는 금고형이 확정되거나 그 형의 집행 중에 있는 사람이 이송되어 온 경우
③ 가석방의 취소로 재수용되어 남은 형기가 집행되는 경우
④ 형집행정지 중에 있는 사람이 형사사건으로 재수용되어 형이 확정된 경우

정답 및 해설

③ [×] 소장은 가석방의 취소로 재수용되어 남은 형기가 집행되는 경우에는 석방 당시보다 한 단계 낮은 처우등급(경비처우급에만 해당한다)을 부여한다(형집행법 시행규칙 제60조 제4항).

 이송·재수용 수형자의 개별처우계획 정리

구분	처우
교정시설 특성 등을 고려하여 다른 교정시설로부터 이송되어 온 수형자	개별처우계획을 변경할 수 있다(규칙 제60조 제1항).
소장은 형집행정지 중에 있는 사람이 「자유형 등에 관한 검찰집행사무규칙」 제33조 제2항에 따른 형집행정지의 취소로 재수용된 경우	석방 당시보다 한 단계 낮은 처우등급(제74조의 경비처우급에만 해당)을 부여할 수 있다(규칙 제60조 제3항).
가석방의 취소로 재수용되어 남은 형기가 집행되는 경우	석방 당시보다 한 단계 낮은 처우등급을 부여한다(규칙 제60조 제4항 본문).
형집행정지 중에 있는 사람이 기간만료 또는 그 밖의 정지사유가 없어져 재수용된 경우 「가석방자관리규정」 제5조 단서(천재지변, 질병, 부득이한 사유로 출석의무를 위반 시)를 위반하여 가석방이 취소되는 등 가석방 취소사유에 특히 고려할 만한 사정이 있는 때	석방 당시와 동일한 처우등급을 부여할 수 있다(규칙 제60조 제2항·제4항 단서).
형집행정지 중이거나 가석방기간 중에 있는 사람이 형사사건으로 재수용되어 형이 확정된 경우 「국제수형자이송법」에 따라 외국으로부터 이송되어 온 수형자 군사법원에서 징역형 또는 금고형이 확정되거나 그 형의 집행 중에 있는 사람이 이송되어 온 경우	개별처우계획을 새로 수립하여 시행한다(규칙 제60조 제5항, 제61조 제1항·제2항).

▶ 「자유형 등에 관한 검찰집행사무규칙」 제33조 제2항: 형집행정지자가 주거지를 이탈하여 소재불명인 경우 검사는 그 소재불명이 명백한 형집행정지의 취소 사유로 인정되는 때에 한하여 형집행정지를 취소하여야 한다.

정답 ③

02 「형의 집행 및 수용자의 처우에 관한 법률 시행규칙」상 이송·재수용 수형자의 처우에 대한 설명으로 옳지 않은 것은?

2017. 교정 9급

① 소장은 형집행정지 중에 있는 사람이 정지사유가 없어져 재수용된 경우에는 석방 당시와 동일한 처우등급을 부여하여야 한다.
② 소장은 해당 교정시설의 특성 등을 고려하여 필요한 경우에는 다른 교정시설로부터 이송되어 온 수형자의 개별처우계획을 변경할 수 있다.
③ 소장은 수형자가 가석방의 취소로 재수용되어 남은 형기가 집행되는 경우에는 석방 당시보다 한 단계 낮은 처우등급(경비처우급에만 해당한다)을 부여하는 것을 원칙으로 한다.
④ 소장은 형집행정지 중이거나 가석방기간 중에 있는 사람이 형사사건으로 재수용되어 형이 확정된 경우에는 개별처우계획을 새로 수립하여야 한다.

정답 및 해설

① [×] 소장은 형집행정지 중에 있는 사람이 기간만료 또는 그 밖의 정지사유가 없어져 재수용된 경우에는 석방 당시와 동일한 처우등급을 부여할 수 있다(형집행법 시행규칙 제60조 제2항).
② [○] 동법 시행규칙 제60조 제1항
③ [○] 소장은 가석방의 취소로 재수용되어 남은 형기가 집행되는 경우에는 석방 당시보다 한 단계 낮은 처우등급(경비처우급에만 해당한다)을 부여한다. 다만, 「가석방자관리규정」 제5조 단서(천재지변, 질병, 부득이한 사유로 출석의무를 위반 시)를 위반하여 가석방이 취소되는 등 가석방 취소사유에 특히 고려할 만한 사정이 있는 때에는 석방 당시와 동일한 처우등급을 부여할 수 있다(동법 시행규칙 제60조 제4항).
④ [○] 동법 시행규칙 제60조 제5항

정답 ①

03 형집행법령상 이송, 재수용의 개별처우계획에 대한 설명으로 가장 옳지 않은 것은?

2021. 6급 승진

① 소장은 형집행정지 중에 있는 사람이 기간만료 또는 그 밖의 정지사유가 없어져 재수용된 경우에는 석방 당시와 동일한 처우등급을 부여할 수 있다.
② 소장은 가석방의 취소로 재수용되어 남은 형이 집행되는 경우에는 석방 당시보다 한 단계 낮은 처우등급(제74조의 경비처우급에만 해당한다)을 부여한다. 다만, 「가석방자관리규정」 제5조 단서를 위반하여 가석방이 취소되는 등 가석방 취소사유에 특히 고려할 만한 사정이 있는 때에는 석방당시와 동일한 처우등급을 부여할 수 있다.
③ 소장은 해당 교정시설의 특성 등을 고려하여 필요한 경우에는 다른 교정시설로부터 이송되어 온 수형자의 개별처우계획(법 제56조 제1항에 따른 개별처우계획을 말한다)을 변경할 수 있다.
④ 소장은 형집형정지 중이거나 가석방기간 중에 있는 사람이 형사사건으로 재수용되어 형이 확정된 경우에는 종전 개별처우계획을 적용하여야 한다.

정답 및 해설

① [○] 동법 시행규칙 제60조 제2항
② [○] 동법 시행규칙 제60조 제4항
③ [○] 동법 시행규칙 제60조 제1항
④ [×] 소장은 형집형정지 중이거나 가석방기간 중에 있는 사람이 형사사건으로 재수용되어 형이 확정된 경우에는 개별처우계획을 새로 수립하여야 한다(형집행법 시행규칙 제60조 제4항).

정답 ④

04 형집행법령상 수형자의 처우에 대한 설명으로 가장 옳지 않은 것은? 2022. 6급 승진

① 소장은 미결수용자로서 자유형이 확정된 사람에 대하여는 검사의 집행 지휘서가 발송된 때부터 수형자로 처우할 수 있다.
② 수형자에 대한 처우는 교화 또는 건전한 사회복귀를 위하여 교정성적에 따라 상향 조정될 수 있으며, 특히 그 성적이 우수한 수형자는 개방시설에 수용되어 사회생활에 필요한 적정한 처우를 받을 수 있다.
③ 수형자의 처우등급은 기본수용급, 경비처우급, 개별처우급으로 구분한다.
④ 수형자 취업지원협의회는 회장 1명을 포함하여 3명 이상 5명 이하의 내부위원과 10명 이상의 외부위원으로 구성한다.

정답 및 해설

① [×] 소장은 미결수용자로서 자유형이 확정된 사람에 대하여는 검사의 집행 지휘서가 도달된 때부터 수형자로 처우할 수 있다(형집행법 시행령 제82조).
② [○] 동법 제57조 제3항
③ [○] 동법 시행령 제84조
④ [○] 동법 시행규칙 제145조

정답 ①

05 「형의 집행 및 수용자의 처우에 관한 법률 시행규칙」상 이송·재수용 수형자의 개별처우계획 등에 대한 설명으로 가장 옳은 것은? 2023. 6급 승진

① 소장은 형집행정지 중이거나 가석방기간 중에 있는 사람이 형사사건으로 재수용되어 형이 확정된 경우에는 석방 당시보다 한 단계 낮은 처우등급을 부여하여야 한다.
② 소장은 다른 교정시설로부터 이송되어 온 수형자의 개별처우계획을 변경하여야 한다.
③ 소장은 형집행정지 중에 있는 사람이 기간만료 또는 그 밖의 정지사유가 없어져 재수용된 경우에는 석방 당시와 동일한 처우등급을 부여할 수 있다.
④ 소장은 가석방의 취소로 재수용되어 남은 형기가 집행되는 경우에는 석방 당시와 동일한 처우등급을 부여하여야 한다.

정답 및 해설

① [×] 소장은 형집행정지 중이거나 가석방기간 중에 있는 사람이 형사사건으로 재수용되어 형이 확정된 경우에는 개별처우계획을 새로 수립하여야 한다(동법 시행규칙 제60조 제5항).
② [×] 소장은 해당 교정시설의 특성을 고려하여 필요한 경우에는 다른 교정시설로부터 이송되어 온 수형자의 개별처우계획을 변경할 수 있다(동법 시행규칙 제60조 제1항).
③ [○] 형집행법 시행규칙 제60조 제2항
④ [×] 소장은 가석방의 취소로 재수용되어 남은 형기가 집행되는 경우에는 석방 당시보다 한 단계 낮은 처우등급(경비처우급에만 해당)을 부여한다. 다만, 가석방자관리규정 제5조 단서를 위반하여 가석방이 취소되는 등 가석방 취소사유에 특히 고려할만한 사정이 있는 때에는 석방당시와 동일한 처우등급을 부여할 수 있다(동법 시행규칙 제60조 제4항).

정답 ③

06 「형의 집행 및 수용자의 처우에 관한 법률」상 수형자의 분류심사에 대한 설명으로 옳지 않은 것은?

2015. 교정 9급

① 수형자의 분류심사는 형이 확정된 경우에 개별처우계획을 수립하기 위하여 하는 심사와 일정한 형기가 지나거나 상벌 또는 그 밖의 사유가 발생한 경우에 개별처우계획을 조정하기 위하여 하는 심사로 구분한다.
② 분류처우위원회는 위원장을 포함한 5명 이상 7명 이하의 위원으로 구성하고, 위원장은 소장이 된다.
③ 법무부장관은 수형자를 과학적으로 분류하기 위하여 분류심사를 전담하는 교정시설을 지정·운영할 수 있다.
④ 법무부장관은 수형자에 대한 개별처우계획을 합리적으로 수립하고 조정하기 위하여 수형자의 인성, 행동특성 및 자질 등을 과학적으로 조사·측정·평가하여야 한다.

정답 및 해설

① [○] 동법 제59조 제2항
② [○] 동법 제62조 제2항
③ [○] 동법 제61조
④ [×] 소장은 수형자에 대한 개별처우계획을 합리적으로 수립하고 조정하기 위하여 수형자의 인성, 행동특성 및 자질 등을 과학적으로 조사·측정·평가하여야 한다. 다만, 집행할 형기가 짧거나 그 밖의 특별한 사정이 있는 경우에는 예외로 할 수 있다(형집행법 제59조 제1항).

정답 ④

07 형집행법 시행규칙상 분류심사 사항으로 명시되지 않은 것은?

2018. 7급 승진

① 작업, 직업훈련, 교육 및 교화프로그램 등의 처우방침에 관한 사항
② 보건 및 위생관리에 관한 사항
③ 소득점수 등의 평가 및 평정에 관한 사항
④ 석방 후의 생활계획에 관한 사항

정답 및 해설

③ [×] '소득점수 등의 평가 및 평정에 관한 사항'은 분류처우위원회의 심의·의결사항에 해당한다(형집행법 시행규칙 제97조).

 분류심사 사항(형집행법 시행규칙 제63조)
1. 처우등급에 관한 사항
2. 작업, 직업훈련, 교육 및 교화프로그램 등의 처우방침에 관한 사항
3. 보안상의 위험도 측정 및 거실 지정 등에 관한 사항
4. 보건 및 위생관리에 관한 사항
5. 이송에 관한 사항
6. 가석방 및 귀휴심사에 관한 사항
7. 석방 후의 생활계획에 관한 사항
8. 그 밖에 수형자의 처우 및 관리에 관한 사항

정답 ③

08 분류심사 제외 대상자로 옳은 것은?

2019. 6급 승진

① 질병 등으로 분류심사가 곤란한 사람
② 징벌대상행위의 혐의가 있어 조사 중이거나 징벌집행 중인 사람
③ 구류형이 확정된 사람
④ 노역장 유치명령을 받은 사람

정답 및 해설

> **분류심사 제외 및 유예**(형집행법 시행규칙 제62조)
> ① 다음의 사람에 대해서는 분류심사를 하지 아니한다.
>   1. 징역형·금고형이 확정된 사람으로서 집행할 형기가 형집행지휘서 접수일부터 3개월 미만인 사람
>   2. 구류형이 확정된 사람
> ② 소장은 수형자가 다음의 어느 하나에 해당하는 사유가 있으면 분류심사를 유예한다.
>   1. 질병 등으로 분류심사가 곤란한 때
>   2. 징벌대상행위의 혐의가 있어 조사 중이거나 징벌집행 중인 때
>   3. 그 밖의 사유로 분류심사가 특히 곤란하다고 인정하는 때

정답 ③

09 「형의 집행 및 수용자의 처우에 관한 법률 시행규칙」상 분류심사를 하지 않는 사람으로 옳은 것만을 모두 고른 것은?

2024. 5급 승진

㉠ 구류형이 확정된 사람
㉡ 수형자가 질병 등으로 분류심사가 곤란한 때
㉢ 수형자가 징벌대상행위의 혐의가 있어 조사 중이거나 징벌집행 중인 때
㉣ 분류심사를 유예한 사유가 소멸하였으나 집행할 형기가 사유 소멸일부터 3개월 미만인 사람
㉤ 징역형·금고형이 확정된 사람으로서 집행할 형기가 형집행지휘서 접수일부터 3개월 미만인 사람

① ㉠, ㉤
② ㉠, ㉣, ㉤
③ ㉠, ㉡, ㉢, ㉣
④ ㉡, ㉢, ㉣, ㉤

정답 및 해설

옳은 것은 ㉠, ㉣, ㉤이다.
㉠ [○] 형집행법 시행규칙 제62조 제1항 제2호
㉡ [×] 분류심사 유예사유이다(동법 시행규칙 제62조 제2항 제1호).
㉢ [×] 분류심사 유예사유이다(동법 시행규칙 제62조 제2항 제2호).
㉣ [○] 동법 시행규칙 제62조 제3항
㉤ [○] 동법 시행규칙 제62조 제1항 제1호

정답 ②

10 「형의 집행 및 수용자의 처우에 관한 법률 시행규칙」상 분류심사의 제외 및 유예에 대한 설명으로 옳지 않은 것은?

2020. 5급 승진

① 징역형·금고형이 확정된 사람으로서 집행할 형기가 형집행지휘서 접수일부터 3개월 미만인 사람에 대해서는 분류심사를 하지 아니한다.
② 구류형이 확정된 사람에 대해서는 분류심사를 하지 아니한다.
③ 노역장 유치명령을 받은 사람에 대해서는 분류심사를 하지 아니한다.
④ 징벌대상행위의 혐의가 있어 조사 중이거나 징벌집행 중인 때에는 분류심사를 유예한다.
⑤ 소장은 분류심사의 유예 사유가 소멸한 경우에는 지체 없이 분류심사를 하여야 하나, 집행할 형기가 사유 소멸일부터 3개월 미만인 경우에는 분류심사를 하지 아니한다.

정답 및 해설

① [○] 형집행법 시행규칙 제62조 제1항 제1호
② [○] 동법 시행규칙 제62조 제1항 제2호
③ [×] 노역장 유치명령을 받은 사람은 분류심사를 한다.
④ [○] 동법 시행규칙 제62조 제2항 제2호
⑤ [○] 동법 시행규칙 제62조 제3항

정답 ③

11 「형의 집행 및 수용자의 처우에 관한 법률 시행규칙」상 분류심사에 대한 설명으로 옳지 않은 것은?

2019. 7급 승진

① 소장은 형집행정지 중에 있는 사람이 기간만료 또는 그 밖의 정지사유가 없어져 재수용된 경우에는 석방 당시와 동일한 처우등급을 부여할 수 있다.
② 징역형·금고형이 확정된 사람으로서 집행할 형기가 형집행지휘서 접수일부터 3개월 미만인 사람 또는 구류형이 확정된 사람에 대해서는 분류심사를 하지 아니한다.
③ 2개 이상의 징역형 또는 금고형을 집행하는 수형자의 정기재심사 시기를 산정하는 경우에는 그 형기를 합산한다. 다만, 합산한 형기가 20년을 초과하는 경우에는 그 형기를 20년으로 본다.
④ 조정된 처우등급에 따른 처우는 그 조정이 확정된 날의 다음 달 초일부터 한다.

정답 및 해설

① [○] 동법 시행규칙 제60조 제2항
② [○] 동법 시행규칙 제62조 제1항
③ [○] 동법 시행규칙 제66조 제4항
④ [×] 조정된 처우등급에 따른 처우는 그 조정이 확정된 다음 날부터 한다. 이 경우 조정된 처우등급은 그 달 초일부터 적용된 것으로 본다(형집행법 시행규칙 제82조 제1항).

정답 ④

12 형의 집행 및 수용자의 처우에 관한 법령상 분류심사에 대한 설명으로 옳은 것만을 모두 고른 것은? 2018. 교정 9급

> ㉠ 교정시설의 장은 분류심사를 위하여 수형자를 대상으로 상담 등을 통한 신상에 관한 개별사안의 조사, 심리·지능·적성 검사, 그 밖에 필요한 검사를 할 수 있다.
> ㉡ 개별처우계획을 조정할 것인지를 결정하기 위한 분류심사는 정기재심사, 부정기재심사, 특별재심사로 구분된다.
> ㉢ 경비처우급의 조정을 위한 평정소득점수 기준은 수용 및 처우를 위하여 필요한 경우 법무부장관이 달리 정할 수 있다.
> ㉣ 교정시설의 장은 수형자가 부상이나 질병, 그 밖의 부득이한 사유로 작업 또는 교육을 받지 못한 경우에는 3점 이내의 범위에서 작업 또는 교육 성적을 부여할 수 있다.
> ㉤ 조정된 처우등급에 따른 처우는 그 조정이 확정된 다음 날부터 한다. 이 경우 조정된 처우등급은 조정이 확정된 날부터 적용된 것으로 본다.

① ㉠, ㉡, ㉢   ② ㉠, ㉢, ㉣
③ ㉡, ㉢, ㉤   ④ ㉡, ㉣, ㉤

정답 및 해설

옳은 것은 ㉠, ㉢, ㉣이다.
㉠ [○] 형집행법 제59조 제3항
㉡ [×] 개별처우계획을 조정할 것인지를 결정하기 위한 분류심사(재심사)는 정기재심사(일정한 형기가 도달한 때 하는 재심사), 부정기재심사(상벌 또는 그 밖의 사유가 발생한 경우에 하는 재심사)로 구분한다(동법 시행규칙 제65조).
㉢ [○] 경비처우급을 상향 또는 하향 조정하기 위하여 고려할 수 있는 평정소득점수의 기준은 상향 조정은 8점 이상(형기의 6분의 5에 도달한 때에 하는 재심사의 경우에는 7점 이상), 하향 조정은 5점 이하이다. 다만, 수용 및 처우를 위하여 특히 필요한 경우 법무부장관이 달리 정할 수 있다(동법 시행규칙 제81조).
㉣ [○] 동법 시행규칙 제79조 제3항
㉤ [×] 조정된 처우등급에 따른 처우는 그 조정이 확정된 다음 날부터 한다. 이 경우 조정된 처우등급은 그 달 초일부터 적용된 것으로 본다(동법 시행규칙 제82조 제1항).

정답 ②

13 「형의 집행 및 수용자의 처우에 관한 법률」상 분류심사에 대한 설명으로 옳지 않은 것은? 2017. 5급 승진

① 소장은 수형자에 대한 개별처우계획을 합리적으로 수립하고 조정하기 위하여 수형자의 인성, 행동특성 및 자질 등을 과학적으로 조사·측정·평가하여야 한다. 다만, 집행할 형기가 짧거나 그 밖의 특별한 사정이 있을 경우에는 예외로 할 수 있다.
② 소장은 분류심사를 위하여 외부전문가로부터 필요한 의견을 듣거나 외부전문가에게 조사를 의뢰할 수 있다.
③ 소장은 분류심사와 그 밖에 수용목적의 달성을 위하여 필요하면 수용자의 가족 등을 면담하거나 법원·경찰관서, 그 밖의 관계 기관 또는 단체에 대하여 필요한 사실을 조회할 수 있다. 이 때 조회를 요청받은 관계기관 등의 장은 특별한 사정이 없으면 지체 없이 그에 관하여 답하여야 한다.
④ 분류처우위원회는 5명 이상 9명 이하의 위원으로 구성하며, 분류처우에 관한 중요 사항을 심의 및 의결한다.
⑤ 분류처우위원회는 심의 및 의결을 위하여 외부전문가로부터 의견을 들을 수 있다.

정답 및 해설

① [○] 동법 제59조 제1항
② [○] 동법 제59조 제4항
③ [○] 동법 제60조
④ [×] 수형자의 개별처우계획, 가석방심사신청 대상자 선정, 그 밖에 수형자의 분류처우에 관한 중요 사항을 심의·의결하기 위하여 교정시설에 분류처우위원회를 두며, 위원장을 포함한 5명 이상 7명 이하의 위원으로 구성한다(형집행법 제62조 제1항·제2항).
⑤ [○] 동법 제62조 제3항

정답 ④

14 「형의 집행 및 수용자의 처우에 관한 법률 시행규칙」상 분류심사에 대한 설명으로 옳지 않은 것은?

2022. 교정 9급

① 구류형이 확정된 사람에 대해서는 분류심사를 하지 아니한다.
② 무기징역형이 확정된 수형자의 정기재심사 시기를 산정하는 경우에는 그 형기를 20년으로 본다.
③ 부정기형의 정기재심사 시기는 장기형을 기준으로 한다.
④ 집행할 형기가 분류심사 유예사유 소멸일부터 3개월 미만인 경우 소장은 유예한 분류심사를 하지 아니한다.

정답 및 해설

① [○] ㉠ 징역형·금고형이 확정된 사람으로서 집행할 형기가 형집행지휘서 접수일부터 3개월 미만인 사람, ㉡ 구류형이 확정된 사람에 대해서는 분류심사를 하지 아니한다(동법 시행규칙 제62조 제1항).
② [○] 무기형과 20년을 초과하는 징역형·금고형의 정기재심사 시기를 산정하는 경우에는 그 형기를 20년으로 본다(동법 시행규칙 제66조 제3항).
③ [×] 부정기형의 정기재심사 시기는 단기형을 기준으로 한다(형집행법 시행규칙 제66조 제2항).
④ [○] 소장은 분류심사 유예사유가 소멸한 경우에는 지체 없이 분류심사를 하여야 한다. 다만, 집행할 형기가 분류심사 유예사유 소멸일부터 3개월 미만인 경우에는 분류심사를 하지 아니한다(동법 시행규칙 제62조 제3항).

정답 ③

15 현행법령상 분류심사에 관한 설명으로 틀린 것은?

2023. 9급 경채

① 개별처우계획을 수립하기 위한 분류심사(신입심사)는 매월 초일부터 말일까지 형집행지휘서가 접수된 수형자를 대상으로 하며, 그 달까지 완료하여야 한다. 다만, 특별한 사유가 있는 경우에는 그 기간을 연장할 수 있다.
② 징역형·금고형이 확정된 사람으로서 집행할 형기가 형집행지휘서 접수일부터 3개월 미만인 사람 또는 구류형이 확정된 사람에 대해서는 분류심사를 하지 아니한다.
③ 2개 이상의 징역형 또는 금고형을 집행하는 수형자의 정기재심사 시기를 산정하는 경우에는 그 형기를 합산한다. 다만, 합산한 형기가 20년을 초과하는 경우에는 그 형기를 20년으로 본다.
④ 소장은 형집행정지 중에 있는 사람이 기간만료 또는 그 밖의 정지사유가 없어져 재수용된 경우에는 석방 당시와 동일한 처우등급을 부여할 수 있다.

정답 및 해설

① [×] 개별처우계획을 수립하기 위한 분류심사(신입심사)는 매월 초일부터 말일까지 형집행지휘서가 접수된 수형자를 대상으로 하며, 그 다음 달까지 완료하여야 한다. 다만, 특별한 사유가 있는 경우에는 그 기간을 연장할 수 있다(형집행법 시행규칙 제64조).
② [○] 동법 시행규칙 제62조
③ [○] 동법 시행규칙 제66조
④ [○] 동법 시행규칙 제60조

정답 ①

16 「형의 집행 및 수용자의 처우에 관한 법률 시행규칙」상 수형자의 분류심사에 대한 설명으로 옳지 않은 것은?
2020. 6급 승진

① 소장은 징역형·금고형이 확정된 사람으로서 집행할 형기가 형집행지휘서 접수일부터 3개월 미만인 사람 또는 구류형이 확정된 사람은 분류심사를 하지 아니한다.
② 수형생활 태도 점수와 작업 또는 교육성적 점수에 있어서 수는 소속 작업장 또는 교육장 전체인원의 10퍼센트를 초과할 수 없고, 우는 30퍼센트를 초과할 수 없다. 다만, 작업장 또는 교육장 전체인원이 4명 이하인 경우에는 수·우를 각각 1명으로 채점할 수 있다.
③ 소장은 형집행정지 중이거나 가석방기간 중에 있는 사람이 형사사건으로 재수용되어 형이 확정된 경우에는 석방당시와 동일한 처우등급을 부여한다.
④ 개별처우계획을 수립하기 위한 분류심사(신입심사)는 매월 초일부터 말일까지 형집행지휘서가 접수된 수형자를 대상으로 하며, 그 다음 달까지 완료하여야 한다. 다만, 특별한 사유가 있는 경우에는 그 기간을 연장할 수 있다.

정답 및 해설

① [○] 동법 시행규칙 제62조 제1항
② [○] 동법 시행규칙 제79조 제1항
③ [×] 소장은 형집행정지 중이거나 가석방기간 중에 있는 사람이 형사사건으로 재수용되어 형이 확정된 경우에는 개별처우계획을 새로 수립하여야 한다(형집행법 시행규칙 제60조 제5항).
④ [○] 동법 시행규칙 제64조

정답 ③

17 「형의 집행 및 수용자의 처우에 관한 법률 시행규칙」상 분류심사에 관한 설명으로 옳은 것은?

2023. 교정 7급

① 정기재심사는 일정한 형기가 도달한 때 하는 재심사를 말하고, 형기의 3분의 1에 도달한 때 실시하며, 부정기형의 정기재심사 시기는 장기형을 기준으로 한다.
② 분류조사 방법에는 수용기록 확인 및 수형자와의 상담, 수형자의 가족 등과의 면담, 외부전문가에 대한 의견조회 등이 포함된다.
③ 수형자가 질병으로 인해 분류심사가 곤란한 경우, 소장은 그 수형자에 대해서는 분류심사를 하지 아니한다.
④ 소장은 분류심사를 위하여 수형자의 인성, 지능, 적성 등의 특성을 진단하기 위한 검사를 할 수 있으며, 인성검사는 신입심사 대상자만을 그 대상으로 한다.

정답 및 해설

① [×] 정기재심사는 일정한 형기가 도달한 때 하는 재심사를 말하고(동법 시행규칙 제65조 제1호), 정기재심사는 ③ 형기의 3분의 1에 도달한 때, ⑥ 형기의 2분의 1에 도달한 때, ⑥ 형기의 3분의 2에 도달한 때, ② 형기의 6분의 5에 도달한 때 실시하며(동법 시행규칙 제66조 제1항), 부정기형의 재심사 시기는 단기형을 기준으로 한다(동법 시행규칙 제66조 제2항).

② [○] 분류조사의 방법에는 ③ 수용기록 확인 및 수형자와의 상담, ⑥ 수형자의 가족 등과의 면담, ⑥ 검찰청, 경찰서, 그 밖의 관계기관에 대한 사실조회, ② 외부전문가에 대한 의견조회, ⑥ 그 밖에 효율적인 분류심사를 위하여 필요하다고 인정되는 방법이 있다(형집행법 시행규칙 제70조).

③ [×] 소장은 수형자가 ③ 질병 등으로 분류심사가 곤란한 때, ⑥ 징벌대상행위의 혐의가 있어 조사 중이거나 징벌집행 중인 때, ⑥ 그 밖의 사유로 분류심사가 특히 곤란하다고 인정하는 때에는 분류심사를 유예한다(동법 시행규칙 제62조 제2항).

④ [×] 소장은 분류심사를 위하여 수형자의 인성, 지능, 적성 등의 특성을 측정·진단하기 위한 검사를 할 수 있다(동법 시행규칙 제71조 제1항). 인성검사는 신입심사 대상자 및 그 밖에 처우상 필요한 수형자를 대상으로 한다. 다만, 수형자가 ③ 분류심사가 유예된 때, ⑥ 그 밖에 인성검사가 곤란하거나 불필요하다고 인정되는 사유가 있는 때에는 인성검사를 하지 아니할 수 있다(동법 시행규칙 제71조 제2항).

정답 ②

18 「형의 집행 및 수용자의 처우에 관한 법률 시행규칙」상 분류심사에 대한 설명으로 가장 옳은 것은?

2024. 5급 승진

① 인성검사는 신입심사 대상자 및 그 밖에 처우상 필요한 수형자를 대상으로 한다. 다만, 법령에 따라 수형자에 대한 분류심사가 유예된 때에는 인성검사를 하지 아니할 수 있다.

② 형기의 2분의 1에 도달한 때에는 정기재심사를 하여야 한다. 다만, 형집행지휘서가 접수된 날부터 9개월이 지나지 아니한 경우에는 그러하지 아니하다.

③ 수형자가 집행유예의 실효 또는 추가사건(현재 수용의 근거가 된 사건 외의 형사사건을 말한다)으로 벌금 이상의 형이 확정된 때에는 부정기재심사를 할 수 있다.

④ 2개 이상의 징역형 또는 금고형을 집행하는 수형자의 재심사 시기를 산정하는 경우에는 그 형기를 합산한다. 다만, 합산한 형기가 25년을 초과하는 경우에는 그 형기를 25년으로 본다.

정답 및 해설

① [○] 인성검사는 신입심사 대상자 및 그 밖에 처우상 필요한 수형자를 대상으로 한다. 다만, 수형자가 ③ 시행규칙 제62조 제2항(분류심사의 유예)에 따라 분류심사가 유예된 때, ⑥ 그 밖에 인성검사가 곤란하거나 불필요하다고 인정되는 사유가 있는 때에는 인성검사를 하지 아니할 수 있다(형집행법 시행규칙 제71조 제2항).

② [×] 정기재심사는 ③ 형기의 3분의 1에 도달한 때, ⑥ 형기의 2분의 1에 도달한 때, ⑥ 형기의 3분의 2에 도달한 때, ② 형기의 6분의 5에 도달한 때에 한다. 다만, 형집행지휘서가 접수된 날부터 6개월이 지나지 아니한 경우에는 그러하지 아니하다(동법 시행규칙 제66조 제1항).

③ [×] 수형자가 집행유예의 실효 또는 추가사건(현재 수용의 근거가 된 사건 외의 형사사건을 말한다)으로 금고 이상의 형이 확정된 때에는 부정기재심사를 할 수 있다(동법 시행규칙 제67조 제4호).

④ [×] 2개 이상의 징역형 또는 금고형을 집행하는 수형자의 (정기)재심사 시기를 산정하는 경우에는 그 형기를 합산한다. 다만, 합산한 형기가 20년을 초과하는 경우에는 그 형기를 20년으로 본다(동법 시행규칙 제66조 제4항).

정답 ①

19 「형의 집행 및 수용자의 처우에 관한 법률 시행규칙」상 형집행지휘서가 접수된 날부터 6개월이 지난 수형자에 대한 정기재심사를 해야 하는 경우가 아닌 것은?　　2016. 5급 승진

① 형기의 3분의 1에 도달한 때
② 형기의 2분의 1에 도달한 때
③ 형기의 3분의 2에 도달한 때
④ 형기의 4분의 3에 도달한 때
⑤ 형기의 6분의 5에 도달한 때

정답 및 해설

④ [×] 정기재심사는 형기의 3분의 1에 도달한 때, 형기의 2분의 1에 도달한 때, 형기의 3분의 2에 도달한 때, 형기의 6분의 5에 도달한 때에 한다. 다만, 형집행지휘서가 접수된 날부터 6개월이 지나지 아니한 경우에는 그러하지 아니하다(형집행법 시행규칙 제66조 제1항).

정답 ④

20 형의 집행 및 수용자의 처우에 관한 법령상 정기재심사에 대한 내용으로 옳은 것은?　　2017. 교정 7급

① 부정기형의 재심사 시기는 장기형을 기준으로 한다.
② 소장은 재심사를 할 때는 그 사유가 발생한 달로부터 2월 이내까지 완료하여야 한다.
③ 무기형과 20년을 초과하는 징역형·금고형의 재심사 시기를 산정하는 경우에는 그 형기를 20년으로 본다.
④ 합산형기가 20년을 초과하는 경우에도 2개 이상의 징역형을 집행하는 수형자의 재심사 시기 산정은 그 형기를 합산한다.

정답 및 해설

① [×] 부정기형의 재심사 시기는 단기형을 기준으로 한다(동법 시행규칙 제66조 제2항).
② [×] 소장은 재심사를 할 때에는 그 사유가 발생한 달의 다음 달까지 완료하여야 한다(동법 시행규칙 제68조 제1항).
③ [○] 형집행법 시행규칙 제66조 제3항
④ [×] 2개 이상의 징역형 또는 금고형을 집행하는 수형자의 재심사 시기를 산정하는 경우에는 그 형기를 합산한다. 다만, 합산한 형기가 20년을 초과하는 경우에는 그 형기를 20년으로 본다(동법 시행규칙 제66조 제4항).

정답 ③

21

「형의 집행 및 수용자의 처우에 관한 법률 시행규칙」상 부정기재심사를 실시할 수 있는 경우에 해당하는 것만을 모두 고르면?

2019. 5급 승진

㉠ 수형자를 징벌하기로 의결한 때
㉡ 수형자가 학사 학위를 취득한 때
㉢ 수형자가 지방기능경기대회에서 입상한 때
㉣ 수형자가 기능사 자격을 취득한 때
㉤ 수형자가 교정사고의 예방에 뚜렷한 공로가 있는 때
㉥ 수형자가 추가사건으로 벌금형이 확정된 때

① ㉠, ㉢
② ㉠, ㉡, ㉤
③ ㉡, ㉣, ㉤
④ ㉠, ㉡, ㉣, ㉥
⑤ ㉡, ㉢, ㉤, ㉥

정답 및 해설

📄 **부정기재심사**(형집행법 시행규칙 제67조)

1. 분류심사에 오류가 있음이 발견된 때
2. 수형자가 교정사고(교정시설에서 발생하는 화재, 수용자의 자살·도주·폭행·소란, 그 밖에 사람의 생명·신체를 해하거나 교정시설의 안전과 질서를 위태롭게 하는 사고를 말한다. 이하 같다)의 예방에 뚜렷한 공로가 있는 때
3. 수형자를 징벌하기로 의결한 때
4. 수형자가 집행유예의 실효 또는 추가사건(현재 수용의 근거가 된 사건 외의 형사사건을 말한다. 이하 같다)으로 금고 이상의 형이 확정된 때
5. 수형자가 「숙련기술장려법」 제20조 제2항에 따른 전국기능경기대회 입상, 기사 이상의 자격취득, 학사 이상의 학위를 취득한 때
6. 삭제(2014.11.17. 가석방 심사와 관련하여 필요한 때)
7. 그 밖에 수형자의 수용 또는 처우의 조정이 필요한 때

정답 ②

22

「형의 집행 및 수용자의 처우에 관한 법률 시행규칙」상 수형자에게 부정기재심사를 할 수 있는 경우만을 모두 고르면?

2022. 교정 9급

㉠ 수형자가 지방기능경기대회에서 입상한 때
㉡ 수형자가 현재 수용의 근거가 된 사건 외의 추가적 형사사건으로 인하여 벌금형이 확정된 때
㉢ 수형자를 징벌하기로 의결한 때
㉣ 분류심사에 오류가 있음을 발견한 때
㉤ 수형자가 학사 학위를 취득한 때

① ㉠, ㉢
② ㉡, ㉣
③ ㉠, ㉡, ㉤
④ ㉢, ㉣, ㉤

정답 및 해설

④ [○] 부정기재심사를 할 수 있는 경우는 ㉢, ㉣, ㉤이다. 형집행법 시행규칙 제67조(부정기재심사) 참조

정답 ④

23. 형집행법령상 분류심사에 대한 설명으로 가장 옳지 않은 것은?

2022. 6급 승진

① 소장은 수형자에 대한 개별처우계획을 합리적으로 수립하고 조정하기 위하여 수형자의 인성, 행동특성 및 자질 등을 과학적으로 조사·측정·평가하여야 한다.
② 소장은 형집행정지 중에 있는 사람이 기간만료 또는 그 밖의 정지사유가 없어져 재수용된 경우에는 석방 당시와 동일한 처우등급을 부여할 수 있다.
③ 교정본부장은 수형자를 과학적으로 분류하기 위하여 분류심사를 전담하는 교정시설을 지정·운영할 수 있다.
④ 분류처우위원회는 위원장을 포함한 5명 이상 7명 이하의 위원으로 구성한다.

정답 및 해설

① [○] 동법 제59조 제1항
② [○] 동법 시행규칙 제60조
③ [×] 법무부장관은 수형자를 과학적으로 분류하기 위하여 분류심사를 전담하는 교정시설을 지정·운영할 수 있다(형집행법 제61조).
④ [○] 동법 제62조

정답 ③

24. 형집행법령상 분류심사에 대한 설명으로 가장 옳지 않은 것은?

2021. 5급 승진

① 징역형·금고형이 확정된 사람으로서 집행할 형기가 형집행지휘서 접수일부터 3개월 미만인 사람에 대해서는 분류심사를 하지 아니한다.
② 소장은 형집행정지 중에 있는 사람이 기간만료 또는 그 밖의 정지사유가 없어져 재수용된 경우에는 석방 당시와 동일한 처우등급을 부여할 수 있다.
③ 소장은 형집행정지 중이거나 가석방기간 중에 있는 사람이 형사사건으로 재수용되어 형이 확정된 경우에는 개별처우계획을 새로 수립하여야 한다.
④ 분류처우위원회는 위원장을 포함한 7명 이상 9명 이하의 위원으로 구성하고, 위원장은 소장이 된다.

정답 및 해설

① [○] 동법 시행규칙 제62조
② [○] 동법 시행규칙 제60조
③ [○] 동법 시행규칙 제60조
④ [×] 분류처우위원회는 위원장을 포함한 5명 이상 7명 이하의 위원으로 구성하고, 위원장은 소장이 된다(형집행법 제62조).

정답 ④

25 「형의 집행 및 수용자의 처우에 관한 법률 시행규칙」상 분류심사에 대한 설명으로 옳은 것(○)과 옳지 않은 것(×)을 바르게 연결한 것은?
2021. 5급 승진

㉠ 신입심사는 매월 초일부터 말일까지 형집행지휘서가 접수된 수형자를 대상으로 하며, 그 다음 달까지 완료하여야 한다. 다만, 특별한 사유가 있는 경우에는 그 기간을 연장할 수 있다.
㉡ 무기형과 20년을 초과하는 징역형·금고형의 재심사 시기를 산정하는 경우에는 그 형기를 20년으로 본다.
㉢ 부정기형의 재심사 시기는 단기형을 기준으로 한다.
㉣ 지능 및 적성 검사는 분류심사가 유예된 때, 그 밖에 인성검사가 곤란하거나 불필요하다고 인정되는 사유가 있는 때에 해당하지 아니하는 신입심사 대상자로서 집행할 형기가 형집행지휘서 접수일부터 1년 이상이고 나이가 50세 이하인 경우에 한다. 다만, 직업훈련 또는 그 밖의 처우를 위하여 특히 필요한 경우에는 예외로 할 수 있다.

	㉠	㉡	㉢	㉣
①	×	○	×	○
②	○	×	○	×
③	×	○	○	○
④	○	○	○	×

정답 및 해설

㉠ [○] 형집행법 시행규칙 제64조
㉡ [○] 동법 시행규칙 제66조
㉢ [○] 동법 시행규칙 제66조
㉣ [×] 지능 및 적성 검사는 분류심사가 유예된 때, 그 밖에 인성검사가 곤란하거나 불필요하다고 인정되는 사유가 있는 때에 해당하지 아니하는 신입심사 대상자로서 집행할 형기가 형집행지휘서 접수일부터 1년 이상이고 나이가 35세 이하인 경우에 한다. 다만, 직업훈련 또는 그 밖의 처우를 위하여 특히 필요한 경우에는 예외로 할 수 있다(동법 시행규칙 제71조 제4항).

정답 ④

26 형집행법령상 수형자의 분류심사에 대한 설명으로 가장 옳지 않은 것은?
2021. 6급 승진

① 소장은 군사법원에서 징역형 또는 금고형이 확정되거나 그 형의 집행 중에 있는 사람이 이송되어 온 경우에는 개별처우계획을 새로 수립하여 시행한다.
② 징역형·금고형이 확정된 사람으로서 집행할 형기가 형집행지휘서 접수일부터 3개월 미만인 사람은 분류심사를 하지 아니한다.
③ 2개 이상의 징역형 또는 금고형을 집행하는 수형자의 재심사 시기를 산정하는 경우에는 그 형기를 합산한다. 다만, 합산한 형기가 20년을 초과하는 경우에는 그 형기를 20년으로 본다.
④ 소장은 재심사를 할 때에는 그 사유가 발생한 달까지 완료하여야 한다.

정답 및 해설

① [○] 동법 시행규칙 제61조 제1항
② [○] 동법 시행규칙 제62조
③ [○] 동법 시행규칙 제66조
④ [×] 소장은 재심사를 할 때에는 그 사유가 발생한 다음 달까지 완료하여야 한다(형집행법 시행규칙 제68조 제1항).

정답 ④

27 「형의 집행 및 수용자의 처우에 관한 법률 시행규칙」상 분류처우에 대한 설명으로 옳지 않은 것은 모두 몇 개인가?

2022. 7급 승진

㉠ 징역형·금고형이 확정된 사람으로서 집행할 형기가 형집행지휘서 접수일부터 6개월 미만인 사람, 구류형이 확정된 사람, 노역장 유치명령을 받은 사람은 분류심사를 하지 아니한다.
㉡ 조정된 처우등급에 따른 처우는 그 조정이 확정된 날부터 한다. 이 경우 조정된 처우등급은 그 달 초일부터 적용된 것으로 본다.
㉢ 수형자를 징벌하기로 의결한 때에는 부정기재심사를 할 수 있다.
㉣ 소장이 작업장 중 작업의 특성이나 난이도 등을 고려하여 필수 작업장으로 지정하는 경우 소득점수의 수는 10퍼센트 이내, 우는 20퍼센트 이내의 범위에서 각각 확대할 수 있다.

① 1개 ② 2개
③ 3개 ④ 4개

정답 및 해설

옳지 않은 것은 ㉠, ㉡, ㉣이다.
㉠ [×] 징역형·금고형이 확정된 사람으로서 집행할 형기가 형집행지휘서 접수일부터 3개월 미만인 사람, 구류형이 확정된 사람은 분류심사를 하지 아니한다(형집행법 시행규칙 제62조).
㉡ [×] 조정된 처우등급에 따른 처우는 그 조정이 확정된 다음 날부터 한다. 이 경우 조정된 처우등급은 그 달 초일부터 적용된 것으로 본다(동법 시행규칙 제82조).
㉢ [○] 동법 시행규칙 제67조
㉣ [×] 소장이 작업장 중 작업의 특성이나 난이도 등을 고려하여 필수 작업장으로 지정하는 경우 소득점수의 수는 5퍼센트 이내, 우는 10퍼센트 이내의 범위에서 각각 확대할 수 있다(동법 시행규칙 제79조).

정답 ③

28 「형의 집행 및 수용자의 처우에 관한 법률 시행규칙」상 형집행지휘서가 접수된 날부터 6개월이 지난 이후 정기재심사를 해야 하는 시기로 가장 옳지 않은 것은?

2022. 7급 승진

① 형기의 3분의 1에 도달한 때
② 형기의 2분의 1에 도달한 때
③ 형기의 3분의 2에 도달한 때
④ 형기의 7분의 5에 도달한 때

정답 및 해설

①, ②, ③ [○] 형집행법 시행규칙 제66조
④ [×] 형기의 6분의 5에 도달한 때

정답 ④

29 「형의 집행 및 수용자의 처우에 관한 법률 시행규칙」상 분류심사 사항에 대한 내용으로 옳지 않은 것은 모두 몇 개인가?

2023. 7급 승진

㉠ 보안상의 위험도 측정 및 거실 지정 등에 관한 사항
㉡ 작업, 직업훈련, 교육 및 교화프로그램 등의 처우방침에 관한 사항
㉢ 가석방 및 귀휴심사에 관한 사항
㉣ 석방 후의 생활계획에 관한 사항
㉤ 처우등급에 관한 사항
㉥ 보건 및 위생관리에 관한 사항

① 0개
② 1개
③ 2개
④ 3개

정답 및 해설

모두 옳은 설명이다.

분류심사 사항(형집행법 시행규칙 제63조)

1. 처우등급에 관한 사항
2. 작업, 직업훈련, 교육 및 교화프로그램 등의 처우방침에 관한 사항
3. 보안상의 위험도 측정 및 거실 지정 등에 관한 사항
4. 보건 및 위생관리에 관한 사항
5. 이송에 관한 사항
6. 가석방 및 귀휴심사에 관한 사항
7. 석방 후의 생활계획에 관한 사항
8. 그 밖에 수형자의 처우 및 관리에 관한 사항

정답 ①

30 형집행법령상 분류심사에 대한 설명으로 옳은 것은 모두 몇 개인가? 2024. 6급 승진

㉠ 수형자의 분류심사는 형이 확정된 경우에 개별처우계획을 수립하기 위하여 하는 심사와 일정한 형기가 지나거나 상벌 또는 그 밖의 사유가 발생한 경우에 개별처우계획을 조정하기 위하여 하는 심사로 구분한다.
㉡ 법무부장관은 수형자를 과학적으로 분류하기 위하여 분류심사를 전담하는 교정시설을 지정·운영할 수 있다.
㉢ 소장은 형집행정지 중이거나 가석방기간 중에 있는 사람이 형사사건으로 재수용되어 형이 확정된 경우에는 개별처우계획을 새로 수립하여야 한다.
㉣ 개별처우계획을 수립하기 위한 분류심사는 매월 초일부터 말일까지 형집행지휘서가 접수된 수형자를 대상으로 하며, 그 다음 달까지 완료하여야 한다. 다만 특별한 사유가 있는 경우에는 그 기간을 연장할 수 있다.

① 1개
② 2개
③ 3개
④ 4개

정답 및 해설

모두 옳은 설명이다.
㉠ [○] 형집행법 제59조 제2항
㉡ [○] 동법 제61조
㉢ [○] 동법 시행규칙 제60조 제5항
㉣ [○] 동법 시행규칙 제64조

정답 ④

31 다음 사례에 해당하는 수형자의 세 번째 정기 재심사 시기로 옳은 것은?

수형자 A는 강도살인죄로 1형은 징역 15년, 상해치사죄로 2형은 징역 8년을 선고받아 현재 형의 집행을 받고 있는 사람으로 형기기산일은 2020.1.1.이며, 현재 강도살인죄로 선고받은 형을 8년 복역하였다.

① 2020.8.
② 2022.4.
③ 2023.4.
④ 2024.8.

정답 및 해설

③ [○] 수형자 A의 세 번째 정기 재심사 시기를 묻는 문제이므로 형기의 3분의 2에 도달한 때(형집행법 시행규칙 제66조 제1항 제3호)에 해당하고, 2개 이상의 징역형 또는 금고형을 집행하는 수형자의 재심사 시기를 산정하는 경우에는 그 형기를 합산하고 합산의 형기가 20년을 초과하는 경우에는 그 형기를 20년으로 보므로(동법 시행규칙 제66조 제4항), 수형자 A의 기준형기는 15년 + 8년으로 23년이지만 20년으로 본다. 그러므로 수형자 A의 형기 20년에 대한 세 번째 재심사 시기(형기의 3분의 2)는 2023.4.이 된다.

정답 ③

제2절 | 분류조사와 분류검사

01 형의 집행 및 수용자의 처우에 관한 법령상 수형자의 분류심사에 대한 설명으로 옳은 것은?

2019. 교정 9급

① 법무부장관은 분류심사를 전담하는 교정시설을 지정·운영하는 경우에는 지방교정청별로 2개소 이상이 되도록 하여야 한다.
② 개별처우계획을 수립하기 위한 분류심사는 매월 초일부터 말일까지 형집행지휘서가 접수된 수형자를 대상으로 하며, 그 다음 달까지 완료하여야 한다. 다만, 특별한 사유가 있는 경우에는 그 기간을 연장할 수 있다.
③ 소장은 분류심사를 위하여 수형자와 그 가족을 대상으로 상담 등을 통해 수형자 신상에 관한 개별사안의 조사, 심리·지능·적성검사, 그 밖에 필요한 검사를 할 수 있다.
④ 징역형·금고형이 확정된 사람으로서 집행할 형기가 형집행지휘서 접수일부터 6개월 미만인 사람 또는 구류형이 확정된 사람에 대해서는 분류심사를 하지 아니한다.

정답 및 해설

① [×] 법무부장관은 분류심사를 전담하는 교정시설을 지정·운영하는 경우에는 지방교정청별로 1개소 이상이 되도록 하여야 한다(동법 시행령 제86조).
② [○] 형집행법 시행규칙 제64조
③ [×] 소장은 분류심사를 위하여 수형자를 대상으로 상담 등을 통한 신상에 관한 개별사안의 조사, 심리·지능·적성 검사, 그 밖에 필요한 검사를 할 수 있다(동법 제59조 제3항). 소장은 분류심사와 그 밖에 수용목적의 달성을 위하여 필요하면 수용자의 가족 등을 면담하거나 법원·경찰서, 그 밖의 관계 기관 또는 단체(관계기관 등)에 대하여 필요한 사실을 조회할 수 있다(동법 제60조 제1항).
④ [×] 징역형·금고형이 확정된 사람으로서 집행할 형기가 형집행지휘서 접수일부터 3개월 미만인 사람 또는 구류형이 확정된 사람에 대해서는 분류심사를 하지 아니한다(동법 시행규칙 제62조 제1항).

정답 ②

02 「형의 집행 및 수용자의 처우에 관한 법률」상 분류처우위원회에 대한 설명으로 옳지 않은 것은?

2023. 교정 9급

① 분류처우위원회는 심의·의결을 위하여 외부전문가로부터 의견을 들을 수 있다.
② 분류처우위원회는 위원장을 포함한 5명 이상 9명 이하의 위원으로 구성하고, 위원장은 소장이 된다.
③ 분류처우위원회의 위원은 위원장이 소속 기관의 부소장 및 과장(지소의 경우에는 7급 이상의 교도관) 중에서 임명한다.
④ 수형자의 개별처우계획, 가석방심사신청 대상자 선정, 그 밖에 수형자의 분류처우에 관한 중요 사항을 심의·의결하기 위하여 교정시설에 분류처우위원회를 둔다.

정답 및 해설

① [○] 동법 제62조 제3항
② [×] 위원회는 위원장을 포함한 5명 이상 7명 이하의 위원으로 구성하고, 위원장은 소장이 된다(형집행법 제62조 제2항).
③ [○] 동법 제62조 제2항
④ [○] 동법 제62조 제1항

정답 ②

03 「형의 집행 및 수용자의 처우에 관한 법률 시행규칙」상 명시된 분류처우위원회의 심의·의결 사항이 아닌 것은?

2018. 6급 승진

① 처우등급 판단 등 분류심사에 관한 사항
② 성차별 및 성폭력 예방정책에 관한 사항
③ 소득점수 등의 평가 및 평정에 관한 사항
④ 가석방 적격심사 신청 대상자 선정 등에 관한 사항

정답 및 해설

> **심의·의결 대상**(형집행법 시행규칙 제97조)
> 분류처우위원회는 다음의 사항을 심의·의결한다.
> 1. 처우등급 판단 등 분류심사에 관한 사항
> 2. 소득점수 등의 평가 및 평정에 관한 사항
> 3. 수형자 처우와 관련하여 소장이 심의를 요구한 사항
> 4. 가석방 적격심사 신청 대상자 선정 등에 관한 사항
> 5. 그 밖에 수형자의 수용 및 처우에 관한 사항

정답 ②

04 형집행법령상 분류처우위원회에 대한 설명으로 옳은 것은?

2019. 8급 승진

① 위원회는 위원장을 포함한 5명 이상 7명 이하의 위원으로 구성하되 1명 이상의 외부전문가를 포함하여야 한다.
② 위원회는 가석방의 적격 여부를 심사할 수 있다.
③ 위원회의 회의는 재적위원 3분의 2 이상의 출석으로 개의하고, 출석위원 과반수의 찬성으로 의결한다.
④ 위원회의 사무를 처리하기 위하여 지소의 경우에는 7급 이상의 교도관 중에서 간사 1명을 둔다.

정답 및 해설

① [×] 분류처우위원회의 위원은 위원장이 소속 기관의 부소장 및 과장(지소의 경우에는 7급 이상의 교도관) 중에서 임명한다(동법 제62조 제2항). 위원회는 그 심의·의결을 위하여 외부전문가로부터 의견을 들을 수 있다(동법 제62조 제3항).
② [×] 분류처우위원회는 가석방 적격심사 신청 대상자 선정 등에 관한 사항을 심의·의결하고(동법 시행규칙 제97조 제4호), 가석방심사위원회는 가석방 적격 여부 및 가석방 취소 등에 관한 사항을 심사한다(동법 시행규칙 제236조).
③ [○] 형집행법 시행규칙 제99조 제3항
④ [×] 위원회의 사무를 처리하기 위하여 분류심사 업무를 담당하는 교도관 중에서 간사 1명을 둔다(동법 시행규칙 제100조 제1항).

정답 ③

05 「형의 집행 및 수용자의 처우에 관한 법률」상 수형자의 분류심사에 대한 설명으로 옳지 않은 것은?

2025. 교정 9급

① 수형자의 분류심사는 형이 확정된 경우에 개별처우계획을 수립하기 위하여 하는 심사와 일정한 형기가 지나거나 상벌 또는 그 밖의 사유가 발생한 경우에 개별처우계획을 조정하기 위하여 하는 심사로 구분한다.
② 소장은 분류심사를 위하여 수형자를 대상으로 상담 등을 통한 신상에 관한 개별사안의 조사, 심리·지능·적성 검사, 그 밖에 필요한 검사를 하여야 한다.
③ 소장은 분류심사를 위하여 외부전문가로부터 필요한 의견을 듣거나 외부전문가에게 조사를 의뢰할 수 있다.
④ 법무부장관은 수형자를 과학적으로 분류하기 위하여 분류심사를 전담하는 교정시설을 지정·운영할 수 있다.

정답 및 해설

① [○] 동법 제59조 제2항
② [×] 소장은 분류심사를 위하여 수형자를 대상으로 상담 등을 통한 신상에 관한 개별사안의 조사, 심리·지능·적성 검사, 그 밖에 필요한 검사를 할 수 있다(형집행법 제59조 제3항).
③ [○] 동법 제59조 제4항
④ [○] 동법 제61조

정답 ②

제18장 수형자 처우등급제도

제1절 | 시설등급과 처우등급

01 교정시설의 경비등급에 대한 설명으로 ㉠과 ㉡에 들어갈 적절한 용어는? 2012. 교정 9급

- 도주방지를 위한 통상적인 설비의 전부 또는 일부를 갖추지 아니하고 수형자의 자율적 활동이 가능하도록 통상적인 관리·감시의 전부 또는 일부를 하지 아니하는 교정시설을 (㉠)이라고 하며,
- 도주방지를 위한 통상적인 설비를 갖추고 수형자에 대하여 통상적인 관리·감시를 하는 교정시설을 (㉡)이라고 한다.

	㉠	㉡
①	완화경비시설	중경비시설
②	개방시설	일반경비시설
③	완화경비시설	일반경비시설
④	개방시설	중경비시설

정답 및 해설

교정시설은 도주방지 등을 위한 수용설비 및 계호의 정도(경비등급)에 따라 다음으로 구분한다. 다만, 동일한 교정시설이라도 구획을 정하여 경비등급을 달리할 수 있다(형집행법 제57조 제2항).

개방시설	도주방지를 위한 통상적인 설비의 전부 또는 일부를 갖추지 아니하고 수형자의 자율적 활동이 가능하도록 통상적인 관리·감시의 전부 또는 일부를 하지 아니하는 교정시설
완화경비시설	도주방지를 위한 통상적인 설비 및 수형자에 대한 관리·감시를 일반경비시설보다 완화한 교정시설
일반경비시설	도주방지를 위한 통상적인 설비를 갖추고 수형자에 대하여 통상적인 관리·감시를 하는 교정시설
중경비시설	도주방지 및 수형자 상호 간의 접촉을 차단하는 설비를 강화하고 수형자에 대한 관리·감시를 엄중히 하는 교정시설

정답 ②

02 「형의 집행 및 수용자의 처우에 관한 법률 시행규칙」상의 수형자의 처우등급에 대한 설명으로 옳게 짝지어진 것은? 2015. 교정 9급

- ㉠ 도주 등의 위험성에 따라 수용시설과 계호의 정도를 구별하고, 범죄성향의 진전과 개선정도, 교정성적에 따라 처우수준을 구별하는 기준
- ㉡ 성별·국적·나이·형기 등에 따라 수용할 시설 및 구획 등을 구별하는 기준
- ㉢ 수형자의 개별적인 특성에 따라 중점처우의 내용을 구별하는 기준

	㉠	㉡	㉢
①	기본수용급	경비처우급	개별처우급
②	경비처우급	기본수용급	개별처우급
③	기본수용급	개별처우급	경비처우급
④	개별처우급	기본수용급	경비처우급

정답 및 해설

② [○] ㉠ 경비처우급, ㉡ 기본수용급, ㉢ 개별처우급에 대한 설명이다(형집행법 시행규칙 제72조).

정답 ②

03 「형의 집행 및 수용자의 처우에 관한 법률 시행규칙」상 기본수용급 구분에 관하여 (   )에 들어갈 숫자의 합으로 옳은 것은?

2024. 5급 승진

> ㉠ (   )세 미만의 소년수형자
> ㉡ (   )세 미만의 청년수형자
> ㉢ (   )세 이상의 노인수형자
> ㉣ 형기가 (   )년 이상인 장기수형자

① 117
② 118
③ 122
④ 123

정답 및 해설

① [○] ㉠ 19 + ㉡ 23 + ㉢ 65 + ㉣ 10 = 117
  ㉠ 19세 미만의 소년수형자(형집행법 시행규칙 제73조 제4호)
  ㉡ 23세 미만의 청년수형자(동법 시행규칙 제73조 제5호)
  ㉢ 65세 이상의 노인수형자(동법 시행규칙 제73조 제6호)
  ㉣ 형기가 10년 이상인 장기수형자(동법 시행규칙 제73조 제7호)

정답 ①

04 ㉠ ~ ㉣에 들어갈 숫자를 바르게 연결한 것은?

2024. 교정 7급

> 「형의 집행 및 수용자의 처우에 관한 법률 시행규칙」상 기본수용급은 여성수형자, 외국인수형자, 금고형수형자, ㉠ 세 미만의 소년수형자, ㉡ 세 미만의 청년수형자, ㉢ 세 이상의 노인수형자, 형기가 ㉣ 년 이상인 장기수형자, 정신질환 또는 장애가 있는 수형자, 신체질환 또는 장애가 있는 수형자로 구분한다.

	㉠	㉡	㉢	㉣
①	18	23	65	15
②	18	25	70	10
③	19	23	65	10
④	19	25	70	15

정답 및 해설

③ [○] 기본수용급은 ⓐ 여성수형자, ⓑ 외국인수형자, ⓒ 금고형수형자, ⓓ 19세 미만의 소년수형자, ⓔ 23세 미만의 청년수형자, ⓕ 65세 이상의 노인수형자, ⓖ 형기가 10년 이상인 장기수형자, ⓗ 정신질환 또는 장애가 있는 수형자, ⓘ 신체질환 또는 장애가 있는 수형자로 구분한다(형집행법 시행규칙 제73조).

정답 ③

05 「형의 집행 및 수용자의 처우에 관한 법률 시행규칙」상 기본수용급으로 옳은 것은? 2015. 교정 7급

① 형기가 8년 이상인 장기수형자
② 24세 미만의 청년수형자
③ 정신질환 또는 장애가 있는 수형자
④ 조직폭력 또는 마약류 수형자

정답 및 해설

① [×] 형기가 10년 이상인 장기수형자
② [×] 23세 미만의 청년수형자
③ [○] 정신질환 또는 장애가 있는 수형자
④ [×] 엄중관리대상자의 구분에 해당한다(형집행법 시행규칙 제194조).

> **기본수용급**(형집행법 시행규칙 제73조)
> 1. 여성수형자
> 2. 외국인수형자
> 3. 금고형수형자
> 4. 19세 미만의 소년수형자
> 5. 23세 미만의 청년수형자
> 6. 65세 이상의 노인수형자
> 7. 형기가 10년 이상인 장기수형자
> 8. 정신질환 또는 장애가 있는 수형자
> 9. 신체질환 또는 장애가 있는 수형자

정답 ③

06 형집행법령상 개별처우급의 구분으로 옳지 않은 것은? 2019. 8급 승진

① 개방처우   ② 완화처우
③ 집중처우   ④ 의료처우

정답 및 해설

> **개별처우급**(형집행법 시행규칙 제76조)
> 1. 직업훈련
> 2. 학과교육
> 3. 생활지도
> 4. 작업지도
> 5. 운영지원작업
> 6. 의료처우
> 7. 자치처우
> 8. 개방처우
> 9. 집중처우

정답 ②

07 「형의 집행 및 수용자의 처우에 관한 법률 시행규칙」상 경비처우급에 대한 설명으로 옳은 것은? 2023. 교정 9급

① 개방시설에 수용되어 가장 낮은 수준의 처우가 필요한 수형자는 개방처우급으로 구분한다.
② 완화경비시설에 수용되어 통상적인 수준보다 낮은 수준의 처우가 필요한 수형자는 완화경비처우급으로 구분한다.
③ 일반경비시설에 수용되어 통상적인 수준의 처우가 필요한 수형자는 일반경비처우급으로 구분한다.
④ 중(重)경비시설에 수용되어 가장 높은 수준의 처우가 필요한 수형자는 중(重)경비처우급으로 구분한다.

정답 및 해설

① [×] 개방시설에 수용되어 가장 높은 수준의 처우가 필요한 수형자는 개방처우급으로 구분한다(동법 시행규칙 제74조 제1항 제1호).
② [×] 완화경비시설에 수용되어 통상적인 수준보다 높은 수준의 처우가 필요한 수형자는 완화경비처우급으로 구분한다(동법 시행규칙 제74조 제1항 제2호).
③ [○] 형집행법 시행규칙 제74조 제1항 제3호
④ [×] 중경비시설에 수용되어 기본적인 처우가 필요한 수형자는 중경비처우급으로 구분한다(동법 시행규칙 제74조 제1항 제4호).

정답 ③

08

「형의 집행 및 수용자의 처우에 관한 법률 시행규칙」상 기본수용급의 구분으로 옳지 않은 것은 몇 개인가?

㉠ 형기가 20년 이상인 장기수형자	㉡ 24세 미만의 청년수형자
㉢ 여성수형자	㉣ 70세 이상의 노인수형자
㉤ 19세 이하의 소년수형자	㉥ 외국인수형자
㉦ 정신질환 또는 장애가 있는 수형자	㉧ 신체질환 또는 장애가 있는 수형자
㉨ 금고형수형자	

① 2개 ② 3개
③ 4개 ④ 5개

정답 및 해설

기본수용급의 구분으로 옳지 않은 것은 ㉠, ㉡, ㉣, ㉤이다.
㉠ [×] 형기가 10년 이상인 장기수형자
㉡ [×] 23세 미만의 청년수형자
㉣ [×] 65세 이상의 노인수형자
㉤ [×] 19세 미만 소년수형자

정답 ③

제2절 | 경비처우급의 조정과 처우

01

형의 집행 및 수용자의 처우에 관한 법령상 소득점수 평가에 대한 설명으로 옳은 것은? 2024. 교정 7급

① 소장이 작업장 중 작업의 특성이나 난이도 등을 고려하여 필수 작업장으로 지정하는 경우 소득점수의 수는 10퍼센트 이내, 우는 30퍼센트 이내의 범위에서 각각 확대할 수 있다.
② 경비처우급을 상향 또는 하향 조정하기 위하여 고려할 수 있는 평정소득점수의 기준은 수용 및 처우를 위하여 특히 필요한 경우 법무부장관이 달리 정할 수 있다.
③ 부정기재심사의 소득점수 평정대상기간은 사유가 발생한 달의 다음 달까지로 한다.
④ 수형자의 수형생활 태도는 책임감 및 협동심의 정도에 따라 매우양호(수, 5점)·양호(우, 4점)·보통(미, 3점)·개선요망(양, 2점)·불량(가, 0점)으로 구분하여 채점한다.

정답 및 해설

① [×] 소장이 작업장 중 작업의 특성이나 난이도 등을 고려하여 필수 작업장으로 지정하는 경우 소득점수의 수는 5퍼센트 이내, 우는 10퍼센트 이내의 범위에서 각각 확대할 수 있다(동법 시행규칙 제79조 제2항).
② [○] 경비처우급을 상향 또는 하향 조정하기 위하여 고려할 수 있는 평정소득점수의 기준은 ㉠ 상향 조정은 8점 이상(형기의 6분의 5에 도달한 때에 하는 재심사의 경우에는 7점 이상), ㉡ 하향 조정은 5점 이하이다. 다만, 수용 및 처우를 위하여 특히 필요한 경우 법무부장관이 달리 정할 수 있다(형집행법 시행규칙 제81조).
③ [×] 소장은 재심사(정기재심사, 부정기재심사)를 하는 경우에는 그 때마다 매월 평가한 수형자의 소득점수를 평정하여 경비처우급을 조정할 것인지를 고려하여야 한다. 다만, 부정기재심사의 소득점수 평정대상기간은 사유가 발생한 달까지로 한다(동법 시행규칙 제80조 제1항).
④ [×] 수형자의 소득점수 평가 방법은 다음과 같이 구분한다. ㉠ 수형생활 태도는 품행·책임감 및 협동심의 정도에 따라 매우양호(수, 5점)·양호(우, 4점)·보통(미, 3점)·개선요망(양, 2점)·불량(가, 1점)으로 구분하여 채점한다(동법 시행규칙 제78조 제2항 제1호). ㉡ 작업 또는 교육 성적은 부과된 작업·교육의 실적 정도와 근면성 등에 따라 매우우수(수, 5점)·우수(우, 4점)·보통(미, 3점)·노력요망(양, 2점)·불량(가, 1점)으로 구분하여 채점한다(동법 시행규칙 제78조 제2항 제2호).

정답 ②

02 「형의 집행 및 수용자의 처우에 관한 법률 시행규칙」상 소득점수 평가기준과 처우등급 조정에 대한 설명으로 옳지 않은 것은?

2015. 교정 7급

① 소득점수는 수형생활 태도와 작업 또는 교육성적으로 구성되며, 수형생활 태도는 품행·책임감 및 협동심의 정도에 따라, 작업 또는 교육성적은 부과된 작업·교육의 실적 정도와 근면성 등에 따라 채점한다.
② 수형생활 태도 점수와 작업 또는 교육성적 점수를 채점하는 경우에 수는 소속작업장 또는 교육장 전체 인원의 10퍼센트를 초과할 수 없고, 우는 30퍼센트를 초과할 수 없으나, 작업장 또는 교육장 전체인원이 4명 이하인 경우에는 수·우를 각각 1명으로 채점할 수 있다.
③ 소득점수를 평정하는 경우에 평정 대상기간 동안 매월 평가된 소득점수를 합산하여 평정 대상기간의 개월 수로 나누어 얻은 점수인 평정소득점수가 5점 이하인 경우 경비처우급을 하향 조정할 수 있다.
④ 조정된 처우등급의 처우는 그 조정이 확정된 날부터 하며, 이 경우 조정된 처우등급은 그 달 초일부터 적용된 것으로 본다.

정답 및 해설

① [○] 동법 시행규칙 제77조, 제78조 제2항
② [○] 동법 시행규칙 제79조 제1항
③ [○] 동법 시행규칙 제80조 제2항, 제81조
④ [×] 조정된 처우등급에 따른 처우는 그 조정이 확정된 다음 날부터 한다. 이 경우 조정된 처우등급은 그 달 초일부터 적용된 것으로 본다(형집행법 시행규칙 제82조 제1항).

정답 ④

03 「형의 집행 및 수용자의 처우에 관한 법률 시행규칙」상 수용자의 처우에 대한 설명으로 옳은 것은?

2019. 교정 7급

① 소장은 수형자가 완화경비처우급 또는 일반경비처우급으로서 작업·교육 등의 성적이 우수하고 관련 기술이 있는 경우에는 교도관의 작업지도를 보조하게 할 수 있다.
② 소장은 형집행정지 중인 사람이 기간만료로 재수용된 경우에는 석방 당시와 동일한 처우등급을 부여한다.
③ 분류심사에 있어서 무기형과 20년을 초과하는 징역형·금고형의 정기재심사 시기를 산정하는 경우에는 그 형기를 20년으로 본다.
④ 소장은 수형자의 경비처우급에 따라 부식, 음료, 그 밖에 건강유지에 필요한 물품에 차이를 두어 지급할 수 있다.

정답 및 해설

① [×] 소장은 수형자가 개방처우급 또는 완화경비처우급으로서 작업·교육 등의 성적이 우수하고 관련 기술이 있는 경우에는 교도관의 작업지도를 보조하게 할 수 있다(동법 시행규칙 제94조).
② [×] 소장은 형집행정지 중에 있는 사람이 기간만료 또는 그 밖의 정지사유가 없어져 재수용된 경우에는 석방 당시와 동일한 처우등급을 부여할 수 있다(동법 시행규칙 제60조 제2항).
③ [○] 형집행법 시행규칙 제66조 제3항
④ [×] 소장은 수형자의 경비처우급에 따라 물품에 차이를 두어 지급할 수 있다. 다만, 주·부식, 음료, 그 밖에 건강유지에 필요한 물품은 그러하지 아니하다(동법 시행규칙 제84조 제1항).

정답 ③

04 「형의 집행 및 수용자의 처우에 관한 법률 시행규칙」상 처우등급에 대한 설명으로 옳지 않은 것은?

2020. 교정 7급

① 원칙적으로 경비처우급을 하향 조정하기 위하여 고려할 수 있는 평정소득점수의 기준은 5점 이하이다.
② 재심사에 따라 경비처우급을 조정할 필요가 있는 경우에는 세 단계의 범위에서 조정할 수 있다.
③ 소장은 수형자의 경비처우급을 조정한 경우에는 지체 없이 해당 수형자에게 그 사항을 알려야 한다.
④ 소장은 수형자를 처우등급별 수용하는 경우 개별처우의 효과를 증진하기 위하여 경비처우급·개별처우급이 같은 수형자 집단으로 수용하여 처우할 수 있다.

정답 및 해설

① [○] 동법 시행규칙 제81조
② [×] 재심사에 따라 경비처우급을 조정할 필요가 있는 경우에는 한 단계의 범위에서 조정한다. 다만, 수용 및 처우를 위하여 특히 필요한 경우에는 두 단계의 범위에서 조정할 수 있다(형집행법 시행규칙 제68조 제2항).
③ [○] 동법 시행규칙 제82조 제2항
④ [○] 동법 시행규칙 제83조 제2항

정답 ②

05 「형의 집행 및 수용자의 처우에 관한 법률 시행규칙」상 처우등급별 처우 등에 대한 설명으로 옳은 것은 모두 몇 개인가?

2020. 6급 승진

> ㉠ 소장은 개방처우급·완화경비처우급·일반경비처우급 수형자로서 교정성적, 나이, 인성 등을 고려하여 다른 수형자의 모범이 된다고 인정되는 경우에는 봉사원으로 선정하여 담당교도관의 사무처리와 그 밖의 업무를 보조하게 할 수 있다.
> ㉡ 소장은 수형자를 경비처우급별·개별처우급별로 구분하여 수용하여야 한다.
> ㉢ 소장은 개방처우급·완화경비처우급·일반경비처우급 수형자에게 자치생활을 허가할 수 있으며, 자치생활 수형자들이 교육실, 강당 등 적당한 장소에서 매주 1회 이상 토론회를 할 수 있도록 허가하여야 한다.
> ㉣ 소장은 개방처우급·완화경비처우급 수형자 및 특히 필요한 경우 일반경비처우급 수형자에 대하여도 수형자 자신을 위한 개인작업을 하게 할 수 있다.

① 1개 ② 2개
③ 3개 ④ 4개

정답 및 해설

옳은 것은 ㉠이다.
㉠ [○] 형집행법 시행규칙 제85조 제1항
㉡ [×] 소장은 수형자를 기본수용급별·경비처우급별로 구분하여 수용하여야 한다. 다만 처우상 특히 필요하거나 시설의 여건상 부득이한 경우에는 기본수용급·경비처우급이 다른 수형자를 함께 수용하여 처우할 수 있다(동법 시행규칙 제83조 제1항).
㉢ [×] 소장은 개방처우급·완화경비처우급 수형자에게 자치생활을 허가할 수 있으며(동법 시행규칙 제86조 제1항), 자치생활 수형자들이 교육실, 강당 등 적당한 장소에서 월 1회 이상 토론회를 할 수 있도록 하여야 한다(동법 시행규칙 제86조 제3항).
㉣ [×] 소장은 수형자가 개방처우급 또는 완화경비처우급으로서 작업기술이 탁월하고 작업성적이 우수한 경우에는 수형자 자신을 위한 개인작업을 하게 할 수 있다(동법 시행규칙 제95조 제1항).

정답 ①

06 수형자의 경비처우급에 대한 설명으로 옳은 것은?

2013. 교정 9급

① 교도소장은 중경비처우급 수형자라도 처우상 특히 필요하다고 인정하는 경우에는 접촉차단시설이 설치된 장소 외의 적당한 곳에서 접견을 실시할 수 있다.
② 교도소장은 봉사원을 선정할 때에는 개방처우급 또는 완화처우급 수형자 중에서 교정성적, 나이, 인성을 고려하여 교도관회의에 상정하고 심의·의결을 거쳐야 한다.
③ 교도소장은 개방처우급 수형자에 한하여 사회견학, 사회봉사, 교정시설 외부 종교행사를 허용할 수 있으며, 처우상 특히 필요한 경우 완화경비처우급 수형자와 일반경비처우급 수형자에게도 이를 허가할 수 있다.
④ 교도소장은 수형자의 모든 물품, 의류에 대하여 경비처우급에 따라 차이를 두어 지급하지 아니한다.

정답 및 해설

① [○] 소장은 개방처우급 수형자에 대하여는 법무부장관이 정하는 바에 따라 접촉차단시설이 설치된 장소 외의 적당한 곳에서 접견을 실시할 수 있다. 다만, 처우상 특히 필요하다고 인정하는 경우에는 그 밖의 수형자에 대하여도 이를 허용할 수 있다(형집행법 시행규칙 제88조).

② [×] 소장은 개방처우급·완화경비처우급·일반경비처우급 수형자로서 교정성적, 나이, 인성 등을 고려하여 다른 수형자의 모범이 된다고 인정되는 경우에는 봉사원으로 선정하여 담당교도관의 사무처리와 그 밖의 업무를 보조하게 할 수 있다(동법 시행규칙 제85조 제1항).

③ [×] 소장은 개방처우급·완화경비처우급 수형자에 대하여 교정시설 밖에서 이루어지는 사회견학, 사회봉사, 자신이 신봉하는 종교행사 참석, 연극·영화·그 밖의 문화공연 관람의 활동을 허가할 수 있다. 다만, 처우상 특히 필요한 경우에는 일반경비처우급 수형자에게도 이를 허가할 수 있다(동법 시행규칙 제92조 제1항).

④ [×] 소장은 수형자의 경비처우급에 따라 물품에 차이를 두어 지급할 수 있다. 다만, 주·부식, 음료, 그 밖에 건강유지에 필요한 물품은 그러하지 아니하다(동법 시행규칙 제84조 제1항).

📑 봉사원 선정과 취소절차(동법 시행규칙 제85조)

① 소장은 개방처우급·완화경비처우급·일반경비처우급 수형자로서 교정성적, 나이, 인성 등을 고려하여 다른 수형자의 모범이 된다고 인정되는 경우에는 봉사원으로 선정하여 담당교도관의 사무처리와 그 밖의 업무를 보조하게 할 수 있다.
② 소장은 봉사원의 활동기간을 1년 이하로 정하되, 필요한 경우에는 그 기간을 연장할 수 있다.
③ 소장은 봉사원의 활동과 역할 수행이 부적당하다고 인정하는 경우에는 그 선정을 취소할 수 있다.
④ 제1항부터 제3항까지에서 규정한 사항 외에 봉사원 선정, 기간연장 및 선정취소 등에 필요한 사항은 법무부장관이 정한다.
▶ '법무부장관이 정하는 바에 따라 분류처우위원회의 심의·의결'을 거치도록 한 규정을 개정하였다.

정답 ①

---

  07 사회적 처우에 대한 설명으로 옳지 않은 것은? 2014. 교정 7급

① 사회견학, 사회봉사, 종교행사 참석, 연극, 영화, 그 밖의 문화공연 관람은 사회적 처우에 속한다.
② 교정시설의 장은 원칙적으로 개방처우급, 완화경비처우급 및 일반경비처우급 수형자에 대하여 교정시설 밖에서 이루어지는 활동을 허가할 수 있다.
③ 연극이나 영화, 그 밖의 문화공연 관람에 필요한 비용은 수형자 부담이 원칙이며, 처우상 필요한 경우에는 예산의 범위에서 그 비용을 지원할 수 있다.
④ 교정시설의 장은 사회적 처우시에 별도의 수형자 의류를 지정하여 입게 하지만 처우상 필요한 경우 자비구매의류를 입게 할 수 있다.

정답 및 해설

① [○] 동법 시행규칙 제92조 제1항
② [×] 소장은 개방처우급·완화경비처우급 수형자에 대하여 교정시설 밖에서 이루어지는 활동을 허가할 수 있다. 다만, 처우상 특히 필요한 경우에는 일반경비처우급 수형자에게도 이를 허가할 수 있다(형집행법 시행규칙 제92조 제1항).
③ [○] 동법 시행규칙 제92조 제3항
④ [○] 동법 시행규칙 제92조 제2항

정답 ②

08 형의 집행 및 수용자의 처우에 관한 법령상 소장이 완화경비처우급 수형자에게 할 수 있는 처우내용이 아닌 것은?

2017. 교정 7급

① 자치생활을 허가하는 경우에는 월 1회 이상 토론회를 할 수 있도록 하여야 한다.
② 의류를 지급하는 경우에 색상, 디자인 등을 다르게 할 수 있다.
③ 작업·교육 등의 성적이 우수하고 관련 기술이 있는 경우에 교도관의 작업지도를 보조하게 할 수 있다.
④ 직업능력 향상을 위하여 특히 필요한 경우에는 교정시설 외부의 기업체 등에서 운영하는 직업훈련을 받게 할 수 있다.

정답 및 해설

① [○] 소장은 개방처우급·완화경비처우급 수형자에게 자치생활을 허가할 수 있고(동법 시행규칙 제86조 제1항), 자치생활 수형자들이 교육실, 강당 등 적당한 장소에서 월 1회 이상 토론회를 할 수 있도록 하여야 한다(동법 시행규칙 제86조 제3항).
② [×] 의류를 지급하는 경우 수형자가 개방처우급인 경우에는 색상, 디자인 등을 다르게 할 수 있다(형집행법 시행규칙 제84조 제2항).
③ [○] 소장은 수형자가 개방처우급 또는 완화경비처우급으로서 작업·교육 등의 성적이 우수하고 관련 기술이 있는 경우에는 교도관의 작업지도를 보조하게 할 수 있다(동법 시행규칙 제94조).
④ [○] 소장은 수형자가 개방처우급 또는 완화경비처우급으로서 직업능력 향상을 위하여 특히 필요한 경우에는 교정시설 외부의 공공기관 또는 기업체 등에서 운영하는 직업훈련을 받게 할 수 있다(동법 시행규칙 제96조 제1항).

정답 ②

09 수용자의 처우등급별 처우에 대한 설명으로 옳은 것은?

2015. 5급 승진

① 소장은 일반경비처우급 수용자에게 월 5회의 접견과 자치생활을 허가할 수 있다.
② 수용자가 다른 교정시설의 수용자와 화상접견을 하였거나 혹은 가족 만남의집을 이용한 경우에는 그 횟수만큼 접견의 허용횟수를 차감한다.
③ 일반경비처우급과 중경비처우급 수형자는 담당교도관의 사무처리를 보조하는 봉사원으로 선정될 수 없다.
④ 개방처우급 수형자는 의류와 식음료의 지급에 있어서 우대를 받을 수 있다.
⑤ 소장은 처우상 특히 필요한 경우에는 일반경비처우급 수형자에게도 교정시설 밖에서의 영화관람을 허가할 수 있다.

정답 및 해설

① [×] 소장은 일반경비처우급 수용자에게 월 5회의 접견을 허가할 수 있으며(동법 시행규칙 제87조 제1항), 자치생활은 개방처우급·완화경비처우급 수형자에게 허가할 수 있다(동법 시행규칙 제86조 제1항).
② [×] 수용자가 다른 교정시설의 수용자와 화상접견을 하였을 경우 화상접견은 접견 허용횟수에 포함한다. 즉, 접견 허용횟수에서 차감한다(동법 시행규칙 제87조 제3항). 가족 만남의 집을 이용한 경우 접견 허용횟수에는 포함되지 아니한다. 즉, 접견 허용횟수에서 차감하지 아니한다(동법 시행규칙 제89조 제1항).
③ [×] 개방처우급·완화경비처우급·일반경비처우급 수형자는 봉사원으로 선정되어 담당교도관의 사무처리와 그 밖의 업무를 보조할 수 있다(동법 시행규칙 제85조 제1항).
④ [×] 주·부식, 음료, 그 밖에 건강유지에 필요한 물품은 수형자의 경비처우급에 따라 차이를 두어 지급할 수 없으며(동법 시행규칙 제84조 제1항), 수형자가 개방처우급인 경우에는 색상, 디자인 등을 다르게 하여 의류를 지급할 수 있다(동법 시행규칙 제84조 제2항).
⑤ [○] 형집행법 시행규칙 제92조 제1항

정답 ⑤

10 다음 중 일반경비처우급 수형자에게 허용되는 처우는 모두 몇 개인가? 2018. 6급 승진

㉠ 자치생활	㉡ 오락회 개최
㉢ 작업지도 보조	㉣ 개인작업
㉤ 외부 직업훈련	㉥ 문화공연 관람

① 0개 ② 1개
③ 2개 ④ 3개

정답 및 해설

일반경비처우급 수형자에게 허용되는 처우는 ㉥이다.
㉠ [×] **자치생활**: 개방처우급·완화경비처우급(형집행법 시행규칙 제86조 제1항)
㉡ [×] **경기 또는 오락회 개최**: 개방처우급·완화경비처우급 또는 자치생활 수형자(동법 시행규칙 제91조 제1항)
㉢ [×] **작업·교육 등의 지도 보조**: 개방처우급·완화경비처우급(동법 시행규칙 제94조)
㉣ [×] **개인작업**: 개방처우급·완화경비처우급(동법 시행규칙 제95조 제1항)
㉤ [×] **외부 직업훈련**: 개방처우급·완화경비처우급(동법 시행규칙 제96조 제1항)
㉥ [○] **문화공연 관람**: 개방처우급·완화경비처우급 원칙. 처우상 특히 필요한 경우 일반경비처우급 가능(동법 시행규칙 제92조 제1항)

정답 ②

 11 「형의 집행 및 수용자의 처우에 관한 법률 시행규칙」상 수형자 자치제에 대한 설명으로 옳지 않은 것은? 2018. 5급 승진

① 소장은 개방처우급·완화경비처우급 수형자에게 자치생활을 허가할 수 있다.
② 소장은 자치생활 수형자에 대하여 월 2회 이내에서 경기 또는 오락회를 개최하게 할 수 있다. 다만, 소년수형자에 대하여는 그 횟수를 늘릴 수 있다.
③ 소장은 자치생활 수형자들이 교육실, 강당 등 적당한 장소에서 연 1회 이상 토론회를 할 수 있도록 하여야 한다.
④ 수형자 자치생활의 범위는 인원점검, 취미활동, 일정한 구역 안에서의 생활 등으로 한다.
⑤ 소장은 외부통근자의 사회적응능력을 기르고 원활한 사회복귀를 촉진하기 위하여 필요하다고 인정하는 경우에는 수형자 자치에 의한 활동을 허가할 수 있다.

정답 및 해설

① [○] 동법 시행규칙 제86조 제1항
② [○] 동법 시행규칙 제91조 제1항
③ [×] 소장은 자치생활 수형자들이 교육실, 강당 등 적당한 장소에서 월 1회 이상 토론회를 할 수 있도록 하여야 한다(형집행법 시행규칙 제86조 제3항).
④ [○] 동법 시행규칙 제86조 제2항
⑤ [○] 동법 시행규칙 제123조

정답 ③

12. 「형의 집행 및 수용자의 처우에 관한 법률」, 동법 시행령 및 시행규칙상 허용되지 않는 사례는?

2014. 교정 7급

① 교도소장 A는 개방처우급 수형자인 B의 사회복귀와 기술습득을 촉진하기 위하여 필요하다고 여겨, B를 교도소 외부에 소재한 기업체인 C사로 통근하며 작업을 할 수 있도록 허가하였다.
② 개방처우급 수형자인 B가 교정 성적이 우수하고 타 수형자의 모범이 되는 점을 감안하여, 교도소장 A는 B가 교정시설에 수용동과 별도로 설치된 일반주택 형태의 건축물에서 1박 2일간 가족과 숙식을 함께 할 수 있도록 허가하였다.
③ 교도소장 A는 수형자 B의 교화 또는 건전한 사회복귀에 필요하다고 여겨, 인근 대학의 심리학 전공 교수 D를 초청하여 상담 및 심리치료를 하게 하였다.
④ 일반경비처우급 수용자인 E의 교정 성적이 우수하자, 교도소장 A는 E에게 자치생활을 허용하면서 월 1회 토론회를 할 수 있도록 허가하였다.

정답 및 해설

① [○] 소장은 수형자의 건전한 사회복귀와 기술습득을 촉진하기 위하여 필요하면 외부기업체 등에 통근 작업하게 할 수 있으며(동법 제68조 제1항), 외부기업체에 통근하며 작업하는 수형자(외부통근작업자)의 선정기준으로 개방처우급·완화경비처우급에 해당하여야 한다(동법 시행규칙 제120조 제1항 제3호).
② [○] 소장은 개방처우급·완화경비처우급 수형자에 대하여 가족 만남의 집을 이용하게 할 수 있으며(동법 시행규칙 제89조 제1항), 가족 만남의 집이란 수형자와 그 가족이 숙식을 함께 할 수 있도록 교정시설에 수용동과 별도로 설치된 일반주택 형태의 건축물을 말한다(동법 시행규칙 제89조 제4항).
③ [○] 소장은 수형자의 교화 또는 건전한 사회복귀를 위하여 필요하면 교육학·교정학·범죄학·사회학·심리학·의학 등에 관한 학식 또는 교정에 관한 경험이 풍부한 외부전문가로 하여금 수형자에 대한 상담·심리치료 또는 생활지도 등을 하게 할 수 있다(동법 제58조).
④ [×] 소장은 개방처우급·완화경비처우급 수형자에게 자치생활을 허가할 수 있다(형집행법 시행규칙 제86조 제1항).

정답 ④

13. 형의 집행 및 수용자의 처우에 관한 법령상 수형자의 사회적 처우와 위로금에 대한 설명으로 옳은 것은?

2023. 교정 7급

① 화상접견은 접견 허용횟수에 포함되지만, 가족 만남의 날 참여는 접견 허용횟수에 포함되지 않는다.
② 사회적 처우 활동 중 사회견학이나 사회봉사에 필요한 비용은 수형자가 부담한다.
③ 가족 만남의 집 이용은 완화경비처우급과 개방처우급 수형자에 한하여 그 대상이 될 수 있다.
④ 작업으로 인한 부상으로 신체에 장해가 발생한 때 지급하는 위로금은 소장이 수형자를 석방할 때 수형자 본인에게 지급하여야 한다.

정답 및 해설

① [○] 형집행법 시행규칙 제87조 제3항, 동법 시행규칙 제89조 제1항
② [×] 사회적 처우 활동에는 ㉠ 사회견학, ㉡ 사회봉사, ㉢ 자신이 신봉하는 종교행사 참석, ㉣ 연극, 영화, 그 밖의 문화공연 관람이 있으며(동법 시행규칙 제92조 제1항), ㉣ 연극, 영화, 그 밖의 문화공연 관람 활동에 필요한 비용은 수형자가 부담한다. 다만, 처우상 필요한 경우에는 예산의 범위에서 그 비용을 지원할 수 있다(동법 시행규칙 제92조 제3항).
③ [×] 소장은 개방처우급·완화경비처우급 수형자에 대하여 가족 만남의 날 행사에 참여하게 하거나 가족 만남의 집을 이용하게 할 수 있으며(동법 시행규칙 제89조 제1항), 소장은 교화를 위하여 특히 필요한 경우에는 일반경비처우급 수형자에 대하여도 가족 만남의 날 행사 참여 또는 가족 만남의 집 이용을 허가할 수 있다(동법 시행규칙 제89조 제3항).
④ [×] 위로금은 본인에게 지급한다(동법 제74조 제2항).
▶ 작업 또는 직업훈련으로 인한 부상이나 질병으로 신체에 장해가 발생한 경우에 지급하는 위로금을 수형자가 석방될 때 지급하도록 하던 것을 지급 사유가 발생하면 언제든지 지급할 수 있도록 하였다.

정답 ①

14. 「형의 집행 및 수용자의 처우에 관한 법률 시행규칙」상 가족 만남의 날 행사 등에 대한 설명으로 옳은 것은?

2020. 교정 7급

① 수형자와 그 가족이 원칙적으로 교정시설 밖의 일정한 장소에서 다과와 음식을 함께 나누면서 대화의 시간을 갖는 행사를 말한다.
② 소장은 중경비처우급 수형자에 대하여 가족 만남의 날 행사에 참여하게 하거나 가족 만남의 집을 이용하게 할 수 있다.
③ 가족 만남의 날 행사에 참여하는 횟수만큼 수형자의 접견 허용횟수는 줄어든다.
④ 소장은 가족이 없는 수형자에 대하여는 결연을 맺었거나 그 밖에 가족에 준하는 사람으로 하여금 그 가족을 대신하게 할 수 있다.

정답 및 해설

① [×] 가족 만남의 날 행사란 수형자와 그 가족이 교정시설의 일정한 장소에서 다과와 음식을 함께 나누면서 대화의 시간을 갖는 행사를 말하며, 가족 만남의 집이란 수형자와 그 가족이 숙식을 함께 할 수 있도록 교정시설에 수용동과 별도로 설치된 일반주택 형태의 건축물을 말한다(동법 시행규칙 제89조 제4항).
②, ③ [×] 소장은 개방처우급·완화경비처우급 수형자에 대하여 가족 만남의 날 행사에 참여하게 하거나 가족 만남의 집을 이용하게 할 수 있다. 이 경우 접견 허용횟수에는 포함되지 아니한다(동법 시행규칙 제89조 제1항). 소장은 교화를 위하여 특히 필요한 경우에는 일반경비처우급 수형자에 대하여도 가족 만남의 날 행사 참여 또는 가족 만남의 집 이용을 허가할 수 있다(동법 시행규칙 제89조 제3항).
④ [○] 형집행법 시행규칙 제89조 제2항

정답 ④

15. 수형자의 처우에 대한 설명으로 옳지 않은 것은?

2018. 8급 승진

① 수형자에 대하여는 교육·교화프로그램, 작업, 직업훈련 등을 통하여 교정교화를 도모하고 사회생활에 적응하는 능력을 함양하도록 처우하여야 한다.
② 소장은 수형자를 기본수용급별·개별처우급별로 구분하여 수용하여야 한다. 다만, 처우상 특히 필요하거나 시설의 여건상 부득이한 경우에는 기본수용급·개별처우급이 다른 수형자를 함께 수용하여 처우할 수 있다.
③ 소장은 개방처우급·완화경비처우급·일반경비처우급 수형자로서 교정성적, 나이, 인성 등을 고려하여 다른 수형자의 모범이 된다고 인정되는 경우에는 봉사원으로 선정하여 담당교도관의 사무처리와 그 밖의 업무를 보조하게 할 수 있다.
④ 소장은 수형자의 경비처우급에 따라 물품에 차이를 두어 지급할 수 있으며, 의류를 지급하는 경우 수형자가 개방처우급인 경우에는 색상, 디자인 등을 다르게 할 수 있다.

정답 및 해설

① [○] 동법 제55조
② [×] 소장은 수형자를 기본수용급별·경비처우급별로 구분하여 수용하여야 한다. 다만 처우상 특히 필요하거나 시설의 여건상 부득이한 경우에는 기본수용급·경비처우급이 다른 수형자를 함께 수용하여 처우할 수 있다(형집행법 시행규칙 제83조 제1항).
③ [○] 동법 시행규칙 제85조 제1항
④ [○] 동법 시행규칙 제84조 제1항·제2항

정답 ②

16. 수용자의 처우에 관한 설명으로 옳지 않은 것을 모두 고른 것은?

2012. 교정 9급

㉠ 일반경비처우급 수형자에게는 월 5회 접견을 허용한다.
㉡ 수용자에게 지급하는 음식물의 총열량은 1명당 1일 2,500킬로칼로리를 기준으로 한다.
㉢ 소장은 전화통화를 신청한 수용자가 범죄의 증거를 인멸할 우려가 있을 때, 전화통화를 허가하지 않을 수 있다.
㉣ 외부통근은 개방처우급 수형자에 대해서만 허가한다.
㉤ 의류·침구류 및 신발류는 자비로 구매할 수 없다.
㉥ 직계비속이 해외유학을 위하여 출국하게 된 때에는 귀휴를 허가할 수 없다.
㉦ 소장은 교정시설의 안전과 질서를 해치지 아니하는 범위에서 종교단체 또는 종교인이 주재하는 종교행사를 실시한다.

① ㉠, ㉢, ㉤
② ㉡, ㉣, ㉥
③ ㉠, ㉡, ㉦
④ ㉣, ㉤, ㉥

정답 및 해설

옳지 않은 것은 ㉣, ㉤, ㉥이다.
- ㉠ [○] 형집행법 시행규칙 제87조
- ㉡ [○] 동법 시행규칙 제14조 제2항
- ㉢ [○] 소장은 전화통화를 신청한 수용자가 ⓐ 범죄의 증거를 인멸할 우려가 있을 때, ⓑ 형사법령에 저촉되는 행위를 할 우려가 있을 때, ⓒ 「형사소송법」에 따라 접견·편지수수 금지결정을 하였을 때, ⓓ 교정시설의 안전 또는 질서를 해칠 우려가 있을 때, ⓔ 수형자의 교화 또는 건전한 사회복귀를 해칠 우려에 해당하는 사유가 없으면 전화통화를 허가할 수 있다. 다만, 미결수용자에게 전화통화를 허가할 경우 그 허용횟수는 월 2회 이내로 한다(동법 시행규칙 제25조 제1항).
- ㉣ [×] 외부기업체 통근작업은 개방처우급·완화경비처우급에 해당하는 수형자 중에서 선정한다(동법 시행규칙 제120조 제1항 제3호).
- ㉤ [×] 의류·침구류 및 신발류는 자비로 구매할 수 있다(동법 제24조 제1항 및 동법 시행규칙 제16조 제1항).
- ㉥ [×] 직계비속이 입대하거나 해외유학을 위하여 출국하게 된 때에는 귀휴(일반귀휴)를 허가할 수 있다(동법 시행규칙 제129조 제3항 제3호).
- ㉦ [○] 동법 시행규칙 제31조 제1항

정답 ④

17

「형의 집행 및 수용자의 처우에 관한 법률」상 교도소장 A가 취한 조치 중 타당한 것은? 2015. 교정 7급

① 정치인 B가 신입자로 수용되면서 자신의 수감 사실을 가족에게 알려줄 것을 원하였으나, 교도소장 A는 정치인 B에게 아첨하는 것처럼 비칠까봐 요청을 거부하고 가족에게 알리지 않았다.
② 기독교 신자이며 교도소장 A의 동창인 수용자 C는 성경책을 지니기를 원하였으나, 교도소장 A는 지인에 대한 특혜처럼 비칠까봐 별다른 교화나 질서유지상의 문제가 없음에도 성경책을 지니는 것을 제한하였다.
③ 수용자인 연예인 D가 교도소 외부 대형병원에서 자신의 비용으로 치료받기를 원하였으나, 교도소장 A는 교도소의 의무관으로부터 소내 치료가 충분히 가능한 단순 타박상이라 보고받고 명백한 꾀병으로 보이기에 외부병원 치료 요청을 거부하였다.
④ 교도소장 A는 금고형을 선고받고 복역 중인 기업인 E가 교도작업을 하지 않는 것은 특혜라고 비칠까봐 기업인 E가 거부함에도 불구하고 교도작업을 부과하였다.

정답 및 해설

① [×] 소장은 신입자 또는 다른 교정시설로부터 이송되어 온 사람이 있으면 그 사실을 수용자의 가족(배우자, 직계 존속·비속 또는 형제자매)에게 지체 없이 알려야 한다. 다만, 수용자가 알리는 것을 원하지 아니하면 그러하지 아니하다(동법 제21조). 즉, 가족에게 수용사실을 알리는 것은 소장의 의무이다.
② [×] 수용자는 자신의 신앙생활에 필요한 책이나 물품을 지닐 수 있고(동법 제45조 제2항), 소장은 ㉠ 수형자의 교화 또는 건전한 사회복귀를 위하여 필요한 때, ㉡ 시설의 안전과 질서유지를 위하여 필요한 때에는 종교의식·종교행사·개별적인 종교상담 및 신앙생활에 필요한 책이나 물품을 지니는 것을 제한할 수 있다(동법 제45조 제3항).
③ [○] 소장은 수용자가 자신의 비용으로 외부의료시설에서 근무하는 의사(외부의사)에게 치료받기를 원하면 교정시설에 근무하는 의사(의무관)의 의견을 고려하여 이를 허가할 수 있다(형집행법 제38조).
④ [×] 금고형 수형자는 교도작업의 의무가 없고 신청에 따라 작업을 부과할 수 있을 뿐이다(동법 제67조).

정답 ③

18. 경비처우급에 따른 수형자의 처우에 대한 설명으로 옳지 않은 것은?

2019. 6급 승진

① 가족만남의 집은 개방처우급·완화경비처우급 수형자에게 이용하게 할 수 있고, 교화를 위하여 특히 필요한 경우에는 일반경비처우급 수형자에 대하여도 허가할 수 있다.
② 가족만남의 날 행사는 개방처우급·완화경비처우급 수형자에게 참여하게 할 수 있고, 교화를 위하여 특히 필요한 경우에는 일반경비처우급 수형자에 대하여도 허가할 수 있다.
③ 소장은 개방처우급·완화경비처우급·일반경비처우급 수형자로서 교정성적, 나이, 인성 등을 고려하여 다른 수형자의 모범이 된다고 인정되는 경우에는 봉사원으로 선정하여 담당교도관의 사무처리와 그 밖의 업무를 보조하게 할 수 있다.
④ 소장은 개방처우급·완화경비처우급 수형자에게 자치생활을 허가할 수 있고, 교화를 위하여 특히 필요한 경우에는 일반경비처우급 수형자에 대하여도 허가할 수 있다.

정답 및 해설

①, ② [○] 동법 시행규칙 제89조 제1항·제3항
③ [○] 동법 시행규칙 제85조 제1항
④ [×] 소장은 개방처우급·완화경비처우급 수형자에게 자치생활을 허가할 수 있다(형집행법 시행규칙 제86조 제1항).

정답 ④

19. 「형의 집행 및 수용자의 처우에 관한 법률 시행규칙」상 수용자의 처우에 대한 설명으로 옳지 않은 것은?

2020. 5급 승진

① 조정된 처우등급에 따른 처우는 그 조정이 확정된 다음 날부터 하며, 이 경우 조정된 처우등급은 그 달 초일부터 적용된 것으로 본다.
② 소장은 수형자의 경비처우급에 따라 물품에 차이를 두어 지급할 수 있으나, 주·부식, 음료, 그 밖에 건강유지에 필요한 물품은 그러하지 아니하다.
③ 소장은 수용자의 신앙생활에 필요하다고 인정하는 경우에는 외부에서 제작된 휴대용 종교도서 및 성물을 수용자가 지니게 할 수 있다.
④ 소장은 노인수용자가 거동이 불편하여 혼자서 목욕하기 어려운 경우에는 교도관 또는 자원봉사자로 하여금 목욕을 보조하게 할 수 있으나 다른 수용자로 하여금 목욕을 보조하게 할 수는 없다.
⑤ 소장은 수형자가 개방처우급 또는 완화경비처우급으로서 작업기술이 탁월하고 작업성적이 우수한 경우에는 수형자 자신을 위한 개인작업을 하게 할 수 있으며, 이 경우 개인작업 시간은 교도작업에 지장을 주지 아니하는 범위에서 1일 2시간 이내로 한다.

정답 및 해설

① [○] 동법 시행규칙 제82조 제1항
② [○] 동법 시행규칙 제84조 제1항
③ [○] 동법 시행규칙 제34조 제1항
④ [×] 소장은 노인수용자가 거동이 불편하여 혼자서 목욕하기 어려운 경우에는 교도관, 자원봉사자 또는 다른 수용자로 하여금 목욕을 보조하게 할 수 있다(형집행법 시행규칙 제46조 제2항).
⑤ [○] 동법 시행규칙 제95조 제1항

정답 ④

20. 「형의 집행 및 수용자의 처우에 관한 법률」상 수형자 처우에 대한 설명으로 옳지 않은 것은?

2015. 5급 승진

① 소장은 분류처우위원회의 의결에 따라 수형자의 개별적 특성에 알맞은 교육·교화프로그램, 작업, 직업훈련 등의 처우에 관한 계획을 수립하여 시행한다.
② 수형자는 교화 또는 건전한 사회복귀를 위하여 교정시설 밖의 적당한 장소에서 봉사활동·견학, 그 밖에 사회적응에 필요한 처우를 받을 수 있다.
③ 수형자에 대한 처우는 교화 또는 건전한 사회복귀를 위하여 교정성적에 따라 상향 조정될 수 있지만, 이 처우 조정의 경우에는 그 성적이 우수하더라도 개방시설에 수용하여 사회생활에 필요한 처우를 하는 등의 조치를 취할 수 없다.
④ 소장은 수형자의 가족 또는 배우자의 직계존속이 사망한 수형자에 대하여는 5일 이내의 특별귀휴를 허가할 수 있다.
⑤ 수형자가 작업 등으로 인한 부상 또는 질병으로 신체에 장해가 발생한 때, 작업 또는 직업훈련 중에 사망하거나 그로 인하여 사망한 때, 위로금 또는 조위금을 지급받을 권리는 다른 사람 또는 법인에게 양도하거나 담보로 제공할 수 없으며, 다른 사람 또는 법인은 이를 압류할 수 없다.

정답 및 해설

① [○] 동법 제56조 제1항
② [○] 동법 제57조 제5항
③ [×] 수형자에 대한 처우는 교화 또는 건전한 사회복귀를 위하여 교정성적에 따라 상향 조정될 수 있으며, 특히 그 성적이 우수한 수형자는 개방시설에 수용되어 사회생활에 필요한 적정한 처우를 받을 수 있다(형집행법 제57조 제3항).
④ [○] 동법 제77조 제2항
⑤ [○] 동법 제74조 제1항, 동법 제76조 제1항

정답 ③

21. 형의 집행 및 수용자의 처우에 관한 법령상 수형자에 대한 분류와 처우에 대한 설명으로 옳은 것만을 모두 고르면?

2018. 5급 승진

㉠ 통상적인 수준의 처우가 필요한 일반경비처우급 수형자 A에게는 정보화 교육과 외국어 교육과정의 교육기회가 주어질 수 있다.
㉡ 개방지역작업 및 외부통근작업이 가능한 개방처우급 수형자 B는 1일 1회의 접견이 가능하다.
㉢ 소장은 5년형의 징역형 중 형기가 6개월 남은 초범인 완화경비처우급 수형자 C를 교정시설에 설치된 개방시설에 수용하여 사회적응에 필요한 교육, 취업지원 등 적정한 처우를 할 수 있다.
㉣ 구내작업을 하며 기본적인 처우만을 보장받는 중경비처우급인 수형자 D는 소장의 허가를 받아야만 문예·학술 등의 집필활동을 할 수 있다.
㉤ 소장은 통상적인 수준보다 높은 수준의 처우가 필요한 완화경비처우급인 수형자 E에게 교화 또는 사회복귀 준비 등을 위하여 특히 필요한 경우에 한하여 귀휴를 허가할 수 있다.

① ㉠, ㉡, ㉢ ② ㉠, ㉡, ㉣
③ ㉠, ㉢, ㉤ ④ ㉡, ㉢, ㉣
⑤ ㉡, ㉣, ㉤

정답 및 해설

옳은 것은 ㉠, ㉡, ㉢이다.

㉠ [○] 일반경비시설에 수용되어 통상적인 수준의 처우가 필요한 일반경비처우급 수형자(형집행법 시행규칙 제74조 제1항 제3호)에게는 정보화 교육(경비처우급 규정을 적용받지 않는 교육과정)과 외국어 교육과정(동법 시행규칙 제113조 제2항)의 교육기회가 주어질 수 있다.

㉡ [○] 개방처우급 수형자는 개방지역작업 및 외부통근작업이 가능하며(동법 시행규칙 제74조 제2항 제1호), 접견 허용횟수는 1일 1회이다(동법 시행규칙 제87조 제1항 제1호).

㉢ [○]
> **중간처우**(동법 시행규칙 제93조)
> ① 소장은 개방처우급 혹은 완화경비처우급 수형자가 다음 각 호의 사유에 모두 해당하는 경우에는 교정시설에 설치된 개방시설에 수용하여 사회 적응에 필요한 교육, 취업지원 등 적정한 처우를 할 수 있다.
>   1. 형기가 2년 이상인 사람
>   2. 범죄 횟수가 3회 이하인 사람
>   3. 중간처우를 받는 날부터 가석방 또는 형기 종료 예정일까지 기간이 3개월 이상 2년 6개월 미만인 사람
> ② 소장은 제1항에 따른 처우의 대상자 중 다음 각 호의 사유에 모두 해당하는 수형자에 대해서는 지역사회에 설치된 개방시설에 수용하여 제1항에 따른 처우를 할 수 있다.
>   1. 범죄 횟수가 1회인 사람
>   2. 중간처우를 받는 날부터 가석방 또는 형기 종료 예정일까지의 기간이 1년 6개월 미만인 사람
> ③ 제1항 및 제2항에 따른 중간처우 대상자의 선발절차, 교정시설 또는 지역사회에 설치하는 개방시설의 종류 및 기준, 그 밖에 필요한 사항은 법무부장관이 정한다.

㉣ [×] 중경비시설에 수용되어 기본적인 처우가 필요한 중경비처우급 수형자(동법 시행규칙 제74조 제1항 제4호)는 문예·학술 등의 집필활동을 할 수 있다(동법 제49조 제1항).
▶ 수용자의 문예·학술 등의 집필은 소장의 허가사항이 아니다.

㉤ [×] 완화경비시설에 수용되어 통상적인 수준보다 높은 수준의 처우가 필요한 완화경비처우급 수형자(동법 시행규칙 제74조 제1항 제2호)는 귀휴사유가 있으면 일반귀휴의 대상이 될 수 있지만, 일반경비처우급 수형자는 교화 또는 사회복귀 준비 등을 위하여 특히 필요한 경우에 한하여 일반귀휴의 대상이 될 수 있다(동법 시행규칙 제129조 제2항).

정답 ①

---

22 교정시설에 설치된 개방시설에 수용하여 사회 적응에 필요한 교육, 취업지원 등 처우를 할 수 있는 수형자의 조건에 해당하지 않는 것은?   2018. 7급 승진

① 개방처우급 혹은 완화경비처우급 수형자
② 형기가 3년 이하인 사람
③ 범죄 횟수가 3회 이하인 사람
④ 중간처우를 받는 날부터 가석방 또는 형기 종료 예정일까지 기간이 3개월 이상 2년 6개월 미만인 수형자

정답 및 해설

② [×] 형기가 2년 이상인 사람(형집행법 시행규칙 제93조 제1항 제1호)<2024.2.8.>

정답 ②

23 「형의 집행 및 수용자의 처우에 관한 법률 시행규칙」상 중간처우에 관한 규정이다. ㉠ ~ ㉢에 들어갈 숫자를 바르게 연결한 것은?

2022. 교정 7급

> 소장은 개방처우급 혹은 완화경비처우급 수형자가 다음 각 호의 사유에 모두 해당하는 경우에는 교정시설에 설치된 개방시설에 수용하여 사회 적응에 필요한 교육, 취업지원 등 적정한 처우를 할 수 있다.
> 1. 형기가 (㉠)년 이상인 사람
> 2. 범죄 횟수가 (㉡)회 이하인 사람
> 3. 중간처우를 받는 날부터 가석방 또는 형기 종료 예정일까지 기간이 (㉢)개월 이상 2년 6개월 미만인 사람

	㉠	㉡	㉢
①	2	2	6
②	2	3	3
③	3	2	6
④	3	3	3

정답 및 해설

📖 중간처우

소장은 개방처우급 혹은 완화경비처우급 수형자가 다음의 사유에 모두 해당하는 경우에는 교정시설에 설치된 개방시설에 수용하여 사회 적응에 필요한 교육, 취업지원 등 적정한 처우를 할 수 있다(형집행법 시행규칙 제93조 제1항).
1. 형기가 2년 이상인 사람
2. 범죄 횟수가 3회 이하인 사람
3. 중간처우를 받는 날부터 가석방 또는 형기 종료 예정일까지 기간이 3개월 이상 2년 6개월 미만인 사람

정답 ②

24 「형의 집행 및 수용자의 처우에 관한 법률 시행규칙」상 지역사회에 설치된 개방시설에 수용하여 중간처우를 할 수 있는 자만을 모두 고르면?

2019. 교정 7급

> ㉠ 완화경비처우급 수형자이고, 형기는 1년이며, 범죄횟수는 1회, 중간처우를 받는 날부터 가석방 예정일까지의 기간이 3개월인 자
> ㉡ 개방처우급 수형자이고, 형기는 3년이며, 범죄횟수는 1회, 중간처우를 받는 날부터 형기 종료 예정일까지의 기간이 6개월인 자
> ㉢ 완화경비처우급 수형자이고, 형기는 4년이며, 범죄횟수는 1회, 중간처우를 받는 날부터 가석방 예정일까지의 기간이 1년인 자
> ㉣ 개방처우급 수형자이고, 형기는 3년이며, 범죄횟수는 1회, 중간처우를 받는 날부터 형기 종료 예정일까지의 기간이 1년 8개월인 자

① ㉠, ㉡
② ㉡, ㉢
③ ㉠, ㉡, ㉢
④ ㉡, ㉢, ㉣

정답 및 해설

지역사회에 설치된 개방시설에 수용하여 중간처우를 할 수 있는 자는 ⓒ, ⓒ이다(형집행법 시행규칙 제93조).
㉠ [×] 형기가 2년 이상인 사람이 중간처우의 대상이 되므로, 형기가 1년인 사람은 중간처우의 대상자가 아니다.
ⓒ, ⓒ [○] 지역사회에 설치된 개방시설에 수용하여 중간처우를 할 수 있는 대상자이다(동법 시행규칙 제93조 제2항).
㉣ [×] 중간처우를 받는 날부터 가석방 또는 형기 종료 예정일까지의 기간이 1년 6개월 미만인 수형자가 중간처우의 대상이 된다.

정답 ②

25. 「형의 집행 및 수용자의 처우에 관한 법률 시행령」상 수용자 처우에 대한 설명으로 옳지 않은 것은?
2016. 5급 승진

① 사형확정자를 수용하는 시설의 설비 및 계호의 정도는 일반경비시설 또는 중경비시설에 준한다.
② 소장은 미결수용자가 빈곤하거나 무지하여 수사 및 재판 과정에서 권리를 충분히 행사하지 못한다고 인정하는 경우에는 법률구조에 필요한 지원을 할 수 있다.
③ 의무관은 수용자에게 보호장비를 계속 사용하는 것이 건강상 부적당하다고 인정하는 경우에는 소장에게 즉시 보고하여야 하며, 이 경우 소장은 특별한 사유가 없으면 보호장비 사용을 즉시 중지하여야 한다.
④ 소장은 미결수용자가 위독하거나 사망한 경우에는 그 사실을 검사에게 통보하고, 기소된 상태인 경우에는 법원에도 지체 없이 통보하여야 한다.
⑤ 소장은 수형자의 건전한 사회복귀를 위하여 필요하다고 인정하면 석방 전 7일 이내의 범위에서 석방예정자를 별도의 거실에 수용하여 장래에 관한 상담과 지도를 할 수 있다.

정답 및 해설

① [○] 동법 시행령 제108조
② [○] 동법 시행령 제99조
③ [○] 동법 시행령 제121조 제1항
④ [○] 동법 시행령 제105조
⑤ [×] 석방 전 3일 이내의 범위에서 석방예정자를 별도의 거실에 수용하여 장래에 관한 상담과 지도를 할 수 있다(형집행법 시행령 제141조).

정답 ⑤

26. 수형자의 분류처우에 대한 설명으로 옳지 않은 것은?
2011. 교정 7급

① 처우등급이란 수형자의 처우 및 관리와 관련하여 수형자를 수용할 시설, 수형자에 대한 계호의 정도, 처우의 수준 및 처우의 내용을 구분하는 기준이다.
② 소장은 조직폭력수용자가 다른 사람과 접견할 때에는 접촉 차단시설이 있는 장소에서 하게 해야 한다.
③ 소장은 종교행사 시설의 부족 등 여건이 충분하지 않을 때 수용자의 종교행사 참석을 제한할 수 있다.
④ 집행유예 선고를 받은 사람이 유예기간 중 고의로 죄를 지어 금고 이상의 실형이 확정되지 아니하고 그 기간이 지난 경우에도 범죄횟수에 포함한다.

정답 및 해설

① [○] 동법 시행규칙 제2조 제5호
② [○] 동법 시행규칙 제202조
③ [○] 동법 시행규칙 제32조
④ [×] 수용자의 범죄횟수는 징역 또는 금고 이상의 형을 선고받아 확정된 횟수로 한다. 다만, 집행유예의 선고를 받은 사람이 유예기간 중 고의로 범한 죄로 금고 이상의 실형이 확정되지 아니하고 그 기간이 지난 경우에는 집행이 유예된 형은 범죄횟수에 포함하지 아니한다(형집행법 시행규칙 제3조 제1항).

정답 ④

27 「형의 집행 및 수용자의 처우에 관한 법률 시행규칙」상 수형자의 처우에 대한 설명으로 옳은 것은?
2024. 교정 9급

① 소장은 개방처우급 수형자에 대하여 월 3회 이내에서 경기 또는 오락회를 개최하게 할 수 있다. 다만, 소년수형자에 대하여는 그 횟수를 늘릴 수 있다.
② 완화경비처우급 수형자에 대한 중간처우 대상자의 선발절차는 법무부장관이 정한다.
③ 소장은 처우를 위하여 특히 필요한 경우에는 일반경비처우급 수형자에 대하여도 가족 만남의 날 행사 참여를 허가할 수 있다.
④ 중(重)경비처우급 수형자에 대해서는 교화 및 처우상 특히 필요한 경우 전화통화를 월 2회 이내 허용할 수 있다.

정답 및 해설

① [×] 소장은 개방처우급·완화경비처우급 또는 자치생활 수형자에 대하여 월 2회 이내에서 경기 또는 오락회를 개최하게 할 수 있다. 다만, 소년수형자에 대하여는 그 횟수를 늘릴 수 있다(동법 시행규칙 제91조 제1항).
② [○] 중간처우 대상자의 선발절차, 교정시설 또는 지역사회에 설치하는 개방시설의 종류 및 기준, 그 밖에 필요한 사항은 법무부장관이 정한다(형집행법 시행규칙 제93조 제3항).
③ [×] 소장은 교화를 위하여 특히 필요한 경우에는 일반경비처우급 수형자에 대하여도 가족 만남의 날 행사 참여 또는 가족 만남의 집 이용을 허가할 수 있다(동법 시행규칙 제89조 제3항).
④ [×] 중경비처우급 수형자에 대해서는 처우상 특히 필요한 경우 전화통화를 월 2회 이내 허용할 수 있다(동법 시행규칙 제90조 제1항 제4호).

정답 ②

28 형집행법령상 수용자 처우에 대한 설명으로 가장 옳지 않은 것은?
2021. 5급 승진

① 소장은 개방처우급·완화경비처우급 수형자에게 자치생활을 허가할 수 있으며, 자치생활 수형자들이 교육실, 강당 등 적당한 장소에서 월 1회 이상 토론회를 할 수 있도록 하여야 한다.
② 일반경비처우급 수형자의 접견 허용횟수는 월 5회이며, 접견은 1일 1회만 허용하되 처우상 특히 필요한 경우에는 그러하지 아니하다.
③ 소장은 교화를 위하여 특히 필요한 경우에는 일반경비처우급 수형자에 대하여도 가족 만남의 날 행사 참여 또는 가족 만남의 집 이용을 허가할 수 있다.
④ 소장은 개방처우급·완화경비처우급 또는 일반경비처우급 수형자에 대하여 월 2회 이내에서 경기 또는 오락회를 개최하게 할 수 있다. 다만, 소년수형자에 대하여는 그 횟수를 늘릴 수 있다.

정답 및 해설

① [○] 동법 시행규칙 제86조
② [○] 동법 시행규칙 제87조
③ [○] 동법 시행규칙 제89조
④ [×] 소장은 개방처우급·완화경비처우급 또는 자치생활 수형자에 대하여 월 2회 이내에서 경기 또는 오락회를 개최하게 할 수 있다. 다만, 소년수형자에 대하여는 그 횟수를 늘릴 수 있다(형집행법 시행규칙 제91조).

정답 ④

29. 「형의 집행 및 수용자의 처우에 관한 법률 시행규칙」상 소득점수 평가에 대한 설명으로 가장 옳지 않은 것은?

2022. 5급 승진

① 작업 또는 교육성적은 법에 따라 부과된 작업·교육의 실적 정도와 근면성 등에 따라 매우우수(수, 5점), 우수(우, 4점), 보통(미, 3점), 노력요망(양, 2점), 불량(가, 1점)으로 구분하여 채점한다.
② 수형생활 태도는 품행·책임감 및 협동심의 정도에 따라 매우양호(수, 5점), 양호(우, 4점), 보통(미, 3점), 개선요망(양, 2점), 불량(가, 1점)으로 구분하여 채점한다.
③ 소장은 재심사를 하는 경우에는 그 때마다 평가한 수형자의 소득점수를 평정하여 경비처우급을 조정할 것인지를 고려하여야 한다. 다만, 부정기재심사의 소득점수 평정대상기간은 사유가 발생한 다음 달까지로 한다.
④ 경비처우급을 하향 조정하기 위하여 고려할 수 있는 평정소득점수의 기준은 5점 이하이다. 다만, 수용 및 처우를 위하여 특히 필요한 경우 법무부장관이 달리 정할 수 있다.

정답 및 해설

① [○] 동법 시행규칙 제78조 제2항
② [○] 동법 시행규칙 제78조 제2항
③ [×] 소장은 재심사를 하는 경우에는 그 때마다 평가한 수형자의 소득점수를 평정하여 경비처우급을 조정할 것인지를 고려하여야 한다. 다만, 부정기재심사의 소득점수 평정대상기간은 사유가 발생한 달까지로 한다(형집행법 시행규칙 제80조 제1항).
④ [○] 동법 시행규칙 제81조

정답 ③

30. 「형의 집행 및 수용자의 처우에 관한 법률 시행규칙」상 처우등급별 처우에 대한 설명으로 가장 옳지 않은 것은?

2023. 6급 승진

① 소장은 봉사원의 활동기간을 1년 이하로 정하되, 필요한 경우에는 그 기간을 연장할 수 있다.
② 봉사원 선정, 기간연장 및 선정취소에 관한 사항 등에 필요한 사항은 법무부장관이 정한다.
③ 수형자 자치생활의 범위는 인원점검, 취미활동, 일정한 구역 안에서의 생활 등으로 한다.
④ 소장은 자치생활 수형자들이 교육실, 강당 등 적당한 장소에서 월 2회 이상 토론회를 할 수 있도록 하여야 한다.

정답 및 해설

① [○] 동법 시행규칙 제85조 제2항
② [○] 동법 시행규칙 제85조 제4항
③ [○] 동법 시행규칙 제86조 제2항
④ [×] 소장은 자치생활 수형자들이 교육실, 강당 등 적당한 장소에서 월 1회 이상 토론회를 할 수 있도록 하여야 한다(형집행법 시행규칙 제91조 제3항).

정답 ④

31. 「형의 집행 및 수용자의 처우에 관한 법률 시행규칙」상 처우등급별 처우 등에 대한 설명으로 가장 옳은 것은?

2023. 5급 승진

① 소장은 자치생활 수형자들이 교육실, 강당 등 적당한 장소에서 월 2회 이상 토론회를 할 수 있도록 하여야 한다.
② 소장은 개방처우급·완화경비처우급 또는 자치생활 수형자에 대하여 월 3회 이내에서 경기 또는 오락회를 개최하게 할 수 있다. 다만, 소년수형자에 대하여는 그 횟수를 늘릴 수 있다.
③ 소장은 수형자가 개방처우급 또는 완화경비처우급으로서 작업기술이 탁월하고 작업성적이 우수한 경우에는 수형자 자신을 위한 개인작업을 하게 할 수 있다. 이 경우 개인작업 시간은 교도작업에 지장을 주지 아니하는 범위에서 1일 2시간 이내로 한다.
④ 소장은 교화 및 처우상 특히 필요한 경우에는 수용자가 다른 교정시설의 수용자와 통신망을 이용하여 화상으로 접견하는 것(이하 "화상접견"이라 한다)을 허가할 수 있다. 이 경우 화상접견은 접견 허용횟수에 포함하지 아니한다.

정답 및 해설

① [×] 소장은 자치생활 수형자들이 교육실, 강당 등 적당한 장소에서 월 1회 이상 토론회를 할 수 있도록 하여야 한다(동법 시행규칙 제86조 제3항).
② [×] 소장은 개방처우급·완화경비처우급 또는 자치생활 수형자에 대하여 월 2회 이내에서 경기 또는 오락회를 개최하게 할 수 있다. 다만, 소년수형자에 대하여는 그 횟수를 늘릴 수 있다(동법 시행규칙 제91조 제1항).
③ [○] 형집행법 시행규칙 제95조 제1항
④ [×] 소장은 교화 및 처우상 특히 필요한 경우에는 수용자가 다른 교정시설의 수용자와 통신망을 이용하여 화상으로 접견하는 것(이하 "화상접견"이라 한다)을 허가할 수 있다. 이 경우 화상접견은 접견 허용횟수에 포함한다(동법 시행규칙 제87조 제3항).

정답 ③

32. 「형의 집행 및 수용자의 처우에 관한 법률 시행규칙」상 자치생활에 대한 설명으로 가장 옳지 않은 것은?

2023. 7급 승진

① 소장은 개방처우급·완화경비처우급 수형자에게 자치생활을 허가할 수 있다.
② 수형자 자치생활의 범위는 인원점검, 취미활동, 일정한 구역 안에서의 생활 등으로 한다.
③ 소장은 자치생활 수형자들이 교육실, 강당 등 적당한 장소에서 월 1회 이상 토론회를 할 수 있도록 하여야 한다.
④ 소장은 자치생활 수형자가 법무부장관 또는 소장이 정하는 자치생활 중 지켜야 할 사항을 위반한 경우에는 자치생활 허가를 취소하여야 한다.

정답 및 해설

① [○] 동법 시행규칙 제86조 제1항
② [○] 동법 시행규칙 제86조 제2항
③ [○] 동법 시행규칙 제86조 제3항
④ [×] 소장은 자치생활 수형자가 법무부장관 또는 소장이 정하는 자치생활 중 지켜야 할 사항을 위반한 경우에는 자치생활 허가를 취소할 수 있다(형집행법 시행규칙 제86조 제4항).

정답 ④

33 「형의 집행 및 수용자의 처우에 관한 법률 시행규칙」상 소득점수와 처우등급 조정에 대한 설명으로 가장 옳지 않은 것은?

2023. 7급 승진

① 보안·작업 담당교도관 및 수용관리팀의 팀장은 서로 협의하여 소득점수 평가 및 통지서에 해당 수형자에 대한 매월 초일부터 말일까지의 소득점수를 채점한다.
② 경비처우급을 하향 조정하기 위하여 고려할 수 있는 평정소득점수의 기준은 5점 이하이다. 다만, 수용 및 처우를 위하여 특히 필요한 경우 법무부장관이 달리 정할 수 있다.
③ 소장은 수형자가 부상이나 질병, 그 밖의 부득이한 사유로 작업 또는 교육을 받지 못한 경우에는 5점 이내의 범위에서 작업 또는 교육 성적을 부여할 수 있다.
④ 조정된 처우등급에 따른 처우는 그 조정이 확정된 다음 날부터 한다. 이 경우 조정된 처우등급은 그 달 초일부터 적용된 것으로 본다.

> **정답 및 해설**

① [○] 동법 시행규칙 제78조 제4항
② [○] 동법 시행규칙 제81조 제2호
③ [×] 소장은 수형자가 부상이나 질병, 그 밖의 부득이한 사유로 작업 또는 교육을 받지 못한 경우에는 3점 이내의 범위에서 작업 또는 교육 성적을 부여할 수 있다(형집행법 시행규칙 제79조 제3항).
④ [○] 동법 시행규칙 제82조 제1항

정답 ③

34 「형의 집행 및 수용자의 처우에 관한 법률 시행규칙」상 소득점수에 대한 규정으로 (㉠) ~ (㉤)에 들어갈 숫자의 합은?

2024. 6급 승진

> 제77조(소득점수) 소득점수는 다음 각 호의 범위에서 산정한다.
>   1. 수형생활 태도: (㉠)점 이내
>   2. 작업 또는 교육 성적: (㉡)점 이내
>
> 제79조(소득점수 평가기준) ① 수형생활 태도 점수와 작업 또는 교육 성적 점수는 제78조 제2항의 방법에 따라 채점하되, 수는 소속 작업장 또는 교육장 전체 인원의 (㉢)퍼센트를 초과할 수 없고, 우는 (㉣)퍼센트를 초과할 수 없다. 다만, 작업장 또는 교육장 전체인원이 4명 이하인 경우에는 수·우를 각각 1명으로 채점할 수 있다.
> ② 소장이 작업장 중 작업의 특성이나 난이도 등을 고려하여 필수 작업장으로 지정하는 경우 소득점수의 수는 5퍼센트 이내, 우는 10퍼센트 이내의 범위에서 각각 확대할 수 있다.
> ③ 소장은 수형자가 부상이나 질병, 그 밖의 부득이한 사유로 작업 또는 교육을 받지 못한 경우에는 (㉤)점 이내의 범위에서 작업 또는 교육 성적을 부여할 수 있다.

① 48
② 53
③ 55
④ 58

> **정답 및 해설**

② [○] ㉠ 5 + ㉡ 5 + ㉢ 10 + ㉣ 30 + ㉤ 3 = 53

정답 ②

35

「형의 집행 및 수용자의 처우에 관한 법률 시행규칙」상 경비처우급 조정 등에 대한 설명으로 옳지 않은 것은?

2025. 교정 9급

① 형기의 6분의 5에 도달한 자에 대한 정기재심사의 경우, 경비처우급 상향 조정의 평정소득점수 기준은 7점 이상이다.
② 경비처우급 하향 조정의 평정소득점수 기준은 5점 이하이다.
③ 조정된 처우등급에 따른 처우는 그 조정이 확정된 날부터 한다.
④ 소장은 수형자의 경비처우급을 조정한 경우에는 지체 없이 해당 수형자에게 그 사항을 알려야 한다.

정답 및 해설

①, ② [○] 경비처우급을 상향 또는 하향 조정하기 위하여 고려할 수 있는 평정소득점수의 기준은 상향 조정은 8점 이상(형기의 6분의 5에 도달한 때에 하는 재심사의 경우에는 7점 이상), 하향 조정은 5점 이하이다. 다만, 수용 및 처우를 위하여 특히 필요한 경우 법무부장관이 달리 정할 수 있다(동법 시행규칙 제81조).
③ [×] 조정된 처우등급에 따른 처우는 그 조정이 확정된 다음 날부터 한다. 이 경우 조정된 처우등급은 그 달 초일부터 적용된 것으로 본다(형집행법 시행규칙 제82조 제1항).
④ [○] 동법 시행규칙 제82조 제2항

정답 ③

36

「형의 집행 및 수용자의 처우에 관한 법률 시행규칙」상 소득점수와 처우등급에 대한 설명으로 옳지 않은 것은?

① 소득점수를 산정할 때 '수형생활 태도'와 '작업 또는 교육 성적'은 각각 5점 이내의 범위에서 한다.
② 소장은 수형자가 부상이나 질병, 그 밖에 부득이한 사유로 작업 또는 교육을 받지 못한 경우에는 3점 이내의 범위에서 작업 또는 교육 성적을 부여할 수 있다.
③ 경비처우급을 하향 조정하기 위하여 고려할 수 있는 평정소득점수의 기준은 5점 이하이다. 다만, 수용 및 처우를 위하여 특히 필요한 경우 법무부장관이 달리 정할 수 있다.
④ 원칙적으로 수형생활 태도 점수와 작업 또는 교육 성적 점수를 채점하는 경우에 수는 소속 작업장 또는 교육장 전체 인원의 10퍼센트를 초과할 수 없고, 우는 30퍼센트를 초과할 수 없다. 다만, 작업장 또는 교육장 전체 인원이 4명 이하인 경우에는 수·우를 각각 1명으로 채점할 수 있다.
⑤ 조정된 처우등급에 따른 처우는 그 조정이 확정된 날의 다음 달 초일부터 적용된다.

정답 및 해설

① [○] 동법 시행규칙 제77조
② [○] 동법 시행규칙 제79조 제3항
③ [○] 동법 시행규칙 제81조
④ [○] 동법 시행규칙 제79조 제1항
⑤ [×] 조정된 처우등급에 따른 처우는 그 조정이 확정된 다음 날부터 한다. 이 경우 조정된 처우등급은 그 달 초일부터 적용된 것으로 본다(형집행법 시행규칙 제82조 제1항).

정답 ⑤

37 「형의 집행 및 수용자의 처우에 관한 법률 시행규칙」상 수형자의 가족 만남의 날 행사 등에 대한 설명으로 옳지 않은 것은?

① 소장은 개방처우급·완화경비처우급 수형자에 대하여 가족 만남의 날 행사에 참여하게 하거나 가족 만남의 집을 이용하게 할 수 있다.
② 소장은 가족이 없는 수형자에 대하여는 결연을 맺었거나 그 밖에 가족에 준하는 사람으로 하여금 그 가족을 대신하게 할 수 있다.
③ 수형자가 가족 만남의 날 행사에 참여하거나 가족 만남의 집을 이용하는 경우 「형의 집행 및 수용자의 처우에 관한 법률 시행규칙」 제87조에서 정한 접견 허용횟수에 포함된다.
④ 소장은 교화를 위하여 특히 필요한 경우에는 일반경비처우급 수형자에 대하여도 가족 만남의 날 행사 참여 또는 가족 만남의 집 이용을 허가할 수 있다.

정답 및 해설

① [○] 동법 시행규칙 제89조 제1항 전단
② [○] 동법 시행규칙 제89조 제2항
③ [×] 이 경우 제87조의 접견 허용횟수에는 포함되지 아니한다(형집행법 시행규칙 제89조 제1항 후단).
④ [○] 동법 시행규칙 제89조 제3항

정답 ③

38 형집행법령상 교도소장의 수용관리 행위가 현행법령에 부합하지 않는 것은?

① 집행할 형기가 7년 미만이고 가석방이 제한되지 아니하는 수형자를 외부통근자로 선정하였다.
② 작업의 특성상 실외운동의 필요성이 없다고 인정되어 그 작업에 종사하는 수형자의 실외운동을 중지하였다.
③ 교화상 특히 필요하다고 인정되어 법원의 결정으로 편지수수가 금지된 수용자에게 전화통화를 허용하였다.
④ 시설의 안전 또는 질서를 해칠 명백한 위험이 있다고 인정되어 수용자의 학술에 관한 집필을 제한하였다.

정답 및 해설

① [○] 동법 시행규칙 제120조 제1항 제5호
② [○] 동법 시행령 제49조 제1호
③ [×] 법원이 「형사소송법」에 따라 접견·편지수수 금지결정을 하였을 때에는 소장은 전화통화를 신청한 수용자에 대하여 전화통화를 허가할 수 없다(형집행법 시행규칙 제25조 제1항 제3호).
④ [○] 동법 제49조 제1항

정답 ③

39

「형의 집행 및 수용자의 처우에 관한 법률 시행규칙」상 경비등급별 처우수준에 대한 설명으로 옳은 것은?

2025. 교정 9급

① 중경비처우급 수형자는 가족 만남의 집을 이용할 수 없다.
② 일반경비처우급 수형자는 월 2회 이내의 경기 또는 오락회에 참여할 수 있다.
③ 완화경비처우급 수형자는 교정시설 밖에서 이루어지는 종교행사에 참석할 수 없다.
④ 개방처우급 수형자는 교정시설 밖에서 이루어지는 사회견학에 참석할 수 없다.

정답 및 해설

① [○] 소장은 개방처우급·완화경비처우급 수형자에 대하여 가족 만남의 날 행사에 참여하게 하거나 가족 만남의 집을 이용하게 할 수 있으며(형집행법 시행규칙 제89조 제1항 전단), 교화를 위하여 특히 필요한 경우에는 일반경비처우급 수형자에 대하여도 가족 만남의 날 행사 참여 또는 가족 만남의 집 이용을 허가할 수 있다(동법 시행규칙 제89조 제3항).
② [×] 소장은 개방처우급·완화경비처우급 또는 자치생활 수형자에 대하여 월 2회 이내에서 경기 또는 오락회를 개최하게 할 수 있다(동법 시행규칙 제91조 제1항 본문).
③, ④ [×] 소장은 개방처우급·완화경비처우급 수형자에 대하여 교정시설 밖에서 이루어지는 ㉠ 사회견학, ㉡ 사회봉사, ㉢ 자신이 신봉하는 종교행사 참석, ㉣ 연극, 영화, 그 밖의 문화공연 관람 활동을 허가할 수 있다. 다만, 처우상 특히 필요한 경우에는 일반경비처우급 수형자에게도 이를 허가할 수 있다(동법 시행규칙 제92조 제1항).

정답 ①

40

현행법령상 수형자의 처우등급별 처우에 대한 설명으로 옳지 않은 것은?

① 소장은 처우상 특히 필요한 경우에는 일반경비처우급 수형자에 대하여도 개인작업을 하게 할 수 있다.
② 일반경비처우급 수형자는 월 5회 접견할 수 있고, 소장의 허가를 받아 월 5회 이내의 전화통화를 할 수 있다.
③ 소장은 수형자를 기본수용급별·경비처우급별로 구분하여 수용하여야 한다.
④ 소장은 수형자가 개방처우급 또는 완화경비처우급으로서 작업·교육 등의 성적이 우수하고 관련 기술이 있는 경우에는 교도관의 작업지도를 보조하게 할 수 있다.
⑤ 소장은 교화를 위하여 특히 필요한 경우에는 일반경비처우급 수형자에 대하여도 가족 만남의 집 이용을 허가할 수 있다.

정답 및 해설

① [×] 소장은 수형자가 개방처우급 또는 완화경비처우급으로서 작업기술이 탁월하고 작업성적이 우수한 경우에는 수형자 자신을 위한 개인작업을 하게 할 수 있다. 이 경우 개인작업 시간은 교도작업에 지장을 주지 아니하는 범위에서 1일 2시간 이내로 한다(형집행법 시행규칙 제95조 제1항).
② [○] 동법 시행규칙 제87조 제1항, 동법 시행규칙 제90조 제1항
③ [○] 소장은 수형자를 기본수용급별·경비처우급별로 구분하여 수용하여야 한다. 다만 처우상 특히 필요하거나 시설의 여건상 부득이한 경우에는 기본수용급·경비처우급이 다른 수형자를 함께 수용하여 처우할 수 있다(동법 시행규칙 제83조 제1항).
④ [○] 동법 시행규칙 제94조
⑤ [○] 소장은 교화를 위하여 특히 필요한 경우에는 일반경비처우급 수형자에 대하여도 가족 만남의 날 행사 참여 또는 가족 만남의 집 이용을 허가할 수 있다(동법 시행규칙 제89조 제3항).

정답 ①

41 현행법령상 완화경비처우급 수형자에 대한 설명으로 옳은 것은?

① 작업·교육성적이 우수하고 관련 기술이 있는 경우 수형자에게 작업지도를 하게 할 수 있다.
② 작업기술이 탁월하고 작업성적이 우수한 경우에는 개인작업을 하게 할 수 있으며, 개인작업에 필요한 작업재료 등의 구입비용은 수형자의 부담을 원칙으로 한다.
③ 작업능력 향상을 위하여 교정시설 외부의 공공기관 또는 기업체 등에서 운영하는 직업훈련을 받게 할 수 있으며, 직업훈련의 비용은 국가가 부담한다.
④ 소장은 개인작업을 하는 완화경비처우급 수형자에게 개인작업 용구를 사용하게 할 수 있으며, 이 경우 작업용구는 거실 내에 보관하도록 해야 한다.

정답 및 해설

① [×] 소장은 수형자가 개방처우급 또는 완화경비처우급으로서 작업·교육 등의 성적이 우수하고 관련 기술이 있는 경우에는 교도관의 작업지도를 보조하게 할 수 있다(동법 시행규칙 제94조).
  ▶ 수형자의 작업지도의 주체는 교도관이며, 수형자가 될 수 없다. 수형자는 단지 보조적인 임무만 수행이 가능하다.
② [○] 개인작업에 필요한 작업재료 등의 구입비용은 수형자가 부담한다. 다만, 처우상 필요한 경우에는 예산의 범위에서 그 비용을 지원할 수 있다(형집행법 시행규칙 제95조 제3항).
③ [×] 소장은 수형자가 개방처우급 또는 완화경비처우급으로서 직업능력 향상을 위하여 특히 필요한 경우에는 교정시설 외부의 공공기관 또는 기업체 등에서 운영하는 직업훈련을 받게 할 수 있다. 이 경우 직업훈련의 비용은 수형자가 부담한다. 다만, 처우상 특히 필요한 경우에는 예산의 범위에서 그 비용을 지원할 수 있다(동법 시행규칙 제96조).
④ [×] 소장은 개인작업을 하는 수형자(개방처우급 또는 완화경비처우급)에게 개인작업 용구를 사용하게 할 수 있다. 이 경우 작업용구는 특정한 용기에 보관하도록 하여야 한다(동법 시행규칙 제95조 제2항).

정답 ②

42 「형의 집행 및 수용자의 처우에 관한 법률 시행규칙」상 일반경비처우급에 대한 처우의 내용으로 옳지 않은 것은?

① 소장은 작업 부과 또는 교화를 위하여 특히 필요하다고 인정하는 경우에는 외부기업체에 통근하며 작업하는 외부통근자로 선정할 수 있다.
② 전문대학 위탁교육과정에 지원하여 합격한 경우 소장은 교육대상자로 선발할 수 있다.
③ 소장은 처우상 특히 필요하다고 인정하는 경우에는 접촉차단시설이 설치된 장소 외의 적당한 곳에서의 접견을 허용할 수 있다.
④ 소장은 교정시설에 설치된 개방시설에 수용하여 사회 적응에 필요한 교육, 취업지원 등 적정한 처우를 할 수 있다.

정답 및 해설

① [○] 소장은 제1항(외부기업체에 통근하며 작업하는 수형자의 선정기준) 및 제2항(교정시설 안에 설치된 외부기업체의 작업장에 통근하며 작업하는 수형자의 선정기준)에도 불구하고 작업 부과 또는 교화를 위하여 특히 필요하다고 인정하는 경우에는 제1항 및 제2항의 수형자 외의 수형자에 대하여도 외부통근자로 선정할 수 있다(동법 시행규칙 제120조 제3항).
② [○] 소장은 선발요건을 갖춘 개방처우급·완화경비처우급·일반경비처우급 수형자가 전문대학 위탁교육과정에 지원하여 합격한 경우에는 교육대상자로 선발할 수 있다(동법 시행규칙 제112조 제2항).
③ [○] 소장은 개방처우급 수형자에 대하여는 법무부장관이 정하는 바에 따라 접촉차단시설이 설치된 장소 외의 적당한 곳에서 접견을 실시할 수 있다. 다만, 처우상 특히 필요하다고 인정하는 경우에는 그 밖의 수형자에 대하여도 이를 허용할 수 있다(동법 시행규칙 제88조).

④ [×] 소장은 개방처우급 혹은 완화경비처우급 수형자가 ⓐ 형기가 3년 이상인 사람, ⓑ 범죄 횟수가 2회 이하인 사람, ⓒ 중간처우를 받는 날부터 가석방 또는 형기 종료 예정일까지 기간이 3개월 이상 1년 6개월 이하인 사람에 모두 해당하는 경우에는 교정시설에 설치된 개방시설에 수용하여 사회 적응에 필요한 교육, 취업지원 등 적정한 처우를 할 수 있다(형집행법 시행규칙 제93조 제1항).

정답 ④

43 형의 집행 및 수용자의 처우에 관한 법령상 수용자의 처우에 대한 설명으로 옳지 않은 것은?

① 수용자는 자신의 비용으로 신문 등의 구독을 신청할 수 있고, 소장은 구독을 신청한 신문 등이 「출판문화산업 진흥법」에 따른 유해간행물인 경우를 제외하고는 구독을 허가하여야 한다.
② 수형자는 분류심사의 결과에 따라 그에 적합한 교정시설에 수용되며, 개별처우계획에 따라 그 특성에 알맞은 처우를 받는다.
③ 소장은 부모의 제삿날을 맞이한 수형자가 작업을 계속하기를 원하는 경우를 제외하고는 1일간 해당 수형자의 작업을 면제한다.
④ 장애인수형자 전담교정시설의 장은 장애인수형자에 대한 직업훈련이 석방 후의 취업과 연계될 수 있도록 그 프로그램의 편성 및 운영에 특히 유의하여야 한다.
⑤ 소장은 신청에 따라 작업이 부과된 사형확정자에 대하여 교도관회의의 심의를 거쳐 사형확정자의 번호표 및 거실표의 색상을 붉은색으로 하지 아니한다.

정답 및 해설

① [○] 동법 제47조 제1항·제2항
② [○] 동법 제57조 제1항
③ [○] 동법 제72조 제1항
④ [○] 동법 시행령 제53조
⑤ [×] 소장은 작업이 부과된 사형확정자에 대하여 교도관회의의 심의를 거쳐 사형확정자의 번호표 및 거실표의 색상을 붉은색으로 하지 아니할 수 있다(형집행법 시행규칙 제153조 제2항).

정답 ⑤

44 현집행법령상 교도소장 甲의 행위가 형의 집행 및 수용자의 처우에 관한 법령에 부합하지 않는 것은?

① 교정사고 방지에 뚜렷한 공로가 있다고 인정된 수용자 A를 분류처우위원회의 의결을 거친 후 법무부장관의 승인을 받아 징벌을 실효시켰다.
② 작업장에서 수용자거실로 돌아오는 수용자 B의 신체·의류 및 휴대품의 검사를 교정성적 등을 고려하여 그 검사가 필요하지 아니하다고 인정하여 교도관에게 하지 않도록 하였다.
③ 노인수용자인 C가 거동이 불편하여 혼자서 목욕하기 어려우므로 다른 수용자로 하여금 목욕을 보조하게 하였다.
④ 직업능력 향상을 위하여 특히 필요한 일반경비처우급인 D를 교정시설 외부의 기업체에서 운영하는 직업훈련을 받게 하였다.
⑤ 자치생활 수형자인 E가 법무부장관이 정하는 지켜야 할 사항을 위반하여 자치생활 허가를 취소하였다.

정답 및 해설

① [○] 소장은 수용자가 교정사고 방지에 뚜렷한 공로가 있다고 인정되면 분류처우위원회의 의결을 거친 후 법무부장관의 승인을 받아 징벌을 실효시킬 수 있다(동법 제115조 제2항).
② [○] 소장은 교도관에게 작업장이나 실외에서 수용자거실로 돌아오는 수용자의 신체·의류 및 휴대품을 검사하게 하여야 한다. 다만, 교정성적 등을 고려하여 그 검사가 필요하지 아니하다고 인정되는 경우에는 예외로 할 수 있다(동법 시행령 제113조).
③ [○] 소장은 노인수용자가 거동이 불편하여 혼자서 목욕하기 어려운 경우에는 교도관, 자원봉사자 또는 다른 수용자로 하여금 목욕을 보조하게 할 수 있다(동법 시행규칙 제46조 제2항).
④ [×] 소장은 수형자가 개방처우급 또는 완화경비처우급으로서 직업능력 향상을 위하여 특히 필요한 경우에는 교정시설 외부의 공공기관 또는 기업체 등에서 운영하는 직업훈련을 받게 할 수 있다(형집행법 시행규칙 제96조 제1항).
⑤ [○] 소장은 자치생활 수형자가 법무부장관 또는 소장이 정하는 자치생활 중 지켜야 할 사항을 위반한 경우에는 자치생활 허가를 취소할 수 있다(동법 시행규칙 제86조 제4항).

정답 ④

45 다음 수형자의 처우에 대한 설명으로 옳은 것을 모두 고른 것은? (헌법재판소 판례에 의함)

㉠ 교도소 내 엄중격리대상자에 대하여 이동 시 보호장비를 사용하고 교도관이 동행 계호하는 행위 및 1인 운동장을 사용하게 하는 처우는 신체의 자유를 과도하게 제한한 것이므로 헌법에 위반된다.
㉡ 보호장비의 사용은 시설의 안전과 구금생활의 질서에 대한 구체적이고 분명한 위험이 임박한 상황에서 이를 제거하기 위하여 제한적으로 필요한 만큼만 이루어져야 하므로 총 392일(가죽수갑 388일) 동안 교도소에 수용되어 있는 청구인에게 상시적으로 양팔을 사용할 수 없도록 수갑을 착용하게 한 것은 인간의 존엄성을 침해한 행위이다.
㉢ 수형자의 소장 면담요청이 있는 경우에 교도관은 상관에 보고하여야 할 직무상 의무가 있음에도 면담요청사유가 무용한 시도임을 알려 포기토록 하거나 사유의 불명확을 이유로 면담요청 절차를 거절한 경우에는 형법상 직무유기죄가 성립된다.
㉣ 엄중격리대상자 수용거실의 CCTV 설치는 특별한 법적 근거를 요하므로 일반적인 계호활동을 허용하는 법률규정에 의한 CCTV 설치 행위는 법률유보의 원칙에 위배된다고 볼 수 있다.
㉤ 금치처분을 받은 사람에 대하여 실외운동을 원칙적으로 금지하고, 소장의 재량에 의하여 이를 예외적으로 허용하고 있는 형집행법 제112조 제3항은 헌법에 위반되지 아니한다.

① ㉠, ㉡　　　　　　　　　　　② ㉡
③ ㉡, ㉢　　　　　　　　　　　④ ㉢
⑤ ㉣, ㉤

정답 및 해설

옳은 것은 ㉡이다.
㉠ [×] 교정사고를 예방하고 교도소 내의 안전과 질서를 확보하는 공익이 더 크다고 할 것이므로 이는 청구인의 기본권을 부당하게 침해한다고 보기 어렵다(헌재 2008.5.29. 2005헌마137).
㉡ [○] 헌재 2003.12.18. 2001헌마163
㉢ [×] 교도소장 면담요청 절차 진행을 하지 않은 행위가 바로 직무유기죄 성립하는 것은 아니다(헌재 2001.5.31. 2001헌마85).
㉣ [×] 일반적인 계호활동을 허용하는 법률규정에 의하여 가능하므로 법률유보의 원칙에 위배된다고 볼 수 없다(헌재 2008.5.29. 2005헌마137).
㉤ [×] 헌법에 위반된다(헌재 2016.5.26. 2014헌마45).

정답 ②

제19장 교육과 교화프로그램

제1절 | 교정교육과 교화프로그램

01 현행법령상 수용자의 교육에 대한 설명으로 옳은 것은? 2011. 교정 7급

① 소장은 교육을 위해 필요하면, 수형자를 외부의 교육기관에 통학하게 하거나 위탁하여 교육받게 할 수 있으나, 교육 대상자의 작업 및 직업훈련 등은 면제할 수 없다.
② 수형자가 소년교도소 수용 중에 19세가 된 경우에도 교육이 특히 필요하다고 인정되면 23세가 되기 전까지는 계속하여 수용할 수 있다.
③ 소장은 심리적 안정 및 원만한 수용생활을 위해 사형확정자의 신청에 의해서만 교육을 실시할 수 있다.
④ 소장은 여성수용자에 대해 교육을 실시할 때는 반드시 여성 교도관이 담당하도록 해야 한다.

정답 및 해설

① [×] 교육대상자에게는 작업 및 직업훈련 등을 면제한다(동법 시행규칙 제107조 제1항).
② [○] 형집행법 제12조 제3항
③ [×] 신청에 따라 작업을 부과할 수 있다(동법 제90조 제1항). 즉, 사형확정자의 작업은 신청에 의하여 부과할 수 있으나, 교육 및 교화프로그램은 신청과는 무관하게 실시할 수 있다.
④ [×] 소장은 여성수용자에 대하여 상담·교육·작업 등(상담 등)을 실시하는 때에는 여성교도관이 담당하도록 하여야 한다. 다만, 여성교도관이 부족하거나 그 밖의 부득이한 사정이 있으면 그러하지 아니하다(동법 제51조 제1항).

정답 ②

02 교정교육에 대한 설명으로 옳지 않은 것은? 2014. 교정 7급

① 독학에 의한 학위 취득과정과 방송통신대학과정의 실시에 소요되는 비용은 특별한 사정이 없으면 교육대상자의 부담으로 한다.
② 교정시설의 장은 교육을 위하여 필요한 경우에는 외부강사를 초빙할 수 있으며, 카세트 또는 재생전용기기의 사용을 허용할 수 있다.
③ 교정시설의 장은 의무교육을 받은 고령의 수형자에 대하여는 본인의 의사·나이·지식정도, 그 밖의 사정을 고려하여 그에 알맞게 교육하여야 한다.
④ 본인의 신청에 따른 미결수용자에 대한 교육·교화프로그램은 교정시설 내에서만 실시하여야 한다.

정답 및 해설

① [○] 독학에 의한 학위 취득과정, 방송통신대학과정, 전문대학 위탁교육과정, 정보화 및 외국어 교육과정에 따른 교육을 실시하는 경우 소요되는 비용은 특별한 사정이 없으면 교육대상자의 부담으로 한다(동법 시행규칙 제102조 제2항).
② [○] 동법 시행규칙 제104조 제2항
③ [×] 소장은 의무교육을 받지 못한 수형자에 대하여는 본인의 의사·나이·지식정도, 그 밖의 사정을 고려하여 그에 알맞게 교육하여야 한다(형집행법 제63조 제2항).
④ [○] 동법 시행령 제103조 제1항

정답 ③

03 「형의 집행 및 수용자의 처우에 관한 법률 시행규칙」상 (㉠) ~ (㉤)에 들어갈 내용이 같은 것끼리 묶인 것은?

2024. 5급 승진

> 제113조(정보화 및 외국어 교육과정 설치 및 운영 등) ③ 소장은 외국어 교육대상자가 교육실 외에서의 어학학습장비를 이용한 외국어학습을 원하는 경우에는 계호 수준, 독거 여부, 교육 정도 등에 대한 (㉠)을(를) 거쳐 허가할 수 있다.
>
> 제117조(가족관계회복프로그램) ① 소장은 수형자와 그 가족의 관계를 유지·회복하기 위하여 수형자의 가족이 참여하는 각종 프로그램을 운영할 수 있다. 다만, 가족이 없는 수형자의 경우 교화를 위하여 필요하면 결연을 맺었거나 그 밖에 가족에 준하는 사람의 참여를 허가할 수 있다.
> ② 제1항의 경우 대상 수형자는 (㉡)을(를) 거쳐 선발하고, 참여인원은 5명 이내의 가족으로 한다. 다만, 특히 필요하다고 인정하는 경우에는 참여인원을 늘릴 수 있다.
>
> 제153조(작업) ① 소장은 사형확정자가 작업을 신청하면 (㉢)을(를) 거쳐 교정시설 안에서 실시하는 작업을 부과할 수 있다. 이 경우 부과하는 작업은 심리적 안정과 원만한 수용생활을 도모하는 데 적합한 것이어야 한다.
>
> 제199조(지정 및 해제) ① 소장은 제198조 각 호의 어느 하나에 해당하는 수용자에 대하여는 조직폭력수용자로 지정한다. 현재의 수용생활 중 집행되었거나 집행할 형이 제198조 제1호 또는 제2호에 해당하는 경우에도 또한 같다.
> ② 소장은 제1항에 따라 조직폭력수용자로 지정된 사람에 대하여는 석방할 때까지 지정을 해제할 수 없다. 다만, 공소장 변경 또는 재판 확정에 따라 지정사유가 해소되었다고 인정되는 경우에는 (㉣)을(를) 거쳐 지정을 해제한다.
>
> 제205조(지정 및 해제) ① 소장은 제204조 각 호의 어느 하나에 해당하는 수용자에 대하여는 마약류수용자로 지정하여야 한다. 현재의 수용생활 중 집행되었거나 집행할 형이 제204조 제1호에 해당하는 경우에도 또한 같다.
> ② 소장은 제1항에 따라 마약류수용자로 지정된 사람에 대하여는 석방할 때까지 지정을 해제할 수 없다. 다만, 다음 각 호의 어느 하나에 해당하는 경우에는 (㉤)을(를) 거쳐 지정을 해제할 수 있다.
> 1. 공소장 변경 또는 재판 확정에 따라 지정사유가 해소되었다고 인정되는 경우
> 2. 지정 후 5년이 지난 마약류수용자로서 수용생활태도, 교정성적 등이 양호한 경우. 다만, 마약류에 관한 형사 법률 외의 법률이 같이 적용된 마약류수용자로 한정한다.

① ㉠, ㉡, ㉢
② ㉠, ㉡, ㉣
③ ㉡, ㉢, ㉣
④ ㉡, ㉣, ㉤

정답 및 해설

내용이 같은 것끼리 묶인 것은 ㉠, ㉡, ㉢이다.
- 교도관회의의 심의: ㉠, ㉡, ㉢
- 교도관회의의 심의 또는 분류처우위원회의 의결: ㉣, ㉤

정답 ①

04 「형의 집행 및 수용자의 처우에 관한 법률 시행규칙」상 독학에 의한 학사학위 취득과정을 신청하기 위하여 수형자가 갖추어야 할 요건으로 옳지 않은 것은?

2019. 교정 7급

① 개방처우급·완화경비처우급·일반경비처우급 수형자에 해당할 것
② 고등학교 졸업 또는 이와 동등한 수준 이상의 학력이 인정될 것
③ 집행할 형기가 2년 이상일 것
④ 교육개시일을 기준으로 형기의 3분의 1(21년 이상의 유기형 또는 무기형의 경우에는 7년)이 지났을 것

정답 및 해설

경비처우급 규정을 적용받지 않는 교육과정은 검정고시반, 방송통신고등학교, 독학에 의한 학위 취득과정, 정보화 교육과정이고, 개방·완화·일반경비처우급 수형자를 대상으로 하는 교육과정은 방송통신대학, 전문대학 위탁교육과정, 외국어 교육과정이다.
① [×] 형집행법 시행규칙 제110조 제2항

정답 ①

05 수형자의 교육에 대한 설명으로 옳은 것은?

2018. 7급 승진

① 소장은 교육의 효과를 거두지 못하였다고 인정하는 교육대상자에 대하여 다시 교육을 하여야 한다.
② 검정고시반 교육을 실시하는 경우 소요되는 비용은 특별한 사정이 없으면 교육대상자의 부담으로 한다.
③ 소장은 정당한 이유 없이 교육을 기피한 사실이 있거나 자퇴한 사실이 있는 수형자는 교육대상자로 선발하지 못한다.
④ 소장은 특별한 사유가 없으면 교육기간 동안에 교육대상자를 다른 기관으로 이송할 수 없다.

정답 및 해설

① [×] 소장은 교육의 효과를 거두지 못하였다고 인정하는 교육대상자에 대하여 다시 교육을 할 수 있다(동법 시행규칙 제101조 제4항).
② [×] 독학에 의한 학위 취득과정, 방송통신대학과정, 전문대학 위탁교육과정, 정보화 및 외국어 교육과정에 따른 교육을 실시하는 경우 소요되는 비용은 특별한 사정이 없으면 교육대상자의 부담으로 한다(동법 시행규칙 제102조 제2항).
③ [×] 소장은 정당한 이유 없이 교육을 기피한 사실이 있거나 자퇴(제적을 포함한다)한 사실이 있는 수형자는 교육대상자로 선발하거나 추천하지 아니할 수 있다(동법 시행규칙 제103조 제2항).
④ [○] 형집행법 시행규칙 제106조 제1항

정답 ④

06 형의 집행 및 수용자의 처우에 관한 법령상 수용자의 교육에 대한 설명으로 옳지 않은 것은?

2018. 교정 7급

① 소장은 특별한 사유가 없으면 교육기간 동안에 교육대상자를 다른 기관으로 이송할 수 없다.
② 소장은 교육대상자에게 질병, 부상, 그 밖의 부득이한 사정이 있는 경우에는 교육과정을 일시 중지할 수 있다.
③ 소장은 「교육기본법」 제8조의 의무교육을 받지 못한 수형자에 대하여는 본인의 의사·나이·지식정도, 그 밖의 사정을 고려하여 그에 알맞게 교육하여야 한다.
④ 소장이 「고등교육법」 제2조에 따른 방송통신대학 교육과정을 설치·운영하는 경우 교육 실시에 소요되는 비용은 특별한 사정이 없으면 교육대상자 소속기관이 부담한다.

> **정답 및 해설**

① [○] 동법 시행규칙 제106조 제1항
② [○] 동법 시행규칙 제105조 제3항
③ [○] 동법 제63조 제2항
④ [×] 독학에 의한 학위 취득과정, 방송통신대학과정, 전문대학 위탁교육과정, 정보화 및 외국어 교육과정에 따른 교육을 실시하는 경우 소요되는 비용은 특별한 사정이 없으면 교육대상자의 부담으로 한다(형집행법 시행규칙 제102조 제2항).

정답 ④

07 수형자 교육과정에 대한 설명으로 옳지 않은 것은?

2013. 교정 9급

① 의무교육을 받지 못한 수형자에 대하여는 본인의 의사·나이·지식정도 등을 고려하여 그에 알맞게 교육하여야 하며, 필요하면 외부교육기관에 통학하게 할 수 있다.
② 교도소장은 교육대상자 교육을 위하여 재생전용기기의 사용을 허용할 수 있다.
③ 교정시설에 독학에 의한 학사학위 취득과정을 설치·운영하는 경우 집행할 형기가 2년 이상인 수형자를 대상으로 선발한다.
④ 방송통신대학과정과 전문대학 위탁교육과정의 교육대상자는 고등학교 졸업 이상 학력을 갖춘 개방처우급 수형자에 한하여 선발할 수 있다.

> **정답 및 해설**

① [○] 동법 제63조 제2항·제3항
② [○] 동법 시행규칙 제104조 제2항
③ [○] 동법 시행규칙 제110조 제2항
④ [×] 소장은 고등학교 졸업 이상 학력이 인정되고 교육개시일을 기준으로 형기의 3분의 1(21년 이상의 유기형 또는 무기형의 경우에는 7년)이 지났으며, 집행할 형기가 2년 이상인 개방처우급·완화경비처우급·일반경비처우급 수형자가 방송통신대학 교육과정에 지원하여 합격한 경우에는 교육대상자로 선발할 수 있다(형집행법 시행규칙 제111조 제2항, 제112조 제2항).

정답 ④

08 「형의 집행 및 수용자의 처우에 관한 법률 시행규칙」상 수형자 교육에 대한 설명으로 가장 옳지 않은 것은?

2024. 5급 승진

① 소장은 방송통신고등학교 교육과정의 경우 교육에 필요한 비용을 예산의 범위에서 지원할 수 있다.
② 소장이 방송통신대학 교육과정을 실시하는 경우 소요되는 비용은 특별한 사정이 없으면 교육대상자의 부담으로 한다.
③ 소장은 독학에 의한 학사학위 취득과정 교육대상자를 경비처우급과 무관하게 선발할 수 있다.
④ 전문대학 위탁교육과정 교육대상자로 선발되기 위해서는 교육개시일을 기준으로 유기형 수형자는 형기의 3분의 1, 무기형 수형자의 경우 10년이 지났어야 한다.

정답 및 해설

① [○] 소장은 방송통신고등학교 교육과정의 입학금, 수업료, 교과용 도서 구입비 등 교육에 필요한 비용을 예산의 범위에서 지원할 수 있다(동법 시행규칙 제109조 제3항).
② [○] 시행규칙 제110조부터 제113조까지의 규정(독학에 의한 학위 취득과정, 방송통신대학과정, 전문대학 위탁교육과정, 정보화 및 외국어 교육과정)에 따른 교육을 실시하는 경우 소요되는 비용은 특별한 사정이 없으면 교육대상자의 부담으로 한다(동법 시행규칙 제102조 제2항).
③ [○] 동법 시행규칙 제110조 제2항
  ▶ 방송통신대학과정, 전문대학 위탁교육과정, 외국어 교육과정은 개방처우급·완화경비처우급·일반경비처우급 수형자가 지원할 수 있고(동법 시행규칙 제111조 제2항, 제112조 제2항, 제113조 제2항), 그 외 교육과정은 경비처우급에 따른 제한을 받지 않는다.
④ [×] 전문대학 위탁교육과정 교육대상자로 선발되기 위해서는 교육개시일을 기준으로 유기형 수형자는 형기의 3분의 1, 무기형 수형자의 경우 7년이 지났어야 한다(형집행법 시행규칙 제112조 제2항).

정답 ④

09 형의 집행 및 수용자의 처우에 관한 법령상 수형자의 교육에 대한 설명으로 옳은 것은?

2024. 교정 7급

① 소장은 교육의 효과를 거두지 못하였다고 인정하는 교육대상자에 대하여 다시 교육을 할 수 있다.
② 소장은 교육대상자가 징벌을 받고 교육 부적격자로 판단되는 때에는 교육대상자 선발을 취소하여야 한다.
③ 「교육기본법」상 의무교육 대상인 수형자에 한하여 작업·직업훈련 등을 면제한다.
④ 소장은 집행할 형기가 1년인 수형자가 학사고시반 교육을 신청하는 경우에도 교육대상자로 선발할 수 있다.

정답 및 해설

① [○] 형집행법 시행규칙 제101조 제4항
② [×] 소장은 교육대상자의 성적불량, 학업태만 등으로 인하여 교육의 목적을 달성하기 어려운 경우에는 그 선발을 취소할 수 있고(동법 시행규칙 제101조 제2항), 교육대상자가 ㉠ 각 교육과정의 관계법령, 학칙, 교육관리지침 등을 위반한 때, ㉡ 학습의욕이 부족하여 구두경고를 하였는데도 개선될 여지가 없거나 수학능력이 현저히 부족하다고 판단되는 때, ㉢ 징벌을 받고 교육 부적격자로 판단되는 때, ㉣ 중대한 질병, 부상, 그 밖의 부득이한 사정으로 교육을 받을 수 없다고 판단되는 때에는 교육대상자 선발을 취소할 수 있다(동법 시행규칙 제105조 제1항). 즉, 교육대상자 선발을 취소는 임의적 규정이다.
③ [×] 교육대상자에게는 작업·직업훈련 등을 면제한다(동법 시행규칙 제107조 제1항). 즉, 모든 교육대상자에게 면제한다.
④ [×] 소장은 ㉠ 고등학교 졸업 또는 이와 동등한 수준 이상의 학력이 인정되고, ㉡ 교육개시일을 기준으로 형기의 3분의 1(21년 이상의 유기형 또는 무기형의 경우에는 7년)이 지났으며, ㉢ 집행할 형기가 2년 이상인 수형자가 학사고시반 교육(독학에 의한 학사학위 취득과정)을 신청하는 경우에는 교육대상자로 선발할 수 있다(동법 시행규칙 제110조 제2항). 그러므로 집행할 형기가 1년인 수형자는 학사고시반 교육대상자로 선발할 수 없다.

정답 ①

10 「형의 집행 및 수용자의 처우에 관한 법률 시행규칙」 제110조(독학에 의한 학위 취득과정 설치 및 운영) 제2항에 규정한 학사고시반 교육대상자 선발 요건으로 가장 옳지 않은 것은? 2024. 7급 승진

① 수형자의 경비처우급이 개방처우급 혹은 완화경비처우급에 해당할 것
② 고등학교 졸업 또는 이와 동등한 수준 이상의 학력이 인정될 것
③ 집행할 형기가 2년 이상일 것
④ 교육개시일을 기준으로 형기의 3분의 1(21년 이상의 유기형 또는 무기형의 경우에는 7년)이 지났을 것

정답 및 해설

① [×] 경비처우급 규정을 적용받지 않는 교육과정은 ㉠ 검정고시반, ㉡ 방송통신고등학교, ㉢ 독학에 의한 학위 취득과정(학사고시반 교육), ㉣ 정보화 교육과정이고, 개방·완화·일반경비처우급 수형자를 대상으로 하는 교육과정은 ㉠ 방송통신대학, ㉡ 전문대학 위탁교육과정, ㉢ 외국어 교육과정이다.

정답 ①

11 형의 집행 및 수용자의 처우에 관한 법령상 수형자 교육과 교화프로그램에 대한 설명으로 옳지 않은 것은? 2020. 교정 9급

① 소장은 「교육기본법」 제8조의 의무교육을 받지 못한 수형자의 교육을 위하여 필요하면 수형자를 중간처우를 위한 전담교정시설에 수용하여 외부 교육기관에의 통학, 외부 교육기관에서의 위탁교육을 받도록 할 수 있다.
② 소장은 수형자의 교정교화를 위하여 상담·심리치료, 그 밖의 교화프로그램을 실시하여야 하며, 수형자의 정서 함양을 위하여 필요하다고 인정하면 연극·영화관람, 체육행사, 그 밖의 문화예술활동을 하게 할 수 있다.
③ 소장은 특별한 사유가 없으면 교육기간 동안에는 교육대상자를 다른 기관으로 이송할 수 없다.
④ 소장은 수형자에게 학위취득 기회를 부여하기 위하여 독학에 의한 학사학위 취득과정을 설치·운영할 수 있다. 이 교육을 실시하는 경우 소요되는 비용은 특별한 사정이 없으면 국가의 부담으로 한다.

정답 및 해설

① [○] 동법 제63조 제2항·제3항
② [○] 동법 제64조 제1항, 동법 시행령 제88조
③ [○] 동법 시행규칙 제106조 제1항
④ [×] 독학에 의한 학위 취득과정, 방송통신대학과정, 전문대학 위탁교육과정, 정보화 및 외국어 교육과정을 실시하는 경우 소요되는 비용은 특별한 사정이 없으면 교육대상자의 부담으로 한다(형집행법 시행규칙 제102조 제2항).

교육과정

경비처우급 규정을 적용받지 않는 교육과정	개방처우급, 완화·일반경비처우급 수형자 대상 교육과정
• 검정고시반 • 방송통신고등학교 • 독학에 의한 학위 취득과정 • 정보화 교육과정	• 방송통신대학 • 전문대학 위탁교육과정 • 외국어 교육과정

정답 ④

12 형의 집행 및 수용자의 처우에 관한 법령상 수형자 교육과 작업시간에 대한 설명으로 옳은 것은?

2023. 교정 7급

① 수형자의 1일 작업시간은 휴식시간을 포함하여 8시간을 초과할 수 없다.
② 소장은 교육을 위하여 필요하면 수형자를 중간처우를 위한 전담교정시설에 수용하여 외부 교육기관에 통학하게 할 수 있다.
③ 소장은 집행할 형기가 1년 남은 수형자도 독학에 의한 학사학위 취득과정 대상자로 선발할 수 있다.
④ 19세 미만 수형자의 1주의 작업시간은 40시간을 초과할 수 없지만, 그 수형자가 신청하는 경우에는 주 8시간 이내의 범위에서 연장할 수 있다.

정답 및 해설

① [×] 1일의 작업시간(휴식·운동·식사·접견 등 실제 작업을 실시하지 않는 시간을 제외한다)은 8시간을 초과할 수 없다(동법 제71조 제1항).
② [○] 형집행법 제63조 제3항
③ [×] 소장은 ㉠ 고등학교 졸업 또는 이와 동등한 수준 이상의 학력이 인정되고, ㉡ 교육개시일을 기준으로 형기의 3분의 1(21년 이상의 유기형 또는 무기형의 경우에는 7년)이 지났으며, ㉢ 집행할 형기가 2년 이상인 수형자가 독학에 의한 학사학위 취득과정(학사고시반 교육)을 신청하는 경우에는 교육대상자로 선발할 수 있다(동법 시행규칙 제110조 제2항).
④ [×] 19세 미만 수형자의 작업시간은 1주에 40시간을 초과할 수 없다(동법 제71조 제4항).
▶ 1주의 작업시간 연장에 대한 신청은 19세 이상의 수형자가 할 수 있다(동법 제71조 제3항).

정답 ②

13 형집행법령상 교화프로그램의 종류로 옳지 않은 것은?

2019. 8급 승진

① 교화상담
② 가족관계회복프로그램
③ 문제행동예방프로그램
④ 직업능력향상프로그램

정답 및 해설

④ [×] 교화프로그램의 종류에는 문화프로그램, 문제행동예방프로그램, 가족관계회복프로그램, 교화상담, 그 밖에 법무부장관이 정하는 교화프로그램이 있다(형집행법 시행규칙 제114조).

정답 ④

14 형의 집행 및 수용자의 처우에 관한 법령상 교화프로그램에 대한 설명으로 옳지 않은 것은?

2023. 교정 7급

① 소장은 수형자의 교정교화를 위하여 상담·심리치료, 그 밖의 교화프로그램을 실시하여야 한다.
② 소장은 수형자의 인성 함양 등을 위하여 문화예술과 관련된 다양한 프로그램을 개발하여 운영할 수 있다.
③ 소장은 교화프로그램의 효과를 높이기 위하여 범죄유형별로 적절한 교화프로그램의 내용, 교육장소 및 전문인력의 확보 등 적합한 환경을 갖추도록 노력하여야 한다.
④ 가족관계회복프로그램 대상 수형자는 교도관회의의 심의를 거쳐 선발하고, 참여인원은 5명 이내의 가족으로 하며, 특히 필요하다고 인정하면 참여인원을 늘릴 수 있다.

정답 및 해설

① [○] 동법 제64조 제1항
② [○] 소장은 수형자의 인성 함양, 자아존중감 회복 등을 위하여 음악, 미술, 독서 등 문화예술과 관련된 다양한 프로그램을 도입하거나 개발하여 운영할 수 있다(동법 시행규칙 제115조).
③ [×] 소장은 제1항에 따른 교화프로그램의 효과를 높이기 위하여 범죄원인별로 적절한 교화프로그램의 내용, 교육장소 및 전문인력의 확보 등 적합한 환경을 갖추도록 노력하여야 한다(형집행법 제64조 제2항).
④ [○] 동법 시행규칙 제117조 제2항

정답 ③

---

 15. 「형의 집행 및 수용자의 처우에 관한 법률 시행규칙」상 방송통신대학 교육과정 교육대상자 선발에 대한 설명으로 ( ) 안에 들어갈 숫자의 합으로 옳은 것은? *2022. 5급 승진*

> 제110조(독학에 의한 학위취득과정 설치 및 운영) ① 소장은 수형자에게 학위취득기회를 부여하기 위하여 독학에 의한 학사학위 취득과정(이하 '학사고시반 교육'이라 한다)을 설치·운영할 수 있다.
> ② 소장은 다음 각 호의 요건을 갖춘 수형자가 제1항의 학사고시반 교육을 신청하는 경우에는 교육대상자로 선발할 수 있다.
> 1. 고등학교 졸업 또는 이와 동등한 수준 이상의 학력이 인정될 것
> 2. 교육개시일을 기준으로 형기의 ( )분의 1[( )년 이상의 유기형 또는 무기형의 경우에는 ( )년]이 지났을 것
> 3. 집행할 형기가 ( )년 이상일 것

① 32
② 33
③ 34
④ 36

정답 및 해설

② [○] 3 + 21 + 7 + 2 = 33(형집행법 시행규칙 제110조 제2항)

정답 ②

---

 16. 「형의 집행 및 수용자의 처우에 관한 법률」상 가족관계회복 프로그램에 대한 설명으로 가장 옳지 않은 것은? *2022. 5급 승진*

① 소장은 수형자와 그 가족의 관계를 유지·회복하기 위하여 수형자의 가족이 참여하는 각종 프로그램을 운영할 수 있다.
② 소장은 가족이 없는 수형자의 경우 교화를 위하여 필요하면 결연을 맺었거나 그 밖에 가족에 준하는 사람의 참여를 허가할 수 있다.
③ 가족관계회복 프로그램 대상 수형자는 교도관회의의 심의를 거쳐 선발한다.
④ 가족관계회복 프로그램 참여인원은 3명 이내의 가족으로 한다. 다만, 특히 필요하다고 인정하는 경우에는 참여인원을 늘릴 수 있다.

정답 및 해설

① [○] 동법 시행규칙 제117조 제1항
② [○] 동법 시행규칙 제89조 제2항
③ [○] 동법 시행규칙 제117조 제2항
④ [×] 가족관계회복 프로그램 참여인원은 5명 이내의 가족으로 한다. 다만, 특히 필요하다고 인정하는 경우에는 참여인원을 늘릴 수 있다(형집행법 시행규칙 제117조 제2항).

정답 ④

17 형집행법령상 교육과 교화프로그램에 대한 설명으로 가장 옳지 않은 것은?

2023. 6급 승진

① 소장은 수형자가 건전한 사회복귀에 필요한 지식과 소양을 습득하도록 교육할 수 있다.
② 소장은 수형자의 교정교화를 위하여 상담·심리치료, 그 밖의 교화프로그램을 실시하여야 한다.
③ 교육대상자에게는 작업·직업훈련 등을 면제한다.
④ 작업·직업훈련 수형자 등도 독학으로 검정고시·학사고시 등에 응시하게 할 수 있다. 독학으로 응시하는 것이므로 자체 평가시험 성적 등을 고려할 필요는 없다.

정답 및 해설

① [○] 동법 제63조 제1항
② [○] 동법 제64조 제1항
③ [○] 동법 시행규칙 제107조
④ [×] 작업·직업훈련 수형자 등도 독학으로 검정고시·학사고시 등에 응시하게 할 수 있다. 이 경우 자체 평가시험 성적 등을 고려해야 한다(형집행법 시행규칙 제107조)

정답 ④

18 「형의 집행 및 수용자의 처우에 관한 법률 시행규칙」상 교화프로그램의 종류에 해당하지 않는 것은?

2023. 6급 승진

① 문화프로그램
② 문제행동예방 프로그램
③ 가족관계회복 프로그램
④ 정보화교육과정 프로그램

정답 및 해설

📋 **교화프로그램의 종류**(형집행법 시행규칙 제114조)
1. 문화프로그램
2. 문제행동예방 프로그램
3. 가족관계회복 프로그램
4. 교화상담
5. 그 밖에 법무부장관이 정하는 교화프로그램

정답 ④

19 형집행법령상 다음 설명으로 가장 옳지 않은 것은?   2021. 5급 승진

① 소장은 수형자가 개방처우급 또는 완화경비처우급으로서 작업기술이 탁월하고 작업성적이 우수한 경우에는 수형자 자신을 위한 개인작업을 하게 할 수 있다.
② 가족관계회복프로그램 대상 수형자는 교도관회의의 심의를 거쳐 선발하고, 참여인원은 7명 이내의 가족으로 한다. 다만, 특히 필요하다고 인정하는 경우에는 참여인원을 늘릴 수 있다.
③ 가석방심사위원회가 동일하거나 유사한 죄로 2회 이상 징역형 또는 금고형의 집행을 받은 수형자에 대하여 가석방 적격심사할 때에는 뉘우치는 정도, 노동능력 및 의욕, 근면성, 그 밖에 정상적인 업무에 취업할 수 있는 생활계획과 보호관계에 관하여 중점적으로 심사하여야 한다.
④ 투척용 최루탄은 근거리용으로 사용하고, 발사용 최루탄은 50미터 이상의 원거리에서 사용하되, 30도 이상의 발사각을 유지하여야 한다.

정답 및 해설

① [○] 동법 시행규칙 제95조
② [×] 가족관계회복 프로그램 대상 수형자는 교도관회의의 심의를 거쳐 선발하고, 참여인원은 5명 이내의 가족으로 한다. 다만, 특히 필요하다고 인정하는 경우에는 참여인원을 늘릴 수 있다(형집행법 시행규칙 제117조 제2항).
③ [○] 동법 시행규칙 제252조
④ [○] 동법 시행규칙 제188조

정답 ②

20 「형의 집행 및 수용자의 처우에 관한 법률 시행규칙」상 방송프로그램에 대한 구분으로 가장 적절하게 짝지어진 것은?   2023. 7급 승진

① 오락콘텐츠: 연예, 스포츠 중계, 일반상식, 뉴스 등
② 교화콘텐츠: 인간성 회복, 근로의식 함양, 가족관계 회복, 국가관 고취, 드라마 등
③ 교육콘텐츠: 한글·한자·외국어 교육, 보건위생 향상, 성(性)의식 개선, 약물남용 예방 등
④ 교양콘텐츠: 다큐멘터리, 생활정보, 직업정보, 음악 등

정답 및 해설

① [×] 일반상식, 뉴스는 교양콘텐츠에 해당한다.
② [×] 드라마는 오락콘텐츠에 해당한다.
④ [×] 음악은 오락콘텐츠에 해당한다.

  방송프로그램(형집행법 시행규칙 제40조 제2항)
1. 교육콘텐츠: 한글·한자·외국어 교육, 보건위생 향상, 성(性)의식 개선, 약물남용 예방 등
2. 교화콘텐츠: 인간성 회복, 근로의식 함양, 가족관계 회복, 질서의식 제고, 국가관 고취 등
3. 교양콘텐츠: 다큐멘터리, 생활정보, 뉴스, 직업정보, 일반상식 등
4. 오락콘텐츠: 음악, 연예, 드라마, 스포츠 중계 등
5. 그 밖에 수용자의 정서안정에 필요한 콘텐츠

정답 ③

21 형집행법령상 교육에 대한 설명으로 옳지 않은 것은 모두 몇 개인가? 2023. 7급 승진

㉠ 작업·직업훈련 수형자 등도 독학으로 검정고시·학사고시 등에 응시하게 할 수 있다. 이 경우 자체 평가시험 성적 등을 고려해야 한다.
㉡ 소장은 교육대상자가 징벌을 받고 교육 부적격자로 판단되어 교육대상자 선발이 취소된 때에도 선발 당시 소속기관으로 이송해야 하며, 다른 기관으로 이송할 수 없다.
㉢ 소장은 「교육기본법」 제8조(의무교육)의 의무교육을 받지 못한 수형자에 대하여는 본인의 의사·나이·지식정도, 그 밖의 사정을 고려하여 그에 알맞게 교육하여야 한다.
㉣ 소장은 24년의 징역형이 확정되어 수용 중인 수형자(고등학교 졸업자)가 독학에 의한 학사학위 취득과정을 신청하는 경우에 집행할 형기가 2년 이상이더라도 교육 개시일을 기준으로 형기의 3분의 1인 8년이 지나지 않았다면 교육대상자로 선발할 수 없다.

① 1개
② 2개
③ 3개
④ 4개

정답 및 해설

옳지 않은 것은 ㉡, ㉣이다.
㉠ [○] 형집행법 시행규칙 제107조 제2항
㉡ [×] 교육대상자의 선발이 취소되거나 교육대상자가 교육을 수료하였을 때에는 선발 당시 소속기관으로 이송한다. 다만, ⓐ 집행할 형기가 이송 사유가 발생한 날부터 3개월 이내인 때, ⓑ 징벌을 받고 교육 부적격자로 판단되어 교육대상자 선발이 취소된 때, ⓒ 소속기관으로의 이송이 부적당하다고 인정되는 특별한 사유가 있는 때에는 소속기관으로 이송하지 아니하거나 다른 기관으로 이송할 수 있다(동법 시행규칙 제106조 제2항).
㉢ [○] 동법 제63조 제2항
㉣ [×] 소장은 ⓐ 고등학교 졸업 또는 이와 동등한 수준 이상의 학력이 인정될 것, ⓑ 교육개시일을 기준으로 형기의 3분의 1(21년 이상의 유기형 또는 무기형의 경우에는 7년)이 지났을 것, ⓒ 집행할 형기가 2년 이상인수형자가 독학에 의한 학사학위 취득과정(학사고시반 교육)을 신청하는 경우에는 교육대상자로 선발할 수 있다(동법 시행규칙 제110조 제2항).
▶ 24년의 징역형은 21년 이상의 유기형에 해당하므로 7년이 지나면 교육대상자로 선발할 수 있다.

정답 ②

22 현행법령상 수용자의 교육에 대한 설명으로 옳지 않은 것은?

① 소장은 수형자의 정서 함양을 위하여 필요하다고 인정하면 연극·영화관람, 체육행사 등의 문화예술활동을 하게 할 수 있다.
② 소장은 교육을 위하여 필요하면 수형자를 중간처우를 위한 전담교정시설에 수용하여 외부 교육기관에의 통학하게 하거나 외부 교육기관에서의 위탁교육을 할 수 있다.
③ 소장은 미결수용자에 대하여는 신청에 따라 교육을 실시할 수 있고, 그 교육프로그램에는 교정시설 밖에서 행하는 것도 포함된다.
④ 소장은 교육대상자의 성적불량, 학업태만 등으로 인하여 교육의 목적을 달성하기 어려운 경우에는 그 선발을 취소할 수 있다.

정답 및 해설

① [○] 동법 시행령 제88조
② [○] 동법 제63조 제3항
③ [×] 소장은 미결수용자에 대하여는 신청에 따라 교육 또는 교화프로그램을 실시하거나 작업을 부과할 수 있다(형집행법 제86조). 이 경우 교육·교화프로그램 또는 작업은 교정시설 밖에서 행하는 것은 포함하지 아니한다(동법 시행령 제103조 제1항).
④ [○] 동법 시행규칙 제101조 제2항

정답 ③

23 현행법령상 소장이 독학에 의한 학사학위 취득과정의 교육대상자로 선발할 수 없는 경우는?

① 고등학교 졸업학력 검정고시를 합격한 수형자
② 교육개시일을 기준으로 형기의 2분의 1이 지난 수형자
③ 25년의 유기징역을 선고 받아 8년을 집행한 수형자
④ 집행할 형기가 1년 6개월인 수형자

정답 및 해설

> **독학에 의한 학위 취득과정 설치 및 운영**(형집행법 시행규칙 제110조 제2항)
>
> 소장은 다음의 요건을 갖춘 수형자가 독학에 의한 학사학위 취득과정(학사고시반 교육)을 신청하는 경우에는 교육대상자로 선발할 수 있다.
> 1. 고등학교 졸업 또는 이와 동등한 수준 이상의 학력이 인정될 것
> 2. 교육개시일을 기준으로 형기의 3분의 1(21년 이상의 유기형 또는 무기형의 경우에는 7년)이 지났을 것
> 3. 집행할 형기가 2년 이상일 것

정답 ④

24 형집행법 시행규칙상 수형자의 교육에 대한 설명으로 옳지 않은 것은?

① 소장은 소속기관에서 교육대상자를 선발하기 어려운 경우에는 다른 기관에서 추천한 사람을 모집하여 교육할 수 있다.
② 소장은 특별한 사유가 없으면 교육기간 동안에 교육대상자를 다른 기관으로 이송할 수 없다.
③ 교육대상자에게는 작업·직업훈련 등을 면제할 수 있다.
④ 작업·직업훈련 수형자 등도 독학으로 검정고시·학사고시 등에 응시하게 할 수 있다.

정답 및 해설

① [○] 동법 시행규칙 제101조 제1항
② [○] 동법 시행규칙 제106조 제1항
③ [×] 교육대상자에게는 작업·직업훈련 등을 면제한다(형집행법 시행규칙 제107조 제1항).
④ [○] 작업·직업훈련 수형자 등도 독학으로 검정고시·학사고시 등에 응시하게 할 수 있다. 이 경우 자체 평가시험 성적 등을 고려해야 한다(동법 시행규칙 제107조 제2항).

정답 ③

25 형집행법령상 수형자의 교육에 대한 설명으로 옳지 않은 것은?

① 소장은 수형자로 하여금 건전한 사회복귀에 필요한 지식과 소양을 습득하도록 교육할 수 있다.
② 독학에 의한 교육은 수업 일수의 제한을 받지 아니한다.
③ 소장은 교육대상자 및 시험응시 희망자의 학습능력을 평가하기 위하여 자체 평가시험을 실시해야 한다.
④ 중대한 질병, 부상, 그 밖의 부득이한 사정으로 교육을 받을 수 없다고 판단되는 때에는 교육대상자 선발을 취소할 수 있다.

정답 및 해설

① [○] 동법 제63조 제1항
② [○] 동법 시행규칙 제104조 제1항
③ [×] 자체 평가시험을 실시할 수 있다(형집행법 시행규칙 제101조 제3항).
④ [○] 동법 시행규칙 제105조 제1항

정답 ③

26 「형의 집행 및 수용자의 처우에 관한 법률 시행규칙」상 교육 취소사유에 해당하지 않는 것은?

① 수학능력이 현저히 부족하다고 판단되는 때
② 각 교육과정의 관계법령, 학칙, 교육관리지침 등을 위반한 때
③ 학습의욕이 부족하여 교육 부적격자로 판단되는 때
④ 중대한 질병, 부상, 그 밖의 부득이한 사정으로 교육을 받을 수 없다고 판단되는 때

정답 및 해설

교육 취소사유

형집행법 시행규칙 제105조 제1항	형집행법 시행규칙 제101조 제2항
① 소장은 교육대상자가 다음의 어느 하나에 해당하는 경우에는 교육대상자 선발을 취소할 수 있다. 1. 각 교육과정의 관계법령, 학칙, 교육관리지침 등을 위반한 때 2. 학습의욕이 부족하여 구두경고를 하였는데도 개선될 여지가 없거나 수학능력이 현저히 부족하다고 판단되는 때 3. 징벌을 받고 교육 부적격자로 판단되는 때 4. 중대한 질병, 부상, 그 밖의 부득이한 사정으로 교육을 받을 수 없다고 판단되는 때	② 소장은 교육대상자의 성적불량, 학업태만 등으로 인하여 교육의 목적을 달성하기 어려운 경우에는 그 선발을 취소할 수 있다.

정답 ③

27. 형집행법령상 교육에 대한 설명으로 옳지 않은 것은?

① 소장은 특별한 사유가 없으면 교육기간 동안에 교육대상자를 다른 기관으로 이송할 수 없다.
② 교육대상자가 집행할 형기가 이송 사유가 발생한 날부터 3개월 이내인 때에는 소속기관으로 이송하지 않을 수 있다.
③ 집행할 형기가 2년 미만인 자는 학사고시반 교육대상자로 선발할 수 없다.
④ 징벌을 받고 교육 부적격자로 판단되는 자는 교육대상자 선발을 취소할 수 있다.
⑤ 교육을 실시하는 경우 소요되는 비용은 특별한 사정이 없으면 국가가 부담한다.

정답 및 해설

독학에 의한 학사학위 취득과정(학사고시반 교육)의 선발요건(형집행법 시행규칙 제110조 제2항)은 방송통신대학 교육과정(동법 시행규칙 제111조 제2항)과 전문대학 위탁교육과정(동법 시행규칙 제112조 제2항)에 적용된다.
① [○] 동법 시행규칙 제106조 제1항
② [○] 동법 시행규칙 제106조 제2항
③ [○] 동법 시행규칙 제110조 제2항 제3호
④ [○] 동법 시행규칙 제105조 제1항 제3호
⑤ [×] 독학에 의한 학위 취득과정, 방송통신대학과정, 전문대학 위탁교육과정, 정보화 및 외국어 교육과정에 따른 교육을 실시하는 경우 소요되는 비용은 특별한 사정이 없으면 교육대상자의 부담으로 한다(형집행법 시행규칙 제102조 제2항).

정답 ⑤

28. 형집행법령상 교육·교화프로그램에 대한 설명으로 옳지 않은 것은?

① 소장은 교육대상자를 소속기관에서 선발하여 교육한다. 다만, 소속기관에서 교육대상자를 선발하기 어려운 경우에는 다른 기관에서 추천한 사람을 모집하여 교육할 수 있다.
② 소장은 외국어 교육대상자가 교육실 외에서의 어학학습장비를 이용한 외국어학습을 원하는 경우에는 계호 수준, 독거 여부, 교육 정도 등에 대한 교도관회의의 심의를 거쳐 허가할 수 있다.
③ 소장은 수형자의 교정교화를 위하여 교화프로그램을 실시하여야 하며, 교화프로그램의 효과를 높이기 위하여 범죄원인별로 적절한 교화프로그램의 내용, 교육장소 및 전문인력의 확보 등 적합한 환경을 갖추도록 노력하여야 한다.
④ 소장은 교화프로그램의 성격 및 시설 규모와 인원을 고려하여 이송 등의 적절한 조치를 할 수 있다.
⑤ 소장은 사형확정자의 심리적 안정 및 원만한 수용생활을 위하여 신청에 따라 교화프로그램을 실시할 수 있다.

정답 및 해설

① [○] 동법 시행규칙 제101조 제1항
② [○] 동법 시행규칙 제113조 제3항
③ [○] 동법 제64조 제1항·제2항
④ [○] 소장은 교화프로그램을 운영하는 경우 약물중독·정신질환·신체장애·건강·성별·나이 등 수형자의 개별 특성을 고려하여야 하며, 프로그램의 성격 및 시설 규모와 인원을 고려하여 이송 등의 적절한 조치를 할 수 있다(동법 시행규칙 제119조 제1항).
⑤ [×] 소장은 사형확정자의 심리적 안정 및 원만한 수용생활을 위하여 교육 또는 교화프로그램을 실시하거나 신청에 따라 작업을 부과할 수 있다(형집행법 제90조 제1항).

정답 ⑤

29 「형의 집행 및 수용자의 처우에 관한 법률 시행규칙」상 교화프로그램에 대한 설명으로 옳지 않은 것은?

① 소장은 수형자의 죄명, 죄질 등을 구분하여 그에 따른 심리측정·평가·진단·치료 등의 문제행동예방프로그램을 도입하거나 개발하여 실시할 수 있다.
② 가족관계회복프로그램의 대상 수형자는 교도관회의의 심의를 거쳐 선발하고, 교정시설 안에서 실시한다.
③ 소장은 수형자의 건전한 가치관 형성, 정서안정, 고충해소 등을 위하여 교화상담을 실시할 수 있다.
④ 소장은 교화프로그램을 운영하는 경우 프로그램의 성격 및 시설 규모와 인원을 고려하여 이송 등의 적절한 조치를 할 수 있다.

정답 및 해설

① [○] 동법 시행규칙 제116조
② [×] 가족관계회복프로그램의 대상 수형자는 교도관회의의 심의를 거쳐 선발하고, 참여인원은 5명 이내의 가족으로 한다. 다만, 특히 필요하다고 인정하는 경우에는 참여인원을 늘릴 수 있다(형집행법 시행규칙 제117조 제2항). 가족관계회복프로그램은 교정시설 밖에서도 실시할 수 있다.
③ [○] 동법 시행규칙 제118조 제1항
④ [○] 소장은 교화프로그램을 운영하는 경우 약물중독·정신질환·신체장애·건강·성별·나이 등 수형자의 개별 특성을 고려하여야 하며, 프로그램의 성격 및 시설 규모와 인원을 고려하여 이송 등의 적절한 조치를 할 수 있다(동법 시행규칙 제119조 제1항).

정답 ②

제2절 | 교정상담의 이해

01 교정현장상담과 사회 내 상담의 차이 등에 대한 설명으로 옳지 않은 것은?

① 교정현장상담에서는 내담자 개인의 문제에 초점을 맞추어 진행되는 상담뿐만 아니라 관리자의 필요에 의한 호출상담도 빈번하게 이루어진다.
② 일반상담과는 달리 교정현장상담에서는 내담자의 복지를 최우선적으로 고려해야 되는 것이 아니라 수용질서를 먼저 생각해야 하는 차이점이 있다.
③ 교정현장상담은 일반상담과는 달리 이미 내담자에 대한 정보를 가지고 상담이 이루어진다는 점에서 내담자에 대한 편견이나 선입견을 배제할 수 있는 장점을 갖고 있다.
④ 일반상담과는 달리 교정현장상담은 상담자의 지도력을 중심으로 하는 단회 또는 단기간의 상담 형태가 많다.

정답 및 해설

③ [×] 상담자는 이미 내담자의 정보를 가지고 상담에 임하기 때문에 선입견이나 편견의 문제점이 있다.

> 💡 **일반상담 vs 교정상담**

일반상담	교정상담
내담자 복지 우선	수용질서확립 우선
내담자의 자발성과 의지	교도관의 의지에 의한 호출
사전정보가 없어 편견이나 선입견 배제	사전정보로 편견이나 선입견 가능
체계적 상담 가능	일회성 혹은 단기상담

정답 ③

다음 수형자의 교육 및 교화에 대한 설명으로 가장 적절하지 않은 것은?

① 차별적 기회구조이론에 따르면 수형자에 대한 교육은 일반인에 대한 교육과는 달리 범죄방지에 도움이 되지 않는다.
② 수용을 전제로 한 교육은 사회로부터 격리에 따른 자기존중과 자율성을 상실시켜 범죄학습의 우려가 있다는 부정적 측면을 가지고 있다.
③ 현행 법령상 교정시설의 장은 수형자의 가족이 참여하는 가족관계회복프로그램을 운영할 수 있고, 가족이 없는 수형자의 경우 결연을 맺었거나 그 밖에 가족에 준하는 사람의 참여를 허가할 수 있다.
④ 현행 법령상 교정시설의 장은 수형자의 정서교육을 위해 필요하다고 인정하면 개방처우급·완화경비처우급 수형자에 대하여 교정시설 밖에서 연극·영화 관람을 허가할 수 있다.

정답 및 해설

범죄자의 교육을 통한 개선에서는 범죄의 원인을 긴장과 기회(strain/opportunity)이론으로 설명하고 있다. 즉, 범죄자에게는 문화적 목표를 성취할 합법적 기회와 수단이 차단되거나 제한되기 때문에 범죄라는 불법적 수단에 호소하여 목표를 달성한다. 따라서 이들에게 교육을 통하여 합법적 수단과 기회를 제공함으로써 범죄를 방지할 수 있다는 논리이다. 다시 말해서 사회생활에 필요한 기본적 지식과 기술이 부족하면 합법적 기회가 주어지지 않거나 주어진 기회조차도 활용할 줄 모르기 때문에 불법적·범죄적 기회에 눈을 돌리게 되므로, 교육과 훈련을 통해서 지식과 기술을 습득케 함으로써 합법적 기회와 수단을 조장하고 범행의 동기를 줄일 수 있다는 것이 교정교육의 진수이다.
① [×] 클라워드(Cloward)와 오린(Ohlin)의 차별적 기회구조이론은 두 가지 기회구조(적법 또는 불법) 중 어느 수단을 취하는가는 사회구조의 관계에서 어떠한 수단을 취할 수 있는 위치에 있는가에 달려있다고 보고, 범죄는 개인의 심리적 결단의 문제가 아니라 어떠한 하위문화에 속해있느냐에 의해 결정된다는 범죄이론이다. 교육의 기회를 받은 사람은 그렇지 않은 사람보다, 직업을 가진 사람은 그렇지 않은 사람보다 비행적 하위문화에 속할 위험성이 상대적으로 적다고 할 수 있다.
② [○] 교정교육은 범죄자의 수용을 전제로 이루어지기 때문에 그를 사회로부터 격리시키게 되어 오히려 사회인으로서의 성장을 저해하고 수용으로 인한 자기존중과 자율성을 잃게 되며, 범죄학습의 우려가 있다는 등의 부정적인 면도 없지 않다. 대부분의 범죄자가 학력수준이 낮은 것은 그들에게 교육의 기회가 주어지지 않았을 수도 있지만 대개는 그들이 교육열이 적거나 관심이 없고 교육받을 능력, 즉 지능이 부족한 경우가 대부분이다. 따라서 이들을 교육환경으로는 적합하지 않은 교정시설에 집단적으로 수용하여 불충분한 교육여건 하에서 강제적 교육을 한다는 사실은 교정교육의 어쩔 수 없는 한계이다.
③ [○] 형집행법 시행규칙 제117조 제1항
④ [○] 동법 시행령 제88조, 동법 시행규칙 제92조 제1항

정답 ①

03 교정상담에 관한 설명으로 옳지 않은 것은?

① 상담(Counselling)은 상담자가 문제를 안고 있는 수용자를 원조하고 그 수용자가 가능한 한 자신의 힘으로 문제를 발견하고 스스로의 힘으로 해결하는 것을 목적으로 한다.
② 케이스 워크(Case work)은 개개의 수용자에 관한 정보의 수집과 정리, 그 사람에 대한 사회와 관련하여 처우를 행하는 것이다. 이는 한 번에 한 명의 대상자에 실시하는 활동이고, 각 수용자의 심리적·사회적 문제를 조사하고 진단하며 처리한다는 것이다.
③ 임상업무(Clinical service)는 각종 전문분야의 지식과 기술을 이용하면서 행하는 가장 집중적인 진단 및 치료적 처우활동을 말한다.
④ 교정상담은 주로 내담자 스스로의 자발적인 요구에 의해 이루어지는 경우가 많기 때문에 수용질서보다는 내담자 개인의 복지를 우선으로 한다.

정답 및 해설

④ [×] 교정상담은 내담자 개인의 문제에 초점을 맞추어 진행되는 상담뿐만 아니라, 관리자의 필요에 의한 호출상담도 빈번하게 이루어지고, 일반상담과는 달리 내담자의 복지를 최우선으로 고려해야 되는 것이 아니라, 수용질서를 먼저 생각해야 하는 차이점이 있다.

정답 ④

04 시설 내 교정상담에 관한 설명으로 옳지 않은 것은?

① 시설 내 상담이란 소년원이나 성인교도소에서 이루어지는 상담을 말한다.
② 시설의 상담자는 범죄자의 갱생보다 시설의 안전유지에 더 많은 관심을 가지는데 이는 수용자의 치료나 갱생이 일차적이 아닌 이차적인 것으로 간주되기 때문이다.
③ 시설 내 상담은 일반상담과는 달리 이미 내담자에 대한 정보를 가지고 상담이 이루어진다는 점에서 내담자에 대한 편견이나 선입견을 배제할 수 있다는 장점이 있다.
④ 일반상담과는 달리 시설 내 상담에서는 내담자의 복지를 최우선으로 고려해야 되는 것이 아니라, 수용질서를 먼저 생각해야 하는 차이점이 있다.

정답 및 해설

시설 내 교정상담의 특징

㉠ 시설 내 상담이란 소년원이나 성인교도소에서 이루어지는 상담을 말한다.
㉡ 시설의 상담자는 범죄자의 갱생보다 시설의 안전유지에 더 많은 관심을 가지는데 이는 수용자의 치료나 갱생이 일차적이 아닌 이차적인 것으로 간주되기 때문이다.
㉢ 시설 내 상담에서 내담자 개인의 문제에 초점을 맞추어 진행되는 상담뿐만 아니라, 관리자의 필요에 의한 호출상담도 빈번하게 이루어진다.
㉣ 일반상담과는 달리 시설 내 상담에서는 내담자의 복지를 최우선으로 고려해야 되는 것이 아니라, 수용질서를 먼저 생각해야 하는 차이점이 있다.
㉤ 일반상담과는 달리 교정현장상담은 상담자의 지도력을 중심으로 하는 단회 또는 단기간의 상담형태가 많다.
㉥ 시설 내 상담은 일반상담과는 달리 이미 내담자에 대한 정보를 가지고 상담이 이루어진다는 점에서 내담자에 대한 편견이나 선입견을 배제하기 어렵다는 단점이 있다.

정답 ③

05 교정상담의 문제점으로 옳지 않은 것은?

① 상담에 대한 관리자의 이해수준이 낮아서 충분한 지원을 받지 못하는 경우가 많다.
② 폐쇄된 공간에서는 상담내용에 대한 소문이 아주 빠르게 퍼지기 때문에 비밀보장이 어렵다.
③ 상담을 필요로 하는 수형자가 많지 않다.
④ 상담자는 질서유지 등 보안에도 신경을 써야 하기 때문에 1인 2역을 담당해야 한다.

정답 및 해설

③ [×] 상담자가 맡아야 할 수형자의 수가 너무 많다.

> **교정상담의 문제점**
> ㉠ 상담에 대한 관리자의 이해수준이 낮아서 충분한 지원을 받지 못하는 경우가 많다.
> ㉡ 폐쇄된 공간에서는 상담내용에 대한 소문이 아주 빠르게 퍼지기 때문에 비밀보장이 어렵다.
> ㉢ 상담자가 맡아야 할 수형자의 수가 너무 많다.
> ㉣ 상담자는 질서유지 등 보안에도 신경을 써야 하기 때문에 1인 2역을 담당해야 한다.
> ㉤ 교정상담은 일차적으로 범죄자의 교화에 그 목적을 두고 있지만, 그 일차적 목적 외에 기존 조직의 유지나 효율성 제고라는 이차적 목적도 있다.
> ㉥ 교도소의 교도관이나 상담자들은 수용자들의 출소 후 사회적응을 돕는 장기적 교화활동보다는 수용자들의 시설 내 적응에 보다 많은 시간을 할애하는 경우가 많다.

정답 ③

06 교정상담에 있어서 내담자 특성에 기인한 문제로 보기 어려운 것은?

① 상담자에 의한 자발적(강압적) 상담이라는 점에서 상담자에게 부담이 크다.
② 수형자들의 문제가 시설 밖에 있는 사람들과의 관계에서 발생하는 경우가 많기 때문에 현실검증의 기회가 제한된다.
③ 수형자들의 속임수가 많기 때문에 상담자도 몇 번 속았다고 하여 무조건 의심부터 하는 경직된 태도의 경향이 있다.
④ 재범률의 증가 등 재사회화 실패에 대한 강박관념은 수형자의 변화가능성에 대하여 포기하는 태도를 갖게 하기 쉽다.

정답 및 해설

> **교정상담의 내담자 특성**
> ㉠ **비자발적 상담**: 상담자에 의한 비자발적(강압적) 상담이라는 점에서 내담자의 저항이 크다.
> ㉡ **문제해결의 한계**: 수형자들의 문제가 시설 밖에 있는 사람들과의 관계에서 발생하는 경우가 많기 때문에 현실검증의 기회가 제한된다.
> ㉢ **내담자의 속임수**: 수형자들의 속임수를 잘 파악하여야 한다. 그러나 상담자도 몇 번 속았다고 하여 무조건 의심부터 하는 경직된 태도는 경계해야 한다.
> ㉣ **변화가능성에 대한 불신**: 재범률의 증가 등 재사회화 실패에 대한 강박관념은 수형자의 변화가능성에 대하여 포기하는 태도를 갖게 하기 쉽다.

정답 ①

07 교정상담의 성공을 위한 노력으로 보기 어려운 것은?

① 평가면에서는 재범위험도가 높은(high-risk) 수감자들을 선정하여 보다 집중적인 상담에 참가하도록 한다.
② 상담이 종료된 후에는 내담자가 의존성을 갖지 않도록 하기위해 분명한 의사표시로 상담을 종료하여야 한다.
③ 훈련은 다중모델을 기반으로 긍정적인 강화를 즉시 주어야 하며, 가능하면 개별화된 것이라야 효과가 좋다.
④ 범죄욕구를 줄이는 데에 궁극적인 목표를 두어야 하며, 수용자와 치료자, 상담성격이 서로 맞도록 하여 동기를 유발해야 하며, 친사회적인 행위를 학습할 수 있도록 조건을 최적화해야 한다.

정답 및 해설

② [×] 상담이 종료된 후에도 계속적으로 도움을 구할 수 있게 해야 한다.

 젠드루와 고긴(Gendreau & Goggin)의 교정상담의 성공요인
㉠ 평가면에서는 재범위험도가 높은(high-risk) 수감자들을 선정하여 보다 집중적인 상담에 참가하도록 한다.
㉡ 훈련기간은 3~4개월 또는 100시간으로 하며, 매일 만나는 상담이 바람직하다.
㉢ 훈련은 다중모델을 기반으로 긍정적인 강화를 즉시 주어야 하며, 가능하면 개별화된 것이라야 효과가 좋다.
㉣ 범죄욕구를 줄이는 데에 궁극적인 목표를 두어야 하며, 수용자와 치료자, 상담성격이 서로 맞도록 하여 동기를 유발해야 하며, 친사회적인 행위를 학습할 수 있도록 조건을 최적화해야 한다.
㉤ 상담이 종료된 후에도 계속적으로 도움을 구할 수 있게 해야 한다.
㉥ 체계적인 면에서 상담지도자는 전문적인 면에서 신뢰가 있어야 하고, 구체적인 설계와 직원 훈련상담평가가 따라야 한다.
㉦ 직원들은 적절한 훈련·경험·상담기술을 익혀야 하며, 상담 시 명료·공감하고, 엄격하면서도 공정하고 문제해결의 능력이 있어야 한다.

정답 ②

제3절 | 교정상담기법

 01 교정상담의 기법에 대한 설명으로 옳은 것은?　　　　　　　　　　　　　　2019. 5급 승진

① 행동수정(behavior modifcation)은 교정시설의 환경을 통제하고 조절하여 재소자들의 행동의 변화를 추구한다.
② 물리요법(physical therapy)은 상담치료를 통하여 일정한 성과를 얻은 후 재소자의 자발적 참여를 전제로 이루어진다.
③ 사회요법 중 환경요법(mileu therapy)은 미래 지향적이며, 긍정적 강화와 부정적 강화를 통한 행위의 변화를 시도한다.
④ 교류분석(transaction analysis)은 교도소 전체 생활단위에서 이루어지며, 개인적인 의사결정기회를 많이 제공할 수 있다.
⑤ 현실요법(reality therapy)은 기본 원리를 쉽게 터득할 수 있다는 점에서 고도로 훈련된 전문가가 아니어도 사용할 수 있다.

정답 및 해설

① [×] 사회요법 중 환경요법에 대한 설명이다. 환경요법은 모든 교정환경을 이용하여 수형자들 간의 상호작용의 수정과 환경통제를 통해서 개별 수형자의 행동에 영향을 미치고자 하는 것으로 교정시설의 환경을 통제하고 조절하여 수형자들의 행동의 변화를 추구한다.
② [×] 물리요법은 각종 상담치료나 상담에 잘 반응하지 않고 별 효과가 없는 재소자에게 이용 가능한 강제적 기법으로, 진정제 투약과 같은 약물요법 등이 있다.
③ [×] 행동수정에 대한 설명이다.
④ [×] 사회요법 중 환경요법의 대표적 프로그램인 '요법처우공동체'에 대한 설명이다.
⑤ [○] 현실요법은 글래저(Glaser)가 주장한 것으로, 모든 사람은 기본적 욕구를 가지고 있으며, 자신의 욕구에 따라 행동할 수 없을 때 무책임하게 행동한다는 가정에 기초하고 있다. 현실요법은 ㉠ 현실요법의 기본원리가 쉽게 학습되고 터득될 수 있고, ㉡ 재소자의 내부문제보다 외부세계에, 과거보다는 현재에, 개인적 문제보다는 인간적 잠재성에 초점을 맞추고 있으며, ㉢ 상담자에게 권한과 권위를 제공하고 보호관찰과 연계되어 지속될 수도 있다.

정답 ⑤

02 다음의 설명과 관련 있는 교정상담기법은?

2016. 교정 7급

- 1950년대 에릭 번(Eric Berne)에 의하여 주장된 것으로 계약과 결정이라는 치료 방식을 취한다.
- 상담자는 대체로 선생님의 역할을 하게 된다.
- 재소자로 하여금 자신의 과거 경험이 현재 행위에 미친 영향을 보도록 녹화테이프를 재생하듯이 되돌려 보게 한다. 이 과정을 통해 재소자가 과거에 대한 부정적인 장면들은 지워버리고 올바른 인생의 목표를 성취할 수 있다는 것을 확신하도록 도와준다.
- 자신의 문제를 검토할 의사가 전혀 없는 사람이나 사회 병리적 문제가 있는 사람에게는 도움이 되지 않는다.

① 교류분석(transactional analysis)
② 현실요법(reality therapy)
③ 환경요법(milieu therapy)
④ 사회적 요법(social therapy)

정답 및 해설

① [○] 에릭 번(Eric Bern)에 의해 창안된 것으로, 보다 성숙한 자아 발달을 유도하는 상담기법으로 과거의 경험을 회상하게 하고 반성하게 하며 스스로 과거의 부정적인 장면을 삭제하게 하여 새로운 삶에 대한 확신을 주는 처우기법이다.
② [×] 글래저(Glasser)에 의해 주장된 것으로 선택이론 또는 통제이론이라고 하며, 갈등이나 문제 상황의 내담자가 성공적인 정체성을 가지고 자기 삶을 바람직한 방향으로 통제하며 건강한 행동으로 유도하는 상담기법이다. 인간의 존엄성과 잠재가능성의 믿음을 전제로 과거보다는 현재, 무의식적 경험보다 의식적 경험을 중시한다.
③ [×] 모든 교정환경을 이용하여 수형자들 간의 상호작용의 수정과 환경통제를 통해서 개별수형자의 행동에 영향을 미치고자 하는 것으로서 1956년 맥스웰 존스(Maxwell Jones)의 요법처우공동체라는 개념에서 출발한 것이다. 환경요법에는 사회적 요법, 요법처우공동체, 긍정적 동료부문화, 남녀공동교도소가 있다.
④ [×] 범죄를 범죄자 개인적 인격과 주변 환경의 복합적 상호작용의 산물로 인식하고 교도소 내의 친사회적인 환경개발을 시도하는 처우기법이다. 심리적 또는 행동수정요법의 약점을 보완하기 위해서 시도된 것으로 건전한 사회적 지원유형의 개발에 노력한다.

에릭 번에 의하면 사람의 내면에는 3가지 성격이 있다.

부모(parents)	판단과 통제 역할을 하는 성격	super ego(초자아)와 유사
아동(child)	유희적·의존적·버릇없는 성격	id(본능)와 유사
성인(adult)	성숙·윤리적·현실적인 성격	ego(자아)와 유사

㉠ 화난 부모의 성격과 아동의 성격이 합쳐졌을 때 범죄 ⇨ 성인의 성격으로 바꿔주는 것을 교류분석이라 한다.
㉡ 방법: 수용자로 하여금 과거경험이 현재 행위에 미친 영향을 녹음을 재생하듯 되돌려 보도록 하는 것

정답 ①

03 교정상담 기법에 대한 설명으로 옳지 않은 것은?

2022. 교정 7급

① 행동수정요법 중 정적 강화(positive reinforcement)는 대상자가 어떤 바람직한 행동을 했을 때 그 대상자가 싫어하는 대상물을 제거해 주는 방법이다.
② 현실요법은 상담자와의 유대관계를 바탕으로 내담자가 사회현실의 범위 내에서 자신의 욕구를 실현하도록 하는 방법이다.
③ 교류분석요법은 타인과의 교류상태에서 자신의 상호작용에 대한 중요한 피드백을 교환하도록 함으로써 적절한 행동변화를 이끌어 내는 방법이다.
④ 사회적 요법은 심리적 또는 행동수정요법의 약점을 보완하며 재소자들을 위하여 건전한 사회적 지원 유형을 개발하는 방법이다.

정답 및 해설

① [×] 부적 강화에 대한 설명이다. 강화물(reinforcement)은 행동의 빈도를 증가시키는 역할을 하는 모든 자극물을 의미하며, 강화물은 음식, 공기, 물 등 일차적 강화물과 사회적 인정, 칭찬, 지위 등의 이차적 강화물로 구분된다. 강화는 정적 강화(positive reinforcement)와 부적 강화(negative reinforcement)로 구성되며, 정적 강화는 행동의 지속성을 강화시키는 것으로써 특정 행동에 대해 보상이 주어질 때 그 행동을 지속할 가능성이 높아진다.

정답 ①

제20장 교도작업과 직업훈련

제1절 | 교도작업 개요

01 다음에서 설명하는 교도작업의 경영방식은? 2024. 교정 7급

- 교정시설이 민간기업 등과 계약하여 노동력과 그에 대한 감독, 재료, 비용을 일괄 책임지고 그 작업 결과에 따라 약정금액을 수령한다.
- 전문기술자를 확보하기 어렵고, 구외 작업이 많아 계호상 부담이 크며 민간기업을 압박할 가능성이 크다.
- 작업 규모가 커서 불취업자 해소에 유리하고, 높은 수익이 보장된다.

① 직영방식 ② 도급방식
③ 위탁방식 ④ 노무방식

정답 및 해설

② [○] 도급작업에 대한 설명이다. 도급작업은 교도소와 사인 간의 계약에 의하여 어느 공사를 완성할 것을 약정하고 교도소가 전담하여 관리·감독하는 방식으로 그 공사의 결과에 따라 약정금액을 지급받는 작업이다. 작업의 대형성으로 높은 수익을 가능케 하고, 대량작업을 전제로 하므로 수형자의 대규모 취업을 가능케 하여 불취업자 해소에 유리한 장점이 있는 반면에, 전문지식과 경험부족으로 큰 손실을 입을 수 있고, 구외작업으로 인한 계호부담이 크고 민간기업 압박의 우려가 크며, 작업수준에 맞는 기술자의 확보가 곤란하다는 단점이 있다.

정답 ②

02 교도작업의 경영방법 중 직영작업의 장점만을 모두 고른 것은? 2016. 교정 9급

㉠ 교도소가 이윤을 독점할 수 있다.
㉡ 교도소가 작업에 대한 통제를 용이하게 할 수 있다.
㉢ 교도소가 자유로이 작업종목을 선택할 수 있으므로 직업훈련이 용이하다.
㉣ 민간시장의 가격경쟁원리를 해치지 않는다.
㉤ 제품의 판매와 상관없이 생산만 하면 되므로 불경기가 문제되지 않는다.

① ㉠, ㉡, ㉢ ② ㉠, ㉡, ㉤
③ ㉡, ㉢, ㉣ ④ ㉢, ㉣, ㉤

정답 및 해설

㉣ [×] 민간시장의 가격경쟁원리를 해친다.
㉤ [×] 위탁작업의 장점에 해당한다.

장점	단점
• 교도작업관용주의에 가장 적합하다. • 형벌집행의 통일과 작업에 대한 통제가 용이하다. • 사인의 관여를 금지할 수 있다. • 수형자의 적성에 맞는 작업을 부과할 수 있다. • 국고수입을 증대시키면서 자급자족할 수 있다. • 자유로이 작업종목을 선택할 수 있으므로 직업훈련이 용이하다. • 엄격한 규율을 유지(질서유지)하며 작업이 가능하다. • 자급자족으로 경기변동에 영향을 많이 받지 않는다. • 작업의 통일성을 유지할 수 있다.	• 기계·기구의 설비자금, 재료구입자금 등 많은 예산의 소요와 사무가 번잡하다. • 관계법규의 제약으로 적절한 시기에 기계·기구·원자재 구입이 곤란하다. • 시장개척 및 경쟁의 곤란으로 제품판매가 용이치 않은 점 때문에 손실우려가 있다(일반사회와 경제경쟁에 불리). • 자유시장에 대량출하를 할 경우 민간기업체를 압박할 수 있다.

정답 ①

03 다음은 위탁작업에 대한 설명이다. 위탁작업의 장점을 모두 고른 것은? 2010. 교정 9급 특채

㉠ 설비와 자재를 업자가 제공하므로 이를 구입할 필요가 없고 사무가 단순하다.
㉡ 적은 비용으로 할 수 있고, 경기변동에 직접적인 영향을 받지 않고 위험이 적다.
㉢ 수형자의 적성에 맞는 작업을 부여할 수 있다.
㉣ 국고수입 증대 및 자급자족 효과가 있다.
㉤ 다수의 취업이 가능하고 교정의 통일성을 유지할 수 있다.
㉥ 판매와 관계없이 납품만 하면 되므로 제품처리에 문제가 없다.
㉦ 수형자와 교도관 간에 인간적인 신뢰로 인한 반사회성 교정 및 갱생의욕을 고취할 수 있다.

① ㉠, ㉡, ㉢, ㉥
② ㉠, ㉡, ㉤, ㉥
③ ㉠, ㉢, ㉤, ㉦
④ ㉠, ㉣, ㉥, ㉦

정답 및 해설

위탁작업의 장·단점

장점	단점
• 기계·기구의 설비자금, 원자재의 구입자금이 필요 없어 사무가 단순하다. • 직영작업과 노무작업에 비하여 사기업의 압박이 덜하다. • 적은 비용으로 행할 수 있다. • 경제사정의 변화에 따른 직접적인 영향을 받지 않아 위험이 적다(생산해서 납품만하면 되므로). • 재료의 구입, 제품의 판매와 관계없이 납품만 하면 됨으로 제품처리에 문제가 없다. • 다수의 인원을 취업시킬 수 있어 불취업자를 해소할 수 있고 교정행정(행형)의 통일성을 유지할 수 있다. • 직영작업의 간격을 이용하여 시행할 수 있으므로 취업비의 부족으로 인한 작업중단을 방지할 수 있다.	• 부당경쟁의 사례가 생기기 쉽다. • 업종이 다양하지 못하여 직업훈련에 부적합하다. • 위탁자의 경영사정에 따라 일시적 작업이 보통으로 교도작업의 목적과 부합하지 않을 수 있다. • 위탁업자의 잦은 공장출입으로 보안상의 문제점이 있다. • 경제적 이윤이 적다.

정답 ②

04 다음은 어떤 교도작업 특성에 대한 설명이다. 가장 적합한 교도작업의 유형은? 2013. 7급 승진

> ㉠ 취업비가 필요 없고 자본이 없어도 시행이 가능하다.
> ㉡ 외부인의 수형자에 대한 통제력 행사가 가장 큰 방식으로, 외부와의 부정가능성이 높다.
> ㉢ 교정행정의 통일성을 유지하기 곤란하여 수형자의 교화목적이 외면될 우려가 있다.

① 노무작업(Lease System)
② 위탁작업(Piece-Price System)
③ 직영작업(Public System)
④ 도급작업(Contract System)

정답 및 해설

💡 **노무작업의 장·단점**

장점	단점
• 설비투자 등에 따른 부담이 없어 자본이 없어도 경제적인 효과(상당한 수익)가 크다. • 경기변동에 큰 영향을 받지 않는다. • 취업비가 필요 없고 자본이 없어도 시행이 가능하다. • 제품처리의 문제가 없다.	• 사인 관여 등으로 외부와의 부정가능성이 높다. • 단순노동으로 기술습득 및 직업훈련에 적당치 못하다. • 교정행정(행형)의 통일성을 유지하기 곤란하여 수형자의 교화목적이 외면될 우려가 있다. • 외부인의 수용자에 대한 통제력 행사가 가장 크다.

정답 ①

05 교도작업 중 도급작업에 대한 설명으로 옳은 것은? 2017. 교정 7급

① 교도소 운영에 필요한 취사, 청소, 간호 등 대가 없이 행하는 작업이다.
② 일정한 공사의 완성을 약정하고 그 결과에 따라 약정금액을 지급받는 작업이다.
③ 사회 내의 사업주인 위탁자로부터 작업에 사용할 시설, 기계, 재료의 전부 또는 일부를 제공받아 물건 및 자재를 생산, 가공, 수선하여 위탁자에게 제공하고 그 대가를 받는 작업이다.
④ 교도소에서 일체의 시설, 기계, 재료, 노무 및 경비 등을 부담하여 물건 및 자재를 생산·판매하는 작업으로서 수형자의 기술 습득 면에서는 유리하지만 제품의 판매가 부진할 경우 문제가 된다.

정답 및 해설

① [×] 교도작업의 목적에 따른 분류 중 운영지원작업(이발·취사·간병, 그 밖에 교정시설의 시설운영과 관리에 필요한 작업)에 대한 설명이다(형집행법 시행규칙 제5조 제10호).
② [○] 도급작업은 교도소와 사인 간의 계약에 의하여 어느 공사를 완성할 것을 약정하고 교도소가 전담하여 관리·감독하는 방식으로 그 공사의 결과에 따라 약정금액을 지급받는 작업으로, 구외작업이 대부분이며, 노동력의 제공·재료비용 등을 전부 부담함이 원칙이다.
③ [×] 위탁(단가)작업에 대한 설명이다.
④ [×] 직영(관사)작업에 대한 설명이다.

정답 ②

06 교도작업에 대한 설명으로 옳은 것을 모두 고른 것은? 2012. 교정 9급

> ㉠ 직영작업은 수형자의 적성에 적합하도록 작업을 부과할 수 있다.
> ㉡ 위탁작업은 업종이 다양하여 직업훈련에 적합하다.
> ㉢ 노무작업은 사인의 간섭과 외부 부정의 개입 가능성이 없다.
> ㉣ 도급작업은 대부분 구외방식이므로 계호상의 어려움이 있다.

① ㉠, ㉢
② ㉡, ㉢
③ ㉠, ㉣
④ ㉢, ㉣

정답 및 해설

㉡ [×] 위탁작업은 업종이 다양하지 못하여 직업훈련에 부적합하고, 위탁자의 경영사정에 따라 일시적 작업이 보통으로 교도작업의 목적과 부합하지 않을 수 있으며, 위탁업자의 잦은 공장출입으로 보안상의 문제점이 있다. 업종이 다양하여 직업훈련에 적합한 것은 직영작업이다.
㉢ [×] 노무작업은 사인관여 등으로 외부와의 부정가능성이 있고, 단순노동으로 직업훈련에 적당치 못하며, 교정행정(행형)의 통일성을 유지하기 곤란하여 수형자의 교화목적이 외면될 우려가 있다.

정답 ③

07 노무작업과 도급작업에 대한 설명으로 옳은 것은? 2022. 교정 9급

① 노무작업은 경기변동에 큰 영향을 받지 않으며 제품판로에 대한 부담이 없다.
② 노무작업은 설비투자 없이 시행이 가능하며 행형상 통일성을 기하기에 유리하다.
③ 도급작업은 불취업자 해소에 유리하고 작업수준에 맞는 기술자 확보가 용이하다.
④ 도급작업은 구외작업으로 인한 계호부담이 크지만 민간기업을 압박할 가능성이 없다.

정답 및 해설

① [○] 노무작업은 경기변동에 큰 영향을 받지 않으며 제품처리의 문제가 없고, 취업비가 필요 없고 자본이 없어도 시행이 가능하다.
② [×] 노무작업은 설비투자 등에 따른 부담이 없어 자본이 없어도 경제적인 효과(상당한 수익)가 크지만, 교정행정(행형)의 통일성을 유지하기 곤란하여 수형자의 교화목적이 외면될 우려가 있다.
③ [×] 도급작업은 대량작업을 전제로 하므로 수형자의 대규모 취업을 가능하게 하여 불취업자 해소에 유리하지만, 작업수준에 맞는 기술자의 확보가 곤란하다.
④ [×] 도급작업은 구외작업으로 인한 계호부담이 크고, 민간기업 압박의 우려가 크다.

정답 ①

08 교도작업임금제에 대하여 일반적으로 제기되는 반대론의 근거로 옳지 않은 것은? 2013. 교정 7급

① 수용자의 자긍심을 낮춰 교화개선에 장애를 초래할 우려가 있다.
② 사회정의나 일반시민의 법감정에 위배될 소지가 있다.
③ 임금 지급을 위한 추가적 예산 배정은 교정 경비의 과다한 증가를 초래할 수 있다.
④ 형벌 집행 과정에서 임금이 지급된다면 형벌의 억제효과를 감퇴시킬 우려가 있다.

정답 및 해설

① [×] 교도작업임금제는 수용자의 자긍심을 높여 교화개선의 희망을 증대시킬 수 있다.

정답 ①

09 교도작업에 대한 설명으로 옳지 않은 것은?　　　　　　　　　　　　　　2021. 교정 7급

① 교도작업은 일에 의한 훈련(training by work)과 일을 위한 훈련(training for work)으로 구분할 수 있는데 일에 의한 훈련은 직업기술을 터득하는 것이고 일을 위한 훈련은 근로습관을 들이는 것이다.
② 교도작업에 있어서 최소자격의 원칙(principle of less eligibility)은 일반 사회의 최저임금 수준의 비범죄자에 비해서 훈련과 취업상 조건이 더 나빠야 한다는 것이다.
③ 계약노동제도(contract labor system)는 교도작업을 위한 장비와 재료를 제공하는 민간사업자에게 재소자의 노동력을 제공하는 것으로 열악한 작업환경과 노동력의 착취라는 비판이 있다.
④ 관사직영제도(public account system)는 교도소 자체가 기계장비를 갖추고 작업재료를 구입하여 재소자들의 노동력으로 제품을 생산하고 판매하는 것으로 민간분야로부터 공정경쟁에 어긋난다는 비판이 있다.

정답 및 해설

① [×] 수형자에게 일을 시키는 것은 크게 두 가지 목적이 있다. 하나는 범죄자를 처벌하는 것의 일환이고, 다른 하나는 범죄자의 개선을 위한 것이다. 노동을 통한 교화개선은 일에 의한 훈련(training by work)과 일을 위한 훈련(training for work)으로 구분할 수 있는데, 일에 의한 훈련은 규칙적인 작업을 통해 계발된 근로습관은 지속될 수 있다는 것이고, 일을 위한 훈련은 교도작업을 통해서 수형자가 직업기술을 터득할 수 있다는 것이다.
② [○] 교도작업의 다양한 목적을 성취하는 데는 많은 장애가 있다. 일종의 행형집행기준의 문제로서, 최소자격의 원칙(principle of less eligibility), 즉 교도작업에 있어서도 일반 사회의 최저임금 수준의 비범죄자에 비해서 훈련과 취업상 조건이 더 나빠야 한다는 것이다. 이후 이 원칙은 조금 개선되어 일반사회의 최저임금 수준의 비범죄자보다 좋아서는 안 된다는 비우월성의 원칙(principle of nonsuperiority)으로 바뀌었지만, 교도작업에 있어서 선진기술의 교육, 취업, 교도작업임금제 등 교도작업 발전과 개선에 있어서 큰 장애요인이다.
③ [○] 초기 교도작업은 교도작업을 위한 장비와 재료를 제공하는 민간사업자에게 재소자의 노동력을 파는 계약노동제도(contract labor system)였고, 이 제도에 의해서 만들어진 상품은 자유시장에서 판매되었다. 계약노동의 대안으로 계약자가 작업재료를 제공하고 재소자에 의해서 생산된 상품을 단가로 구매하는 단가제도(piece-price system)가 시행되기도 하였다. 단가제도의 변형인 임대제도(lease system)는 재소자를 임대한 업자가 작업재료, 음식, 의복을 제공하는 것뿐만 아니라 관리·감독도 하였다. 그런데 이들 제도 하에서는 재소자들은 일만하고 노동의 대가는 교도소에 지불되어 재소자를 극단적으로 착취하는 결과를 초래하였다.
④ [○] 열악한 작업환경과 노동력의 착취, 재소자의 처우와 보안상의 문제점 등의 비판에 대한 대안으로 나온 것이 공공청구제도(public account system, 관사직영제도)인데, 우리나라의 교도작업직영제 형태로 교도소 자체가 기계장비를 갖추고 작업재료를 구입하여 재소자들의 노동력으로 제품을 생산하고 판매하는 것이다. 그러나 이 제도는 민간분야로부터 자유시장경제 하의 공정경쟁에 어긋난다는 비판을 야기하게 되었다. 그래서 교정당국에서는 공공청구제도의 문제에 대한 대안으로 재소자들의 노동력은 오로지 관용물품과 서비스의 생산에만 이용하는 관용제도(state use system)를 시도하게 되었다. 이 제도도 비판을 받아 재소자의 노동력을 공공작업(public works)에만 투입하는 제도가 시도되었다.

정답 ①

10 다음 교도작업의 경영방법에 대한 설명으로 옳은 것은?

① 위탁작업 - 교도소가 사인과 계약을 맺어 사인에게 노무를 제공하고 그 대가로 임금을 징수하는 방식이다. 교도소는 노무만을 제공할 뿐 작업에 필요한 모든 재료, 기술, 경비는 사인이 부담한다. 수부방식이라고도 한다.
② 노무작업 - 제품종목의 선정, 원료구입, 기계설비, 제품생산 및 판매 등 모든 과정이 교도소의 지휘·감독 하에서 이루어진다.
③ 직영작업 - 개인 또는 민간단체 등의 의뢰인으로부터 설비 및 원료의 전부 또는 일부를 제공받아 교도소가 취업자로 하여금 의뢰받은 물건을 가공 생산하게 하여 의뢰인에게 교부하고 그로부터 대가를 징수하는 방법이다.
④ 도급작업 - 교도소가 노동력의 제공과 작업용 자재, 비용, 공사감독 등을 맡아 작업을 기일 내 완성시키는 것을 약정하고 교도소가 모든 것을 책임지고 관리·감독하는 방법이다.

정답 및 해설

① [×] 노무작업에 대한 설명이다.
② [×] 직영작업에 대한 설명이다.
③ [×] 위탁작업에 대한 설명이다.
④ [○] 도급작업에 대한 설명이다.

정답 ④

11 다음은 어떤 교도작업 특성에 대한 설명이다. 가장 적합한 교도작업의 유형은?

> ⊙ 기계의 설비자금과 원자재의 구입자금 등이 필요하지 않다.
> ⓒ 적은 비용으로 다수의 인원을 취업시킬 수 있다.
> ⓒ 판매와 관계없이 생산하여 납품만 하면 되기 때문에 제품처리에 문제가 없다.

① 직영작업　　　　　　　　　② 도급작업
③ 노무작업　　　　　　　　　④ 위탁작업

정답 및 해설

④ [○] 위탁작업의 장점에 대한 설명이다.

정답 ④

12 위탁작업에 대한 설명으로 옳지 않은 것은?

① 위탁자의 경영사정에 따라 일시적 작업인 경우가 많다.
② 직영방식에 비하여 민간기업에 대한 압박이 적다.
③ 업종이 다양하지 못하여 직업훈련에는 부적합하다.
④ 경제사정의 변화에 따른 위험부담이 크다.

정답 및 해설

④ [×] 위탁작업은 경기변동에 직접적인 영향을 받지 않아 위험이 적다.

정답 ④

제2절 | 현행법상 교도작업

01 「형의 집행 및 수용자의 처우에 관한 법률」상 교도작업에 대한 설명으로 옳은 것은? 2015. 교정 9급

① 소장은 수형자의 근로의욕을 고취하고 건전한 사회복귀를 지원하기 위하여 법무부장관이 정하는 바에 따라 수형자에게 작업장려금을 지급하여야 한다.
② 외부 통근 작업 대상자의 선정기준 등에 관하여 필요한 사항은 대통령령으로 정한다.
③ 소장은 금고형 또는 구류형의 집행 중에 있는 사람에 대하여는 신청에 따라 작업을 부과할 수 있다.
④ 소장은 수형자의 신청에 따라 집중적인 근로가 필요한 작업을 부과하는 경우라도 접견·전화통화·교육·공동행사 참가 등의 처우는 제한할 수 없다.

정답 및 해설

① [×] 소장은 수형자의 근로의욕을 고취하고 건전한 사회복귀를 지원하기 위하여 법무부장관이 정하는 바에 따라 작업의 종류, 작업성적, 교정성적, 그 밖의 사정을 고려하여 수형자에게 작업장려금을 지급할 수 있다(동법 제73조 제2항).
② [×] 외부 통근 작업 대상자의 선정기준 등에 관하여 필요한 사항은 법무부령으로 정한다(동법 제68조 제2항).
③ [○] 형집행법 제67조
④ [×] 소장은 수형자의 신청에 따라 외부통근작업, 외부직업훈련, 그 밖에 집중적인 근로가 필요한 작업을 부과하는 경우에는 접견·전화통화·교육·공동행사 참가 등의 처우를 제한할 수 있다(동법 제70조 제1항).

정답 ③

02 형의 집행 및 수용자의 처우에 관한 법령상 교도작업에 대한 설명으로 옳은 것은? 2020. 교정 9급

① 소장은 교도관에게 매일 수형자의 작업실적을 확인하게 하여야 한다.
② 소장은 수형자에게 작업을 부과하는 경우 작업의 종류 및 작업과정을 정하여 수형자에게 고지할 필요가 없다.
③ 소장은 공휴일·토요일과 대통령령으로 정하는 휴일에는 예외 없이 일체의 작업을 부과할 수 없다.
④ 작업과정은 작업성적, 작업시간, 작업의 난이도 및 숙련도를 고려하여 정하며, 작업과정을 정하기 어려운 경우에는 작업의 난이도를 작업과정으로 본다.

정답 및 해설

① [○] 형집행법 시행령 제92조
② [×] 소장은 수형자에게 작업을 부과하는 경우에는 작업의 종류 및 작업과정을 정하여 고지하여야 한다(동법 시행령 제91조 제1항).
③ [×] 공휴일·토요일과 대통령령으로 정하는 휴일에는 작업을 부과하지 아니한다. 다만, ⊙ 취사·청소·간병 등 교정시설의 운영과 관리에 필요한 작업을 하는 경우, ⓒ 작업장의 운영을 위하여 불가피한 경우, ⓒ 공공의 안전이나 공공의 이익을 위하여 긴급히 필요한 경우, ⓔ 수형자가 신청하는 경우에는 작업을 부과할 수 있다(동법 제71조 제5항).
④ [×] 작업과정은 작업성적, 작업시간, 작업의 난이도 및 숙련도를 고려하여 정한다. 작업과정을 정하기 어려운 경우에는 작업시간을 작업과정으로 본다(동법 시행령 제91조 제2항).

정답 ①

03 「형의 집행 및 수용자의 처우에 관한 법률」상 작업에 대한 설명으로 올바르게 말한 사람은 모두 몇 명인가?

2024. 5급 승진

- 강인: 17세인 수형자의 작업시간은 1일에 7시간, 1주에 42시간인 것은 가능해.
- 흥민: 소장은 수형자에게 부상·질병, 그 밖에 작업을 계속하기 어려운 특별한 사정이 있으면 그 사유가 해소될 때까지 작업을 면제할 수 있는 것이지 꼭 면제해야만 하는 것은 아니야.
- 민재: 소장은 수형자의 배우자의 직계존속이 사망하면 1일간 해당 수형자의 작업을 면제해야 해. 만약 수형자가 작업을 계속하기를 원하더라도 작업을 허용할 수 없어.
- 인범: 소장은 공휴일에는 수형자에게 작업을 부과하지 않아. 그런데 공공의 안전을 위하여 긴급히 필요한 경우에 한해서는 작업을 부과해야 해.

① 0명 ② 1명
③ 2명 ④ 3명

정답 및 해설

올바르게 말한 사람은 흥민이다.
- 강인 [×]: 19세 미만 수형자의 작업시간은 1일에 8시간을, 1주에 40시간을 초과할 수 없다(형집행법 제71조 제3항).
- 흥민 [○]: 소장은 수형자에게 부상·질병, 그 밖에 작업을 계속하기 어려운 특별한 사정이 있으면 그 사유가 해소될 때까지 작업을 면제할 수 있다(동법 제72조 제2항).
- 민재 [×]: 소장은 수형자의 가족 또는 배우자의 직계존속이 사망하면 2일간, 부모 또는 배우자의 제삿날에는 1일간 해당 수형자의 작업을 면제한다. 다만, 수형자가 작업을 계속하기를 원하는 경우는 예외로 한다(동법 제72조 제1항).
- 인범 [×]: 공휴일·토요일과 대통령령으로 정하는 휴일에는 작업을 부과하지 아니한다. 다만, ⊙ 취사·청소·간병 등 교정시설의 운영과 관리에 필요한 작업을 하는 경우, ⓒ 작업장의 운영을 위하여 불가피한 경우, ⓒ 공공의 안전이나 공공의 이익을 위하여 긴급히 필요한 경우, ⓔ 수형자가 신청하는 경우에는 작업을 부과할 수 있다(동법 제71조 제5항).

정답 ②

04 형의 집행 및 수용자의 처우에 관한 법령상 교도작업에 대한 설명으로 옳지 않은 것은?

2024. 교정 7급

① 19세 이상인 수형자의 경우, 실제 작업을 실시하지 않는 시간을 제외하고 1주의 작업시간은 52시간을 초과할 수 없지만, 수형자의 신청 시 주 8시간 이내의 범위에서 연장할 수 있다.
② 소장은 수형자에게 작업으로 인한 부상이나 질병으로 신체에 장해가 발생한 경우, 지방교정청장이 정한 바에 따라 본인에게 위로금을 지급한다.
③ 소장은 금고형 또는 구류형의 집행 중인 수형자가 자신의 신청으로 부과된 작업의 취소를 요청하는 경우, 그 수형자의 의사, 건강 및 교도관의 의견 등을 고려하여 취소할 수 있다.
④ 소장은 수형자의 신청에 따라 집중적인 근로가 필요한 작업을 부과하는 경우에는 접견·전화통화·교육·공동행사 참가 등의 처우를 제한할 수 있다.

정답 및 해설

① [○] 1주의 작업시간(휴식·운동·식사·접견 등 실제 작업을 실시하지 않는 시간을 제외한다)은 52시간을 초과할 수 없다. 다만, 수형자가 신청하는 경우에는 1주의 작업시간을 8시간 이내의 범위에서 연장할 수 있다(형집행법 제71조 제3항).
② [×] 소장은 수형자가 ⊙ 작업 또는 직업훈련으로 인한 부상 또는 질병으로 신체에 장해가 발생한 때에는 법무부장관이 정하는 바에 따라 위로금을 지급하고, ⓒ 작업 또는 직업훈련 중에 사망하거나 그로 인하여 사망한 때에는 법무부장관이 정하는 바에 따라 조위금을 지급한다(동법 제74조 제1항).

③ [○] 동법 시행령 제93조
④ [○] 소장은 수형자의 신청에 따라 외부통근작업, 외부직업훈련, 그 밖에 집중적인 근로가 필요한 작업을 부과하는 경우에는 접견·전화통화·교육·공동행사 참가 등의 처우를 제한할 수 있다. 다만, 접견 또는 전화통화를 제한한 때에는 휴일이나 그 밖에 해당 수용자의 작업이 없는 날에 접견 또는 전화통화를 할 수 있게 하여야 한다(동법 제70조 제1항).

정답 ②

05

형집행법상 작업 등에 대한 설명으로 옳은 것은?

2019. 8급 승진

① 소장은 수형자의 가족이 사망하면 3일간 해당 수형자의 작업을 면제하여야 한다.
② 소장은 가족생활 부조를 위하여 수형자의 가족에게 작업장려금을 지급할 수 있다.
③ 소장은 작업으로 인한 부상으로 신체에 장해가 발생한 때 즉시 위로금을 지급한다.
④ 위로금으로 지급받은 금전을 표준으로 하여 조세를 부과하여서는 아니 된다.

정답 및 해설

① [×] 2일간 해당 수형자의 작업을 면제한다(동법 제72조 제1항).
② [×] 작업장려금은 석방할 때에 본인에게 지급한다. 다만, 본인의 가족생활 부조, 교화 또는 건전한 사회복귀를 위하여 특히 필요하면 석방 전이라도 그 전부 또는 일부를 지급할 수 있다(동법 제73조 제3항).
③ [×] 소장은 수형자가 작업 또는 직업훈련으로 인한 부상 또는 질병으로 신체에 장해가 발생한 때에는 법무부장관이 정하는 바에 따라 위로금을 지급한다(형집행법 제74조 제1항).
④ [○] 위로금·조위금으로 지급받은 금전을 표준으로 하여 조세와 그 밖의 공과금을 부과하여서는 아니 된다(형집행법 제76조 제2항).

정답 ④

06

다음은 「형의 집행 및 수용자의 처우에 관한 법률」상 작업시간 등에 관한 규정이다. (㉠) ~ (㉣)에 들어갈 숫자의 합으로 옳은 것은?

2024. 7급 승진

> 제71조(작업시간 등) ① 1일의 작업시간(휴식·운동·식사·접견 등 실제 작업을 실시하지 않는 시간을 제외한다. 이하 같다)은 8시간을 초과할 수 없다.
> ② 제1항에도 불구하고 취사·청소·간병 등 교정시설의 운영과 관리에 필요한 작업의 1일 작업시간은 (㉠)시간 이내로 한다.
> ③ 1주의 작업시간은 (㉡)시간을 초과할 수 없다. 다만, 수형자가 신청하는 경우에는 1주의 작업시간을 (㉢)시간 이내의 범위에서 연장할 수 있다.
> ④ 제2항 및 제3항에도 불구하고 19세 미만 수형자의 작업시간은 1일에 8시간을, 1주에 (㉣)시간을 초과할 수 없다.

① 110
② 112
③ 114
④ 116

정답 및 해설

② [○] ㉠ 12 + ㉡ 52 + ㉢ 8 + ㉣ 40 = 112

정답 ②

07 「형의 집행 및 수용자의 처우에 관한 법률」 및 동법 시행령상 교도작업에 대한 설명으로 옳지 않은 것은?

2014. 교정 9급

① 소장은 수형자에게 작업을 부과하려면 죄명, 형기, 죄질, 성격, 범죄전력, 나이, 경력 및 수용생활 태도, 그 밖의 수형자의 개인적 특성을 고려하여야 한다.
② 소장은 법무부장관이 정하는 바에 따라 작업의 종류, 작업성적, 교정성적, 그 밖의 사정을 고려하여 수형자에게 작업장려금을 지급할 수 있다.
③ 소장은 신청에 따라 작업이 부과된 수형자가 작업의 취소를 요청하는 경우에는 그 수형자의 의사, 건강 및 교도관의 의견 등을 고려하여 작업을 취소할 수 있다.
④ 소장은 19세 미만의 수형자에게 작업을 부과할 경우 추가적으로 정신적·신체적 성숙 정도, 교육적 효과 등을 고려하여야 한다.

정답 및 해설

① [×] 소장은 수형자에게 작업을 부과하려면 나이·형기·건강상태·기술·성격·취미·경력·장래생계, 그 밖의 수형자의 사정을 고려하여야 한다(형집행법 제65조 제2항). 지문 ①은 수용자의 거실을 지정하는 경우에 고려하여야 할 사항이다.
② [○] 동법 제73조 제2항
③ [○] 동법 시행령 제93조
④ [○] 동법 시행령 제90조

💡 비교·구분

신청작업의 취소	소장은 법 제67조(신청에 따른 작업)에 따라 작업이 부과된 수형자가 작업의 취소를 요청하는 경우에는 그 수형자의 의사, 건강 및 교도관의 의견 등을 고려하여 작업을 취소할 수 있다(시행령 제93조).
사형확정자의 작업 취소	소장은 작업이 부과된 사형확정자가 작업의 취소를 요청하면 사형확정자의 의사·건강, 담당교도관의 의견 등을 고려하여 작업을 취소할 수 있다(시행규칙 제153조 제3항).
미결수용자의 작업 취소	소장은 법 제86조 제1항(신청에 의한 작업)에 따라 작업이 부과된 미결수용자가 작업의 취소를 요청하는 경우에는 그 미결수용자의 의사, 건강 및 교도관의 의견 등을 고려하여 작업을 취소할 수 있다(시행령 제103조 제2항).
노인수용자의 작업 부과	소장은 노인수용자가 작업을 원하는 경우에는 나이·건강상태 등을 고려하여 해당 수용자가 감당할 수 있는 정도의 작업을 부과한다. 이 경우 의무관의 의견을 들어야 한다(시행규칙 제48조 제2항).

정답 ①

08 「형의 집행 및 수용자의 처우에 관한 법률」상 작업의 면제와 작업수입 등에 대한 설명으로 가장 옳지 않은 것은?

2024. 7급 승진

① 소장은 수형자의 가족 또는 배우자의 직계존속이 사망하면 2일간 해당 수형자의 작업을 면제한다. 다만, 수형자가 작업을 계속하기를 원하는 경우는 예외로 한다.
② 작업수입은 국고수입으로 한다.
③ 위로금은 본인에게 지급하고, 조위금은 그 상속인에게 지급한다.
④ 법무부장관이 정하는 바에 따라 지급하는 위로금 또는 조위금은 압류할 수 없다. 다만, 수형자는 그 지급받을 권리를 다른 사람 또는 법인에게 양도하거나 담보로 제공할 수 있다.

정답 및 해설

① [○] 소장은 수형자의 가족 또는 배우자의 직계존속이 사망하면 2일간, 부모 또는 배우자의 제삿날에는 1일간 해당 수형자의 작업을 면제한다. 다만, 수형자가 작업을 계속하기를 원하는 경우는 예외로 한다(동법 제72조 제1항).
② [○] 동법 제73조 제1항
③ [○] 동법 제74조 제2항
④ [×] 법무부장관이 정하는 바에 따라 지급하는 위로금 또는 조위금을 지급받을 권리는 다른 사람 또는 법인에게 양도하거나 담보로 제공할 수 없으며, 다른 사람 또는 법인은 이를 압류할 수 없다(형집행법 제76조 제1항).

정답 ④

「형의 집행 및 수용자의 처우에 관한 법률」상 교도작업에 대한 설명으로 옳은 것으로만 묶은 것은?

2014. 교정 9급

㉠ 공휴일·토요일과 대통령령으로 정하는 휴일에는 작업을 부과하지 아니하지만, 수형자가 신청하는 경우에는 작업을 부과할 수 있다.
㉡ 수형자가 작업을 계속하기를 원하는 경우가 아니라면, 소장은 수형자의 가족 또는 배우자의 직계존속이 사망하면 2일간, 부모 또는 배우자의 제삿날에는 1일간 해당 수형자의 작업을 면제한다.
㉢ 작업수입은 국고수입으로 한다.
㉣ 소장은 금고형 또는 구류형의 집행 중에 있는 사람에 대하여는 교도작업을 신청하여도 작업을 부과할 수 없다.
㉤ 작업장려금은 특별한 사유가 없는 한 석방 전에 지급하여야 한다.

① ㉠, ㉡, ㉢
② ㉠, ㉣, ㉤
③ ㉡, ㉢, ㉣
④ ㉡, ㉢, ㉤

정답 및 해설

옳은 것은 ㉠, ㉡, ㉢이다.
㉠ [○] 형집행법 제71조 제5항
㉡ [○] 동법 제72조 제1항
㉢ [○] 동법 제73조 제1항
㉣ [×] 소장은 금고형 또는 구류형의 집행 중에 있는 사람에 대하여는 신청에 따라 작업을 부과할 수 있다(동법 제67조).
㉤ [×] 작업장려금은 석방할 때에 본인에게 지급한다. 다만, 본인의 가족생활 부조, 교화 또는 건전한 사회복귀를 위하여 특히 필요하면 석방 전이라도 그 전부 또는 일부를 지급할 수 있다(동법 제73조 제3항).

정답 ①

「형의 집행 및 수용자의 처우에 관한 법률」상 수형자에 대한 휴일의 작업부과 사유로 옳지 않은 것은?

2023. 교정 7급

① 취사·청소·간병 등 교정시설의 운영과 관리에 필요한 작업을 하는 경우
② 작업장의 운영을 위하여 불가피한 경우
③ 공공의 안전이나 공공의 이익을 위하여 긴급히 필요한 경우
④ 교도관이 신청하는 경우

정답 및 해설

> **휴일의 작업부과 사유**(형집행법 제71조 제5항)
> 공휴일·토요일과 대통령령으로 정하는 휴일에는 작업을 부과하지 아니한다. 다만, 다음의 어느 하나에 해당하는 경우에는 작업을 부과할 수 있다.
> 1. 취사·청소·간병 등에 따른 교정시설의 운영과 관리에 필요한 작업을 하는 경우
> 2. 작업장의 운영을 위하여 불가피한 경우
> 3. 공공의 안전이나 공공의 이익을 위하여 긴급히 필요한 경우
> 4. 수형자가 신청하는 경우

정답 ④

11. 형의 집행 및 수용자의 처우에 관한 법령상 작업장려금에 대한 설명으로 옳지 않은 것은? 2018. 교정 7급

① 작업수입은 국고수입으로 한다.
② 작업장려금은 매월 현금으로 본인에게 직접 지급한다.
③ 징벌로 3개월 이내의 작업장려금 삭감을 할 수 있다.
④ 소장은 수형자의 가석방 적격심사 신청을 위하여 작업장려금 및 작업상태를 사전에 조사해야 한다.

정답 및 해설

① [○] 동법 제73조 제1항
② [×] 작업장려금은 석방할 때에 본인에게 지급한다(형집행법 제73조 제3항).
③ [○] 동법 제108조 제3호
④ [○] 동법 시행규칙 제246조 제1호 사목

정답 ②

12. 작업임금제도에 대한 설명으로 옳지 않은 것은? 2016. 5급 승진

① 영국의 노역장에서 처음 시작되었으며, 이후 프랑스와 미국 등에서 인정되었다.
② 수형자의 작업에 대해 보상을 제공함으로써 노동에 대한 흥미와 노동의 의욕을 높일 수 있는 장점이 있다.
③ 임금을 받아 가족의 생활부조를 할 수 있어서 가족과의 연대감을 길러주고 사회복귀 의욕을 북돋아 줄 수 있는 장점이 있다.
④ 국가에 대하여 손해를 끼친 수형자에게 보상을 제공한다는 것은 이율배반이란 비판이 제기된다.
⑤ 석방 후의 생계준비금의 기반이 될 수 있지만, 피해자에 대한 손해배상에는 도움이 되지 않는다.

정답 및 해설

① [○] 16C 중엽 영국의 노역장(Work House)에서 처음 채용되었고 18C 중엽에는 영국과 프랑스의 교도소에 도입되었으며, 18C 말에는 미국 대부분의 주에서 인정하기에 이르렀다.
②, ③ [○] 작업임금제의 찬성론에 해당한다.
④ [○] 작업임금제의 반대론에 해당한다.
⑤ [×] 작업임금제의 찬성론으로, 석방 후 경제적 자립기반을 제공하며 피해자에게는 손해배상의 기회를 제공할 수 있다.

정답 ⑤

13. 작업장려금, 위로금 및 조위금 지급에 대한 설명으로 옳은 것은?

2018. 7급 승진

① 작업장려금은 특히 필요한 경우에는 가족에게 직접 지급할 수 있다.
② 위로금은 본인의 가족생활 부조, 교화 또는 건전한 사회복귀를 위하여 특히 필요하면 석방 전이라도 그 전부 또는 일부를 지급할 수 있다.
③ 상속인이 지급받는 조위금을 표준으로 하여 조세와 그 밖의 공과금을 부과하여서는 아니 된다.
④ 위로금을 지급받을 사람이 국가로부터 동일한 사유로 국가배상을 받았더라도 그 금액을 공제하고 위로금을 지급하여서는 아니 된다.

정답 및 해설

① [×] 작업장려금은 석방할 때에 본인에게 지급한다(동법 제73조 제3항 본문).
  ▶ 수형자 본인에게 지급해야하므로, 가족에게 직접 지급할 수 없다.
② [×] 작업장려금은 본인의 가족생활 부조, 교화 또는 건전한 사회복귀를 위하여 특히 필요하면 석방 전이라도 그 전부 또는 일부를 지급할 수 있다(동법 제73조 제3항 단서). 위로금은 본인에게 지급한다(동법 제74조 제2항).
  ▶ 위로금 지급 사유(작업 또는 직업훈련으로 인한 부상 또는 질병으로 신체에 장해)가 발생하면 장관이 정하는 바에 따라 지급한다.
③ [○] 형집행법 제76조 제2항
④ [×] 위로금 또는 조위금을 지급받을 사람이 국가로부터 동일한 사유로 「민법」이나 그 밖의 법령에 따라 위로금 또는 조위금에 상당하는 금액을 지급받은 경우에는 그 금액을 위로금 또는 조위금으로 지급하지 아니한다(동법 제75조).

정답 ③

14. 교도작업에 대한 설명으로 옳지 않은 것으로만 묶은 것은?

2011. 교정 7급

> ㉠ 교도작업은 교정시설의 수용자에게 부과하는 노역으로 징역형의 노역, 금고형의 청원작업, 개인작업이 이에 해당한다.
> ㉡ 외부통근작업 대상자의 선정기준 등에 관하여 필요한 사항은 법무부령으로 정한다.
> ㉢ 교도작업의 민간기업 참여 절차, 작업종류, 작업운영에 필요한 사항은 지방교정청장이 정한다.
> ㉣ 교도작업으로 인한 작업수입금은 교도작업의 운영경비로 지출할 수 있다.

① ㉠, ㉢
② ㉠, ㉣
③ ㉡, ㉢
④ ㉡, ㉣

정답 및 해설

옳지 않은 것은 ㉠, ㉢이다.
㉠ [×] 교도작업은 교정시설의 수용자에게 부과하는 작업을 말하고(「교도작업의 운영 및 특별회계에 관한 법률」 제2조), 수형자는 자신에게 부과된 작업(징역형의 노역)과 그 밖의 노역을 수행하여야 할 의무가 있고(형집행법 제66조), 금고형 또는 구류형의 집행 중에 있는 사람에 대하여는 신청에 따른 청원 작업이 있으나(동법 제67조), 개인작업은 교도작업이 아니다(「교도작업의 운영 및 특별회계에 관한 법률 시행규칙」 제6조).
㉡ [○] 형집행법 제68조 제2항
㉢ [×] 민간기업의 참여 절차, 민간참여작업의 종류, 그 밖에 민간참여작업의 운영에 필요한 사항은 형집행법 제68조 제1항(외부통근작업)의 사항을 고려하여 법무부장관이 정한다(「교도작업의 운영 및 특별회계에 관한 법률」 제6조 제3항).
㉣ [○] 동법 제9조 제2항

정답 ①

15 「형의 집행 및 수용자의 처우에 관한 법률 시행규칙」상 <보기 1>의 경비처우급과 <보기 2>의 작업기준을 바르게 연결한 것은?

2018. 교정 9급

── 보기 1 ──
㉠ 개방처우급   ㉡ 중(重)경비처우급
㉢ 완화경비처우급   ㉣ 일반경비처우급

── 보기 2 ──
A. 개방지역작업 및 필요시 외부통근작업 가능
B. 구내작업 및 필요시 개방지역작업 가능
C. 외부통근작업 및 개방지역작업 가능
D. 필요 시 구내작업 가능

① ㉠ - A
② ㉡ - C
③ ㉢ - D
④ ㉣ - B

정답 및 해설

📄 경비처우급에 따른 작업기준(형집행법 시행규칙 제74조 제2항)
1. 개방처우급: 외부통근작업 및 개방지역작업 가능
2. 완화경비처우급: 개방지역작업 및 필요시 외부통근작업 가능
3. 일반경비처우급: 구내작업 및 필요시 개방지역작업 가능
4. 중경비처우급: 필요 시 구내작업 가능

정답 ④

16 형의 집행 및 수용자의 처우에 관한 법령상 교도작업에 대한 설명으로 옳은 것(○)과 옳지 않은 것(×)을 바르게 표시한 것은?

2018. 5급 승진

㉠ 소장은 법무부장관의 승인을 받아 수형자에게 부과하는 작업의 종류를 정한다.
㉡ 소장은 수형자의 근로의욕을 고취하고 건전한 사회복귀를 지원하기 위하여 법무부장관이 정하는 바에 따라 작업의 종류, 작업성적, 교정성적, 그 밖의 사정을 고려하여 수형자에게 작업장려금을 지급하여야 한다.
㉢ 소장은 미결수용자의 신청에 따라 작업을 부과하는 경우 교정시설 밖에서 작업하게 할 수 있다.
㉣ 소장은 교도관에게 매일 수형자의 작업실적을 확인하게 하여야 한다.
㉤ 공휴일·토요일과 대통령령으로 정하는 휴일에는 교정시설의 운영과 관리에 필요한 작업 이외의 작업은 부과할 수 없다.

	㉠	㉡	㉢	㉣	㉤
①	○	×	×	○	×
②	○	×	×	×	×
③	×	×	○	×	○
④	○	×	○	○	○
⑤	○	○	×	○	×

정답 및 해설

옳은 것은 ㉠, ㉣이고, 옳지 않은 것은 ㉡, ㉢, ㉤이다.
- ㉠ [○] 형집행법 시행령 제89조
- ㉡ [×] 수형자에게 작업장려금을 지급할 수 있다(동법 제73조 제2항).
- ㉢ [×] 소장은 미결수용자에 대하여 작업을 부과할 수 있으나(동법 제86조 제1항), 교정시설 밖에서 행하는 것은 포함하지 아니한다(동법 시행령 제103조 제1항).
- ㉣ [○] 동법 시행령 제92조
- ㉤ [×] 공휴일·토요일과 대통령령으로 정하는 휴일에는 작업을 부과하지 아니한다. 다만, ⓐ 취사·청소·간병 등 교정시설의 운영과 관리에 필요한 작업을 하는 경우, ⓑ 작업장의 운영을 위하여 불가피한 경우, ⓒ 공공의 안전이나 공공의 이익을 위하여 긴급히 필요한 경우, ⓓ 수형자가 신청하는 경우에는 작업을 부과할 수 있다(동법 제71조 제5항).

정답 ①

17 형의 집행 및 수용자의 처우에 관한 법령상 교도작업에 대한 설명으로 옳은 것은? 2021. 교정 7급

① 소장은 교정시설 안에 설치된 외부기업체의 작업장에 통근하며 작업하는 수형자를 선정하는 데 있어서 일반경비처우급에 해당하는 수형자를 선정하여서는 아니 된다.
② 소장은 교도작업 도중 부상으로 신체에 장해를 입은 수형자에게 그 장해 발생 후 1개월 이내에 위로금을 지급하여야 한다.
③ 소장은 작업 부과 또는 교화를 위하여 특히 필요하다고 인정하는 경우에는 만 65세의 수형자를 외부통근자로 선정할 수 있다.
④ 소장은 수형자에게 작업장려금을 지급하는 데 있어서 교정성적은 고려하여서는 아니 된다.

정답 및 해설

① [×] 교정시설 안에 설치된 외부기업체의 작업장에 통근하며 작업하는 수형자는 ㉠ 18세 이상 65세 미만일 것, ㉡ 해당 작업 수행에 건강상 장애가 없을 것, ㉢ 개방처우급·완화경비처우급·일반경비처우급에 해당할 것, ㉣ 가족·친지 또는 교정위원 등과 접견·편지수수·전화통화 등으로 연락하고 있을 것의 요건을 갖춘 수형자로서 집행할 형기가 10년 미만이거나 형기기산일부터 10년 이상이 지난 수형자 중에서 선정한다(동법 시행규칙 제120조 제2항).
② [×] 소장은 수형자가 작업 또는 직업훈련으로 인한 부상 또는 질병으로 신체에 장해가 발생한 때에는 법무부장관이 정하는 바에 따라 위로금을 지급한다(동법 제74조 제1항 제1호).
③ [○] 소장은 제1항(외부기업체에 통근하며 작업하는 수형자의 선정기준) 및 제2항(교정시설 안에 설치된 외부기업체의 작업장에 통근하며 작업하는 수형자의 선정기준)에도 불구하고 작업 부과 또는 교화를 위하여 특히 필요하다고 인정하는 경우에는 제1항 및 제2항의 수형자 외의 수형자에 대하여도 외부통근자로 선정할 수 있다(형집행법 시행규칙 제120조 제3항). 그러므로 만 65세의 수형자를 외부통근자로 선정할 수 있다.
④ [×] 소장은 수형자의 근로의욕을 고취하고 건전한 사회복귀를 지원하기 위하여 법무부장관이 정하는 바에 따라 작업의 종류, 작업성적, 교정성적, 그 밖의 사정을 고려하여 수형자에게 작업장려금을 지급할 수 있다(동법 제73조 제2항).

정답 ③

18 형의 집행 및 수용자의 처우에 관한 법령상 교도작업에 대한 설명으로 옳지 않은 것은? 2019. 교정 7급

① 소장은 공휴일·토요일과 대통령령으로 정하는 휴일에는 작업을 부과하지 아니하지만, 취사·청소·간병 등 교정시설의 운영과 관리에 필요한 작업을 하는 경우에는 작업을 부과할 수 있다.
② 작업장려금은 석방할 때에 본인에게 지급한다. 다만, 본인의 가족생활 부조, 교화 또는 건전한 사회복귀를 위하여 특히 필요하면 석방 전이라도 그 전부를 지급할 수 있다.
③ 소장은 금고형 또는 구류형의 집행 중에 있는 사람에 대하여는 신청에 따라 작업을 부과할 수 있다.
④ 소장은 수형자의 부모 또는 배우자의 직계존속의 제삿날에는 1일간 해당 수형자의 작업을 면제한다.

정답 및 해설

① [○] 동법 제71조 제5항
② [○] 동법 제73조 제3항
③ [○] 동법 제67조
④ [×] 소장은 수형자의 가족 또는 배우자의 직계존속이 사망하면 2일간, 부모 또는 배우자의 제삿날에는 1일간 해당 수형자의 작업을 면제한다. 다만, 수형자가 작업을 계속하기를 원하는 경우는 예외로 한다(형집행법 제72조 제1항).

정답 ④

19 형의 집행 및 수용자의 처우에 관한 법령상 작업에 대한 설명으로 옳은 것만을 모두 고르면? 2020. 5급 승진

㉠ 소장은 수용자거실을 작업장으로 사용해서는 아니 되지만, 수용자의 심리적 안정, 교정교화 또는 사회적응능력 함양을 위하여 특히 필요하다고 인정하면 작업장으로 사용할 수 있다.
㉡ 소장은 신입자가 환자이거나 부득이한 사정이 있는 경우가 아니면 수용된 날부터 3일 동안 신입자거실에 수용하여야 하며, 신입자거실에 수용된 사람에게는 작업을 부과할 수 있다.
㉢ 소장은 작업시간을 3시간 이상 연장하는 경우에는 수용자에게 주·부식 또는 대용식 1회분을 간식으로 지급할 수 있다.
㉣ 소장은 수형자가 일반경비처우급으로서 작업·교육 등의 성적이 우수하고 관련 기술이 있는 경우에는 교도관의 작업지도를 보조하게 할 수 있다.
㉤ 경비처우급에 따른 작업기준상 중경비처우급에 대하여는 필요 시 구내작업이 가능하다.

① ㉠, ㉣
② ㉠, ㉢, ㉣
③ ㉠, ㉢, ㉤
④ ㉡, ㉢, ㉤
⑤ ㉡, ㉣, ㉤

정답 및 해설

옳은 것은 ㉠, ㉢, ㉤이다.
㉠ [○] 소장은 수용자거실을 작업장으로 사용해서는 아니 된다. 다만, 수용자의 심리적 안정, 교정교화 또는 사회적응능력 함양을 위하여 특히 필요하다고 인정하면 그러하지 아니하다(형집행법 시행령 제11조).
㉡ [×] 소장은 신입자가 환자이거나 부득이한 사정이 있는 경우가 아니면 수용된 날부터 3일 동안 신입자거실에 수용하여야 하며(동법 시행령 제18조 제1항), 소장은 신입자거실에 수용된 사람에게는 작업을 부과해서는 아니 된다(동법 시행령 제18조 제2항).
㉢ [○] 동법 시행규칙 제15조 제2항

② [×] 소장은 수형자가 개방처우급 또는 완화경비처우급으로서 작업·교육 등의 성적이 우수하고 관련 기술이 있는 경우에는 교도관의 작업지도를 보조하게 할 수 있다(동법 시행규칙 제94조).
⑪ [○] 동법 시행규칙 제74조 제2항 제4호

정답 ③

20 형의 집행 및 수용자의 처우에 관한 법령상 교도작업에 대한 설명으로 옳은 것은? 2023. 교정 9급

① 소장은 수형자의 가족이 사망하면 1일간 작업을 면제한다.
② 소장은 구류형의 집행 중에 있는 수형자가 작업 신청을 하더라도 작업을 부과할 수 없다.
③ 소장은 수형자의 신청에 따라 집중적인 근로가 필요한 작업을 부과하는 경우에도 접견을 제한할 수 없다.
④ 소장은 완화경비처우급 수형자가 작업기술이 탁월하고 작업성적이 우수한 경우 수형자 자신을 위한 개인작업을 하게 할 수 있다.

정답 및 해설

① [×] 소장은 수형자의 가족 또는 배우자의 직계존속이 사망하면 2일간, 부모 또는 배우자의 제삿날에는 1일간 해당 수형자의 작업을 면제한다. 다만, 수형자가 작업을 계속하기를 원하는 경우는 예외로 한다(동법 제72조 제1항).
② [×] 소장은 금고형 또는 구류형의 집행 중에 있는 사람에 대하여는 신청에 따라 작업을 부과할 수 있다(동법 제67조).
③ [×] 소장은 수형자의 신청에 따라 외부통근작업, 외부직업훈련, 그 밖에 집중적인 근로가 필요한 작업을 부과하는 경우에는 접견·전화통화·교육·공동행사 참가 등의 처우를 제한할 수 있다. 다만, 접견 또는 전화통화를 제한한 때에는 휴일이나 그 밖에 해당 수용자의 작업이 없는 날에 접견 또는 전화통화를 할 수 있게 하여야 한다(동법 제70조 제1항).
④ [○] 소장은 수형자가 개방처우급 또는 완화경비처우급으로서 작업기술이 탁월하고 작업성적이 우수한 경우에는 수형자 자신을 위한 개인작업을 하게 할 수 있다. 이 경우 개인작업 시간은 교도작업에 지장을 주지 아니하는 범위에서 1일 2시간 이내로 한다(형집행법 시행규칙 제95조 제1항).

정답 ④

21 현행법령상 작업에 관한 규정으로 옳지 않은 것은? 2023. 9급 경채

① 19세 미만 수형자의 작업시간은 1일에 8시간을, 1주에 40시간을 초과할 수 없다.
② 교정시설의 장은 부모의 제삿날에는 수형자가 작업을 계속하기를 원하는 경우를 제외하고는 1일간 해당 수형자의 작업을 면제한다.
③ 소장은 신입자가 환자이거나 부득이한 사정이 있는 경우가 아니면 수용된 날부터 3일 동안 신입자거실에 수용하여야 하며, 신입자거실에 수용된 사람에게는 작업을 부과해서는 아니 된다.
④ 위로금은 본인 또는 가족에게 지급하고, 조위금은 그 상속인에게 지급한다.

정답 및 해설

① [○] 동법 제71조
② [○] 동법 제72조
③ [○] 동법 시행령 제18조 제2항
④ [×] 위로금은 본인에게 지급하고, 조위금은 그 상속인에게 지급한다(형집행법 제74조).

정답 ④

22. 「형의 집행 및 수용자의 처우에 관한 법률 시행규칙」상 외부기업체에 통근하며 작업하는 수형자의 선정기준으로 옳은 것만을 모두 고르면?

2021. 교정 9급

> ㉠ 19세 이상 65세 미만일 것
> ㉡ 해당 작업 수행에 건강상 장애가 없을 것
> ㉢ 일반경비처우급에 해당할 것
> ㉣ 가족·친지 또는 교정위원 등과 접견·편지수수·전화통화 등으로 연락하고 있을 것
> ㉤ 집행할 형기가 7년 미만이고 직업훈련이 제한되지 아니할 것

① ㉡, ㉣
② ㉠, ㉢, ㉤
③ ㉡, ㉣, ㉤
④ ㉠, ㉡, ㉣, ㉤

정답 및 해설

외부통근작업자 선정기준(형집행법 시행규칙 제120조 제1항)

외부기업체에 통근하며 작업하는 수형자는 다음의 요건을 갖춘 수형자 중에서 선정한다.
1. 18세 이상 65세 미만일 것
2. 해당 작업 수행에 건강상 장애가 없을 것
3. 개방처우급·완화경비처우급에 해당할 것
4. 가족·친지 또는 교정위원 등과 접견·편지수수·전화통화 등으로 연락하고 있을 것
5. 집행할 형기가 7년 미만이고 가석방이 제한되지 아니할 것

소장은 제1항(외부기업체에 통근하며 작업하는 수형자의 선정기준) 및 제2항(교정시설 안에 설치된 외부기업체의 작업장에 통근하며 작업하는 수형자의 선정기준)에도 불구하고 작업 부과 또는 교화를 위하여 특히 필요하다고 인정하는 경우에는 제1항 및 제2항의 수형자 외의 수형자에 대하여도 외부통근자로 선정할 수 있다(형집행법 시행규칙 제120조 제3항). 그러므로 중경비처우급 수형자를 외부통근자로 선정할 수 있다.

정답 ①

23. 「형의 집행 및 수용자의 처우에 관한 법률 시행규칙」상 외부기업체에 통근하며 작업하는 수형자의 선정기준이 아닌 것은?

2022. 교정 7급

① 18세 이상 65세 미만으로 해당 작업 수행에 건강상 장애가 없을 것
② 개방처우급, 완화경비처우급에 해당할 것
③ 가족, 친지 또는 교정위원 등과 접견, 편지수수, 전화통화 등으로 연락하고 있을 것
④ 집행할 형기가 5년 미만이고 가석방이 제한되지 아니할 것

정답 및 해설

④ [×] 형집행법 시행규칙 제120조 제1항(외부통근작업자 선정기준)

정답 ④

24 「형의 집행 및 수용자의 처우에 관한 법률 시행규칙」상 외부통근 작업에 대한 설명으로 옳지 않은 것은?

2020. 5급 승진

① 외부기업체에 통근하며 작업하는 수형자의 선정기준에는 18세 이상 65세 미만인 자라야 한다는 연령상의 제한이 있다.
② 소장은 외부통근자가 법령에 위반되는 행위를 하거나 법무부장관 또는 소장이 정하는 지켜야 할 사항을 위반한 경우에는 외부통근자 선정을 취소할 수 있다.
③ 소장은 외부통근자의 사회적응능력을 기르고 원활한 사회복귀를 촉진하기 위하여 필요하다고 인정하는 경우에는 수형자 자치에 의한 활동을 허가할 수 있다.
④ 소장이 교화를 위하여 특히 필요하다고 인정하더라도 중경비처우급 수형자는 외부통근자로 선정할 수 없다.
⑤ 교정시설 안에 설치된 외부기업체의 작업장에 통근하며 작업하는 수형자에는 일반경비처우급에 해당하는 수형자도 포함될 수 있다.

정답 및 해설

① [○] 동법 시행규칙 제120조 제1항 제1호
② [○] 동법 시행규칙 제121조
③ [○] 동법 시행규칙 제123조
④ [×] **외부통근작업자 선정기준(형집행법 시행규칙 제120조 제1항)**

외부기업체에 통근하며 작업하는 수형자는 다음의 요건을 갖춘 수형자 중에서 선정한다.
1. 18세 이상 65세 미만일 것
2. 해당 작업 수행에 건강상 장애가 없을 것
3. 개방처우급·완화경비처우급에 해당할 것
4. 가족·친지 또는 교정위원 등과 접견·편지수수·전화통화 등으로 연락하고 있을 것
5. 집행할 형기가 7년 미만이고 가석방이 제한되지 아니할 것

소장은 제1항(외부기업체에 통근하며 작업하는 수형자의 선정기준) 및 제2항(교정시설 안에 설치된 외부기업체의 작업장에 통근하며 작업하는 수형자의 선정기준)에도 불구하고 작업 부과 또는 교화를 위하여 특히 필요하다고 인정하는 경우에는 제1항 및 제2항의 수형자 외의 수형자에 대하여도 외부통근자로 선정할 수 있다(형집행법 시행규칙 제120조 제3항). 그러므로 중경비처우급 수형자를 외부통근자로 선정할 수 있다.

⑤ [○] 동법 시행규칙 제120조 제2항

정답 ④

25 형의 집행 및 수용자의 처우에 관한 법령상 작업과 직업훈련에 대한 설명으로 옳은 것은? 2020. 교정 7급

① 장애인수형자 전담교정시설의 장은 장애인수형자에 대한 직업훈련이 석방 후의 취업과 연계될 수 있도록 그 프로그램의 편성 및 운영에 특히 유의하여야 한다.
② 소장은 사형확정자가 작업을 신청하면 분류처우회의의 심의를 거쳐 교정시설 안에서 실시하는 작업을 부과할 수 있다.
③ 소장은 교도관에게 매월 수형자의 작업실적을 확인하게 하여야 한다.
④ "집중적인 근로가 필요한 작업"이란 수형자의 신청에 따라 1일 작업시간 중 접견·전화통화·교육 및 공동행사 참가 등을 하지 아니하고 휴게시간을 포함한 작업시간 내내 하는 작업을 말한다.

정답 및 해설

① [○] 형집행법 시행규칙 제53조
② [×] 소장은 사형확정자가 작업을 신청하면 교도관회의의 심의를 거쳐 교정시설 안에서 실시하는 작업을 부과할 수 있다(동법 시행규칙 제153조 제1항).
③ [×] 소장은 교도관에게 매일 수형자의 작업실적을 확인하게 하여야 한다(동법 시행령 제92조).
④ [×] 집중적인 근로가 필요한 작업이란 수형자의 신청에 따라 1일 작업시간 중 접견·전화통화·교육 및 공동행사 참가 등을 하지 아니하고 휴게시간을 제외한 작업시간 내내 하는 작업을 말한다(동법 시행령 제95조).

정답 ①

---

26 「형의 집행 및 수용자의 처우에 관한 법률 시행규칙」상 수형자 직업훈련 대상자 선정의 제한사항에 해당하지 않는 것은?   2023. 교정 9급

① 15세 미만인 경우
② 징벌집행을 마친 경우
③ 교육과정을 수행할 문자해독능력 및 강의 이해능력이 부족한 경우
④ 작업, 교육·교화프로그램 시행으로 인하여 직업훈련의 실시가 곤란하다고 인정되는 경우

정답 및 해설

📄 **직업훈련 대상자 선정의 제한**(형집행법 시행규칙 제126조)
1. 15세 미만인 경우
2. 교육과정을 수행할 문자해독능력 및 강의 이해능력이 부족한 경우
3. 징벌대상행위의 혐의가 있어 조사 중이거나 징벌집행 중인 경우
4. 작업, 교육·교화프로그램 시행으로 인하여 직업훈련의 실시가 곤란하다고 인정되는 경우
5. 질병·신체조건 등으로 인하여 직업훈련을 감당할 수 없다고 인정되는 경우

정답 ②

---

27 형집행법령상 수용자의 작업과 직업훈련에 대한 설명으로 옳지 않은 것은?   2018. 8급 승진

① 소장은 금고형 또는 구류형의 집행 중에 있는 사람에 대하여는 신청에 따라 작업을 부과할 수 있다. 소장은 교도관에게 매일 수형자의 작업실적을 확인하게 하여야 한다.
② 소장은 외부통근자의 사회적응능력을 기르고 원활한 사회복귀를 촉진하기 위하여 필요하다고 인정하는 경우에는 수형자 자치에 의한 활동을 허가할 수 있다.
③ 직업훈련 직종 선정 및 훈련과정별 인원은 지방교정청장의 승인을 받아 소장이 정한다.
④ 수형자가 15세 미만인 경우에는 직업훈련 대상자로 선정해서는 아니 된다.

정답 및 해설

① [○] 동법 제67조, 동법 시행령 제92조
② [○] 동법 시행규칙 제123조
③ [×] 직업훈련 직종 선정 및 훈련과정별 인원은 법무부장관의 승인을 받아 소장이 정한다(형집행법 시행규칙 제124조 제1항).
④ [○] 동법 시행규칙 제126조 제1호

정답 ③

28

「형의 집행 및 수용자의 처우에 관한 법률 시행규칙」상 수형자의 외부통근작업에 대한 설명으로 옳은 것은?

2019. 교정 7급

① 외부통근자는 개방처우급·완화경비처우급에 해당하고, 연령은 18세 이상 60세 미만이어야 한다.
② 소장은 외부통근자가 법령에 위반되는 행위를 하거나 법무부장관 또는 소장이 정하는 지켜야 할 사항을 위반한 경우에는 외부통근자 선정을 취소하여야 한다.
③ 소장은 외부통근자로 선정된 수형자에 대하여는 자치활동·행동수칙·안전수칙·작업기술 및 현장적응훈련에 대한 교육을 하여야 한다.
④ 소장은 외부통근자의 사회적응능력을 기르고 원활한 사회복귀를 촉진하기 위하여 필요하다고 인정하는 경우에는 수형자 자치에 의한 활동을 허가하여야 한다.

정답 및 해설

① [×] 외부통근자는 개방처우급·완화경비처우급에 해당하고, 연령은 18세 이상 65세 미만이어야 한다(동법 시행규칙 제120조 제1항).
② [×] 소장은 외부통근자가 법령에 위반되는 행위를 하거나 법무부장관 또는 소장이 정하는 지켜야 할 사항을 위반한 경우에는 외부통근자 선정을 취소할 수 있다(동법 시행규칙 제121조).
③ [○] 형집행법 시행규칙 제122조
④ [×] 소장은 외부통근자의 사회적응능력을 기르고 원활한 사회복귀를 촉진하기 위하여 필요하다고 인정하는 경우에는 수형자 자치에 의한 활동을 허가할 수 있다(동법 시행규칙 제123조).

정답 ③

29

형의 집행 및 수용자의 처우에 관한 법령상 작업과 직업훈련에 대한 설명으로 옳지 않은 것은?

2017. 교정 9급

① 소장은 사형확정자가 작업을 신청하면 교도관회의의 심의를 거쳐 교정시설 안에서 실시하는 작업을 부과할 수 있다.
② 소장은 수형자의 가족 또는 배우자의 직계존속이 사망하면 2일간, 부모 또는 배우자의 제삿날에는 1일간 해당 수형자의 작업을 면제한다. 다만, 수형자가 작업을 계속하기를 원하는 경우는 예외로 한다.
③ 집체직업훈련 대상자는 소속기관의 수형자 중에서 소장이 선정한다.
④ 수형자가 작업으로 인한 부상으로 신체에 장해가 발생하여 위로금을 받게 될 경우 그 위로금을 지급받을 권리는 다른 사람 또는 법인에게 양도하거나 담보로 제공할 수 없으며, 다른 사람 또는 는 법인은 이를 압류할 수 없다.

정답 및 해설

① [○] 동법 시행규칙 제153조 제1항
② [○] 동법 제72조 제1항
③ [×] 직업훈련 대상자는 소속기관의 수형자 중에서 소장이 선정한다. 다만, 집체직업훈련(직업훈련 전담 교정시설이나 그 밖에 직업훈련을 실시하기에 적합한 교정시설에 수용하여 실시하는 훈련) 대상자는 집체직업훈련을 실시하는 교정시설의 관할 지방교정청장이 선정한다(형집행법 시행규칙 제124조 제2항).
④ [○] 동법 제76조 제1항

정답 ③

30

「형의 집행 및 수용자의 처우에 관한 법률 시행규칙」상 교도작업 및 직업훈련에 대한 설명으로 옳은 것은?

2016. 교정 7급

① 수형자가 외부 직업훈련을 한 경우 그 비용은 국가가 부담하여야 한다.
② 소장에 의해 선발된 교육대상자는 작업·직업훈련을 면제한다.
③ 소장은 수형자가 개방처우급 또는 완화경비처우급으로서 작업기술이 탁월하고 작업성적이 우수한 경우에는 수형자 자신을 위한 개인작업을 하게 할 수 있다. 이 경우 개인작업 시간은 교도작업에 지장을 주지 아니하는 범위에서 1일 4시간 이내로 한다.
④ 소장은 개방처우급 또는 완화경비처우급 수형자에 대하여 작업·교육 등의 성적이 우수하고 관련 기술이 있는 경우에는 교도관의 작업지도를 보조하게 할 수 있다. 다만, 처우상 특히 필요한 경우에는 일반경비처우급 수형자에게도 교도관의 작업지도를 보조하게 할 수 있다.

정답 및 해설

① [×] 외부 직업훈련의 비용은 수형자가 부담한다. 다만, 처우상 특히 필요한 경우에는 예산의 범위에서 그 비용을 지원할 수 있다(동법 시행규칙 제96조 제2항).
② [○] 형집행법 시행규칙 제107조 제1항
③ [×] 이 경우 개인작업 시간은 교도작업에 지장을 주지 아니하는 범위에서 1일 2시간 이내로 한다(동법 시행규칙 제95조 제1항).
④ [×] 교도관의 작업지도를 보조할 수 있는 경비처우급은 개방처우급 또는 완화경비처우급이다(동법 시행규칙 제94조).

개방·완화경비처우급

㉠ 자치생활(시행규칙 제86조 제1항)
㉡ 경기·오락회 개최(시행규칙 제91조 제1항)
㉢ 작업·교육 등의 지도보조(시행규칙 제94조)
㉣ 개인작업(시행규칙 제95조 제1항)
㉤ 외부 직업훈련 대상자(시행규칙 제96조 제1항)
㉥ 중간처우 대상자(시행규칙 제93조 제1항)

정답 ②

31

「형의 집행 및 수용자의 처우에 관한 법률」상 작업과 직업훈련에 대한 설명으로 옳지 않은 것은?

2015. 교정 7급

① 작업수입은 수형자가 석방될 때에 본인에게 지급하여야 한다.
② 취사·청소 작업은 공휴일·토요일과 대통령령으로 정하는 휴일에도 작업을 부과할 수 있다.
③ 교정시설의 장은 수형자의 직업훈련을 위하여 필요하면 외부의 기관 또는 단체에서 훈련을 받게 할 수 있고, 직업훈련 대상자의 선정기준 등에 관하여 필요한 사항은 법무부령으로 정한다.
④ 교정시설의 장은 부모의 제삿날에는 수형자가 작업을 계속하기를 원하는 경우를 제외하고는 1일간 해당 수형자의 작업을 면제한다.

정답 및 해설

① [×] 작업수입은 국고수입으로 한다(형집행법 제73조 제1항). 작업장려금은 석방할 때에 본인에게 지급한다(형집행법 제73조 제3항).
② [○] 동법 제71조 제5항
③ [○] 동법 제69조 제2항·제3항
④ [○] 동법 제72조 제1항

정답 ①

32

형의 집행 및 수용자의 처우에 관한 법령상 교도작업에 대한 설명으로 옳지 않은 것은? 2016. 교정 9급

① 소장은 법무부장관의 승인을 받아 수형자에게 부과하는 작업의 종류를 정한다.
② 소장은 수형자가 작업 또는 직업훈련 중에 사망하거나 그로 인하여 사망한 때 상속인에게 조위금을 지급한다.
③ 집중근로 작업이 부과된 수형자에게 접견 또는 전화통화를 제한한 때에는 휴일이나 그 밖에 해당 수용자의 작업이 없는 날에 접견 또는 전화통화를 할 수 있게 하여야 한다.
④ '집중적인 근로가 필요한 작업'이란 수형자의 신청에 따라 1일 작업시간 중 접견 · 전화통화 · 교육 및 공동행사 참가 등을 하지 아니하고 휴게시간을 포함한 작업시간 내내 하는 작업을 말한다.

정답 및 해설

① [○] 동법 시행령 제89조
② [○] 동법 제74조 제1항 · 제2항
③ [○] 동법 제70조 제1항 단서
④ [×] 집중적인 근로가 필요한 작업이란 수형자의 신청에 따라 1일 작업시간 중 접견 · 전화통화 · 교육 및 공동행사 참가 등을 하지 아니하고 휴게시간을 제외한 작업시간 내내 하는 작업을 말한다(형집행법 시행령 제95조).

정답 ④

33

「형의 집행 및 수용자의 처우에 관한 법률」 및 동법 시행령상 교도작업에 대한 설명으로 옳지 않은 것은? 2016. 교정 7급

① 소장은 미결수용자에 대하여는 신청에 따라 작업을 부과할 수 있지만, 교정시설 밖에서 행하는 작업은 부과할 수 없다.
② 소장은 금고형 또는 구류형의 집행 중에 있는 사람에 대하여는 신청에 따라 작업을 부과할 수 있다.
③ 소장은 교도관에게 매주 1회 수형자의 작업실적을 확인하게 하여야 한다.
④ 소장은 수형자의 가족 또는 배우자의 직계존속이 사망하면 2일간, 부모 또는 배우자의 제삿날에는 1일간 해당 수형자의 작업을 면제한다. 다만, 수형자가 작업을 계속하기를 원하는 경우는 예외로 한다.

정답 및 해설

① [○] 동법 제86조 제1항, 동법 시행령 제103조 제1항
② [○] 동법 제67조
③ [×] 소장은 교도관에게 매일 수형자의 작업실적을 확인하게 하여야 한다(형집행법 시행령 제92조).
④ [○] 동법 제72조 제1항

정답 ③

34 형의 집행 및 수용자의 처우에 관한 법령상 교도작업 등에 대한 설명으로 옳은 것만을 모두 고른 것은?

2018. 교정 9급

㉠ 교정시설의 장은 수형자에게 부상·질병, 그 밖에 작업을 계속하기 어려운 특별한 사정이 있으면 그 사유가 해소될 때까지 작업을 면제할 수 있다.
㉡ 교정시설의 장은 수형자가 개방처우급 또는 완화경비처우급으로서 작업기술이 탁월하고 작업성적이 우수한 경우에는 수형자 자신을 위한 개인작업을 하게 할 수 있다.
㉢ 교정시설의 장은 관할 지방교정청장의 승인을 받아 수형자에게 부과하는 작업의 종류를 정한다.
㉣ 작업장려금은 본인의 가족생활 부조, 교화 또는 건전한 사회복귀를 위하여 특히 필요하면 석방 전이라도 그 전부 또는 일부를 지급할 수 있다.
㉤ 교정시설의 장은 수형자의 가족이 사망하면 3일간 해당 수형자의 작업을 면제한다.

① ㉠, ㉡, ㉢
② ㉠, ㉡, ㉣
③ ㉠, ㉢, ㉤
④ ㉢, ㉣, ㉤

정답 및 해설

옳은 것은 ㉠, ㉡, ㉣이다.
㉠ [O] 형집행법 제72조 제2항
㉡ [O] 동법 시행규칙 제95조 제1항
㉢ [×] 소장은 법무부장관의 승인을 받아 수형자에게 부과하는 작업의 종류를 정한다(동법 시행령 제89조).
㉣ [O] 동법 제73조 제3항
㉤ [×] 소장은 수형자의 가족 또는 배우자의 직계존속이 사망하면 2일간, 부모 또는 배우자의 제삿날에는 1일간 해당 수형자의 작업을 면제한다. 다만, 수형자가 작업을 계속하기를 원하는 경우는 예외로 한다(동법 제72조 제1항).

정답 ②

35 형의 집행 및 수용자의 처우에 관한 법령상 작업과 직업훈련에 대한 설명으로 옳지 않은 것은?

2022. 교정 9급

① 소장은 금고형 또는 구류형의 집행 중에 있는 사람에 대하여 신청 여부와 관계없이 작업을 부과할 수 있다.
② 소장은 수형자가 15세 미만인 경우에는 직업훈련 대상자로 선정해서는 아니 된다.
③ 소장은 직업훈련 대상자가 심신이 허약하거나 질병 등으로 훈련을 감당할 수 없는 경우에는 직업훈련을 보류할 수 있다.
④ 법무부장관은 직업훈련을 위하여 필요한 경우에는 수형자를 다른 교정시설로 이송할 수 있다.

정답 및 해설

① [×] 소장은 금고형 또는 구류형의 집행 중에 있는 사람에 대하여는 신청에 따라 작업을 부과할 수 있다(형집행법 제67조).
② [O] 소장은 직업훈련 대상자 선정기준(동법 시행규칙 제125조)에도 불구하고 수형자가 ㉠ 15세 미만인 경우, ㉡ 교육과정을 수행할 문자해독능력 및 강의 이해능력이 부족한 경우, ㉢ 징벌대상행위의 혐의가 있어 조사 중이거나 징벌집행 중인 경우, ㉣ 작업, 교육·교화프로그램 시행으로 인하여 직업훈련의 실시가 곤란하다고 인정되는 경우, ㉤ 질병·신체조건 등으로 인하여 직업훈련을 감당할 수 없다고 인정되는 경우에는 직업훈련 대상자로 선정해서는 아니 된다(동법 시행규칙 제126조).
③ [O] 소장은 직업훈련 대상자가 ㉠ 징벌대상행위의 혐의가 있어 조사를 받게 된 경우, ㉡ 심신이 허약하거나 질병 등으로 훈련을 감당할 수 없는 경우, ㉢ 소질·적성·훈련성적 등을 종합적으로 고려한 결과 직업훈련을 계속할 수 없다고 인정되는 경우, ㉣ 그 밖에 직업훈련을 계속할 수 없다고 인정되는 경우에는 직업훈련을 보류할 수 있다(동법 시행규칙 제128조 제1항).
④ [O] 동법 시행규칙 제127조 제1항

정답 ①

36

형의 집행 및 수용자의 처우에 관한 법령상 작업 및 직업훈련과 관련하여 교정시설의 장이 취할 수 없는 조치는?

2022. 교정 9급

① 일반경비처우급의 수형자에 대하여 직업능력의 향상을 위하여 특히 필요하다고 인정되어 교정시설 외부의 기업체에서 운영하는 직업훈련을 받게 하였다.
② 장인(丈人)이 사망하였다는 소식을 접한 수형자에 대하여, 본인이 작업을 계속하기를 원하지 않는 것을 확인하고 2일간 작업을 면제하였다.
③ 수형자에 대하여 교화목적 상 특별히 필요하다고 판단되어, 작업장려금을 석방 전에 전액 지급하였다.
④ 법무부장관의 승인을 받아 직업훈련의 직종과 훈련과정별 인원을 정하였다.

정답 및 해설

① [×] 소장은 수형자가 개방처우급 또는 완화경비처우급으로서 직업능력 향상을 위하여 특히 필요한 경우에는 교정시설 외부의 공공기관 또는 기업체 등에서 운영하는 직업훈련을 받게 할 수 있다(형집행법 시행규칙 제96조 제1항).
② [○] 소장은 수형자의 가족(배우자, 직계존속·비속, 형제자매) 또는 배우자의 직계존속이 사망하면 2일간, 부모 또는 배우자의 제삿날에는 1일간 해당 수형자의 작업을 면제한다. 다만, 수형자가 작업을 계속하기를 원하는 경우는 예외로 한다(동법 제72조 제1항).
③ [○] 작업장려금은 석방할 때에 본인에게 지급한다. 다만, 본인의 가족생활 부조, 교화 또는 건전한 사회복귀를 위하여 특히 필요하면 석방 전이라도 그 전부 또는 일부를 지급할 수 있다(동법 제73조 제3항).
④ [○] 직업훈련 직종 선정 및 훈련과정별 인원은 법무부장관의 승인을 받아 소장이 정한다(동법 시행규칙 제124조 제1항).

정답 ①

37

형의 집행 및 수용자의 처우에 관한 법령상 수형자 외부통근 작업에 대한 설명으로 옳지 않은 것은?

2022. 교정 9급

① 소장은 외부통근자에게 수형자 자치에 의한 활동을 허가할 수 있다.
② 소장은 수형자의 건전한 사회복귀와 기술습득을 촉진하기 위하여 필요하면 수형자에게 외부통근작업을 하게 할 수 있다.
③ 소장은 외부통근자가 법령에 위반되는 행위를 하거나 법무부장관 또는 소장이 정하는 지켜야 할 사항을 위반한 경우에는 외부통근자 선정을 취소할 수 있다.
④ 소장은 일반경비처우급에 해당하는 수형자를 외부기업체에 통근하며 작업하는 대상자로 선정할 수 없다.

정답 및 해설

① [○] 소장은 외부통근자의 사회적응능력을 기르고 원활한 사회복귀를 촉진하기 위하여 필요하다고 인정하는 경우에는 수형자 자치에 의한 활동을 허가할 수 있다(동법 시행규칙 제123조).
② [○] 소장은 수형자의 건전한 사회복귀와 기술습득을 촉진하기 위하여 필요하면 외부기업체 등에 통근 작업하게 하거나 교정시설의 안에 설치된 외부기업체의 작업장에서 작업하게 할 수 있다(동법 제68조 제1항).
③ [○] 동법 시행규칙 제121조
④ [×] 소장은 제1항(외부기업체에 통근하며 작업하는 수형자의 선정기준) 및 제2항(교정시설 안에 설치된 외부기업체의 작업장에 통근하며 작업하는 수형자의 선정기준)에도 불구하고 작업 부과 또는 교화를 위하여 특히 필요하다고 인정하는 경우에는 제1항 및 제2항의 수형자 외의 수형자에 대하여도 외부통근자로 선정할 수 있다(형집행법 시행규칙 제120조 제3항).

정답 ④

38 형집행법령상 작업과 직업훈련에 대한 설명으로 옳지 않은 것은?

2019. 7급 승진

① 직업훈련 대상자는 소속기관의 수형자 중에서 소장이 선정한다. 다만, 집체직업훈련(직업훈련 전담 교정시설이나 그 밖에 직업훈련을 실시하기에 적합한 교정시설에 수용하여 실시하는 훈련을 말한다) 대상자는 집체직업훈련을 실시하는 교정시설의 관할 지방교정청장이 선정한다.
② 15세 미만의 수형자나 교육과정을 수행할 문자해독능력 및 강의 이해능력이 부족한 수형자는 직업훈련 대상자로 선정하여서는 아니 된다.
③ 공휴일·토요일과 대통령령으로 정하는 휴일에는 원칙적으로 작업을 부과하지 아니한다.
④ 작업장려금이나 조위금은 석방할 때에 본인에게 지급한다. 다만, 본인의 가족생활 부조, 교화 또는 건전한 사회복귀를 위하여 특히 필요하면 석방 전이라도 그 전부 또는 일부를 지급할 수 있다.

정답 및 해설

① [○] 동법 시행규칙 제124조 제2항
② [○] 동법 시행규칙 제126조
③ [○] 동법 제71조 제5항
④ [×] 작업장려금은 석방할 때에 본인에게 지급하고(형집행법 제73조 제3항), 조위금은 그 상속인에게 지급한다(형집행법 제74조 제2항).

정답 ④

39 「형의 집행 및 수용자의 처우에 관한 법률 시행규칙」상 수형자의 개인작업에 대한 설명으로 옳지 않은 것은?

2024. 교정 9급

① 소장은 수형자가 개방처우급 또는 완화경비처우급으로서 작업기술이 탁월하거나 작업성적이 우수한 경우에는 수형자 자신을 위한 개인작업을 하게 할 수 있다.
② 개인작업 시간은 교도작업에 지장을 주지 아니하는 범위에서 1일 2시간 이내로 한다.
③ 소장은 개인작업을 하는 수형자에게 개인작업 용구를 사용하게 할 수 있다. 이 경우 작업용구는 특정한 용기에 보관하도록 하여야 한다.
④ 개인작업에 필요한 작업재료 등의 구입비용은 수형자가 부담한다. 다만, 처우상 필요한 경우에는 예산의 범위에서 그 비용을 지원할 수 있다.

정답 및 해설

① [×] 소장은 수형자가 개방처우급 또는 완화경비처우급으로서 작업기술이 탁월하고 작업성적이 우수한 경우에는 수형자 자신을 위한 개인작업을 하게 할 수 있다(형집행법 시행규칙 제95조 제1항 전단).
② [○] 동법 시행규칙 제95조 제1항 후단
③ [○] 동법 시행규칙 제95조 제2항
④ [○] 동법 시행규칙 제95조 제3항

정답 ①

40 현행법령상 수형자의 작업에 대한 설명으로 옳지 않은 것을 모두 고른 것은?

> ㉠ 수형자는 자신에게 부과된 작업과 그 밖의 노역을 수행하여야 할 의무가 있다.
> ㉡ 작업과정은 작업성적, 작업시간, 작업의 난이도 및 숙련도를 고려하여 정한다. 작업과정을 정하기 어려운 경우에는 작업성적을 작업과정으로 본다.
> ㉢ 소장은 교도관에게 매일 수형자의 작업시간을 확인하게 하여야 한다.
> ㉣ 소장은 신청에 따른 작업이 부과된 수형자가 작업의 취소를 요청하는 경우에는 의무관 및 교도관의 의견 등을 고려하여 작업을 취소할 수 있다.
> ㉤ 소장은 19세 미만의 수형자에게 작업을 부과하는 경우에는 정신적·신체적 성숙정도, 교육적 효과 등을 고려하여야 한다.

① ㉡, ㉢, ㉣
② ㉠, ㉡, ㉤
③ ㉡, ㉣, ㉤
④ ㉠, ㉢, ㉣

정답 및 해설

옳지 않은 것은 ㉡, ㉢, ㉣이다.
- ㉠ [○] 형집행법 제66조
- ㉡ [×] 작업과정은 작업성적, 작업시간, 작업의 난이도 및 숙련도를 고려하여 정한다. 작업과정을 정하기 어려운 경우에는 작업시간을 작업과정으로 본다(동법 시행령 제91조 제2항).
- ㉢ [×] 소장은 교도관에게 매일 수형자의 작업실적을 확인하게 하여야 한다(동법 시행령 제92조).
- ㉣ [×] 소장은 신청에 따른 작업이 부과된 수형자가 작업의 취소를 요청하는 경우에는 그 수형자의 의사, 건강 및 교도관의 의견 등을 고려하여 작업을 취소할 수 있다(동법 시행령 제93조).
- ㉤ [○] 동법 시행령 제90조

정답 ①

41 「형의 집행 및 수용자의 처우에 관한 법률 시행규칙」상 원칙적으로 교정시설 밖에 있는 외부기업체에 통근하며 작업하는 수형자의 선정기준에 해당되지 않는 것은?

① 해당 작업 수행에 건강상 장애가 없을 것
② 일반경비처우급 이상에 해당할 것
③ 가족·친지 또는 교정위원 등과 접견·편지수수·전화통화 등으로 연락하고 있을 것
④ 집행할 형기가 7년 미만이고 가석방이 제한되지 아니할 것

정답 및 해설

② [×] 개방처우급·완화경비처우급에 해당할 것(형집행법 시행규칙 제120조 제1항 제3호)

외부통근자 선정기준	직업훈련 대상자 선정기준
1. 18세 이상 65세 미만일 것 2. 해당 작업 수행에 건강상 장애가 없을 것 3. 개방처우급·완화경비처우급에 해당할 것 4. 가족·친지 또는 교정위원 등과 접견·편지수수·전화통화 등으로 연락하고 있을 것 5. 집행할 형기가 7년 미만이고 가석방이 제한되지 아니할 것	1. 집행할 형기 중에 해당 훈련과정을 이수할 수 있을 것(기술숙련과정 집체직업훈련 대상자는 제외한다) 2. 직업훈련에 필요한 기본소양을 갖추었다고 인정될 것 3. 해당 과정의 기술이 없거나 재훈련을 희망할 것 4. 석방 후 관련 직종에 취업할 의사가 있을 것

정답 ②

42 현행법령상 외부통근에 대한 설명으로 옳지 않은 것은?

① 소장은 외부통근자의 사회적응능력을 기르고 원활한 사회복귀를 촉진하기 위하여 필요하다고 인정하는 경우에는 수형자 자치에 의한 활동을 허가할 수 있다.
② 외부통근자는 18세 이상 65세 미만이지만, 작업부과 또는 교화를 위하여 특히 필요하다고 인정하는 경우에는 70세의 수형자도 외부통근자로 선정할 수 있다.
③ 소장은 외부통근 작업 수형자에게 작업을 부과하기 전에 수형자에게 제한되는 처우의 내용을 충분히 설명하여야 한다.
④ 교정시설 안에 설치된 외부기업체의 작업장에 통근하며 작업하는 수형자는 집행할 형기가 7년 미만이고 가석방이 제한되지 아니할 것이 요구된다.
⑤ 소장은 외부통근자로 선정된 수형자에 대하여는 자치활동·행동수칙·안전수칙·작업기술 및 현장적응훈련에 대한 교육을 하여야 한다.

정답 및 해설

① [○] 동법 시행규칙 제123조
② [○] 동법 시행규칙 제120조 제1항·제3항
③ [○] 동법 제70조 제2항
④ [×] 집행할 형기가 10년 미만이거나 형기 기산일부터 10년 이상이 지난 수형자(형집행법 시행규칙 제120조 제2항)
⑤ [○] 동법 시행규칙 제122조

정답 ④

43 작업장려금에 대한 설명으로 옳은 것은?

① 작업장려금은 본인이 신청하면 석방 전이라도 그 전부 또는 일부를 지급하여야 한다.
② 수형자에 대한 작업장려금은 대통령령으로 정한다.
③ 작업장려금은 귀휴비용으로 사용할 수 없다.
④ 작업장려금은 징벌로서 삭감할 수 있다.

정답 및 해설

① [×] 작업장려금은 석방할 때에 본인에게 지급한다. 다만, 본인의 가족생활 부조, 교화 또는 건전한 사회복귀를 위하여 특히 필요하면 석방 전이라도 그 전부 또는 일부를 지급할 수 있다(동법 제73조 제3항).
② [×] 작업장려금은 법무부장관이 정한다(동법 제73조 제2항).
③ [×] 귀휴자의 여비와 귀휴 중 착용할 복장은 본인이 부담하고, 소장은 귀휴자가 신청할 경우 작업장려금의 전부 또는 일부를 귀휴비용으로 사용하게 할 수 있다(동법 시행규칙 제142조 제2항).
④ [○] 징벌로 3개월 이내의 작업장려금 삭감을 할 수 있다(형집행법 제108조 제3호).

정답 ④

「형의 집행 및 수용자의 처우에 관한 법률 시행규칙」상 경비처우급에 따른 작업기준이 바르게 짝지어진 것은?

① 개방처우급 – 구내작업 및 외부통근작업 가능
② 일반경비처우급 – 구내작업 및 필요시 개방지역작업 가능
③ 완화경비처우급 – 구내작업 및 필요시 외부통근작업 가능
④ 중경비처우급 – 필요시 개방지역작업 가능

정답 및 해설

경비처우급에 따른 작업기준(형집행법 시행규칙 제74조 제2항)
1. 개방처우급: 외부통근작업 및 개방지역작업 가능
2. 완화경비처우급: 개방지역작업 및 필요시 외부통근작업 가능
3. 일반경비처우급: 구내작업 및 필요시 개방지역작업 가능
4. 중경비처우급: 필요시 구내작업 가능

정답 ②

 「형의 집행 및 수용자의 처우에 관한 법률」상 수형자 교도작업에 대한 설명으로 옳지 않은 것은?

① 교도소장은 금고형 또는 구류형의 집행 중에 있는 사람에 대하여는 신청에 따라 작업을 부과할 수 있다.
② 교도소장은 수형자의 가족 또는 배우자의 직계존속이 사망하면 3일간 해당 수형자의 작업을 면제한다.
③ 수형자가 신청하는 경우에는 공휴일·토요일과 대통령령으로 정하는 휴일에도 작업을 부과할 수 있다.
④ 교도소장은 수형자의 근로의욕을 고취하고 건전한 사회복귀를 지원하기 위하여 수형자에게 작업장려금을 지급할 수 있다.

정답 및 해설

① [○] 동법 제67조
② [×] 소장은 수형자의 가족 또는 배우자의 직계존속이 사망하면 2일간, 부모 또는 배우자의 제삿날에는 1일간 해당 수형자의 작업을 면제한다. 다만, 수형자가 작업을 계속하기를 원하는 경우는 예외로 한다(형집행법 제72조 제1항).
③ [○] 동법 제71조 제5항
④ [○] 동법 제73조 제2항

신청에 의한 작업
㉠ 소장은 금고형 또는 구류형의 집행 중에 있는 사람에 대하여는 신청에 따라 작업을 부과할 수 있다(형집행법 제67조).
㉡ 소장은 미결수용자에 대하여는 신청에 따라 교육 또는 교화프로그램을 실시하거나 작업을 부과할 수 있다(동법 제86조 제1항).
㉢ 소장은 사형확정자의 심리적 안정 및 원만한 수용생활을 위하여 교육 또는 교화프로그램을 실시하거나 신청에 따라 작업을 부과할 수 있다(동법 제90조 제1항).

정답 ②

「형의 집행 및 수용자의 처우에 관한 법률 시행규칙」상 외부기업체 통근작업에 대한 설명으로 옳지 않은 것은?

① 외부기업체에 통근하며 작업하는 수형자로 선정되기 위한 요건에는 가족·친지 또는 교정위원 등과 접견·편지수수·전화통화 등으로 연락하고 있을 것이 포함되어 있다.
② 소장은 외부통근자가 법령에 위반되는 행위를 하거나 법무부장관 또는 소장이 정하는 지켜야 할 사항을 위반한 경우에는 외부통근자 선정을 취소하여야 한다.
③ 소장은 외부통근자로 선정된 수형자에 대하여는 자치활동·행동수칙·안전수칙·작업기술 및 현장적응훈련에 대한 교육을 하여야 한다.
④ 집행할 형기가 7년 이상 남은 수형자도 작업 부과와 교화를 위해서 특히 필요하다고 인정하는 경우에는 교정시설 밖에 위치한 외부기업체에 통근 작업하는 수형자로 선정될 수 있다.
⑤ 소장은 외부통근자의 사회적응능력을 기르고 원활한 사회복귀를 촉진하기 위하여 필요하다고 인정하는 경우에는 수형자 자치에 의한 활동을 허가할 수 있다.

정답 및 해설

① [○] 동법 시행규칙 제120조 제1항 제4호
② [×] 소장은 외부통근자가 법령에 위반되는 행위를 하거나 법무부장관 또는 소장이 정하는 지켜야 할 사항을 위반한 경우에는 외부통근자 선정을 취소할 수 있다(형집행법 시행규칙 제121조).
③ [○] 동법 시행규칙 제122조
④ [○] 소장은 제1항(외부기업체에 통근하며 작업하는 수형자 선정 요건) 및 제2항(교정시설 안에 설치된 외부기업체의 작업장에 통근하며 작업하는 수형자 선정 요건)에도 불구하고 작업 부과 또는 교화를 위하여 특히 필요하다고 인정하는 경우에는 제1항 및 제2항의 수형자 외의 수형자에 대하여도 외부통근자로 선정할 수 있다(동법 시행규칙 제120조 제3항).
⑤ [○] 동법 시행규칙 제123조

정답 ②

 「형의 집행 및 수용자의 처우에 관한 법률」상 작업과 직업훈련에 대한 설명으로 옳은 것을 모두 고른 것은?

㉠ 소장은 구류형의 집행 중에 있는 사람에 대하여는 그의 신청이 있더라도 작업을 부과할 수 없다.
㉡ 소장은 수형자의 건전한 사회복귀와 기술습득을 촉진하기 위하여 필요하면 외부기업체 등에 통근 작업하게 할 수 있다.
㉢ 소장은 수형자에게 집중적인 근로가 필요한 작업을 부과하는 경우 교육·공동행사 참가 등의 처우를 제한할 수 있다.
㉣ 수형자의 직계존속이 사망한 경우 수형자가 작업을 계속하기를 원하는 경우에도 적어도 2일간은 작업을 면제하여야 한다.

① ㉠, ㉡ ② ㉡, ㉢
③ ㉢, ㉣ ④ ㉠, ㉡, ㉢
⑤ ㉡, ㉢, ㉣

정답 및 해설

옳은 것은 ⓒ, ⓒ이다.
- ⓐ [×] 소장은 금고형 또는 구류형의 집행 중에 있는 사람에 대하여는 신청에 따라 작업을 부과할 수 있다(형집행법 제67조).
- ⓑ [○] 동법 제68조 제1항
- ⓒ [○] 소장은 수형자의 신청에 따라 외부통근작업, 외부직업훈련, 그 밖에 집중적인 근로가 필요한 작업을 부과하는 경우에는 접견·전화통화·교육·공동행사 참가 등의 처우를 제한할 수 있다(동법 제70조 제1항 본문).
- ⓓ [×] 소장은 수형자의 가족(배우자, 직계존속·비속, 형제자매) 또는 배우자의 직계존속이 사망하면 2일간, 부모 또는 배우자의 제삿날에는 1일간 해당 수형자의 작업을 면제한다. 다만, 수형자가 작업을 계속하기를 원하는 경우는 예외로 한다(동법 제72조 제1항).

정답 ②

48

「형의 집행 및 수용자의 처우에 관한 법률」상 작업시간 등에 대한 설명으로 옳지 않은 것은?

2025. 교정 9급

① 휴식·운동·식사·접견 등 실제 작업을 실시하지 않는 시간을 제외한 1일의 작업시간은 8시간을 초과할 수 없다.
② 작업장의 운영을 위하여 불가피한 경우에는 공휴일·토요일에도 작업을 부과할 수 있다.
③ 19세 미만 수형자의 작업시간은 1일에 8시간을, 1주에 40시간을 초과할 수 없다.
④ 취사·청소·간병 등 교정시설의 운영과 관리에 필요한 작업의 1일 작업시간은 12시간을 초과할 수 있다.

정답 및 해설

① [○] 1일의 작업시간(휴식·운동·식사·접견 등 실제 작업을 실시하지 않는 시간을 제외한다)은 8시간을 초과할 수 없다(동법 제71조 제1항).
② [○] 공휴일·토요일과 대통령령으로 정하는 휴일에는 작업을 부과하지 아니한다. 다만, ⓐ 취사·청소·간병 등 교정시설의 운영과 관리에 필요한 작업을 하는 경우, ⓑ 작업장의 운영을 위하여 불가피한 경우, ⓒ 공공의 안전이나 공공의 이익을 위하여 긴급히 필요한 경우, ⓓ 수형자가 신청하는 경우에는 작업을 부과할 수 있다(동법 제71조 제5항).
③ [○] 동법 제71조 제4항
④ [×] 취사·청소·간병 등 교정시설의 운영과 관리에 필요한 작업의 1일 작업시간은 12시간 이내로 한다(형집행법 제71조 제2항).

정답 ④

49. 교도작업에 대한 설명으로 옳은 것은?

① 수형자는 자신에게 부과된 교도작업을 수행할 의무가 있지만, 그 밖의 노역여부는 선택할 수 있다.
② 금고형 수형자에게도 신청에 따라 교도작업을 부과할 수 있으나 단기 자유형에 해당하는 구류형 수형자에게는 교도작업을 부과할 수 없다.
③ 미결수용자의 경우에도 그의 신청에 따라 집중적인 근로가 필요한 작업을 부과하는 경우에는 접견이나 전화통화 등의 처우를 제한할 수 있다.
④ 공휴일·토요일과 대통령령으로 정하는 휴일에는 취사·청소·간병 외의 작업을 부과하여서는 아니 된다.

정답 및 해설

① [×] 수형자는 자신에게 부과된 작업과 그 밖의 노역을 수행하여야 할 의무가 있다(동법 제66조).
② [×] 소장은 금고형 또는 구류형의 집행 중에 있는 사람에 대하여는 신청에 따라 작업을 부과할 수 있다(동법 제67조).
③ [○] 형집행법 제86조 제2항·제70조 제1항
④ [×] 공휴일·토요일과 대통령령으로 정하는 휴일에는 작업을 부과하지 아니한다. 다만, ㉠ 취사·청소·간병 등 교정시설의 운영과 관리에 필요한 작업을 하는 경우, ㉡ 작업장의 운영을 위하여 불가피한 경우, ㉢ 공공의 안전이나 공공의 이익을 위하여 긴급히 필요한 경우, ㉣ 수형자가 신청하는 경우에는 작업을 부과할 수 있다(동법 제71조 제5항).

정답 ③

50. 교도작업에 대한 설명으로 옳지 않은 것은?

① 소장은 법무부장관의 승인을 받아 수형자에게 부과하는 작업의 종류를 정한다.
② 소장은 교도관에게 매일 수형자의 작업실적을 확인하게 하여야 한다.
③ 소장은 수형자에게 부상·질병, 그 밖에 작업을 계속하기 어려운 특별한 사정이 있으면 그 사유가 해소될 때까지 작업을 면제한다.
④ 개인작업 시간은 교도작업에 지장을 주지 아니하는 범위에서 1일 2시간 이내로 한다.
⑤ 「교도작업의 운영 및 특별회계에 관한 법률」에 의하면 법무부장관은 교도작업으로 생산되는 제품의 종류와 수량을 회계연도 개시 1개월 전까지 공고하여야 한다.

정답 및 해설

① [○] 동법 시행령 제89조
② [○] 동법 시행령 제92조
③ [×] 그 사유가 해소될 때까지 작업을 면제할 수 있다(형집행법 제72조 제2항).
④ [○] 동법 시행규칙 제95조 제1항
⑤ [○] 「교도작업의 운영 및 특별회계에 관한 법률」 제4조

정답 ③

51 「형의 집행 및 수용자의 처우에 관한 법률」상 교도작업에 대한 설명으로 옳은 것은?

① 휴식·식사 등을 포함하여 1일의 작업시간은 8시간을 초과할 수 없다.
② 1주의 작업시간은 52시간을 초과할 수 없지만, 작업장의 운영을 위하여 불가피한 경우에는 1주의 작업시간을 8시간 이내의 범위에서 연장할 수 있다.
③ 19세 미만 수형자의 작업시간은 1주에 40시간을 초과할 수 없지만, 수형자가 신청하는 경우에는 1주의 작업시간을 4시간 이내의 범위에서 연장할 수 있다.
④ 취사·청소·간병 등 교정시설의 운영과 관리에 필요한 작업의 1일 작업시간은 12시간 이내로 한다.

정답 및 해설

① [×] 1일의 작업시간(휴식·운동·식사·접견 등 실제 작업을 실시하지 않는 시간을 제외한다)은 8시간을 초과할 수 없다(동법 제71조 제1항).
② [×] 1주의 작업시간은 52시간을 초과할 수 없다. 다만, 수형자가 신청하는 경우에는 1주의 작업시간을 8시간 이내의 범위에서 연장할 수 있다(동법 제71조 제3항).
③ [×] 19세 미만 수형자의 작업시간은 1일에 8시간을, 1주에 40시간을 초과할 수 없다(동법 제71조 제4항).
④ [○] 형집행법 제71조 제2항

정답 ④

52 「형의 집행 및 수용자의 처우에 관한 법률」상 공휴일·토요일과 대통령령으로 정하는 휴일에 작업을 부과할 수 있는 경우로 옳지 않은 것은?

① 수형자의 교화 또는 시설의 안전을 위하여 필요한 경우
② 수형자가 신청하는 경우
③ 작업장의 운영을 위하여 불가피한 경우
④ 취사·청소·간병 등 교정시설의 운영과 관리에 필요한 작업을 하는 경우

정답 및 해설

 공휴일·토요일 등에 작업을 부과할 수 있는 사유(형집행법 제71조 제5항)

공휴일·토요일과 대통령령으로 정하는 휴일에는 작업을 부과하지 아니한다. 다만, 다음의 어느 하나에 해당하는 경우에는 작업을 부과할 수 있다.
1. 취사·청소·간병 등 교정시설의 운영과 관리에 필요한 작업을 하는 경우
2. 작업장의 운영을 위하여 불가피한 경우
3. 공공의 안전이나 공공의 이익을 위하여 긴급히 필요한 경우
4. 수형자가 신청하는 경우

정답 ①

제3절 | 직업훈련과 취업지원

01 「형의 집행 및 수용자의 처우에 관한 법률 시행규칙」상 직업훈련에 대한 설명으로 옳지 않은 것은?

2019. 5급 승진

① 소장은 수형자가 직업훈련 대상자 선정 요건을 갖춘 경우에도, 교육과정을 수행할 문자해독능력 및 강의 이해능력이 부족한 경우 직업훈련 대상자로 선정하여서는 아니 된다.
② 소장은 소년수형자의 선도를 위하여 필요한 경우에는, 직업훈련 대상자 선정 요건을 갖추지 못한 15세 미만의 수형자를 직업훈련 대상자로 선정하여 교육할 수 있다.
③ 소장은 훈련취소 등 특별한 사유가 있는 경우를 제외하고는 직업훈련 중인 수형자를 다른 교정시설로 이송해서는 아니 된다.
④ 직업훈련 직종 선정 및 훈련과정별 인원은 법무부장관의 승인을 받아 소장이 정한다.
⑤ 직업훈련 대상자는 소속기관의 수형자 중에서 소장이 선정하되, 집체직업훈련 대상자는 집체직업훈련을 실시하는 교정시설의 관할 지방교정청장이 선정한다.

정답 및 해설

① [○] 동법 시행규칙 제126조 제2호
② [×] 소장은 소년수형자의 선도를 위하여 필요한 경우에는 직업훈련 대상자 선정기준을 갖추지 못한 경우에도 직업훈련 대상자로 선정하여 교육할 수 있으나(형집행법 시행규칙 제125조 제2항), 15세 미만인 경우에는 직업훈련 대상자로 선정해서는 아니 된다(동법 시행규칙 제126조 제1호).
③ [○] 동법 시행규칙 제127조 제2항
④ [○] 동법 시행규칙 제124조 제1항
⑤ [○] 동법 시행규칙 제124조 제2항

정답 ②

02 형집행법령상 작업과 직업훈련에 대한 설명으로 옳지 않은 것은?

2020. 6급 승진

① 소장은 금고형 또는 구류형의 집행 중에 있는 사람에 대하여는 신청에 따라 작업을 부과할 수 있다.
② 외부기업체 통근작업자로 선정될 수 있는 수형자는 원칙적으로 18세 이상 65세 미만이어야 한다.
③ 교정시설 밖에 설치된 외부기업체의 작업장에 통근하며 작업하는 수형자는 소정의 요건을 갖춘 수형자 중에서 집행할 형기가 10년 미만이거나 형기기산일부터 10년 이상이 지난 수형자 중에서 선정한다.
④ 직업훈련 대상자는 소속기관의 수형자 중에서 소장이 선정한다. 다만, 집체직업훈련 대상자는 집체직업훈련을 실시하는 교정시설의 관할 지방교정청장이 선정한다.

정답 및 해설

① [○] 동법 제67조
② [○] 동법 시행규칙 제120조 제1항 제1호
③ [×] 외부기업체에 통근하며 작업하는 수형자는 소정의 요건을 갖춘 수형자 중에서 집행할 형기가 7년 미만이고 가석방이 제한되지 아니한 수형자 중에서 선정한다(형집행법 시행규칙 제120조 제1항 제5호).
④ [○] 동법 시행규칙 제124조 제2항

정답 ③

03 「형의 집행 및 수용자의 처우에 관한 법률 시행규칙」상 직업훈련에 대한 설명으로 옳지 않은 것은?

2017. 교정 7급

① 소장은 직업훈련을 위하여 필요한 경우에는 수형자를 다른 교정시설로 이송할 수 있다.
② 직업훈련 직종 선정 및 훈련과정별 인원은 법무부장관의 승인을 받아 소장이 정한다.
③ 징벌대상행위의 혐의가 있어 조사 중이거나 징벌집행 중인 수형자는 직업훈련 대상자로 선정하여서는 아니 된다.
④ 수형자 취업지원협의회 회의는 재적위원 과반수 출석으로 개의하고, 출석위원 과반수 찬성으로 의결한다.

정답 및 해설

① [×] 법무부장관은 직업훈련을 위하여 필요한 경우에는 수형자를 다른 교정시설로 이송할 수 있다(형집행법 시행규칙 제127조 제1항).
② [○] 동법 시행규칙 제124조 제1항
③ [○] 동법 시행규칙 제126조 제3호
④ [○] 동법 시행규칙 제148조 제3항

정답 ①

04 「형의 집행 및 수용자의 처우에 관한 법률 시행규칙」상 직업훈련에 대한 설명으로 옳지 않은 것은?

2018. 교정 9급

① 직업훈련의 직종 선정 및 훈련과정별 인원은 지방교정청장의 승인을 받아 교정시설의 장이 정한다.
② 교정시설의 장은 소년수형자의 선도를 위하여 필요한 경우에는 직업훈련에 필요한 기본소양을 갖추었다고 인정할 수 없더라도 직업훈련 대상자로 선정하여 교육할 수 있다.
③ 교정시설의 장은 15세 미만의 수형자를 직업훈련 대상자로 선정해서는 아니 된다.
④ 교정시설의 장은 직업훈련 대상자가 징벌대상행위의 혐의가 있어 조사를 받게 된 경우 직업훈련을 보류할 수 있다.

정답 및 해설

① [×] 직업훈련 직종 선정 및 훈련과정별 인원은 법무부장관의 승인을 받아 소장이 정한다(형집행법 시행규칙 제124조 제1항).
② [○] 소장은 소년수형자의 선도를 위하여 필요한 경우에는 직업훈련 대상자 선정기준(동법 시행규칙 제125조 제1항)의 요건을 갖추지 못한 경우에도 직업훈련 대상자로 선정하여 교육할 수 있다(동법 시행규칙 제125조 제2항).
③ [○] 동법 시행규칙 제126조 제1호
④ [○] 동법 시행규칙 제128조 제1항 제1호

정답 ①

05 「형의 집행 및 수용자의 처우에 관한 법률 시행규칙」상 소장이 직업훈련 대상자에 대하여 직업훈련을 보류할 수 있는 경우가 아닌 것은?

① 징벌대상행위의 혐의가 있어 조사 중이거나 징벌집행 중인 경우
② 심신이 허약하거나 질병 등으로 훈련을 감당할 수 없는 경우
③ 소질·적성 등을 종합적으로 고려한 결과 직업훈련을 계속할 수 없다고 인정되는 경우
④ 그 밖에 직업훈련을 계속할 수 없다고 인정되는 경우

정답 및 해설

① [×] 직업훈련 대상자 선정제한 사유이다(형집행법 시행규칙 제126조).

> **직업훈련의 보류 및 취소(형집행법 시행규칙 제128조)**
> ① 소장은 직업훈련 대상자가 다음의 어느 하나에 해당하는 경우에는 직업훈련을 보류할 수 있다.
>   1. 징벌대상행위의 혐의가 있어 조사를 받게 된 경우
>   2. 심신이 허약하거나 질병 등으로 훈련을 감당할 수 없는 경우
>   3. 소질·적성·훈련성적 등을 종합적으로 고려한 결과 직업훈련을 계속할 수 없다고 인정되는 경우
>   4. 그 밖에 직업훈련을 계속할 수 없다고 인정되는 경우
> ② 소장은 직업훈련이 보류된 수형자가 그 사유가 소멸되면 본래의 과정에 복귀시켜 훈련하여야 한다. 다만, 본래 과정으로 복귀하는 것이 부적당하다고 인정하는 경우에는 해당 훈련을 취소할 수 있다.

정답 ①

---

06 수형자의 직업(능력개발)훈련에 대한 설명으로 옳지 않은 것은?

① 교정시설의 장은 16세 미만의 수형자를 직업훈련 대상자로 선정해서는 아니 된다.
② 교정시설의 장은 수형자가 개방처우급 또는 완화경비처우급으로서 직업능력 향상을 위하여 특히 필요한 경우에는 교정시설 외부의 공공기관이나 기업체 등에서 운영하는 직업훈련을 받게 할 수 있다.
③ 수형자가 직업훈련으로 인한 부상으로 신체에 장해가 발생한 경우에는 본인에게 위로금을 지급하고, 수형자가 직업훈련 중에 사망한 경우에는 그 상속인에게 조위금을 지급한다.
④ 교정시설 외부의 공공기관이나 기업체 등에서 운영하는 직업 훈련의 비용은 수형자가 부담하는 것이 원칙이다.

정답 및 해설

① [×] 15세 미만의 수형자를 직업훈련 대상자로 선정해서는 아니 된다(형집행법 시행규칙 제126조).
② [○] 동법 시행규칙 제96조 제1항
③ [○] 동법 제74조
④ [○] 동법 시행규칙 제96조 제2항

정답 ①

---

07 「형의 집행 및 수용자의 처우에 관한 법률 시행규칙」상 직업훈련에 대한 설명으로 옳지 않은 것은?

① 직업훈련 직종 선정 및 훈련과정별 인원은 법무부장관의 승인을 받아 소장이 정한다.
② 직업훈련 전담 교정시설에서 실시하는 집체직업훈련 대상자는 해당 훈련을 실시하는 교정시설의 관할 지방교정청장이 선정한다.
③ 15세 미만의 소년수형자의 경우라도 선도를 위해 필요하다면 직업훈련 대상자로 선정하여 교육할 수 있다.
④ 법무부장관은 직업훈련을 위하여 필요한 경우에는 수형자를 다른 교정시설로 이송할 수 있다.
⑤ 작업, 교육·교화프로그램 시행으로 인하여 직업훈련의 실시가 곤란하다고 인정되는 경우 직업훈련 대상자로 선정해서는 아니 된다.

정답 및 해설

① [O] 동법 시행규칙 제124조 제1항
② [O] 동법 시행규칙 제124조 제2항
③ [×] 소장은 수형자가 15세 미만인 경우에는 직업훈련 대상자로 선정해서는 아니 된다(형집행법 시행규칙 제126조).
④ [O] 동법 시행규칙 제127조 제1항
⑤ [O] 동법 시행규칙 제126조

📖 **직업훈련 대상자 선정기준**(동법 시행규칙 제125조) **및 선정의 제한**(동법 시행규칙 제126조)

직업훈련 대상자 선정기준	직업훈련 대상자 선정의 제한
① 소장은 수형자가 다음의 요건을 갖춘 경우에는 수형자의 의사, 적성, 나이, 학력 등을 고려하여 직업훈련 대상자로 선정할 수 있다. 　1. 집행할 형기 중에 해당 훈련과정을 이수할 수 있을 것(기술숙련과정 집체직업훈련 대상자는 제외한다) 　2. 직업훈련에 필요한 기본소양을 갖추었다고 인정될 것 　3. 해당 과정의 기술이 없거나 재훈련을 희망할 것 　4. 석방 후 관련 직종에 취업할 의사가 있을 것 ② 소장은 소년수형자의 선도를 위하여 필요한 경우에는 ①의 요건을 갖추지 못한 경우에도 직업훈련 대상자로 선정하여 교육할 수 있다.	소장은 규칙 제125조에도 불구하고 수형자가 다음의 어느 하나에 해당하는 경우에는 직업훈련 대상자로 선정해서는 아니 된다. 1. 15세 미만인 경우 2. 교육과정을 수행할 문자해독능력 및 강의 이해능력이 부족한 경우 3. 징벌대상행위의 혐의가 있어 조사 중이거나 징벌집행 중인 경우 4. 작업, 교육·교화프로그램 시행으로 인하여 직업훈련의 실시가 곤란하다고 인정되는 경우 5. 질병·신체조건 등으로 인하여 직업훈련을 감당할 수 없다고 인정되는 경우

정답 ③

---

08 형집행법령상 수형자 취업 및 창업지원에 대한 설명으로 가장 옳은 것은? 2021. 6급 승진

① 수형자의 건전한 사회복귀를 지원하기 위하여 교정시설에 취업알선 및 창업지원에 관한 협의기구를 두어야 한다.
② 수형자 취업지원협의회는 3명 이상 5명 이하의 내부위원과 10명 이상의 외부위원으로 구성하며, 회장은 외부위원 중에서 호선한다.
③ 수형자 취업지원협의회의 외부위원 임기는 2년으로 하고 연임할 수 없다.
④ 수형자 취업지원협의회 회의는 반기마다 개최한다. 다만, 수형자의 사회복귀지원을 위하여 협의가 필요하거나 회장이 필요하다고 인정하는 때 또는 위원 3분의 1이상의 요구가 있는 때에는 임시회의를 개최할 수 있다.

정답 및 해설

① [×] 수형자의 건전한 사회복귀를 지원하기 위하여 교정시설에 취업알선 및 창업지원에 관한 협의기구를 둘 수 있다(동법 시행령 제85조).
② [×] 협의회는 회장 1명을 포함하여 3명 이상 5명 이하의 내부위원과 10명 이상의 외부위원으로 구성한다. 회장은 소장이 되고, 부회장은 2명을 두되 1명은 소장이 내부위원 중에서 지명하고 1명은 외부위원 중에서 호선한다(동법 시행규칙 제145조).
③ [×] 수형자 취업지원협의회의 외부위원 임기는 3년으로 하고 연임할 수 있다(동법 시행규칙 제146조).
④ [O] 수형자 취업지원협의회 회의는 반기마다 개최한다. 다만, 수형자의 사회복귀지원을 위하여 협의가 필요하거나 회장이 필요하다고 인정하는 때 또는 위원 3분의 1이상의 요구가 있는 때에는 임시회의를 개최할 수 있다(형집행법 시행규칙 제148조).

정답 ④

09 「형의 집행 및 수용자의 처우에 관한 법률 시행규칙」상 수형자 취업지원협의회에 대한 설명으로 가장 옳지 않은 것은?

2023. 5급 승진

① 취업지원협의회는 회장 1명을 포함하여 3명 이상 5명 이하의 내부위원과 10명 이상의 외부위원으로 구성한다.
② 취업지원협의회의 회장은 소장이 되고, 부회장은 2명을 두되 1명은 소장이 내부위원 중에서 지명하고 1명은 외부위원 중에서 호선(互選)한다.
③ 법무부장관은 소장의 추천을 받아 외부위원을 위촉하고, 외부위원의 임기는 3년으로 하며, 연임할 수 있다.
④ 회의는 분기마다 개최하되, 수형자의 사회복귀 지원을 위하여 협의가 필요하거나 회장이 필요하다고 인정하는 때에는 임시회의를 개최할 수 있다.

정답 및 해설

① [○] 동법 시행규칙 제145조 제1항
② [○] 동법 시행규칙 제145조 제2항
③ [○] 동법 시행규칙 제146조 제1항·제2항
④ [×] 취업지원협의회의 회의는 반기마다 개최한다. 다만, ㉠ 수형자의 사회복귀 지원을 위하여 협의가 필요할 때, ㉡ 회장이 필요하다고 인정하는 때, ㉢ 위원 3분의 1 이상의 요구가 있는 때에는 임시회의를 개최할 수 있다(형집행법 시행규칙 제148조 제1항).

정답 ④

 10 「형의 집행 및 수용자의 처우에 관한 법률 시행규칙」상 수형자 취업지원협의회(이하 "협의회"라 한다)에 대한 설명으로 가장 옳지 않은 것은?

2023. 7급 승진

① 협의회의 임시회의는 위원 3분의 1 이상의 요구가 있는 때가 아니더라도 회장이 필요하다고 인정하는 때에는 개최할 수 있다.
② 회장은 협의회를 소집하고 협의회 업무를 총괄한다.
③ 소장은 외부위원이 직무태만, 품위손상, 그 밖의 사유로 인하여 위원으로 적합하지 아니하다고 인정되는 경우에는 해당 위원을 해촉할 수 있다.
④ 회장이 부득이한 사유로 직무를 수행할 수 없을 때에는 소장이 지정한 부회장이 그 직무를 대행한다.

정답 및 해설

① [○] 협의회의 회의는 반기마다 개최한다. 다만, ㉠ 수형자의 사회복귀 지원을 위하여 협의가 필요할 때, ㉡ 회장이 필요하다고 인정하는 때, ㉢ 위원 3분의 1 이상의 요구가 있는 때에는 임시회의를 개최할 수 있다(동법 시행규칙 제148조 제1항).
② [○] 동법 시행규칙 제147조 제1항
③ [×] 법무부장관은 외부위원이 ㉠ 심신장애로 직무수행이 불가능하거나 현저히 곤란하다고 인정되는 경우, ㉡ 직무와 관련된 비위사실이 있는 경우, ㉢ 직무태만, 품위손상, 그 밖의 사유로 인하여 위원으로 적합하지 아니하다고 인정되는 경우, ㉣ 위원 스스로 직무를 수행하는 것이 곤란하다고 의사를 밝히는 경우에는 소장의 건의를 받아 해당 위원을 해촉할 수 있다(형집행법 시행규칙 제146조 제3항).
④ [○] 동법 시행규칙 제147조 제2항

정답 ③

11 「형의 집행 및 수용자의 처우에 관한 법률 시행규칙」상 취업지원협의회에 대한 규정으로 (㉠) ~ (㉤)에 들어갈 숫자의 합으로 옳은 것은?

2024. 5급 승진

> 제145조(구성) ① 협의회는 회장 1명을 포함하여 (㉠)명 이상 (㉡)명 이하의 내부위원과 (㉢)명 이상의 외부위원으로 구성한다.
>
> 제146조(외부위원) ① 법무부장관은 협의회의 외부위원을 다음 각 호의 사람 중에서 소장의 추천을 받아 위촉한다.
> 1. 고용노동부 고용센터 등 지역 취업·창업 유관 공공기관의 장 또는 기관 추천자
> 2. 취업컨설턴트, 창업컨설턴트, 기업체 대표, 시민단체 및 기업연합체의 임직원
> 3. 변호사, 「고등교육법」에 따른 대학(이하 "대학"이라 한다)에서 법률학을 가르치는 강사 이상의 직에 있는 사람
> 4. 그 밖에 교정에 관한 학식과 경험이 풍부하고 수형자 사회복귀 지원에 관심이 있는 외부인사
> ② 외부위원의 임기는 (㉣)년으로 하며, 연임할 수 있다.
>
> 제148조(회의) ① 협의회의 회의는 반기마다 개최한다. 다만, 다음 각 호의 어느 하나에 해당하는 경우에는 임시회의를 개최할 수 있다.
> 1. 수형자의 사회복귀 지원을 위하여 협의가 필요할 때
> 2. 회장이 필요하다고 인정하는 때
> 3. 위원 (㉤)분의 1 이상의 요구가 있는 때
> ② 협의회의 회의는 회장이 소집하고 그 의장이 된다.
> ③ 협의회의 회의는 재적위원 과반수의 출석으로 개의하고, 출석위원 과반수의 찬성으로 의결한다.

① 23　　　　　　　　　　　　　② 24
③ 25　　　　　　　　　　　　　④ 26

정답 및 해설

② [○] ㉠ 3 + ㉡ 5 + ㉢ 10 + ㉣ 3 + ㉤ 3 = 24

정답 ②

12 「형의 집행 및 수용자의 처우에 관한 법률 시행규칙」상 취업지원협의회(이하 "협의회"라 한다)에 대한 설명으로 옳은 것을 모두 고른 것은?

2024. 7급 승진

> ㉠ 협의회는 회장 1명을 포함하여 3명 이상 5명 이하의 내부위원과 10명 이상의 외부위원으로 구성한다.
> ㉡ 법무부장관은 협의회의 외부위원을 소장의 추천을 받아 위촉한다. 외부위원의 임기는 2년으로 하며, 연임할 수 있다.
> ㉢ 협의회의 회의는 반기마다 개최한다. 다만, 수형자의 사회복귀 지원을 위하여 협의가 필요할 때, 회장이 필요하다고 인정하는 때, 위원 3분의 1 이상의 요구가 있는 때 중 어느 하나에 해당하는 경우에는 임시회의를 개최할 수 있다.
> ㉣ 협의회의 회의는 재적위원 과반수의 출석으로 개의하고, 출석위원 과반수의 찬성으로 의결한다.

① ㉠, ㉡, ㉢　　　　　　　　　② ㉠, ㉡, ㉣
③ ㉠, ㉢, ㉣　　　　　　　　　④ ㉡, ㉢, ㉣

정답 및 해설

옳은 것은 ㉠, ㉢, ㉣이다.
㉠ [O] 동법 시행규칙 제145조 제1항
㉡ [X] 법무부장관은 협의회의 외부위원을 소장의 추천을 받아 위촉한다(형집행법 시행규칙 제146조 제1항). 외부위원의 임기는 3년으로 하며, 연임할 수 있다(동법 시행규칙 제146조 제2항).
㉢ [O] 동법 시행규칙 제148조 제1항
㉣ [O] 동법 시행규칙 제148조 제3항

정답 ③

13 취업지원협의회에 대한 설명으로 옳지 않은 것은?

2019. 7급 승진

① 수형자의 건전한 사회복귀를 지원하기 위하여 교정시설에 취업알선 및 창업지원에 관한 협의기구를 둘 수 있으며, 이를 구체화한 것이 취업지원협의회이다.
② 협의회는 회장 1명을 포함하여 3명 이상 5명 이하의 내부위원과 10명 이상의 외부위원으로 구성한다.
③ 협의회 회장은 소장이 되고, 부회장은 2명을 두되 1명은 소장이 내부위원 중에서 지명하고 1명은 외부위원 중에서 호선한다.
④ 외부위원의 임기는 2년으로 하며, 연임할 수 있다.

정답 및 해설

① [O] 동법 시행령 제85조 제1항
② [O] 동법 시행규칙 제145조 제1항
③ [O] 동법 시행규칙 제145조 제2항
④ [X] 외부위원의 임기는 3년으로 하며, 연임할 수 있다(형집행법 시행규칙 제146조 제2항).

정답 ④

14 「형의 집행 및 수용자의 처우에 관한 법률 시행규칙」상 수형자 취업지원협의회의 기능이 아닌 것은?

2022. 교정 7급

① 수형자 사회복귀 지원 업무에 관한 자문에 대한 조언
② 직업적성 및 성격검사 등 각종 검사 및 상담
③ 취업 및 창업활동 지원대상 수형자의 가석방적격 사전심의
④ 불우수형자 및 그 가족에 대한 지원 활동

정답 및 해설

> **수형자 취업지원협의회의 기능**(형집행법 시행규칙 제144조)
> 1. 수형자 사회복귀 지원 업무에 관한 자문에 대한 조언
> 2. 수형자 취업·창업 교육
> 3. 수형자 사회복귀 지원을 위한 지역사회 네트워크 추진
> 4. 취업 및 창업 지원을 위한 자료제공 및 기술지원
> 5. 직업적성 및 성격검사 등 각종 검사 및 상담
> 6. 불우수형자 및 그 가족에 대한 지원 활동
> 7. 그 밖에 수형자 취업알선 및 창업지원을 위하여 필요한 활동

정답 ③

15 법령 및 판례상 교도작업 등에 대한 설명으로 옳지 않은 것은 모두 몇 개인가? (다툼이 있는 경우 판례에 의함)

2023. 5급 승진

> ㉠ 징역형 수형자의 신청에 따라 소장이 그 수형자에게 작업을 부과해야 할 의무가 형집행법 등 관련 법령에 구체적으로 규정되어 있다고 볼 수 없다.
> ㉡ 작업장려금은 석방할 때에 본인에게 지급한다. 다만, 본인의 가족생활 부조, 교화 또는 건전한 사회복귀를 위하여 특히 필요하면 석방 전이라도 그 전부 또는 일부를 지급할 수 있다.
> ㉢ 피보호감호자의 근로는 사법상 근로와 동일하므로 피보호감호자는 근로기준법상 근로자에 해당한다.
> ㉣ 교도작업을 지도·감독하는 교정공무원은 작업개시 및 종료 시에는 작업에 사용할 시설이나 장비 또는 기계와 기구 및 도구를 점검하여야 하고, 작업 전에 안전사고 방지를 위해 안전수칙을 교육하고, 작업 중에도 수용자가 안전수칙을 지키도록 보호·감독할 의무가 있다.

① 0개 ② 1개
③ 2개 ④ 4개

정답 및 해설

옳지 않은 것은 ㉢이다.
㉠ [○] 헌재 2018.1.23. 2018헌마10

> **관련판례**
> 징역형 수형자가 소장에게 작업을 신청할 경우 소장이 징역형 수형자에게 작업을 부과할 의무가 헌법상 명문으로 규정되어 있다거나 헌법의 해석상 그와 같은 작위의무가 도출된다고 볼 수 없고, 형법 제67조 및 형집행법 제66조에 의하면, 징역형의 수형자의 경우 자신에게 부과된 작업과 그 밖의 노역을 수행할 의무가 있다고만 규정되어 있을 뿐, 수형자의 신청에 따라 소장이 수형자에게 작업을 부과해야 할 의무가 형집행법 등 관련 법령에 구체적으로 규정되어 있다고 볼 수도 없다(헌재 2018.1.23. 2018헌마10).

㉡ [○] 형집행법 제73조 제3항
㉢ [×] 서울북부지법18가단2278. 2020.9.9.

> **관련판례**
> 피보호감호자의 근로가 실질적으로 사법상 근로와 동일하다거나 피보호감호자가 근로기준법상 근로자에 해당한다고 볼 수 없다. 피보호감호자의 근로는 임금을 목적으로 한 사법상 근로와 달리 피보호감호자의 교화 및 사회복귀를 목적으로 한 것으로서 그 목적 및 성질이 근본적으로 상이하므로 실질적으로 동일한 것으로 볼 수 없다(서울북부지법18가단2278. 2020.9.9.).

㉣ [○] 대구지방법원20나306837. 2021.4.14.

정답 ②

16 「형의 집행 및 수용자의 처우에 관한 법률 시행규칙」 제120조 외부통근작업 선정기준에 대한 규정으로 ㉠ ~ ㉣ 중 옳지 않은 것을 모두 고른 것은?

2024. 6급 승진

> 제120조(선정기준) ① 외부기업체에 통근하며 작업하는 수형자는 다음 각 호의 요건을 갖춘 수형자 중에서 선정한다.
> 1. ㉠ 20세 이상 65세 미만일 것
> 2. 해당 작업 수행에 건강상 장애가 없을 것
> 3. ㉡ 개방처우급·완화경비처우급에 해당할 것
> 4. ㉢ 가족·친지 또는 법 제130조의 교정위원(이하 "교정위원"이라 한다) 등과 접견·편지수수·전화통화 등으로 연락하고 있을 것
> 5. ㉣ 집행할 형기가 5년 미만이고 가석방이 제한되지 아니할 것
> 6. 삭제
> ② 교정시설 안에 설치된 외부기업체의 작업장에 통근하며 작업하는 수형자는 제1항 제1호부터 제4호까지의 요건(같은 항 제3호의 요건의 경우에는 일반경비처우급에 해당하는 수형자도 포함한다)을 갖춘 수형자로서 집행할 형기가 10년 미만이거나 형기기산일부터 10년 이상이 지난 수형자 중에서 선정한다.
> ③ 소장은 제1항 및 제2항에도 불구하고 작업 부과 또는 교화를 위하여 특히 필요하다고 인정하는 경우에는 제1항 및 제2항의 수형자 외의 수형자에 대하여도 외부통근자로 선정할 수 있다.

① ㉠
② ㉠, ㉡
③ ㉠, ㉣
④ ㉢, ㉣

정답 및 해설

옳지 않은 것은 ㉠, ㉣이다.
㉠ [×] 18세 이상 65세 미만일 것
㉣ [×] 집행할 형기가 7년 미만이고 가석방이 제한되지 아니할 것

정답 ③

17 「형의 집행 및 수용자의 처우에 관한 법률」상 작업시간 등에 대한 규정으로 (㉠)~(㉥)에 들어갈 숫자의 합으로 옳은 것은?

2024. 6급 승진

> 제71조(작업시간 등) ① 1일의 작업시간(휴식·운동·식사·접견 등 실제 작업을 실시하지 않는 시간을 제외한다. 이하 같다)은 (㉠)시간을 초과할 수 없다.
> ② 제1항에도 불구하고 취사·청소·간병 등 교정시설의 운영과 관리에 필요한 작업의 1일 작업시간은 (㉡)시간 이내로 한다.
> ③ 1주의 작업시간은 (㉢)시간을 초과할 수 없다. 다만, 수형자가 신청하는 경우에는 1주의 작업시간을 (㉣)시간 이내의 범위에서 연장할 수 있다.
> ④ 제2항 및 제3항에도 불구하고 19세 미만 수형자의 작업시간은 1일에 (㉤)시간을, 1주에 (㉥)시간을 초과할 수 없다.
> ⑤ 공휴일·토요일과 대통령령으로 정하는 휴일에는 작업을 부과하지 아니한다. 다만, 다음 각 호의 어느 하나에 해당하는 경우에는 작업을 부과할 수 있다.
> 1. 제2항에 따른 교정시설의 운영과 관리에 필요한 작업을 하는 경우
> 2. 작업장의 운영을 위하여 불가피한 경우
> 3. 공공의 안전이나 공공의 이익을 위하여 긴급히 필요한 경우
> 4. 수형자가 신청하는 경우

① 116
② 128
③ 136
④ 140

정답 및 해설

② [○] ㉠ 8 + ㉡ 12 + ㉢ 52 + ㉣ 8 + ㉤ 8 + ㉥ 40 = 128

정답 ②

18 「형의 집행 및 수용자의 처우에 관한 법률 시행규칙」상 취업지원협의회(이하 "협의회"라 한다)에 대한 설명으로 옳은 것을 모두 고른 것은?

2024. 6급 승진

㉠ 협의회는 회장 1명을 포함하여 3명 이상 5명 이하의 내부위원과 10명 이상의 외부위원으로 구성한다.
㉡ 협의회의 회장은 소장이 되고, 부회장은 2명을 두되 1명은 소장이 내부위원 중에서 지명하고 1명은 외부위원 중에서 호선(互選)한다.
㉢ 외부위원의 임기는 3년으로 하며, 연임할 수 있다.
㉣ 협의회의 회의는 회장이 소집하고 그 의장이 된다.
㉤ 협의회의 회의는 재적위원 과반수의 출석으로 개의하고, 출석위원 과반수의 찬성으로 의결한다.

① ㉢, ㉣, ㉤
② ㉡, ㉢, ㉣, ㉤
③ ㉠, ㉡, ㉣, ㉤
④ ㉠, ㉡, ㉢, ㉣, ㉤

정답 및 해설

모두 옳은 설명이다.
㉠ [○] 형집행법 시행규칙 제145조 제1항
㉡ [○] 동법 시행규칙 제145조 제2항
㉢ [○] 동법 시행규칙 제146조 제2항
㉣ [○] 동법 시행규칙 제148조 제2항
㉤ [○] 동법 시행규칙 제148조 제3항

정답 ④

제21장 귀휴 등 사회적 처우(개방처우)

제1절 | 사회적 처우 개관

01 개방처우에 대한 설명으로 옳지 않은 것은? 2013. 교정 7급

① 개방처우의 유형으로는 외부통근제도, 주말구금제도, 부부접견제도 그리고 민영교도소제도 등을 들 수 있다.
② 개방시설에서의 처우는 유형적·물리적 도주방지장치가 전부 또는 일부가 없고 수용자의 자율 및 책임감에 기반을 둔 처우제도이다.
③ 외부통근제도는 수형자를 주간에 외부의 교육기관에서 교육을 받게 하거나, 작업장에서 생산작업에 종사하게 하는 것으로 사법형, 행정형 그리고 혼합형으로 구분된다.
④ 우리나라는 가족만남의 집 운영을 통해 부부접견제도를 두고 있다고 해석할 수 있고, 외부통근제도도 시행하고 있으나 주말구금제도는 시행하고 있지 않다.

정답 및 해설

① [×] 민영교도소는 개방처우를 위한 시설이 아니므로 개방처우의 유형에 포함되지 않는다. 민영교도소는 그 운영의 주체가 국가가 아닌 민간일 뿐, 국가교정시설과 동일한 시설이다.

정답 ①

02 개방처우에 대한 설명으로 가장 거리가 먼 것은? 2010. 교정 7급

① 카티지제(Cottage System)는 대규모 시설에서의 획일적 수용처우의 단점을 보완하기 위해 만들어진 제도이다.
② 형사정책적 의의로 인도주의적 형벌, 교정교화 효과, 사회적응 촉진 등을 들 수 있다.
③ 우리나라는 사법형 외부통근제도를 채택하고 있다.
④ 수형자의 자율 및 책임감에 기반을 둔 처우제도이다.

정답 및 해설

③ [×] 우리나라의 외부통근제도는 행정형에 해당된다.

> **개방처우 개념**
> ㉠ 수형자에 대한 신뢰와 수형자 각자의 자율에 두는 것으로, 시설 내 처우에 기반을 두면서 시설의 폐쇄성을 완화하여 구금의 폐해를 최소화하고 그 생활조건을 일반 사회생활에 접근시킴으로써 수형자의 재사회화 내지 개선효과를 얻고자 하는 처우방법이다.
> ㉡ 보안상태나 행동의 자유에 대한 제한 등이 완화된 시설 또는 폐쇄된 시설이라도 시설 내 처우와 연계되면서 사회생활의 준비가 필요한 수형자를 대상으로 사회적응력을 배양시키려는 개방된 처우형태를 말한다.
> ㉢ 구금상태를 완화하는 반자유처우(외부통근제, 외부통학제, 외부통원제, 주말구금, 휴일구금, 야간구금, 단속구금, 귀휴제)가 이에 해당한다.

정답 ③

03 사회적 처우에 대한 설명으로 옳지 않은 것은?
2011. 교정 9급

① 개방처우는 가족과의 유대가 지속될 수 있는 장점이 있다.
② 현행법상 귀휴기간은 형 집행기간에 포함한다.
③ 우리나라의 외부통근 작업은 행정형 외부통근제도이다.
④ 갱생보호는 정신적, 물질적 원조를 제공하여 건전한 사회인으로 복귀할 수 있는 기반을 조성할 수 있다.

정답 및 해설

② [○] 형집행법 제77조 제4항
③ [○] 행정형 외부통근제도는 교도소 또는 가석방위원회 등과 같은 행정기관에 의하여 형의 종류로서가 아닌 석방 전 교육 및 사회복귀능력 향상의 일환으로 시행하는 통근제를 말하며, 유럽 대부분의 국가와 우리나라, 일본 등에서 운영하고 있다.
④ [×] 갱생보호란 출소자들의 사회재적응을 보다 용이하게 함으로써 범죄의 위협으로부터 사회를 보호하고 재범을 방지하며 범죄자 개인의 복리도 증진시키는 사회 내에서의 보호활동을 말하며, 사회 내 처우에 해당한다.

정답 ④

04 다음 중 옳지 않은 것은?
2009. 교정 9급

① 개방처우는 전통적인 폐쇄형 처우에 비해 상대적으로 가족과의 유대를 잘 지속할 수 있는 장점이 있다.
② 귀휴는 6개월 이상 형을 집행받은 수형자 중에서 형기의 4분의 1이 지나고 교정성적이 우수한 사람에게 허가될 수 있다.
③ 주말구금제도는 단기 자유형의 폐해를 제거할 수 있고, 직장 및 가정생활을 원만하게 유지할 수 있다.
④ 소장은 수형자의 교정성적이 우수하거나 교화 또는 건전한 사회복귀를 위하여 특히 필요하다고 인정되는 경우에는 접촉차단시설이 설치되지 아니한 장소에서 접견하게 할 수 있다.

정답 및 해설

② [×] 소장은 6개월 이상 형을 집행받은 수형자로서 그 형기의 3분의 1(21년 이상의 유기형 또는 무기형의 경우에는 7년)이 지나고 교정성적이 우수한 사람이 일반귀휴 사유에 해당하면 1년 중 20일 이내의 귀휴를 허가할 수 있다(형집행법 제77조 제1항).
③ [○] 주말구금제도란 구금을 가정이나 직장생활에 지장이 없는 토요일과 일요일인 주말에 실시하는 제도로 매 주말마다 형이 집행되는 형의 분할집행방법으로, ㉠ 경범죄자에 대한 명예감정을 자각시켜 자신의 범죄적 책임을 반성하도록 촉구하고, ㉡ 단기자유형의 악성감염 등 폐해를 제거하며, ㉢ 직장과 가정생활을 원만하게 하고, ㉣ 피해자에 대한 손해배상에도 유리하다.
④ [○] 동법 시행령 제59조 제3항 제1호

개방처우의 장·단점

장점	단점
• 완화된 시설과 감시가 수형자의 신체적·정신적 건강에 유리하게 작용한다. • 교정당국에 대한 신뢰감 증가로 자발적 개선의욕을 촉진시킨다. • 가족이나 친지 등과의 유대감 지속으로 정서적 안정을 도모할 수 있다. • 통제와 감시에 소요되는 비용을 절감할 수 있다는 점에서 경제적이다. • 수형자의 사회적응력 향상에 적합하며 사회복귀를 촉진시킨다. • 형벌의 인도화에 기여한다.	• 통상적 형벌관념이나 일반국민의 법감정에 부합하지 않는다. • 도주의 위험이 증가하며 완화된 계호와 감시를 이용하여 외부인과의 부정한 거래를 꾀할 수 있다. • 대상자 선정에 있어 사회의 안전을 지나치게 강조할 경우 수용의 필요성이 없는 수형자를 개방처우하게 되어 결과적으로 형사사법망의 확대를 초래할 수 있다.

정답 ②

05 교정처우를 시설 내 처우, 사회적 처우(개방처우·중간처우) 및 사회 내 처우(지역사회교정)의 세 가지로 구분할 때, 사회적 처우에 해당하는 것만을 모두 고르면? 2020. 5급 승진

㉠ 사회봉사·수강명령	㉡ 하프웨이 하우스(halfway house)
㉢ 보호관찰	㉣ 외부통근
㉤ 주말구금	㉥ 갱생보호
㉦ 귀휴	㉧ 가석방

① ㉠, ㉡, ㉤, ㉧
② ㉠, ㉢, ㉥, ㉧
③ ㉡, ㉢, ㉣, ㉦
④ ㉡, ㉣, ㉤, ㉦
⑤ ㉢, ㉣, ㉥, ㉧

정답 및 해설

- 사회적 처우: ㉡, ㉣, ㉤, ㉦
  ▶ ㉡의 중간처우의 집(halfway house)은 중간처우에 해당한다.
- 사회 내 처우: ㉠, ㉢, ㉥, ㉧

사회적 처우 VS 사회 내 처우

사회적 처우	• 보안 상태나 행동의 자유에 대한 제한 등이 완화된 시설에서 또는 폐쇄된 시설이라도 시설 내 처우와 연계되면서 사회생활의 준비가 필요한 수형자를 대상으로 사회적응력을 배양시키려는 개방된 처우 형태이다. • 19C 아일랜드에서 실시된 중간교도소 등에서 기원을 찾고 있다. • 귀휴제도, 외부통근제도, 가족만남의 집, 주말구금제도 등이 있다.
사회 내 처우	• 범죄자를 교정시설에 수용하지 않고 사회 내에서 통상의 생활을 영위하도록 하면서 지도·개선 등에 의해 그 범죄자의 개선·사회복귀를 도모하는 제도를 말한다. • 시설 내 처우에 대응하는 개념으로서, 시설 내 처우의 폐단을 극복하기 위한 형사정책적 관심에서 등장한 것이다. • 가석방, 보호관찰, 사회봉사·수강명령, 갱생보호, 전자감시, 가택구금, 외출제한명령 등이 있다.

정답 ④

06

교정처우를 폐쇄형 처우, 개방형 처우, 사회형 처우로 구분할 때 개방형 처우에 해당하는 것만을 모두 고른 것은?

2016. 교정 9급

㉠ 주말구금	㉡ 부부접견
㉢ 외부통근	㉣ 보호관찰
㉤ 사회봉사명령	㉥ 수형자자치제

① ㉠, ㉡, ㉢
② ㉠, ㉤, ㉥
③ ㉡, ㉢, ㉣
④ ㉣, ㉤, ㉥

정답 및 해설

- 폐쇄형 처우: ㉥
- 개방형 처우: ㉠, ㉡, ㉢
- 사회형 처우: ㉣, ㉤

교정처우의 구분

폐쇄형 처우	수형자자치제, 선시제도
개방형 처우	개방교도소, 외부통근과 통학, 귀휴, 부부 및 가족접견, 카티지제도, 주말구금제도, 사회견학제, 합동접견제, 보스탈제
사회형 처우	• 구금의 대안으로서 중간처벌: 배상명령, 사회봉사와 수강명령, 집중보호관찰, 전자감시와 가택구금, 충격구금 • 지역사회교정 • 가석방제도 • 보호관찰제도 • 갱생보호제도 • 중간처우소 • 비행소년에 대한 지역사회교정: 청소년봉사국, 대리가정, 집단가정, 주간처우, Outward Bound

정답 ①

07

교정처우를 시설 내 처우, 개방처우, 사회 내 처우로 나눌 때 개방처우에 해당하는 것만을 고른 것은?

2016. 5급 승진

㉠ 가족접견	㉡ 전자감시
㉢ 귀휴	㉣ 외부통근
㉤ 집중보호관찰	㉥ 가택구금

① ㉠, ㉡, ㉤
② ㉠, ㉢, ㉣
③ ㉡, ㉢, ㉥
④ ㉡, ㉤, ㉥
⑤ ㉢, ㉣, ㉤

정답 및 해설

- 개방처우: ㉠, ㉢, ㉣
- 사회 내 처우: ㉡, ㉤, ㉥

정답 ②

제2절 | 개방처우 종류

■ 외부통근제도

 외부통근제도에 대한 설명으로 옳지 않은 것은?　　　　　　　　　　　　2009. 교정 9급

① 영국은 호스텔(Hostel)이라는 개방시설을 설치하여 행정형 외부통근제를 실시한다.
② 사법형 외부통근제는 수용으로 인한 실업의 위험을 해소할 수 있다는 장점이 있다.
③ 우리나라는 사법형 외부통근제를 원칙으로 하면서 행정형을 예외로 인정하고 있다.
④ 행정형 외부통근제의 경우 장기수형자의 사회적 접촉기회를 제공하여 성공적인 사회복귀를 도모할 수 있다.

정답 및 해설

① [○] 영국은 1954년 외부통근 수형자를 수용하는 호스텔(Hostel)이라는 개방시설을 일반교도소의 개방구역이나 교도소 외의 시가지에 특별히 설치하여 호스텔제의 형태로 행정형 외부통근제를 실시하였다.
② [○] 사법형은 형벌의 일종으로서 법원에서 외부통근을 선고하는 것으로, 수용으로 인한 실업의 위험을 해소하고, 주말구금이나 야간구금과 같은 반구금제도와 함께 활용될 수 있다.
③ [×] 우리나라는 행정형 외부통근제를 실시하고 있다.
④ [○] 행정형 외부통근제는 장기수형자들에게 사회의 접촉기회를 증가시켜 타성적인 습성을 교정하고 사회인으로서의 자율성 배양을 가능하게 한다.

정답 ③

 개방형 처우의 한 형태로 미국에서 주로 실시하고 있는 '사법형 외부통근제'의 장점이 아닌 것은?　　　　　　　2016. 교정 7급

① 수형자의 수형생활 적응에 도움이 되고, 국민의 응보적 법감정에 부합한다.
② 수형자가 판결 전의 직업을 그대로 유지할 수 있으므로 직업이 중단되지 않고 가족의 생계를 유지시킬 수 있다.
③ 수형자에게 자율능력을 가진 노동을 허용하여 개인의 존엄을 유지하게 하는 심리적 효과가 있다.
④ 주말구금이나 야간구금과 같은 반구금제도와 함께 활용할 수 있다.

정답 및 해설

① [×] 행정형 외부통근제보다는 국민의 응보적 법감정에 부합하지 않는다.
②, ③, ④ [○] 사법형 외부통근제의 장점에 해당한다.

> 💡 **사법형 외부통근제**
> ㉠ '통근형'이라고도 하며, 법원이 형벌의 일종으로 유죄확정자에게 외부통근형을 선고하는 것을 말하며, 미국의 많은 주에서 시행하고 있다.
> ㉡ 수형자가 수형 초기부터 시설 외의 취업장으로 통근하는 것이기 때문에 석방 전 누진처우의 일환으로 행해지는 행정형 외부통근제와는 차이가 있다.
> ㉢ 주로 경범죄나 단기수형자가 그 대상이 된다.
> ㉣ 본인이 원하고 판사가 대상자로서 적합하다고 판단되면 보호관찰관에게 조사를 명하게 되는데, 통상 시설에서 통근이 가능한 거리에 직장이 있고, 고용주의 협력을 전제로 선고하는 것이 일반적이다.

정답 ①

03 외부통근제도에 대한 설명으로 옳지 않은 것은?

① 미국은 행정형으로 시작하여 사법형으로 발전하였다.
② 영국은 석방자를 대상으로 외부통근을 실시하였다.
③ 사법형은 법원이 형벌의 일종으로 유죄확정자에게 외부통근형을 선고하는 것을 말한다.
④ 행정형은 행정기관에 의하여 형의 종류로서가 아닌 석방 전 교육 및 사회복귀능력 향상의 일환으로 시행하는 통근제를 말한다.

정답 및 해설

② [×] 영국의 호스텔(Hostel)제도는 외부통근 대상자를 석방자가 아니라 시설수용 중인 수형자로서의 지위를 유지하는 형태를 취하였다(행정형).

정답 ②

04 외부통근제도에 대한 설명으로 옳지 않은 것은?

① 주간가석방제도(Day Parole), 반자유처우제도라고도 한다.
② 영국은 호스텔(Hostel)이라는 개방시설을 설치하여 행정형 외부통근제를 실시한다.
③ 사법형 외부통근제는 경범죄자나 단기수형자를 대상으로 법원에서 선고하여 실시한다.
④ 장기수형자는 도주의 위험성이 있어 행정형 외부통근제에 적합하지 않다.
⑤ 사법형 외부통근제는 주말구금이나 야간구금과 같은 반구금제도와 함께 활용할 수 있다.

정답 및 해설

④ [×] 행정형 외부통근제는 주로 장기수형자의 사회복귀훈련의 일환으로 발전되었다.

정답 ④

05 영국의 호스텔제도에 대한 설명으로 옳지 않은 것은?

① 사법형 외부통근제에 해당한다.
② 통상 일정기간을 복역한 누진 최상급자에게 허가하는 것이 보통이다.
③ 대상자는 시설수용 중인 수형자로서의 지위이다.
④ 호스텔에서 6개월 이상 9개월 이내로 체재시키면서 사회적응훈련을 하도록 하였다.

정답 및 해설

① [×] 영국의 호스텔은 1954년 외부통근 수형자를 수용하기 위해 개방시설을 일반 교도소의 개방구역이나 교도소 외의 시가지에 특별히 설치하여 운영한 행정형 외부통근제도이다. 따라서 외부통근 대상자는 석방자가 아니고 시설수용 중인 수형자로서 지위를 유지하는 형태를 취하였으며, 대표적인 방법으로는 장기수형자를 구금하는 시설에 대상자 선정위원회를 두고 4년 이상의 징역형을 받은 자 중에서 예정되는 석방일의 10개월 전에 선정심사를 완료하여 호스텔에 6개월 이상 9개월 이내로 머물게 하면서 사회적응훈련을 하도록 하였다.

정답 ①

06 사법형 외부통근제에 대한 설명으로 옳지 않은 것은?

① 형벌의 일환으로 법원에서 선고하여 실시한다.
② 주로 미국에서 시행하고 있다.
③ 장기 수형자에 대해 실시한다.
④ 구금에 따르는 폐해를 방지하고 반구금제도와 함께 활용될 수 있다.

정답 및 해설

③ [×] 사법형 외부통근제는 법원이 유죄확정자에게 형벌의 일환으로 선고하여 실시하는 것으로 미국에서 시행되는 대부분이 이 제도이며, 주로 경범죄자나 단기수형자가 그 대상이 된다. 사법형 외부통근제의 장점으로는 직장을 지속적으로 유지하고, 가족의 생계를 담당할 수 있으며, 구금에 따르는 폐해를 방지하면서 주말구금·야간구금과 같은 반구금제도와 함께 활용이 가능하다는 점이다. 반면, 행정형 외부통근제는 행정기관인 교도소에 의하여 석방 전 교육이나 사회복귀의 준비로 실시되고 있으며, 유럽에서 채택하고 있는 형태로서 장기 수용자도 대상이 될 수 있다.

정답 ③

■ 귀휴제도

07 형의 집행 및 수용자의 처우에 관한 법령상 귀휴에 대한 설명으로 옳은 것은? 2024. 교정 7급

① 재해로 수형자 본인에게 회복할 수 없는 중대한 재산상의 손해가 발생하였거나 발생할 우려가 있는 때는 귀휴 허가 사유에 해당하지 아니한다.
② 2개 이상의 징역형 또는 금고형을 선고받은 수형자의 경우, 그중 중한 형을 기준으로 귀휴 허가 요건으로서의 형기를 계산하여야 한다.
③ 소장은 귀휴를 허가하면서 교도관을 동행시킨 경우, 귀휴자의 가족 또는 보호관계에 있는 사람으로부터 보호서약서를 제출받지 아니할 수 있다.
④ 무기형을 선고받은 수형자가 형의 집행을 받은 기간이 7년이 지났다면, 귀휴 허가 요건으로서의 형기를 충족한다.

정답 및 해설

① [×] 소장은 6개월 이상 형을 집행받은 수형자로서 그 형기의 3분의 1(21년 이상의 유기형 또는 무기형의 경우에는 7년)이 지나고 교정성적이 우수한 사람이 ㉠ 가족 또는 배우자의 직계존속이 위독한 때, ㉡ 질병이나 사고로 외부의료시설에의 입원이 필요한 때, ㉢ 천재지변이나 그 밖의 재해로 가족, 배우자의 직계존속 또는 수형자 본인에게 회복할 수 없는 중대한 재산상의 손해가 발생하였거나 발생할 우려가 있는 때, ㉣ 그 밖에 교화 또는 건전한 사회복귀를 위하여 법무부령으로 정하는 사유가 있는 때에는 1년 중 20일 이내의 (일반)귀휴를 허가할 수 있다(동법 제77조 제1항).
② [×] 일반귀휴의 형기를 계산할 때 부정기형은 단기를 기준으로 하고, 2개 이상의 징역 또는 금고의 형을 선고받은 수형자의 경우에는 그 형기를 합산한다(동법 시행규칙 제130조 제1항).
③ [×] 소장이 귀휴를 허가하면서 교도관을 동행시킨 경우 귀휴지에서 매일 1회 이상 소장에게 전화보고의 귀휴조건을 붙일 수 없을 뿐이다(동법 시행규칙 제140조 제4호). 소장은 귀휴자의 가족 또는 보호관계에 있는 사람으로부터 보호서약서를 제출받아야 한다(동법 시행규칙 제141조 제2항).
▶ 동행귀휴의 경우에도 보호서약서를 제출받아야 한다.
④ [○] 소장은 6개월 이상 형을 집행받은 수형자로서 그 형기의 3분의 1(21년 이상의 유기형 또는 무기형의 경우에는 7년)이 지나고 교정성적이 우수한 사람이 일반귀휴 허가 사유의 어느 하나에 해당하면 1년 중 20일 이내의 (일반)귀휴를 허가할 수 있다(형집행법 제77조 제1항).

정답 ④

08 형집행법령상 귀휴에 대한 설명으로 가장 옳은 것은?

2022. 7급 승진

① 소장은 6개월 이상 형을 집행받은 수형자로서 그 형기의 3분의 1(21년 이상의 유기형 또는 무기형의 경우에는 7년)이 지나고 교정성적이 우수한 사람이 가족 또는 배우자의 직계존속이 위독한 때에는 1년 중 20일 이내의 귀휴를 허가할 수 있다.
② 소장은 귀휴를 허가하는 경우에 대통령령으로 정하는 바에 따라 거소의 제한이나 그 밖에 필요한 조건을 붙일 수 있다.
③ 소장은 귀휴 중인 수형자가 귀휴의 허가사유가 존재하지 아니함이 밝혀진 때에는 그 귀휴를 취소하여야 한다.
④ 소장은 2일 이상의 귀휴를 허가한 경우에는 귀휴를 허가받은 사람의 귀휴지를 관할하는 경찰관서의 장에게 그 사실을 통보할 수 있다.

정답 및 해설

① [O] 형집행법 제77조 제1항
② [×] 소장은 귀휴를 허가하는 경우에 법무부령으로 정하는 바에 따라 거소의 제한이나 그 밖에 필요한 조건을 붙일 수 있다(동법 제77조 제3항).
③ [×] 소장은 귀휴 중인 수형자가 귀휴의 허가사유가 존재하지 아니함이 밝혀진 때에는 그 귀휴를 취소할 수 있다(동법 제78조).
④ [×] 소장은 2일 이상의 귀휴를 허가한 경우에는 귀휴를 허가받은 사람의 귀휴지를 관할하는 경찰관서의 장에게 그 사실을 통보하여야 한다(동법 시행령 제97조).

정답 ①

09 「형의 집행 및 수용자의 처우에 관한 법률」상 귀휴에 대한 내용이다. (   ) 안에 들어갈 숫자를 모두 합한 것으로 옳은 것은?

2022. 6급 승진

> 제77조(귀휴) ① 소장은 (   )개월 이상 형을 집행받은 수형자로서 그 형기의 (   )분의 1[(   )년 이상의 유기형 또는 무기형의 경우에는 (   )년]이 지나고 교정성적이 우수한 사람이 다음 각 호의 어느 하나에 해당하면 1년 중 20일 이내의 귀휴를 허가할 수 있다.
> 1. 가족 또는 배우자의 직계존속이 위독한 때
> 2. 질병이나 사고로 외부의료시설에의 입원이 필요한 때
> 3. 천재지변이나 그 밖의 재해로 가족, 배우자의 직계존속 또는 수형자 본인에게 회복할 수 없는 중대한 재산상의 손해가 발생하였거나 발생할 우려가 있는 때
> 4. 그 밖에 교화 또는 건전한 사회복귀를 위하여 법무부령으로 정하는 사유가 있는 때

① 36
② 37
③ 40
④ 49

정답 및 해설

② [O] 소장은 (6)개월 이상 형을 집행받은 수형자로서 그 형기의 (3)분의 1[(21)년 이상의 유기형 또는 무기형의 경우에는 (7)년]이 지나고 교정성적이 우수한 사람이 다음 각 호의 어느 하나에 해당하면 1년 중 20일 이내의 귀휴를 허가할 수 있다(형집행법 제77조 제1항).

정답 ②

10. 형집행법령상 귀휴에 대한 설명으로 옳은 것은 모두 몇 개인가?

2023. 6급 승진

㉠ 귀휴심사위원회는 위원장을 포함한 5명 이상 7명 이하의 위원으로 구성한다.
㉡ 귀휴심사위원회의 회의는 재적위원 과반수의 출석으로 개의하고 출석위원 과반수의 찬성으로 의결한다.
㉢ 소장은 6개월 이상 형을 집행받은 수형자로서 그 형기의 3분의 1(21년 이상의 유기형 또는 무기형의 경우에는 7년)이 지나고 교정성적이 우수한 사람이 가족 또는 배우자의 직계존속이 위독한 때에는 1년 중 20일 이내의 귀휴를 허가할 수 있다.
㉣ 소장은 귀휴 중인 수형자가 귀휴의 허가사유가 존재하지 아니함이 밝혀진 때, 거소의 제한이나 그 밖에 귀휴허가에 붙인 조건을 위반한 때에 해당하면 귀휴를 취소하여야 한다.

① 1개   ② 2개
③ 3개   ④ 4개

정답 및 해설

옳은 것은 ㉡, ㉢이다.
㉠ [×] 귀휴심사위원회는 위원장을 포함한 6명 이상 8명 이하의 위원으로 구성한다(형집행법 시행규칙 제131조).
㉡ [○] 동법 시행규칙 제133조
㉢ [○] 동법 제77조 제1항
㉣ [×] 소장은 귀휴 중인 수형자가 귀휴의 허가사유가 존재하지 아니함이 밝혀진 때, 거소의 제한이나 그 밖에 귀휴허가에 붙인 조건을 위반한 때에 해당하면 귀휴를 취소할 수 있다(동법 제78조).

정답 ②

11. 형집행법령상 귀휴에 대한 설명으로 가장 옳지 않은 것은?

2021. 5급 승진

① 귀휴기간은 형 집행기간에 포함한다.
② 소장은 2일 이상의 귀휴를 허가한 경우에는 귀휴를 허가받은 사람의 귀휴지를 관할하는 경찰관서의 장에게 그 사실을 통보하여야 한다.
③ 귀휴자의 여비와 귀휴 중 착용할 복장은 본인이 부담한다.
④ 소장은 귀휴자가 신청할 경우 작업장려금의 전부 또는 일부를 귀휴비용으로 사용하게 하여야 한다.

정답 및 해설

① [○] 동법 제77조 제4항
② [○] 동법 시행령 제97조
③ [○] 동법 시행규칙 제142조
④ [×] 소장은 귀휴자가 신청할 경우 작업장려금의 전부 또는 일부를 귀휴비용으로 사용하게 할 수 있다(형집행법 시행규칙 제142조 제2항).

정답 ④

12. 형집행법령상 귀휴 허가에 대한 설명으로 가장 옳지 않은 것은?

2023. 5급 승진

① 소장은 8년의 징역형이 확정되어 3개월의 형을 집행받은 일반경비처우급 수형자 A에 대하여 아버지의 사망을 사유로 특별귀휴를 허가할 수 있다.
② 소장은 18년의 징역형이 확정되어 5년의 형을 집행받은 교정성적이 우수한 완화경비처우급 수형자 B에 대하여 배우자가 위독하다는 사유로 일반귀휴를 허가할 수 없다.
③ 소장은 2년의 징역형이 확정되어 7개월의 형을 집행받은 교정성적이 우수한 완화경비처우급 수형자 C에 대하여 본인의 입학식 참석을 사유로 일반귀휴를 허가할 수 있다.
④ 소장은 서로 다른 두 개의 범죄로 3년의 징역형과 10년의 징역형이 확정되어 4년의 형을 집행받은 완화경비처우급 수형자 D에 대하여 국내기능경기대회 참가를 사유로 일반귀휴를 허가할 수 없다.

정답 및 해설

① [○] 가족이 사망한 때에는 5일 이내의 특별귀휴를 허가할 수 있다(동법 제77조 제2항). 특별귀휴는 그 허가사유만 있으면 허가할 수 있고, 일반귀휴의 요건이나 경비처우급에 따른 제한은 없다.
② [○] 완화경비처우급 수형자(동법 시행규칙 제129조 제2항)에게 일반귀휴 사유(가족이 위독한 때)가 있으면 허가할 수 있으나(동법 제77조 제1항), 형기의 3분의 1(6년)이 지나지 않았으므로 일반귀휴를 허가할 수 있는 대상이 아니다(동법 제77조 제1항).
③ [×] 완화경비처우급 수형자(형집행법 시행규칙 제129조 제2항)에게 일반귀휴 사유(본인의 입학식 참석)가 있으면 허가할 수 있으나(동법 시행규칙 제129조 제3항 제7호), 형기의 3분의 1(8개월)이 지나지 않았으므로 일반귀휴를 허가할 수 있는 대상이 아니다(동법 제77조 제1항).
④ [○] 완화경비처우급 수형자(동법 시행규칙 제129조 제2항)에게 일반귀휴 사유(국내기능경기대회의 참가)가 있으면 허가할 수 있으나(동법 시행규칙 제129조 제3항 제4호), 2개 이상의 징역 또는 금고의 형을 선고받은 수형자의 경우에는 그 형기를 합산(13년)하므로(동법 시행규칙 제130조 제1항) 형기의 3분의 1(4년 4개월)이 지나지 않아 일반귀휴를 허가할 수 있는 대상이 아니다(동법 제77조 제1항).

정답 ③

13. 형집행법령상 귀휴에 대한 설명으로 가장 옳지 않은 것은?

2023. 7급 승진

① 소장은 18년의 징역형이 확정되어 그 중 7년을 집행받은 완화경비처우급 수형자 甲에 대해 교정성적이 우수하다면 질병으로 외부의료시설에의 입원이 필요한 때에는 1년 중 20일 이내의 귀휴를 허가할 수 있다.
② 소장은 수형자 乙에게 귀휴를 허가한 경우 필요하다고 인정하면 교도관을 동행시킬 수 있으며, 이러한 동행귀휴의 경우에도 乙에게 귀휴지에서 매일 1회 이상 소장에게 전화보고할 것을 귀휴 조건으로 붙일 수 있다.
③ 소장은 딸의 혼례가 있는 수형자 丙에게 5일 이내의 특별귀휴를 허가할 수 있다.
④ 소장은 수형자 丁에게 3일의 특별귀휴를 허가하였는데, 이때 3일은 형 집행기간에 포함된다.

정답 및 해설

① [○] 6개월 이상 형을 집행받은 수형자로서 그 형기의 3분의 1(6년)이 지나고 교정성적이 우수한 완화경비처우급 수형자에게 질병이나 사고로 외부의료시설에의 입원이 필요한 때에는 일반귀휴를 허가할 수 있다(동법 제77조 제1항).
② [×] 소장은 수형자에게 귀휴를 허가한 경우 필요하다고 인정하면 교도관을 동행시킬 수 있으며(형집행법 시행규칙 제141조 제1항), 이러한 동행귀휴의 경우에는 수용자에게 귀휴지에서 매일 1회 이상 소장에게 전화보고할 것을 귀휴 조건으로 붙일 수 없다(동법 시행규칙 제140조 제4호).
③ [○] 소장은 직계비속의 혼례가 있는 수형자에게 5일 이내의 특별귀휴를 허가할 수 있다(동법 제77조 제2항).
④ [○] 일반귀휴 및 특별귀휴의 귀휴기간은 형 집행기간에 포함한다(동법 제77조 제4항).

정답 ②

14 「형의 집행 및 수용자의 처우에 관한 법률 시행규칙」상 귀휴심사위원회에 대한 설명으로 가장 옳지 않은 것은?
2024. 6급 승진

① 위원장이 부득이한 사유로 직무를 수행할 수 없을 때에는 부소장인 위원이 그 직무를 대행하고, 부소장이 없거나 부소장인 위원이 사고가 있는 경우에는 위원장이 외부위원 중에서 미리 지정한 위원이 그 직무를 대행한다.
② 귀휴심사위원회는 위원장을 포함한 6명 이상 8명 이하의 위원으로 구성한다.
③ 귀휴심사위원회의 회의는 재적위원 과반수의 출석으로 개의하고, 출석위원 과반수의 찬성으로 의결한다.
④ 위원장은 소장이 되며, 위원은 소장이 소속기관의 부소장·과장(지소의 경우에는 7급 이상의 교도관) 및 교정에 관한 학식과 경험이 풍부한 외부인사 중에서 임명 또는 위촉한다. 이 경우 외부위원은 2명 이상으로 한다.

정답 및 해설

① [×] 위원장이 부득이한 사유로 직무를 수행할 수 없을 때에는 부소장인 위원이 그 직무를 대행하고, 부소장이 없거나 부소장인 위원이 사고가 있는 경우에는 위원장이 미리 지정한 위원이 그 직무를 대행한다(형집행법 시행규칙 제132조 제2항).
② [○] 동법 시행규칙 제131조 제2항
③ [○] 동법 시행규칙 제133조 제2항
④ [○] 동법 시행규칙 제131조 제3항

정답 ①

15 형의 집행 및 수용자의 처우에 관한 법령상 귀휴 허가에 대한 판단으로 옳은 것은?
2021. 교정 7급

① 징역 18년을 선고받고 현재 5년 동안 복역 중인 중(重)경비처우급 수형자 甲의 경우에, 소장은 甲의 딸의 혼례를 사유로 귀휴를 허가할 수 없다.
② 무기형을 선고받고 현재 10년 동안 복역 중인 일반경비처우급 수형자 乙은 교정성적이 우수하다. 이 경우 소장은 교화 또는 사회복귀 준비 등을 위하여 특히 필요한 경우라고 할지라도 귀휴를 허가할 수 없다.
③ 완화경비처우급 수형자 丙은 이시(異時)의 서로 다른 두 개의 범죄로 인해 각각 징역 5년과 징역 7년을 함께 선고받고 현재 3년 동안 복역 중이다. 이 경우 소장은 丙의 교정성적이 우수하다고 하더라도 아들의 군입대를 사유로 한 귀휴를 허가할 수 없다.
④ 징역 1년을 선고받고 현재 5개월 동안 복역 중인 개방처우급 수형자 丁의 장모가 사망한 경우에, 소장은 丁의 교정성적이 우수하다면 1년 동안 20일이 넘지 않는 범위에서 일반귀휴를 허가할 수 있다.

정답 및 해설

① [×] 직계비속의 혼례가 있는 때에는 5일 이내의 특별귀휴를 허가할 수 있다(동법 제77조 제2항).
  ▶ 특별귀휴는 경비처우급에 따른 제한이 없다. 그러므로 특별귀휴 사유만 있다면 중경비처우급 수형자도 특별귀휴가 가능하다.
② [×] 무기형의 경우 7년이 지나고 교정성적이 우수한(동법 제77조 제1항) 개방처우급·완화경비처우급 수형자에게 1년 중 20일 이내의 귀휴(일반귀휴)를 허가할 수 있다. 다만, 교화 또는 사회복귀 준비 등을 위하여 특히 필요한 경우에는 일반경비처우급 수형자에게도 이를 허가할 수 있다(동법 시행규칙 제129조 제2항).
  ▶ 귀휴 허가에 대한 판단을 물어보는 문제인데, 지문 ②에서 귀휴 사유가 언급되지 않아 아쉽다.

③ [○] 완화경비처우급 수형자에게 일반귀휴를 허가할 수 있으며(형집행법 시행규칙 제129조 제2항), 형기를 계산할 때 2개 이상의 징역·금고의 형을 선고받은 수형자의 경우에는 그 형기를 합산하고(동법 시행규칙 제130조 제1항), 그 형기의 3분의 1이 지나고 교정성적이 우수한 사람이 일반귀휴 사유가 있어야 귀휴를 허가할 수 있다(동법 제77조 제1항). 직계비속이 입대하게 된 때는 일반귀휴 사유에 해당되지만(동법 시행규칙 제3항 제3호), 형기(12년)의 3분의 1(4년)이 지나지 않아 일반귀휴 허가의 대상이 되지 않는다.

④ [×] 일반귀휴는 6개월 이상 형을 집행받은 수형자가 대상이 되는데(동법 제77조 제1항), 丁은 5개월을 집행받았으므로 일반귀휴의 대상이 되지 않는다. 다만, 배우자의 직계존속이 사망한 때는 특별귀휴 사유에 해당하므로 소장은 5일 이내의 특별귀휴를 허가할 수 있다(동법 제77조 제2항 제1호).

정답 ③

16. 형집행법령상 일반귀휴 사유로 옳지 않은 것을 모두 고른 것은? 2024. 5급 승진

㉠ 직계비속의 입원이 필요한 때	㉡ 직계존속의 회갑일인 때
㉢ 형제자매의 혼례가 있는 때	㉣ 직계비속의 혼례가 있는 때
㉤ 직계비속이 입대하게 된 때	㉥ 직업훈련을 위하여 필요한 때
㉦ 출석수업을 위하여 필요한 때	

① ㉠, ㉣
② ㉠, ㉣, ㉤
③ ㉡, ㉢, ㉥, ㉦
④ ㉡, ㉢, ㉤, ㉥, ㉦

정답 및 해설

옳지 않은 것은 ㉠, ㉣이다.
㉠ [×] 질병이나 사고로 (수형자 본인이) 외부의료시설에의 입원이 필요한 때(형집행법 제77조 제1항 제2호)
㉡ [○] 직계존속, 배우자, 배우자의 직계존속 또는 본인의 회갑일이나 고희일인 때(동법 시행규칙 제129조 제3항 제1호)
㉢ [○] 본인 또는 형제자매의 혼례가 있는 때(동법 시행규칙 제129조 제3항 제2호)
㉣ [×] 특별귀휴 사유(동법 제77조 제2항 제2호)
㉤ [○] 직계비속이 입대하거나 해외유학을 위하여 출국하게 된 때(동법 시행규칙 제129조 제3항 제3호)
㉥ [○] 동법 시행규칙 제129조 제3항 제4호
㉦ [○] 동법 시행규칙 제129조 제3항 제8호

정답 ①

17. 형의 집행 및 수용자의 처우에 관한 법령상 귀휴에 대한 설명으로 옳지 않은 것은? 2019. 5급 승진

① 소장은 동행귀휴를 허가한 경우 '귀휴지에서 매일 1회 이상 소장에게 전화보고' 조건을 붙일 수 있다.
② 소장은 일반경비처우급 수형자에게도 귀휴를 허가할 수 있다.
③ 소장은 직계비속의 혼례가 있는 수형자에게 5일 이내의 특별귀휴를 허가할 수 있다.
④ 특별귀휴 기간은 형 집행기간에 포함한다.
⑤ 소장은 귀휴 중인 수형자가 거소의 제한이나 그 밖에 귀휴허가에 붙인 조건을 위반한 때에는 그 귀휴를 취소할 수 있다.

정답 및 해설

① [×] 소장은 동행귀휴를 허가한 경우 '귀휴지에서 매일 1회 이상 소장에게 전화보고' 조건을 붙일 수 없다(형집행법 시행규칙 제140조 제4호).
② [○] 소장은 개방처우급·완화경비처우급 수형자에게 일반귀휴를 허가할 수 있다. 다만, 교화 또는 사회복귀 준비 등을 위하여 특히 필요한 경우에는 일반경비처우급 수형자에게도 이를 허가할 수 있다(동법 시행규칙 제129조 제2항).
③ [○] 동법 제77조 제2항
④ [○] 동법 제77조 제4항
⑤ [○] 동법 제78조

정답 ①

18 형의 집행 및 수용자의 처우에 관한 법령상 귀휴제도에 대한 설명으로 옳은 것은? 2023. 교정 7급

① 소장은 6개월 이상 형을 집행받은 수형자로서 그 형기의 3분의 1이 지나고 교정성적이 우수한 사람이 가족 또는 배우자의 직계존속이 위독한 때에는 형기 중 20일 이내의 귀휴를 허가할 수 있다.
② 귀휴자는 귀휴 중 천재지변이나 그 밖의 사유로 자신의 신상에 중대한 사고가 발생한 경우에는 가까운 교정시설이나 경찰관서에 신고하여야 한다.
③ 귀휴기간은 형 집행 기간에 포함되나 특별귀휴기간은 형 집행 기간에 포함되지 않는다.
④ 귀휴자의 여비는 본인이 부담하지만, 귀휴자가 신청할 경우 소장은 예산의 범위 내에서 지원할 수 있다.

정답 및 해설

① [×] 소장은 6개월 이상 형을 집행받은 수형자로서 그 형기의 3분의 1(21년 이상의 유기형 또는 무기형의 경우에는 7년)이 지나고 교정성적이 우수한 사람이 가족 또는 배우자의 직계존속이 위독한 때에는 1년 중 20일 이내의 귀휴를 허가할 수 있다(동법 제77조 제1항 제1호).
② [○] 형집행법 시행령 제97조 제2항
③ [×] 일반귀휴와 특별귀휴의 기간은 형 집행 기간에 포함한다(동법 제77조 제4항).
④ [×] 귀휴자의 여비와 귀휴 중 착용할 복장은 본인이 부담한다(동법 시행규칙 제142조 제1항). 소장은 귀휴자가 신청할 경우 작업장려금의 전부 또는 일부를 귀휴비용으로 사용하게 할 수 있다(동법 시행규칙 제142조 제2항).

정답 ②

19 형의 집행 및 수용자의 처우에 관한 법령상 귀휴를 허가할 수 있는 대상이 아닌 것은? 2020. 교정 7급

① 10년의 징역형을 받고 4개월을 집행받은 일반경비처우급 수형자 A가 장모님의 사망을 이유로 5일간의 귀휴를 신청하였다.
② 3년 징역형을 받고 13개월을 집행받은 완화경비처우급 수형자 B가 출소 전 취업준비를 이유로 귀휴를 신청하였다.
③ 20년 징역형을 받고 6년을 집행받은 완화경비처우급 수형자 C가 장인의 위독함을 이유로 귀휴를 신청하였다.
④ 무기형을 받고 10년을 집행받은 완화경비처우급 수형자 D가 아들의 군입대를 이유로 귀휴를 신청하였다.

정답 및 해설

① [○] 배우자의 직계존속이 사망한 때에는 5일 이내의 특별귀휴를 허가할 수 있다(동법 제77조 제2항). 특별귀휴는 경비처우급에 따른 제한이 없다.
② [○] 6개월 이상 형을 집행받은 수형자로서 그 형기의 3분의 1이 지나고 교정성적이 우수한 완화경비처우급 수형자가 출소 전 취업 또는 창업 등 사회복귀 준비를 위하여 필요한 때에는 1년 중 20일 이내의 귀휴를 허가할 수 있다(동법 제77조 제1항, 동법 시행규칙 제129조 제2항·제3항 제6호).
③ [×] 일반귀휴 사유(배우자의 직계존속이 위독한 때)에 해당하나, 형기의 3분의 1이 지나지 않았으므로 일반귀휴를 허가할 수 있는 대상이 아니다(형집행법 제77조 제1항).
④ [○] 무기형의 경우 7년이 지나고, 직계비속이 입대하게 된 때에는 1년 중 20일 이내의 귀휴를 허가할 수 있다(동법 제77조 제1항, 동법 시행규칙 제129조 제2항·제3항 제3호).

정답 ③

20. 특별귀휴를 허가할 수 있는 사유를 모두 고른 것은?

2019. 7급 승진

㉠ 가족 또는 배우자의 직계존속이 사망한 때
㉡ 가족 또는 배우자의 직계존속이 위독한 때
㉢ 질병이나 사고로 외부의료시설에의 입원이 필요한 때
㉣ 직계비속의 혼례가 있는 때
㉤ 본인 또는 형제자매의 혼례가 있는 때

① ㉠, ㉡
② ㉠, ㉣
③ ㉢, ㉣
④ ㉢, ㉤

정답 및 해설

- **일반귀휴사유**(형집행법 제77조 제1항): ㉡, ㉢, ㉤
- **특별귀휴사유**(동법 제77조 제2항): ㉠, ㉣

정답 ②

21. 「형의 집행 및 수용자의 처우에 관한 법률」상 귀휴에 대한 설명으로 옳은 것(○)과 옳지 않은 것(×)을 바르게 연결한 것은?

2019. 교정 7급

㉠ 소장은 수형자의 가족 또는 배우자의 직계존속이 위독한 때 특별귀휴를 허가할 수 있다.
㉡ 소장은 귀휴의 허가사유가 존재하지 아니함이 밝혀진 때에는 그 귀휴를 취소하여야 한다.
㉢ 소장은 미결수용자의 신청이 있는 경우 필요하다고 인정하면 귀휴를 허가할 수 있다.
㉣ 특별귀휴 기간은 1년 중 5일 이내이다.

	㉠	㉡	㉢	㉣
①	○	×	×	×
②	×	○	×	○
③	×	×	○	○
④	×	×	×	×

정답 및 해설

모두 옳지 않은 설명이다.
- ㉠ [×] 소장은 수형자의 가족 또는 배우자의 직계존속이 위독한 때 일반귀휴를 허가할 수 있다(형집행법 제77조 제1항 제1호).
- ㉡ [×] 소장은 귀휴의 허가사유가 존재하지 아니함이 밝혀진 때에는 그 귀휴를 취소할 수 있다(동법 제78조 제1호).
- ㉢ [×] 귀휴는 6개월 이상 형을 집행받은 수형자를 대상으로 한다(동법 제77조 제1항).
- ㉣ [×] 특별귀휴는 기간 제한이 없으며, 한번의 사유로 5일 이내의 귀휴가 가능하다(동법 제77조 제2항).

정답 ④

22 형집행법령상 귀휴에 대한 설명으로 옳은 것은? 2020. 6급 승진

① 소장은 6개월 이상 형을 집행받은 수형자로서 그 형기의 3분의 1(21년 이상의 유기형 또는 무기형의 경우에는 7년)이 지나고 교정성적이 우수한 사람이 질병이나 사고로 외부의료시설에 입원이 필요한 때에 해당하면 1년 중 20일 이내의 귀휴를 허가할 수 있다.
② 노역장 유치명령을 받아 교정시설에 수용된 사람은 가족 또는 배우자의 직계존속이 사망하거나 직계비속의 혼례가 있는 때에 해당하더라도 특별귀휴는 허용되지 아니한다.
③ 소장은 귀휴 중인 수형자가 거소의 제한이나 그 밖에 귀휴허가에 붙인 조건을 위반한 때에는 그 귀휴를 취소하여야 한다.
④ 소장은 귀휴자가 신청할 경우 작업장려금의 일부를 귀휴비용으로 사용하게 할 수 있으나 작업장려금의 전부를 사용하게 하여서는 아니 된다.

정답 및 해설

① [○] 형집행법 제77조 제1항
② [×] 특별귀휴 사유에 해당하는 수형자(징역, 금고, 구류, 노역장 유치명령)에 대하여는 특별귀휴를 허가할 수 있다(동법 제77조 제2항).
③ [×] 소장은 귀휴 중인 수형자가 귀휴의 허가사유가 존재하지 아니함이 밝혀진 때, 거소의 제한이나 그 밖에 귀휴허가에 붙인 조건을 위반한 때에는 그 귀휴를 취소할 수 있다(동법 제78조).
④ [×] 소장은 귀휴자가 신청할 경우 작업장려금의 전부 또는 일부를 귀휴비용으로 사용하게 할 수 있다(동법 시행규칙 제142조 제2항).

정답 ①

23 귀휴에 대한 설명으로 옳지 않은 것은? 2018. 7급 승진

① 소장은 수형자에게 귀휴를 허가한 경우 필요하다고 인정하면 교도관을 동행시킬 수 있다.
② 귀휴심사위원회의 외부위원은 2명 이상으로 한다.
③ 귀휴심사위원회의 회의는 재적위원 과반수의 출석으로 개의하고, 출석위원 과반수의 찬성으로 의결한다.
④ 본인의 혼례가 있는 때에는 특별귀휴를 허가할 수 있다.

정답 및 해설

① [○] 동법 시행규칙 제141조 제1항
② [○] 동법 시행규칙 제131조 제3항
③ [○] 동법 시행규칙 제133조 제2항
④ [×] 본인 또는 형제자매의 혼례가 있는 때에는 일반귀휴를 허가할 수 있고(형집행법 시행규칙 제129조 제3항 제2호), 직계비속의 혼례가 있는 때에는 특별귀휴를 허가할 수 있다(동법 제77조 제2항 제2호).

💡 일반귀휴 사유

법으로 정하는 일반귀휴 사유	법무부령으로 정하는 일반귀휴 사유
• 가족 또는 배우자의 직계존속이 위독한 때 • 질병이나 사고로 외부의료시설에의 입원이 필요한 때 • 천재지변이나 그 밖의 재해로 가족, 배우자의 직계존속 또는 수형자 본인에게 회복할 수 없는 중대한 재산상의 손해가 발생하였거나 발생할 우려가 있는 때 • 그 밖에 교화 또는 건전한 사회복귀를 위하여 법무부령으로 정하는 사유가 있는 때	• 직계존속, 배우자, 배우자의 직계존속 또는 본인의 회갑일이나 고희일인 때 • 본인 또는 형제자매의 혼례가 있는 때 • 직계비속이 입대하거나 해외유학을 위하여 출국하게 된 때 • 직업훈련을 위하여 필요한 때 • 「숙련기술장려법」 제20조 제2항에 따른 국내기능경기대회의 준비 및 참가를 위하여 필요한 때 • 출소 전 취업 또는 창업 등 사회복귀 준비를 위하여 필요한 때 • 입학식·졸업식 또는 시상식에 참석하기 위하여 필요한 때 • 출석수업을 위하여 필요한 때 • 각종 시험에 응시하기 위하여 필요한 때 • 그 밖에 가족과의 유대강화 또는 사회적응능력 향상을 위하여 특히 필요한 때

정답 ④

24 「형의 집행 및 수용자의 처우에 관한 법률 시행규칙」상 귀휴심사위원회(이하 "위원회"라 한다)에 대한 설명 중 옳은 것(○)과 틀린 것(×)이 바르게 연결된 것은?   2024. 7급 승진

> ㉠ 위원회는 위원장을 포함한 6명 이상 8명 이하의 위원으로 구성한다. 위원장은 소장이 되며, 위원은 소장이 소속기관의 부소장·과장(지소의 경우에는 7급 이상의 교도관) 및 교정에 관한 학식과 경험이 풍부한 외부인사 중에서 임명 또는 위촉한다. 이 경우 외부위원은 2명 이상으로 한다.
> ㉡ 위원장이 부득이한 사유로 직무를 수행할 수 없을 때에는 부소장인 위원이 그 직무를 대행하고, 부소장이 없거나 부소장인 위원이 사고가 있는 경우에는 위원장이 미리 지정한 위원이 그 직무를 대행한다.
> ㉢ 위원회의 회의는 재적위원 과반수의 출석으로 개의하고, 출석위원 과반수의 찬성으로 의결한다.
> ㉣ 외부위원의 임기는 3년으로 하며, 연임할 수 있다.

	㉠	㉡	㉢	㉣
①	○	○	○	×
②	○	○	○	○
③	○	×	○	×
④	×	×	×	×

정답 및 해설

옳은 것은 ㉠, ㉡, ㉢이고, 틀린 것은 ㉣이다.
㉠ [○] 형집행법 시행규칙 제131조 제2항·제3항
㉡ [○] 동법 시행규칙 제132조 제2항
㉢ [○] 동법 시행규칙 제133조 제2항
㉣ [×] 외부위원의 임기는 2년으로 하며, 연임할 수 있다(동법 시행규칙 제136조 제1항).

정답 ①

25. 형의 집행 및 수용자의 처우에 관한 법령상 귀휴제도에 대한 설명으로 옳지 않은 것은? 2019. 교정 9급

① 귀휴기간은 형 집행기간에 포함되며, 귀휴자의 여비와 귀휴 중 착용할 복장은 본인이 부담한다.
② 소장은 수형자의 가족 또는 수형자 배우자의 직계존속이 사망하거나 위독한 때에는 수형자에게 5일 이내의 특별귀휴를 허가할 수 있다.
③ 소장은 교화 또는 사회복귀 준비 등을 위하여 특히 필요한 경우에는 일반경비처우급 수형자에게도 귀휴를 허가할 수 있다.
④ 소장은 6개월 이상 형을 집행받은 수형자로서 그 형기의 3분의 1(21년 이상의 유기형 또는 무기형의 경우에는 7년)이 지나고 교정성적이 우수한 사람이 질병이나 사고로 외부의료시설에의 입원이 필요한 때에는 1년 중 20일 이내의 귀휴를 허가할 수 있다.

정답 및 해설

① [○] 동법 제77조 제4항, 동법 시행규칙 제142조 제1항
② [×] 소장은 ㉠ 가족 또는 배우자의 직계존속이 사망한 때, ㉡ 직계비속의 혼례가 있는 때의 사유가 있는 수형자에 대하여는 5일 이내의 특별귀휴를 허가할 수 있다(형집행법 제77조 제2항). 수형자의 '가족 또는 배우자의 직계존속이 위독한 때'는 일반귀휴 사유에 해당한다(동법 제77조 제1항).
③ [○] 동법 시행규칙 제129조 제2항
④ [○] 동법 제77조 제1항

정답 ②

26. 현행법령상 귀휴에 대한 설명으로 옳은 것은? 2019. 6급 승진

① 직계존속의 혼례는 법령상 명시된 귀휴 허가 사유가 아니다.
② 소장은 일반경비처우급 수형자에게 일반귀휴를 허가할 수 없다.
③ 특별귀휴 기간은 형 집행기간에는 포함되지 않는다.
④ 소장이 특별귀휴를 허가하는 경우에는 귀휴심사위원회의 심사를 요하지 아니한다.

정답 및 해설

① [○] 본인 또는 형제자매의 혼례는 일반귀휴 사유(형집행법 시행규칙 제129조 제3항 제2호)이고, 직계비속의 혼례는 특별귀휴 사유(동법 제77조 제2항 제2호)에 해당한다.
② [×] 소장은 개방처우급·완화경비처우급 수형자에게 일반귀휴를 허가할 수 있다. 다만, 교화 또는 사회복귀 준비 등을 위하여 특히 필요한 경우에는 일반경비처우급 수형자에게도 이를 허가할 수 있다(동법 시행규칙 제129조 제2항).
③ [×] 일반귀휴와 특별귀휴의 기간은 형 집행기간에 포함한다(동법 제77조 제4항).
④ [×] 소장은 귀휴(일반귀휴·특별귀휴)를 허가하는 경우에는 귀휴심사위원회의 심사를 거쳐야 한다(동법 시행규칙 제129조 제1항).

정답 ①

27 「형의 집행 및 수용자의 처우에 관한 법률」상 귀휴에 대한 설명으로 옳지 않은 것은? 2014. 교정 7급

① 교정시설의 장은 6개월 이상 형을 집행받은 수형자로서 그 형기의 3분의 1이 지나고 교정성적이 우수한 사람의 가족 또는 배우자의 직계존속이 질병이나 사고로 위독한 때에는 형기 중 20일 이내의 귀휴를 허가할 수 있다.
② 교정시설의 장은 직계비속의 혼례가 있는 때에 수형자에게 5일 이내의 특별귀휴를 허가할 수 있다.
③ 특별귀휴는 교정성적이 우수하지 않아도 그 요건에 해당하면 허가할 수 있다.
④ 교정시설의 장은 귀휴 중인 수형자가 거소의 제한이나 그 밖에 귀휴허가에 붙인 조건을 위반한 때에는 그 귀휴를 취소할 수 있다.

정답 및 해설

① [×] 가족 또는 배우자의 직계존속이 위독한 때에는 1년 중 20일 이내의 귀휴를 허가할 수 있다(형집행법 제77조 제1항).
②, ③ [○] 동법 제77조 제2항
④ [○] 동법 제78조

정답 ①

28 형의 집행 및 수용자의 처우에 관한 법령상 귀휴에 대한 설명으로 옳지 않은 것은? 2016. 교정 9급

① 동행귀휴의 경우에는 귀휴조건 중 '귀휴지에서 매일 1회 이상 소장에게 전화보고' 조건은 붙일 수 없다.
② 귀휴자의 여비와 귀휴 중 착용할 복장은 본인이 부담한다.
③ 소장은 귀휴자가 신청할 경우 작업장려금의 전부를 귀휴비용으로 사용하게 할 수 있다.
④ 소장은 귀휴자가 귀휴조건을 위반한 경우에는 귀휴심사위원회의 의결을 거쳐 귀휴를 취소하여야 한다.

정답 및 해설

① [○] 동법 시행규칙 제140조 제4호
② [○] 동법 시행규칙 제142조 제1항
③ [○] 소장은 귀휴자가 신청할 경우 작업장려금의 전부 또는 일부를 귀휴비용으로 사용하게 할 수 있다(동법 시행규칙 제142조 제2항).
④ [×] 소장은 귀휴를 허가하는 경우에는 귀휴심사위원회의 심사를 거쳐야 하지만(형집행법 시행규칙 제129조 제1항), 귀휴 취소의 경우에는 취소사유에 해당하면 소장이 취소할 수 있는 소장의 재량에 속한다(동법 제78조).

정답 ④

29

「형의 집행 및 수용자의 처우에 관한 법률」상 귀휴제도에 대한 설명으로 옳은 것은?   2016. 5급 승진

① 소장은 수형자가 질병이나 사고로 외부의료시설에의 입원이 필요한 때에는 5일 이내의 특별귀휴를 허가할 수 있다.
② 소장은 귀휴 중인 수형자가 거소의 제한이나 그 밖의 귀휴허가에 붙인 조건을 위반한 때에는 귀휴를 취소하여야 한다.
③ 귀휴기간은 형 집행기간에 포함되지 않는다.
④ 소장은 무기형의 경우 7년이 지나고 교정성적이 우수한 수형자에 대하여 가족이 위독한 때에는 1년 중 20일 이내의 귀휴를 허가할 수 있다.
⑤ 소장은 수형자의 직계비속의 혼례가 있는 때에는 1년 중 20일 이내의 귀휴를 허가하여야 한다.

정답 및 해설

① [×] '질병이나 사고로 외부의료시설에의 입원이 필요한 때'는 일반귀휴 사유에 해당한다(동법 제77조 제1항).
② [×] 귀휴를 취소할 수 있다(동법 제78조).
③ [×] 귀휴기간은 형 집행기간에 포함한다(동법 제77조 제4항).
④ [○] 형집행법 제77조 제1항
⑤ [×] '직계비속의 혼례가 있는 때'는 특별귀휴 사유에 해당하고(동법 제77조 제2항), 귀휴는 임의적 허가이다.

정답 ④

30

형의 집행 및 수용자의 처우에 관한 법령상 귀휴허가 후 조치에 대한 설명으로 옳지 않은 것은?   2018. 교정 7급

① 소장은 필요하다고 인정하면 귀휴 시 교도관을 동행시킬 수 있다.
② 소장은 귀휴자가 신청할 경우 작업장려금의 전부 또는 일부를 귀휴비용으로 사용하게 할 수 있다.
③ 소장은 귀휴자가 귀휴조건을 위반한 경우 귀휴를 취소하거나 이의 시정을 위하여 필요한 조치를 하여야 한다.
④ 소장은 2일 이상의 귀휴를 허가한 경우 귀휴자의 귀휴지를 관할하는 보호관찰소의 장에게 그 사실을 통보하여야 한다.

정답 및 해설

① [○] 동법 시행규칙 제141조 제1항
② [○] 동법 시행규칙 제142조 제2항
③ [○] 동법 시행규칙 제143조
④ [×] 소장은 2일 이상의 귀휴를 허가한 경우에는 귀휴를 허가받은 사람(귀휴자)의 귀휴지를 관할하는 경찰관서의 장에게 그 사실을 통보하여야 한다(형집행법 시행령 제97조 제1항).

정답 ④

31 형집행법령상 교정성적이 우수한 다음 수형자 중 소장으로부터 귀휴를 허가받을 수 없는 사람은?

① 장인이 위독한 A수형자(상해치사죄로 징역 7년을 선고받고 3년을 집행 받음)
② 지진으로 가옥이 완전히 무너진 B수형자(살인죄 등으로 징역 25년을 선고받고 7년 3개월을 집행 받음)
③ 아들의 결혼식이 있는 C수형자(마약사범으로 징역 3년을 선고받고 6개월을 집행 받음)
④ 딸이 해외유학을 위하여 출국하게 된 D수형자(뇌물죄 등으로 징역 6년을 선고받고 1년 10개월을 집행 받음)

정답 및 해설

① [○] 6개월 이상 형을 집행받은 수형자로서 그 형기의 3분의 1이 지나고 교정성적이 우수한 사람이 가족 또는 배우자의 직계존속이 위독한 때는 1년 중 20일 이내의 귀휴를 허가할 수 있다(동법 제77조 제1항 제1호).
  ▶ A는 6개월 이상 집행 받음, 형기 7년의 3분의 1 이상 경과, 배우자의 직계존속인 장인이 위독하므로 일반귀휴의 허가 대상이 된다.
② [○] 6개월 이상 형을 집행받은 수형자로서 그 형기의 3분의 1(21년 이상의 유기형 또는 무기형의 경우에는 7년)이 지나고 교정성적이 우수한 사람이 천재지변 그 밖의 재해로 가족, 배우자의 직계존속 또는 수형자 본인에게 회복할 수 없는 중대한 재산상의 손해가 발생하였거나 발생할 우려가 있는 때에는 1년 중 20일 이내의 귀휴를 허가할 수 있다(동법 제77조 제1항 제3호).
③ [○] 직계비속의 혼례가 있는 때에는 5일 이내의 특별귀휴를 허가할 수 있다(동법 제77조 제2항 제2호).
④ [×] 직계비속이 해외유학을 위하여 출국하게 된 때에는 일반귀휴 사유에 해당하나(형집행법 시행규칙 제129조 제3항 제3호), 징역 6년의 3분의 1에 해당하는 2년이 경과하지 않았으므로 일반귀휴의 허가 대상이 되지 않는다(동법 제77조 제1항).

정답 ④

32 형집행법령상 소장은 교화 또는 건전한 사회복귀를 위하여 법무부령으로 정하는 사유가 있는 때에는 1년 중 20일 이내의 귀휴를 허가할 수 있다. 다음 중 법무부령으로 정하는 일반귀휴 사유가 아닌 것은 몇 개인가?

> ㉠ 「숙련기술장려법」에 따른 국제기능경기대회의 준비 및 참가를 위하여 필요한 때
> ㉡ 본인 또는 직계비속의 혼례가 있는 때
> ㉢ 각종 시험에 응시하기 위하여 필요한 때
> ㉣ 출소 전 취업 또는 창업 등 사회복귀 준비를 위하여 필요한 때
> ㉤ 직계비속 또는 형제자매가 입대하거나 해외유학을 위하여 출국하게 된 때

① 5개 ② 4개
③ 3개 ④ 2개

정답 및 해설

법무부령으로 정하는 일반귀휴 사유(형집행법 시행규칙 제129조 제3항)에 해당하지 않는 것은 ㉠, ㉡, ㉤이다.
㉠ [×] 「숙련기술장려법」에 따른 국내기능경기대회의 준비 및 참가를 위하여 필요한 때
㉡ [×] 본인 또는 형제자매의 혼례가 있는 때
㉤ [×] 직계비속이 입대하거나 해외유학을 위하여 출국하게 된 때

정답 ③

33

「형의 집행 및 수용자의 처우에 관한 법률」상 5일 이내의 특별귀휴를 허가할 수 있는 경우로만 묶은 것은?

> ㉠ 출석 수업을 위하여 필요한 때
> ㉡ 가족 또는 배우자의 직계존속이 사망한 때
> ㉢ 본인 또는 형제자매의 혼례가 있는 때
> ㉣ 직계비속의 혼례가 있는 때
> ㉤ 직업훈련을 위하여 필요한 때

① ㉠, ㉡
② ㉡, ㉣
③ ㉢, ㉤
④ ㉣, ㉤

정답 및 해설

② [○] 특별귀휴를 허가할 수 있는 경우는 ㉡, ㉣이다. 소장은 가족 또는 배우자의 직계존속이 사망한 때, 직계비속의 혼례가 있는 때의 사유가 있는 수형자에 대하여는 5일 이내의 특별귀휴를 허가할 수 있다(형집행법 제77조 제2항).

정답 ②

34

다음 수형자 중 소장이 귀휴를 허가할 수 없는 사람은?

① 배우자가 위독한 甲(징역 7년 선고, 3년을 집행 받음)
② 작업 중 중상을 입은 乙(징역 21년 선고, 6년을 집행 받음)
③ 장모가 위독한 丙(징역 5년 선고, 4년을 집행 받음)
④ 아들의 혼례가 있는 丁(징역 3년 선고, 10개월을 집행 받음)

정답 및 해설

① [○] 배우자 위독은 가족이 위독한 때에 해당되고 징역 7년의 3분의 1 이상인 3년을 집행받은 甲은 일반귀휴의 허가 대상이 된다.
② [×] 질병이나 사고로 외부의료시설에의 입원이 필요한 때에는 일반귀휴 사유에 해당하나(형집행법 제77조 제1항 제2호), 21년 이상의 유기형의 경우에는 7년이 지나야 되므로, 형을 집행받은 기간이 6년인 乙은 일반귀휴의 허가 대상이 되지 않는다.
③ [○] 장모는 배우자의 직계존속에 해당되고, 징역 5년의 3분의 1 이상인 4년을 집행받은 丙은 일반귀휴의 허가 대상이 된다.
④ [○] 아들의 혼례는 직계비속의 혼례에 해당되어 비록 징역 3년의 3분의 1이 경과되지 않았으나, 특별귀휴에 해당되어 5일 이내의 귀휴허가 대상이 된다.

정답 ②

35 형의 집행 및 수용자의 처우에 관한 법령상 귀휴를 허가할 수 있는 요건으로 옳지 않은 것은?

2025. 교정 9급

① 개방경비처우급 수형자 A는 3년의 징역형을 선고받고 현재 3개월 동안 복역 중인 자로 장모의 장례식에 참석하기 위해 귀휴를 신청하였다.
② 완화경비처우급 수형자 B는 무기형을 선고받고 현재 5년 동안 복역 중인 자로 손자의 결혼식에 참석하기 위해 귀휴를 신청하였다.
③ 개방처우급 수형자 C는 2년의 징역형을 선고받고 현재 6개월 동안 복역 중인 자로 본인의 회갑잔치에 참석하기 위해 귀휴를 신청하였다.
④ 완화경비처우급 수형자 D는 두 개의 범죄로 3년의 징역형과 5년의 징역형을 함께 선고받고 현재 3년 동안 복역 중인 자로 해외유학을 떠나는 딸을 배웅하기 위해 귀휴를 신청하였다.

정답 및 해설

① [○] 일반귀휴의 요건(6개월 이상 형을 집행받은 수형자로서 그 형기의 3분의 1이 경과)에는 해당하지 않으나(동법 제77조 제1항), 특별귀휴 허가사유(가족 또는 배우자의 직계존속이 사망한 때)에 해당하므로(동법 제77조 제2항 제1호) 소장은 귀휴를 허가할 수 있다.
② [○] 일반귀휴의 요건(무기형의 경우에는 7년이 경과)에는 해당하지 않으나(동법 제77조 제1항), 특별귀휴 허가사유(직계비속의 혼례가 있는 때)에 해당하므로(동법 제77조 제2항 제2호) 소장은 귀휴를 허가할 수 있다.
③ [×] 수형자 본인의 회갑 잔치에 참석하기 위해 귀휴를 신청할 수는 있으나(형집행법 시행규칙 제129조 제3항 제1호), 징역형 2년의 3분의 1(8개월)이 지나야 허가가 가능하므로(동법 제77조 제1항) 소장은 귀휴를 허가할 수 없다.
④ [○] 2개의 징역형을 합산한 8년(동법 시행규칙 제130조 제1항 후단)의 3분의 1(2년 8개월)이 지났고 일반귀휴 허가사유(직계비속이 입대하거나 해외유학을 위하여 출국하게 된 때)에 해당하므로(동법 시행규칙 제129조 제3항 제3호) 소장은 귀휴를 허가할 수 있다.

정답 ③

■ 주말구금제도

36 주말구금에 대한 설명으로 옳지 않은 것은?

① 주말을 이용하여 형의 집행을 실시하는 제도이다.
② 평일에는 직장생활과 가족과의 생활을 계속할 수 있으므로 구금으로 인한 가정과 직장생활의 파탄을 막을 수 있다.
③ 단기자유형의 폐해를 극복할 수 있는 대안이다.
④ 주말구금은 단속구금 또는 계속구금이라고도 한다.

정답 및 해설

④ [×] 주말구금제도란 형의 집행을 가정이나 직장생활을 하는 데 지장이 없는 토요일과 일요일인 주말에 실시하는 제도로 매 주말마다 형이 집행되는 형의 분할집행방법을 의미한다. 그리고 주말 외의 공휴일 등이나 연말휴가 기간에는 집행되지 않는다. 같은 휴일구금의 일종으로 비교적 장기의 휴가기간을 이용하거나 주말 이외의 휴일에 범죄인을 시설 내에 수용하여 형을 집행하는 단속구금과 구별된다.

정답 ④

37. 주말구금에 대한 설명으로 옳은 것은?

① 단기형 수형자보다 장기형 수형자에게 적당한 제도이다.
② 주말뿐만 아니라 장기간의 휴가기간을 이용하여 집행한다.
③ 수형자가 자진하여 시설수용에 응하지 않은 경우 제재 방법이 없다는 단점이 있다.
④ 시설수용을 원칙으로 하므로 시설수용이 없는 가택구금과는 구별된다.

정답 및 해설

① [×] 주말구금은 장기형의 수형자에게는 부적당한 제도로, 단기형 및 경범죄자를 대상으로 한다.
② [×] 주말 외의 봄·여름휴가 등을 이용하여 형의 분할집행을 하는 단속구금과 구별된다.
③ [×] 주말구금은 주말마다 집행명령이 내려지는 것이 아니고, 수형자가 자발적으로 구금장소에 출두해야 한다. 만일 수형자가 이 의무에 위반하면 복역해야 할 나머지 형기에 대하여 즉시 완전히 집행을 실시한다. 프랑스 초안에 의하면 시설수용에 응하지 않은 경우에는 수형자가 도주의 상태에 있는 것으로 간주하고 8일 이상 2개월 이하의 구금형에 처하는 등 강력한 조치를 취할 수 있다.
④ [○] 주말을 이용하여 시설에 수용되는 형의 집행이란 점에서 시설수용이 없는 가택구금과 구별된다.

정답 ④

■ 보스탈제도

38. 다음에서 설명하는 수용자 구금제도는?

2020. 교정 9급

> 이 제도는 '보호' 또는 '피난시설'이란 뜻을 갖고 있으며, 영국 켄트지방의 지역 이름을 따 시설을 운영했던 것에서 일반화되어 오늘날 소년원의 대명사로 사용되곤 한다. 주로 16세에서 21세까지의 범죄소년을 수용하여 직업훈련 및 학과교육 등을 실시함으로써 교정, 교화하려는 제도이다.

① 오번 제도(Auburn system)
② 보스탈 제도(Borstal system)
③ 카티지 제도(Cottage system)
④ 펜실베니아 제도(Pennsylvania system)

정답 및 해설

② [○] 보스탈 제도에 대한 설명이다. 보스탈은 1897년 러글스 브라이스(Ruggles Brise)에 의해 창안된 것인데, 초기에는 군대식의 통제방식으로 엄격한 규율·분류수용·중노동 등이 처우의 기본원칙으로 적용되었다. 그 후 1906년 범죄방지법에 의해 보스탈제도가 법제화되면서 영국의 가장 효과적인 시설 내 처우로 주목받고 있다. 1920년 보스탈 감옥의 책임자 피터슨(Peterson)은 종래의 군대식 규율에 의한 강압적 훈련을 비판하고, 소년의 심리변화를 목적으로 하는 각종 처우방식을 적용하였다. 1930년대의 보스탈 제도는 개방처우 하에서 생산활동, 인근지역과의 관계, 수용자 간의 토의 등을 중시한 소년교정시설의 선구적 모델이 되었다.

정답 ②

39. 보스탈(Bostal)제도에 대한 설명으로 옳지 않은 것은?

① 사회 내 처우의 일종이다.
② 초기에는 군대식의 통제방식으로 엄격한 규율, 중노동이 처우의 기본원칙으로 적용되었다.
③ 개방처우 하에서 생산 활동, 인근지역과의 관계, 수용자 간의 토의를 중시하였다.
④ 1897년 영국의 브라이스(Brise)에 의하여 창안되었다.

정답 및 해설

보스탈제도는 개방처우 하에서 생산활동, 인근지역과의 관계, 수용자 간의 토의 등을 중시한 소년교정시설의 선구적 모델이 된 것으로, 16세부터 21세까지의 범죄소년을 1년 이상 3년 이하의 부정기간 수용하여 직업훈련, 학과교육 등을 실시하여 교정·교화하는 것이다(2년 이하의 부정기간 수용 - 이윤호 「교정학」 2021년). 1897년 브라이스에 의해 창안되었을 때는 엄격한 규율과 중노동을 바탕으로 하였지만, 1920년 보스탈감옥의 책임자 피터슨은 종래의 군대식 규율에 의한 강압적 훈련과 기계적인 복종심을 비판하고 완화된 훈련과 직원들의 자상함을 가지고 보스탈제도를 더욱 발전시켰다.
① [×] 사회적 처우의 일종이다.

정답 ①

40. 보스탈(Bostal)제도에 대한 설명으로 옳은 것은?

① 보스탈은 소년교정시설의 선구적 모델이 된 것으로 미국의 일리노이주 시카고 법원에서 최초로 실시하였다.
② 보스탈제도는 브라이스(Brise)에 의해 창안되었고, 초기에는 엄격한 규율준수를 원칙으로 하였다.
③ 16세부터 21세까지 초범자에 한정하여 징역형 선고 대신 1년 이상 3년 이하의 보스탈처우가 선고된 자를 수용하였다.
④ 1920년 보스탈감옥의 책임자인 피터슨은 종래의 군대식 규율에 의한 강압적 훈련과 기계적인 복종심을 재강조하였다.

정답 및 해설

① [×] 1899년 미국의 일리노이주는 세계 최초의 소년재판소법을 제정하여 시카고에 최초로 소년법원을 설립하였다.
② [○] 보스탈제도는 1897년 영국의 브라이스에 의해 창안되어 1906년 법제화되면서 영국의 가장 효율적인 시설 내 처우로서 주목받았다.
③ [×] 1906년 보스탈제도는 법제화되었는데, 16세부터 21세까지 초범자에 한정하지 않고 징역형 대신 1년 이상 3년 이하의 보스탈처우 선고를 받은 자를 수용하였다.
④ [×] 1920년 보스탈감옥의 책임자인 피터슨은 종래의 군대식 규율에 의한 강압적 훈련과 기계적인 복종심을 비판하고 직원들의 자상함과 완화된 훈련으로 보스탈제도를 더욱 개선·발전시켰다.

정답 ②

제22장 수용자의 석방과 사망

제1절 | 수용자의 석방

01 「형의 집행 및 수용자의 처우에 관한 법률」상 수용자의 석방에 대한 설명으로 가장 옳지 않은 것은?

2024. 5급 승진

① 사면, 가석방, 형의 집행면제, 감형에 따른 석방은 그 결정이 있은 때로부터 12시간 이내에 하여야 한다. 다만, 그 결정 시에 석방일시를 지정하고 있으면 그 일시에 한다.
② 소장은 피석방자가 질병이나 그 밖에 피할 수 없는 사정으로 귀가하기 곤란한 경우에 본인의 신청이 있으면 일시적으로 교정시설에 수용할 수 있다.
③ 소장은 피석방자에게 귀가에 필요한 여비 또는 의류가 없으면 법무부장관이 정하는 범위에서 이를 지급하거나 빌려 줄 수 있다.
④ 소장은 석방될 수형자의 재범방지, 자립지원 및 피해자 보호를 위하여 필요하다고 인정하면 해당 수형자의 수용이력 또는 사회복귀에 관한 의견을 그의 거주지를 관할하는 경찰관서나 자립을 지원할 법인 또는 개인에게 통보할 수 있다. 다만, 법인 또는 개인에게 통보하는 경우에는 해당 수형자의 동의를 받아야 한다.

정답 및 해설

① [×] 사면, 가석방, 형의 집행면제, 감형에 따른 석방은 그 서류가 교정시설에 도달한 후 12시간 이내에 하여야 한다. 다만, 그 서류에서 석방일시를 지정하고 있으면 그 일시에 한다(형집행법 제124조 제1항).
② [○] 동법 제125조
③ [○] 동법 제126조
④ [○] 동법 제126조의2 제1항

정답 ①

02 수용자 석방시기에 대한 설명으로 옳지 않은 것은? (다툼이 있는 경우 판례에 의함) 2019. 6급 승진

① 수용자에게는 형기종료일의 특정한 시간에 석방을 요구할 권리가 있으므로 형기종료일의 24시간 중 가장 빠른 시간에 석방해 줄 것을 요구할 권리가 있다.
② 형기종료일에 따른 석방은 형기종료일에 하여야 한다.
③ 권한이 있는 사람의 명령에 따른 석방은 서류가 도달한 후 5시간 이내에 하여야 한다.
④ 사면, 가석방, 형의 집행면제, 감형에 따른 석방은 그 서류가 교정시설에 도달한 후 12시간 이내에 하여야 한다. 다만, 그 서류에서 석방일시를 지정하고 있으면 그 일시에 한다.

정답 및 해설

① [×] 헌재 2013.5.21. 2013헌마301

> **관련판례**
> 형법 및 형집행법의 관련 규정을 종합하여 볼 때 수형자가 형기종료일의 24:00 이전에 석방을 요구할 권리를 가진다고는 볼 수 없고, 위 법률조항 때문에 노역장 유치명령을 받은 청구인이 원하는 특정한 시간에 석방되지 못하여 귀가에 어려움을 겪었다거나 추가 비용을 지출하는 등으로 경제적 불이익을 겪었다고 하더라도 이는 간접적, 반사적 불이익에 불과하고 그로 인하여 청구인의 헌법상 기본권이 직접 침해될 여지가 있다고 보기 어렵다(헌재 2013.5.21. 2013헌마301).

② [○] 형집행법 제124조 제2항
③ [○] 동법 제124조 제3항
④ [○] 동법 제124조 제1항

정답 ①

03 형집행법령상 석방에 대한 설명으로 가장 옳지 않은 것은? 2024. 7급 승진

① 사면, 가석방, 형의 집행면제, 감형에 따른 석방은 그 서류가 교정시설에 도달한 후 5시간 이내에 하여야 한다. 다만, 그 서류에서 석방일시를 지정하고 있으면 그 일시에 한다.
② 형기종료에 따른 석방은 형기종료일에 하여야 한다.
③ 권한이 있는 사람의 명령에 따른 석방은 서류가 도달한 후 5시간 이내에 하여야 한다.
④ 소장은 형기종료로 석방될 수형자에 대하여는 석방 10일 전까지 석방 후의 보호에 관한 사항을 조사하여야 한다.

정답 및 해설

① [×] 사면, 가석방, 형의 집행면제, 감형에 따른 석방은 그 서류가 교정시설에 도달한 후 12시간 이내에 하여야 한다. 다만, 그 서류에서 석방일시를 지정하고 있으면 그 일시에 한다(형집행법 제124조 제1항).
② [○] 동법 제124조 제2항
③ [○] 동법 제124조 제3항
④ [○] 동법 시행령 제142조

정답 ①

04 형집행법령상 ( )에 들어갈 숫자를 모두 합한 것으로 옳은 것은? 2021. 6급 승진

㉠ 사면, 가석방, 형의 집행면제, 감형에 따른 석방은 그 서류가 교정시설에 도달한 후 ( )시간 이내에 하여야 한다.
㉡ 권한이 있는 사람의 명령에 따른 석방은 서류가 도달한 후 ( )시간 이내에 하여야 한다.
㉢ 소장은 수형자의 건전한 사회복귀를 위하여 필요하다고 인정하면 석방 전 ( )일 이내의 범위에서 석방예정자를 별도의 거실에 수용하여 장래에 관한 상담과 지도를 할 수 있다.
㉣ 소장은 형기종료로 석방될 수형자에 대하여는 석방 ( )일 전까지 석방 후의 보호에 관한 사항을 조사하여야 한다.

① 27
② 28
③ 29
④ 30

정답 및 해설

④ [○] 12 + 5 + 3 + 10 = 30
㉠ 사면, 가석방, 형의 집행면제, 감형에 따른 석방은 그 서류가 교정시설에 도달한 후 (12)시간 이내에 하여야 한다(형집행법 제124조).
㉡ 권한이 있는 사람의 명령에 따른 석방은 서류가 도달한 후 (5)시간 이내에 하여야 한다(동법 제124조).
㉢ 소장은 수형자의 건전한 사회복귀를 위하여 필요하다고 인정하면 석방 전 (3)일 이내의 범위에서 석방예정자를 별도의 거실에 수용하여 장래에 관한 상담과 지도를 할 수 있다(동법 시행령 제141조).
㉣ 소장은 형기종료로 석방될 수형자에 대하여는 석방 (10)일 전까지 석방 후의 보호에 관한 사항을 조사하여야 한다(동법 시행령 제142조).

정답 ④

05 「형의 집행 및 수용자의 처우에 관한 법률」상 수용자의 석방에 대한 설명으로 가장 옳지 않은 것은? 2022. 6급 승진

① 소장은 사면·형기종료 또는 권한이 있는 사람의 명령에 따라 수용자를 석방한다.
② 사면, 가석방, 형의 집행면제, 감형에 따른 석방은 그 서류가 교정시설에 도달한 후 24시간 이내에 하여야 한다.
③ 형기종료에 따른 석방은 형기종료일에 하여야 한다.
④ 권한이 있는 사람의 명령에 따른 석방은 서류가 도달한 후 5시간 이내에 하여야 한다.

정답 및 해설

① [○] 동법 제123조
② [×] 사면, 가석방, 형의 집행면제, 감형에 따른 석방은 그 서류가 교정시설에 도달한 후 12시간 이내에 하여야 한다(형집행법 제124조).
③ [○] 동법 제124조
④ [○] 동법 제124조

정답 ②

06 형집행법령상 석방(예정)자 관련 사항에 대한 설명으로 옳은 것은 모두 몇 개인가? 2022. 5급 승진

㉠ 소장은 수형자의 건전한 사회복귀를 위하여 필요하다고 인정하면 석방 전 3일 이내의 범위에서 석방예정자를 별도의 거실에 수용하여 장래에 관한 상담과 지도를 할 수 있다.
㉡ 소장은 형기종료로 석방될 수형자에 대하여는 석방 10일 전까지 석방 후의 보호에 관한 사항을 조사하여야 한다.
㉢ 소장은 피석방자가 질병이나 그 밖에 피할 수 없는 사정으로 귀가하기 곤란한 경우에 본인의 신청이 있으면 일시적으로 교정시설에 수용할 수 있다.
㉣ 소장은 피석방자에게 귀가에 필요한 여비 또는 의류가 없으면 법무부장관이 정하는 범위에서 이를 지급하거나 빌려 줄 수 있다.
㉤ 소장은 수형자를 석방하는 경우 특히 필요하다고 인정하면 한국법무보호복지공단에 그에 대한 보호를 요청할 수 있다.
㉥ 소장은 석방될 수형자의 재범방지, 자립지원 및 피해자 보호를 위하여 필요하다고 인정하면 해당 수형자의 수용이력 또는 사회복귀에 관한 의견을 그의 거주지를 관할하는 경찰관서나 자립을 지원할 법인 또는 개인에게 통보할 수 있다. 다만, 법인 또는 개인에게 통보하는 경우에는 해당 수형자의 동의를 받아야 한다.

① 3개 ② 4개
③ 5개 ④ 6개

정답 및 해설

㉠, ㉡, ㉢, ㉣, ㉤, ㉥ 모두 옳은 설명이다.
㉠ [○] 형집행법 시행령 제141조
㉡ [○] 동법 시행령 제142조
㉢ [○] 동법 제125조
㉣ [○] 동법 제126조
㉤ [○] 동법 제144조
㉥ [○] 동법 시행령 제143조 제1항

정답 ④

07 형집행법령상 수용자의 석방에 대한 설명으로 옳은 것은? <small>2020. 6급 승진</small>

① 사면, 가석방, 형의 집행면제, 권한이 있는 사람의 명령에 따른 석방은 그 서류가 교정시설에 도달한 후 12시간 이내에 하여야 한다.
② 소장은 수형자의 건전한 사회복귀를 위하여 필요하다고 인정하면 석방 전 5일 이내의 범위에서 석방예정자를 별도의 거실에 수용하여 장래에 관한 상담과 지도를 할 수 있다.
③ 소장은 피석방자가 질병이나 그 밖에 피할 수 없는 사정으로 귀가하기 곤란한 경우에 본인 또는 가족의 신청이 있으면 일시적으로 교정시설에 수용할 수 있다.
④ 소장은 피석방자에게 귀가에 필요한 여비 또는 의류가 없으면 법무부장관이 정하는 범위에서 이를 지급하거나 빌려 줄 수 있으며, 귀가 여비 또는 의류를 빌려준 경우에는 특별한 사유가 없으면 이를 회수한다.

정답 및 해설

① [×] 사면, 가석방, 형의 집행면제, 감형에 따른 석방은 그 서류가 교정시설에 도달한 후 12시간 이내에 하여야 하고(동법 제124조 제1항), 권한이 있는 사람의 명령에 따른 석방은 서류가 도달한 후 5시간 이내에 하여야 한다(동법 제124조 제3항).
② [×] 소장은 수형자의 건전한 사회복귀를 위하여 필요하다고 인정하면 석방 전 3일 이내의 범위에서 석방예정자를 별도의 거실에 수용하여 장래에 관한 상담과 지도를 할 수 있다(동법 시행령 제141조).
③ [×] 소장은 피석방자가 질병이나 그 밖에 피할 수 없는 사정으로 귀가하기 곤란한 경우에 본인의 신청이 있으면 일시적으로 교정시설에 수용할 수 있다(동법 제125조).
④ [○] 형집행법 제126조, 동법 시행령 제145조

정답 ④

08 형의 집행 및 수용자의 처우에 관한 법령상 수용자의 석방에 대한 설명으로 옳지 않은 것은? <small>2023. 9급 경채</small>

① 소장은 피석방자에게 귀가에 필요한 여비 또는 의류가 없으면 법무부장관이 정하는 범위에서 이를 지급하거나 빌려 주어야 한다.
② 권한이 있는 사람의 명령에 따른 석방은 서류가 도달한 후 5시간 이내에 하여야 한다.
③ 소장은 피석방자가 질병이나 그 밖에 피할 수 없는 사정으로 귀가하기 곤란한 경우에 본인의 신청이 있으면 일시적으로 교정시설에 수용할 수 있다.
④ 소장은 수용자가 석방될 때 보관하고 있던 수용자의 휴대금품을 본인에게 돌려주어야 한다. 다만, 보관품을 한꺼번에 가져가기 어려운 경우 등 특별한 사정이 있어 수용자가 석방 시 소장에게 일정 기간 동안(1개월 이내의 범위로 한정한다) 보관품을 보관하여 줄 것을 신청하는 경우에는 그러하지 아니하다.

정답 및 해설

① [×] 소장은 피석방자에게 귀가에 필요한 여비 또는 의류가 없으면 법무부장관이 정하는 범위에서 이를 지급하거나 빌려 줄 수 있다(형집행법 제126조).
② [○] 동법 제124조
③ [○] 동법 제125조
④ [○] 동법 제29조 제1항

정답 ①

09 「형의 집행 및 수용자의 처우에 관한 법률」상 석방 또는 가석방에 대한 설명으로 옳지 않은 것은?

2019. 7급 승진

① 가석방심사위원회의 위원장은 법무부차관이 되고, 위원은 판사, 검사, 변호사, 법무부 소속 공무원, 교정에 관한 학식과 경험이 풍부한 사람 중에서 법무부장관이 임명 또는 위촉한다.
② 가석방심사위원회는 가석방 적격결정을 하였으면 5일 이내에 법무부장관에게 가석방 허가를 신청하여야 한다.
③ 사면, 가석방, 형의 집행면제, 감형에 따른 석방은 그 서류가 교정시설에 도달한 후 24시간 이내에 행하여야 한다. 다만, 그 서류에서 석방일시를 지정하고 있으면 그 일시에 한다.
④ 소장은 피석방자가 질병이나 그 밖에 피할 수 없는 사정으로 귀가하기 곤란한 경우에 본인의 신청이 있으면 일시적으로 교정시설에 수용할 수 있다.

정답 및 해설

① [○] 동법 제120조 제2항
② [○] 동법 제122조 제1항
③ [×] 사면, 가석방, 형의 집행면제, 감형에 따른 석방은 그 서류가 교정시설에 도달한 후 12시간 이내에 하여야 한다. 다만, 그 서류에서 석방일시를 지정하고 있으면 그 일시에 한다(형집행법 제124조 제1항).
④ [○] 동법 제125조

정답 ③

10 형의 집행 및 수용자의 처우에 관한 법령상 수용자의 석방에 대한 설명으로 옳지 않은 것은?

2018. 교정 7급

① 권한이 있는 사람의 명령에 따른 석방은 서류가 도달한 후 5시간 이내에 하여야 한다.
② 소장은 형기종료로 석방될 수형자에 대하여는 석방 10일 전까지 석방 후의 보호에 관한 사항을 조사하여야 한다.
③ 소장은 피석방자가 질병이나 그 밖에 피할 수 없는 사정으로 귀가하기 곤란한 경우에 본인의 신청이 있으면 일시적으로 교정시설에 수용할 수 있다.
④ 소장은 수형자의 보호를 위하여 필요하다고 인정하면 석방 전 5일 이내의 범위에서 석방예정자를 별도의 거실에 수용하여 장래에 관한 상담과 지도를 할 수 있다.

정답 및 해설

① [○] 동법 제124조 제3항
② [○] 동법 시행령 제142조
③ [○] 동법 제125조
④ [×] 소장은 수형자의 건전한 사회복귀를 위하여 필요하다고 인정하면 석방 전 3일 이내의 범위에서 석방예정자를 별도의 거실에 수용하여 장래에 관한 상담과 지도를 할 수 있다(형집행법 시행령 제141조).

정답 ④

11. 형집행법령상 석방 전 준비제도에 대한 설명으로 옳지 않은 것은?

① 소장은 수형자의 건전한 사회복귀를 위하여 필요하다고 인정하면 석방 전 3일 이내의 범위에서 석방예정자를 별도의 거실에 수용하여 장래에 관한 상담과 지도를 할 수 있다.
② 소장은 형기종료로 석방될 수형자에 대하여는 석방 10일 전까지 석방 후의 보호에 관한 사항을 조사하여야 한다.
③ 소장은 석방될 수형자의 재범방지, 자립지원 및 피해자 보호를 위하여 필요하다고 인정하면 해당 수형자의 동의를 받아 수용이력을 그의 거주지를 관할하는 경찰관서에 통보할 수 있다.
④ 소장은 형기 종료를 앞둔 수형자 중에서 일정한 요건을 갖춘 사람에 대해서는 개방시설에 수용하여 일정 기간 동안 사회적응에 필요한 교육, 취업지원 등을 할 수 있다.

정답 및 해설

① [○] 동법 시행령 제141조
② [○] 동법 시행령 제142조
③ [×] 소장은 석방될 수형자의 재범방지, 자립지원 및 피해자 보호를 위하여 필요하다고 인정하면 해당 수형자의 수용이력 또는 사회복귀에 관한 의견을 그의 거주지를 관할하는 경찰관서나 자립을 지원할 법인 또는 개인에게 통보할 수 있다. 다만, 법인 또는 개인에게 통보하는 경우에는 해당 수형자의 동의를 받아야 한다(형집행법 제126조의2 제1항).
▶ 경찰관서에 통보할 때에는 해당 수형자의 동의를 받지 않아도 된다.
④ [○] 소장은 가석방 또는 형기 종료를 앞둔 수형자 중에서 법무부령으로 정하는 일정한 요건을 갖춘 사람에 대해서는 가석방 또는 형기 종료 전 일정 기간 동안 지역사회 또는 교정시설에 설치된 개방시설에 수용하여 사회적응에 필요한 교육, 취업지원 등의 적정한 처우를 할 수 있다(동법 제57조 제4항).

정답 ③

12. 「형의 집행 및 수용자의 처우에 관한 법률 시행령」상 석방예정자에 대한 설명으로 옳지 않은 것은?

① 소장은 수형자의 건전한 사회복귀를 위하여 필요하다고 인정하면 석방예정자를 별도의 거실에 수용하여 장래에 관한 상담과 지도를 할 수 있다.
② 석방예정자 거실 수용은 석방 전 3일 이내의 범위에서 하며, 19세 미만이거나 특히 필요하다고 인정하는 수형자에 대하여는 수용기간을 연장할 수 있다.
③ 소장은 수형자를 석방하는 경우 특히 필요하다고 인정하면 한국법무보호복지공단에 그에 대한 보호를 요청할 수 있다.
④ 소장은 수용자의 신청에 따라 교정시설에 수용된 사실에 관한 증명서를 발급할 수 있다.

정답 및 해설

① [○] 동법 시행령 제141조
② [×] 수용기간의 연장에 대한 규정은 없다(형집행법 시행령 제141조).
③ [○] 동법 시행령 제144조
④ [○] 소장은 수용자, 수용자가 지정한 사람, 피석방자, 피석방자가 지정한 사람의 신청에 따라 교정시설에 수용된 사실 또는 수용되었다가 석방된 사실에 관한 증명서를 발급할 수 있다(동법 시행령 제145조의2).

정답 ②

13 형집행법령상 수용자의 석방에 대한 설명 중 옳은 것(○)과 옳지 않은 것(×)을 바르게 연결한 것은? (다툼이 있는 경우 판례에 의함)

> ㉠ 소장은 수형자를 석방하는 경우 특히 필요하다고 인정하면 한국법무보호복지공단에 그에 대한 보호를 요청하여야 한다.
> ㉡ 형기종료에 따른 석방은 형기종료일 다음 날에 하여야 한다.
> ㉢ 소장은 피석방자가 질병 등의 사정으로 귀가하기 곤란한 경우에 본인의 신청이 있으면 일시적으로 교정시설에 수용하여야 한다.
> ㉣ 형의 집행면제에 따른 석방은 그 서류에서 석방일시를 지정하고 있으면 그 일시에 한다.
> ㉤ 무죄 등 판결선고 후 석방대상 피고인이 교도소에서 지급한 각종 지급품의 회수 등의 문제 때문에 임의로 교도관과 교도소에 동행하는 것은 무방하다.

	㉠	㉡	㉢	㉣	㉤
①	○	×	×	○	×
②	×	○	○	×	○
③	○	○	○	×	×
④	×	×	×	○	○

정답 및 해설

옳은 것은 ㉣, ㉤이고, 옳지 않은 것은 ㉠, ㉡, ㉢이다.
㉠ [×] 보호를 요청할 수 있다(형집행법 시행령 제144조).
㉡ [×] 형기종료일에 하여야 한다(동법 제124조 제2항).
㉢ [×] 소장은 피석방자가 질병이나 그 밖에 피할 수 없는 사정으로 귀가하기 곤란한 경우에 본인의 신청이 있으면 일시적으로 교정시설에 수용할 수 있다(동법 제125조).
㉣ [○] 사면, 가석방, 형의 집행면제, 감형에 따른 석방은 그 서류가 교정시설에 도달한 후 12시간 이내에 하여야 한다. 다만, 그 서류에서 석방일시를 지정하고 있으면 그 일시에 한다(동법 제124조 제1항).
㉤ [○] 헌재 1997.12.24. 95헌마247

> **관련판례**
> 무죄 등 판결선고 후 석방대상 피고인이 교도소에서 지급한 각종 지급품의 회수, 수용시의 휴대금품 또는 수용 중 영치된 금품의 반환 내지 환급문제 때문에 임의로 교도관과 교도소에 동행하는 것은 무방하나 피고인의 동의를 얻지 않고 의사에 반하여 교도소로 연행하는 것은 헌법 제12조의 규정에 비추어 도저히 허용될 수 없다(헌재 1997.12.24. 95헌마247).

정답 ④

제2절 | 수용자의 사망

01 「형의 집행 및 수용자의 처우에 관한 법률」상 수용자 사망 시 조치에 대한 설명으로 옳지 않은 것은?

2016. 교정 7급

① 소장은 수용자가 사망한 경우에는 그 사실을 즉시 그 가족(가족이 없는 경우에는 다른 친족)에게 알려야 한다.
② 소장은 병원이나 그 밖의 연구기관이 학술연구상의 필요에 따라 수용자의 시신인도를 신청하면 본인의 유언 또는 상속인의 승낙이 있는 경우에 한하여 인도할 수 있다.
③ 소장은 가족 등 수용자가 사망한 사실을 알게 된 사람이 사망한 사실을 알게 된 날부터 법률이 정하는 소정의 기간 내에 그 시신을 인수하지 아니하거나 시신을 인수할 사람이 없으면 임시로 매장하거나 화장 후 봉안하여야 한다. 다만, 감염병 예방 등을 위하여 필요하면 즉시 화장하여야 하며, 그 밖에 필요한 조치를 할 수 있다.
④ 소장은 수용자가 사망하면 법무부장관이 정하는 범위에서 화장·시신인도 등에 필요한 비용을 인수자에게 지급하여야 한다.

정답 및 해설

① [○] 동법 제127조
② [○] 동법 제128조 제4항
③ [○] 동법 제128조 제2항
④ [×] 소장은 수용자가 사망하면 법무부장관이 정하는 범위에서 화장·시신인도 등에 필요한 비용을 인수자에게 지급할 수 있다(형집행법 제128조 제5항).

정답 ④

02 형집행법령상 수용자의 사망에 대한 설명으로 옳은 것을 모두 고른 것은?

2022. 5급 승진

㉠ 소장은 수용자가 사망한 경우에는 그 사실을 즉시 그 가족(가족이 없는 경우에는 다른 친족)에게 알려야 한다. 이 경우 사망 일시·장소 및 사유도 같이 알려야 한다.
㉡ 소장은 수용자가 질병으로 사망한 경우에는 사망장에 그 병명·병력·사인 및 사망일시를 기록하고 서명하여야 한다.
㉢ 소장은 법 제128조에 따라 시신을 인도, 화장, 임시 매장, 집단 매장 또는 자연장으로 한 경우에는 그 사실을 사망장에 기록하여야 한다.
㉣ 소장은 시신을 임시 매장하거나 봉안한 경우에는 그 장소에 사망자의 성명을 적은 표지를 비치하고, 별도의 장부에 주민등록지, 성명, 사망일시를 기록하여 관리하여야 한다.

① ㉠, ㉡
② ㉡, ㉢
③ ㉠, ㉢
④ ㉢, ㉣

정답 및 해설

- ㉠ [○] 형집행법 제127조, 동법 시행령 제146조
- ㉡ [×] 의무관은 수용자가 질병으로 사망한 경우에는 사망장에 그 병명·병력·사인 및 사망일시를 기록하고 서명하여야 한다(동법 시행령 제148조 제1항).
- ㉢ [○] 동법 시행령 제148조 제3항
- ㉣ [×] 소장은 시신을 임시 매장하거나 봉안한 경우에는 그 장소에 사망자의 성명을 적은 표지를 비치하고, 별도의 장부에 가족관계등록기준지, 성명, 사망일시를 기록하여 관리하여야 한다(동법 시행령 제150조).

정답 ③

---

03 「형의 집행 및 수용자의 처우에 관한 법률」상 ( ) 안에 들어갈 숫자의 합으로 옳은 것은?

2022. 5급 승진

> ㉠ 수용자의 보호실 수용기간은 ( )일 이내로 한다. 다만, 소장은 특히 계속하여 수용할 필요가 있으면 의무관의 의견을 고려하여 1회당 ( )일의 범위에서 기간을 연장할 수 있다.
> ㉡ 사면, 가석방, 형의 집행면제, 감형에 따른 석방은 그 서류가 교정시설에 도달한 후 ( )시간 이내에 하여야 한다.
> ㉢ 소장의 허가 없이 무인비행장치, 전자·통신기기를 교정시설에 반입한 사람은 ( )년 이하의 징역 또는 ( )천만원 이하의 벌금에 처한다.

① 34 ② 37
③ 40 ④ 45

정답 및 해설

- ③ [○] 15 + 7 + 12 + 3 + 3 = 40
- ㉠ 15, 7: 형집행법 제95조
- ㉡ 12 : 동법 제124조
- ㉢ 3, 3: 동법 제133조

정답 ③

---

04 형집행법령상 석방예정자 등에 대한 설명으로 가장 옳지 않은 것은?

2023. 5급 승진

① 소장은 피석방자가 질병이나 그 밖에 피할 수 없는 사정으로 귀가하기 곤란한 경우에 본인의 신청이 있으면 일시적으로 교정시설에 수용할 수 있다.
② 소장은 형기종료로 석방될 수형자에 대하여는 석방 10일 전까지 석방 후의 보호에 관한 사항을 조사하여야 하며, 수형자의 건전한 사회복귀를 위하여 석방 전 3일 이내의 범위에서 석방예정자를 별도의 거실에 수용하여 장래에 관한 상담과 지도를 하여야 한다.
③ 소장은 수형자를 석방하는 경우 특히 필요하다고 인정하면 한국법무보호복지공단에 그에 대한 보호를 요청할 수 있다.
④ 소장은 석방될 수형자의 재범방지, 자립지원 및 피해자 보호를 위하여 필요하다고 인정하면 해당 수형자의 수용이력 또는 사회복귀에 관한 의견을 그의 거주지를 관할하는 경찰관서나 자립을 지원할 법인 또는 개인에게 통보할 수 있다. 다만, 법인 또는 개인에게 통보하는 경우에는 해당 수형자의 동의를 받아야 한다.

정답 및 해설

① [○] 동법 제125조
② [×] 소장은 형기종료로 석방될 수형자에 대하여는 석방 10일 전까지 석방 후의 보호에 관한 사항을 조사하여야 하며(형집행법 시행령 제142조), 수형자의 건전한 사회복귀를 위하여 필요하다고 인정하면 석방 전 3일 이내의 범위에서 석방예정자를 별도의 거실에 수용하여 장래에 관한 상담과 지도를 할 수 있다(동법 시행령 제141조).
③ [○] 동법 시행령 제144조
④ [○] 동법 제126조의2 제1항

정답 ②

---

05 현행 법령상 ( )에 들어갈 숫자를 모두 합한 것으로 옳은 것은? 2021. 5급 승진

> ㉠ 여성수용자는 자신이 출산한 유아를 교정시설에서 양육할 것을 신청할 수 있다. 이 경우 소장은 형집행법 제53조(유아의 양육) 제1항 각 호의 어느 하나에 해당하는 사유가 없으면, 생후 (㉠) 개월에 이르기까지 허가하여야 한다.
> ㉡ 징벌사유가 발생한 날부터 (㉡)년이 지나면 이를 이유로 징벌을 부과하지 못한다.
> ㉢ 소장의 허가 없이 무인비행장치, 전자·통신기기를 교정시설에 반입한 사람은 (㉢)년 이하의 징역 또는 3천만원 이하의 벌금에 처한다.
> ㉣ 주류·담배·화기·현금·수표·음란물·사행행위에 사용되는 물품을 수용자에게 전달할 목적으로 교정시설에 반입한 사람은 (㉣)년 이하의 징역 또는 1천만원 이하의 벌금에 처한다.
> ㉤ 소장은 수형자의 건전한 사회복귀를 위하여 필요하다고 인정되면 석방 전 (㉤)일 이내의 범위에서 석방예정자를 별도의 거실에 수용하여 장래에 관한 상담과 지도를 할 수 있다.
> ㉥ 소장은 형기종료로 석방될 수형자에 대하여는 석방 (㉥)일 전까지는 석방 후의 보호에 관한 사항을 조사하여야 한다.

① 36
② 37
③ 38
④ 39

정답 및 해설

② [○] 18 + 2 + 3 + 1 + 3 + 10 = 37
㉠ 형집행법 제53조
㉡ 동법 제109조
㉢ 동법 제133조
㉣ 동법 제132조 제2항
㉤ 동법 시행령 제141조
㉥ 동법 시행령 제142조

정답 ②

06 「형의 집행 및 수용자의 처우에 관한 법률」상 수용자의 사망에 대한 설명으로 가장 옳지 않은 것은?

2024. 6급 승진

① 소장은 사망한 수용자를 임시로 매장하려는 경우, 수용자가 사망한 사실을 알게 된 사람이 그 사실을 알게 된 날부터 3일 이내에 서신을 인수하지 아니하거나 시신을 인수할 사람이 없으면 임시로 매장하여야 한다.
② 소장은 시신을 임시로 매장한 후 2년이 지나도록 시신의 인도를 청구하는 사람이 없을 때에는 일정한 장소에 집단으로 매장하여 처리할 수 있다.
③ 소장은 사망한 수용자를 화장하여 봉안하려는 경우, 수용자가 사망한 사실을 알게 된 사람이 그 사실을 알게 된 날부터 30일 이내에 시신을 인수하지 아니하거나 시신을 인수할 사람이 없으면 화장 후 봉안하여야 한다.
④ 소장은 시신을 화장하여 봉안한 후 2년이 지나도록 시신의 인도를 청구하는 사람이 없을 때에는 자연장으로 처리할 수 있다.

정답 및 해설

① [○], ③ [×] 소장은 수용자가 사망한 사실을 알게 된 사람이 ⊙ 임시로 매장하려는 경우에는 사망한 사실을 알게 된 날부터 3일 이내, ⓒ 화장하여 봉안하려는 경우에는 사망한 사실을 알게 된 날부터 60일 이내에 그 시신을 인수하지 아니하거나 시신을 인수할 사람이 없으면 임시로 매장하거나 화장 후 봉안하여야 한다. 다만, 감염병 예방 등을 위하여 필요하면 즉시 화장하여야 하며, 그 밖에 필요한 조치를 할 수 있다(형집행법 제128조 제2항).

②, ④ [○] 소장은 시신을 임시로 매장하거나 화장하여 봉안한 후 2년이 지나도록 시신의 인도를 청구하는 사람이 없을 때에는 ⊙ 임시로 매장한 경우에는 화장 후 자연장을 하거나 일정한 장소에 집단으로 매장할 수 있고, ⓒ 화장하여 봉안한 경우에는 자연장을 할 수 있다(동법 제128조 제3항).

정답 ③

07 형집행법령상 석방에 대한 설명 중 (⊙) ~ (②)에 들어갈 내용으로 가장 옳은 것은?

2024. 6급 승진

> 가. 사면, 가석방, 형의 집행면제, 감형에 따른 석방은 그 서류가 교정시설에 도달한 후 (⊙) 이내에 하여야 한다. 다만, 그 서류에서 석방일시를 지정하고 있으면 그 일시에 한다.
> 나. 소장은 피석방자가 질병이나 그 밖에 피할 수 없는 사정으로 귀가하기 곤란한 경우에 본인의 (ⓒ)이(가) 있으면 일시적으로 교정시설에 수용할 수 있다.
> 다. 소장은 수형자의 건전한 사회복귀를 위하여 필요하다고 인정하면 석방 전 (ⓒ) 이내의 범위에서 석방예정자를 별도의 거실에 수용하여 장래에 관한 상담과 지도를 할 수 있다.
> 라. 소장은 형기종료로 석방될 수형자에 대하여는 석방 (②) 전까지 석방 후의 보호에 관한 사항을 조사하여야 한다.

	⊙	ⓒ	ⓒ	②
①	5시간	신청	5일	20일
②	5시간	동의	3일	20일
③	12시간	신청	3일	10일
④	12시간	동의	5일	10일

정답 및 해설

가. 사면, 가석방, 형의 집행면제, 감형에 따른 석방은 그 서류가 교정시설에 도달한 후 12시간 이내에 하여야 한다. 다만, 그 서류에서 석방일시를 지정하고 있으면 그 일시에 한다(형집행법 제124조 제1항).
나. 소장은 피석방자가 질병이나 그 밖에 피할 수 없는 사정으로 귀가하기 곤란한 경우에 본인의 신청이 있으면 일시적으로 교정시설에 수용할 수 있다(동법 제125조).
다. 소장은 수형자의 건전한 사회복귀를 위하여 필요하다고 인정하면 석방 전 3일 이내의 범위에서 석방예정자를 별도의 거실에 수용하여 장래에 관한 상담과 지도를 할 수 있다(동법 시행령 제141조).
라. 소장은 형기종료로 석방될 수형자에 대하여는 석방 10일 전까지 석방 후의 보호에 관한 사항을 조사하여야 한다(동법 시행령 제142조).

정답 ③

08 수용자의 사망에 대한 설명으로 옳지 않은 것은?

① 소장은 수용자가 자살이나 그 밖에 변사한 경우에는 그 사실을 검사에게 통보하고, 기소된 상태인 경우에는 법원에도 통보하여야 한다.
② 소장은 수용자가 사망한 경우에는 그 시신을 검사하여야 하며, 검시가 끝난 후에는 검시자·참여자의 신분·성명과 검시결과를 사망장에 기록하여야 한다.
③ 소장은 수용자가 사망한 사실을 알게 된 사람이 사망한 사실을 알게 된 날부터 30일 이내에 그 시신을 인수하지 아니하면 화장 후 봉안하여야 한다.
④ 소장은 시신을 임시 매장하거나 봉안한 경우에는 그 장소에 사망자의 성명을 적은 표지를 비치하고, 별도의 장부에 가족관계 등록기준지, 성명, 사망일시를 기록하여 관리하여야 한다.
⑤ 소장은 시신 또는 유골을 집단 매장한 경우에는 집단 매장된 사람의 가족관계 등록기준지, 성명, 사망일시를 집단 매장부에 기록하고 그 장소에 묘비를 세워야 한다.

정답 및 해설

① [○] 동법 시행령 제148조 제2항
② [○] 동법 시행령 제147조, 제148조 제2항
③ [×] 소장은 수용자가 사망한 사실을 알게 된 사람이 ⊙ 임시로 매장하려는 경우에는 사망한 사실을 알게 된 날부터 3일 이내, ⓒ 화장하여 봉안하려는 경우에는 사망한 사실을 알게 된 날부터 60일 이내에 그 시신을 인수하지 아니하거나 시신을 인수할 사람이 없으면 임시로 매장하거나 화장 후 봉안하여야 한다. 다만, 감염병 예방 등을 위하여 필요하면 즉시 화장하여야 하며, 그 밖에 필요한 조치를 할 수 있다(형집행법 제128조 제2항).
④ [○] 동법 시행령 제150조 제1항
⑤ [○] 동법 시행령 제150조 제2항

정답 ③

09 「형의 집행 및 수용자의 처우에 관한 법률」상 수용자의 사망에 대한 설명으로 옳지 않은 것은?

① 소장은 사망한 수용자의 친족이 그 시신의 인도를 청구하는 경우에는 인도하여야 하나, 자연장을 한 후에는 그러하지 아니하다.
② 소장은 수용자가 사망한 사실을 알게 된 사람이 사망한 사실을 알게 된 날부터 3일 이내에 그 시신을 인수하지 아니하면 임시로 매장하여야 한다.
③ 감염병 예방 등을 위하여 필요한 경우 가족 등의 동의를 받아 화장할 수 있으며, 그 밖에 필요한 조치를 하여야 한다.
④ 소장은 시신을 임시로 매장한 후 2년이 지나도록 시신의 인도를 청구하는 사람이 없을 때에는 화장 후 자연장을 하거나 일정한 장소에 집단으로 매장할 수 있다.

정답 및 해설

① [○] 소장은 사망한 수용자의 친족 또는 특별한 연고가 있는 사람이 그 시신 또는 유골의 인도를 청구하는 경우에는 인도하여야 한다. 다만, 자연장을 하거나 집단으로 매장을 한 후에는 그러하지 아니하다(동법 제128조 제1항).
② [○] 동법 제128조 제2항 본문
③ [×] 감염병 예방 등을 위하여 필요하면 즉시 화장하여야 하며, 그 밖에 필요한 조치를 할 수 있다(형집행법 제128조 제2항 단서).
④ [○] 소장은 시신을 임시로 매장하거나 화장하여 봉안한 후 2년이 지나도록 시신의 인도를 청구하는 사람이 없을 때에는 임시로 매장한 경우에는 화장 후 자연장을 하거나 일정한 장소에 집단으로 매장할 수 있고, 화장하여 봉안한 경우에는 자연장을 할 수 있다(동법 제128조 제3항).

정답 ③

제23장 민간인의 교정참여와 가석방

제1절 | 민간인의 교정참여

01 법령 및 지침상 교정위원에 대한 설명으로 옳지 않은 것을 모두 고른 것은? 2024. 6급 승진

㉠ 교정위원은 명예직으로 하며 소장의 추천을 받아 법무부장관이 위촉한다.
㉡ 교정위원은 수용자의 고충 해소 및 교정·교화를 위하여 필요한 의견을 소장에게 건의할 수 있다.
㉢ 교정위원의 위촉기간은 2년으로 하고, 활동실적 등에 따라 2년 단위로 재위촉할 수 있다.
㉣ 교정위원은 2개 이상의 교정기관에 중복하여 위촉될 수 없다.

① ㉠
② ㉠, ㉢
③ ㉡, ㉣
④ ㉢

정답 및 해설

옳지 않은 것은 ㉢이다.
㉠ [○] 형집행법 제130조 제1항
㉡ [○] 동법 시행령 제151조 제2항
㉢ [×] 교정위원은 제4조(자격 및 추천) 각 항의 요건을 갖춘 자 중에서 법무부장관이 위촉하며, 위촉기간은 3년으로 하고, 활동실적 등에 따라 3년 단위로 재위촉할 수 있다(교정위원 운영지침 제5조 제1항).
㉣ [○] 동 지침 제5조 제2항

정답 ④

02 형집행법령상 교정위원에 대한 설명으로 가장 옳지 않은 것은? 2024. 7급 승진

① 교정위원은 명예직으로 하며 소장의 추천을 받아 법무부장관이 위촉한다.
② 교정위원은 수용자의 고충 해소 및 교정·교화를 위하여 필요한 의견을 소장에게 건의할 수 있다.
③ 교정위원은 교정시설의 운영과 노인·장애인수용자 등의 보호, 성차별 및 성폭력 예방정책에 관한 자문에 대한 응답 및 조언을 한다.
④ 교정위원은 활동 중에 알게 된 교정시설의 안전과 질서 및 수용자의 신상에 관한 사항을 외부에 누설하거나 공개해서는 안 된다.

정답 및 해설

① [○] 형집행법 제130조 제2항
② [○] 동법 시행령 제151조 제2항
③ [×] 교정자문위원회의 기능에 대한 설명이다(동법 시행규칙 제264조 제1호·제3호). 교정위원은 수용자의 교육·교화·의료, 그 밖에 수용자의 처우를 후원하는 기능을 한다(동법 제130조 제1항).
④ [○] 교정위원, 교정자문위원, 그 밖에 교정시설에서 활동하는 외부인사는 활동 중에 알게 된 교정시설의 안전과 질서 및 수용자의 신상에 관한 사항을 외부에 누설하거나 공개해서는 안 된다(동법 시행령 제152조).

정답 ③

03 형집행법령상 교정자문위원회에 대한 설명으로 가장 옳은 것은? 2022. 5급 승진

① 수용자의 관리·교정교화 등 사무에 관한 지방교정청장의 자문에 응하기 위하여 지방교정청에 교정자문위원회를 둔다. 위원회는 6명 이상 8명 이하의 위원으로 성별을 고려하여 구성하고, 위원장은 위원 중에서 호선하며, 위원은 교정에 관한 학식과 경험이 풍부한 외부인사 중에서 지방교정청장의 추천을 받아 법무부장관이 위촉한다.
② 위원회는 위원 중에서 호선하여 부위원장을 둔다. 위원 중 3명 이상은 여성으로 한다. 지방교정청장이 위원을 추천하는 경우에는 교정자문위원회 위원 추천서를 법무부장관에게 제출하여야 한다. 다만, 재위촉의 경우에는 지방교정청장의 의견서를 추천서로 갈음한다.
③ 위원의 임기는 2년으로 하며, 연임할 수 있다. 지방교정청장은 위원의 결원이 생긴 경우에는 결원이 생긴 날부터 30일 이내에 후임자를 법무부장관에게 추천해야 한다. 결원이 된 위원의 후임으로 위촉된 위원의 임기는 전임자 임기의 남은 기간으로 한다.
④ 위원장은 위원회를 소집하고 위원회의 업무를 총괄한다. 위원장이 부득이한 사유로 직무를 수행할 수 없을 때에는 부위원장이 그 직무를 대행하고, 부위원장도 부득이한 사유로 직무를 수행할 수 없을 때에는 호선으로 선출하여 선출된 위원이 그 직무를 대행한다.

정답 및 해설

① [×] 수용자의 관리·교정교화 등 사무에 관한 지방교정청장의 자문에 응하기 위하여 지방교정청에 교정자문위원회를 둔다. 위원회는 10명 이상 15명 이하의 위원으로 성별을 고려하여 구성하고, 위원장은 위원 중에서 호선하며, 위원은 교정에 관한 학식과 경험이 풍부한 외부인사 중에서 지방교정청장의 추천을 받아 법무부장관이 위촉한다(동법 제129조).
② [×] 위원장은 위원 중에서 호선하며, 위원 중 4명 이상은 여성으로 한다(동법 시행규칙 제265조 제2항). 지방교정청장이 위원을 추천하는 경우에는 교정자문위원회 위원 추천서를 법무부장관에게 제출하여야 한다. 다만, 재위촉의 경우에는 지방교정청장의 의견서를 추천서로 갈음한다.
③ [○] 형집행법 시행규칙 제266조 제1항
④ [×] 위원장은 위원회를 소집하고 위원회의 업무를 총괄한다. 위원장이 부득이한 사유로 직무를 수행할 수 없을 때에는 부위원장이 그 직무를 대행하고, 부위원장도 부득이한 사유로 직무를 수행할 수 없을 때에는 위원장이 미리 지명한 위원이 그 직무를 대행한다(동법 시행규칙 제267조 제2항).

정답 ③

04 교정자문위원회에 대한 설명으로 옳지 않은 것은? 2012. 교정 7급

① 교정시설의 운영과 노인·장애인수용자 등의 보호, 성차별 및 성폭력 예방정책에 관한 자문에 대한 응답 및 조언을 한다.
② 교정자문위원회의 위원은 교정에 관한 학식과 경험이 풍부한 외부인사 중에서 지방교정청장이 위촉한다.
③ 교정자문위원회의 회의는 공개하지 아니한다. 다만, 위원회의 의결을 거친 경우에는 공개할 수 있다.
④ 교정자문위원회의 회의는 위원 과반수의 요청이 있거나 지방교정청장이 필요하다고 인정하는 경우에 개최한다.

정답 및 해설

① [○] 교정자문위원회의 기능은 ㉠ 교정시설의 운영에 관한 자문에 대한 응답 및 조언, ㉡ 수용자의 음식·의복·의료·교육 등 처우에 관한 자문에 대한 응답 및 조언, ㉢ 노인·장애인수용자 등의 보호, 성차별 및 성폭력 예방정책에 관한 자문에 대한 응답 및 조언, ㉣ 그 밖에 지방교정청장이 자문하는 사항에 대한 응답 및 조언이다(동법 시행규칙 제264조).
② [×] 위원은 교정에 관한 학식과 경험이 풍부한 외부인사 중에서 지방교정청장의 추천을 받아 법무부장관이 위촉한다(형집행법 제129조 제2항).
③ [○] 동법 시행규칙 제268조 제3항
④ [○] 동법 시행규칙 제268조 제1항

정답 ②

05 형집행법령상 교정자문위원회에 대한 설명으로 가장 옳지 않은 것은?   2022. 7급 승진

① 수용자의 관리·교정교화 등 사무에 관한 지방교정청장의 자문에 응하기 위하여 지방교정청에 교정자문위원회를 둔다.
② 교정자문위원회 위원 중 4명 이상은 여성으로 한다.
③ 교정자문위원회의 간사는 해당 지방교정청의 총무과장 또는 6급 이상의 교도관으로 한다.
④ 지방교정청장은 위원의 결원이 생긴 경우에는 결원이 생긴 날부터 60일 이내에 후임자를 법무부장관에게 추천해야 한다.

정답 및 해설

① [○] 동법 제129조 제1항
② [○] 동법 시행규칙 제265조 제2항
③ [○] 동법 시행규칙 제271조
④ [×] 위원의 임기는 2년으로 하며, 연임할 수 있다. 지방교정청장은 위원의 결원이 생긴 경우에는 결원이 생긴 날부터 30일 이내에 후임자를 법무부장관에게 추천해야 한다(형집행법 시행규칙 제266조).

정답 ④

06 형집행법령상 교정자문위원회에 대한 설명으로 가장 옳은 것은?   2024. 5급 승진

① 수용자의 관리·교정교화 등 사무에 관한 소장의 자문에 응하기 위하여 지방교정청에 교정자문위원회를 둔다.
② 교정자문위원은 교정에 관한 학식과 경험이 풍부한 외부인사 중에서 소장의 추천을 받아 지방교정청장이 위촉한다.
③ 교정자문위원회의 위원장은 위원 중에서 호선하고, 부위원장은 위원장이 지명한다.
④ 교정자문위원회는 10명 이상 15명 이하의 위원으로 성별을 고려하여 구성하고, 위원 중 4명 이상은 여성으로 한다.

정답 및 해설

① [×] 수용자의 관리·교정교화 등 사무에 관한 지방교정청장의 자문에 응하기 위하여 지방교정청에 교정자문위원회를 둔다(형집행법 제129조 제1항).
② [×] 교정자문위원은 교정에 관한 학식과 경험이 풍부한 외부인사 중에서 지방교정청장의 추천을 받아 법무부장관이 위촉한다(동법 제129조 제2항).
③ [×] 교정자문위원회의 위원장은 위원 중에서 호선하고(동법 제129조 제2항), 부위원장은 위원 중에서 호선한다(동법 시행규칙 제265조 제1항).
④ [○] 동법 제129조 제2항, 동법 시행규칙 제265조 제2항

정답 ④

07 형집행법령상 교정자문위원회(이하 "위원회"라 한다)에 대한 설명으로 옳지 않은 것은 모두 몇 개인가?

2024. 7급 승진

> ㉠ 수용자의 관리·교정교화 등 사무에 관한 지방교정청장의 자문에 응하기 위하여 지방교정청에 교정자문위원회를 둔다.
> ㉡ 위원회는 10명 이상 15명 이하의 위원으로 성별을 고려하여 구성하고, 위원장은 위원 중에서 호선하며, 위원은 교정에 관한 학식과 경험이 풍부한 외부인사 중에서 지방교정청장의 추천을 받아 법무부장관이 위촉한다.
> ㉢ 위원 중 4명 이상은 여성으로 한다.
> ㉣ 위원회의 회의는 위원 과반수의 요청이 있거나 지방교정청장이 필요하다고 인정하는 경우에 개최한다.
> ㉤ 위원의 임기는 2년으로 하며, 연임할 수 있다.

① 0개　　② 1개
③ 2개　　④ 3개

정답 및 해설

모두 옳은 설명이다.
㉠ [○] 형집행법 제129조 제1항
㉡ [○] 동법 제129조 제2항
㉢ [○] 동법 시행규칙 제265조 제2항
㉣ [○] 동법 시행규칙 제268조 제1항
㉤ [○] 동법 시행규칙 제266조 제1항

정답 ①

08 교정자문위원회에 대한 설명으로 옳지 않은 것은?

① 위원회는 10명 이상 15명 이하의 위원으로 성별을 고려하여 구성하고, 위원장은 위원 중에서 호선한다.
② 수용자의 관리·교정교화 등 사무에 관한 지방교정청장의 자문에 응하기 위하여 지방교정청에 둔다.
③ 위원회에 관하여 필요한 사항은 법무부령으로 정한다.
④ 위원은 교정에 관한 학식과 경험이 풍부한 외부인사 중에서 지방교정청장이 임명한다.
⑤ 회의는 위원 과반수의 요청이 있거나 지방교정청장이 필요하다고 인정하는 경우에 개최한다.

정답 및 해설

① [○] 동법 제129조 제2항
② [○] 동법 제129조 제1항
③ [○] 동법 제129조 제3항
④ [×] 위원은 교정에 관한 학식과 경험이 풍부한 외부인사 중에서 지방교정청장의 추천을 받아 법무부장관이 위촉한다(형집행법 제129조 제2항).
⑤ [○] 동법 시행규칙 제268조 제1항

정답 ④

09 정자문위원회의 구성에 대한 설명으로 옳은 것은?

① 지방교정청장은 위원의 결원이 생긴 경우에는 결원이 생긴 날부터 30일 이내에 후임자를 법무부장관에게 추천해야 한다.
② 결원이 된 위원의 후임으로 위촉된 위원의 임기는 2년으로 한다.
③ 위원회의 회의는 공개하지 아니한다. 다만, 위원장이 허가한 경우에는 공개할 수 있다.
④ 위원 중 2명 이상은 여성으로 한다.

정답 및 해설

① [○] 형집행법 시행규칙 제266조 제2항
② [×] 결원이 된 위원의 후임으로 위촉된 위원의 임기는 전임자 임기의 남은 기간으로 한다(동법 시행규칙 제266조 제3항).
③ [×] 위원회의 회의는 공개하지 아니한다. 다만, 위원회의 의결을 거친 경우에는 공개할 수 있다(동법 시행규칙 제268조 제3항).
④ [×] 위원 중 4명 이상은 여성으로 한다(동법 시행규칙 제265조 제2항).

정답 ①

10 현행법령상 교정위원에 대한 설명으로 옳지 않은 것은?

① 교정위원은 명예직으로 하며 소장의 추천을 받아 법무부장관이 위촉한다.
② 수용자의 교화·교육·의료 그 밖에 수용자의 처우를 위하여 교정시설에 교정위원을 둘 수 있다.
③ 교정위원은 수용자의 고충해소 및 교정·교화를 위하여 필요한 의견을 법무부장관에게 건의할 수 있다.
④ 소장은 교정위원에게 수용자를 교화상담하게 할 수 있다.

정답 및 해설

① [○] 동법 제130조 제2항
② [○] 동법 제130조 제1항
③ [×] 교정위원은 수용자의 고충해소 및 교정·교화를 위하여 필요한 의견을 소장에게 건의할 수 있다(형집행법 시행령 제151조 제2항).
④ [○] 소장은 교정위원을 두는 경우 수용자의 개선을 촉구하고 안정된 수용생활을 하게 하기 위하여 교정위원에게 수용자를 교화상담하게 할 수 있다(동법 시행령 제151조 제1항).

정답 ③

11 현행법령상 기부금품에 대한 설명으로 옳은 것은?

① 소장은 기관·단체 또는 개인에게 수용자의 교화 등을 위하여 교정시설에 기부를 요청할 수 있다.
② 소장은 기부금품을 접수하는 경우에는 기부한 단체·기관 또는 개인에게 세금계산서를 발급하여야 한다. 다만, 익명으로 기부하거나 기부자를 알 수 없는 경우에는 그러하지 아니하다.
③ 소장은 기부자가 용도를 지정하여 금품을 기부한 경우에는 기부금품을 그 용도에 사용하여야 한다.
④ 소장은 기부자가 기탁한 기부금품을 지정한 용도로 사용하기 어려운 특별한 사정이 있는 경우에는 다른 용도로 변경할 수 있다.

정답 및 해설

① [×] 소장은 기관·단체 또는 개인이 수용자의 교화 등을 위하여 교정시설에 자발적으로 기탁하는 금품을 받을 수 있다(동법 제131조).
  ▶ 기부요청은 할 수 없다.
② [×] 소장은 기부금품을 접수하는 경우에는 기부한 단체·기관 또는 개인에게 영수증을 발급하여야 한다. 다만, 익명으로 기부하거나 기부자를 알 수 없는 경우에는 그러하지 아니하다(동법 시행령 제153조 제1항).
③ [○] 형집행법 시행령 제153조 제2항
④ [×] 소장은 기부자가 기탁한 기부금품을 지정한 용도로 사용하기 어려운 특별한 사정이 있는 경우에는 기부자의 동의를 받아 다른 용도로 사용할 수 있다(동법 시행령 제153조 제2항).
  ▶ 소장의 임의로 용도 변경은 불가하다.

정답 ③

제2절 | 가석방제도

01 「형법」상 가석방제도에 대한 설명으로 옳은 것은? 2020. 보호 7급

① 형기에 산입된 판결선고 전 구금일수는 가석방을 하는 경우 집행한 기간에 산입하지 아니한다.
② 가석방의 기간은 무기형에 있어서는 20년으로 하고, 유기형에 있어서는 남은 형기로 하되, 그 기간은 10년을 초과할 수 없다.
③ 징역이나 금고의 집행 중에 있는 사람이 행상이 양호하여 뉘우침이 뚜렷한 때에는 무기형은 10년, 유기형은 형기의 3분의 1이 지난 후 행정처분으로 가석방을 할 수 있다.
④ 가석방의 처분을 받은 자가 감시에 관한 규칙을 위배하거나, 보호관찰의 준수사항을 위반하고 그 정도가 무거운 때에는 가석방처분을 취소할 수 있다.

정답 및 해설

① [×] 형기에 산입된 판결선고 전 구금일수는 가석방을 하는 경우 집행한 기간에 산입한다(동법 제73조 제1항).
② [×] 가석방의 기간은 무기형에 있어서는 10년으로 하고, 유기형에 있어서는 남은 형기로 하되, 그 기간은 10년을 초과할 수 없다(동법 제73조의2 제1항).
③ [×] 징역이나 금고의 집행 중에 있는 사람이 행상이 양호하여 뉘우침이 뚜렷한 때에는 무기형은 20년, 유기형은 형기의 3분의 1이 지난 후 행정처분으로 가석방을 할 수 있다(동법 제72조 제1항).
④ [○] 「형법」 제75조

정답 ④

02 형의 집행 및 수용자의 처우에 관한 법령상 가석방심사위원회에 대한 설명으로 옳지 않은 것은?

2023. 교정 7급

① 가석방심사위원회는 위원장을 포함한 5명 이상 9명 이하의 위원으로 구성한다.
② 가석방심사위원회 위원은 판사, 검사, 변호사, 법무부 소속 공무원, 교정에 관한 학식과 경험이 풍부한 사람 중에서 법무부장관이 임명 또는 위촉한다.
③ 가석방심사위원회 위원장은 법무부장관이 된다.
④ 가석방심사위원회의 회의는 재적위원 과반수의 출석으로 개의하고, 출석위원 과반수의 찬성으로 의결한다.

정답 및 해설

① [○] 동법 제120조 제1항
② [○] 동법 제120조 제2항 후단
③ [×] 위원장은 법무부차관이 된다(형집행법 제120조 제2항 전단).
④ [○] 동법 시행규칙 제242조 제1항

정답 ③

03 현행법상 가석방제도에 대한 설명으로 옳은 것은?

2019. 5급 승진

① 가석방 기간은 무기형에 있어서는 20년으로 하고, 유기형에 있어서는 남은 형기로 하되 그 기간은 20년을 초과할 수 없다.
② 가석방 기간 중 업무상과실치사의 죄로 금고형을 선고받아 그 판결이 확정된 경우에 가석방 처분은 효력을 잃지 않는다.
③ 가석방 처분을 받은 후 그 처분이 실효 또는 취소되지 아니하고 가석방 기간을 경과한 때에는 형의 선고는 효력을 잃은 것으로 본다.
④ 징역 또는 금고를 선고받은 소년에 대하여는 15년 유기형의 경우 5년이 지난 후부터 가석방을 허가할 수 있다.
⑤ 소년수형자의 가석방 적격 여부는 법무부장관 소속 가석방심사위원회가 심사하여 결정한다.

정답 및 해설

① [×] 가석방의 기간은 무기형에 있어서는 10년으로 하고, 유기형에 있어서는 남은 형기로 하되, 그 기간은 10년을 초과할 수 없다(동법 제73조의2 제1항).
② [○] 가석방 기간 중 고의로 지은 죄로 금고 이상의 형을 선고받아 그 판결이 확정된 경우에 가석방 처분은 효력을 잃는다(「형법」 제74조). 그러므로 과실로 인한 죄로 형을 선고받아 그 판결이 확정된 경우에는 가석방 처분은 효력을 잃지 않는다.
③ [×] 가석방의 처분을 받은 후 그 처분이 실효 또는 취소되지 아니하고 가석방기간을 경과한 때에는 형의 집행을 종료한 것으로 본다(동법 제76조 제1항).
④ [×] 징역 또는 금고를 선고받은 소년에 대하여는 무기형의 경우에는 5년, 15년 유기형의 경우에는 3년, 부정기형의 경우에는 단기의 3분의 1이 지나면 가석방을 허가할 수 있다(「소년법」 제65조).
⑤ [×] 교도소의 장은 「소년법」 제65조(가석방)의 기간이 지난 소년수형자에 대하여 관할 보호관찰심사위원회에 가석방 심사를 신청할 수 있고(「보호관찰 등에 관한 법률」 제22조 제1항), 보호관찰심사위원회는 가석방 심사 신청을 받으면 소년수형자에 대한 가석방이 적절한지를 심사하여 결정한다(동법 제23조 제1항).

정답 ②

04 법령 및 판례상 가석방 제도에 대한 설명으로 옳은 것은 모두 몇 개인가? (다툼이 있는 경우 판례에 의함)

2024. 5급 승진

㉠ 헌법재판소는 수개의 형이 확정된 수형자에 대해서는 각형의 형기를 모두 3분의 1 이상씩 경과한 후가 아니면 가석방이 불가능하다고 보았다.
㉡ 헌법재판소는 가석방은 형기만료 전에 조건부로 수형자를 석방하는 제도로서 수형자의 원활한 사회복귀를 주된 목적으로 하고 있으며, 간접적으로는 수용질서를 유지하는 기능도 수행한다고 보았다.
㉢ 소장은 수형자의 가석방 적격심사신청을 위하여 신원에 관한 사항, 범죄에 관한 사항, 보호에 관한 사항을 사전에 조사해야 한다. 신원에 관한 사항의 조사는 수형자를 수용한 날부터 2개월 이내에 하고, 범죄에 관한 사항의 조사는 수형자를 수용한 날부터 1개월 이내에 한다.
㉣ 사전조사 중 보호에 관한 사항의 조사는 형기의 3분의 1이 지난 후 하여야 하고, 그 후 변경된 사항이 있는 경우에는 지체 없이 그 내용을 변경하여야 한다.

① 0개
② 1개
③ 2개
④ 3개

정답 및 해설

옳은 것은 ㉠, ㉡이다.
㉠ [○] 헌재 1995.3.23. 93헌마12

> **관련판례**
> 형법 제72조 제1항에서의 "형기"라 함은 1개의 판결로 수개의 형이 확정된 수형자의 경우에도 "각형의 형기를 합산한 형기"나 "최종적으로 집행되는 형의 형기"를 의미하는 것이 아니라, 언제나 "각형의 형기"를 의미하고, 그 당연한 귀결로서 수개의 형이 확정된 수형자에 대하여는 각형의 형기를 모두 3분의 1 이상씩 경과한 후가 아니면 가석방이 불가능하게 되는 것이다(헌재 1995.3.23. 93헌마12).

㉡ [○] 헌재 2017.4.4. 2017헌마260
㉢ [×] 소장은 수형자의 가석방 적격심사신청을 위하여 신원에 관한 사항, 범죄에 관한 사항, 보호에 관한 사항을 사전에 조사해야 한다(형집행법 시행규칙 제246조). 신원에 관한 사항의 조사는 수형자를 수용한 날부터 1개월 이내에 하고(동법 시행규칙 제249조 제1항 전단), 범죄에 관한 사항의 조사는 수형자를 수용한 날부터 2개월 이내에 한다(동법 시행규칙 제249조 제2항 전단).
㉣ [×] 보호에 관한 사항의 조사는 형기의 3분의 1이 지나기 전에 하여야 하고, 그 후 변경된 사항이 있는 경우에는 지체 없이 그 내용을 변경하여야 한다(동법 시행규칙 제249조 제3항).

정답 ③

05 「형의 집행 및 수용자의 처우에 관한 법률」상 가석방심사위원회의 심사과정 및 심사내용의 공개범위와 공개시기로 옳은 것은 모두 몇 개인가? (다만, 심의서 및 회의록의 내용 중 개인의 신상을 특정할 수 있는 부분은 삭제하고 공개하며 국민의 알권리를 충족할 필요가 있는 등의 사유는 없다고 가정함)

2024. 5급 승진

> ㉠ 위원의 명단은 임명 또는 위촉한 즉시
> ㉡ 심의서는 해당 가석방 결정 등을 한 후 5년이 경과한 때부터
> ㉢ 회의록은 해당 가석방 결정 등을 한 후부터 즉시
> ㉣ 위원의 경력사항은 임명 또는 위촉한 후 1년이 경과한 때부터

① 0개 ② 1개
③ 2개 ④ 3개

정답 및 해설

옳은 것은 ㉠이다.
㉠ [○], ㉣ [×] 위원의 명단과 경력사항은 임명 또는 위촉한 즉시(형집행법 제120조 제3항 제1호)
㉡ [×] 심의서는 해당 가석방 결정 등을 한 후부터 즉시(동법 제120조 제3항 제2호)
㉢ [×] 회의록은 해당 가석방 결정 등을 한 후 5년이 경과한 때부터(동법 제120조 제3항 제3호)

정답 ②

06 형집행법령상 가석방에 대한 설명으로 옳지 않은 것은 모두 몇 개인가?

2024. 7급 승진

> ㉠ 소장은 「형법」 제72조(가석방의 요건) 제1항의 기간이 지난 수형자에 대하여는 법무부령으로 정하는 바에 따라 가석방심사위원회에 가석방 적격심사를 신청할 수 있다.
> ㉡ 소장은 「형의 집행 및 수용자의 처우에 관한 법률 시행규칙」 제246조(사전조사)에 따라 조사한 사항을 매월 분류처우위원회의 회의 개최일까지 분류처우심사표에 기록하여야 한다.
> ㉢ 분류처우위원회가 동일하거나 유사한 죄로 2회 이상 징역형 또는 금고형의 집행을 받은 수형자에 대하여 적격심사신청을 할 때에는 뉘우치는 정도, 노동 능력 및 의욕, 근면성, 그 밖에 정상적인 업무에 취업할 수 있는 생활계획과 보호관계에 관하여 중점적으로 심사하여야 한다.
> ㉣ 소장은 가석방이 허가되지 아니한 수형자에 대하여 그 후에 가석방을 허가하는 것이 적당하다고 인정하는 경우에는 다시 가석방 적격심사신청을 하여야 한다.
> ㉤ 가석방심사위원회는 가석방 적격결정을 하였으면 7일 이내에 법무부장관에게 가석방 허가를 신청하여야 한다.

① 2개 ② 3개
③ 4개 ④ 5개

정답 및 해설

모두 옳지 않은 설명이다.
㉠ [×] 소장은 「형법」 제72조 제1항의 기간(무기형은 20년, 유기형은 형기의 3분의 1)이 지난 수형자에 대하여는 법무부령으로 정하는 바에 따라 위원회에 가석방 적격심사를 신청하여야 한다(형집행법 제121조 제1항).
㉡ [×] 소장은 제246조에 따라 조사한 사항(사전조사한 사항)을 매월 분류처우위원회의 회의 개최일 전 날까지 분류처우심사표에 기록하여야 한다(동법 시행규칙 제248조 제1항).
㉢ [×] 가석방심사위원회가 동일하거나 유사한 죄로 2회 이상 징역형 또는 금고형의 집행을 받은 수형자에 대하여 적격심사할 때에는 뉘우치는 정도, 노동 능력 및 의욕, 근면성, 그 밖에 정상적인 업무에 취업할 수 있는 생활계획과 보호관계에 관하여 중점적으로 심사하여야 한다(동법 시행규칙 제252조).

ⓒ [×] 소장은 가석방이 허가되지 아니한 수형자에 대하여 그 후에 가석방을 허가하는 것이 적당하다고 인정하는 경우에는 다시 가석방 적격심사신청을 할 수 있다(동법 시행규칙 제251조).
ⓓ [×] 가석방심사위원회는 가석방 적격결정을 하였으면 5일 이내에 법무부장관에게 가석방 허가를 신청하여야 한다(동법 제122조 제1항).

정답 ④

「형의 집행 및 수용자의 처우에 관한 법률 시행규칙」상 가석방에 대한 설명으로 가장 옳지 않은 것은?

2023. 6급 승진

① 가석방자는 가석방 기간 중 「가석방자관리규정」에 따른 지켜야 할 사항 및 관할 경찰서장의 명령 또는 조치를 따라야 하며 이를 위반하는 경우에는 「형법」 제75조에 따라 가석방을 취소할 수 있다.
② 소장은 가석방을 취소하는 것이 타당하다고 인정하는 경우 긴급한 사유가 있을 때에는 위원회의 심사를 거치지 아니하고 전화, 전산망 또는 그 밖의 통신수단으로 법무부장관에게 가석방의 취소를 신청할 수 있다.
③ 소장은 가석방이 취소된 사람 또는 가석방이 실효된 사람이 교정시설에 수용되지 아니한 사실을 알게 된 때에는 관할 지방검찰청 검사 또는 관할 경찰서장에게 구인하도록 의뢰하여야 한다.
④ 가석방취소자 및 가석방실효자의 남은 형기 기간은 가석방을 실시한 날부터 원래 형기의 종료일까지로 하고, 남은 형기 집행 기산일은 가석방의 취소 또는 실효로 인하여 교정시설에 수용된 날부터 한다.

정답 및 해설

① [○] 동법 시행규칙 제260조
② [○] 동법 시행규칙 제261조
③ [○] 동법 시행규칙 제263조
④ [×] 가석방취소자 및 가석방실효자의 남은 형기 기간은 가석방을 실시한 다음 날부터 원래 형기의 종료일까지로 하고, 남은 형기집행 기산일은 가석방의 취소 또는 실효로 인하여 교정시설에 수용된 날부터 한다(형집행법 시행규칙 제263조).

정답 ④

「형의 집행 및 수용자의 처우에 관한 법률 시행규칙」상 가석방 적격심사에 대한 설명으로 가장 옳지 않은 것은?

2022. 6급 승진

① 소장은 가석방 적격심사신청에 필요하다고 인정하면 분류처우위원회에 수형자를 출석하게 하여 진술하도록 하거나 담당교도관을 출석하게 하여 의견을 들을 수 있다.
② 소장은 수형자의 가석방 적격심사신청을 위하여 신원에 관한 사항, 범죄에 관한 사항, 보호에 관한 사항을 사전에 조사해야 한다.
③ 소장은 가석방이 허가되지 아니한 수형자에 대하여 그 후에 가석방을 허가하는 것이 적당하다고 인정하는 경우에는 다시 가석방 적격심사신청을 할 수 있다.
④ 가석방 적격심사신청을 위한 범죄에 관한 사항에 대한 조사는 수형자를 수용한 날로부터 6개월 이내에 하고, 조사에 필요하다고 인정하는 경우에는 소송기록을 열람할 수 있다.

정답 및 해설

① [○] 소장은 가석방 적격심사신청에 필요하다고 인정하면 분류처우위원회에 수형자를 출석하게 하여 진술하도록 하거나 담당교도관을 출석하게 하여 의견을 들을 수 있다(동법 시행규칙 제245조 제2항).
② [○] 소장은 수형자의 가석방 적격심사신청을 위하여 다음 각 호의 사항(신원, 범죄, 보호에 관한 사항)을 사전에 조사해야 한다. 이 경우 조사의 방법에 관하여는 제70조(분류조사방법)를 준용한다(동법 시행규칙 제246조).
③ [○] 동법 시행규칙 제251조
④ [×] 가석방 적격심사신청을 위한 범죄에 관한 사항에 대한 조사는 수형자를 수용한 날로부터 2개월 이내에 하고, 조사에 필요하다고 인정하는 경우에는 소송기록을 열람할 수 있다(형집행법 시행규칙 제249조).

정답 ④

09 형집행법령상 가석방에 대한 설명으로 가장 옳은 것은? 2022. 7급 승진

① 가석방심사위원회는 위원장을 포함한 7명 이상 9명 이하의 위원으로 구성한다.
② 가석방심사위원회는 가석방 적격결정을 하였으면 5일 이내에 법무부장관에게 가석방 허가를 신청하여야 한다.
③ 가석방에 따른 석방은 그 서류가 교정시설에 도달한 후 24시간 이내에 하여야 한다. 다만, 그 서류에서 석방일시를 지정하고 있으면 그 일시에 한다.
④ 가석방실효자의 남은 형기 집행 기산일은 가석방의 실효로 인하여 교정시설에 수용된 다음 날부터 한다.

정답 및 해설

① [×] 가석방심사위원회는 위원장을 포함한 5명 이상 9명 이하의 위원으로 구성한다(동법 제120조 제1항).
② [○] 형집행법 제119조
③ [×] 가석방에 따른 석방은 그 서류가 교정시설에 도달 한 후 12시간 이내에 하여야 한다. 다만, 그 서류에서 석방일시를 지정하고 있으면 그 일시에 한다(동법 제124조).
④ [×] 가석방실효자의 남은 형기 집행 기산일은 가석방의 실효로 인하여 교정시설에 수용된 날부터 한다(동법 시행규칙 제263조).

정답 ②

10 「형의 집행 및 수용자의 처우에 관한 법률 시행규칙」상 가석방의 취소 등에 대한 설명으로 가장 옳지 않은 것은? 2022. 5급 승진

① 가석방 기간 중 형사사건으로 구속되어 교정시설에 미결수용 중인 자의 가석방 취소 결정으로 남은 형기를 집행하게 된 경우에는 가석방된 형의 집행을 지휘하였던 검찰청 검사에게 남은 형기 집행지휘를 받아 우선 집행하여야 한다.
② 소장은 가석방이 취소된 사람 또는 가석방이 실효된 사람이 교정시설에 수용되지 아니한 사실을 알게 된 때에는 관할 지방검찰청 검사 또는 관할 경찰서장에게 구인하도록 의뢰하여야 한다.
③ 가석방이 취소된 사람 및 가석방이 실효된 사람의 남은 형기 집행 기산일은 가석방의 취소 또는 실효로 인하여 교정시설에 수용된 날의 다음 날부터 한다.
④ 가석방이 취소된 사람 및 가석방이 실효된 사람의 남은 형기 기간은 가석방을 실시한 다음 날부터 원래 형기의 종료일까지로 한다.

정답 및 해설

① [○] 동법 시행규칙 제263조 제6항
② [○] 동법 시행규칙 제263조 제3항
③ [×] 가석방이 취소된 사람 및 가석방이 실효된 사람의 남은 형기 집행 기산일은 가석방의 취소 또는 실효로 인하여 교정시설에 수용된 날부터 한다(형집행법 시행규칙 제263조 제5항).
④ [○] 동법 시행규칙 제263조 제5항

정답 ③

11 형집행법령상 가석방에 대한 설명으로 옳지 않은 것은 모두 몇 개인가? 2023. 5급 승진

○○○

㉠ 가석방심사위원회의 위원장이 부득이한 사정으로 직무를 수행할 수 없을 때에는 법무부장관이 미리 지정한 위원이 그 직무를 대행한다.
㉡ 소장은 수형자의 가석방 적격심사신청을 위하여 다음 각 호의 사항을 사전에 조사해야 한다. 이 경우 조사의 방법에 관하여는 제70조를 준용한다.
㉢ 소장은 가석방 적격심사신청 대상자를 선정한 경우 선정된 날부터 5일 이내에 가석방심사위원회에 가석방 적격심사신청을 하여야 하며, 가석방심사위원회에 적격심사신청한 사실을 수형자의 동의를 받아 보호자 등에게 알릴 수 있다.
㉣ 범죄의 수단이 참혹 또는 교활하거나 극심한 위해(危害)를 발생시킨 경우, 해당 범죄로 무기형에 처해진 경우, 그 밖에 사회적 물의를 일으킨 죄를 지은 경우에 해당하는 수형자에 대하여 가석방 적격심사할 때에는 특히 피해자의 감정에 유의하여야 한다.
㉤ 가석방심사위원회는 가석방 적격결정을 하였으면 5일 이내에 법무부장관에게 가석방 허가를 신청하여야 한다.

① 0개
② 1개
③ 2개
④ 3개

정답 및 해설

옳지 않은 것은 ㉠, ㉣이다.
㉠ [×] 위원장이 부득이한 사정으로 직무를 수행할 수 없을 때에는 위원장이 미리 지정한 위원이 그 직무를 대행한다(형집행법 시행규칙 제238조 제2항).
㉡ [○] 동법 시행규칙 제246조
㉢ [○] 동법 시행규칙 제250조 제2항·제3항
㉣ [×] 범죄의 수단이 참혹 또는 교활하거나 극심한 위해(危害)를 발생시킨 경우, 해당 범죄로 무기형에 처해진 경우, 그 밖에 사회적 물의를 일으킨 죄를 지은 경우에 해당하는 수형자에 대하여 가석방 적격심사할 때에는 특히 그 범죄에 대한 사회의 감정에 유의하여야 한다(동법 시행규칙 제254조).
㉤ [○] 동법 제122조 제1항

정답 ③

12. 형집행법령상 가석방에 대한 설명으로 가장 옳지 않은 것은?

2023. 7급 승진

① 소장은 가석방 적격심사신청 대상자를 선정한 경우 선정된 날부터 5일 이내에 가석방심사위원회에 가석방 적격심사신청을 하여야 한다.
② 소장은 수형자의 가석방 적격심사신청을 위하여 범행 시의 나이, 형기, 범죄횟수 등 범죄에 관한 사항에 대한 사전조사를 형기의 3분의 1이 지나기 전에 하여야 하고, 조사에 필요하다고 인정하는 경우에는 소송기록을 열람할 수 있다.
③ 가석방심사위원회는 가석방 적격결정을 하였으면 5일 이내에 법무부장관에게 가석방 허가를 신청하여야 한다.
④ 가석방 기간 중 형사사건으로 구속되어 교정시설에 미결수용 중인 자의 가석방 취소 결정으로 남은 형기를 집행하게 된 경우에는 가석방된 형의 집행을 지휘하였던 검찰청 검사에게 남은 형기 집행지휘를 받아 우선 집행해야 한다.

정답 및 해설

① [○] 동법 시행규칙 제250조 제2항
② [×] 소장은 수형자의 가석방 적격심사신청을 위하여 범행 시의 나이, 형기, 범죄횟수 등 범죄에 관한 사항에 대한 사전조사를 수형자를 수용한 날부터 2개월 이내에 하고, 조사에 필요하다고 인정하는 경우에는 소송기록을 열람할 수 있다(형집행법 시행규칙 제246조 제2호, 동법 시행규칙 제249조 제2항).
③ [○] 동법 제122조 제1항
④ [○] 동법 시행규칙 제263조 제6항

정답 ②

13. 형집행법령상 가석방에 대한 설명으로 옳은 것은 모두 몇 개인가?

2024. 6급 승진

㉠ 가석방심사위원회는 위원장을 포함한 5명 이상 9명 이하의 위원으로 구성한다.
㉡ 소장은 「형법」 제72조(가석방의 요건) 제1항의 기간을 경과한 수형자로서 교정성적이 우수하고 뉘우치는 빛이 뚜렷하여 재범의 위험성이 없다고 인정하는 경우에는 분류처우위원회의 의결을 거쳐 가석방 적격심사신청 대상자를 선정한다.
㉢ 소장은 가석방 적격심사신청에 필요하다고 인정하면 분류처우위원회에 수형자를 출석하게 하여 진술하도록 하거나 담당교도관을 출석하게 하여 의견을 들을 수 있다.
㉣ 가석방심사위원회는 가석방 적격결정을 하였으면 5일 이내에 법무부장관에게 가석방 허가를 신청하여야 한다.

① 1개 ② 2개
③ 3개 ④ 4개

정답 및 해설

모두 옳은 설명이다.
㉠ [○] 형집행법 제120조 제1항
㉡ [○] 동법 시행규칙 제245조 제1항
㉢ [○] 동법 시행규칙 제245조 제2항
㉣ [○] 동법 제122조 제1항

정답 ④

14. 가석방제도에 대한 설명으로 옳은 것은?
2015. 5급 승진

① 징역이나 금고의 집행 중에 있는 사람이 행상이 양호하여 뉘우침이 뚜렷한 때에는 무기형은 10년, 유기형은 형기의 3분의 1이 지난 후 행정처분으로 가석방을 할 수 있다.
② 소장이 가석방적격심사를 신청한 때에는 수형자가 동의하지 아니하더라도 신청사실을 보호자 등에게 알려야 한다.
③ 형기에 산입된 판결선고 전 구금일수는 가석방을 하는 경우 집행한 기간에 산입하지 아니한다.
④ 가석방 기간 중 고의 또는 과실로 지은 죄로 금고 이상의 형을 선고받아 그 판결이 확정된 경우에 가석방처분은 효력을 잃는다.
⑤ 가석방처분을 받은 자가 감시에 관한 규칙을 위배하거나 보호관찰의 준수사항을 위반하였다고 하여 반드시 가석방처분을 취소하여야 하는 것은 아니다.

정답 및 해설

① [×] 무기형은 20년, 유기형은 형기의 3분의 1이 지난 후 행정처분으로 가석방을 할 수 있다(동법 제72조 제1항).
② [×] 소장은 위원회에 적격심사신청한 사실을 수형자의 동의를 받아 보호자 등에게 알릴 수 있다(형집행법 시행규칙 제250조 제3항).
③ [×] 형기에 산입된 판결선고 전 구금일수는 가석방을 하는 경우 집행한 기간에 산입한다(형법 제73조 제1항).
④ [×] 가석방 기간 중 고의로 지은 죄로 금고 이상의 형을 선고받아 그 판결이 확정된 경우에 가석방처분은 효력을 잃는다(동법 제74조).
⑤ [○] 가석방의 처분을 받은 자가 감시에 관한 규칙을 위배하거나, 보호관찰의 준수사항을 위반하고 그 정도가 무거운 때에는 가석방처분을 취소할 수 있다(형법 제75조).

정답 ⑤

15. 甲, 乙, 丙, 丁 중 가석방의 대상이 될 수 있는 수형자는?
2012. 교정 9급

㉠ 성년인 甲은 15년의 유기징역을 선고받고 6년을 경과하였고, 병과하여 받은 벌금의 3분의 2를 납입하였다.
㉡ 성년인 乙은 무기징역을 선고받고, 16년을 경과하였다.
㉢ 현재 18세 소년인 丙은 15년 유기징역을 선고받고, 3년을 경과하였다.
㉣ 현재 18세 소년인 丁은 장기 9년, 단기 3년의 부정기형을 선고받고, 2년을 경과하였다.

① 甲, 乙　　　　② 乙, 丙
③ 甲, 丁　　　　④ 丙, 丁

정답 및 해설

가석방의 대상이 될 수 있는 수형자는 丙, 丁이다.
㉠ [×] 성년인 경우 유기형은 형기의 3분의 1이 경과하고 벌금이 있는 때에는 그 금액을 완납하여야 가석방요건이 충족되는데, 甲의 경우 형기의 3분의 1인 5년은 경과하였으나 벌금을 완납하지 아니하였으므로 가석방 대상이 될 수 없다.
㉡ [×] 성년 무기징역 수형자는 20년이 경과하여야 가석방 대상이 되므로, 현재 16년을 경과한 성년인 乙은 가석방 대상이 될 수 없다.
㉢ [○] 소년인 경우 유기형은 3년이 경과하면 가석방요건이 충족되는데, 丙은 3년을 경과하였으므로 가석방의 대상이 된다.
㉣ [○] 소년인 경우 부정기형은 단기의 3분의 1이 경과하면 가석방요건이 충족되는데, 丁은 2년을 경과하였으므로 가석방 대상이 된다.

정답 ④

16 가석방에 대한 설명으로 옳은 것은?
2015. 교정 9급

① 가석방 처분 후 처분이 실효 또는 취소되지 않고 가석방 기간을 경과한 때에는 가석방심사위원회를 통해 최종적으로 형 집행 종료를 결정한다.
② 가석방심사위원회는 가석방 적격결정을 하였으면 7일 이내에 법무부장관에게 가석방 허가를 신청하여야 한다.
③ 징역이나 금고의 집행 중에 있는 사람이 행상이 양호하여 뉘우침이 뚜렷한 때에는 무기형은 10년, 유기형은 형기의 3분의 1이 지난 후 행정처분으로 가석방을 할 수 있다.
④ 가석방 적격심사 시 재산에 관한 죄를 지은 수형자에 대하여는 특히 그 범행으로 인하여 발생한 손해의 배상 여부 또는 손해를 경감하기 위한 노력 여부를 심사하여야 한다.

정답 및 해설

① [×] 가석방의 처분을 받은 후 그 처분이 실효 또는 취소되지 아니하고 가석방 기간을 경과한 때에는 형의 집행을 종료한 것으로 본다(형법 제76조 제1항).
② [×] 가석방심사위원회는 가석방 적격결정을 하였으면 5일 이내에 법무부장관에게 가석방 허가를 신청하여야 한다(형집행법 제122조 제1항).
③ [×] 무기형은 20년, 유기형은 형기의 3분의 1이 지난 후 행정처분으로 가석방을 할 수 있다(형법 제72조 제1항).
④ [○] 형집행법 시행규칙 제255조 제1항

정답 ④

17 「형의 집행 및 수용자의 처우에 관한 법률 시행규칙」상 수형자의 가석방 적격심사신청을 위하여 교정시설의 장이 사전에 조사하여야 할 사항으로 옳은 항목의 개수는?
2014. 교정 7급

㉠ 작업장려금 및 작업 상태	㉡ 석방 후의 생활계획
㉢ 범죄 후의 정황	㉣ 책임감 및 협동심
㉤ 접견 및 편지의 수신·발신 내역	

① 2개
② 3개
③ 4개
④ 5개

정답 및 해설

④ [○] 수형자의 가석방 적격심사신청을 위하여 소장이 사전에 조사하여야 할 사항은 ㉠ ~ ㉤이다.

사전조사 사항(형집행법 시행규칙 제246조)

신원에 관한 사항 수용한 날부터 1개월 이내 조사	범죄에 관한 사항 수용한 날부터 2개월 이내 조사	보호에 관한 사항 형기의 3분의 1이 지나기 전에 조사
• 건강 상태 • 정신 및 심리 상태 • 책임감 및 협동심 • 경력 및 교육 정도 • 노동 능력 및 의욕 • 교정성적 • 작업장려금 및 작업 상태 • 그 밖의 참고사항	• 범행 시의 나이 • 형기 • 범죄횟수 • 범죄의 성질·동기·수단 및 내용 • 범죄 후의 정황 • 공범관계 • 피해 회복 여부 • 범죄에 대한 사회의 감정 • 그 밖의 참고사항	• 동거할 친족·보호자 및 고용할 자의 성명·직장명·나이·직업·주소·생활 정도 및 수형자와의 관계 • 가정환경 • 접견 및 전화통화 내역 • 가족의 수형자에 대한 태도·감정 • 석방 후 돌아갈 곳 • 석방 후의 생활계획 • 그 밖의 참고사항

정답 ④

18 가석방에 대한 설명으로 옳지 않은 것으로만 묶인 것은?

2011. 교정 7급

㉠ 가석방의 경우 보호관찰은 임의적 절차이다.
㉡ 노역장 유치자는 가석방대상이 될 수 없다.
㉢ 가석방 기간으로 무기형 10년, 유기형은 남은 형기로 하되, 그 기간은 15년을 초과할 수 없다.
㉣ 가석방은 행정처분이다.
㉤ 가석방심사위원회는 위원장을 포함한 5명 이상 9명 이하의 위원으로 구성한다.
㉥ 소장은 가석방이 허가되지 않은 수형자에 대하여는 다시 가석방심사신청을 할 수 없다.

① ㉠, ㉡, ㉣
② ㉠, ㉢, ㉥
③ ㉡, ㉢, ㉣
④ ㉡, ㉤, ㉥

정답 및 해설

옳지 않은 것은 ㉠, ㉢, ㉥이다.
㉠ [×] 가석방된 자는 가석방기간 중 보호관찰을 받는다. 다만, 가석방을 허가한 행정관청이 필요가 없다고 인정한 때에는 그러하지 아니하다(「형법」 제73조의2 제2항).
▶ 필요적 보호관찰을 규정하고 있다.
㉡ [○] 징역이나 금고의 집행 중에 있는 사람이 가석방의 대상이 된다(동법 제72조 제1항).
㉢ [×] 가석방의 기간은 무기형에 있어서는 10년으로 하고, 유기형에 있어서는 남은 형기로 하되, 그 기간은 10년을 초과할 수 없다(동법 제73조의2 제1항).
㉣ [○] 동법 제72조 제1항
㉤ [○] 형집행법 제120조 제1항
㉥ [×] 소장은 가석방이 허가되지 아니한 수형자에 대하여 그 후에 가석방을 허가하는 것이 적당하다고 인정하는 경우에는 다시 가석방 적격심사신청을 할 수 있다(동법 시행규칙 제251조).

정답 ②

19 현행법령상 가석방제도에 대한 설명으로 옳지 않은 것은?

2018. 교정 9급

① 가석방취소자의 남은 형기 기간은 가석방을 실시한 다음 날부터 원래 형기의 종료일까지로 하고, 남은 형기 집행 기산일은 가석방을 실시한 다음 날로 한다.
② 가석방심사위원회는 가석방 적격결정을 하였으면 5일 이내에 법무부장관에게 가석방 허가를 신청하여야 한다.
③ 가석방심사위원회는 위원장을 포함한 5명 이상 9명 이하의 위원으로 구성한다.
④ 가석방은 행정처분의 일종이다.

정답 및 해설

① [×] 가석방취소자 및 가석방실효자의 남은 형기 기간은 가석방을 실시한 다음 날부터 원래 형기의 종료일까지로 하고, 남은 형기 집행 기산일은 가석방의 취소 또는 실효로 인하여 교정시설에 수용된 날부터 한다(형집행법 시행규칙 제263조 제5항).
② [○] 동법 제122조 제1항
③ [○] 동법 제120조 제1항
④ [○] 징역이나 금고의 집행 중에 있는 사람이 행상이 양호하여 뉘우침이 뚜렷한 때에는 무기형은 20년, 유기형은 형기의 3분의 1이 지난 후 행정처분으로 가석방을 할 수 있다(「형법」 제72조 제1항).

정답 ①

20. 가석방에 대한 설명으로 옳지 않은 것은? (다툼이 있는 경우 판례에 의함)

2018. 8급 승진

① 분류처우위원회는 가석방적격심사 신청 대상자 선정 등에 관한 사항을 심의·의결한다.
② 가석방은 형기만료 전에 조건부로 수형자를 석방하는 제도로서 수형자의 원활한 사회복귀를 주된 목적으로 하고 있으며, 수용질서를 유지하는 기능을 수행하는 것은 아니다.
③ 가석방심사위원회의 심의서는 해당 가석방 결정 등을 한 후부터 즉시 공개한다. 다만, 그 내용 중 개인의 신상을 특정할 수 있는 부분은 삭제하고 공개하되, 국민의 알 권리를 충족할 필요가 있는 등의 사유가 있는 경우에는 위원회가 달리 의결할 수 있다.
④ 수형자의 가석방 적격심사신청을 위하여 사전조사하는 경우, 신원에 관한 사항에 대한 조사는 수형자를 수용한 날부터 1개월 이내에 하고, 그 후 변경할 필요가 있는 사항이 발견되거나 가석방 적격심사신청을 위하여 필요한 경우에 한다.

정답 및 해설

① [○] 형집행법 시행규칙 제97조 제4호
② [×] 가석방은 형기만료 전에 조건부로 수형자를 석방하는 제도로서 수형자의 원활한 사회복귀를 주된 목적으로 하고 있으며, 간접적으로는 수용질서를 유지하는 기능도 수행한다(헌재 2017.4.4. 2017헌마260).
③ [○] 동법 제120조 제3항
④ [○] 동법 시행규칙 제249조 제1항

정답 ②

21. 「형의 집행 및 수용자의 처우에 관한 법률 시행규칙」상 가석방에 대한 설명으로 옳지 않은 것은?

2024. 교정 9급

① 소장은 「형법」 제72조 제1항의 기간을 경과한 수형자로서 교정성적이 우수하고 뉘우치는 빛이 뚜렷하여 재범의 위험성이 없다고 인정하는 경우에는 분류처우위원회의 의결을 거쳐 가석방 적격심사신청 대상자를 선정한다.
② 소장은 가석방 적격심사신청을 위한 사전조사에서 신원에 관한 사항의 조사는 수형자를 수용한 날부터 2개월 이내에 하고, 그 후 변경된 사항이 있는 경우에는 지체 없이 그 내용을 변경하여야 한다.
③ 소장은 가석방 적격심사신청을 위하여 사전조사한 사항을 매월 분류처우위원회의 회의 개최일 전날까지 분류처우심사표에 기록하여야 하며, 이 분류처우심사표는 법무부장관이 정한다.
④ 소장은 가석방이 허가되지 아니한 수형자에 대하여 그 후에 가석방을 허가하는 것이 적당하다고 인정하는 경우에는 다시 가석방 적격심사신청을 할 수 있다.

정답 및 해설

① [○] 동법 시행규칙 제245조 제1항
② [×] 신원에 관한 사항의 조사는 수형자를 수용한 날부터 1개월 이내에 하고, 그 후 변경할 필요가 있는 사항이 발견되거나 가석방 적격심사신청을 위하여 필요한 경우에 한다(형집행법 시행규칙 제249조 제1항).
③ [○] 동법 시행규칙 제248조 제1항·제2항
④ [○] 동법 시행규칙 제251조

정답 ②

22. 형집행법령상 가석방심사위원회에 대한 설명으로 옳은 것은?

2019. 8급 승진

① 위원은 판사, 검사, 변호사, 법무부 소속 공무원, 교정에 관한 학식과 경험이 풍부한 사람 중에서 위원장이 임명 또는 위촉한다.
② 위원장이 부득이한 사정으로 직무를 수행할 수 없을 때에는 교정공무원인 위원이 그 직무를 대행한다.
③ 회의록에는 회의의 내용을 기록하고 위원장 및 출석한 위원 전원이 기명날인 또는 서명하여야 한다.
④ 별도 의결이 없으면 심의서는 해당 가석방 결정 등을 한 후부터 즉시 공개한다.

정답 및 해설

① [×] 위원은 판사, 검사, 변호사, 법무부 소속 공무원, 교정에 관한 학식과 경험이 풍부한 사람 중에서 법무부장관이 임명 또는 위촉한다(동법 제120조 제2항).
② [×] 위원장이 부득이한 사정으로 직무를 수행할 수 없을 때에는 위원장이 미리 지정한 위원이 그 직무를 대행한다(동법 시행규칙 제238조 제2항).
③ [×] 회의록에는 회의의 내용을 기록하고 위원장 및 간사가 기명날인 또는 서명하여야 한다(동법 시행규칙 제243조 제2항).
④ [○] 형집행법 제120조 제3항

정답 ④

23. 「형의 집행 및 수용자의 처우에 관한 법률」상 가석방심사위원회에 대한 설명으로 옳지 않은 것은?

2023. 교정 9급

① 가석방의 적격 여부를 심사하기 위하여 법무부장관 소속으로 가석방심사위원회를 둔다.
② 가석방심사위원회는 위원장을 포함한 5명 이상 9명 이하의 위원으로 구성하며, 위원장은 법무부차관이 된다.
③ 가석방심사위원회는 가석방 적격결정을 하였으면 5일 이내에 법무부장관에게 가석방 허가를 신청하여야 한다.
④ 가석방심사위원회의 심사와 관련하여 심의서와 회의록은 해당 가석방 결정 등을 한 후 5년이 경과한 때부터 공개한다.

정답 및 해설

① [○] 동법 제119조
② [○] 동법 제120조 제1항·제2항
③ [○] 동법 제122조 제1항
④ [×] 심의서는 해당 가석방 결정 등을 한 후부터 즉시, 회의록은 해당 가석방 결정 등을 한 후 5년이 경과한 때부터 공개한다(형집행법 제120조 제3항).

정답 ④

24. 가석방에 대한 설명으로 옳은 것은?

① 가석방은 특별예방보다는 일반예방을 중시하는 제도이다.
② 가석방된 자가 보호관찰의 준수사항을 위반한 때에는 가석방처분을 취소하여야 한다.
③ 무기형의 집행 중에 있는 사람은 가석방의 대상이 될 수 없다.
④ 가석방된 자는 가석방기간 중 보호관찰을 받는다. 다만, 가석방을 허가한 행정관청이 필요가 없다고 인정한 때에는 그러하지 아니하다.
⑤ 가석방처분이 취소된 경우 가석방 중의 일수는 형기에 산입할 수 있다.

정답 및 해설

① [×] 가석방은 일반예방보다는 특별예방을 중시하는 제도이다.
② [×] 가석방의 처분을 받은 자가 감시에 관한 규칙을 위배하거나, 보호관찰의 준수사항을 위반하고 그 정도가 무거운 때에는 가석방처분을 취소할 수 있다(동법 제75조).
③ [×] 징역이나 금고의 집행 중에 있는 사람이 행상이 양호하여 뉘우침이 뚜렷한 때에는 무기형은 20년, 유기형은 형기의 3분의 1이 지난 후 행정처분으로 가석방을 할 수 있다(동법 제72조 제1항).
④ [○] 「형법」 제73조의2 제2항
⑤ [×] 가석방이 실효 또는 취소되었을 경우 가석방 중의 일수는 형기에 산입하지 아니한다(동법 제76조 제2항).

정답 ④

25. 현행법령상 가석방제도에 대한 설명으로 옳지 않은 것은?

① 가석방의 처분을 받은 후 그 처분이 실효 또는 취소되지 아니하고 가석방기간을 경과한 때에는 형의 집행을 종료한 것으로 본다.
② 가석방 취소 및 가석방 실효자의 남은 형기 기간은 가석방을 실시한 날부터 원래 형기의 종료일까지로 하고, 남은 형기 집행 기산일은 가석방 취소 또는 실효로 인하여 교정시설에 수용된 날부터 한다.
③ 소장은 가석방이 취소된 사람 또는 가석방이 실효된 사람이 교정시설에 수용되지 아니한 사실을 알게 된 때에는 관할지방검찰청 검사 또는 관할 경찰서장에게 구인하도록 의뢰하여야 한다.
④ 가석방 중 형사사건으로 구속되어 교정시설에 미결수용 중인 자의 가석방 취소결정으로 남은 형기를 집행하게 된 경우에는 가석방된 형의 집행을 지휘하였던 검찰청 검사에게 남은 형기 집행지휘를 받아 우선 집행해야 한다.

정답 및 해설

① [○] 「형법」 제76조 제1항
② [×] 가석방 취소자 및 가석방 실효자의 남은 형기 기간은 가석방을 실시한 다음 날부터 원래 형기의 종료일까지로 하고, 남은 형기 집행 기산일은 가석방의 취소 또는 실효로 인하여 교정시설에 수용된 날부터 한다(형집행법 시행규칙 제263조 제5항).
③ [○] 형집행법 시행규칙 제263조 제3항
④ [○] 동법 시행규칙 제263조 제6항

정답 ②

26. 「형법」 또는 형의 집행 및 수용자의 처우에 관한 법령상 가석방에 대한 설명으로 옳은 것은?

① 소장은 가석방 적격심사신청 대상자를 선정한 경우 지체 없이 가석방심사위원회에 가석방 적격심사신청을 하여야 한다.
② 소장은 가석방이 허가되지 아니한 수형자에 대하여 그 후에 가석방을 허가하는 것이 적당하다고 인정하는 경우에는 6개월 이내에 다시 가석방 적격심사신청을 할 수 있다.
③ 가석방심사위원회가 범죄의 동기에 관하여 심사할 때에는 특히 그 범죄에 대한 사회의 감정에 유의하여야 한다.
④ 가석방의 처분을 받은 자가 감시에 관한 규칙을 위배하거나, 보호관찰의 준수사항을 위반한 때에는 가석방처분을 취소할 수 있다.
⑤ 가석방은 그 서류가 교정시설에 도달한 후 12시간 이내에 하여야 한다. 다만, 그 서류에서 석방일시를 지정하고 있으면 그 일시에 한다.

정답 및 해설

① [×] 소장은 가석방 적격심사신청 대상자를 선정한 경우 선정된 날부터 5일 이내에 가석방심사위원회에 가석방 적격심사신청을 하여야 한다(동법 시행규칙 제250조 제2항).
② [×] 소장은 가석방이 허가되지 아니한 수형자에 대하여 그 후에 가석방을 허가하는 것이 적당하다고 인정하는 경우에는 다시 가석방 적격심사신청을 할 수 있다(동법 시행규칙 제251조).
③ [×] 가석방심사위원회가 범죄의 동기에 관하여 심사할 때에는 사회의 통념 및 공익 등에 비추어 정상을 참작할 만한 사유가 있는지를 심사하여야 한다(동법 시행규칙 제253조 제1항).
④ [×] 보호관찰의 준수사항을 위반하고 그 정도가 무거운 때에는 가석방처분을 취소할 수 있다(형법 제75조).
⑤ [○] 형집행법 제124조 제1항

정답 ⑤

27. 가석방심사신청 대상자 선정 등에 대한 설명으로 옳지 않은 것은?

① 가석방 적격심사신청은 무기형은 10년, 유기형은 형기의 3분의 1을 경과한 수형자를 대상으로 한다.
② 소장은 수형자가 교정성적이 우수하고 뉘우치는 빛이 뚜렷하여 재범의 위험성이 없다고 인정하는 경우에는 분류처우위원회의 의결을 거쳐 가석방 적격심사신청 대상자를 선정한다.
③ 소장은 수형자의 가석방 심사신청을 위하여 사전조사를 하여야 하며, 그 조사한 사항을 매월 분류처우위원회의 회의 개최일 전 날까지 분류처우심사표에 기록하여야 한다.
④ 소장은 가석방 적격심사신청에 필요하다고 인정하면 분류처우위원회에 담당교도관을 출석하게 하여 수형자의 가석방 심사사항에 관한 의견을 들을 수 있다.

정답 및 해설

① [×], ② [○] 소장은 「형법」 제72조 제1항의 기간(무기형은 20년, 유기형은 형기의 3분의 1)을 경과한 수형자로서 교정성적이 우수하고 뉘우치는 빛이 뚜렷하여 재범의 위험성이 없다고 인정하는 경우에는 분류처우위원회의 의결을 거쳐 가석방 적격심사신청 대상자를 선정한다(형집행법 시행규칙 제245조 제1항).
③ [○] 동법 시행규칙 제248조 제1항
④ [○] 동법 시행규칙 제245조 제2항

정답 ①

28. 수형자의 가석방에 대한 설명으로 옳지 않은 것은?

① 가석방심사위원회는 법무부장관 소속 하에 두며, 위원장은 법무부장관이다.
② 소장은 「형법」 제72조 제1항의 기간이 지난 수형자에 대하여는 법무부령으로 정하는 바에 따라 위원회에 가석방 적격심사를 신청하여야 한다.
③ 위원회는 가석방 적격결정을 하였으면 5일 이내에 법무부장관에게 가석방 허가를 신청하여야 한다.
④ 소장은 위원회에 적격심사 신청한 사실을 수형자의 동의를 받아 보호자 등에게 알릴 수 있다.

정답 및 해설

① [×] 가석방심사위원회의 위원장은 법무부차관이다(형집행법 제120조 제2항).
② [○] 동법 제121조 제1항
③ [○] 동법 제122조 제1항
④ [○] 동법 시행규칙 제250조 제3항

정답 ①

29. 「형의 집행 및 수용자의 처우에 관한 법률 시행규칙」상 가석방에 대한 설명으로 옳지 않은 것은?

① 소장은 수형자의 가석방 적격심사신청을 위한 사전조사 시 특히 필요하다고 인정할 때에는 수형자, 가족, 그 밖의 사람과 면담 등을 할 수 있다.
② 소장은 사전조사한 사항을 매월 분류처우위원회의 회의 개최일 전 날까지 분류처우심사표에 기록하여야 한다.
③ 신원에 관한 사항에 대한 사전조사는 수형자를 수용한 날부터 2개월 이내에 하고, 그 후 변경된 사항이 있는 경우에는 지체 없이 그 내용을 변경하여야 한다.
④ 소장은 위원회에 적격심사신청한 사실을 수형자의 동의를 받아 보호자 등에게 알릴 수 있다.
⑤ 가석방심사위원회가 해당 범죄로 무기형에 처해진 수형자에 대하여 적격심사할 때에는 특히 그 범죄에 대한 사회의 감정에 유의하여야 한다.

정답 및 해설

① [○] 동법 시행규칙 제246조
② [○] 동법 시행규칙 제248조
③ [×] 신원에 관한 사항에 대한 사전조사는 수형자를 수용한 날부터 1개월 이내에 하고, 그 후 변경할 필요가 있는 사항이 발견되거나 가석방 적격심사신청을 위하여 필요한 경우에 한다(형집행법 시행규칙 제249조 제1항).
④ [○] 동법 시행규칙 제250조 제3항
⑤ [○] 동법 시행규칙 제254조

정답 ③

30. 가석방 취소에 대한 설명으로 옳지 않은 것은?

① 가석방자는 가석방 기간 중 「가석방관리규정」에서 정한 지켜야 할 사항을 준수하고 관할 파출소장의 명령 또는 조치를 따라야 하며, 이를 위반하는 경우에는 가석방을 취소할 수 있다.
② 수형자를 가석방한 소장은 가석방 취소사유에 해당하는 사실이 있음을 알게 되면 가석방심사위원회에 가석방 취소심사를 신청하여야 한다.
③ 소장은 가석방 취소가 타당하다고 인정되는 경우 긴급한 사유가 있을 때에는 위원회의 심사를 거치지 않고 법무부장관에게 가석방 취소를 신청할 수 있다.
④ 가석방심사위원회는 취소심사를 위하여 필요하다고 인정되면 가석방자를 출석시켜 진술을 들을 수 있다.

정답 및 해설

① [×] 가석방자는 가석방 기간 중 「가석방자관리규정」에서 정한 지켜야 할 사항 및 관할 경찰서장의 명령 또는 조치를 따라야 하며 이를 위반하는 경우에는 가석방을 취소할 수 있다(형집행법 시행규칙 제260조). 가석방자는 그의 주거지를 관할하는 경찰서(경찰서의 지구대를 포함)의 장의 보호와 감독을 받는다(「가석방자관리규정」 제3조).
  ▶ 관할 파출소장의 명령 또는 조치를 따라야 하는 것은 아니다.
② [○] 수형자를 가석방한 소장 또는 가석방자를 수용하고 있는 소장은 가석방자가 가석방 취소사유에 해당하는 사실이 있음을 알게 되거나 관할 경찰서장으로부터 그 사실을 통보받은 경우에는 지체 없이 가석방 취소심사신청서에 가석방 취소심사 및 조사표를 첨부하여 위원회에 가석방 취소심사를 신청하여야 한다(형집행법 시행규칙 제261조 제1항).
  ▶ 보호관찰을 받는 가석방자는 보호관찰심사위원회의 관할이지만 보호관찰을 받지 않는 가석방자는 가석방심사위원회의 관할임을 주의하여야 한다.
③ [○] 소장은 가석방을 취소하는 것이 타당하다고 인정하는 경우 긴급한 사유가 있을 때에는 위원회의 심사를 거치지 아니하고 전화, 전산망 또는 그 밖의 통신수단으로 법무부장관에게 가석방의 취소를 신청할 수 있다. 이 경우 소장은 지체 없이 가석방 취소심사 및 조사표를 송부하여야 한다(동법 시행규칙 제261조 제3항).
④ [○] 동법 시행규칙 제262조 제2항

정답 ①

31. 가석방 심사 및 취소에 대한 설명으로 옳지 않은 것은?

① 가석방심사위원회는 가석방심사를 위하여 필요하다고 인정하면 위원이 아닌 판사·검사 또는 군법무관에게 의견을 묻거나 위원회에 참여시킬 수 있다.
② 범죄의 수단이 참혹 또는 교활하거나 극심한 위해를 발생시킨 경우의 범죄에 대해서는 범죄동기에 대한 심사에 유의하여야 한다.
③ 가석방 취소자의 남은 형기 기간은 가석방을 실시한 다음 날부터 원래 형기의 종료일까지로 하고, 남은 형기 집행 기산일은 가석방의 취소로 인하여 교정시설에 수용된 날로부터 한다.
④ 소장은 가석방심사신청 대상자를 선정한 경우 선정된 날로부터 5일 이내에 위원회에 가석방 적격심사신청을 하여야 한다.

정답 및 해설

① [○] 동법 시행규칙 제256조 제2항
② [×] 범죄의 수단이 참혹 또는 교활하거나 극심한 위해를 발생시킨 경우, 해당범죄로 무기형에 처해진 경우, 그 밖에 사회적 물의를 일으킨 죄를 지은 경우 가석방을 위한 적격심사를 할 때에는 특히 그 범죄에 대한 사회의 감정에 유의하여야 한다(형집행법 시행규칙 제254조).
③ [○] 동법 시행규칙 제263조 제5항
④ [○] 동법 시행규칙 제250조 제2항

정답 ②

32. 가석방의 취소신청 등의 절차에 대한 설명으로 옳지 않은 것은?

① 소장은 가석방을 취소하는 것이 타당하다고 인정하는 경우 긴급한 사유가 있을 때에는 위원회의 심사를 거치지 아니하고 전화, 전산망 또는 그 밖의 통신수단으로 법무부장관에게 가석방의 취소를 신청할 수 있다.
② 소장은 가석방이 취소된 경우에는 지체 없이 남은 형기 집행에 필요한 조치를 취하고 법무부장관에게 가석방취소자 남은 형기 집행보고서를 송부하여야 한다.
③ 가석방 기간 중 형사사건으로 구속되어 교정시설에 미결수용 중인 자의 가석방 취소결정으로 남은 형기를 집행하게 된 경우에는 가석방된 형의 집행을 지휘하였던 검찰청 검사에게 남은 형기 집행지휘를 받아 우선 집행해야 한다.
④ 소장은 가석방이 취소된 사람 또는 가석방이 실효된 사람이 교정시설에 수용되지 아니한 사실을 알게 된 때에는 관할 보호관찰소의 장에게 구인하도록 의뢰하여야 한다.

정답 및 해설

① [○] 동법 시행규칙 제261조 제3항
② [○] 동법 시행규칙 제263조 제1항
③ [○] 동법 시행규칙 제263조 제6항
④ [×] 소장은 가석방이 취소된 사람 또는 가석방이 실효된 사람이 교정시설에 수용되지 아니한 사실을 알게 된 때에는 관할지방검찰청 검사 또는 관할 경찰서장에게 구인하도록 의뢰하여야 한다(형집행법 시행규칙 제263조 제3항).

정답 ④

33. 「형법」상 가석방된 자의 사후관리에 대한 설명으로 옳지 않은 것은?

① 가석방 기간 중 과실로 지은 죄로 금고 이상의 형을 선고받아 그 판결이 확정되더라도 가석방이 실효되지 않는다.
② 가석방된 자라 할지라도 가석방을 허가한 행정관청이 보호관찰의 필요성이 없다고 인정하는 때에는 보호관찰을 하지 않을 수 있다.
③ 가석방이 취소되더라도 가석방 중의 일수는 형기에 산입한다.
④ 가석방의 처분을 받은 후 처분이 실효 또는 취소됨이 없이 가석방기간이 경과한 때에는 형의 집행을 종료한 것으로 볼 뿐이므로 전과까지 없어지는 것은 아니다.

정답 및 해설

① [○] 가석방 기간 중 고의로 지은 죄로 금고 이상의 형을 선고받아 그 판결이 확정된 경우에 가석방 처분은 효력을 잃는다(동법 제74조).
② [○] 가석방된 자는 가석방기간 중 보호관찰을 받는다. 다만, 가석방을 허가한 행정관청이 필요가 없다고 인정한 때에는 그러하지 아니하다(동법 제73조의2 제2항).
③ [×] 가석방이 실효 또는 취소되었을 경우 가석방 중의 일수는 형기에 산입하지 아니한다(「형법」 제76조 제2항).
④ [○] 가석방의 처분을 받은 후 그 처분이 실효 또는 취소되지 아니하고 가석방기간을 경과한 때에는 형의 집행을 종료한 것으로 본다(동법 제76조 제1항). 따라서 그 전과까지 없어지는 것은 아니다.

정답 ③

34. 「가석방자관리규정」상 가석방자관리에 대한 설명으로 옳지 않은 것은?

① 가석방자는 가석방증에 적힌 기한 내에 관할경찰서에 출석하여 가석방증에 출석확인을 받아야 한다.
② 가석방자는 그의 주거지에 도착하였을 때에는 지체 없이 종사할 직업 등 생활계획을 세우고 이를 관할경찰서의 장에게 서면으로 신고하여야 한다.
③ 관할경찰서의 장은 적절한 지도를 할 수 있고, 지도 중 가석방자의 재범방지를 위해 특히 필요하다고 인정하는 경우에는 특정 장소의 출입제한명령 등 필요한 조치를 할 수 있다.
④ 가석방자는 국외 이주 또는 1개월 이상 국외 여행을 하려는 경우에는 허가신청서를 법무부장관에게 제출하고 허가를 받아야 한다.

정답 및 해설

① [O] 동 규정 제5조
② [O] 동 규정 제6조 제1항
③ [O] 동 규정 제7조 제1항·제2항
④ [×] 가석방자는 국외 이주 또는 1개월 이상 국외 여행을 하려는 경우 관할경찰서의 장에게 신고하여야 한다(「가석방자관리규정」 제13조 제1항).

정답 ④

제24장 보호관찰과 지역사회교정

제1절 | 보호관찰제도

■ 사회 내 처우개관

01 교정처우 중 사회 내 처우에 해당하지 않는 것을 모두 고른 것은? 2016. 보호 7급

㉠ 가택구금	㉡ 수강명령
㉢ 개방교도소	㉣ 집중감시보호관찰(ISP)
㉤ 외부통근	

① ㉡, ㉣
② ㉢, ㉤
③ ㉠, ㉡, ㉣
④ ㉠, ㉢, ㉤

정답 및 해설

- 사회적 처우: ㉢, ㉤
- 사회 내 처우: ㉠, ㉡, ㉣

정답 ②

02 사회 내 처우로만 바르게 짝지은 것은? 2015. 교정 7급

① 귀휴 – 사회봉사명령 – 병영훈련
② 주말구금 – 단기보호관찰 – 외부통근
③ 가택구금 – 사회견학 – 집중보호관찰
④ 수강명령 – 전자발찌 – 외출제한명령

정답 및 해설

① [×] 귀휴(사회적 처우) – 사회봉사명령(사회 내 처우) – 병영훈련(사회 내 처우)
② [×] 주말구금(사회적 처우) – 단기보호관찰(사회 내 처우) – 외부통근(사회적 처우)
③ [×] 가택구금(사회 내 처우) – 사회견학(사회적 처우) – 집중보호관찰(사회 내 처우)
④ [○] 수강명령, 전자발찌, 외출제한명령은 사회 내 처우에 해당한다.

정답 ④

03 사회 내 처우에 대한 설명으로 옳지 않은 것은? 2013. 교정 7급

① 시설 내 처우의 범죄학습효과와 낙인효과를 피할 수 있다.
② 형법, 치료감호 등에 관한 법률, 청소년보호법, 성폭력범죄의 처벌 등에 관한 특례법은 보호관찰 규정을 두고 있다.
③ 사회 내 처우에는 전자감시, 가택구금, 사회봉사명령 그리고 외출제한명령 등이 포함된다.
④ 사회 내 처우의 주대상자는 원칙적으로 비행청소년이나 경미범죄자 또는 과실범이다.

정답 및 해설

② [×] 청소년보호법에는 보호관찰이 규정되어 있지 않다.

  보호관찰, 사회봉사·수강명령

보호관찰이 규정되어 있는 법률	사회봉사·수강명령이 규정되어 있는 법률
• 보호관찰 등에 관한 법률 • 형법 • 소년법 • 성매매알선 등 행위의 처벌에 관한 법률 • 아동·청소년의 성보호에 관한 법률 • 성폭력범죄의 처벌 등에 관한 특례법 • 가정폭력범죄의 처벌 등에 관한 특례법 • 치료감호 등에 관한 법률 • 전자장치 부착 등에 관한 법률 • 성폭력범죄자의 성충동 약물치료에 관한 법률	• 보호관찰 등에 관한 법률 • 형법 • 소년법 • 성매매알선 등 행위의 처벌에 관한 법률 • 아동·청소년의 성보호에 관한 법률 • 성폭력범죄의 처벌 등에 관한 특례법 • 가정폭력범죄의 처벌 등에 관한 특례법

정답 ②

04 사회 내 처우제도에 대한 설명으로 옳지 않은 것은?

2014. 교정 7급

① 지역사회의 자원이 동원됨으로써 교정에 대한 시민의 관심이 높아지고, 나아가 이들의 참여의식을 더욱 강화할 수 있다.
② 수용시설의 제한된 자원과는 달리 지역사회에서는 다양한 자원을 쉽게 발굴 및 활용할 수 있다.
③ 범죄인이 경제활동을 포함하여 지역사회에서 일상생활을 하는 것이 가능하므로, 범죄인 개인의 사회적 관계성을 유지할 수 있다.
④ 전자감시제도의 경우, 처우대상자의 선정에 공정성을 기하기 용이하다.

정답 및 해설

④ [×] 대상자 선정에 있어 재량권 남용 등의 문제로 공정성을 기하기가 용이하지 않다.

정답 ④

05 사회 내 처우에 대한 설명으로 옳지 않은 것은?

① 사회 내 처우는 시설 내 처우에 대응하는 개념으로서 시설 내 처우의 문제점을 개선하기 위하여 고안된 것이다.
② 현행법상의 가석방제도, 보호관찰제도, 사회봉사명령 및 수강명령제도 등은 사회 내 처우로 볼 수 있다.
③ 사회 내 처우는 교정시설의 과밀수용완화를 위해서도 의미가 있다.
④ 보호관찰소는 선도조건부 기소유예처분을 받은 소년에 대한 선도업무는 담당하지 않는다.

정답 및 해설

선도위탁제도: 검사가 보호관찰의 선도를 조건으로 공소제기를 유예하고 보호관찰소장에게 범죄인을 위탁한 경우에 보호관찰관이 그 선도를 담당하는 제도이다.
④ [×] 범죄의 동기, 수단 등 제반사정을 고려하여 전문적인 선도가 요구되는 범죄자에 대하여, 검사가 보호관찰소에 선도위탁을 하면 보호관찰관이 선도업무를 담당한다(「보호관찰 등에 관한 법률」 제15조 제3호).

정답 ④

06 사회 내 처우에 대한 설명으로 옳지 않은 것은?

① 진정한 자유의 학습은 자유 가운데서 이루어져야 한다는 것에 기초한다.
② 범죄인의 개별처우를 실현하기 위한 처우방법과 시설 내 처우의 폐해를 줄이기 위한 대안으로 등장하였다.
③ 처우대상자가 시설 내에서 사회 내 처우로 옮겨가면서 사법기관의 인적·물적 부담은 더욱 가중되었다.
④ 비판범죄학에서는 이를 단순히 행형전략을 변형시킨 것에 불과하다고 비판하였다.

정답 및 해설

③ [×] 형사사법기관의 부담을 경감시키고 교정시설운용에 따른 비용을 절약하여 국가재정부담을 덜어 줄 수 있다.

정답 ③

07 사회 내 처우에 해당되는 것을 모두 고른 것은?

㉠ 가석방	㉡ 귀휴
㉢ 보호관찰	㉣ 사회견학
㉤ 사회봉사명령	㉥ 외부통근
㉦ 주말구금	㉧ 갱생보호

① ㉠, ㉢, ㉤, ㉧
② ㉠, ㉢, ㉥, ㉧
③ ㉡, ㉣, ㉥, ㉧
④ ㉢, ㉣, ㉥, ㉦

정답 및 해설

• 사회 내 처우: ㉠, ㉢, ㉤, ㉧
• 사회적 처우: ㉡, ㉣, ㉥, ㉦

정답 ①

08 사회 내 처우에 대한 설명으로 옳지 않은 것은?   2025. 교정 9급

① 사회봉사명령은 유죄가 인정된 범죄자에게 일정 시간 보수를 책정하여 사회에 유익한 근로를 하도록 명하는 제도이다.
② 수강명령은 유죄가 인정된 범죄자에게 일정 시간 교육받도록 함으로써 교화개선을 도모하는 제도이다.
③ 배상명령은 범죄자가 피해자에게 금전적으로 배상하는 것으로 구금 대신 직업 활동에 전념할 수 있게 하는 제도이다.
④ 집중보호관찰은 일반보호관찰이 범죄자에게 지나치게 관대한 처분이라는 시민의 불만을 불식시키면서 교정시설의 과밀 수용을 해소할 수 있는 제도이다.

정답 및 해설

① [×] 사회봉사명령은 본래 단기자유형의 대체방안의 하나로서, 유죄가 인정된 범죄인이나 비행소년을 교도소나 소년원에 구금하는 대신 정상적인 사회생활을 영위하게 하면서 일정한 기간 내에 지정된 시간 동안 무보수로 근로에 종사하도록 명하는 것을 말한다.
② [○] 수강명령은 유죄가 인정된 범죄인이나 보호소년을 교화·개선하기 위하여 일정한 강의나 교육을 받도록 명하는 것을 말한다.
③ [○] 배상명령은 범죄자로 하여금 자신의 범죄로 인해 피해를 입은 범죄피해자에게 금전적으로 배상시키는 제도로, 범죄자를 사회로부터 격리수용하지 않으므로 지역사회에서 가족과 인간관계를 유지하며 직업활동에 전념할 수 있다는 장점이 있다.
④ [○] 집중감독(감시)보호관찰은 구금과 보호관찰에 대한 대체방안으로, 감독의 강도가 일반보호관찰보다는 엄격하고 교도소의 구금에 비해서는 관대한 중간처벌을 말한다. 보호관찰이 지나치게 관대한 처벌이라는 느낌을 주지 않으면서 범죄자를 사회 내에서 처우할 수 있는 기회를 제공하며, 과밀 수용의 해소방안으로서 중요한 의미를 가진다.

정답 ①

■ 보호관찰제도

09 보호관찰의 지도·감독 유형으로 올린(Ohlin)이 제시한 내용 중 지역사회보호와 범죄자보호 양쪽 사이에서 갈등을 가장 크게 겪는 보호관찰관의 유형은?　　2017. 교정 9급

① 보호적 보호관찰관　　② 수동적 보호관찰관
③ 복지적 보호관찰관　　④ 중개적 보호관찰관

정답 및 해설

① [○] 올린(Ohlin)은 보호관찰관의 유형을 처벌적(Punitive), 보호적(Protective), 복지적(Welfare), 수동적(Passive) 보호관찰관으로 구분하였다.

처벌적 보호관찰관	• 통제는 강조하지만, 지원에는 소극적이다. • 위협과 처벌을 수단으로 범죄자를 사회에 동조하도록 강요한다. • 사회의 보호, 범죄자의 통제, 범죄자에 대한 체계적 의심 등을 중요시한다.
보호적 보호관찰관	• 통제나 지원 모두 강조한다. • 지역사회보호와 범죄자의 보호 양자 사이를 망설이는 유형으로, 주로 직접적인 지원이나 강연 또는 칭찬과 꾸중의 방법을 이용한다. • 지역사회와 범죄자의 입장을 번갈아 편들기 때문에 어정쩡한 입장에 처하기 쉽다.
복지적 보호관찰관	• 지원은 강조하지만, 통제에는 소극적이다. • 자신의 목표를 범죄자에 대한 복지의 향상에 두고 범죄자의 능력과 한계를 고려하여 적응할 수 있도록 도와주려고 한다. • 범죄자의 개인적 적응 없이는 사회의 보호도 있을 수 없다고 믿고 있다.
수동적 보호관찰관	• 통제나 지원 모두에 소극적이다. • 자신의 임무를 단지 최소한의 노력을 요하는 것으로 인식하는 사람이다.

정답 ①

10 보호관찰제도의 장점에 대한 설명으로 가장 적절하지 않은 것은? 2025. 경간부

① 시설 내 처우가 초래하는 비인도성·낙인효과 등의 문제를 감소시킬 수 있다.
② 구금 비용의 절감으로 국가의 재정부담을 줄일 수 있다.
③ 사회를 보호하는 동시에 범죄자의 자유를 보장할 수 있다.
④ 재범 방지에 대한 실증적 효과가 탁월하고, 형사사법망을 축소시킬 수 있다.

정답 및 해설

④ [×] 재범 방지에 대한 실증적 효과가 의문시 되고, 형사사법망을 확대시킬 수 있다.

정답 ④

11 다음에서 설명하는 오린(L. E. Ohlin)의 보호관찰관 유형은? 2021. 교정 7급

이 유형의 보호관찰관은 주로 직접적인 지원이나 강연 또는 칭찬과 꾸중 등 비공식적인 방법을 이용한다. 또한 보호관찰관은 사회의 보호, 즉 사회방위와 범죄자 개인의 개선·보호를 조화시키고자 하므로 역할갈등을 크게 겪는다.

① 처벌적 보호관찰관(punitive probation officer)
② 보호적 보호관찰관(protective probation officer)
③ 복지적 보호관찰관(welfare probation officer)
④ 수동적 보호관찰관(passive probation officer)

정답 및 해설

① [×] 처벌적 보호관찰관은 위협과 처벌을 수단으로 범죄자를 사회에 동조하도록 강요하며, 사회의 보호, 범죄자의 통제, 범죄자에 대한 체계적 의심 등을 중요시한다.
② [○] 보호적 보호관찰관은 지역사회보호와 범죄자의 보호 양자 사이를 망설이는 유형으로, 주로 직접적인 지원이나 강연 또는 칭찬과 꾸중 등 비공식적인 방법을 이용한다. 지역사회와 범죄자의 입장을 번갈아 편들기 때문에 어정쩡한 입장에 처하기 쉽다.
③ [×] 복지적 보호관찰관은 자신의 목표를 범죄자에 대한 복지의 향상에 두고 범죄자의 능력과 한계를 고려하여 적응할 수 있도록 도와주려고 한다.
④ [×] 수동적 보호관찰관은 자신의 임무를 단지 최소한의 노력을 요하는 것으로 인식하는 사람이다.

정답 ②

12 올린(L. E. Ohlin)의 관점에 따라 보호관찰관의 유형을 통제와 지원이라는 두 가지 차원에서 그림과 같이 구분할 때, ㉠ ~ ㉣에 들어갈 유형을 바르게 연결한 것은? 2018. 교정 7급

	㉠	㉡	㉢	㉣
①	복지적 관찰관	보호적 관찰관	수동적 관찰관	처벌적 관찰관
②	보호적 관찰관	복지적 관찰관	수동적 관찰관	처벌적 관찰관
③	복지적 관찰관	보호적 관찰관	처벌적 관찰관	수동적 관찰관
④	보호적 관찰관	복지적 관찰관	처벌적 관찰관	수동적 관찰관

정답 및 해설

올린은 보호관찰관의 유형을 처벌적, 보호적, 복지적, 수동적 보호관찰관으로 분류하였다. 이러한 보호관찰관의 역할유형을 통제와 지원이라는 두 가지 차원에서 요약하면 다음과 같다.

구분	지원	통제
복지적	높음	낮음
보호적	높음	높음
수동적	낮음	낮음
처벌적	낮음	높음

정답 ①

13 다음 설명에 해당하는 스미크라(Smykla)의 보호관찰모형은? 2017. 교정 7급

> 보호관찰관은 외부자원을 적극 활용하여 보호관찰대상자들이 다양하고 전문적인 사회적 서비스를 받을 수 있도록 사회기관에 위탁하는 것을 주요 일과로 삼고 있다.

① 프로그램모형(program model)
② 중재자모형(brokerage model)
③ 옹호모형(advocacy model)
④ 전통적모형(traditional model)

정답 및 해설

③ [○] 스미크라(Smykla)는 기능적 측면에서 보호관찰관은 다양한 기능을 책임지는 지식인(generalist)이 될 수도 있고, 반면에 특수한 지식과 능력에 따라 각자의 책임영역을 제한하는 전문가(specialist)가 될 수도 있다고 보았다. 더불어 자원의 활용 측면에서는 보호관찰의 목적을 수행하기 위해서 외부자원을 적극적으로 활용하느냐 아니면 전적으로 내부자원에 의존하느냐의 문제로서, 외부자원을 강조하는 입장에서는 보호관찰대상자의 원호와 변화에 중심을 두나, 내부자원에 의존하는 보호관찰은 주로 보호관찰대상자에 대한 통제를 강조하는 것이 보통이다.

보호관찰의 모형화

스미크라(Smykla)는 보호관찰관의 기능과 자원의 활용이라는 측면에서 보호관찰을 모형화하고 있다.

전통적 모형	보호관찰관이 지식인(generalist)으로서 내부자원을 이용하여 지역적으로 균등배분된 보호관찰대상자에 대해서 지도·감독에서 보도·원호에 이르기까지 다양한 기능을 수행하나 통제를 보다 중시하는 모형이다.
프로그램모형	• 보호관찰관은 전문가(specialist)를 지향하나 목적수행을 위한 자원은 내부적으로 해결하려는 모형이다. • 보호관찰관이 전문가로 기능하기 때문에 보호관찰대상자를 분류하여 보호관찰관의 전문성에 따라 배정하게 된다. • 이 모형의 문제는 범죄자의 상당수는 특정한 한 가지 문제만으로 범죄자가 된 것은 아니며, 한 가지의 처우만을 필요로 하는 것도 아니라는 것이다.
옹호모형	보호관찰관은 지식인(generalist)으로서 외부자원을 적극 활용하여 보호관찰대상자가 다양하고 전문적인 사회적 서비스를 제공받을 수 있도록 무작위로 배정된 대상자들을 사회기관에 위탁하는 것을 주된 임무로 한다.
중개모형	보호관찰관은 전문가(specialist)로서 자신의 전문성에 맞게 배정된 보호관찰대상자에 대하여 사회자원의 개발과 중개의 방법으로 외부자원을 적극 활용하여 전문적인 보호관찰을 한다.

정답 ③

14 ⑤과 ⑥에 들어갈 내용을 바르게 연결한 것은?   2021. 교정 7급

(⑤)는(은) 보호관찰관의 기능과 자원의 활용에 따라 보호관찰을 모형화하였는데, 이 중 (⑥)모형이란 전문성을 갖춘 보호관찰관이 외부의 사회적 자원을 적극 개발하고 활용하는 유형을 말한다.

	⑤	⑥
①	Crofton	옹호(advocacy)
②	Crofton	중개(brokerage)
③	Smykla	옹호(advocacy)
④	Smykla	중개(brokerage)

정답 및 해설

④ [○] 스미크라(Smykla)는 보호관찰관의 기능과 자원의 활용이라는 측면에서 보호관찰을 모형화하였다. 중개모형(brokerage model)의 보호관찰관은 전문가(specialist)로서 자신의 전문성에 맞게 배정된 보호관찰대상자에 대하여 사회자원의 개발과 중개의 방법으로 외부자원을 적극 활용하여 전문적인 보호관찰을 한다. 옹호모형(advocacy model)의 보호관찰관은 지식인(generalist)으로서 외부자원을 적극 활용하여 보호관찰대상자가 다양하고 전문적인 사회적 서비스를 제공받을 수 있도록 무작위로 배정된 대상자들을 사회기관에 위탁하는 것을 주된 임무로 한다.

정답 ④

15 보호관찰제도에 대한 설명으로 옳지 않은 것은?

① 1841년 미국의 메사추세츠주 보스턴시에서 존 어거스터스(John Augustus)가 최초로 프로베이션(Probation)이라는 용어를 사용하였다.
② 1899년 미국 매사추세츠주에서 국가가 채용한 보호관찰관이 시행하는 임의적 보호관찰제도가 최초로 입법화되었다.
③ 우리나라는 1989년 소년법에서 최초로 반영되었다.
④ 대륙법계의 보호관찰은 형의 선고유예, 집행유예 등과 별도로 조건부 판결, 조건부 특사의 형태로 이루어졌다.

정답 및 해설

① [○] 보호관찰제도는 범죄인을 교정시설에 수용하는 대신 일정기간 동안 판결의 선고 또는 집행을 유예하고 일정한 조건을 붙인 후에 일상의 사회생활을 하면서 재범에 빠지지 않도록 보호관찰관의 지도 및 감독을 받게 하는 사회 내 처우제도로, 1841년 미국의 메사추세츠주 보스턴시에서 존 어거스터스(J. Augustus)는 한 알코올 중독자의 재판에서 법관에게 청원하여 형의 선고유예를 얻어내고 그를 근면한 시민으로 갱생시키는 데 성공하였고, 프로베이션이라는 용어를 최초로 사용하였다.
② [×] 존 어거스트의 성공을 계기로 1878년 미국 매사추세츠주에서 국가가 채용한 보호관찰관이 시행하는 강제적 보호관찰제도가 최초로 입법화되었다. 한편, 1899년 미국 일리노이주는 세계 최초로 소년재판소법을 제정하고 소년법원을 개설하였다.
③ [○] 우리나라는 1989년 소년법에서 최초로 보호관찰을 실시할 수 있는 법적 근거가 마련되었다.
④ [○] 영미법계는 유죄의 인정 후에 형을 유예하고 보호관찰에 부하는 제도로 보호관찰의 기원이 되었고, 대륙법계는 형의 선고유예, 집행유예 등과 별도로 조건부 판결, 조건부 특사의 형태로 이루어졌다.

> **보호관찰제도의 의의 및 유형**
>
> ㉠ 의의
> 일반적으로 우리나라에서는 보호관찰이라고 통칭하지만, 원래는 보호관찰부 형의 선고유예나 집행유예, 즉 Probation과 보호관찰부 가석방을 의미하는 Parole의 두 가지 형태로 존재한다. 이 둘은 보호관찰의 결정과 부여, 법률적 특성이나 형사사법상의 위치 등 거의 모든 부분에서 상당한 차이가 있지만, 분명한 것은 Probation이나 Parole 모두 선행을 조건으로 범죄자에게 지역사회에서 부분적으로나마 자유로운 생활을 허용하되, 보호관찰관의 지도·감독과 보도원호를 제공함으로써 그가 교화개선되고 사회와 재통합하여 정상적인 사회인으로 사회에 복귀할 수 있도록 하는 데 목적을 두고 있다. 그래서 보호관찰은 범죄자의 교화개선과 사회복귀를 통한 재범의 방지와 그로 인한 사회의 보호라는 세 가지 상호유관한 기능을 수행하고 있다.
>
> ㉡ 유형
> • Probation: 영미법계에서 발전된 보호관찰제도의 유형으로, 유죄가 인정되는 범죄인에 대하여 그 형의 선고를 유예하거나 형의 집행을 유예하면서 그 유예기간 중 재범방지 및 재사회화를 달성하기 위해서 보호관찰을 행하는 것을 말한다.
> • Parole: 대륙법계에서 발전된 보호관찰제도의 유형으로, 교정성적이 양호한 자를 가석방 또는 임시퇴원시키면서 그 목적을 달성하기 위하여 그 기간 중 필요적으로 보호관찰을 행하는 것을 말한다.

정답 ②

16 갱집단이나 약물중독자에 대하여 주 5회 이상 접촉관찰과 병행하여 대상자의 신체에 전자추적장치를 부착하여 제한구역을 이탈하면 즉시 감응장치가 작동되도록 하는 추적관찰과 관계있는 보호관찰의 유형은?

① 집중감독보호관찰
② 충격보호관찰
③ 보호관찰부 가석방
④ 병영식 캠프

정답 및 해설

① [○] 집중감독보호관찰(ISP)은 미국에서 범죄자가 격증함에 따라 교도소가 과밀화되자 불가피하게 위험성이 높은 범죄자까지도 사회 내에서 보호관찰을 받게 함으로써 야기되는 사회적 위협을 감경시키기 위해 나온 보완책이며, 갱집단이나 약물중독자에 대하여 주 5회 이상의 집중적인 접촉관찰과 병행하여 대상자의 신체에 전자추적장치를 부착하여 제한구역을 이탈하면 즉시 경보장치가 작동되도록 하는 추적관찰을 실시하는 프로그램이다.

정답 ①

17 보호관찰관 1인이 대상자의 모든 사항을 체크해야 하는 문제점을 극복하기 위한 대안으로 각 분야의 전문가로 구성하여 자신의 전문지식이나 기술을 전제로 적절한 처우방법을 찾는 방식은 무엇인가?

① 케이스 워크제도
② 개별상담제도
③ 지정 상담관제도
④ 집중접근제도

정답 및 해설

④ [○] 보호관찰관 1인이 대상자의 모든 사항을 점검하고 원호·보호하는 케이스 워크의 문제점을 극복하기 위한 방법으로 등장한 것이 집중접근제도(Team Approach System)이다. 이 방법은 보호관찰관들을 각 분야의 전문가들로 구성하여 자신의 전문지식이나 기술을 전제로 하여 자신의 책임영역 안에서 대상자를 원호·보호하고 적절한 처우방법을 찾는 방식이다.

정답 ④

18 케이스 워크(Case Work)와 관련이 없는 것은?

① 전문적인 보호관찰관 확보
② 수형자에 대한 교회 활동에 있어서 본인과의 면접 중시
③ 개별적 접촉 이외의 그룹상담과 같은 기법 배제
④ 중간시설의 다양화

정답 및 해설

③ [×] 케이스 워크는 보호관찰관이 대상자를 1:1로 접촉하여 요구사항이나 문제점을 분석하여 그를 갱생시키는 방법이고, 집중접근제도는 각 분야의 전문가로 구성된 팀으로 각자 자신의 책임영역에서 처우를 하는 것으로 케이스 워크의 문제점을 보완하기 위해 등장한 방법이다. 그렇지만 케이스 워크 방법이 그룹상담과 같은 기법을 배제하는 방식이 아니라는 데 유의하여야 한다.

정답 ③

■ 갱생보호제도

19 갱생보호제도에 대한 설명으로 옳지 않은 것은?

① 미국의 갱생보호는 석방자에 대한 민간단체의 자선활동에서 비롯되었다.
② 독일은 국가의 지원 하에서 민간단체를 중심으로 갱생보호가 발달하였다.
③ 우리나라에서는 원칙적으로 신청에 의한 임의적 갱생보호를 인정하고 있다.
④ 「보호관찰 등에 관한 법률」상 갱생보호대상자는 형사처분 또는 보호처분을 받은 자이다.

> **정답 및 해설**

① [○] 미국은 민간보호단체를 중심으로 한 출소자 보호활동으로 시작하였는데, 1776년 리차드 위스터(R. Wister)에 의하여 출소자 보호활동이 전개된 것이 그 시초이다. 이는 1789년 존 어거스터스(J. Augustus)를 중심으로 발전하게 되었다.
② [×] 독일의 갱생보호는 국가를 중심으로 발달하였는데, 1867년 브란덴부르크에 국영방직공장을 설치하여 부랑자, 전과자, 걸인 등을 수용하여 그들의 노동력을 생산에 이용하였다.
③ [○] 우리나라의 갱생보호제도는 원칙적으로 신청에 의하도록 함으로써 임의적 갱생보호제도를 채택하고 있다(「보호관찰 등에 관한 법률」 제66조 제1항).
▶ 성인에 대한 갱생보호는 임의적이지만, 소년에 대한 갱생보호는 필요적이다.
④ [○] 갱생보호를 받을 사람(갱생보호 대상자)은 형사처분 또는 보호처분을 받은 사람으로서 자립갱생을 위한 숙식 제공, 주거 지원, 창업 지원, 직업훈련 및 취업 지원 등 보호의 필요성이 인정되는 사람으로 한다(동법 제3조 제3항).

정답 ②

20 갱생보호제도에 대한 설명으로 옳지 않은 것은?

① 갱생보호는 일차적으로 범죄예방, 즉 재범의 방지를 주된 목적으로 하는 것이다.
② 정신적·물질적 원조를 제공하여 건전한 사회인으로 복귀할 수 있는 기반을 조성할 수 있다.
③ 미국에서 민간 차원의 갱생보호활동이 처음 시작된 것은 18세기 말 위스터(Wister)가 조직한 필라델피아협회이다.
④ 미국과는 달리 독일의 경우에는 국가가 주도한 교도소협회 등에서 갱생보호업무를 담당하였다는 점에 특징이 있다.
⑤ 우리나라의 경우에 한국법무보호복지공단 이외에 민간인도 갱생보호사업을 할 수 있는 근거규정을 두고 있다.

> **정답 및 해설**

① [×] 갱생보호는 범죄자의 원활한 사회복귀를 위한 제도로서 일차적으로는 보호를 목적으로 하며, 이를 통해 재범을 방지하는 것이다. 따라서 재범방지가 일차적 목적이라고 하기는 어렵다.
③ [○] 1776년 리차드 위스터(R. Wister)는 민간보호단체인 '불행한 수형자를 돕기 위한 필라델피아협회'를 조직하여 출소자 보호활동을 전개하였다.
④ [○] 1826년 '교도소협회', 1827년 '수형자 개선을 위한 협회'가 설립되어 갱생보호활동을 전개하였다.
⑤ [○] 「보호관찰 등에 관한 법률」 제67조

정답 ①

21 우리나라의 갱생보호제도에 대한 설명으로 옳지 않은 것은?

① 갱생보호 대상자는 형사처분 또는 보호처분을 받은 사람이다.
② 갱생보호사업을 하려는 자는 법무부장관의 허가를 받아야 한다.
③ 우리나라는 석방자에 대한 필요적 갱생보호를 인정하고 있다.
④ 갱생보호사업을 효율적으로 추진하기 위하여 한국법무보호복지공단이 설립되어 있다.

> **정답 및 해설**
>
> ① [○]「보호관찰 등에 관한 법률」제3조 제3항
> ② [○] 동법 제67조 제1항
> ③ [×] 우리나라의 갱생보호는 출소자 본인의 신청이나 동의를 전제로 하여 물질적·정신적인 원조를 제공하는 방법으로 임의적 갱생보호를 원칙으로 하고 있다.
> ④ [○] 동법 제71조
>
> 정답 ③

22 「보호관찰 등에 관한 법률」상 갱생보호제도에 대한 설명으로 옳지 않은 것은?   2021. 교정 9급

① 법무부장관은 갱생보호사업의 허가를 취소하거나 정지하려는 경우에는 청문을 하여야 한다.
② 법무부장관은 갱생보호사업자가 정당한 이유 없이 갱생보호사업의 허가를 받은 후 6개월 이내에 갱생보호사업을 시작하지 아니하거나 1년 이상 갱생보호사업의 실적이 없는 경우, 그 허가를 취소하여야 한다.
③ 갱생보호는 갱생보호 대상자의 신청에 의한 갱생보호와 법원의 직권에 의한 갱생보호로 규정되어 있다.
④ 갱생보호사업을 효율적으로 추진하기 위하여 한국법무보호복지공단을 설립한다.

> **정답 및 해설**
>
> ① [○] 동법 제70조의2
> ② [○] 동법 제70조 제4호
> ③ [×] 갱생보호 대상자와 관계 기관은 보호관찰소의 장, 갱생보호사업 허가를 받은 자 또는 한국법무보호복지공단에 갱생보호 신청을 할 수 있다(「보호관찰 등에 관한 법률」제66조 제1항). 즉, 갱생보호 대상자와 관계 기관의 신청에 의한 임의적 갱생보호의 원칙에 의해 운영되고 있다.
> ④ [○] 동법 제71조
>
> 정답 ③

23 현행법령상 갱생보호제도에 대한 설명으로 옳은 것은?   2019. 5급 승진

① 갱생보호는「형의 집행 및 수용자의 처우에 관한 법률」에서 규정하고 있다.
② 갱생보호는 형의 집행이 종료하거나 면제되어 석방된 이후에만 가능한 조치이다.
③ 보호처분을 받은 자는 갱생보호의 대상이 될 수 없다.
④ 보호관찰소의 장에 대하여 갱생보호를 신청할 수 없다.
⑤ 갱생보호 대상자가 친족 등으로부터 충분한 도움을 받을 수 있는 경우 갱생보호를 행하지 않는다.

정답 및 해설

① [×] 갱생보호는 「보호관찰 등에 관한 법률」에서 규정하고 있다(동법 제5장).
②, ③ [×] 갱생보호를 받을 사람(갱생보호 대상자)은 형사처분 또는 보호처분을 받은 사람으로서 자립갱생을 위한 숙식 제공, 주거 지원, 창업 지원, 직업훈련 및 취업 지원 등 보호의 필요성이 인정되는 사람으로 하며(동법 제3조 제3항), 갱생보호의 방법으로는 숙식 제공, 주거 지원, 창업 지원, 직업훈련 및 취업 지원, 출소예정자 사전상담, 갱생보호 대상자의 가족에 대한 지원, 심리상담 및 심리치료, 사후관리, 그 밖에 갱생보호 대상자에 대한 자립 지원이 있다(동법 제65조 제1항).
④ [×] 갱생보호 대상자와 관계 기관은 보호관찰소의 장, 갱생보호사업 허가를 받은 자 또는 한국법무보호복지공단에 갱생보호 신청을 할 수 있다(동법 제66조 제1항).
⑤ [○] 갱생보호는 갱생보호를 받을 사람(갱생보호 대상자)이 친족 또는 연고자 등으로부터 도움을 받을 수 없거나 이들의 도움만으로는 충분하지 아니한 경우에 한하여 행한다(「보호관찰 등에 관한 법률 시행령」 제40조 제1항).

정답 ⑤

24

「보호관찰 등에 관한 법률」상 갱생보호제도에 대한 설명으로 옳지 않은 것은? 2014. 교정 9급

① 갱생보호는 숙식 제공, 주거 지원, 창업 지원, 직업훈련 및 취업 지원, 출소예정자 사전상담 등의 방법으로 한다.
② 갱생보호사업을 하려는 자는 대통령령으로 정하는 바에 따라 법무부장관의 허가를 받아야 한다.
③ 법무부장관은 갱생보호사업자의 허가를 취소하려면 청문을 하여야 한다.
④ 갱생보호사업을 효율적으로 추진하기 위하여 한국법무보호복지공단을 설립한다.

정답 및 해설

① [○] 동법 제65조 제1항
② [×] 갱생보호사업을 하려는 자는 법무부령으로 정하는 바에 따라 법무부장관의 허가를 받아야 한다(「보호관찰 등에 관한 법률」 제67조 제1항).
③ [○] 동법 제70조의2
④ [○] 동법 제71조

정답 ②

25

보호관찰 등에 관한 법령상 '갱생보호 대상자에 대한 숙식 제공'에 관한 설명으로 옳지 않은 것은? 2018. 교정 7급

① 숙식 제공은 갱생보호시설에서 갱생보호 대상자에게 숙소·음식물 및 의복 등을 제공하고 정신교육을 하는 것으로 한다.
② 숙식을 제공한 경우에는 법무부장관이 정하는 바에 의하여 소요된 최소한의 비용을 징수할 수 있다.
③ 숙식 제공 기간의 연장이 필요하다고 인정되는 때에는 매회 6월의 범위 내에서 3회에 한하여 그 기간을 연장할 수 있다.
④ 숙식 제공 기간을 연장하고자 할 때에는 해당 갱생보호시설의 장의 신청이 있어야 한다.

정답 및 해설

① [○] 동법 시행령 제41조 제1항
② [○] 동법 시행령 제41조 제3항
③ [○] 동법 시행령 제41조 제2항
④ [×] 갱생보호사업자 또는 한국법무보호복지공단은 갱생보호대상자에 대한 숙식제공의 기간을 연장하고자 할 때에는 본인의 신청에 의하되, 자립의 정도, 계속보호의 필요성 기타 사항을 고려하여 이를 결정하여야 한다 (「보호관찰 등에 관한 법률 시행규칙」 제60조).

정답 ④

제2절 | 지역사회교정의 발전

지역사회교정에 대한 설명으로 옳지 않은 것은? 2020. 교정 7급

① 교정의 목표는 사회가 범죄자에게 교육과 취업기회를 제공해주고 사회적 유대를 구축 또는 재구축하는 것이다.
② 구금이 필요하지 않은 범죄자들에게는 구금 이외의 처벌이 필요하다.
③ 전통적 교정에 대한 새로운 대안의 모색으로 지역사회의 책임이 요구되었다.
④ 교정개혁에 초점을 둔 인간적 처우를 증진하며 범죄자의 책임을 경감시키는 시도이다.

정답 및 해설

④ [×] 지역사회교정은 범죄자에 대한 인도주의적 처우, 사회복귀의 긍정적 효과 그리고 교정경비의 절감과 재소자관리상 이익의 필요성 등의 요청에 의해 대두되었으며, 지역사회의 보호, 처벌의 연속성 제공, 사회복귀와 재통합 등을 목표로 하므로, 범죄자의 책임을 경감시키는 시도와는 관계가 없다.

정답 ④

지역사회교정(community-based corections)에 대한 설명으로 옳지 않은 것은? 2019. 교정 9급

① 범죄자에 대한 인도주의적 처우, 사회복귀의 긍정적 효과 그리고 교정경비의 절감과 재소자관리상 이익의 필요성 등의 요청에 의해 대두되었다.
② 통상의 형사재판절차에 처해질 알코올중독자, 마약사용자, 경범죄자 등의 범죄인에 대한 전환(diversion) 방안으로 활용할 수 있다.
③ 범죄자에게 가족, 지역사회, 집단 등과의 유대관계를 유지하게 하여 지역사회 재통합 가능성을 높여줄 수 있다.
④ 사회 내 재범가능자들을 감시하고 지도함으로써 지역사회의 안전과 보호에 기여하고, 사법통제망을 축소시키는 효과를 기대할 수 있다.

정답 및 해설

② [○] 지역사회교정의 장점에 대한 설명이다. 대부분의 지역사회교정은 전환을 전제로 하며, 알코올중독자·마약사용자·경범죄인 등 시설 내 형사처벌이 부적당한 자에 대한 유용한 대책이다.
④ [×] 과거에는 범죄통제의 대상이 되지 않았던 대상자를 범죄의 통제대상이 되게 함으로써 형사사법망의 확대를 초래한다는 비판을 받고 있다.

정답 ④

03 지역사회교정에 대한 설명으로 옳지 않은 것은?
2016. 5급 승진

① 범죄자와 지역사회와의 의미 있는 유대관계를 유지하여 범죄자를 재사회화하려는 것이다.
② 지역사회교정 프로그램은 주로 전환, 옹호, 재통합의 형태로 시행된다.
③ 전환이란 범죄자를 공식적인 형사사법 절차와 과정으로부터 비공식적인 형사사법 절차와 과정으로 우회시키는 제도로서 교도소 과밀화 해소에 도움이 된다.
④ 국가에 의해서 통제되고 규제되는 시민의 비율이 증가하여 형사사법의 그물망 확대라는 문제점이 대두된다.
⑤ 중간처우소, 수형자자치제, 집단가정은 지역사회교정의 대표적인 프로그램이다.

정답 및 해설

① [○] 지역사회교정이란 지역사회와 범죄자와의 상호 의미 있는 유대라는 개념을 바탕으로 지역사회에서 행해지는 범죄자에 대한 다양한 제재와 비시설 내 교정프로그램을 말한다.
② [○] 지역사회교정은 대체로 전환(diversion)·옹호(advocacy)·재통합(reintegration)의 형태로 시행되고 있다.
③ [○] 전환이란 낙인을 최소화하고 범죄자의 사회복귀를 용이하게 하기 위해서 범죄자를 공식적인 형사사법절차와 과정으로부터 비공식적인 절차와 과정으로 우회시키는 제도로서 대부분의 지역사회교정은 최소한 이러한 전환을 전제로 한다. 또한 지역사회교정이 있음으로써 상당수 범죄자를 교도소에 수용하지 않고도 처우할 수 있기 때문에 과밀수용을 해소할 수 있다.
④ [○] 지역사회교정의 확대는 과거에는 범죄통제의 대상이 되지 않았던 대상자를 범죄의 통제대상이 되게 함으로써 형사사법망의 확대(net widening)를 초래한다는 비판을 받고 있다.
⑤ [×] 재통합적 지역사회교정의 대표적인 프로그램으로 중간처우소(halfway house), 집단가정(group home) 등이 있다. 수형자자치제는 시설 내 처우에 해당한다.

 지역사회교정

지역사회교정의 대상자 선정문제와 관련된 것으로서 형사사법망의 확대(widening the net)가 지역사회교정에 대해서 가장 심각한 문제로 대두될 수 있다. 이는 지역사회교정이 범죄자의 생활에 대한 통제를 줄이기 위해서 시도되었으나, 실제는 범죄자에 대한 통제를 증대시켰다는 것이다. 즉, 사회봉사명령이 보호관찰에 병과되고, 충격보호관찰은 일반보호관찰을 대신할 수도 있기 때문이다. 지역사회교정으로 인한 형사사법망의 확대는 세 가지 형태로 나타나는데, 망의 확대(wider nets), 망의 강화(stronger nets), 상이한 망(different nets)의 설치이다.

망의 확대	국가에 의해서 통제되고 규제되는 시민의 비율이 증가되는 현상, 즉 더 많은 사람을 잡을 수 있도록 그물망을 키워왔다는 것이다. 쉽게 말해서 과거에는 형사사법의 그물이 듬성듬성했기 때문에 큰 고기(중요범죄자)만 걸려들었으나, 지역사회교정으로 인하여 형사사법의 그물망이 그만큼 촘촘해져서 과거에는 걸리지 않던 작은 고기(경미범죄자)까지도 형사사법망에 걸려들기 때문에 형사사법의 대상자가 확대된다는 것이다.
망의 강화	범죄자에 대한 개입의 강도를 높임으로써 범죄자에 대한 통제를 강화시켰다는 것이다.
상이한 망의 설치	범죄자를 사법기관이 아닌 다른 기관으로 위탁하여 실제로는 더 많은 사람을 지역사회교정의 대상으로 만든다는 것이다.

정답 ⑤

04 지역사회교정의 장점을 기술한 것으로 옳지 않은 것은?

2016. 교정 9급

① 새로운 사회통제 전략으로서 형사사법망의 확대효과를 가져온다.
② 교정시설 수용에 비해 일반적으로 비용과 재정부담이 감소되고 교도소 과밀수용 문제를 해소할 수 있다.
③ 대상자에게 사회적 관계의 단절을 막고 낙인효과를 최소화하며 보다 인도주의적인 처우가 가능하다.
④ 대상자에게 가족, 지역사회, 집단 등과 유대관계를 유지하게 하여 범죄자의 지역사회 재통합 가능성을 높여 줄 수 있다.

정답 및 해설

① [×] 형사사법망의 확대는 지역사회교정의 단점에 해당한다. 즉, 지역사회교정의 확대는 과거에는 범죄통제의 대상이 되지 않았던 대상자를 범죄의 통제대상이 되게 함으로써 형사사법망의 확대를 초래한다는 비판을 받고 있다.

지역사회교정의 장·단점

장점	단점
• 시설 내 처우로 인한 사회단절과 악풍감염의 폐해를 줄이고 범죄배양효과 내지는 낙인효과를 피하게 해준다. • 전환제도로 이용되면 형사시설의 과밀화 방지에 기여하여 형사사법기관의 부담을 감소시킬 수 있다. • 교정시설 수용에 비해 일반적으로 비용과 재정부담이 감소되고, 교도소 과밀수용 문제를 해소할 수 있다. • 대상자에게 가족, 지역사회, 집단 등과 유대관계를 유지하게 하여, 범죄자의 지역사회 재통합 가능성을 높여 줄 수 있다. • 단기자유형의 폐해극복 및 범죄인 처우를 위한 국가비용을 절감할 수 있다. • 알코올중독자, 마약사용자, 경범죄인 등 시설 내 형사 처벌이 부적당한 자에 대한 유용한 대책이다. • 사회 내 재범가능자들을 감시하고 지도함으로써 지역사회의 안전과 보호에 기여한다.	• 지역사회의 반대 등으로 사회 내 처우시설의 유치가 곤란하고, 국민법감정과 배치되며, 사회방위를 침해할 수 있다. • 시설 내 구금의 한계를 극복하기 위한 신종의 사회통제 전략으로 형사사법망의 확대에 불과하다. • 사회 내 처우는 형식적으로는 구금이 아니나, 사회 내 처우 관련기관들이 개입하므로 실질적으로 구금기능을 할 수 있다.

정답 ①

05 다양한 형태로 출현하여 시행되고 있는 지역사회교정(사회 내 처우)의 형태로 옳지 않은 것은?

2021. 교정 9급

① 출소자들에 대한 원조(advocacy)
② 지역사회 융합을 위한 재통합(reintegration)
③ 사회적 낙인문제 해소를 위한 전환제도(diversion)
④ 범죄자의 선별적 무력화(selective incapacitation)

정답 및 해설

④ [×] 선별적 무능력화는 재범가능성에 대한 개인별 예측에 의해 범죄성이 강한 개별 범죄자를 선별적으로 구금하거나 형량을 강화하는 것으로, 시설 내 처우에 해당한다.

정답 ④

06 지역사회 교정에 대한 설명으로 옳지 않은 것은?

2024. 교정 9급

① 교정시설의 과밀수용 문제를 해소하기 위한 방안 중 하나이다.
② 범죄자의 처벌·처우에 대한 인도주의적 관점이 반영된 것이다.
③ 형사제재의 단절을 통해 범죄자의 빠른 사회복귀와 재통합을 실현하고자 한다.
④ 실제로는 범죄자에 대한 통제를 증대시켰다는 비판이 있다.

정답 및 해설

① [○] 현대교정이 안고 있는 가장 큰 문제 중의 하나가 과밀수용인데, 지역사회교정이 있음으로써 상당수 범죄자를 교도소에 수용하지 않고도 처우할 수 있기 때문에 과밀수용을 해소할 수 있고, 따라서 수용자의 수용관리도 그만큼 쉬워지며 더불어 교정경비 또한 절감될 수 있다.
② [○] 지역사회교정은 범죄자에 대한 인도주의적 처우, 사회복귀의 긍정적 효과 그리고 교정경비의 절감과 수용자관리상 이익의 필요성 등의 요청에 의해 대두되었다.
③ [×] 지역사회교정이란 지역사회와 범죄자와의 상호 의미 있는 유대라는 개념을 바탕으로 지역사회에서 행해지는 범죄자에 대한 다양한 제재와 비시설 내 교정프로그램을 말한다. 이는 지역사회의 보호, 처벌의 연속성 제공, 사회복귀와 재통합 등을 목표로 한다.
④ [○] 과거에는 범죄통제의 대상이 되지 않았던 대상자를 범죄의 통제대상이 되게함으로써 형사사법망 확대를 초래한다는 비판을 받고 있다.

정답 ③

07 지역사회교정이 강조되는 이유라고 볼 수 없는 것은?

① 시설처우의 비효율성
② 지역사회의 책임성
③ 과밀수용의 폐해 시정
④ 수형자 권리의 신장

정답 및 해설

④ [×] 지역사회교정은 전환, 옹호, 재통합의 형태로 나타난다. 범죄인의 낙인을 최소화하고 범죄자의 사회복귀를 용이하게 하기 위해서 범죄자를 공식적인 형사사법절차와 과정으로부터 비공식적인 절차와 과정으로 우회시키는 제도가 전환인데, 이는 공식적인 절차에서 부여되는 자기방어권이 침해될 수 있다는 점에서 수형자 권리의 신장과는 거리가 멀다.

정답 ④

08 미국의 형사정책 보수회귀현상과 관련이 없는 것을 모두 고른 것은?

㉠ 다양한 양형개혁과 중간처벌제도의 등장
㉡ 보호관찰의 확대 및 활성화
㉢ 정기형제도로의 전환
㉣ 강제 최소구금제도의 도입
㉤ 선시제도 범위의 확대

① ㉠, ㉢
② ㉢, ㉣
③ ㉡, ㉤
④ ㉣, ㉤

정답 및 해설

③ [○] 1980년대 미국의 형사정책의 보수회귀현상의 결과 나타난 것은 ㉠ 다양한 양형개혁과 중간처벌제도의 등장, ㉢ 정기형제도로의 전환, ㉣ 강제 최소구금제도의 도입 등이 있다. 당시 보호관찰 대상자의 높은 재범률로 인하여 보호관찰제도는 비판을 받았고, 이에 대한 대체형벌에 관한 논의가 있었으며, 선시제도 및 가석방도 축소되어야 한다는 주장이 강하였다.

정답 ③

제3절 | 중간처우제도

01 중간처우소(halfway house)에 대한 설명으로 옳지 않은 것은? 　　2021. 교정 7급

① 석방 전 중간처우소는 교도소에서 지역사회로 전환하는 데 필요한 도움과 지도를 제공한다.
② 석방 전 중간처우소는 정신질환 범죄자나 마약중독자에 유용하며 석방의 충격을 완화해주는 역할을 한다.
③ 우리나라의 중간처우소 사례인 밀양희망센터는 외부업체에서 일하고 지역사회 내의 기숙사에서 생활하는 형태로 운영된다.
④ 미국에서 가장 일반적인 중간처우소 유형은 수형자가 가석방 등 조건부 석방이 결정된 후 초기에 중간처우소에 거주하는 것이다.

정답 및 해설

① [○] 석방 전 중간처우소(halfway-out house)는 출소와 지역사회에서의 독립적인 생활사이의 과도기적 단계로서 주거서비스를 제공하여 가족과 지역사회의 유대관계를 회복할 수 있도록 도와주며, 취업 알선 프로그램이나 사회복귀 문제요인을 해결책으로 제시함으로서 사회에 적응을 할 수 있도록 도와준다.
② [×] 입소 전 중간처우소(halfway-in house)는 대체로 정신질환 범죄자나 마약중독 범죄자 등에 유용한 것으로, 수형자가 겪고 있는 정신질환이나 중독증상이 치유된 이후에 수형생활을 하는 것이 교정의 효과를 높일 수 있기 때문이다.
③ [○] 밀양교도소 밀양희망센터는 출소예정자의 사회적응력 향상을 위해 지역사회 내에 설치된 중간처우시설로, 평일에는 중간처우시설에서 기업체 등으로 자율 출·퇴근을 실시하고, 취업시간 이후에는 중간처우시설에서 취·창업교육, 문화프로그램, 집단상담, 자치활동, 취미생활 등을 받는다.
④ [○] 미국의 중간처우소(halfway house)는 주로 교도소로부터 멀리 떨어진 곳에 독립된 시설을 두고 그 곳에 석방준비단계의 수용자들을 수용한다. 민간인 위주로 운영하고 있으며, 가석방자를 대상으로 조기석방을 전제로 하고, 시설수용과 지역사회교정 모두에 대한 대안으로써 쓰이고 있다.

정답 ②

02 형의 집행 및 수용자의 처우에 관한 법령상 중간처우에 대한 설명으로 옳지 않은 것은? 2024. 교정 7급

① 중간처우 대상자의 선발절차는 분류처우위원회의 심의를 거쳐 소장이 정한다.
② 중간처우 대상자는 전담교정시설에 수용되어 그 특성에 알맞은 처우를 받되, 전담교정시설의 부족 등 부득이한 사정이 있는 경우에는 예외로 할 수 있다.
③ 형기가 2년 이상으로 범죄 횟수가 1회이고 중간처우를 받는 날부터 가석방 또는 형기 종료 예정일까지 기간이 3개월 이상 1년 6개월 미만인 개방처우급 또는 완화경비처우급 수형자에 대하여는 지역사회에 설치된 개방시설에 수용할 수 있다.
④ 소장은 교도작업에 지장을 주지 아니하는 범위에서 작업기술이 탁월하고 작업성적이 우수한 중간처우 대상 수형자에게 1일 2시간 이내로 개인작업을 하게 할 수 있다.

정답 및 해설

① [×] 중간처우 대상자의 선발절차, 교정시설 또는 지역사회에 설치하는 개방시설의 종류 및 기준, 그 밖에 필요한 사항은 법무부장관이 정한다(형집행법 시행규칙 제93조 제3항).
▶ 중간처우대상자의 선정은 교정본부 분류심사과에서 선정심사·확정한다(교정시설 경비등급별 수형자의 처우 등에 관한 지침 제40조 제3항. [별표 5]).

② [○] 학과교육생·직업훈련생·외국인·여성·장애인·노인·환자·소년(19세 미만인 자를 말한다), 중간처우 대상자, 그 밖에 별도의 처우가 필요한 수형자는 법무부장관이 특히 그 처우를 전담하도록 정하는 시설(전담교정시설)에 수용되며, 그 특성에 알맞은 처우를 받는다. 다만, 전담교정시설의 부족이나 그 밖의 부득이한 사정이 있는 경우에는 예외로 할 수 있다(동법 제57조 제6항).

③ [○] 소장은 ⊙ 형기가 2년 이상이고, ⓒ 범죄 횟수가 1회이며, ⓒ 중간처우를 받는 날부터 가석방 또는 형기 종료 예정일까지 기간이 (3개월 이상) 1년 6개월 미만인 ② 개방처우급 또는 완화경비처우급 수형자에 대하여는 지역사회에 설치된 개방시설에 수용하여 사회 적응에 필요한 교육, 취업지원 등 적정한 처우를 할 수 있다(동법 시행규칙 제93조 제2항, 동법 제57조 제4항).

> **시행규칙 제93조 제2항에서 '1년 6개월 미만인 사람'이라고 '기간의 상한'만 규정되어 있는데, '기간의 하한'은 없나?**
> 중간처우시설(교정시설에 설치된 개방시설 또는 지역사회에 설치된 개방시설) 수용 대상자 선정 시 고려되는 사항은 ⊙ 경비처우급, ⓒ 도주 및 재범가능성, ⓒ 연령, 건강, 정신상태 등을 고려한 작업 또는 교육훈련 감당 여부, ② 가석방 가능성, ⓜ 형기종료일까지의 기간(남은 형기), ⓗ 그 밖에 [별표 2], [별표 3]에서 정한 요건이 있다(교정시설 경비등급별 수형자의 처우 등에 관한 지침 제39조 제1항).
> [별표 2] 가석방 가능자의 중간처우대상자 추천 및 선정기준(제39조 관련): 지역사회에 설치된 개방시설(희망센터)
> – 가석방예정일까지의 수용기간: 3개월 이상 1년 6개월 미만
> [별표 3] 형기종료예정자의 중간처우대상자 추천 및 선정기준(제39조 관련): 지역사회에 설치된 개방시설(희망센터)
> – 남은 형기: 3개월 이상 1년 6개월 미만

④ [○] 소장은 수형자가 개방처우급 또는 완화경비처우급으로서 작업기술이 탁월하고 작업성적이 우수한 경우에는 수형자 자신을 위한 개인작업을 하게 할 수 있다. 이 경우 개인작업 시간은 교도작업에 지장을 주지 아니하는 범위에서 1일 2시간 이내로 한다(동법 시행규칙 제95조 제1항).
▶ 개인작업을 할 수 있는 수형자와 중간처우를 받을 수 있는 수형자의 경비처우급은 개방처우급 또는 완화경비처우급이므로 옳은 설명이다. 즉, 중간처우를 받으면서 개인작업을 할 수 있다.

정답 ①

03 중간처우에 대한 설명으로 옳지 않은 것은? 2007. 교정 9급

① 중간처우란 출소기일이 임박한 수형자의 정상적인 사회복귀를 돕기 위한 출소 전 준비제도로 많이 활용된다.
② 중간처우제도의 기원은 1854년 아일랜드 감옥 소장이었던 크로프톤(Crofton)이 설치한 중간교도소에서 시작되었다.
③ 우리나라에서는 안양교도소 개방지역에 중간처우의 집을 운영하고 있다.
④ 중간처우제도는 시설 내 중간처우와 사회 내 중간처우로 나뉘는 바, 중간처우의 집, 석방 전 지도센터가 시설 내 중간처우에 속한다.

정답 및 해설

① [○] 중간처우는 수형자 처우의 인도화와 합리화라는 관점에서 나온 제도로서 시설 내 처우와 사회 내 처우의 중간형태 내지 결합형태라고 할 수 있으며, 사회복귀에 중점을 둔 제도이다.
② [○] 1854년 아일랜드의 교도소장이었던 크로프톤이 누진제를 실시하면서 가석방의 전단계로 중간교도소를 설치한 것이 시초이다.
③ [○] 안양교도소의 소망의 집, 밀양교도소의 밀양희망센터, 천안개방교도소의 아산희망센터 등이 있다.
④ [×] 중간처우제도란 광의의 개념으로는 개방처우를 포함하지만, 협의의 개념으로는 처우의 장소를 교정시설로부터 지역사회로 전환하여 폭넓은 자유를 허용하는 중간시설, 즉 사회 내 처우소를 이용하여 운영하는 방식을 의미한다. 시설 내 중간처우라 함은 광의의 개방처우를 포함한다 할 수 있으나, 중간처우의 집 또는 사회 내 처우센터 등은 시설수용 내지는 석방의 충격을 완화하는 완충지대 역할을 담당하는 사회 내 중간처우라 할 수 있다.

정답 ④

---

04 중간처우 제도와 시설에 대한 설명으로 옳지 않은 것은? 2018. 교정 7급

① 정신질환자 또는 마약중독자들이 겪는 구금으로 인한 충격을 완화해 주는 역할을 한다.
② 교도소 수용이나 출소를 대비하는 시설로 보호관찰 대상자에게는 적용되지 않는다.
③ 교정시설 내 중간처우로는 외부방문, 귀휴, 외부통근작업 및 통학제도 등을 들 수 있다.
④ 교도소 출소로 인한 혼란·불확실성·스트레스를 완화해 주는 감압실로 불리기도 한다.

정답 및 해설

중간처우소는 우선 과도기적 시설과 서비스를 필요로 하는 교도소에서 출소할 재소자, 구금의 대안으로서 보호관찰부 형의 유예자들에게 제공된다. 그리고 법원의 양형결정에 필요한 분류심사서비스로서도 활용되고 있다. 심지어 중간처우소가 출소자들에게는 외부통근이나 통학 또는 석방 전 처우센터로서도 이용되며, 특히 아동보호시설이나 재판 전 구치시설이나 소년원의 대안으로서도 이용되기도 한다. 중간처우소의 대상자는 마약중독자, 알코올중독자, 정신질환자(내담자) 등의 특수한 문제가 있는 범죄자에게만 제한하기도 한다. 그러나 일반적으로 중간처우소의 처우대상자는 청소년을 비롯한 젊은 사람, 초범자 등 범죄경력이 없거나 많지 않은 사람, 비폭력범죄자 등 위험성이 많지 않은 사람들을 포함시킨다.

① [○] 입소 전 중간처우소는 대체로 정신질환범죄자나 마약중독범죄자 등에게 유용한 것으로, 수형자가 겪고 있는 정신질환이나 중독증상이 치유된 이후에 수형생활을 하는 것이 교정의 효과를 높일 수 있기 때문이다.
② [×] 중간처우소는 과도기적 시설과 기능 외에 직접적인 하나의 형벌의 대안으로서 이용되기도 한다. 즉, 시설수용과 거주 지역사회교정 모두에 대안으로서 쓰이고 있다는 것이다. 다시 말해서 지금까지의 형벌이 사실상 완전한 구금과 완전한 자유라는 극단적인 두 가지로만 이루어져 왔으나, 이제는 극단적 두 처분의 중간에 위치할 수 있는 대안도 필요하다는 인식을 한 것이다. 따라서 일반적인 보호관찰이나 집중감시보호관찰 대상자들보다 좀 더 강한 통제와 체계가 필요하다고 판단되는 경우에 적용할 수 있고, 보호관찰 또는 가석방 규칙을 위반한 경우에도 중간처우소 제도를 적용하기도 한다.

④ [○] 중간처우소와 같은 과도기적 시설이 있음으로써 출소자들이 겪게 될지도 모를 혼란·불확실성·스트레스 등을 점차적으로 경험하게 하고 해결하게 하여 지역사회에서의 독립적인 생활에 재적응할 수 있는 적절한 시간적 여유를 제공할 수 있는 것이다. 이러한 관점에서 중간처우소(Halfway house)를 출소자들을 위한 감압실이라고도 한다.

정답 ②

05 중간처우란 사회 내 처우에 기반을 두면서 중간시설을 이용하는 형태라 할 수 있는데, 이러한 시설에 대한 설명으로 가장 옳은 것은?

① 가석방 호스텔이란 가석방을 받고 출소한 자를 처우하기 위한 조직으로, 미국에 있어서는 주로 주에 설치된 보호행정 담당부서에서 운영한다.
② 영국에서는 1954년부터 석방 전 호스텔 제도가 발달하기 시작하였고, 대부분의 호스텔은 주로 교도소 내의 일정한 장소에 설치되어 있다.
③ 미국의 중간처우의 집(Halfway House)은 주로 교도소로부터 멀리 떨어진 곳에 독립된 시설을 두고 그 곳에 석방준비단계의 수용자들을 수용하게 된다.
④ 출소 전 중간처우의 집(Halfway-out House)은 정신질환 범죄자나 마약중독자들에게 매우 유익한 제도로써, 석방의 충격을 완화하는 완충지대역할을 담당하고 있다.

정답 및 해설

① [×] 가석방 호스텔은 가석방자의 사회생활 적응능력을 함양하기 위한 것으로, 미국에서는 주로 종교단체나 자선단체에서 운영한다.
② [×] 영국에서의 석방 전 호스텔은 1954년에 시작된 것으로 일반교도소의 개방구역이나 교도소 외의 시가지에 특별히 설치하여 행정형 외부통근제 형태로 운영하였다.
④ [×] 입소 전 중간처우의 집(Halfway-in House)은 정신질환 범죄자나 마약중독 범죄자들에게 매우 유용한 것으로, 사회로부터 교도소로 입소할 때의 충격을 완화하고, 수형생활에 잘 적응하도록 도와준다.

정답 ③

06 중간처우에 대한 설명으로 옳지 않은 것은?

① 중간처우란 시설 내 처우와 사회 내 처우의 중간형태를 의미한다.
② 우리나라는 지역사회 내 중간처우시설로 밀양희망센터만을 설치·운영하고 있다.
③ 중간처우시설의 형태로는 석방 전 지도센터, 중간처우의 집, 호스텔 등을 들 수 있다.
④ 넓은 의미로는 시설 내 구금을 완화하는 개방처우가 포함된다.

정답 및 해설

② [×] 안양교도소에 2009년 1월, 10명 내외의 수형자를 대상으로 외부통근작업과 개방처우를 내용으로 하는 소망의 집(중간처우의 집)을 설치·운영하고 있으며, 밀양구치소에서 2013년 9월, 출소예정자의 사회적응력 향상을 위해 지역사회 내 중간처우시설인 밀양희망센터를 설치·운영하고 있고, 천안개방교도소에서 2017년 3월, 출소자의 안정적인 사회복귀를 돕기 위해 운영되는 지역사회 내 중간처우시설인 아산희망센터를 설치·운영하고 있다.

정답 ②

07 가석방을 받고 출소한 자를 처우하기 위한 제도로, 미국의 주요 종교단체나 자선단체에서 운영하며 우리나라의 한국법무보호복지공단과 유사한 것은 무엇인가?

① 다목적 센터
② 보호관찰조건부 거주 호스텔
③ 가석방 호스텔
④ 석방 전 호스텔

정답 및 해설

① [×] 재정이 영세한 군정부(카운티)는 한 가지 목적만을 위하여 독립된 시설을 운영하기 어렵기 때문에 재정적 부담을 덜기 위해 주로 소년을 대상으로 여러 가지 목적에 부응하기 위해 만들어진 시설을 말하며, 소년법원의 결정을 조력하는 진단소년원에서 임시퇴원자의 보호나 보호관찰의 지도를 위한 보호시설로 이용하고 있으며, 우리나라에서는 소년분류심사원이 이와 유사한 기능을 수행한다.
② [×] 보호관찰조건부 거주 호스텔은 보호관찰을 조건으로 하는 석방자의 처우를 위한 거주시설로, 미국에서는 보호행정을 담당하는 카운티나 주에서 실시한다.
③ [○] 가석방 호스텔(Parole Hostel)은 가석방자의 사회생활적응능력을 함양하기 위한 것으로 미국에서 주로 종교단체나 자선단체에 의해 운영되는데, 우리나라에서는 갱생보호사업을 하고 있는 한국법무보호복지공단에서 이와 유사한 기능을 수행한다.
④ [×] 석방 전 호스텔은 영국에서 1954년부터 발달하기 시작한 것으로 대부분 교도소 외각의 일부에 별도로 설치·운영되며, 시설에 거주하면서 취업처를 물색하여 돈벌이를 하고 출소 시에는 상당한 돈을 모으게 되는 것은 물론 장차 복귀하여야 할 사회의 사정에 익숙해져 석방준비에 크게 기여한 제도이다.

정답 ③

08 현행법령상 중간처우에 대한 설명으로 옳지 않은 것은?

① 소장은 형기 종료를 앞둔 수형자 중에서 일정한 요건을 갖춘 사람에 대해서는 형기 종료 전 일정 기간 동안 지역사회에 설치된 개방시설에 수용하여 사회적응에 필요한 교육, 취업지원 등의 적정한 처우를 할 수 있다.
② 중간처우 대상자의 경비처우급은 개방처우급 혹은 완화경비처우급이다.
③ 형기가 3년 이하인 사람, 범죄 횟수가 2회 이상인 사람은 대상자가 될 수 있다.
④ 중간처우 대상자의 선발절차는 법무부장관이 정한다.

정답 및 해설

① [○] 소장은 가석방 또는 형기 종료를 앞둔 수형자 중에서 법무부령으로 정하는 일정한 요건을 갖춘 사람에 대해서는 가석방 또는 형기 종료 전 일정 기간 동안 지역사회 또는 교정시설에 설치된 개방시설에 수용하여 사회적응에 필요한 교육, 취업지원 등의 적정한 처우를 할 수 있다(동법 제57조 제4항).
② [○] 동법 시행규칙 제93조 제1항
③ [×] 형기가 3년 이상인 사람, 범죄 횟수가 2회 이하인 사람이 대상이 된다(형집행법 시행규칙 제93조 제1항).
④ [○] 동법 시행규칙 제93조 제3항

정답 ③

제4절 | 중간처벌제도

01 중간처벌제도에 대한 설명으로 옳은 것은? 2019. 교정 7급

① 중간처벌은 중간처우에 비해 사회복귀에 더욱 중점을 둔 제도이다.
② 충격구금은 보호관찰의 집행 중에 실시하는 것으로, 일시적인 구금을 통한 고통의 경험이 미래 범죄행위에 대한 억지력을 발휘할 것이라는 가정을 전제로 한다.
③ 배상명령은 시민이나 교정당국에 비용을 부담시키지 않고, 범죄자로 하여금 지역사회에서 가족과 인간관계를 유지하며 직업활동에 전념할 수 있게 한다.
④ 집중감독보호관찰(intensive supervision probation)은 주로 경미범죄자나 초범자에게 실시하는 것으로, 일반보호관찰에 비해 많은 수의 사람을 대상으로 한다.

정답 및 해설

① [×] 중간처벌이란 구금형과 일반보호관찰 사이에 존재하는 대체처벌로서, 중간처우가 사회복귀에 중점을 두는 것이라면 중간처벌은 제재에 보다 중점을 둔 제도이다.
② [×] 충격구금은 보호관찰에 앞서 일시적인 구금의 고통이 미래 범죄행위에 대한 억지력을 발휘할 것이라고 가정하는 처벌형태로, 이는 장기구금에 따른 폐해와 부정적 요소를 해소하거나 줄이고 대신 구금이 가질 수 있는 긍정적 측면을 강조하기 위한 것이다.
③ [○] 배상명령은 범죄자로 하여금 자신의 범죄로 인해 피해를 입은 범죄피해자에게 금전적으로 배상시키는 제도로, 피해자에 대한 단순한 금전적 배상이라는 점에서 하나의 처벌인 동시에 금전 마련을 위해서 일을 하거나 피해자를 배려한다는 등의 차원에서는 교화개선적 기능도 가지고 있다. 배상명령(restitution)은 시민이나 교정당국에 아무런 비용을 부담시키지 않으며, 범죄자를 사회로부터 격리수용하지 않고 지역사회에서 가족과 인간관계를 유지하며 직업활동에 전념할 수 있다는 장점이 있으며, 그 결과 수용으로 인한 낙인과 범죄학습 등의 폐해가 없다.
④ [×] 일반보호관찰은 주로 경미범죄자나 초범자 등을 대상으로 보호관찰관의 과중한 업무량 등을 이유로 간헐적인 직접접촉과 전화접촉에 그치지만, 집중보호관찰은 어느 정도의 강력범죄자까지도 대상으로 하며 10명 내외의 대상자를 상대로 매주 수회에 걸쳐 직접대면접촉을 보호관찰대상자의 직장이나 가정에서 수행하고 있다. 결국 집중보호관찰은 ㉠ 보호관찰관과 대상자의 대인적 접촉의 강화, ㉡ 범죄자의 범죄행위에 관련된 개인적 또는 사회적 필요성을 충족시키기 위한 유관기관이나 프로그램에의 강제적 회부, ㉢ 보호관찰조건의 강화와 엄격한 집행 등을 특징으로 한다. 따라서 집중보호관찰은 보호관찰부 가석방(parole)이나 보호관찰부 선고유예(probation) 두 가지 경우 모두 활용 가능한 제도이다.

정답 ③

02 충격구금(shock incarceration)에 대한 설명으로 옳지 않은 것은? 2015. 교정 7급

① 장기구금에 따른 폐해를 해소하거나 줄이는 대신 구금의 긍정적 측면을 강조하기 위한 것이다.
② 구금의 고통이 큰 기간을 구금하여 범죄억제효과를 극대화하는 데 제도적 의의가 있다.
③ 형의 유예 및 구금의 일부 장점들을 결합한 것으로 보호관찰과는 결합될 수 없다.
④ 짧은 기간 구금되지만 범죄자가 악풍에 감염될 우려가 있다.

정답 및 해설

① [O] 충격구금은 글자 그대로 구금을 통하여 범죄자에게 충격을 가한다는 것이다. 이 제도는 장기구금에 따른 폐해와 부정적 요소를 해소하거나 줄이고 대신 구금이 가질 수 있는 긍정적 측면을 강조한 것이다.

② [O] 범죄자를 장기간 구금함으로써 부정적 낙인의 골은 깊어지고 악풍의 감염과 범죄의 학습은 심화되지만, 반대로 구금의 박탈과 고통으로 인한 제지효과는 점점 줄어들게 된다는 사실과 이러한 구금의 고통은 입소 후 6~7개월에 이르기까지 최고조에 달하다가 그 이후 급격히 떨어진다는 사실에 기초하여 구금의 고통이 가장 큰 짧은 기간 동안만 구금하여 구금으로 기대되던 고통과 그로 인한 제지효과를 극대화하는 대신 장기구금으로 인한 부정적 측면은 극소화하자는 데 제도적 의의가 있다.

③ [×] 충격구금은 보호관찰에 앞서 일시적인 구금의 고통이 미래 범죄행위에 대한 억지력을 발휘할 것이라고 가정하는 처벌형태로, 단기간의 구금을 경험하게 하여 형벌의 제지효과를 심어 준 다음 형의 선고를 유예하거나 보호관찰에 회부하는 등 구금을 대신할 수 있는 처분을 하는 것이다. 결국 이 제도는 보호관찰과 형의 유예 및 구금의 일부 장점들을 결합한 것이라고 볼 수 있다.

④ [O] 충격구금에 대해 부정적으로 평가하는 측에서는 아무리 단기간의 구금이라고 하지만 그 구금기간은 재소자에게 부정적인 경험과 영향을 미치기에는 짧지 않은 시간이라고 주장한다. 즉, 짧은 기간이라도 구금은 범죄자를 악풍에 감염시키고, 따라서 교화개선의 기회마저 상실하게 한다는 것이다. 한편 보호관찰은 구금을 피하자는 데 목적이 있는 것이지 구금을 보완하기 위한 것은 아니라는 주장이다.

정답 ③

집중보호관찰(intensive probation)에 대한 설명으로 옳지 않은 것은? 2020. 5급 승진

① 과밀수용의 해소방안으로서 중요한 의미를 가진다.
② 집중보호관찰 대상자 선정 시 약물남용경험, 가해자 – 피해자 관계, 초범 시 나이 등을 고려하지 않는다.
③ 일반보호관찰보다는 감독의 강도가 높고, 구금에 비해서는 그 강도가 낮다.
④ 집중보호관찰은 대개의 경우 야간 통행금지시간을 정하고, 일정시간의 사회봉사를 행하게 한다.
⑤ 집중보호관찰의 대상자는 재범의 위험성이 높은 보호관찰대상자가 보편적이다.

정답 및 해설

① [O] 집중보호관찰은 수용인구의 폭증에 직면하여 구금하지 않고도 범죄자를 통제하고, 그들의 행위를 효과적으로 감시할 수 있는 장치가 필요하다는 인식에 기초하고 있다. 집중보호관찰은 과밀수용의 해소방안으로서 중요한 의미를 가지며, 전통적 보호관찰이 지나치게 전시효과를 노리는 눈가림식이라는 비판과 범죄자에 대한 처분이 지나치게 관대하다는 시민의식을 불식시킬 수 있는 장점이 있으며, 동시에 재범률을 낮출 수 있는 교화개선의 효과도 적지 않다는 경험적 평가를 받고 있다.

② [×], ⑤ [O] 대상자의 선정은 대체로 범죄자의 위험성을 기준으로 이루어지는데, 약물남용경험, 소년비행경력, 가해자와 피해자의 관계, 피해자에 대한 피해, 과거 보호관찰 파기 여부, 초범 당시의 나이 등을 고려하여 위험성이 높은 보호관찰대상자를 집중보호관찰의 대상자로 정하는 것이 보편적이다.

③ [O] 일반보호관찰이 주로 경미범죄자나 초범자 등을 대상으로 하는 반면, 집중보호관찰은 어느 정도의 강력범죄자까지도 대상으로 한다. 또한 감시·감독의 정도에 있어서도 일반보호관찰이 보호관찰관의 과중한 업무량 등을 이유로 간헐적인 직접접촉과 전화접촉에 만족하지만, 집중보호관찰은 10명 내외의 적은 수의 대상자를 상대로 매주 수회에 걸친 직접대면접촉을 보호관찰대상자의 직장이나 가정에서 수행하고 있다.

④ [O] 집중보호관찰은 대개의 경우 야간 통행금지시간을 정하고, 일정시간의 사회봉사를 행하게 하고, 취업을 증명할 수 있는 봉급명세서를 제출하게 하며, 보호관찰관의 감시·감독을 도울 수 있는 지역사회 후원자를 두도록 하기도 한다. 또한 경우에 따라서는 보호관찰 비용과 피해자에 대한 배상을 명하기도 하고, 알코올이나 마약에 대한 검사도 받게 한다.

정답 ②

04 집중감독보호관찰에 대한 설명으로 옳지 않은 것은? 2016. 교정 9급

① 위험성이 높은 보호관찰대상자 중에서 대상자를 선정하는 것이 보편적이다.
② 구금과 일반적인 보호관찰에 대한 대체방안으로서 대상자와의 접촉을 늘려 세밀한 감독을 한다.
③ 대상자의 자발적 동의와 참여하에 단기간 구금 후 석방하여 집중적으로 감시하는 사회 내 처우이다.
④ 보호관찰이 지나치게 관대한 처벌이라는 느낌을 주지 않으면서 범죄자를 사회 내에서 처우할 수 있는 기회를 제공한다.

정답 및 해설

① [○] 약물남용경험, 소년비행경력, 가해자와 피해자의 관계, 피해자에 대한 피해, 과거 보호관찰 파기 여부, 초범 당시의 나이 등을 고려하여 위험성이 높은 보호관찰대상자를 집중보호관찰의 대상자로 정하는 것이 보편적이다.
② [○] 집중감독보호관찰은 구금과 보호관찰에 대한 대체방안으로, 감독의 강도가 일반보호관찰보다는 엄격하고 교도소의 구금에 비해서는 관대한 중간처벌을 말하며, 집중적인 접촉관찰을 실시함으로써 대상자의 욕구와 문제점을 보다 정확히 파악하고, 이에 알맞은 지도·감독 및 원호를 실시하여 재범방지의 효과를 높일 수 있다.
③ [×] 단기간 구금 후 석방하여 보호관찰로 전환하는 처우방식은 충격구금이다. 집중감독(감시)보호관찰(ISP)은 약물범죄자나 그 밖에 집중적인 감시가 필요한 자를 대상으로, 보호관찰관이 대상자를 자주 접촉하고 무작위방문을 실시하는 등 집중적인 접촉관찰을 실시하는 것을 말한다.

정답 ③

05 다음의 내용에 모두 부합하는 제도는? 2016. 교정 9급

> ㉠ 시설수용의 단점을 피할 수 있다.
> ㉡ 임산부 등 특별한 처우가 필요한 범죄자에게도 실시할 수 있다.
> ㉢ 판결 이전이나 형 집행 이후 등 형사사법의 각 단계에서 폭넓게 사용될 수 있다.

① 개방처우　　　　　　　　　　② 전자감시
③ 사회봉사　　　　　　　　　　④ 수강명령

정답 및 해설

② [○] 전자감시는 ㉠, ㉡, ㉢에 모두 부합한다.
• 전자감시, 사회봉사, 수강명령은 ㉠과 부합한다. 개방처우는 시설 내 처우에 기반을 두므로 ㉠과 부합되지 않는다. 개방처우는 시설 내 처우에 기반을 두면서 시설의 폐쇄성을 완화하여 구금의 폐해를 최소화하고 그 생활조건을 일반 사회에 접근시킴으로써 수형자의 재사회화 내지 개선효과를 얻고자하는 처우방법이다.
• 개방처우, 전자감시, 수강명령은 ㉡과 부합한다. 사회봉사는 임산부에게 적합하지 않다.
• 전자감시는 ㉢과 부합한다. 개방처우, 사회봉사, 수강명령은 판결 이후에 사용될 수 있다.

정답 ②

06 전자감시의 장점으로 옳지 않은 것은?   2010. 교정 7급

① 시설구금의 대안으로 경비를 절감할 수 있다.
② 지역사회에서 가정생활, 직장생활을 영위함으로써 사회복귀에 도움이 된다.
③ 적절히 운영되면 교정시설의 과밀화 해소에 기여한다.
④ 대상자의 프라이버시를 보호하고 범죄로부터 지역사회를 더 안전하게 하는 데 기여한다.

정답 및 해설

① [○] 시설에 구금하지 않고 가정에 구금하기 때문에 구금에 필요한 경비가 절감되고, 보호관찰관이 전자장치로 감시하기 때문에 그만큼 업무량이 줄어들어 경비가 절감된다.
② [○] 구금으로 인한 낙인이 없고, 지역사회에서 가족과 함께 생활하며 직장생활을 할 수 있고, 자신의 교화개선에 도움이 될 수 있는 각종 교육훈련과 상담도 받을 수 있어 사회복귀에 도움이 된다.
③ [○] 비구금적 대안인 전자감시제도를 활용함으로써 교정시설의 수용인구의 과밀을 줄일 수 있다.
④ [×] 범죄인을 시설구금이 아닌 사회 내에서 처우하는 것이므로 공공의 안전이 위협받으며, 국민의 법감정에 부합하지 않고, 대상자의 신체에 송신기를 부착하고 행동의 세세한 부분까지 감시하게 되므로 인간의 존엄성에 배치되며 지나치게 사생활을 침해한다는 비판이 있다.

정답 ④

07 전자감독제도에 대한 설명으로 옳지 않은 것은?   2023. 교정 9급

① 프라이버시 침해 우려가 없다.
② 교정시설 수용인구의 과밀을 줄일 수 있다.
③ 사법통제망이 지나치게 확대될 우려가 있다.
④ 대상자의 위치는 확인할 수 있으나 구체적인 행동은 통제할 수 없다.

정답 및 해설

① [×] 대상자의 신체에 송신기를 부착하고 행동의 세세한 부분까지 감시하게 되므로 인간의 존엄성에 배치되며, 지나치게 사생활을 침해한다는 비판이 있다.
② [○] 구금에 필요한 경비를 절감할 수 있고, 과밀수용을 방지할 수 있다는 장점이 있다.
③ [○] 형사제재를 받지 않아도 되는 자에게 전자감시라는 형사제재가 부과되는 결과를 초래하므로, 국가형벌권 또는 형사사법에 의한 사회통제망의 확대라는 비판이 있다.
④ [○] 감시장치를 통해 얻은 정보는 소재만을 파악할 수 있을 뿐 감시구역 내에서 대상자가 어떤 행동(마약복용 등)을 하고 있는지 파악할 수 없다는 단점이 있다.

정답 ①

08 사회봉사명령제도의 과제와 효율화 방안에 관한 설명으로 옳은 것은?   2007. 교정 7급

① 사회봉사명령제도는 본래 장기자유형에 대한 대체방안으로 논의되었다.
② 사회봉사명령 대상자에게 사회적으로 기피하는 일을 시킴으로 인해 인권침해라는 비난이 일 수도 있다.
③ 사회봉사명령제도는 사회 내 처우로서 범죄배양효과(crime breeding effect)를 방지하기 어렵다.
④ 제도의 목적이 다양함으로 인해 봉사명령의 효과가 증대되고 있다.

정답 및 해설

① [×] 사회봉사명령은 본래 단기자유형의 대체방안의 하나로서, 유죄가 인정된 범죄인이나 비행소년을 교도소나 소년원에 구금하는 대신 정상적인 사회생활을 영위하게 하면서 일정한 기간 내에 지정된 시간동안 무보수로 근로에 종사하도록 명하는 것을 말한다.
③ [×] 구금으로 인한 범죄배양효과 내지 낙인효과를 피할 수 있다.
④ [×] 사회 내 처우의 한 형태이기 때문에 재범의 가능성이 있고, 사회봉사명령의 목적이 지나치게 광범위하고 그 법적 성격이 확정되어 있지 않기 때문에 전국적으로 통용되는 일관된 기준이 없으며, 정상적인 직업활동을 저해할 우려가 있고, 또 다른 낙인으로 간주될 수 있다는 단점이 있다. 또한 사회봉사명령제도의 효율성 및 성과는 아직 검증되지 않고 있다.

정답 ②

09 사회봉사명령제도에 대한 설명으로 옳지 않은 것은? (다툼이 있는 경우 판례에 의함)   2011. 교정 9급

① 다양한 형벌목적을 결합시킬 수 없어 자유형에 상응한 형벌 효과를 거둘 수 없다.
② 자유형의 집행을 대체하기 위한 것이므로 피고인에게 일정한 금원을 출연하거나 이와 동일시할 수 있는 행위를 명하는 것은 허용될 수 없다.
③ 강제노역으로서 이론상 대상자의 동의를 요한다고 하여야 할 것이나 현행법은 대상자의 동의를 요건으로 하지 않고 있다.
④ 일반인의 직업활동을 저해할 우려가 있고, 대상자에게 또 다른 낙인으로 작용할 수 있다.

정답 및 해설

① [×] 사회봉사명령은 유죄가 인정된 범죄인이나 비행소년을 교도소나 소년원에 구금하는 대신에 정상적인 사회생활을 영위하게 하면서 일정한 기간 내에 지정된 시간 동안 무보수로 근로에 종사하도록 명하는 것을 말하는데, 육체적인 고된 작업과 훈련 그리고 가시적인 성과라는 요소를 가지면서 무보수의 의무적인 작업을 실시함으로써 자유형에 상응한 처벌적 성격을 지니고 있다.
② [○] 대법원 2008.4.24. 2007도8116

정답 ①

10. 사회 내 처우에 대한 설명으로 옳지 않은 것은?

2017. 교정 9급

① 배상제도는 범죄자로 하여금 범죄로 인한 피해자의 경제적 손실을 금전적으로 배상하게 하는 것으로, 범죄자의 사회복귀를 도울 수 있으며 범죄자에게 범죄에 대한 속죄의 기회를 제공한다.
② 사회봉사명령은 유죄가 인정된 범죄인이나 비행소년을 교화·개선하기 위해 이들로부터 일정한 여가를 박탈함으로써 처벌의 효과도 얻을 수 있고, 동시에 교육훈련을 통하여 자기 개선적 효과를 기대할 수 있다.
③ 집중감시(감독)보호관찰은 감독의 강도가 일반보호관찰보다는 높고 구금에 비해서는 낮은 것으로, 집중적인 접촉관찰을 실시함으로써 대상자의 욕구와 문제점을 보다 정확히 파악하고, 이에 알맞은 지도·감독 및 원호를 실시하여 재범방지의 효과를 높일 수 있다.
④ 전자감시(감독)제도는 처벌프로그램의 종류라기보다는 대상자의 위치를 파악할 수 있는 감시(감독)기술로서, 구금으로 인한 폐해를 줄일 수 있고 대상자가 교화·개선에 도움이 되는 각종 교육훈련과 상담을 받을 수 있다.

정답 및 해설

② [×] 수강명령에 대한 설명이다. 수강명령은 유죄가 인정된 범죄인이나 보호소년을 교화·개선하기 위하여 일정한 강의나 교육을 받도록 명하는 것을 말한다. 사회봉사명령은 유죄가 인정된 범죄인이나 보호소년을 교도소나 소년원에 구금하는 대신에 정상적인 사회생활을 영위하면서 일정한 기간 내에 지정된 시간 동안 무보수로 근로에 종사하도록 명하는 것을 말한다.

정답 ②

11. 중간처벌제도에 대한 설명으로 옳지 않은 것은?

① 미국의 모리스(Morris)는 범죄자 처벌에 있어서 중간처벌제도를 적극 활용해야 한다고 주장하였다.
② 구금과 보호관찰처분의 이분법적 처벌형태에서 존재할 수 있는 불공정성을 극복할 수 있다.
③ 보호관찰의 다양한 활용과 구금형의 무용론이 대두되면서 새로운 처벌제도로 논의가 활발하게 이루어졌다.
④ 쇼크 구금(Shock Incarceration)과 병영식 캠프(Boot Camp)는 교정관련 중간처벌의 대표적 예에 속한다.

> 정답 및 해설

③ [×] 중간처벌은 보호관찰의 무용론과 구금형의 유용론이 결합되면서 대두된 제도로서, 일반보호관찰처분이 아니면 구금형을 판결하는 양극적 결정을 탈피하여 양극을 연결하는 중간선상의 새로운 처벌형태이다.

💡 중간처벌제도

의의	• 구금형과 보호관찰 사이에 존재하는 일련의 처벌형태로, 중간처우가 사회복귀에 중점을 두었다면 중간처벌은 제재에 중점을 둔 제도이다. • 자유형과 보호관찰이라는 극단적 양형 중간에 새로운 형사제재를 가능하게 함으로써 재판관이 범죄의 심각성 정도에 따라 형을 적정하게 할 수 있게 하고, 나아가 형사제재의 연속성에 기여한다.
발생배경	1980년대 이후 과밀수용문제와 보호관찰 대상자들의 높은 재범률에 따라 일정범죄인에 대한 새로운 대체처벌 방안이 강구되면서 주장된 것이다. 처벌은 주로 사회 내에서 이루어지며 범죄자에 대한 강화된 통제방안이 포함된 것이 특징이다.
장점	• 형사제재의 연속성은 교정제도의 수용능력을 보다 융통성 있게 해 준다(구금인구 감소). - 과밀수용 해소 • 수용에 따른 개별 범죄자 책임관리 용이 • 교정의 민영화 확산 • 재판관으로 하여금 범죄의 심각성 정도에 따라 더 적정한 형을 선택할 수 있게 한다. • 강제와 통제의 연속성에 기여함으로써 형사제재의 연속성에 기여한다. • 지역사회교정의 활성화 기대 효과
단점	• 시설 내 구금인구 중 강력범의 비율이 높아진다. • 중간처벌의 선별과 결정, 집행기관을 어디로 할 것인가, 적합한 대상자를 어떻게 선정할 것인가 등은 결과적으로 형사사법망의 강화와 확대를 초래한다. • 국민의 응보적 법감정과 배치된다.

정답 ③

12 형사제재의 일환으로 여겨지고 있는 중간처벌에 대한 설명으로 가장 옳지 않은 것은?

① 중간처벌제도는 1980년대 이후 과밀수용의 문제와 보호관찰 대상자들의 높은 재범률에 따라 새로운 대체처벌 방안이 강구되면서 주장된 것이다.
② 중간처벌이라는 개념은 결국 형사제재의 연속성에 기여하는 것인데, 이것은 결국 교정의 민영화 확산, 형벌부과의 불공정성을 커지게 한다.
③ 중간처벌제도는 오히려 범죄자에 대한 통제력을 약화시키기보다 강화시킨다는 비판도 있다.
④ 중간처벌의 실례로는 전자감시 가택구금, 충격구금 등이 있으며, 특히 가택구금의 확대는 보호관찰 대상을 축소하게 되어 형사사법망이 확대될 염려가 있다.

> 정답 및 해설

② [×] 중간처벌은 자유형과 보호관찰의 극단적 양형 중간에 새로운 형사제재를 가능하게 함으로써 재판관이 범죄의 심각성 정도에 따라 형을 적정하게 선택할 수 있게 하여 형벌부과의 공정성을 기할 수 있으며, 강제와 통제의 연속성에 기여함으로써 형사제제의 연속성을 유지하게 할 수 있다.
④ [○] 형사사법망의 확대는 형사사법기관에 의한 통제가 확대됨을 의미하는 것으로, 중간처벌이 확대되면 상대적으로 보호관찰 대상자의 수는 줄어들지만, 중간처벌 대상자가 확대되기 때문에 형사사법망이 확대될 염려가 있다.

정답 ②

13 다음 설명 중 옳지 않은 것은?

① 중간처벌제도는 구금과 비구금이라는 양극적 형벌체계를 보완한 것이다.
② 중간처우소는 처우단계상 구금 이후에만 사용된다.
③ 집중감시 가석방은 일반적인 가석방에 비해 비용부담이 크다.
④ 병영식 캠프는 단기 교정프로그램으로써 대체로 소년범을 주 대상으로 한다.

정답 및 해설

① [○] 중간처벌은 구금형과 보호관찰 사이에 존재하는 일련의 처벌형태로, 중간처우가 사회복귀에 중점을 두었다면 중간처벌은 제재에 중점을 둔 제도이다.
② [×] 중간처우의 집은 교도소로부터 멀리 떨어진 곳에 독립된 시설을 두고 그곳에 석방준비단계의 수용자를 수용하는 석방 전 중간처우의 집이 있으며, 범죄인이 교정시설에 입소하기 전에 일정기간 중간시설에 수용된 후 본래의 교정시설에 수용하여 구금의 충격을 완화시키는 입소 전 중간처우의 집이 있다.
③ [○] 집중감시 가석방(보호관찰)은 지역사회에서 집중적인 감시와 지도를 하는 강화된 보호관찰 프로그램으로 구금과 보호관찰에 대한 대체방안인 중간처벌의 한 형태로, 일반적인 가석방에 비해 비용부담이 크다.
④ [○] 병영식캠프는 1983년 미국 조지아주에서 시작한 제도로 3~4개월간 군대식 훈련을 중심으로 엄격한 규율과 규칙적인 생활습관 및 책임의식을 강조하며 청소년을 대상으로 단기훈련기간을 갖는 것을 특징으로 하는 시설로, 이는 수형자의 자원에 의해 실시하며, 국가와 수형자에게 과잉수용해소와 형기감소라는 목표를 달성할 수 있고, 1990년대에 이르러 가장 보편적인 중간처벌형태로 확산·정착되었다. 운영주체는 주로 민간에게 맡겨지고 있다.

정답 ②

14 충격구금에 대한 설명으로 옳지 않은 것은?

① 보호관찰에 앞서 일시적인 구금의 고통이 미래 범죄행위에 대한 억제력을 발휘할 것이라고 가정하는 처벌형태이다.
② 장기구금에 따른 폐해와 부정적 요소를 해소하거나 줄이는 대신 구금이 가질 수 있는 긍정적 측면을 강조하기 위한 것이다.
③ 보호관찰과 형의 유예 및 구금의 일부 장점들을 결합하였다.
④ 충격구금은 일반 보호관찰대상자보다 재범률이 적다는 것이 증명되었다.

정답 및 해설

④ [×] 한 연구결과에 의하면 충격구금에 있어서 보호관찰 범죄자와 충격구금에 이어 보호관찰된 범죄자, 그리고 교정시설 내에서 형 복역 후 출소한 자 사이에 재범률에 있어서는 결과적으로 아무런 차이가 없는 것으로 나타나 결국 충격구금의 효과도 적다는 견해가 있다.

정답 ④

15 집중감시 보호관찰에 대한 설명으로 옳지 않은 것은?

① 구금과 보호관찰에 대한 대체방안으로 탄생한 제도이다.
② 교도소의 과밀수용과 구금비용 문제 해결에 도움이 된다.
③ 사회봉사명령과 같이 집행하는 경우가 많으나, 전자감시를 수반하는 경우는 적고 전자감시는 가택구금의 경우 많이 사용된다.
④ 일반 보호관찰보다 엄격하고 교도소에의 구금보다는 관대한 중간처벌을 내리기 위함이다.

정답 및 해설

③ [×] 집중감시 보호관찰은 구금과 보호관찰에 대한 대안으로 지역사회에서 집중적인 감시와 지도를 하는 강화된 보호관찰 프로그램으로 주중 수차례의 대상자 및 친지와의 접촉, 야간이나 주말 동안의 무작위 방문, 약물복용에 대한 불시 검사, 규칙의 엄격한 적용 등을 포함하며, 사회봉사명령과 전자 감시를 수반하는 경우가 많다. 미국에서 범죄자가 급증함에 따라 교도소가 과밀화되자 불가피하게 위험성이 높은 범죄자까지도 사회 내에서 보호관찰을 받게 함으로써 야기되는 사회적 위협을 감경시키기 위해 나온 보완책이다.

정답 ③

16 사회봉사명령 또는 수강명령제도의 장점으로 볼 수 없는 것은?

① 사회 내 처우로, 자원봉사자들의 참여 확대를 가져왔다.
② 구금형에서 사회로 대체시키는 효과를 거둬 범죄인을 수동적 객체에서 능동적인 주체로 전환시킬 수 있다.
③ 비구금 처우이기 때문에 형벌의 처벌성이 없어 대상자들의 부담이 적다.
④ 범죄인의 행동을 사회에 대한 보상이란 관점에서 벗어나 지역사회에 대한 봉사활동으로 바꾸는 계기가 되었다.

정답 및 해설

- **사회봉사명령**: 유죄가 인정된 범죄인이나 보호소년을 교도소나 소년원에 구금하는 대신에 정상적인 사회생활을 영위하게 하면서 일정한 기간 내에 지정된 시간 동안 무보수로 근로에 종사하도록 명하는 것을 말한다.
- **수강명령**: 유죄가 인정된 범죄인이나 보호소년을 교화·개선하기 위하여 일정한 강의나 교육을 받도록 명하는 것을 말한다.
③ [×] 육체적인 고된 작업과 훈련 그리고 가시적인 성과라는 요소를 가지면서 무보수의 의무적인 작업을 실시함으로써 처벌의 성격을 지니고 있다.

정답 ③

MEMO

제4편

교정일반이론

제25장   자유형의 제문제
제26장   우리나라 교정의 역사
제27장   수형자사회의 연구
제28장   수형자 처우제도(자치제와 선시제, 과밀수용)

제25장 자유형의 제문제

제1절 | 자유형의 3대논의

01 자유형 단일화의 찬성논거는 모두 몇 개인가?

㉠ 현재 교정행정에 있어 분류처우가 낙후되어 있다.
㉡ 협의로는 징역형과 금고형을 징역형으로 단일화하자는 것이다.
㉢ 법에 윤리적 개념을 도입하는 것은 적당하지 않다.
㉣ 형집행의 합목적적 관점에서 징역·금고의 사전구별은 부당하다.
㉤ 교정행정의 일관성을 유지할 수 있다.
㉥ 행형을 위한 교육훈련과 분류심사의 기간이 지나면 바로 석방해야 하므로 수형자 처우의 실태에 맞지 않다.
㉦ 형의 종류가 다양할수록 책임에 따른 형벌의 개별화는 더욱 더 실현될 수 있다.

① 4개 ② 5개
③ 6개 ④ 7개

정답 및 해설

자유형 단일화의 찬성논거는 ㉡, ㉢, ㉣, ㉤이다.
㉠ [×] 자유형 단일화의 반대논거이다. 반대하는 입장에서는 형의 종류에 있어서도 범죄에 대한 기본적 평가의 차이를 둘 필요가 있다고 한다.
㉥ [×] 자유형 단일화 문제가 아니라 단기자유형의 문제점이라 할 수 있다.
㉦ [×] 자유형 단일화의 반대논거이다.

정답 ①

02 자유형의 개선방향에 대한 설명으로 옳지 않은 것은?

① 6월 미만의 단기자유형은 특별예방적 효과를 기대하기 어려우므로 폐지되어야 한다.
② 정역부과 여부를 기준으로 자유형을 세분하는 것은 과거의 노동천시 사상에서 비롯된 것이므로, 이제는 이를 극복하여 자유형을 단일화시켜야 한다.
③ 부정기형제도는 아무리 상대적 부정기형을 택한다 하더라도 정기형제도에 비하여 형벌 개별화 원칙에 반하므로 폐지되어야 한다.
④ 무기자유형은 사회복귀와 개선의 효과를 상실시킬 우려가 있으므로 무기형에 대한 필요적 가석방제도를 둘 필요가 있다.
⑤ 단기자유형의 단점을 보완하는 하나의 방안으로 보호관찰부 유예제도의 활용이 요구된다.

정답 및 해설

③ [×] (상대적)부정기형의 도입문제는 자유형제도 개선론에서 제기되는 문제이며, 또한 정기형에 비해 형벌의 개별화 원칙에 더 부합하는 제도라고 할 수 있다. 부정기형이란 형기를 일정하게 정함이 없이 자유형을 선고하는 경우를 말한다. 이에는 전혀 형기를 정하지 않고 선고하는 절대적 부정기형과 형의 장기와 단기를 정하여 선고하는 상대적 부정기형이 있다. 전자는 죄형법정주의(명확성의 원칙)에 반한다. 부정기형은 초범자와 재범자, 정상인과 정신이상자, 성년과 미성년자에 대하여 동등하게 취급하지 않음으로써 형벌의 개별화 원칙에 부합하며, 수형기간을 개선 정도에 따라 결정할 수 있으므로 사회와 수형자 모두에 대하여 이익이 있다. 우리나라는 소년에 대하여 일정기간의 상대적 부정기형제도를 채택하고 있다(「소년법」 제60조 제1항).

정답 ③

03 단기자유형의 대체수단으로 옳지 않은 것은?

① 상대적 부정기형
② 벌금형의 활용
③ 사회봉사명령
④ 기소유예제도의 활용

정답 및 해설

① [×] 단기자유형은 응보주의자의 입장에서는 옹호될 수 있으나, 교화개선주의자의 입장에서는 악풍감염 등의 부작용으로 비판받는다. 따라서 이를 부정기형화하자는 주장은 구금기간을 더욱 증가시킬 염려가 있으므로 대체수단으로 볼 수는 없다.

> **단기자유형 개선방안**
> ㉠ **벌금형의 활용**: 단기자유형을 대체하는 수단으로 가장 빈번하게 논의되는 대안이다.
> ㉡ **선고유예·집행유예·기소유예제도의 활용**: 단기자유형을 대체하는 수단으로 실무에서 가장 활발하게 이용되며, 범죄인의 정서에 충격을 주면서 동시에 재사회화 가능성을 높일 수 있다는 장점이 있다. 그러나 대체형벌로서 정당성이 있는가 하는 문제점이 있다.
> ㉢ **구금제도의 완화**: 자유형제도를 유지하면서 신체구금을 완화하는 다양한 방법을 말한다. 주말구금, 휴일구금, 단속구금, 반구금제도 등과 무구금노역제도, 선행보증, 가택구금, 거주제한 등을 수반하는 독자적인 보호관찰 등
> ㉣ **기타**: 불간섭주의, 원상회복, 사회봉사명령제도 등

정답 ①

04 단기자유형에 대한 설명으로 옳지 않은 것은?
2015. 사시

① 어느 정도 기간까지의 자유형이 단기자유형인지를 현행 「형법」은 규정하고 있지 않다.
② 단기자유형을 받는 수형자가 개선되기는커녕 시설 내의 다른 범죄자들로부터 악영향을 받는다는 비판이 제기되고 있다.
③ 단기자유형의 예로 현행 「형법」의 구류형이 언급된다.
④ 단기자유형의 대체방안으로 벌금형의 활용, 선고유예나 집행유예제도의 활용 등이 거론된다.
⑤ 현행법은 단기자유형의 폐단을 방지하기 위해 충격구금(Shock Probation), 주말구금, 휴일구금을 도입하고 있다.

정답 및 해설

⑤ [×] 현행법은 도입하고 있지 않으며 주말구금, 휴일구금 등은 단기자유형의 개선방안으로 제시되고 있다.

정답 ⑤

05 단기자유형의 대체방안으로 적절하지 않은 것은?
2017. 교정 9급

① 주말구금제도
② 귀휴제도
③ 사회봉사명령제도
④ 벌금형제도

정답 및 해설

② [×] 귀휴제도는 사회적 처우에 해당한다. 단기자유형의 대체방안으로 벌금형의 활용, 선고유예·집행유예·기소유예제도의 활용, 주말구금, 휴일구금, 단속구금, 원상회복, 사회봉사명령제도 등이 거론된다.

정답 ②

06 단기자유형에 대한 설명으로 옳지 않은 것은?
2017. 5급 승진

① 단기자유형의 개선방안으로 주말구금, 휴일구금 등을 통한 탄력적인 구금제도의 활용이 있다.
② 우리나라의 경우 총액벌금제를 취하고 있으므로 단기자유형을 벌금형으로 대체한다면 경제적으로 부유한 사람에 대하여 큰 형벌효과를 가져올 수 있다.
③ 단기자유형의 경우 수형시설 내 범죄자들의 범죄성향에 오염될 위험성이 높아 형벌의 예방적 효과를 위태롭게 한다는 문제점이 지적된다.
④ 단기자유형을 선고받고 복역한 후에는 누범문제가 제기되어 3년 동안 집행유예 결격 사유가 발생할 수 있다.
⑤ 단기자유형으로 인하여 수형시설의 부족현상을 가중한다는 점이 문제점으로 지적된다.

정답 및 해설

② [×] 단기자유형을 벌금형으로 대체하더라도 총액벌금제를 취하고 있는 우리나라에서는 실효성이 없는 것으로 사료된다. 왜냐하면, 벌금형으로 대체하더라도 자유형을 부과하는 것과 동일한 형벌효과가 기대되어야 하는데 통상의 경제능력을 기준으로 하는 벌금액만으로는 일반인, 특히 경제적으로 부유한 사람에 대하여 형벌효과를 기대하기 어렵기 때문이다. 벌금형으로의 대체제도는 독일과 같이 일수벌금제도를 취할 때 비로소 실효성이 있을 것이다.

정답 ②

07 자유형 중 부정기형제도에 대한 설명으로 가장 적절하지 않은 것은?
2022(72). 경위

① 수형자의 개선의욕을 촉진할 수 있다.
② 책임을 초과하는 형벌을 가능하게 하는 문제가 있다.
③ 상대적 부정기형은 죄형법정주의에 반한다.
④ 「소년법」은 부정기형을 선고할 수 있도록 규정하고 있다.

정답 및 해설

① [○] 부정기형 도입 찬성 논거에 해당한다.
② [○] 부정기형 도입 반대 논거로, 부정기형은 행위 당시의 책임을 넘어서는 처벌을 가능하게 할 수 있어 형의 판단은 행위 당시의 책임을 기준으로 하여야 한다는 죄형법정주의 이념에 위배된다고 주장한다.
③ [×] 부정기형은 자유형을 선고할 때 형기를 확정하지 않는 것으로서 형기는 형집행단계에서 결정된다. 절대적 부정기형과 상대적 부정기형이 있으며, 절대적 부정기형은 전혀 형기를 정하지 않는 것으로 죄형법정주의의 명확성의 원칙에 반한다.
④ [○] 소년이 법정형으로 장기 2년 이상의 유기형에 해당하는 죄를 범한 경우에는 그 형의 범위에서 장기와 단기를 정하여 선고한다. 다만, 장기는 10년, 단기는 5년을 초과하지 못한다(「소년법」 제60조 제1항).

정답 ③

08 부정기형제도에 대한 설명으로 옳지 않은 것은?

① 수형자 형기의 영구한 미확정 상태의 방치는 인권옹호상 용납될 수 없고, 범죄사실이 중대함에도 교정할 필요가 없다고 해서 조기 석방함은 일반예방정책상 용납되지 않는 점이 한계점으로 지적된다.
② 교도관과 수형자 간의 왜곡가능성이 있고, 부당한 장기수용은 인권침해 우려가 있다는 점은 부정기형의 반대론자의 주장이다.
③ 교육형·응보형자들의 견해는 형기의 상한은 좁게 잡고 형기의 하한은 넓게 잡아 부정기형에 대한 폐단을 최소화하려고 하고 있다.
④ 형기가 부정기라는 사실 그 자체가 범죄인에게 위하효과가 있고, 교화정도에 따라 석방하므로 사회와 수형자 모두에게 이익이 된다는 주장은 부정기형의 찬성론자들의 주장이다.

정답 및 해설

③ [×] 부정기형의 찬성논거에 의하면 부정기형은 교화개선 목적에 가장 적합한 제도이자 위험한 범죄자나 상습적 누범자에 대하여 장기간 구금이 확보되기 때문에 사회방위에 효율적인 제도라고 주장한다. 또한, 교육형·개선형론자들은 형기의 상한과 하한을 넓게 잡으려는 경향이 있고, 책임형·응보론자들은 그 범위를 좁게 잡으려는 경향이 있다.

정답 ③

09 부정기형제도에 대한 설명으로 옳지 않은 것은? 2022. 보호 7급

① 부정기형은 범죄인의 개선에 필요한 기간을 판결선고 시에 정확히 알 수 없기 때문에 형을 집행하는 단계에서 이를 고려한 탄력적 형집행을 위한 제도로 평가된다.
② 부정기형은 범죄자에 대한 위하효과가 인정되고, 수형자자치제도의 효과를 높일 수 있으며, 위험한 범죄자를 장기구금하게 하여 사회방위에도 효과적이다.
③ 부정기형은 형벌개별화원칙에 반하고, 수형자의 특성에 따라서 수형기간이 달라지게 되는 문제점이 있으며, 교도관의 자의가 개입할 여지가 있고, 석방결정과정에서 적정절차의 보장이 결여될 위험이 있다.
④ 「소년법」 제60조 제1항은 "소년이 법정형으로 장기 2년 이상의 유기형에 해당되는 죄를 범한 경우에는 그 형의 범위 내에서 장기와 단기를 정하여 형을 선고하되, 장기는 10년, 단기는 5년을 초과하지 못한다."라고 규정하여 상대적 부정기형제도를 채택하였다.

정답 및 해설

③ [×] 부정기형은 형벌 개별화의 필연적 결과이고, 수형자의 특성에 따라서 수형기간이 달라지는 문제점이 있으며, 교도관의 자의가 개입할 여지가 있고, 석방결정과정에서 적정절차의 보장이 결여될 위험이 있다.

정답 ③

10 부정기형제도에 대한 설명으로 옳지 않은 것은?

2024. 보호 9급

① 소년이 법정형으로 장기 2년 이상의 유기형에 해당하는 죄를 범한 경우에는 그 형의 범위에서 장기와 단기를 정하여 선고한다.
② 「특정강력범죄의 처벌에 관한 특례법」 소정의 특정강력범죄를 범한 소년에 대하여 부정기형을 선고할 때에는 장기는 15년, 단기는 7년을 초과하지 못한다.
③ 소년교도소의 장은 부정기형을 선고받은 소년이 단기의 3분의 1을 경과한 때에는 소년교도소의 소재지를 관할하는 보호관찰소의 장에게 그 사실을 통보하여야 한다.
④ 판례에 따르면, 상고심에서의 심판대상은 항소심 판결 당시를 기준으로 하여 그 당부를 심사하는 데에 있는 것이므로 항소심 판결 선고 당시 미성년이었던 피고인이 상고 이후에 성년이 되었다고 하여 항소심의 부정기형의 선고가 위법이 되는 것은 아니다.

정답 및 해설

① [○] 소년이 법정형으로 장기 2년 이상의 유기형에 해당하는 죄를 범한 경우에는 그 형의 범위에서 장기와 단기를 정하여 선고한다. 다만, 장기는 10년, 단기는 5년을 초과하지 못한다(「소년법」 제60조 제1항).
② [○] 「특정강력범죄의 처벌에 관한 특례법」 제4조 제2항
③ [×] 교도소·구치소·소년교도소의 장은 징역 또는 금고의 형을 선고받은 소년(소년수형자)이 「소년법」 제65조의 기간(무기형의 경우에는 5년, 15년 유기형의 경우에는 3년, 부정기형의 경우에는 단기의 3분의 1)이 지나면 그 교도소·구치소·소년교도소의 소재지를 관할하는 보호관찰심사위원회에 그 사실을 통보하여야 한다(「보호관찰 등에 관한 법률」 제21조 제1항).
④ [○] 대법원 1998.2.27. 97도3421

정답 ③

11 무기형제도의 찬성 근거로 옳지 않은 것은?

① 극악무도한 범죄인은 사회로부터 완전 격리할 필요가 있다.
② 무기형과 유기형을 선택형으로 과할 경우 범정여하에 따라 경한 형을 택하는 데 문제가 될 수 없다.
③ 가석방제도를 적절히 운용하면 무기형을 받은 수형자의 사회복귀를 도모할 수 있기 때문에 문제가 없다.
④ 무기형을 선고받은 수형자에게는 사회복귀와 개선의욕을 상실하게 한다.

정답 및 해설

④ [×] 무기형을 선고받은 수형자에게는 사회복귀와 개선의욕을 상실하게 한다는 주장은 무기형제도를 반대하는 견해이다.

정답 ④

12 무기형제도에 대한 반대 입장이 아닌 것은?

① 무기형은 범죄인에게 사회복귀와 개선의욕을 상실하게 한다.
② 무기형은 범죄인 각자의 수명에 따라 집행기간이 달라지므로 불공평한 형벌이다.
③ 가석방제도를 적절히 운용하면 무기형을 받은 수형자의 사회복귀를 도모할 수 있기 때문에 문제가 없다.
④ 범죄인을 장기간 구금을 함으로써 흉포한 성격을 유발하여 교정사고 발생이 높아진다.

정답 및 해설

③ [×] 가석방제도를 적절히 운용하면 무기형을 받은 수형자의 사회복귀를 도모할 수 있기 때문에 문제가 없다는 주장은 무기형제도를 찬성하는 입장이다.

정답 ③

제2절 | 벌금형의 환형처분

01 재산형에 대한 설명으로 옳은 것만을 모두 고르면?

2020. 5급 승진

㉠ 500만원 이하의 벌금형이 확정된 벌금 미납자는 검사의 납부명령일부터 30일 이내(검사로부터 벌금의 일부납부 또는 납부연기를 허가받은 자는 그 허가기한 내)에 사회봉사를 신청할 수 있지만, 징역 또는 금고와 동시에 벌금을 선고받은 경우에는 사회봉사를 신청할 수 없다.
㉡ 과료의 선고를 받은 사람이 그 금액의 일부를 납입한 경우에는 과료액과 노역장 유치기간의 일수에 비례하여 납입금액에 해당하는 일수를 뺀다.
㉢ 형의 시효는 벌금형을 선고하는 재판이 확정된 후 그 집행을 받지 아니하고 3년이 지나면 완성된다.
㉣ 1천만원 이하의 벌금의 형을 선고할 경우에 「형법」 제51조의 사항을 참작하여 그 정상에 참작할 만한 사유가 있는 때에는 1년 이상 5년 이하의 기간 형의 집행을 유예할 수 있다.
㉤ 사회봉사 집행 중에 벌금을 내려는 사회봉사 대상자는 보호관찰소의 장으로부터 사회봉사 집행 확인서를 발급받아 주거지를 관할하는 지방검찰청의 검사에게 제출하여야 한다.

① ㉠, ㉡, ㉢
② ㉠, ㉡, ㉤
③ ㉠, ㉢, ㉣
④ ㉢, ㉣, ㉤
⑤ ㉠, ㉡, ㉣, ㉤

> **정답 및 해설**

옳은 것은 ㉠, ㉡, ㉤이다.
㉠ [○] 「벌금 미납자의 사회봉사 집행에 관한 특례법」 제4조 제1항·제2항
㉡ [○] 「형법」 제71조
㉢ [×] 형의 시효는 벌금형을 선고하는 재판이 확정된 후 그 집행을 받지 아니하고 5년이 지나면 완성된다(동법 제78조).
㉣ [×] 500만원 이하의 벌금의 형을 선고할 경우에 「형법」 제51조의 사항을 참작하여 그 정상에 참작할 만한 사유가 있는 때에는 1년 이상 5년 이하의 기간 형의 집행을 유예할 수 있다(동법 제62조 제1항).
㉤ [○] 「벌금 미납자의 사회봉사 집행에 관한 특례법」 제12조 제2항

정답 ②

02 벌금형의 특성에 대한 설명으로 옳지 않은 것은?

2014. 교정 9급

① 제3자의 대납이 허용되지 않는다.
② 국가에 대한 채권과 상계가 허용된다.
③ 공동연대책임이 허용되지 않는다.
④ 벌금은 범죄인의 사망으로 소멸된다.

> **정답 및 해설**

② [×] 국가에 대한 채권과 상계할 수 없다.
④ [○] 벌금은 상속되지 않는 일신전속적 성격, 즉 벌금납부 의무자가 사망하면 납부의무까지도 소멸하지만, 예외적으로 소멸하지 않는 경우도 있다(「형사소송법」 제478조, 제479조).

정답 ②

03 「형법」상 벌금형에 대한 설명으로 옳지 않은 것은?

2016. 보호 7급

① 벌금을 선고할 때에는 동시에 그 금액을 완납할 때까지 노역장에 유치할 것을 명하여야 한다.
② 벌금을 납입하지 아니한 자는 1일 이상 3년 이하의 기간 노역장에 유치하여 작업에 복무하게 한다.
③ 벌금은 5만원 이상으로 한다. 다만, 감경하는 경우에는 5만원 미만으로 할 수 있다.
④ 선고하는 벌금이 1억원 이상 5억원 미만인 경우에는 300일 이상, 5억원 이상 50억원 미만인 경우에는 500일 이상, 50억원 이상인 경우에는 1천일 이상의 노역장 유치기간을 정하여야 한다.

> **정답 및 해설**

① [×] 벌금을 선고할 때에는 동시에 그 금액을 완납할 때까지 노역장에 유치할 것을 명할 수 있다(「형법」 제69조 제1항 단서).
② [○] 동법 제69조 제2항
③ [○] 동법 제45조
④ [○] 동법 제70조 제2항

정답 ①

04 벌금형 제도에 대한 설명으로 옳지 않은 것은? (다툼이 있는 경우 판례에 의함) 2021. 보호 7급

① 벌금형의 집행을 위한 검사의 명령은 집행력 있는 채무명의와 동일한 효력이 있다.
② 500만원 이하 벌금형을 선고할 경우 피고인의 사정을 고려하여 100만원만 집행하고 400만원은 집행을 유예할 수 있다.
③ 벌금을 납입하지 아니한 자는 1일 이상 3년 이하의 기간 노역장에 유치하여 작업에 복무하게 한다.
④ 벌금형에 따르는 노역장 유치는 실질적으로 자유형과 동일하므로, 그 집행에 대하여는 자유형의 집행에 관한 규정이 준용된다.

정답 및 해설

① [○] 벌금, 과료, 몰수, 추징, 과태료, 소송비용, 비용배상 또는 가납의 재판은 검사의 명령에 의하여 집행하고(「형사소송법」 제477조 제1항), 검사의 명령은 집행력 있는 채무명의와 동일한 효력이 있다(동법 제477조 제2항).
② [×] 대법원 2007.2.22. 2006도8555

> **관련판례**
> 집행유예의 요건에 관한 「형법」 제62조 제1항이 '형'의 집행을 유예할 수 있다고만 규정하고 있다고 하더라도, 이는 같은 조 제2항이 그 형의 '일부'에 대하여 집행을 유예할 수 있는 때를 형을 '병과'할 경우로 한정하고 있는 점에 비추어 보면, 조문의 체계적 해석상 하나의 형의 전부에 대한 집행유예에 관한 규정이라 할 것이고, 또한 하나의 자유형에 대한 일부집행유예에 관하여는 그 요건, 효력 및 일부 실형에 대한 집행의 시기와 절차, 방법 등을 입법에 의해 명확하게 할 필요가 있어, 그 인정을 위해서는 별도의 근거 규정이 필요하므로 하나의 자유형 중 일부에 대해서는 실형을, 나머지에 대해서는 집행유예를 선고하는 것은 허용되지 않는다(대법원 2007.2.22. 2006도8555).

③ [○] 「형법」 제69조 제2항
④ [○] 대법원 2013.9.12. 2012도2349

정답 ②

05 벌금형에 대한 설명으로 옳은 것은? 2014. 보호 7급

① 벌금은 판결확정일로부터 30일 이내에 납입하여야 하고, 벌금을 납입하지 아니한 자는 1년 이상 3년 이하의 기간 동안 노역장에 유치하여 작업에 복무하게 한다.
② 벌금은 상속이 되지 않으나 몰수 또는 조세, 전매 기타 공과에 관한 법령에 의하여 벌금의 재판을 받은 자가 재판확정 후 사망한 경우에는 그 상속재산에 관하여 집행할 수 있다.
③ 벌금형의 확정판결을 선고받은 자는 법원의 허가를 받아 벌금을 분할납부하거나 납부를 연기받을 수 있다.
④ 500만원 이하의 벌금형이 확정된 벌금 미납자는 검사의 허가를 받아 사회봉사를 할 수 있고, 이 경우 사회봉사시간에 상응하는 벌금액을 낸 것으로 본다.

정답 및 해설

① [×] 벌금은 판결확정일로부터 30일 이내에 납입하여야 하고(「형법」 제69조 제1항), 벌금을 납입하지 아니한 자는 1일 이상 3년 이하의 기간 노역장에 유치하여 작업에 복무하게 한다(동법 제69조 제2항).
② [○] 「형사소송법」 제478조
③ [×] 검사의 허가를 받아 벌금을 분할납부하거나 납부를 연기받을 수 있다(「재산형 등에 관한 검찰 집행사무규칙」 제12조 제1항).
④ [×] 500만원 범위 내의 벌금형이 확정된 벌금 미납자는 법원의 허가를 받아 사회봉사를 할 수 있고(「벌금 미납자의 사회봉사 집행에 관한 특례법」 제6조 제1항), 이 경우 사회봉사시간에 상응하는 벌금액을 낸 것으로 본다(동법 제13조).

정답 ②

06 「형법」상 벌금과 과료에 대한 설명으로 옳지 않은 것은? 2019. 교정 9급

① 벌금은 5만원 이상으로 하되 감경하는 경우에는 5만원 미만으로 할 수 있으며, 과료는 2천원 이상 5만원 미만으로 한다.
② 벌금과 과료는 판결확정일로부터 30일 내에 납입하여야 한다. 단, 벌금 또는 과료를 선고할 때에는 동시에 그 금액을 완납할 때까지 노역장에 유치할 것을 명할 수 있다.
③ 선고하는 벌금이 1억원 이상 5억원 미만인 경우에는 300일 이상, 5억원 이상 50억원 미만인 경우에는 500일 이상, 50억원 이상인 경우에는 1천일 이상의 유치기간을 정하여야 한다.
④ 벌금을 납입하지 아니한 자는 1일 이상 3년 이하, 과료를 납입하지 아니한 자는 1일 이상 30일 미만의 기간 노역장에 유치하여 작업에 복무하게 한다.

정답 및 해설

① [○] 동법 제45조, 제47조
② [×] 벌금과 과료는 판결확정일로부터 30일 내에 납입하여야 한다. 단, 벌금을 선고할 때에는 동시에 그 금액을 완납할 때까지 노역장에 유치할 것을 명할 수 있다(「형법」 제69조 제1항).
③ [○] 동법 제70조 제2항
④ [○] 동법 제69조 제2항

정답 ②

07 벌금형과 관련하여 현행법에 도입된 제도가 아닌 것은? 2018. 보호 7급

① 벌금형에 대한 선고유예 ② 벌금의 연납·분납
③ 일수벌금제 ④ 벌금미납자에 대한 사회봉사허가

정답 및 해설

① [○] 「형법」 제59조 제1항
② [○] 「형사소송법」 제477조 제6항, 「재산형 등에 관한 검찰 집행사무규칙」 제12조
③ [×] 현행법상 총액벌금제도이다.
④ [○] 「벌금 미납자의 사회봉사 집행에 관한 특례법」 제6조

정답 ③

08 「벌금 미납자의 사회봉사 집행에 관한 특례법」에 대한 설명으로 옳지 않은 것은? 2019. 교정 7급

① 대통령령으로 정한 금액 범위 내의 벌금형이 확정된 벌금 미납자는 검사의 납부명령일부터 30일 이내에 주거지를 관할하는 지방검찰청(지방검찰청지청을 포함한다)의 검사에게 사회봉사를 신청할 수 있다. 다만, 검사로부터 벌금의 일부납부 또는 납부연기를 허가받은 자는 그 허가기한 내에 사회봉사를 신청할 수 있다.
② 사회봉사 대상자는 법원으로부터 사회봉사 허가의 고지를 받은 날부터 7일 이내에 사회봉사 대상자의 주거지를 관할하는 보호관찰소의 장에게 주거, 직업, 그 밖에 대통령령으로 정하는 사항을 신고하여야 한다.
③ 사회봉사는 1일 9시간을 넘겨 집행할 수 없다. 다만, 사회봉사의 내용상 연속집행의 필요성이 있어 보호관찰관이 승낙하고 사회봉사 대상자가 분명히 동의한 경우에만 연장하여 집행할 수 있다.
④ 사회봉사의 집행은 사회봉사가 허가된 날부터 6개월 이내에 마쳐야 한다. 다만, 보호관찰관은 특별한 사정이 있으면 검사의 허가를 받아 6개월의 범위에서 한 번 그 기간을 연장하여 집행할 수 있다.

정답 및 해설

① [○] 동법 제4조 제1항
② [×] 사회봉사 대상자는 법원으로부터 사회봉사 허가의 고지를 받은 날부터 10일 이내에 사회봉사 대상자의 주거지를 관할하는 보호관찰소의 장에게 주거, 직업, 그 밖에 대통령령으로 정하는 사항을 신고하여야 한다(「벌금 미납자의 사회봉사 집행에 관한 특례법」 제8조 제1항).
③ [○] 동법 제10조 제2항
④ [○] 동법 제11조

정답 ②

09 「벌금 미납자의 사회봉사 집행에 관한 특례법」 및 동법 시행령상 벌금미납자의 사회봉사집행에 대한 설명으로 옳은 것은? 2015. 교정 9급

① 징역 또는 금고와 동시에 벌금을 선고받은 사람은 사회봉사를 신청할 수 있다.
② 법원은 사회봉사를 허가하는 경우 벌금 미납액에 의하여 계산된 노역장 유치 기간에 상응하는 사회봉사시간을 산정하여야 하나, 산정된 사회봉사시간 중 1시간 미만은 집행하지 아니한다.
③ 500만원의 벌금형이 확정된 벌금미납자는 확정일로부터 30일 이내에 법원에 사회봉사를 신청할 수 있다.
④ 사회봉사 대상자는 사회봉사의 이행을 마치기 전에는 벌금의 전부 또는 일부를 낼 수 없다.

정답 및 해설

① [×] 징역 또는 금고와 동시에 벌금을 선고받은 사람은 사회봉사를 신청할 수 없다(동법 제4조 제2항).
② [○] 「벌금 미납자의 사회봉사 집행에 관한 특례법」 제6조 제4항
③ [×] 대통령령으로 정한 금액(500만원) 범위 내의 벌금형이 확정된 벌금 미납자는 검사의 납부명령일부터 30일 이내에 주거지를 관할하는 지방검찰청(지방검찰청지청을 포함)의 검사에게 사회봉사를 신청할 수 있다(동법 제4조 제1항, 동법 시행령 제2조).
④ [×] 사회봉사 대상자는 사회봉사의 이행을 마치기 전에 벌금의 전부 또는 일부를 낼 수 있다(동법 제12조 제1항).

정답 ②

10 벌금 미납자의 사회봉사 집행에 대한 설명으로 옳은 것은? 2015. 5급 승진

① 벌금 미납자의 사회봉사는 검사가 집행한다.
② 보호관찰관은 검사에게 사회봉사 집행실태에 대한 관련 자료의 제출을 요구할 수 있고 사회봉사 집행방법 및 내용이 부적당하다고 인정하는 경우에는 이에 대한 변경을 요구할 수 있다.
③ 사회봉사는 원칙적으로 1일 5시간을 넘겨 집행할 수 없다.
④ 사회봉사의 집행은 특별한 사정이 있어서 관계기관의 허가를 받아 연장한 경우를 제외하고는, 사회봉사가 허가된 날부터 3개월 이내에 마쳐야 한다.
⑤ 사회봉사의 집행시간은 사회봉사 기간 동안의 집행시간을 합산하여 시간 단위로 인정한다. 다만, 집행시간을 합산한 결과 1시간 미만이면 1시간으로 인정한다.

정답 및 해설

① [×] 벌금 미납자의 사회봉사는 보호관찰관이 집행한다(동법 제9조 제1항).
② [×] 검사가 보호관찰관에게 요구할 수 있다(동법 제9조 제2항).
③ [×] 사회봉사는 원칙적으로 1일 9시간을 넘겨 집행할 수 없다(동법 제10조 제2항).
④ [×] 사회봉사의 집행은 사회봉사가 허가된 날부터 6개월 이내에 마쳐야 한다. 다만, 보호관찰관은 특별한 사정이 있으면 검사의 허가를 받아 6개월의 범위에서 한 번 그 기간을 연장하여 집행할 수 있다(동법 제11조).
⑤ [○] 「벌금 미납자의 사회봉사 집행에 관한 특례법」 제10조 제3항

정답 ⑤

11 「벌금 미납자의 사회봉사 집행에 관한 특례법」상 벌금 미납자의 사회봉사에 대한 설명으로 옳지 않은 것은? 2018. 5급 승진

① 「형법」 제69조 제1항 단서에 따라 법원으로부터 벌금 선고와 동시에 벌금을 완납할 때까지 노역장에 유치할 것을 명받은 사람은 사회봉사를 신청할 수 있다.
② 사회봉사 신청인은 사회봉사의 신청을 기각하는 검사의 처분에 대하여 재판을 선고한 법원에 이의신청을 할 수 있다.
③ 사회봉사 신청인이 일정한 수입원이나 재산이 있어 벌금을 낼 수 있다고 판단되는 경우에는 법원은 사회봉사를 허가하지 아니한다.
④ 법원은 사회봉사를 허가하는 경우 벌금 미납액에 의하여 계산된 노역장 유치 기간에 상응하는 사회봉사시간을 산정하여야 한다. 다만, 산정된 사회봉사시간 중 1시간 미만은 집행하지 아니한다.
⑤ 보호관찰관은 사회봉사 대상자의 성격, 사회경력, 범죄의 원인 및 개인적 특성 등을 고려하여 사회봉사의 집행분야를 정하여야 한다.

정답 및 해설

① [×] 법원으로부터 벌금 선고와 동시에 벌금을 완납할 때까지 노역장에 유치할 것을 명받은 사람은 사회봉사를 신청할 수 없다(「벌금 미납자의 사회봉사 집행에 관한 특례법」 제4조 제2항 제2호).
② [○] 동법 제5조 제6항
③ [○] 동법 제6조 제2항 제4호
④ [○] 동법 제6조 제4항
⑤ [○] 동법 제10조 제1항

정답 ①

12

현행법상 노역장 유치에 대한 설명으로 옳지 않은 것은? (다툼이 있는 경우 판례에 의함) 2019. 5급 승진

① 노역장 유치는 그 실질이 신체의 자유를 박탈하는 것으로서 징역형과 유사한 형벌적 성격을 가지므로 형벌불소급원칙의 적용대상이 된다.
② 벌금이나 과료를 선고할 때에는 이를 납입하지 아니하는 경우의 노역장 유치기간을 정하여 동시에 선고하여야 한다.
③ 과료를 납입하지 아니한 자는 1일 이상 30일 미만, 벌금을 납입하지 아니한 자는 1개월 이상 3년 이하의 기간 노역장에 유치하여 작업에 복무하게 한다.
④ 벌금을 선고하는 경우 벌금액이 50억원인 때에는 1천일 이상의 노역장 유치기간을 정하여야 한다.
⑤ 징역 또는 금고와 동시에 벌금을 선고받은 사람은 노역장 유치를 대신하기 위한 사회봉사를 신청할 수 없다.

정답 및 해설

① [○] 헌재 2017.10.26. 2015헌바239

> **관련판례**
> 형벌불소급원칙에서 의미하는 '처벌'은 형법에 규정되어 있는 형식적 의미의 형벌 유형에 국한되지 않으며, 범죄행위에 따른 제재의 내용이나 실제적 효과가 형벌적 성격이 강하여 신체의 자유를 박탈하거나 이에 준하는 정도로 신체의 자유를 제한하는 경우에는 형벌불소급원칙이 적용되어야 한다. 노역장유치는 그 실질이 신체의 자유를 박탈하는 것으로서 징역형과 유사한 형벌적 성격을 가지고 있으므로 형벌불소급원칙의 적용대상이 된다(헌재 2017.10.26. 2015헌바239).

② [○] 「형법」 제70조 제1항
③ [×] 벌금을 납입하지 아니한 자는 1일 이상 3년 이하, 과료를 납입하지 아니한 자는 1일 이상 30일 미만의 기간 노역장에 유치하여 작업에 복무하게 한다(「형법」 제69조 제2항).
④ [○] 동법 제70조 제2항
⑤ [○] 「벌금 미납자의 사회봉사 집행에 관한 특례법」 제4조 제2항 제1호

정답 ③

13

노역장 유치에 대한 설명으로 옳지 않은 것은?

① 벌금을 선고할 때에는 동시에 그 금액을 완납할 때까지 노역장에 유치할 것을 명할 수 있다.
② 벌금을 납입하지 아니한 자는 1일 이상 3년 이하의 기간 노역장에 유치하여 작업에 복무하게 한다.
③ 벌금을 선고할 때에는 이를 납입하지 아니하는 경우의 노역장 유치기간을 정하여 동시에 선고하여야 한다.
④ 선고하는 벌금이 5억원 이상 50억원 미만인 경우에는 400일 이상의 노역장 유치기간을 정하여야 한다.

정답 및 해설

① [○] 동법 제69조 제1항 단서
② [○] 동법 제69조 제2항
③ [○] 동법 제70조 제1항
④ [×] 선고하는 벌금이 1억원 이상 5억원 미만인 경우에는 300일 이상, 5억원 이상 50억원 미만인 경우에는 500일 이상, 50억원 이상인 경우에는 1천일 이상의 노역장 유치기간을 정하여야 한다(「형법」 제70조 제2항).

정답 ④

제26장 우리나라 교정의 역사

제1절 | 고대의 행형

01 우리나라 행형의 역사에 대한 설명으로 옳지 않은 것은? 2007. 교정 9급

① 고조선 시대의 행형은 8조법금 등에서 나타난 바와 같이 복수적 응보가 강했다.
② 조선 시대 형벌인 도형(徒刑)과 유형(流刑)은 오늘날 자유형과 유사하다.
③ 일제 침략기에는 일본 행형법규를 그대로 의용하여 근대적 교육형주의 행형을 시행하였다.
④ 미군정 시대에는 수용자 석방청원제도가 있었다.

정답 및 해설

① [○] 고대의 행형은 응보주의에 입각하여 단순하고 엄격한 것에 그 특징이 있다.
② [○] 도형은 유기징역형, 유형은 무기금고형과 유사하다.
③ [×] 일제침략기에는 1912년 감옥관제를 보완하여 조선감옥령을 제정하여 시행하였는데, 이는 외형상 근대적 모습을 띠고 있지만, 실제에 있어서의 조선감옥령은 총독의 명으로 행형에 관한 별도의 규정을 두어 태형제도 및 예방구금 등 민족적 차별과 응보주의적 행형을 시행하였다.
④ [○] 석방청원제도란 검사에 의하여 공소가 제기되지 아니하고, 조사 중에 있는 구속피의자 또는 구속피고인으로서 30일 이상 수용 중에 있는 자는 군정청 법무국장에게 석방을 청원할 수 있고, 이를 접수한 법무국장이 피의사실 또는 공소사실에 대한 증거유무를 확인하여 확실한 증거가 없다고 인정하면 석방을 명할 수 있는 형사제도를 말한다.

정답 ③

02 삼국시대의 행형에 대한 설명으로 옳지 않은 것은?

① 행형제도에 있어서 국가권력이 점차 크게 작용하게 되었고, 형벌의 종류가 다양해지는 등 행형제도가 정비되었다.
② 고구려의 형벌은 삼국 중에서 가장 준엄하고 가혹하였으며, 그 성격은 응보형주의에 입각한 위하적 형벌이었다.
③ 백제는 6좌평 중 내신좌평이 중앙의 형옥과 법무를 관장하였다.
④ 신라의 율령 및 행형은 진덕여왕 때에 설치된 이방부(理方府)에서 관장하였다.

정답 및 해설

③ [×] 백제는 삼국 중에서 행형제도가 가장 발달하였으며, 국가공권력에 의한 행형을 중시하였으나 고구려와 마찬가지로 응보적 수준의 행형이 주류였다. 6좌평 중 조정좌평은 중앙의 형옥과 법무를 관장하였으며, 지방은 행정권을 가진 기관의 장이 행형을 관장하였다.

정답 ③

03 고려시대의 행형에 대한 설명으로 가장 옳지 않은 것은?

① 행형을 관장하는 중앙기관은 형부(刑部)이며, 옥수(獄囚)를 관장하는 전옥서와 율령에 관한 사항을 관장하는 고율사(考律司)를 속사(屬司)로 두었다.
② 문종 때에는 고유법과 중국법을 조화한 고려의 형법체계를 완성하였다.
③ 광종 때에 노비안검법 개정과정에서 급증하는 수용자를 관리하기 위해 전옥서 외에 임시로 사용하기 위한 가옥(假獄)을 설치한 적이 있었다.
④ 지방에는 지방관아에서 직접 관장하는 부설옥(附設獄)이 설치되어 있었으며, 공민왕 때에 이를 시옥(市獄)이라 불렀다.

정답 및 해설

① [×] 행형을 관장하는 중앙기관은 형부이며, 초기에는 의형대라고 하였다. 형부는 옥수를 관장하는 전옥서, 노비의 관리와 송사를 관장하는 상서도관을 속사(屬司)로 두었다.

정답 ①

제2절 | 조선시대 행형

01 조선시대의 형벌제도에 대한 설명으로 옳지 않은 것은? 2015. 교정 9급

① 유형은 중죄인을 먼 지방으로 귀향 보내 죽을 때까지 고향으로 돌아오지 못하게 하는 형벌이다.
② 충군은 왕족이나 현직고관인 사람에 한하여 일정한 장소에 격리시켜 유지하게 하는 형벌이다.
③ 도형은 오늘날의 유기 징역형에 해당하는 것으로 범죄인을 관아에 구금하여 소금을 굽거나 쇠를 달구는 등의 노역에 종사하게 하는 형벌이다.
④ 자자형은 부가형으로 신체의 어느 부위에 먹물로 글씨를 새겨 넣는 형벌이다.

정답 및 해설

① [○] 유형(流刑)은 중죄자를 지방으로 귀양 보내 죽을 때까지 고향으로 돌아오지 못하게 하는 형벌로 도형(徒刑)과 함께 자유형에 속하지만, 도형과는 달리 기간이 정해지지 않았다는 점에서 오늘날의 무기금고형에 해당한다. 유형에 처해진 자는 임금의 사령 등 왕명에 의해서만 석방될 수 있었다.
② [×] 충군(充軍)은 도형(도역) 대신 군역에 복무시키는 일종의 대체형벌로, 주로 군인이나 군사관련 범죄에 대하여 적용하였으며, 충군에 대하여 경국대전·대전통편·대전회통은 군복무기간이 도형기간을 경과하면 석방할 것을 규정하고 있다.
③ [○] 도형(徒刑)은 고려시대 당률의 영향을 받아 고려 형법에서 처음으로 도입하여 시행되었고, 조선에서는 경국대전의 형전과 대명률직해, 속대전 등에 이를 규정하였다.
④ [○] 자자형(刺字刑)은 부가형으로 신체의 일부에 먹물로 글씨를 새겨 넣는 형벌인데, 주로 절도범으로 장형·도형·유형에 처하여진 자에게 가해졌고, 경면형(黥面刑)이란 얼굴에 글씨를 새기는 형벌로 일반백성들에게 그가 전과자임을 알려 수치심을 갖게 하는 동시에 요시찰자로 관리하기 위한 것이다. 주로 도둑의 횡포를 막기 위한 방편으로 사용되었으나, 평생 동안 전과자라는 낙인을 찍고 살아야 하는 가혹한 처벌로 영조 때(1740) 자자의 도구를 소각시키고 완전히 폐지되었다.

정답 ②

02 조선시대의 형벌제도에 대한 설명으로 옳지 않은 것은?

2016. 교정 7급

① 도형(徒刑)은 형집행에 있어서 집행관의 자의가 개입하기 쉽기 때문에 남형(濫刑)의 폐해가 가장 많았다.
② 질병에 걸린 자나 임신한 여자는 태형(笞刑)을 집행하지 않고 대신 속전을 받았다.
③ 장형(杖刑)은 태형보다 중한 벌로써 60대에서 100대까지 5등급이 있었고, 별도로 집행하는 경우도 있었지만 도·유형에 대하여 병과하는 것이 보통이었다.
④ 유형(流刑) 중 안치(安置)는 왕족이나 고관현직자에 적용되었고, 유거의 성질에 따라 본향안치(本鄕安置), 절도안치(絶島安置), 위리안치(圍籬安置) 등이 있었다.

정답 및 해설

① [×] 행형에 있어서 형을 남용하는 남형(濫刑)의 폐해가 가장 많았던 것이 장형이었는데, 그것은 집행관의 자의가 개입하기 쉽기 때문이었다.
② [○] 나이가 70세 이상인 자, 15세 미만인 자, 폐질환자, 임신한 여자 등은 태형(笞刑)을 집행하지 않고 대신 속전(贖錢)을 받았다.
④ [○] 유형 중 안치(安置)는 왕족이나 현직고관인 사람에 한하여 일정한 장소에 격리시켜 유거하게 하는 것으로, 유형 중에서도 행동의 제한을 가장 많이 받는 형벌이었다.

정답 ①

03 조선시대의 형벌제도에 대한 설명으로 옳은 것은?

2019. 5급 승진

① 태형(笞刑)은 작은 회초리로 죄인의 볼기를 때리는 형벌로, 60대에서 10대까지 5등급이 있었다.
② 장형(杖刑)은 큰 회초리로 죄인의 볼기를 때리는 형벌로, 10대에서 50대까지 5등급이 있었다.
③ 부처(付處)는 죄인을 가족과 함께 변방으로 강제 이주시키는 형벌로, 주로 관원에 대하여 적용되었다.
④ 안치(安置)는 죄인을 유형지 내의 일정 장소에 격리하여 유거시키는 형벌로, 주로 왕족 또는 고관 등에게 적용되었다.
⑤ 자자형(刺字刑)은 신체의 일부에 글씨 등을 새겨 넣는 부가형으로, 조선시대 전(全)시기에 걸쳐 활용되었다.

정답 및 해설

① [×] 태형(笞刑)은 가장 가벼운 형벌로서 10대에서 50대까지 5등급으로 구분하였고, 죄수를 형틀에 묶은 다음 하의를 내리고 둔부를 노출시켜 작은 가시나무 회초리로 대수를 세어가며 집행하는데, 부녀자는 옷을 벗기지 않았으나 간음한 여자에 대해서는 옷을 벗기고 집행하였다.
② [×] 장형(杖刑)은 태형보다 중한 형벌로서 60대에서 100대까지 5등급으로 구분하였고, 큰 가시나무 회초리로 때렸다.
③ [×] 중도부처(中途付處)는 관원(일반관원)에 대하여 과하는 형으로, 일정한 지역을 지정하여 그곳에서만 거주하도록 하는 것으로 유생에 대해서도 적용되었다. 천도(遷徒. 천사. 遷徙)는 일반 상민을 대상으로 죄인을 천리 밖으로 강제 이주시키는 형벌이다. 조선 초 북변개척을 위한 이민정책의 일환으로 범죄자와 그 가족을 천리 밖으로 강제 이주시키거나 연변지역으로 이주시키는 것을 제도화한 것인데, 일반유형의 효력이 죄인 당사자에 한하는데 비하여 전가천도(全家遷徒. 전가사변. 全家徙邊)는 전 가족에게 영향이 미치는 것으로 가혹한 것이었다.
④ [○] 안치(安置)는 왕족이나 현직고관인 사람에 한하여 일정한 장소에 격리시켜 유거하게 하는 것으로, 유형 중에서도 행동의 제한을 가장 많이 받는 형벌이었다. 안치의 종류로는 본향안치, 절도안치, 위리안치가 있다.
⑤ [×] 자자형(刺字刑)은 신체의 일부에 글씨 등을 새겨 넣는 부가형으로, 평생 전과로 낙인을 찍는 가혹성으로 영조 16년(1740년)에 자자도구를 소각하고 전국에 엄명을 내려 완전히 폐지하였다.

정답 ④

04 조선시대 유형(流刑)에 대한 설명으로 옳은 것은? 2018. 교정 7급

① 유배지에 직계존속을 동반할 수도 있었다.
② 중도부처는 유형 중 행동의 제한이 가장 많았다.
③ 유배죄인에 대한 계호와 처우의 책임은 형조에 있었다.
④ 유형은 기간이 정해져 있어 현재의 유기금고형에 해당한다.

정답 및 해설

① [○] 유형수 중 정치범에게는 식량 등의 생활필수품을 관에서 공급하였고, 유배지에 처와 첩은 따라가며, 직계존속은 본인의 희망에 따라 동행을 허가해 주었다. 다만, 위리안치는 가족과의 거주가 허용되지 않았다.
② [×] 안치(安置)는 유형 중에서도 행동의 제한을 가장 많이 받는 형벌로서, 유형지에서도 다시 일정한 지역 내로 유거하게 하는 것이다.
③ [×] 유배죄인에 대한 계호 및 처우 등의 책임은 그 지방의 수령에게 있다.
④ [×] 유형은 도형(유기징역형)과는 달리 기간이 정하여지지 않았고(무기금고형), 왕명에 의해서만 석방될 수 있었다.

정답 ①

05 조선시대 휼형(恤刑)과 형벌제도에 대한 설명으로 옳지 않은 것은? 2013. 교정 7급

① 휼형이란 범죄인에 대한 수사와 재판, 형집행을 엄중·공정하게 진행하되, 죄인을 진실로 불쌍히 여겨 성심껏 보살피며 용서하는 방향으로 고려해주는 일체의 행위라고 정의할 수 있다.
② 휼형의 사례로는 사형은 유형으로, 유형은 장형으로, 도형은 태형으로 처리하는 감형(減刑)이 있었다.
③ 구금 중인 죄인의 건강이 좋지 않거나 구금 중에 친상을 당한 때에 죄인을 옥에서 석방하여 불구속상태로 재판을 받게 하거나 상을 치르고 난 후 다시 구금하는 보방(保放)제도가 있었다.
④ 조선시대 유형은 중죄자를 지방으로 귀양 보내 죽을 때까지 고향으로 돌아오지 못하게 하는 형벌로 기간이 정해지지 않았다는 점에서 오늘날 무기금고형에 속한다.

정답 및 해설

② [×] 휼형은 삼국시대에도 시행되었다는 기록이 있고, 고려를 거쳐 조선 후기로 오면서 더욱 폭넓게 사용되었다. 조선시대 휼형의 사례로는 죄를 용서하여 벌을 면제하는 사면(赦免), 감강종경(減降從輕)이라 하여 사형에 해당하는 죄는 유형으로, 유형은 도형으로, 도형은 장형으로 처리하는 감형(減刑), 보방(保放)제도 등이 있었다. 이는 오늘날의 구속집행정지나 형집행정지, 귀휴제도와 유사하다고 볼 수 있다.

정답 ②

06 형벌제도에 대한 설명으로 옳지 않은 것은? 2020. 5급 승진

① 부족국가인 부여국에 원형옥이 있었다.
② 고구려에는 5종의 형벌 외에도 죄인의 얼굴에 죄명을 먹물로 새겨 넣는 삽루형이 있었다.
③ 조선의 태형은 가장 가벼운 형벌로서 10대에서 50대까지 5등급으로 나뉜다.
④ 조선의 도형의 복역기간은 1년에서 최장기 3년까지 5종으로 구분된다.
⑤ 조선의 유형수 중에는 유배지에 처와 첩이 동행하는 경우가 있었다.

정답 및 해설

① [○] 부족국가로 알려진 부여국에 원형옥(圓形獄)이 있었던 것으로 전해지는데, 이러한 원형옥은 신라·고려로 이어져 왔고, 조선시대 한양의 전옥서(典獄署)를 포함하여 일제가 주권을 침탈한 직후인 1914년경까지 2천년 이상 원형의 형태로 전래되었다.
② [×] 고려시대 형벌제도에 대한 설명이다. 고려시대의 형벌로는 태형, 장형, 도형, 유형, 사형 등 5종이 근간을 이루고, 여기에 부가형으로 삽루형, 경면형, 노비몰입, 가산몰수 등이 있었다. 또한 일정한 조건 아래 형을 대신하여 속전을 받는 제도가 있었다. 고구려의 형벌의 종류로는 사형, 노비몰입, 재산몰수, 배상 등이 있었으며, 법 외의 형벌이 존재하였고, 신체형으로 장형이 존재하였다.
④ [○] 조선시대 도형의 기간은 최단기 1년에서 최장기 3년까지 5종으로 구분되고, 도형에는 반드시 장형이 병과되었다.
⑤ [○] 유형수 중 정치범에게는 식량 등의 생활필수품을 관에서 공급하였고, 유배지에 처와 첩은 따라가며, 직계존속은 본인의 희망에 따라 동행을 허가해 주었다.

정답 ②

07 조선시대의 행형제도와 관련한 다음 설명 중 옳지 않은 것은?

① 형벌의 종류는 고려와 마찬가지로 태형, 장형, 도형, 유형, 사형의 5형을 기본으로 하였다.
② 남형(濫刑)을 방지하고 인권을 보호하려는 취지에서 인신을 구속할 수 있는 기관을 직수아문(直守衙門)이라 하여 경국대전에 특별히 규정하였다.
③ 사형 집행방법 중 능지처참(陵遲處斬)은 가장 중한 극형에 해당하는 것으로, 주로 대역죄나 유교적 윤리에 근본적으로 반하는 범죄에 대해 적용하였다.
④ 유형은 오늘날의 징역형에 해당하는 것으로 장형이 병과되었다.

정답 및 해설

③ [○] 조선시대 행형의 특징은 유교적 인본주의의 색채를 반영한 것으로 형사에 관한 법률은 대명률을 사용하였고, 엄중한 형벌집행에 있어서는 신중을 기하는 면을 보여주었는데 사형에 대해서는 3회 심사를 요하고 국왕의 재결이 있어야만 했다.
④ [×] 유형은 중죄를 범한 자에 대하여 먼 지방으로 귀양 보내어 죽을 때까지 고향으로 돌아오지 못하게 하는 형벌로 오늘날의 자유형에 속하는 무기금고형으로, 장형의 병과가 이루어졌다. 계호와 처우의 책임은 그 지방 수령에게 있고 왕의 명에 의해서만 석방되었다.

정답 ④

08 조선시대 유형의 종류에 대한 설명으로 옳지 않은 것은?

① 천사(遷徙)는 죄인을 1,000리 밖으로 강제 이주시켜 일반 양민과 동등한 생활을 유지하게 하는 형벌이다.
② 본향안치(本鄕安置)란 죄인을 그의 고향에 안치시키는 것으로 죄인에게 은전을 베푸는 것에 해당되었다.
③ 위리안치(圍籬安置)는 가시나무 울타리를 치고 외출을 통제하는 형벌이다.
④ 절도안치(絕島安置)는 관원에 대하여 과하는 유형의 일종으로 일정지역을 지정하여 거주하게 하는 형벌이다.

정답 및 해설

① [○] 일반 상민을 대상으로 죄인을 천리 밖으로 강제 이주시키는 형벌로, 조선 초 북변개척을 위한 이민정책의 일환으로 범죄자와 그의 가족을 강제 이주시키거나 연변지역으로 이주시키는 것을 제도화한 것이다.
④ [×] 절도안치는 외딴섬에 격리시키는 것으로 심히 가혹했기 때문에 많은 제한을 두었다. 관원에 대하여 과하는 형벌은 중도부처(中途付處)라 하여 유형지로부터 일정한 지역을 지정하여 그곳에서만 거주하도록 하는 것으로 유생에 대해서도 적용하였다.

> **천사(천도)**
> ㉠ 조선 초기 북변개척과 함께 이민정책이 추진되었다.
> ㉡ 일단 이주 후에는 일반양민과 동등한 생활을 유지할 수 있도록 하였다.
> ㉢ 신분에 있어서의 변화는 없이 양인의 신분을 그대로 유지토록 한 것이 특징이다.
> ㉣ 일반유형의 효력이 죄인 당사자에 한하는 데 비하여 전가천도(전가사변)는 전 가족에게 영향을 미치는 것(전 가족을 이주시킴)으로 가혹한 것이었다.

정답 ④

 09 갑오개혁 이후의 행형제도에 대한 설명으로 옳지 않은 것은? 2025. 교정 9급

① 감옥규칙의 제정으로 사법권이 행정권으로부터 독립되었다.
② 형법대전은 근대 서구의 법체계를 모방한 법전이다.
③ 기유각서에 의해 통감부에서 감옥사무를 관장하였다.
④ 미군정기에 재소자석방청원제가 실시되었다.

정답 및 해설

① [×] 1895년 4월, 「재판소구성법」(제정 1895.3.25.)이 시행됨으로써 사법권과 행정권을 분리하게 되었다. 이는 우리나라 역사상 최초로 완전한 근대적 사법제도가 시행된 계기로서 인정받고 있다. 이 법의 공포로 재판업무가 재판소로 일원화되고, 판·검사의 직제가 최초로 도입되는 등 근대적인 사법기관 및 사법제도의 정비가 이루어졌다. 주요내용은 ㉠ 경무청 감옥서에서 감옥사무를 일원화하여 관장하고 직수아문에 부설되었던 감옥을 모두 폐지 ㉡ 오형(五刑) 중 장형을 폐지하고, 도형을 징역으로 바꾸고, 유형은 정치범에 한해서 적용 ㉢ 미결수와 기결수를 구분하여 분리수용 ㉣ 징역형을 받은 자는 감옥서에서 노역에 종사시켰다.
② [○] 형법대전은 광무 9년(1905) 4월 29일 법률 제2호로 제정·공포된 것으로 조선왕조에서 시행한 마지막 형법으로 근대 서구의 법체계를 모방한 법전이다. 이는 형사실체관계에 관한 규정, 형사절차 및 행형에 관한 규정 등이 포함되어 있고, 국한문을 혼용한 전문 680조로 되어 있다.
③ [○] 기유각서(1909.7. 한국사법 및 통감사무위탁에 관한 각서)는 한국의 사법권 및 감옥사무의 처리권을 일본 정부에 위탁하는 각서를 말한다. 이 조약은 대한제국의 사법권과 감옥 사무를 일본 제국에 넘겨준 것으로서 5조로 이루어진 각서의 내용에 따라, 10월 대한제국의 사법부와 재판소 및 형무소는 전부 폐지되고, 그 사무는 한국통감부의 사법청이 맡게 되었다.
④ [○] 미군정시대(1945.9. ~ 1948.8.)에 우량수형자석방령, 재소자석방청원제, 형구사용의 제한과 징벌제도의 개선 등의 조치가 실시되었다. 석방청원제도란 검사에 의하여 공소가 제기되지 아니하고, 조사 중에 있는 구속피의자 또는 구속피고인으로서 30일 이상 수용 중에 있는 자는 군정청 법무국장에게 석방을 청원할 수 있고, 이를 접수한 법무국장이 피의사실 또는 공소사실에 대한 증거유무를 확인하여 확실한 증거가 없다고 인정하면 석방을 명할 수 있는 형사제도를 말한다.

정답 ①

조선시대의 형벌제도에 대한 설명으로 옳지 않은 것은?

① 장형(杖刑)은 별도로 집행하는 경우도 있지만, 도·유형에 대하여 이를 병과하는 것이 보통이었다.
② 충군(充軍)에 대하여 군복무기간이 도형기간을 경과하면 석방할 것을 경국대전에서 규정하고 있다.
③ 중도부처(中途付處)는 고관현직자에 대하여 과하는 형으로 일정한 지역을 지정하여 그곳에서만 거주하도록 하는 것이다.
④ 부가형(附加刑)인 노비몰입(奴婢沒入)은 범죄인이나 그 가족을 노비에 편입시키는 것으로 절도 재범자, 대역·모반 등 10악(惡)에 해당하는 강상죄인의 가족에게 적용하였다.

정답 및 해설

③ [×] 중도부처는 관원(일반관원) 또는 유생에 대하여 과하는 형이다.

정답 ③

 조선시대 행형제도에 대한 설명으로 옳은 것만을 모두 고르면?

2024. 교정 9급

㉠ 인신을 직접 구속할 수 있는 권한이 부여된 기관인 직수아문(直囚衙門)에 옥(獄)이 부설되어 있었다.
㉡ 휼형제도[恤刑制度, 또는 휼수제도(恤囚制度)]는 조선시대에 들어와서 더욱 폭넓게 사용되었으며, 대표적으로 감강종경(減降從輕)과 보방제도(保放制度)가 있었다.
㉢ 도형(徒刑)에는 태형(笞刑)이 병과되었으며, 도형을 대신하는 것으로 충군(充軍)이 있었다.
㉣ 1895년 「징역처단례」를 통하여 장형(杖刑)과 유형(流刑)을 전면적으로 폐지하였다.

① ㉠, ㉡
② ㉢, ㉣
③ ㉠, ㉡, ㉢
④ ㉠, ㉡, ㉣

정답 및 해설

옳은 것은 ㉠, ㉡이다.
㉠ [○] 조선시대 인신을 직접 구속할 수 있는 권한이 부여된 기관을 직수아문이라고 하여 형조·병조·한성부·승정원·장예원·종적사·관찰사·수령·비변사, 포도청과 관찰사, 수령 등으로 한정하였다. 직수아문에는 옥이 부설되어 있었고, 지방에도 도옥·부옥·군옥 등이 있었다. 직수아문에 부설되어 있었던 옥은 갑오개혁(1894)으로 모두 폐지되었다.
㉡ [○] 휼형이란 범죄인에 대한 수사·신문·재판·형집행 과정을 엄중하고 공정하게 진행하되, 처리를 신중하게 하고 죄인을 진실로 불쌍히 여겨 성심껏 보살피며 용서하는 방향으로 고려해주는 일체의 행위를 말하며, 삼국시대에서 비롯되어 고려를 거쳐 조선시대에도 폭 넓게 시행되었다. 대표적으로 보방제도, 감강종경, 인신구속기관인 직수아문을 경국대전에 규정, 죄수를 보호하는 휼수의 규정, 사면 등이 있다.
㉢ [×] 도형은 관아에 구금하여 소금을 굽거나 쇠를 달구는 노역을 부과하는 형벌로 오늘날의 자유형(유기징역형)에 해당하며, 단기 1년에서 장기 3년까지 5종으로 구분하였고, 반드시 장형이 병과되었다. 도형을 대신하는 것으로 충군이 있었는데, 이는 도역에 복역하는 대신 군역에 복무시키는 것으로 일종의 대체형벌이라 할 수 있다.
㉣ [×] 1895년 5월 「징역처단례」를 제정하여 형벌에 있어서도 조선의 기본형이었던 5형(태·장·도·유·사) 중 장형을 폐지하고, 도형은 징역으로 바꾸고, 유형은 정치범(국사범)에 한해서 적용하도록 하였다(징역형이 보편적인 형벌로 정착됨. 즉 신체형·생명형 ⇨ 자유형).

정답 ①

제3절 | 근대적 행형

01 우리나라 교정(행형)의 역사에 대한 설명으로 옳지 않은 것은? 2018. 교정 7급

① 조선시대 장형(杖刑)은 갑오개혁 이후에 폐지되었다.
② 미군정기에는 선시제도가 실시되고 간수교습규정이 마련되었다.
③ 1961년 법 개정으로 형무소의 명칭이 교도소로 변경되었다.
④ 1894년에 마련된 징역표는 수형자의 단계적 처우에 관한 내용을 담고 있었다.

정답 및 해설

② [×] 간수를 채용하고 교육하기 위한 간수교습규정은 일제강점기에 마련되었다(1917년).

정답 ②

02 교정사에 대한 설명으로 옳지 않은 것은? 2024. 교정 7급

① 1896년 법률 제3호 「형률명례(刑律名例)」는 형률(刑律)을 사형(死刑), 유형(流刑), 역형(役刑), 태형(笞刑)의 4종류로 규정하였다.
② 1912년 「조선태형령(朝鮮笞刑令)」에 의하면 태형(笞刑)은 16세 이상 60세 이하의 남자가 아니면 이를 부과할 수 없다.
③ 미군정하에서 실시된 「우량한수형자석방령」은 선시제(Good Time system)의 성격을 가진다.
④ 교정관계법령은 「조선감옥령」, 「감옥규칙」, 「행형법」, 「형의 집행 및 수용자의 처우에 관한 법률」의 순으로 변천되었다.

정답 및 해설

① [○] 「형률명례」는 1896년 4월 4일 법률 제3호로 제정·공포되었는데, 조선구제(舊制)의 형벌제도를 근간으로 하면서 근대적 법률체계를 갖춘 과도기적 형법의 형태를 보여준다. 여기서는 장형을 없애고, 형의 종류를 사형, 유형, 도형, 태형의 4종으로 구분하고, 사형은 교수, 유형은 종신·15년·10년의 3등급, 도형은 17등급, 태형은 10등급으로 구분하였다. 도형·태형은 국사범 외에는 범죄의 종류나 경중을 참작하여 속전으로 대신할 수 있었고, 가(枷)와 쇄체는 도주우려자에게 사용했으나, 노약자와 부녀자에게는 이의 사용을 금하였다. 그 밖에 재판관에게 형벌을 완화할 수 있는 재량이 인정되었다.
② [○] 「조선태형령」은 1912년 3월 18일에 공포된 법률로, 조선인에게 한해 일상의 경범죄 처벌 방식으로 태형을 가할 수 있도록 공인한 법률이다. 태형의 집행 대상은 16세 이상 60세 이하의 남자로서 3개월 이하의 징역 또는 구류에 처해야 할 자, 100원 이하의 벌금 또는 과태료에 처해야 할 자 중 조선 내에 일정한 주소를 갖고 있지 않거나 무자산으로 인정되는 자, 5일 이내에 완납하지 않은 자로 규정되었다. 집행방식은 집행자와 수형자 외 관계자의 집행장 출입을 금지시키거나 2인 이상 집행 시에는 1인씩 입장하게 하는 등 비밀주의 원칙을 내세웠다.
③ [○] 「우량수형자석방령」은 미군정시대인 1948년 3월 31일 남조선 과도정부 법령 제172호로 제정되었는데, 선시제의 성격을 가진다. 그 후 1953년 10월 신형법의 실시와 함께 폐지되었다.
④ [×] 교정관계법령은 「감옥규칙」 ⇨ 「조선감옥령」 ⇨ 「행형법」 ⇨ 「형의 집행 및 수용자의 처우에 관한 법률」의 순으로 변천되었다. ㉠ 「감옥규칙」은 1894년 12월 25일(고종 31년)에 제정된 감옥사무의 지침으로, 근대적 형집행법의 효시이며, 5형 중심의 형벌체계를 자유형 중심으로 전환하였다. ⇨ ㉡ 「조선감옥령」은 일제강점기인 1912년에 제정되었고, 이에 근거하여 총독의 명령으로 행형에 관한 별도의 규정을 둘 수 있게 하고, 태형제도·예방구금을 인정하는 등의 민족적 차별과 응보주의적인 행형을 시행하였다. ⇨ ㉢ 「행형법」은 1950년 3월 2일에 제정되었다. ⇨ ㉣ 「형의 집행 및 수용자의 처우에 관한 법률」은 2007년 12월 21일에 제정되었다.

정답 ④

03 우리나라 교정사를 시기순으로 바르게 나열한 것은?

2017. 교정 7급

> ㉠ 「감옥규칙」의 제정
> ㉡ 4개 지방교정청의 신설
> ㉢ 「행형법」의 제정
> ㉣ 「민영교도소 등의 설치·운영에 관한 법률」의 제정
> ㉤ 교정국을 교정본부로 확대 개편

① ㉠ ⇨ ㉡ ⇨ ㉢ ⇨ ㉣ ⇨ ㉤
② ㉠ ⇨ ㉢ ⇨ ㉡ ⇨ ㉣ ⇨ ㉤
③ ㉠ ⇨ ㉢ ⇨ ㉡ ⇨ ㉤ ⇨ ㉣
④ ㉠ ⇨ ㉢ ⇨ ㉣ ⇨ ㉡ ⇨ ㉤

정답 및 해설

㉠ 1894년 12월 25일에 제정된 「감옥규칙」은 감옥사무의 지침으로, 근대적 형집행법의 효시이다.
㉢ 1950년 3월 2일 「행형법」이 제정·공포되었다.
㉡ 1991년 9월 30일 서울, 대구, 대전, 광주의 4개 지방교정청이 신설되었다.
㉣ 2000년 1월 28일 「민영교도소 등의 설치·운영에 관한 법률」이 제정되었다.
㉤ 2007년 11월 30일 법무부 교정국이 교정본부로 확대 개편되었다.

정답 ②

04 우리나라 교정역사에 대한 설명으로 옳지 않은 것은?

2022. 교정 7급

① 고려와 조선시대에는 일정한 조건 아래 형을 대신하여 속전을 받는 제도가 있었다.
② 조선시대 죄인의 수감을 담당하던 전옥서는 갑오개혁 이후 경무청 감옥서로 변경되었다.
③ 갑오개혁 시 근대적 행형제도의 도입으로 '간수교습규정'이 제정되어 교도관학교를 설치·운영할 근거가 마련되었다.
④ 광무시대에 제정된 「감옥규칙」의 징역수형자 누진처우를 규정한 징역표는 범죄인의 개과촉진을 목적으로 수용자를 4종으로 분류하였다.

정답 및 해설

① [O] 고려시대에는 속전(속동)제도가 있어서 일정한 범위에서 속전을 내고 형을 대체할 수 있었으며, 조선시대에는 모반, 대역, 불효 등 특별히 정한 범죄를 제외하고는 형 대신 금전으로 납부할 수 있는 속전제도가 있었다. 속전은 오늘날의 벌금과도 유사하지만, 벌금이 형의 선고 자체가 재산형인데 비해 속전은 신체형을 선고받은 후 본형을 재산형으로 대신한다는 점에서 구별된다.
② [O] 갑오개혁으로 형조에 소속되었던 전옥서를 경무청 감옥서로 변경함과 동시에 직수아문(형조·의금부·한성부·포도청 등)에 부설되어 있던 옥(獄)을 모두 폐지함으로써 감옥사무를 일원화하였다.
③ [×] 일제시대에는 1917년 '간수교습규정' 등에 의거 교도관학교를 설치·운영할 근거를 마련하였다.
④ [O] 「감옥규칙」의 제정(1894)에 따라 징역수형자의 누진처우를 규정한 징역표는 범죄인의 개과촉진을 목적으로 수용자를 4등급(특수기예자·보통자·부녀자·노유자)으로 분류하고, 1~5등급으로 나누어 일정기간이 지나면 상위등급으로 진급시켜 점차 계호를 완화하는 등의 단계적 처우를 실시하였는데, 이는 조선의 전통적 행형에서 근대적 행형으로 전환하는 과도기적 특징을 지닌다. 다만, 이 문항의 완정성은 떨어지는 것으로 판단된다. 감옥규칙의 제정은 1894년에 있었고 광무시대에는 이의 정착기로 감옥규칙의 개정이 있었기 때문에 감옥규칙의 제정시기를 광무시대로 한 것은 잘못된 표현이다.

정답 ③

제27장 수형자사회의 연구

제1절 | 수형자사회의 연구와 교도소화

01 교도소화에 대한 설명으로 가장 옳지 않은 것은?

① 수용기간이 길수록 반사회적, 친범죄적 부문화의 접근이 더 커진다.
② 휠러(Wheeler)는 클레머(Clemmer)의 가설을 검증하기 위해 수용단계에 따라 U형 곡선으로 설명하였다.
③ U형 곡선이론은 중간단계의 수형자가 가장 친교도관적 태도가 높다고 한다.
④ 보안위주의 대규모 교정시설에 수용된 자는 처우중심의 소규모 시설수용자보다 직원에 대한 태도가 부정적이다.

정답 및 해설

③ [×] 휠러(Wheeler)는 클레머(Clemmer)의 가설을 검증하기 위해 U형 곡선으로 설명하였는데, 이는 수형자 표본을 형기의 초기·중기·마지막 단계에 있는 수형자로 구분하고, 초기단계의 수형자는 가장 높은 친교도관적 태도를 견지하였고, 중간단계의 수형자가 가장 친교도관적 태도가 낮았으며, 말기단계의 수형자도 친교도관적 태도를 견지하고 수형자강령을 거부한 것으로 보았다. 이에 대해 휠러는 비교적 최근까지도 일반사회에 있었던 초기의 수형자나 조만간 사회로 되돌아갈 말기의 수형자는 관습적 가치를 지향하는 경향이 있다고 결론짓고 있다.
④ [○] 교정시설의 조직과 특성이 교도소화에 영향을 미치는 중요한 요소로 보는 연구에 따르면, 처우중심의 교정시설에서는 수형자의 태도가 보안위주의 교정시설에 비해 보다 긍정적이라고 한다. 보안위주의 교정시설은 중앙집권적이고, 공식적 권위를 강조하여 그에 따른 박탈의 정도도 심화되기 때문에 적대적인 비공식적 조직의 발전에 많은 기여를 한다고 설명하고 있다.

> **교도소화의 정도**
> ⊙ **수형기간과 교도소화**(클레머): 수형자의 수용기간이 길수록 반교정적·반사회적·친범죄적 부문화에의 재현이 더 커지고, 수용기간의 장기화에 따라 수형자의 교도소화 정도도 강화된다고 주장했다. 그러나 수형자의 역할(슈랙)이나 수형단계(휠러의 U형 곡선)에 따라 교도소화의 정도가 달라진다는 사실이 밝혀지게 되었다.
> ⓒ **수형자 역할유형과 교도소화**(슈랙): 수형자 역할에 따른 교도소화의 정도는 친사회적인 고지식자보다는 반사회적인 정의한, 가사회적 정치인, 비사회적인 무법자가 더 교도소화의 가능성과 정도가 더 높은 것으로 알려지고 있다.
> ⓒ **수형자사회의 부문화유형과 교도소화**(서덜랜드와 크레세이): 합법생활지향적 수형자보다는 범죄생활지향적 수형자가, 범죄생활지향적 수형자보다는 수형생활지향적 수형자가 교도소화가 더 빨리, 더 쉽게, 더 많이 되는 것으로 알려지고 있다(합법생활지향적 수형자 < 범죄생활지향적 수형자 < 수형생활지향적 수형자).
> ⓒ **수형자의 사회적 역할과 교도소화**: 가라비디안(Garabedian)은 교도소화의 정도를 수형자의 사회적 역할에 따라 분류하였다. 고지식자와 정의한은 U형 곡선을 따라 그의 석방일이 다가옴에 따라 교정시설의 부정적 영향을 떨쳐 버렸으며, 무법자는 형기가 진행됨에 따라 교도소 문화에 점진적으로 동화되었으며, 정치인은 수용기간 동안 직원의 규범에 동조하는 경향을 보였다.

정답 ③

02 교도소화(prisonization)에 대한 설명으로 옳은 것만을 모두 고르면?

2018. 교정 7급

㉠ 교정시설에서 문화, 관습, 규범 등을 학습하는 과정을 의미한다.
㉡ 박탈모형은 수형자의 문화를 사회로부터 수형자와 함께 들어온 것으로 파악한다.
㉢ 유입모형은 교도소화의 원인을 수용으로 인한 고통 및 각종 권익의 상실로 본다.
㉣ 자유주의자들은 박탈모형을, 보수주의자들은 유입모형을 지지하는 경향이 있다.

① ㉠, ㉡
② ㉠, ㉢
③ ㉠, ㉣
④ ㉢, ㉣

정답 및 해설

어린이가 사회의 행위유형을 학습하는 것을 사회화(socialization)라고 한다면, 수형자가 교정시설에서의 행위유형을 학습하는 과정을 교도소화(prisonization)라고 할 수 있다. 사회화와 교도소화가 다른 것은 일반인은 자신에게 주어진 행위유형을 거부하거나 수용할 수 있는 중립적인 입장인 데 반해, 수형자는 자신에게 주어진 행위유형을 거부하거나 수용할 수 있는 중립적인 입장이 아니라는 사실이다. 클레머(Clemmer)는 "교정시설의 일반적 문화, 관습, 규범 그리고 민속 등을 다소간 취하는 것"으로 교도소화를 규정하고 있다. 신입 수형자가 교정시설의 규범과 가치에 익숙해지고, 그것을 내재화하는 과정으로 교도소화를 보고 있는 것이다. 옳은 것은 ㉠, ㉣이다.
㉡ [×] 유입모형에 대한 설명이다.
㉢ [×] 박탈모형에 대한 설명이다.
㉣ [○] 박탈모형에 따르면 교도소화는 수용에 따른 고통, 각종 권익의 박탈에 대한 수형자들의 저항이므로, 이러한 문제점을 해소하고자 자유주의자들은 시설 내 처우를 피하고 사회 내 처우를 실시할 것을 주장한다. 그러므로 자유주의자들은 박탈모형을 지지한다. 유입모형에 따르면 교정시설 내 수형자의 행위유형은 수형자가 사회로부터 함께 들여 온 것이므로, 사회에서 나쁜 문화를 가지고 있는 범죄자들을 교도소에 수용함으로써 사회의 부문화가 교도소로 유입되는 것을 방지하고자 하는 보수주의자들은 시설 내 처우를 실시할 것을 주장한다. 그러므로 보수주의자들은 유입모형을 지지한다.

정답 ③

03 교도소화(prisonization)에 대한 설명으로 옳지 않은 것은?

2021. 교정 7급

① 교도소화란 교정당국과 교도관에 대해 적대적인 태도를 학습하는 것을 말한다.
② 클레머(Clemmer)는 수형기간이 증가함에 따라 수형자의 교도소화가 강화된다고 보았다.
③ 수형지향적 하위문화에 속하는 수형자는 교도소 내의 지위획득에 관심이 없다.
④ 휠러(Wheeler)는 형기의 중간단계에서 수형자가 교도관에 대해 가장 적대적으로 된다고 보았다.

정답 및 해설

① [○] 교도소화(prisonization)란 수형자가 교도소 안에서 비공식적인 사회화를 통해 교도소의 반문화에 적응함으로써 범죄행위가 악화되고 조장되는 과정을 말한다. 처음으로 교도소화에 대한 논의를 시작한 클레머(Clemmer)는 "교정시설의 일반적 문화, 관습, 규범 그리고 민속 등을 다소간 취하는 것"으로 교도소화를 규정하고 있다. 교도소화는 ㉠ 신입 수형자가 교정시설의 규범과 가치에 익숙해지고, 그것을 내재화하는 과정으로, ㉡ 수형자가 교도소화되면 대부분은 관습적 가치체계의 영향으로부터 벗어나게 되고, ㉢ 수형자는 수형자강령에의 동화에 초점을 맞추게 되며, ㉣ 이는 교도관에 반대하는 행동과 태도를 신봉하는 정도를 의미한다.
② [○] 클레머는 수형자의 수용기간이 길수록 반교정적·반사회적·친범죄적 부문화에의 재현이 더 커진다고 보고, 수용기간의 장기화에 따라 수형자의 교도소화 정도도 강화된다고 주장했다.

③ [×] 수형지향적 하위문화(convict-oriented subculture)에 속하는 수형자는 교도소 사회에서의 모든 생활방식을 수용하고 적응하려고 하며, 자신의 수용생활을 보다 쉽고 편하게 보내기 위해 교도소 내에서의 지위획득에만 몰두하며 출소 후의 생활에 대해서는 관심을 두지 않는다.

④ [○] 휠러(Wheeler)는 클레머의 가설을 검증하기 위해서 수형자표본을 형기의 초기단계에 있는 수형자, 형기의 중간단계에 있는 수형자, 형기의 마지막 단계에 있는 수형자로 구분하였다. 초기단계의 수형자가 가장 높은 친교도관적 태도를 견지하였고, 중기단계의 수형자가 친교도관적 태도가 가장 낮았으며, 말기단계의 수형자는 친교도관적 태도를 견지하고 수형자강령을 거부하는 것으로 나타났다. 그래서 이를 U형 곡선이라고 한다.

정답 ③

04 재소자의 교도소화와 하위문화에 대한 설명으로 옳지 않은 것은?   2019. 교정 9급

① 클레머(D. Clemmer)는 수용기간이 장기화될수록 재소자의 교도소화가 강화된다고 한다.
② 휠러(S. Wheler)는 재소자의 교도관에 대한 친화성 정도가 입소 초기와 말기에는 높고, 중기에는 낮다고 하면서 교도소화의 정도가 U자형 곡선 모양을 보인다고 한다.
③ 서덜랜드(E. Sutherland)와 크레시(D. Cresey)는 재소자가 지향하는 가치를 기준으로 범죄지향적 부문화, 수형지향적 부문화, 합법지향적 부문화로 구분하고, 수형지향적 재소자는 자신의 수용생활을 보다 쉽고 편하게 보내는 데 관심을 둘 뿐만 아니라, 이를 이용하여 출소 후의 생활을 원활히 하는 데 많은 관심을 둔다고 한다.
④ 슈랙(C. Schrag)은 재소자의 역할유형을 고지식자(square Johns), 정의한(right guys), 정치인(politcians), 무법자(outlaws)로 구분하고, 고지식자는 친사회적 수형자로서 교정시설의 규율에 동조하며 법을 준수하는 생활을 긍정적으로 지향하는 유형이라고 한다.

정답 및 해설

③ [×] 수형지향적 부문화는 교도소 사회에서의 모든 생활방식을 수용하고 적응하려고 하며, 자신의 수용생활을 보다 쉽고 편하게 보내기 위해 교도소 내에서의 지위획득에만 몰두하며 출소 후의 생활에 대해서는 관심을 두지 않는다. 수형자 사회의 부문화집단 중에서 교도소화가 가장 쉽게, 빨리 그리고 많이 되며(교정시설에 가장 빨리 적응), 출소 후 재입소율(재범률)이 가장 높은 유형이다.

정답 ③

05 서덜랜드와 크레시(Sutherland & Cressey)가 제시한 수형자 하위문화에 대한 설명으로 옳은 것은?   2023. 교정 9급

① 수형자들이 지향하는 가치를 기준으로 하위문화를 구분했다.
② 범죄 지향적 하위문화를 수용하는 수형자들은 교도소 내에서의 지위 확보에 관심을 가진다.
③ 수형 지향적 하위문화를 수용하는 수형자들은 모범적으로 수형생활을 하며 성공적인 사회복귀의 가능성이 높다.
④ 합법 지향적 하위문화를 수용하는 수형자들은 수형자의 역할 중 '정의한'에 가깝고, 교도관보다는 재소자와 긍정적인 관계를 유지하며 가급적 교정시설의 규율에 따른다.

정답 및 해설

① [○] 수형자문화(수형자 사회의 부문화)는 수형자들이 가지고 있는 문화적 성향이나 지향성 또는 가치와 규범에 관한 것으로 교도소문화라고도 부른다. 서덜랜드와 크레시는 수형자들이 지향하는 가치를 기준으로 범죄지향적 부문화, 수형지향적 부문화, 합법지향적 부문화로 구분하였다.
② [×] 수형지향적 부문화를 수용하는 수형자에 대한 설명이다. 범죄지향적 부문화를 수용하는 수형자들은 교도소 내에서의 어떤 공식적 지위를 얻고자 하는 일 없이 그냥 반교도소적이거나 조용한 수형생활을 보낸다.
③ [×] 합법지향적 부문화를 수용하는 수형자에 대한 설명이다. 수형지향적 부문화를 수용하는 수형자들은 교도소 사회에서의 모든 생활방식을 수용하고 적응하려고 하며, 자신의 수용생활을 보다 쉽고 편하게 보내기 위해 교도소 내에서의 지위획득에만 몰두하며 출소 후의 생활에 대해서는 관심을 두지 않는다.
④ [×] 수형자의 역할유형 중 '정의한'에 가까운 것은 범죄지향적 부문화를 수용하는 수형자이다. 합법지향적 부문화를 수용하는 수형자들은 수형자의 역할 중 '고지식자'에 해당되는 경우로 이들은 교정시설에 입소할 때도 범죄지향적 부문화에 속하지 않았고, 수용생활 동안에도 범죄나 수형생활지향적 부문화를 받아들이지 않는다. 가급적 교정시설의 규율을 따르려고 하며, 교정당국이나 직원과도 긍정적인 관계를 유지하는 편이다.

정답 ①

---

 06 쉬랙(C. Schrag)이 제시한 수용자의 역할유형에 대한 설명으로 옳지 않은 것은?   2018. 5급 승진

① 고지식자(square Johns) - 교정시설의 규율에 동조하고 법을 준수하는 생활을 하며, 교도소문화에 거의 가담하지 않는 유형
② 정의한(right guys) - 반사회적 수용자로서 교도소 부문화적 활동에 깊이 개입하며, 동료 수용자들로부터 범죄적 전문성으로 인해 존경받는 유형
③ 생쥐(rats) - 실제보다 더 강한 척하고, 허풍을 떨며 말로만 강한 척하는 유형
④ 무법자(outlaws) - 자신의 목적을 위해서 폭력을 이용하고, 동료 수용자와 교도관 모두를 피해자로 만드는 유형
⑤ 정치인(politicians) - 교정시설 내의 각종 재화와 용역을 위한 투쟁에서 이점을 확보하기 위하여 교도관과 동료 수용자 모두를 이용하는 유형

정답 및 해설

③ [×] 사이크스(Sykes)는 수형자 역할유형을 정보통인 생쥐, 교도관과 내통하는 중심인, 공격적 약탈자인 고릴라, 밀거래자인 상인, 성적 폭압자인 늑대, 폭력적 대치자인 어리석은 파괴자, 고전적 수형자인 진짜 남자, 폭력범죄와 관련된 악당, 마약관련 범죄자인 떠벌이로 수형자의 역할 유형을 구분하고 있다. 생쥐(rats)는 교도소사회에서도 교도관 등과 내통함으로써 동료들을 배신하는 유형이고, 떠벌이(hipsters)는 실제보다 자신을 더 강한 척하고 말로만 강한 척하며 공격의 피해자를 조심스럽게 선택하는 유형이다.

정답 ③

07 사이크스(Sykes)가 구분한 재소자의 역할 유형에 대한 설명으로 옳은 것은? 2019. 5급 승진

① 진짜 남자(real men) – 교도관의 부당한 처사에 저항하고 교도관에게 공격적 행위를 일삼는 자
② 중심인(centerman) – 교도관으로부터 특혜를 얻기 위해 교도관에게 아첨하고 교도관 편에 서는 자
③ 은둔자(retreatist) – 교정시설의 구금 환경에 적응을 못하여 정신적으로 이상증세를 보이는 자
④ 상인(merchants) – 개인적 이득을 취하기 위해 교도관과 내통하고 동료를 배신하는 행위를 하는 자
⑤ 떠벌이(hipsters) – 재화나 서비스를 쟁취하는 데 이점을 얻기 위해 교도관과 동료를 이용하려는 자

정답 및 해설

① [×] 어리석은 파괴자에 대한 설명이다.
② [○] 중심인은 교도관의 의견·태도·신념을 취하는 수형자들이다. 이들은 선처를 얻기 위하여 권력을 가진 교도관들에게 아첨하는 것으로 알려지고 있다. 그러나 때로는 자신의 압제자를 눈가림할 수 있다고 생각하기 때문이 아니라 그들과 견해를 공유하기 때문에 교도관들의 편에 서는 수형자들이라고 한다. 즉, 생쥐(rats)는 수형자의 편인 것처럼 하면서 그들을 배신하는 반면, 중심인(centerman)은 그들이 누구에게 동정심을 갖고 누구의 편을 들고 있는가를 굳이 비밀로 하지 않는 수형자들이다.
③ [×] 프랭크 쉬멜레걸의 수형자의 역할 유형 중 은둔자에 대한 설명이다.
④ [×] 생쥐에 대한 설명이다.
⑤ [×] 슈랙의 수형자의 역할 유형 중 가사회적 정치인에 대한 설명이다.

> **그 밖의 수형자 역할유형 분류**
> ㉠ 사이크스(Sykes)는 정보통인 생쥐, 교도관과 내통하는 중심인, 공격적 약탈자인 고릴라, 밀거래자인 상인, 성적 폭압자인 늑대, 폭력적 대치자인 어리석은 파괴자, 고전적 수형자인 진짜 남자, 폭력범죄와 관련된 악당, 마약관련 범죄자인 떠벌이로 수형자의 역할 유형을 구분하고 있다.
> ㉡ 프랭크 쉬멜레걸(Frank Schmalleger)은 깔끔이 신사, 쾌락주의자, 기회주의자, 은둔자, 변호인, 과격주의자, 식민자, 종교인, 현실주의자로 수형자의 역할 유형을 구분한다.
> ㉢ 헤이너(Hayner)와 애쉬(ash)는 정치인과 정신질환자인 ding으로 구분하였고, 이어 헤이너(Hayner)는 슈랙(schrag)이 정의한으로 명한 heavy, 무법자로 칭한 graduate, 정치인으로 이름붙인 con forger, 고지식자로 명한 alcoholic forger, ding이라고 할 수 있는 rapo로 구분하였다.
> ㉣ 지알롬바르도(Giallombardo)는 여성수형자들의 사회적 역할유형을 고자질하는 밀고자(snitchers), 교도관들과 내통하는 동거인(inmate cops), 정의한인 square, 문제를 야기시키는 jive bitches, 친구 같은 수다쟁이인 rap buddies, 좀도둑인 후원자(boosters), 신뢰받는 수형자인 pinners, 그리고 동성애와 관련된 각종 역할로 구분하고 있다.

정답 ②

08 사이크스(Sykes)가 주장하는 수용으로 인한 고통과 박탈에 해당되지 않는 것은?

① 안정성의 박탈
② 이성관계의 박탈
③ 자율성의 박탈
④ 자치권의 박탈

정답 및 해설

④ [×] 사이크스가 주장한 다섯 가지 수용의 고통은 ①, ②, ③ 이외에도 자유의 박탈, 물질 및 서비스의 박탈(재화와 용역의 박탈)이며, 이러한 박탈로부터 수형자가 생존하기 위한 수단으로서 수형자문화를 계발하고 그 문화에 적응하는 등 교도소화하게 된다는 것이다.

정답 ④

09 교정시설에 가장 빨리 적응하면서 출소 후에도 재입소율이 가장 높은 수형자 문화의 유형은?

① 범죄지향적 부문화
② 합법지향적 부문화
③ 수형지향적 부문화
④ 친사회적 부문화

> **정답 및 해설**
>
> ③ [○] 서덜랜드(Sutherland)와 크레세이(Cresey)는 수형자들이 지향하는 가치를 기준으로, 수형자 문화(수형자 사회의 부문화)를 범죄지향적 부문화, 수형지향적 부문화 그리고 합법지향적 부문화로 구분하였다. 수형지향적 부문화의 중심적 가치는 공리주의로, 가장 공리주의적이고 가장 교묘한 사람이 교도소 내의 재화와 용역을 차지하며 영향력을 행사하게 된다. 그러므로 수형생활지향자들은 교도소 사회에서의 모든 생활방식을 수용하고 적응하려고 하며, 자신의 수용생활을 보다 쉽고 편하게 보내는 데 관심을 두기 때문에 출소 후의 생활에 관심이 없다. 그래서 부문화 집단 중에서 수형지향적 집단이 재범률 또는 재입소율이 높고, 교도소에 빨리 적응한다.
>
> 정답 ③

10 슈랙(Schrag)의 수형자 역할 유형에 대한 설명으로 옳지 않은 것은?

① 친사회적 고지식자는 교정시설의 규율에 동조하고 법을 준수하는 생활을 긍정적으로 지향하는 부류이다.
② 반사회적 정의한은 범죄자의 세계를 지향하며 부문화적 활동에 깊이 관여하는 수형자 부류이다.
③ 가사회적 정치인은 수형자 부문화나 교도관에 의해 주도되는 합법적인 사회 어디에도 깊은 유대를 가지지 않는 교활한 자들이다.
④ 비사회적 무법자는 교정시설 내의 각종 재화와 용역을 위한 투쟁에서 이권을 확보하기 위해 직원과 동료 수형자를 모두 이용하는 자이다.

> **정답 및 해설**
>
> 슈랙은 교정시설의 수형자 사회에는 일련의 특수한 행동규범과 그 규범의 위반에 의해 규정되는 다양한 유형의 사회적 역할이 존재한다고 보고 수형자 역할유형을 친사회적 고지식자, 반사회적 정의한, 가사회적 정치인, 비사회적 무법자로 분류하였다.
> ④ [×] 가사회적 정치인에 대한 설명이다.
>
> 정답 ④

제2절 | 교도관의 사회

01 교도관과 수형자의 관계에 대한 설명 중 옳지 않은 것은?

① 교도관과 수형자는 상당한 공통점을 가진 것처럼 보이지만 그렇다고 서로 밀착되어 있지도 않다.
② 교도관은 교정의 조직목표로서 교화개선사상은 보안업무와 인본주의적 처우라는 두 가지 상반된 절차와 목표를 동시에 수행해야 하는 이중역할에 노출되어 있다.
③ 과밀수용은 교도관이 보다 많은 수용자를 통제하고 감독해야 하는 결과를 초래하고, 수형자가 주로 장기 누범 수형자나 개선곤란자이기 때문에 수형자사회가 안정되지 못하여 교도관에게 더 많은 긴장을 야기시키고 있다.
④ 법원의 교정에 대한 개입(hands-on)정책은 교도관에 대한 제반 권익의 신장과 보호를 가져온 반면 수형자의 입지를 상당히 좁히는 결과를 초래하였다.

> **정답 및 해설**

④ [×] 법원의 개입: 법원의 교정에 대한 개입(hands-on)정책은 수형자에 대한 제반 권익의 신장과 보호를 가져온 반면 교도관의 입지를 상당히 좁히는 결과를 초래하였다.

정답 ④

02 사이크스의 교도관의 통제력 상실에 대한 이유에 해당하지 않는 것은?

① 도덕성에 의한 타락
② 친분에 의한 타락
③ 상호성에 의한 타락
④ 태만에 의한 타락

> **정답 및 해설**

 통제력의 상실[사이크스(Gresham Sykes)]

친분에 의한 타락	교도관이 수형자와 친밀한 관계로 인정에 끌려 규율을 제대로 집행할 수 없게 되어 권위가 손상되고 통제력을 상실하게 된다는 것
상호성에 의한 타락	수형자는 교도관에게 협조하는 대신 보상을 요구하게 되고, 교도관은 약간의 규율위반에 대해서 눈감아 주거나 자신이 할 일을 그 수형자에게 위임함으로써 보상하는 것
태만에 의한 타락	애매한 규율을 집행하는 과정에서 상황에 따라 제대로 처리하지 않고 규율집행을 태만히 함으로써 야기되는 권위의 상실

정답 ①

03 교도관의 권위에 대한 설명으로 옳지 않은 것은?

① 보상의 힘은 수형자에게 보상(상)을 줌으로써 교도관을 따르게 하는 힘을 말한다.
② 강압은 수형자에게 처벌을 함으로써 교도관을 따르게 하는 힘을 말한다.
③ 합법적 힘은 수형자에게 호감을 얻어 교도관을 따르게 하는 힘을 말한다.
④ 전문적인 힘은 법률적 지식이나 상담기술을 통해 교도관을 따르게 하는 힘이다.

정답 및 해설

교도관의 권위

보상적 힘	수형자에게 보상(상)을 줌으로써 교도관을 따르게 하는 힘
강압적 힘	수형자에게 처벌을 함으로써 교도관을 따르게 하는 힘
합법적 힘	합법적인 권한에 순응함으로써 교도관을 따르게 하는 힘
신용적 힘	수형자에게 호감을 얻어 교도관을 따르게 하는 힘
전문적 힘	법률적 지식이나 상담기술을 통해 교도관을 따르게 하는 힘

▶ 수형자가 교도관의 지시에 순응하는 이유는 합법적, 전문적 힘이 크게 작용하고, 신용적 힘은 큰 영향력이 없는 것으로 나타났다.

정답 ③

04 교도관의 부분화에 대한 설명으로 옳지 않은 것은?

① 대체로 교도관의 부문화는 존재하는 것으로 본다.
② 두피(Duffee)는 교도관이 분명한 그들만의 부문화를 가지고 있는지는 확실하지 않으며, 오히려 소외와 무규범성으로 이해하는 것이 바람직하다고 주장하였다.
③ 롬바르도(Lombardo)는 교도관이 단단하게 짜여진 규범을 가진 응집적인 집단을 형성하지는 않는다고 주장하였다.
④ 교도관들은 수형자와 처우프로그램에 대해 긍정적인 동료 교도관들의 비율을 과소평가하는 경향이 있는데, 이는 다원적 무지의 결과이다.

정답 및 해설

① [×] 교도관들이 가지고 있는 수형자에 대한 부정적 태도를 설명하기 위해서 '다원적 무지' 개념을 도입하고, 교도관들의 수형자에 대한 부정적인 태도는 교도관의 부문화의 결과라기보다는 다원적 무지의 결과이다. 결론적으로 교도관의 부문화는 존재하지 않는다.

정답 ①

제28장 수형자 처우제도(자치제와 선시제, 과밀수용)

제1절 | 자치제와 카티지제

01 수형자자치제에 대한 설명으로 옳지 않은 것은?　　　2007. 6급 승진

① 엄정한 통제와 엄격한 계호주의는 수형자의 성공적인 사회복귀능력을 저해할 수 있다.
② 카티지제(Cottage System)는 수형자자치제의 한 형태이다.
③ 수형자자치제의 목표는 선량한 수형자를 만드는 데 있다.
④ 개방처우급 · 완화경비처우급 수형자가 자치제의 대상이 된다.

정답 및 해설

② [○] 카티지제도는 소집단 처우제도로서 기존의 대집단 처우제도가 대규모시설에서의 획일적인 수용처우라는 단점을 보완하기 위한 대안적 제도이다. 이 제도는 미국의 오하이오주에서 처음 시작되었으며, 대부분 수형자자치제도와 유기적으로 운영되고 있는데, 그 이유는 수형자자치제도는 사회생활훈련에 용이하고, 카티지제도는 가족적인 공동생활을 영위할 수 있도록 하기 때문이다.
③ [×] 수형자자치제는 수형자들에게 자율과 책임을 주어 자치적으로 행형을 운용하도록 함으로써 수형자들로 하여금 질서의식과 사회적 훈련을 경험하게 하여 수형자가 법과 질서를 준수하는 정상적인 사회인으로 복귀하는 데 초점을 맞춘 제도이다. 전통적 행형이 교도관의 권위와 명령에 따라 수동적으로 움직이기 때문에 모범수형자는 될지언정 모범시민으로의 성장은 기대하기 힘들다는 것을 고려한 수용제도이다. 따라서 수형자자치제는 수형자의 책임과 자율성을 강조하여 사회적응력을 함양하고, 나아가 건전한 사회인으로의 복귀를 용이하게 한다는 데 가치를 두고 있다.
④ [○] 형집행법 시행규칙 제86조 제1항

정답 ③

02 수형자자치제(Inmate Self-government System)에 대한 설명으로 옳지 않은 것은?　　2024. 교정 9급

① 수형자자치제는 부정기형제도하에서 효과적인 것으로, 수형자에 대한 과학적 분류심사를 전제로 한다.
② 수형자자치제는 수형자의 처우에 있어서 자기통제원리에 입각한 자기조절 훈련과정을 결합한 것으로, 수형자의 사회적응력을 키울 수 있다.
③ 오스본(T. Osborne)은 1914년 싱싱교도소(Sing Sing Prison)에서 행형시설 최초로 수형자자치제를 실시하였다.
④ 수형자자치제는 교도관의 권위를 저하시킬 수 있고, 소수의 힘 있는 수형자에 의해 대다수의 일반수형자가 억압 · 통제되는 폐단을 가져올 수 있다.

정답 및 해설

① [○] 정기형제도하에서는 자치심이 형성되지 않은 수형자라도 형기가 종료되면 반드시 사회에 복귀시켜야 되므로 부정기형제도 하에서 운영되어야 하며, 자치제에 적합한 자를 선정하기 위해서는 수형자에 대한 과학적 조사 및 분류가 선행되어야 한다.
② [○] 자치생활은 자유에 상응한 책임을 부여하는 자기통제의 원리에 입각한 교육·훈련이라고 할 수 있으며, 수형자의 책임과 자율성을 강조하여 사회적응력을 함양하고, 건전한 사회인으로의 복귀를 용이하게 한다.
③ [×] 1914년 미국의 오스본은 오번교도소(Auburn Prison)에서 행형시설 최초로 수형자자치제를 실시하였다.
④ [○] 교도관의 권위를 하락시킬 수 있고, 수형자 중 소수의 힘 있는 수형자에게 권한이 집중될 수 있어 수형자에 의한 수형자의 억압과 통제라는 폐해를 유발할 수 있다.

정답 ③

03 수형자자치제에 대한 설명으로 옳지 않은 것으로만 묶인 것은? 2011. 교정 7급

㉠ 미국 메사추세츠주의 노포크(Norfolk) 교도소에서 최초로 시작되었다.
㉡ 과학적 분류처우가 전제돼야 하며, 대규모 시설보다 소규모 시설에서 효과적이다.
㉢ 사회 내 처우의 일환으로 혼거제 하에서 그 효율성이 높다.
㉣ 대규모 수형자처우제의 단점을 보완하기 위한 대안적 제도로 카티지제도(cottage system)가 시행되었다.
㉤ 계호인원이 늘어 행형경비가 늘어날 수 있다.
㉥ 수형자의 자치의식과 책임감을 기본으로 하며, 정기형에서 실시하는 것이 효과적이다.

① ㉠, ㉢, ㉣, ㉤
② ㉠, ㉢, ㉤, ㉥
③ ㉡, ㉢, ㉣, ㉥
④ ㉡, ㉣, ㉤, ㉥

정답 및 해설

옳지 않은 것은 ㉠, ㉢, ㉤, ㉥이다.
㉠ [×] 누진처우제도 중 하나인 잉글랜드제에 대한 설명이다. 수형자자치제는 1914년 미국의 오스본(Osborne)이 조지 소년공화국제도를 오번감옥에 도입, '수형자들의 상호부조연맹'이라는 자치제를 조직하여 시도한 것이 행형시설 최초의 수형자자치제로 기록되고 있다.
㉡ [○] 수형자자치제도는 자치제도에 적합한 수형자를 선별하기 위한 수형자 분류제도가 과학화되고 정착되어야만 가능하며, 대규모 교정시설보다 소규모 교정시설에서 더욱 효과적이다.
㉢ [×] 수형자자치제는 사회 내 처우의 일환이 아니라 시설 내 처우의 일종으로, 혼거제를 필연조건으로 한다.
㉣ [○] 카티지제도는 기존의 대집단 처우제도가 대규모 시설에서의 획일적이고 기계적인 수용처우라는 단점을 보완하기 위한 대안적 제도로, 소집단으로 가족적인 분위기에서 처우한다.
㉤ [×] 수형자의 관리·감독이라는 계호의 부담이 줄어들어 행형경비도 줄일 수 있다.
㉥ [×] 수형자자치제도는 일종의 누진처우로서 모범수형자를 대상으로 하기 때문에 부정기형을 도입하여 사회적 응력이 형성된 수형자에 대해서는 조기가석방을 통하여 사회에 복귀시킬 수 있어야 효과적으로 시행될 수 있는 제도이다. 정기형제도 하에서는 자치심이 형성되지 않은 수형자라도 형기가 종료되면 반드시 사회에 복귀시켜야 되므로 부정기형제도 하에서 운영되어야 한다.

정답 ②

04 카티지제에 대한 설명으로 옳지 않은 것은?

2006. 6급 승진

① 기존의 대형화·집단화 행형의 문제점에 대한 반성에서 비롯되었다.
② 1904년 뉴욕주의 소년보호수용소에서 채택한 이래 점차 여자·소년·성인 교도소로 확대 발전하였다.
③ 가족적 분위기를 창출할 수 있다는 장점이 있으나, 독거제와 혼거제의 단점이 모두 나타날 수 있다는 단점도 있다.
④ 과학적 분류제도가 완비된 시설에서 실효성을 거둘 수 있다.

정답 및 해설

③ [×] 카티지제는 기존의 대집단 처우제도가 대규모 시설에서의 획일적이고 기계적인 수용처우라는 단점을 보완하기 위한 대안적 제도로, 소집단으로 가족적인 분위기에서 처우하므로 혼거제를 전제로 한다. 즉, 독거제 하에서는 실시가 불가능하다. 카티지제는 점수제·독거제 및 혼거제의 단점을 보완할 수 있다. 카티지제는 1854년 미국 오하이오 학교에서 최초로 실시되었고, 1904년에는 뉴욕 청소년보호수용소에서 채택하였다.

정답 ③

05 수형자자치제에 대한 설명으로 옳지 않은 것은?

① 혼거제를 필연조건으로 하여야 한다. 따라서 상습범·누범자 등 악풍감염의 우려가 있는 자는 제외되어야 한다.
② 수형자의 자치의식과 책임감을 기본으로 하며, 정기형에서 실시하는 것이 효과적이다.
③ 자치제에 적합한 자를 선정하기 위해서는 수형자에 대한 과학적 조사 및 분류가 선행되어야 한다.
④ 대규모 교정시설보다 소규모 교정시설에서 더욱 효과적이다.

정답 및 해설

② [×] 정기형제도 하에서는 자치심이 형성되지 않은 수형자라도 형기가 종료되면 반드시 사회에 복귀시켜야 되므로 부정기형제도하에서 운영되어야 한다.

정답 ②

06 카티지제와 선시제도에 대한 설명으로 옳은 것을 모두 고른 것은?

㉠ 선시제도는 정기형의 엄격성을 완화할 수 있다.
㉡ 카티지제는 혼거제를 전제로 하며 수형자 자치제와 결합하여 운영되는 것이 보통이다.
㉢ 선시제도는 선행 등에 대한 보상으로 형기를 단축하거나 만기석방 이전에 심사에 의해 조건부로 석방하는 제도를 말한다.
㉣ 선시제도는 교화개선의 효과보다는 수용자관리 위주로 운영될 수 있다는 비판이 있다.
㉤ 카티지제는 시설이 소규모이므로 경비를 절약할 수 있다.

① ㉠, ㉡, ㉢
② ㉠, ㉡, ㉣
③ ㉡, ㉢, ㉣
④ ㉢, ㉣, ㉤

> 정답 및 해설

옳은 것은 ㉠, ㉡, ㉣이다.
㉢ [×] 선시제도는 수형기간 중 수형자 스스로의 선행을 유지함으로써 일정한 법률적 기준하에 석방시기를 단축하는 제도이고, 만기석방 이전에 심사에 의해 수형자를 조건부로 석방하는 제도는 가석방제도이다.
㉤ [×] 시설의 소규모화를 이루기 위해서는 막대한 경비가 소요되므로 재정부담이 증가한다.

정답 ②

제2절 | 선시제도

01 선시제도에 대한 설명으로 옳지 않은 것은? 2004. 5급 승진

① 선시제도는 사회 내 처우에 해당한다.
② 수형자가 교도소에서 선행을 함으로써 스스로 노력과 행장에 따라 법률적 기준 하에 석방 시기가 단축되는 제도이다.
③ 개선갱생을 촉진시켜 시설 내의 행장이 우수한 수형자는 조기에 석방되므로 수형자의 선행을 장려할 수 있다.
④ 교도소의 질서유지, 작업능률의 향상으로 수익증대 효과를 거둘 수 있다.
⑤ 교화개선의 효과보다는 수용자관리 위주로 운영될 수 있다는 비판이 있다.

> 정답 및 해설

① [×] 선시제도는 시설 내 처우에 해당한다.

정답 ①

02 교정처우에 대한 설명으로 옳은 것은? 2019. 교정 7급

① 선시제도(good time system)는 대규모 시설에서의 획일적인 수용처우로 인한 문제점을 해소하기 위해 가족적인 분위기에서 소집단으로 처우하는 제도이다.
② 개방형(사회적) 처우는 폐쇄형(시설 내) 처우의 폐해를 최소화하기 위한 것으로, 개방시설에 대한 논의가 1950년 네덜란드 헤이그에서 개최된 제12회 '국제형법 및 형무회의'에서 있었다.
③ 사회형(사회 내) 처우의 유형으로는 민영교도소, 보호관찰제도, 중간처우소 등을 들 수 있다.
④ 수형자자치제는 부정기형제도보다 정기형제도 하에서 더욱 효과적으로 운영될 수 있는 반면, 소수의 힘 있는 수형자에게 권한이 집중될 수 있어서 수형자에 의한 수형자의 억압과 통제라는 폐해를 유발할 수 있다.

정답 및 해설

① [×] 카티지제도에 대한 설명이다. 선시제도는 수형자가 교도소 내에서 선행을 유지하고 작업에 자발적으로 참여함으로써 자기 스스로의 노력에 따라 일정한 법률적 기준 하에 석방의 시기가 단축되는 제도이다.
③ [×] 민영교도소는 시설 내 처우이다. 사회 내 처우는 가석방, 보호관찰, 사회봉사·수강명령, 갱생보호, 전자감시, 가택구금 그리고 외출제한명령 등이 있다.
④ [×] 수형자자치제는 정기형제도보다 부정기형제도 하에서 더욱 효과적으로 운영될 수 있으며, 소수의 힘 있는 수형자에게 권한이 집중될 수 있어서 수형자에 의한 수형자의 억압과 통제라는 폐해를 유발할 수 있다는 점이 문제로 지적되고 있다.

정답 ②

  선시제도(Good Time System)에 대한 설명으로 옳지 않은 것은?

① 수형자의 선행을 기초로 일정한 법적 기준에 따라 석방시기를 앞당기는 제도이다.
② 교도소의 규율을 유지하고 교화개선을 촉진한다는 목적이 있다.
③ 행형이념의 변화에 따른 개방처우의 한 형태이다.
④ 수형자의 선행업적에 따라 요건이 충족되면 별도의 심사 없이 석방되므로 사회방위에 불리하다는 지적이 있다.
⑤ 우리나라에서도 시행된 적이 있다.

정답 및 해설

③ [×] 선시제도란 수형기간 중 수형자 스스로의 선행을 유지함으로써 일정한 법률적 기준 하에 석방시기를 단축하는 제도로 형기자기단축제라 한다. 이는 시설 내 처우를 전제로 한 것이며, 우리나라는 미군정시대 1948년 3월 우량수형자 석방령으로 시행된 바 있다. 그 후 1953년 10월 신형법의 실시와 함께 폐지되었다.

정답 ③

제3절 | 과밀수용의 문제

  블럼스틴(A. Blumstein)이 주장한 교도소 과밀화의 해소방안을 모두 고른 것은? 2016. 교정 9급

㉠ 집합적 무력화(collective incapacitation)
㉡ 정문정책(front-door policy)
㉢ 후문정책(back-door policy)
㉣ 교정시설의 확충

① ㉠, ㉡
② ㉠, ㉢, ㉣
③ ㉡, ㉢, ㉣
④ ㉠, ㉡, ㉢, ㉣

정답 및 해설

㉠ [×] 집합적 무력화가 아니라 선별적 무력화를 주장하였다.

> **과밀수용 해소방안**(브럼스타인)
> ㉠ **무익한 전략**(null strategy)
> ㉡ **선별적 무능력화**: 범죄인을 선별적으로 구금하여 교정시설 공간을 보다 효율적으로 운영하자는 내용으로 전체적으로 상당한 범죄감소효과를 거둘 수 있고 결과적으로 과밀수용을 해소할 수 있다는 전략이다.
> ㉢ **인구감소전략**
>   • **정문정책**: 교정이전 단계에서 범죄자를 보호관찰, 가택구금, 벌금형, 배상처분, 사회봉사명령, 선도조건부 기소유예 등의 비구금적 제재로 전환시킴으로써 수용 인구를 줄이자는 전략이다.
>   • **후문정책**: 일단 수용된 범죄자를 보호관찰부 가석방, 선시제도 등을 이용하여 새로운 입소자들을 위한 공간 확보를 위해서 그들의 형기종료 이전에 미리 출소시키자는 것이다.
> ㉣ 사법절차와 과정의 개선
> ㉤ 교정시설의 증설

정답 ③

---

02 과밀수용 해소방안에 대한 설명으로 옳지 않은 것은?   2017. 5급 승진

① 정문(Front-Door) 전략은 구금 이전의 단계에서 범죄자를 보호관찰, 가택구금, 사회봉사명령 등의 비구금적 제재로 전환시킴으로써 수용인원을 줄이자는 것으로 강력범죄자들에게는 적용이 적절하지 않다.
② 후문(Back-Door) 전략은 일단 수용된 수용자를 대상으로 보호관찰부 가석방, 선도조건부 기소유예, 선시제도 등을 적용하여 새로운 입소자를 위한 공간을 확보하자는 것으로 형사사법망의 확대를 초래한다.
③ 사법절차와 과정의 개선은 형의 선고 시에 수용능력을 고려하고 검찰의 기소나 법원의 양형결정 시에 수용능력과 현황에 관한 자료를 참고하는 전략이며, 형사사법협의체의 구성과 형사사법체제 간의 협조를 강조한다.
④ 소극적 전략(Null-Strategy)은 수용인구가 증가하더라도 교정시설에서는 그만큼의 인구를 수용할 수밖에 없다는 전략으로 단기적으로 교정시설의 증설을 회피할 수 있으나 장기적으로는 과잉수용으로 인해 직원들의 재소자에 대한 통제력이 약화될 수 있다.
⑤ 선별적 무능력화(Selective Incapacitation)는 교정시설의 공간을 확보하는 데 비용이 과다하고 이용할 수 있는 공간이 제한되어 있기 때문에 재범의 위험성이 높은 수형자를 예측하여 선별적으로 구금함으로써 교정시설 공간을 효율적으로 운영하자는 것이다.

정답 및 해설

- 정문정책 전략은 형사사법망의 확대와 관계가 있지만, 후문정책 전략의 경우 관계가 없다. 또한 선도조건부 기소유예는 비구금적 제재로 정문정책 전략과 관계가 있다.
- 후문정책 전략은 일단 수용된 범죄자를 대상으로 보호관찰부 가석방, 선시제도 등을 이용하여 새로운 입소자들을 위한 공간을 확보하기 위해 그들의 형기종료 이전에 미리 출소시키는 전략이다.

정답 ②

03 다음에 제시된 <보기 1>의 과밀수용 해소방안과 <보기 2>의 전략이 바르게 연결된 것으로만 묶인 것은?

2008. 교정 7급

┤ 보기 1 ├

㉠ 교정 이전 단계에서 범죄자를 보호관찰, 가택구금, 배상처분 등 비구금적 제재로 전환시킴으로써 수용인구를 줄일 수 있다.
㉡ 검찰의 기소나 법원의 양형결정시 수용능력과 현황에 관한 자료를 참고한다.
㉢ 별다른 대책 없이 증가되는 재소자만큼 더 수용시킬 수밖에 없다는 수용전략으로 단기적으로 교정시설의 증설을 회피할 수 있다.
㉣ 일단 수용된 범죄자들을 보호관찰부 가석방, 선시제도 등을 이용하여 새로운 입소자들을 위한 공간 확보를 위해서 그들의 형기종료 이전에 미리 출소시킨다.
㉤ 범죄인들을 선별적으로 구금하여 교정시설 공간을 보다 효율적으로 운영하자는 내용으로 전체적으로 상당한 범죄감소효과와 과밀수용을 해소할 수 있다.

┤ 보기 2 ├

A. 정문정책(front-door)전략   B. 후문정책(back-door)전략
C. 선별적 무능력화   D. 무익한 전략(null strategy)
E. 교정시설의 증설   F. 사법절차와 과정의 개선

① ㉠ - A, ㉡ - B
② ㉡ - C, ㉢ - F
③ ㉢ - D, ㉣ - B
④ ㉣ - E, ㉤ - C

정답 및 해설

㉠ - A, ㉡ - F, ㉢ - D, ㉣ - B, ㉤ - C

정답 ③

04 다음은 브롬스타인(A. Blumstein)이 주장한 교도소 과밀화 해소방안 전략 중 어느 것에 해당하는가?

2019. 교정 9급

• 교정 이전단계에서 범죄자를 보호관찰, 가택구금, 벌금형, 배상처분, 사회봉사명령 등 비구금적 제재로 전환시킴으로써 교정시설에 수용되는 인구 자체를 줄이자는 전략이다.
• 이 전략은 강력범죄자에게는 적용이 적절하지 않기 때문에 일부 경미범죄자나 초범자들에게만 적용가능하다는 한계가 있다.

① 후문정책(back-dor policy)
② 정문정책(front-dor policy)
③ 선별적 무능력화(selective incapacitation)
④ 무익한 전략(nul strategy)

정답 및 해설

② [○] 정문정책에 대한 설명이다. 정문정책은 형사사법망의 확대시키는 결과를 초래하여 더 많은 사람을 교정의 대상으로 삼게 되는 문제점이 야기된다.

정답 ②

05

블럼스타인(Blumstein)이 주장한 과밀수용 해소방안에 대한 설명으로 옳지 않은 것은? 2022. 교정 9급

① 교정시설의 증설: 재정부담이 크고 증설 후 단기간에 과밀수용이 재연될 수 있다는 점에서 주의가 요망된다.
② 구금인구 감소전략: 형벌의 제지효과는 형벌의 확실성보다 엄중성에 더 크게 좌우된다는 논리에 근거하고 있다.
③ 사법절차와 과정의 개선: 검찰의 기소나 법원의 양형결정 시 교정시설의 수용능력과 현황을 고려하여 과밀수용을 조정해야 한다는 전략이다.
④ 선별적 무력화: 재범 위험이 높은 수형자를 예측하여 제한된 공간에 선별적으로 구금함으로써 교정시설의 공간을 보다 효율적으로 운영하려는 방안이다.

정답 및 해설

② [×] 구금인구 감소전략 중 후문정책(Back-door)에 대한 설명으로, 형벌의 제지효과는 형벌의 엄중성보다 확실성에 더 크게 좌우되기 때문에 지나친 장기구금은 사실상 의미가 없으며, 오히려 일종의 낭비에 불과하다는 주장이다. 또한 형벌의 제지효과는 구금 초기에 가장 크다는 사실도 장기형보다 단기형이 더 효과적인 수단일 수 있다는 것이다.

정답 ②

06

과밀수용의 원인인 1970년대 미국의 형사정책 보수화에 대한 설명으로 옳지 않은 것은?

① 일부 강력범죄에 대한 언론매체의 집중보도와 범죄에 대한 진상왜곡은 범죄에 대한 공포를 증폭시키는 한 요인으로 작용하였다.
② 처우 중심의 교정정책의 성공과 사회 내 처우의 확대로 지역사회교정이 발전하였다.
③ 선시제의 조건을 강화하여 선시제에 따른 석방을 줄이고 가석방 자격 조건을 강화하였다.
④ 범죄율과 재범률, 수용인원 등은 지속적으로 증가하여 1960년대 후반부터 처벌을 강화하는 방향으로 전환이 시작되었다.

정답 및 해설

② [×] 처우 중심의 교정정책(의료모델과 개선모델) 실패와 그로 인한 시민들의 불만, 범죄에 대한 공포의 증가, 언론의 질타 및 정치권과 정부는 선거 때마다 여론과 유권자의 요구를 의식하여 범죄와의 전쟁, 마약과의 전쟁, 사회안전망 확대 등을 선포하거나 공약하여 범죄에 대한 강경대응 정책은 더욱 가속화되었다. 1980년대에는 억제에 입각한 모형이 교정철학의 주류로 다시 등장하여 법원의 양형이나 교정정책에도 큰 변화를 초래하였다.

정답 ②

07 과밀수용에 대한 설명으로 옳지 않은 것은?

① 과밀수용 해소를 위한 후문정책은 가석방, 선시제도 등과 같은 제도를 들 수 있으며, 이 정책의 단점은 형사사법망을 확대시킨다는 것이다.
② 과밀수용은 직원의 업무를 과다하게 증대시키고 부작용이 발생할 수 있다.
③ 과밀수용의 해소를 위해 다이버전, 선별적 무능화가 이용되기도 한다.
④ 미국의 경우 3진아웃 제도와 같은 범죄에 대한 강력한 대응책이 과밀수용을 초래하였다고 볼 수 있다.

정답 및 해설

① [×] 과밀수용 해소방안 중 정문정책은 형사사법망의 확대와 관계가 있지만, 후문정책의 경우 관계가 없다.

정답 ①

해커스공무원 학원·인강
gosi.Hackers.com

제2부

9·7급 공채 영역

제5편

기타 교정관계법령

제29장 형집행법 관련 기타법령
제30장 민영교도소

제29장 형집행법 관련 기타법령

제1절 | 「교도관직무규칙」

01 「교도관직무규칙」상 교도관회의에 대한 설명으로 옳은 것은? 2016. 9급 경채

① 회의는 소장, 부소장 및 각 과의 과장과 소장이 지명하는 5급 이상의 교도관으로 구성된다.
② 소장은 회의의 의장이 된다.
③ 소장은 보안과 소속의 교도관 중에서 서기 1명을 임명하여야 한다.
④ 매월 1회 이상 회의를 소집하여야 한다.

정답 및 해설

① [×] 교도관회의는 소장, 부소장 및 각 과의 과장과 소장이 지명하는 6급 이상의 교도관(지소의 경우에는 7급 이상의 교도관)으로 구성된다(동 규칙 제22조 제1항).
② [○] 「교도관직무규칙」 제22조 제2항
③ [×] 소장은 회의의 사무를 원활히 처리하기 위하여 총무과 소속의 교도관 중에서 서기 1명을 임명하여야 한다(동 규칙 제24조 제1항).
④ [×] 매주 1회 이상 회의를 소집하여야 한다(동 규칙 제22조 제2항).

정답 ②

02 「교도관직무규칙」상 교정직교도관의 직무에 대한 설명으로 옳지 않은 것은? 2020. 교정 7급

① 수용자를 부를 때에는 수용자 번호와 성명을 함께 부르는 것이 원칙이다.
② 수용자의 도주, 폭행, 소요, 자살 등 구금목적을 해치는 행위에 관한 방지 조치는 다른 모든 직무에 우선한다.
③ 교정직교도관이 수용자의 접견에 참여하는 경우에는 수용자와 그 상대방의 행동·대화내용을 자세히 관찰하여야 한다.
④ 수용자가 작성한 문서로서 해당 수용자의 날인이 필요한 것은 오른손 엄지손가락으로 손도장을 찍게 하는 것이 원칙이다.

정답 및 해설

① [×] 수용자를 부를 때에는 수용자 번호를 사용한다. 다만, 수용자의 심리적 안정이나 교화를 위하여 필요한 경우에는 수용자 번호와 성명을 함께 부르거나 성명만을 부를 수 있다(「교도관직무규칙」 제12조).
② [○] 동 규칙 제6조
③ [○] 동 규칙 제41조 제1항
④ [○] 동 규칙 제14조 제1항

정답 ①

03 「교도관직무규칙」상 당직간부에 대한 설명으로 옳은 것은 모두 몇 개인가?

2024. 7급 승진

㉠ 소장은 당직간부의 지휘 아래 교정직교도관으로 하여금 전체 수용자를 대상으로 하는 인원점검을 매일 2회 이상 충분한 사이를 두고 하게 하여야 한다.
㉡ 당직간부는 반드시 교정관 또는 교감으로 임명한다.
㉢ 당직간부는 매주 1회 이상 교도관의 비상소집망을 확인하여 정확하게 유지하도록 하여야 한다.
㉣ 당직간부는 수용자가 수용된 거실을 여닫거나 여러 명의 수용자를 이동시키는 등 계호를 강화할 필요가 있다고 판단되는 경우에는 휴식 중인 교정직교도관 등을 특정 근무지에 임시로 증가시켜 배치할 수 있다.

① 1개   ② 2개
③ 3개   ④ 4개

정답 및 해설

옳은 것은 ㉠, ㉢이다.
㉠ [○] 「교도관직무규칙」 제35조 제1항
㉡ [×] 당직간부는 교정관 또는 교감으로 임명한다. 다만, 교정시설의 사정에 따라 결원의 범위에서 교위 중 적임자를 선정해 당직간부에 임명할 수 있다(동 규칙 제49조 제2항).
㉢ [○] 동 규칙 제55조
㉣ [×] 당직간부는 수용자가 수용된 거실을 여닫거나 여러 명의 수용자를 이동시키는 등 계호를 강화할 필요가 있다고 판단되는 경우에는 휴식 중인 교정직교도관 등을 특정 근무지에 임시로 증가시켜 배치하여야 한다(동 규칙 제52조).

정답 ②

04 「교도관직무규칙」상의 내용으로 옳은 것은?

2021. 교정 7급

① 소장은 교도관으로 하여금 매주 1회 이상 소화기 등 소방기구를 점검하게 하고 그 사용법의 교육과 소방훈련을 하게 하여야 한다.
② 당직간부란 보안과장이 지명하는 교정직교도관으로서 보안과의 보안업무 전반에 걸쳐 보안과장을 보좌하고, 휴일 또는 야간에 소장을 대리하는 사람을 말한다.
③ 교정직교도관이 수용자를 교정시설 밖으로 호송하는 경우에는 미리 호송계획서를 작성하여 상관에게 보고하여야 한다.
④ 정문근무자는 수용자의 취침 시간부터 기상 시간까지는 보안과장의 허가 없이 정문을 여닫을 수 없다.

정답 및 해설

① [×] 소장은 교도관으로 하여금 매월 1회 이상 소화기 등 소방기구를 점검하게 하고 그 사용법의 교육과 소방훈련을 하게 하여야 한다(동 규칙 제16조).
② [×] 당직간부란 교정시설의 장(소장)이 지명하는 교정직교도관으로서 보안과의 보안업무 전반에 걸쳐 보안과장을 보좌하고, 휴일 또는 야간(당일 오후 6시부터 다음날 오전 9시까지를 말한다)에 소장을 대리하는 사람을 말한다(동 규칙 제2조 제8호).
③ [○] 「교도관직무규칙」 제40조 제1항
④ [×] 정문근무자는 수용자의 취침 시간부터 기상 시간까지는 당직간부의 허가 없이 정문을 여닫을 수 없다(동 규칙 제42조 제4항).

정답 ③

05

「교도관직무규칙」상 교도관의 직무에 대한 설명으로 옳지 않은 것은 모두 몇 개인가? 2024. 7급 승진

㉠ 수용자의 도주, 폭행, 소요, 자살 등 구금목적을 해치는 행위에 관한 방지 조치는 다른 모든 직무에 우선한다.
㉡ 교도관은 직무를 신속·정확·공정하게 처리하고, 그 결과를 지체 없이 상관에게 문서 또는 구두로 보고하여야 한다. 다만, 상관으로부터 특별히 명령받은 직무로서 그 직무처리에 많은 시일이 걸리는 경우에는 그 중간 처리상황을 보고하여야 한다.
㉢ 교도관은 상관의 허가 없이 또는 정당한 사유 없이 근무장소를 이탈하거나 근무장소 외의 장소에 출입하지 못한다.
㉣ 교도관은 천재지변이나 그 밖의 중대한 사태가 발생하여 비상소집 명령을 받은 경우에는 지체 없이 소집에 응하여 상관의 지시를 받아야 한다.

① 0개
② 1개
③ 2개
④ 3개

정답 및 해설

모두 옳은 설명이다.
㉠ [○] 「교도관직무규칙」 제6조
㉡ [○] 동 규칙 제7조
㉢ [○] 동 규칙 제8조
㉣ [○] 동 규칙 제15조

정답 ①

06

「교도관직무규칙」상 교도관의 직무에 대한 설명으로 옳지 않은 것은? 2019. 7급 승진

① 수용자의 도주, 폭행, 소요, 자살 등 구금목적을 해치는 행위에 관한 방지 조치는 다른 모든 직무에 우선한다.
② 교도관은 직무를 신속·정확·공정하게 처리하고, 그 결과를 지체 없이 상관에게 문서 또는 구두로 보고하여야 한다. 다만, 상관으로부터 특별히 명령받은 직무로서 그 직무처리에 많은 시일이 걸리는 경우에는 그 중간 처리상황을 보고하여야 한다.
③ 수용자를 부를 때에는 수용자 번호를 사용한다. 다만, 수용자의 심리적 안정이나 교화 또는 징벌을 위하여 필요한 경우에는 수용자 번호와 성명을 함께 부르거나 성명만을 부를 수 있다.
④ 교도관은 직무수행을 위하여 특히 필요하다고 인정되는 경우에는 그 직무수행에 참여하는 하위 직급의 다른 직군 교도관을 지휘·감독할 수 있다.

정답 및 해설

① [○] 동 규칙 제6조
② [○] 동 규칙 제7조
③ [×] 수용자를 부를 때에는 수용자 번호를 사용한다. 다만, 수용자의 심리적 안정이나 교화를 위하여 필요한 경우에는 수용자 번호와 성명을 함께 부르거나 성명만을 부를 수 있다(「교도관직무규칙」 제12조).
④ [○] 동 규칙 제10조

정답 ③

07 「교도관직무규칙」에 대한 설명으로 옳지 않은 것은?   2018. 6급 승진

① 2명 이상의 교도관이 공동으로 근무하는 경우에는 선임자가 책임자가 된다.
② 교도관은 직무수행을 위하여 특히 필요하다고 인정되는 경우에는 그 직무수행에 참여하는 하위 직급의 다른 직군 교도관을 지휘·감독할 수 있다.
③ 수용자의 도주, 폭행, 소요, 자살 등 구금목적을 해치는 행위에 관한 방지 조치는 다른 모든 직무에 우선한다.
④ 교도관은 수용기록부 등 수용자의 신상 관계 서류를 공무상으로 사용하기 위하여 열람·복사 등을 하려면 상관의 허가를 받아야 한다.

정답 및 해설

① [×] 소장은 2명 이상의 교도관을 공동으로 근무하게 하는 경우에는 책임자를 지정하고 직무를 분담시켜 책임한계를 분명히 하여야 한다(「교도관직무규칙」 제9조).
② [○] 동 규칙 제10조
③ [○] 동 규칙 제6조
④ [○] 동 규칙 제13조 제2항

정답 ①

08 「교도관직무규칙」의 규정 내용 중 옳지 않은 것은?   2018. 7급 승진

① 정문근무자는 수용자의 취침 시간부터 기상 시간까지는 당직간부의 허가 없이 정문을 여닫을 수 없다.
② 소장은 매주 1회 이상 교도관의 비상소집망을 확인하여 정확하게 유지하도록 하여야 한다.
③ 출정감독자는 법원에서 무죄판결 등 구속영장이 실효되는 판결이 선고되어 즉시 석방되는 사람의 신상을 직접 확인하는 등 석방에 관한 사무를 감독하여야 한다.
④ 분류심사업무 교도관은 개별처우계획을 수립하기 위하여 수형자의 인성, 지능, 적성 등을 측정·진단하기 위한 검사를 한다.

정답 및 해설

① [○] 동 규칙 제42조 제4항
② [×] 당직간부는 매주 1회 이상 교도관의 비상소집망을 확인하여 정확하게 유지하도록 하여야 한다(「교도관직무규칙」 제55조).
③ [○] 동 규칙 제56조 제2항
④ [○] 동 규칙 제68조

정답 ②

09 「교도관직무규칙」상 교도관의 직무에 대한 설명으로 옳지 않은 것은? 2018. 8급 승진

① 수용자의 도주, 폭행, 소요, 자살 등 구금목적을 해치는 행위에 관한 방지 조치는 다른 모든 직무에 우선한다.
② 수용자를 부를 때에는 수용자 번호를 사용한다. 다만, 수용자의 심리적 안정이나 교화를 위하여 필요한 경우에는 수용자 번호와 성명을 함께 부르거나 성명만을 부를 수 있다.
③ 교도관은 직무를 신속·정확·공정하게 처리하고, 그 결과를 지체 없이 상관에게 문서로 보고하여야 한다. 다만, 상관으로부터 특별히 명령받은 직무로서 그 직무처리에 많은 시일이 걸리는 경우에는 그 중간 처리상황을 구두로 보고할 수 있다.
④ 보안근무자의 주간근무시간은 원칙적으로 1일 주간 8시간으로 한다.

정답 및 해설

① [O] 동 규칙 제6조
② [O] 동 규칙 제12조
③ [×] 교도관은 직무를 신속·정확·공정하게 처리하고, 그 결과를 지체 없이 상관에게 문서 또는 구두로 보고하여야 한다. 다만, 상관으로부터 특별히 명령받은 직무로서 그 직무처리에 많은 시일이 걸리는 경우에는 그 중간 처리상황을 보고하여야 한다(「교도관직무규칙」 제7조).
④ [O] 동 규칙 제18조 제1항 제1호

정답 ③

10 다음은 「교도관직무규칙」상 ( )에 숫자가 옳게 나열된 것은? 2023. 9급 경채

> ㉠ 소장은 당직간부의 지휘 아래 교정직교도관으로 하여금 전체 수용자를 대상으로 하는 인원점검을 매일 ( )회 이상 충분한 사이를 두고 하게 하여야 한다.
> ㉡ 의무관은 매일 ( )회 이상 의료수용동의 청결, 온도, 환기, 그 밖의 사항을 확인하여야 한다.
> ㉢ 당직간부는 교대근무의 각 부별로 ( )명 이상 편성한다.
> ㉣ 약무직교도관은 천재지변이나 그 밖의 중대한 사태에 대비해 필요한 약품을 확보해야 하며, 월 ( )회 이상 그 수량 및 보관상태 등을 점검한 후 점검 결과를 상관에게 보고해야 한다.

	㉠	㉡	㉢	㉣		㉠	㉡	㉢	㉣
①	1	2	1	2	②	2	1	2	1
③	2	2	1	1	④	1	1	2	2

정답 및 해설

㉠ 「교도관직무규칙」 제35조
㉡ 동 규칙 제84조 제1항
㉢ 동 규칙 제49조 제1항
㉣ 동 규칙 제80조 제4항

정답 ②

11 다음 「교도관직무규칙」 내용으로 옳은 것은 모두 몇 개인가? 2023. 9급 경채

> ㉠ 교정직교도관은 수용자의 의류 등이 오염되거나 파손된 경우에는 상관에게 보고하고, 상관의 지시를 받아 교환·수리·세탁·소독 등 적절한 조치를 하여야 한다.
> ㉡ 정문근무자는 수용자의 취침 시간부터 기상 시간까지는 당직간부의 허가 없이 정문을 여닫을 수 없다.
> ㉢ 당직간부는 교정관 또는 교감으로 임명한다. 다만, 교정시설의 사정에 따라 결원의 범위에서 교위 중 적임자를 선정해 당직간부에 임명할 수 있다.
> ㉣ 의무관은 수용자가 교정시설에서 사망한 경우에는 검시(檢屍)를 하고 사망진단서를 작성하여야 한다.

① 1개　　　　② 2개
③ 3개　　　　④ 4개

정답 및 해설

㉠ [○] 「교도관직무규칙」 제31조 제2항
㉡ [○] 동 규칙 제42조 제4항
㉢ [○] 동 규칙 제49조 제2항
㉣ [○] 동 규칙 제82조

정답 ④

12 「교도관직무규칙」상 당직간부에 대한 설명으로 가장 옳지 않은 것은? 2022. 6급 승진

① 소장은 당직간부의 지휘 아래 교정직교도관으로 하여금 전체 수용자를 대상으로 하는 인원점검을 매일 2회 이상 충분한 사이를 두고 하게 하여야 하며, 이에 따라 인원점검을 한 당직간부는 그 결과를 소장에게 보고하여야 한다.
② 당직간부는 수용자의 작업 등 일과활동이 끝나면 교정직교도관으로 하여금 수용자가 일과활동을 한 작업장 등에서 인원 및 도구를 점검하게 하고 그 결과를 보안과장에게 보고한 후 수용자를 거실로 들어가게 하여야 한다. 수용자가 거실로 들어가면 다시 인원점검을 하고 그 결과를 소장에게 보고한 후 일과종료를 명한다.
③ 당직간부는 매월 1회 이상 교도관의 비상소집망을 확인하여 정확하게 유지하도록 하여야 한다.
④ 당직간부는 수용자가 수용된 거실을 여닫거나 여러 명의 수용자를 이동시키는 등 계호를 강화할 필요가 있다고 판단되는 경우에는 휴식 중인 교정직교도관 등을 특정 근무지에 임시로 증가시켜 배치하여야 한다.

정답 및 해설

① [○] 동 규칙 제35조 제1항·제2항
② [○] 동 규칙 제53조 제2항
③ [×] 당직간부는 매주 1회 이상 교도관의 비상소집망을 확인하여 정확하게 유지하도록 하여야 한다(「교도관직무규칙」 제55조).
④ [○] 동 규칙 제52조

정답 ③

13 「교도관직무규칙」상 당직간부의 직무에 대한 설명으로 옳지 않은 것은 모두 몇 개인가? 2021. 5급 승진

㉠ 당직간부는 보안근무 교정직교도관의 근무배치를 하고, 수시로 보안근무 교정직교도관의 근무상황을 순시 감독하여야 하며, 근무배치 및 순시 감독 결과를 보안과장에게 보고하여야 한다.
㉡ 당직간부는 수용자의 기상시간에 인원점검을 하고 이상이 없으면 수용자가 일과활동을 하는 작업장 등에 교정직교도관을 배치한 후 일과시작을 명한다.
㉢ 당직간부는 수용자의 작업 등 일과활동이 끝나면 교정직교도관으로 하여금 수용자가 일과활동을 한 작업장 등에서 인원 및 도구를 점검하게 하고 그 결과를 보안과장에게 보고한 후 수용자를 거실로 들어가게 하여야 한다. 수용자가 거실로 들어가면 다시 인원점검을 하고 그 결과를 소장에게 보고한 후 일과종료를 명한다.
㉣ 당직간부는 매월 1회 이상 교도관의 비상소집망을 확인하여 정확하게 유지하도록 해야 한다.
㉤ 당직간부는 교정시설에 수용되거나 교정시설에서 석방되는 사람의 신상을 직접 확인하는 등 수용 및 석방에 관한 사무를 감독하여야 한다.
㉥ 당직간부는 당직근무 중에 발생한 수용자의 인원변동 사항 및 중요사항을 소장, 부소장, 보안과장에게 보고한 후 다음 당직간부에게 인계하여야 한다.

① 1개 ② 2개
③ 3개 ④ 4개

정답 및 해설

옳지 않은 것은 ㉣이다.
㉠ [○] 「교도관직무규칙」 제51조
㉡ [○] 동 규칙 제53조 제1항
㉢ [○] 동 규칙 제53조 제2항
㉣ [×] 당직간부는 매주 1회 이상 교도관의 비상소집망을 확인하여 정확하게 유지하도록 해야 한다(동 규칙 제55조).
㉤ [○] 동 규칙 제56조
㉥ [○] 동 규칙 제58조

정답 ①

14 「교도관직무규칙」상 교도관회의에 대한 설명으로 옳은 것은 모두 몇 개인가? 2022. 5급 승진

㉠ 교정시설에는 소장의 자문에 응하여 교정행정에 관한 중요한 시책의 집행방법 등을 심의하게 하기 위하여 소장 소속의 교도관회의를 둘 수 있다.
㉡ 소장은 회의의 의장이 되며, 매월 1회 이상 회의를 소집하여야 한다.
㉢ 회의는 소장을 포함한 5명 이상 9명 이하의 과장과 교정에 관한 학식과 경험이 풍부한 외부위원을 위촉하여 구성한다. 이 경우 외부위원은 2명으로 한다.
㉣ 교도작업 및 교도작업특별회계의 운영에 관한 주요사항은 외부위원 1명이상이 출석한 경우에만 심의할 수 있다.
㉤ 소장은 회의의 사무를 원활히 처리하기 위하여 총무과(지소의 경우에는 총무계)소속의 교도관 중에서 서기 1명을 임명하여야 한다.

① 0개 ② 1개
③ 2개 ④ 3개

정답 및 해설

옳은 것은 ⓜ이다.
- ㉠ [×] 교정시설에는 소장의 자문에 응하여 교정행정에 관한 중요한 시책의 집행방법 등을 심의하게 하기 위하여 소장 소속의 교도관회의를 둔다(「교도관직무규칙」 제21조).
- ㉡ [×] 소장은 회의의 의장이 되며, 매주 1회 이상 회의를 소집하여야 한다(동 규칙 제22조 제2항).
- ㉢ [×] 회의는 소장, 부소장 및 각 과의 과장과 소장이 지명하는 6급 이상의 교도관(지소의 경우에는 7급 이상의 교도관)으로 구성된다(동 규칙 제22조 제1항).
- ㉣ [×] 교도작업 및 교도작업특별회계의 운영에 관한 주요사항은 교도관회의 심의사항이다(동 규칙 제23조 제1항).
- ㉤ [○] 동 규칙 제24조 제1항

정답 ②

15 「교도관 직무규칙」에 대한 설명으로 옳은 것은?

① 교도관이 수용자를 부를 때에는 번호와 성명을 함께 부르는 것을 원칙으로 한다.
② 소장은 교도관으로 하여금 매분기 1회 이상 소화기 등 소방기구를 점검하게 하고 그 사용법의 교육과 소방훈련을 하게 하여야 한다.
③ 교도관은 수용자의 수용기록부 등 수용자의 신상 관계 서류를 공무상으로 사용하기 위하여 열람·복사 등을 하려면 담당 근무자의 허가를 받아야 한다.
④ 수용자가 작성한 문서로서 해당 수용자의 날인이 필요한 경우, 오른손 엄지손가락으로 손도장을 찍을 수 없는 경우에는 다른 손가락으로 손도장을 찍게 하고, 그 손도장 옆에 어느 손가락인지를 기록하게 한다.

정답 및 해설

① [×] 수용자를 부를 때에는 수용자 번호를 사용한다. 다만, 수용자의 안정이나 교화를 위하여 필요한 경우에는 수용자 번호와 성명을 함께 부르거나 성명만을 부를 수 있다(동 규칙 제12조).
② [×] 소장은 교도관으로 하여금 매월 1회 이상 소화기 등 소방기구를 점검하게 하고 그 사용법의 교육과 소방훈련을 하게 하여야 한다(동 규칙 제16조).
③ [×] 교도관은 수용자의 수용기록부 등 수용자의 신상 관계 서류를 공무상으로 사용하기 위하여 열람·복사 등을 하려면 상관의 허가를 받아야 한다(동 규칙 제13조 제2항).
④ [○] 수용자가 작성한 문서로서 해당 수용자의 날인이 필요한 것은 오른손 엄지손가락으로 손도장을 찍게 한다. 다만, 수용자가 오른손 엄지손가락으로 손도장을 찍을 수 없는 경우에는 다른 손가락으로 손도장을 찍게 하고, 그 손도장 옆에 어느 손가락인지를 기록하게 한다(「교도관직무규칙」 제14조 제1항).

정답 ④

16 교정직교도관이 지체 없이 상관에게 보고하여야 할 사안으로 옳지 않은 것은?

① 수용자가 「형의 집행 및 수용자의 처우에 관한 법률」 제117조에 따른 청원을 하는 경우
② 수용자가 「교도관 직무규칙」 제32조에 의하여 상관 등과의 면담을 요청하는 경우
③ 수용자가 「공공기관의 정보공개에 관한 법률」에 의한 정보공개 청구를 하는 경우
④ 수용자가 「국가인권위원회법」 제31조에 의한 진정을 하는 경우

정답 및 해설

교정직교도관은 「수용자가 형의 집행 및 수용자의 처우에 관한 법률」 제117조에 따른 청원, 「국가인권위원회법」 제31조에 따른 진정 및 「공공기관의 정보공개에 관한 법률」에 따른 정보공개청구 등을 하는 경우에는 지체 없이 상관에게 보고하여야 한다(동 규칙 제32조 제1항).
② [×] 수용자가 상관 등과의 면담을 요청한 경우에는 그 사유를 파악하여 상관에게 보고하여야 한다(「교도관직무규칙」 제32조 제2항).

정답 ②

17 「교도관직무규칙」에 대한 설명 중 옳은 것(○)과 옳지 않은 것(×)을 올바르게 조합한 것은?

㉠ 정문근무자는 검사·단속을 할 때 특히 필요하다고 인정하는 경우에는 출입자의 신체와 휴대품을 검사할 수 있다.
㉡ 정문출입자의 검사는 필요한 최소한도의 범위에서 하여야 하며, 출입자 중 여성에 대한 검사는 여성교도관이 하여야 한다. 다만, 부득이한 경우에는 남성교도관이 할 수 있다.
㉢ 당직간부는 교정직교도관을 점검하여야 하며, 점검이 끝나면 그 결과를 보안과장에게 보고하여야 한다.
㉣ 보안근무 교정직교도관은 근무를 마치거나 다음 근무자에게 업무를 인계할 때에는 근무 중 이상이 있었는지 등을 상관에게 보고하여야 한다.

	㉠	㉡	㉢	㉣
①	○	×	○	○
②	○	○	×	○
③	×	×	○	×
④	×	○	×	○

정답 및 해설

옳은 것은 ㉠, ㉢, ㉣이고, 옳지 않은 것은 ㉡이다.
㉠ [○] 「교도관직무규칙」 제42조 제2항
㉡ [×] 정문출입자의 검사는 필요한 최소한도의 범위에서 하여야 하며, 출입자 중 여성에 대한 검사는 여성교도관이 하여야 한다(동 규칙 제42조 제2항).
▶ 출입자 중 여성에 대한 신체·휴대품검사는 남성교도관이 할 수 없다.
㉢ [○] 동 규칙 제50조 제1항
㉣ [○] 동 규칙 제46조

정답 ①

18 교정직교도관의 직무에 대한 설명으로 옳은 것은?

① 교정직교도관이 수용자를 교정시설 밖으로 호송하는 경우에는 호송준비 완료 후 즉시 상관에게 보고하여야 한다.
② 수용자의 접견에 관한 기록은 관계 교도관이 아닌 교도관은 절대 열람이나 복사 등을 해서는 아니 된다.
③ 정문근무자는 정문 출입자와 반출·반입물품을 검사·단속하여야 한다. 이 경우 검사는 필요한 최소한도의 범위에서 하여야 하므로 출입자의 신체에 대한 검사는 하여서는 아니 된다.
④ 보안근무 교정직교도관은 근무시간의 종료, 휴식시간의 시작, 그 밖의 사유에도 불구하고 다음 근무자에게 업무를 인계한 후가 아니면 근무장소를 떠나서는 아니 된다.

정답 및 해설

① [×] 교정직교도관이 수용자를 교정시설 밖으로 호송하는 경우에는 미리 호송계획서를 작성하여 상관에게 보고하여야 한다(동 규칙 제40조 제1항).
② [×] 수용자의 접견에 관한 기록은 수용자의 처우나 그 밖의 공무수행상 필요하여 상관의 허가를 받은 경우를 제외하고는 관계 교도관이 아닌 교도관은 열람이나 복사 등을 해서는 아니 된다(동 규칙 제41조 제3항).
③ [×] 정문에 근무하는 교정직교도관(정문근무자)은 정문 출입자와 반출·반입 물품을 검사·단속하여야 하며(동 규칙 제42조 제1항), 검사·단속을 할 때 특히 필요하다고 인정하는 경우에는 출입자의 신체와 휴대품을 검사할 수 있다. 이 경우 검사는 필요한 최소한도의 범위에서 하여야 하며, 출입자 중 여성에 대한 검사는 여성교도관이 하여야 한다(동 규칙 제42조 제2항).
   ▶ 「형의 집행 및 수용자의 처우에 관한 법률」상 수용자 외의 사람에 대하여 의류와 휴대품을 검사할 수 있고(형집행법 제93조 제3항. 즉, 신체검사를 할 수 없다), 「교도관직무규칙」상 출입자의 신체와 휴대품을 검사할 수 있다(「교도관직무규칙」 제42조 제2항).
④ [○] 「교도관직무규칙」 제45조

정답 ④

19 「교도관직무규칙」상 사회복귀업무 교도관의 직무에 대한 설명으로 옳지 않은 것은? 2025. 교정 9급

① 수형자의 학력 신장에 필요한 교육과정 개설계획을 수립하여 소장에게 보고하고, 소장의 지시를 받아 교육을 하여야 한다.
② 수형자가 귀휴 등의 요건에 해당하고 귀휴 등을 허가할 필요가 있다고 인정하는 경우에는 그 사실을 상관에게 보고하여야 한다.
③ 수형자가 교정성적이 우수하고 재범의 우려가 없는 등 가석방 요건을 갖추었다고 인정되는 경우에는 상관에게 보고하는 등 적절한 조치를 하여야 한다.
④ 사형확정자나 사형선고를 받은 사람의 심리적 안정을 위하여 수시로 상담을 하여야 하며, 필요하다고 인정하는 경우에는 외부인사와 결연을 주선하여 수용생활이 안정되도록 하여야 한다.

정답 및 해설

① [○] 동 규칙 제60조
② [○] 동 규칙 제64조
③ [×] 분류심사업무 교도관은 수형자가 교정성적이 우수하고 재범의 우려가 없는 등 가석방 요건을 갖추었다고 인정되는 경우에는 상관에게 보고하는 등 적절한 조치를 하여야 한다(「교도관직무규칙」 제73조).
④ [○] 동 규칙 제63조 제3항

정답 ③

20. 「교도관직무규칙」상 보건위생교도관의 직무에 대한 설명으로 (㉠) ~ (㉣) 중 '의무관'이 들어가는 것은 모두 몇 개인가?

2023. 5급 승진

> 제80조(의약품의 관리) ④ (㉠)은 천재지변이나 그 밖의 중대한 사태에 대비해 필요한 약품을 확보해야 하며, 월 1회 이상 그 수량 및 보관상태 등을 점검한 후 점검 결과를 상관에게 보고해야 한다.
>
> 제81조(교정직교도관 등에 대한 의료교육) ② (㉡)은 간병수용자에 대해 간호방법, 구급요법 등 간호에 필요한 사항을 훈련시켜야 한다.
>
> 제84조(위생검사) ① (㉢)은 매일 1회 이상 의료수용동의 청결, 온도, 환기, 그 밖의 사항을 확인하여야 한다.
> ② (㉣)은 교정시설의 모든 설비와 수용자가 사용하는 물품 또는 급식 등에 관하여 매주 1회 이상 전반적으로 그 위생에 관계된 사항을 확인하여야 하고, 그 결과 특히 중요한 사항은 소장에게 보고하여야 한다.

① 1개 ② 2개
③ 3개 ④ 4개

정답 및 해설

㉠ [×] 약무직교도관
㉡ [○] 의무관
㉢ [○] 의무관
㉣ [○] 의무관

정답 ③

21. 「교도관직무규칙」상 당직간부에 대한 설명으로 옳지 않은 것은 모두 몇 개인가?

2023. 7급 승진

> ㉠ 당직간부는 교대근무의 각 부별로 2명 이상 편성한다. 이 경우 정당직간부는 1명, 부당직간부는 1명 이상으로 한다. 당직간부는 교정관 또는 교감으로 임명한다. 다만, 교정시설의 사정에 따라 결원의 범위에서 교위 중 적임자를 선정해 당직간부에 임명할 수 있다. 정당직간부 및 부당직간부의 업무분담에 관하여는 보안과장이 정한다.
> ㉡ 당직간부는 수용자가 수용된 거실을 여닫거나 여러 명의 수용자를 이동시키는 등 계호를 강화할 필요가 있다고 판단되는 경우에는 휴식 중인 교정직교도관 등을 특정 근무지에 임시로 증가시켜 배치할 수 있다.
> ㉢ 당직간부는 수용자의 작업 등 일과활동이 끝나면 교정직교도관으로 하여금 수용자가 일과활동을 한 작업장 등에서 인원 및 도구를 점검하게 하고 그 결과를 보안과장에게 보고한 후 수용자를 거실로 들어가게 하여야 한다. 수용자가 거실로 들어가면 다시 인원점검을 하고 그 결과를 보안과장에게 보고한 후 일과종료를 명한다.

① 0개 ② 1개
③ 2개 ④ 3개

정답 및 해설

모두 옳지 않은 설명이다.
- ㉠ [×] 당직간부는 교대근무의 각 부별로 2명 이상 편성한다. 이 경우 정(正)당직간부는 1명, 부(副)당직간부는 1명 이상으로 한다(「교도관직무규칙」 제49조 제1항). 당직간부는 교정관 또는 교감으로 임명한다. 다만, 교정시설의 사정에 따라 결원의 범위에서 교위 중 적임자를 선정해 당직간부에 임명할 수 있다(동 규칙 제49조 제2항). 정당직간부 및 부당직간부의 업무분담에 관하여는 소장이 정한다(동 규칙 제49조 제2항).
- ㉡ [×] 당직간부는 수용자가 수용된 거실을 여닫거나 여러 명의 수용자를 이동시키는 등 계호를 강화할 필요가 있다고 판단되는 경우에는 휴식 중인 교정직교도관 등을 특정 근무지에 임시로 증가시켜 배치하여야 한다(동 규칙 제52조).
- ㉢ [×] 당직간부는 수용자의 작업 등 일과활동이 끝나면 교정직교도관으로 하여금 수용자가 일과활동을 한 작업장 등에서 인원 및 도구를 점검하게 하고 그 결과를 보안과장에게 보고한 후 수용자를 거실로 들어가게 하여야 한다. 수용자가 거실로 들어가면 다시 인원점검을 하고 그 결과를 소장에게 보고한 후 일과종료를 명한다(동 규칙 제53조 제2항).

정답 ④

---

22 「교도관직무규칙」상 당직간부의 직무에 대한 규정으로 (㉠) ~ (㉤)에 들어갈 내용이 같은 것끼리만 묶인 것은?

2024. 6급 승진

> 제49조(당직간부의 편성) ① 당직간부는 교대근무의 각 부별로 2명 이상 편성한다. 이 경우 정(正)당직간부는 1명, 부(副)당직간부는 1명 이상으로 한다.
> ② 당직간부는 교정관 또는 교감으로 임명한다. 다만, 교정시설의 사정에 따라 결원의 범위에서 교위 중 적임자를 선정해 당직간부에 임명할 수 있다.
> ③ 정당직간부 및 부당직간부의 업무분담에 관하여는 (㉠)이 정한다.
>
> 제50조(교정직교도관 점검 등) ① 당직간부는 교정직교도관을 점검하여야 하며, 점검이 끝나면 그 결과를 (㉡)에게 보고하여야 한다.
>
> 제51조(근무상황 순시·감독) 당직간부는 보안근무 교정직교도관의 근무배치를 하고, 수시로 보안근무 교정직교도관의 근무상황을 순시·감독하여야 하며, 근무배치 및 순시·감독결과를 (㉢)에게 보고하여야 한다.
>
> 제53조(일과시작·종료의 진행) ② 당직간부는 수용자의 작업 등 일과활동이 끝나면 교정직교도관으로 하여금 수용자가 일과활동을 한 작업장 등에서 인원 및 도구를 점검하게 하고 그 결과를 (㉣)에게 보고한 후 수용자를 거실로 들어가게 하여야 한다. 수용자가 거실로 들어가면 다시 인원점검을 하고 그 결과를 (㉤)에게 보고한 후 일과종료를 명한다.

① ㉠, ㉤
② ㉡, ㉣
③ ㉢, ㉣
④ ㉡, ㉢, ㉣

정답 및 해설

① [○] ㉠ 소장, ㉡ 보안과장, ㉢ 보안과장, ㉣ 보안과장, ㉤ 소장이다.

정답 ①

제2절 | 「교도작업의 운영 및 특별회계에 관한 법률」

 교도작업의 운영 및 특별회계에 관한 법령상 교도작업 및 특별회계에 대한 설명으로 옳지 않은 것은?

2019. 교정 9급

① 소장은 민간기업과 처음 교도작업에 대한 계약을 할 때에는 지방교정청장의 승인을 받아야 한다. 다만, 계약기간이 3개월 이하인 경우에는 승인을 요하지 아니하다.
② 교도작업의 종류는 직영작업 · 위탁작업 · 노무작업 · 도급작업으로 구분한다.
③ 소장은 교도작업을 중지하려면 지방교정청장의 승인을 받아야 한다.
④ 특별회계의 세입 · 세출의 원인이 되는 계약을 담당하는 계약담당자는 계약을 수의계약으로 하려면 「교도관직무규칙」 제21조에 따른 교도관회의의 심의를 거쳐야 한다.

정답 및 해설

① [×] 교정시설의 장은 민간기업이 참여할 교도작업(민간참여작업)의 내용을 해당 기업체와의 계약으로 정하고 이에 대하여 법무부장관의 승인(재계약의 경우에는 지방교정청장의 승인)을 받아야 한다. 다만, 법무부장관이 정하는 단기의 계약(계약기간이 2개월 이하인 계약)에 대하여는 그러하지 아니하다(「교도작업의 운영 및 특별회계에 관한 법률」 제6조 제2항).
② [○] 동법 시행규칙 제6조 제1항
③ [○] 동법 시행규칙 제6조 제2항
④ [○] 동법 시행규칙 제9조 제1항

정답 ①

 교도작업의 운영 및 특별회계에 관한 법령상 제품생산과 판매, 회계 등의 관리에 대한 설명으로 옳은 것은?

2022. 교정 7급

① 법무부장관은 교도작업으로 생산되는 제품의 종류와 수량을 회계연도 개시 3개월 전까지 공고하여야 한다.
② 교도작업시설의 개량이나 확장에 필요한 경우로 예산의 범위에서 일반회계로부터의 전입된 금액은 교도작업특별회계의 세입에서 제외되어야 한다.
③ 법무부장관은 교도작업으로 생산된 제품을 전자상거래 등의 방법으로 민간기업 등에 직접 판매할 수 있지만 위탁하여 판매할 수는 없다.
④ 수용자의 교도작업 관련 직업훈련을 위한 경비는 교도작업특별회계의 세출에 포함된다.

정답 및 해설

① [×] 법무부장관은 교도작업으로 생산되는 제품의 종류와 수량을 회계연도 개시 1개월 전까지 공고하여야 한다(동법 제4조).
② [×] 교도작업특별회계는 세입총액이 세출총액에 미달된 경우 또는 시설 개량이나 확장에 필요한 경우에는 예산의 범위에서 일반회계로부터 전입을 받을 수 있으며(동법 제10조), 일반회계로부터의 전입금은 교도작업특별회계의 세입에 포함된다(동법 제9조 제1항 제2호).
③ [×] 교도작업으로 생산된 제품은 민간기업 등에 직접 판매하거나 위탁하여 판매할 수 있으며(동법 제7조), 법무부장관은 교도작업제품의 전시 및 판매를 위하여 필요한 시설을 설치 · 운영하거나 전자상거래 등의 방법으로 교도작업제품을 판매할 수 있다(동법 시행령 제7조).

④ [○] 「교도작업의 운영 및 특별회계에 관한 법률」 제9조 제2항 제4호

교도작업특별회계의 세입	교도작업특별회계의 세출
1. 교도작업으로 생산된 제품 및 서비스의 판매, 그 밖에 교도작업에 부수되는 수입금 2. 제10조에 따른 일반회계로부터의 전입금 3. 제11조에 따른 차입금	1. 교도작업의 관리, 교도작업 관련 시설의 마련 및 유지·보수, 그 밖에 교도작업의 운영을 위하여 필요한 경비 2. 형집행법 제73조 제2항의 작업장려금 3. 형집행법 제74조의 위로금 및 조위금 4. 수용자의 교도작업 관련 직업훈련을 위한 경비

정답 ④

03 「교도작업의 운영 및 특별회계에 관한 법률」상 옳지 않은 것만을 모두 고르면? 2020. 교정 9급

㉠ 특별회계는 지출할 자금이 부족할 경우에는 특별회계의 부담으로 국회의 의결을 받은 금액의 범위에서 일시적으로 차입하거나 세출예산의 범위에서 수입금 출납공무원 등이 수납한 현금을 우선 사용할 수 있다.
㉡ 특별회계는 세출총액이 세입총액에 미달된 경우 또는 교도작업 관련 시설의 신축·마련·유지·보수에 필요한 경우에는 예산의 범위에서 일반회계로부터 전입을 받을 수 있다.
㉢ 특별회계의 결산상 잉여금은 일시적으로 차입한 차입금의 상환, 작업장려금의 지급, 검정고시반·학사고시반 교육비의 지급 목적으로 사용하거나 다음 연도 일반회계의 세출예산에 예비비로 계상한다.
㉣ 교도작업으로 생산된 제품은 민간기업 등에 직접 판매하거나 위탁하여 판매할 수 있으며, 교도작업의 효율적인 운영을 위하여 교도작업특별회계를 설치한다.

① ㉠, ㉡
② ㉠, ㉣
③ ㉡, ㉢
④ ㉠, ㉡, ㉢

정답 및 해설

옳지 않은 것은 ㉡, ㉢이다.
㉠ [○] 「교도작업의 운영 및 특별회계에 관한 법률」 제11조 제1항
㉡ [×] 특별회계는 세입총액이 세출총액에 미달된 경우 또는 시설 개량이나 확장에 필요한 경우에는 예산의 범위에서 일반회계로부터 전입을 받을 수 있다(동법 제10조).
㉢ [×] 특별회계의 결산상 잉여금은 다음 연도의 세입에 이입한다(동법 제11조의2).
㉣ [○] 동법 제7조, 동법 제8조 제1항

정답 ③

04 「교도작업의 운영 및 특별회계에 관한 법률」의 내용에 대한 설명으로 옳지 않은 것은? 2020. 6급 승진

① 법무부장관은 교도작업으로 생산되는 제품의 종류와 수량을 회계연도 개시 1개월 전까지 공고하여야 한다.
② 교정시설의 장은 민간기업이 참여할 교도작업의 내용을 해당 기업체와의 계약으로 정하고 이에 대하여 지방교정청장의 승인을 받아야 한다. 다만, 법무부장관이 정하는 단기의 계약에 대하여는 그러하지 아니하다.
③ 교도작업특별회계는 법무부장관이 운용·관리한다.
④ 교도작업특별회계는 세입총액이 세출총액에 미달된 경우 또는 시설 개량이나 확장에 필요한 경우에는 예산의 범위에서 일반회계로부터 전입을 받을 수 있다.

정답 및 해설

① [○] 동법 제4조
② [×] 교정시설의 장은 민간기업이 참여할 교도작업(민간참여작업)의 내용을 해당 기업체와의 계약으로 정하고 이에 대하여 법무부장관의 승인(재계약의 경우에는 지방교정청장의 승인)을 받아야 한다. 다만, 법무부장관이 정하는 단기의 계약(계약기간이 2개월 이하인 계약)에 대하여는 그러하지 아니하다(「교도작업의 운영 및 특별회계에 관한 법률」 제6조 제2항).
③ [○] 동법 제8조 제2항
④ [○] 동법 제10조

정답 ②

05 「교도작업의 운영 및 특별회계에 관한 법률」상 교도작업에 대한 내용으로 옳지 않은 것은? 2017. 교정 7급

① 교도작업으로 생산된 제품은 민간기업 등에 직접 판매하거나 위탁하여 판매할 수 있다.
② 법무부장관은 교도작업으로 생산되는 제품의 종류와 수량을 회계연도 개시 3개월 전까지 공고하여야 한다.
③ 국가, 지방자치단체 또는 공공기관은 그가 필요로 하는 물품이 「교도작업의 운영 및 특별회계에 관한 법률」 제4조에 따라 공고된 것인 경우에는 공고된 제품 중에서 우선적으로 구매하여야 한다.
④ 법무부장관은 「형의 집행 및 수용자의 처우에 관한 법률」 제68조에 따라 수형자가 외부기업체 등에 통근 작업하거나 교정시설의 안에 설치된 외부기업체의 작업장에서 작업할 수 있도록 민간기업을 참여하게 하여 교도작업을 운영할 수 있다.

정답 및 해설

① [○] 동법 제7조
② [×] 법무부장관은 교도작업으로 생산되는 제품의 종류와 수량을 회계연도 개시 1개월 전까지 공고하여야 한다(「교도작업의 운영 및 특별회계에 관한 법률」 제4조).
③ [○] 동법 제5조
④ [○] 동법 제6조 제1항

정답 ②

06 「교도작업의 운영 및 특별회계에 관한 법률 시행령」상 법무부장관이 다음 연도에 생산할 교도작업 제품의 종류와 수량을 결정하여 공고할 때 고려해야 할 사항에 해당하는 것만을 모두 고르면? 2019. 5급 승진

㉠ 교도작업의 운영 여건에 적합한지 여부
㉡ 교정교화 및 직업훈련에 적합한지 여부
㉢ 국민생활에 도움이 되는 제품인지 여부
㉣ 특별회계의 건전한 운영에 도움을 줄 수 있는지 여부
㉤ 교정시설의 자체 수요품이 우선적으로 포함되는지 여부

① ㉠, ㉡, ㉢
② ㉠, ㉡, ㉣
③ ㉡, ㉢, ㉣
④ ㉡, ㉢, ㉤
⑤ ㉢, ㉣, ㉤

정답 및 해설

⑤ [○] 법무부장관은 소장이 제출한 생산공급계획과 수요기관이 제출한 자료를 검토하고 다음의 사항을 고려하여 회계연도 개시 1개월 전까지 다음 연도에 생산할 교도작업제품의 종류와 수량을 결정하여 공고하여야 한다(「교도작업의 운영 및 특별회계에 관한 법률 시행령」 제5조 제1항).
1. 교정시설의 자체 수요품이 우선적으로 포함될 것
2. 국민생활에 도움이 될 것
3. 특별회계의 건전한 운영에 도움을 줄 수 있을 것

정답 ⑤

07 교도작업의 운영 및 특별회계에 관한 법령상 교도작업에 대한 설명으로 옳지 않은 것은? 2018. 5급 승진

① 법무부장관은 「형의 집행 및 수용자의 처우에 관한 법률」 제68조에 따라 수형자가 외부기업체 등에 통근 작업하거나 교정시설의 안에 설치된 외부기업체의 작업장에서 작업할 수 있도록 민간기업을 참여하게 하여 교도작업을 운영할 수 있다.
② 교정시설의 장은 민간기업이 참여할 교도작업의 내용을 해당 기업체와의 계약으로 정하고, 이에 대하여 법무부장관의 승인(재계약의 경우에는 지방교정청장의 승인)을 받아야 한다. 다만, 법무부장관이 정하는 단기의 계약에 대하여는 그러하지 아니하다.
③ 교정시설의 장은 교도작업으로 생산되는 제품의 종류와 수량을 회계연도 개시 1개월 전까지 공고하여야 한다.
④ 교도작업 특별회계의 세입·세출의 원인이 되는 계약을 담당하는 공무원은 계약을 수의계약으로 하려면 「교도관직무규칙」 제21조에 따른 교도관회의의 심의를 거쳐야 한다.
⑤ 교도작업으로 생산된 제품은 민간기업 등에 직접 판매하거나 위탁하여 판매할 수 있다.

정답 및 해설

① [○] 동법 제6조 제1항
② [○] 동법 제6조 제2항
③ [×] 법무부장관은 교도작업으로 생산되는 제품의 종류와 수량을 회계연도 개시 1개월 전까지 공고하여야 한다 (「교도작업의 운영 및 특별회계에 관한 법률」 제4조).
④ [○] 동법 시행규칙 제9조
⑤ [○] 동법 제7조

정답 ③

08 교도작업의 운영 등에 대한 설명으로 옳은 것은?

① 교도작업으로 생산된 제품은 민간기업 보호를 위하여 국가, 지방자치단체 또는 공공기관에만 판매할 수 있다.
② 지방교정청장은 교도작업으로 생산되는 제품의 종류와 수량을 회계연도 개시 1개월 전까지 공고하여야 한다.
③ 교도작업특별회계에서 교도소의 일반 운영경비를 지출할 수 있다.
④ 교도작업특별회계의 결산상 잉여금은 다음 연도의 세입에 이입한다.

정답 및 해설

① [×] 교도작업으로 생산된 제품은 민간기업 등에 직접 판매하거나 위탁하여 판매할 수 있다(동법 제7조).
② [×] 법무부장관은 교도작업으로 생산되는 제품의 종류와 수량을 회계연도 개시 1개월 전까지 공고하여야 한다(동법 제4조).
③ [×] 특별회계에서 ㉠ 교도작업의 관리, 교도작업 관련 시설의 마련 및 유지·보수, 그 밖에 교도작업의 운영을 위하여 필요한 경비, ㉡ 작업장려금, ㉢ 위로금 및 조위금, ㉣ 수용자의 교도작업 관련 직업훈련을 위한 경비로 지출할 수 있다(동법 제9조 제2항).
④ [○] 「교도작업의 운영 및 특별회계에 관한 법률」 제11조의2

정답 ④

09 교도작업의 운영 및 특별회계에 관한 법령상 교도작업 및 특별회계에 대한 설명으로 옳지 않은 것만을 모두 고른 것은?

㉠ 교도작업제품의 전시 및 판매를 위하여 필요한 시설을 설치·운영하거나 전자상거래로 교도작업제품을 판매할 수 있다.
㉡ 법무부장관은 교도작업으로 생산되는 제품의 종류와 수량을 회계연도 개시 2개월 전까지 공고하여야 한다.
㉢ 법무부장관은 민간기업이 참여할 교도작업의 내용을 해당기업체와 계약으로 정한다.
㉣ 특별회계는 교도소장이 운용·관리하며, 법무부장관의 감독을 받는다.
㉤ 특별회계의 결산상 잉여금은 다음 연도의 세입에 이입한다.

① ㉠, ㉡, ㉢
② ㉡, ㉢, ㉣
③ ㉠, ㉢, ㉤
④ ㉡, ㉣, ㉤

정답 및 해설

옳지 않은 것은 ㉡, ㉢, ㉣이다.
㉠ [○] 「교도작업의 운영 및 특별회계에 관한 법률 시행령」 제7조
㉡ [×] 법무부장관은 교도작업으로 생산되는 제품의 종류와 수량을 회계연도 개시 1개월 전까지 공고하여야 한다(동법 제4조).
㉢ [×] 교정시설의 장은 민간기업이 참여할 교도작업의 내용을 해당 기업체와의 계약으로 정하고 이에 대하여 법무부장관의 승인(재계약의 경우에는 지방교정청장의 승인)을 받아야 한다. 다만, 법무부장관이 정하는 단기의 계약에 대하여는 그러하지 아니하다(동법 제6조 제2항).
㉣ [×] 특별회계는 법무부장관이 운용·관리한다(동법 제8조 제2항).
㉤ [○] 동법 제11조의2

정답 ②

10 「교도작업의 운영 및 특별회계에 관한 법률」상 교도작업에 대한 설명으로 옳은 것은? 2025. 교정 9급

① 특별회계는 교도소장이 운용·관리한다.
② 특별회계의 결산상 잉여금은 다음 연도의 세입에 이입한다.
③ 교도작업으로 생산된 제품은 민간기업 등에 직접 판매할 수 없다.
④ 법무부장관은 교도작업으로 생산되는 제품의 종류와 수량을 회계연도 개시 2개월 전까지 공고하여야 한다.

정답 및 해설

① [×] 특별회계는 법무부장관이 운용·관리한다(동법 제8조 제2항).
② [○]「교도작업의 운영 및 특별회계에 관한 법률」제11조의2
③ [×] 교도작업으로 생산된 제품은 민간기업 등에 직접 판매하거나 위탁하여 판매할 수 있다(동법 제7조).
④ [×] 법무부장관은 교도작업으로 생산되는 제품의 종류와 수량을 회계연도 개시 1개월 전까지 공고하여야 한다 (동법 제4조).

정답 ②

11 교도작업의 운영 및 특별회계에 대한 설명으로 옳지 않은 것은?

① 교도작업으로 생산된 제품은 민간기업 등에 직접 판매할 수 있다.
② 교도작업 특별회계의 세입·세출의 원인이 되는 계약을 담당하는 공무원은 계약을 수의계약으로 하려면 「교도관직무규칙」제21조에 따른 교도관회의의 심의를 거쳐야 한다.
③ 교도작업특별회계의 결산상 잉여금은 국고에 반납한다.
④ 교도작업특별회계는 예측할 수 없는 예산 외의 지출 또는 예산을 초과하는 지출에 충당하기 위하여 세출예산에 예비비를 계상할 수 있다.

정답 및 해설

① [○] 교도작업으로 생산된 제품은 민간기업 등에 직접 판매하거나 위탁하여 판매할 수 있다(동법 제7조).
② [○] 동법 시행규칙 제9조
③ [×] 특별회계의 결산상 잉여금은 다음 연도의 세입에 이입한다(「교도작업의 운영 및 특별회계에 관한 법률」제11조의2).
④ [○] 동법 제12조

정답 ③

12 다음 중 성격이 다른 하나는?

① 교도작업으로 생산된 제품 및 서비스의 판매, 그 밖에 교도작업에 부수되는 수입금
② 작업장려금
③ 일반회계로부터의 전입금
④ 차입금

정답 및 해설

> 📋 **특별회계의 세입·세출**(「교도작업의 운영 및 특별회계에 관한 법률」 제9조)

특별회계의 세입	특별회계의 세출
1. 교도작업으로 생산된 제품 및 서비스의 판매, 그 밖에 교도작업에 부수되는 수입금 2. 일반회계로부터의 전입금 3. 차입금	1. 교도작업의 관리, 교도작업 관련 시설의 마련 및 유지·보수, 그 밖에 교도작업의 운영을 위하여 필요한 경비 2. 작업장려금 3. 위로금 및 조위금 4. 수용자의 교도작업 관련 직업훈련을 위한 경비

정답 ②

13 「교도작업의 운영 및 특별회계에 관한 법률 시행령」상 계약담당자가 추정가격이 「국가를 당사자로 하는 계약에 관한 법률 시행령」 제26조 제1항 제5호 가목에 따른 추정가격의 2배를 초과하는 계약을 하려는 경우에 원칙적으로 일반경쟁에 부쳐야 하는 계약에 해당하지 않는 것은?

① 고정자산에 속하거나 속하게 될 재산의 매매
② 유동자산에 속하는 물건의 구입
③ 잡수입(雜收入) 과목으로 처리되는 물건의 매도
④ 법에 따라 중소기업제품으로 성능인증을 받은 제품의 구입
⑤ 손실 과목으로 처리되는 물건의 구입

정답 및 해설

④ [×] 특별회계의 세입·세출의 원인이 되는 계약을 담당하는 공무원(계약담당자)은 다음의 어느 하나에 해당하는 계약으로서 추정가격이 「국가를 당사자로 하는 계약에 관한 법률 시행령」 제26조 제1항 제5호 가목에 따른 추정가격의 2배를 초과하는 계약을 하려는 경우에는 일반경쟁에 부쳐야 한다(「교도작업의 운영 및 특별회계에 관한 법률 시행령」 제9조).
   1. 고정자산에 속하거나 속하게 될 재산의 매매
   2. 유동자산에 속하는 물건의 구입
   3. 잡수입 과목으로 처리되는 물건의 매도
   4. 손실 과목으로 처리되는 물건의 구입

정답 ④

14 다음 설명 중 옳지 않은 것은?

① 교도작업 관용주의는 교도작업으로 생산되는 물건 및 자재를 국가나 지방공공단체 또는 국영기업체 등에 우선적으로 공급하여 교도작업의 능률을 향상시키고 교정업무의 효율성을 증진시킴을 목적으로 한다.
② 교도작업 관용주의는 민간기업의 압박이나 피해를 회피하면서 경제적으로 수입을 증진시켜 자급자족을 이룰 수 있는 제도이다.
③ 법무부장관은 매 회계연도마다 교도작업에 의하여 생산되는 물건 및 자재의 종류와 수량을 매 회계연도 개시 2개월 전에 공고하여야 한다.
④ 국가, 지방공공단체 또는 공공기관은 그가 필요로 하는 물품이 공고된 것인 경우에는 공고된 제품 중에서 우선적으로 구매하여야 한다.

> **정답 및 해설**

③ [×] 법무부장관은 교도작업으로 생산되는 제품의 종류와 수량을 회계연도 개시 1개월 전까지 공고하여야 한다 (「교도작업의 운영 및 특별회계에 관한 법률」 제4조).
④ [○] 동법 제5조

정답 ③

제3절 | 「수형자 등 호송 규정」

01 「수형자 등 호송 규정」상 호송에 대한 설명으로 옳지 않은 것은? 2021. 교정 9급

① 피호송자가 도주한 때에 서류와 금품은 수송관서로 송부하여야 한다.
② 교도소·구치소 및 그 지소 간의 호송은 교도관이 행한다.
③ 송치 중의 영치금품을 호송관에게 탁송한 때에는 호송관서에 보관책임이 있고, 그러하지 아니한 때에는 발송관서에 보관책임이 있다.
④ 호송관의 여비나 피호송자의 호송비용은 호송관서가 부담하나, 피호송자를 교정시설이나 경찰관서에 숙식하게 한 때에는 그 비용은 교정시설이나 경찰관서가 부담한다.

> **정답 및 해설**

① [×] 피호송자가 도주한 때에는 서류와 금품은 발송관서에 반환하여야 한다(「수형자 등 호송 규정」 제10조 제2항).
② [○] 동 규정 제2조
③ [○] 동 규정 제6조 제4항
④ [○] 동 규정 제13조 제1항

정답 ①

02 「수형자 등 호송 규정」상 수형자의 호송에 대한 설명으로 옳은 것은? 2019. 5급 승진

① 교정시설 간의 호송은 교도관, 경찰관, 검찰청 직원이 행한다.
② 호송관의 여비나 피호송자의 호송비용은 수송관서가 부담한다.
③ 피호송자의 질병이나 사망으로 인한 비용은 발송관서가 부담한다.
④ 열차를 이용할 경우에는 일출 전 또는 일몰 후에도 호송할 수 있다.
⑤ 피호송자가 도주하면 호송관은 즉시 발송관서와 수송관서에 통지하여야 한다.

> **정답 및 해설**

① [×] 교도소·구치소 및 그 지소(교정시설) 간의 호송은 교도관이 행하며, 그 밖의 호송은 경찰관 또는 사법경찰관리로서의 직무를 수행하는 검찰청 직원이 행한다(동 규정 제2조).
② [×] 호송관의 여비나 피호송자의 호송비용은 호송관서가 부담한다. 다만, 피호송자를 교정시설이나 경찰관서에 숙식하게 한 때에는 그 비용은 교정시설이나 경찰관서가 부담한다(동 규정 제13조 제1항).
③ [×] 피호송자의 질병이나 사망에 의한 비용은 각각 그 교부를 받은 관서가 부담한다(동 규정 제13조 제2항).
④ [○] 호송은 일출 전 또는 일몰 후에는 행할 수 없다. 다만, 열차·선박·항공기를 이용하는 때 또는 특별한 사유가 있는 때에는 예외로 한다(「수형자 등 호송 규정」 제7조).

⑤ [×] 피호송자가 도주한 때에는 호송관은 즉시 그 지방 및 인근 경찰관서와 호송관서에 통지하여야 하며, 호송관서는 관할 지방검찰청, 사건소관 검찰청, 호송을 명령한 관서, 발송관서 및 수송관서에 통지하여야 한다(동 규정 제10조).

정답 ④

03 「수형자 등 호송 규정」에 대한 설명으로 옳지 않은 것은?

① 호송은 일출 전 또는 일몰 후에는 행할 수 없다.
② 교도관이 호송하는 때에는 신분장 및 영치금품 송부서를 호송장으로 대용할 수 있다.
③ 피호송자가 법령에 의하여 필요한 물품을 자신의 비용으로 구입할 수 있는 때에는 호송관은 물품의 구매를 허가하여야 한다.
④ 호송은 필요에 의하여 차례로 여러 곳을 거쳐서 행할 수 있다.

정답 및 해설

① [○] 호송은 일출 전 또는 일몰 후에는 행할 수 없다. 다만, 열차·선박·항공기를 이용하는 때 또는 특별한 사유가 있는 때에는 예외로 한다(동 규정 제7조).
② [○] 동 규정 제4조 제2항
③ [×] 호송관은 물품의 구매를 허가할 수 있다(「수형자 등 호송 규정」 제9조 제1항).
④ [○] 동 규정 제3조 제2항

정답 ③

04 「수형자 등 호송 규정」에 대한 설명으로 옳지 않은 것은?

① 발송관서는 미리 수송관서에 대하여 피호송자의 성명·발송시일·호송사유 및 방법을 통지하여야 한다.
② 호송관의 여비나 피호송자의 호송비용은 원칙적으로 호송관서가 부담한다.
③ 피호송자가 열차·선박 또는 항공기에서 사망한 경우 호송관서는 최초 도착한 곳의 관할 검사의 지휘에 따라 그 인근 경찰관서 또는 교정시설의 협조를 얻어 피호송자의 사망에 따른 업무를 처리한다.
④ 교정시설과 교정시설 사이의 호송과 그 밖의 호송 모두 교도관만이 행한다.

정답 및 해설

① [○] 동 규정 제5조
② [○] 호송관의 여비나 피호송자의 호송비용은 호송관서가 부담한다. 다만, 피호송자를 교정시설이나 경찰관서에 숙식하게 한 때에는 그 비용은 교정시설이나 경찰관서가 부담한다(동 규정 제13조 제1항).
③ [○] 동 규정 제12조 제2항
④ [×] 교도소·구치소 및 그 지소(교정시설) 간의 호송은 교도관이 행하며, 그 밖의 호송은 경찰관 또는 사법경찰관리로서의 직무를 수행하는 검찰청 직원이 행한다(「수형자 등 호송 규정」 제2조).

정답 ④

제4절 | 가석방자관리규정

01 「가석방자관리규정」에 따른 가석방자 관리에 대한 설명으로 옳지 않은 것은? 2016. 교정 7급

① 가석방자는 가석방 후 그의 주거지에 도착하였을 때에 지체 없이 종사할 직업 등 생활계획을 세우고, 이를 관할경찰서의 장에게 서면으로 신고하여야 한다.
② 관할경찰서의 장은 6개월마다 가석방자의 품행, 직업의 종류, 생활 정도, 가족과의 관계, 가족의 보호 여부 및 그 밖의 참고사항에 관하여 조사서를 작성하고 관할 지방검찰청의 장 및 가석방자를 수용하였다가 석방한 교정시설의 장에게 통보하여야 한다. 다만, 변동 사항이 없는 경우에는 그러하지 아니하다.
③ 가석방자는 국내 주거지 이전 또는 10일 이상 국내 여행을 하려는 경우 관할경찰서의 장에게 신고하여야 한다.
④ 가석방자가 사망한 경우 관할경찰서의 장은 그 사실을 관할 지방검찰청의 장 및 가석방자를 수용하였다가 석방한 교정시설의 장에게 통보하여야 하고, 통보를 받은 석방시설의 장은 그 사실을 법무부장관에게 보고하여야 한다.

정답 및 해설

① [○] 동 규정 제6조 제1항
② [○] 동 규정 제8조
③ [×] 가석방자는 국내 주거지 이전 또는 1개월 이상 국내 여행을 하려는 경우 관할경찰서의 장에게 신고하여야 한다(「가석방자관리규정」 제10조 제1항).
④ [○] 동 규정 제20조

비교·구분

구분	내용
보호관찰 대상자	보호관찰 대상자는 주거를 이전하거나 1개월 이상 국내외 여행을 할 때에는 미리 보호관찰관에게 신고하여야 한다(「보호관찰 등에 관한 법률」 제32조 제2항).
사회봉사·수강명령 대상자	사회봉사·수강명령 대상자는 주거를 이전하거나 1개월 이상 국내외 여행을 할 때에는 미리 보호관찰관에게 신고하여야 한다(「보호관찰 등에 관한 법률」 제62조 제2항).
전자장치 피부착자	피부착자는 주거를 이전하거나 7일 이상의 국내여행을 하거나 출국할 때에는 미리 보호관찰관의 허가를 받아야 한다(「전자장치 부착 등에 관한 법률」 제14조 제3항).
치료명령 대상자	치료명령을 받은 사람은 주거 이전 또는 7일 이상의 국내여행을 하거나 출국할 때에는 미리 보호관찰관의 허가를 받아야 한다(「성폭력범죄자의 성충동 약물치료에 관한 법률」 제15조 제3항).
가석방자	가석방자는 국내 주거지 이전 또는 1개월 이상 국내 여행을 하려는 경우 관할경찰서의 장에게 신고하여야 한다(「가석방자관리규정」 제10조 제1항).
	가석방자는 국외 이주 또는 1개월 이상 국외 여행을 하려는 경우 관할경찰서의 장에게 신고하여야 한다(「가석방자관리규정」 제13조 제1항).

정답 ③

02 「가석방자관리규정」상 가석방자의 관리에 대한 설명으로 옳은 것만을 모두 고르면?

2022. 교정 7급

㉠ 교정시설의 장은 가석방이 허가된 사람에게 가석방의 취소 및 실효사유와 가석방자로서 지켜야 할 사항 등을 알리고, 주거지에 도착할 기한 및 관할경찰서에 출석할 기한 등을 적은 가석방증을 발급하여야 한다.
㉡ 가석방자는 가석방증에 적힌 기한 내에 관할경찰서에 출석하여 출석확인과 동시에 종사할 직업 등 생활계획을 세워 이를 관할경찰서의 장에게 서면으로 신고하여야 한다.
㉢ 관할경찰서의 장은 변동사항이 없는 경우를 제외하고, 6개월마다 가석방자의 품행 등에 관하여 조사서를 작성하고 관할 지방검찰청의 장 및 가석방자를 수용하였다가 석방한 교정시설의 장에게 통보하여야 한다.
㉣ 가석방자가 1개월 이상 국내 및 국외 여행 후 귀국하여 주거지에 도착한 때에는 관할경찰서의 장에게 신고하여야 한다.

① ㉠, ㉡
② ㉠, ㉢
③ ㉡, ㉣
④ ㉢, ㉣

정답 및 해설

옳은 것은 ㉠, ㉢이다.
㉠ [○] 「가석방자관리규정」 제4조 제2항
㉡ [×] 가석방자는 가석방증에 적힌 기한 내에 관할경찰서에 출석하여 가석방증에 출석확인을 받아야 하며(동 규정 제5조 본문), 가석방자는 그의 주거지에 도착하였을 때에는 지체 없이 종사할 직업 등 생활계획을 세우고 이를 관할경찰서의 장에게 서면으로 신고하여야 한다(동 규정 제6조 제1항).
㉢ [○] 관할경찰서의 장은 6개월마다 가석방자의 품행, 직업의 종류, 생활 정도, 가족과의 관계, 가족의 보호 여부 및 그 밖의 참고사항에 관하여 조사서를 작성하고 관계기관의 장에게 통보하여야 한다. 다만, 변동 사항이 없는 경우에는 그러하지 아니하다(동 규정 제8조).
㉣ [×] 가석방자는 ⓐ 국내 주거지 이전 또는 1개월 이상 국내 여행을 하려는 경우, ⓑ 국외 이주 또는 1개월 이상 국외 여행을 하려는 경우 관할경찰서의 장에게 신고하여야 하며(동 규정 제10조 제1항·제13조 제1항), 국외 여행을 한 가석방자는 귀국하여 주거지에 도착하였을 때에는 지체 없이 그 사실을 관할경찰서의 장에게 신고하여야 한다. 국외 이주한 가석방자가 입국하였을 때에도 또한 같다(동 규정 제16조).

정답 ②

제30장 민영교도소

01 「민영교도소 등의 설치·운영에 관한 법률」의 규정 내용 중 옳지 않은 것은?   2019. 6급 승진

① 교정업무에 종사한 경력이 전혀 없는 자라도 교정법인의 이사가 될 수 있다.
② 외국인은 교정법인의 이사가 될 수 없다.
③ 감사는 교정법인의 대표자·이사 또는 직원을 겸할 수 없다.
④ 교정법인의 대표자는 그 교정법인이 운영하는 민영교도소 등의 장을 겸할 수 없다.

정답 및 해설

① [○], ② [×] 교정법인 이사의 과반수는 대한민국 국민이어야 하며, 이사의 5분의 1 이상은 교정업무에 종사한 경력이 5년 이상이어야 한다(「민영교도소 등의 설치·운영에 관한 법률」 제11조 제3항). 그러므로 교정업무에 종사한 경력이 전혀 없는 자라도 교정법인의 이사가 될 수 있고, 외국인도 교정법인의 이사가 될 수 있다.
③ [○] 동법 제13조 제3항
④ [○] 동법 제13조 제1항

정답 ②

02 「민영교도소 등의 설치·운영에 관한 법률」의 내용에 대한 설명으로 옳지 않은 것은?   2020. 6급 승진

① 법무부장관은 수탁자가 이 법 또는 이 법에 따른 명령이나 처분을 위반하면 6개월 이내의 기간을 정하여 위탁업무의 전부 또는 일부의 정지를 명할 수 있다.
② 교정법인의 대표자는 그 교정법인이 운영하는 민영교도소 등의 장을 겸할 수 없다.
③ 교정법인은 민영교도소 등에 수용되는 자에게 수용관리·처우 목적상 특별한 사유가 있을 경우 수용을 거절할 수 있다.
④ 민영교도소 등에 수용된 수용자가 작업하여 생긴 수입은 국고수입으로 한다.

정답 및 해설

① [○] 동법 제6조 제1항
② [○] 동법 제13조 제1항
③ [×] 교정법인은 민영교도소 등에 수용되는 자에게 특별한 사유가 있다는 이유로 수용을 거절할 수 없다. 다만, 수용·작업·교화, 그 밖의 처우를 위하여 특별히 필요하다고 인정되는 경우에는 법무부장관에게 수용자의 이송을 신청할 수 있다(「민영교도소 등의 설치·운영에 관한 법률」 제25조 제2항).
④ [○] 동법 제26조

정답 ③

03 「민영교도소 등의 설치·운영에 관한 법률」상 교정업무의 민간위탁에 대한 설명으로 옳은 것은?

2023. 교정 7급

① 법무부장관은 교정업무를 포괄적으로 위탁하여 교도소를 설치·운영하도록 하는 경우 개인에게 위탁할 수 있다.
② 수탁자가 교도소의 설치비용을 부담하는 경우가 아니라면 위탁계약의 기간은 6년 이상 10년 이하로 하며, 그 기간은 갱신이 가능하다.
③ 법무부장관은 위탁계약을 체결하기 전에 계약 내용을 기획재정부장관과 미리 협의하여야 한다.
④ 법무부장관은 수탁자가 「민영교도소 등의 설치·운영에 관한 법률」에 따른 처분을 위반한 경우 1년 동안 위탁업무 전부의 정지를 명할 수 있다.

정답 및 해설

① [×] 법무부장관은 필요하다고 인정하면 「민영교도소 등의 설치·운영에 관한 법률」에서 정하는 바에 따라 교정업무를 공공단체 외의 법인·단체 또는 그 기관이나 개인에게 위탁할 수 있다. 다만, 교정업무를 포괄적으로 위탁하여 한 개 또는 여러 개의 교도소 등을 설치·운영하도록 하는 경우에는 법인에만 위탁할 수 있다(동법 제3조 제1항).
② [×] 위탁계약의 기간은 수탁자가 교도소 등의 설치비용을 부담하는 경우에는 10년 이상 20년 이하로 하고, 그 밖의 경우에는 1년 이상 5년 이하로 하되, 그 기간은 갱신할 수 있다(동법 제4조 제4항).
③ [○] 「민영교도소 등의 설치·운영에 관한 법률」 제4조 제3항
④ [×] 법무부장관은 수탁자가 이 법 또는 이 법에 따른 명령이나 처분을 위반하면 6개월 이내의 기간을 정하여 위탁업무의 전부 또는 일부의 정지를 명할 수 있다(동법 제6조 제1항).

정답 ③

04 「민영교도소 등의 설치·운영에 관한 법률」에 대한 설명으로 옳은 것은?

2013. 교정 9급

① 법무부장관은 필요하다고 인정하면 교정업무를 모든 법인·단체 또는 그 기관이나 개인에게 위탁할 수 있다.
② 법무부장관은 교정업무를 포괄적으로 위탁하여 한 개 또는 여러 개의 교도소 등을 설치·운영하도록 하는 경우에는 법인·단체 또는 그 기관에게 위탁할 수 있으나 개인에게는 위탁할 수 없다.
③ 민영교도소에 수용된 수용자가 작업하여 생긴 수입은 국고수입으로 한다.
④ 교정법인 이사는 대한민국 국민이어야 하며, 이사의 5분의 1 이상은 교정업무에 종사한 경력이 3년 이상이어야 한다.

정답 및 해설

①, ② [×] 법무부장관은 필요하다고 인정하면 이 법에서 정하는 바에 따라 교정업무를 공공단체 외의 법인·단체 또는 그 기관이나 개인에게 위탁할 수 있다. 다만, 교정업무를 포괄적으로 위탁하여 한 개 또는 여러 개의 교도소 등을 설치·운영하도록 하는 경우에는 법인에만 위탁할 수 있다(동법 제3조 제1항).
③ [○] 「민영교도소 등의 설치·운영에 관한 법률」 제26조
④ [×] 교정법인 이사의 과반수는 대한민국 국민이어야 하며, 이사의 5분의 1 이상은 교정업무에 종사한 경력이 5년 이상이어야 한다(동법 제11조 제3항).

정답 ③

05 민영교도소 등의 설치·운영에 관한 법령상 옳지 않은 것은?

2020. 교정 9급

① 민영교도소 등의 설치·운영에 관한 회계는 교도작업회계와 일반회계로 구분하며, 민영교도소에 수용된 수용자가 작업하여 발생한 수입은 국고수입으로 한다.
② 교정법인은 기본재산에 대하여 용도변경 또는 담보제공의 행위를 하려면 기획재정부장관의 허가를 받아야 한다.
③ 민영교도소 등의 직원은 근무 중 법무부장관이 정하는 제복을 입어야 한다.
④ 법무부장관은 민영교도소 등의 직원이 위탁업무에 관하여 「민영교도소 등의 설치·운영에 관한 법률」에 따른 명령이나 처분을 위반하면 그 직원의 임면권자에게 해임이나 정직·감봉 등 징계처분을 하도록 명할 수 있다.

정답 및 해설

① [○] 동법 제15조 제2항, 동법 제26조
② [×] 교정법인은 기본재산에 대하여 매도·증여 또는 교환, 용도 변경, 담보 제공, 의무의 부담이나 권리의 포기를 하려면 법무부장관의 허가를 받아야 한다. 다만, 대통령령으로 정하는 경미한 사항은 법무부장관에게 신고하여야 한다(「민영교도소 등의 설치·운영에 관한 법률」 제14조 제2항).
③ [○] 동법 제31조 제1항
④ [○] 동법 제36조 제1항

정답 ②

06 「민영교도소 등의 설치·운영에 관한 법률」상 민영교도소 등의 설치·운영에 대한 설명으로 옳지 않은 것은?

2019. 교정 9급

① 법무부장관은 필요하다고 인정하면 교정업무를 공공단체 외의 법인·단체 또는 그 기관이나 개인에게 위탁할 수 있다. 다만, 교정업무를 포괄적으로 위탁하여 한 개 또는 여러 개의 교도소 등을 설치·운영하도록 하는 경우에는 법인에만 위탁할 수 있다.
② 교정업무의 민간 위탁계약 기간은 수탁자가 교도소 등의 설치비용을 부담하는 경우는 10년 이상 20년 이하, 그 밖의 경우는 1년 이상 5년 이하로 하되, 그 기간은 갱신할 수 있다.
③ 교정법인의 대표자는 그 교정법인이 운영하는 민영교도소 등의 장을 겸할 수 없고, 이사는 감사나 해당 교정법인이 운영하는 민영교도소 등의 장이나 직원을 겸할 수 없다.
④ 법무부장관은 민영교도소 등의 업무 및 그와 관련된 교정법인의 업무를 지도·감독하며, 필요한 경우 지시나 명령을 할 수 있다. 다만, 수용자에 대한 교육과 교화프로그램에 관하여는 그 교정법인의 의견을 최대한 존중하여야 한다.

정답 및 해설

① [○] 동법 제3조 제1항
② [○] 동법 제4조 제4항
③ [×] 교정법인의 대표자는 그 교정법인이 운영하는 민영교도소 등의 장을 겸할 수 없고, 이사는 감사나 해당 교정법인이 운영하는 민영교도소 등의 직원(민영교도소 등의 장은 제외한다)을 겸할 수 없으며, 감사는 교정법인의 대표자·이사 또는 직원(그 교정법인이 운영하는 민영교도소 등의 직원을 포함한다)을 겸할 수 없다(「민영교도소 등의 설치·운영에 관한 법률」 제13조).
④ [○] 동법 제33조 제1항

정답 ③

07 민영교도소의 설치·운영에 대한 설명으로 옳지 않은 것은? 2015. 5급 승진

① 교정법인이 민영교도소를 설치·운영할 때에는 「민영교도소 등의 설치·운영에 관한 법률」 및 그 시행령으로 정하는 기준에 따른 시설을 갖추어야 한다.
② 교정법인은 민영교도소의 시설이 「민영교도소 등의 설치·운영에 관한 법률」과 이 법에 따른 명령 및 위탁계약의 내용에 적합한지에 관하여 법무부장관의 검사를 받아야 한다.
③ 법무부장관은 사전에 기획재정부장관과 협의하여 민영교도소를 운영하는 교정법인에 대하여 매년 그 교도소의 운영에 필요한 경비를 지급한다.
④ 민영교도소에 수용된 수용자가 작업하여 생긴 수입은 민영교도소의 수입으로 한다.
⑤ 교정법인은 민영교도소에 수용되는 자에게 특별한 사유가 있다는 이유로 수용을 거절할 수 없다.

정답 및 해설

① [○] 동법 제20조, 동법 시행령 제14조
② [○] 동법 제22조 제1항
③ [○] 동법 제23조 제1항
④ [×] 민영교도소 등에 수용된 수용자가 작업하여 생긴 수입은 국고수입으로 한다(「민영교도소 등의 설치·운영에 관한 법률」 제26조).
⑤ [○] 교정법인은 민영교도소 등에 수용되는 자에게 특별한 사유가 있다는 이유로 수용을 거절할 수 없다. 다만, 수용·작업·교화, 그 밖의 처우를 위하여 특별히 필요하다고 인정되는 경우에는 법무부장관에게 수용자의 이송을 신청할 수 있다(동법 제25조 제2항).

정답 ④

08 「민영교도소 등의 설치·운영에 관한 법률」상 민영교도소의 운영 등에 대한 설명으로 옳지 않은 것은? 2016. 교정 7급

① 교정법인의 대표자는 민영교도소의 장 및 대통령령으로 정하는 직원을 임면할 때에는 미리 법무부장관의 승인을 받아야 한다.
② 대한민국 국민이 아닌 자는 민영교도소의 직원으로 임용될 수 없다.
③ 민영교도소의 운영에 필요한 무기는 국가의 부담으로 법무부장관이 구입하여 배정한다.
④ 민영교도소에 수용된 수용자가 작업하여 생긴 수입은 국고수입으로 한다.

정답 및 해설

① [○] 동법 제29조 제1항
② [○] 동법 제28조
③ [×] 민영교도소 등의 운영에 필요한 무기는 해당 교정법인의 부담으로 법무부장관이 구입하여 배정한다(「민영교도소 등의 설치·운영에 관한 법률」 제31조 제2항).
④ [○] 동법 제26조

정답 ③

「민영교도소 등의 설치 · 운영에 관한 법률」상 교정업무의 민간 위탁에 대한 설명으로 옳지 않은 것은?

2018. 교정 7급

① 민영교도소 등에 수용된 수용자가 작업하여 생긴 수입은 국고수입으로 한다.
② 교정법인은 민영교도소 등에 수용되는 자에게 특별한 사유가 있다는 이유로 수용을 거절할 수 없다.
③ 법무부장관은 교정업무를 포괄 위탁하여 교도소 등을 설치 · 운영하도록 하는 업무를 법인 또는 개인에게 위탁할 수 있다.
④ 교정법인은 위탁업무를 수행할 때 같은 유형의 수용자를 수용 · 관리하는 국가운영의 교도소 등과 동등한 수준 이상의 교정서비스를 제공하여야 한다.

정답 및 해설

① [○] 동법 제26조
② [○] 동법 제25조 제2항
③ [×] 법무부장관은 필요하다고 인정하면 교정업무를 공공단체 외의 법인 · 단체 또는 그 기관이나 개인에게 위탁할 수 있다. 다만, 교정업무를 포괄적으로 위탁하여 한 개 또는 여러 개의 교도소 등을 설치 · 운영하도록 하는 경우에는 법인에만 위탁할 수 있다(「민영교도소 등의 설치 · 운영에 관한 법률」 제3조 제1항).
④ [○] 동법 제25조 제1항

정답 ③

 「민영교도소 등의 설치 · 운영에 관한 법률」상 민영교도소의 설치 · 운영 등에 대한 설명으로 옳은 것은?

2022. 교정 7급

① 민영교도소에 수용된 수용자가 작업하여 생긴 수입은 교정법인의 수입으로 한다.
② 대한민국의 국민이 아닌 자는 민영교도소의 직원으로 임용될 수 없다.
③ 검찰총장은 민영교도소의 업무 및 그와 관련된 교정법인의 업무를 지도 · 감독하며, 필요한 경우 지시나 명령을 할 수 있지만, 수용자에 대한 교육과 교화프로그램에 관하여는 그 교정법인의 의견을 최대한 존중하여야 한다.
④ 교정법인의 대표자는 그 교정법인이 운영하는 민영교도소의 장이 될 수 있다.

정답 및 해설

① [×] 민영교도소 등에 수용된 수용자가 작업하여 생긴 수입은 국고수입으로 한다(동법 제26조).
② [○] 「민영교도소 등의 설치 · 운영에 관한 법률」 제28조 제1호
③ [×] 법무부장관은 민영교도소등의 업무 및 그와 관련된 교정법인의 업무를 지도 · 감독하며, 필요한 경우 지시나 명령을 할 수 있다. 다만, 수용자에 대한 교육과 교화프로그램에 관하여는 그 교정법인의 의견을 최대한 존중하여야 한다(동법 제33조 제1항).
④ [×] 교정법인의 대표자는 그 교정법인이 운영하는 민영교도소 등의 장을 겸할 수 없다(동법 제13조 제1항).

정답 ②

11. 「민영교도소 등의 설치·운영에 관한 법률」상 민영교도소 등의 설치·운영에 대한 설명으로 옳은 것만을 모두 고르면?

2018. 5급 승진

> ㉠ 법무부장관은 필요하다고 인정하면 이 법에서 정하는 바에 따라 교정업무를 공공단체를 포함하여 법인·단체 또는 그 기관이나 개인에게 위탁할 수 있다.
> ㉡ 법무부장관은 민영교도소 등의 업무 및 그와 관련된 교정법인의 업무를 지도·감독하며, 필요한 경우 지시나 명령을 할 수 있다. 다만, 수용자에 대한 교육과 교화프로그램에 관하여는 그 교정법인의 의견을 최대한 존중하여야 한다.
> ㉢ 교정법인 이사의 과반수는 대한민국 국민이어야 하며, 이사의 2분의 1 이상은 교정업무에 종사한 경력이 5년 이상이어야 한다.
> ㉣ 교정법인의 이사는 해당 교정법인이 운영하는 민영교도소 등의 장을 겸할 수 없다.
> ㉤ 교정법인은 민영교도소 등에 수용되는 자에게 특별한 사유가 있다는 이유로 수용을 거절할 수 없다. 다만, 수용·작업·교화, 그 밖의 처우를 위하여 특별히 필요하다고 인정되는 경우에는 법무부장관에게 수용자의 이송을 신청할 수 있다.

① ㉠, ㉡
② ㉠, ㉢
③ ㉡, ㉤
④ ㉢, ㉣
⑤ ㉣, ㉤

정답 및 해설

옳은 것은 ㉡, ㉤이다.
㉠ [×] 법무부장관은 필요하다고 인정하면 이 법에서 정하는 바에 따라 교정업무를 공공단체 외의 법인·단체 또는 그 기관이나 개인에게 위탁할 수 있다(「민영교도소 등의 설치·운영에 관한 법률」 제3조 제1항).
㉡ [○] 동법 제33조 제1항
㉢ [×] 교정법인 이사의 과반수는 대한민국 국민이어야 하며, 이사의 5분의 1 이상은 교정업무에 종사한 경력이 5년 이상이어야 한다(동법 제11조 제3항).
㉣ [×] 교정법인의 이사는 감사나 해당 교정법인이 운영하는 민영교도소 등의 직원(민영교도소 등의 장은 제외한다)을 겸할 수 없다(동법 제13조 제2항).
㉤ [○] 동법 제25조 제2항

정답 ③

12. 「민영교도소 등의 설치·운영에 관한 법률」상 민영교도소의 설치·운영 등에 대한 설명으로 옳지 않은 것은?

2024. 교정 9급

① 교정법인은 이사 중에서 위탁업무를 전담하는 자를 선임(選任)하여야 하며, 위탁업무를 전담하는 이사는 법무부장관의 승인을 받아 취임한다.
② 법무부장관은 사전에 기획재정부장관과 협의하여 민영교도소를 운영하는 교정법인에 대하여 매년 그 교도소의 운영에 필요한 경비를 지급한다.
③ 교정법인의 대표자는 민영교도소의 장 외의 직원을 임면할 권한을 민영교도소의 장에게 위임할 수 있다.
④ 법무부장관은 「민영교도소 등의 설치·운영에 관한 법률」에 따른 권한의 일부를 교정본부장에게 위임할 수 있다.

정답 및 해설

① [O] 교정법인은 이사 중에서 위탁업무를 전담하는 자를 선임하여야 하며, 교정법인의 대표자 및 감사와 위탁업무를 전담하는 이사는 법무부장관의 승인을 받아 취임한다(동법 제11조 제1항·제2항).
② [O] 동법 제23조 제1항
③ [O] 동법 제29조 제2항
④ [×] 법무부장관은 「민영교도소 등의 설치·운영에 관한 법률」에 따른 권한의 일부를 관할 지방교정청장에게 위임할 수 있다(「민영교도소 등의 설치·운영에 관한 법률」 제39조).

정답 ④

MEMO

2026 대비 최신판

해커스공무원
이언담
교정학
단원별 기출문제집

초판 1쇄 발행 2025년 4월 18일

지은이	이언담 편저
펴낸곳	해커스패스
펴낸이	해커스공무원 출판팀
주소	서울특별시 강남구 강남대로 428 해커스공무원
고객센터	1588-4055
교재 관련 문의	gosi@hackerspass.com
	해커스공무원 사이트(gosi.Hackers.com) 교재 Q&A 게시판
	카카오톡 플러스 친구 [해커스공무원 노량진캠퍼스]
학원 강의 및 동영상강의	gosi.Hackers.com
ISBN	979-11-7244-988-9 (13360)
Serial Number	01-01-01

저작권자 ⓒ 2025, 이언담
이 책의 모든 내용, 이미지, 디자인, 편집 형태는 저작권법에 의해 보호받고 있습니다.
서면에 의한 저자와 출판사의 허락 없이 내용의 일부 혹은 전부를 인용, 발췌하거나 복제, 배포할 수 없습니다.

공무원 교육 1위,
해커스공무원 gosi.Hackers.com

해커스공무원

· **해커스공무원 학원 및 인강**(교재 내 인강 할인쿠폰 수록)
· 해커스 스타강사의 **공무원 교정학 무료 특강**
· 다회독에 최적화된 **회독용 답안지**
· 정확한 성적 분석으로 약점 극복이 가능한 **합격예측 온라인 모의고사**(교재 내 응시권 및 해설강의 수강권 수록)

한경비즈니스 2024 한국품질만족도 교육(온·오프라인 공무원학원) 1위